宋本經典釋文

第一册

唐 陸德明撰

宋刻宋元遞修本

山東人民出版社·濟南

圖書在版編目（CIP）數據

宋本經典釋文 /（唐）陸德明撰 . — 濟南：山東人民出版社，2024.3

（儒典）

ISBN 978-7-209-14344-8

Ⅰ . ①宋… Ⅱ . ①陸… Ⅲ . ①《經典釋文》 Ⅳ . ① H131.6

中國國家版本館 CIP 數據核字（2024）第 036426 號

項目統籌：胡長青

責任編輯：劉嬌嬌

裝幀設計：武　斌

項目完成：文化藝術編輯室

宋本經典釋文

〔唐〕陸德明撰

主管單位　山東出版傳媒股份有限公司

出版發行　山東人民出版社

出 版 人　胡長青

社　　址　濟南市市中區舜耕路517號

郵　　編　250003

電　　話　總編室（0531）82098914

　　　　　市場部（0531）82098027

網　　址　http://www.sd-book.com.cn

印　　裝　山東華立印務有限公司

經　　銷　新華書店

規　　格　16開（160mm×240mm）

印　　張　115.25

字　　數　922千字

版　　次　2024年3月第1版

印　　次　2024年3月第1次

ISBN　978-7-209-14344-8

定　　價　274.00圓（全六册）

#《儒典》選刊工作團隊

學術顧問　杜澤遜　李振聚　徐　泳

項目統籌　胡長青

責任編輯　劉　晨　劉嬌嬌　張艷艷

呂士遠　趙　菲　劉一星

前言

中國是一個文明古國、文化大國，中華文化源遠流長，博大精深。在中國歷史上影響較大的是孔子創立的儒家思想，因此整理儒家經典、注解儒家經典，爲儒家經典的現代化闡釋提供权威、典范、精粹的典籍文本，是推進中華優秀傳統文化創造性轉化、創新性發展的奠基性工作和重要任務。

中國經學史是中國學術史的核心，歷史上創造的文本方面和經解方面的輝煌成果，大量失傳了。西漢是經學的第一個興盛期，除了當時非主流的《詩經》毛傳以外，其他經師的注釋後來全部失傳了。東漢的經解祇有鄭玄、何休等少數人的著作留存下來，其餘也大都失傳了。南北朝至隋朝興盛的義疏之學，其成果僅有皇侃《論語疏》幸存於日本。五代時期精心校刻的《九經》、北宋時期國子監重刻的《九經》以及校刻的單疏本，也全部失傳。南宋國子監刻的單疏本，我國僅存《周易正義》、《爾雅疏》、《春秋公羊疏》（三十卷殘存七卷）、《春秋穀梁疏》（十二卷殘存七卷），日本保存了《尚書正義》、《毛詩正義》、《禮記正義》（七十卷殘存八卷）、《周禮疏》（日本傳抄本）、《春秋公羊疏》（日本傳抄本）、《春秋正義》（日本傳抄本）。南宋兩浙東路茶鹽司刻八行本，我國保存下來的有《周禮疏》、《禮記正義》、《春秋左傳正義》（紹興府刻）、《論語注疏解經》（二十卷殘存十卷）、《孟子注疏解經》（存臺北『故宫』），日本保存有《周易注疏》《尚書正義》（凡兩部，其中一部被清楊守敬購歸）。南宋福建刻十行本，我國僅存《春秋穀梁注疏》、《春秋左傳注疏》（六十卷，一半在大陸，一半在臺灣），日本保存有《毛詩注疏》《春秋左傳注疏》。從這些情況可以看出，經書代表性的早期注釋和早期版本國内失傳嚴重，有的僅保存在東鄰日本。

鑒於這樣的現實，一百多年來我國學術界、出版界努力搜集影印了多種珍貴版本，但是在系統性、全面性和準確性方面都還存在一定的差距。例如唐代開成石經共十二部經典，石碑在明代嘉靖年間地震中受到損害，明代萬曆初年西安府學等學校師生曾把損失的文字補刻在另外的小石上，立於唐碑之旁。近年影印出版唐石經拓本多次，都是以唐代石刻與明代補刻割裂配補的裱本爲底本。由於明代補刻采用的是唐碑的字形，這種配補本難以區分唐刻與明代補刻，不便使用，亟需單獨影印唐碑拓本。

爲把幸存於世的、具有代表性的早期經解成果以及早期經典文本收集起來，系統地影印出版，我們規劃了《儒典》編纂出版項目。

《儒典》出版後受到文化學術界廣泛關注和好評，爲了滿足廣大讀者的需求，現陸續出版平裝單行本。共收録一百十一種元典，共計三百九十七册，收録底本大體可分爲八個系列：經注本（以開成石經、宋刊本爲主。開成石經僅有經文，無注，但它是用經注本删去注文形成的）、經注附釋文本、纂圖互注本、單疏本、八行本、十行本、宋元人經注系列、明清人經注系列。

《儒典》是王志民、杜澤遜先生主編的。本次出版單行本，特請杜澤遜、李振聚、徐泳先生幫助酌定選目。特此説明。

二〇二四年二月二十八日

目録

第一册

經典釋文卷第一序録 三
經典釋文卷第二周易音義 七九
經典釋文卷第三古文尚書音義上 一四九
經典釋文卷第四古文尚書音義下 一八三
經典釋文卷第五毛詩音義上 二一七

第二册

經典釋文卷第六毛詩音義中 二八九
經典釋文卷第七毛詩音義下 三六九
經典釋文卷第八周禮音義上 四四七
經典釋文卷第九周禮音義下 五二三

第三册

經典釋文卷第十儀禮音義 五九三
經典釋文卷第十一禮記音義之一 六七三
經典釋文卷第十二禮記音義之二 七四七
經典釋文卷第十三禮記音義之三 八一一
經典釋文卷第十四禮記音義之四 八六三

第四册

經典釋文卷第十五春秋左氏音義之一 九一七
經典釋文卷第十六春秋左氏音義之二 九六九
經典釋文卷第十七春秋左氏音義之三 一〇二三
經典釋文卷第十八春秋左氏音義之四 一〇七七
經典釋文卷第十九春秋左氏音義之五 一一三五

第五册

經典釋文卷第二十春秋左氏音義之六 一二〇一
經典釋文卷第二十一春秋公羊音義 一二六三
經典釋文卷第二十二春秋穀梁音義 一三四一
經典釋文卷第二十三孝經音義 一四〇三
經典釋文卷第二十四論語音義 一四二三
經典釋文卷第二十五老子音義 一四六七

第六册

經典釋文卷第二十六莊子音義上 一四八五
經典釋文卷第二十七莊子音義中 一五四一
經典釋文卷第二十八莊子音義下 一六一三
經典釋文卷第二十九爾雅音義上 一六八三
經典釋文卷第三十爾雅音義下 一七五五

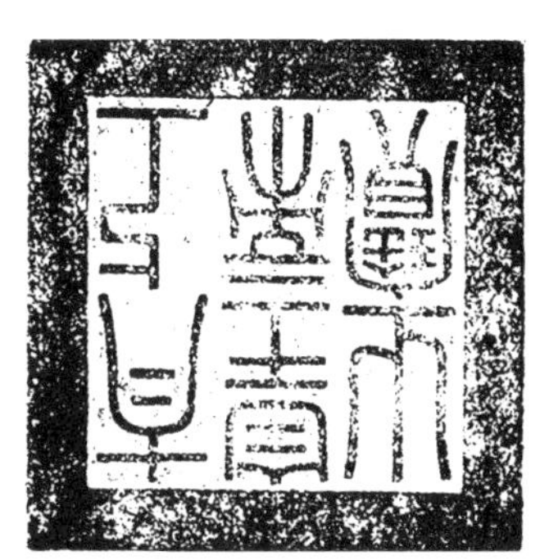

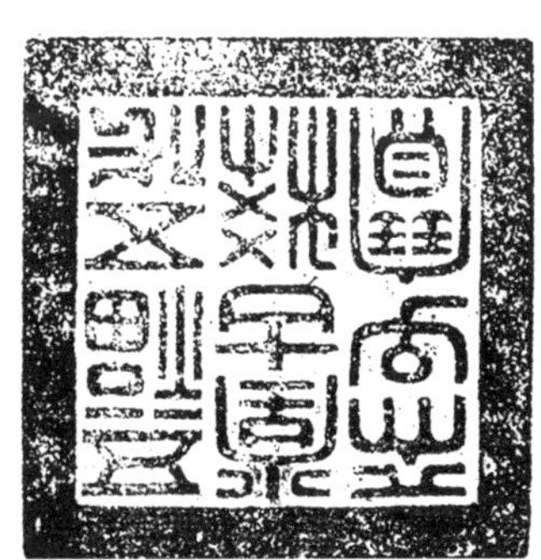

經典釋文卷第一　序錄

唐國子博士兼太子中允贈齊州刺史吳縣開國男陸德明撰

序

夫書音之作作者多矣前儒撰著光乎篇籍其來既久誠無閒然但降聖已還不免偏尚質文詳略互有不同漢魏迄今遺文可見或專出己意或祖述舊音各師成心製作如面加以楚夏聲異南北語殊是非信其所聞輕重因其所習後學鑽仰罕逢指要夫筌蹄所寄唯在文言差若毫氂謬便千里夫子有言必也正名乎名不正則言不順言不順則事不成

也故君子名之必可言也言之必可行也
斯富哉言乎大矣盛矣無得而稱矣然人稟
二儀之淳和含五行之秀氣雖復挺生天縱
必資學以知道故唐堯師於許由周文學於
虢叔上聖且猶有學而況其餘乎至於處鮑
居蘭翫所先入染絲斲梓功在初變器成采
定難復改移一薰一蕕十年有臭豈可易哉
豈可易哉余少愛墳典留意藝文雖志懷物
外而情存著述粵以癸卯之歲承乏上庠循
省舊音苦其太簡況微言久絶大義愈乖攻
乎異端競生穿鑿不在其位不謀其政既職

司其憂寧可視成而已遂因暇景救其不逮研精六籍采摭九流搜訪異同校之蒼雅輒撰集五典孝經論語及老莊爾雅等音合為三袟三十卷号曰經典釋文古今並録括其樞要經註畢詳訓義兼辯質而不野繁而非蕪示傳一家之學用貽後嗣令奉以周旋不敢墜失與我同志亦無隱焉但代匠指南固取誚於博識既述而不作言其所用復何傷乎云爾

條例

先儒[illegible]音多不音注然注[illegible]

若讀注不曉則經義難明混而音之尋討未
易今以墨書經本朱字辯注用相分別使較
然可求舊音皆録經文全句徒煩翰墨今則
各標篇章於上摘字爲音慮有相亂方復具
録唯孝經童蒙始學老子衆本多乖是以二
書特紀全句五經人所常習理有大宗義行
於世無煩覼縷至於莊老讀學者稀故于此
書微爲詳悉又爾雅之作本釋五經既解者
不同故亦略存其異文字音訓今古不同前
儒作音多不依注注者自讀亦未兼通今之
所撰微加斟酌若典籍常用會理合時便即

遵承標之於首其音堪互用義可並行或字有多音衆家別讀苟有所取靡不畢書各題氏姓以相甄識義乖於經亦不悉記其或音一音者蓋出於淺近示傳聞見覽者察其衷焉然古人音書止爲譬況之說孫炎始爲反語魏朝以降漸繁世變人移音訛字替如徐仙民反易爲神石郭景純反餤爲羽鹽劉昌宗用承音乘許叔重讀皿爲猛若斯之儔今亦存之音內旣不敢遺舊且欲俟之來哲書音之用本示童蒙前儒或用假借字爲音更令[illegible][illegible]疑昧余今所撰務[illegible][illegible]識援引[illegible][illegible]

讀者　取其意義亦不全寫舊文典籍雖夫子刪定子思讀詩師資已別而況其餘乎鄭康成云其始書之也倉卒無其字或以音類比方假借爲之趣於近之而已受之者非一邦之人人用其鄉同言異字同字異言於茲遂生矣戰國交爭儒術用息秦皇滅學加以坑焚先聖之風埽地盡矣漢興改秦之弊廣收篇籍孝武之後經術大隆然承秦焚書口相傳授一經之學數家競爽章句既異蹐駁非一後漢黨人既誅儒者多坐流廢後遂私行金貨定蘭臺漆書經字以合其私文

靈帝乃詔諸儒正定五經於石碑之上爲古文篆隸三體書法以相參檢樹之學門使天下取則未盈一紀尋復廢焉班固云後世經傳既已乖離博學者又不思多聞闕疑之義而務碎義逃難便辭巧說安其所習毀所不見終以自斃此學者之大患也誠哉是言余既撰音須定紕繆若兩本俱用二理兼通今並出之以明同異其涇渭相亂朱紫可分亦悉書之隨加刊正復有他經別本詞反義乖而又存之者示博異聞耳經籍文字相承已久至如悅字作說閑字爲閒智但作知汝止

爲女若此之類今竝依舊音之然音書之作本在假借或經中過多或尋文易了則翻音正字以辯借音各於經內求之自然可見其兩音之者恐人惑故也尚書之字本爲隸古既是隸寫古文則不全爲古字今宋齊舊本及徐李等音所有古字蓋亦無幾穿鑿之徒務欲立異依傍字部改變經文疑惑後生不可承用今皆依舊爲音其字有別體則見之音內然亦兼采說文字詁以示同異者也春秋人名字氏族及地名或前後互出或經傳更見如此之類不可具舉若國異名同及假

借之字兼相去遼遠不容踈略皆斟酌折衷務使得宜爾雅本釋墳典字讀須逐五經而近代學徒好生異見改音易字皆采雜書唯止信其所聞不復考其本末且六文八體各有其義形聲會意寧拘一揆豈必飛禽即須安鳥水族便應著魚蟲屬要作虫旁草類皆從兩屮如此之類實不可依今並校量不從流俗方言差別固自不同河北江南最為鉅異或失在浮清或滯於沈濁今之去取冀祛茲弊亦恐還是轂音更成無辯夫質有精麤謂之好惡（並如字）心有愛憎稱為好惡（上

下烏路反當體即云名譽音預論情則曰毁譽二及

天自敗蒲邁反敗他補敗反之殊自壞乎怪反壞撤

音怪之異此等或近代始分或古已爲別相仍

積習有自來矣余承師說皆辯析之比人言

者多爲一例如而靡異邪不定之詞也助句之詞弗殊莫

辯復扶又反重復音服反也寧論過古禾反經過過古臥反超過入以

登升共爲一韻攻公分作兩音如此之儔恐

非爲得將來君子幸留心焉五經字體乖替

者多至如黿鼉從龜亂辭從舌席下爲帶惡

上安西析旁著片離邊作禹直是字訛不亂

餘讀如寵丑隴反字爲寵力孔反錫思歷反字爲鍚

（音[illegible]）用攴（音卜反字林音角反）代文（武云反）將无（音無）混旡（音旣）其[illegible]之流便成兩失又來旁作力俗以爲約勑字說文以爲勞倈之字水旁作曷俗以爲飢渴字字書以爲水竭之字如此之類改便驚俗止不可不知耳

次第

五經六籍聖人設教訓誘機要寧有短長然時有澆淳隨病投藥不相沿襲豈無先後所以次第互有不同如禮記經解之說以詩爲首七略藝文志所記用易居前阮孝緒七録亦同此次而王儉七志孝經爲初原其後前

義各有旨今欲以著述早晚經義揔别以成次第出之如左

周易

雖文起周代而卦肇伏犧既處名教之初故易爲七經之首周禮有三易連山久亡歸藏不行於世故不詳録

古文尚書

既起五帝之末理後三皇之經故次於易伏生所誦是曰今文闕謬處多故不别記馬鄭所有同異今亦附之音後

毛詩

旣起周文又兼商頌故在堯舜之後次於易書詩雖有四家齊魯韓毛所不用今亦[illegible]不取

三禮

周儀二禮竝周公所制宜次文王禮記雖有戴聖所録然志名已久又記二禮闕遺[illegible]相從次於詩下三禮次第周爲本儀爲末[illegible]後可見然古有樂經謂之六籍滅亡旣久[illegible]亦闕焉

春秋

旣是孔子所作理當後於周公故次於禮左

丘明受經於仲尼公羊高受之於子夏穀梁亦乃後代傳聞三傳次第自顯

孝經

雖與春秋俱是夫子述作然春秋周公垂史書舊章孝經專是夫子之意故宜在春秋之後七志以孝經居易之首今所不同

論語

是門徒所記故次孝經藝文志及七録以論語在孝經前今不同此次

老子

雖人不在末而衆家皆以爲子書在經典之

後故次於論語

莊子

雖是子書人又最後故次老子

爾雅

爾雅周公復爲後人所益既釋於經又非[illegible]

[illegible]次故殿末焉衆家皆以爾雅居經典之

後在諸子之前今微爲異

註解傳述人

宓犧氏之王天下仰則觀於天文俯則察於

地理觀鳥獸之文與地之宜近取諸身遠取

諸物始畫八卦或云因河圖而畫八卦因而重之爲六十

四文王拘於羑里作卦辭周公作爻辭孔子作彖辭象辭文言繫辭說卦序卦雜卦十翼班固曰孔子晚而好易讀之韋編三絕而爲之傳傳即十翼也先儒說重卦及爻辭爲十翼不同解見余所撰自魯商瞿子木受易於孔子以授魯橋庇子庸子庸授江東馯戶旦反徐廣音寒臂子弓子弓授燕周醜子家子家授東武孫虞子乘子乘授齊田何子莊高士傳云字莊漢書儒林傳云臨淄人及秦燔書易爲卜筮之書獨不禁故傳授者不絕漢興田何以齊田徙杜陵號杜田生授東武王同子中洛陽周王孫梁人丁寬字子襄事田何復從周王孫受古義作易說三

初言訓故舉大誼而已藝文志云易說八篇爲梁孝王將軍齊服生劉向別錄云齊人号服先皆著易傳漢初言易者本之田生同授淄川楊何字叔一本作字叔元太中大夫寬授同郡碭田王孫王孫授施讎及孟喜梁丘賀由是有施孟梁丘之學焉

施讎字長卿沛人爲博士傳易授張禹字子文河内縣叔人徙蓮勺以論語授成帝官至丞相安昌侯及琅邪魯伯會稽太守禹授淮陽彭宣字子佩大司馬長平作易傳及沛戴崇字子平少府作易傳伯授太山毛莫如字少路常山太守及琅邪邴丹字曼容後漢劉昆字桓公陳留東昏人侍中弘農太守光祿勳受施氏易於沛人戴賓其子軼字君文官至宗正

孟喜字長卿東海蘭陵人曲臺署長丞相掾父孟卿善爲禮春秋孟卿以禮經多春秋煩雜乃使喜從田王

孫受易喜爲易章句授同郡白光字少子及沛翟牧字子兄後漢洼丹字子王南陽育陽人世傳孟氏易作易通論七篇官至大鴻臚鮭陽鴻字孟孫中山人少府任安字定祖廣漢綿竹人皆傳孟氏易梁丘賀字長翁琅邪諸人少府本從太中大夫京房受易房淄川楊何弟子後更事田王孫傳子臨黃門郎少府臨傳五鹿充宗字君孟代郡人少府玄菟太守及琅邪王駿王吉子御史大夫充宗授平陵士孫張字仲方博士楊州牧光祿大夫給事中家世傳業及沛鄧彭祖字長夏眞定太守齊衡咸字長賓王莽講學大夫後漢范升代郡人博士傳梁丘易一本作傳孟氏易以授京兆楊政字子行左中郎將又潁川張興字君上太子少傅傳梁丘易弟子著録且萬人子魴傳其業魴官至張掖屬國都尉京房字君明東郡頓丘人本姓李推律自定爲京至

魏郡太守受易梁人焦延壽字延壽名贛延壽云嘗從孟喜問易會喜死房以延壽易即孟氏學翟牧白生不肯曰非也延壽常曰得我術以亡身者京生也房爲易章句說長於災異以授東海殷嘉漢書儒林傳作殷嘉及河東姚平河南乘弘一本作丞弘皆爲郎博士由是前漢多京氏學後漢戴馮字次仲汝南平輿人侍中兼領虎賁中郎將孫期字仲彧濟陰成武人兼治古文尚書不仕魏滿字叔牙南陽人弘農太守並傳之費直字長翁東萊人單父令傳易授瑯邪王璜字平仲又傳古文尚書爲費氏學本以古字號古文易無章句徒以彖象繫辭文言解說上下經七錄云直易章句四卷殘缺漢成帝時劉向典校書考

易說以爲諸易家說皆祖田何楊叔丁將軍大義略同唯京氏爲異向又以中古文易經校施孟梁丘三家之易經或脫去無咎悔亡唯費氏經與古文同范曄後漢書云京兆陳元（字長孫司空南閣祭酒兼傳左氏春秋）扶風馬融（字季長武陵人南郡太守議郎爲易傳又注尚書毛詩禮記論語）河南鄭衆（字仲師大司農毛詩周禮左氏春秋）北海鄭玄（字康成高密人師事馬融大司農徵不起還家凡所注易尚書三禮論語尚書大傳五經緯候箋毛氏作毛詩譜破許愼五經異義針何休左氏膏肓發公羊墨守起穀梁廢疾[illegible]）潁川荀爽（字慈明官至司空爲易傳）並傳費氏易沛人高相治易與費直同時其易亦無章句專說陰陽災異自言出丁將軍傳至相相授子康（康以明易爲郎）及蘭陵母

二二

將永（豫章都尉）爲高氏學漢初立易楊氏博士宣帝復立施孟梁丘之易元帝又立京氏易費高二家不得立民間傳之後漢費氏興而高氏遂微永嘉之亂施氏梁丘之易亡孟京費之易人無傳者唯鄭康成王輔嗣所注行于世（江左中興易唯置王氏博士太常荀崧奏請置鄭易博士詔許值王敦亂不果立）而王氏爲世所重今以王爲主其繫辭已下王不注相承以韓康伯注續之今亦用韓本子夏易傳三卷（卜商字子夏衛人孔子弟子魏文侯師七略云漢興韓嬰傳中經簿錄云丁寬所作張璠云或馯臂子弓所作薛虞記虞不詳何許人）孟喜章句十卷（無上經七錄云又下經無旅至節無上繫）京房章句十二卷（七錄云十卷錄一卷目）費直章句四卷（殘缺）馬

融傳十卷七録云九卷荀爽注十卷七録云十一卷鄭玄注十卷録一卷七録云十二卷劉表章句五卷字景升山陽高平人後漢鎮南將軍荊州牧南城侯中經簿録云注易十卷七録云九卷録一卷宋衷注九卷字仲子南陽章陵人後漢荊州五等從事七志七録云十卷虞翻注十卷字仲翔會稽餘姚人後漢侍御史陸績述十三卷字公紀吳郡吳人後漢偏將軍鬱林太守七志云録一卷董遇章句十二卷字季直弘農華陰人魏侍中大司農七志七録並云十卷王肅注十卷字子邕東海蘭陵人魏衛將軍太常蘭陵景侯又注尚書禮容服論語孔子家語述毛詩注作聖證論難鄭玄王弼注七卷字輔嗣山陽高平人魏尚書郎年二十四卒注易上下經六卷作易略例一卷又注老子七志云注易十卷姚信注十卷字德祐七録云字元直吳興人吳太常卿七録云十二卷三廙注十二卷字世將琅邪臨沂人東晉荊州刺史贈驃騎將軍武陵康侯七志七録云十卷張璠集解十二卷安定人東晉秘書郎參著作集二十二家解序云依向秀本鍾會字士季潁川人

魏鎮西將軍爲易無互體論向秀字子期河內人晉散騎常侍爲易義庾運字玄度新野人官至尚書爲易義一云易注應貞字吉甫汝南人晉散騎常侍爲明易論荀煇字景文潁川潁陰人晉太子中庶子爲易義七志云注易十卷張煇字義元梁國人晉侍中平陵亭侯爲易義王宏字正宗弼之兄晉大司農贈太常爲易義阮咸字仲容陳留人籍之兄子晉散騎常侍始平太守爲易義阮渾字長成籍之子晉太子中庶子馮翊太守爲易義揚又字玄舒汝南人晉司徒左長史爲易卦序論王濟字武子太原人晉河南尹爲易義衛瓘字伯玉河東人晉太保蘭陵成侯爲易義欒肇字永初太山人晉太保掾尚書郎爲易論鄒湛字潤甫南陽新野人晉國子祭酒爲易統略杜育字方叔襄城人國子祭酒爲易義楊瓚不知何許人晉司徒右長史爲易義張軌字士彥安定人京州刺史謚武公爲易義宣舒字幼驥陳郡人晉宜城令爲通知來藏往論邢融裴藻許適楊藻四人不詳何人並爲易義七録云集二十八家七志云十卷

干寶注十卷字令升新蔡人東晉散騎常侍領著作

黃穎注十卷南海人晉廣州儒林從事

蜀才注十卷七録云不詳何人七志云是王弼後人按蜀李書云姓范名長生一名賢隱居青城山自号蜀才李雄以爲丞相

尹濤注六卷不詳何人

費元珪注九卷蜀人齊安

西參軍荀爽九家集注十卷不知何人所集稱荀爽者以爲主故也其序有荀爽京房馬融鄭玄宋衷虞翻陸績姚信翟子玄子玄不詳何人爲易義注内文有張氏朱氏並不詳何人謝万字万石陳郡人東晉豫州刺史韓伯字康伯潁川人東晉太常卿袁悦之字元禮陳郡人東晉驃騎諮議參軍桓玄字敬道譙國龍亢人僞楚皇帝卞伯玉濟陰人宋東陽太守黃門郎荀柔之潁川潁陰人宋奉朝請徐爰字季玉琅邪人宋太中大夫顧懽字景怡或云字玄平吳郡人齊太學博士徵不起明僧紹字承烈平原人國子博士徵不起劉瓛字子珪沛國人齊步兵校尉不拜謚貞簡先生七録云作繫辭義疏自謝万以下十人並注繫辭爲易音者三人王肅已見前李軌字弘範江夏人東晉祠部郎中都亭侯徐邈字仙民東莞人東晉中書侍郎太子前衛率

右易近代梁褚仲都陳周弘正弘正作老莊義疏官至尚書僕射謚簡子並作易義此其知名者

書者本王之号令右史所記孔子删録斷自

唐虞下訖秦穆典謨訓誥誓命之文凡百篇而爲之序及秦禁學孔子之末孫惠壁藏之家語云孔騰字子襄畏秦法峻急藏尚書孝經論語於夫子舊堂壁中漢記尹敏傳以爲孔鮒藏之漢興欲立尚書無能通者聞濟南伏生名勝故秦博士傳之文帝欲徵時年已九十餘不能行於是詔太常使掌故晁錯受焉古文尚書云伏生年老不能正言言不可曉使其女傳言教錯伏生失其本經口誦二十九篇傳授漢書云伏生爲秦禁書壁藏之漢定伏生求其書亡數十篇獨得二十九篇以教齊魯之間以其上古之書謂之尚書鄭玄以爲孔子撰書尊而命之曰尚書尚者上也蓋言若天書然王肅云上所言下爲史所書故曰尚書伏生授濟南張生千乘歐陽生字和伯千乘人生授同郡兒寬御史大夫寬又從孔安國受業以授歐陽生

之子歐陽大小夏侯尚書皆出於寬歐陽氏世傳業至曾孫高作尚書章句爲歐陽氏學高孫地餘字長賓侍中少府以書授元帝傳至歐陽歙字三思後漢大司徒歙以上八世皆爲博士濟南林尊字長賓爲博士論石渠官至少府太子太傅受尚書於歐陽高以授平當字子思下邑人徙平陵官至丞相封侯子晏亦明經至大司徒及陳翁生梁人信都太守家世傳業翁生授殷崇琅邪人爲博士及龔勝字君賓楚人右扶風當授朱普字公文九江人爲博士及鮑宣字子都勃海人官至司隸後漢濟陰曹曾字伯山諫大夫受業於歐陽歙傳其子祉河南尹又陳留陳弇字叔明受業於丁鴻樂安牟長字君高河內太守中散大夫並傳歐陽尚書沛國桓榮字春卿太子太傅太常五更關內侯受尚書於朱普東觀漢記云榮事九江朱文文即普字以授漢

明帝遂世相傳東京最盛漢紀云門生爲公卿者甚衆學者慕之以爲法榮子郁以書授和帝而官至侍中太常郁子焉復以書授安帝官至太子太傅太尉張生濟南人爲博士授夏侯都尉魯人都尉傳族子始昌始昌通五經以齊詩尚書教授爲昌邑太傅始昌傳族子勝字長公後屬東平長信少府太子太傅勝從始昌受尚書及洪範五行傳說災異又事同郡簡卿卿者兒寬門人又從歐陽氏問爲學精熟所問非一師善說禮服受詔撰尚書論語說藝文志夏侯勝尚書章句二十九卷號爲大夏侯氏學傳齊人周堪堪字少卿太子少傅光祿勲及魯國孔霸字次孺孔子十三世孫爲博士以書授元帝官至太中大夫關內侯號褒成君霸傳子光字子夏丞相博山侯光又事牟卿堪授魯國牟卿爲博士及長安許商字伯長四至九卿善筭著五行論商授沛唐林

字子高王莽時爲九卿及平陵吳章字偉君王莽時博士重泉王吉字少音王莽時爲九卿齊炔欽字幼卿王莽時博士後漢北海牟融亦傳大夏侯尚書夏侯建字長卿勝從父兄子爲博士議郎太子少傅師事夏侯勝及歐陽高左右采獲又從五經諸儒問與尚書相出入者牽引以次章句爲小夏侯氏學傳平陵張山拊字長賓爲博士論石渠至少府山拊受同縣李尋字子長騎都尉及鄭寬中字少君爲博士授成帝官至光祿大夫領尚書事關內侯山陽張無故字子孺廣陵太傅信都秦恭字延君城陽內史增師法至百萬言陳留假倉字子驕以謁者論石渠至膠東相寬中授東郡趙玄御史大夫無故授沛唐尊王莽太傅恭授魯馮賓爲博士後漢東海王良亦傳小夏侯尚書漢宣

帝本始中河内女子得泰誓一篇獻之與伏生所誦合三十篇漢世行之然泰誓年月不與序相應又不與左傳國語孟子衆書所引泰誓同馬鄭王肅諸儒皆疑之漢書儒林傳云百兩篇者出東萊張霸分析合二十九篇以爲數十又采左傳書序爲作首尾凡百二篇篇或數簡文意淺陋成帝時劉向校之非是後遂黜其書古文尚書者孔惠之所藏也魯恭王壞孔子舊宅（漢景帝程姬之子名餘封於魯謚恭王）於壁中得之幷禮論語孝經皆科斗文字博士孔安國（字子國魯人孔子十二世孫受詩於魯申公官至諫大夫臨淮太守）以校伏生所誦

爲頴古寫之增多伏生二十五篇藝文志云多十六篇又伏生誤合五篇凡五十九篇爲四十六卷藝文志云尚書古文經四十六卷五十七篇安國又受詔爲古文尚書傳值武帝末巫蠱事起經籍道息不獲奏上藏之私家安國并作古文論語古文孝經傳藝文志云安國獻尚書傳遭巫蠱事未列於學官以授都尉朝司馬遷亦從安國問故遷書多古文說劉向以中古文校歐陽大小夏侯三家經文脫誤甚衆藝文志云酒誥脫簡一召誥脫簡二文異者七百有餘脫字數十都尉朝授膠東庸生名譚亦傳論語庸生授清河胡常字少子以明穀梁春秋爲博士至部刺史又傳左氏春秋常授虢徐敖右扶風掾又傳毛詩敖授琅邪王璜及平陵塗惲字子其惲授河南乘欽字君長一

（本作枲欽）王莽時諸學皆立惲璜等貴顯范曄後漢書云中興扶風杜林傳古文尚書賈逵（字景伯扶風人左中郎將侍中）爲之作訓馬融作傳鄭玄注解由是古文尚書遂顯于世案今馬鄭所注竝伏生所誦非古文也孔氏之本絶是以馬鄭杜預之徒皆謂之逸書王肅亦注今文而解大與古文相類或肅私見孔傳而祕之乎江左中興元帝時豫章内史枚賾（字仲眞汝南人）奏上孔傳古文尚書亡舜典一篇購不能得乃取王肅注堯典從眘徽五典以下分爲舜典篇以續之（孔序謂伏生以舜典合於堯典孔傳堯典止說帝曰欽哉而馬鄭王之本同爲堯典故取爲舜典）學徒遂

盛後范甯字武子順陽人東晉豫章太守兼注穀梁變爲今文集注俗間或取舜典篇以續孔氏齊明帝建武中吴興姚方興采馬王之注造孔傳舜典一篇云於大航頭買得上之梁武時爲博士議曰孔序稱伏生誤合五篇皆文相承接所以致誤舜典首有曰若稽古伏生雖昏耄何容合之遂不行用漢始立歐陽尚書宣帝復立大小夏侯博士平帝立古文永嘉喪亂衆家之書並滅亡而古文孔傳始興置博士鄭氏亦置博士一人近唯崇古文馬鄭王注遂廢今以孔氏爲正其舜典一篇仍用王肅本

孔安國古文尚書傳十三卷馬融注十一卷字季長鄭玄注九卷王肅注十卷謝沈注十五卷字行思會稽人東晉尚書祠部郎領著作錄一卷李顒注十卷字長林江夏人東晉本郡太守范甯集解十卷姜道盛集解十卷天水人宋給事中字道盛尚書大傳三卷伏生作爲尚書音者四人孔安國鄭玄李軌徐邈按成漢人不作音後人所託

右尚書梁國子助教江夏費甝作義疏行於世

詩者所以言志吟詠性情以諷其上者也古有采詩之官王者巡守則陳詩以觀民風知得失自考正也動天地感鬼神厚人倫美教

化移風俗莫近乎詩是以孔子最先刪録既取周詩上兼商頌凡三百一十一篇（毛公爲故訓時已亡六篇故藝文志云三百五篇）以授子夏子夏遂作序焉（或曰毛公作序解見）[illegible]口以相傳未有章句戰國之世專任武力雅頌之聲爲鄭衛所亂其廢絶亦可知矣遭秦焚書而得全者以其人所諷誦不專在竹帛故也漢興傳者有四家魯人申公（亦謂申[illegible]云楚王大傳武帝以安車蒲輪徵之時申公年八十餘以爲太中大夫）受詩於浮丘伯以詩經爲訓故以教無傳疑者則闕不傳号曰魯詩弟子爲博士者十餘人郎中令王臧（蘭陵人）御史大夫趙綰[illegible]臨淮太守孔安國膠西内史

周霸城陽內史夏寬東海太守魯賜碭人長沙內史繆生蘭陵人膠西中尉徐偃膠東內史闕門慶忌鄒人皆申公弟子也申公本以詩春秋授瑕丘江公盡能傳之徒衆最盛魯許生免中徐公免中縣名皆守學教授丞相韋賢受詩於江公及許生傳子玄成賢字長孺玄成字少翁父子並為丞相封扶陽侯又治禮論語云成兄子賞以詩授哀帝大司馬車騎將軍又王式字翁思東平挑人昌邑王師受詩於免中徐公及許生以授張生長安名長安字幼君山陽人為博士者石渠至山陽中尉及唐長賓東平人為博士楚王太傅褚少孫沛人為博士褚氏家傳云即續史記褚先生張生兄子游卿諫大夫以詩授元帝傳王扶琅邪人泗水中尉扶授許晏陳留人為博士又薛廣德

字長卿沛國祖人御史大夫受詩于王式授龔舍字君倩楚國人太山太守
齊人轅固生漢景帝時爲博士至清河太傅作詩傳号齊詩傳
夏侯始昌始昌授后蒼、字近君東海郯人通詩禮爲博士至少府蒼
授翼奉字少君東海下邳人爲博士諫大夫及蕭望之字長倩東海蘭陵人御史
大夫前將軍兼傳論語匡衡字稚圭東海承人丞相樂安侯子咸亦明經歷九卿家世多爲博士衡
授師丹字公仲琅琊人大司空及伏理字游君高密太傳家世傳業滿昌字君
都潁川人詹事昌授張邯九江人及皮容琅邪人皆至大官徒衆
尤盛後漢陳元方亦傳齊詩燕人韓嬰漢文帝時爲博
士至常除太傅推詩之意作內外傳數方言号曰韓詩
淮南賁生受之武帝時嬰與董仲舒論於上
董仲舒不能難嬰又爲易傳燕趙閒好詩故其易後唯韓氏自傳之其孫商仲

博士孝宣時涿韓生其後也河内趙子事燕韓生授同郡蔡誼（誼以詩授昭帝至丞相封侯）誼授同郡食子公（爲博士）及琅邪王吉（字子陽王駿父昌邑中尉諫大夫吉兼五經能爲鄒氏春秋以詩論教授）子公授太山栗豐（部刺史）吉授淄川長孫順（爲博士）豐授山陽張就順授東海髮福（一本作段福）竝至大官藝文志云齊韓詩或取春秋采雜說咸非其本魯最爲近之毛詩者出自毛公河閒獻王好之徐整（字文操豫章人吳太常卿）云子夏授高行子高行子授薛倉子薛倉子授帛妙子帛妙子授河間人大毛公毛公爲詩故訓傳於家以授趙人小毛公（一云名長）小毛公爲河間獻王博

士以不在漢朝故不列於學一云子夏傳曾申（字子西魯人曾參之子）申傳魏人李克克傳魯人孟仲子（鄭玄詩譜云子思之弟子）孟仲子傳根牟子根牟子傳趙人孫卿子孫卿子傳魯人大毛公漢書儒林傳云毛公趙人治詩爲河間獻王博士授同國貫長卿（徐整作長公）長卿授解延年（延年爲阿武令詩譜云齊人）延年授虢徐敖敖授九江陳俠（王莽講學大夫）或云陳俠傳謝曼卿元始五年公車徵說詩後漢鄭衆賈逵傳毛詩馬融作毛詩注鄭玄作毛詩箋申明毛義難三家於是三家遂廢矣魏太常王肅更述毛非鄭荆州刺史王基（字伯輿東萊人）駮

王肅申鄭義晉豫州刺史孫毓字休朗北海平昌人長沙太守爲詩評評毛鄭王肅三家同異朋於王徐州從事陳統字元方難孫申鄭宋徵士鴈門周續之字道祖及雷次宗俱事盧山惠遠法師豫章雷次宗字仲倫宋通直郎徵不起齊沛國劉瓛竝爲詩序義前漢魯齊韓三家詩列于學官平帝世毛詩始立齊詩久亡魯詩不過江東韓詩雖在人無傳者唯毛詩鄭箋獨立國學今所遵用

毛詩故訓傳二十卷鄭氏箋　馬融注十卷無下祑　王肅注二十卷謝沈注二十卷江熙注二十卷字太和濟陽人東晉兖州別駕　鄭玄詩譜二卷徐整暢大叔裘隱　孫毓詩同

異評十卷陸璣毛詩草木鳥獸蟲魚疏二卷字元恪吳郡人吳太子中庶子烏程令爲詩音者九人鄭玄徐邈蔡氏孔氏阮侃王肅江惇干寶李軌阮侃字德恕陳留人河內太守江惇字思俊河內人東晉徵士蔡氏孔氏不詳何人

右詩梁有桂州刺史清河崔靈恩集衆解爲毛詩集注二十四卷俗間又有徐爰詩音近吳興沈重亦撰詩音義

安上治民莫善於禮鄭子太叔云夫禮天之經地之義民之行也左傳云禮所以經國家定社稷序民人利後嗣者也禮教之設其源

哉帝王質文世有損益至於周公周公居攝曲爲之制故曰經禮三百威儀三千及周之衰諸侯始僭將踰法度惡其害己皆滅去其籍自孔子時而不具矣孔子反魯乃始刪定值戰國交爭秦氏坑焚惟故禮經崩壞爲甚漢興有魯高堂生傳士禮十七篇即今之儀禮也而魯徐生善爲容孝文時爲禮官大夫景帝時河間獻王好古得古禮獻之鄭六藝論公後得孔氏壁中河間獻王古文禮五十六篇記百三十一篇周禮六篇其十七篇與高堂生所傳同而字多異劉向別錄云古文記二百四篇藝文志曰禮古經五十六篇出于魯淹中蘇林云淹中里名或曰河間獻王開獻書之路時有李氏上周官

五篇失事官一篇乃購千金不得取考工記以補之瑕丘蕭奮以禮至淮陽太守授東海孟卿孟喜父授同郡后蒼及魯閭丘卿其古禮經五十六篇蒼傳十七篇所餘三十九篇付書館名爲逸禮蒼說禮數万言号曰后蒼曲臺記在曲臺校書著記因以爲名孝宣之世蒼爲最明授沛聞人通漢字子方以太子舍人論石渠至中山中尉及梁戴德字延君号大戴信都太傳戴聖字次君号小戴以博士論石渠至九江太守沛慶普字孝公東平太傳由是禮有大小戴慶氏之學普授魯夏侯敬又傳族子咸豫章太守大戴授琅邪徐良字斿卿爲博士州牧郡守家世傳業小戴授梁人橋仁字季卿大鴻臚家世傳業及楊榮字子

（孫琅邪太守）王莽時劉歆爲國師始建立周官
爲周禮河南緱氏杜子春受業於歆還
教門徒好學之士鄭興父子（興字少贛河南漢太中大夫子）
（前並作周禮解詁）等多往師之賈景伯亦作周禮解
禮記者本孔子門徒共撰所聞以爲此記
人通儒各有損益故中庸是子思伋所作
是公孫尼子所制鄭玄云月令是吕不韋
所撰盧植（字子幹涿郡人後漢北中郎將九江太守）云王制是漢時
所爲陳邵（字節良下邳人晉司空長史）周禮論序云戴德
删古禮二百四篇爲八十五篇謂之大戴禮
戴聖删大戴禮爲四十九篇是爲小戴禮（漢劉）

向別録有四十九篇其篇次與今禮記同名爲他家書拾撰所取不可謂之小戴禮後漢馬融盧植考諸家同異附戴聖篇章去其繁重及所欽略而行於世即今之禮記是也鄭玄亦依盧馬之本而注焉范曄後漢書云中興鄭衆傳周官經後馬融作周官傳授鄭玄玄作周官注鄭注引杜子春鄭大夫鄭司農之義鄭玄三禮目録云二鄭信同宗之大儒今賛而辯之玄本治小戴禮後以古經校之取其於義長者順者故爲鄭氏學玄又注小戴所傳禮記四十九篇通爲三禮焉漢初立高堂生禮博士後又立大小戴慶氏三家王莽又立周禮後漢三禮皆立博士今慶氏曲臺久亡大戴無傳

學者唯鄭注周禮儀禮禮記竝列學官而喪服一篇又別行於世今三禮俱以鄭爲主[illegible]

馬融注周官十二卷鄭玄注十二卷王肅注十二卷干寶注十三卷

右周禮

鄭玄注儀禮十七卷馬融王肅孔倫（字敬序會稽人東[illegible]盧陵太守集衆家注）陳銓（不詳何人）裴松之（字世期河東人宋太中大夫西鄉侯）雷次宗蔡超（字希遠濟陽人宋丞相諮議參軍）田儁之（字僧紹馮翊人齊宋平太守）劉道拔（彭城人宋海豐令）周續之（自馬融以下竝注喪服）

右儀禮

盧植注禮記二十卷鄭玄注二十卷王肅注

三十卷孫炎注二十九卷字叔然樂安人魏祕書監徵不就業遵注十二卷字長儒燕人宋奉朝請庾蔚之略解十卷隨潁川人宋員外常侍

右禮記

鄭玄三禮音各一卷王肅三禮音各一卷七錄雅云撰禮記音李軌周禮儀禮音各一卷禮記音二卷劉昌宗周禮儀禮音各一卷禮記音五卷徐邈周禮音一卷錄無禮記音卷射慈字孝宗彭城人吳中書侍郎齊三傳禮記音一卷謝楨不詳何人禮記音一卷孫毓禮記音一卷繆炳禮記音一卷曹耽字愛道譙國人東安人諮議參軍不禮記音二卷尹毅天水人東晉國子助教禮記音一卷蔡謨字道明濟陽考城人晉司徒文穆公音卷范宣字宣子濟陽人東晉員外郎不就禮記音二卷徐爰禮記三卷作周禮音一卷云定鄭氏音土江南無此書不詳何人

右作音人近有戚袞作周禮音沈重撰周禮禮記音梁國子助教皇侃撰禮記義疏五十卷又撰喪服義跡竝行於世

古之王者必有史官君舉則書所以愼言行昭法式也諸侯亦有國史春秋即魯之史記也孔子應聘不遇自衛而歸西狩獲麟傷其虛應乃與魯君子左丘明觀書於太史氏因魯史記而作春秋上遵周公遺制下明將來之法褒善黜惡勒成十二公之經以授弟子弟子退而異言丘明恐弟子各安其意以失

其眞故論本事而爲之傳明夫子不以空言説經也春秋所貶損人當世君臣其事實皆形於傳故隱其書而不宣所以免時難也及末世口説流行故有公羊（名高齊人子夏弟子受經于子夏）穀梁（名赤魯人糜信云與秦孝公同時七録云名淑字元始風俗通云子夏門人）鄒氏（王吉善鄒氏春秋）夾氏之傳鄒氏無師夾氏有録無書故不顯于世（桓譚新論云左氏傳遭戰國寖藏後百餘年魯人穀梁亦作春秋殘略多有遺文又有齊人公羊高緣經文作傳彌失本事）漢興齊人胡母生（字子都景帝時爲博士年老歸教于齊齊之言春秋者宗事之丞相公孫弘亦頗受焉）趙人董仲舒（官至江都膠西相）竝治公羊春秋蘭陵褚大（梁相）東平嬴公（諫大夫）廣川段仲温呂步舒（步舒丞相長史）皆仲舒弟子嬴公守學不失

師法授東海孟卿及魯眭弘字孟符節令弘授嚴
彭祖字公子東海下邳人爲博士至左馮翊太子太傅及顏安樂字翁孫魯國薛人也
孟姊子也爲齊郡太守丞由是公羊有嚴顏之學弘弟子百
餘人常曰春秋之意在二子矣彭祖授琅邪
王中少府家世傳業中授同郡公孫文東平太傅徒衆甚盛及東門
雲荆州刺史安樂授淮陽泠豐字次君淄川太守及淄川任
翁少府豐授大司徒馬宮字游卿東海戚人封扶德侯及琅邪左
咸郡守九卿徒衆甚盛始貢禹字少翁琅邪人御史大夫事嬴公而成於
眭孟以授潁川堂谿惠惠授泰山冥都丞相史
踈廣字仲翁東海蘭陵人太子太傅事孟卿以授琅邪筦路筦
路及冥都又事顏安樂路授大司農孫寶字子嚴潁

川駟陵人瑕丘江公受穀梁春秋及詩於魯申公武帝時爲博士傅子至孫皆爲博士使與董仲舒論江公吶於口而丞相公孫弘本爲公羊學比輯其義卒用董生於是上因尊公羊家詔太子受衛太子復私問穀梁而善之其後浸微唯魯榮廣字王孫皓星公二人受焉廣盡能傳其詩春秋蔡千秋字少君諫大夫郎中戶將梁周慶字幼君丁姓字子孫至中山太傅皆從廣受千秋又事皓星公爲學最篤宣帝即位聞衛太子好穀梁乃召千秋與公羊家並說上善穀梁說後又選郎十人從千秋受會千秋病死徵江公孫爲博士詔劉向

穀梁欲令助之江博士復死乃徵周慶丁姓
待詔使卒授十人十餘歲皆明習乃召五經
名儒太子太傅蕭望之等大議殿中平公
羊穀梁同異（時公羊博士嚴彭祖侍郎申輓伊推宋顯穀梁議郎尹更始待詔劉向周慶丁姓並論）
望之等多從穀梁由是大盛慶姓皆爲博
士姓授楚申章昌曼君（爲博士至長沙太傅）初尹更始
（字翁君汝南邵陵人議郎諫大夫長樂戶將）事蔡千秋又受左氏傳取
其變理合者以爲章句傳子咸（大司農）及翟方
進（字子威汝南上蔡人丞相封侯）房鳳（字子元琅邪不其人光祿大夫五官中郎將青州牧）始
江博士授胡常常授梁蕭秉（字君房）王莽時
爲講學大夫

左丘明作傳以授曾申申傳衛人吳起(魏文侯相)起傳其子期期傳楚人鐸椒(楚太傅)椒傳趙人虞卿(趙相)卿傳同郡荀卿名況況傳武威張蒼(漢丞相北平侯)蒼傳洛陽賈誼(長沙梁王太傅)誼傳至其孫嘉嘉傳趙人貫公(漢書云賈誼授貫公為河間獻王博士)貫公傳其少子長卿(蕩陰令)長卿傳京兆尹張敞(字子高河東平陽人徙杜陵)及侍御史張禹(字長子清河人)禹數為御史大夫蕭望之言左氏望之善之薦禹徵待詔未及問會病死禹傳尹更始更始傳其子咸及翟方進胡常常授黎陽賈護(字季君哀帝時待詔為郎)護授蒼梧陳欽(字子佚以左氏授王莽至將軍)漢書儒林傳云

漢興北平侯張蒼及梁太傅賈誼京兆尹張敞太中大夫劉公子皆修春秋左氏傳始劉歆（字子駿向之子王莽國師）從尹咸及翟方進受左氏（哀帝時歆與房鳳王龔欲立左氏爲師丹所奏不果平帝出始得立）由是言左氏者本之賈護劉歆歆授扶風賈徽（字元伯後漢潁陰令作春秋條例二十一卷）徽傳子逵逵受詔列公羊穀梁不如左氏四十事奏之名曰左氏長義章帝善之逵又作左氏訓詁司空南閤祭酒陳元作左氏同異大司農鄭衆作左氏條例章句南郡太守馬融爲三家同異之說京兆尹延篤（字叔堅南陽人）受左氏於賈逵之孫伯升因而注之汝南彭汪（字仲博）記

先師奇說及舊注太中大夫許淑（字惠卿魏郡人）九江
太守服虔（字子慎河南人）侍中孔嘉（字山甫扶風人）魏司徒
王朗（字景興肅之父）荆州刺史王基大司農董遇徵士
燉煌周生烈竝注解左氏傳梓潼李仲欽著
左氏指歸陳郡潁容（字子嚴後漢公車徵不就）作春秋條例
又何休（字邵公任城人後漢諫大夫）作左氏膏肓公羊墨守
穀梁癈疾鄭康成鍼膏肓發墨守起癈
疾自是左氏大興漢初立公羊博士宣帝又立
穀梁平帝始立左氏後漢建武中以魏郡李
封爲左氏博士羣儒蔽固者數廷爭之及封
卒因不復補和帝元興十一年鄭興父子奏

左氏乃立於學官仍行於世迄今遂盛行三傳漸微江左中興立左氏傳杜氏服氏博士太常荀崧奏請立二傳博士詔許立公羊云穀梁膚淺不足立博士王敦亂竟不果立左氏今用杜預注公羊用何休注穀梁用范甯注二傳近代無講者恐其學隊絶故爲音以示將來

士燮注春秋經十一卷字彥威蒼梧人吳衛將軍龍編侯賈逵左氏解詁三十卷服虔解誼三十卷王肅注三十卷董遇章句三十卷杜預經傳集解三十卷字元凱京兆杜陵人晉鎮南大將軍開府儀同三司當陽侯孫毓注二十八卷杜預春秋釋例十五卷四十篇服虔音一卷魏高貴鄉公音三卷曹髦字士彥魏廢帝嵇康音三卷字叔夜譙國人晉中散大夫杜預音三卷李軌音三卷荀訥

音四卷字世言新蔡人東晉尚書左民郎 徐邈音三卷

右左氏梁東宮學士沈文何撰

春秋義疏闕下袟陳東宮學士

王元規續成之元規又撰春秋音

何休注公羊十二卷王愆期注十二卷字門子河東人

東晉散騎常侍辰陽伯 高龍注十二卷字文范陽人東晉河南太守 孔衍

集解十四卷字舒元魯人東晉廣陵相 李軌音一卷 江惇音

一卷

右公羊

漢更始穀梁章句十五卷唐固注十二卷字子正[illegible]

人吳尚書僕射 糜信注十二卷字南山東海人魏樂平太守 孔衍集

解十四卷徐邈注十二卷徐乾注十三卷字文祚東莞人東晉給事中范寗集注十二卷段肅注十二卷不詳何人

胡訥集解十卷

右穀梁

孝經者孔子爲弟子曾參說孝道因明天子庶人五等之孝事親之法亦遭焚燼河間人顏芝爲秦禁藏之漢氏尊學芝子貞出之是爲今文長孫氏博士江翁少府后蒼諫大夫翼奉安昌侯張禹傳之各自名家凡十八章又有古文出于孔氏壁中別有閨門一章自餘分析十八章揔爲二十二章孔安國作傳

劉向校書定爲十八後漢馬融亦作古文孝經傳而世不傳世所行鄭注相承以爲鄭玄案鄭志及中經簿無唯中朝穆帝集講孝經云以鄭玄爲主檢孝經注與康成注五經不同未詳是非（江左中興孝經論語共立鄭氏博士一人）古文孝經世既不行今隨俗用鄭注十八章本

孔安國　馬融　鄭衆　鄭玄　王肅　蘇林（字孝友陳留人魏散騎常侍）　何晏（字平叔南陽人魏吏部尚書駙馬都尉關內侯）　劉邵（字孔才廣平人魏光祿勳一云劉熙）　韋昭（字弘嗣吳郡人吳侍中領左國史高陵亭侯爲晉諱改爲曜）　徐整　謝万　孫氏（不詳何人）　揚泓（天水人東晉給事中）　袁宏（字彥伯陳郡人東晉東陽太守）　虞槃佑（字弘猷高平人東晉處士）　庾氏（不詳何人）　殷仲文（陳郡人東晉東陽太守）　車胤（字武子南

人東晉陽尹 荀昶字茂祖潁川人宋中書郎 孔光字文泰東莞人 何承
東海人宋延尉御 釋慧琳泰郡人宋世沙門 王玄載字彥遲大齊光祿大夫
明僧紹
右並注孝經皇侃撰義疏先儒
爲音者
論語者孔子應荅弟子及時人所言或弟子
相與言而接聞於夫子之語也當時弟子各
有所記夫子既終微言已絕弟子恐離居已
後各生異見而聖言永滅故相與論撰因
時賢及古明王之語合成一法謂之論語鄭
康成云仲弓子夏等所撰定漢興傳者則

有三家魯論語者魯人所傳即今所行篇次是也常山都尉龔奮長信少府夏侯勝丞相韋賢及子玄成魯扶卿（鄭云扶先或說先先生）太子少傅夏侯建前將軍蕭望之並傳之各自名家齊論語者齊人所傳別有問王知道二篇凡二十二篇其二十篇中章句頗多於魯論昌邑中尉王吉少府宋畸瑯邪王卿御史大夫貢禹尚書令五鹿充宗膠東庸生並傳之唯王陽名家古論語者出自孔氏壁中凡二十一篇有兩子張（如淳云分堯曰篇後子張問何如可以從政以下爲篇名曰從政）篇次不與齊魯論同（新論云文異音四百餘字）孔安國爲傳後漢馬

融亦注之安昌侯張禹受魯論于夏侯建又從庸生王吉受齊論擇善而從号曰張侯論最後而行於漢世禹以論授成帝後漢包咸周氏字子良吳人大鴻臚不詳何人並爲章句列于學官鄭玄就魯論張包周之篇章考之齊古爲之注焉魏吏部尚書何晏集孔安國包咸周氏馬融鄭玄陳羣字長文穎川人魏司空王肅周生烈燉煌人七錄云字文逵本姓唐魏博士侍中之說并下已意爲集解正始中上之盛行於世今以爲主鄭玄注十卷王肅注十卷虞翻注十卷何晏集解十卷譙周注十卷字允南巴西人晉散騎常侍不拜陽城亭侯衛瓘注八卷少二卷宋明帝補闕崔豹

注十卷（字平叔燕國人晉尚書左中兵郎）李充集注十卷（東晉孫綽集注十卷（字興公太原人東晉廷尉卿長樂亭侯）盈氏注十卷（不詳何人）孟整注十卷（一云孟陋陋字少孤江夏人東晉撫軍參軍不就）梁覬注十卷（天水人東晉國子博士）袁喬注十卷（字彥叔陳國人東晉益州刺史湘西簡侯）尹毅注十卷江熙集解十二卷張馮注十卷（字長宗吳人東晉司徒左長史）孔澄之注十卷（字仲淵會稽人宋新安太守）虞遐注十卷（會稽人齊員外郎）王弼釋疑三卷欒肇釋疑十卷徐邈音一卷

右論語皇侃撰義疏行於世

老子者姓李名耳（河上公云名重耳）字伯陽陳國苦縣厲鄉人也（史記云字聃又云曲里人一云陳國相人）生而皓首（劉向列仙傳云受學於容

成生於殷時爲周柱下史史記云爲周守藏史或言是老莱子蓋百六十餘歲或言二百餘歲衆家皆云先爲柱下史轉爲守藏史葛洪云文王時爲主藏史武王時爲柱下史或云老子在黃帝時爲廣成子云爲夫老在堯時爲務光子在殷時爲彭祖在周爲柱下史覩周之衰乃西出關[illegible]散[illegible]時爲關令尹喜說道德二篇尚虛無無爲劉向云西遁流沙莫知所終班固云道家者清虛以自守卑弱以自持此人君南面之術也漢文帝竇皇后好黃老言有河上公者居河之湄結草爲菴以老子教授文帝御之不至自詣河上責之河上公乃踊身空中文帝改容謝之於是作老子章句四篇以授文帝言治身治國之要其後談論者莫不宗尚玄言唯王輔嗣妙

得虛無之旨今依王本博采衆家以明同異

河上公章句四卷不詳名氏 毋丘望之章句二卷字仲都京兆人漢長陵三老 嚴遵注二卷字君平蜀郡人漢徵士又作老子指歸十四卷 虞翻注二卷 王弼注二卷又作老子指略一卷 鍾會注二卷 羊祜解釋四卷字叔子泰山平陽人晉太傅鉅平成侯 范望州注訓二卷字叔文會稽人吳尚書郎 王尚述二卷字君曾琅邪人東晉江州刺史封杜忠侯 程韶集解二卷鉅鹿人東晉中關內侯 邯鄲氏注二卷不詳何人 常氏注二卷不詳何人 盈氏注二卷 孟子注二卷或云孟康康字公休安平廣宗人魏中書監廣陵亭侯 巨生內解二卷不詳何人 袁真注二卷字彥仁陳郡人東晉西中郎將豫州刺史 張嗣注二卷 張憑注二卷 孫登集注二卷字仲山原中都

東晉尚書郎蜀才注二卷釋慧琳注二卷釋慧嚴

注二卷陳留人本姓范宋世沙門王玄載注二卷顧懽堂誥

四卷一作老子義疏節解二卷不詳作者或云老子所作一云河上公作劉遺

民玄譜一卷字遺民彭城人東晉柴桑令想余注二卷不詳何人一云

張魯或云劉表曾字公旗沛國豐人漢鎮南將軍關內侯戴逵音一卷字安道譙國人

東晉散騎常侍太子中庶子徵不就

右老子近代有梁武帝父子及周

弘正講疏北學有杜弼注世頗行之

莊子者姓莊名周太史公云字子休梁國蒙縣人也六

國時爲梁漆園吏與魏惠王齊宣王楚威王

同時李頤云與齊愍王同時齊楚嘗聘以爲相不應時人

皆尚遊説莊生獨高尚其事優遊自得依老
氏之旨著書十餘万言以逍遥自然無爲齊
物而已大抵皆寓言歸之於理不可案文責
也然莊生宏才命世辭趣華深正言若反故
莫能暢其弘致後人增足漸失其眞故郭子
玄云一曲之才妄竄奇説若閼弈意脩之首
巵言遊鳬子胥之篇凡諸巧雜十分有三漢
書藝文志莊子五十二篇即司馬彪孟氏所
注是也言多詭誕或似山海經或類占夢書
故注者以意去取其内篇衆家竝同自餘或
有外而無雜唯子玄所注特會莊生之旨故

爲世所貴徐仙民李弘範作音皆依郭本以
郭爲主
崔譔注十卷二十七篇（清河人晉議郎内篇七外篇二十）向秀
注二十卷二十六篇（一作二十七篇一作二十八篇亦無雜篇爲音三卷）司
馬彪注二十一卷五十二篇（字紹統河内人晉秘書監内篇七外篇二
十八雜篇十四解說三爲音三卷）郭象注三十三卷三十三篇（字子
玄河内人晉大傅主簿内篇七外篇十五雜篇十一爲音三卷）李頤集解三十卷三
十篇（字景真潁川襄城人晉丞相參軍自號玄道子一作三十五篇爲音一卷）孟氏注十
八卷五十二篇（不詳何人）王叔之義疏三卷（字穆夜琅邪人
宋處士亦作注）李軌音一卷徐邈音三卷
右莊子

爾雅者所以訓釋五經辯章同異實九流之通路百氏之指南多識鳥獸草木之名博覽而不惑者也爾近也雅正也言可近而取正也釋詁一篇蓋周公所作釋言以下或言仲尼所增子夏所足叔孫通所益梁文所補張揖論之詳矣前漢終軍始受豹鼠之賜自茲迄今斯文盛矣先儒多爲億必之說乖蓋闕之義唯郭景純洽聞強識詳悉古今作爾雅注爲世所重今依郭本爲正

犍爲文學注三卷一云犍爲郡文學卒史臣舍人漢武帝時待詔闕中卷

劉歆注三卷與李巡注正同疑非歆注

樊光注六卷京兆人後漢中散大夫沈旋疑

非光注 李巡注三卷 汝南人後漢中黃門 孫炎注三卷 音一卷 郭璞注三卷 字景純河東人東晉弘農太守著作郎音一卷圖贊二卷

右爾雅梁有沈旋 約之子 集衆家之注陳博士施乾國子祭酒謝嶠舍人顧野王並撰音既是名家今亦采之附於先儒之末

目錄

經典釋文第一 序錄

經典釋文第二 周易音義

經典釋文第三 古文尚書音義上 起第一盡第五

經典釋文第四 古文尚書音義下 起第六盡第十三

經典釋文第五　毛詩音義上起第一盡第六

經典釋文第六　毛詩音義中起第七盡第十五

經典釋文第七　毛詩音義下起第十六盡第二十

經典釋文第八　周禮音義上起天官盡春官

經典釋文第九　周禮音義下起夏官盡考工記

經典釋文第十　儀禮音義

右上帙十卷

經典釋文第十一　禮記音義之一起第一盡第五

經典釋文第十二　禮記音義之二起第六盡第十

經典釋文第十三　禮記音義之三起第十一盡第十五

經典釋文第十四　禮記音義之四起第十六盡第二十

經典釋文第十五 春秋左氏音義之一 起第一盡第五

經典釋文第十六 春秋左氏音義之二 起第六盡第十

經典釋文第十七 春秋左氏音義之三 起第十一盡第十五

經典釋文第十八 春秋左氏音義之四 起第十六盡第二十

經典釋文第十九 春秋左氏音義之五 起第二十一盡第二十五

經典釋文第二十 春秋左氏音義之六 起第二十六盡第三十

右中帙十卷

經典釋文第二十一 春秋公羊音義

經典釋文第二十二 春秋穀梁音義

經典釋文第二十三 孝經音義

經典釋文第二十四 論語音義

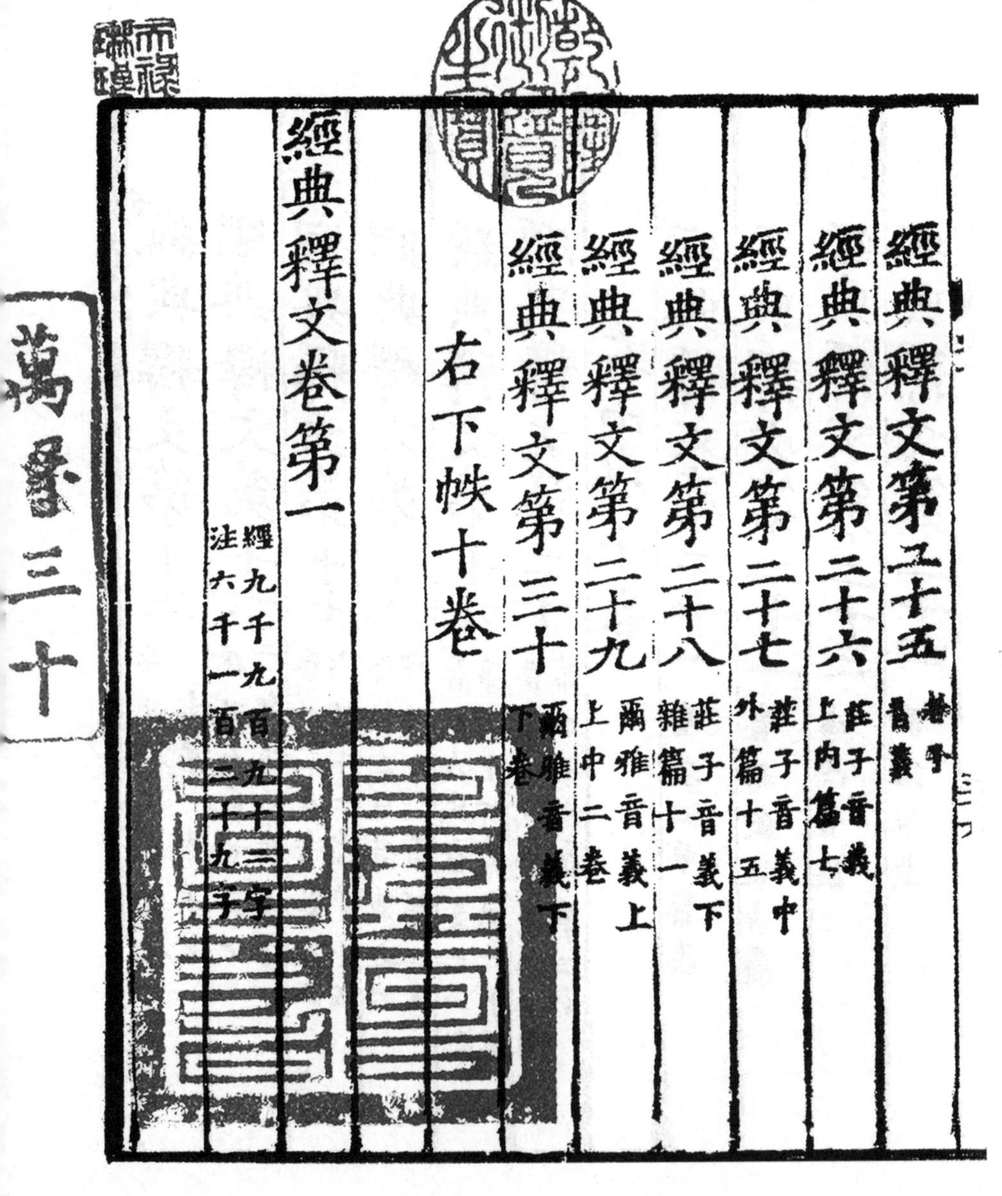

經典釋文第二十五 老子音義

經典釋文第二十六 莊子音義上內篇七

經典釋文第二十七 莊子音義中外篇十五

經典釋文第二十八 莊子音義下雜篇十一

經典釋文第二十九 爾雅音義上中二卷

經典釋文第三十 爾雅音義下下卷

右下帙十卷

經典釋文卷第一

經九千九百九十三字
注六千一百二十九字

五福五代堂古稀天子寶

八徵耄念之寶

太上皇帝之寶

經典釋文第二

周易音義

唐國子博士兼太子中允贈齊州刺史吳縣開國男陸德明撰

周 代名也周至也遍也備也今名書義取周普 易 盈隻反此經名也……

正從上經 上者對下立名經者常也法也徑也由也 乾 ……

易 翼也 解見發題

第一 亦作弟 王弼注 本亦作王輔嗣注音張具反今本或無注字師說無者非

䷀乾 竭然反依字作𠃵下乙乾從旦从𠃉音偃說卦云乾健也此八純卦象天 元亨 許庚反卦德也訓通也餘放此 潛 捷鹽反 龍 喻陽氣及聖人 見龍 賢遍反示也注及下見龍皆同 利見 如字下皆同 大人 王肅云聖人在位之目 離隱 力智反 處於 昌呂反衆經不音者放此 德施 始豉反與也 不偏 音篇 則過 古卧反諸經內皆同 夕

惕他曆反怵惕也鄭玄云懼也廣雅同若厲力世反危也无音無易內皆作此字
說文云奇字無也通於无者虛无道也王述說天屈西北爲无咎其久反易內同重剛直龍
反下同竭知音智或躍羊灼反廣雅云上也上音時掌反所處一本作可
處近平附近之近猶以救反與音預不謬靡幼反本或作繆音同夫
位音符下皆同亢苦浪反子夏傳云極也廣雅云高也則佞乃定反邪字又
作耶似嗟反彖吐亂反斷也斷音都亂反資始鄭云資取也乃統鄭云統本
也雲行如字雨施始豉反卦內皆同之累劣僞反者邪或作耶同
餘嗟反後協句辭皆放此象翔丈反精象擬象也自強其良反反復芳服反注
同本亦作覆大人造鄭徂早反爲也王肅七到反就也至也劉歆父子作聚文言
文飾卦下之言也夫子之十翼梁武帝云文言是文王所制之長張丈反之幹古旦
反體仁如字京房荀爽董遇本作體信利物孟喜京荀陸績作利之不成名

一本作不成乎名　遯世徒頓反　无悶門遜反　樂則音洛　確乎苦學反鄭云堅高之
皃說文云高至　可拔蒲八反鄭云移也廣雅云出也　庸行下孟反　閑邪似嗟反下同
幾既依反注同理初始微名幾　能全一本作能令　尟克本亦作鮮同仙善反少也　怵
敕律反　解怠佳賣反　上下並如字王肅上音時掌反　非離力智反　相應應對之應
易內不出者並同　流濕申入反　就燥蘇早先皂二反　聖人作如字鄭云起也馬融
作起　而當都浪反易內皆同有異者別出　故盡津忍反　當其如字　上治直吏反下
及注同　放遠于萬反　見而賢遍反　粹雖遂反　揮音輝廣雅云動也王肅云
散也本亦作輝義取光輝　爲行下孟反下之行行而皆同　日可人實反　未見賢遍反　以
辯如字徐扶免反　重剛直龍反下同　夫大人音符發端之字皆故此　先天
悉薦反　後天胡豆反　知喪息浪反　其唯聖人乎王肅本作愚人
後結始作聖人

䷁坤 本又作巛巛今字也同困魂反說卦云順也八純卦象地 利牝 頻忍反徐邈扶忍反又扶死反

有攸 音由所也 喪朋 息浪反馬云失也下及注並同 必離 力智反 无疆 或作壃同居良反下及注同

必爭 爭鬭之爭 履霜 如字鄭讀履爲禮 積著 張慮反眾經不音者皆同

始凝 魚冰反 馴 似遵反向秀云從也徐音訓此依鄭義 任其 而鴆反眾經皆同

知光 音智注同 不擅 善戰反專也 括 古活反結也方言云閉也廣雅云塞也 囊 乃剛反

无譽 音餘又音預 不造 七到反又曹早反 否 皮鄙反 閉 必計反字林方結反云闔也

施愼 並如字愼謹也象詞同本或作順非 之飾 申職反本或作餝俗字 坤至柔

本或有文言曰者 爲邪 似嗟反 餘殃 於良反鄭云禍惡也說文云凶也 臣弒 式志反本或作殺音同下同

由辯 如字馬云別也荀作變 言順 如字 直方大不習

无不利則不疑其所行 張璠本此上有易曰眾家皆無 木蕃 伐袁反

而暢 勑亮反 陰疑 如字荀虞姚信蜀才本作凝 爲其 胡僞反注爲其同 嫌 戶謙反

反注同鄭作謙荀虞陸董作兼 未離力智反

䷂屯張倫反難也盈也坎宮二世卦 則否備鄙反 得主則定本亦作則寧

而難乃旦反卦內除六二注難可餘並同賈逵注周語云畏憚也 天造徂早反注同 草昧音妹廣雅云草造也董云草昧微物 而不寧而辭也鄭讀而曰能能猶安也 經論音論鄭如字謂論撰書禮樂施政事黃穎云經論匡濟也本亦作綸 磐本亦作盤又作槃步干反 桓馬云槃桓旋也 晏安本又作宴各依字晏一諫反宴一見反 下賤遐嫁反 屯如子夏傳云如辭也 亶如張連反馬云難行不進之皃 乘馬繩證反四馬曰乘下及注並同鄭云馬牝牡曰乘子夏傳音繩 班如如字子夏傳云相牽不進皃鄭本作般 媾古后反馬云重婚本作冓鄭云猶會本或作構者非 相近附近之近下近並同又如字

即鹿王肅作麓云山足 君子幾徐音祈辭也注同又音機近也速也鄭作機云弩牙也 舍式夜反止也注下同徐音捨 往吝力刃反又力慎反馬云恨也 雖比毗志反下皆同 之易以豉反 不揆葵癸反 以從如字鄭黃手用反 合好呼報反下同 恢弘苦回

反大也博施式豉反及下文同拯拯救之拯亨于許庚反他閒閒則之閒

漣如音連說文云泣下也應援于眷反又音袁闉音因塞也春秋傳云當陳隧者井堙木刊

是也阨於革反又於賣反委仰如字又魚亮反長也直良反

䷃蒙莫公反蒙蒙也稚也稽臨見圖云無以教天下曰蒙方言云蒙萌也離宮四世卦童如字字書作僮

鄭云未冠之稱廣雅云癡也筮市制反決也鄭云問告古毒反示也語也再三息暫反又如字

瀆音獨亂也鄭云褻也則復扶又反能斷丁亂反夫疑音扶六五注同

闕山五代反時中張仲反注時中決中同又如字和也童蒙求我一本作來

求我不諮本亦作咨又作資並通果行下孟反注及六三注象同用說吐活反注同徐又音

稅桎音質梏古毒反在足曰桎在手曰梏小爾雅云杻謂之梏械謂之桎杻音丑所惡烏路反

苞蒙如字鄭云苞當作彪彪文也用取七住反本又作娶下及注同獨遠于萬反下

文同能比毗志反以巽音遜鄭云當作遜擊蒙經歷反王肅云治也馬鄭作繫繫

去紀呂反下同 為之于僞反又如字 扞胡旦反 禦魚呂反本又作衛

䷄需音須字從兩重而者非飲食之道也訓養鄭讀為秀解云陽氣秀而不直前者畏上坎也坤宮遊䰟卦

有孚徐音敷信也又作尃 光師讀絕句 亨貞吉一句馬鄭揔為一句 不陷陷沒之陷

位乎如字鄭音涖 雲上時掌反干寶云升也 於天王肅本作雲在天上 宴烏練反徐烏殄反安也干同鄭云享宴也李軌烏衍反 樂音洛注同 最遠袁万反下遠險同 於難乃旦反下文皆同

利用恒未失常也本亦有无咎者 于沙如字鄭作沚 轉近附近之近 後

時胡旦反 衍在以善反徐怡戰反 致寇如字鄭王肅本作戎 則辟音避下同 已

得音紀又音巳 所復扶又反 不速如字馬云召也釋詁云疾也釋言云徵也召也

䷅訟才用反爭也言之於公也鄭云辯財曰訟離宮遊䰟卦 窒張栗反徐得悉反又得失反馬作至云讀為躓猶止也鄭云至覺悔皃 惕湯歷反王注或在惕字上或在下皆通在中吉下者非 中如字馬丁仲反 吉

有孚窒一句惕中吉一句 涉難乃旦反 猶復扶又反下同 不枉紆往反 而令力呈反

反正夫音符下法同斷不丁亂反下注並同契之苦計反下同其分符問
反相濫力暫反爭何爭鬭之爭陰和胡卧反而逋補吴反徐方吴反眚
生領反子夏傳云妖祥曰眚馬云災也鄭云過也下物遐嫁反竄七亂反徐又七外反逃也掇徐都
活反說文云拾取也鄭本作惙陟劣反憂也忤也五故反復即音服後同者更不音渝以朱
反變也馬同鄭云然也不邪似嗟反錫星歷反又星自反賜也鞶步干反馬云大也徐云王
肅作槃帶音帶亦作帶終朝馬云旦至食時爲終朝三息暫反注同或如字褫徐敕紙反
又直是反本又作褫音同王肅云解也鄭本作拕徒可反
䷆師彖云眾也馬云二千五百人爲師坎宮歸魂卦貞丈人絶句丈人嚴莊之稱鄭云能以法度長於
人之稱尺證反以王如字物歸往也徐又往況反毒徒篤反役也馬云治也畜衆
敕六反聚也王肅許六反養也否音鄙惡也注同馬鄭王肅方有反臧作郎反善也三錫星歷反徐音賜
鄭本作賜天寵如字鄭云光燿也王肅作龍云寵也背高音佩有禽徐本作擒長

子丁丈反注及下同 軍帥色類反

☵☷比毗志反卦內並同彖云輔也序卦云比比也子夏傳云地得水而柔水得地而流故曰比徐又甫履反坤宮歸魂卦 凶邪似嗟反 求有本亦作求得 其炎于廉反 缶方有反瓦器也鄭云汲器也爾雅云盎謂之缶 有它敕多反本亦作池 匪人非鬼反馬云匪非也王肅本作匪人凶 三驅匡愚反徐六鄭作歐馬云三驅者一曰乾豆二曰賓客三曰君庖 狹矣戶夾反 則舍音赦又音捨 背巳音佩 則射食亦反 惡而烏路反 舍逆音捨

☰☴小畜本又作蓄同敕六反積也聚也卦內皆同鄭許六反養也巽宮一世卦 施未始豉反注皆同 陽上時掌反 蒸職膺反 車說吐活反下文并注並同說云解也 輻也音福 雖復扶又反上九云同 輿音餘 輻音福本亦作輹音服馬云車下縛也鄭云伏菟 陰長丁丈反 下 血如字馬云當作恤憂也 去起呂反注同 亦惡烏路反履卦同 攣力專反馬云連也徐又力轉反子夏傳作戀云惠也 幾徐音祈又音機注同子夏傳作近 唯泰也 則然一本作然

則讀即以也字絕句　有難乃旦反　可盡津忍反

☰履利恥反禮也艮宮五世卦　咥直結反齧也馬云齕　說而音悅注及後同　行夫音符下同　佞邪似嗟反　疚久又反馬云病也陸本作疾　坦坦吐但反說文云安也廣雅云平也明也蒼頡篇云著也　不憙虛備反又音喜　險厄於革反又作戹　眇妙小反字書云盲也說文云小目　跛波我反足跛也依字作破　不脩本又作循　行未下孟反　愬愬山革反子夏傳云恐懼皃何休注公羊傳云驚愕也馬本作虩虩音許逆反云恐懼也說文同廣雅云懼也　逼近附近之近　夬古快反　考祥本亦作詳

周易上經泰傳第二

☷☰泰如字大通也鄭云通也馬云大也坤宮三世卦　道長丁丈反　財成音才徐才載反荀作裁　輔相息亮反注同　以左音佐注同　右民音佑注同左右助也　拔蒲八反　茅卯交反鄭音苗　茹汝據反牽引也鄒湛同王肅音如　彙音胃類也李于鬼反傅氏注云彙古偉字

八八

美也古文作曽董作夤出也鄭云勤也 苞 本又作包必交反下卦同音薄交反 荒 本亦作巟音同鄭注禮云

穢也說文水廣也又大也鄭讀爲康云虛也 用馮 音憑注同 荒穢 於廢反 不陂 彼僞反徐

甫寄反傾也注同又破河反偏也 象曰无平不陂 一本作无往不復 篇篇 如字子夏傳作

翩翩向本同云輕舉皃古文作偏偏 以祉 音恥一音勑子反又音芷 女處 本亦作文處 盡夫 音符

後皆放此以意求之 隍 音皇城塹也子夏作堭姚作湟 所應 如字舊音應對之應 上承 時掌反

下施 始豉反 否道 備鄙反

☰☷否 備鄙反卦內同閉也塞也乾宮三世卦 道長 丁丈反 辟難 上音避下乃旦反

入邪 似嗟反 不諂 勑檢反 否亨 許庚反 疇 直留反鄭作𠷎古疇字 休否

虛虯反美也又許求反息也注同

☰☲同人 和同也离宮歸魂卦 以邪 似嗟反 炎上 時掌反 辯物 如字王肅卜免

反 繫吝 繫或作係本作黨係 則否 方有反又備鄙反 褊 必淺反 狹 戶夾反 于

長言

莽莫蕩反王肅冥黨反鄭云叢木也 物黨或作朋 所比毗志反 所當如字

量斯音亮又音良 其墉徐音容鄭作庸 而效下教反 反則得則

得則則吉也一本作反則得得則吉也 號戶羔反 咷道刀反號咷啼呼也 而遠

衣万反 內爭爭鬬之爭 異災本作灾

☰大有包容豐富之象乾宫歸魂 遏於葛反徐又音謁止也 休命虛虯反美

也徐又許求反 大車王肅剛除反蜀才作輿 不泥乃計反 用亨許庚反通也下同衆

家並香兩反京云獻也干云享宴也姚云享祀也 其彭步郎反子夏作旁干云彭亨驕滿皃王肅云壯也虞

作尩姚云彭旁俗音同 上近如字亦附近之近 下比毗志反 至知音智 可舍音捨

斯數色助反 晢章舌反王廙作晰同音徐李之世反又作哲字鄭本作𠍴讀如明星晢晢陸本作

逝虞作折 何難依象宜如字一音乃旦反 易而以豉反 祐之音又 不累劣僞

反下同 盡夫津忍反 繫辭音係

䷎謙 卑退爲義屈己下物也兌宮五世卦子夏作嗛云嗛謙也 下濟 節細反 而上 時掌反下注上承上行同 虧盈 馬本作毀盈 而福 京本作而富 惡盈 烏路反卦末注同 而好 呼報反 裒 蒲侯反鄭荀董蜀才作捊云取也字書作掊廣雅云掊減 稱物 尺證反 平施 始豉反注同 大難 乃旦反 自牧 牧養之牧徐音目一音茂 名者聲名聞之謂也 一讀名者聲絕句聞音問 匪解 佳賣反 撝 毀皮反指撝也義與麾同書云右秉白旄以麾是也馬云撝猶離也鄭讀爲宣 下下 遐嫁反下上如字下句同 用侵 王廙作寢 征國 本或作征邑國者非 不與 音預 爲爭 爭鬭之爭

䷏豫 餘慮反悅豫也備豫也馬云豫樂震宮一世卦 不忒 他得反鄭云差也京作貸 地奮 方問反 殷 於勤反馬云盛也說文云作樂之盛稱殷京作隱 薦 將電反本又作蘮同本或作廌獸名耳非 介于 音界纖介古文作砎鄭古八反云謂磨砎也馬作扴云觸小石聲 苟說 音悅 盱 香于反睢盱也向云睢盱小人喜悅之皃王肅云盱大也鄭云誇也說文云張目也字林火孤反又火于反子夏作紆京作汙姚作旴云

日始出引詩盱日始旦**盱**香維反說文云仰目也字林火隹反**由豫**由從也鄭云用也馬作猶云猶豫疑也**盍**胡臘反合也**簪**徐側林反子夏傳同疾也鄭云速也埤蒼同王肅又祖感反古文作貸京作撍馬作臧荀作宗虞作戠戠叢合也蜀才本依京義從鄭**冥**覓經反馬云冥昧耽於樂也王廙云深也又亡定反鄭讀為鳴**有渝**羊朱反**盡**津忍反**樂**音洛

䷐**隨**從也震宮歸魂卦**而下**遐嫁反注下柔同**而說**音悅注下皆同**大亨貞**本又作大亨利貞**而天下隨時**王肅本作隨之**隨時之義**王肅本作隨之時義**而令**力呈反**否之**備鄙反**以嚮**本又作向許亮反王肅本作鄉音同**入宴**徐烏練反王肅烏顯反**官有**蜀才作館有**故舍**音捨下文同**以擅**市戰反**盡隨**津忍反盡卷末同**位正中也**一本作中正**拘**句于反**用亨**許庚反通也陸許兩反云祭也**之濱**音賓

䷑**蠱**音古事也惑也亂也左傳云於文皿蟲為蠱又云女惑男風落山謂之蠱徐又姬祖反一音故巽宮

歸魂卦先甲息薦反彖并注同後甲胡豆反彖并注同以斷丁亂反施

令力政反下同競爭爭鬭之爭治也直吏反注同說隨音悅創制

初亮反此俗字也依字作刱復始扶又反以振舊之慎反濟也師讀音眞振振仁厚也育

德王肅作毓古育字有子考无咎絕句周依馬王肅以考絕句當事丁堂反

蠱承津忍反下皆同裕父羊樹反馬云寬也不累力僞反

☰臨如字序卦云大也坤宮二世卦剛浸子鴆反而長丁丈反除六三注末及象咎不長皆

同一音此治良反說而音悅下同教思息吏反注同無疆居良反注同剛勝

升謠反下同佞邪似嗟反下同媚密備反位當也本或作當位實非也知臨

音智注同又如字

☰觀官喚反示也乾宮四世卦盥音管而不薦本又作𧀎同賤反王肅本作而

薦顒魚恭反足復扶又反既灌官喚反不忒吐得反神道設

教（一本作以神道設教）省方（悉非反）童觀（馬云童猶獨也鄭云稚也）最遠（袁万反）
朝美（直遥反）所鑒（古暫反下同）趣（促裕反）闚（苦規反本亦作窺）
者狹（下夾反）象曰闚觀女貞（一本有利字）不比（毗志反）觀國
之光（如字或音官喚反）最近（附近之近）居近（如字）德見（賢遍反）平易
（以豉反）盡夫觀盛故觀至大觀在上（王肅音官）以觀天下
（徐唯此一字作官音）觀盥而不薦觀之爲道而以觀感風行
地上觀處於觀時君子處大觀之時處大觀之
時大觀廣鑒（亦音官）居觀之時爲觀之主觀之盛
也（從盡夫觀以下並官喚反餘不出者並音官）

周易上經噬嗑傳第三

䷔噬（市制反齧也）嗑（胡臘反合也巽宮五世卦）齧（研節反）有間（如字下同又音

閒廁之閒與過一本作有過頤以之反不合本又作而合不溷胡困反濁也不也亂也韋昭云汙辱也上行時掌反注同勑法恥力反此俗字也字林作勅鄭云勑猶理也一云整也屨紀具反校爻教反注及下同馬音教滅止本亦作趾趾足也梩章實反足懲直冰反木絞交卯反械戶戒反不行也本或作止不行也噬膚方于反馬云柔色肥美曰膚未盡律忍反下同其分符問反胏七歲反腊肉音昔馬云腊於陽而煬於日曰腊肉鄭注周禮小物全乾曰腊乾音干胏緇美反馬云有骨謂之胏鄭云簀也字林云食所遺也一曰脯也子夏作脯徐音甫荀董同未光大也本亦無大字何校何可反又音何本亦作荷音同下同王肅云荷擔聰不明也馬云耳無所聞鄭云目不明耳不聰王肅云言其聰之不明可

解佳買反

☲賁彼偽反徐甫寄反李軌府瓮反傅氏云賁古班字文章皃鄭云有也文飾之皃王肅符文反云有文飾黃白色剛上時掌反注剛上音同解天音蟹下同以明蜀才本作

艮宮一世卦

命 折之舌反注同鄭云斷也斷音丁亂反 其趾一本作止鄭云趾足 舍音捨下及注同 車
音居鄭張本作輿從漢時始有居音 安夫音符 其須如字字從三水邊作非 而比毗志
反下同 上附時掌反 循似遵反 濡如臾反 皤白波反說文云老人皃董音槃云馬
作足橫行曰皤鄭陸作燔音煩荀作波 翰戶旦反董黃云馬舉頭高卬也馬荀云高也鄭云白也亦作寒案反
媾古豆反 而閡五戴反 寇難乃旦反下同 賁于丘園黃本賁作世
束帛子夏傳云五匹為束三玄二纁象陰陽 戔戔在干反馬云委積皃薛虞云禮之多也又音牋
黃云猥積皃一云顯皃子夏傳作殘殘 有喜如字徐許意反無妄大畜卦放此
䷖ 剝邦角反彖云剝剝也馬云落也說文云裂也乾宮五世卦 人長丁丈反下注皆同 激經歷
反 拂附弗反 齵仵五故反 以殯于敏反 失處昌呂反又昌預反 蔑
莫結反猶削也楚俗有削蔑之言馬云無也鄭云輕慢荀作滅 猶削相略反或作消此從荀本也下皆然 辨
徐音辦具之辦足上也馬鄭同黃云然膚也薛虞膝下也鄭符勉反王肅否勉反 道浸子鴆反下同 稍

近 附近之近 六三剥無咎 一本作剥之無咎非 以膚 方于反京作簠謂祭器 切近
如字徐巨靳反鄭云切急也 貫魚 古亂反徐音官穿也 駢頭 薄田反 得輿 音餘京作
德輿董作德車 廬 力居反 覆 蔭 於鴆反 所芘 本又作庇必利反又悲備反
䷗復 音服反也還也坤宮一世卦 朋來 如字京作崩 反復 芳福反劉本同本又作覆
彖并注反復皆同 剛反 絶句 剛長 丁丈反下文注皆同 心見 賢遍反 具存 本亦作
存 商旅 鄭云資貨而行曰商旅客也 無祇 音支辭也馬同音之是反韓伯祁支反云大也鄭云病也
王肅作禔時支反陸云禔安也九家本作敍字音支 幾悔 音機下同又音祈 患難 乃旦反 遠
矣 袁万反 錯之 七故反 休復 虛虯反 最比 毗志反 仁行 下孟反 下
仁 遐嫁反 以下仁也 如字王肅云下附於仁徐戶嫁反 頻復 如字本又作頻嚬眉也鄭
作卑音同馬云憂頻也 頻戚 千寂反下同憂也又子六反 自考也 鄭云考成也向云察也
有災 本又作災鄭作裁按說文裁正字也灾或字也災籀文也 眚 生領反下卦同子夏傳云傷害曰災妖祥

曰告鄭云異自內生曰眚自外曰祥害物曰災量斯音亮雖復扶又反

☰无妄亡亮反无妄无虚妄也說文云妄亂也馬鄭王肅皆云妄猶望謂无所希望也巽宮四世卦

柔邪似嗟反不佑音又鄭云助也本又作祐馬作右謂天不右行茂對時茂盛也馬云茂勉也對配也下賤遐嫁反不耕穫黄郭反或依注作不耕而穫非下句亦然不菑側其反馬云田一歲也董云反草也畬音餘馬曰田三歲也董云悉耨曰畬說文云二歲治田也字林弋恕反不擅市戰反行違下孟反下之行同稼音嫁穡音色為獲如字或作穫非比毗志反近附近之近可試試驗一云用也

☰大畜本又作蓄敕六反義與小畜同艮宮二世卦大畜剛健絕句篤實煇音輝光絕句日新其德鄭以日新絕句其德連下句厭而於豔反夫能音符發句皆然下非夫同令賢力呈反下同險難乃旦反下遇難同多識如字又音試劉作志往行下孟反利已夷止反下及注已則同或音紀姚同輿音餘下同本或作轝音同

說吐活反注及下同馬云解也輹音服又音福蜀才本同或作輻一云車旁作复音服車下縛也作畐者音福老子所云三十輻共一轂是也釋名云輹似人屐又曰伏莵在輻上似之又曰輹伏於軸上馮河皮冰反

良馬逐如字鄭本作逐逐姚云逐逐衍云兩馬走也姚並驅之皃一音胄曰音越劉云曰猶言也鄭人實反云日習車徒閑如字闌也馬鄭云習險阸於革反本亦作厄童牛無角牛也廣蒼作犝劉云童妾也牿古毒反劉云牿之言角也陸云牿當作角九家作告說文同云牛觸角著橫木所以告人

抑銳於力反下同本又作挫災卧反強其良反爭爭鬬之爭豶符云反劉云豕去勢曰豶之牙徐五加反鄭讀爲互剛暴一本作剛突禁暴音金何天音河梁武帝音賀

衢其俱反馬云四達謂之衢亨許庚反

䷚

頤以之反養也此篆文字也巽宮遊魂卦舍爾音捨注同朶多果反動也鄭同京作揣嚼詳略反令物力呈反離其力智反而闚苦規反顛頤丁田反

拂符弗反違也薛同注下皆同一音敷弗反子夏傳作弗云𨍏弼也此行下孟反下立行同悖

也布內反迸也　虎視徐市志反又常止反　眈眈丁南反威而不猛也馬云虎下視皃一音大南反

逐逐如字敦實也薛云速也子夏傳作攸攸志林云當爲逐蘇林音迪荀作悠悠劉作跾云遠也說文跾音式六反

施賁始豉反下文同又如字　而比毗志反　得頤一本作得順　難夫乃旦反

厲吉厲嚴厲也馬王肅云危

䷛大過徐古卧反罪過也超過也王肅音戈震宮遊魂卦　相過之過並古卧反　棟徐丁貢反

橈乃教反曲折也下同　拯拯救之拯　弱本亦作溺並依字讀下救其弱拯弱皆同　而說音悅注同

救難難乃並乃旦反上六注同　遯本又作遁同徒遜反　藉在夜反下同馬云在下曰藉

唯慎辰震反　枯楊如字鄭音姑謂無姑山楡楡羊朱反　稊徒稽反楊之秀也鄭作荑荑木更生音夷謂山楡之實

老夫如字下同　特吝特或作持　能令力呈反

得少詩照反下同　則稺直吏反　者長丁丈反　淹溺乃歷反

生華如字徐音花　无譽音預又音餘　滅頂徐都冷反

䷜習 便習也重也劉云水流行不休故曰習 坎 徐苦感反本亦作埳京劉作欿險也陷也八純卦象

水 險陷 陷沒之陷 謂便 婢面反下同 重險 直龍反注下並同 陗 七妙反

洊 在薦反徐在悶反舊又才本反爾雅云再也劉云仍也京作臻干作荐 德行 下孟反注同 險難

乃旦反下險難同 則夫 音符 窞 徒坎反說文云坎中更有坎王肅又作陵感反云窞坎底也字林云坎中

小坎一曰旁入 處飲 亦作坎字 而復 扶又反下雖復同 險且 如字古文及鄭向本作檢鄭云木在

手曰檢 枕 徐針鴆反王肅針甚反鄭玄云木在首曰枕陸云閑礙險害之皃九家作玷古文作沈沈直林反 出

則之坎 一本作出則亦坎誤 樽酒 音尊絕句 簋貳 音軌絕句 用缶 方有

反絕句舊讀樽酒簋絕句貳用缶一句 自牖 音酉陸作誘 承比 毗志反下同 之食 音嗣

飯也 象曰樽酒簋 一本更有貳字 祇 音支又祁支反鄭云當爲坻小丘也京作禔說文同

音支又上支反安也 盡平 津忍反 徽 許韋反 纆 音墨劉云三股曰徽兩股曰纆皆索名

寘 之豉反置也注同劉作示言衆議於九棘之下也子夏傳作湜姚作寔寘置也張作置 叢 才公反

法峻 荀潤反

☲☲ 離 列池反麗也麗著也八純卦象日象火 畜 許六反注同 牝 頻忍反徐扶死反 外強 其良反 猶著 直略反卦內同 草木麗 如字說文作蘿 乎土 五畫本作也 重明 直龍反 明兩作 鄭云作起也荀云用也 明照相繼 一本無明照二字 履錯 鄭徐七各反馬七路反 警 京領反 辟其 音避象同 日昃 王嗣宗本作仄音同 鼓 鄭本作擊 大耋 田節反馬云七十曰耋王肅又他結反云八十曰耋京作絰蜀才作咥 之嗟 如字王肅又遭哥反荀作差下嗟若亦爾 凶 古文及鄭無凶字 突 徒忽反王肅唐屑反舊又湯骨反字林同云暫出 逼近 附近反之近 出 如字徐尺遂反 涕 徐他米反又音弟 沱 徒河反荀作池一本作沲 若 古文若皆如此 戚 千寂反子夏傳作嘁子六反咨慙也 不勝 音升 外 逆首 本又作逆道兩得 離王公也 音麗鄭作麗王肅云麗王者之後爲公梁武力智反王嗣宗同 折首 徐之舌反注同 以去 羌呂反 王用出征以正

邦也 王肅本此十更有獲匪其醜大有功也

周易下經咸傳第四

☱☶ 咸 如字彖云感也兊宮三世卦 取 七具反本亦作娶音同 相與 如字鄭云與猶親也
而説 音悦 男下 遐嫁反下注必下同 見於 賢遍反 各亢 口浪反本或作有 拇
茂后反馬鄭薛云足大指也子夏作䟜荀作母云陰位之尊 腓 房非反鄭云膞腸也膞音市䜌反王廙云腓腓腸也荀作
肥云謂五也 離 力智反 拇 動 躁 早報反 股 音古 憧憧 昌容反馬
云行皃王肅云往來不絶皃廣雅云往來也劉云意未 脢 武杯
定也徐又音童又音鍾京作憧字林云憧遟也丈家反 月 反又
音每心之上口之下也鄭云背脊肉也説文同 輔 如字馬云上
王肅又音天廣雅云胂謂之脢胂音以人反 頷也虞作酺
云耳目 頰 兼叶反 滕 徒登反達也九家作乘虞作媵鄭云送也 口説 如字注同徐音
之間 孟作俠
脫又始銳反

☳☴ 恒 如字久也震官三世卦 長陽長陰 並丁丈反大衆注同 媲 普計反配也 復

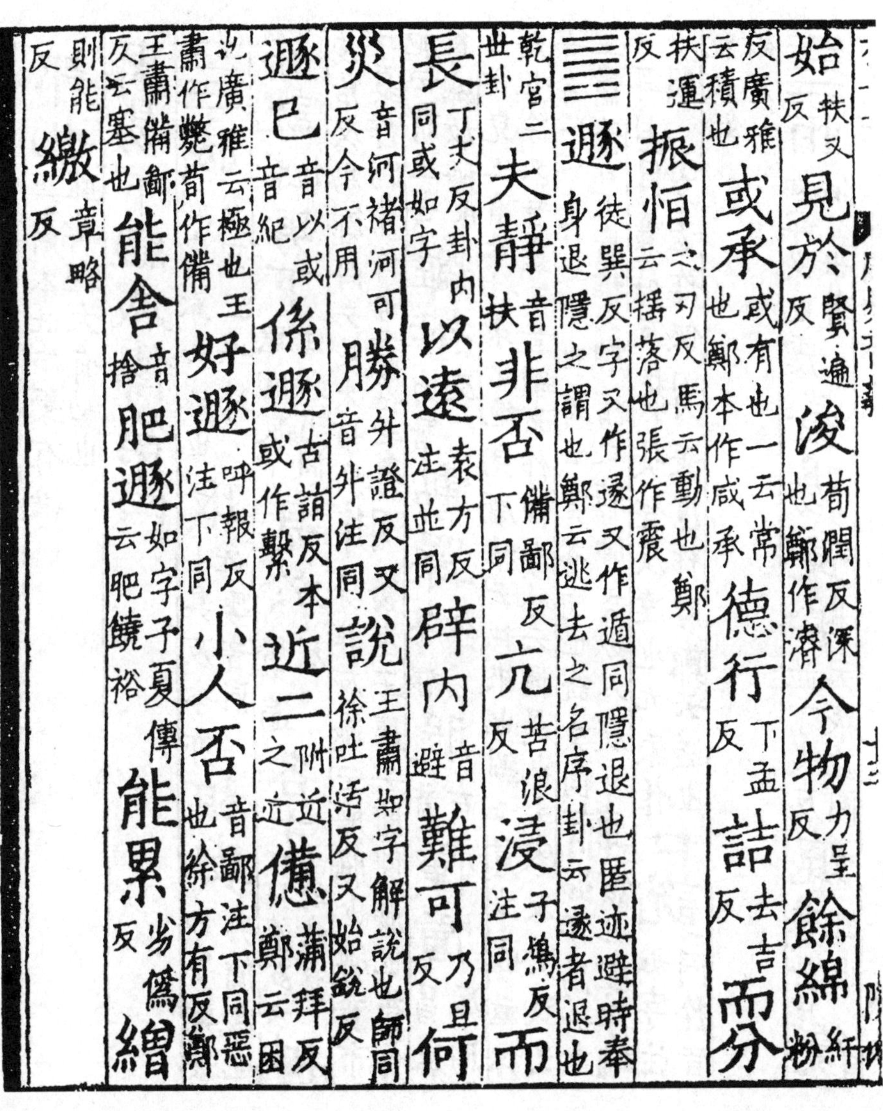
始扶又反見於賢遍反浚荀閏反深也鄭作濬令物力呈反餘綿紆粉

反廣雅云積也或承或有也一云常也鄭本作咸承德行下孟反詰去吉反而分

扶運反振恒之刃反馬云動也鄭云揺落也張作震

反

☰遯徒巽反字又作遂又作遁同隱退也匿迹避時奉身退隱之謂也鄭云逃去之名序卦云遂者退也

乾宮二世卦夫靜音扶非否備鄙反亢苦浪反浸子鴆反注同而

長丁丈反卦內同或如字以遠袁万反注並同辟內音避難可乃旦反何

災音何褚河可反今不用勝升證反又音升注同說王肅如字解說也師同徐吐活反又始銳反

遯巳音以或音紀係遯古詣反本或作繫近二附近之近憊蒲拜反鄭云困

也廣雅云極也王肅作斃荀作備好遯呼報反注下同小人否音鄙注下同惡也徐方有反鄭

王肅備鄙反云塞也能舍音捨肥遯如字子夏傳云肥饒裕能累劣偽反繒

則能反繳章略反

䷡大壯 壯亮反威盛强猛之名鄭云氣力浸强之名王肅云壯盛也廣雅云健也馬云傷也郭璞云今淮南人呼壯爲傷坤宮四世卦 而愼禮也 愼或作順義亦通 用罔 罔羅也馬王肅云无 羝羊 音低張云羖羊也廣雅云吳羊曰羝 觸 徐處六反 藩 方袁反徐甫言反下同馬云籬落也 羸 律悲反又力追反下同馬云大索也徐力皮反王肅作纝音螺鄭虞作纍蜀才作累張作虆 雖復 扶又反 藩決 音穴注下同 大輿 音餘 之輹 音福本又作輻 行不 下孟反 能說 吐活反 喪羊 息浪反注下同 于易 以豉反注下同鄭音亦謂佼易也陸作埸壃埸也 險難 亦乃旦反 剛長 丁丈反下剛長同 猶與 音預一本作預 其分 扶問反 不詳 詳審也鄭王肅作祥善也

䷢晉 彖云進也孟作齊齊子西反義同乾宮遊魂卦 康 美之名也馬云安也鄭云尊也廣也陸云安也樂也 蕃 音煩鄭發袁反 庶 如字衆也鄭止奢反謂蕃遮禽也 晝日 竹又反 三 徐息暫反下及注同 接 如字鄭音捷勝也 上行 時掌反凡上行並同 以著 直略反下著明同 三

虩觕紙反又直紙反 摧如罪雷反退也鄭讀如南山崔崔之崔 未著張慮反 自

喪息浪反 愁狀由反鄭子小反云變色皃 介音戒大也馬同 聞乎聞亦作文又作交義竝通

和之胡卧反 鼫鼠音石子夏傳作碩鼠鼫鼠五技鼠也本草螻蛄一名鼫鼠 失得如字孟馬鄭虞王肅本作矢馬王云離爲矢虞云矢古誓字

失夫音符

☲☷明夷夷傷也坎宮遊魂卦 以蒙大難乃旦反卦內同鄭云蒙猶遭也一云蒙冒也

文王以之王肅云唯文王能用之鄭荀向作似之下亦然 莅履二反又律秘反 蔽僞本或作弊僞 所辟音避下同 最遠袁万反下遠難同 遠遁徒遜反 匿形女力反

不遑音皇 夷于如字子夏作睇鄭陸同云旁視曰睇京作眱 左股音古馬王肅作般云旋也日隨天左旋也姚作右槃云自辰右旋入丑 用承拯救之拯注同說文云舉也鄭云承也子夏作抍字林云抍上舉音承

示行示或作亦 近難附近之近下最近同 疑憚但旦反 然後而免也一本作然後乃獲免也 南狩手又反本亦作守同 去闇羌呂反 逆忤五故反

箕子之明夷 蜀才箕作其劉向云今易箕子作荄滋鄒湛云訓箕爲荄詁子爲滋漫衍無經不可致詰以識荀爽 爲比 毗志反

☰ 家人 說文家居也案人所居稱家爾雅室內謂之家是也巽宮二世卦 熾也 尺志反 而行 下孟反注皆同 閑 馬云闌也防也鄭云習也 中饋 巨愧反食也 嗃嗃 呼落反又呼學反馬云悅樂自得皃鄭云苦熱之意荀作確確劉作熇熇 嘻嘻 喜悲反馬云笑聲鄭云驕佚喜笑之意張作嬉嬉陸作喜喜 之長 丁丈反 以近 附近之近 王假 更白反注同至也鄭云登也徐古雅反馬云大也 愛樂 音洛 以著 張慮反

☲ 睽 苦圭反馬鄭王肅徐呂忱並音圭序卦云乖也雜卦云外也說文云目不相聽也艮宮四世卦 而上 時掌反下上行同 同行 如字王肅遐孟反 說而 音悅 喪馬 息浪反注同 自復 音服注同 必顯 一本作必類下相顯亦然 可援 于眷反下得援同又音袁 以辟 音避 于巷 戶絳反說文云里中道也廣雅云居也字書作衖 曳 以制反 掣 昌逝反鄭作𢬿云牛角皆踊曰

挈徐市制反說文作㩉之世反云角一俯一仰子夏作挈傳云一角仰也荀作觭劉本從說文解依鄭 其人

天 天剠也馬云剠鑿其頟曰天 劓 魚器反截鼻也王肅作臲䠘魚一反 相比 毗志反下同

元夫 如字 噬 市制反 之弧 音胡弓也 後說 吐活反注同一音始銳反 之弧 本亦

作壺京馬鄭王肅翟子玄作壺 媾 古豆反 恢 苦回反大也 詭 九委反異也戾也 譎 古穴

反本亦作決許也乖也 吁可 況于反 四剠 其京反說文或作黥字

䷦ 蹇 紀免反彖及序卦皆云難也王肅徐紀偃反兌宮四世卦 以難 乃旦反卦內及解卦皆同

難解 音蟹上六注同 未否 備鄙反 知矣 音智初六注同 得中 如字鄭云和也

又張仲反王肅云中適也解卦彖同 正邦 荀陸本作正國爲漢朝諱 宜待也 張本作宜時也鄭本宜待

時也 遠害 袁万反 內喜 如字徐許意反猶好也 來連 力善反馬云難也鄭如字

遲久之意 之長 直良反 長難 丁丈反

䷧ 解 音蟹序卦云緩也震宮二世卦 解之爲義 音蟹下以解來復同 濟厄

戹或作危 彖曰解 音蟹自此盡初六注皆同 坼 勑宅反說文云裂也廣雅云分也馬陸作宅云

根也 否結 備鄙反 者亨 許庚反 宥罪 音又京作尤 磐結 步丹

反 或有遇 遇或作過 咎非其理也 一本無此八字 所任 而鴆反

斯解 佳買反 之稱 尺證反 失枉 紆往反 旦乘 如字王肅繩證反 柔

邪 似嗟反 自我致戎 本又作致寇 解而 佳買反注同 拇 茂后反陸云足

大指王肅云手大指荀作毋 而比 毗志反 維有解 音蟹注有解及象并下注爲解之極同

解難 佳買反 用射 食亦反注下同 隼 荀尹反毛詩草木鳥獸疏云鷂 高墉

音容馬云城也 將解 佳買反 荒悖 布內反象同 以解 佳買反

☶☱ 損 孫本反虧減之義也又訓失序卦云緩必有所失是也良宮三世卦 曷 何葛反 二簋

蜀才作軌 用享 香兩反下同蜀才許庚反 上行 時掌反凡上行皆同 陰說 音悅 非

長 丁丈反下德長遂長同 爲邪 似嗟反 能拯 拯救之拯 大難 乃旦反 二

盬應 師如字舊應對之應 偕行 音皆 其分 扶問反 徵 直升反止也鄭云猶清也劉作懲云清也蜀才作澄 忿 芳粉反 窒 珍栗反徐得悉反鄭劉作懫懫止也孟作恎陸作脊 欲 如字孟作浴 已事 音以本亦作以虞作祀 遄 市專反速也荀作顓 復自 扶又反丸 以上 時掌反三注同 化淳 尚春反 以離 力智反 知者 音智 以盡 津忍反 上祐 音又本亦作佑 不制 一本作下制 遂長 丁丈反 尚夫 音符

☴☳益 增長之名又以弘裕為義繫辭云益長裕而不設是也巽宮三世卦 民說 音悅 無疆 居良反 下下 上遐嫁反下如字注同 涉難 乃旦反下同 天施 始豉反 之處 昌預反下其處同 用亨 香兩反注同王廙許使反 用圭 王肅作用桓圭 不為 于偽反 不處 本或作不屆 用費 芳貴反 盡物 津忍反 無厭 於豔反 莫以 胡卧反 惡盈 烏路反 偏辭 音篇孟作偏云周帀也

周易下經夬傳第五

䷪夬古快反決也坤宮五世卦　剛幾音祈　坦然他但反　夬決徐古穴反　而說音悅注皆同　齊長丁丈反除上六象並同　則邪似嗟反下同　斷制丁亂反注同　澤上時掌反注同　以施始豉反注同　壯于側亮反　前趾荀作止　惕勑歷反荀翟作錫云賜也　號戶羔反注及下同鄭王肅音号　莫夜音暮注同鄭如字云無也無夜非一夜　號呼火故反　頄求龜反顴也又音求又丘倫反翟云面顴頰間骨也鄭作頯頯夾面也王肅音龜江比音琴威反蜀才作仇　若濡而朱反　有慍紆運反恨也舊於問反　面權如字字書作顴　棄夫夫亦作去羌呂反　情累劣偽反　臀徐徒敦反　次本亦作趑或作欧說文及鄭作趀同七私反注下同馬云郤行不前也說文倉卒也下卦放此　且本亦作趄或作跙同七餘反注及下同馬云語助也王肅云趑趄行止之礙也下卦放此　牽羊苦年反子夏作掔　牴丁禮反本又作抵音同或作牴丁帝反　很胡懇反　莧閑辯反三家音胡練反一本作莞華板反　陸如字馬鄭云莧陸商陸也宋衷云莧莧菜也陸當陸也虞云莧蕢也陸商也蜀才作睦睦親也通也　柔脆七歲反　至

易以豉反 最比毗志反 號咷徒刀反

䷫ 姤古豆反薛云古文作遘鄭同序卦及彖皆云遇也乾宮一世卦 用娶七喻反本亦作

取音同注及下同 正乃如字正亦作匹 誥四方李古報反鄭作詰起一反止也王肅同 柅

徐乃履反又女紀反廣雅云止也說文作檷云絡絲趺也讀若昵字林音乃米反王肅作抳從手子夏作鑈蜀才作尼止也

羸豕劣隨反王肅同鄭力追反陸讀爲累 蹢直戟反徐治益反一本作躑古文作蹢 躅直錄

反本亦作蠋蹢躅不靜也古文作蹢 牝頻忍反 豭音家 包有本亦作庖同白交反下同鄭百

交反虞云白芧包之荀作胞 利賓如字 擅人市戰反 遠民袁万反 以

杞音起張云苟杞馬云大木也鄭云柳也薛云柳柔韌木也並同 包瓜白交反子夏作苞馬鄭百交反

瓜音工花反 不舍音捨下同 所復扶又反 物爭爭鬭之爭下卦同

䷬ 萃在季反彖及序卦皆云聚也兌宮二世卦 亨王肅本同馬鄭陸虞等並無此字

王假更白反 以說音悅下注皆同 則邪似嗟反 孝享香兩反 聚

以正 荀作以正 取 澤上 時掌反 除戎器 如字本亦作儲又作治王肅姚陸云除猶脩治師同
鄭云除去也蜀才云除去戎器脩行文德也荀作慮 若號 絕句戶報反馬鄭王肅王廙戶羔反 一握 烏學
反傅氏作渥鄭云握當讀為夫三為屋之屋蜀才同 至好 呼報反 愞 乃亂反 正 本亦作匹
妃 音配 禴 羊略反殷春祭名馬王肅同鄭云夏祭名蜀才作躍劉作爚 多僻 匹亦反 以
遯 表乃之 省 生領反下同 以比 毗志反 未光也 一本作志未光也 齎
咨 徐將池反王肅將啼反 音諮又將利反齎咨嗟歎之辭也鄭同馬云悲聲怨聲 涕 徐音體 洟
他麗反又音夷鄭云自目曰涕自鼻曰洟
䷭升 式陵反序卦云上也上音時掌反 用見大人 本或作利
見 以順德 如字王肅同本又作慎師同姚本德作得 以高大 本或作以成高大 允當
如字下同 閑邪 似嗟反 升虛 如字空也徐去餘反馬云丘也 用亨 許庚反通也馬鄭陸
王肅許兩反馬云祭也鄭云獻也 岐山 其宜反或祁支反 攘來 如羊反 冥 覓經反闇昧之

義也注同又云曰其也則喪息浪反

☱☵困窮也窮悴掩蔽之義故彖云剛掩也廣雅云困悴也兌宮一世卦剛揜本又作掩於檢反李茨[illegible]

反虞作斉以說音悅卦內同困窮如字或作困窮非臀徒敦反株木張晃反

幽谷徐古木反不覿大歷反見也注同獲拯拯救之拯隱遯徒困反數

歲色柱反本亦作三歲困解音蟹朱紱音弗下同享祀許兩反注同難之

乃旦反不勝音升豐衍延善反蒺音疾蔾音黎蒺蔾茨草上比

毗志反焉得於虔反來徐徐徐徐疑懼皃馬云安行皃子夏作荼荼翟同荼音圖云內不定

之意王肅作余余金車本亦作金輿劓徐魚器反刖徐五刮反又音月荀王肅本劓刖作臲𩨷

云不安皃陸同鄭云劓刖當爲倪仉京作劓劊案說文劊斷也祭祀本亦作享祀遐遠本或作遐

邇藟力軌反似葛之草本又作虆毛詩草木疏云一名巨荒似虆莫連蔓而生幽州人謂之推虆臲五結

坊王肅妍詰反說文作劓牛列反薛同卼五骨反又音月說文作𩨷云𩨷不安也薛又作杌字同曰動

悔 音越向云言其無不然 令生 力呈反

☵ 井 精領反雜卦云通也彖云養而不窮周書云黃帝穿井世本云化益作井宋衷云化益伯益也堯臣廣雅云井深也鄭云井法也字林作丼子挺反周云井以不變更爲義師說井以清絜爲義震宮五世卦 無喪 息浪反 汔 徐許訖反注同幾也王肅音其乞反 繘 音橘徐又居密反鄭云綆也方言云關西謂綆爲繘郭璞云汲水索也又其律反又音述 羸 律悲反徐力追反下同蜀才作累鄭讀曰虆 瓶 白經反 幾至 音祈或音機 而覆 芳福反 而上水 時掌反注及下上水皆同 井養 如字徐以上反 木上 如字師又時掌反 以勞 力報反注同 勸相 息亮反注同王肅如字 井泥 乃計反注及下同 滓穢 側里反 不嚮 許亮反 棄舍 音捨下文同 井谷 古木反又音浴 射 食亦反注同徐食夜反鄭王肅皆音亦云厭也荀作耶 鮒 音附魚名也子夏傳謂蝦蟇 甕 屋送反李於鍾反鄭作甕云停水器也說文作罋汲缾也 敝 婢世反王肅徐扶滅反 谿谷 口嵇反 注下 章喻反下同 而復 扶又反 无與之也 一本作則

寘之與也渫息列反徐又食列反黃云治也心惻初力反說文云痛也汲音急停汙音烏

其行下孟反象井注皆同甃側舊反馬云爲瓦裏下達上也子夏傳云脩治也干云以甎壘井曰

甃字林云井壁也洌音列絜也說文云水清也王肅音例不橈乃孝反不食如字又音

嗣井收徐詩救反又如字馬云汲也陸云井幹也荀作甃勿幕音莫覆也干本勿作网

☱☲革馬鄭云改也坎宮四世卦樂成音洛上六注同相息如字馬云滅也李斐注漢

書同說文作熄欲上時掌反革而信之一本無之字以說音悅注同鞏

九勇反固也馬同堅仞仁震反行有如字又下孟反相比毗志反文炳兵領

反文蔚音蔚又紆弗反廣雅云茂也數也說文作斐

☲☴鼎丁冷反法象也即鼎器也離宮二世卦革去羌呂反下皆同賢愚別

彼列反尊卑序本亦作有別有序以木巽火亨本又作亯同普庚反煑也下反

注聖人亨大亨亨飪亨者並同飪入甚反熟也徐而鴆反以享香兩反注享上帝同上行

時掌切 凝 魚冰反嚴皃鄭云成也翟作擬云度也 顛 丁田反倒也 趾 音止 利出 徐尺遂反

或如字注及下同 否 悲巳反惡也注及下同 是覆 芳目反下皆同 趾倒 丁老反下同一 以

爲 于僞反下體爲同 未悖 必內反逆也 我仇 音求匹也鄭云怨耦曰仇 可復 扶又

反下同 其行 下孟切注同 塞 悉則反 雉膏 如字鄭云雉膏食之美者 折足

示舌反注同 餗 送鹿反虞云八珍之具也馬云鍵也鍵音之然反鄭云菜也 形渥 於角反沾也鄭作剭

音屋 且施 始豉反 所盛 音成 知小 音智 金鉉 玄典反徐又古玄反又古冥反一音古螢

切馬云鉉扛鼎而舉之也 用勁 古政反

☳震 止愼反動也八純卦象雷 以成 成亦作盛 虩虩 許逆反馬云恐懼皃鄭同荀作愬愬

笑言 言亦作語下同 啞啞 烏客反馬云笑聲鄭云樂也 怠 本又作殆 惰 徒臥反下同

解慢 佳賣反下同 恐致 曲勇反下文注皆同 不喪 息浪反卦內並同 匕 必以反

鬯 敕亮反香酒 堪長 丁丈反 已出 音紀 洊 在薦反徐又在悶反 億 本又作噫

同於其反辭也六五同鄭於力反云十万曰億**喪**息浪反注同荀如字**貝**如字荀音敗**躋**本又作隮

子西反升也**雖復**扶又反上六注同**蘇蘇**疑懼皃王肅云躁動皃鄭云不安也馬云尸禄素飡

皃**无眚**生領反**遂泥**乃計反下同荀本遂作隊泥音乃低反**困難**乃旦反**索**

索桑洛反注及下同懼也馬云內不安皃鄭云猶縮縮足不正也**視**如字徐市至反**矍矍**俱縛

反徐許縛反馬云中未得之皃鄭云目不正**婚媾**古豆反**彼動故懼**故或作而

☶**艮**根根反止也鄭云艮之言很也八純卦象山**其背**必內反徐甫載反**相背**音佩

下相背同**否之**備鄙反**令物**力呈反**而強**其兩反**姧邪**似嗟反**敵應**

應對之應又音膺**其趾**如字荀作止**腓**符非反本又作肥義與咸卦同**不承**音拯拯救之

拯馬云舉也**不快**苦夬反**其限**馬云限要也鄭荀虞同**夤**引眞反馬云夾脊肉也鄭本作

䐜徐又音胤荀作腎云互體有坎坎爲腎**薰**許云反荀作動云互體有震震爲動**喪**息浪反二

☴**漸**捷檢反以之前爲義即咭漸之道艮宫歸䰟卦**女歸吉也**王肅本還作女歸吉

利貞善俗王肅本作善風俗于干如字鄭云干水傍故停水處陸云水畔稱干毛傳詩云涯也又

云澗也荀王肅云山閒澗水也翟云涯也則困於小子本又作則困讒於小子於謗愽佷

反讒諛音臾磐畔干反山石之安也馬云山中磐紆衎衎苦旦反馬云饒衍祿養

羊尚反歡樂音洛于陸陸高之項也馬云山上高平曰陸孕以證反說文云懷子曰孕

弋豉反鄭云猶娠也荀作乘復反扶又反邪配似嗟反合好呼報反能

閒閒廁之閒離羣力智反鄭云猶去也桷音角翟云方曰桷桷椽也馬陸云桷榱也說文云秦

曰榱周謂之椽齊魯謂之桷安棲音西字亦作栖不累劣僞反戔戔五何反

䷵歸妹婦人謂嫁曰歸妹者少女之稱兌宮歸魂卦少女詩照反下皆同之稱

尺證反下同爲長丁丈反下皆同說以音悅後並同所歸妹也本或作所

以歸妹不樂音洛妖邪似嗟反知弊婢世反以娣大計反跛

波我反娣從才用反又如字眇彌小反以須如字待也鄭云有才智之稱荀陸作嬬陸云妾

也愆期起虔反馬云過也遲雉夷反晚也緩也陸云待也一音直冀反不正不應

本亦作无應有待而行也一本待作時之袂彌世反月幾音機又音祈荀

作既承匡曲方反鄭作筐刲苦圭反馬云刺也一音工惠反

周易下經豐傳第六

☲☳豐芳忠反字林匹忠反依字作豐今並三直畫猶是變體若曲下作者禮字耳非也世人亂之久矣彖

及序卦皆云大也案豐是腆厚光大之義鄭云豐之言倎充滿意也坎宮五世卦王假庚白反至也下同馬

古雅反大也闡昌善反而令力呈反以徧音遍則昃如字孟作稷則食

如字或作蝕非則溢本或作則方溢者非以折之舌反斷也下及注同其配如字鄭作

妃云嘉耦曰妃雖旬如字均也王肅尚純反或音脣荀作均劉昞作鈞則爭爭鬭之爭下皆

同蔀音部王廙同蒲戶反王肅普苟反略例云大暗之謂蔀馬云蔀小也鄭薛作菩云小席見斗

孟作見主曖音愛鄭音章又止尚反字又作障同斗見者賢遍反下不見同

不邪似嗟反 沛本或作旆謂幡幔也又普貝反姚云滂沛也王廙豐蓋反又補賴反徐普蓋反子夏作芾傳云小也鄭干作芾云祭祀之蔽膝 沫徐武蓋反又亡對反微昧之光也字林作昧亡大反云斗杓後星王肅云音妹鄭作昧服虔云日中而昏也子夏傳云昧星之小者馬同薛云輔星也 肱古弘反姚作股 幡芳袁反 慢末半反 以禦魚呂反 微昧音妹 豐其屋說文作豐云大屋也

闚苦規反李登云小視 闃苦鶪反徐苦鶪反一音苦馘反馬鄭云无人皃字林云靜也姚作闃孟作窒並通 覿徒歷反 藏如字 廕於鴆反 其行下孟反 治道直吏反下同 天際如字鄭云當爲瘵瘵病也 翔鄭王肅作祥 翳光烏細反 自藏如字衆家作戕慈羊反馬王肅云殘也鄭云傷也 有爲于僞反 不出戶庭此引節卦九二文辭應云門庭作戶誤也或云門戶通語

☲☶旅力舉反羇旅也序卦云旅而無所容雜卦云親寡旅是也離宮一世卦王肅等以爲軍旅 特重直用反 物長丁丈反 而復扶又反六五注同 令附力呈反 非知音智

瑣瑣悉果反或作璅字者非也鄭云瑣瑣小也馬云疲弊皃王肅云細小皃 懷其資本或作懷其資斧非 喪息浪反卦內弃下卦同 爲施始豉反 與萌如字又音預 得其資斧如字子夏傳及衆家並作齊斧張軌云齊斧蓋黃鉞斧也張晏云整齊也應劭云齊利也虞喜志林云齊當作齋齋戒入廟而受斧下卦同 不快苦夬反 斫諸若反 平坦吐但反 射雉食亦反 而上時掌反 上逮音代一音大計反 號戶羔反 咷道羔反 于易以豉反注同王肅音亦 所嫉音疾字林音自本亦作疾下同 其義焚也馬云義宜也一本作宜其焚 喪牛之凶本亦作喪牛于易

☴巽孫問反入也廣雅云順也八純卦象風象木 巽弟大計反本亦作悌 重巽直龍反 齊邪似嗟反下并下卦同 志治直吏反 紛芳云反廣雅云衆也喜也一云盛也 而復扶又反下同 神祇祁支反 頻顣千寂反又子六反此同鄭意 不樂音洛 遠不袁万反 之庖步交反 先庚西薦反注同 後庚胡豆反 卒以

寸忽反下同　**不說**　字又作悅同　**先申**　音身或作甲字非　**以斷**　丁亂反下同

☱**兌**　徒外反悅也八純卦象澤　**兌說**　音悅卦內並同　**以先**　西薦反又如字　**犯難**

乃旦反　**麗澤**　如字麗連也鄭作離云猶併也　**黨繫**　本亦作係　**商兌**　如字商商量也

鄭云隱度也　**介疾**　音界隔也馬云大也　**將近**　附近之近　**比於**　毗志反　**道長**

丁長反

☴**渙**　呼亂反散也序卦云離也離宮五世卦　**王假**　庚白反下同梁武帝音賈　**而上**　如字

又時掌反　**之難**　乃旦反卦內同　**之累**　劣偽反　**享于**　香兩反　**用拯**　拯救之拯

馬云舉也伏曼容云濟也王肅云拔也子夏作抍抍取也　**以逝**　逝又作遊　**厄劇**　本又作危處又作尼

處反　**逃竄**　七亂反　**險爭**　爭鬬之爭　**机**　音几　**有丘**　姚作有近　**匪夷**　荀作

匪弟　**丘墟**　去魚反　**渙汗**　下旦反　**以盪**　徒黨反　**險阨**　於隔反　**以假**

古雅反　**逖**　湯歷反　**血去**　羌呂反　**最遠**　袁万反下於遠象遠害並同　**不近**　附近之近

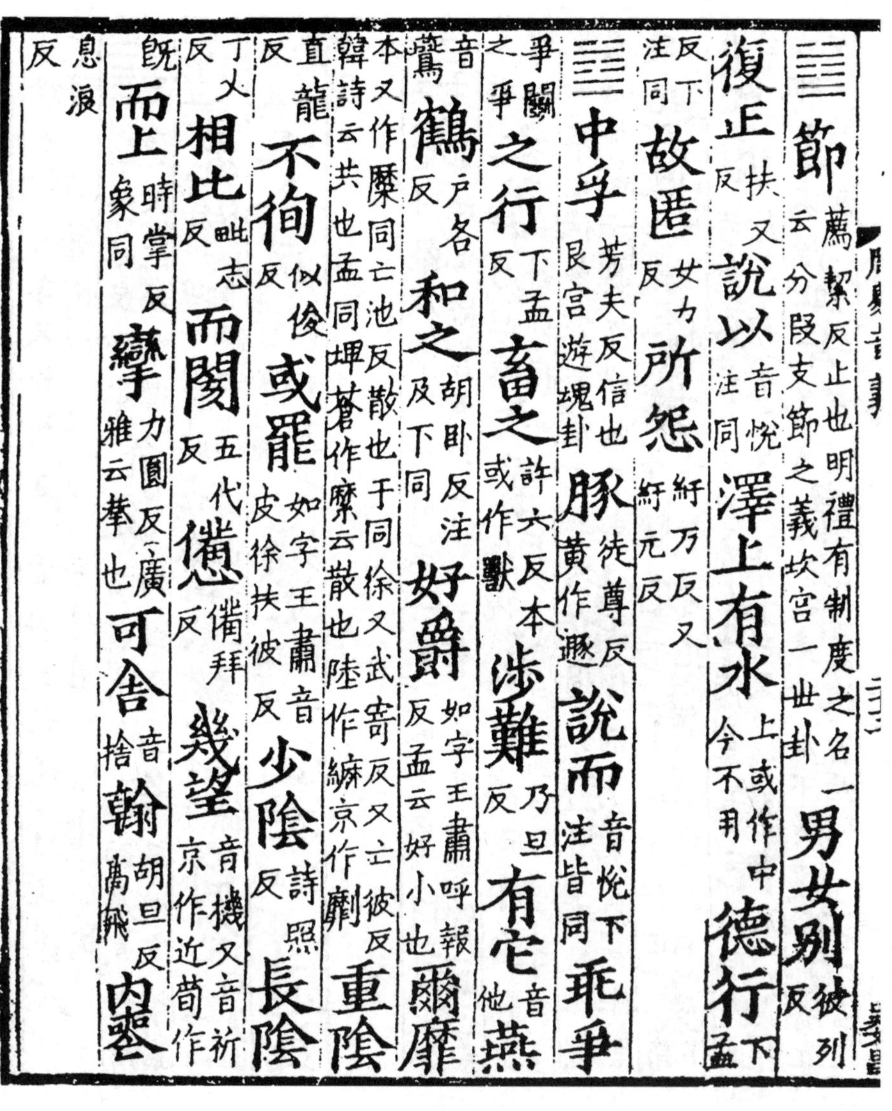

䷻節 薦絜反止也明禮有制度之名一云分段支節之義坎宮一世卦 男女別 彼列反

復正 扶又反 說以 音悅注同 澤上有水 上或作中今不用 德行 下孟反下注同 故匿 女力反 所怨 紆万反又紆元反

䷼中孚 芳夫反信也艮宮遊魂卦 豚 徒尊反黃作遯 說而 音悅下注皆同 乖爭 爭鬬之爭

之行 下孟反 畜之 許六反本或作獸 涉難 乃旦反 有它 音他 燕 音鷰

鶴 戶各反 和之 胡卧反注及下同 好爵 如字王肅呼報反孟云好小也 爾靡 本又作縻同亡池反散也于同徐又武寄反又亡彼反韓詩云共也孟同埤蒼作縻云散也陸作𦆟京作劘

重陰 直龍反 不徇 似俊反 或罷 如字王肅音皮徐扶彼反 少陰 詩照反 長陰 丁丈反

相比 毗志反 而闋 五代反 憊 備拜反 幾望 音機又音祈京作近荀作既

而上 時掌反象同 攣 力圓反廣雅云攣也 可舍 音捨 翰 胡旦反高飛 内否 息淚反

小過古卧切義與大過同王肅云音戈兊宮游魂卦遺之如字不宜上時掌切注同下及文不宜上
上上六注上亦同而浸子鴆切以行下孟切所錯本又作措又作厝同七路切
鄭如字謂君也其妣必履切于僭子念切盡於津忍切或戕徐在良切注同故令力呈
切注同先過西薦切而復扶又切卦末同晏安於諫切又音宴鴆除蔭切本
亦作酖没怯去業切公弋餘職切則蒸章勝切字又作烝或作䞨字非小畜
本又作蓄同勑六切其施始豉切而難乃旦切已上也並如字上又時掌切注
同鄭作尚陽已上故止也本又作陽已上故少陰止少音多少之少上六弗
云疾幾也
遇王付切本多誤故詳之災眚生領切

既濟節計切下卦同鄭云既已也盡也濟度也坎宮三世卦亨小絶句以小連利貞者非則
邪似嗟切下同曳以制切濡其音儒注同於燥西早切未造七報切易
以豉切棄難乃旦切卦末并下卦同婦喪息浪切注皆同其茀方拂切首飾也馬同干云

馬髴也鄭云車蔽也子夏作髴荀作紱董作髢　不比毗志切　鬼方蒼頡篇云鬼遠也　僃憊備拜切鄭云劣弱也陸作㒂云當爲備憊困劣也　繻有而朱切鄭王肅云音須子夏作襦王廙同薛云古文作繻　衣袽女居切絲袽也王肅音如說文作絮云緼也廣雅云絮塞也子夏作茹京作絮　有卻去逆切　禴羊略切祭之薄者　沼之紹切　沚音止　蘋音頻　非馨呼庭切

䷿未濟離宮三世卦　小狐徐音胡　汔許訖切說文云水涸也鄭云幾也　令物力呈切　各得其所一本得作當　經綸本亦作論同音倫又魯門切　屯張倫切　蹇紀勉切　循難似遵切猶發也　㚏其息浪切　已比上音紀下毗志切　以近附近之近　暉許歸切字又作煇　而耽丁南切　於樂音洛

周易繫徐胡詣切本系也又音係續也字從毄若直作毄下系者音口奚切非　辭本亦作䛐依字應作詞說也說文云詞者意內而言外也辭不受也受辛者辤辤籀文辤字也　上第七本亦作繫辭上王肅本皆作繫辭上傳訖於雜卦皆有傳字本亦有無上字者非　韓伯注本亦作韓康伯

注案王輔嗣止注六經講者相承用韓注繫辭以下續之

地卑如字又音婢本又作埤同其易之門本亦作其易之門户斷矣丁亂切之分符問切章末注同著矣張慮切見矣賢遍切注同縣象音玄雨施始豉切相摩本又作磨末何切京云相磑切也磑音古代切馬云摩切也鄭注禮記云迫也迫音百相盪衆家作蕩王肅音唐黨切馬云除也桓云動也唯韓云相推盪鼓之虞陸董皆云鼓鼓動也霆王肅呂忱音庭徐又徒鼎切又音定京云霆者雷之餘氣挺生萬物也說文同蜀才云霆為電運行姚作違行大始音泰王肅作泰坤作虞姚作坤化姚云化當為作易知以豉切訖章末同鄭荀董並音亦簡能如字姚云能當為從而成位乎其中馬王肅作而易成位乎其中繫辭音系卷內皆同焉而明吉凶虞本更有悔吝二字迭田節切剛柔者晝夜之象虞作晝夜者剛柔之象三極陸云極至也馬云三統也鄭韓云三才也王肅云陰陽剛柔仁義為三極能見賢遍切易之序也陸云序象也京云次也虞本作象所樂

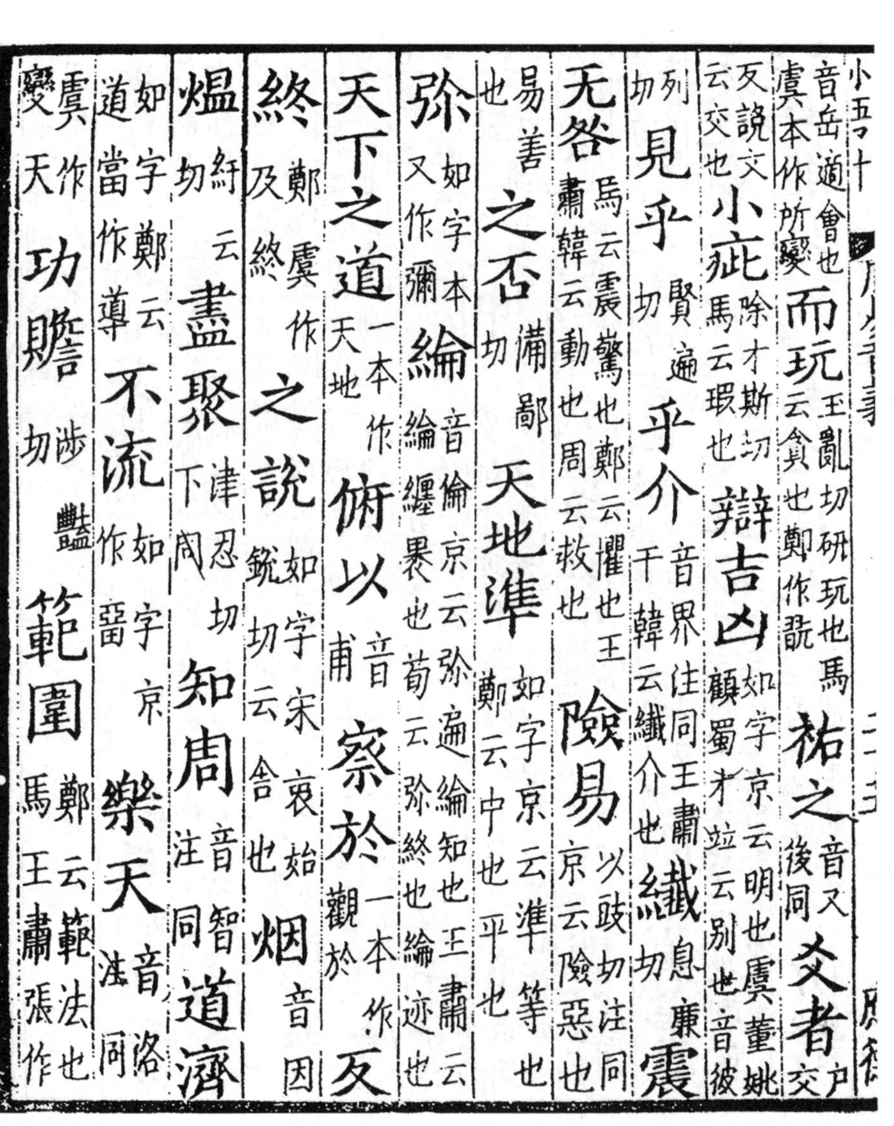

音岳適會也虞本作所變 而玩 王亂切研玩也馬云貪也鄭作翫 祐之 音又後同 爻者 戶交

反說文云交也 小疵 除才斯切馬云瑕也 辯吉凶 如字京云明也虞董姚顧蜀才並云別也音彼

列切 見乎 賢遍切 乎介 音界注同王肅干韓云纖介也 纖 息廉切 震

无咎 馬云震驚也鄭云懼也王肅韓云動也周云救也 險易 以豉切注同京云險惡也

易善也 之否 備鄙切 天地準 如字京云準等也鄭云中也平也

彌 如字本又作彌 綸 音倫京云彌遍綸知也王肅云纏裹也荀云彌終也綸迹也

天下之道 一本作天地 俯以 音甫 察於 一本作觀於 反

終 鄭虞作及終 之說 如字宋衷始銳切云舍也 烟 音因

熅 紆云切 盡聚 津忍切下同 知周 音智注同 道濟

如字鄭云道當作導 不流 如字京作留 樂天 音洛注同

虞作變天 功贍 涉豔切 範圍 鄭云範法也馬王肅張作

範違張云犯違猶裁成也而知如字荀爽荀柔之明僧紹音智以上時掌反之稱尺證反下

章及注同知者音智下之知注知者其知仁知並同其分符問反鮮矣悉淺反注同師

說云盡也鄭作尟馬鄭王肅云少也

藏諸才剛反鄭作臧云善也衣於既反被皮寄反則有經營之功

也一本亦无功字一本功作迹成象蜀才作盛象爻法胡孝反馬韓如字云效也蜀才作效形

詰去吉反大虛音泰下大極同欻爾況勿反自造在早反下同稱

極尺征反爲稱尺證反不禦魚呂反禁止也乎迩本又作邇音尒也專如字

陸作塼音同也翕虛級反斂也也闢婢亦反開也易簡以豉反知崇

音智注同禮蜀才作體卑必爾反本亦作埤徐音婢下同賾仕責反下同九家作冊京作嘖云情

也典禮京作等禮姚作典體以斷丁亂反下注同惡也於嫁反荀作亞亞次也又

烏路反馬鄭烏洛反並通言天下之至動而不可亂也衆家本並然鄭本作

至賾云賾當爲動九家亦作冊可遠袁万反之惡烏路反錯之七各反議之陸姚桓玄荀柔之作儀之則盡津忍反子和胡卧反注同靡之本又作縻亡池反徐又亡彼反京作劘行發下孟反下同見乎賢遍反樞尺朱反王廙云戶樞也一云門臼機王廙云弩牙也先號戶羔反咷道羔反或黙亡北反字或作嘿利斷丁亂反王肅丁管反其臭昌又反

初六藉在夜反下同用白茅卯交反无咎或以此爲別章今不用苟錯七故反本亦作措可重直勇反慎斯術也時震反鄭于同一本作順師用義鄭云術道不德鄭陸蜀才作置鄭云置當爲德下人遐嫁反後同爲階姚作機爲易者本又云作易者乘釁許覲反致寇至徐或作戎宋衷云戎誤乘也者如字一讀繩證反慢藏才浪反誨如字教也虞作悔謂悔恨冶容音也鄭陸虞姚王肅作野言妖野容儀教誨淫泆也王肅云作野言也

大衍延善反又注演同鄭云衍演也干云合也王廙蜀才云廣也 大極音泰 掛一卦買反別也王肅音卦 揲時設反案揲猶數也說文云閱持也一音思頰反徐音息列反鄭云取也 歸奇紀宜反注下同 於扐郎得反下同馬云指間也荀柔之云別也 後掛京作卦云再扐而後布卦 之策初革反字亦作筴 當如字下同 期本又作朞音基同 而伸本又作信音身 而長丁丈反 德行下孟反 酬市由反徐又音疇 酢在洛反京作醋 與祐音又助也馬云配也荀作侑 聖人之道明僧紹作君子之道 以言者下三句無以字一本四句皆有 如嚮許兩反又作響 能與音預下及注同 參伍七南反 錯七各反 綜宗統反 天地之文一本作天下虞陸本作之爻 无籌直周反 研蜀才作揅 幾也如字本或作機鄭云機當作幾幾微也 夫易開王肅作闓音同 物成務一本無夫易二字 冒天莫報反注同下覆也 以斷丁亂反下二章同 著音尸 圓而本又作負音同 方以知音智注同下知以藏知注神知皆同 有分符問反 易以以豉反韓音亦謂變易 貢如字告也

京陸虞作工荀作功洗心劉瓛悉殄反盡也王肅韓悉禮反京荀虞董張蜀才作先石經同洗

濯直角反藏往如字劉作臧善也能與音預不殺馬鄭王肅干所戒反

師同徐所例反陸韓如字者夫音符下同齊戒側皆反注同以神明其德

夫荀虞顧絕句衆皆以夫字爲下句一本無夫字闔戶胡臘反闢戶婢亦反王肅甫亦反

施生始豉反見乃賢遍反

是故易有大極大音泰注同大極无也馬云北辰也王肅云此章首獨言是故者揔衆章之意

无稱之稱尺證反縣象音玄探吐南反賾九家作冊索隱色白

反亹亹亡偉反莫善乎蓍龜本亦作莫大見吉賢遍反

河出如字又尺遂反下同洛出王肅作雒漢家以火德王故從各隹又以尚賢也

鄭本作有以子曰書不盡如字又津忍反下同之縕紆粉反徐於憤反王肅又

於問反之奥烏報反而上時掌反而錯七故反注同本又作措之賾本亦

作之至賾而裁音才本又作財默而成本或作黙而成之德行下孟切

繫辭下第八

而重直龍切注同明治直吏切繫辭音係卷內皆同而命孟作明

或否備鄙切而斷丁亂切則見賢遍切下及注皆同趣時七樹切

貞勝姚本作貞稱乎累劣偽切殉吉辭俊切後同未離力智切

盡會津忍切下同貞觀官喚切又音官貞夫音符確然苦角切馬韓云

剛見說文云高至人易以豉切下注同隤然大回切馬韓云柔皃也孟作退陸董姚作妥

像此音象施生始豉切大寶孟作保曰人王肅卞伯玉桓玄明

僧紹作仁禁民音金又金鴆切包本又作庖白交切鄭云取也孟京作伏

犧許宜切字又作羲鄭云鳥獸全具日犧孟京作戲云伏服也戲化也氏包犧氏大

皞三皇之最先之王于況切不究九又切爲罟音古馬姚氏

罔也黄本作爲网罟云取獸曰网取魚曰罟以佃音田本亦作田以漁音漁本亦作魚

又言庶切馬云取獸曰佃取魚曰漁斲木陟角切爲耜音似京云耒下耓也陸云廣五

寸耓音勑丁切爲耒力對切京云耜上句木也說文云耜曲木垂所作字林同力佳切徐力猥切垂

造作也本或揉木爲之耒耨非耒耨之利奴豆切馬云鉏也孟云耘除草爲市世本云祝融爲

市宋衷云顓項臣也說文云市時止切噬市制切嗑胡臘切不解佳賣切易窮則

變變則通通則久一本作易窮則變通則久祐之音又本亦作佑下治直吏切章

末同以別彼列切一本作辯挎本又作刳口孤切徐音口溝切掞以冉切本亦作剡楫本又作檝將輒切下同徐音集

又子入切方言云楫謂之橈或謂之櫂說文云楫舟櫂也致遠以利天下一本無此句諸渙音喚以利

天下蓋取諸隨一本無以利天下一句重門直龍切柝他洛切馬云兩木相擊以行夜說文

作欜字林他各切同暴客白報切鄭作虣斷木丁緩切又徒緩切斷斷絕爲杵昌呂切掘地其月

切又其勿切爲臼求酉切爲弧音胡說文云木弓剡木以冉切字林云銳也因冉切諸睽苦圭切又音圭則

爭爭鬭之爭下同厚衣於既反峚期並如字无數色具反棺椁上音

官下音郭而治直吏反下同書契苦計反決斷都亂反象也者像

也衆本並云像擬也孟京虞董姚還作象卦奇紀宜反注同德行下孟反下同畫

奇音獲下同憧憧本又作惷昌容反以貫古亂反屈也丘勿反下同信

也本又作伸同音申下同韋昭漢書音義云古伸字尺蠖紆縛反蟲名也徐又烏郭反龍蛇

本又作虵同之蟄直立反全身本亦作存身思慮息吏反而累劣僞反

蒺音疾藜音梨死其其亦作期射隼食亦反下注同隼恤允反高墉音容

不括古活反結也結閡五代反不徵直升反屨俱遇反校胡孝反下同

滅止本亦作趾弗去羌呂反何校河可反又音河其治直吏反下同知小

音智尟不本亦作鮮仙善反少也折足之設反覆公芳六反餗音速馬作粥

形渥於角反不勝音升而上時掌反未離力智反先見賢遍

反介于徐音戒衆家作介徐云王廙古黠反斷可丁亂反注同復行扶又反注復行

同造形七報反之分符問反无祇韓音祁支反注同王廙輔嗣音支舍凶

音捨絪本又作氤同音因縕本又作氳紆云反化醇音淳易其以豉反不迮

五路反字亦作忤其易之門邪本又作門戶邪之撰仕勉反下章同數也廣雅去定

也王肅士眷反數也色柱反爻繇直救反下同服虔云抽也抽出吉凶也韋昭云由也吉凶所由而出

也於稽古兮反考也闡幽昌善反明也辯物如字徐扶勉反別也斷辭

丁亂反注同辭文如字一音問而中丁仲反注同因貳音二鄭云當爲式民行下孟

反注同所蹈徒報反之柄兵病反之脩如字鄭六治也馬作循之辯如字

王肅卜免反不厭於豔反注同後易以豉反注同長裕丁丈反注同其施

始豉反下同巽稱尺證反又尺升反和行下孟反以遠于万反注同不濫力暫

反可遠馬王肅韓袁万反注皆同師讀如字上下時掌反章末同趣舍音捨處昧

音妹 而揆 葵癸反度也 其方 馬云方道 能循 似倫反 以度 待洛反 以要

一遙反下文要終同 其要 於妙反 易知 以豉反 撰德 鄭作算云數也 噫 於其反王肅於力反

辭也馬同 亦要 一妙反絕句又一遙反則句至吉凶 則居 馬如字處也師音同鄭王肅音基辭 知者

音智 彖辭 吐貫反馬云彖辭卦辭也鄭云爻辭也周同王肅云彖舉象之要也師說通謂爻卦之辭也一云即

夫子彖辭 則思 息吏反 貫之 古亂反 轉近 附近之近下章以近同 而上 時掌反

須援 于眷反 剛勝 升證反一音升 勝其 音升 閑邪 似嗟反 其當 如字

下當文王同 紂 直又反 蒙難 乃旦反 能亨 許庚反 易者 以豉反注同 其

治 直吏反 德行 下孟反下德行同 易以 以豉反下注險易同 知阻 莊呂反 能說

音悅注同 亹亹 亡偉反鄭云沒沒也王肅云勉也 役思 息吏反 探 吐南反 射 食亦

反 不厭 於豔反 以盡 津忍反下同 愛惡 烏路反注同鄭烏洛反 泯然 亡忍反

比文 毗至反 辭枝 音支 誣善 音無

周易說卦第九

幽贊本或作讚子旦反幽深也贊明也 蓍音尸說文云蒿屬生千歲三百莖易以爲數天子九尺諸侯七尺大夫五尺士三尺毛詩草木疏云似藾蕭青色科生鴻範五行傳云蓍百年一本生百莖論衡云七十歲生一莖七百歲生十神靈之物故生遲也史記云生滿百莖者其下必有神龜守之其上常有雲氣覆之淮南子云上有叢蓍下有伏龜 如嚮香兩反本又作響 參七南反又如字音三 天或作大者非 而倚於綺反馬云依也王肅其綺反云立也虞同蜀才作奇通 數色具反 參奇紀宜反 觀變一本作觀變化 發揮音輝鄭云揚也王廙韓云散也 盡性津忍反 要其一遙反 迭用田節反 六位而成章本又作六畫 相薄旁各反陸云相附薄也馬鄭顧云薄入也 相射食亦反虞陸董姚王肅音亦云厭也 數往色具反又色主反 而數色主反下文同 晅況晚反京云乾也本又作晅徐古鄧切又一音香元反 以說音悅後皆同 嚮明許亮反 而治直吏反 妙萬物如字王肅作眇音妙董云眇成也 橈徐乃飽反王肅乃教反又呼勞反 熯王肅云呼但反火氣也徐本作暵音

漢云熱暵也說文同 莫盛 是政反鄭音成云裹也 水火不相逮 音代一音大計反鄭宋陸王肅王廙無不字 悖 必內反逆也 爲豕 京作蓏 爲狗 音苟 一索 色白反下同馬云數也王肅云求 長男 丁丈反下長女長子皆同 中男 丁仲反下同 少男 詩照反下少女皆同 爲圜 音圓 瘠 在亦反下同王廙云健之甚者爲多骨也京荀作柴云多筋幹 駁 邦角反 爲釜 房甫反 爲吝 京作遴 嗇 音色 爲柄 彼病反 爲龍 如字虞于作駹虞云倉色于云雜色 爲旉 王肅音孚干云花之通名鋪爲花皃謂之藪本又作専如字虞同姚云専一也鄭市戀反 蒼筤 音郎或作琅通 萑 音丸廣雅云藡也藡音狄 葦 韋鬼反蘆 馵 主樹反京作朱荀同陽在下 的 丁歷反說文作馰 顙 桑黨反 的顙白顛 反生 麻豆之屬反生戴莩甲而出也虞作阪云陵坂也陸云阪當爲反 蕃 音煩 鮮 息連反 爲臭 昌又反王肅作爲香臭 寡髮 如字本又作宣黑白雜爲宣髮 爲廣 如字鄭作黄 爲近 附近之近 三倍 步罪反 其究 九又反 矯 紀表反一本作撟同 輮 如九反王肅奴又反又女九反下又如又反馬鄭陸王肅本作此宋衷王廙作揉宋云使曲者

直直者曲爲揉京作柔荀作橈　弓輪姚作倫　美脊精亦反　爲亟紀力反王肅去

記反荀作極云中也　爲薄旁博反　蹄徒低反　爲曳以制反　眚生領反王廙云病

甲胄直又反　乾卦古丹反鄭云乾當爲幹陽在外能幹正也董作幹　鱉卑列反本又作鼈同

蟹戶賣反　蠃力禾反京作螺姚作蠡　蚌步項反本又作蜯同　科苦禾反空也虞作折　槁

苦老反鄭作槀干作熇　爲徑古定反　果蓏力火反馬云果桃李之屬蓏瓜瓠之屬應劭云木實曰果

草實曰蓏說文云在木曰果在地曰蓏張晏云有核曰果無核曰蓏京本作果墮之字　閽音昏　寺如字徐音侍亦

作閹字　黔其廉反徐音禽王肅其嚴反鄭作黚謂虎豹之屬貪冒之類　喙況廢反徐丁遘反　爲

堅多節一本無堅字　爲巫亡符反　附決如字徐音穴　剛鹵力杜反鹹土也

爲羊虞作羔此六子依求索而爲次第也本亦有以三男居前三女後從乾健也章至此韓無注或有注者非也荀

爽九家集解本乾後更有四爲龍爲直爲衣爲言巛後有八爲牝爲迷爲方爲囊爲裳爲黃爲帛爲漿震後有三爲王爲鵠爲

鼓巽後有二爲楊爲鸛坎後有八爲宮爲律爲可爲棟爲叢棘爲狐爲蒺蔾爲桎梏離後有一爲牝牛艮後有三爲鼻爲虎

狐兕後有二爲常爲輔頰注云常西方神也不同故記之於此

周易序卦第十

之稱直吏反本或作稚爭興爭鬬之爭下同所比毗志反下注同所畜敕六反本亦作蓄下及雜卦同以否備鄙反下同以觀官喚反亨則許庚反鄭許兩反徐音向同實喪息浪反所錯七各反注同徐七路反之緼紆粉反本又作蘊遠小人袁万反有難乃旦反下同以解音蟹下同決邪似嗟反而上時掌反去故起呂反下同以和胡臥反又如字齊才細反又如字若長丁丈反說音悅下及注同行過下孟反

周易雜卦第十一韓云雜糅衆卦也孟云雜亂也

雜糅如又反比毗志反下同樂音洛注同臨觀古亂反屯見賢遍反注及下皆同鄭經綸本又作論音倫又力門反上升時掌反下文離上升注同豫怠如字姚同京作

治虞作怡則飭音敕注同整治也鄭本王肅作飾剥爛老旦反晝也竹又反誅

也荀云誅滅也陸韓云傷也解音蟹難也乃旦反衆荀作終去故起呂反豐

多故衆家以此絶句親寡旅也荀本豐多故親絶句寡旅也別爲句道長丁丈反

周易略例此是輔嗣所作既釋經文故相承講之今亦隨世音焉或有題爲第十者後人輒加之耳

明彖　動不能制動一本作天地不能制動貞夫音符後皆同

琁悉全反又作旋璣音機本又作機或作幾輻音福湊千豆反則思息吏反可

遠于万反能渝羊朱反至賾仕責反能與音預觀彖以斯

一本作以彖觀之

明爻通變　好靜呼報反度量音亮朝直遥反廷音定必

比毗志反隆墀本又作坻直其反坻蟻冢遠壑火各反而濟一本作而載能

說音悦善邇善又作繕愛惡烏路反次章同語以而後有格舊本如此

一本栝作括 能與音象

明卦適變通爻本又作明卦通變適爻又一本直云適變通爻 否泰備鄙反 險

易以豉反章内同 於斷丁亂反 要其一遥反 辟險音避本亦作避後章同 比

復毗志反 好先呼報反 侮妻亡甫反 故當如字 其介音界本又作分符問反

明象 觀意本亦作見意 猶蹄音啼 在免他故反字又作菟 筌者七全反筌

辭事見莊子 重畫直龍反下胡麥反下同 應健音鷹 滋漫末半反 縱復扶又反

辯位 繫辭戶計反下同 位分扶問反下同 去初羌呂反 無六爻無亦作損

略例下 舊本如此本或無下字

率音類又音律又所律反 相比毗志反 險易以豉反 之行下孟反 去六羌呂反

見咥直結反 所怨紆万反又紆元反

卦略一凡十一卦

屯難乃旦反遯明夷卦同所馮皮冰反本亦作憑蒙陰昧音妹不諮本亦作資四

遠袁万反明夷卦同觀初比毗志反履不處謂陽爻不處其位爲美履者禮

也今雜卦無此句韓注有或傳寫者誤臨剛長丁丈反遯卦同觀古亂反以所見

一本作知所以近附近之近明夷卦同大過揀橈乃孝反拯弱拯救之拯同

呼報反所贍常豔反褊矣必淺反遯浸子鴆反長張丈反難

乃旦反亨在許庚反大壯觸昌録反蕃扶袁反明夷最遠

反最近附近之近而難乃旦反能[illegible]聯最見賢遍

反豐洽乃咸夾反本又作合豐惡闇[illegible]部

卦同睽[illegible]

反明昧音妹本亦作妹又作沬皆末貝反下文同無[illegible]

經典釋文第二

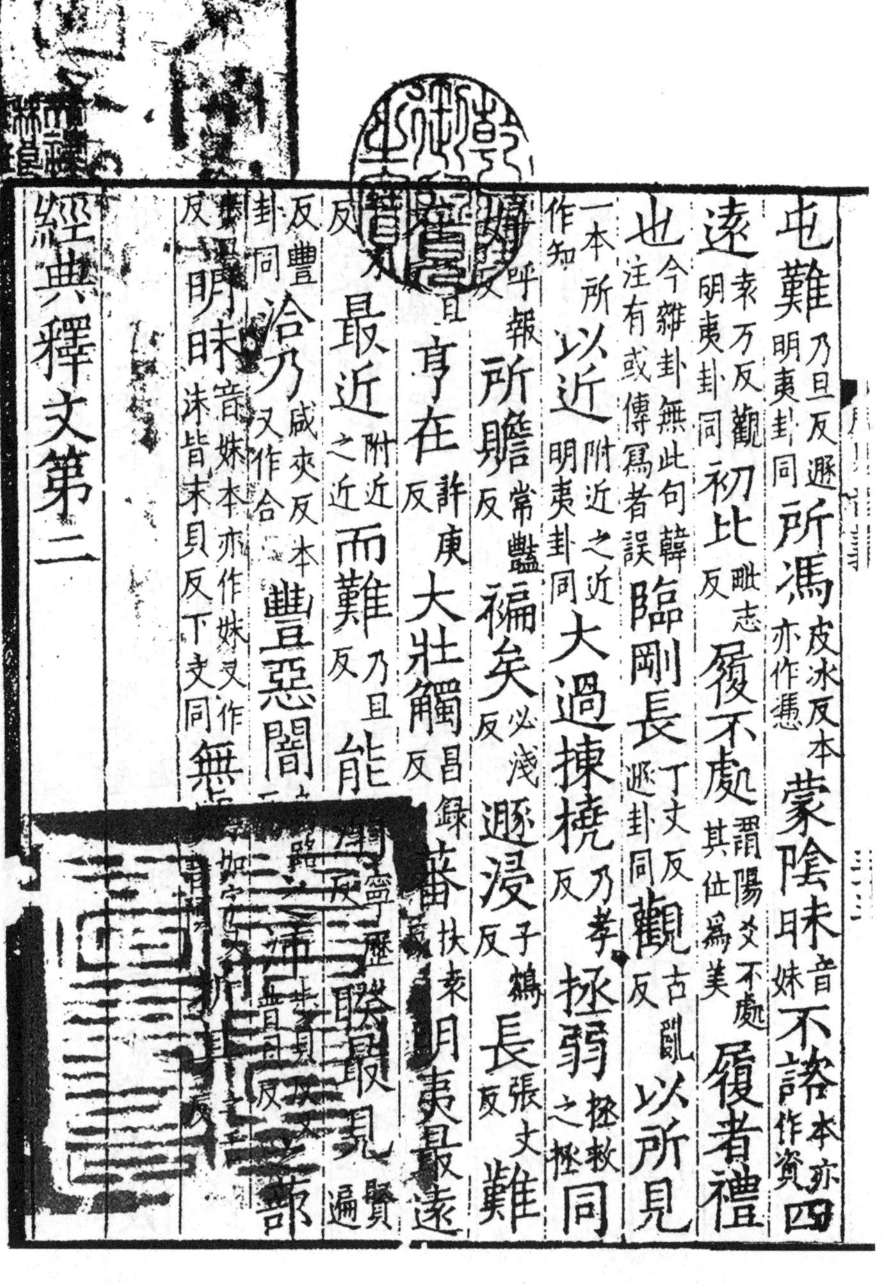

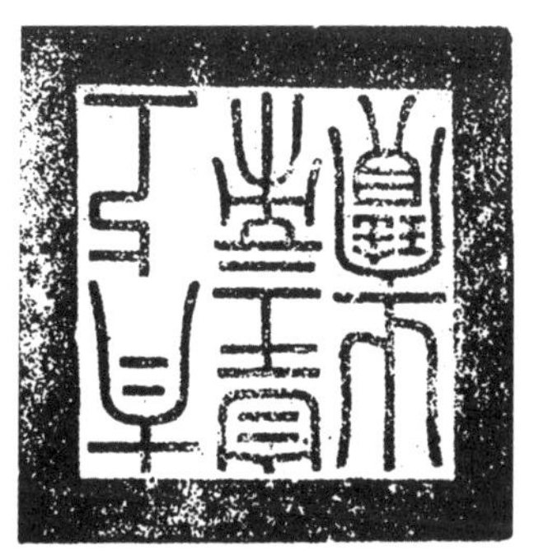

五福五代堂古稀天子寶

八徵耄念之寶

太上皇帝之寶

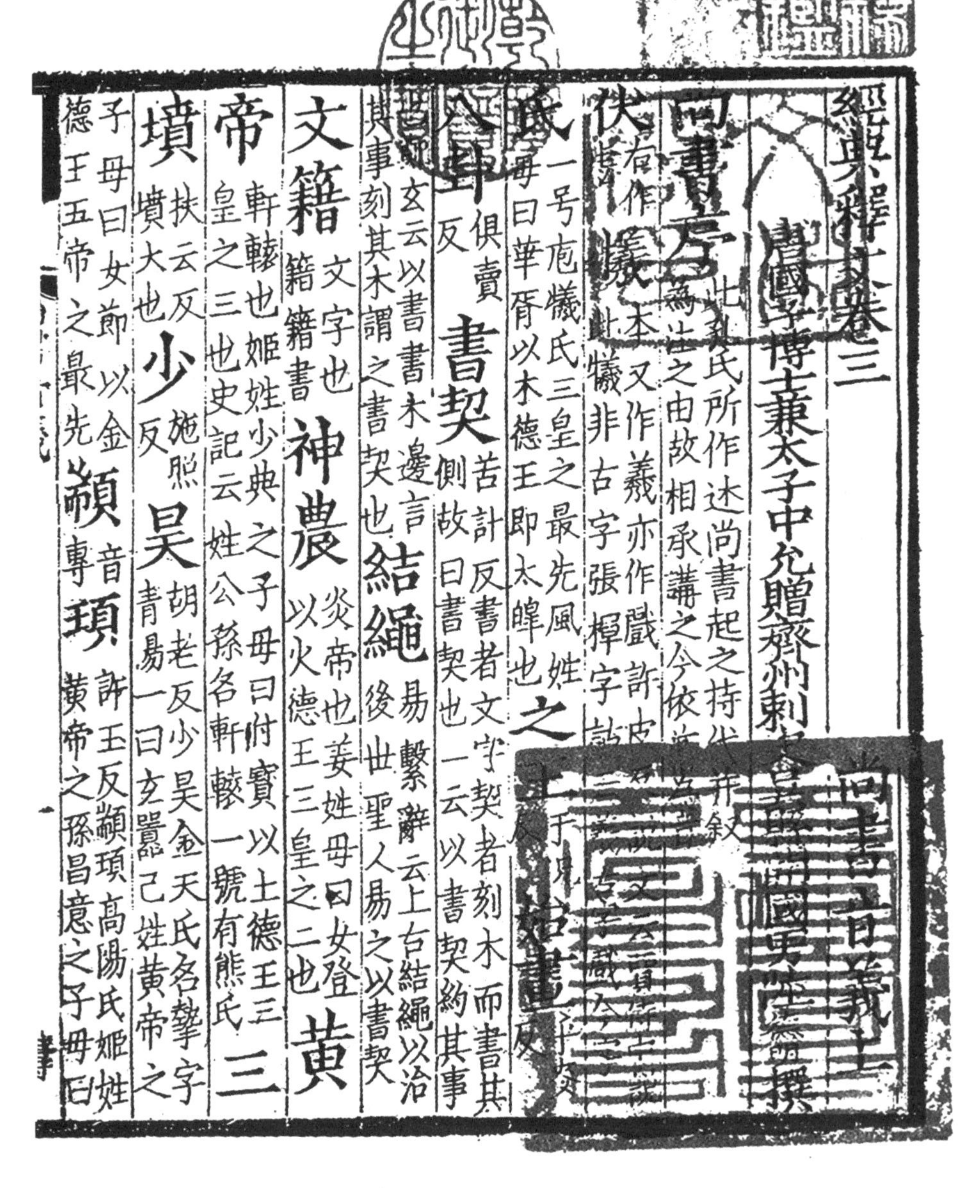

經典釋文卷三　　尚書音義上

國子博士兼太子中允贈齊州刺史吳縣開國男陸德明撰

尚書　此孔氏所作述尚書起之時代并敘爲注之由故相承講之今依舊音之

伏犧　本又作羲亦作戲許宜反此犧非古字張揖字詁云羲古字戲今字

氏　一号庖犧氏三皇之最先風姓母曰華胥以木德王即太皞也　之王　于況反　始畫　乎卦反

八卦　俱賣反　書契　苦計反書者文字契者刻木而書其側故曰書契也一云以書契約其事鄭玄云以書書木邊言其事刻其木謂之書契也　結繩　易繫辭云上古結繩以洽後世聖人易之以書契

文籍　文字也籍籍書　神農　炎帝也姜姓母曰女登以火德王三皇之二也　黃帝　軒轅也姬姓少典之子母曰附寶以土德王三皇之三也史記云姓公孫名軒轅一號有熊氏　三墳　扶云反墳大也　少　施照反　昊　胡老反少昊金天氏名摯字青陽一曰玄囂己姓黃帝之子母曰女節以金德王五帝之最先　顓　音專　頊　許玉反顓頊高陽氏姬姓黃帝之孫昌意之子母曰

景僕謂之女樞以水德王五帝之二也**高辛**帝嚳也姬姓嚳音口毒反母不見以木德王五帝之三也

唐帝堯也姓伊耆氏堯初為唐侯後為天子都匋故號陶唐氏帝嚳之子帝摯之弟母曰慶都以火德王五帝之四也**虞**帝舜也姓姚氏國號有虞顓頊六世孫瞽瞍之子母曰握登以土德王五帝之五也先儒解三皇五帝並與孔不同並見發題**夏**禹天下號也以金德王三王之最先**商**湯天下號也亦號殷以水德王三王之二也

周文王武王有天下號也以木德王三王之三也**雅誥**故報反告也示也**奧義**烏報反深也

一揆葵癸反度也**八索**所白反下同求也徐音素本或作素**左史**史官在左

倚於綺反劉琴綺反**相**息亮反倚相楚靈王時史官**刪**色姦反**以黜**丑律反

斷丁亂反**訖**居乙反又許乙反**芟**色咸反**翦**咨淺反**撮**七活反**機**本又作幾

典凡十五篇正典二攝十三十一篇亡**謨**莫胡反凡三篇正二攝一**訓**凡十六篇

正二篇亡攝十四三篇亡**誥**凡三十八篇正八攝三十十八篇亡**誓**市制反凡十篇

正八攝二一篇亡**命**凡十八篇正十二三篇亡攝六四篇亡**恢**苦回反六也**坦**土但反

秦始皇〔名政二十六年初并六國自號始皇帝〕焚書坑〔苦庚反〕儒〔焚詩書在始皇之三十四年坑儒在三十五年〕逃難〔乃旦反〕解〔音蟹〕學校〔戶教反詩箋云鄭國謂學為校〕闡〔尺善反大也明也〕濟〔子禮反郡名也〕伏生〔名勝〕年過〔古卧反後同〕以傳〔直專反下傳之子孫同〕裁二十餘篇〔即馬鄭所注二十九篇是也〕曾共〔音恭亦作龔又作恭共王漢景帝之子名餘〕好〔呼報反下好古同〕治壞〔音怪下同字林作𡐦云公壞反毁也〕及傳〔謂春秋也一云周易十翼非經〕謂之論語〔上如字又音倫〕科斗〔上若禾反科斗蟲名蝦蟆子書形似之〕隸古〔上音麗謂用隸書寫古文〕增多伏生二十五篇〔謂虞書大禹謨夏書五子之歌胤征商書仲虺之誥湯誥伊訓太甲三篇咸有一德說命三篇周書泰誓三篇武成旅獒微子之命蔡仲之命周官君陳畢命君牙冏命〕合於〔舊音閤又如字下同〕皐〔音高本又作咎〕陶〔音遥本又作繇〕盤〔步干反本又作般〕復出〔上扶又反下同〕凡五十九篇〔即今所行五十八篇其一是百篇之序〕其餘錯亂磨滅〔謂虞書汨作九共九篇槀飫夏書帝告釐沃湯征汝鳩汝方商書夏社疑至臣扈典寶明

二

居肆命祖后沃丁咸乂四篇伊陟原命仲丁河亶甲祖乙高宗之訓肜書分器旅巢命歸禾嘉禾成王政將蒲姑賄肅慎之命

堅始凡四十二篇亡悉上時掌反詔爲于僞反覃徒南反深也思息嗣反操

本又作采摭之石反一音之若反敷芳夫反暢丑亮反序所以爲于僞反又如字

義見賢遍反各冠工亂反巫音無蠱音古事漢武帝末征和中江充造

蠱敗矣太子故經籍道息焉貽以之反遺也

堯典第一虞書北十六篇十一篇亡五篇見存孔氏傳傳即注也

以傳述為義舊說漢以前稱傳

昔古也堯唐帝名馬融云謚也翼善傳聖曰堯聰千公反思息嗣反又如字下同著張慮

反遁本又作遯徒遜反退也避也禪時戰反禪也授也放方往反注同徐云鄭王如字勳

許云反功也馬云放勳堯名皇甫謐同一云放勛堯字欽明文思馬云威儀表備謂之欽照臨四方謂之明

經緯天地謂之文道德純備謂之思被皮寄反徐扶義反各聞音問本亦作問溢音逸九族上自高祖

下至玄孫凡九族馬鄭同 黎力兮反 羲和馬云羲氏掌天官和氏掌地官四子掌四時 昊胡老反

重直龍反少昊之後 黎高陽之後 日月所會謂日月交會於十二次也寅曰析木卯曰大火辰曰壽星巳曰鶉尾午曰鶉火未曰鶉首申曰實沈酉曰大梁戌曰降婁亥曰娵訾子曰玄枵丑曰星紀 嵎音隅馬云嵎海嵎也夷萊夷也尚書考靈耀及史記作禺銕 暘音陽 谷工木反又音欲下同馬云暘谷海嵎夷之地名 日出於谷本或作日出於陽谷陽衍字 寅徐以眞反又音夷下同 賓如字徐音殯馬云從也 出日上尺遂反又如字注同 平如字馬作苹普庚反云使也下皆放此 秩如字 日中貞仲反又如字 殷於勤反馬鄭云中也 七宿音秀下同 畢見賢遍反下同 析星歷反 孳音字 乳化上儒付反說文云人及鳥生子曰乳獸曰産 申重直用反 南訛五禾反 昧武內反 冥莫定反 餞賤衍反馬云餞滅也滅猶沒也 毨先典反說文云仲秋鳥獸毛盛可選取以為器用也 分別彼列反下同 隩於六反馬云煖也 氄如勇反徐又而充反又如充反馬云氄柔貌 辟音避 耎如兖反本或作濡音儒 毳尺銳反 暨其器反 朞居其

反下同旬似遵反十日爲旬迊子合反釐力之反熙許其反興也疇直由反放

方往反注同胤引信反馬云嗣也吁況于反徐往付反一音于嚚魚巾反訟才用反馬本作庸又

好呼報反下注同爭爭鬬也若子音餘又羊汝反采七在反馬云官也復求上扶又反驩

呼端反兜丁侯反共工上音恭注同僝仕簡反徐音撰馬云具也都於下音烏官

稱尺證反滔吐刀反漫末旦反又末寒反下同背音佩傲五報反下同很很墾反

湯湯音傷洪戶工反浩浩胡老反滌大歷反襄上時掌反俾必爾反

反僉七廉反又七劒反曰於音烏鯀故本反馬云禹父也朝臣上直遙反咈扶弗反

矣也方命如字馬云方放也徐云鄭王音放圮皮美反戾力計反异徐云鄭音異孔王音

怡巳也朕直錦反馬云我也巽音遜馬云讓也否方久反不也又音鄙忝他簟反辱也不

肖音笑說文云肖骨肉相似也不似其先故曰不肖錫星歷反鰥故頑反虞舜

虞氏舜名也馬云舜謚也舜死後賢臣錄之臣子爲諱故變名言謚俞羊朱反德行下孟反下

其行同　瞽音古　傲五報反　瞍素后反　之稱尺證反又如字　諧戶皆反　烝

烝之丞反　姦古顏反　女于上恧據反　妻千計反　嬀居危反　汭如銳反水之内也杜預注左傳云水之隈曲曰汭　嬪毗人反

舜典第二

王氏注相承云梅賾上孔氏傳古文尚書云舜典一篇時以王肅注頗類孔氏故取王注從慎徽五典以下爲舜典以續孔傳徐仙民亦音此本今依舊音之　難乃丹反

曰若稽古帝舜曰重華協于帝此十二字是姚方興所上孔氏傳本無阮孝緒七録亦云然方興本或此下更有濬哲文明溫恭允塞玄德升聞乃命以位凡二十八字異聊出之於王注無施也　徽許韋反王云美也馬云善也　從才容反　八元左傳高辛氏有才子八人伯奮仲堪叔獻季仲伯虎仲熊叔豹季貍忠肅恭懿宣慈惠和天下之民謂之八元　揆葵癸反　八凱開在反左傳高陽氏有才子八人蒼舒隤敳檮戭大臨尨降庭堅仲容叔達齊聖廣淵明允篤誠天下之民謂之八凱　來朝直遥反　麓音鹿王云録也馬鄭云山足也　愆起虔反　詢音荀　底之履反王云致也馬云定也本

或作反非正月音政又音征文祖王云文祖廟名馬云文祖天也天爲文萬物之祖故曰文祖璿音旋
上帝王云上帝天也馬云上帝太一神在紫微宮天之最尊者禋音因王云絜祀也馬云精意以享也六
宗王云四時寒暑日月星水旱也馬云天地四時也墳扶云反衍下音演輯徐音集王云合馬云斂也
五瑞垂僞反信也牧牧養之牧徐音周巡似遵反徐養純反守詩救反本或作狩岱
音代泰山也柴士皆反爾雅祭天曰燔柴馬云祭時積柴加牲其上而燔之巡行下孟反燔
扶袁反又扶云反瀆徒木反同律王云同齊也律六律也馬云律法也鄭云陰呂陽律也度
如字丈尺也量力尚反注同斗斛也衡稱也贄音至本又作摯纁許云反復扶又反下
同還音旋華户化反華山在桓農十有如字徐于救反至于北岳如
西禮方興本同馬本作如初藝魚世反馬王云禰也四朝直遥反注同馬王皆云四面朝於方岳之
下鄭云四朝四季朝京師也敷音孚肇音兆十有二州謂冀兖青徐荆揚豫梁雍并幽營也
濬荀俊反宥音又馬云宥三宥也扑普卜反徐敷卜反榎皆雅反贖石欲反徐音樹眚所景反怙

音戶**恤**峻律反憂也 **共工**上音恭左傳少皥氏有不才子毀信廢忠崇飾惡言靖譖庸回服讒蒐慝以誣盛德天下之民謂之窮奇杜預云即共工 **裔**以制反 **驩**呼端反 **兜**丁侯反左傳帝鴻氏有不才子掩義隱賊好行凶德醜類惡物頑嚚不友是與比周天下之民謂之渾敦杜預云即驩兜也帝鴻黃帝也 **竄**七亂反 **三苗**馬王云三苗國名也縉雲氏之後爲諸侯蓋饕餮也左傳縉雲氏有不才子貪于飲食冒于貨賄侵欲崇侈不可盈厭聚斂積實不知紀極不念孤寡不恤窮匱天下之民以比三凶謂之饕餮杜預云縉雲黃帝時官名非帝子孫故以比三凶也貪財曰饕貪食曰餮 **縉**音晉 **饕**土刀反 **餮**他節反 **殛**紀力反 **鯀**故本反左傳顓頊氏有不才子不可教訓不知話言告之則頑舍之則嚚傲很明德以亂天常天下之民謂之檮杌杜預云即鯀也檮杌凶頑無儔匹之貌 **殂**才枯反 **喪**如字又息浪反 **考妣**必履反父曰考母曰妣 **遏**安葛反或音謁 **八音**謂金鍾也石磬也絲琴瑟也竹簫笛也匏笙也土塤也革鼓也木柷敔也 **匏**白交反 **故復**扶又反 **闢**婢亦反徐甫亦反 **惇**音敦 **之長**丁丈反下同 **而難**乃旦反 **任**音壬又而鴆反 **奮**弗運反 **俞**以朱反 **懋**音茂王云勉也馬云美也 **稽**音啓 **首**稽首首至地臣事君之禮 **契**息列反 **陶**

音遥 阻 莊呂反王云難也 播 波左反 猾 户八反 寇 苦豆反 宄 音軌 劓 魚器反截鼻也

刵 扶味反刖足也 大辟 婢亦反死刑也 三處 昌慮反 於朝 直遥反 垂 如字徐音

睡 共 音恭 靳 七良反 伯與 下音餘 益 皁陶子也 羆 彼皮反 寅 如字徐音夷

夔 求龜反 胄 直又反王云胄子國子也馬云胄長也教長天下之子弟 栗 戰栗也 永 徐音詠又

如字 於 如字或音烏而絕句者非 拊 音撫徐音府 塈 徐在力反 讒 切韻士咸反 說 如字

注同徐失銳反 殄 切韻徒典反 行 下孟反注同 喉 音侯 黜 丑律反 北 如字又音佩 令

力呈反 釐 力之反馬云賜也理也 下土 絕句一讀至方字絕句 別 彼列反 分 方云反徐扶問

反 汨 音骨 共 音恭王己勇反法也馬同 槀 苦報反 飫 於庶反槀飫亦書篇名也汨作等十一篇

同此序其文皆云而序與百篇之序同編故序今馬鄭之徒百

篇之序揔爲一卷孔以各冠其篇首而云篇之序即隨其次第

居見存者之間衆家經文並盡此唯王

注本下更有汨作九共故逸故亦作古

大禹謨第三　卷之二

徐云本虞書揔爲一卷凡十二卷今依七志七録爲十三卷皋音高陶音遥矢本又作夫謨字又
作謩申重直用反下同文命孔云文德敎命也先儒云文命禹名易以豉反治直吏反
俞羊朱反攸音由徐以帚反寧安也説文安寧如此願辭也舍音捨告故毒反矜
居陵反眷俱倦反奄於檢反迪徒歷反嚮許丈反應應對之應下應風同吁
況俱反度徒布反注守度同虞度下徒洛反後億度同樂音洛去起吕反熙火其反
咈扶弗反戾連第反怠音待情徒卧反曰於音烏歌樂下音洛俾必爾反
壞乎怪反治直吏反格庚白反朕直錦反耄莫報反倦其眷反期
頤以之反期要頤養也厭於豔反懈工賣反種章用反降江巷反治直吏反注
下同當丁浪反又如字懋音茂愆起虔反宥音又辜音孤好生上呼報反儆
居領反重直用反假工雅反盡津忍反爲民于爲反丕普悲反大也徐甫眉反
聽徐天定反出如字徐尺遂反好如字徐許到反枚音梅蔽必世反徐甫世反斷丁亂

六

反僉七潛反禁今鴆反又音金正月音政徐音征數音朔濟濟子禮反蠢

春允反侮亡甫反慢亡諫反咎其九反誥古報反憚徒旦反一音丹末反懾許業

反弗畓下音戚田本或作畋號戶高反旻武巾反慝他則反載見賢遍

反瞽音古瞍素后反夔夔求龜反齋側皆反諴音咸矧失忍反易

以豉反當丁浪反下同還經典皆音旋誕音但階徐音皆楯食允反翳於計反

闡尺善反洞徒弄反蠡音禮

皋陶謨第四

爲帝于僞反夫音扶治直吏反下同蹈徒報反身修絕句惇切韻都昆反

當丁浪反下同亦行下孟反注性行行正直之行同愿音願慤切韻苦角反恪苦各反擾

而小反徐音饒毅五旣反斷丁亂反撓女孝反浚息俊反馬云大也嚴如字馬徐

魚檢反翕許及反俊乂馬曰千人曰俊百人曰乂百僚本又作寮撫方武反凝魚凌

反馬云定也 兢兢居凌反 業業如字徐五荅反 幾徐音機 有典馬本作五

典 有分符問反 有庸馬本作五庸 衷音中 明畏不如字徐音威馬本作威

有知如字徐音智 思如字徐音息吏反 襄息羊反上也馬云因也案爾雅作儴因也如羊反

益稷第五

當丁浪反本亦作讜當蕩反李登聲類云讜言善言也 思徐如字又息吏反 孜孜音兹 浩浩

戶老反 墊丁念反 瞀音務一音茂本或作務 溺乃歷反 予乘下音繩 刊苦安反

輴丑倫反漢書作橇如淳音蕝以板置泥上服虔云木橇形如木箕擿行泥上尸子云澤行乘蕝蕝音子絕反 樏

力追反史記作橋徐音丘遙反漢書作梮九足反 隨行下孟反 槎士雅反下同說文云衺斫又莊下反

暨其器反 鮮徐音仙馬云鮮生也 距音巨 濬思俊反 畎公犬反 澮故外反

廣尺上音光浪反 深尺上尸鴆反下深二仞同 艱工閑反馬本作根云根生之食謂百穀 食

處昌慮反 鼈必滅反 懋音茂 鹽余廉反 烝之丞反 粒音立 治直吏反下同

當丁浪反 好呼報反 惡烏路反又並如字 應應對之應 徯胡啓反 施始豉反

重直用反 股音古 肱古弘反 觀舊音官又官喚反 蟲直弓反 會馬鄭作繪胡對反

𢑱音夷馬同鄭云宗彝虎也 藻音早本又作薻 粉米說文作黺䋛徐本作絉音米

黼音甫白與黑謂之黼 黻音弗黑與青謂之黻 絺徐勑私反又勑其反馬同鄭陟里反刺也 繡

音秀 背音佩 衮工本反 僭子念反 出如字又尺遂反注同 納如字又音内 撻他末反又

他達反 笞勑疑反 颺音揚 否方有反徐音鄙 任汝鴆反 應應對之應 傲五報反字

又作奡 好呼報反 傲五羔反徐五報反注同 額額五客反 殄徒現反 娶促住反

復往上扶又反 呱呱音孤 弗子如字鄭將吏反 度徒洛反 至于五千

馬云面五千里爲方萬里鄭云五服已五千又弼成爲萬里 州十有二師二千五百人爲師鄭云師

長也 要一遥反 薄蒲各反徐扶各反 長丁丈反五長衆官之長 別彼列反 重

美上直用反 夔求龜反 戛居八反徐古八反馬云櫟也 球音求 搏音博 拊音撫

柷尺叔反所以作樂 敔魚呂反所以止樂 穅音康 歆許金反 鼗音桃 合如字徐音閤

籥余若反 互音冱 見賢遍反下見細器同 鏞音庸 閒閒廁之閒 鳥獸孔以爲自

舞也馬云鳥獸筍簴也 蹌七羊反舞貌說文作牄云鳥獸求食聲 迭直結反 韶時昭反 於

予如字 喜樂下音洛 盡忠上津忍反 颺音揚 屢力具反 省悉井反

數色角反 懈佳賣反 賡加孟反劉皆行反說文以爲古續字 叢才公反 脞倉果

反徐音瑣馬云叢揔也脞小也 惰徒卧反 墮許規反

禹貢第一 卷之三 夏書凡九篇五篇亡一云夏書唯四篇

別彼列反 九州周公職録云黄帝受命風后受圖割地布九州鄒子云中國爲赤縣赤縣之內有九

州春秋說題辭云州之言殊也 圻其依反 濬思俊反 刊苦安反 任而鴆反 貢字或作贑

之王于況反 敷芳無反馬云分也 汎孚劒反 隨行下孟反 奠田遍反 瀆

音獨 異居器反 州九州名義見爾雅音 載如字載載於書也馬同鄭韋昭云載事也 壺

音胡馬云壺口山名治如字岐其宜反山雍於用反後州名同岳字又作嶽太岳山名陽山南
曰陽水北亦曰陽覃徒南反厎之履反衡如字橫也馬云水名漳音章近附近
之近壤丈反馬云天性和美也塊苦對反上如字賦第一錯倉各反馬云地有上下相錯通
率第一以供音恭中丁仲反又如字中馬云土地有高下肥符非反瘠在亦反既
從才容反島當老反馬云島夷北夷國夾音協注同帶也碣其列反韋昭其逝反逆上
時掌反篚方尾反濟子禮反下同兖悅轉反九河徒駭一太史二馬頰三覆釜四胡蘇五簡
六絜七鉤盤八鬲津九出爾雅灉徐音邕王於用反沮七餘反蠶在南反墳扶粉反後
同韋昭音勃憤反起也馬云有膏肥也繇音遙馬云抽也十有三載馬鄭本載作年漆
音七盛音成漯天荅反篇韻作他合反岱音代泰山也嵎音隅濰音惟本亦作惟又作維
淄側其反濱必人反斥徐音尺說文云東方謂之斥西方謂之鹵鄭云斥謂地鹹鹵涯魚佳反
鹽餘占反絺勑其反種章勇反畎工犬反徐本作甽谷枲思似反鉛公寅專反字從合

合音以選反 怪如字 石怪石碔砆之屬 萊音來 牧牧養之牧徐音目一音茂徂同 檿烏簟反山
桑也 汶音問 沂魚依反水名 藝魚世反 豬張魚反馬云水所停止深者曰豬劉東胡反 埴
市力反鄭作戠徐鄭王皆讀曰熾韋昭音試 漸如字本又作蔪字林才冉反草之相包裹也 包必茅反字或作
苞非叢生也馬云相包裹也 黏女占反 進長丁丈反 叢才公反 燾徒報反覆也 苴
子餘反包裹也 夏行雅反 翟徒歷反 嶧音亦一音夕 泗音四水名 淮夷鄭云淮水
之夷民也馬云淮夷二水名孔傳云淮夷之水本亦有作淮夷二水也 蠙蒲邊反徐扶堅反字又作玭韋昭薄迷反
蚌也 暨其器反 見石上賢遍反 纖息廉反 縞古老反徐古到反 繒似陵反 達
于河如字說文作菏工可反云水出山陽湖陵南 彭蠡下音禮張勃吳錄云今名洞庭湖案今在九江郡界
三江韋昭云謂吳松江錢唐江浦陽江也吳地記云松江東行七十里得三江口東北入海爲婁江東南入海爲東
江并松江爲三江 震澤吳都太湖 底之履反致也史記音致 大湖音太胡 篠西了反
簜徒黨反或作蕩他莽反 夭於嬌反馬云長也 喬其嬌反徐音驕 少詩照反 長丁丈反

瑤音遥琨音昆美石也馬本作瓊韋昭音貫犀細兮反旄音毛楩音緶又婢善反卉
徐許貴反橘均必反柚由究反裹音果㳂悅專反鄭本作松松當爲㳂馬本作均云均平
朝直遥反九江尋陽地記云一曰烏白江二曰蚌江三曰烏江四曰嘉靡江五曰畎江六曰源江七曰廪江八
曰提江九曰箘江張須元緣江圖云一曰三里江二曰五州江
三曰嘉靡江四曰烏土江五曰白蚌江六曰白烏江七曰箘江
八曰沙提江九曰廪江參差隨水長短或百里或五千里始於鄂陵終于江口會于桑落洲太康地記曰九江劉歆以爲湖漢
九水入彭蠡澤也沱徒何反潛捷廉反馬云沱湖也其中泉出而不流者謂之潛雲徐本作云夢
云弄反一音武仲反徐莫公反治直吏反杶勑倫反徐勑荀反木名又作櫄榦本又作幹故旦反栝
古活反馬云白栝也柘章夜反礪力世反砥音脂徐之履反韋昭音旨砮音奴韋昭乃固反磨
末佐反鏃子木反一音七木反箘求隕反韋昭一名聆風簵音路楛音戶馬云木名可以爲箭
毛詩草木疏云葉如荆而赤莖似蓍近澤附近之近匭音軌菁茅上子丁反徐音精馬同鄭云茅
有毛刺曰菁茅匣胡甲反又音甲菹切韻側魚反縮所六反纁許云反璣其依反又音機

馬同說文云珠不圜也字書云小珠也玉篇渠依居沂二反 組 音祖馬云組文也 納 馬云入也 江沱

潛漢 四水名本或作潛子漢非 逾 羊朱反 瀍 直然反 澗 故晏反 渾 音魂又胡

困胡昆二反 沔 云淺反又云忍反下同陸渾沔池二縣屬河南郡 滎 戶扃反滎澤也 波 如字馬本

作播滎播澤名 過 烏咼反 導 音道下同 菏 徐音柯又士可反注同韋胡阿反 被 皮寄反徐扶義

反注同 孟豬 張魚反又音諸左傳爾雅皆作孟諸宋藪澤也 壚 音盧說文黑剛土也 絺 勑其反

紵 直呂反 纊 音曠 緜 切韻武延反 華 胡化反又胡瓜反 岷 武巾反 山 嶓 音波徐甫

河反韋音播 旅 如字韋音盧 和 如字又作龢鄭云和讀曰洹 言治 直吏反下同 黎

鄭力兮反徐力私反馬云小踈也 璆 音虯徐又居虯反又閭幼反馬同韋昭郭璞云紫磨金案郭注爾雅鏐即紫磨

金 鐵 天結反 鏤 婁豆反 熊 音雄 羆 彼宜反如熊而黃 貍 力疑反 罽 紀例反

傾 窺井反 渭 音謂 雍 於用反 涇 音經 屬 之蜀反 汭 本又作内同如銳反馬云入也

逮 音代 沮 七徐反 灃 芳弓反 治 直吏反 終南 終南山名漢書地理志一名太一三秦記

云又名地肺 惇 惇物山名漢書云垂山也 丕 普悲反 球 音求 琳 韋音來金反 琅 音郎 玕 音干山海經云崐崘山有琅玕樹 西上 時掌反 崐崘 下魯門反馬云崐崘在臨羌西 析 星歷反馬云析支在河關西 搜 所由反漢書志朔方郡有渠搜縣武紀云北發渠搜是也 髳 音謀又音毛西戎國名 導 言道從首起也 岍 音牽字又作汧山名一名吳岳馬本作開 厎 之履反 柱 如字韋知父反又知女反厎柱山名在河水中 太行 戶剛反又如字 滄 音倉 勝 音升 傾 窺井反 圉 魚呂反 太華 如字又戶化反 陪 音裴 尾 陪尾山名漢書作橫尾 條列 如字本或作別彼列反 漾 羊尚反 弱 本或作溺 合黎 如字黎力兮反馬云地名 溢 音逸 山見 賢遍反 虢 寡白反 孟津 如字洛北地名 湊 七豆反 伾 本又作岯音丕又皮鄙反徐扶眉反又敷眉反韋音鄙郭撫梅反字或作䣱 處 昌慮反 降 如字鄭戶江反 殺 所界反 溢 字又作隘於賣反 渤 蒲忽反 浪 音郎 澨 市制反 觸 切韻尺玉反 匯 徐胡罪反韋空爲反 沱 唐何反 澧 音禮 迆 以爾反馬云靡也 沇 音兗又以轉反 數 色住反下同一本作

十所陶音桃折之設反灃音豐翊與職反鞏恭勇反縣名屬河南郡隩於六
反玉篇於報反滌徒歷反陂彼宜反槎仕雅反障章尚反貫工喚反較
音角台徐音怡行下孟反注同甸田遍反為天上于僞反納如字本又作內
音同下如字總音揔近附近之近槀故老反供音恭飼音嗣銍珍栗反
穗字亦作穟音遂秸本或作稭工八反馬云去其穎音鞂男任而鴆反又而針反任王上而
鴆反又而針反同為于僞反綏息遺反揆葵癸反度待洛反奮方問反
要一遥反東如字一音來夷馬云易也差初佳反又初賣反漸子廉反被皮寄
反朔南朔北也皆與音預朝直遥反見賢遍反訖斤盜反

甘誓第二

啓禹子嗣禹為天子也扈音戶有扈國名與夏同姓馬云姒姓之國為無道者案京兆鄠縣即有扈之國
也甘有扈郊地名馬云南郊地也甘水名今在鄠縣西誓誓馬云軍旅曰誓會同曰誥其將子匠

反侮云甫反正如字徐音征馬云建子建丑建寅三正也惰徒卧反勦子六反玉篇子小反馬本作巢與玉篇切韻同罰音伐御魚慮反戮音六北如字又音佩軍走曰北孥音奴子也累劣偽反

五子之歌第三

五人五子名字書傳無聞仲康蓋其一也須馬云止也汭如銳反本又作内音同逸本又作佾豫本或作忬音同黎力兮反喪息浪反盤步干反本或作槃度如字樂音洛畋音田畀五計反徐胡細反距音巨以從如字或作從才用反非徯胡啓反近附近之近分扶問反三失上如字又息暫反不見賢遍反懔力甚反朽許久反索息洛反馭音御腐扶甫反甘一音戶甘反嗜市志反峻思俊反牆慈羊反酣於臨反又於藍反厎之履反貽以之反遺唯季反覆芳服反供音恭曷戶割反鬱音鬱陶音桃鬱陶憂思也忸女六反怩女姬反徐乃私

反 思息嗣反 雖如字或作睢

胤征第四

洒徐音銑面善反 差初賣反又初佳反 胤國名也 肇音兆 舍音捨 適生[illegible]反

鐸待洛反 鈴音零 藝本又作埶 更音庚 技其綺反 覆芳服反 倒

丁老反 離如字又力智反 冥莫定反又亡丁反 俶本又作俶亦作叔同尺六反 擾而小反

嗇音色 馳車馬曰馳 走步曰走 供音恭 先時上音悉薦反又如字注先時先天同

赦亦作赦 治直吏反 後天上胡豆反 崐音昆 殲子廉反 魁苦回反 脅

虛業反 帥色類反 汙烏故反汙辱之汙又音烏洿泥著物也一音烏臥反 懋音茂 辟音

音避 契息列反殷之始祖 八遷八遷之書史惟見四 亳旁各反徐扶各反 嚳苦毒

反 帝告下音工毒反 釐力之反 沃徐烏酷反此五云篇舊解是夏書馬鄭之徒以爲商

書兩義俱通 祇巨支反 復扶又反

湯誓第一　卷之四　商書凡三十四篇十七篇亡十七篇見存

相息亮反　湯如字馬云俗儒以湯爲謚或爲號號者似非其意言謚近之然不在謚法故無聞焉及禹俗儒以爲名帝系禹名文命王侯世本湯名天乙推此言之禹豈復非謚乎亦不在謚法故疑焉　桀其列反夏之末天子　升音昇　陑音而　格庚白反來也　台以之反下同　殛居力反　恤荀律反　舍音捨廢也　復扶又反　遏於葛反徐音謁馬云止也　喪息浪反注同　情徒卧反　罰音伐　賚力代反徐音來　社后土之神　禪時戰反　應應對之應　創初亮反　改正音征又音正　句龍上音鉤句龍共工之子爲后土　扈音戶　績子寂反　從之上才容反　朡子公反　俘音孚　太行戶剛反一音如字　誼本或作義

仲虺之誥第二

坰故螢反徐欽螢反又古營反　虺許鬼反　誥故報反　左相息亮反　成湯伐桀武功成故號成湯一云成謚也　纘子管反　應應對之應　矯居表反　誣音無　藏

作鄗反 緐音煩 莠羊九反 秕悲里反徐甫里反又必履反 鋤仕魚反 皾波我反 颺

音揚 矧申忍反 之 惡烏路反 近附近之近 此 行下孟反 懋懋音茂 吝

良刃反 王 業上如字又于況反 仇音求 餉式亮反 徯胡啓反 蘇字亦作穌 推

土雷反 懈工債反 建中 如字本或作忠非 裕徐以樹反 者 王徐于況反或如字

好上呼報反 問 鮮息淺反 覆芳服反 暴蒲報反字或作虣

湯誥第三

誕音但 告工毒反 罹力之反本亦作羅洛何反 荼音徒 宼紆元反 譴遣戰反

寤五故反 台音怡 牡茂后反 聿允橘反述也 勠舊音六又力彫反說文力周反史記音力

洛反 穢於廢反 僭子念反忒也劉創林反 賁彼義反徐扶云反飾也 煥呼亂反 樂

音洛 俾必爾反徐甫婢反使也 輯音集又七入反 戾力計反 慄慄音栗 隕于敏

反 彝徐音夷 慆他刀反 忱市林反 咎其九反 單音善卷末並同

伊訓第四

祀年也夏曰歲商曰祀周曰年唐虞曰載 祠音辭祭也 見賢遍反 甸徒遍反 緫音揔 少康上詩照反 以上時掌反 纕如羊反 旣其器反 鼈必滅反 亳旁各反徐扶各反 惟長丁丈反 咈扶弗反 操七曹反又七報反 哲本又作喆 俾必爾反 儆居領反 酣戶甘反 巫音無 淫樂音洛 殉辭俊反徐辭荀反 畋音田

遠于萬反注同 耆巨夷反 比毗志反徐扶至反 稚直利反 嚚魚巾反 愆去乾反

必喪如字又息浪反 以爭諫爭之爭 鑿在洛反 額魚白反 涅乃結反 隸郎計反 洋洋音羊徐音翔 賚力代反

太甲上第五

朝政上直遥反 倚於綺反 顧音故 諟音是說文理也 祇巨支反 遠于萬反 監工暫反 辟必亦反徐甫亦反 丕普悲反徐甫眉反 先見並如字注同 相亦

上息亮反 昧音妹 俊本亦作晙 迪大歷反 越于月反本又作粵 覆芳服反注同 省

息井反 括故活反 度如字 虞度待洛反 則中丁仲反 懌音亦 輕

遣政反 義本亦作誼 俾必爾反後篇同 近附近之近 令太甲令音力呈反 丞

太甲中第六

闕苦穴反 冕音免 胥息餘反 彊居良反 厎之履反 敗必邁反徐甫邁反

縱子用反 戾郎計反 孽魚列反 逭胡亂反 背音佩徐扶代反 傒胡啓反

懋音茂 斁音亦 厭於豔反

太甲下第七

詒直吏反注及下同 咈扶弗反 覆芳服反

咸有一德第八

諶徐市林反 而王于況反下以王同或如字 僭子念反 [illegible] 行下孟反 衰殺色界反

反衰微也殺害也言小小害也 爲上 于僞反下爲民同 爲德 上如字下爲下同徐皆于僞反 爲

易 以豉反 烝 之承反 之長 丁丈反 鐵 戶夾反 蠱 徐子忍反注同 沃 烏毒反徐於毒反

陟 張力反 相 息亮反 太戊 馬云太甲子 桑 蘇郎反 穀 工六反楮也 朝 直遙

反 巫咸 馬云巫男巫也名咸殷之巫也 乂 治也 囂 五羔反 亶 丁但反 相 息亮反在河北

今魏郡有相縣 圮 備美反徐扶鄙反馬云毀也

盤庚上第九 卷之五

盤 本又作般步干反 治 直吏反 胥 徐思餘反 怨 紆萬反 盤庚 殷王名也馬云

祖乙曾孫祖丁之子不言盤庚誥何非但錄其誥也取其徙而立功故以盤庚名篇 籲 音喻 慼 千歷反

盡 子忍反 稽 工兮反 台 音怡 恪 苦各反 五邦 馬云五邦謂商丘亳囂相耿也

斷 又音短 從 才容反 蘖 五達反本又作枿馬云顛木而肄生曰枿 仆 音赴又步北反 底

之履反 斆 戶教反下如字 度 如字 箴 之林反馬云諫也 朝臣 上直遙反 傲 五報反

任而鴆反播波餓反匿女力反聒聒故活反馬及說文皆云拒善自用之意惕他歷反

拙之劣反紊音問徐音文昏馬同本或作暋音敏爾雅昏暋皆訓強故兩存越本又

作粵音日于也昏強其丈反宄音軌奉孚勇反注同恫勑動反又音通痛也

相時上息亮反馬云視也徐息羊反憸息廉反馬云憸利小小見事之人也徐七漸反曷

何末反燎力召反又力鳥反又力紹反嚮許亮反撲普卜反近附近之近靖

馬云安也遲直疑反徐持夷反任而余反馬云占老成人選息轉反又蘇管反掩本又

作弇數色主反與音預烝之承反射食夜反準音准必中丁仲反

侮亡甫反易以豉反各長丁丈反伐去下羌呂反臧徐子郎反佚音逸

度徐如字亦作渡

盤庚中第十

話胡快反馬云告也言也誕徐音但亶丁但反馬本作單音同誠也造七報反徐同馬在早

反云為也褻息列反鮮息淺反曷何末反下同俾必爾反咎其九反比
毗志反徐扶至反注及下同共群用反令力呈反近附近之近籲羊戌反忱市林
反鞠居六反臭徐尺售反載如字又在代反屬音燭注同馬云獨也沈直林反
瘳敕留反穢於廢反倚於綺反徐於奇反迂音于僻匹亦反迓五駕
反畜許竹反下同脅虛業反勞力報反又如字注同重直勇反又直恭反戕
在良反又七良反之行下孟反斷丁緩反治直吏反盡子忍反乃告
工号反我高后本又作乃祖乃父易以豉反注同遠于萬反又如字注同汝
分扶問反又如字注同隕于敏反暫才淡反劓魚器反徐吾氣反殄徒典反
易如字又以豉反注同長丁丈反下遺長同

盤庚下第十一

奠田薦反朝直遥反腎時忍反腸徐持良反比毗志反讒士咸反降

工巷反徐下江反 去羌呂反 析先歷反注同 治直吏反 弔音的或如字 賁扶云反

長丁丈反注同 相爾上息亮反 好呼報反 任而林反 告故報反

說命上第十二

說本又作兊音悅注及下篇同 相息亮反下同 亮本又作諒如字又力章反 哲本又作喆

誥故報反 台音怡 賚力代反徐音來 俾必爾反 肖音笑 虢寡白反 壞音怪

供音恭 朝張遥反 礪力世反 揖音接徐音集 瞑莫遍反 眩玄遍反徐又呼縣反瞑眩困極也 瘳勑留反 警音景 跣先典反徐七顯反 爲已上于僞反

辟必亦反

說命中第十三

緫音揔 宿音秀 后王于方反 長丁丈反 治直吏反下同 豫羊慮反 從才容反 胄直又反 鎧苦代反 兜丁侯反 鍪莫侯反 易以豉反 笥息嗣

反省息井反一本作眚眤女乙反喪息浪反醇音純粹雖遂反黷徒木反

數色角反忱市林反

說命下第十四

台音怡遯徒頓反麴起六反糵魚列反羹音庚一音衡鹽余廉反梅

亦作楳醋七故反以和如字又胡卧反斆户孝反愆起虔反俊本又作畯仰

如字徐五亮反正長丁丈反下同俾必爾反撻他達反阿烏何反治直吏

反辟必亦反

高宗肜日第十五

雊工豆反己音紀肜音融繹音亦字書作襗爾雅云又祭也周曰繹商曰肜夏曰復胙

中丁仲反又如字台音怡乃復扶又反豐芳弓反昵女乙反尸子云不避遠昵

昵近也又乃禮反馬云昵考也謂禰廟也

西伯戡黎第十六

咎其九反馬云咎周者爲周所咎 黎力兮反國名尚書大傳作耆 受如字傳云受紂也音相亂馬云受讀曰紂或曰受婦人之言故號曰受也 伯亦作柏 戡音堪說文作𢦟云殺也以此戡訓刺音竹甚反 勝詩證反 近附近之近 圻巨衣反 王心于況反下注宜王者同 不相息亮反 不度待洛反 摯音至本又作𢫶 參七南反馬云參字累在上

微子第十七

錯七各反馬云廢也 少詩照反 治直吏反 沈徐直金反 酗凶具反以酒爲凶曰酗說文作酌云酒醟 湎面善反 醟音詠說文于命反酗酒也 好呼報反 宄音軌 度如字 讎市周反 淪音倫徐力允反 喪息浪反 涯五佳反又五隹反 出尺遂反 耄字又作旄莫報反 遯徒困反徐徒頓反一音都困反 隮子細反王篇子兮反切韻祖稽反 隕于敏反 不見賢遍反 省所景反 咈扶勿反 耇工口反 長丁丈反注同

攘如羊反因來而取曰攘 竊馬云往盜曰竊 神祇天曰神地曰祇 犧許宜反 牷音全 讎如字下同徐云鄭音疇馬本作稠云數也 斂力檢反馬鄭力豔反謂賦斂也徐云鄭力劒反 治直吏反 亟欺忌反數也又紀力反本又作極如字至也 懈佳賣反 瘠在益反 臣僕一本無臣字 舊云馬云言也 刻音克馬云侵刻也 逃難乃旦反 靖竝馬本作清謂絜也 顧音故徐音鼓

經典釋文第三

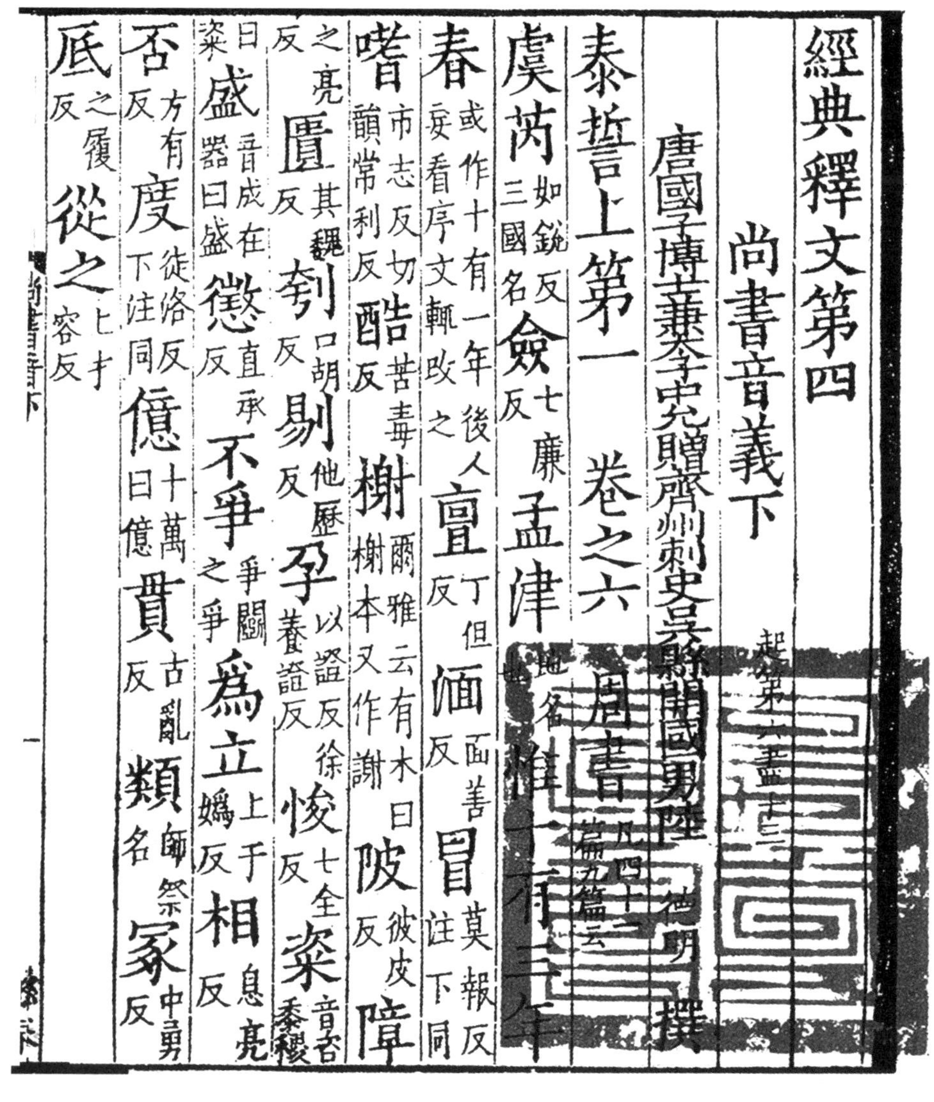

經典釋文第四

尚書音義下　起第六盡十三

唐國子博士兼太子中允贈齊州刺史吳縣開國男陸德明撰

泰誓上第一　卷之六　周書凡四十二篇亡九篇云

虞芮如銳反三國名僉七廉反孟津地名惟十有三年

春或作十有一年後人妄看序文輒改之亶丁但反湎面善反冒莫報反注下同

嗜市志反切韻常利反酷苦毒反榭爾雅云有木曰榭本又作謝陂彼皮反障

之亮反匱其媿反刳口胡反剔他歷反孕以證反徐養證反悛七全反粢音咨稷

曰粢盛音成在器曰盛懲直承反不爭爭鬬之爭爲立上于嬀反相息亮反

否方有反度徒洛反下注同億十萬曰億貫古亂反類師祭名冢中勇反

底之履反從之七容反

泰誓中第二

徇以俊反字林云徇巡也愒苦曷反又苦蓋反犂力私反又力兮反昵女乙反比毗志反鮐他來反又音怡魚名逋布吳反酗況付反脅虛業反籲音喻穢於廢反辟次亦反喪息浪反之長丁丈反謂巳音紀十人周公旦召公奭太公望畢公榮公太顛閎天散宜生南宮适及文母我治直吏反所惡烏路反一音如字疆居良反勖許玉反下同將士子匠反下篇注同懍懍力甚反

泰誓下第三

申令力政反重直用反夫長丁丈反巳上上音以下時掌反惰徒卧反斮側略反又士略反朝陟遙反脛戶定反剖普口反耐乃代反痡徐音敷又普吳反邪似嗟反技其綺反褻息列反喪蘇浪反斷丁管反天惡烏路反孜孜音滋殄徒典反殲子廉反毅牛既反

牧誓第四

戎車音居釋名云古者聲如居所以居人也今曰車聲近舍車舍也韋昭辯釋名云古皆尺遮反從漢始有音居　夫長丁丈反　步卒子忽反　賁音奔　士稱尺證反　牧如字徐一音茂說文作坶云地名在朝歌南七十里字林音母　昧爽上音妹爽明也昧爽謂早旦也馬云昧未旦也　夜　陳直刃反　左杖徐直亮反　鉞音越本又作戉　旄音毛馬云白旄旄牛尾　麾許危反　逖他歷反　帥色類反下同　羌徐起良反說文云西戎牧羊人　髳莫侯反　濮音卜　叟所求反又蘇走反　比徐扶志毗志二反　楯食準反又音允　牝頻引反徐又扶忍反　索西各反　妲己丹達反下音紀紂妻也　復扶又反　俾必爾反使也徐甫婢反下同　宄音軌　愆去乾反　勖許玉反　剌七亦反　貔音毗　羆彼皮反爾雅云羆如熊黃白文　迓五嫁反馬作御禁也　役馬云役爲也爲音于僞反

武成第五

獸徐始售反本或作嘼許救反 旁步光反 魄普白反說文作霸西革反云月始生魄然貌

旁近附近之近 哉徐音載 豐芳弓反文王所都也 華胡化胡瓜二反華山在恒農

非長丁丈反 不復扶又反 駿荀俊反 亘本又作桓 篡邊音邊以上

時掌反 燔音煩 暨其器反 大王上音泰 肇音兆 王迹上于况反又如字注

王業王功同 厎之履反 烝之承反 萃在醉反 藪素口反 魁苦回反 窟

口忽反 遏烏末反 周召上照反本又作邵 貊云白反 俾必爾反 篚音匪

爲之上于僞反 應應對之應 相予上息亮反 逾亦作踰 陳于上直刃反

注同徐音塵 倒丁老反 漂匹妙反徐敷妙反又匹消反 杵昌呂反 著張略反

散西旦反 賚力代反徐音來 已債上音以下側界反 賙音周本亦作周 養羊亮反

拱居勇反 所任而鴆反 治直吏反

洪範第六 卷之七

勝商證反 禄父下音甫 範音范 鎬胡老反本又作鄗武王所都也 陰默也馬云覆也 騭之逸反馬云升也升猶舉也舉猶生也 相協上息亮反助也 彝以之反 鯀工本反 陻音因 汨工忽反 五行戶庚反 不畀必二反徐甫至反注同與也 斁多路反徐同路反敗也 殛紀力反本或作極音同 錫星歷反 農馬云食爲八政之首故以農名之 嚮許亮反一音許兩反 沮在汝反 此已上時掌反 禹所第 叙馬云從五行已下至六極洛書文也漢書五行志以初一已下皆洛書文也 炎榮鉗反 上時掌反又如字下同 揉如酉反 鹹音咸 鹵音魯 貌本亦作須 視常止反徐市止反 思如字徐息吏反下同 儼魚檢反 諦音帝 睿悅歲反馬云通也 哲之舌反徐丁列反又之世反 成當丁浪反 縱子用反或作從音同 士卒子忽反 宿音秀 迭田節反 見賢遍反 比毗志反注同 罹馬力馳反又狄多反 之行下孟反 好呼報反 下人遐嫁反 無虐馬本作亡云侮 煢其營反 畏如字徐云鄭音威 其行如字徐下

孟反其爲于偽反陂音秘旹本作頗音普多反好呼報反惡烏路反注同闢婢亦反平平婢綿反治直吏反以近附近之近克馬云勝也禦魚呂反能治直吏反燮息協反辟徐補亦反玉食張晏注漢書云王食珍食也韋昭云諸侯備珍異之食頗普多反僻匹亦反僭子念反忒他得反馬云惡也蓍音尸霽子細反蒙武工反徐云鉤反驛音亦注同屬音燭占用二馬云占筮也衍以淺反逢馬云逢大也冠官喚反暘音陽乾音干燠乃管反以長丁丈反蕃音煩廡無甫反徐莫柱反美行下孟反治直吏反下政治治其職皆同哲之設反徐音制又音哲咎其九反豫羊庶反徐又音舒省悉井反別方列反好呼報反橫華孟反又如字凶馬云終也折時設反一音之舌反尫烏黃反

班本又作般音同分器扶問反注同

旅獒第七

獒五羔反馬云作豪酋豪也召公時照反後召公皆放此賄呼罪反厎之履反之

長丁丈反以供音恭不爲于僞反侈昌氏反又式氏反不易羊豉反

狎易以豉反盡津忍反下同玩五貫反喪息浪反觀官喚反畜

許竹反細行下孟反累劣僞反仞音刃字又作刃七尺曰仞一云八尺曰仞虧曲爲

反簣其貴反向許亮反乾乾其連反昃音側世王如字又于况反注同

巢仕交反徐呂交反朝直遥反芮如鋭反圻音祈

金縢第八

武王有疾馬本作有疾不豫縢徒登反緘工咸反豫本又作忬其

爲于僞反戚千歷反壇徒丹反築土也馬云土堂墠音善植時織反徐音置贄

音至祝如字或之又反下同遘工豆反遇也丕普悲反馬同徐甫眉反鄭音不瘳勑留反下同

籥予若反徐以略反馬云藏卜兆書管乃并必政反差初賣反喪蘇浪反孺

如樹反 辟 扶亦反治也說文作擘云必亦反法也馬鄭音避謂避居東都 貽 羊支反 名 如字徐云政反

鴟 尺夷反 鴞 于嬌反 誚 在笑反 以遺 唯季反 穫 戶郭反 拔 皮八反

弁 皮彥反徐扶變反 應 應對之應 說 如字徐音始銳反 倡 昌亮反 皆從

于用反又如字 噫 於其反馬本作懿猶億也 沖 直忠反 新逆 馬本作親迎 遣使

所吏反 築 音竹本亦作筑謂築其根馬云築拾也 并見 賢遍反

大誥第九

三監 古檻反視也 相成王 上息亮反注同 誥 本亦作昪 猷 音由道也 邦 馬本作大誥繇爾多邦 盡 津忍反 弔 音的又如字 割 馬本作害 不少 馬讀弗少延為句 難

乃旦反 累 劣僞反 矧 失忍反 賁 扶云反徐音憤 遺 唯季反 蠢 尺允反 大

難 乃旦反下同又如字 腆 他典反馬云至也 誕 大旦反 祿父 音甫下後同 涎 在斷

反馬云瑕也 令 力呈反 不 鄙易 以豉反下其易同 敉 亡婢反 先應 應對之應

弁必政反注及篇末同逋布吾反鰥故頑反予造爲也馬云遣也不卬五剛反我也

毖音秘相息亮反畏如字徐音威省悉井反闕音秘棐徐音匪又芳鬼反

忱市林反日思上人實反之難乃旦反下爲難同厎之履反搆古候反治

直吏反菑側其反菑也田一歲曰菑穫戶郭反猶惡烏路反不易以豉反

蘢力勇反儹子念反

微子之命第十

正朔上音政裔以制反令聞如字又音問篤本又作竺東谷反歆許今反

蕃方元反本亦作藩毗房脂反本田反俾必爾反斁音亦好呼報反猷於甕反

穎役領反穗似醉反本亦作遂

康誥第十一　　卷之八

數上所角反叛叛亦作畔梓音子圻具依反魄字又作𩲸普白反馬云𩲸朏也謂月三日

始生北朏名曰朏汭如銳反和見賢遍反乃洪大誥治直吏反注及下

其治民安治用安治同一本作周公迺洪大誥治皆勞力報反孟長丁丈反下同愼

去羌呂反下欲去夫疾同怙音戶冒莫報反覆也聞如字徐又音問殪於計反

許玉反適音聿又音述馬云述也衣如字徐於旣反耇音狗恫音通又勑動反瘝

古頑反棐音匪又芳鬼反忱市林反往盡徐子忍反好呼報反懋音茂應

應對之應注同徐於甑反眚所領反本亦作省宥于救反咎其九反孩亥才反劓

魚器反刵如志反臬魚列反要於霄反蔽必世反斷丁亂反下及篇末同覆

芳服反彝以支反下同款苦管反攘如羊反宄音軌暋音敏憝徒對反

反徐徒很反強其丈反無不惡烏路反下所大惡疾惡亦惡並音同鞠居六反弔

音的泯徐武彰反戛簡八反乃別彼列反注同汝長丁丈反下同忌其記反

懌音亦爲求上于僞反之說如字徐始銳反假令力呈反數所角反墍

紀力反

酒誥第十二

嗜市志反王若馬本作成王若曰注云言成王者未聞也俗儒以爲成王骨節始成故曰成王或曰以成王爲少成二聖之功生號曰成王沒因爲謚衛賈以爲戒成康叔以慎酒成就人之道也故曰成此三者吾無取焉吾以爲後錄書者加之未敢專從故曰未聞也妹邦馬云妹邦即牧養之地欲令力呈反下始令勿令同文王第稱穆周自后稷爲始祖后稷生不窋爲昭鞠陶爲穆公劉爲昭慶節爲穆黃僕爲昭差弗爲穆毀榆爲昭公非爲穆高圉爲昭亞圉爲穆諸盩爲昭大王爲穆王季爲昭文王爲穆故左傳宮之奇云大伯虞仲大王之昭也虢仲虢叔王季之穆也又冨辰云管蔡巴下十六國文之昭也昭一音部窋音竹律反榆音投盩音張流反大並音太毖音秘少正上詩照反爲祭上于僞反下同惟行下孟反注及下注之行同厥長丁丈反下注長官諸侯之長同賈音古養羊亮反洗先典反馬云盡也腆他典反省悉井反饋其位反信任音壬畏相

息亮反下同　暇遐嫁反　湎面善反　祇　辟扶亦反　酣戶甘反　樂音洛　不

易如字馬以豉反　縱子用反注同　泆音溢又作逸亦作佚　衋許力反　差初佳反又初賣反

很胡懇反　腥　聞音問　監工陷反下及注同　劼苦八反　圻巨依反　父音甫　薄

蒲各反徐又扶各反　違如字徐音回馬云違行也　宏大也　辟必亦反　斷丁亂反　佚

音逸　盡子忍反　惡俗上烏各反　三申上息暫反又如字

梓材第十三

梓音子本亦作杍馬云古作梓字治木器曰梓治土器曰陶治金器曰冶　暨其器反　敬勞

下音力報反下同　來力代反　宄音軌　亦見如字徐賢遍反　戕徐在羊反又七良反馬云

殘也　折獄上之舌反　監工暫反劉工銜反下同　爲民上于僞反注同　其治直吏反

屬婦上音蜀妾之事妻也　無令力呈反篇末同　冤紆元反一本作以寬　恬田兼反

辟扶亦反　菑側其反　畎工犬田反　垣音袁　墉音庸馬云卑曰垣高曰墉　塈徐許氣反

說文云卯塗也廣雅云塗也馬云堊色一音故斁反 茨徐在私反 樸普角反馬云未成器也 斲丁角

反 雘枉略反徐烏郭反馬云善丹也說文云讀與靃同也又一郭反字林音同 夾音協近也 朝享

上直遙反 付如字馬本作附 拓音託 懌音亦字又作斁下同 先悉薦反注同 監古銜反

爲于僞反

召誥第十四

召時照反 相宅上息亮反下注同 鎬胡老反 見賢遍反下不見同 先周公

上悉薦反又如字 朏芳尾反又普沒反徐又芳憒反 規度待洛反 朝直遙反 位處

昌慮反 汭如銳反 共音恭 句故侯反 屬音燭 乃復扶又反 瘝工頑反

夫知並如字注同 籲音喻呼也 號戶高反 少詩照反 諴音咸 碞五咸反徐

吟又音 治直吏反下爲治致治皆同 比毗志反徐扶志反 近附近之近 令上力呈反 遺

唯季反 讎字或作醻 奉幣上如字又芳勇反 供音恭徐紀用反注供待同

洛誥第十五　　卷之九

既相息亮反注及下同使來上所吏反注遣使同辟必亦反少詩照反治

直吏反河朔朔北也瀍直連反南近附近之近伻普耕反徐敷耕反又甫耕反

反下同貞正也馬云當也盡子忍反曰記上音越一音人實反[illegible][illegible]音錄絕句

馬讀敍字屬下無令力呈反嚮徐許亮反注同惇都昆反頒音班徐甫云反馬云

猶也棐音匪又芳鬼反蘉徐莫剛反又武剛反馬云勉也被寬上皮寄反又皮美反褎

薄謀反切韻博毛反旁步光反汧五嫁反馬鄭王皆音魚據反毖音秘救云拯治

直吏反下同監我上工銜反注同樂公上音洛無斁音亦猒於鹽反單

音丹馬丁但反信也秬音巨鬯勑亮反香酒也卣由手反又音由中樽也禋音因遘工豆

反猒於鹽反注同馬云猒飫也徐於康反王在新邑孔馬絕句烝之承反鄭讀王在新邑烝

騂息營反祝之又反一音之六反王賓絕句殺禋絕句一讀連咸格絕句太室

馬云廟中之夾室 祼官喚反 誕保文武受命絕句馬同 惟七年攝政七年天下太平馬同鄭云文王武王受命及周公居攝皆七年

多士第十六

不則如字或作測非 徙近附近之近 弔音的 旻天上閔巾反仁覆愍下謂之旻馬云秋曰旻天秋殺氣也方言降喪故稱旻天也 愍眉殞反 喪息浪反 弋徐音翼馬本作翼義同 治直吏反 畀必利反下同 秉爲于僞反 明畏如字音威 一逸樂音洛下同 譴棄戰反 嚮許亮反 于時夏絕句馬以時字絕句 泆音逸又作佾注同馬本作屑云過也 不背音佩 之行下孟反 甸徒遍反 已上時掌反 齊敬上側皆反 喪息浪反 不復扶又反 逖他歷反 比事上毗志反注同 遠於上于萬反 攸賓如字徐音殯馬云却也 不啻始豉反徐本作商音同下篇倣此

無逸第十七

好呼報反 怙音戶 相息亮反 諺五旦反 嚴如字又魚檢反注同馬作儼 治直吏
反 孝行下孟反 懮求酋反字又作𢜵 耽丁南反 樂音洛注下同 卑
服如字馬本作俾使也 鮮息淺反注同 昃音側本亦作反 昳田節反 供音恭 慦
起虞反 夫音扶 酗况付反 譸竹求反馬本作輈爾雅及詩作侜同侜張誑也 幻音患 誑
九况反 詛側助反 祝之又反 詈力智反 憾胡暗反 叢才工反

君奭第十八　卷之十

爲保太保也 爲師太師也馬云保氏師氏皆大夫官 相息亮反 左右馬分陝
爲二伯東爲左西爲右 不說音悅 奭始亦反召公名 弔音的 棐音匪又芳鬼反 忱
市林反 其終馬本作終崇云充也 君巳音以 遏於葛反徐音謁絕反 佚音逸 不
易以豉反注同 諶氏壬反 我道馬本作我迪 去之上如字又起呂反 尹摯
音至 隕于敏反 傅說音悅 安治直吏反下同 屏賓領反 辟必亦反 重

勸上直用反 虢寡白反，徐公伯反 閎音宏 夭於表反，徐於驕反 散宜上素但反

顛丁田反，又音田 南宮括工活反。南宮氏，括名也。馬本作南君 胥附毛詩作疏附，傳曰：率下親上曰疏附。鄭箋云：疏附使疏者親也

奔走奔，又作本。走，又作奏，音同。詩傳云：喻德宣譽曰奔奏。鄭箋云：奔走使人歸趨

先後上悉薦反，下戶豆反。毛詩傳云：相導前後曰先後 禦侮詩傳云：武臣折衝曰禦侮

蔑徐云結反 迪見賢遍反，注同 冒莫報反，下同。馬作勗，勗，勉也 閎于上音問，或如字

輔相息亮反 造七老反，一音七到反 鳴鳥馬云：鳴鳥謂鳳皇也。本或作鳴鳳者非

以朝直遙反 之易以豉反 爲汝民上于僞反 亶丁但反 喪息浪反

否方九反 勘音堪 不勝音升 俾必耳反 懈佳賣反 鮮息淺反

蔡仲之命第十九

辟婢亦反，徐扶亦反 七乘繩證反 從車上才用反 圻巨依反，下同 改行下孟反 封如字，徐甫用反 治直吏反 懋音茂 蕃方元反，注同 厥度如字，注同

斷丁亂反 踐似淺反馬同大傳云藉也 數色角反 覆芳服反 成王政如字馬本作征云正

蒲如字徐又扶各反馬本作薄 近中附近之近

多方第二十

賚誓上音秘 鎬胡老反 別彼列反 讁棄戰反 迪徒歷反馬本作徹云而遂

之行下孟反 麗力馳反 重亂上直用反又直龍反 憒敕二反說文之二反 劓魚器反

不畀必二反 輔相息亮反 憒去羌呂反 要一遙反又一妙反注同

也一音圭 烝絕句之承反馬云升也 任音壬 畀并至反 夾音協注同 數色角反 要

殄亭遍反 巳上時掌反 辟必亦反 間之閒廁之間 不蠲吉玄反馬云明

一遙反 訊音信 倡音唱 殛紀力反本又作極 臬魚列反馬本作劓 祖 長丁丈反

閱音悅 頗破多反 探吐南反 僻匹亦反

立政第二十一

盡禮上津忍反下同　任而鴆反　準之允反　綴徐丁衛反又丁劣反　賁音奔　所

長丁丈反除篇末文注以長音直良反餘並同　鮮息淺反　籲音喻　忱市林反　恂音荀

之行如字徐下孟反　釐力之反　耿工迥反徐公穎反又公永反下同　王天上往況反下王有同

見德上賢遍反下注同　受德受德紂字馬云受所爲德也　暋眉謹反徐亡巾反一音閔

爲作上于僞反下爲之同　自強其丈反　伻普耕反徐敷耕反又甫耕反　趣七口反

券音勸　契苦計反　藏才浪反　阪音反　遠惡上于萬反　譽音餘又如字

敉亡婢反下勸　傳之上直專反　俾必爾反下同　治直吏反下同　相我上如字馬息亮反下相同

間間廁之間　可復扶又反　話户快反　稚直吏反本亦作穉　繹音亦　憸息廉反徐七漸反本又作憸同

憸利之人馬云憸利佞人也　勱音邁　詰起一反馬云實也　之比必二反又如字

愼行如字

周官第二十二　卷之十一

還音旋徐音全　巡行下孟反　辟必亦反　治直吏反下至家宰經注同　之長丁丈反下官長助長君長同　不逮音代一音大計反　懈佳賣反　褻素協反　傅相息亮反　覷昌慮反　少詩照反下同　擾而小反徐音饒　慝吐得反　倡尺亮反下同　阜音負　治直吏反　一朝直遥反　巡守音狩下同本亦作狩　已上時掌反　議度待洛反　蓄勑六反　莅音利又音類　斷丁亂反下注同　厖武江反　勝音升　數音亦

長安上直良反　厭於豔反　肅慎馬本作息慎云北夷也　駒俱付反又如字　麗力支反　駻戶旦反地理志音寒　貊孟白反說文作貉北方豸種孔子曰貉之言貊貊惡也　俾必爾反馬本作辨　使近附近之近　樞其久反

君陳第二十三

君陳鄭注禮記云周公之子　監工銜反　懋音茂　治直吏反下注政治同　孜孜音茲　之行下孟反下德行同　應應對之應　繹音亦　度之上待洛反　從七容反　辟

扶亦反下同　厥中 如字或丁仲反　斷 丁亂反　狃 女九反　君長 許丈反　垢

別 彼列反　沮 在汝反　否 方九反又音鄙　好 呼報反　長世 上如字　朽 許久反

顧命第二十四

而治 直吏反　相 息亮反　顧 工户反　命 臨終之命曰顧命馬云成王將崩顧念康王命召公畢公率諸侯輔相之　懌 音亦馬本作不釋云不釋疾不解也　洮 他刀反徐音逃馬云洮洮髮也　頮 音悔說文作沬云古文作頮馬云頮頮面也　被 皮義反徐扶僞反注同　憑 皮冰反下同說文作凭云依几也字林同父冰反　齊 側皆反　盥 音管又音灌　加朝 直遥反　奠 音釋　芮 如銳反　彤 徒冬反　賁 音奔　之長 丁丈反　幾 音機徐音幾下同　瘳 勑留反　重光 上直龍反馬云日月星也太極上元十一月朔旦冬至日月如疊璧五星如連珠故曰重光　麗 力馳反　肄 徐以至反又以制反　侗 徐音同又勑動反馬本作詷云共也　斥 昌亦反　釗 姜遼反又音昭徐之肴反　夫人 如字注同　冒 亡報反一音墨馬鄭王作勖　貢 如字馬鄭王作贛音勑用反馬云陷也　出 如字

徐尺遂反綴丁衛反下同王崩馬本作成王崩注云安民立政曰成幄於角反下同墉音容本亦作牖首手又反俾必爾反伋居及反齊侯名太公子度舊音杜洛反恐誤注云作冊書法度音宜如字傳直專反伯相息亮反供音恭鬴音甫徐音輔扆於豈反屏步經反畫胡卦反牖音酉復扶又反嚮許亮反篾眠結反馬云纖蒻純之允反又之閏反下同緣悅絹反本或作純底之履反馬云青蒲也蒻音弱苹音平豐芳弓反莞音官又音關鏤來豆反夾工洽反徐音頰注同筍息允反馬云箬箬也徐云竹子竹為席于貧反紛芳云反漆音七徐七利反綬音受越玉馬云越地所獻玉也

五重直容反琬紆晚反琰以冉反削音笑夷玉馬云東夷之美玉說文夷玉即珣玗琪天球音求馬云玉磬雍於用反本亦作邕鼗扶云反注同中法上丁仲反車渠上尺遮反車渠車輞也兌徒外反共音恭阼才故反南向許亮反塾音孰音𡔷重直用反弁皮彥反徐扶變反綦音其馬本作騏云青黑色夾徐工洽反戺音音

廉力占反棱也　鉞音越說文云大斧也　戣音逵　瞿其俱反徐音懼　鋭以稅反　隮子西反徐子禮反　蟻魚綺反　瑁莫報反　憑皮冰反　卞皮彥反徐扶變反　眇眇彌小反

咤陟嫁反字亦作宅又音妬徐又音託又豬夜反說文作罷丁故反奠爵也馬本作詫與說文音義同　酢才各反

供王音恭　嚌才細反　亞音讙　宅如字馬同徐殆故反　徹丑列反徐直列反　處昌呂反

康王之誥第二十五

康王既尸天子馬本此句上更有成王崩三字　乘繩證反　鬣力輒反　壤如丈反　見賢遍反下同　蕃方袁反　朝直遥反　喪息浪反　贄音至　盡子忍反　羑羊久反馬云道也　戡音堪　遺唯季反注及下同　施以豉反　無壞音怪　甸男

衛馬本從此已下爲康王之誥又云與顧命差異敘歐陽大小夏侯同爲顧命　底之履反　至齊

信馬讀底至齊絕句　熊音雄　羆彼皮反　畀必利反徐甫至反　王天上于況反　傳直專反　督丁木反　鞠居六反　脫去羌呂反

畢命第二十六　卷之十二

別彼列反　朏普忽反徐芳尾反又芳憒反　王朝陟遙反　鎬戶老反　釐力之反

治正上直吏反一本作治政則依字讀　令得上力呈反　大師上音泰　毖音秘　密近如字又附近之近

度徒洛反舊作待路反　有上時掌反　更古行反　懋音茂　拱九勇反

仰如字徐五亮反　治直吏反　別彼列反　癉丁但反　俾必爾反　沮辭汝反又慈呂反

守徐始救反　重直用反　好呼報反　覆芳服反　鮮息淺反　悖布內反

敝步蔡反　怙音戶　侉告瓜反　壓於葉反又於甲反又於黶反　政治直吏反

施始豉反　浸子鴆反　袵而甚反又而鴆反　爲周上于僞反　人少詩照反

君牙第二十七

穆王名滿　君牙或作君雅　畫胡卦反　蹈徒報反　噬市制反　陷陷沒之陷

脊音積　累劣僞反　令有上力呈反　其易以豉反　缺苦穴反　治直吏反下注同

辟必亦反

冏命第二十八

冏九永反字亦作臩 長誅丈反 怵勑律反 惕他歷反 礙五代反 侍御如字一音禦 僕從才用反注及下注侍從同 繩市陵反 俾必爾反 更古衡反 便婢緜反

辟四亦反徐扶亦反 足恭上將住反 諛徐以朱反 昵女乙反 憸息廉反徐七漸反利口也

本亦作思 近附近之近 道君道導也 瘝故頑反

呂刑第二十九

贖音蜀注下同 耄本亦作薹毛報反切韻莫報反 度待洛反注同馬如字云法度也 詰起一反

蚩尺之反 尤有牛反馬云少昊之末九黎君名 鴟尺之反鴟梟惡鳥馬云鴟輕也 義本亦作誼 宄音軌 攘如羊反 矯居表反 虔其然反 劓魚器反 刵徐如志反 椓丁角反 黥其京反 麗力馳反 弁必政反 泯泯面忍反徐音民 棼棼芳云反徐扶云反 覆

芳服反徐穀目反　詛側助反　背音佩　約如字又於妙反　發聞音問又如字注同　腥音星
之行下孟反　君帝君宜作皇字帝堯也　遏於葛反　重直龍反注同　黎力兮
反　棐音匪又芳鬼反　鰥居頑反　清問馬云清訊也　折之設反下同馬鄭王皆音悊馬云智
也　種章用反　殖承力反　斷丁亂反下同　祗止而反　治直吏反　貉來故反　爲
天上于僞反　任重上而鴆反下輕重之重　麗力馳反　蠲吉緣反　咎其九反　聽如字
又他經反　少詩照反　長丁丈反　日勤上人實反一音曰　天齊于民絕句馬云齊中
也　俾我絕句上必爾反馬本作矜矜哀也　曰吁況于反馬作于于於也　度待洛反注同馬云謀造也
兩造七報反注同　核幸革反　不應應對之應下同　疵才斯反　惟來馬本作求云有
求請賕也　墨辟婢亦反　鍰徐戶關反六兩也鄭及爾雅同說文云六鋝也鋝十一銖二十五分銖之十三
也馬同又云賈逵說俗儒以鋝重六兩周官劒重九鋝俗儒近是　閱音悅　顙素黨反　涅乃結反　剕
扶謂反　倍差淵加反下同傳云五百鍰也馬云倍二百爲四百差者又加四百之三分之一凡五百三十二

鍰三分鍰之一也 刵音月又五月割反絕也 互見賢遍反 無僭子念反 并必政反

數色住反 刑當丁浪反 謂上時掌反下注同 鞠九六反 刻亥代反玉篇胡得反

以儆音景 天相如字馬息亮反助也 治直吏也 令衆上力呈反 屬音燭

文侯之命第三十 卷之十三

平王馬本無平字 錫星歷反馬本作賜 秬音巨 鬯敕亮反 瓚才但反 杓上灼

柄彼病反 義本亦作誼 和馬云能以義和諸侯 別彼列反 敷聞音問 以

王于況反 辟必亦反 閔予如字又音與 愆去虔反 隤杜回反 隕于敏反

殄大見反 重稱上直用反 乃辟扶亦反 扞下旦反注同 遣令力呈反 賚

力代反 卣音酉又音由 釀女亮反 彤徒冬反 馬供音恭 核戶華反 治

直吏反

費誓第三十一

伯禽名魯侯 不開舊讀皆作開馬本作闓 費音秘 譁戸瓜反 監工銜反

敹了彫反 敿居表反 弔音的 鎧苦代反 兜丁侯反 鍪音矛 楯常準反又音允

紛芳云反 不令力呈反 鍛丁亂反 礪力世反 鍊來見反 牿工毒反 杜本又作𢾅

擭華化反徐戸覆反 斂徐乃協反又乃結反 穽在性反 檻戸減反 窒珍栗反 畜許六反又丑六反 逋布吴反 佚音逸 商如字徐音章 賚力代反徐音來 度待洛反 攘如羊反 垣音表 峙直甲反爾雅云具也 糗去九反一音昌紹反 糧音良 糒音備 楨徐音貞

榦二翰反 築陟六反 守手又反 堙音因 不供音恭 芻初俱反 茭音交

秦誓第三十二

秦穆公伐鄭事見魯僖公三十三年 三帥色類反下注同謂孟明視西乞術白乙丙 崤戸交反 塞悉代反 假工下反 樂音洛 俾必爾反下同 復扶又反 惟為于僞反下為我謀同 番番音波 仡仡許訖反又魚乞反馬本作訖訖無所省録之貌徐云強狀 射神夜反 截

截才節反馬云辭語截削省要也諞音辯徐敷連反又甫淺反馬本作偏云少也辭約損明大辯佞之人易羊石反昧昧音妹介音界馬本作介云一介耿介一心端慤者字又作个音工佐反斷斷丁亂反又音短猗於綺反又於宜反技其綺反本亦作伎他本亦作它吐何反樂音洛好之上呼報反啻失豉反冒莫報反音同惡烏路反背音佩壅於勇反塞先得反殆[illegible]杌五骨反隉五結反徐語折反

經典釋文第四

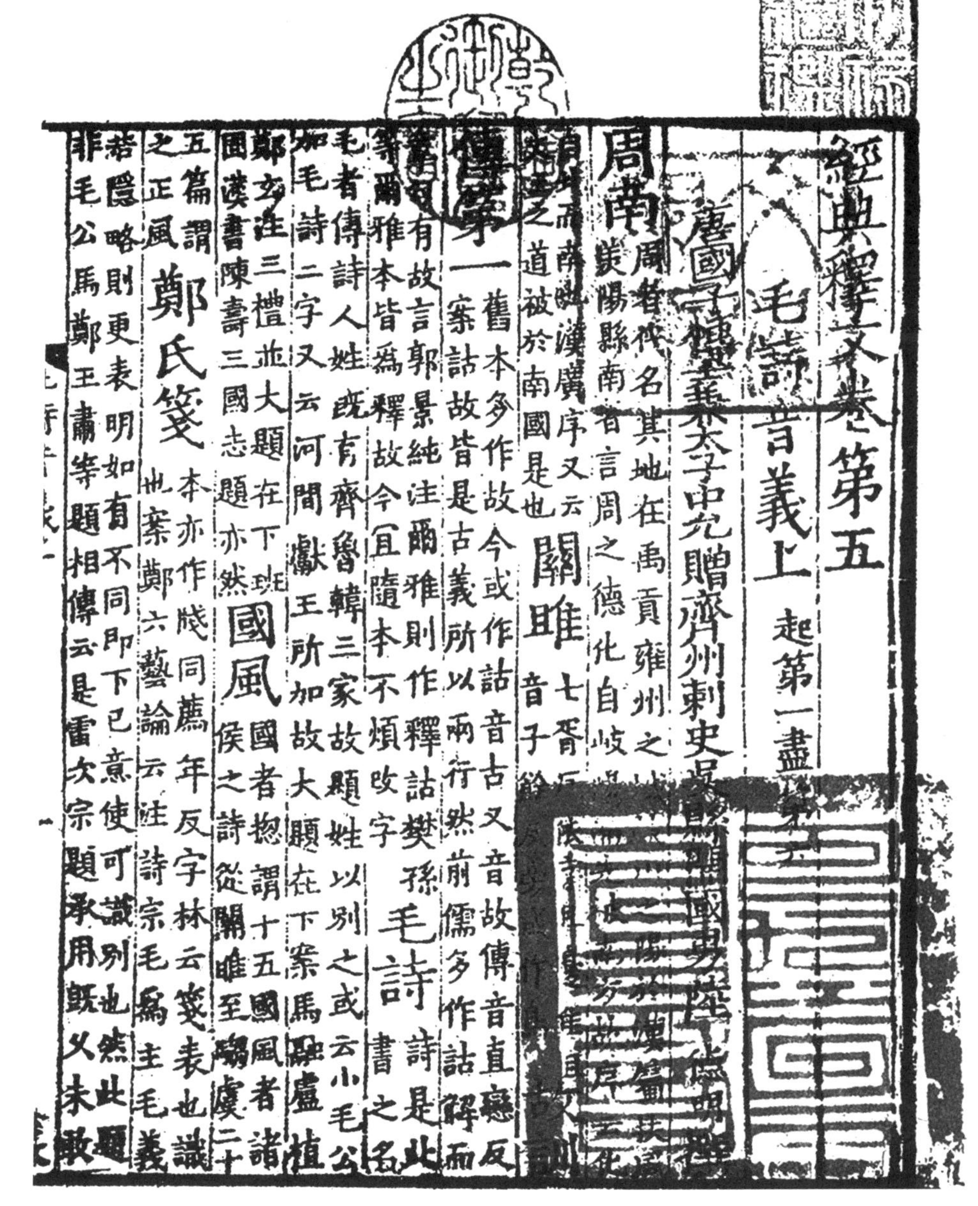

經典釋文卷第五

毛詩音義上 起第一盡第四

唐國子博士兼太子中允贈齊州刺史吳縣開國男陸德明撰

周南 周者代名其地在禹貢雍州之域岐山之陽於漢屬扶風美陽縣南者言周之德化自岐陽而先被南方故序云化自北而南也漢廣序又云文王之道被於南國是也

關雎 七胥反依字且邊隹且音子餘反旁或作隹非也

詁訓傳第一 舊本多作故今或作詁音古又音故傳音直戀反案詁故皆是古義所以兩行然前儒多作詁解而書有故言郭景純注爾雅則作釋詁樊孫等爾雅本皆為釋故今宜隨本不煩改字

毛詩 詩是此書之名毛者傳詩人姓既有齊魯韓三家故題姓以別之或云小毛公加毛詩二字又云河間獻王所加故大題在下案馬融盧植鄭玄注三禮並大題在下班固漢書陳壽三國志題亦然

國風 國者總謂十五國風者諸侯之詩從關雎至騶虞二十五篇謂之正風

鄭氏箋 本亦作牋同薦年反字林云箋表也識也案鄭六藝論云注詩宗毛為主毛義若隱略則更表明如有不同即下已意使可識別也然此題非毛公馬鄭王肅等題相傳云是雷次宗題承用既久未敢

義異又案周續之與雷次宗同受慧遠法師詩義而續之釋題已如此又恐非雷之題也疑未敢明之

關雎舊解云三百一十一篇詩並是作者自爲名后妃芳非反爾雅云妃媲也對也左傳云嘉耦曰妃禮記云天子之妃曰后之德也舊說云起此至用之邦國焉名關雎序謂之小序自風風也訖末名爲大序沈重云案鄭詩譜意大序是子夏作小序是子夏毛公合作卜商意有不盡毛更足成之或云小序是東海衛敬仲所作今謂此序止是關雎之序總論詩之綱領無大小之異解見詩義序並是鄭注所以無箋云者以無所疑亂也風之始也此風謂十五國風風是諸侯政教也下云所以風天下論語云君子之德風並是此義所以風如字徐福鳳反今不用風風也並如字徐上如字下福鳳反崔靈恩集注本下即作諷字劉氏云動物曰風託音曰諷崔云用風感物則謂之諷沈云上風是國風即詩之六義也下風即是風伯鼓動之風君上風教能鼓動萬物如風之偃草也今從沈說風以動之如字沈福鳳反云謂自下刺上感動之名變風也今不用故嗟遵斜反歎之本亦作嘆湯贊反歎息也咨嗟也蹈之徒到反動足履地也猶見賢遍反角徵陟里反上下時掌反相應應對之應下注同治世直吏反之音絕句安

以樂音洛絶句其政和一讀安字上屬以樂其政和爲一句下放此以思息吏反正得失周云正齊人之得失也本又作政謂政教也兩通莫近如字沈音附近之近厚人倫音后本或作序非曰比必履反曰興虛應反沈許甑反曰頌音訟下以風福鳳反注風刺同刺上七賜反本又作刺而譎古穴反詐也故曰風福鳳反又如字之苛本亦作苛音何苛虐也吟疑今反動聲曰吟風其上福鳳反告於古毒反麟呂辛反趾音止騶本亦作騶側留反召公本亦作邵同上照反後召南召公皆同縱岐其宜反山名也或音祇被江皮寄反大王音泰淑女常六反善也哀前儒並如字論語云哀而不傷是也鄭氏改作衷竹隆反窈烏了反窕徒了反毛云窈窕幽閑也王肅云善心曰窈善容曰窕恕音庶本又作念好呼報反逑音求雎七胥反鳩九尤反雎鳩王雎也鳥之有至別者之洲音州水中可居者曰洲興也虛應反沈許甑反案興是譬諭之名意有不盡故題曰興他皆放此摯本亦作鷙音至有別彼竭反下同說音悅樂音洛和諧戶皆反則朝

直遥反 廷 徒佞反 好 毛如字鄭呼報反兔罝詩放此 逑 音求毛云匹也本亦作仇音同鄭云怨耦

曰仇 幽閒 音閑下同 怨耦 五口反 能爲 于僞反 不嫉 音疾徐音自後皆同 妬

丁路反以色曰妒 參 初金反 差 初宜反又初佳反 荇 衡猛反本亦作莕接余也沇有並反 左右

王申毛如字鄭上音佐下音佑助也 接余 音餘本或作菨菨非 共荇菜 音恭本或作供下共荇菜

並同 之菹 阻魚反字又作葅 九嬪 毗申反內官名 皆樂 音洛又音岳 寤 五路反覺

也 寐 莫利反寢也 覺也 音教 悠哉 音由思也 輾 本亦作展哲善反呂忱從車展鄭云

不周曰輾注本或作臥而不周者剩二字也 芼之 毛報反擇也 樂之 音洛又音岳或云協韻宜五教反

關雎五章章四句故言三章其一章四句一章

章八句 五章是鄭所分故言以下是毛公本意後放此

葛覃 本亦作蕈徒南反覃延也 澣 本又作浣戶管反 濯 直角反 師傅 夫附反

欲見 賢遍反 施于 毛以豉反移也鄭如字下同 萋萋 切奚反茂盛皃 延蔓 音萬

浸浸子鴆反　日長丁丈反　灌木古亂反叢木也　喈喈音皆和聲之遠聞也

摶黍徒端反鳥名也　叢木才公反俗作藂本作最作外反　遠聞音問又如字下同　之稱尺證反

莫莫美博反成就貌　是艾本亦作刈魚廢反韓詩云刈取也　是濩胡郭反煮也韓詩云濩瀹也音羊灼反

爲絺恥知反葛之精者曰絺　爲綌去逆反麤者曰綌　無斁本又作斁音亦猒也　猒也於豔反本亦作厭

玄紞都覽反紞織五采如縚狀用縣瑱也　紘獲耕反纓之無緌者從下仰屬於冠　綖音延冕上覆也　朝服直遥反下同

庶士謂庶人在官者本或作庶人　各衣於既反　謂嫁曰歸本亦無曰字此依公羊傳文　重言直用反

薄汙音烏煩也　副如字婦人首飾之上　褘音煇王后六服一曰褘衣　接見賢遍反下見於君子同

煩撋諸詮之音而專反何胤沈重皆而純反阮孝緒字略云煩撋猶挼莎也挼音奴禾反莎音素禾反

褖衣吐亂反六服之最下者　害澣戶葛反曷何也下同　害否方九反　絜清如字沈音淨

卷耳眷勉反苓耳也廣雅云枲耳也郭云亦曰胡枲江南呼常枲草木疏云幽州人謂之爵耳

險詖彼寄反，妄加人以罪也。崔云：險詖，不正也。頃音傾筐起狂反。毛云：頃筐，畚屬。韓詩云：頃筐，欹筐也。苓耳音零畚音本。同休云：草器也。說文同。易盈以豉反，下同。憂思息吏反，下憂思同。寘之豉反，置也。周行戶康反，行列位也，注下同。謂朝直遙反崔徂回反嵬五回反。毛公：崔嵬，土山之戴石也。毛此注及下釋俱與爾雅同。虺呼回反，徐呼懷反。說文作瘣。隤徒回反，徐徒壞反。虺隤，病也。爾雅同。孫炎云：馬退不能升之病也。說文作穨。使臣色吏反，下同。離其力智反我姑如字，姑，且也。說文作夃，音同，云：秦以市買多得為夃。罍盧回反，酒罇也。韓詩云：天子以玉飾，諸侯、大夫皆以黃金飾，士以梓。禮記云：夏曰山罍，其形似壺，容一斛，刻而畫之，為雲雷之形。以勞力到反不復扶富反岡古康反，山脊也。兕字又作兕，徐履反。爾雅云：兕似牛。觥古橫反，罰爵也，以兕角為之。字又作觵。韓詩云：容五升。禮圖云：容七升。為意于偽反務勤並如字，俗本下並加心，非也。為樂音洛砠矣本亦作岨，同，七餘反。毛云：石山之戴土也。瘏矣音塗，病也。本又作屠，非。痡矣音敷，又普烏反，病也。本又作鋪，同。吁矣香于反，憂也。痡病也一本作痛，亦病也者，非。樛木

居糾反木下句曰樛字林九稠反馬融韓詩本並作朻音同字林巳周反說文以朻爲木高 逮下 徒戴反又徒帝
反 之心焉 崔集注本此序有鄭注撿衆本並無 藟 本亦作櫐力軌反似葛之草也草木疏云一名巨荒
似燕薁亦連蔓葉似艾白色其子赤可食 纍之 力追反纏繞也本又作虆 上附 時掌反 樂只
之氏反猶是也 綏之 音雖安也 樂樂 上音岳下音洛 縈之 本又作縈烏營反旋也說文作㯋
螽斯 音終斯爾雅作蜤音同螽斯蚣蝑也 諱惡 烏路反 詵詵 所巾反衆多也說文作辨
音 蚣 粟容反字林作蜙先凶反郭璞先工反許慎思弓反 蝑 粟居反許慎呂忱並先呂反郭璞才與反案一名斯
螽七月詩云斯螽動股是也揚雄許慎皆云舂黍草木疏云幽州謂之舂箕蝗類也長而青長股股鳴者也郭璞注
方言云江東呼爲蚱蜢音竹白反蜢音猛 情慾 音欲諸詮之音諭 不耳 本或作不然 振振
音眞仁厚也 宜女 音汝 薨薨 呼弘反衆多也 揖揖 子入側立二反會聚也 蟄蟄
尺十反徐又直立反和集也 桃夭 於驕反桃木名夭夭少壯也說文作枖云木少盛貌 鰥 本亦
作鱞古頑反老無妻曰鰥 少壯 詩照反 俱當 丁浪反 有蕡 浮雲反實貌 蓁蓁 側巾反至

惑也盡以津忍反或如字他皆放此菟罝菟又作兔他故反罝音子斜反菟罝也說文子余反好
德呼報反椓之陟角反丁丁陟耕反椓杙聲菟罟音古罔也杙本又作弋羊職反郭
羊北反爾雅云樴謂之杙李巡云橜也樴音特橜其月反赳赳居黝反武貌爾雅云勇也干城如字爾雅云干
扞也孫炎注云干楯所以自蔽扞也鄭云干也城也皆以禦難也舊戶旦反沈音幹扞也戶旦反以禦魚呂反
難也乃旦反下同任爲音壬將子匠反帥色類反沈所愧反可任而鴆反後不音者放
此國守手又反折之設反衝昌容反施于如字中逵求龜反九逵道也杜預注
春秋云逵方九軌施于中林如字沈以豉反制斷丁亂反芣苢音浮
苢本亦作苡音以芣苡馬舃也又名車前韓詩云直曰車前瞿曰芣苡郭璞云江東呼爲蝦蟇衣草木疏云幽州人謂之牛舌
又名當道其子治婦人生難本草云一名牛遺一名勝舃山海經及周書王會皆云芣苢木也實似李食之宜子出於西戎衛氏傳
及許慎並同此王肅亦同王基已有駁難也馬舃音昔掇都奪反拾也一音知劣反拾音十捋
力活反袺音結執衽也執衽入錦反又而鴆反衣際也擷戶結反扱衽也一本作擷同扱衽承

初洽反 漢廣漢水名也尚書云嶓冢導漾水東流爲漢 被于皮義反 紂時直久

反羽王也 徧於邊見反 喬木本亦作橋渠驕反徐又紀橋反木枝上竦也 休息並如字古本皆爾本

或作休思此以意改耳 上竦粟勇反 流水本或作漢水 泳音詠潛行爲泳 泭芳于反本亦作

附又作桴或作柎並同沈旋音附方言云泭謂之箄箄謂之筏筏秦晉通語也孫炎注爾雅云方木置水爲柎栰也郭璞云水

中簰筏也又云木曰箄竹曰筏小筏曰泭箄音皮佳反栰筏同音伐樊光爾雅本作柎 翹翹祁遙反沈其堯反薪貌

尤高絜者一本無絜字 言秣莫葛反養也說文云食馬穀也 以上時掌反下文同

禮餼虛氣反牲腥曰餼 其蔞力俱反馬云蔞蒿也郭云似艾音力侯反 汝墳

符云反汝水名墳大防也常武傳云墳涯也 能閔其君子盈謹反傷念也一本有婦人二字 被

文皮義反 條枚妹迴反幹也 惄如本又作愵乃歷反毛飢意也鄭思也韓詩作愵音同 調張留

反朝也又作輖音同 條肄以自反餘也斬而復生者沈云徐音以世反非 復生扶富反 於思如字

又息嗣反 魴魚符方反魚名 赬尾勑貞反赤也說文作䞓又作赬並同 如燬音毀齊人謂火曰燬

郭璞又音貨字書作焜音毀說文同一音火尾反或云楚人名火曰燥齊人曰燬吳人曰焜此方俗訛語也瘦病色救反之酷苦毒反辟此辭此一本作之處昌慮反爲疎于僞反疎亦作疏

麟之止吕辛反瑞獸也草木疏云麕身牛尾馬足黄色員蹄一角角端有肉音中鍾吕行中規矩王者至仁則出毛云信而應禮鄭云角端有肉示有武而不用也服虔注左傳云視明禮脩則麒麟至麕音俱倫反序本或直云麟止無之字止本亦作趾之應應對之應序注及下傳應禮同振振音真信厚也相應音鷹之定都佞反題也字書作顛音同題也徒兮反郭璞注爾雅額也本作顛誤示有武一本示作象

召南鵲巢第二召亦地名也在岐山之陽扶風雍縣南有召亭案周召皆周之舊土文王受命後以賜二公爲菜地二南之風皆文王未受命之詩也周南十一篇是先王之所以教聖人之深迹故繫之公旦召南十四篇是先王之教化文王所行之淺迹故繫之君奭

鵲巢七略反字林作䧿積行下孟反下注同尸鳩本又作鳲音同爾雅云鳲鳩鴶鵴也郭璞云今布穀也江東呼穫穀草木疏云一名擊穀案尸鳩有均壹之德飤其子旦從上而下暮從下而上平均如一揚雄云戴勝也秸古八反又音吉爾雅作鴶鞠音菊爾雅作鵴

架之 音嫁俗本或作加功 御之 五嫁反本亦作訝又作迓同迎也王肅魚據反云侍也 百乘 繩證反

同 送御 五嫁反一本作迓 方有之也 一本無之字 將之 如字送也沈七羊反 衆

媵 音孕又繩證反國君夫人有左右媵 姪 待結反字林丈一反兄女曰姪謂吾姑者吾謂之姪 娣 徒帝反女

弟也 采蘩 音煩本亦作繁皤蒿也孫炎云白蒿 于沼 之紹反池也 于沚 音止渚也

皤 薄波反白也 蒿 好羔反 谿 苦兮反杜預云澗也 于澗 古晏反山夾水曰澗 山夾

古洽反一音古協反 被之 皮寄反注及下同首飾也 僮僮 音同竦敬也 蚤也 音早本多作早

下同 視濯 直角反 洸 古愛反 饎 昌志反酒食也 爨 七亂反 髲 皮寄反鄭音髮

髢 本亦作髰徒帝反劉昌宗吐歷反沈湯帝反鄭注少牢禮云古者或剔賤者刑人之髮以被婦人之紒因以名

焉春秋以爲呂姜髢是也紒音計 祁祁 巨私反舒遲也 無罷 音皮本或作疲

草蟲 直忠反本或作虫非也虫音許鬼反草蟲常羊也草木疏云一名負蠜大小長短如蝗而青也 喓

喓 於遥反聲也 趯趯 託歷反躍也 阜 音婦 螽 音終阜螽蠜也李巡云蝗子也 草木

跡云今人謂蝗子爲螽　躍音藥　蠜音煩　異種章勇反　忡忡敕中反猶衝衝　當丁浪反下同　覯古豆反遇也　則降戶江反下也　其蕨居月反虌也草木疏云周秦曰蕨齊魯曰虌　虌卑滅反本又作鱉俗云其初生似鼈腳故名焉　惙惙張劣反憂也　則說音悅服也注同　其薇音微草也亦可食　相離力智反　采蘋符申反大蓱也韓詩云沈者曰蘋浮者曰藻　共祭音恭本或作供注同　姆莫豆反字林云甫反云女師也鄭云姆者婦人五十無子出不復嫁以婦道教人若今時乳母也　婉怨遠反　娩音晚　麻枲絲似反　絲繭古顯反本亦作蠒　紝女金反何如鴆反繒帛之屬　組音祖綬也　紃音旬絛也　酒漿子詳反　菹醢音海　禮相息亮反　而笄吉兮反　之濱音賓涯也　采藻音早水菜也　行潦音老　大蓱本又作萍薄經反一本作苹音平　涯也本亦作厓五佳反　先嫁蘇遍反　芼莫報反沈音毛　言藻音早　之行下孟反　絜清如字又音淨　以盛音成　維筐音匡方曰筐　及筥居呂反員曰筥　湘之息良反烹也　維錡其綺反三足釜也玉篇宜綺反

鬵符甫反 亨也本又作烹同普更反煑也 魚湆去急反汁也 是鬵本或作鬻音形鄭云三足兩耳有蓋和羹之器 羹之音庚劉昌宗音儀禮音衡 牖音酉 下如字協韻則音戶後皆放此 也與音餘 有齊本亦作齋同側皆反敬也 季少詩照反下同 迎者宜敬反 俎側所反 其齍音資本或作粢 甘棠杜也草木疏云今棠梨 召時照反 名奭音釋召康公名也燕世家云與周同姓孔安國及鄭皆云爾皇甫謐云文王之庶子案左傳富辰言文之昭十六國無燕也未知士安之言何所憑據 封燕烏賢反國名在周禮幽州之域今涿郡薊縣是也 蔽必袂反徐方四反又方計反沈又音必 芾非貴反徐方蓋反蔽芾小貌 勿翦子踐反去也韓詩作剗初簡反 所茇蒲曷反徐又扶蓋反說文作𦺒云草舍也 去也羌呂反 聽斷丁亂反 人被皮寄反 說音稅甚音悅 勿敗必邁反又如字 所憩本又作愒起例反徐許罽反息也 所說本或作稅又作脫同始銳反舍也 拔備八反 行露 厭於葉反徐於十反又於立反沈又於占反 浥本又作挹同於及反又於脅反厭浥濕意也 夜莫本又作暮同忙故反又亡博反小星詩同 禮與音餘 大

多音泰舊吐賀反　而強來其丈反下強委同沈其常反　不度待洛反　可否方九反

令會力政反後不音者放此　昏昕許斤反五禮用昕親迎用昏　穿我本亦作穿音川　謂

女音汝下皆同　我獄音玉　埆也音角又戶角反盧植云相質觳爭訟者也崔云埆者埆正之義一云獄名

以咮本亦作噣郭張救反何都豆反鳥口也　紂帛側基反依字糸旁才後人遂以才爲屯因作純字

五兩音諒　媒音梅謀也　妁時酌反又音酌廣雅云妁酌也　我墉音容牆也　我訟如字徐取韻音才容反

羔羊小曰羔大曰羊　積行下孟反　五它本又作他同徒何反它數也本或作紽　數也所具反後不音者同

以英沈音映又如字　委於危反　虵也本又作蛇同音移毛云委虵行可從迹也鄭云委曲自得之貌讀此句當云委虵委虵沈讀作委委虵虵韓詩作逶迤云公正貌　行可下孟反崔如字　從迹足容反字亦作蹤迹又作跡

緎徐音域又于域反縫也孫炎云緎縫之界域　緎縫也爾雅云緎羔裘之縫也音符用反一本作縫縫也則當音符龍反　之縫符龍反注同注縫殺之字又音符用反　五總

子公反 殺之 所界反徐所例反

殷其靁 殷音隱下同殷靁聲也靁亦作雷力回反 勸以義也 本或無以字下句始有 不遑 本或作偟音黃暇也 謂使 所吏反 復去 符福反 閒暇 音閑 振振 音眞

爲君 于僞反或如字 使 所吏反或如字 處 尺煮反

摽有梅 婢小反徐符表反落也梅木名也韓詩作楳說文楳亦梅字 男女及時也 本或作得以及時者從下而誤 被文 皮寄反 則隋 徒果反又徒火反 迨其 音待及也韓詩云願也 鄉晚 本亦作嚮又作向同許亮反 差多 初賣反 頃筐 音傾 塈之 許既反取也 以蕃 音煩 不禁 居鴆反一音金

小星之行 下孟反注同 能盡 津忍反後放此 嘒彼 呼惠反微貌 五噣 張救反又都豆反爾雅云噣謂之柳 四時更 音庚下同 見 賢遍反下同 列宿 音秀 寔命 時職反是也韓詩作實云有也 維參 所林反星名也一名伐 與昴 音卯徐又音茅一名留二星皆西方

宿留也如字又音柳下同抱衾起金反衾也與裯直留反毛云禪被也鄭云牀帳

也徐云鄭音直俱反帳張仗反

江有汜音祀江水名毛云決復入爲汜鄭云汜小水也美媵音孕又繩證反古者諸侯娶夫人則同姓

二國媵之有嫡都狄反正夫人也下同江沱徒何反江水之別也篇內同決古穴反又音穴復

入扶福反並流白猛反又步頂反有渚諸呂反小洲也水枝成渚韓詩云一溢一否曰渚渚

小洲也本或無此注水枝如字何音其宜反又音祇岷山本又作崏武巾反山名在蜀道

江徒報反本亦作導下篇注同我過音戈下文同其嘯蕭叫反沈蕭妙反蹙口

子六反本亦作蹴解華買反又閑買反說始拙反又音悅

野有死麕本亦作麏又作麇俱倫反爾雅云郊外曰野麕獸名也草木疏云麏麞也青州人謂之麏

惡無烏路反下同被文皮寄反劫脅上居業反下許業反苞逋茆反裹也裹

也音果殺禮所戒反徐所例反絜清如字沈音絜欲令力呈反誘之音酉

尊也樸蒲木反又音僕樕音速樸樕小樹也純束徒本反鄭徒尊反沈云如屯舊徒本反沈徒尊反云屯聚也脫脫敕外反舒貌注同無感如字又胡坎反動也我帨始銳反沈始悅反佩巾也使尨美邦反狗也也吠符廢反

何彼襛矣如容反猶戎戎也韓詩作莪莪音穠說文云衣厚貌王姬音基王姬武王女姬周姓也杜預云王姬以上爲尊雝王姬一本作雝則王姬車服音居他皆放此釋名云古者曰車聲如居所以居人也今曰車音尺奢反云舍也韋昭曰古皆音尺奢反從漢以來始有居音不繫本或作繼下王后遐嫁反注同厭於葉反翟庭歷反厭翟王后五路之第二者也翟雉也次其羽相迫故曰厭也繪本又作繢戶妹反畫文也總作孔反褕翟音遥翟或作狄王后六服之第二也唐棣徒帝反栘也字林大內反之華如字栘也音移一音是兮反郭璞云今白栘也似白楊江東呼夫栘之車協韻尺奢反又音居或云古讀華爲敷與居爲韻後放此其釣音弔伊緡云貧反綸也綸也音倫繩也

騶虞側留反騶虞義獸也白虎黑文不食生物有至信之德則至周書王會草木蹟並同又云尾長於身不履生草

尚書大傳云尾倍於身之應應對之應注皆同朝廷直遥反既治直吏反純

被皮寄反蕃殖音煩多也蒐田所留反春獵爲蒐田獵也杜預云蒐索擇取不孕者也穀

梁傳云四時之田春曰田夏曰苗秋曰蒐冬曰狩彼茁則劣側刷二反出也者葭音加蘆也蘆也

音盧草也著春張慮反後不音者放此壹發如字徐音廢五豝百加反豕牝也豕

牝頻忍反徐扶死反君射食亦反者蓬蒲東反草也五縱子公反徐又在容反

字又作豵同毛云一歲曰豵鄭云豕生三曰豵

邶蒲對反本又作鄁字林方代反柏音百字又作栢舟

第三邶鄘衛鄭云邶鄘衛者殷紂畿內地名屬古冀州自紂城而北曰邶南曰鄘東曰衛衛在汲郡朝歌縣時康叔正封于衛其

末子孫稍并兼彼二國混其地而名之作者各有所傷從其本國而異之故有邶鄘衛之詩王肅同從此訖豳七月十三國並

變風也柏舟柏木名以爲舟也頃公音傾君近附近之近汎彼敷劒反流

貌汎流貌本或作汎汎流貌者此從王肅注加耿耿古幸反儆儆也儆儆音景以敖

本亦作遨五羔反匪監本又作鑒甲暫反鏡也以茹如預反徐音如庶反度也待洛反下同往

愬蘇路反之怒協韻乃路反卷也眷勉反注同棣棣本或作逮同徒帝反又音代富而閑習也可選雪兖反數也儼然魚檢反本或作嚴音同可數色主反悄悄七小反憂貌慍于憂運反怒也遘閔古豆反本或作覯受侮音武徐又音茂寤辟本又作擘避亦反拊心也有摽符小反拊心貌拊心音撫迭而待結反韓詩作臷音同云臷常也澣衣戶管反憒辱古對反綠衣毛如字綠東方之間色也鄭改作褖吐亂反篇反各同妾上時掌反注上僭皆同僭賤念反州吁況于反毋嬖補計反謚法云賤而得愛曰嬖嬖卑也媟也黃裏音里間色間廁之間鞠衣居六反言如菊花之色也又去六反言如麴塵之色王后之服四曰鞠衣色黃也展衣知彥反字亦作襢音同王后之服五曰襢衣毛氏馬融皆云色亦鄭云色白素紗音沙嫡妾本亦作適同丁歷反女所崔云毛如字鄭音汝之行下孟反下同以上時掌反衣纖於既反下音志俾無甲爾反沈必履反使也訧兮音尤本或作尤過也過差初賣反又初佳反淒其七西反寒風也

燕燕於見反　戴嬀居危反戴謚也嬀陳姓也　名完字又作皃俗音丸即衛桓公也　殺音試

之如字又申志反　見已賢遍反　差楚佳反又楚宜反　池如字　鳦音乙本又作乙郭烏拔反

于野如字協韻羊汝反沈云協句宜音時預反後放此　已憤符粉反　泣涕他禮反徐又音

弟　頡之戶結反飛而上曰頡　頏之戶郎反飛而下曰頏　而上時掌反篇內皆同　竚

立直呂反久也　感激經歷反　于南如字沈云協句宜乃林反今謂古人韻緩不煩改字　實

勞實是也本亦作寔　任只入林反毛云大也沈云鄭而鴆反　塞瘞於例反崔集注本作實

六行下孟反下篇同　以勗凶玉反徐又況目反勉也　日月之難乃旦反

以至困窮之詩也舊本皆爾俗本或作以至困窮而作是詩也誤　故處昌慮反又

昌呂反　我顧本又作顧如字徐音古此亦協韻也後放此　相好呼報反注同王崔申毛如字　語

於魚據反　不述本亦作術　終風終日風也韓詩云西風也　謔許約反

浪力葬反韓詩云起也　笑本又作咲俗字也悉妙反　敖五報反謔浪笑敖戲謔也　且霾亡皆反徐

又莫戍反風而雨土爲霾　雨土　于付反　肯來　如字古協思韻多音梨後皆放此　我思　如字
且曀　於計反陰而風也　且復　扶富反　疌　本又作嚏又作疐舊作利反又丁四反又猪吏反或
竹季反劫也鄭作嚏音都麗反　劫也　居業反本又作跲音同又渠業反孫毓同崔云毛訓疌爲㰦今俗人云欠
欠故㰦是也不作劫字人體倦則伸志倦則㰦案音丘據反玉篇云㰦欠張口也　嚏欠　開愛反　女思
音汝下同後可以意求之疑者更出　虺虺　虛鬼反
擊鼓　文仲將　子亮反注將者同　殤公　音傷　子馮　本亦作憑同皮水反　蔡
從　才用反下陳蔡從同　其鏜　吐當反擊鼓聲也　城漕　音曹衛邑也　有忡　勑忠反
爰喪　息浪反注同　故處　昌慮反　近得　附近之近　契　本亦作挈同苦結反　闊
苦活反契闊勤苦也韓詩云約束也　成說　音悅毛數也鄭相憂悅也　數也　色主反　偕　音皆俱也
與之約　如字又於妙反下同一本作與之約誓　於難　乃旦反　相遠　于万反　洵　呼縣
反遠也本或作詢誤也詢音荀韓詩作夐夐亦遠也　信兮　毛音申極也案信即古伸字也鄭如字相親信也

凱風開在反南風也棘心居力反俗作棘樂夏音洛或一音岳之長丁丈反下皆同夭

夭於嬌反盛貌劬勞其俱反少長詩照反叡悅歲反下同叡知音智本亦

作智在浚音峻衛邑也浸潤子鴆反逸樂音洛睍胡顯反睆華板反睍

睆好貌色說音悅下篇注同雄雉爾雅云飛曰雌雄刺衛俗作刾同

七賜反詩內多此音更不重出不恤本亦作卹數起色角反烝於之升反泄泄

移世反奮訊音信又音峻字又作迅同自貽本亦作詒以之反遺也遺也維季反沈羊類

反阻難乃旦反下同作繄烏兮反是也君之行下孟反下君之行同其朝

直遥反下上時掌反女怨如字下女怨同德行下孟反下注皆同不忮之豉反害

也字書云恨也韋昭音洎不臧子郎反善也

匏有苦葉匏音薄交反瓠也之瓠戶故反以上時掌反下皆同渡處昌慮

反則厲力滯反以衣涉水也韓詩云至心曰厲說文作砅云履石渡水也音力冽反又音例則揭

苦例反褰衣渡水也 揭揭衣 竝苦例反下同一云下揭字音起例反一本作揭褰衣 長幼 張丈反 爲
之 于僞反 求妃 音配本亦作配下同 瀰 弥爾反深水也 鷕 以小反沈耀皎反雌雉聲或一音戶
了反說文以水反字林于水反 所難 乃旦反下同 淫泆 音逸 之行 下孟反 不濡 而朱
反潰也 軌 舊龜美反謂車轊頭也依傳意宜音犯案說文云軌車轍也從車九聲龜美反軓車軾前也從車凡
聲音犯車轊頭所謂軓也相亂故具論之 其牡 茂后反 由輈 竹留反車轅也 旭 許玉反徐又許袁反
曰始出大昕之時也說文讀若好字林呼老反 大昕 許巾反 請期 音情又七井反下同 親迎
魚敬反 迨冰 音待及也 未泮 普半反散也 招招 照遙反號召之貌王逸云以手曰招以言
曰召韓詩云招招聲也 卬否 五郎反我也本或作仰音同 號召 戶羔反 谷風
古木反東風也 黽勉 本亦作僶莫尹反黽勉猶勉勉也 見譴 遣戰反 采葑 孚容反徐
音豐須也字書作蘴孚容反草木疏云蕪菁也郭璞云今菘菜也案江南有菘江北有蔓菁相似而異菘音嵩
采菲 妃鬼反昜也 芴也 音勿爾雅云菲芴又云菲息菜郭以菲芴爲土瓜解息菜云似蕪菁華紫

赤色可食莖河耕反蔓音万本又作蕪音無菁音精又子零反與葍音福本又作蕾音冨
爾雅葍蕾郭云大葉白華根如指色白可食并棄俾政反又如字有違如字毛離也鄭徘徊也韓
詩云違張也我畿音祈門內也已訣音快本或作決裁於門內一本作裁至於門又
一本作裁至於門內荼苦音徒苦菜也如薺齊禮反菜也宴爾本又作燕徐於顯反
又烟見反安也涇音經濁水也渭音謂清水也湜湜音殖持正貌說文云水清見底其沚
音止故見渭濁舊本如此一本渭作謂後人改耳動搖餘招反又餘照反屑以素節
反絜也不復扶富反無發我笱古口反捕魚器韓詩云發亂也以捕音步不
閱音悅容也泳之音詠游也音浮難易夷豉反下同爲求于僞反匍
音蒲又音符匐蒲北反一音服鄭云匍匐盡力能慉許六反毛興也鄭驕也王肅養也說文起也驕
樂音洛憎惡烏路反下皆同賈用音古市也不售市救反阻難乃旦反下
難卻同一音如字覬其音冀育鞫本亦作鞠居六反窮也顛覆芳服反注同育

長張丈反下皆同 稚本亦作穉直吏反 窮匱求位反乏也 無辟音避本亦作避 毒
螫失石反何呼洛反 盲蓄本亦作畜勑六反 御冬魚據反下同禦也徐魚舉反一本下句即
作禦字 洸音光武也 潰戶對反怒也韓詩云潰潰不善之貌 旣詒音怡 肄以世反勞也徐
以自反爾雅作勩以世反 遺也唯季反下同 來塈許器反息也
式微 黎力兮反國名杜預云在上黨壺關縣 寓于音遇寄也于又作乎
旄丘音毛丘或作古北字前高後下曰旄丘字林作嵍云嵍丘也亡周反又音毛山部又有嵍字亦云嵍丘亡
付反又音旄 連率所類反禮記云十國以爲連連有率 佐牧州牧之牧 蔓莚以戰
反又音延 蒙如字徐武邦反 戎如字徐而容反蒙戎亂貌案徐此音是依左傳讀作尨茸字 之
行下孟反下同 簡兮依字作簡 瑣素果反瑣尾少好之貌 流音留本又作鶹 離如字流離
鳥名少好而長醜爾雅云鳥少美而長醜爲鶹鷅草木疏云梟也關西謂之流離大則食其母 少好詩照
反下同 長醜張丈反下同 愉以朱反 樂音洛 褎如本亦作袖由救反又在秀反毛盛服

也鄭笑貌 能稱尺證反 耳聾魯工反 簡兮居限反字從竹或作蕑是草名非也 泠
官音零字從水樂官也字亦作伶 爲且子餘反 大胥思徐反 之版音板 舍音釋
下爲舍軷同 采音菜 俁俁疑矩反容貌大也韓詩作扈扈云美貌 執轡悲位反 如
組音祖 可任音壬 執籥餘若反以竹爲之長三尺執之以舞毛云六孔鄭注禮云三孔郭璞同云形似
笛而小廣雅云七孔 翟亭歷反翟翟羽也 赫如虛格反 渥於角反厚也 赭音者赤丹也 有
畀必寐反與也 煇字亦作暉呼鳳反劉昌宗音運甲吏之賤者 胞步交反肉吏之賤者 翟樂吏之賤
者 閽音昏守門之賤者 一散素但反酒爵也容五升也 厚傅音付 有榛本亦作蓁同側
巾反木名子可食 有苓音零大苦也本草云甘草 與在音預或如字 泉水
自見賢遍反注同 思之至也一本思作恩 毖彼悲位反流貌韓詩作祕說文作䀣云
直視也 于淇音其水名 孌彼力轉反好貌下篇同 于泲子禮反地名 飲餞音踐
徐又才箭反送行飲酒也 于禰乃禮反地名韓詩作坭音同 舍軷蒲末反道祭也 遠父于

反汪同　載𩏂胡瞎反車軸頭金也　還車音旋此字例同音更不重出　遄臻市專反速

也　不瑕音遐毛遠也鄭過也　有害毛如字鄭音曷何也　於行下孟反　過差初懈

反又初佳反卷末注同　肥泉字或作淝音同　與漕音曹

北門　殷殷本又作慇同於巾反沈於文反又音隱爾雅云憂也　背明蒲對反　鄉陰本又

作嚮同許亮反　爲之于僞反　窶其矩反無禮也爾雅云窶貧也案謂貧無可爲禮　一埤避支反厚也

政偏音篇　交徧古遍反字注及下同凡徧字從彳偏字從人後皆放此　讁直革反責也玉篇知革反

更音庚　迭待結反　敦我毛如字厚也韓詩云敦迫鄭都回反投擿也　遺我唯季反加

也　投擿呈釋反與擲同本或作擿非　摧我徂回反沮也或作催音同韓詩作誰音千隹子隹二

反就也　沮也在呂反何音阻　北風　相攜戶圭反　其涼音良　雨

雪于付反又如字下同　雱普康反盛貌　酷暴苦毒反　而好呼報反下及注同

同行音衡道也　其邪音餘又音徐爾雅作徐下同　既亟紀力反急也下同　只音紙

且子餘反下同虛虛也一本作虛徐也之行下孟反其喈音皆疾貌霏芳非

反甚貌能別彼竭反

靜女遺我唯季反下同姝赤朱反美色也說文作姝云好也可說音悅篇末注同

搔首蘇刀反踟直知反躕直誅反貽我本又作詒音怡遺也下同下句協韻亦音

以志反彤管徒冬反彤赤也管筆管著于知略反又直略反下同煒于鬼反赤貌說

懌說本又作悅毛王上音悅下音亦鄭說音始悅反懌作釋始亦反自牧州牧之牧徐音目田官也荑

徒兮反茅始生也洵本亦作詢音荀信也以共音恭窈烏了反窕徒了反之處

昌慮反之爲于僞反注同或如字新臺馬云脩舊曰新爾雅云四方而高曰臺孔

安國云土高曰臺伋音急宣公世子名而要於遙反人惡烏路反泚音此徐又七礼

反鮮明貌說文作玼云新色鮮也瀰瀰莫爾反徐又莫啓反水盛也說文云水滿也汙穢音烏之

行下孟反篇注同燕於典反又於見反安也婉於阮反順也徐於管反籧音渠篨音除

口柔不能俯也 不鮮 斯踐反，鄭：善也；王：少也。依鄭又音仙 有洒 七罪反，高峻也。韓詩作漼，音同，云：鮮貌

浼浼 每罪反，平地也。韓詩作浘浘，音尾，云：盛皃 不殄 毛徒典反，絕也。鄭改作腆，吐典反，善也 戚

施 千歷反。戚施，面柔不能仰也 下人 遐嫁反

二子乘舟相爲 于僞反 汎汎 芳劒反 其景 如字，或音影 愬伋

先路反 令伋 力征反 於隘 於賣反 駛疾 所吏反，本或無駛字，一本作迅疾 有

害 毛如字，鄭音曷，何也 不遠 于万反

鄘 音容 柏舟第四 鄭云：紂都以南曰鄘。王云：王城以西曰鄘也

柏舟共 音恭，下同 姜 居羊反。共姜，共伯之妻也。婦人從夫謚，姜姓也 蚤死 音早 信

侯 許其反。史記作釐，音僖。大家音信 汎彼 芳劒反 常處 昌慮反 髧 本又作紞，徒坎

反 兩髦 音毛。說文作髳，音同。禮：子生三月，翦髮爲鬌，長大作髦，以象之。鬌音丁果反 昧爽

莫背反 而朝 直遙反 櫛 側乙反 纚 色蟹反，又色綺反 笄總 子孔反 冠緌

二四五

汝誰反　靡它音他　天只音紙　不亮本亦作諒力尚反信也　我特如字匹也韓詩
作直云相當值也　靡慝他得反邪也似嗟反　牆有茨在良反茨音徐資反
茨蒺藜也　頊五鰥反宣公庶子昭伯名也　烝之升反載馳序注同　蒺音疾　藜音梨　埽
去丘呂反下同　之行下孟反　中冓本又作遘古候反韓詩云中冓中夜謂淫僻之言也　不
可詳如字韓詩作揚揚猶道也　君子偕老音皆　人君小君也注云或者小字誤作人耳
副芳富反首飾也　六珈音加笄飾也　編補典反或必仙反　以別彼列反　步搖
餘昭反　委委於危反行可委曲蹤迹也注同　佗佗待何反德平易也注同韓詩云德之美貌　行可
下孟反舊如字　委曲如字　平易以豉反　揄音遥字又作褕　狄本亦作翟王后第二服曰
褕狄　欲觀古亂反又音官　之行下孟反下同　玼音此又且禮反鮮盛貌說文云新色鮮也字林云鮮
也音同玉篇且禮反云鮮明貌沈云毛及呂沈並作玼解王肅云顔色衣服鮮明貌本或作瑳此是後文瑳兮王肅注好
美衣服絜白之貌若與此同不容重出本檢王肅本後不釋不如沈所言也然舊本皆前作玼後作瑳字　鮮盛

[illegible]鬒真忍反黑髮也說文云髮稠也服虔注左傳云髮美為鬒不屑蘇節反絜也髢徒帝反髲

也髮也皮寄反瑱吐殿反充耳揥勑帝反摘也以摘他狄反本亦作擿音同本

又作摘又作謫並非謫音丁革反擿音直戟反揚且七也反徐子餘反下同晳也星歷反審諦

音帝之莊如字本又作壯側亮反與音餘瑳兮七我反說文云玉色鮮白展也陟戰反注

展衣皆同沈張輦反縐側救反靡絺也絺勑之反是紲息列反袢也符袁反丹

縠戶木反袢延以戰反又如字之蹙子六反冬衣於既反著也下裏衣同則裏

如字舊音吏禮見賢遍反於君子一本無子字作禮陟戰反媛也

于眷反美女為媛韓詩作援援取也依倚於綺反

桑中相竊千節反弋氏羊職反沬之音妹衛邑也惡衛烏路

反行也下孟反箋同列國之女一本作列國之長女長音丁丈反要我於遙反注

下同淇音其衛水葑孚容反蔓菁音精又子形反

鶉之奔奔音純鶉鶉鳥鵪音烏南反行不下孟反下同彊彊音姜韓詩云奔奔彊彊乘匹之貌

定之方中丁佞反下同定星名爾雅云營室謂之定孫炎云定正也

衞爲狄所滅一本作狄人本或作衞懿公爲狄所滅非也漕音曹攘如羊反說

之悅音營澤迴丁反以廬力居反東辟音壁揆之葵癸反度

也待洛反下同南視字又作眂音同廏居又反榛側巾反椅於宜反屬草木梓

云梓實桐皮曰椅也梓音子漆音七長大丁丈反彼虛起居反本或作墟夾

於居洛反濟水節禮反依倚於綺反使能所吏反能說如字鄭志

問曰山川能說何謂也荅曰兩讀或言說說者說其形勢也或曰述述者述其故事也述讀如遂事不諫之遂偪

本又作諷又作誄皆力水反說文云謚也誄累功德以求福也誄謚也爲卿大夫一本無卿字倌

人音官徐古患反主駕人也說文云小臣也星言韓詩云星晴也說于毛始銳反舍也鄭如字辭

說星見賢遍反爲我于偽反操也七刀反騋牝上音來馬六尺已上也下

頻忍反徐扶死反 以上 時掌反 六種 章勇反下同 過禮 一本作過禮制 而復

符富反 蝃蝀 上丁計反下都動反蝃蝀虹也爾雅作螮蝀音同 相長 張丈反

虹 工音洪一音絳 遠父 于万反下同 惡之 烏路反下惡之皆同 朝隮 子西反升也徐又子

細反鄭注周禮云隮虹 氣應 應對之應 大無 音泰注同

相鼠 息亮反篇內同 之行 下孟反 高顯之處 昌慮反 無止 毛止所止

息也鄭止容止也韓詩止節無禮節也 不遄 市專反速也

干旄 音毛 羙好 呼報反篇內同 孑孑 居熱反又居列反 在浚 蘇俊反衛

邑也 之旟 之然反通帛爲旟 紕之 毛符至反鄭毗移反 組也 音祖 之旒 音留 縿

所衛反何沈相沾反 彼姝 赤朱反 畀之 必寐反與也注予同 說此 音悅 干旟

音餘鳥隼曰旟 隼 荀尹反 州長 張丈反 總以 子孔反 驂馬 七南反 析

星歷反 祝之 毛之六反織也鄭作屬之屬反著也 著也 直略反知略反 也

載馳閟其一本作愍密謹反唁其音彥弔失國曰唁載駈字亦作驅如字協韻亦音丘跋涉蒲末反草行爲跋水行爲涉韓詩云不由蹊遂而涉曰跋涉告難乃旦反不臧子郎反不遠于万反注同協句如字不閟悲位反徐又方與反閉也蝱音盲貝母也藥名也以療力照反尤之本亦作訧音同過也稺本又作稚直吏反一槩古愛反芃芃薄紅反徐又符雄反盛長也長也張丈反控于苦貢反引也引也夷忍反又夷刃反求援于眷反又音袁沈于万反

衛淇奧第五鄭王俱云紂都之東也

淇奧上音其下音於六反一音烏報反淇水名奧隈也草木疏云奧亦水名入相息亮反綠竹並如字綠王芻也爾雅作菉音同竹萹竹也韓詩竹作藩音徒沃反云藩萹筑也石經同猗猗於宜反美盛也隈也烏迴反孫炎云水曲中也王芻初俱反郭璞云今呼白腳莎莎音蘇禾反一云即菉蓐草也蓐音辱萹竹本亦作扁匹善反又音篇郭匹殄反一音布典反竹音如字又勑六反韓詩作筑音同郭云似小藜赤莖節好生道旁可食又殺蟲草木

疏云有草似竹高五六尺淇水側人謂之菉竹也之烈一本作之餘烈有匪本又作斐同芳尾反文貌

下同韓詩作邲美皃也如磋七何反治象名如琢陟角反治玉名如磨本又作𥕥莫何反治

石名僩兮遐板反寬大貌韓詩云美貌說文云武貌赫兮呼白反德赫赫然也咺兮況晚反

反威儀容止宣著也韓詩作宣宣顯也諼兮況元反又況遠反忘也青青子丁反茂盛也本或

作菁音同琇音秀又音誘說文作璓云石之次玉者弋久反瑩音榮徐又音營又音瑩磨之瑩琇瑩

美石也會古外反注同鄭注禮則如字說文作䯤弁皮變反皮弁也之瑱天見反之縫

舒用反皪皪本又作礫音歷又音洛之朝直遥反下及下篇同如簀音責積也綽

兮昌若反緩也猗於綺反依也重直恭反注同較兮古岳反車兩傍上出軾者施舍

如字又詩豉反又式氏反謔兮香略反有弛本亦作施同式氏反

考槃薄寒反考成也槃樂也在澗古晏反山夾水也韓詩作干云墝埆之處也樂也

音洛下同山夾古洽反覺而文孝反又如字薖苦禾反毛寬大皃鄭飢意韓詩作薖薖美

皃弗過古禾反注同崔古卧反不復符又反下同之軸毛音迪進也鄭直六反病也

告語魚據反碩人嬖妾補惠反上時掌反僭作念

反其頎其機反長皃衣錦於既反注夫人衣翟今衣錦同褧苦迥反徐又孔穎反襌也

說文作檾枲屬也褧襜昌占反佼好本又作姣古卯反下同襌也音丹為

其于僞反之大音泰下大子同舊音勑賀反邢侯音形姬姓國譚公徒南反國名

柔荑徒奚反蝤似脩反徐音曹蠐本亦作蠀又作齊同音齊沈又音茨爾雅云蟦蠐螬蝤蠐蝎

蝎郭云蝤蠐在糞土中蝎在木中蝎桑蠹是也蟦音肥分反蠹音妬蝎也音曷或音葛瓠戶故反犀

音西瓠瓣補遍反又蒲莧反沈又蒲閑反螓首音秦蛾眉我波反顙廣蘇黨

反蜻蜻郭徐子盈反沈又慈性反方頭有文王肅云如蟬而小倩兮本亦作蒨七薦反好口輔

也韓詩云倉白色盼兮敷莧反白黑分也徐又敷諫反韓詩云黑色也字林云美目也匹間反又匹莧反

敖敖五刀反說于本或作税毛始銳反舍也鄭作襚音遂衣服曰襚有驕起橋反壯皃

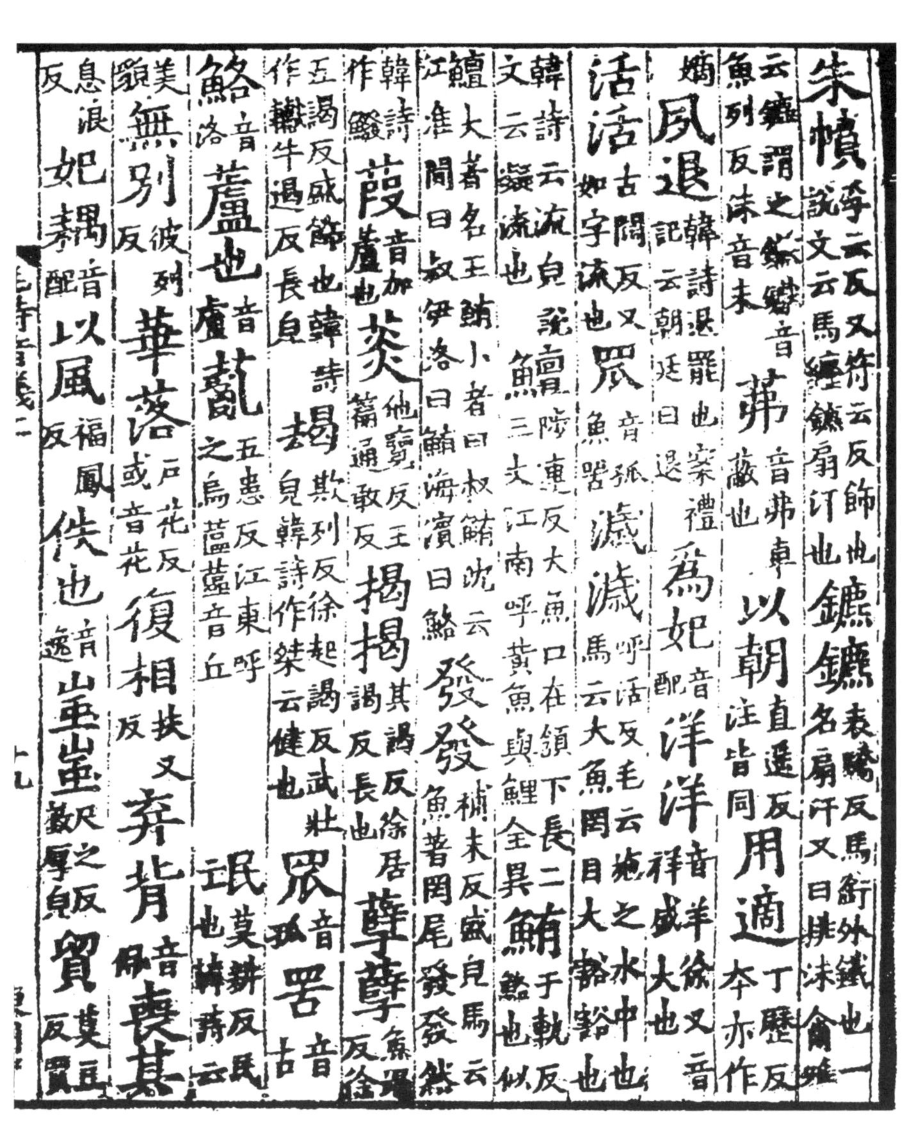

朱幩孚云反又符云反飾也說文云馬纏鑣扇汗也　鑣鑣表驕反馬銜外鐵也一名扇汗又曰排沫爾雅

云鑣謂之钀钀音魚列反沫音末　茀音弗車蔽也　以朝直遥反注皆同　用適丁歷反本亦作

嫡　夙退韓詩退罷也案禮記云朝廷曰退　爲妃音配　洋洋音羊徐又音祥盛大也

活活古闊反又如字流也　罛音孤魚罟　濊濊呼活反馬云大魚網目大豁豁也毛云施之水中也

韓詩云流貌說文云𣵿流也　鱣陟連反大魚口在頷下長二三丈江南呼黃魚與鯉全異　鮪于軌反似鱣

文云𩻡大者名王鮪小者曰叔鮪沈云江淮間曰叔伊洛曰鮪海濱曰鮥　發發補末反盛貌馬云魚著網尾發發然

韓詩作鱍　葭音加蘆也　菼他覽反薍也　揭揭其謁反徐居謁反長也　孽孽魚竭反徐

五謁反盛飾也韓詩作钀牛過反長貌　朅欺列反徐起謁反武壯貌韓詩作桀云健也　罛音孤　罟音古

鮥音洛　蘆也音盧　薍五患反江東呼之烏蓲蓲音丘　氓莫耕反民也韓詩云

美貌　無別彼列反　華落戶花反或音花　復相扶又反　棄背音佩　其

息浪反　妃耦音配　以風福鳳反　佚也音逸　崖崖尺之反數厚貌　貿莫豆反買

毛詩音義二　十九　通志堂

二五三

也頓丘都寸反通稱尺證反愆期起虔反過也將子七羊反毛願也鄭請也故語魚據反垝俱毀反毀也垣音袁所近附近之近鄉其許亮反本又作嚮漣漣音連泣貌筮市制反蓍曰筮體無如字卦兆之體也韓詩作履履幸也咎言其九反蓍曰音尸之繇直又反卦兆之辭也我賄呼罪反財也徑以經定反沃若如字徐於縛反桑葚本又作椹音甚桑實也士耽都南反樂也鶻鳩音骨樂也音洛下同百行下孟反而隕韻謹反湯湯音傷水盛貌漸車子廉反注同漬也濕也帷裳位悲反隋也字又作墮唐果反猶冒音墨此難乃旦反其行下孟反注同不解音懈浸薄子鴆反咥許意反又音熙笑也又一音許四反說文云大笑也虛記反又大結反有泮音判毛云坡也鄭音畔崖也坡本亦作陂北皮反澤陂詩傳云障也呂忱北髮反云陂阪也亦所以爲隰之限域也本或作破字未詳觀之述意似作破自拱俱勇反本又作共音同之宴如字本或作丱者非旦旦說文作悬悬

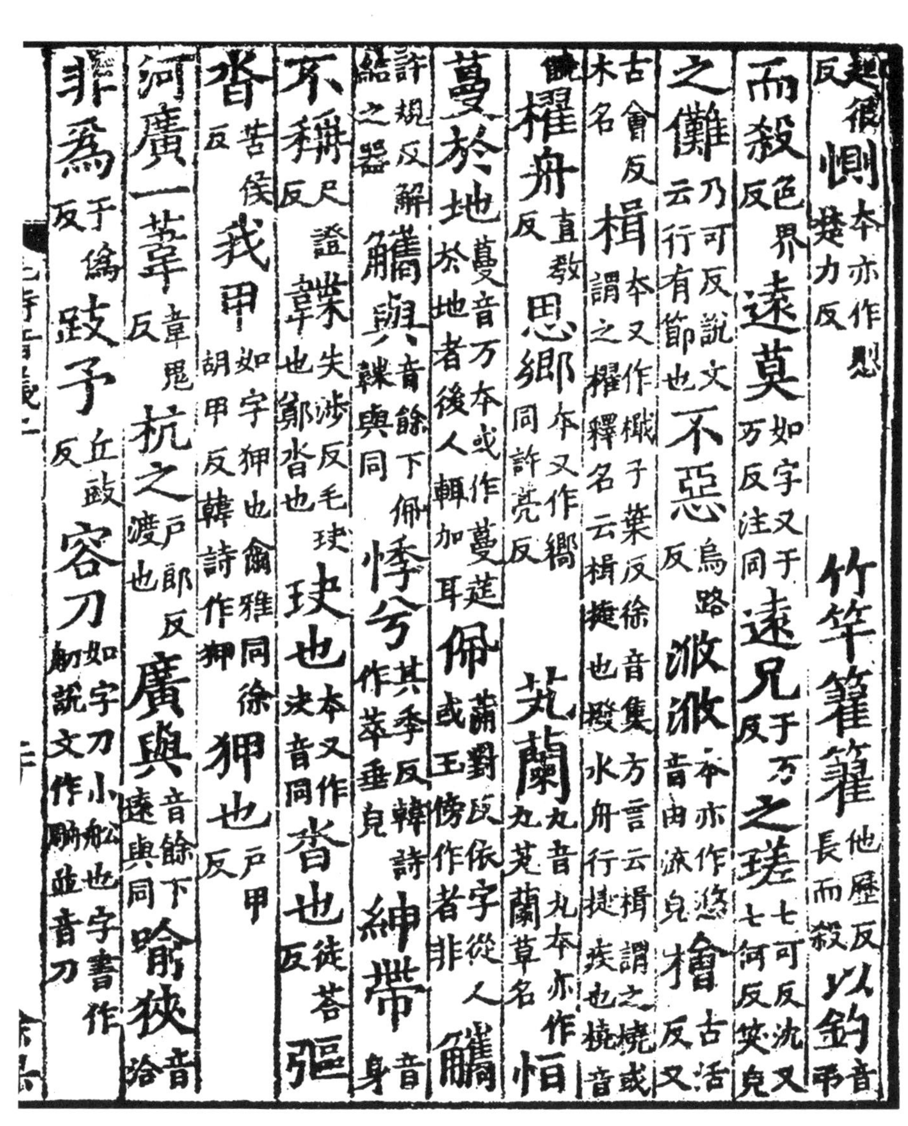

趣彼反 惻 本亦作㥠楚力反 竹竿 籊籊 他歷反長而殺 以釣 音弔

而殺 色界反 遠莫 如字又于万反注同 遠兄 于万反 之瑳 七可反沈又七河反笑皃

之儺 乃可反說文云行有節也 不惡 烏路反 滺滺 本亦作悠音由流皃 檜 古活反又

古會反木名 楫 本又作檝子葉反徐音集方言云楫謂之橈或謂之櫂釋名云楫捷也撥水舟行捷疾也橈音

饒 櫂舟 直教反 思鄉 本又作鄉同許亮反 芄蘭 音丸本亦作丸芄蘭草名 恒

蔓於地 蔓音万本或作蔓莛於地者後人輒加耳 佩 蕭劉皆依字從人或王儔作者非 觿

許規反解結之器 觿與 音餘下觿與同 悸兮 其季反韓詩作萃垂皃 紳帶 音身

不韘 尺證反 韘 失涉反毛玦也鄭沓也 玦也 本又作決音同 沓也 徒荅反 彄

沓 苦侯反 我甲 如字狎也爾雅同徐胡甲反韓詩作狎 狎也 戶甲反

河廣 一葦 韋鬼反 杭之 戶郎反渡也 廣與 音餘下遠與同 喻狹 音洽

非為 于偽反 跂予 丘豉反 容刀 如字刀小船也字書作舠說文作䑠並音刀

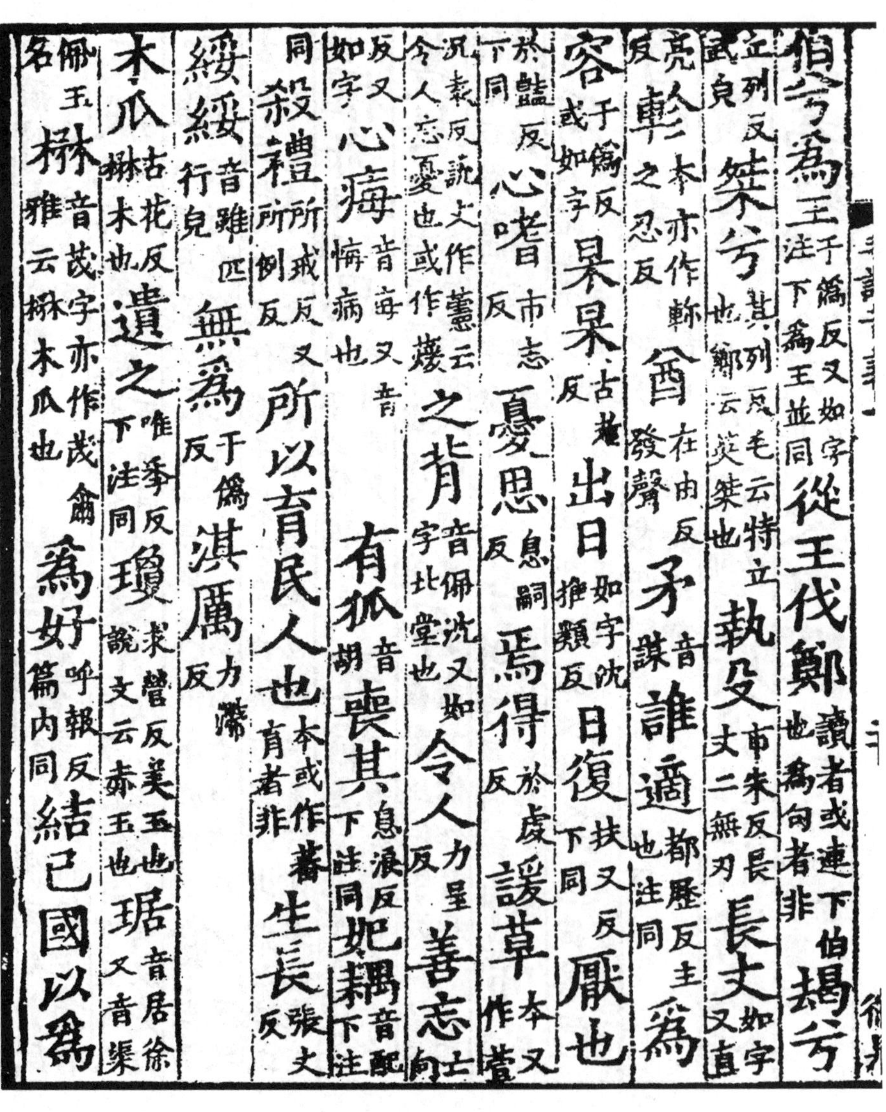

伯兮爲王于僞反又如字注下爲王並同從王伐鄭讀者或連下伯也爲句者非朅兮
丘列反武皃桀兮其列反毛云特立也鄭云英桀也執殳市朱反長丈二無刃長丈如字又直
亮反軫本亦作軒之忍反酋在由反發聲矛音謀誰適都歷反主也注同爲
容于僞反或如字杲杲古老反出日如字沈推類反日復扶又反下同厭也
於豔反下同心嗜市志反憂思息嗣反焉得於虔反諼草本又作萱
況袁反說文作藼云令人忘憂也或作蕿之背音佩沈又如字北堂也令人力呈反善忘亡向
反又如字心痗音每又音悔病也有狐音胡喪其息浪反下注同妃耦音配下注
同殺禮所戒反又所例反所以育民人也本或作蕃育者非生長張丈反
綏綏音雖匹行皃無爲于僞反淇厲力滯反
木瓜古花反楙木也遺之唯季反下注同瓊求營反美玉也說文云赤玉也琚音居徐又音渠
佩玉名楙音茂字亦作茂爾雅云楙木瓜也爲好呼報反篇內同結己國以爲

二五六

恩也一本作結己國之恩也 瑤音遙美玉也說文云美名 玖音久王名字書云玉黑色 苞苴子餘

反 橘均栗反 柚餘救反

王黍離第六王國者周室東都王城畿內之地在豫州今之洛陽是也幽王滅平王東遷政遂微弱詩不能復雅下列稱風以王當國猶春秋稱王人

黍離如字說文作穗 過故古臥

反又古禾反 顛覆芳服反 彷蒲皇 徨音皇 鎬京胡老反 能復扶又反

而同於國風焉崔集注本此下更有猶尊之故稱王也今詩本皆無 搖搖音遙 所

愬蘇路反 蒼天本亦作倉采郎反爾雅云春為蒼天莊子云天之蒼蒼其正色邪 蒼 昊天胡老

反夏為昊天字書從日夰聲夰音工老反 旻天密巾反閔也秋為旻天 之穗音遂秀也 所更音庚

如噎於結反 君子于役 危難乃旦反下注同 以風福鳳反 曷

至寒末反何也 雞棲音西 于時如字本亦作塒音同爾雅同王篇持理反鑿牆以棲雞 鑿

在各反 言畜許又反 其有佸戶括反說文口活反會也韓詩至也 下括古活反至也

弋本亦作杙羊職反或音羊特反　君子陽陽　遠害于万反　執簧
音皇笙簧　其樂音洛注且樂和樂及下章同　只且子徐反又作且七也反　陶陶音遙和樂
皃　執翿徒刀反纛也　由敖五刀反遊也　纛也徒報反沈徒老反俗作纛　翳也
於計反　於燕本又作宴於見反　揚之水如字激揚也或作楊木之字非　遠屯
徒門反　戍束遇反守也　怨思如字沈息嗣反　夂今力呈反　迫近附近之近
或如字　而數音朔　束薪音新　激揚經歷反　至湍吐端反　迅也音信又峻
俊反　彼其音記詩內皆放此或作已亦同　束蒲如字毛云草也鄭云蒲柳也孫毓云蒲草之聲不爽戍許相協箋義爲長今則二蒲之音未詳其異耳

中谷有蓷吐雷反爾雅云萑蓷也韓詩云茺蔚也廣雅又名益母　飢本或作饑居疑反穀不熟
饉音覲蔬不熟　暵呼但反徐音漢菸皃也說文云水濡而乾也字作灘又作灘皆他安反　鵻音佳
爾雅又作萑音同　菸於據反何音於說文云鬱也廣雅云臭也　仳四指反徐符鄙反又敷姊反別也字林反

几扶罪二反 嘅其 口愛反 嘆矣 本亦作歎吐丹反協韻也 其脩 如字本或作攸音同且乾也 歗矣 籀文嘯字本又作嘯 徒用 如字徒空也沈云當作從 啜 張劣反泣皃 將復 扶又反

兔爰 背畔 音佩 不樂 沈音岳又音洛注同 欲覺 古孝反又如字下同 所操 七刀反本亦作懆沈七感反今作躁與定本異與箋義合 慼 子六反本亦作戚七歷反

百罹 本又作離力知反憂也 吪 本亦作訛五戈反動也 我長 張丈反 大 音代賀反 罦 音俘覆車也郭云今之翻車大网也 罬 芳服反 車 赤奢反 罿 昌鍾反罬也韓詩云施羅於車上曰罿字林上凶反 罬 張劣反郭徐姜雪姜穴二反爾雅云罬謂之罦罦覆車也

葛藟 力軌反藟似葛廣雅云藟藤也 刺桓王 本亦作刺平王案詩譜是平王詩皇甫士安以爲桓王之詩故隸注本亦作桓王 之滸 呼五反水涯也 長不 張丈反下同 水涯 本亦作厓魚佳反 恩施 弛豉反下同 終遠 于万反又如字注下皆同 之涘 音俟涯也 王又無母恩也 一本作王后 漘 順春反爾雅云夷上洒下不漘旁從水郭云涯上平坦而下水

㵒爲濟不發聲也　隒魚檢反何音撿爾雅云重甗隒郭云形似累兩重甑上大下小李巡云隒阪也詩本又作水旁兼者字書音呂恬理深二反廣雅云溓溓清也與此義乖

采葛使出所吏反下並同　以共音恭　艾兮五蓋反

大車檻檻胡覽反車行聲　毳衣尺銳反毳名　如菼吐敢反騅也本亦作萑音佳　蘆之力吳反　亂也五患反　巡行下孟反　衣繢胡妹反

無禮與音餘　啍啍他敦反徐又徒孫反重遲皃　如璊音門赬也說文作䊵云以毳爲罽也解此璊云玉赬色也禾之赤苗謂之穈玉色如之　赬也勑貞反赤也　皦日本又作皎古了反白也

壙中苦晃反　有別彼列反

丘中有麻境本亦作墽苦交反　埆苦角反又音學本或作塙此從確義而誤耳　之處昌慮反　於朝直遙反

則治理直吏反　將其亞中毛如字鄭七良反下同　施施如字　伺音司　間音閑又如字　來食如字一云鄭音嗣　復來扶又反　詒我音怡　佩玖音久石次

玖音久說文紀又反云石之次玉黑色者 能遺唯季反下同

鄭緇衣第七鄭者國名周宣王母弟桓公友所封也其地詩譜云宗周圻內咸林之地今京兆鄭縣是其都也漢書地理志云京兆鄭縣周宣王弟鄭桓公邑是也至桓公之子武公滑突隨平王東遷遂滅虢鄶而居之即史伯所云十邑之地右洛左濟前華後河食溱洧焉今河南新鄭是也在滎陽宛陵縣西南

緇衣側基反 敝本又作弊符世反 聽朝直遥反下同 之館古亂反舍也 子粲七旦反餐也 餐也蘇尊反 諸廬力於反 欲飲於鴆反 食之音嗣 蓆兮音席大也韓詩云儲也說文云廣多

將仲子七羊反請也下及注皆同 不勝音升 祭仲側界反後放此 弗聽吐丁反 好勇呼報反 無折之舌反傷害也下同 樹杞音起木名 驟諫仕救反服虔云數也 君若與之一本若作將 段將此一將字如字 誅與音餘 垣也音袁 樹檀徒丹反木名 彊其良反一音居良反 忍本亦作刃同而慎反依字木旁作刃今此假借也沈

叔于田繕甲云糸旁作刃爲是案糸旁刃音女巾反離騷云紉秋蘭以爲佩是也市戰反善也人說音悅甲鎧苦愛反巷無學絳反里塗也大叔音泰後大叔皆放此洵美蘇遵反信也于狩手又反冬獵力輒反

大叔于田而勇本或作而好勇好衍字叔于田本或作大叔于田者誤乘乘馬上如字下繩證反後句例爾如組音祖中節竹仲反在藪素口反澤也禽之府也韓詩云禽獸居之曰藪襢本又作袒音但裼素歷反襢裼肉襢也以搏音博將叔七羊反請也毋音無本亦作無狃女九反毛習也鄭復也狃復符又反下同上襄並如字鴈行戶郎反注同夾轅古洽反射忌注作巳同音記辭也下皆同抑磬苦定反騁馬也控口貢反止馬也騁馬敕領反鴇音保驪白雜毛曰鴇依字作駂驪白力馳反嫚本又作慢莫晏反遲也掤音冰所以覆矢也馬云櫝丸蓋也杜預云櫝丸箭筩也鬯弓敕亮反弢弓吐刀反

清人高克一本作剋好

利呼報反注同惡烏路反下同而欲遠于万反克將子亮反而御魚呂
反及注同翺翔五羔反駟介音界甲也旁旁補彭反王云彊也駟四馬也
一本駟介四馬也二矛莫侯反方言云矛吳揚江淮南建五湖之間謂之鍦鍦音虵或謂之鋋鋋音蟬或謂之鏦鏦音
錯江反其柄謂之矜矜郭音巨巾反重直龍反注下同英如字沈於耕反酋矛在由反
麃麃表驕反武皃重喬毛音橋累荷也鄭居橋反雉名所以縣毛羽也韓詩作鷮消
本又作消遙本又作摇累荷舊音构謂刻矛頭爲荷葉相重累也沈胡可反謂兩矛之飾相負荷
也矛矜字又作槃同巨巾反沈又居陵反近上附近之近室題音啼題頭也室劍削
名也方言云劍削自河而北燕趙之間謂之室此言室謂矛頭受刃處也削音笑以縣音玄在軸音逐
地名陶陶徒報反驅驅皃右抽敕由反毛抽抽矢也鄭抽抽刃也說文作搯他牢反云抽刃以習擊刺也
作好呼報反注同謂將子亮反下同

羔裘字或作求刺
朝直遙反下及注同以風福鳳反如濡音儒洵直徐音荀又音旬均也且

侯 侯君也韓詩侯美也 舍命 音赦處也王云受也沈書者反 不渝 以朱反變也 緣

以 悅絹反 晏兮 於諫反鮮盛皃 粲兮 采旦反衆意 美稱 尺證反

遵大路摻 所覽反徐所斬反擥也 之袪 起居反又起據反袂也 擥也 音覽

袂也 面世反 惡兮 烏路反注同 寁 市坎反速也 故也 一本作故兮後好也亦爾

䰢 本亦作魗又作𩲅市由反毛棄也鄭惡也或云鄭音爲醜 好也 如字鄭云善也或呼報反

女曰雞鳴不說 音悅下同 而好 呼報反 昧旦 音妹 相警 音景 有爛

力旦反 不見 賢遍反又如字 蚤於 音早本亦作早 別色 彼列反 弋 羊職反 鳧 音符

閒於 音閑 繁 音灼本亦作繳 殽 音爻本亦作肴 偕老 音皆 燕樂 音洛下同 珩

音衡佩上玉也 璜 音黃半璧曰璜 琚 音居佩玉名 瑀 音禹石次玉也 衝牙 昌容反狀如牙 豫

儲 直居反 出使 所吏反 問遺 尹季反 之好之 呼報反注同

有女同車大子 音泰 請妻 七計反以女適人曰妻 不取 如字又促句反

有女同車 讀與何彼襛矣詩同 如舜 戶順反木槿也 華 讀亦與召南同下篇放此

親迎 魚敬反下同 木槿 音謹 洵美 恤旬反信也 壻御 音細字書作壻 將

將 七羊反王佩聲 傳道 直專反

山有扶蘇 如字徐又音疎扶蘇扶胥木也 扶胥 音疎又相如反 菡 本又作歛又作莟户

感反 萏 本又作欿又作莟度感反菡萏荷華也未開曰菡萏已發曰芙蓉 荷 偵 本亦作顛都田反

倒 都老反 狂 求匡反狂人也 且 子餘反辭也注同 人之好美色 呼到反下同

狂睹 都杜反本亦作覩 有橋 本亦作喬毛作橋其驕反王云高也鄭作槁苦老反枯槁也

狡童 古卯反 蘀兮 他洛反槁也 不倡 昌亮反本又作唱注下同 而

和 胡卧反注下同 槁 苦老反 長幼 張丈反 稱也 尺證反 漂女 匹遥反本亦作

飄 要女 於遥反成也注同 狡童擅命 善戰反專也 餐兮

七丹反 不遑 音皇暇也 褰裳 起連反本或作𧞣非說文云褰袴也 溱

資利反 行下孟反注下同 更出音庚 涉溱側巾反 篡國初患反 揭衣
欺例反又起列反 告難乃旦反 先鄉香亮反本亦作向 也且子餘反下同 涉
洧于軌反 丰芳凶反面貌豐滿也方言作妦 道鈌丘悅反 陽倡
昌亮反 不和胡卧反 親迎魚敬反下親迎同 則爲于僞反 堂兮並如字門
堂也鄭改作棖方庚反門梱上近邊木 梱苦本反 近邊附近之近 衣錦如字
或一音於記反下章故此 褧衣苦迴反襌也下如字 襌也音丹 襌縠戶木反 爲
其文于僞反 之大音泰舊勑賀反 紂衣側基反本或作純又作緇並同 纁許云反
衶如鹽反 又易以豉反 東門之墠音善除地町町者也依字當作墠此
序舊無注而崔集注本有鄭注云時亂故不得待禮而行 茹音如後 藘力於反茹藘茅蒐舊
草也後篇同 在阪音反又符板反 町町吐鼎反又田徒冷反 茅莫交反 蒐所留
反 之爲難乃旦反 易越以豉反下同 行上並如字行道也左傳云斬行栗

啗復見反李又作啖亦作噉並同 甘者常忘反 風雨淒淒七西反

喈喈音皆 夷說音悅下同 瀟瀟音蕭暴疾也 膠膠音交 不爲于僞

反 不瘳敕留反愈也 子衿音金衿領也本亦作襟徐音琴 世亂本或

以世字在下者誤 學校戶孝反注及下注同鄭云鄭人遊於鄉校是也公孫以云夏曰校

沈音教 以校正音教 青青如字學生以青爲衣領緣衿也或作菁音非也 衣純章允反

之閒 嗣音如字毛嗣習也鄭續也韓詩作詒詒寄也曾不寄問也 傳聲直專反 碝

本又作瓀如兖反 珉亡巾反 組音祖 綬音受 挑兮他羔反又敕彫反說文作岦 達兮

他末反挑達往來見貌說文云達不相遇也 但好呼報反 爲樂音洛 揚之

水 流漂匹妙反 終鮮息淺反寡也注下同 迋女求往反誑也徐又居望反 誑也九況

反 出其東門 五爭爭鬭之爭注同 子亹亡匪反又音尾莊公子 思

存如字注及下皆同沈息嗣反毛音如字鄭息嗣反 縞衣古老反又古報反白色衣 綦巾巨基

反綦反也聊樂音洛注並同一音岳或云箋昭樂又音岳我員音云本亦作云韓詩作䰟䰟神
也所爲于爲反之難乃旦反闉音因曲城闍鄭郭音都城臺也徐炎云積土如水
渚所以望氣祥也涂止奢反又音蛇如荼音徒茅秀茅秀本或作莠音同詁舀宗周禮音蓁音
酉思且音徂爾雅云存也舊子徐反與娛本亦作虞野有蔓草
音万蔓延也漙兮本亦作團徒端反團團然盛多也婉兮於阮反邂戶懈反遘
本亦作逅胡豆反邂逅不期而會瀼瀼如羊反盛皃徐又乃剛反溱洧側巾反下
于軌反鄭國之二水名說文溱作潧云潧水出鄭溱水出桂陽也渙渙呼亂反春水盛也韓詩作洹洹音丸
說文作汎汎音父弓反蕑兮古顏反蘭香也字從竹韓詩云蓮也若作竹下是蕑柬之字耳淫佚
音逸之行下孟反士曰既且音徂往也徐子胥反下章放此寬閒音閑之處
昌慮反洵息旬反韓詩作恂訏況于反大也韓詩作盱云恂盱樂皃也且樂音洛注下同
相謔許略反勺時灼反藥勺藥香草也韓詩云離草也言將離別贈此草也劉

音留深也說文流清也力九反

齊雞鳴第八 齊者太師呂望所封之國也其地少昊爽鳩氏之墟在禹貢青州岱嶺之陰濰淄之野都營丘之側禮記云太公封於營丘是也

雞鳴 賢妃 芳非反 怠慢 武諫反

警戒 居領反本又作敬音同 朝既 直遥反注下皆同 蒼蠅 餘仍反 纚笄 色䙴反何霜綺反 薨薨 呼弘反 妃其 音配本亦作配 猶樂 音岳又五教反

會且 七也反沈子餘反 卿大夫朝會 此一朝如字音張遥反 見惡 烏路反下同 於夫人 音符或依字讀者非 還 音旋便捷皃韓詩作嫙嫙好皃 好田 呼報反 無厭 於豔反又於占反本或作饜音同止也 好焉 葛縞反 峱 乃刀反山名說文云峱山在齊崔集注本作嶩 便捷 本亦作便旋 並驅 本又作駢驅具反注下同 兩肩 如字獸三歲曰肩說文云三歲豕肩相及者本亦作豜音同又音牽 揖我 一入反 儇兮 許全反利也韓詩作嫙音權好皃 併也 步頂反下文同 譽 音餘下同 兩牡 茂后反 佼好

古抑反本又作姣

著直居反又直據反又音於詩内協句宜音直據反　親迎魚敬反注同

彖瑱吐遍反　以縣音玄下同　爲紞都覽反　瑩音榮又音營

東方之日　刺衰色追反本或作刺襄公非也南山已下始是襄公之詩　彼姝亦朱反　我闥他達反門内也韓詩云門屏之間曰闥

東方未明　朝廷直遥反注皆同　挈苦結反又音結　壺音胡　挈壺氏掌漏刻之官

顛倒都老反　促遽其慮反　別色彼列反　未晞音希明之始升　令之力證反　折柳之舌反　樊圃音布又音補樹菜蔬曰圃　瞿瞿俱具反　無守之皃　柔脆七歲反　藩也方元反本又作蕃　不任音壬下同　則莫音暮

南山之行下孟反　公謫直革反責也又張革反　彭生乘繩證反一本作彭生乘公　乘則依字讀　而搤於革反說文云捉也公羊傳云拉幹而殺之沈又烏詣反　拉音郎荅反　猶複扶又反下皆同　于禚音灼地名　行惡下孟反下之行皆同　崔崔子雖反又音摧

高大兒 無別 彼列反 淫佚 音逸下同 可恥惡 烏路反又如字 有蕩 徒黨反徐勑黨反平易兒 平易 夷䂊反 屨 九具反 五兩 王肅如字沈音亮 冠緌 如誰反 傅姆 上音付下音茂 同𧇊 昌慮反下同 人奇 居宜反 蓺 魚世反樹也本或作藝技藝字耳 衡 音橫注同亦作橫字又一音如字衡即訓爲橫韓詩云東西耕曰橫 從 足容反注同韓詩作由云南北耕曰由 取妻 七喻反注下皆同 鞫止 居六反毛窮也鄭盈也 令至 力呈反下同 析薪 星歷反 其邪 似嗟反 甫田 維莠 羊九反 無田 音佃下同 致治 直吏反 忉忉 音刀憂勞也 桀桀 居竭反徐又居謁反 怛怛 旦末反 婉兮 於阮反 孌兮 力轉反 總角 本又作揔子孔反 丱兮 古患反幼穉也 未幾 居豈反注同 見兮 一本作見之 突而 吐活反注同方言云凡卒相見謂之突吐訥反 弁兮 皮眷反冠也 兩髦 音毛 少自 詩照反

盧令 音零下同 好田 呼報反 以風 福鳳反 噣也 直角反本亦作濁畢星名何音

積纖射音灼纓環於盈反又於政反而樂音洛下同而說音悅重環

直龍反下同鬈音權毛好皃鄭勇壯也說文云髮好皃鋂音梅一環貫二也且偲

七才反多材也說文云強也

敝笱婢世反徐扶滅反本又作弊敗也笱音古口反取魚器也人惡烏路反魴音房鰥

毛古頑反大魚也鄭古魂反魚子也易制夷豉反其從才用反注下皆同魴鱮才呂

反毛云大魚也廣雅云鰱也音連唯唯維癸反沈養水反毛云出入不制也鄭云行相隨順皃韓詩作

遺遺言不能制也載驅豈具反又如字下皆同本亦作駈淫播波佐反

薄薄音各反徐扶各反疾驅聲也簟第音弗車蔽朱鞹苦郭反革也

發夕韓詩云發旦也其乘車繩證反或音繩魯竟音境本亦作境平

易夷豉反下樂易同四驪力馳反濟濟子禮反注同美皃儞儞本亦作瀰

同乃禮反注同衆也徒爲一本作從兩通之行下孟反豈開改反樂也弟如字或音待易

反樂易音洛闓音開圜音亦汶水音問水名湯湯失章反大皃彭

彭必旁反彷音旁徉音羊滔滔吐刀反流皃儦儦表驕反衆貌說文云行貌

猗嗟於宜反字或作歊猗嗟歎辭技藝其綺反頎而音祈長皃佼古卯反本

又作姣抑若於力反美色皃巧趨本又作趍七須反又七遇反蹌兮七羊反巧趨皃

射侯食亦反注所射每射同正兮音征注同畫五采曰正參分七南反又音三選

兮雪戀反齊也則貫毛古亂反中也鄭古患反習也中也張仲反反兮如字

復也韓詩作變變易以禦魚呂反乘矢繩證反四矢也故處昌慮反

魏葛屨第九案魏世家及左氏傳云姬姓國也詩譜云周以封同姓其地虞舜夏禹所

都之城也在古冀州雷首之北析城之西南枕河曲北涉汾水葛屨俱具反褊也必淺

反陿音洽本或作狹依字應作陜隘於懈反機巧如字徐苦孝反趨利七須反徐

七喻反儉嗇音色糾糾吉黝反沈居酉反猶繚繚也繚繚音了沈音遼摻

摻所銜反又所感反徐又息廉反說文作攕山廉反云好手皃纖纖息廉反廟見賢遍

反要之於遙反褸也襋之紀力反衣領也謂屬音燭著之直略反提

提徒兮反安諦也宛然於阮反辟皃左辟音避注同一音婢亦反揥勑帝反所以爲

飾也安諦音帝汾沮洳汾音扶云反水名也沮音子預反洳音如預反沮洳

漸洳也其君子一本無子字其莫音暮菜也其漸如字又接廉反輚車

本亦作旄音毛趙盾徒本反公行戶郎反注同藚音續水舄也一名牛脣說文音似足

反水舄音昔昭穆紹遙反說文作佋園有桃之殺本又作肴

音交省國色領反且謠音遙徒歌曰謠之行下孟反下文仍國同我所爲于僞

反下所爲皆同何其音基下章同何爲如字夫人音符無復符又反謗

君悖浪反毀也有棘紀力反從兩束俗作棘同陟岵音戶毛云山無草木

曰岵此傳反解屺共爾雅不同王肅依爾雅國迫而數音朔侵削本或作國小而迫數見侵

削者誤之處昌慮反夜莫音暮無解音介旃哉之然反屺音起
少子詩照反無著常志反十畝之閒莫后反古作晦俗作畝皆
同閒閒音閑本亦作閑往來無別皃無別彼列反還兮本亦作旋泄泄以世反多人之皃
逮也徒賚反又徒帝反伐檀徒丹反木名也坎坎苦感反伐檀聲寘之
之豉反置也漣力纏反風行水成文曰漣猗於宜反本亦作漪同廛本亦作壥又作廛直連反一夫之居
曰壥古者一夫田百畝別受都邑五畝之地居之故孟子云五畝之宅是也有縣音玄下皆同貆
本亦作狟音桓徐郭音暄貉子也宵田音消夜也貉子户各反依字作貈素餐七丹反說
文作餐云或從水字林云吞食也沈音孫伐輻音福伐輪音倫之漘順倫反厓也本亦作脣
且淪音倫小風水成文轉如輪也韓詩云順流而風曰淪淪文皃囷兮丘倫反圓倉鶉兮音純
烏也素飧素門反熟食曰飧字林云水澆飯也碩鼠音石大也斂也呂驗反下
同貫女古亂反徐音官事也無復扶又反稅斂始銳反大比毗志反樂音洛

注下同　土如字池古反沈徒古反　之訣古穴反　肯勞如字又力報反注同　倈我本亦
作來同力代反　咏本亦作詠同音詠歌也　號戶毛反呼號也注同　呼也火故反　喜說音悅
唐蟋蟀第十　唐者周成王之母弟叔虞所封也其地帝堯夏禹所都之墟漢曰太原郡在古
冀州太行恒山之西太原大岳之野其南有晉水叔虞之子燮父因改爲晉侯至六世孫僖侯名司徒習堯儉約遺
化而不能以禮節之今詩本其風俗故云唐也　蟋蟀上音悉下所律反蟋蟀蛬也說文蟀
作蟀　僖公許其反史記作釐侯　不中丁仲反　虞樂音洛下皆同　思遠息嗣反注
同　歲聿允橘反遂也　其莫音暮　其除直慮反去也注同　蛬也俱勇反沈
又九共反趨織也一名蜻蛚　不復扶又反　大康音泰徐勑佐反下同　其居義如字徧
韻音椽　好樂呼報反下同　瞿瞿俱具反顧禮義　禮樂之外此一樂字音音
蹶蹶俱衞反動而敏於事也　其慆吐刀反過也　休休許虯反樂道之心
山有樞本或作蓲烏侯反荎也　昭公左傳及史記作昭侯　自樂音洛下及注同　有

朝直遥反　廷徒佞反　洒所懈反沈所寄反下同　埽蘇報反本又作掃下同　有楡以朱反　荎田節反沈又直黎反　弗曳以世反　弗婁力俱反婁亦曳也馬云牽也　宛於阮反本亦反苑死皃　是愉毛以朱反樂也鄭作偷他侯反取也　有栲音考山樗　有杻女久反栲也　山樗勑書反又他胡反　檍也於力反　廷內音庭又徒佞反　弗鼓如字本或作擊非　灑也色蟹反又所綺反　有漆音七木名　不離力智反

揚之水　封沃烏毒反邑名即曲沃　鑿鑿子洛反　激揚經歷反　湍疾吐端反　洗蘇禮反又蘇典反　去羌呂反　垢濁古口反　所惡烏路反又如字　襮音博領也字林方沃反　繡音秀衆家申毛並依字下文同鄭改爲綃　黼音甫　爲綃音綃本亦作綃　爲純眞允反又眞順反　不樂音洛　皓皓古老反絜白也　鵠戶毒反曲沃邑　粼粼利新反清澈也本又作磷同　澈也直列反或作徹誤

椒聊　椒木名聊辭也　其蕃音煩　衍延善反　一掬音求又其菊反何音掬沈居局反　朋比王肅

孫毓申毛必履反謂無比例也一音必二反鄭云不朋黨則申毛作毗至反佼好古卯反聊

且子餘反下同匊本又作掬九六反兩手曰匊綢繆上直留反下亡侯反綢繆

猶纏縣也參也所金反始見賢遍反下不見見於東同薪芻楚俱反說文云芻刈草也

象苞束草之形合宿音秀後陰戶豆反邂本亦作解戶懈反一音戶佳反覯本又

作遘同胡豆反一音戶冓反邂覯解說也韓詩云邂覯不固之皃解音蟹說音悅直戶音值

又如字粲者采旦反三女為粲字林作𡡾杕杜徒細反特皃本或作夷狄

字非也下篇同狀赤棠木所并必政反湑湑私敘反不相比次也相比毗志反下文及

注同踽踽俱禹反無所親遠其于万反不佽七利反助也菁菁本又作青

同子零反毛葉盛也鄭稀少皃睘睘本亦作煢又作惸求營反無所依也

羔裘不卹本亦作恤荀律反憂也豹袪起居反又丘據反袂末也居居如字

又音據懷惡不相親比之皃親比毗志反有悖補對反豹褎徐救反本又作

褎同 究究九又反爾雅云居居究究惡也 之好呼報反注同

鴇羽音保鴇似鴈而大無後指性不樹止 政役音征篇內注同 養其羊亮反 鄂

侯五各反 于苞補交反稹也 栩況禹反杼木也 稹也本又作槇之忍反何之人

反沈音田又音振廣雅云槇也 杼也食汝反徐治與反 之處昌慮反 迫迮測百

反 栶口本反 致直置反下同 靡盬音古 蓺魚世反 何怙音戶恃也 罷

倦音皮 鴇行戶郎反注同 翮也戶華反爾雅云羽本謂之翮 無

衣始弁甲政反下注同 爲之于僞反 之使所吏反注同 愈羊主反 旦奧

本又作燠於六反煖也 煖奴緩反 有杕之杜 宗族本亦作宗矣

陰寡於鴆反又如字本亦作蔭同 噬肯市世反逮也韓詩作逝逝及也 與比毗志

反 好之呼報反下同 曷飲於鴆反下文同 食之音嗣下同 道周周曲也韓

詩周右也 觀也古亂反 葛生 好呼報反 攻戰音貢又如字

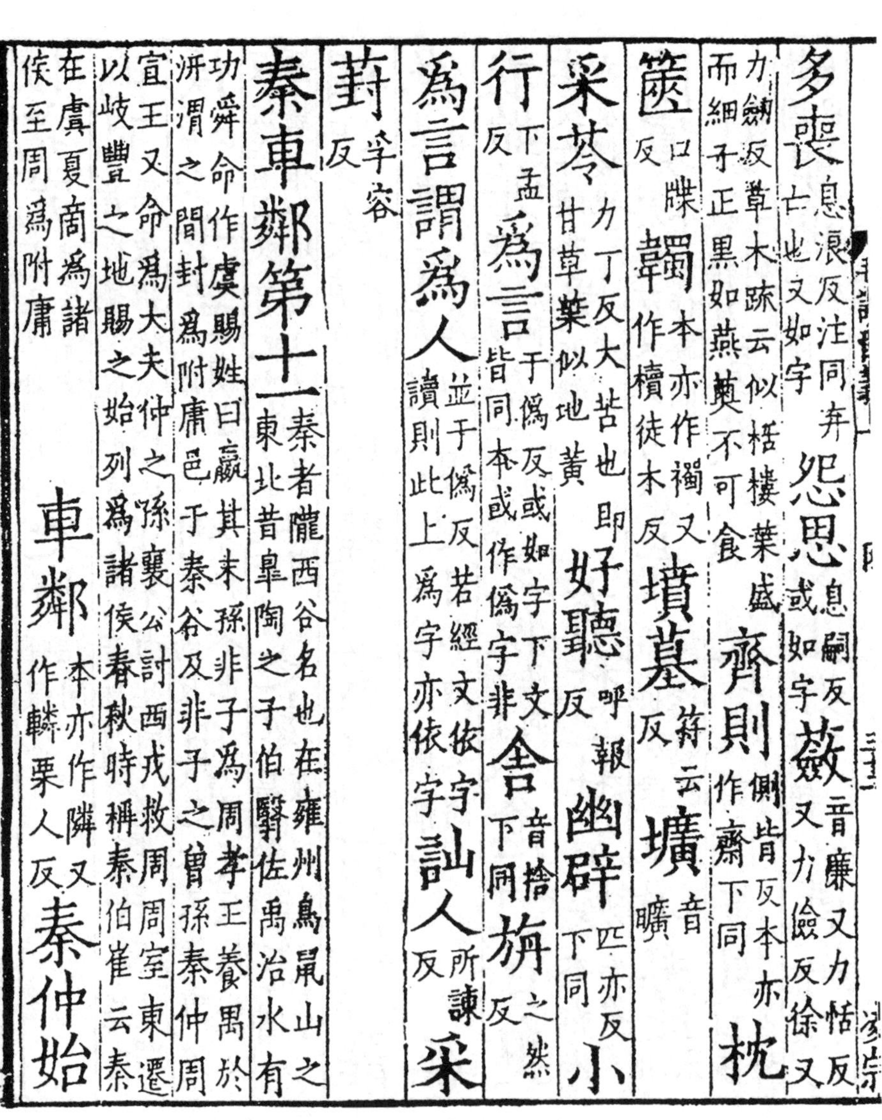

多喪 息浪反注同弁亡也又如字 怨思 息嗣反或如字 蘞 音廉又力恬反又力儉反徐又力劒反草木疏云似栝樓葉盛而細子正黑如燕薁不可食 齊則 側皆反本亦作齋下同 枕

簏 口牒反 韣 音獨本亦作韣又作櫝徒木反 墳墓 苻云反 壙 音曠

采苓 力丁反大苦也即甘草葉似地黃 好聽 呼報反 幽辟 匹亦反下同 小

行 下孟反 爲言 于僞反或如字下文皆同本或作僞字非 舍 音捨下同 旃 之然反

爲言謂爲人 並于僞反若經文依字讀則此上爲字亦依字 訕人 所諫反 采

葑 孚容反

秦車鄰第十一 秦者隴西谷名也在雍州鳥鼠山之東北昔皐陶之子伯翳佐禹治水有功舜命作虞賜姓曰嬴其末孫非子爲周孝王養馬於汧渭之間封爲附庸邑于秦谷及非子之曾孫秦仲周宣王又命爲大夫仲之孫襄公討西戎救周周室東遷以岐豐之地賜之始列爲諸侯春秋時稱秦伯崔云秦在虞夏商爲諸侯至周爲附庸

車鄰 本亦作隣又作轔栗人反 秦仲始

大絕句或連下句非　白顛都田反　的丁歷反　顙素黨反　寺人如字又音

侍本或作侍字寺人奄人內小臣也　之令力呈反注同又力政反沈力丁反韓詩作伶云使伶　傳告直專

反　阪有音反又扶板反阪者曰阪　陂者彼寄反又普羅反又彼皮反　以閒音閑　安

樂音洛下文並同　其耋田節反老也八十曰耋一音天節反　之朝直遙反　將後胡豆

反又如字　鼓簧音黃笙也

駟驖田結反又吐結反驖驪馬也　始命絕句　園囿音又沈又尤菊反　之樂音洛

孔阜符有反大也　驪也力知反　媚子眉冀反　獻麋亡悲反　舍

音捨　拔蒲末反括也　射之食亦反　括也苦活反　善射音社　四種

章勇反　輶車由九反又音由輕也　鸞盧端反　鑣彼驕反　獫力驗反長喙田犬也

說文音力劒反　歇本又作猲許謁反說文音火遏反　驕本又作獢同許喬反猲獢短喙田犬也　輕

也遣政反又如字下同　喙況廢反　驅逆丘遇反或丘于反　乘車繩證反　撙

噬音博舊音付　小戎毛云小戎兵車也鄭云羣臣兵車故曰小戎王云駕兩馬者

矜其居澄反　夸大苦花反　有樂音岳又音洛　俴淺也錢淺反　收如字

軫也五楘音木本又作鞪歷録也曲轅上束也　梁輈陟留反　軫也之忍反　歷

録一本作歷録　句衡古侯反　脅驅本亦作駈起俱反　靷之忍反　鋈

音沃舊音惡白金也　續義如字徐辭屢反　靳環居覲反本又作靷沈云舊本皆作靳靳者

言無常處游在驂馬背上以驂馬外轡貫之以止驂之出左傳云如驂之有靳居覲反無取於靷也　以觼

魚呂反　愼駕具義愼或作順義亦兩通　揜軓於檢反　常亂反　著

服直略反又丁略反　軾前音式本亦作式　文茵音因文茵以虎皮爲茵茵車席也　暢

拗亢反長轂也　轂音谷　騏音其馬騏文也　馵之樹反馬左足白　騮音留赤馬黑鬣也

騧古花反黃馬黑喙也　驪力馳反本又作驪　兩騑芳非反　龍盾順允反徐又音允

觼古穴反　軜音納內也驂馬內轡也　俴駟四介馬也韓詩云駟馬不著甲曰俴駟

淮渾也鄭褻衣也說文作襗云袴也 褻衣 仙列反 近 附近之近 汙 音烏又汙穢之汙 垢 古口反

謂陽 音謂水名水北曰陽 麗姬 本又作驪同力馳反 之難 乃旦反

大子 音泰 鄗雍 於用反縣名今屬扶風 乘黃 繩證反注同 我思 息嗣反

瓊瑰 古回反石次玉也 權輿 音餘權輿始也 夏 胡雅反大也

屋 如字具也 渠渠 其居反猶勤勤也 以食我 音嗣注篇內同 四簋 音軌內方

[illegible]曰簋以盛黍稷外方內圓[illegible]用貯稻粱皆容一斗二升

經典釋文第五

宋本經典釋文

第二册

唐 陸德明撰

宋刻宋元遞修本

山東人民出版社·濟南

五福五代堂古稀天子寶

八徵耄念之寶

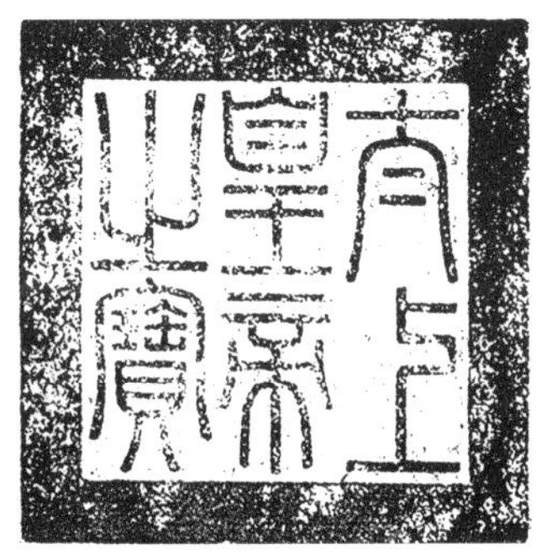
太上皇帝之寶

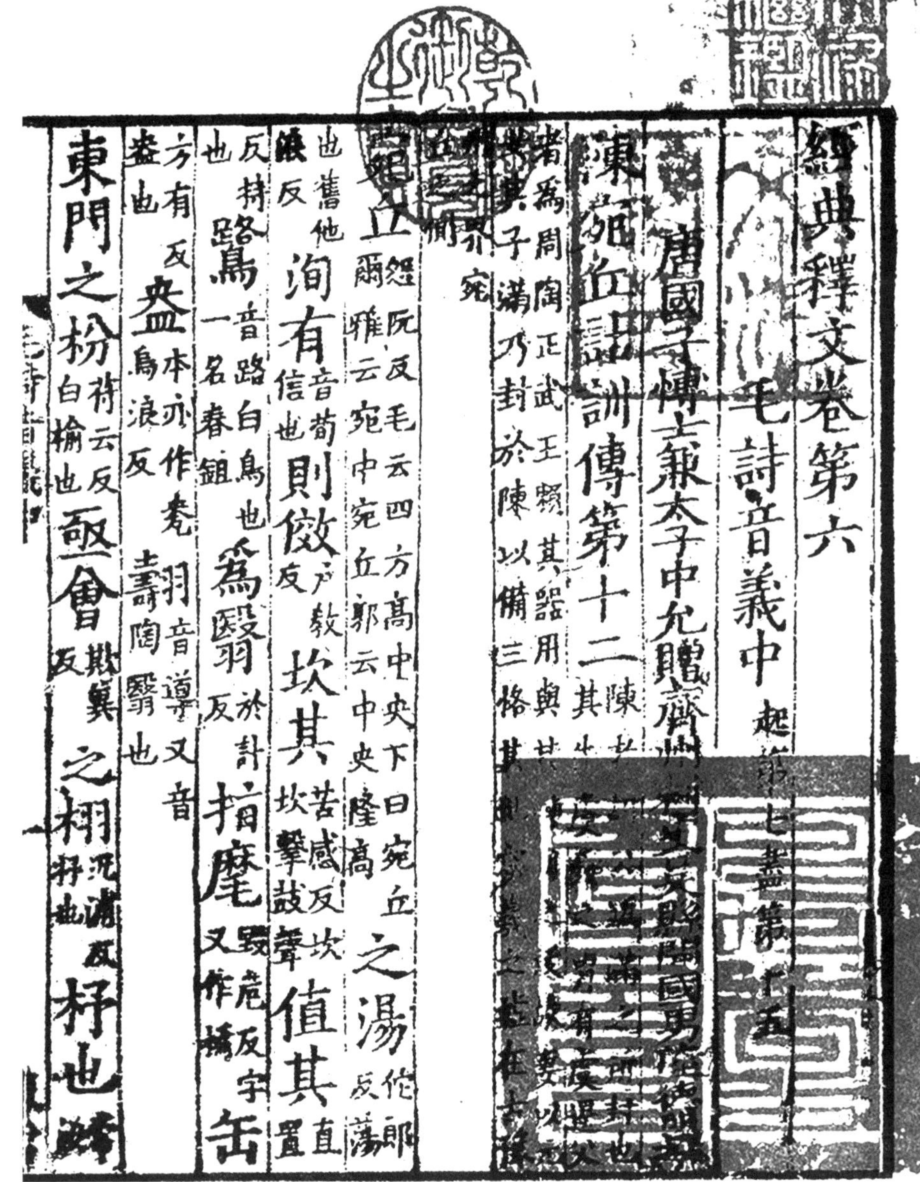

經典釋文卷第六　毛詩音義中　起宛丘第十二盡[illegible]第十五

唐國子博士兼太子中允贈齊州刺史吳縣開國男陸德明撰

陳宛丘詁訓傳第十二　陳[illegible]者爲周陶正武王賴其器用與其[illegible]子滿乃封於陳以備三恪其[illegible]

[illegible]宛

宛丘　於阮反毛云四方高中央下曰宛丘爾雅云宛中宛丘郭云中央隆高　之湯　他郎反蕩也舊他浪反

洵有　音荀信也　則傚　戶教反　坎其　苦感反坎坎擊鼓聲　值其　直置反持

鷺　音路白鳥也一名舂鉏　爲翳　於計反　指麾　毀危反字又作撝　缶　方有反盎也

盎　烏浪反本亦作㼜　翿　音導又音壽陶翳也

東門之枌　符云反白榆也　敺會　欺冀反　之栩　況浦反杼也　杼也　[illegible]

反說文丈輿反**婆**步波反說文作媻音同**娑**素何反婆娑舞也**穀旦**鄭音旦明也本亦作且王七也反苟且也徐子餘反**于差**鄭初佳反擇也王音嗟韓詩作嗟徐七何反沈云毛意不作嗟案毛無改字宜從鄭讀**曰相擇**音越下曰往矣同**以鬷**子公反毛數也鄭揔也**會處**昌慮反**如荍**祁饒反芘芣也郭云荊葵也**芘**音毗又芳耳反**芣**音浮又芳九反**相說**音悅**乃遺**唯季反**情好**呼報反

衡門如字衡橫也沈云此古文橫字**誘**音酉**愿**音願謹也**掖**音亦扶持也**棲遲**音西**興治**直吏反**泌**悲位反泉水也**洋洋**音羊**以樂**本又作藥毛音洛鄭力召反沈云舊皆作樂字晚詩本有作疒下樂以形聲言之殊非其義藥字當從疒下尞案說文云藥治也藥或藥字也則毛本止作樂鄭本作藥注放此**愨愿**苦角反**魴**音房**取妻**音娶下文同

東門之池池城池也孔安國云停水曰池**以漚**烏豆反柔也**可緝**七立反西州人謂績為緝**叔姬**音叔本亦作淑善也**晤歌**五故反毛遇也鄭對也**紵**直呂反字又作苧**菅**

二九〇

古顏反茅巳漚爲菅

東門之楊親迎魚敬反下注同牂牂子桑反盛皃煌煌音皇肺

肺普貝反又蒲貝反晢晢之世反

墓門陳佗本亦作佗同徒多反五父也史記以爲厲公殺君音試本又作弑同

以斯所宜反又如字又音梳鄭注尚書云斯析也爾雅云斯侈離也孫炎云斯析之離讀者如字析

也星歷反幽閒音閑不睹都魯反又作覩相也息亮反猶去羌呂

反禍難乃旦反有鴞戸驕反惡聲鳥也萃止徂醉反集也㨨也冉鹽

反人則惡之烏路反訊之本又作誶音信徐息悴反告也韓詩訊諫也

防有鵲巢防邑名也邛有其恭反丘也旨苕徒凋反草也侜陟留反侜

張誑也說文云有廱蔽也予美韓詩作娓音尾娓美也忉忉都勞反憂也誑也九况

反甓蒲歷反令適也鷊五歷反綬草也令音零字書作瓴適都歷反字書作甋綬

草古老反 怛惕吐歷反

月出 刺好色呼報反序同 而說音悅澤陂詩同 皦兮古了反本又作皎月光也

白皙星歷反 佼人字又作姣古卯反好也方言云自關而東河濟之間凡好謂之姣 僚

兮本亦作嫽同音了好皃 舒窈烏了反又於表反 糾兮其趙反又其小反一音其了反

窈糾舒之安說文音巴小反又居酉反 悄兮七小反憂也 皓兮胡老反 劉兮本又

作懰同力久反好皃埤蒼作懰懰妖也 懮於久反舒皃 慅兮七老反憂也 燎兮力召

反又力弔反 夭紹於表反 慘兮七感反憂也

株林陟朱反株林夏氏邑也 夏姬戶雅反注下同 御叔魚呂反又如字 淫泆

音逸 之行下孟反 觝拒都禮反 乘馬繩證反下乘驕注君乘馬君乘驕車乘並

同 說于音稅舍也注同 乘驕音駒沈云或作駒字是後人改之皇皇者華篇內同

澤陂彼皮反陂澤障也 憂思息嗣反 衎父音甫 涕他弟反自目曰涕 泗音四

自皐同細滂普光反沱徒河反下文同與荷音河渠也夫澤障章亮反夫
音符本亦作芙下同渠其居反本亦作蕖之莖幸耕反佼大古卯反覺也
音簡與蕳毛古顏反蘭也鄭改作蓮練田反夫渠實且卷本又作婘同其員反好貌悁悁
鳥玄反猶悒悒菡本又作菡又作欿戶感反萏本又作萏大感反且儼本又作曮魚撿反矜
莊皃輾轉張輦反本又作展
檜本又作鄶古外反羔裘第十三檜者高辛氏之火正祝融
在古豫州外方之北滎波之南居溱洧之閒祝融之故墟是
子男之國後爲鄭武所并焉工云周武王封之於濟洛河潁
之閒爲檜子
羔裘好絜呼報反下注同政治直吏反下注同得玦古穴反以朝直遥
反注同下篇注亦同大蜡仕詐反祭名也見君賢遍反忉忉音刀如膏古報反
有曜羊照反

素冠子爲于僞反下同欒欒力端反瘠皃瘠貌情昔反縞冠

古老反素紕婢移反皆解佳賣反故覬音冀腴本亦作瘦所救反慱

徒端反憂勞也素韠音畢蘊結紆粉反子夏戶雅反下同見於

賢遍反下同援琴音袁下同衎衎苦旦反而樂音洛夫三音符其行

下孟反下同

隰有萇楚丈羊反萇楚銚弋也本草云一名羊腸一名羊桃恣也姿利反狡

古卯反佼古快反本亦作檜古外反猗於可反儺乃可反猗儺柔也銚弋音遙長大

張丈反下同萇蔓音万下同人少詩照反下同天之於驕反少也沃沃烏毒反壯佼

也佼樂子音洛注下皆同妃匹音配

匪風禍難乃旦反偈兮起竭反疾也疾驅丘遇反又如字怛兮都達

但反飄兮符遙反迴風也又必遙反嘌兮匹遙反又作票匹遙反嘌嘌無節度也亨魚

普庚反注同煑也　溉之本又作摡古愛反滌也　釜符甫反　鬵音尋又音岑釜屬也說文云大
釜也一曰鼎大上小下若甑曰鬵音才今反　滌也庭歷反

曹蜉蝣第十四曹者武王之弟叔振鐸所封之國也爵爲伯其封域在兗州陶丘之北荷
澤之野今濟陰定陶是也

蜉蝣上音浮下音由蜉蝣渠略也　國小而迫一本作昭公國小而迫寀鄭譜云昭公好
奢而任小人曹之變風始作此詩箋云喻昭公之朝是蜉蝣爲昭公詩也譜又云蜉蝣至下泉四篇共公時作今諸
本此序多無昭公字崔集注本有未詳其正也　楚楚如字鮮明貌說文作𪓐𪓐云會五綵鮮色也　渠
略本或作蝶音同其居反注同　略本或作蠌音同沈云二字並不施虫是也　之朝直遙反下皆同一讀下朝
夕字張遙反　之難乃旦反　掘求勿反　閱音悅　解閱音蟹下同　歸說音稅
舍息也協韻如字

候人官名　刺近附近之近下同　共公音恭下篇同　遠君于万反下注同　而

好呼報反何戈何可反又音何揭也祋都外反殳也又都律反揭也又竭又苟謁反殳也市朱反彼其音記下皆同赤芾音弗韠也祭服謂之芾沈又甫味反曹朝直遥反下在朝同緼音溫何烏本反赤黃之色黝於糾反黑色珩音衡以上時掌反鵜徒低反洿澤鳥也亦曰淘河洿澤音烏一音火故反不稱尺證反注同咮陟救反徐又都豆反喙也喙也虛穢反又尺稅反又陟角反鳥口也其媾古豆反厚也薈兮烏會反蔚兮於貴反薈蔚雲興皃朝隮子兮反升雲也婉兮於阮反少貌孌兮力轉反好皃少貌詩照反下同

鳲鳩音尸本亦作尸鳲鳩秸鞠也秸居八反又音吉鞠居六反莫綦音暮下上時掌反其弁皮彥反伊騏音其騏綦文也說文作璂云弁飾往往冒玉也或亦作璂作璂音其不稱尺證反不忒他得反正長張丈反下同言任音壬在榛側巾反木名也又仕巾反字林云木叢生也字林榛木之字從辛木云似梓實如小栗音莊巾反馬

下泉 泉下流也 思治 直吏反 侵刻 音克 洌 音列寒也 寖 本又作浸子鴆反 稂 音郎徐又音良毛童粱也鄭作涼音良蕭蓍之屬 非溉 古愛反 蕭蓍 音尸 愾 苦愛反嘆息也說文云大息也音火旣反 覺 音教 蒿也 好刀反 芃芃 薄工反又薄雄反 膏之 古報反 郇伯 音荀 勞之 力報反 謂朝 直遥反

豳 筆巾反 七月第十五 豳者戎狄之地名也夏道衰后稷之曾孫公劉自邰而出居焉其封域在雍州岐山之地原隰之野於漢屬右扶風郇邑周公遭流言之難居東都思公劉大王爲豳公憂勞民事以比敘已志而作七月鴟鴞之詩成王悟而迎之以致大平故大師述其詩爲豳國之風焉

七月王業 于況反又如字下同 觱發 音必說文作畢發音如字觱發寒也 栗烈 如字栗烈寒也說文作颲颲 無褐 音曷以毛爲布也 于耜 音似 饁 炎輒反野饋也字林于劫反 田畯 音俊田大夫也 至喜 王申毛如字鄭作饎尺志反酒食也下同 夏正 戶雅反下注夏小正同 晚寒 如字謂節晚而氣寒也 饋 其愧反 饟來

式亮反 又爲 于僞反 雝黃 本又作鶵作鸝同力知反 稺桑 直吏反本亦作稚

祁祁 巨之反一音上之反衆多也 迨及 音待始也 皤蒿 音婆 萑 戶官反

葦 韋鬼反亂也 薍 五患反 葭 音加 豫畜 本又作蓄同勑六反下同

條桑 他彫反注條桑同枝落也又如字沈暢遙反 斨 七羊反方銎也 猗彼 於綺反徐於宜反

銎 曲容反說文云斧空也 角而束之 荑桑 徒奚反 鶪 圭覔反伯勞也字林工役反

纁也 許云反 春暴 蒲卜反 染夏 如琰反 秀葽 於遙反草也 鳴

蜩 徒彫反蟬也 其穫 戶郭反下同 隕 于敏反墜也 蘀 音託落也 螗 音唐 隊

直類反 王萯 音婦 于貉 戶各反獸名 狐貍 力之反獸名 往搏 音博舊音付

自爲也 于僞反 載纘 子管反繼也 其豵 子公反毛云豕一歲也鄭云豕生三曰豵

獻豜 古牽反又音牽豕三歲 斯螽 音終 莎雞 音沙徐又素和反沈云舊多作莎今作沙音素何反

在宇 屋四垂爲宇韓詩云宇屋霤也 蟋 音悉 蟀 所律反 蚣 相容反又音鍾相工反 蝑 相魚反又相呂反

訊音信本又作迅同　非卒寸忽反　穹起弓反穹窮也　窒珍悉反徐得悉反塞也

熏鼠許云反　塞向如字北出牖也韓詩云北向窗也　墐戶音覲塗也　牖也音酉

華戶音越下于僞反一讀上而實反下如字漢書作聿爲　曰爲　及薁於六

反蘡薁也　亨葵普庚反　及菽音叔本亦作叔藿也　剝棗普卜反擊也注同

以介音界　棣屬大計反　蘡薁於盈反或於耕反　凍丁貢反　醪老刀反

而釀女亮反　食瓜古花反字或加艸非　叔苴七餘反麻子也　采荼音徒

薪樗敕書反又他胡反惡木也　食我音嗣　瓠也戶故反　拾也音十　之

糝素感反　築場直羊反下同本又作塲塲依字失陽反今亦宜直羊反　圃布古反一

音布　菜茹如豫反　黍稷重直容反注同先種後熟曰重又作種音同說文云禾

邊作重是重穋之字禾邊作童是種蘺之字今人亂之已久　穋音六本又作稑音同說文云稑或從翏後

種先熟曰稑　之囷丘倫反　上入時掌反注同　索素洛反　綯徒刀反絞也

絞也古卯反 亟其紀力反念也 定將都佞反 鑿冰在各反 冲

冲直弓反聲也 凌陰力證反又音陵陵陰冰室也說文作勝音凌 其蚤音早反 祭

韭音九字或加艸非 冰復音福 覿徒歷反 祭司寒本或作祭寒 朝

之祿位直遥反 秋刷所劣反爾雅云清也三蒼云埽也 滌場廷歷反埽也

曰殺音越或人實反非 縮也所六反 閒於音閑 躋彼子奚反升也

兕徐履反本或作兕 觥號彭反本亦作觵 無疆居良反竟也或音注爲境非 學

校户教反 既樂音洛

鴟鴞上尺之反下于嬌反鴟鴞鳥也 以遺唯季反本亦作貽 鸋乃下

反郭音寧鴂音決鸋鴂似黃雀而小俗呼之巧婦 重言直用反 大平音泰 鴂

子本又作孺如住反 誚公在笑反 鬻子由六反徐居六反稺也一云賣也 迨天

音待及也徐 桑土音杜注同桑土桑根也小雅同韓詩作杜義同方言云東齊謂根曰杜字林

又勑改反

栞作敲桑反也音同綢繆上直留反下莫侯反綢繆猶纏綿也恚怒於季反拮音吉又音
結据音居拮据撠挶也韓詩云口足為事曰拮据捋力活反荼音徒萑苕也畜勑六
反本亦作蓄租子胡反本又作祖如字為也韓詩云積也卒瘏本又作屠音徒病也撠京劇
反本亦作戟挶俱局反說文云持也萑音丸苕音條之難乃旦反譙譙本或
作譙同在消反殺也翛翛素彫反注同敝也殺也色界反又所列反下同翹翹
祁消反危也所漂匹遙反嘵嘵呼堯反懼也愬之音素
東山勞歸力報反其思息嗣反望女音汝樂男音洛
以說音悅下同金縢徒登反分別彼列反志伸音身慆慆
徒刀反又吐刀反从也其濛莫紅反雨貌為之于偽反勿士行毛音衡鄭
音銜王戶剛反枚莫杯反毛云微也鄭注周禮云枚如箸橫銜之於口為繣絜於項中無行戶剛
反陳直震反下同蜎蜎烏玄反蠋貌蠋音蜀桑蟲也烝在之承反寘也反

寘也音田又音珍一音陳字書云塞也大千反從穴下眞寘塡塵依字皆是田音又音
珍亦音塵鄭云古聲同案陳完奔齊以國爲氏而史記謂之田氏是古四陳聲同敦彼都迴反法同
果臝力果反果臝括樓亦施羊豉反伊威並如字或傍加虫者後人增耳在
室本或作堂誤也蠨音蕭說文作蟰蛸所交反蠨蛸長踦也郭音蕭町他典反或他頂
反字又作圢音同畽本又作疃他短反町畽鹿迹也字又作墥熠以執反燿以照反又以灼反熠燿螢
火也下章皆同括樓古活反委委並如字沈委音於爲反委委秦鳳婦也本或並作虫邊踦
起宜反韋昭呂忱音同云一足意也今詩義長踦長脚蜘蛛又巨綺反又其宜反又居綺反燐也洛刃
反字又作燐螢火惠丁反令人力呈反感思息嗣反下憂思同作翳於計
反是也又作繄鸛本又作雚古玩反水鳥也于垤田節反螘冢也洒所懈反沈埽
素報反螘本亦作蟻魚綺反好水呼報反拚甫問反有敦徒端反專專也
蝅同栗薪毛如字鄭音列韓詩作蓼力菊反蓼薪也專專徒端反下同綴焉

張衛反之辯盧遍反又白莧反說文云爪中實也沈薄開反皆爲于僞反樂之鼎

皇駁邦角反之禕許韋反施衿繫佩帶其鴆反結帨始銳反

破斧以惡烏路反注同斨七羊反說文云方銎斧也隋徒禾反何湯果反孔形狹而長也

銎曲容反錡巨宜反字或作奇音同鑿屬也韓詩云木屬訛五戈反又作吪化也銶音求

徐又音虯木屬也韓詩云鑿屬也一解云今之獨頭斧是遒在羞反徐又在幽反毛固也鄭歛也之休

虛虯反美也

伐柯古河反斧柄也朝廷直遥反注及下篇同斧柄彼病反取妻七喻反本亦作娶

我覯古豆反見也有踐賤淺反行列貌行列戶郎反之饌士戀反

歡樂音洛以說音悅

九罭本亦作罭于逼反罭魚網鱒才損反沈又音撰大魚也魴音房緵子弄反又子公反字又作

緫罟音古今江南呼緵罟爲百囊網也袞衣古本反六冕之第二者也畫爲九章天子畫升

龍於衣上公但畫降龍子或作卷音同卷龍卷冕反鳧音符鷖烏兮反又作鷖所

賁子西反本或作齎同狼跋音郎獸名也跋音卜末反躐也

又蒲末反字或作拔同王功于況反大平音泰下大師大平同無愆起然反載

疐本又作疐丁四反又陟值反跲也躐也力輒反跲其劫反又居業反有難

乃旦反無玷丁簟反公孫毛如字公孫成王也鄭音遜公周公也孫遁也赤舄音昔盛

屨俱具反絇貌其俱反遁也徒遜反疵瑕才斯反

鹿鳴之什第十六音十作者若五等之君有詩各繫其國舉周南即題關雎至於王者

施教統有四海歌詩之作非止一人篇數既多故以十篇編為一卷名之為什小雅從鹿鳴至菁菁者莪

凡二十二篇皆正小雅六篇亡今唯十六篇從此至魚麗十篇是文武之小雅先其文王以治内後其武王以治外

宴勞嘉賓親睦九族事非隆重故為小雅皆聖人之迹故謂之正

鹿鳴既飲於鴆反注同食之音嗣注同筐丘房反篚音匪侑幣

又呦呦音幽苹音平毛云萍也鄭藾蕭蓱本又作萍音蒲丁反江東謂之薸薸音瓢扶遙反

懇誠苦很反嘉樂音岳又音洛藾音賴鼓簧音黃好我呼報反注同

示我毛如字鄭作寘之豉反置也周行毛如字道也鄭胡郎反列位也之蒿呼毛反

反菣也蒿菣去刃反字又作藍同本或作牡菣牡衍字耳視民音示不恌他彫反愉也

是傚胡教反愉也他侯反又音踰芩其今反草也說文云蒿也又其炎反和樂

音洛注下皆同且湛都南反字又作耽夫不音符四牡茂后反勞

力報反篇末注同使臣所吏反注皆同則說音悅歌樂音洛騑騑芳非反行

不止之貌倭本又作委於危反遅韓詩作倭遅歷遠之貌而朝直遙反靡

盬音古不堅固也情思息嗣反嘽嘽他丹反喘息也駱音洛白馬黑鬛曰駱喘

息川兖反黑鬛本又作鬣力輒反本又作髦音毛啓跪求毀反郭巨元反沈堪彼反舍

幣音舍釋于禰乃禮反翩翩音篇鵻音隹夫不也本又作隹苞栩

況甫反夫方于反字又作鳺同不方浮反又如字字又作鴀同草木疏云夫不名浮鳩㲉謹

起角反將養也以尚反下注同一音如字杞音起枸檵也枸音苟本亦作苟同檵

音計載驟助救反又仕救反駸駸楚金反驟貌字林云馬行疾也七林反來諗音審

毛念也鄭告也

皇皇者華使臣所吏反注下並同不辱命也一本作不辱君命煌

煌音皇又音晃駪駪所巾反衆多貌維駒音俱本亦作驕如濡如朱反鮮澤也

咨本亦作諮諏子須反咨事爲諏爾雅云謀也說文云聚謀也維騏音其調忍音刃

難易夷豉反沃若烏毒反沈又於縛反咨度待洛反注同咨禮爲度維駰

音因馬陰白雜毛也咨詢音荀諮親爲詢謂親戚之謀

常棣大計反字林大內反召公上照反爲作于僞反鄂五各反毛云華外發

鄂鄂然也鄭承華曰鄂不毛如字鄭改作拊方于反拊鄂足也韡韡韋鬼反光明也常棣

棣也本或作常棣栘音以支反又是兮反按爾雅云唐棣栘常棣棣作移者非不拊同不音如字又芳浮反二聲相近也拊亦作跗前注同一云不亦方于反畏怖普故反裒矣薄侯反聚也脊井益反亦作即又作鶺皆同令音零本亦作鴒同雝渠也急難如字又乃旦反注同則搖音遙又餘照反其常處昌慮反況也或作兄非也永歎吐丹反又吐旦反以協上韻閱許歷反很也于牆本或作廧在良反外禦魚呂反其務如字爾雅云侮也讀者又亡甫侮此從左傳又外傳之文很也戶墾反烝也之承反烝填依字音田與寘同又依古聲音塵塵久也故箋申之云古聲填寘塵同戎相如字又息亮反下同切切然定本作切切偲偲然相琢陟角反儐爾賓亂反陳也之飫於慮反私也聽朝直遙反和樂音洛下皆同且孺本亦作孺如具反屬也好合呼報反相應應對之應和也胡臥反既翕許急反合也且湛答南反又作耽韓詩云樂之甚也妻帑依字吐蕩反經典通爲妻帑字今讀音奴子也亶其都但反信也

伐木丁丁陟耕反伐木聲也　嚶嚶於耕反毛云驚懼也鄭云兩鳥聲　喬其驕反高也　鄉本又作鄉同許亮反　則復扶又反　相彼息亮反視也注同　矧尸忍反況也　許許沈呼古反柿貌　釃徐所宜反又所餘反葛洪所寄反謂以籭盪酒盪音鹿　有藇音敘又羊汝反美也　柿貌孚廢反又側几反　以藪素口反　旨滑思敘反　肥羜直呂反未成羊也　於如字舊音烏　粲采旦反鮮明也　洒所懈反徐所寄反　埽素報反　陳饋其位反　八簋居偉反　巳灑所蟹反又所懈反　攢本又作拚甫問反　食音嗣　乾餱音侯食也爾雅云餥餱食也　以愆起虔反　訕也所諫也　之饌士戀反　遠之于万反亦如字　湑我本又作醑思敘反莤之也　酤我毛音戶一宿酒也說文同鄭音顧又音姑買也　莤之所六反與左傳縮酒同義謂以茅泲之而去其糟也字從艸　則泲子禮反　坎坎如字說文作竷音同云舞曲也　蹲蹲七旬反本或作壿同舞貌也爾雅云喜也說文云士舞也從士尊　爲我于僞反下同　以樂樂巳上下

音岳音洛追我音待及也今閒音閑

天保下下俱戶嫁反注中下及下臣同俾必以反使也單厚毛都但反云信也原

也鄭音丹盡也不除治慮反注同開也戩子淺反福也汲汲七及反縱足用反長

張丈反吉蠲古玄反舊音圭絜也爲饎尺志反酒食也孝享許丈反獻也禴

本又作礿餘若反夏祭名祠嗣絲反春祭名烝之丞反冬祭名嘗秋祭名諸盩直留反周

大王父名無疆居良反尸嘏古雅反傳神直專反弔矣都歷反至也

詒爾以之反遺也遺也唯季反相燕樂音洛徧爲音遍之恒

本亦作緪同古鄧反沈古恒反弦也不騫起虔反虧也采薇音微菜也

昆夷本又作混古門反昆夷西戎也玁本或作獫音險狁音允本亦作允玁狁北狄也之

難乃且反注皆同命將率子亮反下所類反本亦作帥同注及後篇將率皆同以勞力報反後

篇勞還皆同杕杜大計反重言直用反下重敘同莫止音暮本或作暮協韻武傳

反 肥七歲反 脕音問或作早晚字非也 靡使如字本又作靡所 少而詩照反

堅忍音刃 時坤本亦作巛困魂反 孔疚久又反病也 彼爾乃禮反注同華盛貌

說文作薾 業業如字又魚及反或五盍反壯也 三捷息嫠反又如字 騤騤求龜反彊

也 所腓符非反毛云避也鄭作芘必寐反倚也 芘倚其綺反舊於蟻反 象弭

彌氏反弭弓反末彆也以象爲之 解紒音計又音結本又作紛芳云反 彆說文方血反又邊之入聲

埤倉云弓末反戾也 日戒音越又人栗反 警敕音景 昔我韓詩昔始也 雨雪

于付反 霏霏芳菲反甚也 以說音悅

出車如字沈尺遂反 勞力報反 還音旋 彼牧音目 多難乃旦反注及下

皆同 使裝側良反本又作莊 北旐音兆 彼旄音毛 屬之音燭致也 彼旟

音餘 旆旆蒲貝反 鳥隼息允反 旒垂音留 悄悄七小反 況

瘁似醉反本亦作萃依注作悴音同 憔悴慈遥反 憂其馬之不

正一本作之不正也一本作馬之政　央央本亦作英同於京反又於良反　近玁附近之近下近西戎同
軍壘力軌反　于襄如字除也本或作攘如羊反　雨雪于付反又如字　嚶
嚶於遥反　趯趯吐歷反　阜螽音終　躍音藥　而嚮許亮反或作鄉音同
而興許膺反　忡忡勑中反　則降戸江反又如字注下皆同　卉木許貴反草
也　萋萋七西反　喈喈音皆　采蘩音煩　祁祁巨移反　執訊音信辭也言也
杕杜　睆華版反字從白或作目邊實貌　蕃滋音煩
巳閒音閑　以說音悅　亦莫音暮本亦作暮　則思息嗣反又如字　其杞音起
檀車徒丹反檀車役車　幝幝尺善反又勑丹反敝貌說文云車敝也從巾單韓詩作緣音同　痯
痯古緩反罷貌　敝貌婢世反　罷貌音皮　孔疚居又反　於繇直又反
魚麗力馳反下同麗歷也　以上時掌反　於逸本或作佚　樂音洛　諸夏戸雅
反　于罶音柳寡婦之笱　鱨音常楊也草木疏云今江東呼黃鱨魚尾微黃大者長尺七八寸許

鯊音沙字亦作魦鮀也今吹沙小魚也體圓而有黑點文舍人云鯊石鮀也鮀待何反大平
音泰不暴蒲下反草木不折不操草刀反斧斤一本作草木不
折不芟定本芟作操草刀反豺祭仕皆反獺祭勑鎋反又他末反後漁音魚
一本作䱷同取魚也罻羅音畏不麛亡兮反本或作麑同不卵魯短反不隱
如字本又作偃亦如字塞蘇代反又新勒反不數七欲反又所角反陳氏云數細也罟音古
君子有酒旨絕句且多此二字爲句後章放此異此讀則非魴鱧音禮鮦也
鮦直冢反鰋音偃郭云今偃額白魚鮎乃兼反江東呼鮎爲鮧鮧音嗁又在私反毛及前儒皆以
鮎鯷鰋鱧爲鯇鱣爲鱧唯郭注爾雅是六魚之名今目驗毛解與世不協或恐古今名異逐世移耳
南陔古哀反以養餘尚反白華華黍此三篇蓋武王之詩周公制禮
用爲樂章吹笙以播其曲孔子刪定在三百一十一篇內遭戰國及秦而亡子夏序詩篇義合編故詩雖亡而義猶在也
毛氏訓傳各引序冠其篇首故序存而詩亡縣中音玄合編必仙反以見賢遍反

南有嘉魚之什第十七

南有嘉魚 自此至菁菁者莪六篇并亡篇三是成王周公之小雅成王有雅名公有雅德二人協佐以致太平故亦竝爲正也 樂與 音洛又音岳徐五教反序文同 大平 音泰後大平皆同 於朝 直遥反下注同 燕樂 音洛下注皆同 烝然 之承反鄭云塵也王衆也 罩罩 張教反徐又都學反籗也字林竹卓反云捕魚器也 篧 助角反郭云捕魚籠也沈音捉又音護説其形非罩也 遅之 直異反下同 以樂 音洛協句五教反得賢致酒歡情怡暢故樂 汕汕 所諫反樔也説文云魚游水貌 樔 側交反字或作罺同 撩罟 力弔反又力條反沈旋力到反 以衎 苦旦反樂也 樛木 居虯反 甘瓠 音護 纍之 力追反本亦作藟同 君子下 遐嫁反 翩翩 音篇 者鵻 音佳本亦作隹 又復 扶又反下同

南山有臺 臺夫須也 能爲 如字又于僞反 有萊 音來草也 夫須 音符 樂樂 上音岳下音洛 無疆 居良反 有杞 音起草本疏云其樹如樗一名狗骨 栲 音考山樗也 杻 女久反檍也 山樗 勑居反 檍也

黄耇音苟壽也保艾音憶
枸俱甫反枳枸也楰音庾梓楸屬枳枸諸氏反
五蓋反養也沈音別
由庚崇丘由儀此三篇義與南陔等同依
六月序由庚在南有嘉魚前崇丘在南山有臺前今同在此者以其俱亡使相從耳乃間古莧反
蓼蕭音六蓼長大貌蕭蒿也外薄音博諸本作外敷注音芳夫反四海九夷八狄
七戎六蠻也海者晦也地險言具去中國險遠稟政教昏昧也五長張丈反湑兮息敘反湑湑露
貌長大如字又張丈反不爲于僞反朝見直遥反下賢遍反下燕見同瀼
瀼如羊反徐又乃剛反露蕃貌蕃貌音煩被皮寄反泥泥乃禮反霑濡也豈開在
反本亦作愷下同樂也後豈弟放此弟如字本亦作悌音同易也後皆放此樂也音洛下篇同易也
夷豉反濃濃奴同反又女龍反厚貌鞗革徒彫反轡也沖沖直弓反徐音同音勑弓反
垂飾貌在軾音式在鑣彼苗反湛露直減反湛湛露茂盛
貌不睎音希乾也厭厭於鹽反安也韓詩作愔愔和悅之貌是渫息列反飲

桓公於嫣反其椅於宜反木名也陔節古哀反字亦作祴音同戒也
彤弓徒冬反彤弓赤弓也以講德習射所愾苦愛反佷也杜預云佷年也說文作鎎火既反六世
戰也旅弓音盧黑弓也本或作旅字說弨兮尺昭反弛也說文云弓反也字林充小反弛貌
式氏反大飲於鴆反樂也音洛右之毛音又勸也鄭如字薦右也卒爵
遺律反本或作啐者誤也啐音七內反櫜之古刀反韜也韜也本又作弢吐刀反弓衣也好
之呼報反悅也說也音悅醻之本又作酬市由反報也鄭厚也勸也賓酢才洛
反菁菁者莪上子丁反下五何反菁菁盛貌莪蘿蒿也能長張丈反下
注並同喜樂音洛下並注同選士雪戀反中沚音止汎汎芳劒反
則休虛虬反美也六月從此至無羊十四篇是宣王之變小雅和樂音洛
篇末注同鈌矣苦悅反蓄積敕六反隊矣直類反諸夏戶雅反
棲棲音西簡閱之貌既飭音敕正也依字從力脩飭之字從巾不同也今人食邊作芳以為脩

飭之字借作勑音非騤騤求龜反簡閱音悅孔熾尺志反盛也比物毗志

反齊同也有顒玉容反大貌說文云大頭也有嚴如字威也共武鄭如字注下同

王徐音恭羣帥所類反下將帥同後篇放此匪茹如豫反徐音如度也焦穫音護

焦穫周地爾雅十藪周有焦護侵鎬胡老反鄭云北方地名王云京師茹度徒洛反下同織

文音志又尺志反注同白旆本又作旆蒲貝反繼旐曰旆左傳云蒨茷是也一曰旆與茷古今字殊

央央音英鮮明也或於良反下篇同徽織音幟將帥子亮反下大將同後篇將帥放此

皆著知略反十乘繩證反啓行戶郎反注前行同夏后戶雅反

鈎古侯反股音古今經注作磐無股字以先蘇薦反敵陳直覲反輊竹二

反車佶其乙反又其吉反毛正也鄭壯健貌摯也音至大原音泰飲御於鳥反注

可魚白交反徐又甫久反鼈甲滅反膾鯉古外反采芑音起菜也徐又

音呂反菑側其反田一歲曰菑郭云反草曰菑畬音餘田三歲曰畬莅止本又作涖音利

又音類沈力二反臨也　扸也胡旦反　千乘繩證反下乘同　士卒子忽反下皆同
羨卒錢面反餘也又徐薦反　有奭許力反赤也　簟茀音弗車蔽也　鞗
革音條　樊纓步干反馬大帶　約軧郝支反廣雅云轂篆　錯衡如字沈七故反　瑲
瑲本亦作鎗七羊反徐七羮反聲也　朱茀本又作常或作紱皆音弗下篇赤茀同　有創
本又作瑲亦作鎗同皆七羊反　葱珩音衡　煌煌音皇又音晃　朱衣裳本或作朱衣纁
裳纁衍字　鴥彼唯必反　鉦人音征說文云鐃也又云鐲也　鞠旅居六反告也　將
戰此如字餘並子匠反　闐闐徒顛反　長幼張丈反下長同　蠢爾尺允反動
也爾雅不遜也　執訊音信　嘽嘽吐丹反衆也徐音他　焞焞吐雷反又他屯反本又作啍同
盛也　霆音廷徐音挺又音定　無罷音皮　車攻攻堅　外
攘如羊反除也卻也　之竟音境　器械戶戒反王肅云械揔名也說文云無所盛曰械
復會扶又反　而選宣兗反數也沈思戀反下同　齊豪戶刀反依字作毫也　龐

麃麃同反徐扶公反芃實也　甫草毛如字大也鄭音補謂圃田鄭藪也　大艾魚廢反

褐纏音歇　爲槸魚刈反何魚子反門中臬也　轚音計劉兆注穀梁云繫也本又作擊音同或古歷反

之左者之左一本無上之字下句亦然　而射食亦反　抗苦浪反舉也　大綏本亦作緌同而隹反下同

出頃苦潁反　甫田舊音補十藪鄭有圃田下同毛依字甫大也

囂囂五刀反或許驕反聲也　唯數所主反　搏獸音博舊音付　今近附近之近

金舄音昔　有繹音亦陳也　時見賢遍反下同　决本又作决或作抉同古穴反鉤弦也

既佽音次利也說文子利反云便利也　比次毗志反　舉柴子智反又才寄反積也說文作㧘士賣反

不中丁仲反下中者同　不猗於寄反又於綺反　舍矢音捨　如椎直追反

不讙音歡又音喧　譁也音花　大庖蒲茅反　左膘頻小反又扶了反三蒼云小腹兩邊肉也說文云脅後髀前肉也本亦作髀蒲禮反或又作䏶　射之食亦反下射左髀同

右腢本亦作髃音愚又五厚反謂肩前也說文同郭音偶謂肩前兩間骨何休注公羊自左膘射之達于

右腢中心死疾鮮潔也又五回五公二反射右耳食亦反左髀本又作髀方爾反又蒲禮反謂股外右髃餘繞反又胡了反謂水膁也字書無此字一本作髃音羊紹反又羊招反吕忱于小反本或作膘踐毛子淺反有聞音問注同本亦作問讙呼端反又作諠譁音花去敎起呂反大平音泰吉日伯馬祖也禱丁老反馬祭也說文作禂爲之于僞反旣差初宜反又初佳反擇也麀鹿音憂鹿牝曰麀麌麌愚甫反說文作噳云麌鹿羣口相聚也鄭云麕牡曰麌麌復麌言多也麀牝頻忍反徐扶盡反又扶允反麕牡本又作麇俱倫反下音茂麌復扶又反沮七徐反其祁毛巨私反又止之反大也鄭改作麎音辰郭音賑何止尸反沈市尸反麎亡悲反儦儦本作麃又作爊表嬌反趨也廣雅云行也俟俟音士行也徐音矣或羣或友獸三曰羣二曰友之射食亦反旣挾子洽反又子協反又戶頰反小豝音巴豕牡曰豝殪於計反大兕徐履反本又作光能中丁仲反鴻鴈勞來力報反下力代反矜

寡本又作鰥同古頑反徐又棘冰反篇內矜寡同老無妻曰矜老無夫曰寡　肅肅所六反本或作翻同羽聲也

劬勞其俱反注及下文同韓詩云數也毛云疾苦也　王使所吏反　矜人棘冰反　偏

喪息浪反　欲令力呈反　賙音周救也　餼之許氣反　去其丘呂反　于

垣音表　百堵丁古反　其究居又反窮也　嗸嗸本又作嗷五刀反聲也

庭燎力照反徐又力燒反大燭也鄭云在地曰燎執之曰燭又云樹之門外曰大燭於內曰庭燎皆是照衆爲明

箴之之金反諫誨之辭　將朝直遥反下皆同　何其音基辭也下皆同　未央

於良反毛云且也鄭云猶言夜未渠央也說文云久也已也王逸注楚辭云央盡也　將將七羊反本或作鏘注同

且也七也反又子徐反又音且經本作旦　鸞鑣表驕反又必苗反　未渠其據反

未艾毛五蓋反云久也鄭音刈云芟末曰艾　晣晣本又作晢之世反明也　噦噦呼會

反徐又呼惠反徐行有節也　芟末所銜反　夜先悉薦反　鄉晨許亮反字又作嚮

有煇音暉毛云光也　其旂音祈巨畿反　別色彼列反

沔水緜善反沔流滿也徐莫顯反朝宗直遥反注皆同春見賢遍反下文夏見同下

駃彼惟必反飛隼息尹反湯湯失羊反波流盛皃復不扶又反不

蹟井亦反弭忘彌氏反止也下音亡好詐僞呼報反毁惡烏路反

鶴鳴草木疏云鶴鳴聞八九里九皐音羔澤也韓詩云九皐九折之澤聲聞音問

下同數至色主反則見賢遍又治平直吏反樂彼音洛沈又五孝反注

及下同之爰音袁檀音壇維蘀音託落也之觀古亂反下同朝廷

直遥反它山古他字爲錯七落反說文作厝云厲石也字林同千故反琢玉

陟角反穀工木反說文云楮也從木㱿聲非從禾也毛云惡木也以上章上檀下蘀類之取其上善下惡

故知穀惡木也祈勤衣反父音甫下同圻父司馬也掌封圻兵甲者若

𠷎此古疇字本又作壽按孔注尚書直留反馬鄭音受爲王于僞反下毋爲父同底止

之履反至也亶不都旦反誠也不得供九用反養也羊亮反

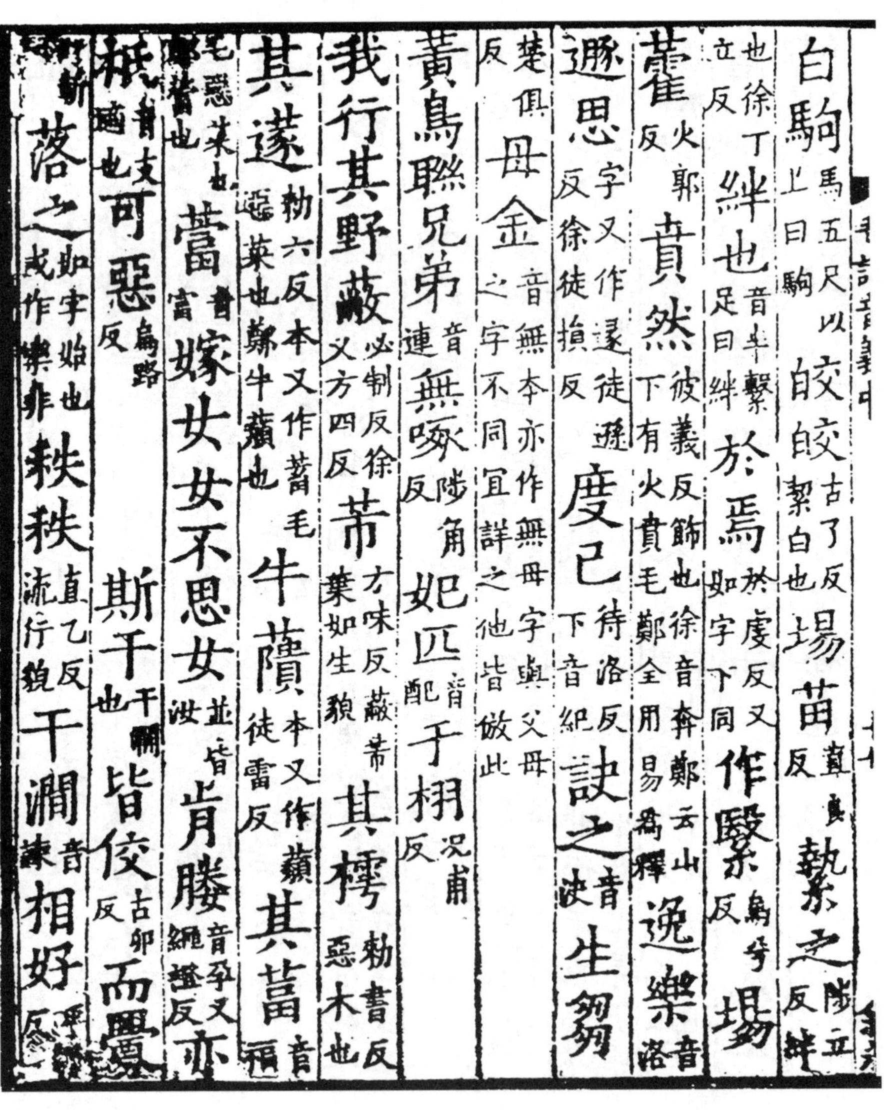
白駒馬五尺以上曰駒　皎皎古了反潔白也　場苗直良反　縶之陟立反絆也徐丁立反　絆也音半繫足曰絆　於焉於虔反又如字下同　作繫烏兮反　場

藿火郭反　賁然彼義反飾也徐音奔鄭云山下有火賁毛鄭全用易爲釋　逸樂音洛

遯思字又作遂徒遜反徐徒損反　度己待洛反下音紀　訣之音決　生芻楚俱反

毋金音無本亦作無毋字與父毋之字不同宜詳之他皆倣此

黃鳥　聯兄弟音連　無啄陟角反　妃匹音配　于栩況甫反

我行其野　蔽必制反徐又方四反　芾方味反蔽芾葉如生貌　其樗勑書反惡木也

其蓫勑六反本又作蓄毛惡菜也鄭牛蘈也　牛蘈本又作蘈徒雷反　其葍音福毛惡菜也鄭

當也　葍音富　嫁女女不思女並皆汝　肯媵音孕又繩證反　亦

祇音支適也　可惡烏路反　斯干　斯干也干㵎　皆佼古卯反　而畳

析　落之如字始也或作樂非　秩秩直乙反流行貌　干㵎音諫　相好呼報反

猶矣毛如字道也鄭改作瘉羊主反病也　詢病呼亘反　似毛如字嗣也鄭音巳午之巳　妣
祖必履反　姜嫄本或作原音同　西鄉本又作嚮同許亮反下同　安樂音洛　閣閣
音各猶歷歷也　椓之陟角反擣土也　橐橐音託用力也　縮所六反　㨨呂忱丈牛反沈
呂菊反說文音勑周反引也從手留聲　攸除直慮反去也　攸芋毛香于反大也鄭作幠火吳反覆也或作吁
弘殺所界反　堅緻直置反本亦作致同　相稱尺證反　如跂音企　跂竦栗勇
反　斯棘居力反毛棘稜廉也鄭云戟也韓詩作朸朸隅也旅卧反　斯革如字翼也韓詩作䩨云翅也　稜
廉力登反　挾弓子咨反又子協反又音協　其肘張久反　翬音輝雉名說文云大
飛也　攸躋子西反升也　殖殖市力反平正也　噲噲音快　其正音政長也　噦
噦呼會反　其冥毛莫形反幼也鄭莫定反夜也　正長王丁丈反崔直良反　冥幼王如
字本或作窈𥨪音杳　煟煟音謂呂忱云火光貌　下莞音官徐又九還反草叢生水中莖圓江南以爲
席鄭云小蒲席也形似小蒲而實非也　乃鋪普吳反又音敷　以樂音洛本亦作落　應人

應對之應 維熊于弓反 維羆彼宜反 維虺許鬼反 維蛇市奢反 大

人音泰後大人同 載衣於既反注衣以裳下衣之裼同 璋音章半圭曰璋 喤喤音橫

華彭反沈又呼彭反聲也 朱芾音弗 煌煌音皇 裼他計反褓也韓詩作禘音同 褓

也音保齊人名小兒被爲褓 紡芳罔反 塼也音專本又作專 毋詒本又作貽以之反遺也

罹本又作離力馳反憂也 無遺唯季反

無羊 其犉

本又作犉而純反黃牛黑脣曰犉 濈濈本又作濈亦作戢莊立反 美畜許又反 濕濕始立

反又尸立反又處立反 呞本又作齝亦作齝丑之反一音初之反郭注爾雅云食已復出嚼之也今江東呼齝

爲齝漏濕音 或訛五戈反徐又五何反動也韓詩作譌譌覺也 何河可反又音河下及注同 蓑

素戈反草衣也 何笠音立 其餱音侯 何揭音竭又其謁反 索則色白反 以

蒸之丞反薪也 搏禽音博下同亦作捕音步 兢兢其冰反 不騫起虔反

麾之毀皮反 以肱古弘反臂也 擾馴音巡又常遵反 旐維音兆 旟

矣音餘以養羊亮反下同相供九用反溱溱側巾反衆也

節南山之什第十九從此至何草不黄凡四十四篇前儒申毛皆以為幽王之變小雅鄭以十月之交以下四篇是厲王之變小雅漢興之初師移其篇次毛為詁訓因改其第焉

節南山在切反又如字又音截下及注同高峻貌韓詩云視也家父音甫注及下同巖如字本或作嚴音同赫赫許百反如惔徒藍反又音炎燔也韓詩作炎字書作焱說文作𤈦字才廉反小熱也大師音泰下皆同燔也音煩脅下許業反本又作脇卒子律反不監古銜反注同視也韓詩云領也斷也都緩反其猗於宜反毛云長也鄭云倚也倚也於綺反下同山眣本亦作𣅅古犬反薦徂殿反重也注及下篇注同瘥才河反病也重也直用反下同疫病音役本又作疢勑覲反長幼張丈反噆莫本或作憯七感反曾也弔唁音彥服虔云弔生曰唁之氐丁禮反毛云本也徐云鄭音都履反是毗婢尸反毛厚也鄭輔也王作埤埤厚也卑民本又作俾同必爾反後皆放此桎之實反又丁履反凝

也本有作手旁至者誤也鍣字又作轄胡瞎反不弔如字又丁歷反至也下同昊胡老反空

我苦貢反注同窮也愬之蘇路反本亦作訴下同勿罔毛如字鄭音末式已毛音

以鄭音紀殆近附近之近又如字下同瑣瑣素火反小也本或作璅非也璅音早亞於嫁反膴音

仕音武厚也不傭敕龍反均也韓詩作庸庸易也鞫九六反盈也訩音凶訟也大戾音麗

乖也之行下孟反乖爭爭鬭之爭下皆同儆爲下敎反如届音戒毛極

也鄭至也心闋苦穴反息也易也以豉反下同反復音服本又作覆芳服反酲

音呈病酒曰酲爲用于僞反又如字蹙蹙子六反縮小也王七歷反所騁敕領反極

也日見而乙反縮小所六反相爾息亮反注同視也矛矣亡侯反戈矛也

既懌音亦服也相酬市由反又作醻夷說音悦下同其已音以酢也音昨

覆怨芳服反正長張丈反邪心似嗟反爲王于僞反家父音甫

式訛五戈反以畜許六反正月音政夏之四月也四

月純陽用事故曰正月 繁霜扶袁反多也 夏之胡雅反下同 建巳音似 心

爲于偽反 行酷苦毒反 癙憂音鼠病也字林癙音恕 以痒音羊病也

我瘉音庾病也 不長張丈反下正長伯長長者皆同 莠言餘久反醜也 惸

惸本又作煢其營反憂意也一云獨也篇末同 弁其必正反注弁制同 圜土音圓

圜土獄也 是難乃旦反下之難同 佚蒸之丞反 之處昌慮反下之處同 朝廷

直遥反下皆同 夢夢莫紅反亂也沈莫滕反韓詩云惡貌也 弗勝毛音升乘也鄭尸證

反 尚愎扶又反篇末同 作繄烏兮反 憎惡烏路反 蓋卑本又作庳

同音婢又必支反 之行下孟反 訙之本又作訊音信問也 别異彼列反 不局

本又作跼其欲反曲也 不蹐井亦反徐音積累足也說文小步也 維號音豪注同 雷

霆音庭又音挺 陷淪音倫又倫峻反 怖普故反 號呼好路反 爲謡

音無 虺暉鬼反 蜴星歷反字又作蜥蠑也 螈也音元 阪田音反又扶版反 有菀

音鬱茂也徐又於阮反崎起宜反嶇丘俱反墝苦交反埆戶角反又苦角反又音角

在閒音閑辟匹亦反扤我五忽反徐又音月動也迓疾音俊謷謷

本又作嗷五報反沈五刀反燎之力詔反徐力燒反炎熾尺志反熛怒必遙反

褒補毛反國名姒音似毛云姓也鄭云字也威之呼悅反齊人語也字林武劣反說文云從火戌

聲火死於戌陽氣至戌而盡本或作烕鎬胡老反又窘求殞反毛困也鄭仍也字林巨畏反泥

陷乃計反遠賢于万反爾載才再反注及下同將伯七羊反注將請也皆同

輸隨上許規反本又作墮待果反員于音云益也輻方六反屢顧力住反數也又

作屢數也音朔下同于沼之紹反池也克樂音洛注同之炤音灼之若反

易見夷豉反下如字又賢遍反慘慘七感反戚戚也戚戚千歷反嘉肴

本又作殽戶交反洽比毗志反孔云本又作員音同毛旋也鄭支也慇慇音殷又於

謹反痛也佌佌音此小也說文作㐌音徙蔌蔌音速陋也方穀本或作方有穀非也寠

陋其矩反一音慮 天於兆反又於遥反災也 是椓陟角反 哿哥我反可也

十月之交刺幽王毛如字鄭改爲刺厲王從此至小宛四篇皆然 節刺在結反 皇

父音甫後皇父皆同 惡褱烏路反 番也方袁反徐甫言反本或作潘音同韓詩作

繁下同 夏八戶雅反 政治直吏反 爗爗于輒反震電貌 沸騰甫味

反沸出騰乘也 崒舊子恤反徐子綏反鄭云崔嵬也冝依爾雅音徂恤反本亦作卒 山頂丁令反

崔徂回反爾雅作厓才規反 嵬五回反爾雅作巖五規反 處昌呂反 胡憯七感反曾也亦作憯

棸子側留反 蹶俱衛反 趣馬七走反注同趣馬官名掌王馬之政 楀音矩弓禹

反 豔妻餘贍反美色曰豔毛云豔妻褒姒鄭云豔妻厲王后 煽音扇熾也說文云熾盛也

方處一本作熾 熾尺志反盛也 后嬖必計反 司朝直遥反下同 擅

市戰反 抑此如字辭也徐音意韓詩云意也 汙音烏注同 萊音來 噫於其反下同

令我力呈反 趣七住反本又作趣七俱反 不憖在艮反殘也王本作憖憖善也孫毓

評以鄭爲改字下共音恭本亦作供于向式亮反邑名下及注同亶都但反信也
多藏才浪反注同知厭於鹽反不憖魚覲反爾雅云願也强也且也韓詩云閒
也强之其丈反黽勉民允反本又作僶同嚚嚚五刀反衆多貌韓詩作謷謷
之孽魚列反妖孽噂子損反説文作僔云聚也沓本又作沓同徒荅反背憎蒲妹
反注同天隋徒火反我里如字毛病也鄭居也本或作痤後人改也之痗莫背反又
音悔本又作悔病也有羨徐箭反餘也敢傚戶教反雨無
正音政浩浩古老反又胡老反昊天胡老反不駿音峻長也饑饉其靳
反更相古衡反旻天疾威密巾反本有作昊天者非也威恐起勇反
舍彼音赦除也一音捨淪胥上音倫率也下息魚反相也以鋪普烏反福也王云病
也鋪徧音遍下同于聶直例反我勩夷世反勞也又音曳正長張丈反
下同無復符富反罷勞音皮朝夕直遥反舊張遥反覆芳服反不

遏徐音退本又作退 朁御思列反 憯憯千感反 日瘁徂醉反病也 餼許氣

反 曾在登反 之畜勑六反 用訊音信徐息悴反告也又音碎 排步皆反 惡

直烏路反 是出尺遂反音毳 處休虛虯反注同 風切福鳳反 剴微

古愛反又古衷反一音祈 不悖補對反 遻五故反本亦作逆 順説音悅 急笮

側格反本又作迮 鼠思息嗣反注愛思同 爲其于僞反 距止本又作歫距音巨

小旻武巾反下同 敷撫扶反 徧知音遍 回遹音聿僻也韓詩作鷸義同 斯

沮在呂反毛壞也鄭止也 邪也似嗟反 僻也匹亦反下同 不悛七全反改也沈又七

旬反 覆用芳服反 之邛其凶反病也 潝潝許急反 訿訿音紫爾雅云潝

潝訿訿莫供職也韓詩云不善之貌 稱其尺證反一本作稱乎 胡底之履反至也 背違

音佩 旣厭於豔反注同 箛數音朔 不復扶又反 占繇音胄 一不中

丁仲反 莫適音的 訩訩音凶 決當丁浪反 跬步缺氏反舉足曰跬 動

軔音刃礙車木也字林如戰反　則泥乃麗反　不潰戶對反遂也　或否方九

反徐音鄙　靡膴王火吳反大也徐云鄭音謨法也又音武沈音無韓詩作靡膴猶無幾何　或艾音刈

治也　艾治也直吏反下皆同　有知也音智　馮河符冰反陵也徒涉曰馮河　徒搏音博

音競　競競己冰反　恐也丘勇反　恐隊直類反本又作墜下篇同　小菀

於阮反小貌　翰飛胡旦反高也　鶻音骨　鵃陟交反何音彫字林作鳭云骨鵃小種鳩也草木疏

云鳴鳩班鳩也　溫克王如字柔也鄭於運反蘊藉也　溫藉在夜反又慈夜反　又復扶又

反下同　有菽音叔藿也火郭反　螟亡丁反　蛉音零螟蛉桑蟲也俗謂之桑蟃一名

戎女蟃音万　蜾音果　蠃力果反蜾蠃蒲盧也即細腰蜂俗呼蠮螉是也蠮於結反螉音翁　煦況甫

反又況具反　嫗紆甫反又紆具反鄭注禮記云以氣曰煦以體曰嫗　題彼大計反視也　脊

令音零本亦作鶺注同　自舍音捨　視睇大計反　我日而乙反下同　視朝

直遙反　毋忝音無下他簟反字林他念反　桑扈音戶　場大良反　啄粟

陟角反 竊脂 音切 之治 直吏反 填寡 徒典反盡也韓詩作殄殄苦也 宜

岸 如字訟也韋昭注漢書同韓詩作犴音同云鄉亭之繫曰犴朝廷曰獄 握 於角反 惴惴

之瑞反 恐隕 丘勇反下丁敏反 小弁 步干反樂也下同

大子 音泰注大子皆同 之傳 音付 鸒 音豫 斯 鸒斯鵯居也一名雅烏小爾雅云小

而腹下白不反哺者謂之雅烏說文云雅楚烏也一名鸒一名鵯居秦謂之雅一云斯語辭 提提 是移

反羣飛貌 樂 音洛下同 卑居 本亦作鵯同音匹又必移反 于罹 力知反憂也 王

取 七住反 大子 音泰 又說 音悅 日號 上而乙反下戶刀反 旻天 亡巾反

踧踧 徒歷反平易也 鞫為 九六反窮也 平易 夷豉反 惄焉 乃歷反思

也 如擣 丁老反心疾也本或作𢣷同韓詩作疛除又反義同 疢如 勑覲反病也又作疹同

不脫 本亦作稅吐活反一音始銳反 與梓 音子木名 不屬 音燭徐音蜀 于

裏 音里 長大 丁丈反 胞 音包 胎 他來反 菀彼 音鬱 鳴蜩 音條蟬也

嘒嘒呼惠反蟬聲也有漼千罪反深貌萑音丸葦韋鬼反淠淠徐孚

計反又匹計反衆也辟彼本亦作辟匹致反下同所屆音戒至也伎伎本亦作跂其宜

反舒貌朝雊古豆反雊雉鳴也妃匹音配壞木胡罪反又如字瘣說文作瘣云病也一

曰腫旁出也又音同瘣也胡罪反本瘣腫也爾雅云瘣木符婁郭云樜傴癭腫無枝條也相彼

息亮反投兔他故反或先蘇薦反或墐音覲路冢也說文作殣云道中死人人所

覆也先敺起俱反又作驅同隊直類反涕音替隕之音殞醻之市由反

掎矣寄彼反扡矣勑氏反又宅買反徐又直是反觀其理也踣之蒲北反挫

析子卧反舍彼音捨注同又音赦之佗吐賀反加也注同莫浚蘇俊反深也

默存本亦作嘿云北反無易夷豉反耳屬音燭注同于垣音袁我

笱音苟不閱音悅容也高叟素口反關弓烏環反下同本亦作彎而

射食亦反下同夫高音符磯也居依反又古愛反一音祈復有扶又反

巧言曰父母且徐七餘反協句應爾觀箋意宜七也反此憮火吳反下同毛大也鄭敖也思也息嗣反下同憮傲五報反下同本又作敖愬王音素大憮音泰本或作泰徐勑佐反僭始毛側蔭反數也鄭又子念反不信也既涵毛音含容也鄭音咸同也韓詩作減減少也僭數音朔下同不別彼列反遄市專反疾也沮辭呂反止也如祉音恥福也遄已音以屢盟本又作婁力住反數也用長丁丈反又直良反相要於遥反屢數音朔相背音佩時見賢遍反下同用餤沈旋音談徐音鹽止共音恭本又作恭之邛其恭反病也好爲呼報反不共音恭本亦作供又爲于僞反奕奕音亦大也秩秩音帙莫之如字又作漠同一本作謨案爾雅漠謨同訓謀莫協韻爲勝予忖本又作寸同七損反度之待洛反注皆同躍躍他歷反毚兔士咸反狡兔也遇犬如字世讀作愚非也進知音智狡兔古卯反馴者音旬又音脣荏而甚反染音冉數之所主反注同

椅桐於宜反梓漆上音子下音七蛇蛇以支反淺意也其行下孟反如

簀音責之麋本又作湄音眉水草交曰麋惡之烏路反無拳音權力也

徐又已表反易誅夷豉反且尰市勇反腫足也骭戶諫反脚脛也瘍音羊本亦作瘍音同創也

腫足諸勇反幾何居豈反注同大多音泰又如字傣能音素

何人斯女與音豫下疑其與之女與於諸皆同大切音泰由已音紀言

我音參見王賢遍反得讙遣戰反女即音汝下注同今日而乙反

於已音紀睹女丁古反本又作覩不媿九位反或作愧飄風避遙反疾風也沈又

方消反衹音支適也攪交卯反亂也亟行紀力反疾也胎音支其盱況于下

反病也心易夷豉反注同韓詩作施施善也否難方九反不通也一云鄭符鄙反俾我

必爾反衹祈支反毛病也鄭安也一云鄭上支反說也音悅下同解說音蟹與

音豫復難乃旦反下章同壎況袁反土曰壎篪音池竹曰篪相應應對之應和

胡卧反 如貫 古亂反 諒 音亮信也 以詛 側助反以禍福之言相要曰詛 比次
毗志反 緪索 素洛反 爲其 于僞反 欲長 如字又張丈反 蜮 音或沈又音域
短狐也狀如鼈三足一名射工俗呼之水弩在水中含沙射人一云射人影 有靦 土典反姡也 姡
户刮反面醜也 㠯極 音以古以字本作以 巷伯 官名也 寺人
如字又音侍 巷伯奄 於檢反 官 本或將此注爲序文者 相近 附近之近下近嫌同
萋兮 七西反 斐兮 芳匪反本或作菲萋斐文相錯也 餘蚳 直基反貝黃白
文曰餘蚳 大甚 音泰注同徐勑佐反 哆 昌者反大貌說文云張口也玉篇尺紙反又昌可反 其
侈 尺是反又式是反 辟嫌 音避下同 嫠婦 力之反寡婦也依字作嫠 放乎 甫往反
蒸盡 之升反 縮屋 所六反又作摍同 閒居 閒廁之閒又音閑 嫗 紆甫反又紆具
反本或作煦況甫反 踵 章勇反足根也 狹 音洽 誰適 如字往也王徐皆都歷反下同 緝
緝 七立反口舌聲也說文作咠云聶語也又子立反 翩翩 音篇往來貌字又作扁 惡

其烏路反 捷捷如字又音妾 幡幡芳煩反 訕也所諫反又所姧反 倉
卒七忽反 誹方味反 女 投畀必二反下同 豺士皆反字或作犲 猗
于於綺反徐於宜反加也 作爲此詩一本云作爲作詩

谷風之什第二十

谷風音穀東風謂之谷風 將恐丘勇反注下同 與女音汝 遭厄本又作阨
於華反 難乃旦反 將樂音洛注下皆同 頹徒雷反風之焚輪者 而上時掌反
寘予之豉反置也 崔徂回反 嵬五回反崔嵬山巔也又作嵬 不萎於危反
生長張丈反下同 槁者苦老反 切磋七何反 蓼莪上音六下
五河反蓼蓼長大貌 終養餘亮反注除鞠養也裁養也二字餘並同 伊蒿呼毛反 長
大張丈反下皆同 憂思息嗣反 伊蔚音尉牡蔚也 牡菣去刃反 勞
瘁似醉反病也 缾之蒲丁反 罄矣苦定反盡也 維罍音雷 鮮民

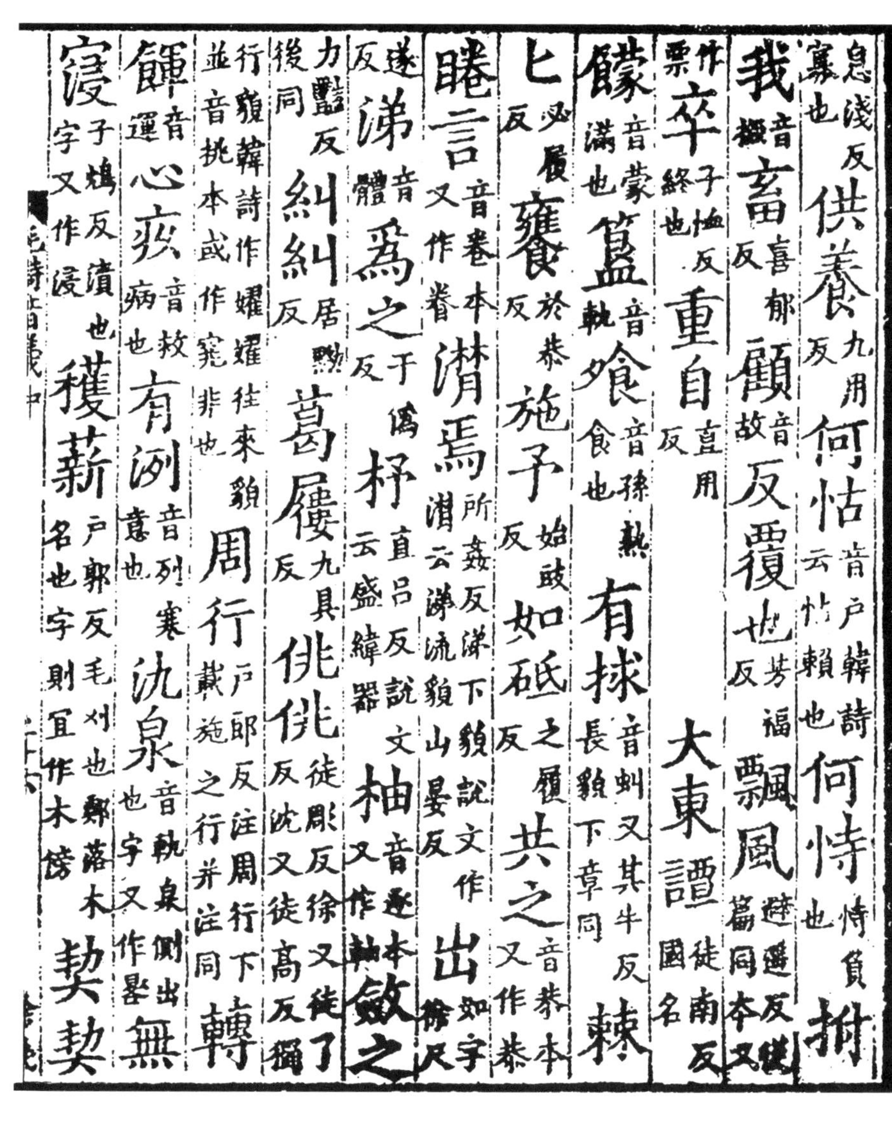

息淺反寡也　供養九用反　何怙音戶韓詩云怙賴也　何恃恃負也　拊
我音撫　畜喜郁反　顧音故　反覆也芳福反　飄風避遙反本又作嫖同
作栗　卒子恤反終也　重自直用反　大東　譚徒南反國名
饛音蒙滿也　簋音軌　飧音孫熟食也　有捄音虯又其牛反長貌下章同　棘
匕必履反　饔於恭反　施予始豉反　如砥之履反　共之音恭本又作恭
睠言音卷本又作眷　潸焉所姦反涕下貌說文作潸云涕流貌山晏反　出如字徐尺
遂反　涕音體　為之于僞反　杼直呂反說文云盛緯器　柚音逐本又作軸　斂之
力豔反後同　糾糾居黝反　葛屨九具反　佻佻徒彫反徐又徒了反沈又徒高反獨
行貌韓詩作嬥嬥往來貌並音挑本或作窕非也　周行戶郎反注周行下載施之行并注同　轉
餫音運　心疚音救病也　有冽音列寒意也　沈泉音軌泉側出也字又作晷　無
寖子鴆反漬也字又作浸　穫薪戶郭反毛刈也鄭落木名也字則宜作木旁　契契

苦計反徐苦結反憂苦也憚人丁佐反徐又音旦勞也下同字亦作癉濕腐音輔朽也畜
之勑六反不來音賚注同勤也熊羆下彼皮反舟檝音接字又作楫相
近附近之近下同使搏音博冥氏莫歷反百僚力彫反字又作寮同鞙鞙
胡犬反玉貌字或作埍佩璲音遂監古覽反視也闓置音開字亦作開跂彼
說文作歧丘豉反徐又丘婢反隅貌更其音庚歷也睆彼華板反明星貌服箱息羊反車
箱也何鼓何可反又音河何鼓星名牝服頻忍反歎揚波我反徐又府佐反有斗都口反說
音主挹音揖斟也㪺也矩于反廣雅云酌也本又作斞載翕許急反毛合也斞引也柄彼病反
揭居竭反徐起謁反

四月

國構古又反患難乃旦反淒淒
本亦作棲七西反涼風也百卉許貴反草也具腓房非反病也韓詩云變也瘼矣音莫
病也其亟紀力反養其餘亮反蹂踐如久反廣雅云履也令不力呈反
蕃茂音煩與受音豫廢為如字忕也一音發忕時世反下同一本作廢大也此

是王[illegible]義 其行下孟反下之行同 相彼息亮反視也注同 曷云舊何葛反鄭云

何也一云毛安葛反 滔滔吐刀反大水貌 長理張丈反 盡瘁本又作悴似醉反病也下

篇同 鶉徒丸反鵰也字或作鷻 鳶以專反鴟也 鱣張連反 鮪于軌反 鵰也音彫

蕨居月反 桋本亦作荑音夷 枸音苟 檵音計 赤楝所革反爾雅云楝赤楝郭霜狄

反 北山 役使如字 己勞音紀下注喻己同 養其餘亮

反 其杞音起 偕偕音皆強壯也徐音諧說文云強也 靡盬音古 溥天

音普大也 之濱音賓涯也 涯也魚佳反字又作崖 傍傍布彭反不得已也 鮮

我息淺反沈云鄭音仙 得已音以 叫本又作嘂古弔反呼也 號戶報反召也協韻戶刀反

慘慘七感反字亦作懆 棲遲音西 偃卬音仰本又作仰 鞅掌於兩反何

也 猶何戶可反又音河 捧之芳勇反 或湛都南反 樂音洛 畏咎

其九反 風音諷放也 議如字協句音宜

無將大車 祇自

音支適也 憂累劣僞反篇末同本或作辱 疷兮都禮反病也 不任音壬 愆
負起連反 冥冥莫庭反又莫迥反 令無力呈反 于熲古迥反沈又占頭反
光也 雍兮於勇反字亦作壅蔽也又於用反 自重直龍反又直用反累也
小明 艽野音求艽野遠荒之地 則更音庚 大苦音泰 共人音恭注下
皆同 罪罟音古網也 方除直慮反如字案鄭云四月爲除若依爾雅則宜餘舒二音 云莫
音暮注及下同 憚我丁佐反勞也徐又音旦亦作癉同 睠睠音眷 譴弃戰反 怒
乃路反 方奧於六反煖也 煖音暄又奴緩反 愈蹙子六反促也 穫戶郭反 菽
音叔 詒遺唯季反下同 我冒莫報反又亡北反 反覆芳福反注同 之處
昌慮反 爲治直吏反 若祜音又本或作右又作祐並同 好是呼報反注同 介
爾音界
鼓鍾 將將七羊反聲也注同 湯湯音傷盛也下
注角 德比毗志反 爲之于僞反下同 犧象素何反犧象罇名王音羲 甘 嗜

喈音皆喈喈户皆反回邪似嗟反鼛古毛反大鼓長丈二尺妯勑留反徐
又直留反毛動也鄭悼也郭音爾雅盧叔反又音迪不猶如字若也鄭改作瘉羊主反病也樂
音岳四縣音玄以籥以灼反樂器不僭七心反沈又子念反又楚林反韎本又
作昧音妹又莫戒反東夷樂名曰禁居蔭反北夷樂名
楚茨徐咨反楚楚茨棘貌茨蒺藜也田萊音來田廢生草曰萊言抽勑留反徐直留
反我蓺魚世反蒺音疾藜音黎一與與音餘蓄廡貌注同
露積如字又子賜反蕃音煩廡音無又音武以妥湯果反安坐也以侑音又
勸也神坐才卧反爲其于僞反濟濟子禮反大夫之容也蹌蹌七羊反士
之容也或亨普庚反飪之也注同或肆音四陳也飪之而甚反又作腍將齊
才細反下或齎同解剝上佳買反下邦角反有肆他歷反解肆也奉持芳勇反又如字
于祊補彭反門內也說文作鬃云門內祭先祖所彷徨也之處昌慮反皇暀于況反下

篇同 無疆居良反下篇同 竟界音境 執爨七亂反注唯言爨竈一字七端反錡釜同

踖踖七夕反又七略反爨竈有容也 或燔音煩 廩爨力甚反 膟音律膋

音寮脃膋 肝炙之赦反 莫莫音麥 內羞如字內羞房中之羞或作肉羞非也 適

妻音的 之稱尺證反 庶胗字又作䏡昌紙反何沈都可反 主共音恭亦作供 獻

醻市由反又作酬 卒度如字法也沈徒洛反 邪行似嗟反 以徧音遍下同 熯

矣而善反敬也又呼但反 徂賚如字賚與也徐音來 受嘏古假反 苾蒲蔑反 一

音蒲必反下篇同 芬孚云反苾芬有馨香也 神耆市志反徐云又巨之反下章同 幾

音機期也 卜子羊汝反下同 乃歆喜今反 女之音汝下同 旣齊王申

毛如字整齊也鄭音資減取也一音才細反謂分齊也 旣匡本亦作臣丘方反 穛而專反又音耑

又而純反何耳誰反 醢音海 祭禮畢禮或作祀 尸謖所六反起也 肆夏戶雅

反 廢方吠反 徹直列反 去也起呂反下同 復皆扶又反 長幼張丈反

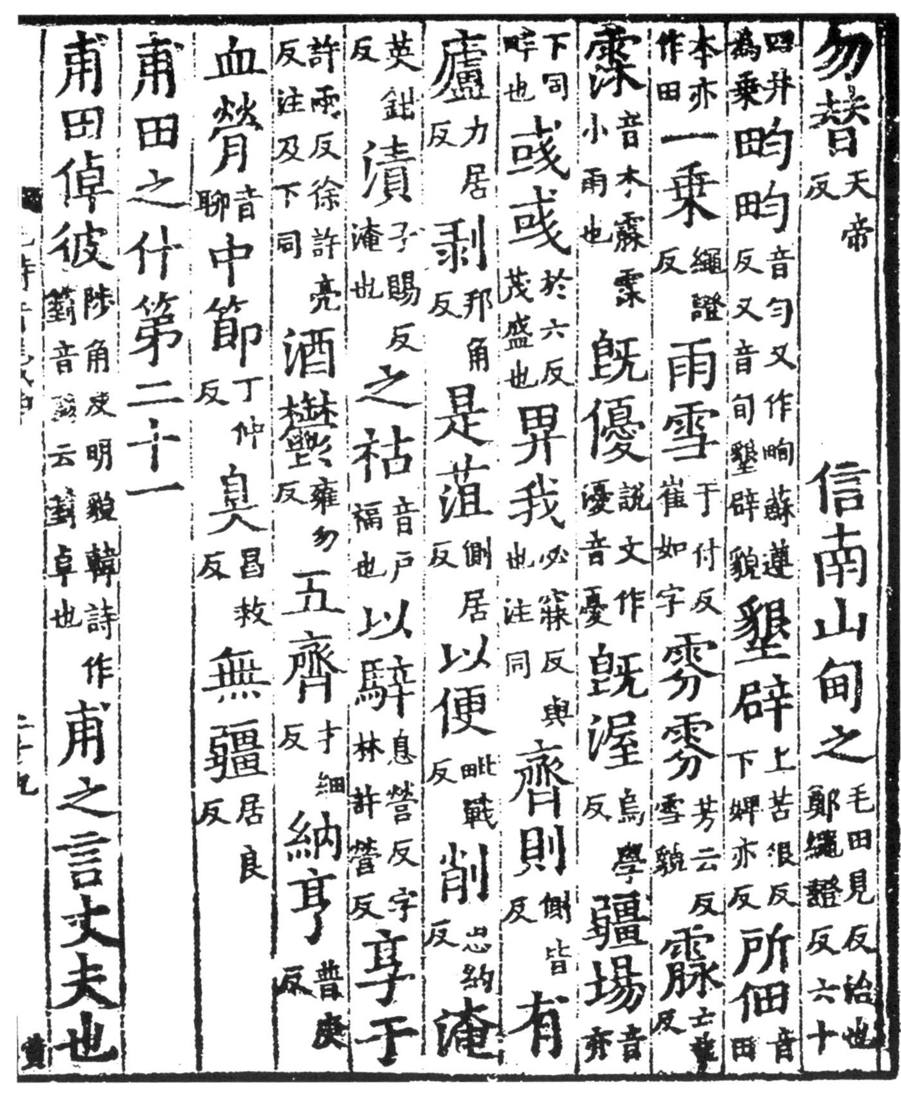

勿替天帝反

信南山甸之毛田見反給也鄭繩證反六十四井為乘畇畇音匀又作眴蘇遵反又音旬墾辟上苦很反下婢亦反所佃音田本亦作田一乘繩證反雨雪于付反雰雰芳云反雪貌霡莫革反霂音木霡霂小雨也既優說文作瀀音憂既渥烏學反疆埸音亦下同畔也彧彧於六反茂盛也畀我必寐反與也注同齊則側皆反有廬力居反剝邦角反是菹側居反以便毗戰反削思約反淹英鉗反漬子賜反淹也之祜音戶福也以騂息營反字林許營反享于許兩反徐許亮反注及下同酒鬱雍勿反五齊才細反納亨普庚反血膋音聊中節丁仲反臭昌救反無疆居良反

甫田之什第二十一

甫田倬彼陟角反明貌韓詩作菿音䓵云菿卓也甫之言丈夫也

直兩反依義丈夫是也本或作大夫本甫之言夫也又一本甫之言大也　大古音泰　欲見賢遍
反　食我音嗣　賒音奢　貰音世又食夜反說文云貸也　以紓音舒常汝反　何之
菑勑六反　芸音云沈又音運本又作耘音同除草也　耔音子沈音茲壅禾根也　薿薿
魚起反徐又魚力反茂盛也　攸介音界鄭舍也王大也　烝我之承反　髦士音毛
俊也　民鋤本或作助同仕魚反　閒暇音閑　之處昌慮反　講肆以四反字亦作
肆同　之行下孟反　齊明本又齍又作齋同音資注同器實曰齊　犧羊許宜反
爲五穀于僞反下爲農親爲爲之皆同　大蜡仕詐反　勞農力報反篇末勞賜同
以御牙嫁反迎也注同　吹豳彼貧反本亦作邠　以樂音洛　饁彼于輒反饋也
田畯子峻反本又作俊後篇同　至喜毛如字鄭爲饎饎酒食也尺志反下篇同　攘其
如羊反鄭讀爲饟式尚反讀也王如字　饋也巨愧反　從行才病反　禾易以豉反治
也徐以赤反　如茨徐私反積也鄭屋蓋也　之庾羊主反　如坻直基反水中中之高地

也如字又子賜反下皆同 有䔧吉老反 納稯作孔反 委積如字又然

僞反 年收手又反又如字 無疆居良反 無竟如字 大田

矜寡古頑反注皆同字或作鰥 既種章勇反此注及下注擇種並同 可墾苦很反

先相息亮反 土長丁丈反 冒莫報反 橛其月反 覃以冉反又以廉反

利也 俶載樂家並如字俶音尺叔反始也載事也鄭讀爲熾菑熾音尺志反菑音緇 栗音列注同

云讀如裂繻之裂 既皁才老反 不稂音郎又音梁童梁草也說文作蓈云禾粟之莠

生而不成者謂之童蓈也 不莠餘久反 去其起呂反注同 螟莫庭反 螣字亦作或

徒得反說文作蟘 蟊賊本又作蛑莫侯反爾雅云食苗心曰螟食葉曰螣食節賊食根蟊隨所食爲

名郭云皆蝗類也 田穉直吏反下同 秉如字執持也韓詩作卜卜報也 畀必二反與也

炎火于沾反說文于凡反 氣羸音盈 有渰本又作弇於檢反雲興貌漢書作黤

萋萋七西反雲行貌 興雨如字本或作興雲非也 祁祁巨移反徐也 雨

我下付反注內主兩同一本主作注兩如字不穫戶郭反斂穧上力檢反下才計反又子

計反穫也滯穗音遂秉把巴馬反故矜音鰥饋食音嗣勞

倦力報反禋祀音因以享許兩反徐又許亮反黝伊糾反黑也

瞻彼洛矣洛水名泱泱於良反深廣貌溉古愛反浸水子鴆反

灌溉古亂反韎音昧又亡界反韐音閤又古洽反有奭許力反赤貌茅

如字蒐所留反代韠音畢任音壬軍將子匠反下同紨衣音縕纁

裳許云反鞞字或作琕補頂反說文云刀室也琫字又作鞛必孔反佩刀削上飾有珌

字又作琿賓一反佩刀下飾珧音遙以蜃者謂之珧璗徒黨反字又作瑒音同爾雅云黃金謂之璗

璆音虯又巨樛反又音留反玉也沈舉康反又與畝反又渠幽反鐐音遼爾雅云白金謂之銀其美

者謂之鐐徐何盧到反又力弔反本又作璙亦音遼又力小反說文云玉也字書力召反鏐珌力幽反又力幼

反沈又力虯反黃金之美者郭云紫磨金士珕力計反說文云蜃屬能斷丁亂反篡

初患反殺之本亦作試同言試　裳裳者華裳裳猶堂堂也諂物擻反湑兮思敘反盛貌而治直吏反遠矣于萬反又如字

我覯古豆反見也芸其音云徐音運微見賢遍反有駁邦角反

四駱音洛沃若如字徐於縛反朝祀直遥反下及下篇同

桑扈音戶桑扈竊脂鳥也說文扈作雇鶯於耕反有文章也佼佼交卯反

樂胥毛如字皆也鄭徐思敘反有才知之稱之祜音戶才知音智下同屏卑郢反爲天下于僞反捍音汗患難乃旦反下患難同之翰戶旦反幹也百辟音壁注同君也之楨音貞不戢莊立反兕徐履反獸名觵古橫反罰爵也以兕角爲之其觩音虯本或作斛其樂音洛不憮火吳反敖五報反下文同

鴛鴦於袁反沈又音溫下於崗反又於良反鴛鴦匹鳥也止則爲耦飛則爲雙大平音泰畢揜於檢反性馴音巡又馴音脣獺勑轄反又

他末反戢其側立反斂也韓詩云戢其捷也捷其噣於左也無恐丘勇反乘馬王徐繩證反四馬也鄭如字下同在廄音救摧采卧反莝也秣音末穀馬也芻之楚俱反今莝采卧反韓詩云委也則委紆僞反猶食也與於音豫齊而側皆反本亦作齋盛饌士戀反滅焉古攬反艾之魚蓋反徐音刈綏之音土果反又如字頍弁缺婢反著弁貌說文云舉頭貌弁皮弁燕樂音洛卒章同燕又作宴如雨于付反卒章同朝服直遥反下皆同蔦音鳥說文音弔寄生草也爾雅云寓木宛童是也女蘿力多反在草曰兔絲在木曰松蘿又唐蒙施于以豉反下同弈弈音亦說音悅懌音亦本又作繹依怙音戶解懌音蟹何期本亦作其音基辭也王如字怲怲兵命反憂盛滿也霰蘇薦反消雪也字亦作霓樂酒音洛而摶徒端反死喪息浪反無幾居豈反注同復幾扶又反車舝胡瞎反車軸頭鐵也嬪

音疾又音自姤丁故反敗國必邁反又如字下注同思孌力兗反美貌有

齊側皆反下同美好之少女詩照反本亦作季女來括本又作佸

音活會也徐古闊反覯得音遘好呼報反注下並同維鷮音驕雉也無射

音亦猒也下同射猒於豔反下同相樂音洛析其星歷反柞薪子洛

反析之以爲薪湑兮思敘反茂盛也爲其于僞反下亦爲同必辟婢亦反又音璧

鮮我息淺反徐音仙善也覯爾古候反見女音汝行如是下孟反一

本無行字仰止本或作仰之景行下孟反注有明行同四牡茂口反騑騑芳非

孚非反調均音條有和胡卧反慰怨也於願反王申爲怨恨之義韓詩作以

慍我心慍恚也本或作慰安也是馬融義馬昭張融論之詳矣

青蠅餘仍反

營營如字往來貌說文作營云小聲也于樊音煩藩也方元反一本甫煩反

汙白汙辱之汙烏路反令力成反遠物于万反愷開在反悌音弟樂

音洛易也以豉反于榛士巾反又側巾反講我古豆反韓詩講亂也

賔之初筵音延席也媟息列反近附近之近沈如字直林反字或作耽都南反

湎莫衍反飲酒齊其色曰湎徐又莫顯反淫液音亦淫液者飲酒時情態也情態

他代反秩秩直乙反毛肅敬也鄭智也折旋之舌反知也音智下同肴核

上户交反下戶革反菹醢側俱反孔偕音皆舉醻市由反畋縣音玄

既抗苦浪反舉也斯張如字舉鵠户沃反鳿鵠也說文云鵠即鵲也小而難中又云

鵠者覺也直也射者直已志而棲音西著也梓人音子烝衎苦旦反其

非祭與音餘本作乎又作也並非發功音廢如字徐既比毗志反中的

丁仲反有勺音的質也本亦作的同以祈音其拾發其劫反更也飲不

於鴆反下同其爭爭鬬之爭籥舞余若反烝衎苦旦反以洽户夾反

反相應應對之應滌蕩徒歷反衎樂音洛下樂其湛樂喜樂下又曰樂並同

徧至音遍錫音析純嘏古雅反其湛荅南反樂也爾能如字徐奴代反又奴來反手仇毛音求匹也鄭讀爲𣂑音俱謂挹取酒登餕子峻反又復扶又反下皆同手挹一入反中者也張仲反人無次也一本人作又反反如字重慎也韓詩作昄昄音蒲板反善貌曰既音越下是曰皆同下章放此幡幡孚袁反失威儀也舍音捨其坐如字徐才臥反屢力具反數也注及下同本作婁僊僊音仙屢數音朔之態他代反率如此音類又所律反抑抑於力反慎密也怭怭毗必反又符筆反媟嫚也說文作佖平一反媟嫚息列反下音慢載號胡毛反注同載呶女交反僛僛起其反舞不能自正也注本正或作止按下傞傞是舞不止此宜爲正說文云醉舞也其郵音尤過也之俄五何反傾也廣雅云哀傞傞素多反舞不止也一音倉柯反號呼火故反讙呶呼端反下女交反箴之之林反欲令力呈反非惡烏路反式勿徐云毛如字又云用也鄭讀作慝他得反惡也大怠音泰徐勑

佐反 勿語 魚據反又如字 故爲 于僞反下同 顛 都田反本作傎 仆 何音赴一音蒲北反說文云頓也 語 魚據反 將恚 一瑞反怒也 俾出 如字徐尺遂反 童羖 音古

脅 許業反 矧敢 失忍反況也

魚藻之什第二十二

魚藻 音早水草也 鎬 胡老反 自樂 音洛篇內唯注八音之樂一字音岳餘並同

頒 符云反大首貌說文同韓詩云衆貌 著見 賢遍反 豈樂 本亦作凱同苦在反樂也下同 俊心 七全反改也沈又七旬反 有莘 所巾反長貌 有那 乃多反鄭安貌王多也

采菽 本亦作菽大豆也 侮慢 亡甫反 來朝 直遥反篇內皆同 數 色角反 徵 音懲 爲 于僞反 合 筐之 音匡 筥之 音舉 以芼 亡報反 則薇 音微 爲藿 火郭反 用鉶 音刑 羹 古衡反

乘馬 繩證反下注車乘駟乘同 玄衮 古本反玄衮冕服 及黼 音斧徐又音補 卷

龍 眷勉反下同本又作衮 黻 音弗 絺衣 知里反本又作黹同豬知反 鷩 必滅反冕也

毳 尺銳反毛也 韍 音必 沸 音弗韍沸泉出貌 檻泉 銜覽反徐下斬反爾雅云檻泉正出正出涌出也

其芹 巨斤反水菜也 爲菹 側魚反 絜清 如字一音才性反 其

旂 巨機反 淠淠 匹弊反徐孚蓋反又芳計反動也 嘒嘒 呼惠反中節也 載

驂 七南反騑馬曰驂 載駟 音四 所届 音界極也 中節 丁仲反 諸侯

將朝于王 一本無于字皆以王字絕句一讀諸侯將朝絕句以王字下屬 乘乘 上音承證

反下音繩 赤芾 音弗 在股 音古脛本曰股 邪 似嗟反注同 幅 音福偪也如今之行

縢 匪紓 音舒紓緩也 所予 音與 偪 彼力反 大古 音泰 之韠 音必

上廣 光曠反下同 長三 直亮反 脛本 胡定反 行縢 徒登反 解

怠 古賣反 樂只 上音洛下音止 申重 直用反下同 禮樂樂之

上音岳下音洛 維柞 子洛反又音昨木名 蓬蓬 步公反盛貌注同 殿天 多見反填

三五五

也注同鎮瞋填反又音珍本作塡平平婢延反辯治也韓詩作便便云閑雅之貌汎
汎芳劍反紼音弗爾雅云紼繂也繂音律纚力馳反綏也韓詩云綷也綷音才各反綏
也如誰反葵之其維反揆也膍頻尸反厚也韓詩作朏注同一
角弓而好呼報反騂騂息營反調利也沈又許營反說文作弲音火全反翩
其匹然反紲息列反弓鞁也檠音景弓匣也說文云榜也謂轉也胥息徐反易
以羊豉反傚矣戶教反綽綽處若反寬大也有裕羊樹反饒也爲
瘉羊主反病也一處昌慮反怨懟一瑞反比周毗志反爲駒
音拘鄙爭爭鬭之爭而孩本作咳戶才反許愼云小兒笑也幼稺音稚如
食音嗣注同宜如字本作儀注同韓詩云儀我也饇於據反飽也徐又於具反孔取
如字沈又音嬰宜令力呈反如飲於鴆反度待洛反所勝音升其量
音亮猱乃刀反沈乃蕘反援屬塗附如字毛著也鄭木桴也一猨屬音袁字或作猿

附著直略反下同　木桴音孚　有徽音暉美也　與屬音蜀注同讀者亦音

樹　亦樂音洛又音岳又五教反下樂善同　雨雪于付反注及下同　瀌瀌符嬌反徐

符彪反又方苗反雪盛貌　見如字下文同韓詩作曣於見反云曣見日出也　音晛乃見反日氣也

曰消音越下同韓詩作聿劉向同　始見賢遍反又如字　背下遐嫁反注甲下同又

如字　遺王申毛如字鄭讀曰隨　婁驕王力住反數也斂也徐云鄭音摟爾雅云裒鳩摟聚也沈

力俱反　如髦舊音毛尋毛鄭之意當與尚書同音莫侯反　之行下孟反

菀柳音鬱木茂也徐於阮反　不中丁仲反下注不中同　欲朝直遙反篇內同　甚

蹈音悼鄭作悼病也　自暱女栗反又女筆反徐乃吉反近也　俾予必爾反本

作畀使也後皆同　予極毛如字至也鄭音棘誅也　愒焉欺例反徐丘罽反息也　自

瘵側界反毛病也鄭音際際接也　亦傅音附至也　四裔延世反

都人士　長民張丈反注同　不貳音二變易無常謂之貳　從容七容

反從容休燕也不復扶又反下注同倡率色類反朝夕直遙反出言如字

士行下孟反下文行歸注操行同則衣於旣反過差初賣反又如字所望如字協韻音亡臺如字爾雅作臺草名笠音立緇側基反撮七活反太須音奇本亦作扶綢直直留反密也密致直置反本亦作緻無隆俗本作降殺也所界反

反又所例反我不見第二章作不見後三章作弗見一本四章同作不字不說音悅琇音秀實音秀徐又音談爲瑱他見反尹吉毛如字鄭讀爲姞其吉反又其乙反菀結於粉反屈也積也徐音鬱又於阮反垂帶音帶本亦作帶而厲毛如字帶之垂也鄭當作裂音列

卷髮音權注及下同如蠆勑邁反又勑界反蠆蟲也通俗文云長尾爲蠆短尾爲蠍蠍音虛伐反如鞶薄寒反螫蟲音釋本又作蠚呼莫反未揵其言反又音虔漢書音義云舉也又渠偃反一音其蹇反曲上時掌反有旟音餘揚也何盱香俱反病

采綠綠王芻也憂思息嗣反下皆同一匊弓六反兩手曰

匊注本或一手曰匊 王芻楚俱反草也 易得以豉反 曲局其玉反卷也 卷
也音權下同又眷勉反沈其言反 采藍盧談反沈力甘反染草也 一襜尺占反衣蔽前謂之
襜郭璞云今之蔽膝 不詹音占至也 于狩尺救反 言韔勑亮反弢也沈治亮
反本亦作卷 于釣音弔 言綸音倫 釣繳音灼亦作繳同 狩與音餘
下同 爲之于僞反下同 維魴音防 及鱮音敘 觀者古玩反多也注同韓
詩作夥 多技其綺反
黍苗 膏潤古報反下同 召伯上照反下同 芃芃蒲東反長大貌
一音扶雄反 長大張丈反 勞之力報反注及下篇注同 營謝一本作營謝邑
將徒役一本作將師旅 勞來音賚 勸說音悅又始鋭反 我任音壬
注同 我輦力展反沈力連典反 轉餫音運本又作運 有輓音晚 牽傍
薄浪反 所爲于僞反 士卒尊忽反一本作上衆 師從才用反下同 十

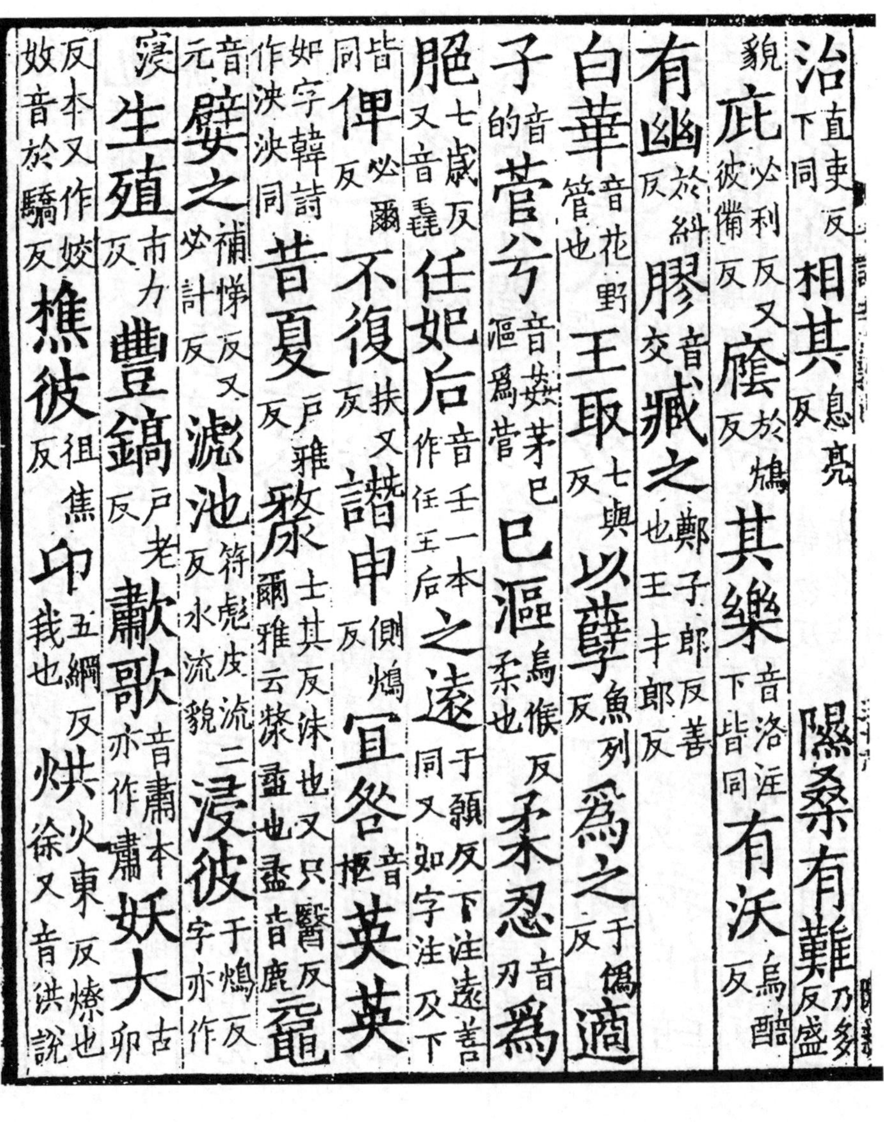

治直吏反下同　相其息亮反　隰桑有難乃多反盛貌　庇必利反又彼備反　蔭於鴆反　其樂音洛注下皆同　有沃烏酷反　有幽於糾反　膠音交　臧之鄭子郎反善也王才郎反　白華音花野管也　王取七具反　以孽魚列反　爲之于僞反　適子音的　菅兮音姦茅已漚爲菅　已漚烏候反柔也　柔忍音刃　爲脃七歲反又音毳　任妃后音壬一本作任王后　之遠于願反下注遠善同又如字注及下皆同　俾必爾反　不復扶又反　譖申側鴆反　冝咎音柩　英英如字韓詩作泱泱同　昔夏戶雅反　漦士其反沫也又只醫反爾雅云漦盝也盝音鹿　黿音元　嬖之補悌反又必計反　滮池符彪皮流二反水流貌　浸彼子鴆反字亦作寖　生殖市力反　豊鎬戶老反　歗歌音嘯本亦作嘯　妖大古卯反本又作姣姣音於驕反　樵彼徂焦反　卬五綱反我也　烘火東反燎也徐又音洪說

文臣凶甘凶二反孫炎音恭　于煁市林反烓也　燎也音了又力召二反　烓

竈音恚又丘弭反郭云三隅竈也說文云行竈也呂沈同音口潁反何康瑩反顧野王口井烏攜二反

以炊昌垂反注同　饔於恭反　饎尺志反　之爨七亂反　食人

韻音　用炤音照　卑賤如字下又卑兮并注同　聲聞音問　形見賢遍

反　懆懆七感反說文七倒反云愁不申也亦作慘慘　邁邁如字不說也韓詩及說文

並作怖怖乎吠反又乎葛反又匹代反韓詩云意不說好也許云很怒也　不說音悅下同　育

鶖音秋禿鶖也　有鶴呼各反　禿吐木反　鶴　絜音結　餒

奴罪反　近惡附近之近　不別彼列反　相下遐嫁反下同　令我力成

反　有扁邊顯反又必淺反乘石貌乘石者登車所履之石　疷兮徐都禮反又[illegible]

支反病也　緜蠻面延反下如字緜蠻小鳥貌　飲食上於鴆反下音嗣下同

向音同注如字　末介音界　賙音周　瞻市豔反　之處昌慮反　我罷音皮下同

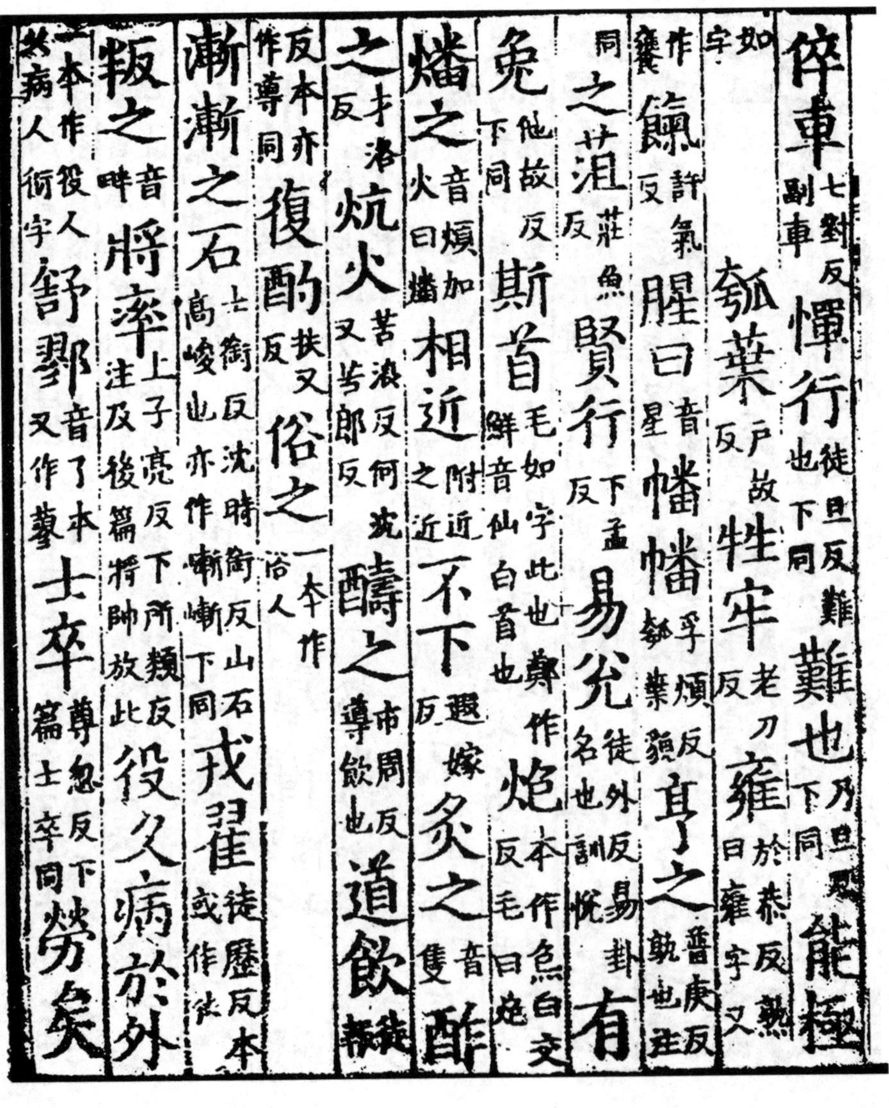

倅車七對反副車　憚行徒旦反下同　難也乃旦反下同又能極如字

瓠葉戶故反　牲牢老刀反　饔於恭反熟曰饔字又作餼

餼許氣反　腥曰音星　膰膰音煩又作鐇　亨之普庚反孰也注同

之菹莊魚反　賢行下孟反　易兌徒外反易卦名也訓悅　有免他故反下同

斯首毛如字此也鄭作鮮音仙白首也　炮本作炰白交反毛曰炮

燔之音煩加火曰燔　相近附近之近　不下遐嫁反　炙之音隻　酢之才洛反

炕火苦浪反又苦郎反何沈　醻之市周反導飲也　道飲徒報反本亦作導同

復酌扶又反　俗之一本作俗人

漸漸之石士銜反沈時銜反山石高峻也亦作嶃嶃下同　戎翟徒歷反本或作狄

叛之音畔　將率上子亮反下所類反注及後篇將帥放此　役久病於外一本作役人然病人衍字

舒鄝音了本又作蓼　士卒尊忽反下篇士卒同　勞矣

三六二

如字孫毓云鄭音遮而上時掌反卒服寸忽反皇朝直遥反注同人

罷音皮其卒毛子卹反竟也鄭在律反崔罪回反嵬五回反本作崔之

處昌慮反下同令力呈反下注同出使所吏反白蹢音的蹄也鄭都歷反烝

之丞反涉將久雨一本作天將雨能水奴代反本又作耐曰駭戶楷反爾

雅說文皆作豥古哀反尤躁子到反今離力智反其繒在陵反爾雅豕所寢

曰繒方言作橧從木音同波連音連一本作漣力安反勇悍下旦反滂普郎反

沱徒河反注同噣也直角反又音畫本又作濁先見賢遍反它音他

苕之華音條徐音韶苕陵苕草名下音花王距音巨其難乃旦反下之難

同近危附近之近芸其音云沈音運諸夏戶雅反下同罷病

音皮青青子零反注同爲鄣章亮反葉見賢遍反下同牂羊

子桑反墳首扶云反大也在罶音柳本又作䍡寡婦笱也牝羊頻忍反之

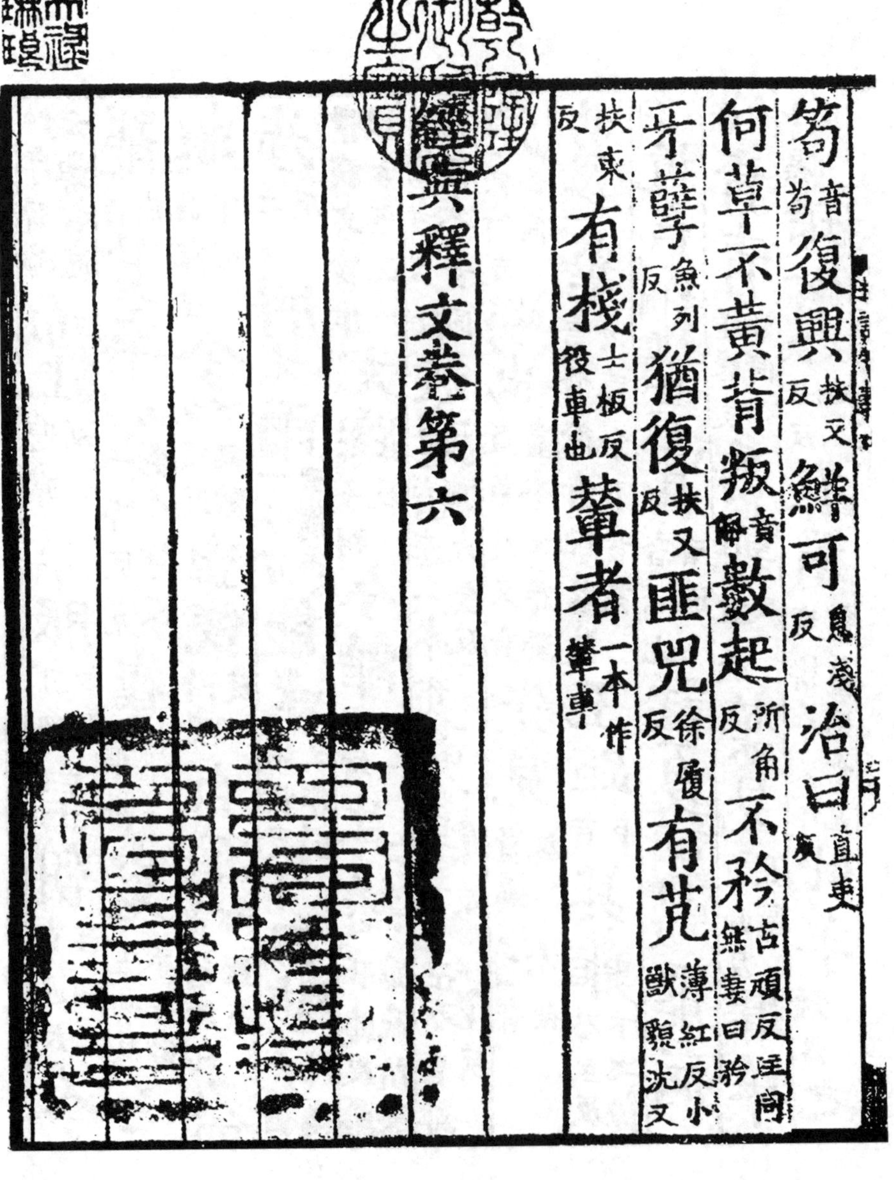

笱音笱 復興扶又反 鮮可息淺反 治曰直吏反

何草不黄 背叛音畔 數起所角反 不矜古頑反注同無妻曰矜

孑孽魚列反 猶復扶又反 匪兕徐履反 有芃薄紅反小獸貌沈又

扶東反 有棧士板反役車也 輦者一本作輦車

毛詩釋文卷第六

五福五代堂古稀天子寶

八徵耄念之寶

太上皇帝之寶

五福五代堂古稀天子寶

八徵耄念之寶

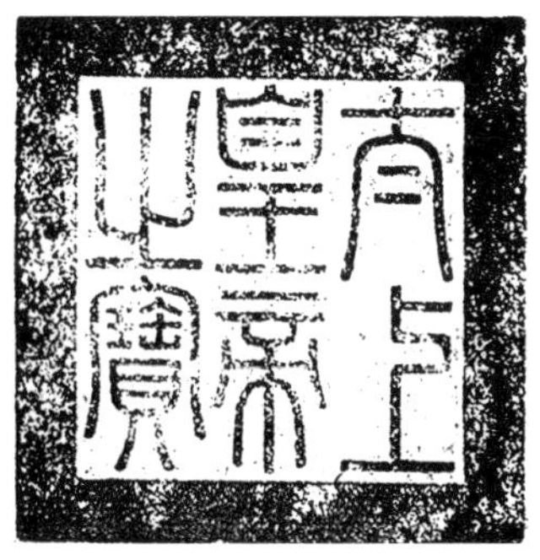
太上皇帝之寶

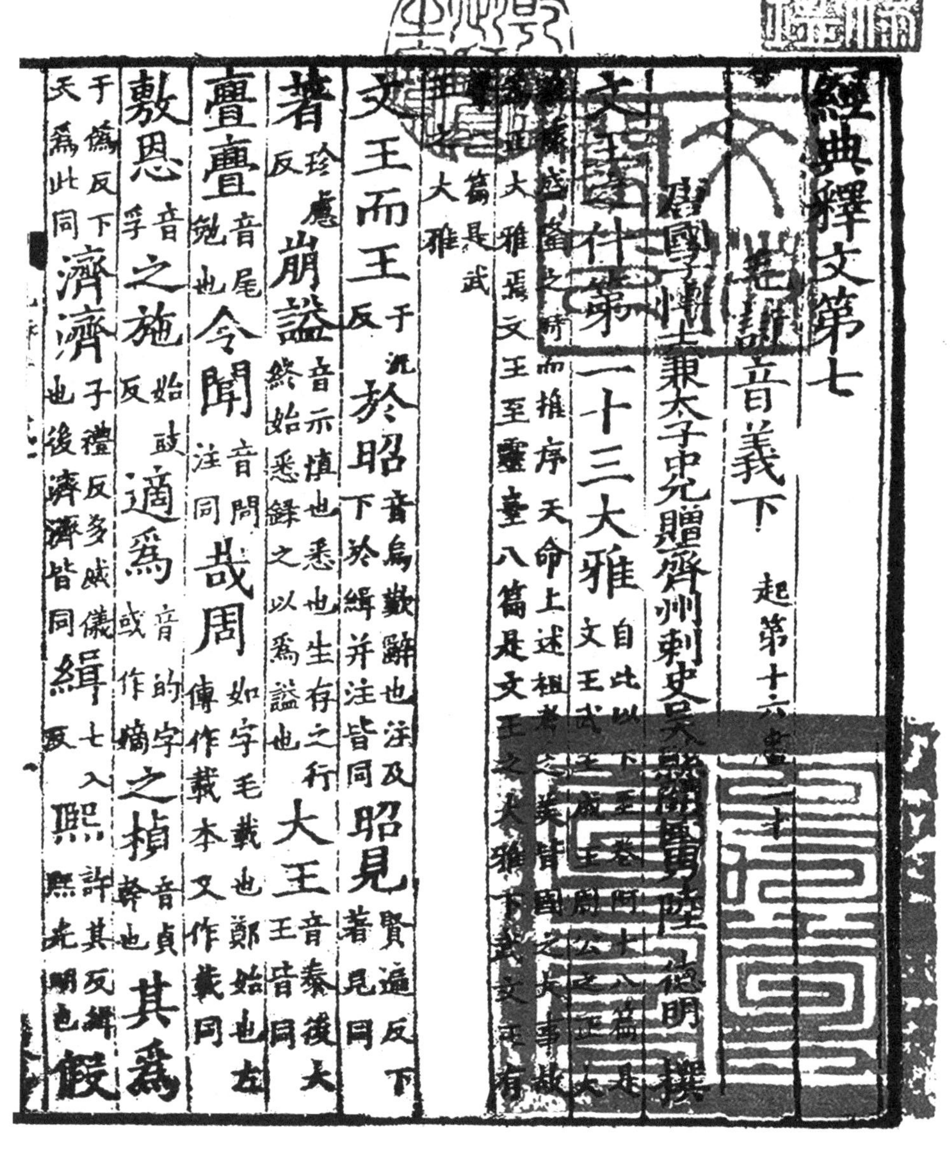

經典釋文第七　毛詩音義下　起第十六盡二十

國子博士兼太子中允贈齊州刺史吳縣開國男陸德明撰

文王之什第二十三大雅　自此以下至卷阿十八篇是文王武王成王周公之正大雅據盛隆之時而推序天命上述祖考之美皆國之大事故為正大雅焉文王至靈臺八篇是文王之大雅下武文王有聲二篇是武王之大雅

文王而王于況反　於昭音烏歎辭也注及下同　昭見賢遍反下著見同　著珍慮反　崩謚音示慎也悉也生存之行終始悉錄之以為謚也　大王音泰後大王王音同　亹亹音尾勉也　令聞音問注同　哉周如字毛載也鄭始也左傳作載本又作載同　敷恩音孚　之施始豉反　適為音的字或作嫡　之楨音貞幹也　其為于偽反下天為此同　濟濟子禮反多威儀也後濟濟皆同　緝七入反　熙許其反緝熙光明也　假

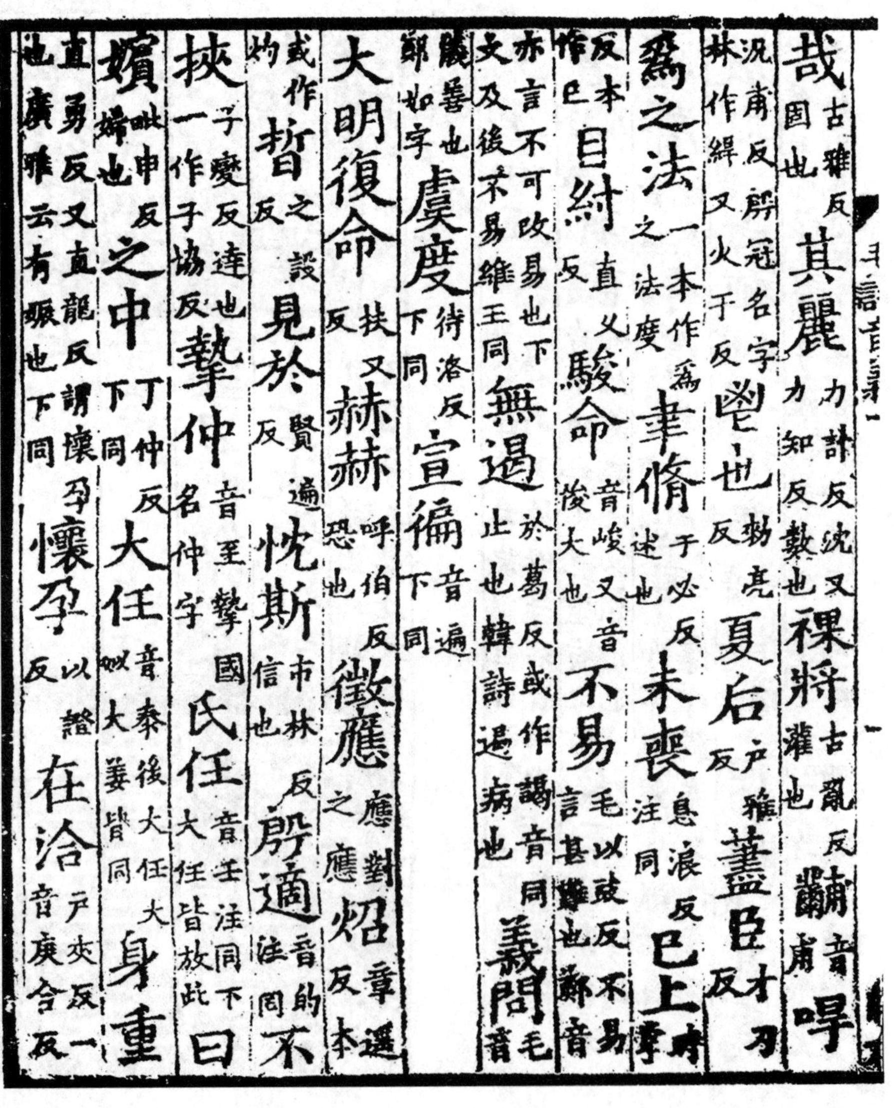

哉古雜反固也 其麗力計反沈又力知反數也 裸將古亂反灌也 黼音甫 哻況甫反殷冠名字林作縡又火于反 鬯也勑亮反 夏后戶雅反 藎臣才刃反 爲之法一本作爲之法度 聿脩于必反述也 未喪息浪反注同 已上時掌反本作巳 目紂直又反 駿命音峻又音俊大也 不易毛以豉反不易言甚難也鄭音亦言不可改易也下文及後不易維王同 無遏於葛反或作謁音同止也韓詩遏病也 義問毛音儀善也鄭如字 虞度待洛反下同 宣徧音遍下同

大明 復命扶又反 赫赫呼伯反恐也 徽應之應 應對 炤章遥反本或作灼 哲之設反 見於賢遍反 忱斯市林反信也 罙適音的注同 不挾子燮反達也一作子協反 摯仲音至摯國名仲字 氏任音壬注同下大任皆放此 曰嬪毗申反婦也 之中丁仲反下同 大任音壬後大任大姒大姜皆同 身重直勇反又直龍反謂懷孕也廣雅云有娠也下同 懷孕以證反 在洽戶夾反一音庚合反

水名也索隱湖有郃陽縣應劭云在郃水之陽郃音戶荅反在渭音謂水名之涘音上水涯也合
妃音配字亦作配下皆同則爲于僞反下爲亦爲同之處昌慮反俔牽遍反磬也徐又下
顯反說文云辟譬也韓詩作磬磬辟也親迎魚敬反造舟七報反又七道反毛云天子造舟方
言云浮梁也廣雅作艄音同說文艄古造字一音才早反煇音暉纘女子管反繼也維莘
所巾反大姒國也長子張丈反注同保右音祐助也字亦作佑注同燮伐蘇接反和
也協戶頰反會古外反牧野州牧之牧徐音目在朝歌南七十里是周武王與紂戰於
牧野之地維予毛羊慧反鄭羊吕反不爲于僞反又如字陳於如字又直刃反洋洋
音羊廣也檀車徒丹反煌煌音皇明也駟騵音元駵馬白腹曰騵駵馬音留涼
彼本亦作諒同力尚反佐也韓詩作亮云相也大師音泰鷙之利反上將子匠反
肆伐音四毛疾也鄭故今也師帥所類反亦作率坶誓音牧本又作牧昧爽
音昧

緜彌延反本由一本無由字大王也序舊無注本或有注者非瓜古華反瓞田節
反瓝也韓詩瓝小瓜也沮七余反漆音七毛云沮漆二水名瓝蒲剥反小瓜也長大
張丈反嚳苦毒反高辛氏帝也之曽直又反封邰他來反王業于況反亦
如字後王業同亶都但反父音甫本亦作甫陶音桃復音福注同累土於地上也說文
作覆或朋以名言絕句翟音狄屬其音燭岐其宜反其壤而丈反
鑿在洛反爲二于僞反來朝直遙反水滸呼五反水涯辟惡
音避本亦作避後放此相可息亮反賢知音智膴膴音武美也韓詩同堇
音謹毛菜也案廣雅云堇藋也今三輔之言猶然藋音徒弔反荼音徒苦菜如飴音移爰
契苦計反開也本又作挈一音苦結反灼之略反廼疆本亦作壃同居良反注及後放此
廼宣如字鄭云時耕日宣王云徧畢立必爾反本亦作俾注同後皆放此位處
昌慮反其繩如字本或作乘案經作繩傳作乘箋云傳破之乘字後人遂誤改經文縮

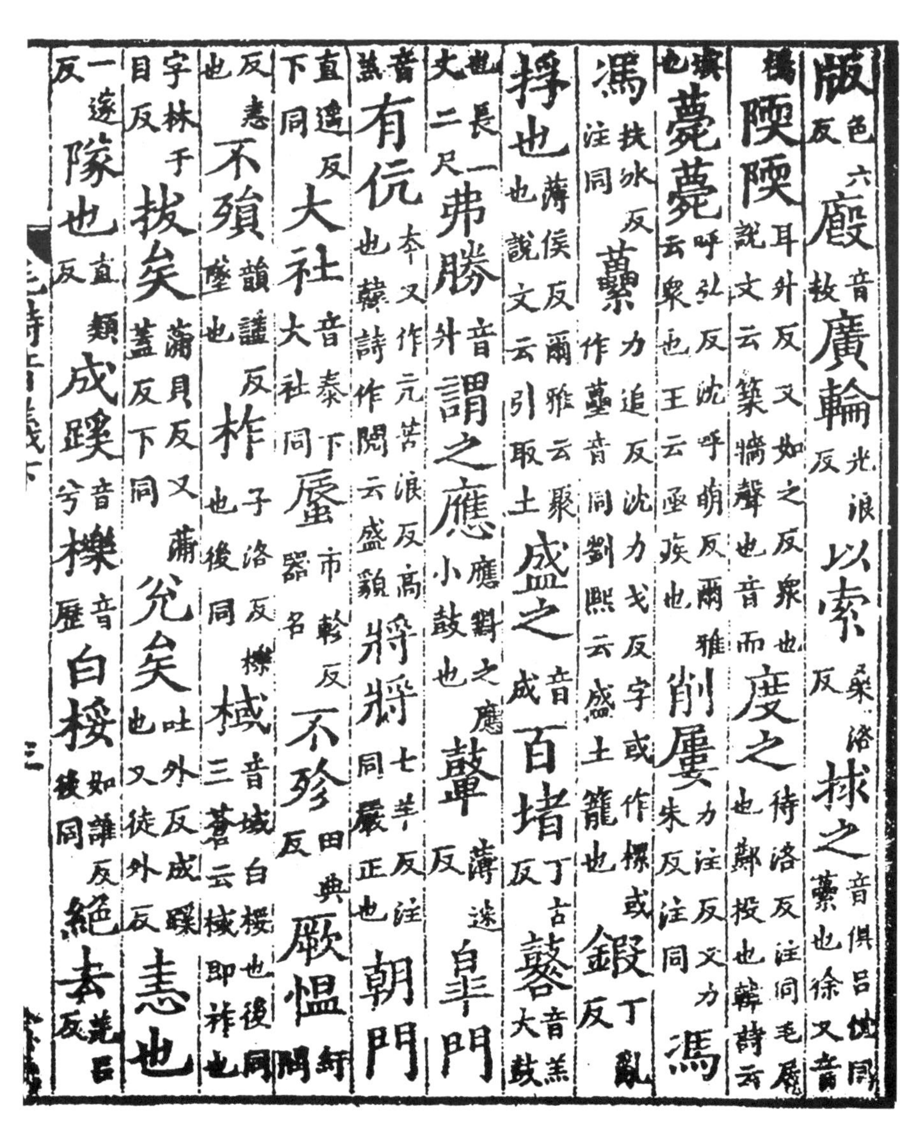

縮色六反廏音救廣輪光浪反以索桑洛反捄之音俱吕忱同虆也徐又音

鳩陾陾耳升反又如之反衆也說文云築牆聲也音而度之待洛反注同毛凥也鄭投也韓詩云

填也薨薨呼弘反沈呼萌反爾雅云衆也王云亟疾也削屢力注反又力朱反注同馮

馮扶冰反注同虆力追反沈力戈反字或作樏或作蘽音同劉熙云盛土籠也鍛丁亂反

捊也薄侯反爾雅云聚也說文云引取土盛之音成百堵丁古反鼛音羔大鼓

也長一丈二尺弗勝音升謂之應應對之應小鼓也鼛薄遂反皐門

音羔有伉本又作亢苦浪反高也韓詩作閌云盛貌將將七羊反注同嚴正也朝門

直遙反下同大社音泰下大社同蜃市軫反器名不殄田典反厥慍紆問

反恚也不殞韻謹反墜也柞子洛反櫟也後同棫音域白桵也後同三蒼云棫即柞也

字林于目反拔矣蒲貝反又蒲蓋反下同兌矣吐外反成蹊也又徒外反恚也

一遂反隊也直類反成蹊音兮櫟音歷白桵如誰反後同絕本莞吕反

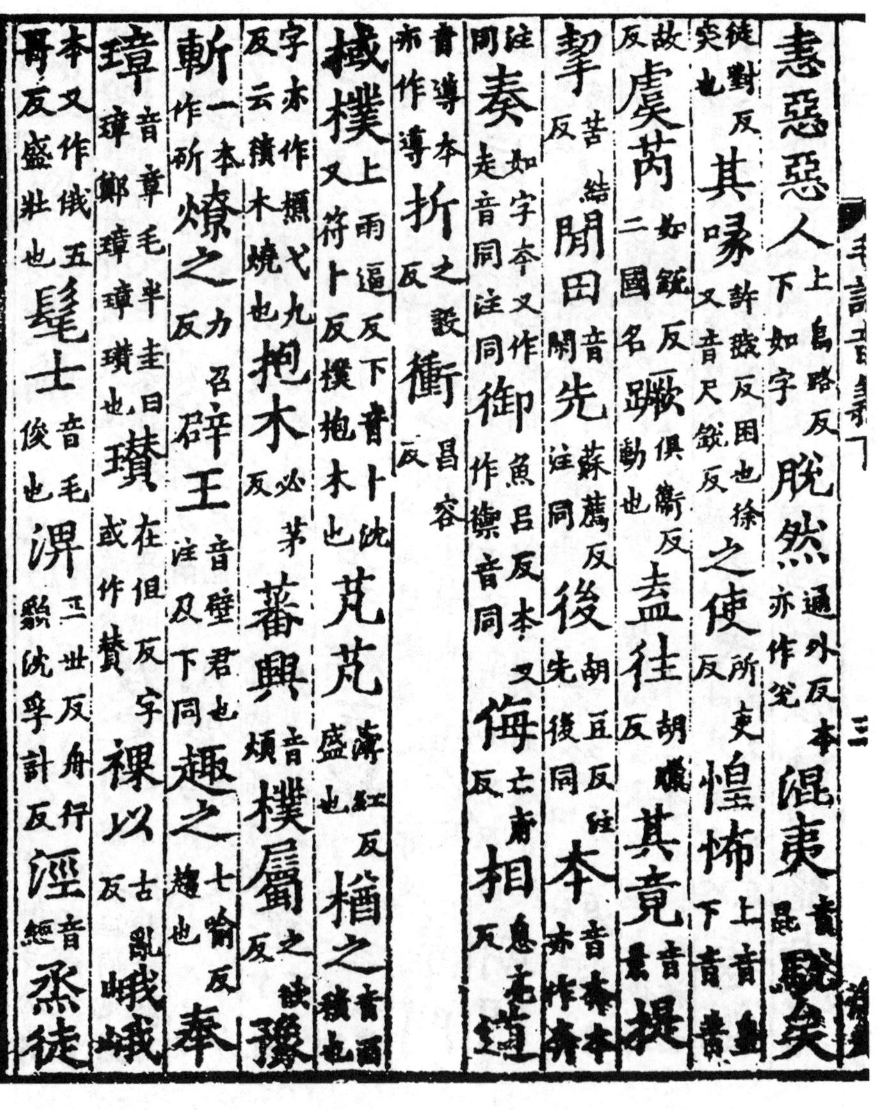

惷惡惡人上烏路反下如字　脫然通外反本亦作兌　混夷音昆　駾矣徒對反突也　其喙許穢反困也徐又音尺銳反　之使所吏反　惶怖上音皇下音普故反　虞芮如銳反二國名　蹶俱衛反動也　盍往胡臘反　其竟音境　提挈苦結反　閒田音閑　先蘇薦反注同　後胡豆反注先後同　本音奔本亦作奔　注同　奏如字本又作走音同注同　御魚呂反本又作禦音同　侮亡甫反　相息亮反　道音導本亦作導　折之設反　衝昌容反

棫樸上雨逼反下音卜沈又符卜反樸抱木也　芃芃薄紅反盛也　槱之音酉積也字亦作櫌弋九反云積木燒也　抱木必茅反　蕃興音煩　樸屬之欲反　豫斬一本作所　燎之力召反　辟王音壁君也注及下同　趣之七喻反趨也　奉璋音章毛半圭曰璋鄭璋瓚也　瓚在但反字或作贊　祼以古亂反　峨峨本又作俄五何反盛壯也　髦士音毛俊也　淠匹世反舟行貌沈孚計反　涇音經　烝徒

之丞反　楫之　音接櫂也徐音集方言云楫謂之橈或謂之櫂郭注云楫橈頭索也所以縣櫂謂之楫說文云
楫舟櫂也釋名云在旁撥水曰櫂又謂之楫　櫂也　直教反　倬　陟角反大也　追　對迴反雕也毛云金
曰雕鄭云亦治玉也注同　琢　陟角反治玉也注同　雕　都挑反　其相　如字一云鄭息亮反　研
倪延反　其好　呼報反　而樂　音洛下同　罔罟　音古
旱麓　戶但反下音鹿本亦作鹿旱山名麓山足　榛　側巾反字林云木叢又仕人反　楛　音戶
草木疏云楛木莖似荊而赤其葉如蓍上黨人篾以爲筥箱又磁以爲釵也　豈樂　音洛下同
被其　皮偽反　豈弟　本亦作愷又作凱苦亥反弟亦作悌徒禮反一音待豈樂也弟易也
後豈弟皆同　樂易　以豉反下同　瑟彼　所乙反絜鮮貌字又作璱　黃金所
以流鬯也　一本作黃金所以爲飾流鬯也是後人所加　秬　音巨黑黍　鬯　勑亮反以
黑黍米擣鬱金草取汁而煮之和釀其酒其氣芬香調暢故謂之秬鬯　爲勺　上灼反字或作杓　攸
降　如字下也又戶江反注同　鳶飛　悅宣反　鴟　尺戶反　騂牡　息營反字林火營反

畜頊香又反以享許丈反徐許亮反以介音界後同所燎力召反又力弔反説

文作尞一云柴祭天也又云燒柴焚火也字林同尞音力召反燎音力小反熂許氣反芟草燒之曰熂何

沈盧刈反所勞力報反注同勞來力代反本亦作倈同佑助音又藟力軌反字

又作蒸同施于以豉反注同枚莫回反延蔓音萬

思齊側皆反本亦作齋齋莊也下同思媚美記反後同愛也沈音眉德行下孟

反見其賢遍反徽音許韋反美也恫音通痛也𣧑禍音凶本又作凶

刑于刑法也韓詩云刑正也以御毛牙嫁反迎也鄭魚據反治也適妻丁歷反

兄勗許玉反下同辟必亦反下同廱於容反無射毛音亦厭也鄭食夜

反射藝保安無斁也於豔反下同一本作烈毛如字業也鄭作厲力世

反又音賴病也假古雅反大也不瑕毛音遐遠也鄭古雅反已也之行下孟反下皆同

孝弟音悌本亦作悌諫爭爭鬭之爭無斁毛音亦厭也鄭作擇髦俊也

一本此下更有古之人無斁於有譽之俊士也此王肅語　故令　力成反　俊乂　音刈
皇矣　一本無矣字　天監代殷莫若周　絶句　周世世脩德　王天下
一讀莫若周世絶句周世脩德爲一句一本無下一世字義並通崔集注莫若周也世世脩德
往況反下追王當王同　其政　如字政政教也鄭作正正長也　爰究　九又反　爰度　待洛
反篇內皆同毛居也鄭謀也　謂夏　戶雅反下文長夏并注同　正長　張丈反篇內皆同　共
也　音恭下同　其行　下孟反　耆之　巨夷反毛惡也鄭云老也　式郭　苦霍反大
也又如字本又作廓　乃眷　本又作睠又作劵並音卷同　須假　戶嫁反本又作嘏　浸
大　子鴆反　屏之　必領反除也　菑　本又作甾側吏反又音緇木立死也韓詩云反草也
翳　於計反毛云自斃爲翳爾雅云木自斃神蔽者翳郭云相覆蔽韓詩作殪云因也因高填下也
神音申　灌　古亂反木叢生　栵　音例又音列栭也　辟之　婢亦反沈必亦反　檉　勅貞
反河柳也　椐　羌居反樻也字林紀庶反又音舉　攘之　如羊反　剔之　他歷反字或作鬄又

作㮽同　檿烏簟反山桑也　柘章夜反　自斃婢世反本或作蔽必世反　栭音而舍人
注爾雅云江淮之間呼小栗爲栭栗　樻去愧反又去軌反何音匱草木疏云節中腫以扶老即今靈壽是也
今人以爲馬鞭及杖　險隘於懈反　刋除苦干反　串夷古患反毛云習也鄭云串
夷混夷也一本作患或云鄭音患　混夷音昆　路瘠在昔反詩本皆作瘠孫毓評作應後之解
者僉以瘠爲誤　以應應對之應下應和同　厥配本亦作妃音同注同　媲普惠反配也郭
璞音譬字林匹地反　又爲于僞反下爲生明君爲之位後同　省昔井反善也　斯拔
蒲貝反　斯兌徒外反易直也　易以豉反下施易同　大伯音泰注大伯同　著珍慮
反　傳世直專反　貉本又作貊武伯反靜也德正應和曰貉左傳作莫音同韓詩同云莫
定也　勤施始豉反　王此如字鄭云君也徐于況反　比必里反　徧復音遍　帝
祉音恥　施于以豉反注同易也延也　畔援毛音袁取也又于願反鄭胡喚反畔援拔
扈也韓詩云畔援拔扈也　歆許金反　羨錢面反　誕但且反大也　拔蒲末反下同字

或作踐　扈音戶　阮魚宛反　徂共音恭注同毛云徂往也共國名鄭云徂共皆國名　赫虎格

反　斯怒毛如字此也鄭音賜盡也　以按安旦反本又作遏安葛反此二字俱訓止也　周

祜音戶　鄉周本又作嚮許亮反下同　阮疆居良反注同　脊井亦反　而令

力成反　重言直用反　鮮息淺反又音仙毛小山別大山曰鮮鄭善也　別大彼列反

見於賢遍反　詢爾音荀　鉤古侯反又古侯反鉤梯也　援音袁　臨如字韓詩

作隆　衝呂容反衝衝車也說文作幢幢陷陣車也　崇墉音容城也　鉤梯他兮反　執

訊音信言也字又作說又作許並同　馘古獲反獲也字又作聝殺而獻其耳也字林截耳則作耳

傍獻首則作首傍　是類如字本或依說文作禷　是禡馬嫁反師祭名　動搖如字

一音羊照反　致其社稷羣神本或作羣臣　孽孽魚列反又五葛反　茀

茀音弗強盛　仡仡魚乙反韓詩云搖也說文作忔　肆音四毛云疾也鄭云犯突也　無拂符弗

反鄭佹也王違也　擊刺七亦反　佹也九委反突也　無復扶又反

靈臺神之精明稱靈四方高曰臺靈臺所以觀祲象察氣之妖祥也杜預注左傳云靈臺在始平鄠縣今屬京
兆府所管昆古門反鄭注禮記云明也蟲直弓反本或作虫非冥也亡丁反冥冥無知貌字林云幽也又
亡定反祲子鴆反陰陽氣相侵漸成祥觀臺古亂反下觀臺觀同經度待洛反下
同應天應對之應言說音悅勿亟居力反亟急也靈囿音又徐于目反麀
音憂麀牝牝也頻忍反之處昌慮反濯濯直角反娛遊也翯翯戶角反肥
澤也字林云鳥白肥澤曰翯翯下沃反喜樂音洛下文於樂注喜樂皆同靈沼之邵反池也
於牣音刃滿也魚躍羊略反皆跳徒彫反虡音巨植曰虡樅徐七凶反
又音衝衝牙也沈又音子容反賁符云反字亦作鼖大鼓也鏞音容大鍾也於論於音烏鄭
如字下於樂於論皆同論音盧門反思也一云鄭音倫下同辟音璧水旋丘如璧注同植者
恃職反曰栒旬尹反栒者曰栒所以縣鍾鼓以縣音玄鼉徒河反沈又音檀毛云魚屬草
木疏云形似蜥蜴四足長丈餘甲如鎧皮堅厚宜冒鼓逢逢薄紅反和也埤蒼云鼓聲也亦作韸徐音豐

矇音蒙有眸子而無見 瞍依字作叟蘇口反無眸子也字亦作瞍說文云無目也字林先公反云目有眸無珠子也 眸子莫侯反

下武 復受扶又反 王業于況反 哲王張列反本又作悊又作喆皆同 知也音智下同 登假音遐已也本或作遐 成王如字又于況反 此爲如字 來許王如字鄭音賚賚勤也下篇來孝同 之枯音戶下同

文王有聲 遹尹橘反述也又音述 駿音峻大也 觀厥古亂反多也注同 令聞音問本亦作問 烝哉之承反君也韓詩云美也 以應應對之應 淢況域反溝也成閒有淢廣深八尺字又作洫韓詩云洫深池 匪亟居力反下亟同或作棘 其慾音欲本亦作欲 廣古曠反 深尸鴆反 之行下孟反 伊濯直角反大也韓詩云美也 之垣音袁 維翰戶旦反幹也徐音寒 維辟音璧君也注及下昔同又音婢亦反法也 亦汜芳劒反字亦作汎 濫力暫反 大王此及下言大王者並如字 必挈苦計反本又作契或苦結反 有芑音起草也 詒厥以之反傳也 孫謀王申毛如字鄭音遜順也 猶傳

直專反下同

生民之什第二十四自生民至卷阿八篇成王周公之正大雅

生民姜嫄音原姜姓嫄名有邰氏之女帝嚳元妃后稷母也鄭云高辛氏之世妃克禋音因毛敬也鄭祭天名以弗音拂去也注同去也起呂反下同禖音梅下同祠于

嗣絲反本亦作祀九嬪婢人反韣音獨弓衣祓也音拂又音廢下同齊肅

側皆反本亦作齋篇末齊敬同武敏密謹反毛疾也鄭拇也歆許金反毛饗也鄭歆歆然攸

介音戒毛大也鄭左右也載震貞眞反毛動也鄭有娠也而見賢遍反齊敏

側皆反又如字敏如字毛云疾鄭云拇也育長張丈反下同拇也音母足大指介

右如字指處昌慮反不復扶又反下故復同誕彌面支反終也如達他末

反注同毛云生也鄭云羊子也說文云小羊也沈云毛如字言易以豉反下同不坼勑宅

反不副孚逼反說文云分也字林云判也匹六反無菑音災注同寘之之豉反置也下

同隘於懈反 巷戶降反 腓符非反避也 藉之在夜反 呱矣音孤泣声
也尚書云啓呱呱而泣是也 覃徒南反本或作譚毛云長也鄭云始能坐也 訏况于反毛大也
鄭張口嗚呼也 匍音蒲又音符本亦作扶 匐蒲北反又音服本亦作服 岐其宜反知意也 嶷
魚極反識也說文云竹凝云小兒有知 覃長張大反或如字 識別彼列反 蓺之魚世反樹
也 荏菽而甚反叔或作菽音同毛云荏叔戎菽也鄭云戎叔大豆也郭璞云今胡豆是 旆旆
蒲貝反長也 穟穟音遂苗美好也 幪幪莫孔反茂盛也 瓜天田節朩反 唪唪
布孔反徐又薄孔反多實也 長也如字又張丈反 有相■亮反注同助也 茀厥音弗治也
韓詩作拂拂弗也 實種支勇反注種雜種種生不雜下嘉種恭注同 實褎徐秀反長
也 實穎營井反穗也尚書云唐叔得禾異畝同穎是也 有邰他來反后稷所封國也今在京
兆武功縣 維秬音巨黑黍也 秠孚鄙反亦黑黍也一稃二米又孚悲反郭芳婦反 穈音門赤苗
也爾雅作虋同郭亡偉反赤粱粟也 芑音起白苗也徐又巨巳反郭云白粱粟也 稃芳于反字書云䴸榑

也天應應對之應故爲于僞反下天爲巳同恒之古鄧反徧也本又作亘是穫

郭尺是任音壬注同肇祀音兆毛始也鄭郊之神位也徧音遍下同舂傷容反

揄音由又以朱反抒臼也說文作舀弋紹反簸波我反蹂音柔叟叟所留反字又作

溲濤米聲也爾雅作溞音同郭音騷烝之之丞反浮浮如字氣也爾雅說文並作烰云

米也持食汝反蒼頡篇云取出也穅者音康字亦作康米秀作康非淅米星歷

反說文云汏也汏音大將復扶又反於鑿子洛反精米也字林作毇云糲米一斛舂爲八

斗也子沃反簋音軌簠音甫取羝都禮反牡羊也字亦作牴軷蒲末反道祭也說文云出

必告道神爲壇而祭爲軷字林同父末反燔音煩傳火曰燔後皆同位音利又音類芟所銜反

獮息淺反既奠徒練反爇如悅反馨呼■反傅音附貫古亂反

諏足須反謀也卬五郎反我也盛音成注同其香一本作馨亶都但反誠也菹

莊居反醢音海上行時掌反以迄許乙反至也

行葦韋鬼反行道也葦草也　耇音苟爾雅云耇壽也　凍梨利知反又力兮反方言云

凍梨老也　敦史如字本又作惇同　敦彼徒端反聚貌注同　泥泥乃禮反注同張揖作苨苨

云葦廬也　爲此于僞反注內爲設同　之筵以然反席也鋪陳曰筵藉之曰席　年稱直吏反

有緝七習反　重席直龍反下同　踧子六反　踖子亦反　或酢才洛反　奠

斝古雅反又音嫁爵名也夏曰醆殷曰斝周曰爵　夏曰戶雅反　醆側簡反字或作琖同　醓他感

反肉醬也鄭注儀禮云醓汁也　醢呼改反　脾婢支反　臄渠略反函也字或作醵　或咢

五洛反毛云徒歌曰咢爾雅云徒擊鼓謂之咢徒歌謂之謠　函胡南反何又戶感反本又作胭同說文云

函舌也又云口裏肉也通俗文云口上曰臄口下曰函　比於毗志反　炙用者夜反　斁

弓音彫畫弓也注及下同徐又都雷反　鍭音候又音侯矢名　鈞規句反　舍矢音捨注同　參

亭七南反　中藝丁仲反下皆同　可與音預下與爲同　者一本直云可者無與字

瞿俱縛反　相息亮反瞿相圃名　之圃布古反又音布　觀者古亂反又音官　如堵

丁古反　奔軍音奮，奮敗也　之將子匠反　序點都簟反　揚觶之豉反　爵

三升　名容　語魚據反　孝弟音悌　耆耋徒節反　好禮呼報反，下皆同　者不

弗武反，下同　耄莫報反，字或作薹，同，八十曰耄　勤音其　百年曰期頤　僅其靳反　既句

古豆反，說文作彀，張弓曰彀　既挾子協反，又古合反　一个古賀反　已徧音遍　維

醹如主反，厚也，說文：厚酒也，字林同音，女父反　大斗字又作枓，都口反，徐又音主　三尺也

謂大斗之柄也　有醇音淳　台背湯來反，徐又音臺，台背，大老也，爾雅云：壽也　鮐湯來反，魚

名一　音夷　維祺音其，吉也　以介音戒，毛大也，鄭助也，後皆放此

既醉　大平音泰，後大平皆放此　之行下孟反，以下注皆同　第四章　下篇音遍，下同

乃見賢遍反　惠施式豉反　有俶尺叔反，毛始也，鄭乃也　嘏古雅反　褻

㖂息列反　絜清如字，又才性反　志好呼報反　不匱求位反，竭也　教道

音導　施及以豉反　壼苦本反，毛廣也，鄭捆致也　梱苦本反　致直置反　胙本又作祚

寸路反胥羊刃反嗣也天被皮寄反注同附著直略反下同釐爾力之

反予也淑媛于眷反之妃音配又芳非反賢知音智傳世直專反

鳧鷖音符水鳥也鷖音於雞反鳧屬也蒼頡解詁云鷖鷗也一名水鴞神祇祁支反

安樂音洛篇末注同遠聞音問或如字品齊才細反來爲于僞反助

也注同協句如字渚之與反沚也音止既湑息汝反酒之泲者泲子禮反字又作

濟同在潨在公反毛水會也說文云小水入大水也徐云鄭音在容反水外之高者也瘞於例反

埋亡皆反字亦作薶同攸降戶江反崇墉直龍反下同亹音門毛云山絕水也

鄭云亹之言門也熏熏許云反毛和說也鄭坐不安之皃說文作醺云醉也和說音悅但

令力呈反

假樂音暇嘉也保右音又助也注同申重直用反且君且王一本且並

作宜字相勖香玉反不愆起虔反過也無惡烏路反又如字注同立朝直遙

反纖直致反本或作致其行下孟反無疆居良反下篇同徒樂音洛百辟

音壁注同媚于眉備反注同匪解佳賣反注同攸塈許器反息也

公劉王云公號劉名也尚書傳云公爵劉名也王基云公劉字也后稷之曾孫召康本亦

作邵上照反後皆同涖音利又音類徐力自反夏之戶雅反下夏人同幼少詩照反

相成息亮反迺場音亦迺裹音果餱音侯食也字或作糇糧本亦作粻

音良糇也橐他洛反囊乃郎反小曰橐大曰囊說文云無底曰囊有底曰橐思輯

音集又七立反之難乃旦反積委上子智反下於偽反爲夏于偽反又如字戚

揚七歷反斧也鉞也音越之從才用反又如字盾也字又作楯順允反又音允

句子音鉤士卒尊忽反旨餘卒士卒皆同曰爲于僞反下非爲爲公劉皆爲同永

歎他安反字或作嘆宣徧音遍相此息亮反下相此皆同鬳本又作巘魚輦反又

音言又音魚偃反又音彥毛云小山別於大山也與爾雅異復降音服又扶又反注復下同及

瑤音遥 鞞必頂反 琫必孔反 山別彼列反 反覆之本亦作覆同芳福反

溥原音普大也 迺覯古豆反見也 之處昌慮反下處之同 廬旅力居

反寄也 論難魯困反下乃旦反 館客一本作館舍 蹌蹌七羊反 乃

依毛如字鄭於豈反箋云或扆字 乃造七報反 用匏步交反 則殺所戒反

搏豕音愽沈又音付 食之音嗣 飲之於鴆反 相其息亮反注同 寒

煖況袁反又乃管反 浸潤子鴆反 三單音丹 度其待洛反注及下同 爲

羑音賤又音衍下同 其廣古曠反 取厲本又作礪 取鍛本又作碫丁亂反鍛

石也說文云碫厲石字林大喚反 材木一本作林木 夾其古洽反又古協反 皇澗古晏

反 遡其音素鄉也 過澗古禾反注同 遡鄉本又作嚮許亮反文與卷阿篇注同

挍其音敎 芮本又作汭如銳反毛云水涯也鄭云内也 鞫居六反毛究也鄭水外也 水

涯五佳反字亦作厓 曰澳於六反又於報反字或作奧

泂酌音迥遠也行潦音老行潦流潦也挹彼音揖又音邑餴甫云反餾也又作饙字書云一蒸米也饎尺志反酒食也字林充之反餾力又反又音留爾雅饙餾餁也孫炎云蒸之曰餴均之曰餾郭云餴孰爲餾齊絜側皆反本或作齋繄物於兮反樂以音洛易以羊豉反說安音悅罍音雷祭器也滌也徒歷反溉古愛反清也清才性反又如字

卷阿音權曲也篇內同大陵曰阿票風避遙反迴風也本亦作飄被德皮寄反長養張丈反下同猥來烏罪反爲長于僞反樂易音洛下樂王同易音以豉反後樂易皆放此伴音判徐音畔奐音喚徐音換毛伴奐廣大有文章也鄭伴奐自縱弛之意自從子用反本又作縱施本又作弛同書氏反各任音壬或如鴆反而治直吏反下爲治同也與音餘共己音恭本亦作恭酋在由反又子由反又在幽反終也昄徐符版反大也孫炎鄭樸方滿反字林方但反又方旦反茀沈云毛音弗小也徐云鄭音廢福也一云毛方味反鄭芳弗反有馮符冰反注同本又作憑

饌几士戀反又士轉反　賛道徒報反本亦作導　敖傲方往反　顒
顒魚恭反温貌　卬卬五剛反盛貌　令聞音問本亦作問　令望如字協韻音亡切
磋七何反或作瑳　聲論魯困反　德行下孟反　翽翽呼會反衆多也說文云羽
聲也字林云飛聲也又外反　仁瑞垂僞反　藹藹於害反爾雅云臣盡力也說文作譪譪云
臣盡力之美也　朝直遥反　亦傅音附戾也　令不力呈反下欲令同　梧桐
音吾　被温皮寄反　不棲音西　菶菶布孔反又薄孔反又薄公反　萋
萋七西反菶菶萋萋梧桐盛也　喈喈音皆鳳皇鳴也　行中丁仲反下同　有
乗繩證反　不復扶又反
民勞如字從此至桑柔五篇是厲王變大雅　賦斂力豔反　重數音朔　繇
役本亦作傜音遥下　奸宄音軌本亦作軌　汔許一反危也鄭幾也說文巨乞反　諸
夏戶雅反下同　幾也音祈下同　民罷音皮　詭隨俱毀反　式遏

於葛反止也慘不七感反本亦作憯曾也揉遠音柔本亦作柔能邇徐云毛如
字鄭奴代反伽也伽檢字書未見所出廣雅云如若也均也義音相似而字則異舊音如庶反義亦
難見鄭注尚書云能恣也與此不同民逑音求合也惛音昏說文作惛云怓也釋文惛亦不
憭也怓女交反惛怓大亂也鄭云猶讙譊也說文云惛亂也讙音歡又許元反譊女交反本又作譁音
花謂好呼報反爭訟爭鬭之爭王休許虯反美也誘掖音亦作
慝吐得反惡也以近附近之近注同小愒起例反息也徐丘羆反憂泄以世反又
息列反毛去也鄭出也發也應之應對之應繾綣上音遣下起阮反字或作卷繾綣反覆也
反覆芳服反欲令力呈反板音版卒子恤反僤
本又作癉當但反病也沈本作癉出如字徐尺遂反話戶快反善言也說文云會合善言也
于亶丁但反誠也言行下孟反憲憲許建反猶欣欣也方蹶
俱衛反動也泄泄徐以世反猶沓沓也爾雅云憲憲泄泄制法則也說文作呭云多言也

爲之于僞反 輯矣音集又七入反和也 繹矣音亦本亦作懌說也 説也音悅
下同 戒語魚𫀆反 同僚字又作寮力彫反官也 囂囂五刀反 謷謷
五報反 善道音導下牖道道民皆同 芻初俱反 蕘如謡反芻蕘薪采者也說
文云蕘草薪也 或知音智又如字 謔謔虛虐反喜樂也 灌灌古亂反猶款款也
蹻蹻其略反驕貌 喜樂音洛 言耄莫報反 熇熇許酷反徐又許各
反熾盛也說文云火熱也 方懠才細反疾怒也 夸毗苦花反體柔也 不復扶又反
弭謗彌耳反止也 殿都練反郭音坫說文作念 屎許伊反郭音香惟反殿屎呻吟
也說文作吚 呻音申 吟如字本又作訡同 揆度待洛反 賦斂力豔反
以共音恭本亦作供 惠施式豉反 賙音周 贍市豔反 如壎許元反
如篪音池 如攜下圭反 相和胡卧反 孔易鄭音亦注易易也上
字同又以豉反 多辟匹亦反邪也注同 立辟婢亦反法也注同 易也以豉反下同

摩本又作摩尺制反東與西與並音余之行下孟反爲邪似嗟反

价人音界毛云善也說文同鄭作介云甲也維藩方元反屏也大師音泰注大

師同維垣音袁維翰胡旦反幹也徐音寒被甲皮寄反世適丁歷反下

同疏遠于万反於難乃旦反之渝用朱反變也昊天胡老反曰

明音越下同游羨餘戰反溢也音延善反本或作衍

蕩之什第二十五

蕩唐黨反蕩蕩法度廢壞之貌召穆時照反本又作邵卷內召公召伯皆同

之辟必亦反注同君也沈云毛音埤益反多辟匹亦反邪也本又作僻注同賦

斂力豔反駿刑荀閏反本亦作峻多邪似嗟反烝民之承反衆也匪

諶市林反誠也鮮克息淺反注同實也敎道音導本亦作導彊禦魚呂

反掊克蒲侯反聚斂也又自伐而好勝人也徐又甫垢反而好呼報反朝廷

直遥反下朝廷同 滔德他刀反漫也 滔漫亡諫反本亦作僈又作漫下同一音亡半反

倨慢居庶反 多數直類反 寇攘如羊反 蔑究音軌 侯作側慮

反祝詛也注同本或作詛 侯祝周救反注同本或作咒非 靡届音界極也 靡究音救

炰白交反 烋火交反注同炰烋猶彭亨也 亨也許庚反 不逞勑領反 無

背布内反又蒲篩反後也 無陪本又作培蒲迴反貳也 湎面善反徐莫顯反飲酒齊

色曰湎韓詩云飲酒閉門不出容曰湎 既愆本又作諐起連反過也 式號戶刀反注同

式呼火胡反又火故反注同崔本作謼或一本作或號或呼 俾晝必爾反使也本亦作卑後

皆同 耽湎本或作媅都南反 不爲于僞反 蜩音條蟬也 螗音唐蝘也 如

沸方味反 蟬市延反字林云蟪蛄 蝘音偃蟬屬也草木疏云一名蝒蟟青徐謂

之蝘蟪楚人名之蟪蛄秦燕謂之蛥蚗或名之蛉蛁郭云俗呼爲胡蟬江南謂之唐蜩 名沓

沓徒荅反 近喪附近之近又如字注同 奰皮器反舊音備怒也不醉而怒曰奰

覃徒南反 忲於市制反又時設反說文云習也 好怒呼報反 臣扈音戶

顛都田反仆也 沛音貝 之揭紀竭反見根貌 先撥蒲末反絕也 仆

也蒲北反又音赴 拔也皮八反又半末反 見貌賢遍反謂樹根蠹見王如字言可見

蹶貜其厥反沈居衛反一音厥 夏后戶雅反注同

抑於力反抑抑密也 自警居領反 靡喆本又作哲亦作悊陟烈反智也下同

則知音智 德行下孟反注同 以倡昌亮反 道之徒報反本亦作導下

敎道同 訏況于反大也 謨莫蒲反謀也沈云本亦作漠音莫 爲天下于僞

反篇末今我爲王同 顛覆芳服反下覆謂覆用并注同 荒湛都南反注及下同

樂於音洛下文及注同 克共九勇反執也注同 雖好呼報反 耆酒

市志反 儆女戶敎反 廣索所白反 淪胥音倫率也 洒色懈反 灑

也注同又所寄反 埽素報反 廷內音庭 灑也色蟹反 用逷他歷反 毛

[illegible]逺也鄭作䠞音同洽也沈土益反　故復扶又反　戒將子匠反　帥所類反本或作率

非度待洛反下不[illegible]度同　出話戶快反善言也　之玷丁簟反沈丁念反缺也說

文作咄　磨鑢音慮　反復音服又豐服反本亦作覆　無易以豉反注同　捫

音門持也　不讎市由反用也徐丞鄭市又反　則售市又反一本作讎[illegible]讎物價也

此音財與毛同　賈加霸反下同　靡不承一本靡作是　輯柔徐音集又

七入反和也　脅肩本又作脇香及反又虛劫反沈又於闔反　諂笑勑檢反趙岐注孟

云脇肴竦體也斂強笑也　近之也附近之近一本無之字近則依字讀　相在

息亮反注同　不媿俱位反　屋如字或云鄭於角反　漏魯豆反西北隅謂之屋漏　云

覯古豆反　於奧烏報反西南隅謂之奧　饌仕眷反　而扉扶味反隱也說

云許慎凡非反　度思待洛反注度知同　矧可申忍反沈也　射思音亦厭也

不譖本亦作僭子念反也注及下我譖同　羞　鮮不息淺反少也　猶擿直赤

反實虻工戶公反鄭戶江反潰也戶對反荏而甚反染而漸反荏染柔意言緡亡巾反被也共人音恭本亦作恭被也皮寄反下同柔忍音刃本亦作刃告之話言戶快反話書古之善言說文作詁云詁故言也語魚慮反下面語之同賢知音智於乎上音烏下音呼凡此二字相連音皆放此臧否音鄙注同臧善也否惡也言提音啼挈之尺世反提攜也提撕音西借曰子夜反假也注及下同未知如字沈音智下鳳知亦同假令力呈反幼少詩照反下同長大丁丈反而莫音慕本亦作暮成與音餘靡樂音洛注同夢夢莫空反沈莫登反亂也注同慘慘七感反[illegible]其音[illegible]皆同諄諄字又作訰之純反又之門反說文埤蒼並云告曉之熟藐藐美角反不入也爾雅去悶也聆音零既耄莫報反老也曰喪上音越下息浪反韓詩作聿喪不忒他得反[illegible]回遹于橘反維邪似嗟反其行下孟反匱盡求位反

桑柔芮伯 如鋭反 國名 苑彼 音鬱 又於阮反 注同 茂 侯旬 如字又 音荀均

也 捋采 力活反 注同 瘼此 音莫 病也 言陰 於鴆反本亦 作蔭下同 爆 本又作曓同 音剝下同 爍 本又作樂或作落 同音洛郭盧角反 柔濡 而轉反 人

庇 必寐反又音秘 本亦作芘同 當被 皮寄反 倉 初亮反喪 也注同 兄 音况 注同

滋也木 亦作況 填兮 音塵 久也 倬彼 陟角反 明大貌 騤騤 求龜反 不息也 旗

音輿 旐 音兆 有倫 音篇本 亦作翩 不泯 面忍反又名賓反 滅也徐又音民 鳥

隼 荀允反 適長 上丁歷反 下丁丈反 有黎 力奚反毛齊 也鄭不齊 以

藎 才刃反災餘曰 藎本亦作燼同 猶比 毗志反又如字下 同廣雅云頻比也 蔑資

音減 輕也 止疑 魚陟反 定也 今復 扶又反下不 復考慎同 為梗 古杏反 病也

而好 呼報反 之爭 爭鬭之 爭下同 慇慇 於巾反樊光於謹 反爾雅云憂也

僤怒 都但反厚也 本亦作亶同 士卒 尊忽 反 瘽 武巾反病也 一音昬注同 我

圉魚呂反毛云垂也鄭改作禦音同謂禦寇也爲毖音祕愼也斯削相略反以濯直角反我語魚據反禍難乃旦反下患難同遡風音素之僾音代一音愛邑也荓云字又作迸音普耕反徐補耕反李或作拼同使也不逮音代一音大計反及也好是呼報反注但好同家王申毛音駕謂耕稼也鄭云鄭作家謂居家也下句家穡維寶同穡本亦作嗇音色王申毛謂收穡也鄭云吝嗇也尋鄭家嗇二字本皆無禾旁下稼穡卒痒始從禾鄉也本又作嚮同許亮反下同唈烏合反令代力呈反不能治人者食人音嗣蟊莫侯反說文作蟊痒音羊病也蟲孽魚列反說文作𡿺云衣服謌謠草木之怪謂之妖禽獸蟲蝗之怪謂之蠥哀恫音通痛也本又作恫具贅之芮反又拙稅反屬也穹蒼起弓反朝廷直遙反下皆同者與音餘下所行者惡與同其相毛如字質也鄭息亮反助也宣徧音遍下同之行下孟反下荼毒之行悖逆之行民之行皆同有肺本又作胇芳廢反

甡甡所巾反衆多也声類云聚貌 巳譖子念反不信也本亦作僭 相輩一本作相配 斯

背音佩卒章同 罷役一本作罷役罷音皮 覆芳服反下及注除覆覆蔭字皆同 狂王居況反鄭求

反為王方于偽反 分別彼列反 阜白才早反 弗迪徐徒歷反 索音色 荼

毒音徒 慍恚紆運反 大風毛如字鄭音泰風西風也 有隧音遂道也 中垢

古口反 敗類伯邁反注同 則應應對之應 我悖蒲對反逆也 之間如字又音閑

陰女鄭音蔭覆蔭也王如字謂陰知之 赫毛許白反炙也與王赫斯怒同義本亦作嚇鄭許嫁反口距人也莊子云以梁国嚇我是也

患難乃旦反 職涼毛音良薄也鄭音亮信也下同

至酷口毒反 邪者似嗟反 令民力呈反 善詈力智反 觝

距都禮反距或作拒

雲漢雲漢天河也自此至常武六篇宣王之变大雅 仍叔而升反 撥亂半末

反 脩行下孟反 欲銷音消 去之起呂反 復行扶又反下注復

堇并篇末注同見憂並如字徐憂音於救反倬彼陟角反王云著也說文云云

著大也愒雨苦蓋反貪也本又作渇苦葛反篇末同饑音飢又音機饉其靳

反薦在見反重也臻側巾反至也重也直用反下同罪與音餘

下所困與精誠與殺我與同我聽依義吐定反協句吐丁反為旱于僞反下為旱

同聽聆音零大甚音太徐他佐反下大甚並同蘊隆紆粉反本又作熅紆

文反韓詩作鬱同蟲蟲直忠反徐徒冬反亦雅作爞云熏也郭又徒冬反韓詩作烔音徒東

反雷聲尚殷殷於謹反或如字然一本作雨雷之声尚殷殷然奠徒薦反

瘞於例反埋也則索色白反不齊側皆反本亦作齋言徧音遍

耗呼報反韓詩云惡也斁丁故反敗也說文字林皆作殬可摧吐雷反去也注同兢兢

本又作矜居陵反恐也業業如字鄭五荅反危也如霆音庭又音挺一音徒佞反孑遺

居熱反去也起呂反下同恐也丘勇反下同不相毛如字鄭息亮反于摧在雷反又子雷反毛至也

鄭作嗺子雷反嗺也可沮在呂反止也炎炎于廉反熱也本或作惔音同民近
附近之近所茈音祕又必二反本亦作庇蔭於鴆反本亦作廕百辟音壁下同
雩音于祭名滌滌徒歷反旱氣也旱魃蒲末反旱神也如惔音談燎也說文
云炎燎也徐音炎如焚本又作燓同扶云反憚暑毛丁佐反勞也韓詩云苦也鄭徒旦
反畏也如熏本又作燻許云反灼也燎也力皎反又力照反燋枯子消反
畏難乃旦反我遯本亦作遂徒困反黽勉彌忍反又音湎瘨都田反病
也沈又都薦反韓詩作疹恥吝反云重也憯七感反曾也急禱丁老反都報反或不
莫音暮本亦作暮明祀本或作明神悔怒協韻乃路反虞度待洛
反下同鞫哉居六反窮也疚哉音救病也本或作安又作究同趣馬七口
反趣馬官名不秣音末穀馬也說文作餗施其式氏反本又作弛同不縣音玄
祿餼許氣反之長丁丈反下之長同勞倦力報反作賙音周瞻

卬音仰本亦作仰下同何里如字憂也本亦作痗爾雅作悝並同王云痗病也有嘒

呼惠反衆星貌昭假音格毛至也鄭升也沈云鄭古雅反無贏音盈無幾居豈

反為我于僞反注同令心力呈反

崧高息忠反高貌山大而高曰崧釋名云崧竦也吉甫本又作父音同後人名字

放此復平音服又扶又反褒賞保毛反維嶽字亦作嶽魚角反白虎通

云嶽者何埆功德也駿極音峻大也巡守音狩本亦作狩虞夏戶雅反下

同之翰戶旦反又音寒幹也于蕃方元反賢知音智本或作哲楨榦

音貞有難乃旦反往扞戶旦反相穆息亮反贖刑音樹一音

常欲反亹亹亡匪反勉勉也王纘祖管反繼也韓詩作踐踐任也欲離

力智反下欲離同令往力呈反下皆同傅子直專反爾庸本亦作墉音容

毛云城也鄭云功也井牧手又反又如字後放此有俶本又作俶尺叔反作也藐藐

亡角反美也 蹻蹻渠略反壯貌 濯濯直角反沈士學反明也 樊纓步干反

爲將于僞反 乘馬繩證反注同 故復扶又反下同 介圭音界 往

近音記毛巳也鄭辭也 王餞餞淺反送行飲酒也沈祖見反音賤字林子扇反云送去食也

于郿亡悲反又亡冀反地名屬扶風今爲縣 告語魚據反 復重直用反 意

解音蟹 土疆居良反 以峙如字本又作峙直紀反兩通 其粻音張糧也 式

遄市專反速也 委於僞反 積子賜反 番番音波勇武貌 嘽嘽

吐丹反毛喜樂也鄭云安舒 虎賁音奔 喜樂音洛 良翰協句音寒 同

徧音遍下同 揉此本亦作柔汝又反順也又如字字一音柔注同 聞于音聞

其風福鳳反注同王如字云音也 贈送也詩之本皆爾鄭王申毛並同崔集注本作

贈增也崔云增益申伯之美 烝民之丞反衆也 中興張仲

反 彝音夷常也 好是呼報反注皆同 禮知音智 哀樂音洛 好惡烏路

反昭假音格至也注同訓道音導不解佳賣反本或作懈下文匪解同百

辟音璧出納並如字納亦作內音同喉舌音侯發應應對之應

若否音鄙惡也注同舊方九反王同云不也夜莫音暮茹之音汝又如

庶反廣雅云茹食也濡音如朱反一音如兗反毳毛昌銳反本又作脆七歲反堅強其良

反下同或其丈反矜寡古頑反德輶餘久反又音由輕也民鮮息淺反寡

也我義毛如字宜也鄭作儀儀匹也易耳以豉反袞職古本反冕服名

捷捷在接反言樂事也犯軷蒲葛反道祭也捋捋七羊反本亦作鏘同逼

本亦作偪彼側反險於儉反臨菑側其反臨菑地名騤騤求龜反喈

喈音皆

韓奕音亦韓姬姓國也梁山奕奕然為韓國之鎮故

曰韓奕馮翊音翼始騷素刀反動也之祚徂路反甸之毛徒遍反

治也鄭繩證反或云鄭亦徒遍反有倬陟角反明貌韓詩作晫音義皆同匪解音懈

虔共毛九勇反執也鄭音恭云古恭字榦不古旦反戎辟音韡君也當

爲于僞反楨榦音貞覲見賢遍反下同黑水西河一本黑上

有書曰二字璆其樛反又其休反琳字又作玲音林孔安國云璆玲美玉也鄭注尚書云

璆美王玲美石也琅音郎玕音干琅玕珠也綏章本亦作緌毛如誰反大綏也鄭

音雖車綏也簟徒點反茀音弗車蔽也錯衡七洛反雜也沈采故反赤

舄音昔鏤音漏鍚音羊當盧也鞹苦郭反革也去毛曰鞹鞃苦弘反沈

又音泓軾中也亦作軏軏胡肱反又弦三同淺幭莫歷反一音篾式也本又作幭同覆

鞗革音條鞗革謂轡也金厄於革反毛云烏蠋也鄭謂纏搤烏蠋音蜀

爾雅作蝎蠋桑蟲也韓子云大如指似蠶沈音蜀王爲于僞反來朝直遙反藩

也方袁反本又作蕃同樊纓步丹反纏搤於革反本作厄同一于屠音徒

地名顯父音甫本亦作甫注同其肴戶交反本亦作殽同炰鄭薄交反徐甫九反

鼈卑滅反其蔌音速菜肴維筍字或作笋恤尹反爾雅云竹萌也乘
馬繩證反注同下百乘亦同蒻音弱中鱠古外反有且子餘七敉二反多貌
燕胥思徐反皆也取妻七喻反本亦作娶下注同汾王符云反毛
大也鄭水名蹶父俱衛反流彘直例反梨音離又力兮反又作黎比公
音毗梨比莒君号也將將七羊反本亦作鏘諸娣大計反妻之女弟爲娣從之
才用反注同又如字祁祁巨移反徐靚也靚也音靜又才性反媵之音孕又繩證反
曲顧一本作回顧道義如字又音導爲韓于僞反注同姞其一
反又其乙反姓也又音佶相攸息亮反注同韓樂音洛注下文注同使於所吏
反訏訏況甫反大也魴音房鱮音序麀音憂噳噳愚甫反本亦作
麌同熊音雄羆彼皮反有貓如字又武交反虎淺毛也本又作猫音同爾雅云虎
竊毛曰虦猫虦音仕版反令居力呈反使也又力政反命也王力政反善也燕譽於遍

反又於顯反安也譽協句音餘溥彼音普大也所完音桓燕師於見反注同安也徐云鄭

於顯反王肅孫毓並烏賢反云北燕國其追如字又都向反其貊武伯反[illegible]戎狄國名[illegible]

文作貉云北方人也長是張丈反令撫力呈反獫本亦作玁音險允如字本亦作狁

實墉毛如字鄭作寔市力反寔是也下同實壑火各反城池也濬脩音峻

深也貔皮本亦作豼音毗猛獸也即白狐也一名執夷草木疏云似虎或曰似熊遼東人謂之白羆

江漢二水名滔滔吐刀反廣大貌淮浦音普夷行下孟反命將

子匠反帥所類反或作率循流如字本亦作順流主為于偽反下主為同至

竟音境本亦作境同來鋪普吳反病也徐音孚湯湯書羊反洸洸

音光武貌又音汪復經扶又反使傳張戀反以車曰傳遽其據反以馬曰遽鄭

注玉藻云以車馬給使有爭爭鬬之爭之滸音虎沈又音許水涯也疆土

居良反注及下同匪疚音救病也王命行伐一本作王迭征伐非可以

兵操切之也操音七刀反一本無兵字又一本兵操作急躁躁音早報反其分符問

反來毛如字鄭音賚旬毛音巡又音荀徧也鄭作營維翰戶旦反又音寒

徧也音遍下同名甄音釋爲虎于僞反下爲虎爲其同肇音兆謀也韓詩

云長也爾祉音恥福也大謙音泰釐爾力之反賜也沈又音賚圭

瓚才旱反秬音巨鬯勑亮反一卣音酉又音由中尊也本或作攸錫山

土田本或作錫之山川土田附庸者是因魯頌之文妄加也王休許虯反令聞

音問矢施如字爾雅作弛式氏反

常武繹音亦騷素刀反徐音蕭赫赫火百反字又作爀盛貌大祖音泰

下及注大師大祖皆同大將子匠反第一章注同言警音景暴掠音亮

左右陳如字徐直覲反行戶剛反列也淮浦音普涯也說文云水濱也爲

之于僞反下爲其同使軍將子匠反下同有嚴毛魚檢反鄭如字匪紹

如字繼也徐云繹音亦毛云陳也鄭作騷如字徐舒
鄭尺遥反繹也繹音同謂傳驛也騷音蕭
序也一本作舒徐也嘽之徒旦反非解音懈傳遽張戀反相
恐丘勇反下同如霆音庭如震如怒一本此兩字皆作而闞呼檻
反徐火斬反又火敢反一音敢虓虎火交反虎怒貌鋪普吳反徐音孚陳也韓詩作敷云大
也敦王申毛如字厚也韓詩云迫鄭作屯徒門反淮濆符云反毛涯也鄭大防也仍
執如字仍就也本或作扔音同而勃步忽反之降戶江反截才結反治也
而斷端亂反嘽嘽吐丹反盛也鄭云閑暇有餘力之貌摯音至如閑暇
音閑緜緜如字靚也韓詩作民民同測度待洛反未陳直刃反下同
瞻卬音仰此及召旻二篇幽王之變大雅也昊天戶老反孔填音塵久也
下篇同其瘵側界反病也字林側例反蟊賊本又作蟊音牟夷屆音戒罪
罟音古夷瘳勑留反愈也士卒尊忽反女覆芳服反服也注及下

同說之音稅赦也注同一音他活反　哲知音智王申毛如字　喆音哲本亦作哲

懿厥於其反痛傷之聲王同沈又如字　爲梟古堯反惡聲鳥　褒姒音似

婦寺徐音侍亦如字近也　寺近附近之近下近愛近川同　由上時掌反

語王魚據反　鞫人居六反窮也　忮之豉反害也　忒他得反變也

譖始本又作僭子念反不信也　竟背音佩注同　爲慝他得反　好窮

呼報反　如賈音古注同爾雅云市也　三倍蒲罪反　無與音預　朱紘

獲耕反　秉耒力對反　大昕音欣　奉芳勇反下同　種章勇反　風

戾力計反爍也　以食之音嗣　單矣音丹　奉繭古顯反　君

服與音餘　副褘音輝副首飾褘褘衣　是褘衣　少牢詩照反　繅素刀反本

亦作繰同　盆蒲門反　織紝女金反　而與音預　朝廷直遥反下朝廷同

舍爾音捨注同　介音界　狄毛他歷反遠也鄭如字謂夷狄　見變賢遍反

被甲皮寄反 不弔如字又音的 殄瘁似醉反病也 渥於角反 譴告弃戰

反 離人力智反 觱沸音必音弗觱沸泉出貌 檻胡覽反音下斬 藐藐徐

亡角反鄭美大也 克毛大 鞏九勇反固也 箴之之林反 召旻上時

照反下密巾反下同 瘨我都田反沉又音殄又音田病也 令民力呈反一本作令故民 居

圉魚呂反垂也 邊竟音境本亦作境 內訌戶工反潰也徐云鄭音工爭訟相陷入之

言 爭訟爭鬭之爭下同 讒惡烏路反 昬椓丁角反 靡共音恭注皆

同 潰潰戶對反亂也 回遹音聿一音述 奄人如字本又作閹 王遠

于万反 而近附近之近 維邪似嗟反 皐皐音羔頑不知道也爾雅云刺素

食也 訿訿音紫窳不供事也爾雅云莫供職也 其玷丁簟反缺也 窳音庾裴駰云病

也說文云嬾也一本作泉 業業如字一音五荅反危也 孔貶彼檢反墜也 隊也

直類反又作墜 不潰毛戶對反遂也鄭作彙音謂茂貌 棲音西謂棲息也 苴七加反毛

水中浮草也鄭樹上棲苴也**枯槁**口老反**我相**息亮反**之疚**音救病也字或

作宊**斯粺**皮賣反**職兄**音況下同**糲米**蘭末反沈音賴又音厲**兹**

復扶又反下同**主長**如字又張丈反**之率**字又作繂音類又音律又所律反**鑿**

八子洛反又音昨字林云糲米一斛舂為八斗音子浹反**自頻**舊云毛如字鄭作濱音賓

俱云厓也案張揖字詁云瀕今濱則瀕是古濱字**者與**音餘**溥斯**音普徧也**不**

烖音災**徧也**音遍下同**辟國**音闢開也**日蹙**子六反促也**以喪**

息浪反

清廟之什第二十六　周頌

周頌三十一篇皆是周室太平德洽著成功之樂歌也名之曰頌頌者誦也容也歌誦盛德序太平之形容以此至美告於神明皆成王周公時作也

清廟本又作庿古今字也庿笑反廟貌也清廟者祭有清明之德者之宮也杜預云肅然清淨

之稱也 雒邑 音洛本亦作洛水名字從水後漢都洛陽以火德爲水剋火故改爲各傍佳

朝諸侯 直遥反 於穆 音烏注同於歎辭穆美也後發句歎辭皆放此以意求之

顯相 息亮反注同 見也 賢遍反下著見同 駿奔 音峻毛云長也鄭大也下篇同

無射 音亦厭也 見厭 於豔反下同 德與 音餘下同

維天之命 韓詩云維念也 大平 音泰後大平皆放此 假以 音暇嘉也 溢我 音逸毛慎也鄭盈溢 溢慎也 市震反本或作順案爾雅云毖神溢慎也不作順字王肅及崔申毛並作順解也 明與 音餘 乃單 音丹 成王能厚之也 一本作能厚行之也今或作能厚成之也 猶重 直龍反

維清 刺伐 七亦反 緝 七入反 熙 許其反緝熙光明也 肇 音召始也 禋 音因祀也徐又音烟 迄用 許乞反至也 之祺 音其祥也爾雅同徐云本又作禎音貞與崔本同

烈文 烈光也 以朝 直遥反 辟公 音璧注下皆同 祉

福音恥無疆居良反竟也傳世直專反累也劣僞反下同訓道音導

天作謂大王音泰後大王大祖皆同諸盩直留反又音儔不窋陟律

反岐山其宜反道音導汧口田反又口見反自豳彼貧反之行如字

道也王徐並下孟反夷易羊豉反下徐易曰皆同佼易古卯反乾以其連反

巛以苦魂反字亦作坤訂大王待頂反沈又直丁反說文云評議也譜云參訂時驗

謂平比之也字詁云訂平也昊天有成命成王王如

字徐于況反其命音基本亦作基始也宥密音又寬也王功于況反敢

解音懈下同止旹河音河刻也音克單厥都但反厚也注同

我將如字毛云將大也鄭云將奉也我享許丈反徐許亮反右之音又注及下同

本亦作佑肥腯徒忽反說文云羊曰肥豕曰腯伊嘏古雅反毛大也鄭受福曰嘏

時邁邁行反巡音旬守手又反本或作狩注同柴望士佳反說文字林作

㷀巡行下孟反下出行同 封禪市戰反 徧于音遍 寶右音又注同助也

震疊徒協反懼也 懷柔如字一本亦作濡兩通俱訓安也 喬音橋高也 嶽

本亦作嶽同音岳 賢知音智 載戢側立反聚也 載櫜音羔韜也 韜

也吐刀反 不復扶又反 肆于音四 時夏戶雅反大也注同 大功[illegible]或作大功 斤斤紀覲

反明察也 執競其勑反執持也競強也韓詩云執服也 喤喤華彭反和也徐音皇又音宏注同 磬筦音管本亦作管同 將

將七羊反集也注同說文作䠠䠠行貌 穰穰如羊反衆也 反反如字毛難也鄭

愼習貌沈符板反又音販 反復扶又反重也又音服 以重直用反

思文 烝民之丞反衆也 作粒音立 阻飢莊呂反難也馬融注尚書作祖

云始也 作艾音刈鄭注尚書五蓋反本或作乂音同 貽我音夷字又作詒同遺

也 來牟竝如字牟麥也字書作麳音同牟字或作麰孟子云麰大麥也廣雅云麰小麥

麰大麥也　疆爾　居良反竟也　介　音界大也後放此　時夏　戶雅反注同　遺

也　唯季反下同　出涘　音仕　以燎　力召反　封竟　音境本或作境

臣工之什第二十七

臣工　王釐　力之反理也　來茹　如預反度也徐音如　茹度　待洛反下

同　來朝　直遙反下皆同　維莫　音暮本或作暮注同　新畬　音餘田二

歲曰新三歲曰畬　來　力對反　耜　音似　措　七故反　於夏　戶雅反　被甲

皮寄反　於皇　音烏注同　迄用　許乞反至也　康樂　音洛下同　明見　賢遍反

庤乃　持耻反具也　錢　子踐反銚也　鎛　音博鎒也　奄　鄭音淹久

也王徐並如字　觀　古玩反又如字注同多也　銍　珍栗反穫也　艾　音刈　銚　七遙反何

士堯反沈音遙世本云垂作銚　鎒　乃豆反或作耨呂氏春秋云耨柄尺此其度也其耨六寸

所以間稼也高誘注云耨芸苗也六寸所以入苗閒也字詁云頭長六寸柄長一尺鎒古字也

作耨同銍穫也戶郭反本或作鑊音同釋名云銍穫鐵也說文云銍穫禾短鐮也此則銍器可以穫禾故云銍穫也小爾雅云截穎謂之銍截穎即穫也意嘻意又作噫同於其反嘻音僖毛云噫嘆也嘻和也噫嘻有所多大之聲也禱也丁老反又丁報反龍見賢遍反而雩音于是與音餘成王如字又于況反注同假爾鄭王並音格至也沈云毛如字光被皮寄反浚發本亦作駿音峻毛大也鄭云疾也發發伐也一本無一發字有徑古定反有畛之忍反又之人反有洫況域反有澮古外反耜廣古曠反夏肦戶雅反振鷺上之慎反羣飛貌下音路白鳥也一名春鉏水鳥也一音盧杞音起其歔昌慮反無斁音亦厭也無厭於豔反豐年芳弓反大也豐年大有年也多稌音杜稻也徐勑古反高廩徐力錦反又力甚反倉也及秭咨履反數億至萬曰秭一本作數上億至億曰秭韓詩曰陳穀曰秭也齍盛音

資下音成之穗音遂數萬色主反下數億同爲醴音禮烝畀必寐
反予也注同祖妣必履反祫胡甲反本或作洽皆徧音遍畀予音與
有瞽音古樂官也無目眹曰瞽眹音直謹反本或作鼓而合乎祖也本或
作合乎大祖治定直吏反設虡音巨植者曰虡應應對之應小鞞也注同
田毛如字大鼓也鄭作朄音胤小鼓也縣鼓音玄注皆同鞉磬字亦作鼗音兆鞉鞉
鼓也柷尺叔反木椌也圉魚古反楬也飾栒荀允反如鋸音據植者時力
反又直吏反衡者華盲反卷然音權又起圓反小鞞步兮反木椌
苦江反楬苦瞎反矇音蒙有目眹而無見也視瞭音了視瞭有目人也相
之息亮反喤喤華盲反又音橫又音皇編小薄殄反又必緜反史記音
甫連反字林聲類韻集並布千反賣餳夕清反蜜也又音唐方言云張皇也即乾餹也
音唐如篴字又作笛同徒歷反併而步頂反永觀古玩反又如字注同多述

和樂如字或音洛 無愆去連反 潛在廉反糝也爾

雅作涔郭音潛又音岑韓詩云涔魚池小雅作潛時砧反 獻鮪于軌反 猗於宜

反 與音余 漆音七 沮七余反 有鱣張連反 鰷音條白鰷也 鱨

音常 鰋音偃 鯉音里 糝也素感反舊詩傳及爾雅本並作米傍參小爾雅云魚

之所息謂之橬橬槮也謂積柴水中令魚依之止息因而取之也郭景純因改爾雅從小

爾雅作木傍參音霜甚反又疏廕反又心廩反字林作䅢音山沁反義同 鮥也音洛

爾雅云鮥叔鮪 鮎也乃謙反又奴廉反沈 雝和也 禘大計

反大祭也 大祖音泰 於祫戶夾反合也大祭名也 相維息亮反助也注同

辟公音辟君也注同 於薦鄭如字王音烏 假哉音暇嘉也徐古雅反 宣悊

音哲本亦作哲同 宣徧音遍下同 才知音智 克昌如字或云文王名此

禘於文王之詩也周人以諱事神不應犯諱當音勑亮反 瑞應應對之應 既右音祐

下同助也大姒音泰下音似文王妃載見賢遍反下並同辟

王音辟下同和鈴音零和在軾前鈴在旂上左傳云錫鑾和鈴昭其聲也央

央於良反徐音英鞗革音條有鶬七羊反本亦作鎗同休有許虯反又

許求反注同在軾音式多祜音戶福也朝見直遥反下篇並同畢必爾反本

又作俾緝熙七入反純嘏古雅反福祚才故反有客

二王之後爲客也來見賢遍反序注同旣絀勑律反又作黜同有萋

七西反有且七序反萋且敬慎貌敦都回反徐又音彫琢陟角反重

言直用反不肖音笑駁而鄭邦角反又音角雜也之縶陟立反絆

也絆也音半餞送音賤安樂音洛夷易以豉反下同

武大武如字徐音泰注同於皇音烏注同遏劉於葛反止也耆

定毛音指致也鄭巨移反老也韓詩音同鄭云惡也汲汲音急

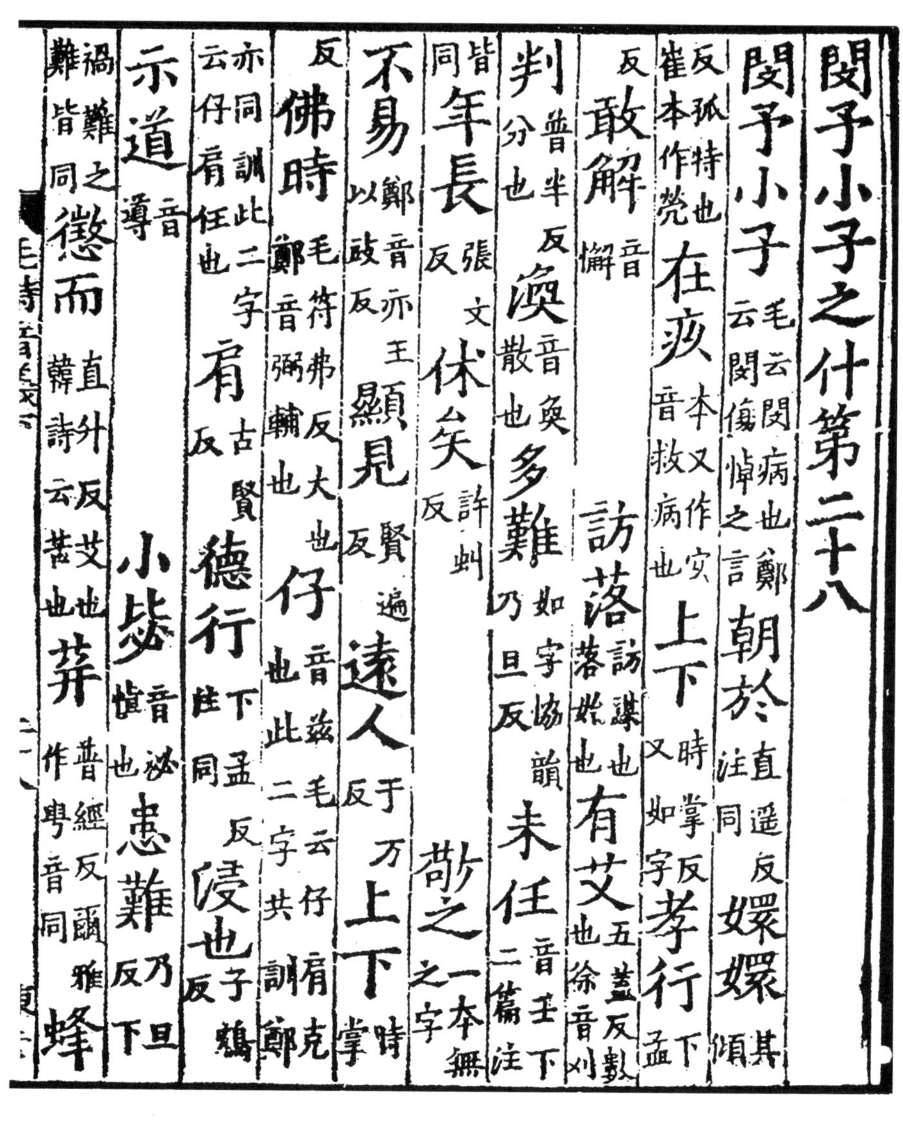
閔予小子之什第二十八

閔予小子 毛云閔病也鄭云閔傷悼之言 朝於 直遥反 嬛嬛 其傾反孤特也崔本作惸 在疚 本又作疚音救病也 上下 時掌反又如字 孝行 下孟反 敢解 音懈 訪落 訪謀也落始也 有艾 五蓋反數也徐音刈 判 普半反分也 渙 音奐散也 多難 如字協韻乃旦反 未任 音壬下二篇注皆同 年長 張丈反 休矣 許虯反 敬之 一本無之字

不易 以豉反鄭音亦 顯見 賢遍反 遠人 于万反 上下 時掌反 佛時 毛符弗反大也鄭音弼輔也 仔 音兹毛云仔肩克也此二字共訓鄭亦同訓此二字云仔肩任也 肩 古賢反 德行 下孟反下注同 侵也 子鴆反

示道 音導 小毖 音祕慎也 患難 乃旦反下禍難之難皆同 懲而 直升反艾也韓詩云甚也 荓 普經反爾雅作甹音同 蜂

本又作夆孚逢反莽蜂摩曳也辛螫音釋韓詩作辛赦赦事也摩尺制反本又作掣

曳以制反艾音刈字或作忩下同創初亮反復有扶又反譎音決誑

九況反拚飛芳煩反鷦也子消反鳥始小後大者也于蓼音了

載芟所銜反除草也甸師田見反載柞側伯反除木也澤澤音釋

釋注同爾雅作郝音同云耕也郭云言土解也千耦五口反其耘音云本又

作耘除草也徂畛之忍反徐又音真侯彊其良反有餘力畛易本又

作埸音亦家長張丈反下同有徑古定反謂間音閑傭音容

賃也女鴆反烝達音證解散音蟹有嗿勑感反衆貌饁

于輒反饋饟也饋其愧反饟也式亮反有略如字利也字書作䂮同俶

載毛並如字鄭作熾菑下篇同實函戶南反含也下篇同熾尺志反盛也

菑側其反實種章勇反下其種同根株音誅驛驛音亦爾雅

作繹繹云生也　有厭於豔反下同　緜緜如字爾雅云麃也韓詩作民民云衆貌

其麃表驕反芸也說文作穮音同云穮耨鉏田也字林云穮耕禾閒也方遙反　達

射食亦反　先長張丈反　載穫戶郭反　其積子賜反又如字注同

及秭音姊　烝之承反　畀必二反予也注同　有飶蒲節反芬芳也說文云食

之香也字又作苾音同一音蒲必反注同　有椒子消反徐子料反毛云猶飶也沈作俶尺

叔反云作椒者誤也此論釀酒芬香無取椒氣之芳也案唐風椒聊箋云椒之性芬芳王註云

椒芬芳之物此傳云椒猶飶飶芬香椒是芬芳之物此正相協無故改字爲俶俶始也非芬香

其馨呼庭反　匪且七也反且此也又子餘反下同　來見賢遍反

良耜音似良善也耜田器也　秋報社稷也本或有冬字者非　畟

畟楚側反猶測測也爾雅云畟畟耜也郭云言嚴利也　其種章勇反　筐丘方反

筥紀呂反　饟式亮反　其笠音立　伊糾居黝反又其皎反　其鎛

趙音徒了反刺也又如字博沈起了反又徒少反以薅呼毛反說文云拔田草也又云或作茠引此以茠荼蓼荼蓼上音徒下音了趙刺七亦反下同以盛音成薅去起呂反朽止虛有反爛也挃挃珍栗反穫聲也積之子賜反其比毗志反注同如櫛側瑟反祭酺音蒲又音步合醵其據反又其略反合錢飲酒也犉牡如純反本亦作犉黃牛黑脣曰犉有捄音虯角貌復求扶又反下同絲衣絲衣繹祭之服繹音亦祭之明日又祭也字書作襗之融餘戎反尚書作肜音同其紑孚浮反徐孚不反絜鮮也又音培又音弗載如字又音戴弁皮變反俅俅音求恭慎也說文作絿同鼐乃代反乃大鼎也鼒音茲小鼎也徐音災爾雅云圜弇上謂之鼒郭音才說文作鎡字音茲門塾音孰門側堂也或音育鼏冪亡歷反本亦作鼏圜音圓弇古奄字光字又作兕徐履反觵古橫反罰爵也字又作觥同

其斛音糾本一作斛不吴舊如字讙也說文作吴吴大言也何承天云吴字誤當爲

吴從口下大故魚之大口者名吴胡化反此音恐驚俗也音話不敖五誥反本又作傲注同譁

也音花不讙火官反又火元反敖嫚亡諫反

酌音灼字亦作汋大武如字徐音泰於音烏注同鑠舒灼美也反蹻

蹻居表反武也之造毛于老反爲也鄭七報反詣也傳相直專反

桓禡也馬嫁反師祭也桓桓武志也本或以此句爲注婁豐力住

反也亟亟也欺冀反數也下同匪解音懈注同於昭音烏注同閒

之閒廁之閒代也注同賚來代反與也徐又音來數

時音孚徧也繹思音亦猶徧音遍下篇同於繹思鄭如字王於音

烏而王于況反又如字下篇同般薄寒反樂也注同巡

守手又反般樂也音洛崔集注本用此注爲序文於皇音烏注同隋

山吐果反注同郭云山狹而長也又同果反字又作墮喬嶽上音橋高也下音岳翕

河許及反合也裒時蒲侯反毛聚也鄭衆也於繹思毛詩無此句齊

魯韓詩有之今毛詩有者衍文也崔集注本有是採三家之本崔因有故解之

同駉第二十九本或作駉之什者是隨例而加耳商頌亦然魯頌

魯者周公之子伯禽所封之國也周公有大勳勞於天下成王留之輔相而封

伯禽焉其封域在禹貢徐州蒙羽之野十七世至僖公當周惠王襄王之時能

遵伯禽之法外征淮夷內脩德教國人美之於是國卿季文子請周而使史克

作頌四篇夫子刪詩錄之者以周公有致太平之勳成王命魯郊祭用天子禮

樂故取魯頌而同於王者之後焉

同駉古熒反說文作駫又作駛同牧乎徐音目坰野古熒反徐又苦營反或苦

夐反遠也林外白坰下同行父音甫注同行父季文子名也牡馬茂后反草木蹠

云驈馬也說文同本或作牧　**有驈**户橘反阮孝緒于密反顧野王餘橘反郭音述驪馬白跨曰驈　**有驪**力知反沈又郎西反純黑馬也說文字林云深黑色馬也　**白跨**苦化反又苦故反又胡瓦反郭云髀間也蒼頡篇云兩股間也　**黃騂**息營反赤黃曰騂下文同字林火營反　**四種**章勇反　**有駑**音奴　**飲食**上音蔭下音嗣又並如字　**無疆**居良反竟也　**反覆**芳服反　**有騅**音隹蒼白雜毛曰騅　**有駓**符悲反字又作騂黃白雜毛曰駓郭云今桃花馬也字林作駓音丕　**有騏**音其蒼祺曰騏　**伾伾**敷悲反有力也說文同字林作駓走也父之反音丕　**蒼祺**音其字又作騏　**驒**徒河反青驪驎曰驒說文云馬文如鼉魚也韓詩及字林云白馬黑髦也　**駱**音洛白馬黑鬣曰駱樊孫爾雅並作白馬黑髦鬣尾也　**駵**音留赤身黑鬣曰駵字林云赤馬黑髦尾也　**雒**音洛黑身白鬣曰雒本或作駱同　**繹繹**音亦善足也一本作善走也崔本作驛　**驔**本亦作驔郭良忍反毛色有深淺斑駁隱粼今之連錢驄也呂忱良振反

孫炎音隣云似魚鱗也 黑鬛力輒反 無斁音亦厭也 駰舊於巾反讀者

並音因陰白雜毛曰駰 騢音遐形白雜毛曰騢說文云赤白雜色文似鰕魚 驔音簟

徒點反字林云又音譚豪骭曰驔 有魚音如字字書作䮝字林作瞧並同毛云一目白曰魚

爾雅云一目白瞯二目白魚瞯音閑 祛祛起居反彊健也 彤白徒冬反赤也 豪骭

戶晏反 無邪似嗟反注同 無復扶又反

有駜備筆反又符必反馬肥彊貌字林又父必反 乘黃繩證反下同 大學

音泰 咽咽本又作鼘同烏玄反又於巾反鼓節也 樂兮音洛注音樂下于胥樂兮及注

安樂同 之朝直遙反 駽呼縣反徐又火玄反又胡眄反青驪曰駽又音炫 歲其

有本或作歲其有矣又作歲其有年者矣皆衍字也 詒孫子以之反遺也本或作貽厥

孫子詒于孫子皆是妄加也 詒遺唯季反下同

泮水普半反 頌僖音希 頖宮音判本多作泮泮宮諸侯之學也泮半也半有

水半無水也鄭注禮記云頖班也所以班政教 其芹 其巾反水菜也 天子辟 音璧下同 圜

如 音貟 來觀 古亂反又音官 伐伐 蒲害反又普貝反有瀎度本又作茷 言 噦噦

呼會反有聲也 其藻 音早水草也 蹻蹻 居表反彊盛也 昭昭 之繞反 其

茆 音卯徐音柳韋昭萌藻反鳧葵也干寶云今之鴡蹲草堪爲菹江東有之何承天云此菜出東

海堪爲菹醬也鄭小同云江南人名之蓴菜生陂澤中草木疏同又云或名水葵一云今之浮菜即豬蓴

也本草有鳧葵陶弘景以入有名無用品解者不同未詳其正沈以小同及草木疏所說爲得 鳧

葵 音符 者與 音餘 屈此 丘勿反毛云收也鄭云治也徐云鄭又其勿反韓詩云屈

收也收斂得此衆聚 昭假 古百反至也 之行 下孟反又如字 伊祜 音户福也 蹻蹻

本又作矯亦作蹻居表反武貌 馘 古獲反截耳也 皐陶 音遥皐陶唐虞之士官 狄

彼 王他歷反遠也孫毓同鄭作剔音同治也沈云毛如字表詳所出韓詩云鬄鬄除也 烝烝

之承反 皇皇 毛如字美也鄭作暀暀于況反猶往往也 不吳 鄭如字譁也又王音誤作吳音

反

話同瘍余章反于訩音凶訟也讙也音歡讙譁音花無爭爭鬭

之爭其觓音虯毛云弛貌鄭云持弦急也其搜依字作捘色留反毛衆意鄭勁疾也

孔博徐云毛如字王同大也鄭作傅音附無斁本又作射又作斁或作懌皆音亦厭

也施貌式氏反本又作弛同致者直置反士卒尊忽反堙井音因

塞也刊木苦干反服虔云削也度已待洛反翩彼音篇飛貌飛鴞于驕

反惡聲鳥也桑黮說文字林皆作葚時審反桑實也爲此于僞反憬

彼九永反遠行貌洸又孔永反說文作𢡃音獷云闊也一曰廣大也其琛勑金反捷

爲舍人云美寶曰琛大賂音路遺也遺也唯季也

閟宮筆位反毛閟閉也鄭閟神也音秘同僖公音希有侐況域反清靜也說文云靜

也一音火李反枚枚莫回反礱密也韓詩云閒暇無人之貌也姜嫄音元是禖

莫回反礱密路東反礪也無災字又作灾本亦作菑音同回邪似嗟反

天用是馮依本又作憑同皮陵一本作馮依共身反不坼勑宅反裂也不

副孚逼反重直容反本又作種同穋音六本又作稑音同稙徵力反先種曰稙徐時力

反韓詩曰長稼也穉音雉後種曰穉韓詩云幼稼也菽麥音叔大豆也卑民

必爾反本又作俾下皆同長大張丈反有秬音巨黑黍也纘禹子管反繼

也粒食音立大王音泰後大王六字皆同翦商子踐反毛齊也鄭斷

也斷也音短下同自豳彼貧反王迹于況反之屆音戒極也

無貳音二屆極紀力反下同虞度待洛反下同無復扶又反

敦商鄭都回反治也注同王徐都門反厚也又與音預東藩方元反

乃箋初華反令尊力呈反匪解音懈不忒他得反騂

息營反赤色也犧許宜反純毛牲福衡音福逼也犧尊鄭素河反毛云

有沙飾則宜同鄭王許宜反尊名也將將七羊反毛炰蒲包反胾側吏反肉

也羨音庚又音衡洋洋音羊徐音翔衆多貌不綸羊灼反秋袷咸夾
反以楅音逼有沙素河反刻鳳皇於尊其羽形婆娑然也一云畫也豚也字又作豘
徒門反鈃羹字又作鈃音刑爲其于僞反觗都禮反有橫古曠反
音光有柎方于反爾熾尺志反僭踰子念反千乘繩證反
千乘同朱英如字徐於耕反予飾也綠縢徒登反繩也重弓直龍
反注同鬯中勑亮反弓衣也字或作韔同貝胄直又反朱綅息廉
反說文云綫也沈又倉林反又音侵烝徒之升反增增如字綴之沈知稅反又張
劣反艾也音刈台背他來反丁音貝而艾五蓋反中畤張仲反而
重直用反大山音泰本又作泰下注大室皆同遂荒如字毛有也鄭奄也韓詩
作荒云至也近海附近之近鳧音符山名繹音亦一音夕字又作嶧同山名也
蠻貊字又作貉武伯反夷行下孟反應辭應對之應純嘏

古雅反 會朝 直遥反 在薛 字又作辥，息列反 是與 音余 兒齒 五兮反，齒落更生細者也。字書作齯，音同。一音如字 爲之 于偽反 祝慶 之又反，下同 是斷 音短 是度 待洛反 松桷 音角，榱也。方曰桷 有舃 音昔，大貌。徐又音託 奕奕 音亦 榱也 色追反 其姣 古卯反 屬功 音燭 孔曼 音萬，長也

那第三十 商頌

商者，契所封之地名。成湯伐桀，王天下，遂以爲國号。後世有中宗、高宗，中興，時有作詩頌之者。當周宣王之時，宋大夫正考父校商之名頌十二篇於周之大師，以那爲首，歸而祭於先王。孔子錄詩之時，止五篇而巳，乃列之以備三頌。

那 乃河反 祀 多也 微子 名啓，紂庶兄，周武王封之於宋，爲殷後 正考父 音甫，本亦作甫。宋湣公之曾孫，孔子七世祖 大師 音泰。後大甲、大戊、大祖皆放此 朝聘 直遥反 曲折 之設反 猗 於宜反，歎辭也 與 音余，下同 置我 毛如字，殷人置鼓。鄭作植，字時

三十四

戲反又音值爲楹貫而樹之　鞉鼓音桃小鼓也　夏后戶雅反注同　縣鼓音玄下同

爲楹音盈柱也　貫而古亂反　作濩戶故反湯樂名大濩　衎我苦旦

反樂也　奏假毛古雅反大也鄭作格升也　衎樂音洛下以樂我同　齊之側皆

反本亦作齋下同　所著市志反　所爲于僞反　僾然音愛　愾然苦代

反　淵淵古玄反又烏玄反　嘒嘒呼惠反和也　依倚於綺反　於赫

音烏注同　庸鼓如字依字作鏞大鍾也　有斁　有奕　夷懌並音亦懌字又

作懌同　有恪苦各反敬也　夷說音悅下同　薦賤練反本又作薦同　饌士戀

反　烝嘗之丞反　烈祖烈祖有功烈之祖　復興扶又反下

亦復同　斯祜音戶福也　無疆居良反音疆也下同　清酤音古酒也　賚我

毛如字賜也鄭音來　申重直用反下皆同　王天下于況反　無竟音境本又作境

以祼古亂反　致齊側皆反本亦作齋　鬷子東反總也　假毛古雅反大也鄭音

格至也下以假以享同　有爭爭鬬之爭注同　綏我音妥安也　黃耇音苟　總也音揔　調腥音條　裸音灌　約軝祈支反轂飾也諸侯助祭者乘篆轂金飾錯衡之車駕駟馬故曰軝　錯衡如字徐又采故反　鶬鶬七羊反本又作鏘言文德之有聲也　溥將音普　穰穰如羊反　轂飾古才反下音式　在鑣彼苗反　篆轂直轉反　來朝直遥反　來假音格鄭云升也王云至也

玄鳥玄鳥燕也一名鳦音乙　祀高宗毛王如字鄭作祫戶夾反三年喪畢之祭也高宗殷王武丁也　雊雉古豆反　之異尚書云高宗祭成湯有飛雉升鼎耳而雊是也　復興扶又反　於契息列反殷之始祖也本又作偰同又作禼古字也後放此　古者喪三年既畢祫于大祖明年禘于羣廟一本作古者君喪三年既畢禘于其廟而後祫祭于大祖明年春禘于羣廟案此序一注舊有兩本前祫後禘是前本兩禘夾一祫是後本也　芒芒莫剛反大龜後同　有娀息忠反契母之本國名　郊禖

音梅本亦作高禖遺卵力管反居亳傍各反地名正長張丈反下同徧

告音遍不解音懈武王于況反又如字注同不勝毛音升任也鄭式證反

十乘繩證反注同大糦尺志反黍稷也韓詩云大祭也勝任音壬下何任同

大國與音余畿疆居良反來假音格至也下同祁祁巨移反或

上之尺之二反景員毛音圓均也鄭音云維河鄭云河之言何也王以爲河水本或作荷

是何音河河可反本亦作荷音同毛云任也鄭云擔負也下篇何天同來朝直遙反

擔負都藍反下篇同長發如字久也大禘大計反鄭云大禘者

郊祭天也王云郊祭也王者于況反又如字濬音峻深也悊音哲字或作哲芒芒

音亡依韻音壯是疆居良反竟界也幅方目反廣也隕音圓毛均也鄭周也徐于貧反

諸夏戶雅反下皆同作圖音還又音圓深知音智發見賢遍反禎

音貞祥也其音音增王天下于況反下湯王言王之王德皆同桓撥李末反諸

也韓詩作發發明也徧也音遍下同政治直吏反相土息亮反注相土皆同相土契孫也

有截才結反整齊也出長張丈反湯齊如字浸大子鴆反日躋

子兮反升也鄭注禮記讀上爲湯躋讀此爲日齊齊莊也昭假古雅反鄭云暇也徐云毛音格鄭音

暇案王肅訓假爲至格是王音也沈云鄭箋云寬暇此以義訓非韓字也是祇諸時反下

土遐嫁反小球音求美玉也下同綴流陟劣反徐又張衞反毛云表也鄭云結也

二同之休虛虯反美也珽吐頂反天子玉笏長三尺杼上終葵首長三直亮反

旒縿所銜反著焉直略反歸鄉本亦作嚮許亮反下篇同不絿音求

徐音虯急也是遒子由反又在由反聚也小共大共毛音恭法也鄭音拱執也一云

毛亦音拱駿音峻毛大也鄭俊也又一云毛亦作俊讀厖莫邦反厚也徐云鄭音武講反是叶拱反

寵也之龍毛如字和也鄭作寵傅奏音孚本亦作敷不戁奴版反恐也

不竦小勇反懼也是總子孔反本又作傯音宗恐也曲勇反驚憚

丹末反載旆蒲貝反秉鉞音越得中張仲反三蘖五葛反餘也韓詩云絕也韋顧二國名也漢書古今人表作韋鼓已姓音紀又音杞中葉如字又張仲反橈敗乃教反一音女卯反亂也實左音佐注同右音又注同左右助也阿倚於綺反下同殷武撻彼他達反疾也韓詩云達也罙入面規反毛深也鄭冒也說文作㓔從冈米云冒也其阻莊呂反險也裒荊蒲侯反聚也冒也莫報反下同之隘於懈反窄也而俘音孚囚也猶處昌慮反下同氐都帝反西方夷狄國世見賢遍反而背音佩多辟音璧下同君也注放此三音僻邪也禍適直革反徐張革反注同過也韓詩云數也匪解音懈注同來朝直遙反不僭子念反王天下于況反重告直用反是斷音短注同方斲陟角反說文云斫也是虔其連反椹也爾雅作㩮松桷音角有梴丑連反又力鱣反長貌柔梴物同耳字音埏俗作易直以豉反下同

椹陟金反 棆材魯門反擇也沈音倫理也

經典釋文卷第七

勘官登仕郎前守趙州柏鄉縣主簿臣張 崇甫

勘官登仕郎前守丹州司法參軍臣李 守志

勘官登仕郎試大理評事前守唐州湖陽縣監察御史賜緋魚袋臣皇甫 與

勘官宣德郎試大理評事前守許州錄事參軍兼監察御史臣姜 融

勘官朝請大夫行國子監丞柱國臣馮 英

詳勘官通議大夫守尚書虞部郎中兼判國子監祭酒事上柱國賜紫金魚袋臣聶 崇義

銀青光祿大夫檢校工部尚書守司農卿兼判國子監事臣衛 融

乾德三年五月 日

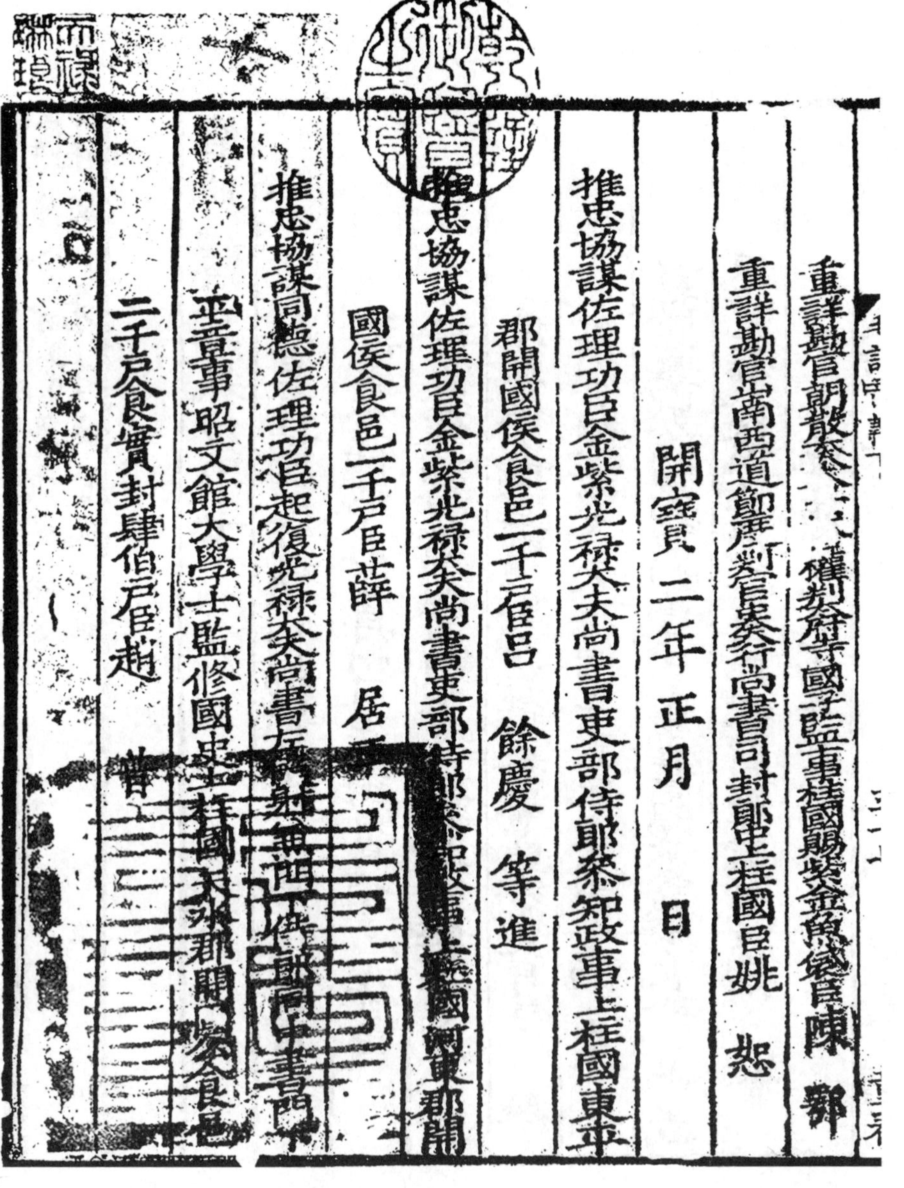

重詳勘官朝散大夫[illegible]權判太府寺國子監事柱國賜紫金魚袋臣陳　鄂

重詳勘官南西道節度判官朝奉郎行尚書司封郎中柱國臣姚　恕

開寶二年正月　日

推忠協謀佐理功臣金紫光祿大夫尚書吏部侍郎參知政事上柱國東平
郡開國侯食邑一千戶臣呂　餘慶　等進

推忠協謀佐理功臣金紫光祿大夫尚書吏部侍郎參知政事上柱國河東郡開
國侯食邑一千戶臣薛　居正

推忠協謀同德佐理功臣起復光祿大夫尚書左僕射兼門下侍郎同中書門下
平章事昭文館大學士監修國史上柱國天水郡開國公食邑
二千戶食實封肆伯戶臣趙　普

五福五代堂古稀天子寶

八徵耄念之寶

太上皇帝之寶

五福五代堂古稀天子寶

八徵耄念之寶

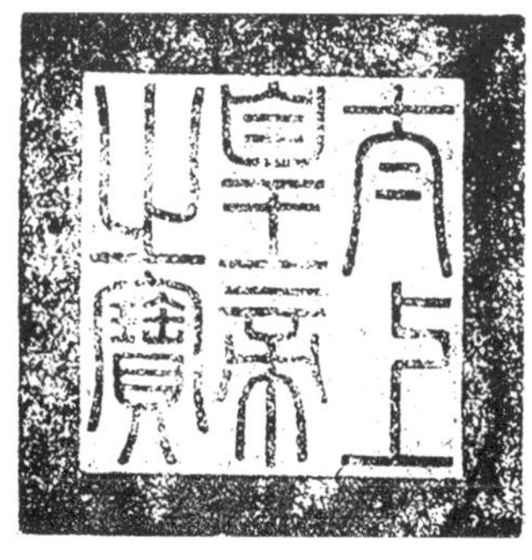
太上皇帝之寶

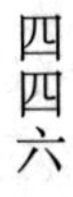
四四六

經典釋文第八

周禮音義上 起天官盡春官

唐國子博士兼太子中允贈齊州刺史吳縣開國男陸德明撰

天官冢宰第一 本或作冢宰非餘卷放此

惟王 如字干寶云王天子之號三代所稱 雒 音洛水名也本作洛後漢都洛陽改為雒 以

建[illegible]反下皆同 辨 本亦作辯徐邈劉昌宗皆方免反別也一音平勉反 別也 彼列反下同 以

縣 音玄下同 埶 魚列反下同 詔 上詔反下古報反 太保 音泰 納 人[illegible]反

體國 鄭云體猶分也干寶云體形體 而朝 直遥反 令 力呈反 天 冢宰

鄭云宰主也干云濟其清濁和其剛柔而納之中和曰宰 掌邦治 直吏反注邦治下治官皆同

大宰 音泰注及後放此 副貳 徐音二 府藏 才浪反下同 官

反下皆同 自辟 必亦反徐方狄反 胥 鄭徐思餘反下皆同 劉思叙反 徭 戚 役

四四七

諝劉思敘反宮正此以下鄭摠列六十職字於其職前列之膳夫上戰反庖
人徐扶交反賈八人鄭徐音古劉音嫁下放此裹肉音果苞苴子余反物
賈音嫁內饔鄭於容反割亨戚普庚反劉普孟反之稱尺證反亨人
劉普庚反主爲于僞反下爲主同甸師田遍反主共音恭下皆同獻人
音魚本又作魚亦作䱷同又音御鼈人必列反腊人音昔醫師意其反有
和胡卧反又音禾齊才計反瘍音羊瘍創初良反奄於撿反謂精氣閉藏也劉
於驗反徐於劒反奚如字又胡禮反從坐才卧反奚如字又胡禮反從坐才卧
漿人子良反凌人力證反字從冰或力外反醢人呼在反不盡津忍反醯
人本又作醯呼西反冪人莫歷反解止佳賣反掌幕武博反貨
賄呼罪反司會古外反注同鄭云主天下之大計尚書音常簿書步古
反後簿書皆同少內詩照反歲斷丁亂反閽音昬囿音又斿本亦作游

音由未冠古亂反嬪符眞反婦也內治直吏反女祝之六反徐之又反[illegible]

典枲絲里反裁縫戚奉容反徐扶用反下同縫人劉扶用反染人如豔反劉而險反

反追師丁回反治玉石之名一曰雕屨人紀具反夏戶雅反注同翟雉名采如字或作菜

夏翟音狄爲緌如誰反大宰邦國鄭云大曰邦小曰國邦之所居亦曰

國于云國天子諸侯所埋也邦疆國之境治典直吏反注下治典邦治治官治職之治皆同以擾而小

反鄭而昭反徐李尋倫反以詣戶皆反以詰起一反禁也于云彈正糾察也馴也似倫反度

作待洛反猶傳直吏反下同猶立也灋古法字官聯音連以斃婢世反斷也鄭

蒲計反徐劉府世反斷也丁亂反下同斂弛尸氏反以比毗志反鄭上房利反簡稽

古奚反鄭又音啓以版音板傅別音附下彼列反書契苦計反劑子隨反劉[illegible]

齊也以要於妙反徐於召反後不音者放此、朝覲直遙反凡言朝覲皆同辠古罪字劓

魚冀反刖音月又五刮反以馭魚慮反賦貢鄭云賦口率出泉也貢功也于云賦上之

所下貢下之所納於上 采邑音菜 周召上照反 毛聃乃甘反 月奉

符用反本或作俸 口率徐劉音類戚音律一音所律反下同 所稅舒銳反 八柄兵命反

反 其行下孟反注同 極紀力反 鮌古本反 毆起俱反 園圃布古反又音布

毓古育字 藪速苟反 牧牧養之牧徐音目劉音茂 蕃鳥扶元反 飭化音勑

商賈音古行曰商處曰賈下注同 閒民音閑 秫音述 曰瑳七何反

曰豚陟角反 曰鏤婁豆反 爲人于僞反 傭音容 賃女鴆反 粱

菰音孤彫胡也字或作苽 果蓏力果反 其樊如字又方元反 畜牧許又反又許六反

羨 稱尺證反下同 釐降力之反 曰圉魚呂反養馬曰圉 質於猪二反

踈 不孰色居反菜也劉音蘇 曰饉其靳反 家削本亦作稍又作𨛫所教反徐所召反

幣餘鄭于婢世反徐世反 名與音餘 鄉大夫劉音香 毋處昌慮反後可以

意求 羞服干去羞飲食也服與服也服或作膳 芻初俱反 匪頒鄭音班徐音墳 好用

呼報反並同 贈勞力報反 嬪貢鄭音嬪司農音賓 爲摯音至本亦作贄 楛

矢音戶 櫄勑倫反 幹古旦反 篠西了反 簜大黨反 絺勑其反 紵直呂反

反 璣徐音譏劉音其既反一音機 琅音郎 玕音干 柚羊救反一音羊受反或音喻 繫

邦音計 以治直吏反下注王治凡治眡治皆同 曰藪下云宜作叟 德行下孟反 耡

音助 乃縣音玄注同 挾日子協反字又作浹同干本作帀子合反十日也 木鐸待洛反 以

徇辭俊反 其參七南反鄭云參三人也干云三公也 傅其音附徐方慕反 各監

古銜反 爲民于僞反 之平音評 要之一遙反 糞弗運反 洒色賣反

前期如字干本同徐昨見反本或作先如字又悉薦反 所諏子須反謀也 散齊西但

反下側皆反下同 眡音視本又作視後皆同 滌直歷反 濯直角反 謂溉古愛反 饎

甗魚善反徐音彥一音言本又作甗音歷 納亨普庚反注同劉普孟反 鄉祭許亮反

獻齊才計反 神示本又作祇音祇 享先生許兩反劉音向注享幣同 時

見賢遍反下同　春朝直遥反下文同　之酢音昨　依前於豈反本亦作扆　含音
王本又作唅戶暗反後同　既窆彼驗反徐補贈反　辟琮于宗反　巡守音狩
本亦作狩後巡守皆放此
小宰　宮刑鄭如字謂宮中之刑也干同杜作官　之治直吏反下及注皆同　爭訟
爭鬬之爭　專達干云達決也　其委於偽反下賙委同　積子賜反　斂弛
尸氏反劉本作施音弛杜作施　涖音利又音類　玉鬯勑亮反　牲鑊戶郭反　玉
齍音資　六鄉音香　屬其音燭　六紖徐音胤劉音引本或作引　上相
息亮反　豕與音餘　政役鄭音征司農如字　以比毗志反注同　以傳音附
注同　別彼列反注同　要會古外反凡要會會計之字皆放此　士卒子忽反下同　簡
閱音悅　貸子他代反　傅著直略反　平賈音嫁　月平劉音病
弊羣必世反　治也如字下文治其弛舍同　斷也丁亂反下同　不解佳賣

反 傾邪似嗟反 共其音恭禮本供字皆作共可以意求之 裸將古亂反 不

爲子偽反 莫稱尺證反 啐之寸對反 含襚音遂 所賙音周

使齎子兮反 今上時掌反下同 夏之戶雅反後放此

宰夫掌治直吏反注及下之治贊治官掌又治皆同 朝之直遥反後皆同 治藏

才浪反注治藏同 別異彼列反 辟於音譬本亦作譬下皆同 傳吏直專反

辟名徐芳石反劉芳益反于云不當也 畜獸許又反 作見賢遍反 比

官如字注同戚毗志反 委積上於偽反下子賜反此二字相連皆同此音 飲鄭徐於鴆反注同

食音嗣注飲食公食同 賓賜之飧音孫 牽一本作賓賜掌其飧牽干本同 倣

獻許六反 用賻音附 而賵孚仲反 共辦薄莧反 期會如字

警戒京領反

宮正比宮徐方寢反一音毗志反注下並同 直宿戚如字劉息就反下同 析

吐各反夕莫音暮本亦作暮行夜下孟反爲其于僞反下注皆同有解
佳賣反情徒卧反離部力智反重門直龍反聞於音問又如字
忌守手又反又音手下文同出疆居良反之倅七內反分别彼列反
德行下孟反荷其呼何反又音何揣操七曹反跡數音朔禄
稟彼錦反去其起呂反其奇音羈徐去宜反衺似嗟反亦作邪譎古穴
反觚音孤會其什如字注同教道徒報反下道導同蹕音畢徐又音辟
讀火戒如字徐音亘填音田街音佳倚廬於綺反
宮伯適子丁歷反於徼古弔反候便婢面反頒其音班
膳夫之食音嗣飯也注及下食用公食同食飯扶萬反依字作飰二十甕
徐劉音瓮屋貢反之饌仕眷反盡聞津忍反淳之純反下同熬五刀反淳
毋音武由反一莫胡反炮步交反牂作郎反擣丁老反珍膋了彫反五

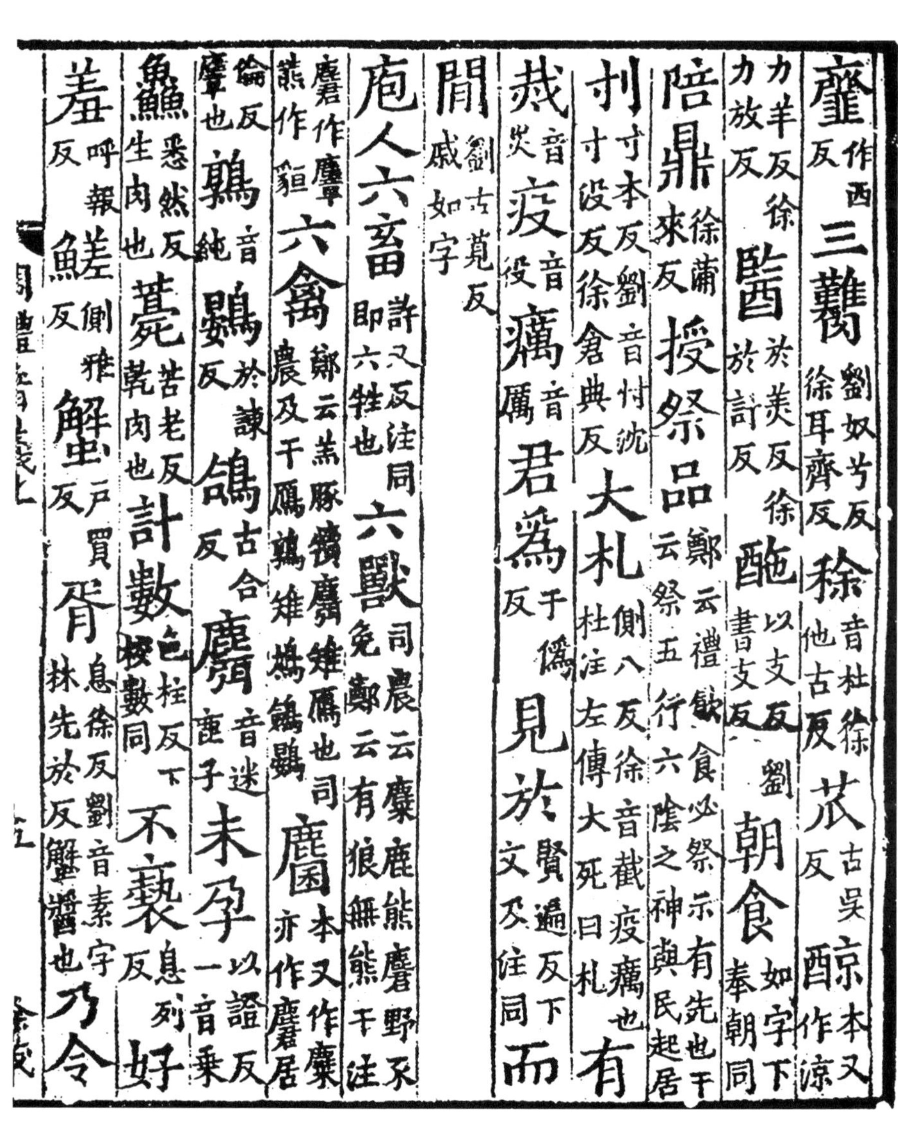

齏作西反 三韭劉奴兮反徐耳齊反 稌音杜徐他古反 菰古吳反 䣼本又作涼力羊反徐力放反 醫於美反徐於訖反 酏以支反劉書支反 朝食如字下奉朝同

陪鼎徐蒲來反 授祭品鄭云禮飲食必祭示有先也下云祭五行六陰之神與民起居

刌寸本反劉音忖沈寸沒反徐倉典反 大札側八反徐音截疫癘也杜注左傳大死曰札 有裁音災 疫音役 癘音厲 君爲于僞反 見於賢遍反下文及注同 而閒劉古莧反戚如字

庖人六畜許又反注同即六牲也 六獸司農云麋鹿熊麕野豕兔鄭云有狼無熊干注麏作麞麃作貆 六禽鄭云羔豚犢麛雉鴈也司農及干鴈鶉雉鴽鴿鷃 麕本又作麇亦作麏居倫反麞也 鶉音純 鴽於諫反 鴿古合反 麛音迷鹿子 未孕以證反一音乘

鱻悉然反生肉也 薨苦老反乾肉也 計數色柱反下校數同 不褻息列反 好羞呼報反 鱃側雅反 蟹戶買反 胥息徐反劉音素字林先於反蟹醬也 乃令

力呈反付使所吏反乘禽繩證反下同膏香牛脂也禮記作薌音同

腒其居反乾雉也鱐所留反乾魚也臊素刀反杜云犬膏也腥音星杜云

豕膏鄭干云雞膏也或作雉膏魚鱻羽鄭云鮮魚也羽鳫也杜云鮮羽鳫也羶書然反羊脂也煎

和胡卧反下文同暵熱呼旱反劉呼旦反水涸胡洛反徐戶格反爲人于僞反

內饔割亨普庚反注及下同肆解託歷反齊以才細反截側吏

反膰音燔本亦作燔胥職升反庮音由徐餘柳反干云病也司農云朽木臭也冷毛音零

徐郎年反而躁早到反而膲本又作臕芳表反又苻表反又芳老反徐又孚趙反而沙如字一音

所嫁反或蘇他反鳴貍音鬱徐於弗反豕盲亡亮反眡視二反又音視睫音接一音

將業反而般音班臂如字徐本作辟音方紙反螻音樓如螻蛄蟲臭也干云螻內病也此依禮記

文是別彼列反澌也音西蛄音姑掌共羞共依注音具膴火吴反徐凶武

反胖普半反鍛丁亂反牒切直輒反又之涉反鉶羹音刑大臠力轉

反 好賜呼報反注同 外饔 饗食音嗣 長帥色類反

亨人之齊才細反注同 爨七亂反 大羹音庚又音衡下同 肉湆

去及反 甸師 耕耨乃豆反 齍盛音資 芸音云徐音運本或作耘

茅音卯徐音茲 三推出誰反又他回反 莤所六反 酒滲所鴆反 浚也

荀閏反劉思順反 焫如悅反 菹音租又子餘反 以藉在夜反 泲酒子禮反又 醴

齊才細反 蓏力果反 瓞大結反 受眚生景反 斷其丁亂反 不踐

音翦 獸人 掌罟音古 搏音博劉音付後同 所觸 攫俱縛

反又俱碧反又作摟華霸反 獘田如字徐蒲計反 注于之樹反 仆也普卜反一音芳豆反

又音赴 斄所音來本亦作萊 植虞直吏反又時力反徐音裁 而珥徐如志反 以

亨許丈反劉音向後皆放此 禴由若反 祀祊音方 折之設反 馘古獲反 以數

色主反一音所 筋角音斤 䱷人 水匽於建反徐本作匽一返反 關空

戚音孔下同王鮪位軌反魚鱻甍本又作槁苦老反鼈人取

互戶故反干云對也萮莫干反簎戚楚角反劉倉伯反徐倉格反沈槍昔反案莊子云冬則

擉鼈於江擉音义角反義與此同今從彼讀蜃上軫反鄭云大蛤也干云鰌類貍物莫皆反以

杈音义共蠯薄佳反徐又父幸反蠃力戈反蚳直其反徐長棃反蚍蜉子螔音夷

又音移蝓音由又音揄蜯字又作蚌蒲項反又蒲杏反蛾子宜綺反蟲舍音捨

蚳蝝悅全反字林允絹反腊人解肆勑歷反捶之蘂反豆

膴豆音蕃出注胖普半反杜音版夾脊戚古洽反劉古協反公食音嗣豕

麕京倫反反覆芳服反腍而甚反爓徐廉反乃亨普庚反

天官下本亦作天官冢宰下

醫師瞋眠見反徐云干反眩玄見反徐音玄劉虎縣反無瘳勑留反疕戚匹婢反

徐芳鄙反劉芳指反一音芳夷反頭瘍也亦禿也瘍音羊身創也造焉七報反則稽

古兮反考也後皆放此 食醫 六食 音嗣下食齊同 之齊 才細反下皆同徐燕細反 眡

音視 凡和 胡臥反 飴蜜 以之反 堇 音謹 荁 音丸 枌 扶云反 娩 音問 槁

苦老反 滫 思酒反劉徐相幼反 瀡 相棨反 宜稌 音杜又他杜反 宜苽 音孤 稉

本亦作杭音庚 彫胡 劉本作凋音彫 恒放 甫往反 疾醫 痟 音消

痒 以掌反 疥 音介 嗽 西豆反本亦作欶 上氣 時掌反 欬也 苦代反

喘 昌兗反 作見 賢遍反下同 其竅 音叫後不音者同 眙合 如字又音

閤 下閤同 劇易 以豉反 五藏 才浪反下文及注同 角徵 張里反 休王 往況反

扁 本亦作鶣蒲典反徐扶忍反 鵲 漢書音義云扁鵲魏桓侯時醫人史記云姓秦名少齊越人

倉公 史記云姓淳于名意臨淄人爲齊太倉令漢文帝時人 丸竅 苦弔反 秦和

左傳昭元年晉平公疾秦伯使醫和爲之即此人也 岐伯 其宜反 榆 羊朱反本亦作俞 柎

劉音附徐音鈇岐伯榆柎皆黃帝時醫人 少者 詩照反 瘍醫 折瘍 劉本作斷

同時設反之祝之樹反出注剨音刮徐工滑反之齊才細反生創初良反踐

於陁反徐烏卧反跌待結反徐徒紇反劉徒没反附著徐豬略反刮去羌呂反

黄蟊本又作蝥劉音武又音無徐音母又音務沈武侯反礜音豫上著直略反

五氣氣音穀出注獸醫畜獸許又反下同為其于偽反

趨聚本亦作驟同仕救反食之音似酒正功沽音古大酋將由

反下同秫稻音述必齊戚才細反下皆同一讀此如字麴蘖魚列反湛接廉反

饎昌志反自釀女亮反泛芳劍反盎烏浪反緹音體醪魯刀反

猶翁烏動反下同一音於勇反酇白即令之白醝酒也宜作醝作酇假借也在何反差酒

初賣反醳音亦徐音昔曰醫於己反徐於計反注同酏以支反沛者子禮反下同

從毆烏兮反徐烏鷄反本或作毉省也所景反截昨再反之粥之六

反劉音育稀者音希清醩音糟下同沈子由反臆本又作醷於紀反徐於力反

三貳徐音二下同　爲尊于僞反　唯嗛苦簟反　袞古本反　鷩

必列反徐劉芳利反　毳充芮反　希冕本又作絺同張里反　醆側產反　粢才計反

醍音體本亦作緹　以飲於鴆反　度當徒洛反　俟朝直遙反

酒人　比其戚必履反又毗志反徐扶利反　親食音嗣　侑音又　漿人

若糗丘酒反又昌紹反　留間如字徐音澗　用柶音四　凌人　治鑑

胡暫反本或作濫音同　如甒直僞反　與盛冰音成　爲二于僞反　廣

八尺　長丈二尺　深三尺凡度長短曰長直亮反度淺深曰深尸鴆反度廣狹曰廣光曠

反度高下曰高古倒反相承用此音或皆依字讀後放此　漆赤中用朱漆其中　朝覲

直歷反　秋刷所劣反　清也如字又才政反下同　籩人　麷芳弓反徐又芳勇反

或郎第反　蕡符文反徐蒲悶反　膴火吳反　鱐所求反　臬思里反　牒戚章涉反

又直輒反　⿰米畐皮逼反本又作煏同　糗乾音乾又作乾析幹同　穜直龍反又音童　其腴

音史以咱劉徒覽反徐徒暫反乾橑音老徐刀到反榛側巾反劉士臻反少牢

詩詔反凡言少牢皆放此不裸古亂反蔆音陵芡音儉㮚音栗古字重言

直用反蔆芰其寄反餌而志反餈財資反餌餅必領反爲

餌于僞反下文同黏女廉反著直略反醢人韭音久菹莊魚反

醓吐感反本又作盜或一音昌審反麋臡乃兮反又人齊反菁作寧反又音精茆

音夘比人音柳麇京倫反膊乾普博反莝倉卧反骭戶諫反徐戶幹反蔓

音万又莫干反徐音蠻羸力禾反脾婢支反徐蒲佳反析星歷反蠯蒲佳反徐薄雞

反蜃市軫反豚拍音博螷音秜又音夷蝓音榆又音由大蛤音閤蛾

子魚綺反爲膊音博下膞同芹音勤徐又音謹說文作菦云菜類蒿也音謹箈

音迨鄭云箭萌也爾雅作篡同鄭司農云水中魚衣也當徒來反沈云北人音秃改反又丈之反未知所出筍

息尹反蒲蒻音若酏食音嗣下同糝素感反餗音速餰之然反糔

思柳反劉相早反徐相幼反　溲所柳反　臅昌蜀反一音粟　爲王于僞反　五齊徐劉
于西反下同沈才細反　若牒直輒反　少儀詩照反　爲軒音獻　皆牒之涉
反本或作牒下同　爲辟必亦反又音檗　爲宛於阮反又於月反　之醢呼兮反　之
稱尺證反　醯人五齊子兮反下之齊共齊醬齊皆同　醯人苦
鹽音鹽工戶反此注　散鹽悉但反下同　不湅音練下同　齊事才細反　鬻
音羹　鹽音古　幂人莫歷反　氣與音餘　皆醢音甫　宮人之
脩劉音修本亦作修　朝直遥反下同　辨色如字本又作別彼列反　井匽於建
反徐音偃　不蠲音圭又古玄反絜也　去其起呂反　爲鑪尺志反　謂霤力救反
受畜敕六反　絜清戚才性反本亦作清　掌舍　梐步禮反　枑
戶故反　再重直龍反下同　爲拒音矩下同徐胡故反　轘音患劉胡關反　居舉處
反　溜力救反　水湅徐劉色遘反戚色冑反　櫜當路反　爲藩方元反　壝

戚唯季反劉欲鬼反徐羊誰反一音待果反又時累反　埒劣徐音　遊觀古喚反一音官

幕人　幄烏學反　帟音亦　綬音受　掌次張事劉音帳戚如字下邦之張

事同　皇邸徐當禮反一本作皇邸　後版徐音板　屏風薄刑反　朝日

直遙反注朝日同　重帟直龍反注下同　爲之于僞反　大府受藏

才浪反注受藏言受藏同　稍秣音末　好用呼報反下同　使者色吏反　斥幣

音尺徐蚩柘反　玉府玩好呼報反及內府皆同　之藏才浪反注同　蠙

珠劉薄田反徐音頻一音父賓反　含玉戶暗反　枕尸之鴆反　楔先結反　令

可力呈反　飯含扶晚反　衽而甚反又而鴆反　牀第側美反徐側敏反　袍襗

劉音澤徐侍各反　簣也音責　王敦音對徐丁雷反注同　盛血音成下同　歃之色洽

反徐霜獵反　文織音志一音如字劉音至　爲王于僞反　獻遺唯季反下同

內府使者所吏反　小治直吏反　外府不徧古遍字下同　復

出扶又反徐音服後數音朔有奇紀宜反足枝如字一音奇幣帛齎
音咨注同音祖係反一問幾徐舉豈反司會古外反下同之治直吏反注同
攷音考司書九正音征注同猶比毗志反餘見賢遍反下同
之簿步故反下同朽蠹都路反器械戶戒反六畜許又反秕
斂力驗反職內種章勇反寫下戶嫁反藏中才浪反
職歲而編必緜反又必連反一音方千反職幣拼也音餅楬之其列反
以著直略反徐張恕反司裘中秋音仲注同毳音毛毨先典反裘
與音餘鷮音遵麛音迷其鵠古毒反爲祭于僞反可以與
音預下得與同德行下孟反比於毗志反下同而中于仲反下天子中之以下中之
而難中以中皆同所射食亦反下自射所射共射皆同爲摯諸允反本亦作準著
於直略反又張略反參七素感反干五五旦反劉音鴈本又作犴遠尊于万反射

正音征下同　鳽音干劉音鴈一音岸　廞許金反徐又火飲反　遣車弃戰反　興

也虛饕反下同　掌皮　毛毳尺銳反　細縟音辱　餘見賢遍反

內宰　省文所景反　其奇紀宜反　袞似嗟反本亦作邪　紅絍女金反　組

紃似倫反音巡　縫線仙戰反字亦作綫　后祼古亂反　瑤爵音遥　不

與音預　酳士靳反劉侯吝反又音胤　玉盌音浣　瀋劉諸允反注皆同徐音純　市朝

直遥反下同　介次音界或作分非　爲純諸允反下同　四䋽音紙　與音餘　中春

音仲　調度徒弔反下待洛反或如字　種直龍反本或作重音同先種後孰曰種穜如字書禾旁作重是種稑

之字作童是種殖之字今俗則反之　稑音六後種先孰曰稑本又作穋同　之種章勇反注藏種同　傳

類直宣反下同　番音煩　孳音兹本又作滋　又上時掌反　而徧云音遍

絶句　從容如字　內小臣使令力呈反　道之音導　相九息亮反注

同　爲后于僞反　好事呼報反下同　問遺唯季反　御見賢遍反下同

掖庭劉音亦 閽人 兩觀古喚反 衰經徐音崔 刻識
式志反又音式 尨云江反 狂易以豉反徐音陽 無帥色類反注同 使者色吏反
將帥子匠反 苛本又作呵呼河反又音何徐黑嗟反 則爲于僞反 之闢本又
作辟婢亦反避也注同 掌埽素報反 門燎力召反又力弔反 寺人
相息亮反下及注同 道徒報反後同 弔臨良鴆反後同 內豎便
疾婢面反 俟朝直遙反下同 則爲于僞反注下同 遣車弃戰反後遣車
皆放此 頮沐呼內反 九嬪 婉於阮反 娩音晚 御見賢遍
反 月上時掌反 放月方往反 王齍音咨劉祖稽反 王敦音對
世婦 濯摡古愛反拭也 拭音式清也 涖音利又音類 陳 女御
持翣所甲反 如使所吏反 之介音界 女祝 禱祠丁考
反一音 梗古猛反徐依鄭音亢 禬古外反又戶外反 禳如羊反 去之起呂反下
都報反

女史治之直吏反注同　典婦功事齎音咨

本亦作深　凡授音受出注　其苦音古　而賈音嫁注下同　而楬其列反

分別彼列反　布紵音佇　而著直略反徐張慮反　典絲受

良良音古出注　及依於豈反　盥巾音管　線似戰反　纊音曠劉古曠反

著直略反下同徐豬略反　盱口香于反　綦劉音其沈音忌　握烏學反劉烏豆反

文織音志　茵音因　會之舊古外反戚戶外反　傅著音附

典枲數物色主反一音所　蕡苦迥反又口穎反劉枯熒反　苦功音古

內司服　禕衣音暉　揄狄音遙　鞠衣居六反又丘六反　展衣

張彥反注同　緣衣或作褖同吐亂反　君卷古本反下同　朝服直遙反　屈

狄音闕　檀衣張彥反　翬音暉　見王賢遍反　言宣丹但反　玼

音此劉倉我反本亦作瑳與下如字同倉我反　展如字　媛也音援　其行下孟反　作稅

劉吐亂反 白縳 劉音絹聲類以爲今作絹字說文云鮮色也居援反徐升卷反沈升絹反 張

顯 如字徐音張 喪衰 七雷反 以上 時掌反 紛 本又作帉芳云反 帨 始鋭反

巾 徐音歳 盤 步干反 袠 陳乞反 縫人 錦 褚 張呂反 僞 荒

鄭注禮記改僞爲帷 纁 許云反 翣 本又作䉛所甲反 纁 披 彼僞反 衣翣

於旣反 度 西 音宅古文厇與度字相似因此而誤 接 槽 劉上所甲反下音柳 [illegible] 止此

所甲反一音所立反 染人 春暴 步卜反劉步落反注同 秋染 如琰反注同

染夏 戶雅反後除春夏之字皆同可以意求不復重出 作 竄 音勳音燻 一 妁

湛 徐子廉反劉慈鳩反 羽 畎 古犬田反 曰 䳘 直劉反劉音壽徐音酬 曰 蹲 音存徐祖

混反一音遵 曰 希 如字劉張履反 以 放 方往反 追 師 丁回反下及注同 編

步典反又必先反注同 冠 禮 古亂反後冠禮同 毋 追 音牟 君 卷 古本反 統

丁敢反 紘 音宏 綖 以然反徐羊戰反 步 繇 以招反本或作搖 假 紒 音計 髮

皮寄反髢本又作鬄大計反劉音地以見賢遍反亦纚所買反又所綺反追

琢丁角反以縣音玄瑱它見反鬒之忍反屑鬄大計反下同說音剃卷

髮卷免反劉羌權反衣鞠於既反下衣緣同移袂昌氏反下同純衣側其

反徐如字屨人繶於力反青句音劬一音姜踰反著服徐丁庶反

一知略反反與音餘有絇音劬有純章允反下同下緣悅面反下同礫

音歷反覆芳服反以見賢遍反之救戚如字劉音拘著舄知略反又

直略反中紃音巡衣翟於既反非純如字去飾起呂反下皆同散

屨素但反注同夏采以乘繩證反注乘車皆同建綏而誰反注下同依字

作緌誤作緌耳適室丁歷反東榮如字劉音營衣尸於既反復反

扶又反朝服直遥反以卷古本反屈狄音闕玄赬勑貞反爲

禮音維徐音遂於橦直江反

地官司徒第二

鄉師 音香下以意求之 師長 丁丈反後皆同 相左 音佐 右 音又 比長 毗志反徐扶二反注下同 稱也 尺證反下同 爲民 于僞反 言帥 所類反 于知 音智 堳 音眉 埒 音劣 封疆 居良反 縣役 音遥 牧人 牧養之牧徐音目 何 胡可反又音河下同 蓑 素禾反 何笠 音立 其糇 音侯乾食 其犉 而純反 音而專反黃牛黑脣曰犉 遺人 維季反注饋遺同司農音維 橋維 俱禹反 召公 上照反 相成 息亮反 人行 下孟反 媒氏 劉音梅 麴 起六反 蘖 魚列反又五結反徐去蘖反 物賈 音嫁下物賈及賈八人同 廛人 直連反徐長戰反 賈師 音古 自辟 必亦反徐力歷反 校尉 胡孝反 鄭長 作管反 主爲 于僞反 丘甸 繩正反又如字 委人 烏僞反注同 土訓 如字司農音馴 爲馴 似遵反劉音訓徐餘倫反 告道 音導 虞度 徒洛反下同 麓 本亦作⿱林录音鹿 滌源 徒歷

反大藪素口反旣陂彼宜反卝人徐音礦虢猛反劉侯猛反礦虢猛反金玉未

成器藍蒨千見反象斗本或作橡音同掌荼音徒徐音餘茅蒍

劉音酉毛詩注作秀掌蜃上忍反大蛤古荅反囿人音又爲墠

音善圃中音補又音布廩力甚反倉也盛米音成奄二於檢反劉於驗反

抌二音由又音揄或羊㚤反抒臼時女反饎人尺志反注饎同爨七亂反槁

人注音犒同苦報反王宄如勇反大司徒廣輪古曠反

墳衍扶云反原本又作邍猶徧音遍兖雍於用反輪從子容反

之墳維癸反別方彼列反下同土會古外反計也注同早物音阜本或作皁

注同鱗物劉本作䗲音鱗而津如字一本作濜音同潤也覈物音核民專

徒丸反注同而長如字下注長於土圭同介物音界莢古協反皙而音錫白色

也贏物力果反叢物才東反豊肉如字劉而樹反而庳音婢貂

音彫貒吐官反貉胡洛反依字作貈縟毛音辱一音如勇反專圜音圜又徒

丸反臞其俱反又作臛音稍與考工記臛後音同貔音毗一音房私反貙勑宜反萑音丸

葦于鬼反柞栗子洛反理致直記反爲橐古毛反劉古到反蓮

芡音儉韜吐刀反不爭爭鬬之爭不愉音偷又音偷不虢薄報反不

解佳買反少而詩照反以相息亮反注同以毓音育分野扶問

反其種章勇反榛栗側人反猶蒔時至反騂剛雖營反赤

緹音低土深尺鴆反日景如字本或作影非下及注同猶度待洛反下同近

日附近之近下同遠日于万反日跌待結反封疆居良反下同顓之宣反

叀音揄其率音律又音類後注同正之音征字之如字一音滋爲其于僞

反百畝本亦作晦古畝字丘甸劉常證反乃復扶又反下同奠也劉音定

弛力式氏反舍禁音捨注同去幾羌呂反注及下注去蹄同眚禮所景反注

省同 殺哀所界反徐所例反注同 蕃樂方袁反注同餘文注皆音煩 種食章勇反

幼少詩照反 拚音拯 捄音救本亦作拯救 曰矜古頑反 今瘥音痊 筭

卒子忽反 嬍音美 聯兄弟一本作聚兄弟 約椓陟角反 乃縣

音玄注同 挾日子協反 爲比毗志反下同 相賙音周 給足劉子喻反 飭

材音勑注同 商賈音古 閒民音閑 六行下孟反 睦婣音因 不

弟音悌注同 情思悉吏反 心應應對之應 大招上朝反本亦作韶 大

濩音護本亦作護 地治直吏反注及下正治并注同 而斷丁亂反注同 不厭

於涉反或於驗反 其肆託歷反注肆解肆去同司農音四注肆陳同 六引如字又音胤

六紼音弗 大札側八反 上其時掌反 計簿蒲戶反注同

小司徒 九比毗志反注下皆同 施舍式氏反 六畜許又反後六畜皆同

之卒子忽反注及下皆同 相別彼列反 猶徧音遍 七人以上時掌反

毋過音無 爲羨然面反 爲甸繩證反出 夫仁音扶 少康

詩照反 溝洫況逼反 爲除于僞反 音乘繩證反下同 治澮古外反

其政依注音征 其肆託歷反 使臣所吏反 脩行丁孟反 引窆

彼驗反劉補鄧反 復土劉音福一音服 斷其丁亂反 治成直吏反注治成及下

文同 鄉師 其治直吏反下六鄉之治同 復免音福 之辟婢亦反

不偪鄙力反 匱其位反 茅蒩子都反一音子餘反或云杜側魚反鄭將呂反 爲

菹側魚反 爲藉慈夜反下皆同此如字下皆慈夜反 苴子都反又將呂反 扐[illegible]

音忖 而去羌呂反 守祧他彫反 其脩戚吁恚反劉相恚反 是輿音餘

輂九玉反 人輓音晚 一梩里其反 執纛桃報反劉音毒 御匶音舊

執紼音弗 執翿劉音桃戚徒報反 羽葆音雨 橦也直江反 其

行戶剛反下行列同 而備補鄧反 謂封彼驗反 斷其丁亂反 明

爲 于僞反下爲州長爲鄉大夫爲州黨同 鳥隼 雖允反 之旟 音餘 別異 彼列

反 課殿 都遍反下同 市朝 直遥反下同 之藉 古艱字本亦作艱 揭豆

苦瞎反 輁 九勇反 軸 音逐 輻 音福又音逼 鄉大夫所治 直吏

反下考治下治所治處同 德行 下孟反下及注德行之行六行皆同 復多 音福下同 上其書

時掌反 寶藏 才浪反 寧復 扶又反下猶復同 張皮 射之 食亦反 樂

與 音餘 瞿 俱縛反本或作瞿音同 相 息亮反 如堵 丁古反 揚觶 支豉反

州長各屬 音燭合也聚也注下皆同 會民 如字注同 重申 直用反

黨正教治 直吏反族師治令同 彌數 所角反 祭禜 榮敬反 大蜡

仕詐反依字作措 爲民 于僞反 農隙 去逆反又作郤 孝弟 音悌下同 昏

冠 古亂反 族師 祭酺 音步或音蒲 校人 戶教反 蟓 悅全反

螟 冥經反 酺與 音餘下步與同 雩禜 榮敬反本亦作禜下黨禜同 葬 鄭字 劉才

郎反　埋本或作貍莫皆反　閭胥　各數色主反　政役如字杜音征
皆會如字下會同　爲暨其器反又斤乙反　觵古横反　撻吐達反扑也
普卜反　比長之治直吏反　有辠本亦作罪　衺似嗟反　不便
婢面反　則荷呼何反又音何　封人　唯爲于僞反下同　單出
音丹　丘乘繩證反　其楅音福　置緣本又作紖持忍反　水槀古老反
挈清如字又才性反　著牛直略反　令不力呈反　得抵丁禮反
如椵音加沇一音瑕　以豸直氏反　毛炮薄交反　爓似鹽反　去其
起呂反　肥腯徒忽反　鼓人　又別彼列反　鬼享許丈反劉虛讓
反　牛人職同　鼖扶云反　鼛音羔長丈二尺　編鐘必仙反　錞音淳錞于也
碓頭音對本又作椎直追反　鐲直角反鉦也　鉦音征　鐃女交反　有秉兵政
反本又作柄下同　且卻起略反　鐸待洛反大鈴　大鈴音零　帗音拂劉音弗

鼜千歷反 發眗本又作昫亦作煦休具反劉休武反或況冢反 之眚生領反
舞師 旱暵呼但反 爲皇音皇 牧人 阜蕃音煩 牲牷音全
黝於糾反司農音幽 尨云江反 表貉莫霸反 爲甈丘例反 副普逼反
辜音孤 穰如羊反 憚其待旦反 牛人 職人戠音特或餘式反劉之式
反注樴同 以繹音亦徐音夕 之杙餘式反劉餘則反 積膳子賜反注同 飧音孫 食
也音嗣下文同 執冪民狄反 折俎之設反 槁牛苦報反注同 遣奠
弃戰反 牽徬薄浪反注同 之互劉音護徐音乎 盆簝音老劉魯討反 受肉
籠也 以盛音成 縣肉音玄 充人 散祭素但反注同 近之附近之近

地官下

載師 廛里直連反 以場直良反 圃布古反又音布 賈田音古注同
畺地居良反 吏爲于僞反 果蓏力果反 州長丁丈反後皆同 亦

監古銜反盡如津忍反者與音餘林麓音鹿涂巷音徒去

一起呂反下同如比徐方二反率之音律又音類桼林本又作漆音七劉本作桼字之變也以

音同壘場音亦儳布劉音讒徐才鑒反皆說音悅欲令力呈反以

衣於既反下同有閒音閑閭師以飭音敕以畜許又反下

同不衰七回反下同縣師大比毗志反後放此之卒子忽反

量其音良遺人唯季反劉音遂施惠式豉反後施惠皆同稟人良甚

反易以以豉反作墐音艱又音謹有庌劉音雅均人地政

音征出注下同上下時掌反四鬴扶甫反甾甾音均又餘均反又音

旬聶氏常純反師氏以媺音美行本下孟反下及注同以知音智之

稱尺證反覆燾徒報反說命音悅敬孫音遜夫孝音扶

王朝直遥反注及下皆同國中鄭丁仲反注中中禮者同杜音得則從才用反下同爲

與音預下同聽治直吏反下同且蹕音畢保氏五馭音御

德行下孟反下文及注同剡羊冉反注之樹反下同襄尺音讓本作攘諸音非

差分初佳反又初宜反下同重差直龍反夕桀音的沈祥易反此二字非鄭注嚴

恪如字又音儼濟濟子禮反蹌蹌七良反闞呼檻反仰仰本又

作卬五剛反濟濟皇皇上子禮反又音齊下于況反又音往纍纍顛顛上律

悲反下音田又如字曁曁其器反詻詻五格反睢睢芳非反王闈音韋

宮中巷門司諫而強其丈反注同則易以豉反以行如字下注同

司救如字劉音拘之衺似嗟反注作邪同酗況付反譥音訆好訟呼報反

去其起呂反著之直略反一音丁略反近罪附近之近調人之難

乃旦反注及下同共和並如字之畜許又反辟諸音避下同從兄才用反眡

父音視盥而音管謂重直用反後復扶又反下不復聽同媒氏以

上時掌反 奇數於綺反本或作踦音同 以別彼列反下同 冠子古喚反 純帛側其反依字從糸才 中冓古侯反 而棧士板反劉才產反或士諫反 有茨疾私反

司市之治直吏反下及注大治小治同 亘區烏侯反 行列戶剛反下行列同 者易以豉反下之易同 售受又反 商賈音古注曰賈下商賈賈師皆同 成賈音嫁注下不音者皆同聶氏及沈云成賈定賈奠物賈其賈平賈大賈小賈賈賤恆賈而故賈凡十二音嫁餘音古 徵債劉音育聶氏音笛字林他竺反 質劑子隨反 月平皮命反下月平同 賈氏劉音嫁聶沈音古注賈氏同 禁虣薄報反 而去起呂反 扑也普卜反下文同 斂賒傷虵反 同共如字 則爲于僞反下爲民同 賒貰音世貸也劉傷夜反一時夜反

昃音側本又作是 販夫方万反 其便婢面反 奠賈音定又田見反 上旌皆掌反注同 殳也音殊 防誑九況反 物行遐孟反又如字聶胡剛反 苦者音古 以郤起略反 好奢呼報反 在賈音古注同 得粥音育下同 中度

丁仲反下同 廣夾 音洽 數十二 色主反 爲柎 劉方符反沈音附 一幕
劉音莫 一帟 音亦 遊觀 古喚反下同或音官 爲說 如字解說也聶如銳反
質人用長 如字 其淳 音准 幅廣 光曠反 匹長 直亮反 當
中 丁仲反 淳戶 劉章純反下同 國基 如字本或作朞同 之好 呼報反
廛人絘布 音次本或作次 總布 劉依杜音讒鄭音揔 爲儳 音讒 租稯
音揔 官爲 于僞反下同 以畜 敕六反 皆說 音悅 ⿰宁者 知呂反本或作貯又作儲皆同
藏於 如字劉本作葬音同 瘦 本又作膄所又反 臞 其俱反又作臞音稍 以紓 音舒劉當
汝反 胥師表縣 音玄 飾行 下孟反 慝者 他得反惡也 巧
飾 苦教反又如字 令欺 力呈反下文同 小治 直吏反下之治同 而斷 丁亂反
賈師 音古下注賈師同 而奠 音定 別也 彼列反 重困 直用反 而
更 音庚 爲官 于僞反 司虣 鬬囂 五羔反讙也許驕反 讙

音歡 則摶音傅下同 司稽所操七曹反 以徇辭俊反
肆長相近附近之近下及注同 相遠于万反注同 或數色主反 故
別彼列反 令相力呈反 賈人音古 泉府楬而音竭 其
抵音帝本也又都禮反 爲禫音旦又丁左反 揃音賤又倉廉反 著其直略反
別治直吏反 之貸音特注一本出者同 別其彼列反 貸民吐代反 本賈
音緣一音古 所賈音古 假令力呈反 償時亮反 則會古外反後放此
司門管鍵其展反又其偃反司農音蹇居免反 籥羊略反 正其音征 轂音斛本入
作繫 監門古銜反注同 造焉七到反注同 司關猾商音滑 其
治直吏反 辟音辟一音必 稅芳益反 節傳張戀反注下皆同 凶札側八反又音截
札瘥才何反病也 猶苛呼多反又音何 令紆力呈反 皆說音悅 敂關
音叩苦狗反 則爲于偽反 謂朝直遙反 掌節則別彼列反下

相別同使者所吏反下之使注使節使者同英蕩如字又吐黨反爲帑吐黨反盛

此音成郵行音尤字從垂作卸誤遂人爲鄰作管反後同制

分扶問反又如字下分制同比閭毗志反下同追胥如字劉張類反致氓亡耕

興耡音助李又音鉏以彊其良反懵懵本又作懜莫崩反又音蒙李武冰反猶

會古外反下一字同爲率音律又音類錢音翦劉音踐鎛音博復予扶又反

令力呈反相百晦音畝萊音來有數色主反奇受居宜反有

昣之忍反田劉音真有溢況域反有澮古外反乘車繩證反遂從

子容反下同去山起呂反盡主津忍反施舍式氏反下施舍皆同政役音征注同

而屬音燭六綍音紼及窆劉昌絹反穿也本作窆戚彼驗反與注相應與說始銳

反千人輿音餘啓朝直遥反之封彼驗反或如字之備補鄧反政治

直吏反下治訟皆同遂師耕耨奴豆反斂艾音刈庇其又作庀匹爾反

具也劉副美反一音芳米反脩行下孟反抱磿劉音歷丘籠力董反及

蠶古彰反以爲于僞反神坐才卧反復土音服或音福乃說始銳

反或吐活反更復扶又反龍輴敕倫反作槫市專反李徒官反作輇

市專反適歷音的又音釋比敘四爾反出注行列戶剛反遂大

夫徑術音遂善相息亮反道民音導大比毗志反下比及注同微

屬其音燭聚也注同一地治直吏反縣正趣其如字李倉苟反本又

作趨音促鄙師禜也音詠數其色主反下同其幾音蟣

里宰治處直吏反令街音佳彈如字一音丹因放沈方往反

旅師間粟音閑注同而用而音若出注興積子賜反注同之治

直吏反注同復之音福期不音基以上時掌反稍人丘乘

繩證反注丘乘曰乘丘甸并爲甸甸讀禹畯之畯皆同音輂輦居錄反卒伍子忽反所

調徒弔反下同皆徧音遍遞焉徒禮反又音弟本又作適音釋委人賦

斂力豔反凡畜勑六反注同葵芋于附反稍聚俗裕反下文同藩蘿

音羅本亦作羅土均之政音征出注爲之于偽反豐省所景反

草人相其息亮反之種章勇反注除種禾以外並同氾勝芳劒反李又音凡

凡糞粉運反本亦作糞赤緹音低李他奚反聶吐弟反墳壤符粉反用麋

音眉渴澤其列反鹹潟音昔一音鵲用貆呼丸反又音丸李一音喜元反埴時力反一

音職壚音盧李一音閭彊其兩反注同㯺本又作檻呼覽反劉音檻用蕡扶云反一音蒲悶反

輕㶼孚照反李音婦堯反縓色七絹反潟鹵音魯貆也他官反粉解

胡買反下同作盆苻粉反稻人畜水勑六反注同蕩水如字李吐

黨反以列祿計反注同以澮古外反寫水戚如字劉殤故反其芟所銜反

町原徒頂反以去起呂反下同之畦劉音圭又下圭反畛也音[illegible]蕙之

薀崇紆粉反或憂羣反　水涸胡洛反　芒種章勇反注芒種同　旱暵呼旦反

反　𩃬斂戚力驗反注同　以闉音因　上訓宜麻如字一本作麋李及聶氏亡皮反劉沈皆作麋音紀倫反案注辨土所宜荆揚皆言穀幽并不應論獸紀倫之音恐非　地慝他得反

別其彼列反　䞿虛鬼反　螅孚目反　行視下孟反　誦訓辟

忌音避注同　所惡烏路反　山虞為守者于偽反下為之同　堅

濡戚如兖反又音柔　柔忍音刃　掄材魯門反又音倫　不拘音俱本亦作徇音同　場

壇徒丹反或音禪　植虞時力反又音值　而珥如志反又音耳　林衡林

禁音麓　部分扶問反下同　蕃茂扶袁反　川衡川奠

音電下同　魚鱐所留反　蜃上忍反　蛤古沓反　澤虞以當

丁浪反後文皆同　自為于偽反下注同　芹音勤　茆音卯　蔆音陵　芡音儉

迹人　麛音迷　卵力管反　卝人卝華猛反又虢猛反沈工猛反　錫

石星歷反 鋁也以忍反劉常忍反 啖直覽反本亦作澰 角人滌浣
戶歡反 以度度上如字下待洛反 羽人羽翮戶革反 爲摶
除轉反注同劉徒端反 爲縛劉古本反沈除轉反 之箴之林反 之緷古本反劉音運
一音戶本反李又基遠反 相近附近之近 掌葛蕡紵苦迴反
可緝七入反 掌染草茅如字劉音妹 蒐所留反茅蒐蒨也
槖音託又音卯 紫茢音列劉間計反或音例 染夏如珠反 掌荼畜
聚枘六反 茅蕎音秀劉音酉 掌蜃互物戶故反 蚌蛤
蒲項反 御濕魚呂反本亦作樂 以白器如字劉蒲竊反 囿人苑
蘿古亂反 燕樂音洛 鳧鷁戶各反又作鸖古亂反 場人批
蒲梨反或房迷反 把白加反 享亦許丈反劉几享皆音向後放此 廩人匪頒
上音分亦如字下音班 稍食音嗣注同 好用呼報反 上下時掌反司稼職同 數

邦邑圭反注同　殺邦所界反下注同殺減也　糒也音備　則棲依注音扱　一扱
初洽反劉初輒反又楚及反李昌劉創洽反　舍人　簠音甫或音蒲李又方于反　筥米
薑呂反又音呂　飯米扶晚反注同　熬穀五羔反　錯于七故反　蚍比皐夷反　蜉
音孚　四種章勇反下同　縣音玄注同　種稑直龍反下音六同穋職同　見內賢遍
反　司稼之種章勇反注知種同　猶徧音遍下同　出斂力驗反注同
度平徒洛反　春人　其齍音資注同本亦作粢　饗食音嗣注無
與食及饍人職同　饎人昌志反　致飧音孫　槁人苦報反　內朝
直遙反注同　宂食如勇反　之食音嗣　斷獄丁亂反　弊訟必世反　丞
相息亮反　者與音餘　尚書音常又時掌反　直上時掌反　掌豢
音息　其潘芳袁反本或作蕃音同　瀾魯旦反　戔餘音殘本亦作殘　可褻息列反

春官宗伯第三

僉曰七潛反皆也　曰俞羊朱反然也李一音由　女秩音汝　氏姓如字劉音紙
大廟音泰下放此　嚌本又作嚌子兮反升也　夏父音甫　疊夏虛覲反　鬱
人於物反　卷人勑亮反　秬其許反李其虛反　一稃音孚　鋪之普吳反又音孚
藉之在夜反　守祧他堯反　奄八人於檢反劉於驗反　周爲于僞反　丰
知音智　三昭上招反說文作佋　少府詩照反　冢塋音營　之長丁丈反後
皆放此　之稱尺證反　矇音蒙　眡音視鄭常至反　瞭音了又力小反字林同云明也　杜蒯
如字劉音署下苦怪反　目眹直忍反本又作䀐或作眹劉又音睫　之瞍本又作瞍素口反說文云無目
也字林云目有眹無珠子也先玄反　鎛師音博　韎師莫拜反劉李音妹　味食飲
之味如字又莫介反　嗼莫戒反又音味　堇直基反劉直黎反李音姪　著直居反李張慮反　韎
韐古洽反又音閤　籥師餘若反　猶繹音亦祭之明日又祭也字書作繹　去籥起呂反下
同　鞮丁兮反許慎云履也　鞻九具反又力異反呂忱云鞮鞻履也鞻者鞮鞻　所扉房味反　蹻鼓

涶吐臥反李吐臥反 皆行他皆反又如字 謂楯食允反又音允 華氏時髓反 燋哉約
反 焌音俊又子寸反 問著音尸 眡祲子鴆反李且衽反 甸祝音電後不音者同
詛祝側慮反 謂祝之之又反 使沮在呂反沈音叙 馮音憑 相氏息亮反注
同 宿劉息就反一音夙 離力計反 不貣吐得反或音二 巾車如字劉居覲反 猶
衣於既反 大宗伯 地示音祇本或作祇下神示地示之例皆放此下卷亦然 佐
王本或作佐音同 享之許丈反後不音者同 以禋音因李又音煙 以槱羊九反本亦作楢音
同積 燎良召反又 飌師音風 芃芃薄工反一音房逢反 棫音域 樸音卜 三
也 能他來反下同 圜丘手權反 以貍亡皆反劉莫拜反 沈如字劉直蔭反 疈孚逼反一
音方麥反 共工音恭 句龍古侯反下同 厲山如字本或作烈 爲禩音祀又作祀
爲罷如字一音芳皮反 披磔張格反 亦食此音嗣下食宗族同 少昊
詩照反下少昊同 曰重直龍反 該古來反 蓐收音辱 不見賢遍反此內不音者同

四竇音獨本亦作瀆下同省文所景反磔䄐如羊反及蜡士詐反百
種章勇反及郵有牛反畷音綴井田閒道左思吳都賦云畛畷無數又陟劣反以肆
他歷反解骨體裸古亂反以禴餘若反以烝之承反是祫戶夾反率
五音律又音類合戶暗反本亦作啗禒音遂凶札如字又音截不縣音玄爲
火于僞反下苟偃爲同以禬劉戶外反徐古外反以更音庚下同所喪
息浪反于澶善然反日朝直遥反注下不出者皆同更遞音弟而徧
音遍下同猶朝也張遥反殷覜他弔反一音他堯反竟外音境僭子念反沈
創林反差初佳反沈初宜反閱衆音悅封疆居良反不別彼列反昏
冠古亂反脤上忍反膰音煩見命如字下士相見同以上時掌反虧
甬伕反實先悉薦反下先時同後之胡豆反爲瑑直轉反信圭
音身麤縟音辱愼行下孟反六摯音至本或作贄鶩音木守

介音界或作分扶問反以績胡對反衣之於旣反皮與音餘神坐才臥反後

神坐放此植璧音值又時力反一音置黃琮才宗反赤璋音章白琥音虎玄

璜音黃混戶本反本又作崑音昆淪音倫本又作崙魯門反各放方往反爲劓

于僞反其中丁仲反又如字令民力呈反下同淫失如字本亦作佚蕩滌徒歷

反邪穢似嗟反道人音導急悍戶幹反劉音旱戚胡板反其種章勇

反省牲本又作眚同息井反後省牲鑊皆同鑊戶郭反玉齍音咨下同詔相息亮

反注下同後詔相皆放此旣祭古愛反本或作槩享牲普庚反不與音預下同載

果音裸古亂反出注小宗伯職放此曰儐必刃反本或作賓同純衣側其反假祖

音格至也立依於豈反南鄉許亮反以筴初革反乃頒音班

小宗伯威仰如字劉五郎反熛怒必消反含樞昌朱反紐女九

反招拒居禹反沈又音巨汁光音叶劉子集反之卲常遥反適子丁歷反

毛六牲 戚如字劉莫報反 菆也 音嘝 斝彝 音假又音嫁 蜼 音誄又以水反

獻尊 素何反 著尊 直略反 大尊 音泰 饎人 昌志反 視享

普庚反劉普孟反 將贊 子但反 之齎 子兮反本又作資 祓社 孚物反劉音廢 以

從 才用反 齊車 側皆反 則與 音預注則與與其祭與祭與執事同 大甸 音田出注下甸

役同 而饁 于輙反劉于法反 讕曰 音誄 卷湖 云婢反杜音泯云反李云辯反 大

斂 力豔反下及注同 九稱 尺證反 縣 音玄 褢冠 七雷反 甫窒 毛昌綿反李

依杜昌銳反鄭大夫音穿 腐 房甫反 脃之脃 七歲反舊作脺誤劉清劣反或倉沒反字書無

此字但有膬字音千劣反今注本或有作膬字者則與劉音為協沈云字林有脺音卒脺者牛羊脂膬者耎易

破恐字誤案如沈解義則可通聲恐未協脺巳下皆非鄭義 離也 力知反 肄儀 以志反書

也沈音四李又似二反 肆師 牲牷 音全 及其祈 折及注機同巨既友或巨依反

珥 而志反注衈同 刉羊 苦圭反 侇室 古洽反劉古協反 職人 劉之弋反戚音弋姓

織同監門古銜反及果古亂反下同鬻音奠相治息亮反下拍其禮反注同

爲剽芳遥反或方遥反徽識式志反又昌志反匪饔於貢反公食

音嗣下同誤與音餘下侯與同之衰七雷反注同不中丁仲反注同爲夫

于僞反下爲取同師甸音田下大甸同類造七報反注造猶同牧之戚音目劉音茂表

貉莫駕反鄭音陌後表貉皆同蚩蚘音尤之芟色銜反載柞側百反獮

息淺反及禜音詠酺也音蒲又音步鬱人焦中子遥反劉似消反本

人作鐎音同李元即脩反造冰七報反下同士倂薄令反襢章善反沈又音但第

側几反遂貍亡皆反遣貰弃戰反斝之古雅反之嘏古雅反

王酳侯吝反又音胤脯膰音煩邑人社壝唯癸反劉欲鬼反大

罍音雷或郎追反壇墠音善或音禪禜門音詠用瓢婢遥反齎

音齊在兮反杜音資營酇作管反作剽匹召反蠡也力兮反或郎戈反劃

去起呂反　柢音帝　用脩音卣羊久反又音由中罇也　凡祼音灌出注　用槩
古愛反　凡副孚逼反　用散素旱反注及下注同　獻象素何反　蚌步項反　曰
合音含本亦作含　將如字本又作漿　設斗音主注同　給淬七内反　共介音界　祓
之普皮反又皮寄反　爲執于僞反　神與音餘　眕於之忍反致也　某父音甫
本又作甫　雞人用黝於糾反　嘑旦火吳反本又作呼　以嘂古弔反　以
警音景　朝服直遥反　比於毗志反　禳如羊反　司尊彝
沸之子禮反下同　醴齊才計反下文注除兩獻齊語齊人並同　兩獻本或作戲注作犧同
素何反注及下注汁獻同　斝彝音嫁　兩著直略反注同　朝享直遥反注朝享
朝受政猶朝及下注朝用同　蜼音誄又以水反　兩大音泰注同　酌盎烏浪反　王
瓚莊産反　爲酢才洛反　彝卣音酉又音由本亦作攸　蛇虺上蛇下許偉反
射隼食亦反下亦尹反荀　禹屬音遇劉音禹　卬鼻魚丈反又五剛反　獻

酌(素何反，司農音儀) 涗酌(舒銳反，李一音雪) 脩酌(直歷反，注同) 爲數(音朔，下同)

爲賓(子方反) 挩飾(舒銳反，飾或作拭) 勺而(上酌反，下同) 齊和(胡卧反)

醴醆(莊產反) 粢(才計反，記作齊，音同) 緹(音體) 舊澤(音亦，下曰醳，音同) 摩

莎(素何反) 去滓(起呂反) 浩酒(胡老反，或古老反) 司几筵 彤(徒冬反) 莞

(音官，又音丸) 藻(本又作繅，音早) 朝覲(直遥反，下注來朝、朝者同，後朝覲朝見之類放此) 黼

(音甫) 依(於豈反，下及注同) 南鄉(許亮反，下及注同) 紛純(章允反，劉之閏反，司農音均，下

同) 爲王(于僞反，下爲布同) 爲豳(彼貧反) 緣也(悦絹反) 藻率(音律)

(下同) 馮玉(皮冰反) 蒲蒻(音弱) 編以(必緜反) 繢(胡內反) 柔礝(本或作濡，

又作擩同，如兗反) 甸役(音田，注同) 其柏(鄭音榑，劉依司農音迫) 用萑(音丸) 苒

敦(音道，劉音疇) 藏中(才浪反) 曰燾(音導) 翌日(音翼，劉音育) 於祊

(補庚反) 天府 守藏(手又反，下才浪反) 傳世(直專反) 玉鎮(珍忍

反又音珍作瑱他見反琬於阮反琰以冉反天球音求賁鼓

扶云反兊之徒外反垂之如字劉音端見於賢遍反之治直吏反下

反注同中丁仲反下注同沃盥音管朝于直遥反者與音餘數穀

數上所主反下所具反下能他來反而上時掌反典瑞之藏才浪反

以見賢遍反下見於時見殷見同纚藉在夜反下同以朝直遥反注及後放此韋

衣於既反薦申如字下同一音箭謂函初洽反或初輒反杼上除汝反信

圭音身瑑圭直轉反以覜他弔反有圻魚斤反鄂魚各反有

邸丁禮反又音帝著其直略反儛而昌絹反同柢音帝以肆如字

又他歷反注同以挹於十反又於集反衄彼音瑟又作邲取殺色界反劉色例反下同

邸射食亦反注同以造七報反射剡以冉反或因冉反度其待洛反下

度地度日同地中如字劉丁仲反徵守劉守又反注徵守同王使之所吏反下令使

者亦王使於使者皆同閭府音閭袤音茂騶圭音祖以斂力驗反注同令

汁力呈反下令爲同和難乃旦反注同及鄭音談段嘉音遐本又作瑕亦作假皆同結

好呼報反注同易行下孟反注同除慝吐得反飯玉扶晚反注同含玉

戶暗反柱左張注反右顛如字儀禮作顚音同典命樊纓於盈反干

介牢音界適子丁歷反則下遐嫁反射姑音亦司服鷩

必滅反劉府弊反毳昌銳反劉清歲反希冕本又作絺陟里反劉豬履反注下皆同不

窋張律反諸盩直留反或音冑裨衣婢支反又方支反罽衣居例反作

繢胡對反作黹張里反希刺七亦反劉七賜反沈比擊反下同以韎劉音韋妹又

莫拜反衣韎於既反之跗方符反又音附注之樹反緹衣音體或音提眂

朝音視凡甸音田注同斬衰七雷反下皆同齊音咨此近附近之近作

緌音弁爲天于僞反下及注除爲害一字皆同骨易以豉反去其起呂反下同

縞冠古老反劉戶報反 其齊側皆反注士齊同 有禯音禫本亦作襑 而屬

音燭 是廣古曠反後廣袤同 其祛起呂反 以上時掌反 移之昌氏反 斂

衣力驗反 廞衣虛今反 典祀而蹕音畢 遮列章奢反

令入力呈反 守祧黝於糾反司農音幽 堊烏路反或烏洛反本或作惡同 其隋

許恚反劉相恚反 世婦比其本亦作庀鄭毗志反注及下同司農匹氏反劉芳美反沈

又上二反 齍盛音咨下文同 相外息亮反 朝莫音暮下同 而呵胡何反 譴

也弃戰反 內宗佐傳直專反注同 則從才用反 外宗

羞齍音咨 不與音預注同 冢人夾處古洽反古協反 劉亦

併薄冷反 別尊彼列反 請度待洛反注量度同 之窆彼驗反又補鄧反

去碑起呂反 以咸本又作緘同古鹹反 巾車居覲反 猶語魚據反下

同 俑者音勇 以涖音利又音類 職喪贈賵芳鳳反 齍

號音咨

宗伯下

大司樂瞽宗音古瞽宗殷學命夔求龜反育子音胄本亦作胄泮

宮音判本亦作類同興道許應反劉虛甑反注同下音導諷誦方鳳反以剴

古愛反劉古哀反倍文音佩大卷大劉皆音泰咸如字卷音權又眷勉反又居遠反沈

又居勉反大磬上昭反大濩戶故反共財音恭能禪時戰反傳

土音孚或音附其邪似嗟反以說音悅其長如字上生時掌反後上生

皆同去一起呂反下文去樂及注同度律待洛反謂徧音遍物鬽眉冀反

羽羸力果反下羸物同戛擊居八反劉古八反鳴球音求搏音博拊

芳甫反鼗徒刀反柷昌六反敔本又作梧魚呂反以間間廁之間鎗鎗本又

作鎗七羊反於予上如字劉音烏下羊汝反效應應對之應後皆同不更音夏正音征

大蔟音太下七豆反下同 西竇本又作瀆同音獨 樂與音餘 蕤賓人誰
反 函鍾胡南反函鍾林鍾也 中呂音仲亦如字後同 姜嫄音元本亦作原 所
妃音配本亦作配 閟宮音祕 無射音亦注下同 夾鍾古洽反 圜鍾
于權反 被也皮寄反 介物音界 大蜡士嫁反 易致以豉反 孔
竅苦弔反 蛤蟹古苔反 之分扶問反 之知音智 爲畜許又反下
同 魚鮪于軌反 不淰音審 不矞休律反本又作獝亦作猶同 不狘休越反
爲角如字古音鹿 爲徵張里反下同 靁音雷雷 九磬依字九音大諸書所引皆
依字 崐崘本又作混淪各依字讀 而裸古亂反 礐苦篤反 大辰如字劉音泰
與鬼音餘本亦作輿 辟之音避下同 宿縣音玄下樂縣之類皆放此 屍出音尸
本亦作尸 騶虞側留反 召南上照反下召南同 挾矢子協反又音協 三宥音又
勸也 敗楚必邁反 城濮音卜 大傀劉九罪反舊音怪說文以爲傀偉之字解引此

文字林公回反李一音杜回反會稽古外反沂山魚依反雍州於用反奔霣于敏反
猶繹音亦大札側八反鄭音截令弛式氏反哀樂音洛廞樂許金反
興也許應反後皆放此鎛師音博樂師幼少詩照反
舞勺章略反帗音拂一音弗作翌音皇析羽星歷反下同旄牛舊音毛
劉音來沈音狸或音茅字或作犛或作氂皆同旱暵呼旦反趨以劉清須反采薺本又作薺徐私反
朝廷直遙反下同作趣倉付反鼓陔改才反撞黃直江反
采蘋音頻采蘩音煩毋怠音無下同視瞭音了令相息亮反注及下同
晃見賢遍反下注同饗食音嗣下注疏食同凡言饗食皆放此遂倡昌亮反
治訟直吏反大胥之版音板之酎直救反適子丁歷反
以上時掌反下六上同舍采音釋下音菜注同疏食所居反劉音蘇以下戶嫁反
曲折之設反為大于偽反不紕匹毗反劉博雞反比樂鄭如字下同比校也杜毗

志反次比也鄭大夫匹婢反具也爲庀匹婢反陳數所主反大昕音欣

小胥觵古横反本或作觥同兕徐履反其觩巨樛反而撻吐達反扶

也勑乙反又勑栗反荆扑普卜反士犆音特本亦作特筍息允反簴音巨去

其起呂反下同繁纓步干反以朝直遥反辟王音避爲堵丁古反

大師匏白交反玄枵虚驕反娵子榆反訾子斯反大梁如字

劉秦音降婁户江反貿劇音茂取妻七俞反土墳盧袁反

曰興虚應反注皆同治道直吏反下治功皆同言鋪普是反又音孚爲之

于僞反下爲之爲作皆同歌邦反知仁音智擊拊音撫鼓鞞音鼙小鼓

也道音導引之引音胤授將子匠反下同士卒子忽反下同大

呼火故反數怒所角反之行下孟反下同小師搖之

音遥本亦作搖鮐反鍚李音唐簫音動有椎直追反六

空音孔篪音馳篴音狄併而薄冷反令奏力呈反應鼙薄西反
𧯜與音預其和戶臥反注同錞于音淳本或作淳瞽矇世
奠音定繫戶計反注同以刺七賜反瞍賦素口反德行下孟反怵
懽勑律反比本作休眡瞭擊頌衆家不音當依字戚音容相瞽息亮反注
同鼓鼜音戚愷樂音洛疾數音朔典同聲䃂古本反或胡本
反陂聲彼義反聲韽劉音闇又於贍反鄭於貪反戚於感反李烏南反侈
聲昌氏反又式氏反筰側百反弇沈戚音掩劉於驗反甄音震注同作硍音艱又苦
耕反字林音限云石聲鏗苦耕反鎗初衡反劉初耕反唶唶側百反短罷
皮買反字或作纙音同桂林之間謂人短爲纙雉雉音苦買反鵪烏南反當𨂿音婢李又孚奏
反一音豐巳反或音蒲年反正墉勑龍反形太上大音泰下形大下大厚同舊菟浩反上音時掌
反飛鉆張林反又其廉反戚或音沾劉又渠金反說文云鍾[illegible]也一曰膏車鐵鉆鉆音竹涉反涅

乃結反劉其兼反鴆殺色介反舊色例反約也舊如字戚於穀反掉也徒弔反劉

奴較反之齊才計反注同廣古曠反長也直亮反

磬師教縵莫半反杜音慢學操七曹反鍾師夏納

本或作納夏齊夏側皆反本又作齋祴夏音陔古哀反驁夏五羔反劉

五到反使臣色吏反與聞音預繁遏於葛反執傹音競詩作

競穰穰如羊反合好呼報反和之胡卧反笙師龡

昌垂反竽音于舂牘音獨或大祿反七空音孔下同髹香牛反或七利反

鞔之莫干反鎛師以鼓扶云反將趨左傳作搊音莊九反

杜注云行夜籥章豳彼貧反蒯苦對反劉苦壞反桴音浮

伊耆又作帆阢二皆音耆中春音仲下同以樂音洛田畯音俊饁于輒反

反劉于法反而索色白反為其于僞反勞農力報反穫稻戸郭反

反 躋堂子兮反 無疆居良反 鞮鞻氏曰任音任下同

典庸器博選胥兖反 從者子容反 為鐻音距舊本作此字今依鄭氏作虡學

或作虡 大卜三兆音兆亦作兆 之釁舊許靳反沈[illegible]音問云依字作璺

王之坼也龜兆文似之占人注同 呼劉火嫁反又音呼坼之呼 謂繇直又反下同 又[illegible]反

坼也勑白反 曰濟節細反又子禮反 曰圛音亦 曰蟊音濛劉莫[illegible]反沈音謀

拙時設反劉音舌 虛音服 戲本又作虧音羲 重之直龍反 三夢音夢本多作夢

觭夢居綺反注倚同又紀宜反杜其宜反 咸陟如字或音得 作緷胡本反字林云大束

也說文音運云緯也聶音微 為煇音運 視祲子鴆反 曰瘳勑留反 以命

龜命亦作令 謂莒音矣 見吉賢遍反 鮒也音附左傳作鲂 演其以善

反 視高音示下同 家適丁歷反 竟界音境 疆居良反 鄆田音運

骨 近附近之近 令可力呈反 藝也人悅反 龜燋哉約反 西墊

音孰舊音音

卜師謂與音餘 辨龜如字劉皮勉反 左倪

五計反又五未反 後弇於檢反 龜人繹音亦 果魯火反注贏同 靁力回反又

如字 龜郤起略反 乾解音佳買反 釁龜一音釁許靳反

垂氏本又作菙同時髓反 燋哉約反李又祖堯反一音哉益反 契苦計反劉苦結反 爇

樵在消反 楚焞吐敦反又徒敦反又在悶反又祖悶反一音純李一音祖館反 謂炬其呂反

反 焌音俊又存悶反又祖悶反李祖館反 戈鐏存悶反劉祖悶反 契柱張主反

占人八簭音筮 龜長如字下同 則觳音係 以比毗志反下音必履反 一中

否丁仲反 簭人巫更九巫皆音筮出注 巫比毗志反注同 僉也七廉反

反 不說音悅下同 相簭息亮反注同 者與音餘 占夢本又作㝱音同 建

厭於琰反 休王于況反 倮魯火反 而轉如字又張戀反 入郢以井反劉餘政反

有適直革反 噩五各反注鄂同 覺時古孝反下同 寤五故反本又作寤 幾

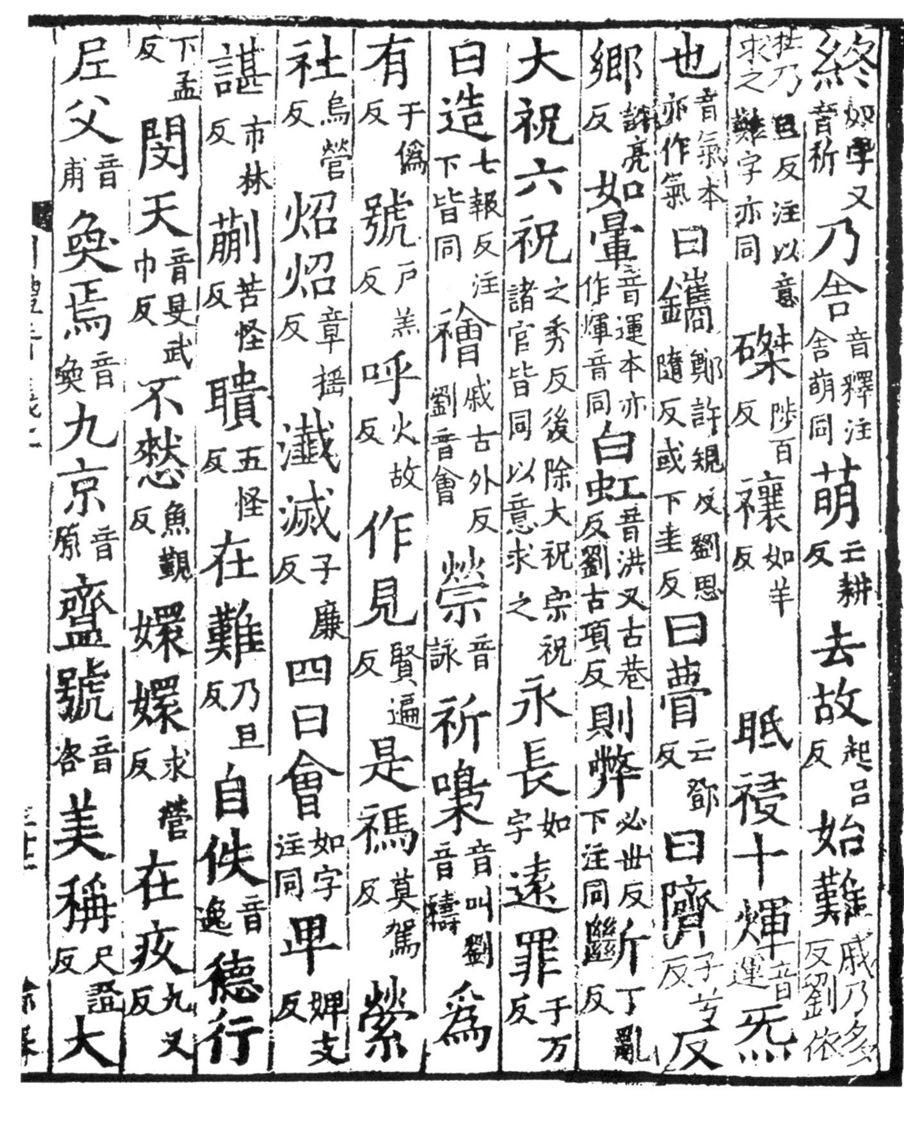

終如字又音祈 乃舍音釋注舍萌同 萌亡耕反 去故起呂反 始難乃多反劉依拄乃旦反注以意求之難字亦同 磔陟百反 禳如羊反 眡祲 十煇音運 烝

也音氣本亦作氣 曰鑴鄭許規反劉思隨反或下圭反 曰瞢亡鄧反 曰隮子兮反

鄉許亮反 如暈音運本亦作煇音同 白虹音洪又古巷反劉古項反 則弊必世反下注同 斷丁亂反

大祝 六祝之秀反後除大祝宗祝諸官皆同以意求之 永長如字 遠罪于万反

曰造七報反注下皆同 禬戚古外反劉音會 禜音詠 祈嘄音叫劉音禱 爲

有于偽反 號戶羔反 呼火故反 作見賢遍反 是禡莫駕反 禜

社烏營反 焫焫章搖反 瀸滅子廉反 四曰會如字注同 畢婢支反

諶市林反 蒯苦怪反 聵五怪反 在難乃旦反 自佚音逸 德行下孟反

閔天音旻武巾反 不憖魚覲反 嫘嫘求營反 在疚九又反

戹父音甫 奐焉音奐 九京音原 盭號音咨 美稱尺證反 大

武如字劉音泰 剛鬛力輒反 香其音基 嘉蔬所魚反劉音蘇 衍

祭音延 炮祭百交反兼也劉依司農白交反 擩祭而泉反一音而劣反劉又而誰反 繚

祭音了劉音料 共祭音恭注同 虞芮人劣反又而歲反下同 爲坐才卧反 從

持肺劉沈皆子容反今本或無持字從則如字 禮殺色界反劉色例反 左郤去逆反又

起略反 執食音嗣 猶徧音遍下同 九拜音拜下同 䭫首音啓本又作稽

振動如字李依大夫音董杜徒弄反今倭人拜以兩手相擊如鄭大夫之說蓋古之遺法 奇拜

紀宜反 褒拜音報 享右音又勸也 相近附近之近 哀動徒弄反 倚

拜於綺反下同 撎於至反即今之揖 爲事于僞反 使者所吏反 朝

獻直遥反 大禋音因 司烜況彼反 爲祊必庚反 隋衅許規反又

思恚反後同 右亦音又 令皋皋音嗥戶高反劉戶報反 爲卒劉子忽反 嗥呼

火故反 相尸息亮反下同 洱彌爾反 相飯扶晩反 贊斂力驗反 付

綍付音附出注 復梯他兮反 猶語魚據反下同 祓社芳弗反劉音廢 以
從才用反一音如字下注同 含貝音釋一音赦 山川與音餘 小祝彌
哉依注音救云龠反下注同 遠辠于万反 敖熬五羔反 爲名音銘下取名同 縜
末勑貞反 竹杠音江 重木直龍反下同 粥之六反又音育 盛以音成 二鬲
音歷 可別彼列反 識識並傳志反一讀下識如字 斯盡津忍反 蚍音毗 蜉音浮
四種章勇反下同 西坫丁念反 道齎音咨 遣貪弃戰反 作禩
音祀 無令力呈反下令可同 喪祝 爲披彼寄反下同 倡帥昌亮反
傾戲音虧 蕺塗才官反 龍楯勑倫反 及朝直遥反注皆同 御匶
音舊 離其力智反下同 飯於扶晚反 還車音旋一音回 鄉外許亮反 執
翿音導 與更音庚 說載吐活反注同劉詩悅反 去棺起呂反 四翣所甲
反本亦作篓 安錯七故反 便其婢面反 窆彼驗反劉補鄧反 桃厲劉音例記

作蒳黍苕穰也音例亦音列　惡之烏路反　毫杜步博反　而棧劉才產反一音士諌反

甸視　表貉莫駕反注禡同　甸以音田下文同　舍奠音釋下同　乃屬

音燭　饁于輒反　禂牲音誅一音禱　別其彼列反　爲馬于僞反下同　令侏

音誅字林音朱　司巫　巫恒烏黄反　共匰音丹　及蒩子都反　爲

鉏子都反下同　鉏藉慈夜反下同　租飽劉上音緜又音卷下音苞又音弭沈租音子餘

反　茅裹音果　爲神于僞反　刌茅音忖　守瘞於例反　下禓

音傷　男巫　望衍依注音延　爲之于僞反　爲矰音曾　彌兵

與弭同及下敉皆亡氏反　女巫　上巳音祀　旱暵呼旱反　繆公音穆　縣

子音玄　暴巫蒲卜反　大史之治直吏反下及注其治同　爲王

于僞反下爲有同　底曰音旨　于朝直遥反下同　攷焉音考　爭訟爭鬬之爭　則

辟婢亦反劉芳益反注同　抵冒丁禮反　中數所主反下同　作叶音協　爲

汁音執又音協劉子集反與大師音泰注大師同抱式劉音勅今俗音如字焉

知於虔反夾日古洽反劉古協反當先悉薦反遣之弃戰反注同其行

下孟反舍筭音釋以盛音成中則釋丁仲反於竟音境

小史奠音定繫世戶計反注同昭穆如字或作佋音韶校比毗志反

馮相氏音憑下息亮反以會如字注同以見賢遍反下皆同南僞五和反直

某音值保章氏文識音志又音試又如字下同運本又作煇又作暈音同

朓他了反晦而月見西方側匿女力反劉吐則反朔而月見東方曰側匿亦名朒朒女六反有分

扶問反注同參爲所林反娵訾上子須反下子斯反降婁戶江反彗似歲反又

息遂反孛音佩之相息亮反下同内史八柄本又作枋兵病反王

治直吏反下同興父音甫逖吐歷反王匿吐得反食九音嗣下同犢

也音獨外史令下戶嫁反之乘繩證反檮徒刀反杌五忽

反三墳扶云反使于所吏反注同御史之治直吏反注及下凡治同

數凡所主反見在賢遍反巾車錫音陽樊纓步干

反下同二斿音留鞶革步干反三重直龍反罽居例反爲幓所銜

反又所廉反則屬音燭大旂其依反以賓如字劉沈方刃反妻領

戶感反率以音律又音類以朝直遥反注皆同龍勒音尨條纓如字戚

依注作絛他刀反鞔莫干反前樊依注作蕃子踐反淺也鵠纓戶篤反重

翟直龍反注同朱總作動反厭翟於涉反注同繢戶對反鷖烏兮

反劉烏計反坐乘繩證反下皆坐乘同或如字爲緦咸云檢字林蒼雅及說文皆無此字衆家

亦不見有音者唯昌宗音廢以形聲會意求之實所未了當是廢而不用乎非其音也李兵廢反本或作緦恐是意

改也作繄烏兮反著馬直略反兩鑣表驕反幨車昌廉反潼

容本亦作潼詩注作童皆音同衡輨劉音管一音胡瞎反謂蔽劉音弗下及文並同

一音必世反見於令賢遍反下同去飾起呂反下去弋去毛同有握劉音屋下

馬皆作幄烏學反沈云劉音非軿車薄經反連車音輦本亦作輦組音祖輓

音晚有翣所甲反從容七容反爲輇市專反爲翳烏帝反

爲駹毛爲鬣並音獵駹或音毛五乘繩證反下五乘同犬幎莫歷反

尾櫜沈音羔劉姑道反謂羸魯火反劉又音果覆笭力丁反劉又音聆

爲揟本又作胥同思如反之弢吐刀反之緣悅絹反下同攝蔽音服虎

賁音奔子劍古堯反又音昭棼蔽扶云反堊車烏路反又烏洛反爲

蕡扶文反作轒音總又音藻李一音倉會反萑音丸髤飾香求反爲

次軗音次爲桼音七垸之胡翫反豻複五旦反胡犬也此禫直感反

夏篆音瑑直轉反縵莫干反棧車士產反又仕板反有約如字又於

皃反下同方箱息羊反散車素旱反輜車側其反有沾音古入

齎音咨以償時讓反遣車弃戰反注同從車才用反注同敝

車婢世反不任音壬以和胡卧反下相應和同警音景衆爲軨音零車劉音

領典路用說書鋭反舍車也注及下舘說并注同有朝直遥反下同趣

馬倉口反贄路章鋭反又作綴張衛反左塾音孰上計時掌反屬

車音燭路從才用反注及下注同車僕之萃七内反副也下及注同

廣車古曠反注同苹車薄經反又薄田反輕車遣政反注同橫陳

直刃反下同猶屏并領反又薄經反公喪息浪反四十乘繩證反下乘乘車同

爲軿薄經反司常爲旜之然反鳥隼息允反爲

旟音餘爲旐音兆爲旞音遂徽識式志反又昌志反下同又音志所被

普皮反又皮寄反著絳丁略反又直略反大閱音悅升朝直遥反下朝各就同

扞難乃旦反辟害音避題別彼列反下相別同亡則音無解說

吐活反斃之婢世反劉薄許反仆之薄比反一音赴甸亦音田獲旌如字

李一音胡霸反都宗人之壝唯癸反劉欲鬼反禱祠本亦作禱

丁老反一音丁報反報塞西代反家宗人居句紀慮反下紀具反

繭栗工典反齊肅側皆反其知音智曰覡胡歷反李音胡隔反

令乩力呈反物鬽眉秘反以禬依注胡對反劉又戶外反之札側八反又

[illegible]墠音善螭鬽敕知反

經典釋文第八

五福五代堂古稀天子寶

八徵耄念之寶

太上皇帝之寶

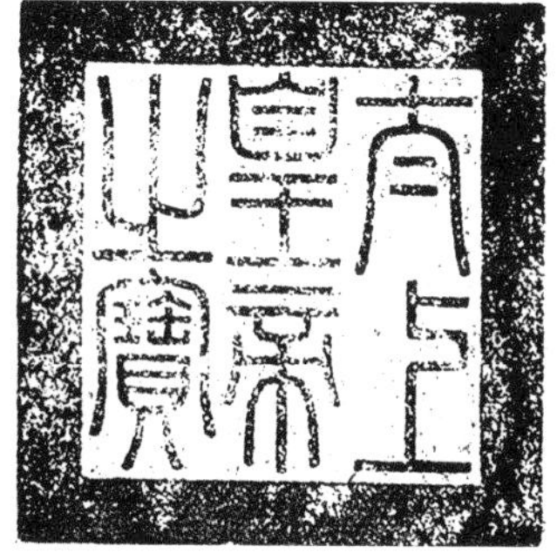

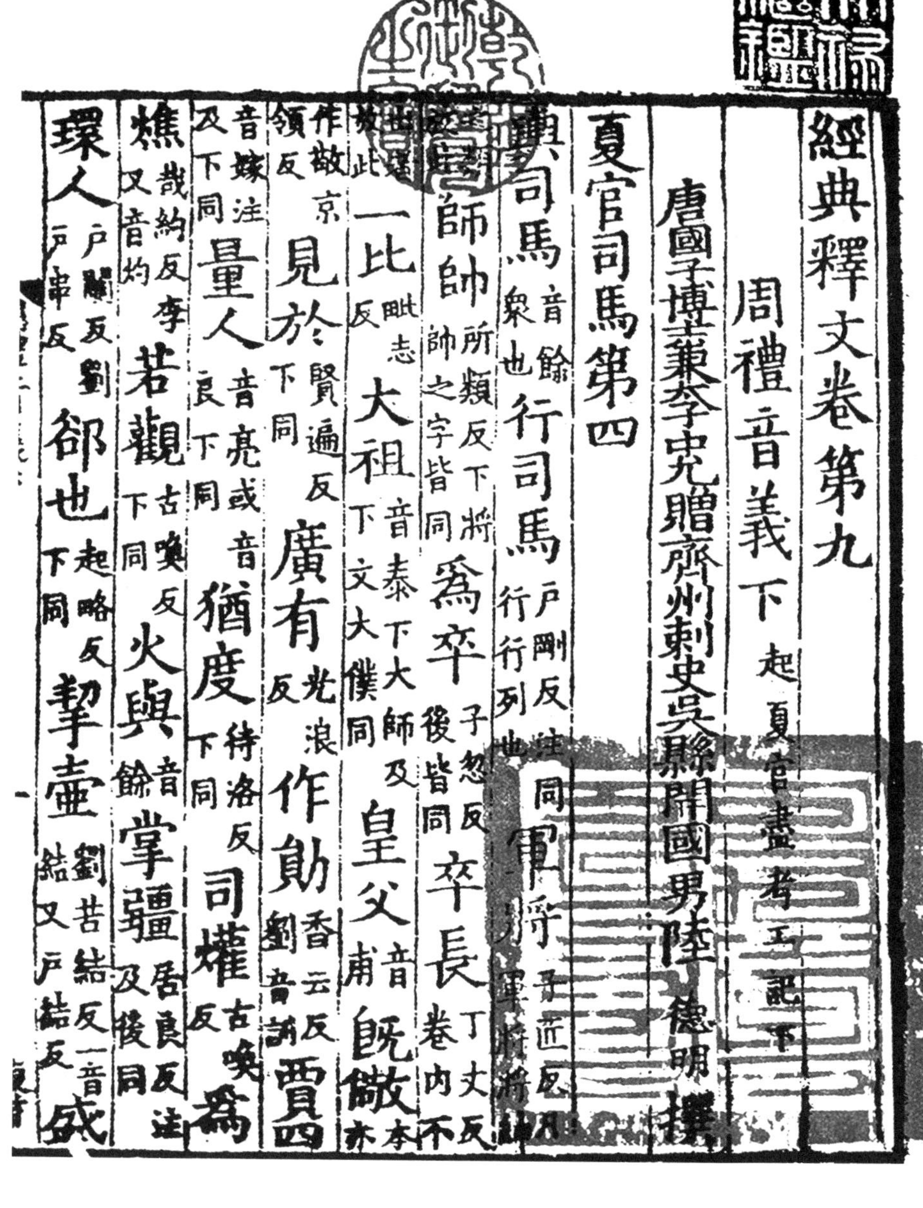

經典釋文卷第九

周禮音義下 起夏官盡考工記下

唐國子博士兼太子中允贈齊州刺史吳縣開國男陸德明撰

夏官司馬第四

輿司馬 音餘衆也 行司馬 戶剛反注同行行列也 軍將 子匠反凡軍將將帥[illegible]

師帥 所類反下將帥之字皆同 爲卒 子忽反後皆同 卒長 丁丈反卷內不[illegible]放此

一比 毗志反 大祖 音泰下大師及下文大僕同 皇父 音甫 旣皦 本亦

作撽 京領反 見於 賢遍反下同 廣有 光浪反 作勛 香云反劉音訓 賈

音嫁注及下同 量人 音亮或音良下同 猶度 待洛反下同 司爟 古喚反 爲

燋 哉約反李又音灼 若觀 古喚反下同 火與 音餘 掌疆 居良反注及後同

環人 戶關反劉戶串反 郤也 起略反下同 挈壺 劉苦結反一音結又戶結反 盛

五二三

水音戍射鳥氏食亦反搏鳥音博一音付本又作捕音步掌畜許六反注同劉許又反虎賁音奔下同世爲于僞反放想方丈反本或作倣音同戈盾常允反又音允句子古侯反下音結矢箙音服櫜人古老反箭幹如字沈古早反參乘繩證反齊右側皆反下齊僕並注同大馭音御朝覲直遙反後朝覲皆同朝朝直遙反上如字下莫夕音暮校人戶教反字從木若從手旁作是比挍之字耳今人多亂之注校之校人同趣馬七口反劉清須反注同皁一才早反趣養清須反又七口反一音七句反蹶惟居衞反牧師舊音目劉音茂沈音木度人所求反數也色主反數之同圉師魚呂反乘一人繩證反注同麗一人如字稱也訓道音導下同邍音原撢人他南反與探同以語魚據反大司馬制畿音祈別也彼列反下皆同樂業如一又音洛下音五

蔽反 監國古銜反 詰禁去吉反 鄉民許亮反 比小毗志反注同親也
九伐如字劉扶發反 馮弱皮冰反馮猶乘陵 眚之所景反 瘦所又反 粗
者音麤本亦作麤 其竟音境 則壇依注作墠音善 墠之以徒旦反下同本
或無之者 荒蕪音無 坐殺才臥反 放弑本又作殺同音試 獸行下孟
反 悖人必內反 去之起呂反 夫唯音符 聚麀於牛反牝鹿也 乃
縣音玄注同 治象直吏反 挾日子協反 有分苻問反 所共音恭
凡供字皆作共後放此 假令力呈反 中春音仲下放此 列陳直覲反下之陳
可陳陳前徇陳行陳皆同餘以意求之 蒐狩所留反 辨鼓如字劉方免反 鐸
直各反 鐲直角反 鐃女交反 賁鼓扶云反 將軍如字本或作軍將
執提徒兮反 鼙薄兮反 謂鉦音征 讙火官反 嘵女交反 攝
提爾雅云大歲在寅曰攝提格 疏數音朔下注疏數同 表貉莫駕反注同 火弊

婢世反劉薄計反後射食亦反下王射同其豵子工反獻肩詩作新音同施
生式政反爲禡莫駕反芟舍蒲末反撰車息轉反又仕轉反注音筭息戀
反萊沛步末反一音貝又普貝反謂數色主反簿書步古反後簿書皆放此
徽識音志一音試下同朝位直遥反被之皮僞反下同治於直吏反
至比毗志反鄉甀直僞反不見賢遍反享礿餘若反不孕半證
反去不起呂反大緌而誰反下同各書音畫出注雲氣本或作气同
獮田息淺反祀祊音方出注皆殺如字劉色界反大閱音悅空辟
音避芟除所銜反令車力呈反下令走同田卒子恤反汙萊音烏
正行戶剛反下行列行陳皆同仆也音赴鄉表許亮反搢劉如字又音箭一音初洽
反扑普卜反甘誓如字劉胡甘反摝音鹿李扶表反鐸待洛反涿鹿
丁角反沈音濁劉音獨過閭吐剛反闒吐臘反劉湯荅反過琅音郎車驟

莊救反劉才邁反　先人　悉薦反　三闋　苦穴反　且郤　起略反　吕和　胡卧反　爲

止　于僞反下爲相疑同　以分　扶問反又如字注同　易野　以豉反注同　壘門　力軌反

驅逆　起具反又如字　逆要　於遥反　如著　直慮反　有繣　戶卦反劉又胡麥反

或音卦　自畀　必二反與也　曰豝　音巴本亦作巴　爲慎　如字亦音辰　麎　音辰又音

胥止尸反麕麋牝也　三豵　本亦作豵子工反　皆駭　本亦作駭胡楷反李一音亥　皆譟

素報反　鼓⿱付鼓　音符又芳甫反　饁獸　于輒反劉于法反　享烝　之升反後皆放此

以從　才用反下同　比軍　必履反注同或毗志反劉方亩反　作庇　匹是反劉芳美反具也沈

方二反　眡事　音視　秉鉞　音越　猶道　音導　城濮　音卜　則猒　於涉

反李一音於入反注同　於穀　戶交反劉音豪　鄉師　許亮反　弔勞　老報反注

同　則相　息亮反注同　與慮　音預又如字注與謀同　屬其　音燭注同　植　直吏

反注同　華元　戶化反　楨也　音貞　饗食　音嗣後饗食皆放此　遺奠

弁戰反後遺眞遺車之類皆同 司勳治功直吏反注同 若咎

音羔 縣音遙 以識音志 般庚步干反 從與音預 國正音征注同本亦

作征 少府詩照反 馬質物賈音嫁注及下同 無種章勇

反下同 以亢苦浪反又音剛下同 御也魚呂反本亦作禦下同 禁去起呂反注去之同 小子

以縻亡皮反 內更音庚下及注同償也 不任用音壬又而鴆反 乃復扶又反

月直音值 爲傷于僞反

量人市朝直遙反下及注同 州涂本又作塗 國分也扶問反 還市

如字劉戶串反 支湊七豆反 肉炙章夜反 奠竁昌絹反 苞筲所交反

斝歷古雅反劉依司農音嫁 琖側產反劉本作湔音同 之嘏古雅反

小子羊肆依注音鬄他歷反一音餘四反 節折之設反 掌珥依注音衈

而志反後同一音仍 祈于音機 作禩音祀 爲刉音機字書云劃也一曰斷也或古愛

反又公的反　字與音餘　侯禳如羊反　謂磔陟格反　以豭音家　徇

陳辭俊反

羊人　食饗音嗣本又作飱饔　爲眦徐賜反與漬同　楢羊久反　燎良召反

其賈音古　司爟　柞子洛反　楢羊久反又音由　見於

賢遍反　掌固　枳棘居氏反　刺者七賜反　遞守劉待

禮反又待計反　塹築七豔反　凡守者劉收又反注凡守者下有守同　難易以豉

反　夷離力智反　巡行下孟反下皆同　爲衆于僞反　解惰佳賣反　鼜

音戚　造次七報反下同　將趣莊久反劉祖侯反杜七住反　者與音餘　相近附近

之近　與燎音預　之竟音境注及下同　司險　猶徧音遍　洫況域反　澮

古外反　畛之忍反

候人　道治直吏反注道治及下方治同　何戈胡我反又音河　與祋都外反劉

昭律反　于朝直遙反　轘轅戶關反

環人以蒐側留反劉子侯反　掚馬音兩又音亮　掉徒弔反又奴孝反　鞅於兩

反　折之設反下同　馘古獲反　執俘音孚　軍慝他得反　搏音博又房

布反劉音付　諜音牒　反間間廁之間　降圍戶江反注同　降鄣音章劉諸

讓反　挈壺氏　畚音本　為軍于僞反下為沃同　縣其音玄

下皆同　令軍力呈反　以盛音成下同　稾假彼錦反劉方鳩反　讙呼端反

囂五高反一音許驕反　省煩所景反　事便婢面反　聚欜音託　次更

音庚下同　相敲苦交反又苦教反　行夜下孟反　共百如字　火爨七端反

射人見君賢遍反下同　不與音預　西鄉許亮反　朝燕直遙反下

文及注皆同　詔相息亮反下及相攝同　以齊側皆反　治逆直吏反　射三侯

食亦反下及注射侯所射射牲射豕皆同　三獲如字劉胡伯反　五正音征下及注同　豻侯五旦

反劉音鳫注同肆之劉餘二反一音四九重直龍反長杠音江有龜物誅反下

同言正音政下志正大射正同能中焉丁仲反下文注射中中侯同去白起呂反下去扑同

之廣古曠反曰鵠古毒反下大夫戶嫁反下天子同以上時掌反下上曰以上同

德行下孟反善搏音博劉音付而擬本又作儗同度焉待洛反參

七讀爲糝素感反干五與豻同五旦反告卒子恤反注同史數所主反注同去

扑普卜反劉方遙反說文父豆反貙區劉力朱反一音如字夫介劉古拜反注及下同

之倅七內反劉倉愛反夫從才用反注同比其毗志反苛罰音何又呼

何反朝位直遙反下皆同

服不氏擾之而小反馴也劉音饒熊羆彼皮反馴也似遵反一音脣熊

蹯音煩掌也抗皮注亢同苦浪反劉公郎反巾車如字劉居客反者中丁仲反

射鳥氏食亦反下射鳥同鳧音扶鳫鴇音保鴞于苗反毆起俱反

烏鳶弋專反善鈔初教反又初交反便汙婢面反劉持峭反弁夾

音甲著侯直略反鍼箭其炎反李其嚴反沈云或作鉆

羅氏畢居音匹又如字羅襦女俱反或音須注襦同索饗色白反

衣繁女居反字又作絮中春音仲

掌畜阜蕃音煩注同鵞五何反卵鳥劉本作卵音卵鶩音木

鶉音純鴽音如

夏官司馬下

司士之版音板王治直吏反下注治處同奠食音定乃食音嗣其

論魯頓反下同又如字任官音壬正朝直遙反注下皆同後内朝外朝朝聘朝覲視朝朝位

之類放此以意求之南鄉許亮反下注同大僕音泰下放此宿衛音夙劉息就反

士擯必刃反逡遁七巡反下音巡告見賢遍反主食如字劉音嗣

詔相息亮反　昭穆上招反後同　長幼丁丈反　士從才用反注并諸子職同

使爲色吏反又如字注士使命使同　介音戒　歸脤上軫反　贄斂力豔反　執

披方寄反注同　有守劉手又反下皆同

諸子之倅七內反　敎治直吏反注同　大子音泰下注同　卒伍子忽反前

後注及下皆同　弗正音征下國正同　適子丁歷反

司右齊右側皆反　而比毗志反注同　其乘繩證反　屬其音燭注皆

同　殳矛音殊　虎賁氏音奔劉方問反　先後悉薦反下戶豆

反又皆如字　出將子匠反　局分扶問反　梐薄禮反　枑戶故反　之難

乃旦反　葬從才用反下并焦服氏從車從戶車同　所馮皮冰反　四方使所吏反注

及下同　旅賁氏　戈盾常準反又音允　夾王古洽反劉古協反後放此

則衺七雷反　則介音戒　被甲皮僞反

方相氏時難乃多反注同敺疫起俱反䰠頭音欺先匶音舊
反下之道音導下同入壙苦晃反又音曠方良上音罔下音兩注同又並如字夔
求龜反大僕與遽其據反窮寃於元反上變時掌
反傳張戀反下文同急聞音問如字劉肺石芳廢反遽令力呈反郵
驛音亦參乘繩證反辟王音避劉芮亦反之眚色景反窆彼驗
反注之封音同劉皆逋鄧反而備補鄧反汜祭芳劒反縣喪音玄注同謂
免音問髽莊瓜反弔勞力報反下命勞後弔勞皆同則相息亮反注及下
并御僕職同小臣觀苑古喚反盥音管
祭僕不與音預注同歸胙存故反臂臑奴報反字林人于反又云羊臭
反折之舌反九个古賀反注同御僕奉槃芳勇反
爲王于僞反持翣所甲反夾蜃展軫反劉薄忍反序更音庚隸

僕之埽 素報反注氾埽洒埽同 除 如字劉直庶反 糞 方問反 洒 所賣反劉霜寄反

唯祧 勑彫反 曰拚 方問反本又作坋同 灑也 所買反劉霜寄反 乘石 如字劉常烝反

上車 時掌反下同 有扁 邊典反 蹕 音畢 儆 字又作警音景 弁師聯數 所主

反 冠卷 起全反 當簪 莊林反 廣袤 音茂 冠縰 所買反劉霜綺反 象

璵 音餘 璪繅 音早司農云古藻字 邃延 息遂反劉詩遂反 二斿 音留下同 屬兩

音燭 鷩 必滅反 希衣 張里反劉豬履反 諸侯 依注侯音公 瑉玉 本又作珉亡貧反

玉瑱 吐練反 作璑 音無 會五采 劉古外反注同井髖擔二字亦同或一音戶外反 玉璂

音其本亦作琪 象邸 丁禮反 乃著 張略反 反紒 本又作紛音計 如綦 音其下同 縫

中 扶用反下同 如薄 劉芳惡反 下柢 丁禮反劉音帝 辟積 必亦反劉博歷反下同

司兵干櫓 音魯 卒兩 子忽反下同 廞 虛金反 興也 虛應反下同 干

笮 字又作笮側白反劉舟伯反

司戈盾乘車 繩證反後

乘馬陪乘參乘皆準此注王所乘車依字讀 扶蘇與音餘

司弓矢其守劉手又反亦如字下攻守同 藏才張反沈如字 中春音仲下同

矢箙音服盛矢器也以獸皮爲之詩云象弭魚服 盛矢音成 射甲食亦反下以意求之

椹質張林反 夾弓古洽反劉古協反 庾弓師儒相傳讀庾本或作庾 豻侯音岸又音鴈 使者所吏反注同 蹲甲音存劉才官反 參侯素感反

則易以豉反 爲韔戶根反一音魂或胡本反李音良一音居言反又音很 利攻如字劉音貢

非強其丈反又其良反 枉紆往反 絜劉苦結反又音結一音戶結反弩矢也 鍭音侯劉音侯弩矢 矰音增 茀劉扶弗反李乙音孚忽反一音敎或音弗弩矢 庳方二反弩矢

散射素旦反注同 言中丁仲反下中深射中同 結繳章藥反 刜也孚物反

後訂李音亭吕忱同劉當定反 軒輖音周一音丁二反 痺病方二反 倫比方二反 弊弓婢世反惡也徐扶滅反 之衰初危反 而圜音圓 得與

音頏并夾音甲注同乘矢繩證反四矢曰乘矢矢箙劉奴輒反又女十反物

從才用反籠魯東反爲其于僞反則更音庚注同

繕人抉古穴反注同彄也苦侯反韝古侯反劉云彄字之異者扞胡旦反拾

矢子協反音戶牒反著右丁略反或直略反下同若檡劉音澤又音亦一音徒洛反

骨與音餘弨弓昌遥反無會古外反下大會同後會計之類放此

槀人以齎音咨後皆同勞之力報反試其音考出注下上時掌

反注同見在賢遍反戎右革使色吏反注使謂同傳

王直宣反下注傳敦同陳中直愼反劉直吝反爲王于僞反下爲衆同王敦音對

劉又都愛反沈都迴反注同歃血所洽反徐所輒反桃茢音烈沈音例盛以音成

苕音條帚之受反齊右側皆反下齊僕皆同王乘

劉繩證反沈音繩右與音餘則拱居勇反御行音卻

道右從車才用反下及注同馭夫職放此大馭犯軷蒲末反注跋涉同下祝之又反菩劉音負一音倍輈初俱反轢之音歷險難乃旦反別異彼列反下同礫犬陟格反取羝下兮反乃舍音釋兩軹音紙祭軓音犯注軓同爲軒劉音鷄當重直龍反兩轊音衛軌當媿美反又音犯采薺才私反爲鈴音零弍僕自將子匠反王倅七內反副也劉倉愛反齊僕以賓如字劉方刃反王乘車如字道僕朝夕直遥反注朝夕同朝朝上如字下直遥反莫夕音暮田僕循行下孟反驅逆如字又起遇反後同逆衙本又作御同五嫁反植旌直吏反樹也又時力反植樹如字一音置比禽毗志反次也注同種物章勇反下同數之所主反人扣音口下同

校人三乘繩證反注及下注乘四同四圉魚呂反爲皁才早反趨馬倉走反劉沈清須反下同爲轂音計本又作繫爲廄九又反八麗依注八皆音六此應應劉之應之筴初革反騋牝音來頻忍反劉扶忍反數與音餘下禮與同降殺所界反無令力呈反下令皆同近毋附近之近駣徐音兆劉音道李湯堯反沈徒刀反爲其于僞反下爲蹄齧同蹄齧大計反又音啼後同騬音繩又音繩藏僕子郎反相士息亮反見成賢遍反下同從車才用反毛馬如字劉莫報反執扑普卜反劉方遘反遺人唯季反貍之亡皆反本亦作埋祈沈直金反劉直蔭反使者所吏反注同

趣馬駑說始銳反居治直吏反注同牧庰音雅後同

巫馬相醫息亮反注同其賈音嫁注同徐音古粥之音育賣也

牧師中春音仲注同纍牛力追反劉音類

廋人佚特音逸散馬素但反注同聒馬古活反毋令音無下力呈反下使令同括押音甲中物丁仲反不復扶又反以上時掌反下同牡驪茂后反下力知反絕句牝玄頻忍反絕句駒褭奴了反劉音繞郭璞音同劉義異鄭圉師除蓐音辱茨牆在私反翦闔戶臘反爲訝五嫁反廡也亡甫反庇馬必二反又音祕苫也傷占反鈇椹方苻反所射者食亦反圉人捧衆家並扶恭反

職方氏七閩亡巾反又音文又亡千反漢書音義服虔音近蠻應劭音近文鄭氏音旻九貉孟白反六畜許又反下皆同芊蠻亡氏反劉音如芊鳴近米李云今周禮本或無此字國語則有會稽古外反澤藪素口反具區起俱反其浸子鴆反本云作寖爲陂彼宜反灌溉古愛反鑞也音臘篠也素了反雲瞢亡貢反劉亡鳳反李一音亡雄反鵁音交鶄音精潁湛直減反劉

又音沈李唐感反 華山如字劉胡化反 圃田布古反 滎洛戶扃反 波溠

音詐左傳音同李莊加反字林同劉昨雖反云與音大不同故今從高貴公 絲枲思似反 六擾

而少反徐劉音饒 中牟上如字下莫侯反李中音仲牟又無不反 泆爲音逸 曰播音波

下同 既都張魚反本或作豬 沂山魚祈反 淮泗音四 沂沭音述李一音餘戍反

明都禹貢作孟豬今依書讀 睢陽音綏 東莞音管劉音灌 爲洙

音殊 大野如字劉音與 河泲子禮反 盧維上音雷下於恭反 鉅野音巨

雍沮七餘反 雍州於用反下注州名同 涇汭如銳反李又而類反 在汧徐口千反

劉苦見反李一音空定反 在豳彼貧反 汭坈弓六反詩作鞫 貕養音兮 般

陽步干反 楊紆於于反 汾扶文反 潞音路 長子丁丈反長子縣名屬上黨

虖火胡反李呼哥反又香刑反 池徒多反李如字 嘔夷烏侯反一音驅 在鄗徐於

據反縣名屬太原劉烏古反 鹵城音魯 此率音律又音類 偏知音遍 有奇

絕宜反 亦見賢遍反 比小毗志反下文比小國并注同 猶女音汝 國竟
音境 共具音恭又九用反 盡朝直遙反
土方氏 日景如字 相宅息亮反注同 度地大洛反 之深尸鴆反
稙張力反 稺直吏反 糞種章勇反
懷方氏 續食音嗣 合方氏 相奏采豆反本或作湊 好
善呼報反注及下同 高尚如字劉古到反
訓方氏 爲王于僞反下同 之傳直專反注同 好惡烏路反 行辟
下孟反下匹亦反 形方氏 華離華依注音胍苦蛙反 哨劉羊售反
沈且笑反 胍邪似嗟反 山師 岱畎古犬反劉孤茗反又孤善反
嶧陽音亦 螫音釋劉呼洛反 噬音逝
川師 蠙蛛薄田反劉扶忍反沈音嬪 暨魚其器反沈其氣反 萑蒲音丸

遂師　墳衍房云反　相其息亮反

匡人　其慝他得反　猶背音佩

撢人　而語魚據反　諭說如字劉尸銳反　和說音悅　猶鄉許亮反下同

都司馬　其正音征本亦作政音下同　鬷子公反　戾力計反

秋官司寇第五

䟫也音刑　鄉士音香注同　訝士五嫁反迎也　朝士直遥反卷内同　司刺七賜反殺也　三訊音信　司約劉於妙反一音如字注同　約束劉詩樹反一音如字

約辭於妙反　歃血所洽反　賈四人音嫁又音古　司圜于權反　罷音皮下同

民　閩隸亡巾反又音文　貉隸孟百反　蜡氏讀爲狙清預反注同　蠝以繩反　掩骼更白反　貍亡皆反本又作埋　骴本又作胔似賜反　雍氏

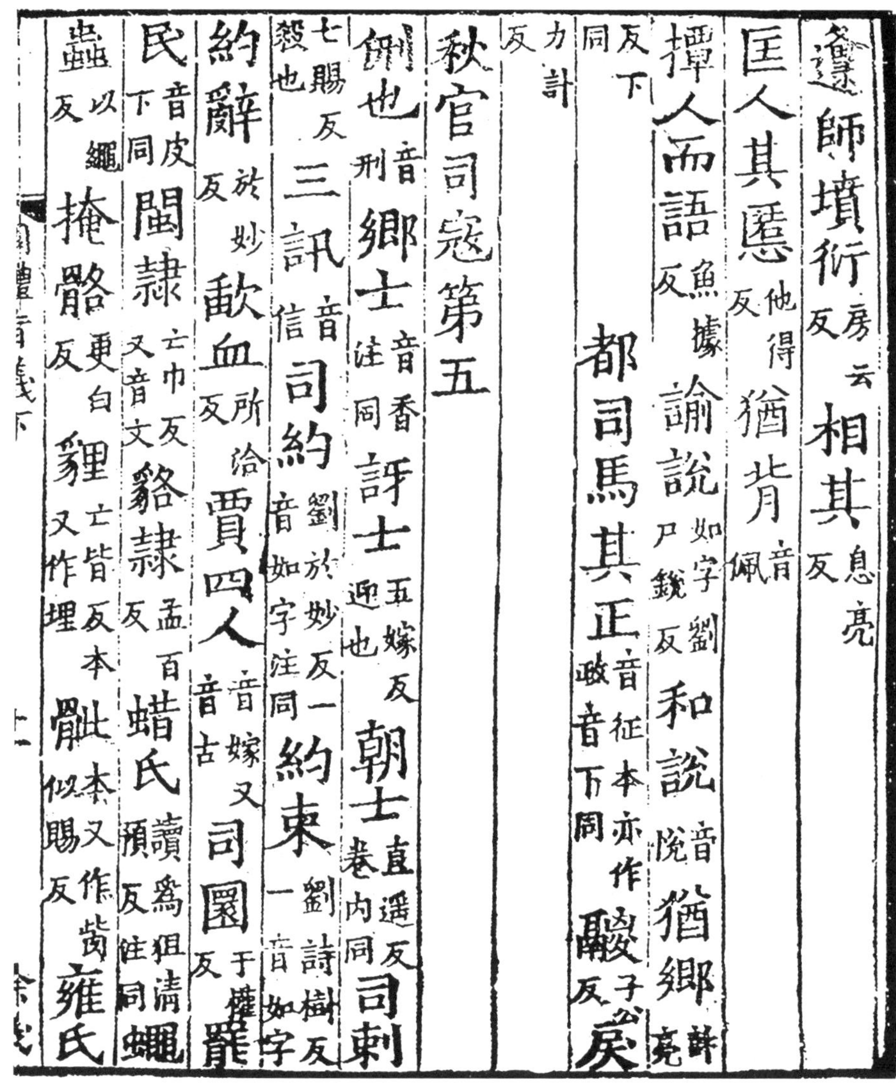

於勇反劉如字注同 隄防丁兮反 萍氏音平又蒲丁反 爲蛢蒲丁反爾雅云

蛂黄蛢郭注云甲蟲大如虎豆綠色 萍號蒲丁反 萍蓱上音平本亦作苹同下蒲

丁反 者蘋音頻 寤覺音教下同 司烜音毀注燬同火也 爲垣劉音袁

條狼氏音滌徒歷反除也注同 冥氏如字又莫歷反 𢯱取亡皮反 庶氏

依注音藥煑之 毒蠱音古 搏鷙音博劉音付下直立反 翨氏

音翅失豉反又吉豉反鳥翮 柞氏側百反注唶壆笮皆同 柞剝古飽反 薙氏李

作雉同他計反徐庭計反 去草起吕反 芟夷所銜反 薀崇紆粉反徐憂群反

鬄小他計反 𢭏音摘他歷反徐丈列反沈勑徹反李又思亦反 蔟氏倉獨反 蠹

蠹都路反 赤犮氏赤如字一音采昔反犮徐音跋畔末反劉房末反 捇拔上采

昔反徐呼陌反下畔末反劉旁末反或蒲八反 蝨豸直氏反 蟈氏古獲反注同劉音或又音

國 爲蜮劉音或一音古獲反 蝦音遐 蟇音麻 螻音樓 鼃戶媧反又胡佳反

鼃莫幸反食蛙戶蝸反劉斛佳反沈和佳反蟈乃音或短狐與音餘下官

與同壺涿氏陟角反又音濁相近附近之近主射食亦反絜清[illegible]

反又如字囂五高反一音許驕反下同讙音歡如箸直慮反爲繢戶卦反又胡麥

反伊耆巨之反爲蜡仕詐反國使所吏反環人戶關反劉戶串反才

知音智狄鞮丁兮反曰譯音亦跛者波可反之好呼報反國

治直吏反

大司寇詰四起吉反耄荒莫報反度作待洛反爲民于僞

反篡初患反殺音試本亦作弒糾守劉音狩注同將令子匠反上

愿音願劉又音原糾暴依注暴作恭愨慎苦角反罷民音皮注下皆同

不憖音敕劉云覲反尚書作憖音敕又作昬皆訓強寘之之豉反置也又音示爲邪似嗟

反下同著其丁略反一音直略反兩造七報反至也注同百个古賀反與音餘

兩劑子隨反文石如字劉音問封之音樹梐音質梏古毒反未

著直略反下附猶著皆同肺石芳廢反肺石赤石也惸獨其營反其長

丁丈反下及注同上書時掌反乃縣音玄注及下同挾日子協反盟約

於妙反之藏才浪反司會古外反下司會皆同之治直吏反下同斷之丁亂

反下注皆同弊之必世反斷也後訓斷者皆同爲憋劉芳滅反又音畢設反事比必利

反納亨普庚反劉普孟反注同下納亨放此趕本亦作蹕音畢止行也

小司寇之難乃旦反冢適丁歷反芻蕘而招反南鄉

許亮反州長丁丈反不見賢遍反賓以必刃反注同敘更音庚訊

音信之盡心津忍反讀鞫九六反爲治于僞反元咺況晚反鍼

其廉反嚴子劉音莊左傳作莊案漢書明帝名莊改爲嚴則赧女板反則喘

昌兗反聽聆音零牟子莫侯反劉無不反眊然莫報反本又作旄同不

愉他侯反徐吐豆反德行下孟反夫謀音扶而鮮息淺反叔向許亮

反謂憔昨遥反悴秦醉反之後與音餘三刺七賜反斷庶丁亂

反後皆同劓魚器反刖音月又五刮反大比毗志反注同以上時掌反下注同數

民所主反鑊戶郭反水而辟婢亦反劉符益反一音西亦反沈音避注同後而辟皆放

此王道音導宣徧音遍入會古外反後要會之字皆放此

士師之灋音法以左右音佐下音又注左右助也同徇之似俊反縣

于音玄其犅劉音粗沈才古反曰誥古報反後射食亦反閭

比毗志反下同比追如字劉張類反胥之如字劉思叙反注胥同司搏音博

劉音付事比必利反邦汋上灼反注同斟汋之林反下音灼刺探

七亦反又七賜反邦諜音牒反間間廁之間干冒音墨撟邦音矯寶

藏才浪反作儩劉音崩徐音朋又補鄧反荒辯依注辯音服風別之

別皆彼列反下傳別及注同數條所主反紓民音舒本亦作舒傅別音附
注同約於妙反又如字亳社步各反道王音導下三公道盜賊道同洎其器反或
音冀凡刉音機劉音奇珥而志反注衈同反將子匠反干行戶剛反陳
也直刃反計簿步古反
鄉士令劾戶代反覆芳服反方士職注同汁日音協合也本亦作協下同
不中丁仲反所措七故反夾道古洽反劉古協反則爲于僞反遂士縣士訝
士職同方士畺地居良反而上時掌反注下並同鄐田
許六反劉勑六反或音勗相近附近之近上治直吏反注同下有治並同
訝士造焉七報反謂讞魚竭反則道音導
朝士州長丁丈反注同罷民音皮司圜職同外剌七賜反下同纆亡北
反示于之豉反又如字本或作寘叢棘才公反兩觀古亂反闇人音昬

繹於音亦徐音夕見於賢遍反内與音餘下國服與同呼趨本又
作趣同七須反劉音清欲反僔語徐子損反劉才官反李一音纂俘而音孚搏音博
又音付放失音逸又如字自畀必二反齓初謹反又勑謹反劉初吝反沈劉允反毀齒也
之治直吏反下之治以治及司民職王治并注同國期居其反乞鞫九六反劉己目反
爲治于僞反下爲治爲民同爲別彼列反下同共賈上如字下音古畜積勑六
反下子賜反又如字出者尺遂反劉勑類反又如字坐臧才郎反地傳音付注同凡
屬如字或音燭注同町畔徒頂反又他頂反比屬毗志反下及下文大比同抵冒
丁禮反上人時掌反下文以上并注同相辟音避爲窆彼驗反
司民猶去起呂反下同更著丁略反三能吐才反近文
昌附近之近　司刑劓魚器反李魚界反又疑婢反刖音月又五刮反
李五骨反黥也其京反窒之本又作涅同乃結反徐丁吉反又丁結反類與音餘斷

足丁管反臏頻忍反徐方忍反劉符人反攘傷如羊反降畔戶江反

撟虔居兆反司刺七賜反下及注同遺忘音妄注同不

坐才臥反下同而軼待結反中人丁仲反若閒閒廁之閒投射食亦反

老秏本又作旄同亡報反惷愚敕江反又貞巷反劉癡用反癡駭五駭反李又五亥反又吐在反

以上時掌反司約於妙反後及注皆同蔓子

求龜之比毗志反又必二反者與音餘斐豹音非徐方眉反劉方持反沈芳尾反

辟藏才浪反注下皆同爲之于僞反請隧音遂

司盟子痤才戈反禮義音儀詛其側慮反與共如字

惡之烏路反臧紇恨發反劉胡沒反沈胡謁反使卒子忽反出

豭音加出行戶剛反詛射食亦反以省所景反則爲于僞反注同

職金楬而音竭璽之音徙守藏劉音

狩 以著 直略反沈張慮反 揃其 音戩 表識 中志反又如字又音志 讀

常戊反下同一音蜀 金版 音板 鉼金 必領反 槍 七羊反 雷 劉音誄沈云當爲礧郎對

反 推搏 直追反下宅耕反本又作榑劉云皆如字劉亦誤

司厲 賈而 音嫁 舂槀 古老反 謂坐 才卧反下同 㓹女 音以人汝

上 狩掌反 毀齒 況僞反下同 犬人用牷 音全方亦作全 伏

瘞 於例反徐烏計反 轢之 音歷 用駹 亡江反 爲祓 九委反劉居綺反 祓

縣 音玄 罷辜 劉孚逼反 凡相 息亮反注同 政治 直吏反

司圜 著墨 丁略反 幪 莫公反劉莫貢反 刑與 音餘

掌囚 梏 古毒反張揖云參著曰梏偏著曰桎說文云梏手械也所以告天桎足械也所以質地 拲

劉云三家姜奉反一家居辱反漢書音義韋昭音拱云兩手共一木曰拲兩手各一木曰梏李奇音恐 而桎

之寘 以上 時掌反 爲王 于僞反 而著 丁略反徐張慮反

掌戮賊諜音牒而搏注作膊同普博反磔也鈇鉞音斧今要一遥反

反閒閒廁之閒去衣起呂反踣諸皮北反僵也僵尸居良反

禁御音禦遠之于万反守圉音又斷足丁管反髡苦門反

守積子賜反注同司隸而搏音博爲百于僞反注及下

注同涅廁乃結反厲遮章奢反例也本又作列同音烈罪隸使令

上如字劉色吏反下力呈反沈力政反牽傍步浪反注同助轉如字劉張戀反

蠻隸校人戶教反閩隸阜蕃扶元反下注同

貉隸不生如字劉色勑反乳而樹反於圈求阮反檻戶覽反

秋官司寇下

布憲以詰起吉反謹也縣之音玄下同

禁暴氏撟誣居表反好爲呼報反下文則爲下注皆爲同謾誕武諫

反一音亡半反又免仙反徐嫚山反本或作慢誕音但

野廬氏巡行下孟反聚欜音託得令力呈反下欲令同轚互

音計沈古的反迫隘烏賣反環轅戶關反本亦作轘同抵閣徐之爾反劉都禮反

䃣柱音音射邪食亦反下似嗟反隄渠丁兮反兵杖直亮反則

萁音暮操持七曹反反間間廁之間

蜡氏清預反骴似賜反注殨胔皆同殨又作潰作春子亦反李慈益反掩骼

古百反不蠲古玄反舊音圭絜也惟饎昌志反罷民音皮服褰七雷

反皆爲于僞反下爲其陷爲其兢禽同所蔵紆廢反今本多作藏惡也烏路反

置楬音竭縣其音玄

雍氏溜池古外反爲阱在性反塹也擭胡化反作鄂也謂陂彼宜

反障之尚反爲塹七豔反本又作壍柞劉子伯反戚在洛反鄂也劉五格反

戒五各反粊誓音祕敿乃音杜敜乃乃協反又乃結反徐戎劉本

作郛音徐爲苑紆阮反劉於願反

萍氏捕魚音步苛察音何又呼何反沽買音姑又音故下如字一本作賣

波洋音翔又音羊卒至寸忽反

司寤氏行夜下孟反下行夜同微候古弔反先明悉薦反星隕

于敏反司烜氏夫遂方符反或云司農音符明齍音資注作粢

同墳燭符云反庭燎力召反爲蕡扶云反李一音婦輩反中春音仲爲

季于僞反下爲葬皆爲同風爆素早反又素報反明竁昌絹反刑剭徐音

屋劉音渥葬與音餘

條狼氏趨辟七須反下婢亦反又音避劉薄易反徐扶亦反注趨辟辟行人同今

卒子忽反下衍卒同辟車婢亦反又必亦反車轘户串反一音環大丈音泰注同

行前(戶剛反) 以警(京領反) 復請(劉上音服，下音情)
脩閭氏 掌比(毗志反，下同) 宿互(如字，劉息就反) 國粥(音育) 其追(如字，劉張
類反) 爲偦(音胥，又息呂反) 冥氏(音覓) 罿(昌容反，劉上凶反) 罦(音浮) 以扃(古熒
反) 絹(古犬反，一音古縣反，翨氏注同) 毆之(丘于反，後同) 搔也(音爪)
庶氏(章預反) 毒蠱(音古) 說禬(劉音潰，戶內反) 嘉艸(音草，本亦作草)
教令(力呈反) 求去(起呂反) 燻之(許云反)
翨氏 而掎(居綺反，注同) 鷹隼(息允反) 羽翮(戶革反)
柞氏(側百反) 林麓(音鹿) 刊陽(苦干反) 斫去(起呂反) 其肄(以四反)
薙氏 秋繩(音孕，以證反，含實也，注同) 而芟(所銜反) 萌(音萌) 茲其(音基)
(鎡其，鉏也) 鉤鐮(音廉) 取茭(音交) 剗之(初產反，劉側展反)
硩蔟氏 掌覆(芳復反，毀也，注同) 夭鳥(音妖，後夭鳥同) 若鴞(于驕

反鵩音服縣其音玄從娵子須反徐劉沈並至荼劉沈音餘李音舒又音徒案爾雅正月爲陬即離騷所云攝提貞于孟陬皆側留反又子侯反爾雅又云十二月爲涂音徒令注作娵荼二字是假借耳當依爾雅讀從攝提格至赤奮若爾雅曰大歲在寅曰攝提格在丑曰赤奮若

翦氏蠹物丁故反以攻如字劉音貢禜音詠莽草亡蕩反又莽草藥名爲槖劉古毛反本或作槖他各反凡庶章預反

赤犮氏以蜃市軫反灰洒色買反劉霜寄反蟲豸直氏反以坋蒲悶反淳之之純反貍蟲其皆反劉莫拜反䗪章夜反肌居其反求本或作蛷音求劉音俱

蟈氏掌去起呂反注去之同鼃戶媧反黽莫幸反牡蘜莫口反下弓六反爲聒千偽反下古活反蘜枚氏放此煙被皮義反注同假令力呈反注同

壺涿氏炮土 步交反注泡苞同 狐蜮 音或 燔之 音煩 牡橭 劉音姑杜讀爲枯云枯榆木名也劉亦音姑案如杜義則音姑山榆也 爲梓 音子本或作榟 爲槔物居反 庭氏掌射 食亦反下注同 嗚呼 喚故反下文嗚呼同

大陰 音泰下文同 陽與 音餘 譆譆 許其反 詘詘 劉音出本亦作出

銜枚氏司囂 五羔反下同 讙者 呼九反 在朝 直遥反下同 禁嘂 音叫 嗚吟 魚今反

伊耆氏爲函 音咸 去之 起呂反 別吏 彼列反 卒 子忽反

杖鉞 直亮反又音丈下音越 大行人要服 於遥反下文及注同 春朝 直遥反後皆同 以比 毗志反注同 春見 賢遍反徐賢遍反戚如字夏秋冬放此

更 音庚 迭 直結反 而徧 音遍下文注皆同 時見 賢遍反下殷見同 九伐 如字劉扶發反 之好 呼報反注同 殷覜 通弔反 之慝 吐得反 使來 色吏

反惡行下孟反閒問閒廁之閒注同歸脤上忍反致禬音會澶
淵市然反繅音藻藉在夜反下及注同九斿音留下同樊纓畔干
反下同九乘繩證反下同介九音界下及注同車軹之氏反或居氏反擯
者必忍反後皆同再裸古亂反而酢才洛反食禮音嗣下及注皆同五
積子賜反後皆同二勞老報反下及注并小行人司儀職放此信圭音申後信圭同衣
旅於既反著冕丁略反屬其章玉反幓音杉以罽居例反齊
僕側皆反當軫與音餘下是與以與步與皆同以飲於鴆反下同不恙
羊尚反餽之本又作饋求位反徐絕畏反柱地張矩反九飯扶晚反降殺
色界反無相息亮反注同李息丈反其摯本又作贄音至見賢遍反下文壹見而
見之朝見皆同傳辭直專反齊酒才計反各下戶嫁反注同嬪物
毗人反絺勑之反劉豬履反纊音曠徐劉古曠反見傳上賢遍反下直戀反

一音上如字下直專反 屬象徐劉皆章束反下及注同 作叶音協 詞音辭 譯

官音亦 爲汁之十反叶也又音協 爲諝思敘反 耆慾市志反下音欲本多作欲

狄鞮丁兮反 重譯直龍反 才知音智 以上時掌反 齎其

子兮反 賓而劉云應言擯小行人職同 詔相息亮反注同

小行人之使色吏反注同後使者使適使之四方竹使使臣皆同 眡館音視 所

爲于僞反 瑱圭劉吐電反案王執鎮圭瑱宜作鎮音 琮才宗反 琥音虎 璜

音黃 之好呼報反 槁禬苦報反下音會 作槀古老反 教治直吏反

康樂音洛

司儀擯相息亮反此職內經注除相爲賓相朝相揖相親相禮相特相爲國客相聘相禮皆同

壝土唯癸反劉欲鬼反 爲與音餘下尺與同 三重直龍反下三重重耳同 敦丘

音頓沈又都門反 陶丘徒刀反 崐崙力門反 三復音服或芳服反 之玷丁簟反沈

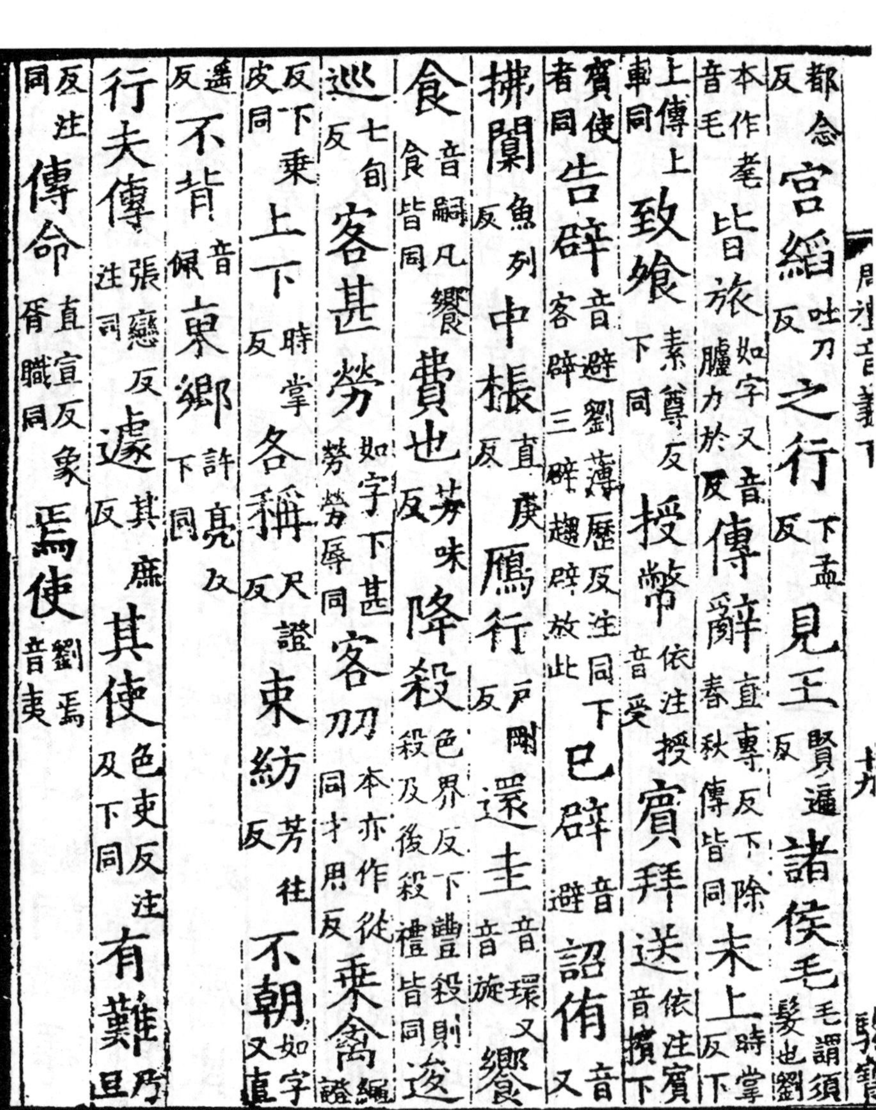

都念反　宮縮吐刀反　之行下孟反　見王賢遍反　諸侯毛毛謂須髮也劉本作耄音毛　皆旅如字又音臚力於反　傳辭直專反下除春秋傳皆同　末上時掌反下上傳上車同　致飧素尊反下同　授幣依注授音受　賓拜送依注賓音擯下賓使者同　告辟音避劉蒲歷反注同下客辟三辟趨辟放此　巳辟音避　詔侑音又　排闑魚列反　中棖直庚反　鴈行戶剛反　還圭音環又音旋　饗食音嗣凡饗食皆同　費也芳味反　降殺色界反下豐殺則殺及後殺禮皆同　遂巡七旬反　客甚勞如字下甚勞勞辱同　客从本亦作從同才用反　乘禽繩證反下乘皮同　上下時掌反　各稱尺證反　束紡芳往反　不朝如字又直遙反　不背音佩　東鄉許亮反下同

行夫傳張戀反注同　遽其庶反　其使色吏反注及下同　有難乃旦反注同　傳命直宣反象胥職同　焉使劉焉音夷

環人殉環徐音循或辭俊反及疆居良反苛留音何又呼何反象胥

閩亡巾反又音文貉亡百反國使所吏反壹見賢遍反而賓音擯

下同相之息亮反下同

掌客政治直吏反注同侯長丁丈反注同敵用丁歷反從者才用反

反下注從賓同繭栗古典反鉶音刑牲三十有六依注牲音星下牲十有八受牲禮同

二十筥姜呂反二十甕烏弄反五藪素口反劉色縷反三秅

丁故反或丈加反乘禽繩證反下及注同三食音嗣下食太牢再食壹食注不食同皆

見賢遍反注下除相見皆同皆餁而甚反西夾古洽反劉古協反下同非

衰初危反下同差也初佳反又初宜反倍鼎音裴二行戶剛反下六行四行

二行皆同從陳子容反稾實古老反并刈必政反又必盈反曰總

本又作鬷子工反李又音揔手把必馬反棟梠音呂一穧才計反參芏初林

反下初宜反不復扶又反勞賓老報反造館七報反秏稌徐音妒劉

祖禮反皆爲于僞反下同愛費芳味反翦稍所教反舊疏詔反煎

子然反劉子賤反亨普庚反劉普孟反掌訝野廬力於反求

索色白反道之音導下文注道之道賓道王同退復扶又反爲之

于僞反亦如字之治直吏反注下同訝爲于僞反下則爲同凡從才用反注同於

烏路反注同辟行音避注同之說音悅注同之難乃旦反

竟音境詔相息亮反掌交之好呼報反注下皆同惡

朝大夫國治直吏反注下同君長丁丈反注同殿之都練反

冬官考工記第六鄭云此篇司空之官也司空篇亡漢興購千金不得此前世識其事者記録以備大數爾

與居音預監百古銜反以上時掌反凡言以上放此共工音恭面埶

音勢 以飭音敕下同 以辨皮莧反具也注及下同 以長丁丈反下同 操也七曹
反 販甫万反 粤無音越 鎛音博田器也注及後同 燕無音烟 函戶南反鎧
也後同 無廬魯吳反下皆同本或作蘆 脩乃直里反 錢子淺反 斯捌音趙
一音大 合姤工口反 鎧也苦代反 爲纑音盧下同 竹攢才官反李
音篡 秘也音秘劉又音筆 摩鐗力旅反 夫人徐劉方無反沈音扶 草蕨
音識劉云識字之異者 燕近附近之近 矜柲其巾反其京反李 畜牧許又反下
音目又音茂 知者音智 創物初亮反依字作剏 始闓音開 爍金徐劉
余灼反義當作鑠始灼反 合此如字劉音閤 爲枳吉氏反 鸛徐劉音權公羊傳同本又
作鸜左傳同其俱反 鴝音欲 踰濟子禮反 貉戶各反獸名 踰
汶音問水名 爲貜音袁 之削如字李思約反思詔二反 妢胡扶云反 之
笴古老反注作槀同 矢幹古旦反或古旱反 穮勑倫反 箘其隕反李其轉反

簬音路 枯音戶尚書作楛音同 爲邠彼貧反 以泐音勒 以澤音亦李音
釋 再扐音勒 後卦如字又俱賣反 解散音蟹 刮摩古八反 摶
李音團劉音博 埴時職反 言拍普百反 黏土女廉反 作㧜劉音刮戚
音完李侯管反 㮚古栗字 段桃徐丁亂反劉徒亂反 韗況万反劉音運本或作韗同
畫繢戶對反後同 筐音匡 㡛莫黄反 玉楖側筆反 陶旊甫罔反
又音甫 侏儒音朱 榎屬古馬反字或作檟 爲鞄匹學反劉音僕 鞄
[illegible]如兖反柔革工 芒芒莫黄反下同 放於甫罔反下同 甒大音武下音
泰 畢宮如字劉音婢 盡力津忍反 溝洫況域反 六畫音獲
而迆以氏反後同 崇於本亦作古宦字 殳長音殊下直亮反後放此 酋
矛在由反或且州反 皆捷徐劉初輒反戚初洽反 車輢於綺反劉於寄反車
倚也一音起寄反 倚移於綺反下以氏反下放此 著戈丁略反 邪倚似嗟反

其樸普剝反劉音僕一音扶祿反　屬章欲反下及注同　戚速徐劉□□反李音促注同　附著直略反下同　以操七曹反　作數色角反下同　則易以豉反　已庳音婢　登阤徐丈爾反劉堂何反李音他輪人同　已大也音泰劉他餓反　阪也音反　乘車繩證反後乘車皆放此　軹音只轂末也　轐焉音卜又音僕　軹惠音衛　旃僕之然反下如字又音卜　軌廣古曠反後放此　輪人輻牙音許下皆同　中冬音仲下中夏同　以橿居良反　其鑿在洛反又曹報反　內如銳反依字作枘　而合音閤又如字　輪鞣而久反劉音柔李而又反　輪敝婢世反徐劉伏滅反　幎爾莫歷反　諸圜于權反　均致直置反下注積致同　掣音蕭又色交反又音朔李又所咸反　內稱尺證反注同　易直以豉反　纖殺色界反劉色例反下同一音如字　掣參上色交反又音蕭劉音朔下所林反　桑螵戚□昭反　劉平堯反　蛸音蕭又音消　其眼魚懇反　其幬音疇下同劉又音濤李一音持

棘反或一音蹈幔轂箕于反則裹音果偶見賢遍反限切魚懸反李
如字下同切音如字李倉愛反其緶依注音餠李方善反又姑杏反玉篇去鄭衆音補管反其
蚤音爪下同言餠必井反劉李頃反輪箄劉薄歷反李又方四反一音薄計反下皆
同爪牙劉音雅其菑側吏反注及下皆同不齵五溝反一音偶相佹九委
反匡刺洛割反下同如蔵側吏反立梟古堯反稹理之忍反本又作稹劉
依司農音眞一音眞不歉李戚好角反劉呼報反作秏呼報反歊暴步角反下
同劉步莫反一音蒲報反必撓乃孝反則柞莊百反則摯讀爲槷劉魚列反戚
魚結反迫唶莊百反令牙力呈反卷內皆同厚一寸胡豆反後放此而中
丁仲反詘之丘勿反度兩待洛反下度之同之防音勒捎音蕭其藪
素口反李一音倉豆反轂空音孔趨也七住反又七須反下同去一起呂反後去一去二
皆同爲賢如字劉李明附反注同相稱尺證反下同陳篆直轉反必

數色角反李色住反　轂約烏孝反又如字　丸漆如字又胡喚反　量其音良下量其數同　鑿曹報反又如字後同　深尸鴆反下放此　大抓五骨反或五活反　而強其良反劉其尚反　不勝音升　故竑獲耕反　而殺色界反劉色例反注同　之溓依字力䡴反依注音黏女廉反　衰小劉初危反一音如字　黏著直略反下附著同　爲骹胡飽反又下骹反李又苦敎反　近轂附近之近　人脛刑定反　揉輻而九反又音柔李又奴丑反一音而又反　火槁劉苦老反　平漸子廉反下同　無槷魚列反依注音涅乃結反李一音素結反　倨句音據　鑿內如銳反　㮂也素結反　足見賢遍反注同　綆參方穎反下七南反又音三　不掉徒弔反　欲杼直吕反　欲侔亡侯反劉莫豆反　是摶徒丸反李又丈轉反　不藃本又作[illegible]音吝李一音鱗　不挫作卧反又祖加反　廆也胡罪反　中規丁仲反下同　萬之萋禹反李又音俱注同　蔞良主反劉音流下文同李又里俱反　縣之音玄後皆

同相直音值則斲陟角反難易以豉反杠中音江程圍

讀爲𥁕音盈信其音申部廣古曠反劉音經下同爲下于僞反下爲兩同弓

鑿才報反蓋橑音老劉力報反鑿空音孔弓菑側吏反劉音廁

撓之乃教反剡其以冉反又才冉反庛軹方二反輨或作幹俱音管近

部附近之近蚤圍音爪幾半音析欲卑音婢下同隤下大回反

而霤力又反潦車音老車輿音餘轂敵音隱不隊直類

反落也輿人參稱尺證反注同爲隧雖遂反注遂同又音

遂注檖同如鑽作官反之較古學反兩轊於綺反劉於既反下同作權

音角植者直吏反下同轛音對又張歲反李一音都回反繫綴張歲反軨

立劉音領又音零下同鄉人許亮反中規丁仲反下音同弘殺色界反

凡居如字舊音據無弁如字又必畝反偏邪似嗟反棧車士板反劉才

反反產 欲弇劉於驗反又於撿反 爲其于僞反 華韡莫干反 易

坼以豉反下勑白反

輈人張留反車轅也方言云楚衞之間轅謂之輈 五槷音木本又作䕺同 種馬章勇

反 齊馬則皆反 與轐音卜舊方木反又音僕 之咸本又作減同洽斬反

率寸音類又音律下同 軓前劉音犯注同 作軓音犯 所封音樹

輿隧雖遂反 兩軛於革反 不勝音升 其孫音遜注同 無

弧音胡杜音烏 不汚李音烏一音紆 今夫音符 轅摯竹二反輈也

覆車芳服反 必易以豉反下注之易諭易同 輈也音周或竹二反 一音弔 上

阪時掌反下登上同 必縊一臂反劉一計反 作偪音逼 不援音袁

其郰丁禮反 必緧音秋 作緧音秋與緧同 欲頎苦佷反 典

音殄又勑珍反注同 馬倚於綺反 利準音水又如字下及注皆同 重讀直用反又直龍

反　不揵杜音蹇[illegible]音倦　不便婢面反　不罷音皮　不契苦結反注同　需

音須又乃亂反注同　衣袵而甚反又而鴆反　環濟子召反李音在學反　之被皮寄反

沂鄂魚斤反下五各反　允蓀音留　宿之音秀下同　象伐如字劉扶廢反　與

參色林反　東辟音壁　弧韣音獨　張幓所銜反本又作縿同　又爲于僞

反　下齊才細反下及注皆同　段氏丁亂反　刃削如字李音笑下同　鑒隧

音遂　錞于音淳　豆區烏侯反　鬴也音輔　錢鎛子淺反　則忍

音刃　築氏鋒鍔五各反

冶氏鍦徒頂反　三垸音丸　異齊才細反　橐中古老反　句子

古侯反下句兵同　接柲音祕　而邪似嗟反　以啄丁角反　必橫劉華孟反

又如字　磬折之設反　而便婢面反　曼胡莫干反　三鋝色劣反又音劣

或音環　鋄也户關反又于眷反　萊稱尺證反　中矩丁仲反注同　與刺

七賜反近同 著柲直略反 鏄祖闕反劉祖悶反 折與音餘

桃氏 臘廣力闔反一音獵李魯頰反 之莖戶耕反 劍夾古協反又古給反下

同 鐔咸音談徐劉音尋一音徒南反 於把必雅反劉音霸 戚 易制以豉反 裨

㒵婢支反劉音卑 笏音忽 虎賁音奔 說劍吐活反劉詩悅反

鳧氏 兩欒本又作䜌力端反 之銑先典反 之鉦音征 上祛立書反徐

丘㧢反 之甬音勇 之旋如字李信犬反 蹲熊音存 盤龍畔干反 辟

邪必亦反下似嗟反 之篆直轉反 之㩁音摩劉亡奇反又莫賀反 之隧音遂

窒而劉烏華反徐於蛙反又於圭反 似夫音扶 從爲子容反下同 數也色主反

有說徐始銳反注同 大厚音泰劉他賀反下同 則柞側百反注咋同 鍾掉

徒弔反 則近附近之近 短聞音問下同 易竭以豉反

㮚氏 消涷音練下同 不復扶又反 戚也給歎反本亦作減 同齊

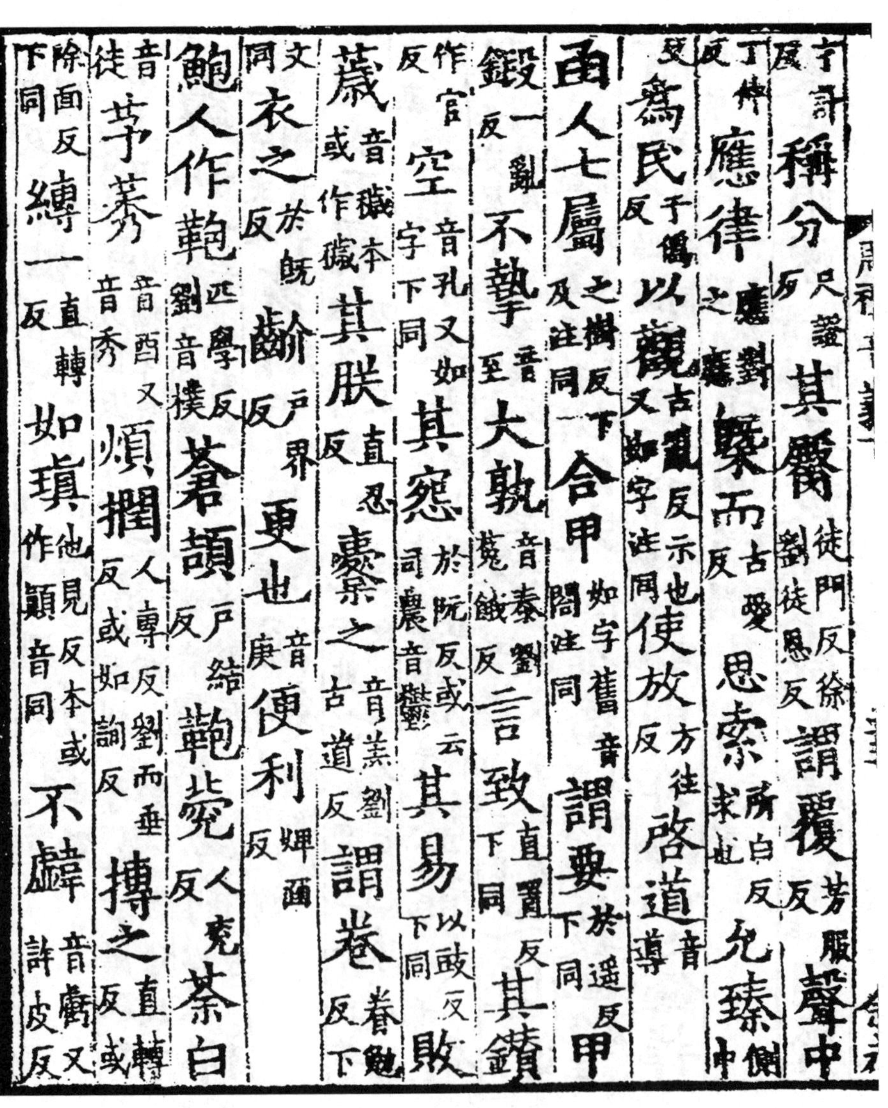

亨許反　稱分只證反　其釁徒門反徐劉徒恩反　謂覆芳服反　聲中丁仲反　應律應之應劉　繫而古愛反　思索所白反求也　允臻側巾反　爲民于僞反　以覿古歷反示也　使放方往反又如字注同　啓道音導　函人七屬之樹反下及注同　合甲如字舊音閤注同　謂要於遙反　甲鍛丁亂反　不摯音至　大孰音泰劉徒餓反　言致直置反下同　其鑽作官反　空音孔又如字下同　其怨於阮反或云司農音鬱　其易以豉反下同　敗蕆音職本或作蕆　其朕直忍反　櫜之音羔劉古道反　謂卷眷勉反下文同　衣之於既反　齘戶界反　更也音庚　便利婢面反　鮑人作鞄匹學反劉音樸　蒼頡戶結反　鞄䩧人兗反　荼白音舒又音徒　茅莠音酉又音秀　煩攌人專反劉而垂反或如諭反　摶之直轉反或除面反下同　縳一直轉反　如瑱他見反本或作顛音同　不𪘏音虧又許皮反

其著直略反下眂其著同之札側八反劉側列反者鋪普吳反又音孚著

之直略反又丁略反其線思賤反注緬同擀之戶管反而腥於角反劉音疊劚

需人兗反注同作劚而蘚反又人兗反沾渥於角反信之音身劉音新下皆同

爲帴音踐或山箭反如俴音踐劉仕顯反羊豬戔劉音昔見反依字才丹反

字林昨善反沈云馬融音淺于寶爲殘與周易戔戔之字同亦音素干反不知其義或云字則如沈釋而羊豬戔之語未見出處俗謂羊豬脂爲臁音素干反豈取此乎案周禮注殘餘字本多作戔宜依殘音不䕻音吝

或作鄰音同注同

鞾人況万反眾家並音運爲鞠音陶徒刀反爲穹起弓反下同空邪以嗟

反上三音參七南反近晉附近之近之賁扶云反本或作䝵又作鼖皆同短聞

音問下同以園音環爲獐音章謂麋俱倫反爲其于僞反易

漬以豉反鍾氏朱湛子潛反或子鴆反又音鴆丹秫音述漸

車（子潛反下漚漸同）漙而（章均反注及下同）爲纁（許云反）緅（側留反劉祖侯反）

又復（扶又反）以紺（古闇反）之緅（倉絹反范倉亂反）之竀（勑貞反李又作

赬亦作頳）者與（音餘）

㡃氏（音芒）湅絲（音練下同）涚水（書銳反）漚絲（烏豆反李又烏侯反）

㬥之（步卜反劉步莫反下同）作湄（劉音眉一音奴短反）所泲（子禮反）曰淒

烏禾反又於偽反一音乃罪反）以欄（音練李又來踐反或音蘭）渥（烏豆反與漚同注渥薈同）蜃

常軫反）繒人（似陵反）渥菅（古顏反）爲湛（子潛反）士冠（古亂反）白

㒲（九具反）以魁（苦迴反又作魁）柎之（方于反）魁蛤（古盍反）粉之（如字

劉方問反）而盝（音鹿）而揮（音輝）去其（起呂反）朝更（此一字張遙反餘皆

朝廷之朝）

冬官考工記下

玉人信圭 音身 朝覲 直遥反下皆同 用龍 莫江反 用瓚 才旱反下

同司農音讃 伯用將 如字劉音陽 讀衍餮 之然反 餮 作旦反 下尊 遐嫁

反 見禮 賢遍反下同 中必 府結反 減如字 鹿車縪 劉府結反沈音畢云劉音非也

案此俗今猶有此語音如劉音蓋古語乎劉音未失 組約 如字劉阿駮反 爲執 于僞反 失

隊 直類反 有邸 丁禮反又音帝下文同 杼上 直呂反 之珽 他頂反 椎

也 直追反下同 綱也 色界反劉色例反殺字之異者本或作殺下取殺殺文同 相玉 息亮反 省

炤 音照 度景 待洛反此下注同 裸圭 古亂反注祼果皆同 琬圭 於阮反 而

纅 音早 王使 所吏反下同 藉也 慈夜反 琰圭 餘冉反 除慝 吐得

反 易行 以豉反又音亦改也行音下孟反注同 以上 時掌反 瑑飾 直轉反 去

起呂反 煩苛 音何 壁羨 以善反延也又音賤徑也 好三 呼報反呼老二反壁孔也注同

肉倍 柔又反柔育二反下同 之瑗 于眷反劉于願反 其衮 音兗 璧琮 才宗

反射四食亦反注反下注同金勺上灼反注同衡四音横注衡謂並同祈

沈如字劉居綺反小爾雅曰祭山川曰祈沈案爾雅祭山曰庪縣祭川曰浮沈祈音九委反今讀宜依爾雅

音大祝音泰校人戶教反以覜吐弔反覜視也有鉏劉李測魚反沈徐加

反騶琮音祖爲稱尺證反錘直僞反劉直危反之柢音帝劉作柢戶

古反僢倡絹反勞力報反注同玄被皮寄反造賓七報反

楖人莊密反本或作櫛雕人音彫本亦作彫

磬氏倨音據句沈音鉤注同劉如字先度待洛反去一起呂反假

令力呈反後皆同已上時掌反注同大上音泰劉他賀反下同磨鑢音慮其

耑音端劉又音穿本或作端矢人候矢音候劉音侯茀

矢依注音殺色黠反劉色例反李音拂參訂音亭劉當定反槀中古老反下同絜

矢苦結反又音結鍭矢音增䍛依注爲茀劉符弗反李音拂而䍛本又作殺色界

反注下皆同令趣七喻反一音促鏃也子木反或比木反而羽于付反注及下同其
笴古老反下相笴同以辨皮勉反劉方勉反夾其古洽反劉古協反其比
毗志反下反注同能憚音怛都達反李直旦反注同李又直丹反綎十直頂反三垸
音丸則撓音躁子到反旁掉也沈又色到反掉也徒弔反而搖本又作搖羊招反
橈之乃孝反之稱尺證反搦其女角反凡相息亮反注同而
摶徒丸反瑕蠹丁故反陶人爲甗魚輦反又音言劉魚建反
沈魚偃反一音彥甗也二鬴音輔鬲實音歷五㲉音斛
旊人方往反髻音刮墾苦很反頓傷也薜卜革反劉薄駁反破裂也注同暴
音剝又音雹或蒲到反墳起也爲其于僞反不任音壬爲跀劉音月或五刮
反一音兀又五活反墳起扶粉反堅致直致反器中丁仲反下同膊
市專反注輇同中縣音玄後皆放此旣拊音附又方附反尌音樹本又作樹儗

度疑紀反下徒浴反　則垺芳苻反又普回反　相勝音升
梓人爲筍息允反本又作筍橫者曰筍　虡音巨植者曰虡　植曰直吏反又時力反
羸力果反下同　貌音眺　螭勑知反　卻行羌略反劉去逆反　仄行音側
紆行乙俱反李又香于反　以脰音豆頸也　以注陟又反劉都豆反一音之樹反　胃
鳴本亦作骨又作肙于本作骨云蹶蜓屬也賈馬作胃賈云靈蠵也鄭云榮原屬也不知榮原之屬以何鳴
作骨者恐非也沈云作胃爲得亦所未詳聶音胃劉本作胃音鹵　雕琢丁角反　蟞屬必滅
反本反作蟞　螾衍上羊忍反下如字爾雅云螾衍入耳郭璞云蚰蜒也案此蟲能兩頭行是卻行劉云
或作衍蚓衍音延今曲蟮也　鼃戶蝸反　黽莫幸反　蜩音條蟬也　蜺五兮反又五歷反
反又五結反　蚣思容反　蝑思餘反又思呂反　榮原如字原亦作螈音同又五丸反　弇
口於檢反　燿後所教反劉羊李羊肖反　爲哨音稍劉李音與燿同沈蘇堯反　頃
小音傾李一音褧　銳喙況廢反一音昌銳反　決如字又烏穴反　吻劉無墳反戚亡粉反

數目劉音促李粗角反顧呰顏反又楷田反李又古𡑾反又戸弔反遠聞音問下同口腂音權作䡖劉呰顏反又客田反一音工定反案左傳有華䡖音呰耕反爲騸劉苦顏反呂忱同云騳禿也或呰瞎反一音枯曷反摶身徒丸反傭勑龍反凡矡俱縛反舊居碧反李又九夫反䌹色界反劉色例反援簭上音袁下音筮頫領許慎口忽反云禿也劉古本反李又其懇反一音呰紇反又音混撥龠必末反沈蒲末反其匪芳鬼反注下同頹龠如字李湯過反廢措七故反注同作厝劉音錯七洛反又七故反勺一升上灼反注同觚三升依注作觶之豉反下同則一豆矣依注作斗舊音主亦多口反下一豆酒同觚豆音孤鄉衡許亮反注同之長丁丈反參分方去反注參分下身居一分同而鵠古篤反注下同所射食亦反下射三侯下文射女同兩个讀爲幹古旦反下及注同李云大鄭依字傅地音附搚幹力荅反亦爲于僞反象率音類本又作類又音律縜于貧反或尤粉反劉侯犬反一音古犬反於植直吏反籠

綱鹿工反 而棲音西 則春讀爲蠢尺允反作也出也 畫正音征下皆同 三
獲如字下皆同或音胡化反 謂勞力報反 使臣色吏反 折俎之設反 猶
女音汝下文并注同 毋音無 强飲其丈反下同 詒曾孫羊之反又羊志
反 遺也唯季反
盧人力吳反下同 戈柲音祕 殳音殊 酋矛在由反 言遒在由反或子由
反沈慈有反 言罷音皮 言羸劣皮反 句兵劉俱具反沈音鉤下注同 無彈
徒旦反注同 刺兵七賜反注同 無蜎於全反又於兗反李又烏犬烏玄二反或巨兗反 兵
椑薄兮反注蘀同 兵摶徒丸反 謂掉徒弔反 悁邑烏玄反 謂橈
乃教反下同 蟲蛸巨兗反 隋他果反 圜音圓 則校古飽反李又侯巧反
傅人音附下及注同 所操七曹反 絞而古飽反 爲矜巨中反下同 之
被皮義反注同 去一起呂反下同 晉圍音箭 把中如字又音霸 鐏也

存悶反劉子悶反　所捷初洽反　罝而如字李直吏反　灸諸音救　尌也音樹

猶柱知主反下同　輓而音晚　牆翣所立反本又作翣又作翜同　反覆芳服反注

同　軒輖音周　匠人　罝槷魚列反徒臬同　作弋以職反下

杙同劉杙音子則反　爲其難于僞反　度兩待洛反　朝夕如字　經涂音塗

綆三方穎反　金轄胡瞎反　猶鄉許亮反　兩夾古洽反劉古協反　窻

初江反一音怱　蜃灰常軫反　堊牆烏路反又烏洛反　之塾音孰劉又音育　重屋

直龍反下及注同　放夏方往反　複笮音福下側白反　度九劉直路反戚待洛反

下及注同　禹卑如字劉音婢　堂與音餘　大扃古熒反　七个古賀反注及下

同　闈門音韋劉音暉　膷鼎音香　浮思並如字本或作罘罳同　高一

古報反後放此　度長待洛反下同　環涂如字劉戶串反　作轘戶關反　溝洫

況域反　之畎古犬反　之隧音遂本又作遂　倂發步頂反　畎也古犬反與

眂同古今字也劉古善反所佃音田又音電二仞音刃之澮古外反圜壚

直連反筋音肋校數音數下色主反下此數者同以別彼列反雨我于付

反徹與音餘爲其于僞反下爲其爲此同蓺也音藝其率音律又音

類下同通雍於勇反地阞音勒水屬讀爲注之樹反理孫音遜注同

梢溝劉音簫注蛸一音色交反螵蛸婢遥反眞水音亭磬折之設反後

放此爲廞許金反水漱色救反前注同水淤於據反留著直略反滛

液音亦其綱色界反劉又色例反注下同去一起呂反里爲式里讀爲巳音以

出注傅衆音附格格音各椓之丁角反櫜櫜音託茸蚤七入

反劉音集又子入反囷丘貧反窌劉古孝反依字當爲窖作窌假借也令甓上音零下薄歷

反爾雅云瓴甋謂之甓郭璞云今甋甎械也音階賓其音豆相勝音升

車人謂之宣如字本或作寡亦作宣脛也户定反晧落胡老反本或作

顯音同劉作皓音灰柯欘古阿反之欘張玉反爾雅句欘謂之定郭云斫也句欘

音劬又音湨之定丁寧反或音如字上僥音僥耒力對反劉音誄或良水反庇依注

音刺七賜反李又似斯反額疵似斯反緣其如字沈悅戰反相中如字又丁沖反應

一步應對之應利推如字李湯雷反或作摶徒丸反謂牙五嫁反李五家

反下同本或作逆大安音泰又苑餓反下同反輮人九反劉音柔仄輮音側則

易以豉反耎者人兗反爲泥于僞反下同綆寸方頴反牝服

步忍反又扶死反李扶緬反服依注音負詩音如字輪簟薄歷反謂較音角鬲

長沈於革反劉音隔厭牛於甲反

弓人既聚似主反具也檍於力反一音意劉又烏克反檿桑烏簟反杻

檍女丑反箕䈄音服凡相息亮反下同鄉心許亮反則遠于万

反下遠於同近根附近之近射遠食亦反下同菑側其反又側其反沈子其反劉音㓨

栗音烈李又如字 不迆羊氏反 不菑側其反 畬音餘 以鋸音據 副

析普逼反下星歷反 倚移於綺反下羊氏反下同 邪行似嗟反 裂繻音須

秋䋄戚色黠反劉色例反下同 紾劉徒展反許慎尚展反又徒展反與注抮縛之抮同角紾縛之意

而昔七各反下同 抮縛並與紾同縛又徒轉反 牞理才苦反又七奴反 錯然

七各反李云鄭且若反 瘠牛在亦反 夫角音扶下皆同 戚於子六反注同李又音促又且六

反 剒乃老反本又作惱 而休音煦下同 爲煦況付反劉音休下同 之畏讀爲隈烏

回反下同 故胞七歲反 而摶徒丸反 凡昵女乙反又音職 作樴音識 爲䵒

女乙反爾雅云暱也劉沈並音刃 脂敗音職呂忱云膏敗也 必剽芳妙反戚芳昭反或扶召反後同

欄然下板反或胡簡反 登陴婢支反劉蒲佳反又房卑反 敝之敝婢世反扶袛反

爵之才略反 惻隱本或作隱同 測度徒洛反 液角音亦下同 爲醳

音亦劉沈音釋下同 負體讀爲定下同 檠中音景 析灂子召反 復内

扶又反　則易以豉反　滑致直致反下言致同　則合讀爲洽　被弦皮奇

反　無邪似嗟反　必荼音舒下同　由幨昌廉反注同　重醳直龍反

彌尺證反下各彌同　其帑女居反　則需人兗反下注飛需同　襦有劉音須沈

音偶本亦作襆　衣絮本亦作帤周易作袽皆女居反　中琕符支反又音卑　疏數音朔

必侔莫侯反或亡又反　纖不音灼　由挫子卧反　蹴折子六反　之隈

烏回反　恒角古鄧反又如字下同　不校古卯反注及下同　爲袌音督　絚古鄧反或

古登反沈又居肯反　爲揯古鄧反　辟如音譬下注變辟同或房赤反　終紲息列反弓鞁也

韠音秘又補結反　爲發于僞反　緄古本反劉古鬼反　縢本又作縢徒登反　茭

司農古歷反鄭戶卯反　解戶賣反注同　茭讀音交下茭亦同　激發古歷反　足

擘鳴奐反　㱿之㱿戶卯反　蕭臂如字下文同本或作辟一音房赤反　於

挻丑勑頂反注同或徒令反　有柎方輔反下同　爲湖音胡　漂絮匹妙反下

相𩔰反　引如引依注音譬　重明直用反　撟幹居兆反劉枯老反沈古了反
無燂音燅又音尋或大含反　鬻膠章呂反　茍偷吐侯反或吐豆反　其
畏烏回反　其敝讀爲蔽必世反劉又博瞥反　宛之於阮反　已應應對之應
注下皆同　不罷音皮　柎畢劉音婢　於䋄色界反劉色例反注下同　而羽讀爲
扈音戶　難易以豉反下同　定之直庚反或之亮反又詩尚反注同沈云或音堂非　辟
戾劉必亦反衆家皆匹亦反　不勝音升下注同　有三有讀爲又三讀爲參　被筋
皮寄反　擐之戶串反劉郭犬反　三侔本又作枓亦作桙同莫侯反侔等也　三鋝色劣
反又音劣　三邸丁禮反或丁計反　三蚪羊主反　鍰也音環又于卷反　合九
如字一音闇下同　豐內如字劉而樹反　忿埶音勢　中且丁仲反注及下同　作
數音朔　以愿音願愨也一音元　愨也苦角反　夾臾古洽反劉古協反下音同
刷射侯食亦反注下除繳射大射小射用射外皆同　獲劉胡檗反　繳射諸若反

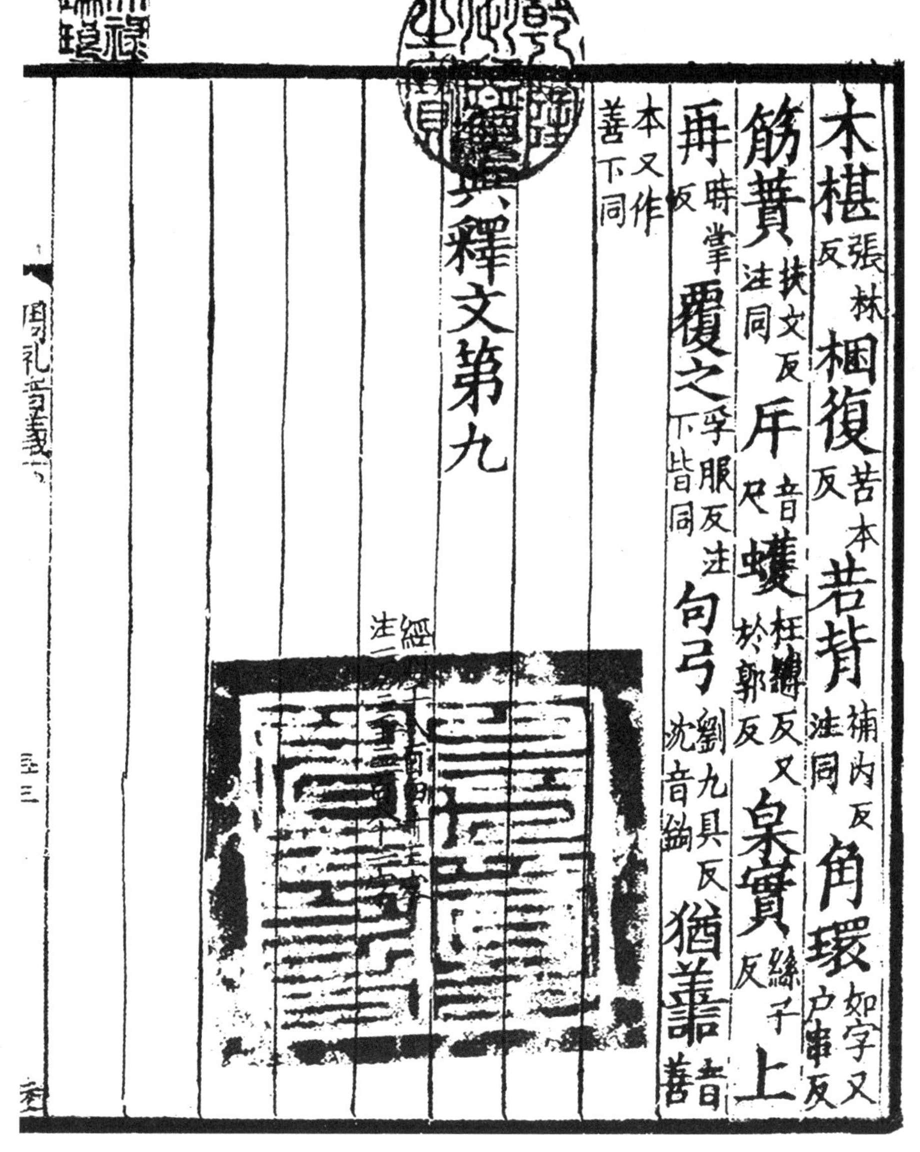

木椹張林反　梱復苦本反　若背補內反注同　角環如字又户串反

筋贊扶文反注同　斤音斤　蠖枉縛反又於郭反　臬貫絲子反　上

再時掌反　覆之孚服反注下皆同　句弓劉九具反沈音鉤　猶善音善

本又作善下同

釋文第九

經……注二……

五福五代堂古稀天子寶

八徵耄念之寶

太上皇帝之寶

宋本經典釋文

第三册

唐 陸德明撰

宋刻宋元遞修本

山東人民出版社·濟南

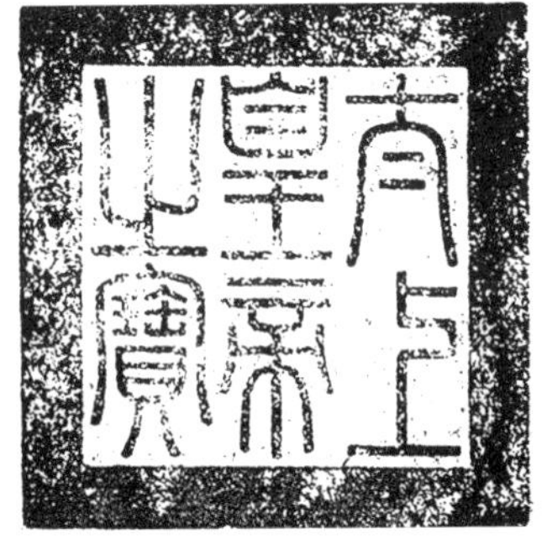

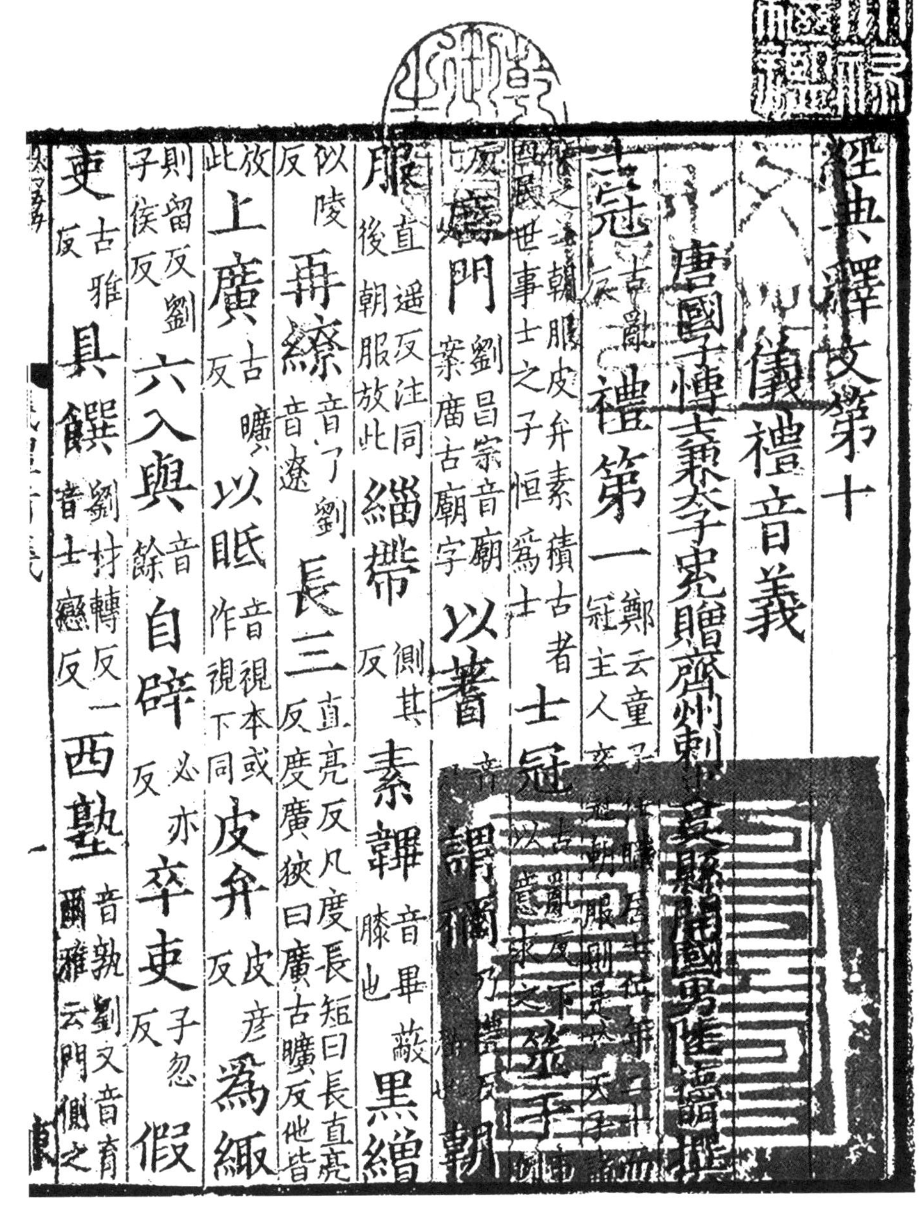

經典釋文第十

儀禮音義

唐國子博士兼太子中允贈齊州刺史吳縣開國男陸德明撰

冠古亂反 禮第一 鄭云童子任職居士位年二十而冠主人玄冠朝服則是於天子諸侯

緇之繒朝服皮弁素積古者四民世事士之子恒爲士 士冠 古亂反下同 筮于 以蓍求之 廟

反廟門 劉昌宗音廟案廟古廟字 以蓍 音尸 謂蓍 …禮反 朝

服 直遥反注同後朝服放此 緇帶 側其反 素韠 音畢蔽膝也 黑繒

似陵反 再繚 音了劉音遼 長三 直亮反凡度長短曰長直亮反度廣狹曰廣古曠反他皆

放此 上廣 古曠反 以眂 音視本或作視下同 皮弁 皮彥反 爲緅

則留反劉子侯反 六入 與 音餘 自辟 必亦反 卒吏 子忽反 假

吏 古雅反 具饌 劉仕轉反一音士戀反 西塾 音孰劉又音育爾雅云門側之

東

堂謂之塾以畫音獲下同闑魚列反門橛也閾音域劉況逼反門限檿其月

反闇苦本反劉音困槷魚列反蹙子六反執筴初革反上

贖音獨少儀詩召反右還音旋後皆放此識爻戶交反反

還音環一音旋作臚力居反撤去起呂反警也居領反爲

衆千僞反擯者必刃反劉方刃反曰介音界直音值下放此東

榮如字劉云榮屋翼堂深申鴆反凡度淺深曰深後放此承盥音管夏

屋戶雅反後同罍力回反纁裳許云反韎音妹又武拜反劉又武八反

韐古洽反又音閤之縓七絹反范散騎音會亂反再染如琰反下二字同之

賴丑貞反欲令力呈反下近附近之近緼音溫劉烏本反韍音弗而

幽於糾反茅云交反一音妹蒐所留反名蒨七見反猶辟必亦

反下同其要一遥反此莫音暮於朝直遥反夫玄音扶鈇

依注音頍去蘂反又音頍劉屈絹反下皆同此項下講反青組音祖屬于章王
反注同繼纚山買反舊山綺反笄音雞組紘音宏纓從下而上者同簏
苦協反著頍丁略反下著卷同四綴丁衛反有緇劉紀屈反著卷
去圓反名薗古內反猶著直略反以史土刀反之簪側金反
以上時掌反隋方他果反狹而長櫛實莊乙反于簞音丹笥也
笥息嗣反字林先字反甒云甫反又音武有簏方尾反實勺上若反
觶之豉反爵容三升也字林音支角柶音四匕也脯醢音海如笭力丁反一
音泠以𣂪九于反又音俱挹也作廡音武一匴素管反本或作算西坫
丁念反無纀音早玉琪音其象邸丁禮反爲篹素管反劉
音纂爲櫛以占反于阼才故反猶酢才各反袗玄之刃
反劉之慎反一音眞同紒音計後同錦緣以絹一反并紐女九反道

之音導當碑彼宜反相鄉許亮反本又作嚮近其附近之近作

浣戶管反適子丁歷反辟主音避下辟爲同爲賓于僞反下爲不

同乃祝之又反一音之六反注皆同鶬焉七良反復出扶又反見

者賢遍反屬音燭面枋音柄彼命反薦脯本又作薦子見反或

作廌非也廌依字直買反解廌獸名後放此啐七內反捷柶初洽反本又作插亦作扱見

于母賢遍反下及注入見如見見于君贄見與見姑見母同闈音韋劉音暉宮中小門也猶

侇古洽反劉古協反下同應也應對之應處也昌慮反帷幕武博

反後賓戶豆反奠贄本又作摯音至非朝直遙反少牢

詩召反沛其子禮反下同清糟子曹反劉本作醩音糟儷皮音麗

兩也飲賓於鴆反皆與音預注同爲介音界則醮子召反劉

側教反以盛音成由便婢面反撓之劉好高反爲聶女輒

反　折俎之說反注同　嚌之才計反嘗也　若殺如字劉色例反下同　離
肺芳吠反　鬲古螢反扛鼎也　鼏亡歷反鼏覆也　胖普半反　於鑊戶郭反
日亨昔庚反　為鉉玄犬反范古顈反劉音關又玄犬反　羸醢力禾反　螔
音移劉音夷　蝓音踰劉又音由　為蝸力禾反又古華反　加俎嚌之齊音
祭出注　美稱尺證反下之稱美稱同　能共音恭　重有直用反下注同
涖之音利一音類　惟祺音其　爾女音汝下同　作麋亡悲反　黃
耇音苟　無疆居良反竟也下同　疆竟音敬又音景　之休虛蚪反
亶丁但反　時劉本作古旹字　為癉劉音旦一音丁但反　為瑕古雅反又
作假　既滑息呂反　之祜音戶福也　于假古雅反大也　長幼丁丈
反　作父音甫又如字下同　僂力遇反　青約其于反　繶於力反　純
章允反劉之閏反注下同　縫中扶用反　紃也音旬　純緣以絹反　以魁

苦回反 坿 方于反劉音鈇 蜃 上忍反 蛤 音閤 以續 户內反 纁屨

音歲 大古 音泰注同 齊則 側皆反注同本亦作齋 其緌 如誰反注同 而

敝 婢世反劉齊斃反 以上 時掌反下以上同 適子 丁歷反本又作嫡 毋追

音牟下丁回反注同 猶堆 丁回反本或作塠同 殺冔 況甫反 於槃 畔于反

憮 火吴反 篡 初患反 殺 本又作弑亦作試同申志反下同 坊記 音房 之

殺 色界反舊所例反注同 而謚 時志反

士昏禮第二 鄭云士娶妻之禮以昏爲期因而名焉必以昏者取其陽往而陰來 納采

七在反釋也 取妻 七住反亦作娶下同 紹介 音界 爲神 于僞反下爲鄉爲

今爲同 尊㪅 昌慮反 於禰 乃禮反 使者 所吏反後使者使皆同 莫

凶 音暮 內霤 力又反 楹間 音盈 合好 呼報反 無醴 亡甫反下音禮 鄉

爲 神亮反本又作嚮 如冠 古亂反下同 授校 劉胡鮑反又下孝反一音苦交反注同

几辟劉旁益反一音避注同　拂拭上音弗下音式　逡巡士旬反下音旬　角柶音四
梧捘吾故反　面枋彼命反　疑立魚乞反又音嶷　主爲于僞反下巾爲蓋爲同　執
觶之豉反　坐啐七內反　猶扱初洽反　從者才用反後從者皆同　復使扶又反下
不復皆同　玄纁許云反　儷皮音麗偶也　純帛側其反　請期音情又士井反　陰
和戶臥反　去蹄起呂反注同下大西反　肫劉音純反字林之閏反音之春　髀步米反字林方
爾反云骹骨也又作髀　皆飪而甚反　扃古螢反　鼏亡狄反　壻之悉計反從士從
胥俗作壻女之夫　鄉內許亮反　右胖音判　飯必扶晚反　近竅附近之近
下苦弔反　以扛音江　爲髀必爾反又毗支反　作鉉胡畎反　承盥音管　饌
于仕戀反劉仕轉反　醯醬呼西反　巾之如字劉居近反　四敦音對劉又都愛反下
敦南對敦同　食齊上音嗣下才計反下同　大羹如字大又音太亦作泰羹劉音戶庚反字林
作䕯云肉有汁也戶耕反劉亦太羹義同　湆劉云范去急反他皆音泣字林云羹汁也口恰口劫二反　在爨

七亂反 大古音泰 比墉音容牆也 綌鼏去逆反 加勺上灼反 以庋居委

反劉居綺反 合巹音謹劉羌愍反字林作巹居蔽反蠡也以此巹爲誓身所奉之誓 破匏白交

反 三酳以刃反劉士吝反下文同 緇袘以豉反又音移注同 從車才用反下注同 二乘

繩證反 以上時掌反後以上倣此 親迎魚正反下同 衣緇衣上於旣反下如字

謂緣以絹反又以全反下皆同 持炬音巨 炤道音照 有襜昌占反 共

音恭之 爲神于僞反下注爲爲行同 纁袡如占反 髮也安義反 追

師丁回反 編次必連反劉步典反 袗玄之忍反一之愼反又音眞後同 姆莫候反字林亡

又反劉音母又音茂 纚笄山買反劉霜綺反 縚髮他刀反本又作弢同 朱綃音消 相

別彼列反下別出同 被皮義反下及注同 纇苦迴反劉音古熒反禪也 黼音斧劉音補 姪

大結反字林丈一反 娣大計反 襌也音丹 朱襮音博 刺黼七亦反劉

音刺史之刺 而下遐嫁反 婦乘如字劉繩證反下記同 御壐魚呂

反令衣力呈反作幜劉音景道之音導下同媵席以證反又御

證反于奥烏報反西南隅媵御依注音訝五嫁反迎也下注媵御御受御衽餕御贊盥者

枇者必復反劉云匕器名枇者枇載也由便婢面反下同啓會古外反卻于

去逆反啜湇昌悅反呩醬子鸎反三飯扶晚反注及下同主爲于僞

反下爲媵爲尊盥同漱也所又反演也以善反齊肝才計反肝炙諸夜

反洒撤劉直列反餕之音俊說服吐活反劉詩悅反下親說同劉云訓解通同勿

言脫也絜清如字又才性反下倣此作稅舒鋭反劉詩說反御衽而甚反又

而鴆反臥席將覵劉古遍反今本亦作見因著丁略反俟見賢遍反注及下

皆同孰笄音煩竹器而衣於既反蕓劉羌居反蘆劉音盧拜處

昌慮反則俠古洽反劉古協反後倣此段脩丁亂反本又作腶同脯也戶牖予九

反疑立魚乞反又音凝注同始冠古亂反下猶冠冠子同盥饋其位反孝

養予亮反記注共養同　取女七住反　作併步頂反　淬劉七內反本或作淬如琰反
汚汚穢之汚　娣從才用反　勞人力報反　用堇音謹　考妣必履反
帥道音導下帥道同　扱地初洽反劉羌及反又魚及反　昏昕音欣　不腆他典
反　用鮒音附　不餒奴罪反　始扱初洽反劉羌及反　左奉芳勇反　攝
之之涉反注及下同　猶辟必亦反　爲門于僞反　阨狹於賣反下音洽　見
文賢遍反下注婦見同　官長丁丈反　俟迎魚敬反下親迎同　三屬音燭注同
說水舒銳反　緇被皮義反注同　纏裏劉音里　爲鎬戶老反　則辟
音避　醮之子召反　適婦丁狄反下同　共養九用反　貺室音況賜也　可
妻七計反　惷失容反劉勑用反又池江反一音竹降反字林丑凶反又丑降反愚也　子爲于僞反　我
與音預注同　虞度大各反下同　不億於力反　謂卒七忽反　服期音朞
下同　爾相息亮反注同助也　勗帥許玉反劉朽目反　猶女音汝下同　大以音泰

毋違音無注同　施衿其鴆反　結帨舒銳反　施鞶步干反　無愆

去蓮反　以盛音成　申重直用反　使識申志反又音式　適長丁狄反下

丁丈反　紀裂上音巳下音列　繻音須　而傳直專反　齊喪側皆反　壻

見賢遍反注下除相見皆同　請覿音狄見下　得濯丈角反　摡古代反　於

造繦七報反　闔扉音非

士相見禮第三鄭云士以職位相親始承贄相見之禮

贄本又作摯音同　用腒其居反乾雉也　奉之芳勇反下同　願見賢遍反凡

卑於尊曰見敵而曰見謙敬之辭也下以意求之他皆倣此　耿古幸反　介音界　別有

彼列反　爲其于僞反下爲其同　爲脰音豆頸也　大崇音泰劉唐餓反下同　下

人遐嫁反　復見扶又反又音服注同　曰鄉許亮反　曩也乃蕩反　猶

儐丈專反下次皆同　謂擯必刃反　相者息亮反　請還劉音旋下皆同

嫌褻息列反、辟正音避以索悉各反注同有行戶郎反衣其

於既反繫聯音連麛莫兮反彌蹙子六反注及下同恭愨苦角反

摯鶩亡卜反鴨也必辯皮勉反劉方勉反不疑音擬又如字注同邪

鄉似嗟反下許亮反疑度大各反君近附近之近下同妥而他果反安坐也

已爲于僞反下爲嫌示爲皆同孝弟音悌中視如字劉丁仲反抱劉薄報反

毋毀音無下同嫌解古賣反惰他臥反毋上時掌反侍坐如字

又才臥反欠起劍反劉欺劍反伸音申猶辦皮莧反作蚤音早膳葷

香云反葱薤戶界反先飯扶晚反注同徧嘗音遍注同咕嘗音貼

他篋反穀梁未嘗有咕血之盟咕嘗也劉音當賚反云此意謂未快或楚未詳或音沾其釂子召反盡

爵也隱辟匹亦反一音避劉房益反此同君爲于僞反若食音嗣飲之於鴆

反俛而音逸逡七旬反遁音巡比及比利反命使所吏反注

同有饋其位反　曳腫諸勇反　備蹪音致　跲也其業反劉居業反

作拙以制反劉音溢　草茅莫交反　刺草七亦反劉此歷反　猶剗初限反劉測展反

鄉飲酒禮第四鄭云諸侯之鄉大夫三年大比將獻賢者能者於其君以禮賓之與之飲酒之禮

賓介音界　知仁音智　六行下孟反下德行同　而頌音班　大比毗志反劉音鼻

少師詩照反　邦索色白反　禮屬音燭下文共注同　尊長丁丈反

警也音景　所爲于僞反　敷席音孚又普吳反劉豐兵反　牖前音酉　斯

禁如字劉音賜　二勺上灼反　堂深申鴆反後皆放此更不音　東榮如字劉音營禮内皆放此

羹如字劉戶庚反卷内皆同　定丁佞反注同　一相息亮反　傳命丈專反　賓

厭於涉反推手曰揖引手曰厭巳下皆同　當楣亡悲反　復拜扶又反下復盥不復復重同

為手于偽反 坋汚步困反劉扶問反 疑立魚乞反又魚力反注同後疑立皆放此 趙
盾徒本反 小辟音避劉房益反 設折之設反注及下同 弗繚音了劉力彫反又力
弔反 嚌才計反字或作嚌同嘗也 猶紾音軫又徒展反劉徒典反一音土展反 坐上時掌反
坐撓始銳反撓也注悅同 啐酒七內反嘗也 專為于偽反下當為為工同 由便婢面
反下由便皆同 取觶之豉反字林音至 殺於所界反劉色例反下殺皆同 言疑魚乞反又音嶷
省文所景反 下賓遐嫁反下下賓下主人禮下同 示徧音遍下同 之長丁丈反注下皆
同 辯有音遍注下皆同 相者息亮反下及注同 何瑟戶可反又音河擔也 挎口孤反一
音口侯反持也 之少申召反丁少長同 視瞭音了 瞽音古 矇音蒙 晃見賢遍
反 則為于偽反下不為同 擔之丁甘反 近其附近之近 則設戶孝反本又作傚同
君勞力報反下勞賓同 使臣所吏反下同 更是音庚又古鸎反 賢知音智 大師音
音泰注大師大平大皆同 則為于偽反注同 南陔古才反 相風上如字下方鳳反 復重

直用反 惡能音烏 考父音甫 和一胡臥反 乃間間廁之間注及下注笙間或間皆同 魚

麗力知反本或作離下同 纍力追反 蔓音万 宴樂音洛下人樂同 之治直吏反 之

長如字 關雎七徐反 葛覃大南反 卷耳力轉反劉居晚反 召南

音邵注同 采蘋毗人反 后妃芳非反劉音配 干岐其宜反一音祇 王業如字劉于

況反 之采七代反 化被皮義反 肆夏戶雅反下同 繁遏於葛反 作

相息亮反下及注同 為有于僞反下為賓同 解古賣反 惰徒臥反 以監古銜

反 退共九勇反注同 少長丁丈反下及下庭長同 皆弟大計反 以鄉許亮

反下皆鄉同 相旅息亮反下注升相同 仲別彼列反下同 辟受音避下辟國君同 媵

爵以證反又成證反送也 不弛式氏反下同 傳請大專反 之少申召反 為

僎音遵 說屨吐活反劉詩悅反注同 為稅始銳反 𢧵醢壯吏反 鄉設

許亮反本又作鄉同 子札壯八反 酒罷皮賣反劉音皮 三重直龍反下注同 公如音若

出注人去起呂反下同之朝直遥反下皆同復自扶又反下而復復差同息勞力報

反下皆同不殺所八反注同劉色例反以筋居勤反不𡘋音頑注及篇末文注同禮瀆以

音獨劉又音濁素韠音畢而衣於既反布純劉之閏反或章允反注同純緣以絹

反冪迷狄反亨于普庚反下注亨狗同劉虛讓反五挺大頂反本亦作脡同猶織音職

本亦作職音同陳處昌慮反冠禮古亂反左朐其于反屈中曰朐胳肺劉音

格一音各進奏本又作腠同千豆反理也前脛戶定反辟臑乃報反字林人于反膞

劉音純猶挂苦圭反作骼古白反降殺所界反下同其妨如字一音芳亮

反之長丁丈反復差初佳反又初賣反又初宜反雖爲于僞反縮所六反下同

霤力又反縮從子容反下同特縣音玄爲蹙子六反授從才用反

鄉射禮第五鄭云州長春秋以禮會民而射於州序之禮也謂之鄉者州鄉之屬鄉射

食夜反州長丁丈反猶警音景語也魚據反此爲于僞反下同殊

別彼列反 斯禁如字劉音賜 加勺上灼反 雚音雈 縣于音玄注同 辟射音避下辟射同 所射食亦反 中掩劉丁仲反 束之如字 以爲于僞反下爲人同 獲者如字劉胡反下文同 羹定多佞反注同 朝服直遥反下及下注及朝同 一相息亮反注同 傳命丈專反下傳同 賓厭一涉反下賓厭同 當楣亡悲反 作浣户管反 疑立魚乞反又音疑注下同 小辟婢亦反一音避 折俎之設反後皆放此 嚌之才計反注同 坐挩始鋭反注下同 啐七内反 拭也音式 醋主才各反報也劉云與酢同音義 便也婢面反後放此 取觶之豉反 禮殺所界反劉色例反後皆同 人復扶又反 示徧音遍下同 之長丁丈反注及下注同 德行下孟反下德行同 辯有音遍後皆同 爲僎音遵 別於彼列反 夾尊古洽反劉古協反 不去起吕反注同 再重直容反下同 欲大音泰劉唐餓反 相者息亮反下及注同 何瑟胡可反又音河 于縣音玄 乃合如字劉音閤下合足同 不閒間廁之閒 大王音泰下大師同 成王如字劉于

小五子午
況反瞽矇音蒙則爲于僞反下注爲有爲己爲位爲當明爲同人相息亮反下文作相以
相注相謂同解倦古賣反以監古咸反袒徒旱反決古穴反兼挾
劉音協一音子協反下皆同乘矢繩證反後乘矢皆同猶闓音開下同著右丁略反一
音直略反大擘補革反劉薄歷反大指也射韝古侯反劉苦侯反見賢遍反鍭於
子木反一音七木反弣右芳甫反劉方輔反年少中召反楅豐音福倚于於綺
反下同比括古活反以比毗志反劉音鼻注同相近附近之近爲涖音利又音類說
束如字又吐活反又始鋭反注同當辟音避相工息亮反三笴劉古老反矢幹也字林云箭笴
也公但反矢幹古但反又古旱反鄉堂許亮反弓矢拾其劫反劉其輒反更也除決拾
以外皆同拾更音庚搢三音進又音箭劉又祖雞反插也後同一个古賀反下皆同捷也初合
反下同復言扶又反下復言同豫則音謝出注下鄉遐嫁反猶併步頂反下皆同
不去起呂反下注同取扑普卜反劉方遍反後皆同以撻他達反欲令力呈反於

中丁仲反下中人者中則以中並同猶閒閒厠之閒儀省所景反仆也音赴還其劉戶串反一音環下還其後同無射食亦反注同從傍蒲郎反或作旁說決吐活反又始鋭反下說決拾皆同而乘成證反下乘同拊之芳甫反四數所主反下侯數同不索悉各反盡也應曰應對之應乃復扶又反下注復言復射同鄉獲許亮反又作嚮下皆同皆與音預下將與同繹已音亦尊別彼列反下尊別同立比毗志反下及注同見其賢遍反乃徧音遍下同卻手去逆反注同弣弓蒲比反毋周亦作無同覆手芳伏反注同命去起呂反下皆同共而九勇反下共而俟同不貫古亂反中也猶中丁仲反下中正下文若中同中正音征近其附近之近下自近近司馬同有題大兮反識也申志反劉音式貫枯音戶字又作楛先數所主反下及注同爲其于僞反下爲其爲侯爲將同爲純如字全也禮記音全縮從子容反下同爲蹙子六反易校以豉反爲奇居宜反下同面鄉許亮反本或作嚮以中丁仲反下皆同將

飲於鴆反下相飲同　而卑如字劉音婢　其少詩召反　下無遐嫁反下相下同　加弛尸氏反　執拊芳甫反　辟欿音避下辟卑辟中辟俎同　三處昌慮反下放此　右个劉音幹義見周官下同　辟設扶益反注辟之辟舉及下注辟薦同　先三耦悉薦反下同又如字　說矢如字又始銳反後說矢同　以樂樂下音洛下句同又皆如字　傳尊直專反　相應應對之應下同　騶虞壯由反　還鄉許亮反下同　五豝音巴　五豵子工反　說侯吐活反下說釋并注同　不復扶又反下不復復尊皆同　當監古銜反　相工息亮反　禮　殺所界反下皆同　小遂七句反　遁音句　則長丁丈反注及下皆放此　不與音預下同　授從才用反注及下從者同　亦為于偽反下同　則樞苦侯反　其被皮義反　狗　戚壯吏反　設啗徒覽反　迭於大結反　皆與音預注同　朝服直遙反下皆同　說朝吐活反下同　猶勞力報反下除勞倦一字皆同　無介音界　不殺如字劉色例反　不與音預注及下大夫與皆同　德行下孟反　見物賢遍反　所好呼報反

亨于普庚反下注同 縚冪去逆反 布純之閏反又諸允反注同 純緣以絹反 五

膱音職脡也 脡也大頂反 作植常職反 膝七豆反 猶挃苦圭反 之長丁丈

反下注州長皆同 一和戶臥反注同 之少詩召反 謂先悉薦反 麋侯亡悲反 二

正音征下正鵠同 正鵠戶沃反 射熊食亦反下射麋與射之同 謂從子容反 與跬

丘蘂反劉闕彼反一舉足曰跬 五架音駕 曰麇九偽反又九委反 糅女又反雜也 杠音江 仞

音刃七尺曰仞 鴻脰音豆頸也 韜吐刀反 此翿徒刀反 杠橦直江反 將指于正反中

指也 始射食亦反又食夜反 復用扶又反下注不復復自同 厚寸戶豆反 直心音值 而

乘繩證反 髹虛求反注同 拳之音權 中人丁仲反下中人侍中並同 不與音預

注同 奉之芳勇反 敎擾而小反劉音饒 薰許云反 下大遐嫁反下下鄉同 體

比毗志反下同 貫之音串下同 鄉之許亮反下以鄉同 圍中音又一音于拔反 射

與音餘 臑如叔反說文讀爲儒字劉云臂羊豕也人于反 若膊音純 胳音格又音各 觳

小四百八十八

之 苦角反又戶角反 右个 音幹下及注同 謂抎 寸本反 尊別 彼列反 殽 胡飽反又下巧反李又苦教反

肱 古弘反 爲蓑 初危反 篠也 息了反 刌之 苦干反 稍屬 章欲反 若

飲 於鴆反注同 則夾 古洽反劉古協反 觚于 音孤 爲縮 吐刀反 大學 音泰

跂蹄 巨支反一音支 析羽 悉歷反 於竟 音景注同 龍旜 之然反 兕中

徐履反山海經云狀如牛蒼黑色可重千斤 厭於 一涉反

燕禮第六 鄭云諸侯無事若卿大夫有勤勞之功與羣臣燕飲以樂之禮也

戒與 音預注與者同 相君 息亮反 勞 力報反下君勞以勞同 使臣 所吏反下文使者使臣皆

同 樂之 音洛下尚樂宴樂同 告語 魚據反 人縣 音玄注同 爲燕 于僞反下爲卿爲拜

同 東霤 力又反 罍水 力回反 象觚 音孤 瓦大 音泰同下放此 尊名注 用

綌 去逆反 若錫 悉歷反劉音余章反 兩圜 音圓 瓦甒 亡甫反 冪而 如字劉又音幎

爲緆 悉歷反又余章反又羊豉反 布純 之閏反又章允反後放此 西鄉 許亮反本又作嚮下及注

同莞簟音官加繅音早師長丁丈反下同太僕音泰下大宰太平大王皆同
由闑魚列反之近附近之近又復扶又反下復與復去復冊拜又復將復而復同敢伉
苦浪反敖也辟正音避下辟正主辟君皆同爲鱓章豉反坋步困反扶問反劉塵如字
劉直吝反嚌之才計反扢手始銳反坐啐七內反酢主才各反宰
胥劉思敘反一音如字不胥薦同媵觚上以證反又繩證反送也酌散思旦反及下同禮殺注
所界反下皆同壹弛尸氏反類與音餘下人與並同命長丁丈反後不出者同爲其
子僞反下爲拜猶爲爲其爲祭同相飲於鴆反文辯音遍下同作徧音遍後同別尊彼列
反兼卷九轉反劉居遠反重席直容反注下皆同猶去起呂反下同則先悉薦
反下先大夫同牧有牧養之牧劉音目大尊音泰劉徒鐵反近君附近之近下同私昵女乙
反之坐才臥反之處昌慮反無脀之承反瞽矇音蒙執技其綺反
少牢詩召反左何胡我反又音河相入息亮反注及下相祭井注同則儌戶敎反太又作詨同

其更音庚 賢知音智 便其婢面反 南陔工才反 風切方鳳反 重雜直用反 惡能音烏 考父音甫 乃間間厠之間注及下注放此 魚麗力知反 下賢遐嫁反 纍力追反 蔓音万 之治直吏反 之長如字 關雎七如反 葛藟大南反 召南上照反注同後放此 采蘋音頻 興王如字又于況反 之采七代反 被于皮寄反 以監古銜反 俱相息亮反 爲君于僞反下爲位所爲同 皆說吐活反劉寄悅反注同 饌士戀反劉才悶反 肝膋音遼 狗胾壯吏反 南鄉許亮反 媵觚觚依注音觶 欲令力呈反 亦學戶教反敎也 大樂音泰 別於彼列反 鎛人本又作鎛音博下同 皆辟音避劉房益反 徇人六練反 燋也哉約反劉哉妙反 閽人音昏 掌共音恭 陔夏戶雅反下同 之使所吏反下使人同 不腆它典反 寡鮮息淺反 重直用反 傳命大專反 朝服直遥反注同 素韠音畢 今辟音辟 而衣於既反 亨于普庚反注同 公食音嗣 饗

時許兩反或作鄉非 燕爲于僞反 公父音甫下同 飲南於鴆反下文若飲并注同 堵父音者劉音覩 猶遠于万反 樂闋苦穴反 應之應對之應 示易以豉反 則勺音灼劉又音照 於鑠上音烏下舒若反 栗蹙子六反 酏也以皮反劉書支反 糝素感反 糗去久反乾飯屑也劉香久反孟子曰舜糗飯茹菜 餌音二 粉餈才私反 祖徒旱反 朱襦如朱反 稍屬章欲反 辟不音避 俟復扶又反 一笴工但反又工老反 厭於一涉反下同 公鄉許亮反 相者息亮反

大射儀第七 鄭云諸侯將有祭祀之事與其羣臣射以觀其禮也

大射食夜反 瀎沽直吏反下之治同 視滌大歷反 謂溉古代反 命量音亮下量人皆同 參七依注音糝素感反後放此 干五依注音豻五旦反劉音鴈後放此 巷涂音徒 所射食亦反下射之射麋侯同 以爲于僞反 豹鵠古毒反後同 下天戶嫁反 巾車如字劉居覲反後皆放此 見鵠賢遍反又如字注同 掌裝音莊 所射食亦反下射之所射

侯同 中此丁仲反下難中中之皆同 任巳音壬 言較音角 鳿鵠音干劉音岸又音鴈 正
者音征下爲正同 題肩大西反 捷黠戶八反 參分七南反又音三 大半音泰下大
蔟同 宿縣音玄注同 鑮本又作鎛音博 大蔟七豆反 沽音姑 洗西典反 皆編
必連反又甫千反下同 爲堵丁古反 應鼙應對之應注同下步迷反 之跗方于反 便其
婢面反後皆同 頌磬音容 無射音亦 爲賓于僞反下同 省文所景反 餳
在大黨反 鼗大刀反 倚于於綺反 西紘音宏 有柄彼命反劉本作秉音同
以柷尺六反 用錫悉歷反劉相亦反細布也 若絺勑其反細葛也劉作綌音郤 綴諸
陟衞反又丁劣反 近似附近之近 而卑如字劉音婢 箭篠素了反 爲鼏于僞
反下注爲隸爲有爲射同 卷辟必亦反 橫之如字劉古曠反 作緆悉歷反劉余章反又羊豉反
兩圜音圓 壺獻素何反出注下注獻並同 爲沙素何反下同 泲之子禮反 涚
于始銳反 醆酒壯簡反 西鄉許亮反下皆同 當共音恭劉居俸反 羨定

多佞反 脣肉普夾反 大史音泰後大平大師大史皆同 在干音岸 從者才用反
反 正相息亮反 之長丁丈反 又復扶又反下復冉同 賓辟婢亦反又音避
注同 遵七旬反 適音的 肆夏戶雅反凡代名及樂章九夏皆放此 巡守手又反 敢亢
苦浪反劉音剛 辟正音避下注上辟皆同 于篚音匪 宰胥相呂反又如字後同 齊之
才計反 捝手始銳反 坐啐七內反 樂闋苦穴反 以醋才各反本亦作酢 酌
散思但反下皆同 禮殺所界反下禮殺皆同 命長丁丈反注及下皆同 降造七報反 一
人與音餘下同 爲拜于僞反下猶爲爲大尊爲君爲皆同 相飲於鴆反 夫辯音遍
後并注作偏皆同 重席直容反注下皆同 布純之閏反又章允反 猶去起呂反 辟
君音避下辟君同 臑奴到反 則先悉薦反下注先大夫同 大尊音泰 近君附近
之近下同 私昵女乙反 之坐才卧反 之處昌慮反下放此 無脀之承反 諷
誦方鳳反 少師詩召反下丈及注皆同 相大息亮反下及注皆同 視瞭音了 杜蒯

苦怪反 分別彼列反 左何胡可反又音何 挎越口胡反又口侯反 西縣音玄下同

則談戶殺反亦作傚 於勞力到反 陪于劉蒲來反 餘長丁丈反下之長同

皐陶音遥 長六直亮反 東坫丁念反 以監古銜反 不背音佩

下爲皆同 挾音協又子協反下皆同 乘矢繩證反注同 見賢遍反 鏃子木反又七木

反 於弣芳甫反或方武反 猶闓音開 著右丁略反又直略反下同 射韝

古侯反劉苦侯反 弓把音霸 大擘彼革反劉蒲歷反 楅音福 蹏數音朔 壹

從子容反 公射食亦反次下三字同 中之丁仲反下注於中矢中同 遂比毗志反劉音鼻

注同 不拾其業反劉其輒反下文及拾發拾取餘拾皆同 一个古賀反下同 捷也初洽反本

又作扱 射三食亦反下二字同 取扑普卜反下同 以撻土達反 欲令力呈

反 猶間間廁之間 併也步頂反下皆同 合足如字劉音閤 命去起呂反注下同

去扑去侯注塵皆同 共而九勇反下共而侯皆同 還其劉戶串反下注還其同 說決上活

反又始銳反劉詩悅反下說決拾皆同　曰毋音無下同　射獲食亦反注同　拾更音庚　坐
乘承證反注下同　數之所主反　一不索悉各反一音所伯反　乃復扶又反下注復言復賓復
並行爲復復釋君復皆同　比耦毗志反下同　見其賢遍反　左還音患注下放此一音環
南踣步比反　將背音佩下同　覆手芳伏反注同　梱之口本反劉音涃　作魁
古回反　中離丁仲反注矢中中鵠值中猶中不中中下所中中三侯若中皆同　其邪似嗟反　爲絹
劉候犬反又于貧反一音占縣反又古犬反　不著直略反下同　傳告直專反　一笴工但反劉
古老反　以笥息嗣反字林先字反劉音司　萑音完　葦于鬼反　以韜土刀反　將
指子匠反　契於苦計反　以抉面世反　右隈烏回反　揉之而九反劉
奴丑反又耳了反　宛紆阮反　爲紐女九反　稍屬之王反注及下稍屬同　眡筭
音視本亦作視　先數所主反注數者校數同　則縮所六反　從也子容反下同　作
蹙子六反　易校以鼓反　自近附近之近下注近其同　爲奇居宜反下同　當

飲於鴆反下文相飲公飲君皆同 奉豐芳勇反下同 其少詩召反 加弛尸氏反 辟

飲音避下辟中辟爼皆同 爲之于僞反下爲大侯當爲嫌爲爲復爲其皆同 兩獻素多反

教擾而小反劉音饒 卒錯劉音厝 右个劉音幹注及下同 祝侯之又反下

同 若女音汝下同 而射食亦反下始射同 彊飲其丈反下同 貽女以之

反遺 辟薦婢亦反注同 鄉許亮反注同 言拾其業反下大夫拾同 坐說

劉詩悅反又始銳反下同 一个古賀反下同 用應應對之應下同 失正音征 無當

丁浪反 奏貍里之反 不朝直遥反 有弧音胡弓也 疏數音朔 所儗

音擬 度也大各反 乘之繩證反 若長丁丈反下士長同 授從才用反注

同 去藏起呂反 皆說土活反下同 猶蹴子六反 踖子亦反 謂⿰月巽

音損又才悶反又士戀反 肝膋力彫反 狗胾莊吏反 有炮薄交反或作炰同音缶

鱉本又作鼈必滅反 膾鯉古外反 鶉市春反 鴽音如 洗象觚音觶

出注欲令力呈反曰復扶又反中三丁仲反注同而和戸卧反懽樂
音洛聯事音連教治直吏反相大息亮反釋縣音玄別内
彼列反皆辟劉芳益反一音避閒合閒廁之閒所樂如字又音洛甸人
大見反闇人音昏燋也劉哉約反字林子弔反掌共音恭薪蒸章凌反
反内霤力又反入鶩五刀反注同鶩夏樂章

聘禮第八鄭云大問曰聘諸侯相於久無事使卿相問之禮也小聘使大夫

聘禮匹正反問也因朝直遥反後皆同命使所吏反下以意求之上介音界
副也下放此易於以豉反大宰音泰官名下放此先行悉薦反管人
古緩反劉音官管人掌館舍之官後同布幕音莫玄纁許云反皆乘繩證反
辟使音避南鄉許亮反下以意求之賈人音嫁後同掌物價之官監其
古銜反爲當于僞反下同復展扶又反下不復入復校復請不復皆同之稱尺證

反之率音律劉音類 四只劉音紙 于笲音煩器名 必盛音成 躐

行力涉反 載旝之然反通帛爲 表識知字又音試 相近附近之近

櫝大木反函也 繅音早圭藉也注璪同 藉圭在夜反後皆放此 璋音章半圭

加琮才宗反劉又音綜半辟也 繒也似陵反又才陵反 妃合音配本亦作配 瑑圭

大轉反 以覜他弔反 脫舍音捨 于竟音景後同 直徑古定反 猶

道音導下請道同 非爲于僞反下爲其且爲所爲來爲主凡爲明爲同 餼之許氣反 猶

遺也牲腥曰餼謂殺而未孰 積唯子賜反或如字 用少詩照反下少牢皆同 以秝音禾

執筴音策 掠也音諒 師從才用反下同 一肆以二反劉常一反習也注同

爲壝劉以垂反一音以癸反 一壇大是反封土曰壇 畫階音獲注同 外垣音袁 皆

與音預注同 以幾音機本亦作譏 問從才用反下注授從同 幾人居豈反 當共音恭

本或作供同後放此 委積上於僞反下子賜反後放此 各下戶嫁反 拭圭音式 拭

清如字劉才性反　放而方往反　私覿大歷反　有勞力到反下文及注皆同　便
疾婢面反後放此　者與音餘　乘皮繩證反後乘馬乘禽乘皮皆同　儐勞必刃反劉
云與擯同　簋方音甫劉音蒲本或作簠外圓內方曰簠內圓外方曰簋　圜音圓　不抶他典反善也厚
也之祧他條反遠廟爲祧謂始祖廟也　既拚方問反謂洒埽　俟閒音閑　如字劉
奄卒寸忽反　齊戒側皆反本亦作齋　設飧音孫注同熟食曰飧　飪一而審反劉而鴆
反孰也　六鈃音刑　槀實古老反　弁刈魚廢反　訝五嫁反迎也　俟辨
蒲莧反辨具之辦　而傳大專反下同後傳命放此　所爲于僞反下爲其皆同　直音值　闑魚列反
閾外音域又況域反　而上時掌反　所別彼列反　皆裼西歷反　相君息亮反下
放此　賓辟音避劉房益反注同後賓辟之類弁注各放此　逡七旬反　遁音循　必後戶豆反又
如字下反後同　鷹行戶郎反下同　中棖直庚反爾雅謂之棖門兩傍木也　西塾音孰劉又音育
猶近附近之近下同　依前於豈反本又作衣　繢戶內反　純劉之閏反一音章允反後放此　鄉

入許亮反下同　又盡津忍反　先賓悉薦反　立處昌慮反　當楣亡悲反　言

辟音避又扶益反　見其賢遍反下皆可以意求之　坫之丁念反又　麛音迷或作麑同　青豻

五旦反胡地野犬也劉音鴈　褻本又作褻詳又反　絞衣戶交反　爲溫于僞反下及注賓爲同

凡襢音但劉上戰反　則攝之涉反下及注皆同　弁執必性反一音如字下同　告糴大歷

反　汶陽音問　公食音似下親食同　加萑音完　几與音餘　塵坋蒲悶反劉

本亦作坋被也或作被皮義反　爲梧五故反　几辟婢亦反又音避注同　加柶音四　面枋彼命

反　以飲於鴆反　尚擸劉音獵一音以涉反　啐七內反　相幣息亮反下以相弇注同　殺

也所界反　右勒丁歷反　從者才用反注及下注可從從者皆同　辟亨音避下辟堂辟君又辟皆

同　扣馬音口　還牽劉戶串反　纖縟音昔辱　儷皮音麗兩也　其復扶又反下

乃復復時同　重入直用反　道入音導下亦道賓道師道放此　蘧伯其居反　無恙

羊亮反　公勞力到反注及下同　之行下孟反又如字　足躩駈碧反劉俱碧反　嫌近附近

之近下放此 下見戶嫁反 韎韋音昧又亾拜反劉又武八反 魚腊音昔 扃古螢反 鼏亾狄反 膷音香牛臛也 臐許云反羊臛也 膮許堯反豕臛也 牲臛火各反字林火郭反 唯燖劉音尋一本作爓音潛 窆用彼驗反 韭音九 菹莊居反 醓醢他感反又注曰醓醢也 百甕烏弄反 百筥居呂反 二行戶郎反下同 五穀劉色縷反一音速注不數之數同卷末放此 爲逾劉音余後同說文大潽反 三秅丁故反四秉爲秅字林文加反 比輈丁留反車轅 大祖音泰 不下戶嫁反後下君下朝皆同 治令直吏反 執紖直軫反 別於彼列反下同 于宁直呂反劉直慮反 亦見如字劉胡眄反 亦爲于僞反下文注爲之爲大夫爲賓皆同 壹食音嗣注反下皆同 相拜息亮反下注如相同 醙所九反白酒也 黍閒閒廁之閒 從拜才用反又如字 亨大普庚反 以飲於鴆反 俶獻昌叔反始也 鴈鶩劉音木下 以侑音又 易以以豉反 琥璜音虎 若鄉許亮反 賄用呼罪反劉音誨下同 束紡劉敷冈反 之總劉音須一本作縛息絹反案說文白鮮色也居掾反聲類以爲今正絹字 以

遺唯季反　車造七到反下同　爲拜于僞反下爲且見爲爲行　展
軨力丁反劉音領　以好呼報反　見爲賢遍反　受勞力到反後同　惡其烏路反
使之將子匠反一本作使之將兵將則後如字　襄乃如羊反　衆從才用反　盡言津忍反
猶音次　當復扶又反下將復又復復以復記同　尊長丁丈反　於閩魚列反劉魚子
反　于禰乃禮反　獻從才用反注同　辟國音避　下辯音遍下文辯復明辯同　亦
與音預　饗食音嗣凡饗食皆同　喪殺色界反　素絻諸允反又之劉反下絻同　衰
起呂反下七回反下注皆同　作訃音赴　別於彼列反下別處同　括髮古活反　爲之
具于僞反又如字下爲之棺同　爲致于僞反下爲大下文爲客同　棺古患反一讀如字　歛之
力豔反下同　俟閒劉音閑又如字　不耳本又作饗　百名名謂文字也　以上
時掌反凡以上放此　方版音板　人稠直由反　處嚴昌慮反下常處
同　必璽音徙　幾月居豈反　作齎子兮反　釋軷

濡末反道神也注跋涉音同車騎其義反爲難乃旦反餞之在淺反送行飲酒也轢

之力狄反作祓芳弗反又音廢與繅音早注藻及璪音同剡上以冉反字林才冉反云銳厚

半戶旦反韋衣於旣反玄纁許云反劉又音訓繫音計劉胡帝反長尺直亮

如字又反絢呼縣反劉云舊音縣李胥倫反一音巡組音祖作約音巡劉音圓繁類以爲約字丨又

賓子兮反注同爲行戶郎反下爲行同爲肆以二反孫而說音遜下音悅注及卷

末注同爲砥之氏反爲大音泰劉唐餓反下大宜同飧不素昆反絜清才性反又

如字詡大五嫁反其摯音至鞠窮劉音弓本亦作躬不勝音升上如示掌

反蹜蹜所六反如爭爭鬭之爭失隊直類反怡焉以之反卷去阮反豚

他門反見於賢遍反下不見同蹌焉七羊反俞俞羊朱反劉音庾鶩也五何反一

相閒閒廁之閒注及下循閒同畜獸許又反從廄居又反衣食於旣反下音嗣

聘于于音爲危反出注谷禰尺證反以緼於問反瓦大音泰而單劉音

釋五臧音藏之脡大頂反冊扱初洽反以相息亮反注及下注相拜同爲

蹙子六反猶遺唯季反辟正音避若昭式遙反注同作膾而甚反劉音審

祝祝上之六反下之又反肦肉音班賦也及度所求反下之戶嫁反士中丁仲反注

同比放也甫往反有齊才計反和者戶臥反請觀古亂反下注同又如字

猶道音導爲之于僞反私樂音洛恩殺所介反君復扶又反下

同量名音亮穧名才計反下同萊易音來聚把百馬反曰稯

劉宰孔反字林子工反作緵劉音總

公食大夫禮第九鄭云主國君以禮食小聘大夫之禮也

公食音嗣下注後食饗食禮同易以以豉反以爲于僞反下爲既爲從爲公爲賓同三

辭息暫反又如字拜使所吏反下同賓朝直遙反下及注同羹定多佞反生

同若編必縣反劉方縣反兼亨普庚反鼏扛音江作鉉胡犬反一音扃劉古

頑反又音玄又音闌槃匜以支反設湆劉羌立反下及注並同截漿昨再反別

於彼列反實辟婢亦反又音避及下同逡七旬反遁音旬實從才用反道

之音導遠下戶嫁反東夾古洽反劉古協反北鄉許亮反後皆放此不拾音涉

下同曰辵勅略反去鼏起呂反卷末注去會同大夫長丁丈反注及下注之長同猶

更音庚腊飪而審反進奏千豆反注同七个古賀反鬐也巨之反魚

近附近之近下宜近相近同腴羊朱反骨鯁古孟反滑脃七歲反組拒劉音

巨由便婢面反後放此殺於所界反授醢呼西反處也昌慮反下放此疑

魚乞反又魚立反注同君離力智反醓他感反麋臡奴兮反醢有骨者也字林作腝人兮

反菁子丁反劉音精蕢亡丁反不綪側耕反直豕音值並併步頂反下

皆同不和戶臥反注不和同于鐙音登瓦豆也大古泰下大字皆同爲風

于僞反下爲其爲將同設鉶音刑而卑劉音婢又如字食有音嗣下爲食食禮同以

辯音遍下同 擩于人悅反劉而玄反又而誰反 染也人漸反又七內反 少儀詩召
反 刌之寸本反 捝手始銳反 扱上初洽反 拭也音式 爲齏力轉反
之膴火奴反 復出扶又反下復皆復發將復不復復自皆同 膷音香 臐許云反 膮呼堯
反 牛炙章夜反下同 臛火各反又火沃反 牛鮨巨之反注鮨音同郭璞云鮨鮓屬 衆
人 𦫿依注音媵以證反又繩證反 三飯扶晚反注同 歠湆昌悅反 漱所又反 乘
皮繩證反下乘皮下文之乘同 以侑音又 相幣息亮反 爲君于僞反下爲其爲之致同
從者才用反注同 曰梧五故反 易退以豉反 盡以津忍反 它時土多反本
又作他 不與音預注同 爲施如字又注式豉反 賓朝直遙反除之朝一字皆同 拜食
音嗣下以意求之 蝸醢力禾反 毋過音無 鶉音淳 鴽音如 于蘘烏送反
辟正音避 亨于普庚反 布純諸閏反又諸允反下及注同 加萑音丸 純
緣以絹反 作莞音官或音丸 敷之如字又普吳反劉芳蒲反 鈃 笔亡報反 豕

薇音微苦荼音徒堇荁音丸爲苄音戶爾雅云地黃也劉作又云苄一音遐嫁反

幕音莫凡炙章夜反和也戶卧反加纅音早

覲禮第十鄭云覲見也諸侯秋見天子之禮曰覲禮

覲禮其靳反辟勞力到反注同下王勞注勞之勞其以勞請事勞同之朝朝服並直

遥反下以意求之使者所吏反下放此爲人如字又于僞反見侯賢遍反下侯見卑見同

乘馬繩證反下乘馬皆同左驂七南反騑芳非反之從者才用反司空與

音餘篇末注月與館與同女順音汝下注猶女同卿爲或作鄉非評者五嫁反詔相

息亮反先朝悉薦反分別彼列反諸任音壬禆冕婢支反劉音卑注同

衣禆衣上於既反下如字下衣此衣放此而冠古亂反下冠冕同言埤毗支反一音卑公

袞工本反鷩必列反毳尺鋭反孤絺丁里反劉本作希張里反於祧他彫

反弧音胡韣音獨有纅音早張繆所銜反又所感反本又作幓下同侯信

音申以藉才夜反下纅藉同韋衣於既反廣袞上古曠反下音袞爲璪音早

斧依於豈反注依如同今綈大西反屏風步丁反莞席音官紛純諸允

反劉之閏反下同續之戶內反南鄉許亮反下放此傳大專反下傳此傳而皆同而上

時掌反下而上同四享四依注音三享音香丈反劉虛讓反積畫音獲絲纊音曠劉古曠反卓

上劉丁角反折其之設反右肱古弘反奉篋苦協反大史音泰後大史大

常大陰皆同是右音又亦如字注右王之右同耋老大結反又音鐵毋下音無謂食

音嗣下同壝土以垂反後同爲埒音劣猶重直龍反下同監之工銜反巡

守音狩下同方琥音虎黃琮才宗反見王賢遍反侯先悉薦反下同

四傳大專反注同一音孚作傅音付俠門古洽反樊纓步干反二乘

繩證反盟約如字又於妙反詛祝莊慮反如皦古了反燔柴音煩地

瘞乙例反愒苦蓋反作殪一計反之處昌慮反

喪服經傳第十一 鄭云天子以下死而相喪衣服年月親疏隆殺之禮也喪必有服所以為至痛飾也

斬衰 七回反字又作縗後皆同斬者不緝也縗以布為之長六寸廣四寸在心前縗之言摧也所以表其中心摧痛 苴 七如反有子之麻 絰 大結反實也 絞帶 戶交反後皆同一音如字 菅 古顏反草也毛詩傳云茅已漚為菅 屨 九具反屨也 明為 于僞反下同 在要 一遥反後放此 之缺 丘蘂反劉屈絹反 齊衰 音咨緝也後同 不緝 七入反下同 有蕡 扶云反麻實 大搹 音革扼也 去五 起呂反下同 各齊 如字劉才計反 擔主 市豔反注同 條屬 音燭注同 六升 衆並如字鄭音登登成也 鍛 丁亂反 菲也 扶未反杜預云草屨也 倚 於綺反 廬 力居反 寢苫 失古反草也 枕 之鴆反 塊 苦對反土也本又作由說文云塊俗由字 歠 昌悅反 粥 之六反劉音育 一溢 如字劉音實鄭云二十兩曰溢為米一升二十四分升之一射慈同王肅劉逵袁準孔葛洪皆云滿手曰溢 柱 丁主反注同 楣 亡悲反梁也 疏食 音嗣又如字 飯素 扶晚反劉

今本多作飤字食如字又音寺扼也於革反爲殺所界反劉所例反猶著直略
反下同以別彼列反下遠別別於同右縫扶弄反下左縫出縫皆同翠闑反鳥南壘
劣委反又力水反鑿古狄反劉薄歷反涂塈劉其既反又許氣反一古慨反爲父于僞
反凡爲服之例放此意求之長子丁丈反後長子長殤皆同一言嫡本又作適同丁歷反所傳
直專反與禰乃禮反爲所爲上于僞反注同下如字布總子孔反笄
音雞髽側瓜反篠也素了反露紒音計下同之括如字劉音活如
著丁略反幓頭七消反子冠古亂反子免音問無紟而甚反又而鴆
反裳際也長六直亮反後放此厭於一葉反後皆放此家相息亮反閽寺
音昏守門人也寺內小臣牡麻茂后反枲麻思似反沽功音古後同藨皮表反劉
扶表反蒯苦怪反草也女以音汝下同期枲音基本又作朞後皆放此帶緣以絹反
同大子音泰無施以豉反注同從爲于僞反旁尊劉薄浪反下注同

如字胖合普半反則辟音避下注辟大同適子丁狄反本又作嫡後除適人之類可以意求之

遠別彼列反下同而見賢遍反下同將上時掌反孰後如字又音候下放此何

算素管反劉音選大祖音泰注大祖同近政附近之近稷契息列反序昭

市選反又如字下昭穆皆放此綴之丁劣反適人施隻反妻稺直吏反爲之于僞

反下爲其問敢與音預注同於朝直遥反注及下章注同者與音餘所寓

音遇寄也圻內巨衣反本又作畿同越竟音景恩殺所界反未冠古亂

反文縟音辱不樛居虬反猶數音朔下同散帶悉但反爲其

于僞反絰大結反字林丈一反嫂本又作㛐同素早反人治直吏反注治猶同猶行

戶郎反下同卑遠于万反猶傻素口反人稱尺證反之別彼列反下

有別并傳同上而時掌反相爲于僞反下其爲爲之下文所爲同爲見恩賢遍反下

以見同不復扶又反繐衰音歲接見賢遍反注同下不見并注放此澡

麻音旱 治去起呂反後注猶去則去同 莩音數 垢古口反 無絇其俱反 娣大計以音似兄弟之妻娣姒或反姒云謂先後亦曰妯娌 弟大計反本亦作娣 長丁丈反注同 瑀子而注反 有食音嗣 傅姆音茂劉音母字林亡又反 見於賢遍反 則 劬其俱反 緦麻音絲 省文色景反 朝服直遥反後章放此 庶孫 之中殤依注中音下 不見賢遍反章末注同 則爲于僞反下𢀿所爲下注必爲相爲爲其同 壻息計反女之夫 縓七絹反范倉亂反 緣以絹反下及注同 一染而漸反 不見賢遍反 嫌其爲如字又于僞反 若辟音避下同 袒徒旱反 免音問字或作絻注同 幼少詩召反 虞祔音附 錫衰思狄反 謂墳扶云反 屍音尸 柩其又反 其斂力驗反 之稱尺證反 滑易以豉反 素總子孔反 折笄之設反 有著丁略反下同 櫛莊乙反 榛笄莊巾反 刻鏤劉音陋 摘頭他狄反 大飾音泰劉唐餓反 三袧劉音鉤又恪憂反 猶

殺色界反劉色例反下同大古音泰以便婢面反謂辟音辟博歷反下皆同廣古曠反褎音茂袂屬音燭劉又音蜀之肱古弘反袪尺起魚反併兩步頂反拱尚九勇反尸

士喪禮第十二鄭云士喪其父母自始死至於既殯之禮於五禮

適室丁狄反注同適室正寢之室也幠火吳反覆也用斂力豔反後皆同者齊側皆反本亦作齌比庸如字牆也本亦作墉當牖音酉窻也衽而甚反曲禮注云臥席也去死起呂反簪裳側林反劉左南反左何戶我反又音河扱領初洽反劉初輒反則夏戶雅反後夏祝皆同純衣側其反纁裳許云反中屋如字劉丁仲反用篚方尾反本或作篋苦協反以衣於既反注及衣戶同西北厞扶未反本或作扉音非楔齒息結反爲將于僞反下注不爲同舍戶暗反本亦作哈後放此綴足丁劣反劉張處反辟戾音壁下力計反以馮音憑俠牀古洽反亦適

丁狄反使者至所吏反屋劉羌據反閑也者三息暫反人襚音遂衣服曰襚執要一遙反後放此言遺唯季反與也別於彼列反下皆同爲銘云丁反禮記云銘明旌也經末丑貞反旗識識之上音試下音式亦作試爲旆步貝反竹杠音江橦也丈江反也梠也音呂甸人大練反掘坎其勿反又其月反爲垼音役東鄉許亮反注同後放此塊竈苦對反劉先苦雷反謂用土塊也廢敦劉音對又都愛反及注下皆同重直容反注重鬲於重同鬲音歷下放此皆濯大角反造于七報反注同五種章勇反以盛音成下同渜濯上奴亂反下直孝反下文放此以汲居及反一將縣音玄滌大歷反溉古愛反事遽其據反不績注作綪側庚反後皆同說文云綪縈纏也江沔音緬水名也一本作沱大何反江別爲沱謂縈於營反纏索悉各反以親如字劉音清刃反鬠劉音膾又戶膾反後同緌中音憂一音何侯反廣袤古曠反下音茂賓爲

呼偽反下同 有惡 烏路反 掩練 劉音奄 析其 西歷反 裹首 音果 瑱

他見反充耳 白纊 音曠劉古曠反緜也 幀 依注音縈於營反劉宛名又武遍反又音緜後同 組

繫 戶計反下同 葛藟 力水反 以絜 息據反 為消 古玄反 握手

於角反劉烏豆反下設握同 牢中 牢音樓出注 若檡 音澤 猶闓 音開 挾

弓 音協又子協反 令不 力呈反下今可同 挈指 苦結反劉本作契苦計反 吒凥 劉音

託 冒 亡報反後皆同 手齊 如字又才計反 軏殺 所界反注及下注同 韜

尸 士刀反 而上 士掌反 純衣 莊其反注同 所衣 於既反下所衣同 祿衣 他亂

反後同 緣之 悅絹反言緣同 不禪 音丹下同 一稱 尺證反 韎 音妹又武拜反劉又武八反 韐 古荅反又

古洽反 縕 音緼劉烏本反 韍 音弗蔽膝 以璆 音虯劉巨虯反 文竹 如字劉目眞反 去

一 起呂反 珵 他頂反本又作珽同 俟荼 音舒 笏作 音忽 皆繶 於力反 緇

純 諸允反劉之閏反注同 組綦 音其一音其記反注同 于踵 諸勇反 士冠

古亂反以魁苦回反柎方于反馬絆音半于笄音須於筐丘方反

用綌去逆反櫛莊乙反於簞音丹葦于鬼反笥息嗣反通

裁在代反又音才管人如字劉又音官不說吐活反劉舒悅反注同繘均必反劉俱筆

反綆也淅米西歷反汏也徒賴反受潘芳元反下及注同淅米汁也用重

直龍反用爨七端反又七亂反盛米音成下注盛物巾盛盛笄同處也昌慮反造

冰七到反下同士併步頂反下皆同襢之善反下同笫壯里反下同簀也侍從

才用反倮裎力果反下直貞反挋用之慎反劉居玄反拭也清也凊如字又才性反下絜

清同用枓音主作椽劉土亂反蚤依注音爪下鬊蚤同揃子淺反斷爪

丁管反揃鬚音須本亦作須大蜡士嫁反扱諸初洽反劉初輒反下同以從

劉才用反爲飯于偽反下扶晚反下佐飯并下文同南首手又反便扱婢面

反于跗方于反連絇其于反足坼丑宅反三稱尺證反杜預云衣禪複具

曰稱下故此 而衣於既反下同 不紐女九反 不數所主反 省文所景反 歆

見賢遍反 捷也初給反下同 于擊烏亂反 大擘補革反大指也劉薄歷反下同

爲藉才夜反 有軀苦侯反 擐劉郭大反一音患 作捥烏亂反 橐之

古刀反劉古道反 爲橐音託 鬈音舜劉又音旬亂髮也 辟奠婢亦反又音避 重

直容反下及注同 縣物音玄下同 簪側林反劉左南反 鬻本又作粥之六反一音育 餘

飯扶晚反注同謂以飯尸之餘米爲粥 於養羊亮反 冪用本又作幂亡狄反 父之

依注音炎 用軨劉攀琴反下同說文其闇反 竹篾音蔑 辟屈音辟 綪絞戶交

反後同 縮從子容反下同 赬裏丑貞反赤也 無紞丁敢反 被識申志反 無

別彼列反 散衣息但反下及注同 袍襺古典反 盡用津忍反 取稱尺證反

饌于士眷反後同劉仕轉反一音 鍛濯丁亂反下大角反 齊坫丁念反 爲奠于擧

反下爲槀爲不爲塵皆同 苴七如反 大鬲音革又作擱同 絰大結反 搢音晉本又作扱 去

一 起呂反下并注同後放此 齊 音咨 易服 以豉反 宜差 初賣反 簀也 音責

殺之 色界反劉色例反 四鬄 他歷反解也 去蹄 大兮反 兩胉 音博劉音百又

音髀脅也 扃 古熒反 肩髀 步啓反又必爾反下文同 則辟 婢亦反 或傎 本又作顛

下田反 倒衣 丁老反 馮尸 音憑後皆同 髺髮 音括劉音活 人免 音問

後放此 雞斯 所買反劉霜綺反下作纚同 而紒 音計下同 令著 丁略反下同 幓

頭 七消反 作絻 音問 髽 側瓜反 宮縚 他刀反 爾毋 音無下同 縱 范音

揔劉又在紅反 扈扈 並音戶 侇子 音夷 鄉賓 許亮反 東夾 古洽反劉

古協反 錯 七故反下及注同 其便 婢面反 爲鉉 胡犬反劉古頂反又音鬲又音玄 乃朼

必李反 進柢 丁計反本也後同 爲髀 必爾反又毗支反 爲胝 劉音帝 組從

劉中用反 巾巾 並如字劉下居覲反 由重 直龍反 代更 音庚下同 憔悴 在遂反下

在季反 禮坊 音房本亦作防 挈壺 苦結反 縣壺 音玄 不背 音佩 以褶

音牒一特獵反 雖 禎方服反 與 樿音丹 爲 燎力召反或力弔反 火 燋劉哉約反又祖堯反一音哉 㦸

反後同本作燭 紟其鴆反劉居鴆反下皆同 盡津忍反下注同 又復扶又反下不復將復復執皆同 瓦 甒

亡甫反 甗 豆苦瞎反劉苦割反 羸 醢力禾反 無 縢大登反 四 脡大頂反 縢 緣悅面

反 祕 緄古本反劉古魂反 爲 蝸力禾反又古華反 掘其勿反又其日反 肂以二反劉音四 見賢遍

反 袿而甚反 小 要一遥反 用 楯勑倫反 欑 至在官反劉本作椊音同云禮記作欑 不 暨

其器反劉本作塈古慨反 用 輴大六反 輁 軸九勇反 輓 而音晚本又作挽 熬五刀反 蚍 蜉音毗音孚

音浮 令 不力呈反下令足同 爲 舉于僞反下同 鱄市轉反劉市專反 鮒音附 左 胖音判 鋪

普吴反又音孚 於 奉 尸芳勇反又如字下放此 爲 銘于僞反下爲安爲神祝爲爲葬同 設 柎方于反 從

設才用反下皆同 于 奧一報反 鬠巨之反 闔 戶戶臘反下同 堊 室於各反 厭於一涉

反下注同 招 彌亡婢反又作弭 桃 茢音列又音例 惡 之烏路反 下 天 子戶嫁反下遵王同 釋

菜七代反 人 辟婢亦反又音避下不出者同 爲 謔許略反 耆 酒市志反 窟 室苦忽反

朝至直遥反下朝者同　焉於虔反　在壑火各反　由便婢面反　敢讙火官反又

許元反下同　䫜許驕反劉五高反下同　聒尊古活反　遂七旬反　遁音旬　辟位音避下文不辟

注同　立乘繩證反下文及注乘車同　小俛音免　始歠昌悦反　粥矣之六反劉音育　辟門

婢亦反注同　拊心芳甫反　直東音值下直西同　併於步頂反又必性反　啓會古外反注同

獨度大各反下文度兹并注同　免絰如字又音勉注同下放此　之處昌慮反下灼勳同　少儀詩召

反　上𧀠音獨函也　爲其于僞反注爲其爲下同　右還劉户串反一音旋注及下同　畫𤰟

音獲　之䙡昌絹反　編視音遍　楚焞存悶反劉吐敦反又徒敦反又子悶反又音純　以鑽子官

反一本作灼　炬也音巨　華氏時髓反　掌共音恭　燋挈本又作契苦計反劉苦結反下同

蒸燋人悦反　其焌劉音俊又存悶反又子悶反李作館反　族長丁丈反注及下同　涖音利又音

類　于闐魚列反　閾外音域劉呼逼反　有近附近之近

既夕禮第十三　鄭云士喪禮之下篇也既已也謂先葬二日已夕哭時也與葬間一日若上士二廟則既夕哭在前葬三日也

請啓舊士井反啓殔以二反劉音四傸牀音夷本亦作夷饌于劉士轉反

朝柩直遥反下朝祖殷朝周朝同用蒸之承反薪也鬠側瓜反散帶

悉但反爲將于僞反下爲有爲啓爲其同相見賢遍反子免音問後放此

子冠古亂反祖音但止讙火官反𪇝也許驕反劉五高反聲三息暫

反又如字下放此拂扐本又作仿佛上芳味反下芳丈反噫於其反又於喜反作繞

音問後同夏祝戶雅反下之六反後皆放此于重直龍反後放此憮火吾反拂

去起呂反輁九勇反轉轔音鄰爲軹音紙著金丁略反下著之同

之楯敕倫反負從才用反後以意求之鄉戶許亮反下鄉外鄉柩皆同巾之

如字劉居覲反直柩音值下文同爲禦于僞反下爲褻爲遷爲其爲𢧵爲設爲苞同北

輴竹求反辟新音避下同馬鞅於丈反絛絲他刀反下同如[illegible]九剛

反執笅初革反側昳大結反紖丑女九反經丑貞反齊三才計反如字劉

注同　承霤力又反　車笭力丁反　衣以於既反　縣於音玄　不揄
音遥　絞戶交反　以聯音連　上蕤倣誰反　設披彼義反劉方寄反下同　爲
藩方元反　屬引音燭注同著也引音胤又如字注引所以引同後屬引皆放此　猶著直略
反　曰紼音弗　乘車繩證反注及下注乘車同　成㚖武蔔反劉音妹　成斲丁魚
反　竽音于　笙音生　筍息允反　虡音巨　折橫之設反後皆同　猶廞九鴦反劉
居綺反下以廞同　窆事彼驗反劉逋鄧反　壙上苦晃反又音曠　抗席苦浪反劉
苦剛後皆同　苞筲色交反　繂於側耕反　便也婢面反後放此　見善
賢遍反　御也魚呂反亦作禦下同　加茵音因　以藉才夜反下當藉同　緣之
以絹次　上綪側耕反　以裹音果　畚音本　種類章勇反劉之用反　一
設音斛劉又戶角反　甕烏弄反　冪亡狄反本又作鼏　甒二罔甫反注康音同　木
桁戶庚反又戶郎反　久之依注音灸　兩敦音對劉又都愛反　兩杅音于又作桙

音同 槃匜 音移劉音徒何反 杅盛 音成 爲桙 音牟劉音杅 下笮

側白反矢服也 甲鎧 苦代反 兜 丁侯反 鍪 音牟 干楯 常允反又音允 矢

箙 音服本亦作服 杖笠 音立 箑 所甲反扇也 爲神 于爲反爲將爲還爲樞爲

其爲哭爲行皆同 馮依 音憑後放此 還樞 劉音患下還車同 公賵 芳鳳反車馬曰賵

旌 縏 步干反 前輅 音路 使者 所吏反下公使同 奠幣 如字劉音定

子棧 士板反劉才産反注輚同 胥徒 思敘反 之長 丁丈反下注之長同 相

間 閒廁之閒 復有 扶又反下同 若賻 音附貨財曰賻 則梧 五故反 于

陳 如字劉直吝反下同 玩好 呼報反 九行 戶郎反下同 書遣 弃戰反注及下讀遣

井注同 爲燎 力召反 少牢 詩召反 左胖 音判 髀不 步禮反又方爾反

作脾 必爾反又婢支反 搓也 苦圭反 後朓 劉音純又之春反 溷 音患又戶困反

膞 音吏 脾析 劉音毗注同一音婢支反下思狄反 蜱 皮佳反 蠃 力禾反 脾肶

尺之反蜂也步講反爲蝸力禾反又古華反棗糗去九反粉餌而志反

辟醴音避下不辟注同猶倂步頂反倚之於綺反後放此由闑魚列反

道槀古老反脛骨戶定反劉胡孟反下同三个古賀反臂臑乃到反

取骼音格劉一音各毋哭音無下同低仰五郎反去杖起呂反說載

土活反於緘古咸反劉古陷反拾踊其業反劉其輒反後放此加見賢遍反注皆同

不復扶又反坐周子疾反容柷尺六反拾更音庚彷音旁徨

音皇離也方智反猶屬音燭下同適寢下狄反注同東首手又反

比墉音庸者齊側皆反本又作齋後同養者于亮反後燕養幷注同

去樂起呂反後同皆埽素到反爲有于僞反下放此以意求之穢惡

紆廢反劉烏外反下烏路反屬音燭下屬幅幷注同纊音曠劉古曠反新緜盡孝

于忍反人諦大兮反纚所買反又所綺反牀笫側几反衽而甚反又西鴆反

朝服直遥反後同　執要一遥反後同　衣朝於既反　楔貌悉結反
如輗於華反　綴足丁劣反劉丁衞反　校在劉胡飽反一音苦交反　辟戾
必亦反　當隅五口反劉五侯反　或卒七忽反　長子丁丈反下注長猶同　作計
音赴　別尊彼列反　淅米西歷反　差盛七何反又初佳反劉藏何反下音成　抗
衾苦浪反劉音剛　禮之善反　倮力果反　袒音但　簀音責　盝音禄
便也婢面反　鬠古外反　褌音昆　襂音衫　于笄音煩　桂丁主反　齻
丁千反　瑱塞他殿反　掘坎其勿反又其月反　從也子容反　爲坅五錦反劉
音作感反埤蒼云坎也坑也　垼用音役　塊苦内反　堛也普逼反劉音逼　不辟必亦
反劉又薄歷反注同　及觳苦角反又戶角反　足跗方于反　不見賢遍反下不見同　不
被皮義反　縓七絹反范倉亂反　紕毗支反劉音卑　緆他計反劉羊豉反　一湅而漸反
緇純諸允反劉之閏反注同　設握如字劉烏豆反　中指如字劉丁仲反　于擊

烏亂反　涅廁乃結反寒也　復往扶又反　設栿於庶反　齊于如字

劉才計反　坫丁念反　素勺上灼反注同　面枋彼命反　及錯七故反　辟

貧婢亦反劉音芳益反注辟襲貧同　神遠于方反　辟斂音避下辟忌同　髻髮

音枯　便離力智反　奉尸芳勇反下奉之同　人說土活反劉詩悅反下不說同　髦

音毛　爲髾丁果反劉徒禍反　之散息但反　外縪音必劉扶紱反　屬

音燭注同　厭一涉反注同伏也　著於直略反注同　寢苫失占反編稾也　枕之鴆

反　編必連反　稾古老反　歠昌悅反　粥之六反劉音育　一溢音逸劉音實　糜

也云皮反　曰菰力果反　端衰七回反　作堊烏洛反一音烏路反　狗辟亡狄

反　覆笭力丁反劉音苓也領本或作軨　其臑乃管反　爲幕音莫　蒲

蔽側留反劉作侯反牡蒲蔽也　木錧音管　爲鎋戶瞎反　木鑣彼苗反

齊如字又子淺反　縱車音早　髦亡江反　車輿音餘　布裧尺占反

猶緣悅絹反下同差飾初皆反比眞必二反注同諸突本又作突洗

一弔反又音杳見爾雅內鑢音獵又以接反猶先悉見反供養九用反

去悉禮反劉本作淬七對反聽朝直遙反下文及注同猶相息亮反下同之昕

音欣饌于士轉反近西附近之近先先柩上如字下西見反後後

柩上如字下戶豆反乘車繩證反後皆同華鞭息列反載旝之然反

縣于音玄下注同夏毛戶嫁反士齊側皆反豹犆音直韇也

居良反劉本作繮音獲橐車古老反劉古到反載蓑素禾反猶散

悉但反用荼大奴反茅莠且御魚呂反劉本作衙音禦易也以豉反管

古頑反筲三所交反皆綸餘若反皆湛子廉反劉子鹽反以爲

如字還車音患爲鄉許亮反翿好呼報反於垣古鄧反道也

斂服收斂之斂注同祝說土活反詩悅反蜃車市軫反之圍作

輇作榑並音市專反又市轉反劉團反輇市專反榑大官反　詁功音古　有弭面爾反　無緣以絹反　弓檠音景　弛則式氏反　緄古本反　縢大登反注同　爲簗音秘　撻他達反　爲銛劉音括一音息廉反　有鐲音獨子衣也　矢鍭音侯又音候　骨鏃子木反一音七木反　射之食亦反　笴古老反又工但反　軒輖音周字林云重也一曰墊也又音弔　輖摯音至本又作贄音同又字林竹二反同

士虞禮第十四　鄭云虞猶安也士既葬其父母迎精而反日中而祭之於殯宮以安之禮

饋食其位反　側亨普庚反劉普兩反注同　一胖音判　用鑊戶郭反　饎尺志反　冪用云狄反　苴子徐反劉子都反下及記同　扸七本反　猶藉在夜反後皆同　便其婢面反後放此　別於彼列反　二敦音對劉又都愛

又都反放此匜水音移錯七故反後同簞巾音丹作鉉玄犬反南鄉許亮

反羞燔音煩臨位力蔭反下同鬠側瓜反散帶悉但反祝免

音問注同澡葛音早爲其于僞反下爲神同長丁丈反下文并注同近南

附近之近後放此東縮所六反從也子容反下從并注同爲蹙子六反倚

扱於綺反注及下同祔杖音附啓會古外反後放此顯相息亮反下文不相并

注同擐衣音宣手發衣曰擐又作擐音患古患反少牢詩召反後放此祝祝下劉

之又反及注下放此奉篚芳勇反下芳鬼哭從才用反後以意求之既封

彼驗反劉逆鄧反淳尸章純反注及下同辟執音避妥尸他果反劉湯回反坐

安也檽人悅反劉而玄反又而誰反墮祭許恚反注同又相恚反猶隳許規反

嚌之才計反湇去及反胾側吏反尸飯扶晚反注及下并下注九飯同啗肉

太敢反舉胳音格三个古賀反曰個古賀反肵俎音祈後同

酳尸以刃反，劉俟吝反賔長丁丈反，下賔長皆同肝炙支夜反進柢丁計反，後同併也步頂反以醋才各反，本亦作酢直室音值繶爵於力反有篆六轉反猶養予亮反，下同尸謖所六反，起也前道音導，下前道尸爲道同扉用扶未反，劉音非，隱也爲厭一豔反，下同飫也於庶反不櫛莊乙反期以音基，篇末同用棜於庶反凡爲于僞反，下爲淺爲神本爲圭爲同羹飪而甚反辟臑乃報反肫音純，又之春反骼音格，又音各左臑音益，脰肉也，後同脰音豆，頸也，後同殳矛音殊，下莫侯反鱄市專反，又市轉反鮒音附髀步禮反，又方爾反鬐巨之反爲胝音帝下尸戶嫁反以盛音成淺劉音箭，一音贊汙汙穢之汙負依於豈反，注同若薇音微用苣音丸苦荼音徒堇類音謹爲枯如字，又音姑，劉本作枯，音先古反爲芐音戶，劉音下羸力禾反不楬苦瞎反，劉苦割反，本或作駤同不說

他活反劉詩悅反下說經說首并注同 鄉尸許亮反下注皆同 蹴子六反 踖子亦反 辟

音避又婢亦反 使適丁狄反 不綏依注音墮許恚反劉相恚反 清裁

莊吏反劉本作𢦏酢再反 拾踊其業反注下同 更也音庚下同 牖鄉許亮反亦

容反也 不復設扶又反又下並復又復同 重閒直用反 顯相息亮反注及下顯相

同 悲思息嗣反 剛鬣力涉反豕曰剛鬣 昧冒亡比反又亡報反 香合

本又作薌音同黍曰薌合 普淖女孝反劉徒較反注同明大也淖和也 謂黍稷 明齊才計

反注同明齊新水也 溲酒所求反注醙同 涗齊始銳反 明粢音咨一音側其反

祫事音洽 爾女音汝下同 勸彊其丈反下同 報葬禮記音芳付反下同

令正力呈反 離也力智反 乃餞捬淺反送也 于濟子禮反 于

禰乃禮反劉本作泥音同 四脡徒頂反又他頂反 烏翅申豉反 從也

子容反 入臨力蔭反 重餞直勇反下重帶同又直用反 朐在其俱反 闑

門音韋劉音暉　不與音預注同　隮祔子兮反升也　差䟽初賣反

搔依注音爪　揃子淺反注鬋同　頭嗌音益　中月劉丁仲反注同　而禫大感反

猶閒閒廁之閒下同　言澹大斬反　某妃豐非反劉又音配

特牲饋食禮第十五鄭云諸侯之士以歲時祭其祖禰之禮

不諏子須反謀也　職褻息列反　爲詛莊助反　來與音預　閾西魚列反　閾外子逼反又況逼反　爲筮于僞反下爲神爲視皆同　作槷魚列反

爲蹷子六反　西塾音孰　謂著音尸　之長丁丈反下長占并注同　言妃音配又芳非反　禫月大感反　還即音環　由便婢面反後放此　畫地

音獲　其憑音憑　主人辟劉芳益反一音避　傳命丈專反下同　將涖音利又音類　有鼏亡狄反　棜在於庶反　從也子容反　木輿音預　鉶音刑

兩敦音對劉又都雷反後放此　當夾古洽反劉古協反後皆同　近南附近之近下同

兄弟從如字又才用反後以意求之 濯溉古愛反 省文所景反下文省同

以筴初革反 羹飪而甚反 視饎尺志反注糦同 齊坫丁念反 亨音

于普庚反注及下注不能亨亨者同 以鑊戶郭反 摡之古愛反 釜鬵音尋

劉側林反 藉用慈夜反 萑音完細葦也 細葦于鬼反 尸盥音管

匜音移 簞音丹 不揮許韋反 凡鄉許亮反下同 敷席音孚

本又作鋪普吳反後同 纚所買反又所綺反 宵音消依字作綃綺屬 猶辨皮莧反

少牢詩召反下少牢皆同 蝸醢力禾反 直室音值 賓長丁丈反下注庭

長下賓長弟長并注放此 用鮒音附 爲其于僞反下爲爲將爲改同 當爲不 道之

音導下以道猶道同 既錯七故反下文及注同 朼載必履反 刊其若干反 惡

桑烏路反 抽扃古螢反 東枋音柄本亦作柄下同 升肵音祈 鈃芼

云報反 啓會古外反下并下注於會同 祝曰州又反下交卒祝祝曰同 普淖女孝反

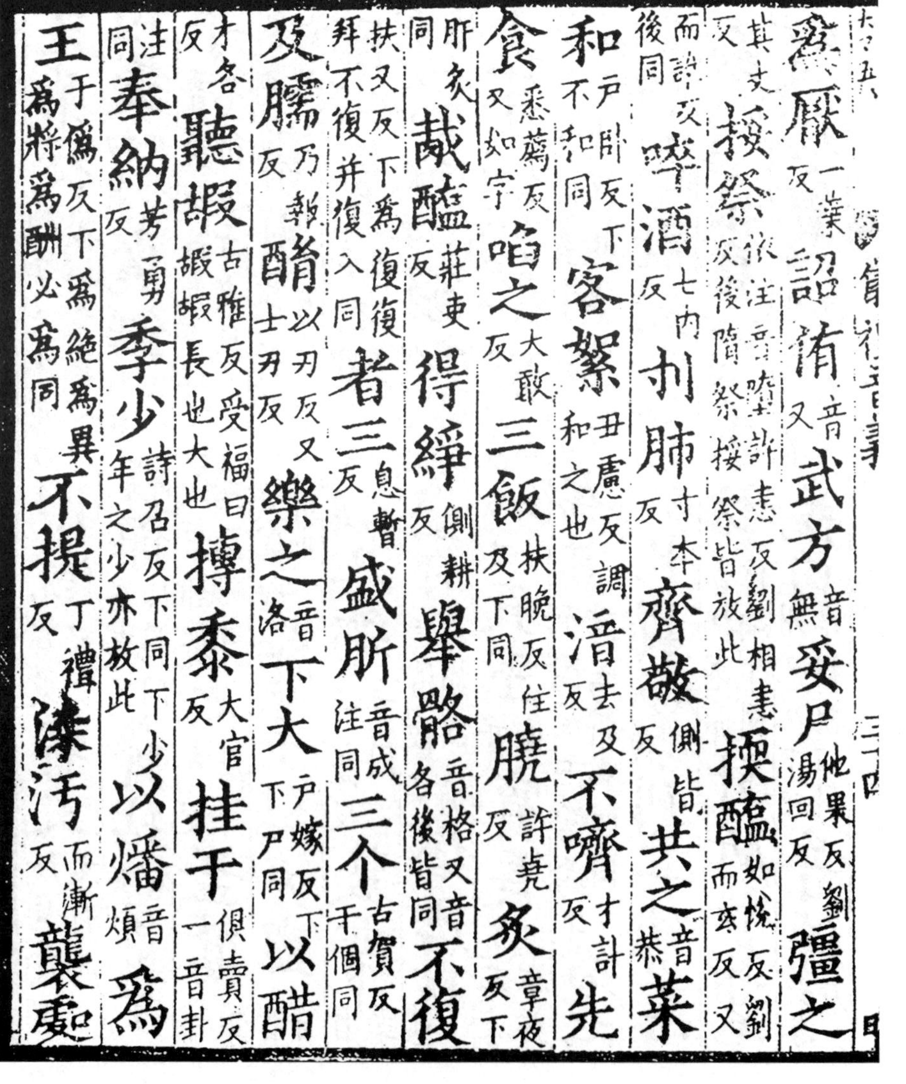

[illegible]厭一葉反　詔侑音又　武方音無　妥尸他果反劉湯回反　彊之其丈反　挼祭依注音墮許恚反劉相恚反後隋祭挼祭皆放此　挼醢如悅反劉而兖反又而誶反後同　啐酒七内反　刌肺寸本反　齊敬側皆反　共之音恭　菜和戶卧反下不和同　客絜丑慮反調和之也　湆去及反　不嚌才計反　先食悉薦反又如字　啗之大敢反　三飯扶晚反注及下同　膮許堯反　炙章夜反下肝炙同　胾醢莊吏反　得縡側耕反　舉骼音格又音各後皆同　不復扶又反下爲復復拜不復并復入同　者三息暫反　盛肵音成注同　三个古賀反干個同　及臑乃報反　酳以刃反又士刃反　樂之音洛　下大戶嫁反下下同　以醋才各反　聽嘏古雅反受福曰嘏嘏長也大也　摶黍大官反　挂于俱賣反一音卦　注同　奉納芳勇反　季少詩召反下同下少年之少亦放此　以燔音煩　爲王于僞反下爲絶爲異爲將爲酬必爲同　不提丁禮反　[illegible]汙而漸反　襲處

昌慮反 之別 彼列反 之與 音余下爲之與燕飲與同 位 辯 音遍後皆同 加
勺 時灼反 鄉 賓 許亮反 獻 長 丁丈反注下皆同 薦 脀 之丞反 殺
也 所界反下皆同 將 傳 丈專反 孝 弟 音悌 定 好 呼報反 洗 散 悉但
反下音同 猶 養 羊亮反下同 供 養 九用反 尸 謖 所六反起也 爲 將 餕
于僞反下同 去 之 起呂反 奠 然 本或作暮或作䔲 食 䔲 劉子峻反與餕同 有
以 依注音似或如字 言 女 音汝下同 其 坐 才卧反 親 昵 女乙反 厞 用 扶未反
厭 一豔反 飫 於庶反 朝 服 直遥反下皆同 韠 音畢 齊 服 側皆反 順
從 子容反下南從從橫同 饌 于 扶轉反又如字 覆 兩 芳伏反注同 盝 音鹿 瀝
音曆 且 爲 于僞反下爲婦爲餕爲尸爲其同 裹 之 音果 玄 被 皮義反 若 薇
音微 冬 荁 音丸 苦 荼 音徒 董 屬 音謹 膴 膴 亡甫反 如 飴 以之反 爲
芐 音戶劉又音下 西 辟 步曆反又音辟 直 屋 音值 梠 音侶 皆 去 起呂反 近

南附近之近　奉槃芳勇反　淳沃之純反劉音純　作溦古狄反一本作浮劉本作徼音數　辟位婢亦反又音避注同　邃七旬反　遁音旬　弟婦大計反或作娣下弟同　以婦音似本或作似　燔燎力召反或　脃時倫反又之春反又之罪反　有併步頂反　放而方往反　數奇居宜反下同　猶⿰扌奎苦圭反　不提丁禮反　髀步禮反又方爾反　脡他頂反　𣪊戶角反又苦角反　辟大音避　長兄丁丈反注同　皆殽戶交反　見政賢遍反又如字　皆與音預

少牢饋食禮第十六鄭云諸侯之卿大夫祭其祖禰於廟之禮

少牢詩召反後放此養牲所曰牢少牢羊豕也　而芻初俱反犓養也　丁巳音祀注皆同　先諏子須反　朝服直遥反後朝服皆放此　上韇徒木反　大廟音泰下文大筮大祝皆同　著之音尸　圜而于宣反　重以直用反　占繇直又反卦兆辭　由便婢面反後者同　畫地音獲　命滌大歷反　當共音恭　且齊側皆反下同　滌溉

古愛反一本作濯 又爲于僞反下爲此爲尸同 下人戶嫁反 比於毗志反次也注同 刲

羊苦圭反 省也所景反 人摡古愛反 割亨普庚反 亨人夕莊反注

同 甑甗子孕反下魚展反人音言劉音彥又魚變反 與敦音對劉又都愛反後皆放此

爲烝之膺反 放于方往反注司猶依也 羹定多佞反 右胖音判 髀

步禮反又方爾反 辟臑奴到反又人于反 膊劉音純說文之允反 骼音格又各下同 音

脡他頂反 猶上時掌反下同 近竅附近之近下苦弔反 從前劉子容反 綼

側耕反後同 併也步頂反下文同 作辯音遍一音皮莧反 作髀必爾反又婢支反

溷音患又戶困反 腴羊朱反 副倅七內反 卒脀之承反 鄉內許亮反 兩

甒亡甫反注甒同音 捬於據反 去足起呂反 設罍音雷 有枓音主 㪺

九于反劉又苦侯反 爲賓于僞反下爲尸爲將爲其爲神同 槃匜以支反 輿

簞音丹 于奧烏報反 神坐才臥反 道之音導下爲道同 作枋

彼命反 以從 如字又才用反後放此 以相 息亮反注同助也 肵俎 音析 長

杜 丁丈反注及下賓長同 爲扚 七本反 俎拒 音巨 進腠 七豆反 相見 賢遍反

用鮒 音附 令其 力呈反 被錫 依注讀爲髮鬄上音皮義反下大計反劉士歷反 下

同 傪袂 本又作移昌爾反 醓 他感反 蠃 力禾反 韭菹 側魚反作菹亦同 或

剔 他計反 之紒 音計 不纚 所買反又所綺反 亦衣 於既反 綃衣 音消

爲錫 音羊 爲蝸 力禾反又工華反 相從 息亮反注及下注同 啓會 古外

反及下同 以重 直容反注同 梲棁 下之又反 剛鬣 力輒反 普淖 女孝

反 皆辟 音避又旁益反下同 後尸 戶豆反 奉槃 芳勇反下同 沒霤

力又反 妥尸 他果反 不啐 七內反 而殺 所界反後禮殺同 隋祭 許規反劉

相規反下同 辯 音遍 擩于 如悅反劉而誰反 作徧 音遍後皆同 重言 直用

反 直於 音值下注直室同 皆芼 士報反 有柶 音四 尸扱 初洽反 用

薇音微先食作飲飯者皆非啗之大敢反齊之才計反羞胾莊吏反膴許云反膮許堯反又復扶又反下復嘗同小數所角反獨侑音又爲祝于僞反下同操以七刀反乃酳音胤又士刃反既食音寺又飲於鴆反樂之音洛從也子容反爲饜子六反尸醋才各反以綏許規反劉相規反并注挼及隋亦放此下皆同受嘏古雅反摶之大官反無疆居良反于女音汝下同來女依注音釐力之反賜也劉音釐亦音來力代反亦訓賜也下音汝猶傳大專反抉音決截大結反劉土結反挂于俱賣反又音卦屬于音燭尻苦刀反折一之設反後同辟人音避猶養予亮反下文同尸謖所六反爲不于僞反四人餕音餕乃辯音遍下同湇于去及反

有司第十七本或作有司徹於太大失既祭賓尸於堂之禮

有司徹直列反字又作撤　以厭一豔反　於枋百庚反　大庿音泰

下大宰同　爲賓于僞反下爲尸同　少儀詩召反下之少年少同　汜埽芳劒反下

素到反　曰拚方問反　爲聶女輒反　㷊音尋劉徐鹽反　肵

音祈　不與音預　肩古𤇾反注同　鼏亡狄反　去其起呂反下挑去同

禮殺所界反劉色例反下皆同　爲鉉玄犬反　侑于音又　道尸音導　爲

蹙子六反　並併步頂反後皆同　匕湆去及反　豕脀之承反　長左

丁丈反後皆同　麷芳中反熬麥也　蕡扶云反熬枲也　醓他感反　麋臡乃兮反又

人兮反　枲也思治反　辟餠音避下亦辟辟併辟主同　肫音純　胳音格又音

各本亦作骼　臑奴到反　脡他頂反　復序扶又反下不復復言同　折分之設

反下皆同　嚌才計反　下尸戶嫁反下注下尸下之亦下下賓下主人下大夫下上大夫同　而

摭之石反　加膴火吴反依注音冔況羽反劉呼孤反後同　刌魚口吴反口侯反

大𩟐力轉反 擩人悅反劉而誰反 執挑湯堯反劉湯姚反又他羔反一音由又食
汝反 以扱一入反 之歃初洽反劉初輒反下扱同 或作挑本又作抌劉戓羔反 飯
糅七消反 以抒食汝反 覆手芳伏反下同 啐七內反 羊燔音煩
由便婢面反 糗去九反 與腶丁亂反本又作段音同加薑桂以脯而鍛之曰腶脩
餌也音二 擣肉劉本作搗同丁老反 爲斷丁亂反 之柶音四 挩
手由銳反注紛帨音同 宜鄉許亮反 粉餈在私反 則酏以支反劉書支反
食音寺下同 糝食素感反 臐許云反 膮呼彫反 有截側吏反 以
辯音遍注徧同後放此 儀度大各反 作㶊劉音儀 不別彼列反 親
暱女乙反 爲衆于僞反下爲不爲鬼同 隆汚音烏 延熹許其反 不綏
許恚反本亦作陏同 七飯扶晚反後皆同 乃盛音成注及下同 無髀步禮反又方爾反
三个古賀反 爲擩之石反劉音與摭同 也與音余 醑尸以刃反又士刃反

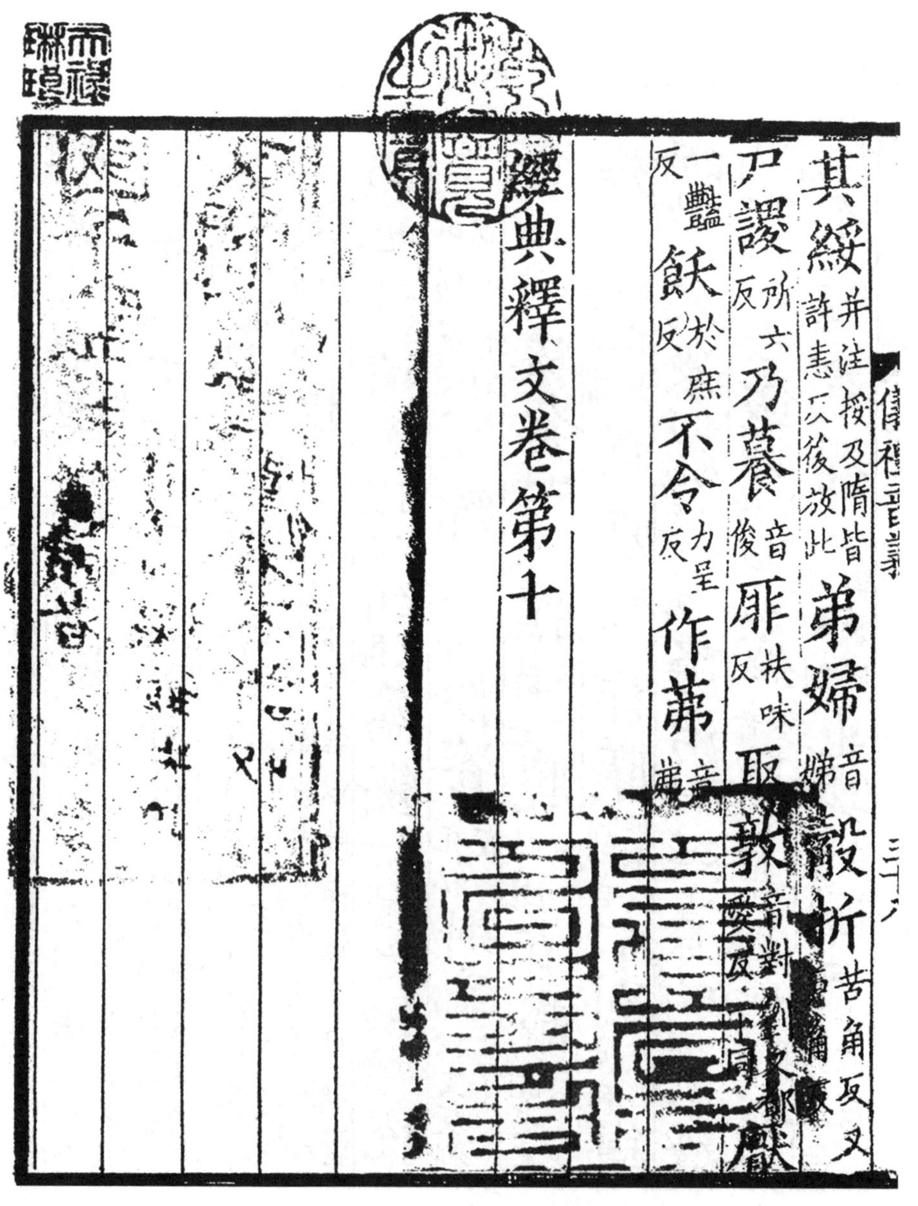

其綏（并注綏及隋皆許恚反後放此）弟婦（音娣）　殼（苦角反又□□□）折（□□□）

尸謖（所六反）乃餐（音後）扉（扶味反）取敦（音對）

一𥂴（一鹽反）飫（於庶反）不令（力呈反）作茀（音弗）

經典釋文卷第十

五福五代堂古稀天子寶

八徵耄念之寶

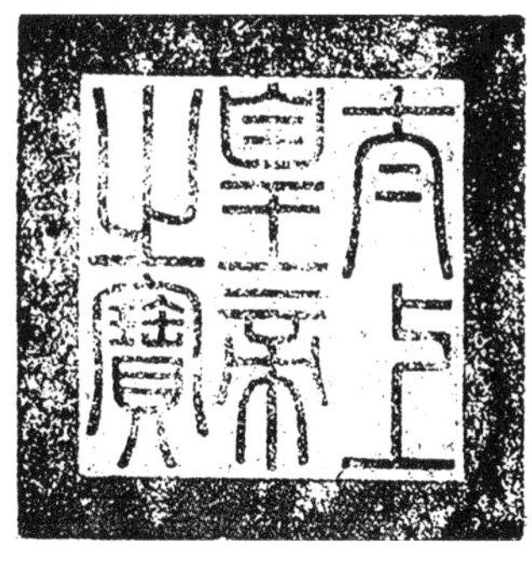
太上皇帝之寶

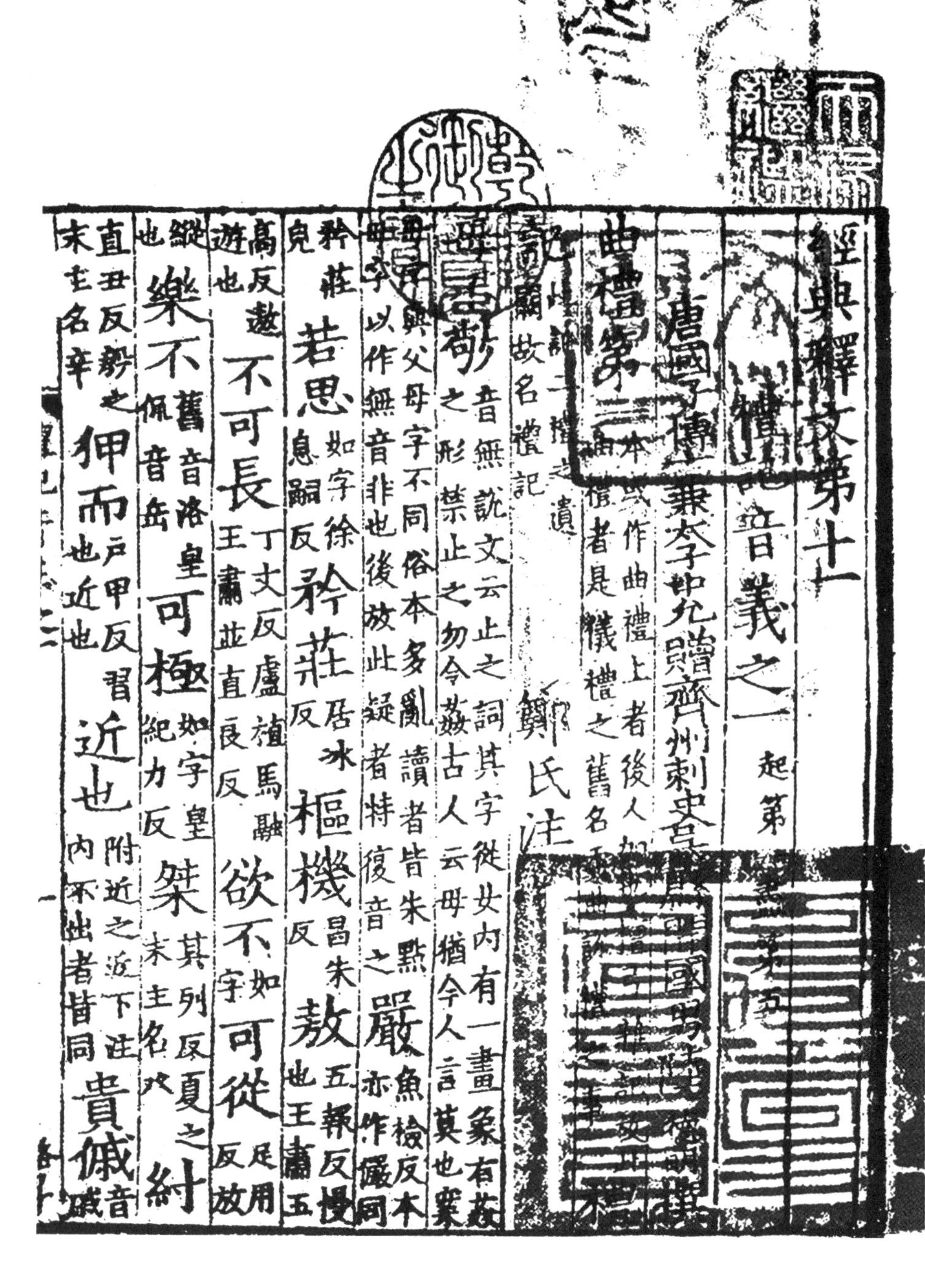

經典釋文卷第十一

禮記音義之一 起第一盡第五

唐國子博士兼太子中允贈齊州刺史吳縣開國男陸德明撰

曲禮第一 本或作曲禮上者後人加也曲禮者是儀禮之舊名委曲說禮之事

記 此記二禮之遺闕故名禮記 鄭氏注

毋 音無說文云止之詞其字從女內有一畫象有姦之形禁止之勿令姦古人云毋猶今人言莫也案毋字與父母字不同俗本多亂讀者皆朱點母字以作無音非也後放此疑者特復音之 儼 魚檢反本亦作儼同 矜莊 若思 如字徐息嗣反 矜莊 居冰反 樞機 昌朱反 敖 五報反慢也王肅五高反遨遊也 不可長 丁丈反盧植馬融王肅並直良反 欲不 如字 可從 足用反放縱也 樂不 音洛皇音岳 可極 如字皇紀力反 桀 其列反夏之末主名 紂 直丑反殷之末主名辛 狎而 戶甲反習也近也 近也 附近之近下注內不出者皆同 賁 音

本亦作㦰 誣人 音無後並同 有畜 勑六反 以賙 音周 欒氏 音鸞謂宋司城
樂喜 有害 如字本亦作難乃旦反 咎犯 其久反 重耳 直龍反 爲傷 于僞
反下爲傷爲近皆同 臨難 乃旦反 很 胡懇反鬩也 勝 舒證反 分 扶問反 鬩
呼曆反猶鬭也 謂爭 爭鬭之爭下文皆同 傷知 音智 若夫 方于反丈夫也 如齊 側皆
反本亦作齋音同注同 士丐 本亦作匃音蓋 乃還 音旋後放此 使從 色吏反 牲
幣 徐扶世反 弗享 許兩反 夫禮者 音扶凡發語之端皆然後放此 親疏
所居反或作疎 決 徐古穴反 嫌疑 戶恬反 別同 彼列反下注下文同 說人 音悅又始
悅反注同 佞 乃定反口才曰佞 媚 眉忌反意向曰媚 不辭 本又作詞同說文以詞爲言詞之字
辤不受也後皆放此 費 芳味反言不行爲辭費 侵侮 徐亡撫反輕慢也 不好 呼報反注同
善行 下孟反下行脩同 取於人 舊七樹反謂趣就師求道也皇如字謂取師之道 取人
如字謂制作使從己 辯訟 皮勉反徐方勉反 君臣上下 上謂公卿下謂大夫士 宦學

音王朝直遥反 涖官本亦作莅徐音利沈力二反又力位反臨也 禱丁老反鄭云求福曰禱 祠

音詞求得曰祠 共給音恭本或作供 不莊側良反徐側亮反 學或爲御鄭此注爲

見他本也後放此 撙節祖本反趨也 猶趨七俱反就也向也 嬰本或作鸚厄耕反

母本或作鵡同音武諸葛恪茂后反 不離力智反下同 猩猩本又作狌音生 禽獸

盧本作走獸 聚麀音憂牝鹿也 鹿牝頻忍反徐扶盡反舊扶死反 大上音泰注同

大上謂三皇五帝之世 施而始豉反下文同 負販方万反 輕挑吐彫反 好禮呼報

反下同 不懾之涉反怯也惑也 猶怯丘劫反何胤云憚所行爲怯 冠古亂反 曰艾

五蓋反老也謂蒼艾色也一音刈治也 曰耆渠夷反賀瑒云至也至老境也 不與音預 而

傳直專反沈直戀反 八十九十曰旄本又作耄同亡報反惛忘也注同本或作八十曰耋

九十曰旄後人忘加之 惛音昏一音呼困反 忘也亡亮反又如字 將知音智 曰悼

徒報反謂可憐愛也 期頤羊時反養也 猶要於遥反又如字下同 養道羊尚反又

如字猶聽吐丁反後可以意求皆不音勞苦如字又力報反坐乘繩證反稱

尺證反也長者丁丈反下皆同必操七刀反而夏遐嫁反凊七性反字從冫

水冷也本或水旁作非也牀衽而審反徐而鴆反席也儕仕皆反等也沈才詣反四皓戶老反四

皓園公綺季夏黃公角里先生卑遠于万反僚友本又作寮了彫反同官者其弟大計

反下注同之行下孟反必告古毒反冠工喚反惇行都溫反差退

初佳反徐初宜反主奥烏報反西南隅也沈於六反尊處昌慮反下同棖直衡反闑

也闑魚列五結二反以上時掌反凡言以上皆放此食音嗣饗本又作享香兩反爲

槩古愛反量也饌具士戀反爲其于僞反下注除不爲孤皆同苟訾音紫

毀也沈又將知反君子樂音洛瞑本亦作瞑莫定反下同爲卒子忽反不純諸允

反又之閏反緣也下及注皆同純緣悅絹反縞冠古老反沈又古到反素紕婢支反徐補移反

畢喪息浪反適子丁歷反常視音示無誑本或作誆同九況反欺也不衣

於斷反下同大溫音泰徐他佐反便婢面反易也以豉反提大兮反攜戶圭反

手奉芳勇反又扶恭反下及注奉扃奉席奉箕皆同辟匹亦反側也徐芳益反沈扶亦反注同咡如志反口旁也何云口耳之間曰咡

挾之音協掩口於檢反鄉尊許亮反本又作嚮後文注皆同

屏氣必領反從於才用反下皆同拱手俱勇反而上時掌反下同不呼

火故反號叫也謦內京領反二屨紀具反單下曰屨言聞音問又如字下同視

必常止反下同徐音示沈又市志反奉扃古螢反何云關也一云門扇上鐶鈕瞻無徐如字戶

闔胡臘反不拒其許反毋蹐在亦反一音席躐也摳衣苦侯反提也下及注同趨

隅七俱反向也注同本又作趍徐音奏又如字憒唯于癸反應辭也注同徐于比反沈以水反諾乃各反

乃應應對之應由闑魚列反門橛也門橛求月反門中木踐閾于逼反一音況域反

門限也下賓遐嫁反敷也芳夫反道之音導復就音服後此音更不重出拾

依注音涉級音急階等躡女攝反之並步頂反以上時掌反下皆同重直勇反徐治恭

反　蹉本亦作差同七何反　跌大結反　相過古卧反後不音者放此　惟薄位悲反惟幔也

溥平溥反簾也　爲其于僞反下並同　迫也音伯　上介音界　並坐如字又步頂反後放此

此　橫肱古弘反　不跪求委反本又作危　授坐本又作俛仰　凡爲于僞反　⿰扌糞

本又作糞徐音奮掃席前曰⿰扌糞　加帚之手反　於箕音基　膺於陵反　葉如字箕舌　以

袂武世反衣袖末　拘而古侯反徐音俱　謂埽先報反又先早反　擁帚於勇反　而

扱依注音吸許急反斂也　箕去立呂反下注同　如橋居廟反井上桔橰　令左力呈反

反　卬本又作昂又作仰同五剛反又魚文反下同　挈本又作契又作絜同音結　橰古毫反絜皐伏

字作桔橰見莊子　請衽而審反卧席也　何趾音止　坐在才卧反又如字　函胡南反容也

丈如字丈尺之丈王肅作杖　指畫胡麥反　於牖羊九反　重席直龍反注同　再

辭曰固一本作曰固辭　不恙羊尚反爾雅云憂也　所爲于僞反下同　無怍才洛反慙

也　去齊音咨注同本又作齋謂裳下緝　下緝七立反　毋撥半末反發揚　毋蹶本又

作歷居衛反又求月反行急遽皃　行遽其據反　書筴本又作策初革反編簡也　盡後津忍反後■此　爲汙汙辱之汙又一故反後放此　毋儳徐仕鑒反又蒼鑒反又蒼陷反暫也　旣說音悅　毋勦初交反一音初教反擥取　說如字注同徐舒銳反　擥也徐力敢反　應也應對之應下同　侍坐才卧反後放此　篇卷音眷徐久戀反　唯而于癸反徐于比反注同　爲有于僞反下爲饌同　不見賢遍反　跋半末反本也　則去起吕反下風去免去同　燼多才信反　有厭於豔反下同　不叱尺質反　狗古口反　風去方鳳反　不唾吐卧反　有穢紆廢反徐烏外反　惡也烏路反　欠丘劒反　伸音身　撰仕轉反猶持也　杖屨紀具反下同　曰蚤音早　莫音暮　離席力智反　必令力呈反　少閒音閑注同　探人音貪　耳屬之玉反　干垣音袁　毋嗷古弔反　淫視如字徐市志反　毋倨音據　毋跛彼義反又波我反徐方寄反偏任也　毋髢徒細反髮垂如髲　毋袒徒旱反露也　毋褰起連反　皆爲于僞反下爲妨爲于皆爲爲其

爲後同 號户高反本又作嗁字 呼火故反又如字 睇太計反 眄莫遍反 伏覆

芳伏反 髮皮義反 袪丘魚反 爲肆以二反餘也 不上時掌反 爲妨音芳

反 猶著丁略反 同柂羊支反衣架也 枷加本又作架徐音[illegible]古本無此字 巾櫛側乙反

嫂叔素早反字又作嫂 漱裳悉便反澣上 於梱本又作閫苦本反同限也 重別

彼列反下及注同 澣也户管反 行媒音梅 不相知本或作不相知名名行字耳 傳

昏直專反 判妻普半反 齊成側皆反 取妻七住反本亦作娶下賢取妻同

非媵羊證反又繩證反 本繫音計又户計反 有見賢遍反 辟嫌音避

本亦作避下同餘皆放此 筋力音斤 黑黯徒孫反 指擿徐吐曆反式音的 爲醫

於其反 二十冠古亂反 許嫁 笄古兮反 左殽户交反熟肉有骨曰殽

右胾側吏反大臠 食居音嗣飯也注食飯屬同徐音自 羹居古衡反舊音衡 皆便

婢面反下同 其近如字 膾古外反 炙章夜反注同 醢徐音海本又作醢呼兮反 醬

子匠反 蔥渫 以制反 烝之承反烝蔥也 酒漿 子羊反字亦作㢡 客燕 本亦作宴

於遍反 宜放 方兩反 公食 音嗣此儀禮篇名也後放此下文及注執食同 左朐 其俱反屈

中曰朐 客祭 禮飲食必祭示有所先也干寶注周禮云祭五行六陰之神與人起居 延道 音導 徧 音

祭 音遍下注同 魚腊 音昔 湆醬 音泣 三飯 符晚反下注禮飯以于

万反食旁作卞扶万反食旁作反符晚反二字不同今則混之故隨俗而音此字 後辯 音遍下同 酳 音胤又士覲反漱口也以酒曰酳以

水曰漱 親饋 其位反 為 于偽反 汙 下半反本或作汗 捼 乃禾反沈耳佳反 莎 息禾反沈

又息隨反 毋摶 徒端反 為欲 ▆于偽反下皆同 去手 起吕反 流歠 川悅反 毋

咤 陟嫁反吐咤也 毋齧 五結反 固獲 並如字徐云鄭擭霸反專之曰固爭取曰獲一音謹 飯

黍 扶晚反 以箸 直慮反說文云飯攲也 嚃 他荅反一音吐計反又音退不嚃菜也 不

嚼 疾略反又字略反 絮 勑慮反調也謂加以鹽梅也 毋刺 七亦反 弄 魯凍反 淡

度敢反 能亨 普彭反煮也 辭以窶 其禹反貧也 濡肉 音儒字亦作濡 斷

也音短 嘬初怪反 炙章夜反 臠也力轉反 少牢徐式照反凡少牢皆同

嚌之才細反 卒食子恤反後更 齏本又作齊將兮反 相者息亮反注同

鄉音向 少者式召反下皆同 未釂子妙反盡也 先尊悉薦反又如字 亢禮

苦浪反 僮僕音同 其核戶革反 溉者古愛反 重汗直勇反徐治龍

反 陶梓音桃瓦器也沈音遥 萑竹音丸葦也 傳己直專反 侑曰音又

餕餘子閏反食餘曰餕 重殽直龍反 偶坐五口反配也一曰副貳也下才卧反又如字

用梜古協反沈又音甲字林作筴云箸也公洽反 梜箸直慮反 爲天于僞反下同 削

息略反 瓜古華反 副之普逼反四折也 絺綌勑宜反細葛 副析星曆反下同 横

斷音短下同 華之胡瓜反中裂 以綌去逆反[illegible]葛 累之力果反一音如字 倮也

力果反沈胡瓦反 疐之音帝 去疐丘吕反 齕之恨沒反徐胡切反 冠者如字

徐古亂反 不爲如字徐下爲反 不惰徒禾反一音徒卧反 私好呼報反 至矧本又

作哂失忍反又詩忍反齒本也不至詈力智反罵詈則見賢遍反水潦音老雨水謂之潦揥其本又作佛扶弗反下同戾也爲其于僞反下爲其同喙害吁廢反又陟潚反又知霄反又丁角反佛戾力計反竹籠力東反以冒莫報反畜馬許六反養也徐況又反則馴以遵反狎也徐食侖反沈養純反籡緌音雖執以登車者胄直又反挑鑿操右七刀反持也下及注皆同右契苦計反操量音亮一音良升斛鼓隱義云樂浪人呼容十二石者爲鼓醬齊本又作齏同子兮反便也婢面反鑑苦愛反塏丁奚反鏊莫奚反豢要字又作豢音勸凡遺于季反與也注同弛弓本又作施同式是反謂不張也注同隤然本又作頹徒回反順皃承弣音撫把中也徐音專下同弭頭亡婢反弓末也耶也似嗟反把中音霸手執處也垂帨徐始銳反佩巾磬徐苦定反折徐時列反又之列反沈云舊音逝還辟辟拜上辟扶亦反下辟音避注同覆手芳服反與音餘其鐏在困反舊子困反銳底曰

鐏注同一讀注音作管反 矛戟 本又作鉾音謀兵器 其鐓 本又作錞徒對反平底曰鐓注同一

讀注丁亂反 銳 以稅反 底 丁禮反 拂之 如字 所馮 皮水反 去塵 起呂

反 效馬 胡教反呈見也下同 手便 婢面反 呈見 賢遍反 犬齧 本亦作噬

帝由反 以績 胡對反畫也 以掬 九六反手中也兩手曰掬 弗揮 音輝何云振去餘酒

曰揮 肥也 七歲反 苞苴 子餘反苞裹也苴藉也 簞 音單 笥 思嗣反字林先

自反沈息里反簞笥竹器也圓曰簞方曰笥 裹魚 音果 以葦 韋鬼反 盛飯 音成

圓曰 音員 如使 色吏反注及下使者使也並同 凡爲 于僞反下注爲其廢喪事並同 哀樂

朝服 直遙反 強識 如字又式異反 善行 下孟反皇如字 怠 音代 昭穆

時招反○ 幼少 式召反 秉必 繩證反下注二處乘車同 齊者 側皆反 哀樂

音洛下無容樂非樂所同 思也 絲嗣反又如字 毀瘠 在昔反瘦也 骨見 賢遍反

下才故反○ 門隧 音遂道也 有創 初良反又初亮反○ 瘍有 音羊本或作痒

勝音升任也反金衰麻七雷反數也所主反下皆同殯必刃反下同斂

力驗反下同貶於彼檢反字林方犯反者傷如字下同舊式亮反能賻音附公羊傳曰錢財

曰賻穀梁傳曰歸生者曰賻不問其所費芳味反一本作所費下句放此有能遺

于季反與也皆爲于僞反下爲其皆同登壟力勇反塚也塋域音營執紼

音弗引棺索引棺本亦作引車索悉各反望柩求又反入臨如字舊力鴆反舂

束容反不相息亮反注同送杵聲杵昌呂反由徑經定反邪路也不辟音避本亦作避

下注同内荏而審反柔弱皃心狠胡墾反小俛音免禮不下遐嫁反又如字遽

其庶反沈於又其於反不上時掌反不與音預車綏耳佳反則載音戴本亦

作戴下及注同塵埃烏來反鳴鳶悅專反鵄也車騎其寄反有摯音至

貔婢支反徐扶夷反孔安國云貔執夷虎屬皆猛健貅本亦作貅許求反又虛虯反貔貅摯獸以警

音景師從才用反下同行列戶剛反招搖並如字此十第七星急繕依注音勁

吉政反軍陳直覲反杓端敷招反徐必遥反分也扶問反之讎常由反

多壘徐力軌反又力水反軍壁之軍辟本又作辟布狄反數見色角反爲無

于僞反下爲不爲其爲有皆同則埋徐武乖反褻之息列反慢也之使也色吏反諱

辟音避下皆同禹與雨並于矩反一讀雨音于許反丘與區並去求反一讀區音羌蚪

反又丘于反案漢和帝名肇不改京北郡魏武帝名操陳思王詩去脩阪造雲日是不諱嫌名逮事音代

一音大計反心瞿本又作懼同俱附反適士丁歷反入竟音境所惡烏路

反筮市制反冠娶古亂反假爾古雅反下同是瀆徒木反麗

力知反猶與音預本亦作豫必踐依注音善王如字云履也爲著昔尸監

駕古衙反且爲于僞反展軨歷丁反一音領盧云車轄頭靼也舊云車闌也由

右上時掌反下之馬不上下注而上車同去塵羌呂反跪乘繩證反下除乘君不乘奇車乘

路馬皆同分轡悲位反四馬八轡故云分并轡必政反右攘如羊反郤也又音讓辟

音跡徐扶亦反本或作避字非也　車驅起俱反徐起遇反　而騶仕救反又七須反徐仕溝反　拘之古侯反又音俱　非贄本亦作摯音至　朝位直遥反下同　善蔺力刃反　自御之依注音訝五嫁反迎也　跛者波我反　眇者名小反　爲其于僞反下注爲若爲或爲捶同　萎拜于卧反又側嫁反詐也挫也沈租稼反又子猥反盧也作蹲　惡空烏路反　遠嫌于万反　奇車居宜反奇邪不正之車何云不如法之車　廣欬開代反　五巂本又作巂惠圭反規也車輪轉一周爲巂一周丈九尺八寸地　爲鬃本又作鬃如捶反徐而髀反　策彗音遂徐雖醉反又因歲反竹帚也　卹蘇没反注同　勿音没注同卹　驅如字又羌遇反　搔表刀反　摩莫何反　齊牛側皆反　載鞭必緜反　足蹙本又作蹴徐采六反又子六反　馬芻初俱反

曲禮下第二

凡奉本亦作捧同芳勇反　提者徒兮反　上衡胡庚反衡謂心平也　綏之

依注音妥湯果反又他回反謂下於心也勝音升操幣七刀反行舉足一本作行不舉
行。曳以制反踵支勇反磬折之列反又市列反一音逝垂佩步內反本或作
珮非佩倚范於綺反謂附身也徐又音其綺反有藉在夜反下同則裼星曆反
藉藻音早本又作繅見美賢遍反辟琮才冬反姪大節反字林丈一反
娣大計反家相息亮反長妾丁丈反下注長老同辟天子音避本又作避
僭下作念反同傚胡孝反使音史射市夜反則辭以疾如字本又
作有疾爲疾如字本又作疢音救去國三世鄭云自祖至孫盧玉云世歲也万物以歲出万物
畿畱朝直遥反下皆同復立扶富反下復還同臧紇恨發反徐胡切反洗胡謁反不
爲父于僞反作謚音示倒筴多老反去塵羌呂反下徹猶去去琴瑟同
眞丁田反重素直龍反注同重素衣裳皆素袗絺之忍反單也士輤千見
反葦席于鬼反爲其于僞反苞屨白表反草也扱初洽反衽

而審反 厭冠於涉反伏也 藨白表反一音扶苗反 齊衰本又齋音咨下七雷反

下文同 蒯苦怪反 之菲扶味反屨也 方板字又作扳音同 書賵芳作反車馬曰

頭 廄車九又反 凡家造才早反一本作凡家造器器衍字 犧賦許宜反 養

器羊尚反一如字 不粥音育賣也 不衣於既反 去國祭器不踰竟

音境注及下同一本作大夫士去國下去國踰竟亦然 寓祭魚具反寄也 覬巳音冀 為壇

徐音善注同 鄉國許亮反 撤緣悅絹反 鞮屨都兮反又徒兮反鞮屨屨無絇

素簚本又作幭莫曆反注同白狗皮覆笭 髦馬音毛 不蚤依注音爪謂除爪也 鬋

子淺反鄭云謂鬋鬢也 無絇求俱反 覆笭力丁反車闌 不鬄吐曆反又他計反

不自說亦劣反又如字 惡其烏路反 接見賢遍反下文見國君注謂見同 為幕

莫曆反又音莫 勞之力報反注反下君勞同 還辟婢亦反下同還辟逡巡也 使者色吏反 非

見賢遍反下大夫見士見下注拜見同 辟正音避 男女相荅拜也一本作不相荅

拜皇云後人加不字耳　遠別彼列反　麛音迷　卵力管反　生乳如注反　祭
肺芳廢反　不縣音玄下同　皆爲如字舊于僞反下爲妨于僞反　憂樂音洛
出疆居良反下同　不恙羊尚反　分職方云反徐扶問反　皆擯必刃反
予一人依字音羊汝反鄭云余予古今字則同音餘　皆祝辭也本或作皆祝祝辭也
下祝字之又反又之六反　畛於之忍反致也　某父音甫注同　大祝音泰下文注除大宗皆同
百辟必亦反　登假音遐注同已也　登上時掌反下同　若僊音仙　措之
七故反置也　而祔音附　有嬪音頻　圤人華猛反又虢猛反徐如猛反圤人掌金玉錫石
未成器者　陶音桃陶人爲瓦器也　瓬方往反瓬人爲簠簋之屬　築音竹築氏爲書刀　冶音也
冶氏爲翦鏃　鳧音符鳧氏爲鐘也　段本又作鍛多亂反段氏爲錢鎛　函音含函人爲甲鎧
韗況万反一音運一音況運反韗人爲皷　萑葦音丸　曰享許兩反獻也舊許亮反後
皆放此不復重出　其治直吏反　其會古外反　之長丁丈反後皆同　自陝式冉

反依字當作秧何休注公羊傳云弘農陜縣是也一云當爲郟古治反謂王城郟鄏也　召公時照反又作邵音同
一相息亮反　其擯本又作儐必刃反　天子謂之伯父本或有同注一字衍文
曰牧牧養之牧徐音目　辟二音避下同　謙稱尺證反　當依本又作扆同於豈反
注同狀如屛風畫爲黼文高八尺　而見賢遍反下文注除相見皆同　覲其靳反　當宁徐珍呂反
又音儲門屛之間曰宁　夏户嫁反　唁音彥穀梁傳云弔失國曰唁　取易以豉反　於郤
立逆反　涖牲音利徐力二反又音類　曰盟音明徐亡幸反　郤閒如字又音閑　坎用
苦感反徐又苦敢反後同　嗇夫音色　自謂寡人一本作自稱　適子音的　其行
百孟反　使於色吏反下同　濟濟子禮反　蹌蹌本又作鶬或作鏘同七良反　僬
僬子妙反　體盤步丹反　蹙將六反　之妃芳非反　孺人而樹反　貶於
彼檢反　去上羌呂反　小童本或作僮　陪重直恭反　之稱尺證反　使自
稱色吏反注使謂同本或作使者自稱　所遠于万反　爲奪于僞反　則號户刀反

度其侍各反物齊才細反儗人魚起反注同猶比也所褻息列反數
地色主反下數畜同數畜許又反鄭注周禮云始養曰畜歲徧音遍本亦作遍下同句芒
古侯反下音亡蓐收音辱玄冥亡丁反禋祀音因中霤力救反爲其
于僞反復廢扶又反妄祭本亦作無福索牛所白反注同求也犧牷
音全本作純於滌直的反養牲官也徐又同弔反大武如字一音泰剛鬣力輒反豚
曰徒門反腯肥徒忽反注同木或作豚翰音戶旦反長也羹獻古衡反徐又音衡
槀魚苦老反乾魚鮮魚音仙脡祭他頂反徐唐頂反直也薌音香合
如字或音閤薌萁字又作萁同音姬語亂也王音期期時也稷曰明粢音咨一本作明粱古
本無此句嘉蔬本又作蔬色魚反韭音久曰鹹本又作醎音咸鹺才何反量
音亮又音良作腯徒忽反翰長如字稻菰音孤本又作苽音同爲人于僞
反偵壞音顛澌也本又作𣦸同音賜盡也曰柩音舊白虎通云究也久曰降

曰清 戶江反又音絳落也注同 辭賜反 相懺 子廉反 汙 織汙之汙一作汙戶旦反 祖妣 必履反毋也 皇辟 婢亦反法也徐扶亦反 稱號 尺證反下之稱皆同 德行 下孟反下同 言媲 普計反 短折 市設反 任爲 音壬又如字 不上 時掌反下及注同 於袷 音劫交領 綏視 依注音妥他果反 遊目 如字徐音流 則敖 五報反 辟頭 本又作僻匹亦反 君命 絕句 大夫與士肄 本又作肄同以二反習也 之處 昌慮反下皆同 寶藏 才浪反 貨賄 呼罪反字林音悔 輟朝 丁劣反止也 莫適 丁歷反 腥 音星 凡摯 音至徐之二反本又作贄同 天子鬯 勑亮反香酒 摯匹 依注作鶩音木鴨也 樊纓 本又作繁步丹反 射講 徐音溝又古侯反一音古豆反 椇 俱羽反木名 榛 側巾反木名字林云仕巾反木叢也古本又作莘音壯巾反云似梓實如小栗也 見以 賢遍反 枳椇 居紙反 今邳 被悲反下邳也 郯 音談東海縣名 埽 悉報反 灑 所買反又山寄反 親迎 魚敬反 賤婦人之職 本又有無婦字者

檀弓第三檀弓魯人檀大丹反姓也弓名以其善於禮故以名篇　卷之二

公儀仲子公儀氏仲子字魯之同姓也其名未聞免焉音問注同以布廣一寸從項中而前交於額上又郤向後繞於髻乃祖音但舍其音捨下皆同適子多歷反下皆同何居音姬下同語助孫蔑忙結反孫腯徐本作遁徒本反又徒遜反立衍以善反爲親于僞反下爲禮爲爲師同孔子曰否絕句左右徐上音佐下音佑今並如字左右扶持也下同就養以尚反下同稱其尺證反以語魚據反又如字叔向香亮反叔向羊舌肸之葬徐才浪反又如字請合如字徐音閤後合葬皆同欲文如字徐音問不喪如字下同徐息浪反下放此子思伋音急子思名也孔子之孫毋期居疑反本又作朞後放此道隆力中反盛也道污音烏下同殺也所戒反又所例反下同自予羊許反許也一云我也又音餘稽顙素黨反稽顙觸地無容頹乎徒迴反順也頎音懇惻隱之皃又音懇觸昌欲反少孤詩召反下丈同不憤扶云反

於識 式志反又如字 常處 昌慮反 之度 本又作之數 防墓 防地之墓也庾云防
衛墓崩 不應 應對之應 三 息暫反又如字 泫然 胡犬反 涕 音體 使者
色吏反下反注同 醢之 音海 蒯 苦怪反 聵 五怪反蒯聵衛靈公之大子出公輒之父莊公也
篡輒 初患反輒出公名也 啗食 本又作啖待敢反 以怖 普故反 命覆 芳服
反注同 期可 音朞 衣衾 音欽 以爲極亡 並如字極巴也徐紀力反王以極字絕句亡作
忘向下讀孫依鄭作亡而如王分句 不樂 如字又音岳 聊 側留反又作鄒 梁紇 恨發反徐胡切
反又胡没反 五父 音甫注及下同 衢 求于反 亦爲 如字又于僞反 曼父 音万 其
愼 依注作引羊刃反 以輴 七見反 翣 所甲反 不相 息亮反注同 不綏 本又
作緌同耳佳反 去飾 起呂反 陶 大刀反 即周 本又作堲同子粟反又音稷注下同何云治土爲甎
四周於家 燒 叔招反 折即 之設反管子云左手執燭右手折即即燭頭燼也弟子職其篇名 棺
音官 椁 音郭 上梓 音子 牆置 在良反 長殤 丁丈反下式羊反十六至十九

爲長殤十二至十五爲中殤八歲至十一爲下殤七歲巳下爲無服之殤生未三月不爲殤 爲正 音征下同又如
字 斂用 力驗反下皆同 乘驪 力知反徐郎兮反純黑色馬 騋 音來馬七尺巳上爲騋 乘
翰 字又作鶾胡旦反又音寒白色馬 物萌 亡耕反 乘騵 音原騮馬白腹 騮 力求反赤馬黑
鬣尾 用騂 息營反徐呼營反純赤色也一云赤黃色 曾參 所金反一音七南反後同 齊斬
音咨本亦作齋齋 饘 本又作飦之然反說文云糜也周謂之饘宋衛謂之餰 粥 之六
反徐又音育字林云淖糜也 布幕 本又作冪音莫徐音冕下同 縿 音綃徐又音蕭 縑也
古謙反 綃 音消徐本又作綃桑堯反 僭巳 子念反 爲幦 莫歷反 孋姬 本又作纚
亦作驪同力知反 重耳 直龍反注皆同 子蓋 依注音盍戶臘反下同何不也 蚤卒 音早 姬
嬖 必計反 欲弑 本又作殺音試注同徐云字又作嗣音同 皆惡 烏路反 突 徒忽反 傳
音富 咎犯 其九反 皐落 古刀反 子少 詩召反 多難 乃旦反 爲君 于僞
反下爲時同 雉經 如字徐古定反如雉之自經也 共世子 音恭本亦作恭注同 言行 下孟反

而莫音暮爲樂音洛又音岳終無已夫音扶絶句本或作已矣夫又復方目

反乘丘繩反年夏户嫁反縣音玄卷内皆同賁父上音奔下音父人名字皆同

馬驚敗一本無驚字公隊直類反綏息隹反圉人魚呂反股裏

上音古下音里中馬丁仲反誄之力軌反謚也以上時掌反隅坐不與成

人竝音並絶句睆華板反明皃孫炎云睆漆也徐又音刮之簀音責牀第也與音餘下同

畫衡賣反簀上音床下側吏反爲刮古滑反瞿然紀具反下同曰

吁音虚注同吹氣聲也一音況于反憊皮拜反羸困也革矣紀力反徐又音亟急也注同

請七領反覬也音冀斃音弊仆蒲北反又音赴而没音殁慨苦愛反

而廓苦郭反何云開也猶索所白反郲音誅婁力俱反或如字郲人呼郲聲曰

婁故曰郲婁公羊傳與此記同左氏穀梁但作郲升陘音形魯僖許宜反之髽側瓜

反臺鮐上音胡下音臺去羌呂反纚所買反又所綺反黑繒韜而紒音計

錫衰上悉歷反下士雷反　與音餘　吉笄音雞　素總音揔　韜吐刀反　闊

音　爾毋音無後同　從從音揔高也一音崇又仕江反　扈扈音戶廣也大也　爾女

縱音　大高音泰一音勑佐反下大廣巳猶大大重同　蓋榛側巾反木名又士鄰反　長尺

直亮反凡度長短曰長皆同此音　子禫大感反　比御必利反下比及同　蔑迷結反

彈琴徒丹反　成笙音生　絲屨音句　組纓音祖　無絇其俱反　縞

古老反又古報反　厭于甲反　溺奴狄反　弗除如字徐治慮反　大公音泰注及下注大史

云皆　忍離力智反下相離同　曰樂樂並音岳一讀下五教反又音洛　丘首手又

反注同　期音基　名鯉音里　誰與音餘下閣也與同　曰嘻許其反悲恨之　於

聲　蒼梧音吾　陟知力反升也　帝嚳苦毒反高辛氏帝也　騷素刀反又一音蕭

夫音　羞之初佳反又初宜反　嬪婢人反也　蓋祔音父　於爨七亂反

矯之居表反　謙其檢反　適室丁歷反　而語魚據反　嘶也本又

音斯音賜下同顓孫音專相近附近之近易成以豉反之眞田見反
餘閣音各庋藏字又作庪同九毀反人居僞反街里音佳哭嫂悉老反注同
人倡長尚反注同踴音勇娣姒大計反下音似縮所六反從也縫音逢又扶用反
下同衡依注音横華彭反從也子容反解佳買反曰伋音急水漿子良反
俯音甫跂丘豉反爲曾子僞反不稅徐他外反注同以上時掌反使者
色吏反賻音附賵芳用反乘馬繩證反四馬曰乘貸他代反副音仆何
傅直專反一本作傅音附惡乎音烏惡乎猶於何也別親彼列反下同夫由舊音
扶皇如字謂丈夫即伯高見我如字皇賢遍反爲爾于僞反下注爲其褻爲我我爲皆同來
者一本作爲爾哭也來者之滋音咨不嗜市志反薑居良反而喪息浪反下
喪明喪爾明同女何音汝下同洙音殊泗音四洙泗二水名華陰徐胡化反異
稱尺證反罪與音餘離羣羣朋友也上音詈索居悉各反猶散也下注索居

同晝知又反致齊側皆反見齒賢遍反衰與七雷反下同後五服之衰

皆放此不復音不當丁浪反注同惡其烏路反精麁本又作麤七奴反廣

狹音洽不應應對之應褻息列反偏倚於彼反又於寄反稅本又作說同他活反

徐又始鋭反下及注同驂七南反騑馬曰騑驂夾服馬也騑芳非反偏頗破多反子鄉

本又作嚮許亮反而出如字徐尺遂反涕音體施惠始豉反予惡烏路反夫

涕音扶識式志反又音式下及注章識皆同啼呼火故反饋祥其位反遺

也于季反拱而恭勇反儆孔本又作敫胡教反下同之嗜市志反食也注同

蚤作音早柵羊世反亦作曳消搖本又作逍遥頽徒回反所放方兩反

委乎本又作萎同紆危反注同病也殆幾音析又音機在阼才故反兩楹音盈

夾之本又作狹古洽反下注同饋食如字又音嗣疇直留反嚮明本又作鄉同許亮反

聽治直吏反正坐才卧反又如字之處昌慮反置知吏反翣所甲反

木於既反 如攝所甲反又所洽反 與音餘 設披彼義反 綢練吐刀反韜

也徐直留反注同 設旐直小反 杠音江竿也 乘車繩證反 布廣光浪反

度廣狹曰廣他皆放此 幅方木反 楮張呂反 幕音莫褚幕覆棺者 蟻魚綺反蚍蜉也

又作蛾 蚍避尸反徐扶夷反 蜉音浮 之仇音求讎也 寢苦始占反草也 枕干

之鴆反 干楯本又作盾食允反又音允 市朝直遥反注同 銜音咸 而使色吏反

爲負于僞反下爲其負相爲同 從父才用反 爲魁苦回反首也 杓必遥反又匹遥

反 而陪步回反 皆絰大結反 易墓以豉反注同 芟治所銜反 塡

池依注音奠徐盧王並如字 載處昌慮反下同 遣奠弃戰反本或作還奠非 推

昌佳反又叱回反 柩其久反 辟音避下辟賢辟不懷並同 復升扶又反 從者

才用反下同 禮與音餘下同 夫祖音扶 飯於煩晚反 牖下羊久反

小斂力驗反禮家凡小斂大斂之字皆同不重出 於阼才故反 且服也本或作且服過

裼裘星曆反 夫夫上音扶下如字一讀並如字注及下同 袒括徒旱反下古活反

而見賢遍反注及下同 予之羊汝反下同 和之音禾或胡臥反下同 樂由音岳又音

洛 未忘音亡 彌亡甲反 牟莫侯反 爲之于僞反注爲之重服下爲之服皆同 瘳

適丁歷反下又及注同 涕洟上他計反下音夷自目曰涕自鼻曰洟 子瑕音遐本又作騢古雅

反 也中丁仲反注及下注禮中之中同 冠字古亂反 搖求月反又求勿反 中霤

力救反 綴足丁劣反又丁衞反 躐行良輒反 不復扶又反 子碩音石 請

鬻本又作粥音育賣也注同 惡因烏路反 蘧伯其魚反本又作璩 玉從才用反又

如字 名拔皮八反徐蒲末反 樂哉音洛下同一讀下音五教反 則瑗于卷反又於願反

刺其七賜反 弁人皮彥反 孺子而注反 可傳直專反 括古活反 髽

言之 卜人師依注音僕師長也謂大僕也本或無師字者非也前儒如字卜人及醫師也 從

母才用反 二夫人音扶注同 相爲于僞反注及下夫爲妻同 爨緦上七亂反

下音絲 縱縱依注音揔急遽皃 折折大兮反安舒皃注同 陵躐力輒反 怠惰
徒卧反 騷騷素刀反急疾皃 謂大音泰一音他佐反下注同 謂緌戶交反後同 紟
其蔭反 衾冒莫報反 遠之于万反 遠別彼列反 妻期音基 不
知音智 成味依注音沬土曷反 成斲陟角反 縢本又作滕徒登反 䤈也音悔
洗面 竽笙音于下音笙 不和胡卧反 之調直弔反 簨息尹反横曰簨 虡
音巨植曰虡 植曰時力反又音值 問喪問或作聞喪息浪反注及下皆同 孫于音遜
朽許久反 有為于偽反下為桓司馬為敬叔則為之注為民作為嫁母皆同 宋向式上反 戍
音恤 名魋大回反 侈也昌氏反又申氏反 而朝直遥反注同 孟僖許宜反
閱音悅 將應應對之應 汲汲音急 繆公音木 出竟音境 焉得於虔
反 公叔木音式樹反又音朱徐之樹反 贈檖音遂 子璪息果反依字作瑣 滕
伯徒登反 為孟上偽反下及下注為人同 伯鞏恭勇反 外內易以豉反

帷堂意悲反　綌衰去逆反麤葛也下七回反　繐裳音歲布細經而疎曰繐車

涼音良　子皐音高　無相息亮反　沽也音古畧也　易之音亦徐以豉反

稱家尺證反　有亡皇如字無也一音無下同　惡乎音烏注同　齊才細反又如字

注同　豐省所領反　之比必利反　毋過音無　還葬音旋便也　縣棺

音玄　己斂力驗反　而封依注作窆彼驗反下棺也徐又甫鄧反　設碑彼皮反　繂

音律　作堋比鄧反　士賁音奔人名　汏哉本又作大音泰自矜大　醯呼兮反

醢音海　甕烏弄反　慶遺于季反又如字　革矣紀力反　不墾苦很

反　衎爾苦旦反注同自得之皃　爲小君于僞反下爲之般爲其從爲君服同　深邃

先遂反　難人乃旦反　見之如字又賢遍反　壤而丈反　反復扶又

音服非　大古音泰　自燕烏田反　爲龍力勇反　坊者音防　旁殺

色戒反下同　茨瓦徐在私反茅覆屋　門廡音武　卑音婢如字又　狹户夾反　又

易以豉反 馬鬣力輒反 斷其音短下同 上之時掌反一以上同 廣

袤古曠反下音茂徐又亡侯反 重霤直容反 衣以於既反 椑蒲歷反房益反 [illegible]

尸棺 杝音移 堅著直略反 水兕徐里反 漆之音七 不令力政反本又作[illegible]

令 椇齒丞節反 綴丁劣反又丁衛反 飯煩晚反啥也 不剝邦角反 也與

音餘 下同 倮力果反謂不巾覆也 埃加音哀 乾腊音昔 逮日音代或大計反 縓七絹

反淺赤色今之紅也 緣悅絹反下注同 於薰許云反本又作纁 要絰一遥反下注小要同下大

結反 無絇其俱反屨頭飾 角瑱吐練反充耳 衡依字作横華彭反下衡三同 長袪

起魚反一音丘據反 謂褎本又作袖音徐秀反 袂口面世反 袪裼音昔 麛裘音迷

本又作麑同鹿子也 青豻音岸胡地野犬 褎絞户交反 四重直龍反注皆同 深

邃雖遂反 被之皮寄反注同 其厚胡豆反度厚薄曰厚皆同 此音 杝棺

羊支反木名 椵杝徒亂反 梓音子 謂屬音燭 周帀子合反本又作迊同

能濕乃代反 衽而審反又而鴆反小要 髹許求反又作髤 題徒低反頭也 湊七豆反聚也
紂衣本又作緇又作純同側其反 明爲于僞反下文及注爲其變皆同 衍以善反
菆塗才官反 龍輴勑倫反 畫轅音袁 謂黼音甫 以刺七亦反
於縿音消 幕音莫 別姓彼列反注同 於朝直遥反下同 誄力軌反
耆老巨支反 莫相息亮反注同 尼父音甫 其行下孟反
大縣郡縣之縣 皆厭于葉反注同 大廟音泰 惡野烏路反 銜枚
上音咸下木坏反 叫呼火故火胡二反 稅人始鋭反謂以物遺人也 謂遺維季反
縞古老反注同 紕避支反 月禫大感反 月樂音岳 賜帝音亦幕之小者
共焉音恭本亦作供

檀弓下第四 卷之三

君之適丁歷反下及下適室同 長殤丁丈反下及注同下式羊反 三乘繩證反下及注

同皆下戸嫁反降殺色戒反遣車弃戰反爲差初佳反又初宜反遠

之于万反朝亦直遥反注同越疆居良反本又作壃下越疆同蟜固居表反蟜

固人姓名不説他活反本亦作税徐又音申鋭反下同入見賢遍反蟜失居表反

點多忝反倚其于綺反徐其綺反字晳星歷反擯者必刃反本又作儐同

後放此則爲于僞反下亦爲爲之變同是日人一反不樂音岳又音洛注同執

引音胤注同車索及壙苦晃反又音曠後同執紼音弗棺索嬴音盈曰臨如字徐力

鴆反袒免音問辟正音避下辟難同使人色吏反又如字狎則戸甲反近

南附近之近與哉音餘悼公音道游擯必刃反注同擯相息亮反下

同詔音照侑音又齊穀依注音告又古毒反爲之于僞反下及注同王者

如字徐于況反重耳直龍反注及下皆同辟難乃旦反在翟音迪本又作狄嚴

然魚檢反本亦作儼同喪亦息浪反注及下皆同孺子如樹反後同穉也直吏反本又作

稚同得與音預稽音啓顙桑黨反子顯依注音韅呼遍反徐苦見反使

者色吏反子縶陟立反後同仁夫音扶則遠于万反伯歜昌燭

反有禱丁老反一音丁報反祠之音詞鄉其本又作嚮同許亮反飯用扶晚反

道褻息列反銘音名旌音精別已彼列反注同本或無已字非識之

式至反皇如字重與奠也與音如字一本作重與奠與二與並音餘綴重丁劣反又丁衛

反聯也音連算桑亂反縣諸音玄齊敬側皆反辟踊婢亦反下

音勇愠哀庚皇紆粉反積也又紆運反怨恚也徐又音鬱袒括觀闊反去飾羌呂

反下及注去樂去桃茢並同其衰七雷反侈袂昌氏反下彌世反哀衰所追

反哻況甫反歠徐昌悦反歠歠粥一音常悦反爲其于僞反下注爲父母爲有凶爲人甚

同食之音嗣易也以豉反粥之六反後同之處昌慮反下同所

養徐羊尚反既封依注音窆彼驗反下同已慤本又作㱿苦角反注及後同

北首手又反舍奠音釋注同離力智反下同卒哭遵聿反易喪以豉反徐音亦祔音附比至必利反末有莫曷反無也期而音基桃茢音列徐音例萑苕杜預云黍穰也鄭注周禮云茢帚惡之烏路反注及下注同凶邪似嗟反下注同萑音宁苕大彫反難言乃旦反之朝直遥反注及下皆同用殉辭俊反以人從死曰殉殆幾音祈又音機下同芻靈初俱反束茅爲人馬曰芻靈俑者音勇偶人爲舊于僞反下爲君爲使人皆同古與音餘下同諸滕音悉將隊本又作墜直媿反捷在接反爲瘠徐在益反疑夫音扶食食上如字下音嗣遣車弃戰反下文及注同一乘繩證反下同七个古賀反下及注同焉知於虔反大儉音泰或他佐反偪音逼本或作逼包伯交反子相息亮反下注同西鄉許亮反下皆同俠古洽反一音頰羨道徐音賤音義隱云羨車道曰噫本又作意同于其反毋音無斯音賜盡也沾依注音覘勑廉反視也其行下孟反會

見賢遍反下文不敢見同矣夫音扶下同本亦有無夫字者從祖才用反欲去
羌呂反之號戶刀反而徑古定反人喜則斯陶徒刀反斯咏
音詠謳也咏謳本亦作嘔烏侯反斯猶依注作摇音遥相近附近之近也愠斯
戚紆運反怒也戚憤恚也此喜愠哀樂相對本或於此句上有舞斯愠一句并注皆衍文戚憤扶粉反
恚一瑞反歎吟本或作唫魚今反斯辟婢亦反撫心也躍羊灼反惡之
烏路反斯倍音佩下同所復扶又反絞衾戶交反下音欽設蔞音柳
翣所甲反而食音嗣注同謂虞祭也有舍音捨注同廢也之訾似斯反病也
疫病音役師還音旋出竟音境大宰音泰注及下文注大宰大師大史大
廟大傅皆同嚭普彼反使於色吏反夫差音扶下初佳反夫差吳王名闔廬子
盍嘗戶臘反斑白伯山反本又作頒音同厲與音餘下及注有此與同慨
焉苦愛反憊兒皮拜反乃讙音歡喜說音悅下同知悼

音智下同彪彼虯反李調如字左傳作外嬖嬖叔樂闋苦穴反止也杜蕢

苦怪反注蒯同作屠音徒曠飲於鴆反下飲斯飲之飲曠飲調飲寡人皆同曩者

乃黨反嚮也嚮也本亦作鄉同許亮反諫爭爭鬬之爭子卯不樂如字賈逵

云桀以乙卯日死受以甲子日亡故以爲戒鄭同漢書翼奉說則不然張宴云子刑卯卯刑子相刑之日故以爲忌而云夏殷

亡日不推湯武以興乎疾日人一反比葬必利反下同爲一于僞反嬖必計反

匕必季反是共音供敢與音預知防音房又扶放反揚觶之豉反字林音

支又云酒器揚近附近之近下聲相近同名拔蒲八反粥音祝行之下孟反有難

乃旦反注同石駘大來反石碏七畧反適子丁歷反注同言齊側皆反

子亢音剛又苦浪反莫養羊尚反下皆同度諫大洛反啜叔昌劣反叔或作菽音同大豆也

王云熬豆而食曰啜叔斂手力檢反還葬音旋後同稱其尺證反下注之稱同於

從才用反注下同執羈音基靮丁歷反紖陳忍反疾革本又作亟居力

反急也注同襚之音遂脫君本亦作說又作稅同他活反輿縣音玄注同潘氏

苦干反乾昔音干屬之玉反夾我古洽反猶繹音亦去羌呂反注

同籥羊勺反般請音班注及下同機封彼驗反多技其綺反下同豐

碑彼皮反時僭子念反後皆同斲大丁角反其綷音律繞而沼反

各重直龍反下天戶嫁反四植時力反爾呂古以字強使其丈

反女者音汝與音餘下苦與同其母音無噫於其反禺人音遇又音務注

同走辟音避罷音皮倦其卷反頸上吉領反掖之音亦繇役

本亦作徭音遙弗能弗亦作不爲謀于僞反下注國爲下爲懿同復無扶又反下復射謂不

復同死難乃旦反隣重依注音童下同汪烏黄反踦魚綺反未冠古亂反

士行下孟反馬褻音篤本亦作督子射食亦反下同斃一人本亦作弊

婢世反仆也下同韔弓敕亮反韔也仆也蒲北反又音赴韜之吐刀反又及

本或作又及一人又一人後人妄加耳朝直遥反不與音預參乘繩證反戈盾食允
反又音允曹桓公依注音宣請舍胡闇反相啖徒暫反食音嗣徐音自衣
之於既反強之其丈反下注同拂褫芳勿反下其乆反刻音列敘肸許乙反
爲介音界注及後同副也難惠乃旦反昭穆常遥反蕢苦怪反碎
於徐音避又婢亦反畫宮音獲注同于奪徒外反注并兑同杞音豈殖時職
反華還胡化反且于子餘反肆諸殺三日陳尸音四市朝直遥
反以上詩掌反執拘音俱弊廬力居反子贜吐孫反魯哀公子設
撥半末反紼也輴車勑倫反椁幬上音郭下大報反覆也櫕塗
才九反揄沈本又作瀋同昌審反澆古堯反之汁之十反滑于八反
下音徒不中丁仲反又如字何學如字或音戶教反非注同廢去羌呂反下同士掘求勿
反又求月反又戶忽反肂本又作肆以二反棺坎也見賢遍反衽而審反爲之于僞

三

反下爲妾注爲之下弗爲服皆同 禮與 音餘 嬖 必計反 犯蹕 力輒反 庚 古衡

反 儐 徐音尚 僭 子念反 侈 昌氏反又赤氏反 邑長 丁丈反 有餽

本又作饋其位反遺也 徒焉 色吏反 見在 賢遍反 辟其 音避 木鐸

大各反 舍故 音捨 所敗 必邁反 櫜 音羔 韔 本亦作韔勅亮反弓衣甲衣 不

戢 側立反 以重 直用反 無苛 音何本亦作荷 識之 申志反又如字 執贄

音志 下賢 戶嫁反 已夫 音符 重強 其丈反 虛墓 本亦作墟同起魚反注同

之處 昌慮反下同 以莅 音利又音類 不解 佳買反舊胡買反 憔 在遙反

悴 在醉反 爲無 于僞反下同 長子 丁丈反下官長并注同 於贏 音盈 名

札 側八反 坎深 式鴆反 廣輪 古曠反 揜坎 本又作掩於檢反 可隱

於刃反注同據也 從也 子容反 目號 戶高反注同 郲婁 力俱反下同 弔含

胡闇反注及下同 僭稱 子念反 易則易 並以豉反下及注同 拒之 本又作距 頍

也徒固反本亦作鈍 祝先之六反 畿內音祈 刎其勿粉反徐亡粉反 大饑
居宜反字林九衣反本又作飢同 黔敖其廉反徐渠嚴反 而食音嗣下奉食同 蒙袂
彌世反 輯屨側立反斂也 貿貿徐亡救反又音茂目不明皃一音牟 輯斂力檢反下
同 左奉芳勇反 微與音餘注同 狂狷音絹 有殺本又作弒同式志反
下臣殺子殺同 貜俱縛反 且也子餘反 瞿然本又作戄紀具反 斷斯丁亂
反 殺其人如字 壞其音怪 洿其音烏 豬音誅 復處扶又反 奐
焉音喚本亦作煥奐爛言衆多也 輪囷起倫反 全要一遙反注及下注要君同 九京
依注音原下同下亦作原字 善禱丁老反祈也 之畜許六反又許又反 駟守上音
巡下如字又手又反 子貢本亦作贛音同 爲埋于僞反下亡皆反下並同 狗古口反 其封
彼劒反出注 闇人音昏守門人也 弗內上如字下音納 其廄九又反 鄉者
許亮反 下之戶嫁反 人辟音避下同 內霤力又反 子罕呼旱反

晛紛藤反下同民說音悅下注同窺去規反扶服並如字又上音蒲下音蒲
北反本又作匍匐音同當之丁郎反子般音班殺音試遏之於葛反不與
音預原壤如丈反村也音才貍力知反女手如字徐音汝之卷音權
本又作拳佯不音羊從者才用反以邑以並音叔譽音預叔向
許亮反名盻許乙反處父音甫注同大傅音賦行下孟反舊如字皇弁
以正反專也注同植直吏反又時力反注同其知音智狐射音亦又音夜辟難
乃旦反要君一遙反追然音退本亦作退和柔皃不勝音升妥他果反吶
如悅反徐奴劣反舒小皃官長丁丈反鍵也其展反徐其偃反籥也不屬音燭學
子柳戶教反也注同衣衰依注衣作齊音咨而繆依注讀曰穋音居虯反爲
于僞反下爲舅爲天子不爲兄不爲蠶同舅魯頓徒困反又作鈍仲衍以善反注同繐
衰上音歲下七雷反之縷力主反好輕呼報反喪如字末吾莫胡反

成人本或作郕音承　蠶士南反　而蟹戶買反　有緌耳隹反　蚩昌之反

蜂也孚逢反　蜩也音條　喙呼惠反又丁角反　勉強其丈反　吾惡音烏注同

歲旱音汗　懸子音懸　作繆音穆　欲暴步卜反下同　尪烏光反　面

鄉許亮反　不雨于付反注下同　庶覬音冀本又作冀音同　暴人之疾

子一讀以子字向下　可與音餘　錮疾音固　曰覞胡狄反　旱暵呼旦反　舞

雩音于　徙市上音死下音是　爲之于僞反　不亦可乎可或作善　祔也

音附下同　合葬音閤下同　以間間廁之間　善夫音扶

王制第五如字徐于況反盧云漢文帝令博士諸生作此篇　卷之四

王者如字徐于況反　十日人一反　取晷音軌日景　朝會直遥反卷內皆同　纖

求衣反　尚狹音洽後文同　大平音泰　斥昌石反　黜陟上丑律反下竹力反　主

爲于僞反下爲有亦爲有同　之分扶問反　食九人音嗣下同徐音自　爲差初佳反

反徐初宜反下注同　肥墝本又作墽苦交反　官長丁丈反下文注皆同　爲糞方運反
覜聘吐弔反　三分如字　爲介音界　閒田音閑下同　章管之尚反又如字
本亦作障音同　以朌音班賦也　不與音預注及下注不與同　塗山音徒　要服一遥反下
要服皆同　相并必政反又如字　地減古斬反　闗盛衰並讀如字　以共音恭　有
帥色類反注及下同　爲卒子忽反下及注同　曰牧音木　自陜失冉反一音古洽反
召公時照反　曰甸大薦反　曰采蒼改反　以當丁浪反又如字　里蠻莫還
反　選用宣戀反　欲見賢遍反　二卿與音餘　三監古蹔反　監
於古銜反卷末同　冠禮古亂反　命卷依注音袞古本反　復加扶又反　冕
而音勉　德行下孟反　任事而鴆反　與之如字又音預　不畜許六反
之涂音徒本又作塗　屏之必政反　放去羌呂反　無賙音周　餼許既反
有宅王肅注尚書如字鄭音知嫁反懲艾也下同　劓者魚氣反　刖者五刮反又

音月守圍音又髡五忽反本又作完音同徐戸官反守積子智反一朝直遥反

數來色角反又所具反巡守手又反本或作狩後巡守皆同省之息景反岱宗

音代柴仕佳反依字作祡覲見如字舊賢遍反大師音泰後太學太祖太子大樂正太史

皆同納賈音嫁注同所好呼報反下及注同惡烏路反好辟匹亦反徐芳亦

反則侈昌氏反又式氏反谿邪似嗟反君削息約反君絀丑律

反退也昭穆常遥反凡言昭穆放此易樂音岳南嶽音岳下同歸假

音格至也祖禰乃禮反父廟也禷音類造乎七報反下及注同與諸侯如字

曰朝直遥反以柷昌六反男樂音岳以鼗音桃鈇方于反又音斧鉞

音越賜圭字又作珪說文珪古字圭今字瓚才旦反爲鬯敕亮反秬酒

音巨黑黍也曰辟音辟明也注同頖宮音判班也禡於馬怕反師祭也又音百注

同爲兵于僞反下爲盡物同禱丁老反以訊本又作誶音信注同馘古獲反截耳

斷耳音短下斷殺同乾豆音干之庖步交反曰蒐所求反曰獮
息淺反膳音善不合如字徐音閤不揜音掩本又作掩大綏依注音緌耳佳反下
注同田獵力輒反驅逆丘于反又丘遇反獺徐他達反又他瞎反豺仕皆反設
罻音尉一音鬱小網也零落本又作苓音同說文云草曰苓木曰落昆蟲直隆反下同
未蟄直立反不麛本又作麑音迷同不卵力管反殺胎吐來反
殀夭上於表反殺也下烏老反少長斷殺丁亂反又音段少長上詩召反下丁丈反不
覆芳服反注同之杪亡小反末也度支大各反下音之豊秏呼報反所
殺色戒反又色例反量入音亮之率音律又音類本又作繂之畜勑六反後皆同
之仂音勒又音力什音十越紼音弗躐力輒反輴車勑倫反
索悉各反曰浩胡老反食日人一反下同降期居宜反縣封
上音玄下音窆彼驗反不爲于僞反注又爲同引紼音弗以上時掌反下大夫

以上同無辟音避之祧他彫反契及息列反適寢丁歷反
曰礿余若反夏曰戶嫁反注夏曰礿夏禘同禘大計反曰烝之承反
曰祠音詞中霤力救反郊鯀古本反黃能乃登反本又作熊音雄犆
礿音特祫禘音洽絕也歲朝直遥反互音戶又戶故反下天子戶嫁
反大牢如字又音泰少牢詩照反四之日人一反稻音盜卵
力管反繭栗字又作璽公典反握厄角反長不丁丈反出膚方于
反燕伊見反藉在亦反稅式銳反借子亦反市廛直連反邸
舍丁禮反關譏居宜反不征本又作正音同注下皆同凶札側八反又音截
林麓音鹿山足也夫圭音珪不粥音育賣也後皆同執度度地
上如字丈尺也下大各反量也沮澤將慮反沮洳也寒煖乃管反又況袁反下又同謂
萊音來何胤云草所生曰萊庾云草沛也蒲貝反何胤云水所生曰沛何休注公羊傳云草棘曰沛之

戲(昌慮反) 任(而鴆反) 築(音竹) 邑 食(音嗣又如字) 壯(側狀反) 燥(素老反)

好惡(上呼報反下烏路反) 異齊(才細反) 緩急(戶管反) 異和(胡卧反下同)

臭(尺救反) 器械(戶戒反何休注公羊云攻守之器曰械鄭注大傳云禮樂之器及兵甲也郭璞三蒼解詁云械器之揔名) 旃裘(上之然反下音求) 與絺(勑宜反) 給(去逆反) 被髮(彼義反下同)

雕(本又作彫同彫刻鏤也) 題(大兮反) 交趾(音止) 刻其肌(音飢)

涅之(乃結反) 相嚮(許亮反) 僢(昌戀反) 衣皮(於既反下同) 不粒(音立)

耆欲(市志反) 曰寄(京義反) 狄鞮(丁兮反知也) 曰譯(音亦)

閒之(如字又閒廁之閒) 度(大洛反) 必參(七南反) 咸(行緘反) 樂事(音岳又音洛)

以防(本又作坊音同) 恤孤(辛聿反) 以逮(音代又大計反) 不肖(音笑)

以絀(勑律反) 帥(音率) 循(音巡) 謂敖(本又作傲同五報反) 很(胡墾反) 孝弟(大計反本又作悌)

皆朝(直遥反) 于庠(音祥) 與執(音預) 國蜡(仕詐反) 覬其(音冀) 亦

復扶又反下又復復移復與同爲之于僞反下又爲親爲爲其大亦爲皆同選士宣戀反下皆同

德行下孟反不給音急傜役本又作繇音遥樂正音岳之長丁丈反下

同蔓求龜反命女音汝冬夏戶嫁反注反下注夏官同適子丁歷反下注同

皆造才早反徐七到反小胥息餘反又息呂反下同去食丘呂反屏之

必郢反曰棘依注音僰又作僰蒲北反偪也言偪彼力反大遠音泰舊他佐反其

論如字舊力困反任官而金反下注同衣甲於既反發卒子忽反執技

其綺反本或作伎後同羸本又作羸力果反肱古弘反擐衣舊音患今讀宜音宣依字

作擗字林去搏擗辭也先全反辟脛胡定反見勇賢遍反明辟婢亦反注同三

刺七智反殺也斷其丁亂反下斷斷斷計同之中如字又丁仲反天論音倫理也

注同郵罰音尤俗作郵過也麗郎計反當丁郎反假他古雅反之量

徐音亮後皆同以別彼列反汜與本又作汎孚劒反比必利反注同例也正平皮命

反棘木紀力反要之於妙反謂要最舊一遥反槐回懷二音三叉義作宥遺

忘音妄爲人于僞反易犯以豉反後易犯同例人音刑折言思曆反

亂名如字王肅作循名巧責起教反又如字巫蠱音古鷸冠尹必反徐音述

瓊弁皮變反般百間反行僞下孟反虚華戶瓜反又如字曰上

人一反金璋之羊反不中丁仲反下皆同幅廣方服反耒耜力對

反下音似仲夏戶嫁反下春夏同蜃常忍反雉化爲之竟上音境苛察

音何又呼河反本亦作呵諱惡烏路反注同札書側八反齊戒側皆反本亦作

齋下皆同司會古外反注同司會冢宰之屬掌計要者勞農力報反食禮音嗣

注及下注并下文食之並同養於如字徐以尚反下同瞽亦音古異粻陟良反糧也

不離力智反止觀古亂反唯絞戶交反紟其鴆反衾冒亡報

反不煖乃管反温也下同珍從才用反又如字不與音預下及注同言糾居黝

反徐居酉反 作絿音求又音虯 翌音皇本又作皇 昪況甫反 縞衣古老反又古報
反 纁許云反 則牟亡侯反 追丁雷反 復除上音福下如字又直慮反 不
養者如字又以尚反 期音基 少而詩照反下注少者同 之矜本又作鰥同古頑反
廩兵品反 瘖於金反瘂也 聾力東反 跛彼我反 躄必亦反兩足不能行也
侏儒音朱 遠別彼列反下文并注同 隨行如字一音戶剛反下鴈行同 任并必性
反本又又併 提音啼 契本亦作挈苦結反 十億於力反 雍州於用反 斷
長音短 去一羌呂反 爲率音律又音類 閒田音閑下同 祿食音嗣
又如字下皆同 爲朝于僞反 絜清如字徐才性反 用潘芳袁反米汁也 辟賢
音避 冠古亂反 長幼丁丈反 斛洪谷反 幅方服反 狹戶甲反
月令第六此是呂氏春秋十二紀之首後人刪合爲此記蔡伯喈王肅云周公所作 卷之五
孟春 昏參所林反 中如字徐丁仲反後放此 長也丁丈反 於諏足俱

反又足侯反本又作娵同呰子斯反為人于偽反軋也乙八反解孚音敷大
暤上音泰後文及注大蔟大史大寢大室大微大廟大祝大尉大宰皆同暤亦作昊胡老反大暤宓戲也句
芒古侯反下音亡句芒木正也少昊之子曰重為之後句芒皆放此宓戲音密又音服戲又作虧亦作犧
又作羲同許宜反曰重直龍反律中丁仲反猶應也後放此凡如此之例十二月文注皆可以類求
之大蔟七豆反奏也猶應應對之應下皆放此律長直亮反又如字後皆放此律
空徐音孔臭羶失然反先脾婢支反於藏才浪反後放此直脾
丈吏反又如字下宿直同後放此于奧烏報反及胥時忍反解凍東送反
蟄蟲直立反上冰時掌反下注以上同獺祭他達反又他瞎反左个古賀反
反偏也後放此乘鸞力官反路本又作輅放此載青音戴後旂巨機
反後放此衣青於既反後放此下注衣甲保猶衣同其器本又作器同冬夏此卷內可以意
求之衡璜音黃火畜許又反貫土古亂反朝祀直遥反下文注同龍

卷本又作袞古本反 玄端音冕 先立春悉薦反 乃齋側皆反本亦作齋卷內放此 還乃音旋後放此 命相息亮反注同下善相并注放此 施惠如字又始豉反 休其許虯許糾二反美也 毋有音無本亦作無下同 不當丁浪反 宿息六反徐音秀 離依注音儷呂計反偶也 不貸吐得反徐音二 馮音憑 相息亮反又如字 候

伺音司又息嗣反 載耒力對反字林云耕曲木垂所作力佳反又力水反 耜音似 措七故反置也 保介音界注同 帝藉在亦反說文作耤云帝耤千畝也 三推出佳反又吐回反下同推謂伐也 參乘繩證反 爲天于僞反下爲仲春爲傷爲死氣皆同 勞酒力報反注同 氣上時掌反注土上同 萌動莫耕反 蒸達音證又之丞反 冒莫報反覆也

橛求月反 封疆居良反注皆同 徑術古定反注同術依注音遂 田畯音俊 之分扶問反 嵎夷音愚 阪險上音反又蒲版反下許儉反 道民音導 既

飭音勑 農率所類反謂田正 用牝頻忍反 妊而林而鴆二反 毋覆芳服

反孩蟲戶哀反胎吐來反夭烏老反麛音迷卵力管反掩骼

江百反埋胔才賜反，蔡云露骨曰骼，有肉曰胔，胔亦作骴肉腐扶矩反蚤落音早

反有恐丘勇反大疫音役猋風必遙反，徐芳遙反，本又作飆宿直音秀好

風呼報反藜力兮反莠音酉水潦音老大摯音至，蔡云傷折首

種章勇反，鄭云首種謂稷，蔡云宿麥仲春日在奎苦圭反昏弧音胡降

婁戶江反夾鍾古洽反，一音頰四隙去逆反倉庚並如字，本或加鳥，非驪

黃力知反搏穀音博幼少詩召反省所景反，注同，減也，徐所幸反囹音零

圄魚呂反，囹圄，今之獄去羌呂反桎音質，今之械也梏古毒反，今之杻也，木在足曰桎，在手曰梏

掠音亮考捶械戶戒反暴尸步卜反搒治之榮反高禖音梅施

生始豉反孚乳上如字，一音芳付反，下而樹反，季春同娀簡息中反，簡狄，有娀氏女生

契息列反九嬪毗人反謂從才用反弓韣大木反，弓衣有娠

音身一音震謂懷妊 始電 大練反 先雷 悉薦反 奮鐸 方問反大各反 度 下

童 上音杜丁音亮注同 斗甬 音勇斛也 權槩 古代反 稱上 尺證反下同 稱

鍾 文爲反又文爲反 闔扇 戶臘反 小間 音閑 毋漉 音鹿竭也 陂池

陂宜反畜水曰陂穿地通水曰池尚書傳云澤障曰陂停水曰池 畜水 勑六反 乃鮮 依注音獻

朝覲 大歷反 沍寒 戶故反 朝之 直遙反 秬黍 音巨 皆與 音預

祭寒而藏之 本或作祭司寒案左氏傳無司字 之長 丁丈反 中丁 音仲本亦作中

爲季 于僞反下注同 好雨 呼報反 大陰 音泰 煖氣 乃緩反又音暄 蟲

螟 亡丁反爾雅云食苗心螟 季春在胃 音謂 季少 詩召反 姑洗 素典反

反 爲鴽 音如母無也蔡云鶉鷂之屬 虹 音紅又音絳螮蝀也 始見 賢遍反 蓱

始 步丁反水上浮萍也 毋無 上音牟又如字 蝃 本又作螮丁計反亦作蝃同 蝀 本亦作東

同丁孔反 蓱萍 音平 曰蘋 毗人反 鞠衣 居六反如菊華也又去六反如麴塵 爲

將于僞反下文乃爲爲鳥同 覆舟芳服反下及注同 薦鮪于軌反 發泄
息列反 句者古侯反屈生也 倉廩力甚反 上騰時掌反下注以上同 循
行下孟反 隄防丁兮反下音房 道達音導 有障之亮反又音章 便民
婢面反 罝子斜反 罘音浮 畢翳於計反 餧於僞反 獸罟音古
爲弋羊職反 桑柘之夜反 戴勝音帶注同本亦作載戴勝鳥名 織紝女今
反 曲植直吏反曲薄也植蠶槌也 籧筐居吕反亦作筥下丘狂反方曰筐圓曰筥 槌也
直追反又直類反又丈僞反 東鄉許亮反注同 毋觀古喚反注同 省婦所景
反 去容起吕反 綫息賤反 組音祖 紃音旬 分繭古典反 效功
戶教反 以共音恭 敢惰徒卧反 之量音亮注同 筋角音斤 箭
幹古旦反 凡輮如九反 監工古銜反注同 悖必內反 淫巧如字又反
又苦注同 春液音亦 累牛力追反注同 騰大登反 遊牝毗忍反徐扶死反

皆乘繩證反在廄居又反挍數所主反國難乃多反後及注同驅疫鬼

磔竹伯反磔磔牲也禳本又作攘如羊反氣佚音逸後同索室所白反毆

疫丘于反大恐丘勇反暵呼旱反又呼旦反蚤降音早孟夏發女

音務言炳音丙長育丁丈反此月內除律長長大繼長皆同著見賢遍反

炎帝于廉反炎帝神農也顓頊上音專下音勗音徵張里反後放此去一起呂

反中呂音仲又如字無射音亦梟焦子遙反先肺芳廢反竈

陘音刑螻音樓蟈古獲反螻蟈蛙也蔡云螻螻蛄蟈蛙也蛙烏蝸反即蝦蟇也丘

蚓以忍反萆挈上皮八反下起八反王萯房九反赤騮音留本又作騮

菽本又作叔音同以粗七奴反大也木畜許又反下水畜同先立悉薦反欣

說上許斤反下音悅熛怒必遙反下奴故反爲將于僞反下爲逆爲妨爲傷下文爲天子皆

同飲酎直又反重釀之酒長大如字下繼長同或丁丈反非也必當丁浪反蕃

廡音煩下云甫反下同　有壞音怪注同　墮許規反又作隳下注同　始絺勑其反
出行下孟反下同　勞農力報反　聚畜丑六反又許六反　斷薄丁亂
反注同　薺才禮反　草艾魚廢反後皆同　言醇音純　謂重直龍反或直用
反　釀女亮反　於朝直遥反　飲蒸之承反後皆同　數來所角反　則
蝗徐華孟反范音橫字林音黃　仲夏昏亢音剛又苦浪反　蕤賓人誰反
應鐘應對之應　交酢才各反　螳音堂　蜋音郎螳蜋螵蛸母也　鵙古闃
反搏勞鳥字林工役反　反舌鄭云百舌鳥蔡伯喈云蝦蟇　螵匹遥反　蛸音消　搏
勞音博又作伯　壯佼古卯反　助長丁丈反下長氣同　鞀大刀反本亦作鞉同　鞞
步西反　竽音于　笙音池本又作篪同　簧音黃　飭鐘音勑　柷昌六反　敔
魚呂反本又作圉　爲將于僞反注爲傷爲其皆同　大雩音于　百辟必亦
反注同　句龍古侯反　龍見賢遍反下御見同　以雛仕于反又仁俱反難也爾雅云

雛生啄　含桃本又作函湖南反含桃櫻桃也　櫻於耕反　艾藍力甘反　可別
彼列反下文別羣同　暴布步卜反　太陽音泰　無索所白反　不難乃旦
反又如字　挺重大頂反寬也　則執如字蔡本作槷　相蹏大計反蹋也本或作蹝音同
廋人所留反　教駣音兆又音道字林音桃　陽爭爭鬭之爭注同　從人能
子用反　致和戶臥反　嗜欲市志反　晏陰伊見反　角解戶買反　蟬
始市志反　半夏戶嫁反半夏藥草　木堇音謹木堇王蒸也一名舜華　王蒸
之承反　臺榭音謝　樓觀古喚反　闇者音都　雹步角反　凍丁貢反
百螣音特食苗葉蟲　乃饑居疑反又音機　零落本又作苓音同　民殃於良反
疫音役　季夏去一起呂反後放此　不任音壬又如字　純恪苦各反　蟋蟀
上音悉下音率　腐草扶矩反　為熒本又作螢戶扃反螢火蟲也或作腐草化為螢者非也
攫俱縛反一音九縛反　摶音博　始鷙音至本亦作摯同　蛟音交　鼉大多反又徒丹

反黿音元冒亡報反榜人必孟反材葦于鬼反柔刃而慎反

爲艾于僞反下文爲民注爲求福爲其同以共音恭黼音甫黻音弗差貸

音二又他得反以別彼列反旗音其章識申志反又如字行木下孟反傜

役音遥徑音逕辱暑如字本或作溽音同濕也燒薙他計反又直履反芟草

芟草所銜反薙地音來夏日人一反畜於敕六反不復扶又

反以糞方問反土彊其丈反注同易行以豉反強其兩反驟好覽

反鮮落音仙又仙典反風欬苦代反鷹隼息允反蚤鷙音早下音

音至亦作鷙擊也走竄七亂反中央於相反蟲倮力果反虎豹之屬淺毛者又采

瓦反露見賢遍反中霤力又反複穴方服反五藏才浪反圜

于權反以閎音宏之長丁丈反土畜呼又反下金畜同孟秋少皞

詩召反注下放此少皞金天氏黄帝之子蓐收音辱蓐收少皞之子曰該爲之應涼應對之應

狐貉戶各反依字作貈生旃之然反則陂彼義反左樞昌朱反行

戮音六寒蜩大彫反蜺也五兮反寒螿總章子孔反白駱音洛

黑鬣音獵本亦作髦音毛又一本作旄尾也先立秋悉薦反軍帥所類

反下同本或作師注放此於朝直遙反招拒音矩將諸子匠反下同詰誅

去吉反好惡並如字又上呼報反下烏路反繕囹市戰反罪邪似嗟反摶執

音傳察創初良反注同審斷決丁亂反下同蔡徒管反一讀絕句決字下屬贏

音盈注同猶解古賣反完胡官反隄丁兮反本又作提防本又作坊音房謹

壅於勇反畢好呼報反坏步回反牆垣音袁大使色吏反介

蟲音界注同稻蟹胡買反復還扶又反下音環又音旋多瘧魚略

仲秋觜子斯反又子髓反觿戶圭反又戶規反又育風亡庚反疾風謂闔

音文依字作内人銳反又蟲又作蚊蚋如悅反其養餘亮反下同糜亡皮反粥

之六反字林羊六反具飾丑力反後放此有量音亮下度量同朝宴直遥反此

爲于僞反下爲民同必當丁浪反下當反注同不枉紆往反橈女教反又乃絞反字

林作撓非申重直用反循行下孟反芻初俱反草也豢音患養也養牛羊曰

芻犬豕曰豢以所食得名膽音占肥瘠在亦反旨中丁仲反乃難乃多

反注同竇音豆窖古孝反脩囷丘倫反隋曰他果反謂狹而長趣

民七住反本又作趨又七緣反坏音陪戶務畜丑六反浸盛子鴆反始

涸戶各反竭也角見賢遍反下同易關以豉反注同便婢面反買

其位反注同賈音古又古雅反客應陽應對之應有恐丘勇反復

扶又反數所角反季秋無射音亦詰貞列反來賓高誘注呂氏春

秋則云賓雀與鄭異爲蛤古荅反鞠本又作菊九六反豺音柴僇禽音六本或

作戮甲重直用反之簿步古反徐步角反之收如字又守又反之委紆僞反

紆偽反猥卒溫罪反下七忽反習吹昌睡反注同爲將于偽反下文爲縣爲注爲又

爲同徧祭音遍合諸侯制絶句而縣音玄殳音殊矛亡侯反

度大各反同乘繩證反校人户教反而須音班騶側求反

載丁代反又如字注同旐音兆以級九立反趣馬七注反又七走反駕說

之陳直覲反大常音泰載旟音餘搢音箭扑普卜反挾

矢子協反又音協祀祊鄭注周禮音方爲炭吐旦反一曰墐其靳反辟

殺音避乃趣音促又七住反不當丁浪反注同供養九用反下餘亮反注同

以去起呂反貪耆市志反熊乎弓反蹯音煩鼽音求說文云病寒鼻

窒嚏丁計反邊竟音境注及後同隆六中反坼丑白反焌風乃管

反又許元反氣解古買反惰徒臥反孟冬析木思歷反顓音專

頊許玉反顓頊高陽氏玄冥亡丁反少昊之二子脩及熙爲玄冥玄冥水官黿鼈必滅反財

匱其位反 應應對之應注同 臭朽許九反本亦作殠字林云乃腐臭也說文云殠或爲朽字

辟除必亦反又婢亦反 爲軷步曷反 壞如文反 厚二戸豆反 廣

五古曠反 爲蜃常忍反大蛤 不見賢遍反下注錄見同 鐵驪力知反

與聶直吏反 爲袗之忍反又之刃反 先立冬悉薦反 叶光

本又作汼音惏 禺人音遇 椓聚丁角反又作涿同 釁龜許靳反 筴初格

反 著音尸 𨧫文直又反 相爲于僞反下爲仲冬爲天子皆同 上騰時掌反又

如字下上柮同 蓋藏才浪反又如字 循行下孟反 積聚子賜反下才柱反又如

字仲冬同 鍵閉其輦反又其偃反 管籥羊灼反 封疆居良反注及下注同 要

塞先代反注同 塞徯上先則反下音奚 徑古定反 鍵牡亡古反又茂后反

搏鍵音傳一本作傳直專反 害處尺慮反 爲璽音徙 塋音營 丘

壟力勇反 襲音習 斂力驗反又力撿反 效功戶教反 淫巧如字又苦孝反

注同功致直吏反下注同之長丁丈反不當丁浪反注同別之彼列反
國索所百反屬民之玉反下同滌大歷反場直良反躋彼
子兮反兕徐履反觵古宏反臘先祖力合反謂蜡仕迮反字
林作稭勞農力報反將帥上子匠反下色類反大閱音悅唯狩
手又反上泄息列反下同復出扶又反參伐所林反下同仲冬東
辟必亦反又必狄反益壯莊亮反曷旦本亦作鶡同苦割反曷旦鳥名暢月
勑亮反充也猶女音汝大陰音泰必重直龍反注同省婦所景
反注同大酋子由反又在由反大酋酒官之長秫稻音述麴丘六反糵魚列反
湛子廉反漬也熾尺志反炊也火齊才計反注火齊同監古銜反差貸
音二又他得反注同之長丁丈反穫稻户郭反畜獸許六反不詰起吉
反藪澤素口反教道音導陽爭爭鬭之爭注同去聲起吕反注及下

同禁耆市志反從八子用反芸音云香草荔力計反馬䪼挺出
大項反馬䪼户介反麋亡悲反角解音蟹上行時丈反氛
霧芳云反雨汁于付反下音執注同謂雨雪雜下也瓜瓠户故反好雨呼報
反多疥音介季冬務女無付反昏妻力侯反旦氏丁兮
反一音丁計反玄枵許驕反北鄉音向雉雊古豆反雉鳴雞始乳
如住反大難乃多反下注同磔出竹百反爲厲于僞反題肩大兮
反神祇音祁腹堅本又作複又方服反厚也五種章勇反注同鎡音茲
錤音其合古荅反吹昌睡反而罷如字又音皮乃復扶又反君
子說音悅小人樂音洛以共音恭下文以共皆同薪燎力召反可
析思歷反下同炊爨七亂反幾終音祈又音機故處昌慮反猶
女音汝令之力呈反而縣音玄辟寒毗異反胎吐來反犬

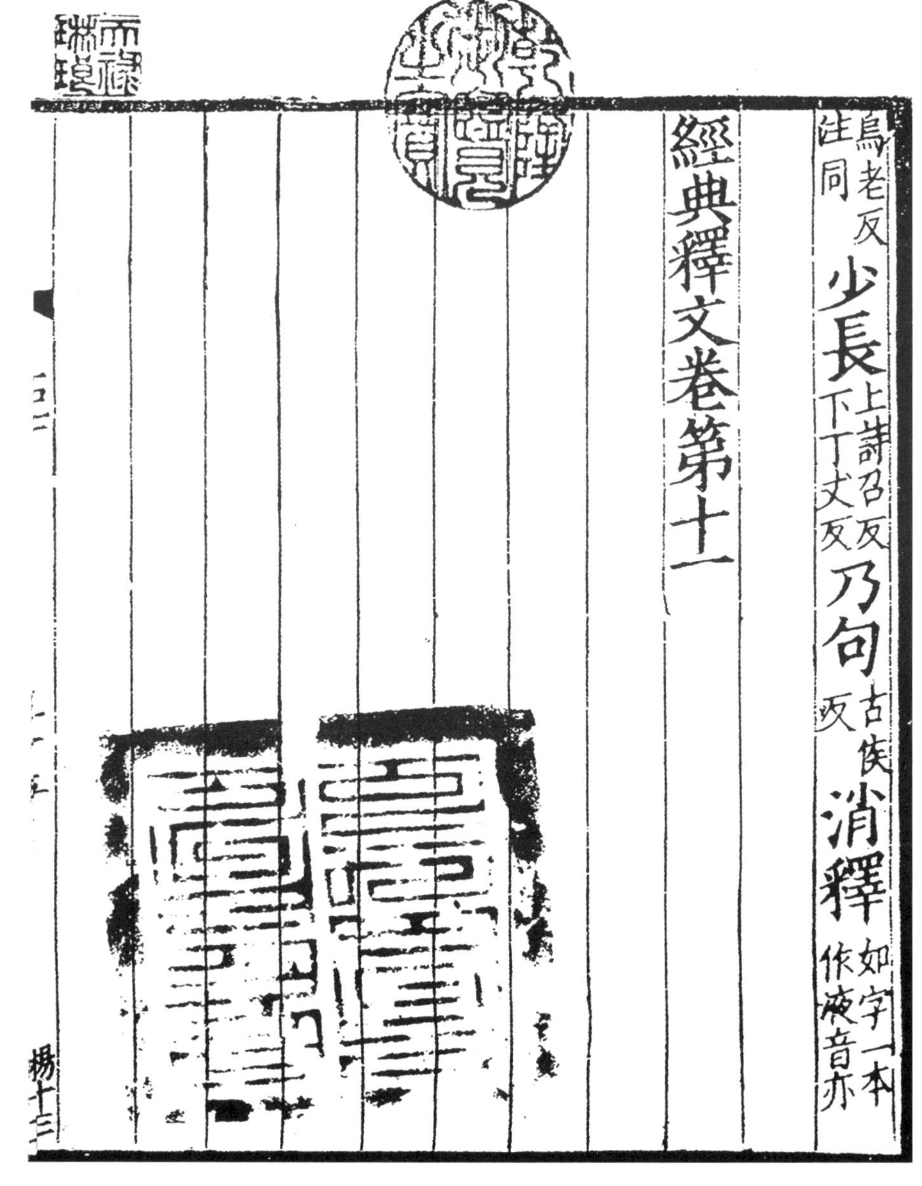

烏老反注同 少長上詩召反下丁丈反 乃句古侯反 消釋如字一本作液音亦

經典釋文卷第十一

楊十三

五福五代堂古稀天子寶

八徵耄念之寶

太上皇帝之寶

五福五代堂古稀天子寶

八徵耄念之寶

太上皇帝之寶

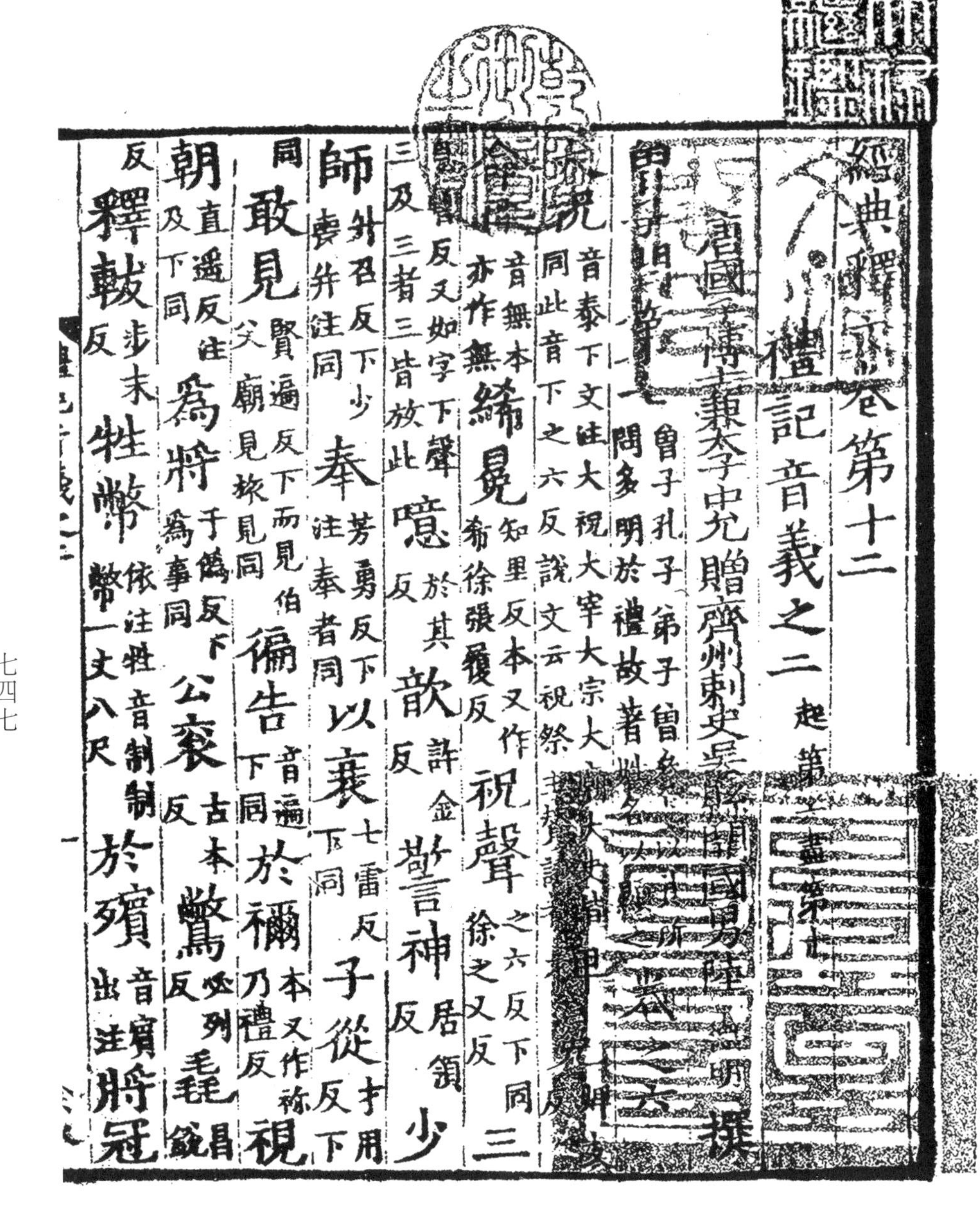

經典釋文卷第十二

禮記音義之二　起第七盡第十六

國子博士兼太子中允贈齊州刺史吳縣開國男陸德明撰

曾子問第七　曾子孔子弟子曾參也以其所問多明於禮故著姓名以顯之

大祝　音泰下文注大祝大宰大宗大史皆同此音下之六反識文云祝祭主贊詞者

音無本又作無　亦作無　絺冕　知里反本又作黹徐張履反　祝聲　之六反下同　三

反又如字下聲　三及三者三皆放此　噫　於其反　歆　許金反　警神　居領反　少

師　升召反下少曹升注同　奉　芳勇反下注奉者同　以襄　七雷反下同　子從　才用反下

同　敢見　賢遍反下而見伯父廟見挨見同　徧告　音遍下同　於禰　乃禮反本又作祢　視

朝　直遙反注及下同　為將　于偽反下為事同　公袞　古本反　鷩　必列反　毛毳　昌銳

反　釋鞁　步末反　牲幣　依注牲音制幣一丈八尺　於殯　音賓出注　將冠

古亂反下及注皆同徹饌仕戀反埽悉報反冠醮子妙反酌而無獻酬曰醮以與

音預下至脫裹與奠皆同相爲于僞反注爲人其所爲服爲君爲其皆同辟正音避下同士則朋

友一本作士則朋友奠脫湯活反擯相息亮反取七住反本亦作娶下文取婦取女同累

力弭反親迎魚敬反下同縞古老反總音摠服期居宜反下同償音尚過

古卧反相飲於鴆反食音寺相離力智反有供九用反養羊尚反

盥饋音管下其位反不菲一本作屝扶畏反草屨朝廟直遥反猶爲于僞反下

爲庶毋爲其下文君爲皆同禮與音餘下禮與同亟舉徐起吏反西鄉許亮反

先柏子悉薦反夏卒戶嫁反巡守手又反本亦作狩齊車側皆反本

亦作齋注及下同齊車祭祀所乘金輅也祫祭音洽老毌胐甘反老毌即甘子也祔之音附

以從才用反下禪從而從同必蹕音畢止行少喪如字下及注皆同讀者亦息浪反以

遺如字猶垂反又于季反者幾居豈反下同雨霑竹廉反衣青於旣反又

如字下同 嘗禘 大計反 簠 音甫徐方于反又音蒲 簋 音軌 陳饌 仕戀反又仕轉
反下同 三飯 扶晚反下同 不侑 音又絶句下皆放此 酳 音胤又仕覲反 不酢 才各
反 比至 必利反 賓長 如丈反下文誄長同 爲其 于僞反下爲彼爲親妻爲婦爲爲巳病皆
同 之治 直吏反 義斷 丁亂反 服除 如字徐直慮反 民中 如字又丁仲反
適妻 丁歷反 不誄 力水反累也謂謚也 時行 下孟反 作謚 音示徐又以二反
出疆 居良反 以椑 簿歷反親身棺謂杝棺也 共殯 音恭注同下必刃反 苴絰
七餘反下大結反 散帶 息但反 弁 皮彥反 柩 其又反 如爵 如或作爲加誤也
巳 音以 子免 音問 既引 以刃反下皆同 既封 依注音窆彼驗反 及涂 音徒
扱 初洽反 上衽 而審反又而鴆反 祝曰 皇之六反又之又反下同 爲介子 于僞反下
注爲有異居爲無曰同介音界副也下同 庶子爲大夫其祭也 本或此下有如之何三字非也
不厭 本或作魘於豔反注下皆同 不緌 注作墮同許垂反徐又況垂反注同 皆辟 音避

下同 厭飫於去反 尸謖色六反起也 俎敦音對又東論反 爲蝦古雅反 奠

觶之豉反字林音支 不歸如字徐其位反 諸與音預 其詞如字告也下及注同

昭穆常遙反下音木後放此 爲壇大丹反下注同注或作墠音善 遠辟徐于万反 之

稱尺證反 不附祭附依注音備本或作祔亦同 於奧方報反 無所音其又忌

依反歆也 之適丁曆反下同 如有昆弟一本作加有昆弟 其音恭 于堩古鄧反道也

且不如字徐子餘反 吾從才用反又如字 旣明反絶句 遷數音速出注 朝

天子直遙反 大夫使色吏反下君使所使同 不蚤音早 不莫音暮 則

近附近之近 慝作他得反惡也 痁患始占反病也 而恐丘勇反 爲君

于僞反又如字 塗邇音迩近也 卽周本又作堲子栗反下同 繩絚本又作緪古鄧反一

音古恒反 鉤之本又作拘古侯反 斂葬力驗反下同 史佚音逸 長殤丁丈反下

同 則棺古患反下文棺斂衣棺注棺謂皆同 召公上照反下同本又作邵同 爲史于僞反下爲辟

爲沆下文同有周公曰豈絶句言是豈絶句於禮不可絶句同處
反昌慮辟道婢亦反無辟音避下同禮與音餘下皆同作難乃旦
反粊音祕

文王世子第八 文王周文王昌也鄭云以其善爲世子之禮故著謚號標篇言可法也

朝於直遥反曰三如字又息暫反衣服徐於既反又如字内豎上主反小臣
又復扶又反及莫音暮注及篇末皆同蹈徒報反憂解胡買反食
上時掌反寒煖乃管反徐況煩反末有亡曷反勿也應曰應對之應爲
失于僞反飪而審反生熟之節不稅本亦作脱又作説同音他活反而養羊尚反
壹本亦作一飯扶晚反下及篇末皆同箴藥本亦作鍼之林反所勝音升瘳
丑由反差也女何音汝後同九聆音零本或作齡人壽音受後同安樂音洛
子爾羊汝反傳直專反莅阼音吏又音類下同莅視本或作莅臨也周

公相息亮反　而治徐直吏反下注治定同一音如字　抗苦浪反舉也　長幼丁丈
反後皆同　則捷他達反擊也　凡學世子戶孝反敎也下小樂戚學干籥師學戈學舞干正同
俊選息戀反後同　春夏戶嫁反下放此　羽籥羊灼反　干楯食準反又
音尹　句子古侯反　秉翟大曆反　大胥如字又音泰胥息徐反又息呂反注皆放此
之版音板本又作板　舍采音釋後舍采同　秋頒音班　旄人音毛　不僭
七尋反又子念反　大師音泰下文注大樂正大學大傅大祖大祼皆同　瞽宗音古瞽宗殷學
名　上庠音詳上庠虞學名　播詩彼我反　功易以豉反　合語如字
徐音閤注同下大合樂放此　語說如字徐始銳反注語說同　論說力門反徐力頓反注同　三
行下孟反下又德行同　侍坐才卧反又如字　遠近間竝如字間猶反同注同徐古辨容也
指畫牙麥反　分別彼列反　廣三尺古曠反又如字　三寸一本作廣三尺
三寸三分　函丈胡南反　相辟音避下辟君同　億可本又作噫音抑　有葼

求龜反小拔其彼反後復扶又反遠之于万反注同近是附近之近

旣與依注爲釁音虛覲反擯子必刃反本亦作擯注同無介如字下注同副也米

廩力甚反懌音亦悅懌少傅詩召反下音賦後同積浸子鴆反爲之

于僞反下爲說其爲君皆同國治直吏反下而治國治並同況于依注作迂音同又音紆大也

欲令力呈反學之音效下及注同孝弟大計反又作悌下孝弟皆同之倅七對

反副也其朝直遥反後不出者並同登餕音俊之適丁歷反頁盟

音管行列戶剛反者稠直由反密也出疆居良反守於如字又手又反

下同諸父守貴室本或作守貴宮貴室冠取古亂反下七喻反後放此相爲

于僞反下注爲君同宜免音問下及注同于賵芳鳳反賻音附承音贈出注

含胡暗反本又作唅贈賻唅襚皆贈喪之物也車馬曰賵布帛曰賻珠玉曰唅衣服曰襚摠謂之贈贈猶送也

旬人大遍反縣音玄縊一智反則纖依注音鍼之林反刺也徐子廉反注本或作纖

讀爲纖者是依徐音而改也 剸之兗反割也 亦告依注作鞫久六反 鐵刺七亦反又七智反下同 膹頻忍反徐扶忍反 劓魚器反 刀鋸徐音據 讞徐魚列反言也

大辟婢亦反後不音者放此 宥之音又寬也 又復扶又反下不復復自行皆同 爲之于偽反下不爲服爲黍祖注非爲又爲之舞同 之比必利反 之殺色戒反徐所例反差也 差也初佳反徐初宜反 弔臨如字徐力鴆反 官治直吏反 衆鄉許亮反注同

百姓本或作異姓非 遠之于万反 大昕音欣說文云旦明日將出也讀若希 營衆音景起也 養也如字徐羊尚反後皆依徐音 之處昌慮反下同 五更江衡反注同蔡作叟音素口反 咏焉音詠 以樂闋苦穴反終也 以樂音洛 里[illegible]

皇音與異及也本又作愷又作騣亦作驟 兑命注作說同音悅 朝夕至于直遥反旦曰朝暮曰夕舊如字 朝朝上如字下文朝夕之食上同下直遥反 食上時掌反 親齊側皆反注同 齊才細反 和胡卧反

禮運第九 鄭云禮運者以其記五帝三王相變易及陰陽轉旋之道 卷之七

與於 音預 蜡 仕嫁反索也祭名夏曰清祀殷曰嘉平周曰蜡秦曰蠟字林作䄍 索 所百反 於觀

古亂反注同闕也 喟然 去媿反又苦恠反說文云大息 之處 昌慮反下同處同 逮 音代反也

一音代 俊選 宣面反下文皆同 爲其 于僞反下文爲己皆同 禪位 善面反

計反 所長 丁丈反 矜寡 古頑反 無匱 其媿反 有分 扶問反注同 艮

奧 烏報反 惡其弃 烏故反下同上 不憚 大旦反 施無 始豉反 懠

力刃反又力覲反 禦風 魚呂反 傳位 丈專反 俗狹 音洽 嗇 音色 勇知

音智 敦朴 普角反 之綢 直由反 成治 直吏反 在埶 音世本亦作勢 者

去 羌呂反注同 爲殃 於良反 復問 扶又反下復問同 相鼠 息亮反注同

遄死 市專反疾也 殽於 户教反法也徐户交反 冠昏 古亂反 朝聘 直遥

反 則易 以豉反 之極言 如字徐紀力反 闕與 音餘 小有正 音征本或作有

夏小正 坤苦門反 乾其虔反 其燔音煩 捭卜麥反注作擗又作擘皆同
汚尊烏華反注同一音作烏 抔步侯反手掬 蕢依注音苦對反又苦怪反土塊也 桴
音浮鼓槌 齊敬側皆反 釜本又作鬴音父 甑即孕反 燒石如字又舒照反 鑿
地在洛反 掬九六反本亦作曰音蒲侯反 堛普逼反 摶土徒端反 築徐音竹 屋
而號戶毛反 皐某音羔 飯扶晚反注同 腥音星 而苴子餘反苞也徐爭初
反 遣奠弃戰反 知氣音智 甘首手又反注同 南鄉許亮反注同 嘗
竄苦忽反 居橧本又作增又作曾同則登反 橾本又作巢助交反 茹其音汝 衣
其於既反 鑄之樹反 作合土如字徐音閤 令音零 甓步歷反 瓦無
音武 大也音泰甒六皆樽名 臺榭音謝本亦作謝 牖戶音酉 以炮薄交反徐
扶交反 裹燒音果 以燔音煩如字於火上 亨普庚反煑也下合亨同 鑊戶郭反
以炙之石反 貫之古亂反 醴音禮 酪音洛 烝之承反 釀女亮反 酢

七故反　酨子再反徐祖冀反　醴醆側眼反　粢依注爲齊子細反注五齊皆同　醍音體
祝嘏古雅反本或作假　之祜音戶福也　粢讀音咨　泛齊芳劒反徐音汎　盎
齊烏浪反　爲主人于僞反下同　其祝之六反徐之又反注同　其殽本或作肴
戶交反　越席音活注同字書作趏越席翦蒲席也杜元凱云結草　以冪本又作鼏同莫歷反　衣
其於旣反　澣帛戶管反　示號音秪本又作祇　齍號音咨皇云黍稷　大
古音泰下大史同　爓似廉反　涤如豔反又如琰反　樂也音洛　鉶本又作鉶音刑盛和
羹器形如小鼎　羹音庚舊音衡　分別彼列反下文同　於音烏　乎好奴反　吾舍
音捨下舍禮皆同　郊禘大計反　騷晁音兮　契息列反　醆斝古雅反又
音嫁爵名也夏曰醆殷曰斝周曰爵　僭君子念反注同　脅君許劫反　儗於音擬　焉
於虔反　期不居其反　入朝直遙反注同　或與僕相息亮反一讀如字則連下
爲句　等輩卜內反　郛鍼其廉反又祇廉反　干乘時證反　壞法音怪

諱惡烏路反 自拱徐居勇反後拱持同 爲詐許約反 孔甯本又作甯寧寮左

傳作甯公羊作甯各依字讀 行父音甫 數如色角反 取殺申志反又如字 大柄

兵命反 僨鬼必刃反 以治政皇如字徐直吏反下文注以治政同 爲言于僞反下又爲

遂爲皆同 所操七刀反 臣倍步內反 俗敝音弊本亦作弊 瘲國才斯反病也

肅峻恤俊反 煇光音暉 不見賢遍反 殺以戶教反注及下同 會

古外反 所上時掌反下上配上生皆同 共國音恭 所樂音岳又音洛又五孝反好也注同

治也直吏反注同下以自治注身治成治皆放此 並倂步項反 過差初佳反一音初買反

何以守位曰仁本亦作人 所養羊尚反又如字下同 百姓則君則音明

出注 分定扶問反後文注除三分去一三分益二皆同 舍義音捨 之知音智注同 棄其

羌呂反後皆同 之斷丁亂反 之施始豉反下施生同 謂之變音辯出注 耐以

能音 辟於婢亦反開也徐芳益反 傳書文專反 愛惡烏路反下皆同 弟弟

上如字下音悌長惠丁丈反爭奪爭鬬之爭測度大洛反不見賢遍

反竅於徐苦弔反孔也播於彼左反舒也五行四時絕句本亦作播五行於四

時屈伸音申迭相大計反又田結反竭也義作揭其列反負擔也還相

音旋下同六和戶卧反注同更相古衡反下同角徵張里反南事律名京房

律始於執始終於南事凡六十畫繢戶對反以圜音環又音圓別聲彼列反

祓色皮義反徐扶義反爲柄本又作枋兵命反爲量音亮下同爲畜許六

反下同政治直吏反於麟良人反相近附近之近操七刀反所捊

薄侯反徐音普構反介僎上音界下音遵可睹丁古反爲倪五計反覗也魚

鮪于軌反魚名淰音審徐舒冉反獝字又作獝況必反狘況越反閃失冉

反秉蓍音尸瘞於例反一音於器反繒本又作增同似仍反又則登反又似登反儐

鬼皇音賓敬也舊必信反在朝直遙反下同卜筮市制反瞽音古侑

又音皆應應對之對列宿音秀之藏如字徐才浪反大一音泰下注同合

於月之分本或作日月之分日衍字曰養音義出注冠昏古亂反摯幣

本又作贊音至罷也音皮大竇音豆孔穴也壞國音怪又乎怪反喪家息浪反

有蘖魚列反醇耳市春反養菁子丁反耨之奴豆反鉏也所臧

市正反又音成乖刺力達反本或作制無邦音似不種之用反不亦作弗何休注公羊云弗者不

之深也下皆放此不穫戶郭反知收如字又手又反不見賢遍反不苑于粉反積

也不繆音謬有畜丑六反不殺所戒反徐所例反注同渚者之汝反漁

人音魚獻鼈必列反蜃市忍反司爟古亂反卝人華猛反又瓜猛反徐

古猛反仲夏戶嫁反下同謂食音嗣齊才細反下皆同須爵音必班

當丁浪反媒氏音梅而取音娶本又作娶稽士古兮反之烖音災妖

孼又作蠥魚列反妖又作祅說文云衣服歌謠草木之怪謂之祅禽獸蟲蝗之怪謂之蠥螟亡丁反螽

徐音終 澧本又作醴音禮 麒麟音其下音栗人反 郊棷素口反徐捴會反澤也本或作藪

宮沼之紹反池名 夘力管反 胎土才反 可俯音府 而窺本又作闚去規反

銀甕本又作罋烏弄反徐於弄反

禮器第十 鄭云以其記禮使人成器孔子謂子貢瑚璉之器是也

錯則七路反本又作措又厝音同 猶去起呂反 回邪似嗟反 辟也匹亦反 如

竹箭節見反 有筠于貧反鄭云竹之青皮也 故貫古亂反 攺柯古何反

篠西了反徐音小 柔刃而慎反 廣狹音洽又戶夾反 常差初佳反徐初宜反

上下時掌反 大殺色戒反徐所例反注同 恇懼音匡又丘往反 猶恐丘勇反 稱

次尺證反後皆同 匪革紀力反注同急也 堵者本又作闍音都又丁古反徐音常邪反 七

介音界副也後皆同俗讀古賀反非也 五重直龍反下及注皆同 八翣所甲反 相食

音嗣下同 餼許既反 西夾古洽反又古協反 其使色吏反 抗木苦浪反又音剛

又戶剛反 與茵 音因 縮二 所六反 以櫝 音獨本亦作特 相朝 直遥反下及注同

灌用 古亂反注同 鬱鬯 丑亮反 脯醢 上音甫下音海 緐纓 步干反下及注同

琥 音虎又作虎 璜 音黃 單席 音丹 翦繁 子淺反一音牋 鵠纓 胡毒反

之量 音亮 器皿 命景反字林音猛 以散 悉旦反注同 舉觶 支豉反 外

缶 方有反 瓦甒 音武 曰瓬 音孤 不壇 大丹反 棜禁 於據反 猶

去 起呂反 斯禁 如字劉昌宗音賜 隋長 他果反 足高 如字又古報反 龍

卷 本又作袞同古本反 黼 音甫 黻 音弗 熏 字又作纁許云反 裳緑繅 本又作璪亦作藻同子老反注同

不琢 字又作瑑丈轉反徐又依字丁角反 大羹 音泰 不和

胡卧反 越席 音活 犧尊 鄭素何反王如字 幎 本又作幂又作冪莫歷反 樿 章善反又

市戰反白理也 杓 市灼反 長三 直亮反 杼上 直呂反 作幕 音莫 不殺

所戒反又所例反下而殺注芟殺皆同 詡萬 況矩反也徧也 徧也 音遍 樂 五孝反注同

猶見賢遍反下外見告見皆同 之致直置反注皆同 誠愨字又作慤苦角反下文同 爲樂音洛 匠士

本或作正上 之攘如羊反盜竊 以上時掌反 鏤簋力豆反下音車 朱紘音宏 藻梲章悅反又依

字當作掇梁上侏儒柱 栭謂音而 達棱力登反 斲陟角反 而礱力工反 澣衣又作浣戶管反

濯冠直角反 以朝直遙反 隘矣本又作阸於賣反狹也 不爲于僞反下爲父母皆同 不

摩本又作麼毀皮反齊人謂快爲麼 蚤音早 篠大音保又保毛反本又作保 夏父音甫 不綦

音忌不亦作弗 燔柴音煩又芳雲反 於奧依注作爨七亂反下同 子彊苦侯反 大廟音泰下注大平

下文大齎並同 躋僖子西反升也本又作隮 饎爨昌志反下七亂反 盛於音成 於鉶步丁反 不當

丁浪反 期也音基 猶去起呂反下去賓同 有撒所監反又所覽反芟也 芟也所咸反 有放方往

反下有放必放同 不致本或作不至 而擭之石反 詔侑音又本或作宥 武方音無出注 就養

羊讓反 詔圜音圓下圜並同本亦作詔圓 猶醵其庶反又其約反合錢飲酒曰醵 與音餘 近人

附近之近注同 而遠于万反 獻爓似廉反 下役戶嫁反 已蹙子六反又音促本又作戚 愿貌

音頖大愿音泰不見賢遍反下龍見同頖宫本或作泮依注音判惡依注音呼又作虖好胡反池

大河反注同嘔喪烏侯反泰山本或作大音目下注放此順之至也順亦作慎散齊悉旦反下

側皆反後放此相步息亮反注同溫之紆運反注同溫藉徐子夜反告導音導朝事

直遥反下朝夕注視朝同以樂樂之上音岳下音洛鸞刀力端反莞音官一音丸簟徒點反

而槀古老反字又作藁蘇江八反徐古八反穗音遂而烝之承反亹亹亡匪反徐音尾

勉勉反樂之音洛升上持掌反巡守手又反燔燎力妙反又力弔反禪於善戰

反梁父音甫本亦作甫龍假音格至也為暘音陽為燠於六反大治直吏反下及注同

罍音雷犧尊素河反注反下同縣鼓音玄應鼓應對之應作獻本又作戲同素河反

下同之分扶問反夏籥戶嫁反下音樂裸用古亂反雞彝徐音夷作護戶故反本

亦作漢以道音導蘧伯玉其居反名瑗于眷反之知音智而從才用反薦

益烏限反血膋了彫反洞洞音慟屬屬之玉反美定一作亭磬丁反一音奴子

爲祊百彭反 繹祭音亦 一處昌慮反 王事與音餘 魚腊音昔 內金音納

見情賢遍反下注卅一見同 炤物音照本亦作照 縿纊音曠縿也劉昌宗古曠反 篠蕩大當黑反

蕃服本又作藩方煩反下同 近之附近之近 肆夏依注作陔古來反注又作祴音同 祖龍反

髮音但下音習 受和户卧反 彊言其丈反 跛彼義反偏任曰跛注同 倚於綺反依物曰倚注同

子路與音預 晏朝直遥反又張遥反

郊特牲第十一 鄭云以其記祭天用騂犢之義也郊者祭天之名用一牛故曰特牲 卷之八

膳市戰反 用犢音獨 牲孕餘證反 誠慤苦角反 繁纓步干反 三獻

爓本亦作爓以廉反 灌用古喚反本又作祼 服腊丁喚反鍛脯加薑桂曰服腊 三重直龍反下注同

而酢才各反 之介音界注同 猶單音丹下文注同 饗禘音樂出注下春祫同 而

食音嗣 夏禘户嫁反 俎奇居宜反下鼎俎奇同 用褻息列反 昌明曰音神出

注 篆字直轉反 示易以豉反注同 朝聘直遥反下文注朝覲朝服皆同 樂闋

苦宂反止也　嬰嘆力注反本又作嬰　匏竹步郊反匏笙也竹篪笛也　别土彼列反下注無别同

爲作于僞反下文爲君同　往德皇如字徐于況反　庭燎力妙反徐力弔反　僭天

子子念反後並同　私覿大歷反下同　而使色吏反　私見賢遍反下同　慶父

音甫　鴆牙直蔭反　殺二君音試　弁自作才路反本又作弁自作階　宮縣音玄注及

下同　設錫音陽注同　干盾本亦作盾純尹反又音尹　傳其音附背補佩反　及姑

丁念反　繡依注作宵音消注或作綃亦同　黼音甫　以簾音廉　於反爵焉本或作賓

反爵焉非　領緣以絹反　繒似陵反　朱襮音博　過古卧反　寓公音遇寄也　南

鄉許亮反下君南鄉同　以辟音避注同　鄉人裼音傷強鬼名也　強鬼其丈反　時難

乃多反下同本又作儺　索室色百反下文注皆同　毆疫字又作驅同起居反　縣弧音胡　設帨

始銳反　三日齊本又作齋同側皆反後放此　何居音姬　繹之音亦　祊百彭反　商賈

音古　販夫甫万反　北庸本亦作墉音容牆也　大社音泰下文注大社大陽大古大王皆同　王爲

于偽反下文爲社爲梦皆同 喪國 息浪反 薄社 本又作亳步各反 北牖 音酉 乘 時證反注

同又徒偏反 共 音恭 粢 音資 甸 徒練反又繩證反 卒伍 祖忽反 算具 思管反 爲

省 思淺反 而監 依注音鹽 行 行田 上如字下及下行田皆下孟反 使歆 許金反 燔柴

音煩 巡守 手又反 岱宗 音岱 夏正 音征下同 猶徧 音遍 以穪 尺證反 用

騂 息營反徐呼營反 圜丘 本又作圓音員 凡爲 如字或于偽反非也 擇可與 如字一音

預 而還 音旋下同 重相 直用反 爲廡 九又反 省鑊 戶郭反 汜 芳劒反本亦作

汎 埽 素報反 剗 初産反徐又初展反 令 力呈反 王被 皮義反 卷

本又作袞同古本反注卷冕同 冕 亡展反字林亡辯反 載 丁代反本亦作載 璪 音早

不過 古和反 在滌 苑音迪徐徒嘯反 以別 彼列反 所搜 本又作廋所流反

除慝 吕慮反下之慝皆同 大蜡 仕詐反蜡祭有八神先嗇一司嗇二農三郵表畷四貓虎

五坊六水庸七昆蟲八 伊耆 巨夷反伊老耆古天子號也或云即帝堯是也

百種之勇反下種之種也同 鄆本亦作尤有周反字或作卹 表畷丁劣反田畯所以督

約牛間處也又丁衞反 田畯音俊 督約因妙反 敎擾而沼反馴也 迎

貓字又作貓音苗 爲其于僞反下同 祭坊音房後注同 其壑

火各反 祝辭之六反又之又反 猶坑苦衡反 螟莫經反 蝨

音然又依蠓 榛杖側巾反以榛木爲杖也 喪殺所界反徐所例反注及下德之殺

並同 臘先祖力合反 勞農力報反 草笠音立 使

使上音史下及下使者皆色吏反 緇撮七活反又七括反 其餉始尚反 伊

糾居黝反 好田呼報反下好女可好皆同 果蓏力果反 以蓄尹六反又許六反

薀財於粉反 以移以豉反注同羨也 羨也才箭反又辭見反 烝之承反

畀必利反 祖妣必履反 之與音餘 旣喈而收絕句 積

聚並如字徐上音茲賜反下才樹反 之菹争居反 其醢音海

麋音眉臡字又作䏧乃兮反字林作腝人兮反茆音卯又力首反

麇九倫反蠃力戈反豚拍音博薦即見反又作薦同或作薦非

可耆市志反路車本亦作輅音同可樂皇音洛下同徐五孝反

可便婢面反徐扶絹反莞音官徐音丸簟大點反越音活注同

槀又作稾古老反鞂簡八反徐古八反不和胡臥反不琢依注

為文轉反彫多調反又作雕字幾巨依反注同之乘時證反樸也

普角反司烜音毀陰鑑古暫反籍神字夜反沂魚斤反

鄂五合反俎寄居宜反醯醢上呼兮反本又作醓同斷也

丁乱反冠義古乱反下文始冠冠而敝之而冠於作冠而字之冠礼士礼冠皆同

齊則側皆反其緌耳佳反以上時掌反後以上皆同敝

本亦作敝婢世反徐又另列文 不復扶又反 適子丁曆反 近

主附近之近 醮子妙反 毋追上音牟下多雷反 殷冔況甫反

反字林作綽火下反 見墓訪患反 殺音弒 賢行下孟反下

德行同 取於音娶本又作聚 附遠坒于万反 厚別兵列反

反下及注皆同 不腆天典反 信事側吏反又如字立也注同

親迎魚敬反 男先悉見反及見注同 倡昌亮反 道

音導 執贄音至本亦作摯 聚麀音憂 出乎大門

而先如字絕句又悉遍反 以知音智 婦盥音管 饋

其位反一本無婦盥饋三字 婦餕音俊 為腊直輒反

滌蕩音狄徐又同弟反 樂三如字徐息懃反同

灌用鬯臭絕句庾以鬯字絕句鬱字又作鬱同合鬯絕句焫蕭如悅反燒也下音蕭香蒿也合如字徐音閤羶依注音馨許經反薌音香圭瓚在旦反鈃南音刑蒿也呼毛反染以如琰反羶當失然反詔祝之六反下及注並同又之又反膟音律膋力雕反燎于力妙反又力弔反下文同爐音盧以墮許恚反或許垂反之奧烏報反北墉音容室與堂與並音餘下遠者與同本作室與堂也與則如字讀遠人徐于万反倞也音亮肵音祈爲尸于僞反嘏辭古雅反爲禃徒得反相息亮反注及下之相并注同侑音反妥尸他果反嘏長直良反徐知兩反或詁音古祭齊才細反注及下說齊并注同謂緌許恚反說齊始銳反清也字又作涗泲之子禮反下同㡛氏莫剛反漚絲烏豆反爲沈本又作涗同齊絜側皆反篇末文注同腥肆勑歷反注同爓腍而審反腊直輕反舉斝

古雅反之坐才卧反縮酌所六反注同醴齊才細反下皆同去滓起呂反醳酒音亦不共音恭斟也章金反尊彝音夷注于之樹反醆側産反盎齊烏浪反差清初賣反又初佳反汁之十反獻依注讀爲素何反下注同舊澤依注讀爲醳音亦徐詩石反爲其于僞反腊毒上音昔隱義云腊久也久酒有毒辟依注作弭亡婢反遠罪于万反

内則第十二鄭云以其記男女居室事父母舅姑之法

后王鄭云后君也謂諸侯也王天子也盧云后王后也王天子也孫炎王肅云后王君王也并六卿必政反或兼古念反如字一音咸盥音管洗手漱所救反徐素遘反漱漱口也下同櫛側乙反梳也縰所買反徐所綺反黑繒韜髮笄古兮反總子孔反束髮也拂髦音毛冠緌耳佳反緌纓飾也韠音必紳音申大帶搢徐音箭又如字搢插也笏音忽韜髮吐刀反振去起呂反著之丁略反

反下又及注同 鬐 多果反 扱 本又作㛑又作插初洽反徐采協反 使令 力星反 紛

芳云反拭物巾或作帉同 帨 始銳反佩巾也 小觿 許規反本或作觿音同解結錐 金燧 音遂

火鏡 拭物 音式 礲 力工反 捍 戶旦反拾也謂射捍 管遰 時世反徐作滯刀鞞也 筆

彄 苦侯反 刀鞞 必頂反 鑽火 子官反 偪 本又作幅彼力反行縢也 行縢

徒登反 屨 九具反 著綦 其記反注及下同屨繫也 如父母 一本作如事父母 衣

紳 如字又於旣反注同 今簪 徐側林反又作南反 箴 之林反 線 本又作綫息賤反 纊

音曠 鞶 字又作槃同步干反 袠 陳乙反又作帙 小囊 奴郎反又作橐徐音託 明爲 子僞

反 衿纓 本又作紟其鴆反結也注同嬰又作纓 衣燠 本又作奧同於六反煖也 苛 音何疥也

養 本又作養以想反 搔之 素刀反摩也 怡說 音悅 苛疥 音界說文云搔瘍也

時便 婢面反 少者 詩召反後皆同 奉槃 芳勇反本或作捧下同 長者 丁丈

反後皆同 以帨 始銳反拭手也本又作挩同 以溫 本又作蘊又作愠同於運反注同 藉也

字夜反　饘之然反厚粥也　酏羊支反薄粥也　芼毛報反　蕡字又作𧄹扶云反徐扶畏反大麻子注同　粱音良　秫音述　粥之六反又羊六反　熬五羔反　枲實思里反　飴羊之反錫也　堇音謹菜也　荁音丸似堇而葉大也　枌扶云反白榆也　免音問注同新生曰免　薨字又作槀苦老反乾也　滫思酒反溲也　瀡音髓滑也　以滑胡八反又于八諸諸卷皆同　以膏之古報反　調如字又徒弔反　和如字又胡卧反　夏用戶嫁反　溲所九反　未冠古亂反　爲迫于僞反　而朝直遙反下而朝同　後成人如字徐胡亘反　下同　衣服如字又於既反　枕簟徒點反　灑本又作洒所買反又所賣反　埽素報反　孺子如樹反　蚤寢音早　以上以或作巳上時掌反後放此　奉席芳勇反下同　何鄉許亮反　將衽而鴆反又而甚反卧席也　何止本又作趾足也　卧處昌慮反　縣衾音玄　篋枕口協反　而襡音獨韜也　不傳文專反注同移也　敢近附近之近　敦音對又丁雷反　牟木侯反齊人呼土釜爲牟　卮音支酒器也　匜

羊支反一音以氏反杜預注左傳云沃盥器也 非餕音俊 如堥字又作蝥木侯反 應唯

反徐伊水反 愼齊側皆反 噦於月反 噫於界反 嚏音帝 咳苦愛反 欠

丘劒反 伸音申 跛彼義反 倚於義反又其寄反 睇大計反傾視也 視如字徐市志反

唾吐卧反 涕本又作洟同吐細反 重衣直龍反 袒音但 裼思歷反 撅居衛

反揭衣也 揭衣起例反又起列反一音起言反 不見賢遍反下同 爲其于僞反 可

緎紆廢反又烏會反 刷色劣反 去丘呂反 帶垢古口反 請漱素侯反後皆同

請澣本又作浣戶管反 和漬似賜反 綻字或作䘺直莧反徐治見反 裂本又作列

紉箴女陳反徐而陳反下之林反 補綴丁劣反又丁衛反 猶解胡賣反又佳買反 燂

湯詳廉反溫也 潘芳煩反淅米汁 靧音悔洗面 瀾力旦反 褻遽其據反

以簞非鬼反 共湢彼力反本又作偪浴室也 不嘯依注音叱尺失反 障也音章

解也佳賣反下解倦同 若飲於鴆反 食音嗣 不耆市志反 而去起呂

反本又作而食之 謂難乃旦反 姑予以渚反下同 遠于万反 懟直類反本又作
懟 姑縱本又作從足用反 寧數色角反 譴責弃戰反 猶爲丁偽
反 說則音悅下同 而撻吐達反撻擊也 思貽以之反貽遺也 遺也以季反
謂傳文專反 介婦音界注及下同 解勸本又作倦其卷反 掉磬
徒弔反隱義云齊人以相紾許爲掉磬崔云北海人謂相激事爲掉磬也 下家戶嫁反 使
令力呈反 私畜許六反又許又反又勑六反 茝蘭本又作芷昌改反韋昭注漢書
云香草也昌以反又說文云虈也火喬反齊人謂之茝昌在反 必復扶又反 適子丁曆反 皆
齊側皆反 稰思呂反熟穫曰稰 穛側角反生穫曰穛 膷音香牛臛也 臐許云
反羊臛也 膮許堯反豕臛也字林云豕羹也火攸反 牛炙章夜反下同 胾側吏反 牛
膾古外反 芥醬徐姬邁反 鶉順倫反 鷃音晏 公食音嗣飤食糝食並同 爲
鴽音如下文同 重醴直龍反注同陪也 清糟子曹反徐又祖到反 醇也常倫

反清沸子禮反酢七故反截才載反醷本又作𦢊於紀反徐於力反𥚃力暫

反以諸乾桃乾梅皆曰諸糗起九反又昌紹反餌音二下同酏讀曰餈又作餰之然

及又之善反擣丁老反下同本又作擣與餈本又作粢自私反下同糝西感反狼臅

昌錄反徐又音燭食音嗣飤也下苽食麥食食僉齊皆同徐如字蝸力戈反醢而苽音孤

字又作菰同雉羹絕句麥食脯羹雞羹絕句折之列反稌音杜徐他

古反稻也和糝上胡卧反下三敢反注同不蓼音了羹齊才細反下文同析星曆

反下同濡豚音而下同苞苦伯交反濡雞醢音海一本作醯一兮反次下句同

卵醬依注音鯤古門反魚子也亨普彭反煑也荼音徒作欄音闌本又作攔音門

腶脩丁亂反蚳直其反蟻子也捶脯徐之蘂反蜱本又作蠯音毗蜉本又作桴

音浮卵鹽力管反爲胖音判視夏戶嫁反下放此膏薌音香牛膏

腒其居反乾雉也盧云雉腊也說文云北方謂鳥腊曰腒鱐本又作䐹所求反乾魚也膏臊

索刀反大膏也麛音迷鹿子也膏腥音星雞膏也說文作胜云犬膏臭也膏羶
升然反斗膏也爲其于僞反大盛音泰麕九倫反本又作麇又作麕下田豕麕君同
有軒意憲出注後放此切肉如藿葉也蜩范上音條蜩蟬也下音犯范蠭也蠭本又作蜂芳凶反芝音之栭
音而本又作檽蔆音陵芰也椇音矩枳椇榛側巾反柿音俟柤側加反芰
其寄反枳椇上居氏反用䪥戶界反俗本多作薤非也藙魚氣反茱萸也會古外
反稽古兮反之㩣色八反似茱萸而實赤小和戶臥反注皆同注又如字用醯呼兮反酭
也畜與許又反又許六反鶉鷄羹本又作鶉羹鷄羹魴鱮上音房下音敘
烝皇絕句之丞反雛字又作鶵仕俱反又匠俱反賀讀魴鱮烝鶵爲句燒如字一音焦皇絕句雉
皇此一句一讀雉薌爲句蘇荏而甚反言調徒弔反狼去起呂反下並同尻
苦刀反腦奴老反皆爲于僞反下皆爲同伏扶又反乳而樹反鰫魚音容
如篆直轉反鯁人本又作哽古猛反字林云鯁魚骨也又工孟反竅也苦叫反贍

丁敢反 攢之再官反本又作鑽 廇音由惡臭也 泠音零泠結毛如氈也 毳昌銳反 而
躁早報反 麃本又作鑣劉昌宗音普保反徐芳表反又普表反 而沙如字一音所嫁反注同
交睫音推 腥依注作星皇云肉中如米者說文云腥星見食豕令肉中生小息肉也字林音先定反
而般音班 臂本又作辟必避反徐方避反 漏依注音螻力便反 鶘胡篤反 鴇
于驕反 胖音判 鵠音保 奧於大反 鹿胃音謂字又作膭同 一薰許云反或
作煮又作葷 不解胡買反 嘶也音西字又作㴩音同 腐臭扶甫反 前脛
胡定反 螻蛄音姑 鵝五何反 鶩音木 脾扶移反 肶昌私反 肉腥
音星字林作胜云不熟也先丁反 聶而本又作攝又作牒皆之涉反下同 麏爲九淪反 辟
鷄必益反徐芳益反注同 爲宛于晚反 脾婢支反 諸醢徐呼今反本或作醯 麋
矮於僞反益州人取鹿殺而埋之地中令臭乃出食之名鹿矮是也 近由附近之近 羹食音嗣
注羹食并下文食禮同 庪食字又作庋九委反或居彼反本亦作庪 於坫丁念反 夾室

古洽反又古協反 同處 昌慮反 異粻 知良反糧也字林云量也 絞 古交反 紟

其鴆反本又作紟同 衾冒 云報反 不煖 乃管反 於朝 直遥反下同 珍從

才用反又如字 不與 音預下同 齊喪 側皆反 衰麻 七回反 東膠 音交

尋而 況甫反 縞 古老反又古報反 樂其心 音洛下同 忠養 羊亮反 爲

法 于僞反 德行 下孟反 三王有 音又出注 爲惇 音敦敦厚也 淳

熬 之純反下五羔反下及注同 淳母 依注音模莫胡反下同 黍食 音嗣 炮 步交反

若將 依注音牂子郎反牝羊也 刲 苦圭反 刳之 口孤反又口侯反 編 必縣反又步典反

雈 音丸蘆也 以苴 子餘反苞裹也 以謹 依注作墐音斤徐如字 炮之 絶句 塗

乾 絶句涂本赤作塗 擘之 必麥反絶句 濯手 直角反 去其 起呂反注同 皾

章菩反覸臭也 糔 息酒反又相流反又息了反 溲 所九反 以付 徐音賦 鉅 音巨其據

反 鑊 戶郭反 使湯 一本作使其湯 穰 如羊反草也 魄莫 上普伯反或普博反下亦

作漢武膂反 解析星歷反 必胲音海徐云代反夾脊肉 其餌音二筋腱也本或作

作餌 殽下句 筋音斤 腱徐其偃反皇紀偃反一音其言反隱義云筋之大者王逸注楚詞云筋頭也

醢與音餘 湛諸子潛反直蔭反又將鴆反一音陟鴆反注同漬也 朞朝音朞 以

洒所買反徐西見反 而鹽音豔又如字 乾而之食一本無而食之三字 濡肉

音儒下同 肝膋音遼徐音勞 糝食音嗣下酏食同 幪之音蒙 舉焦字又

作爍子消反 爲酏讀爲餐之然反又之善反注餐反 臆音憶 饜矣本又作餐又作饜並同

之然反又音贊 闍寺音昏 同杝本又作椸以支反 枷音嫁 縣音玄 之揮音輝

篋笥息吏反 竿謂音干 楎杙音弋 無閒徐閒廁之閒皇如字讀

年未五十本又作年未滿五十 必與音預 不復扶又反下文夫復同 姪大結

反 娣大計反 兩媵羊證反又繩證反 齊漱爭皆反下皆同 澣音浣 如

朝直遙反下文朝服注朝於君皆同 爲繆居虯反 必後胡豆反 辟女音避

下辟人雖辟皆同 敢見 賢遍反下及注同 使姆 音茂字林云又反女師也一音母又音亡久反

鄉前 体亮反下文西鄉皆同 接以 依注音捷字妾反勝也下接子同 謂食 音嗣

下注食子食乳皆同 射天地 食亦反 言承 如字徐音拯拯救之拯 大古 音泰 嫡妾

本亦作適同丁歷反 一處 尺御反 耆 市志反 爲兒 于僞反下爲改爲大溫皆同 爲

髻 丁果反徐大果反 夾囟 言信反又思忍反 當楣 音眉 相 息亮反 孩而

字又作咳戶才反 左還 音旋轉也 辯 音遍下同 如養 羊尚反 褖衣 通亂

反 適子 丁歷反注及下同 易諱 以豉反 三月之末 一本作子生三月之

末 申繻 音須 食子 音嗣注及下文食母同 勞賜 力報反 旬 音均出注 尊

別 彼列反下其別同 食食 上如字下音嗣 男唯 于癸反徐以水反 女俞 以朱反 然

也 鞶革 步干反 盛帨 音成 緣之 于絹反 裂 音列或音厲 與

音例 如厲 音列 必後 胡豆反 數日 所主反 襦 字又作褠音儒 袴 苦故反

請肆本又作肆同以二反習也爲大音泰舞勺章略反注同而冠古亂反

以哀於既反惇行如字又下孟反孝弟音悌孫友音遜注同所好呼報反則去如字婉紆晚反徐紆顯反娩音晚徐音万麻枲思里反絲繭古典反織紝女金反又如林反組音祖紃音巡以共音恭絛也他刀反禮相息亮反謂應應對之應接見賢遍反爲銜古縣字本又作御字魚據反

玉藻第十三　鄭云以其記服冕之事也冕之旒以藻紃貫玉爲飾因以名之　卷之九

玉藻本又作璪音早二旒力求反邃雖醉反深也注同延如字徐餘戰反冕上覆也字林作綖弋善反龍卷音衮古本反注同玄端音冕出注下諸侯玄端同而朝直遥反篇內除下注朝之餘皆同則闔胡臘反左扉音非一本作則闔門左扉而餕音俊酏以支反御瞽音古人也上下時掌反哀樂音洛裨冕婢支反伯

鷩必列反 男髦昌鋭反 大廟音泰後大廟同 下天子戶嫁反 辨

色如字徐扶免反別也 別也彼列反 必復扶又反 相挾戶頰反 四簋音甫

本或作簋 胃也音胃 稷食音嗣 同庖步交反徐扶交反下同 君子遠于万反

踐音翦子淺反出注 爲旱于僞反下皆爲猶爲明爲爲失皆同 春夏戶嫁反 衣

布於既反注君衣布同 搢本徐音箭又如字 去丘呂反下刪去同 斑他項反 荼

音舒 笏也音忽 遮列支奢反 靈射音亦周禮作繹爾雅作謝 圻也勑白

反 羔幦音覓徐莫狄反 虎犆依注音直下同 苓也本又作軨音零 緣也

尹絹反後文注皆放此 齊車側皆反下文注皆同 鄉明許亮反 東首手又反注

同 迅雷音峻又音信 衣服於既反下衣布同又如字 五盥音管 而靧音悔 櫛

側乙反 用樿章善反 禨其既反 絺丑疑反 綌去逆反 刷色劣反 去

垢右口反 出杅音雩浴器也 履蒯苦怪反 連用力旦反釋也注同 澀

所戢反 便於 婢面反 乃屨 九具反本又作屨 煇如 音暉 長三 直亮反後放此

杅上 直呂反 終葵 如字終葵椎也 如椎 直追反下同 相玉 息亮反 珽

他頂反本又作珵音呈 自熠 音照 侯荼 音舒出注 前詘 丘勿反 後直 如字

徐胡豆反 懦者 乃亂反又奴臥反怯懦也又作儒人于反弱也皇云學士 圜 音圓 殺其 色戒

反徐所例反篇內皆同 黨鄉之細也退謂傍側也 一本或作黨鄉之細者謂

傍側也避君之親黨 爲 于僞反又如字 躐 力輒反 爲汙 于僞反下爲大有同汙汙穢之汙又

烏臥反 先飯 煩晚反下至三飯文注皆同 辯嘗 音遍 辟貪 音避 先徧

音遍本又作備 覆手 芳服反注同 敢飧 音孫注反下同 循咡 耳侍反 先

君 息薦反下同 從者 才用反 凡侑 音又 巳僷 虛涉反厭也 猶大 音泰

下同下瓦大亦同 洒如 先典反又西禮反肅敬皃王肅作察云明皃也 言言 魚斤反注同和敬皃 油

油 音由悅敬皃本亦作由王肅本亦作二爵而言言注云飲二爵可以語也又云言斯禮注云語必以禮也三爵而油注云悅敬

見無巳反下油字也說敬音悅隱辟匹亦反徐房亦反注同而屨二本作而後屨俛音免逡七巡反遁音巡著屨丁略反循鄉許亮反飲賤於鴆反用枤於據反注同斯禁如字又音賜始冠古亂反下冠而注始冠同而敝音弊本亦作弊繢戶內反注繪同緌本又作蕤耳佳反注及下皆同齊冠側皆反下同綦組音其徐其記反雜色也以上時掌反下而上同後皆放此縞冠古老反又古報反下同子爲于僞反冠卷起權反下同素紕音埤又婢支反閒古閑反傳直專反惰游徒臥反罷民音皮屬武章欲反著冠皇直略反徐丁略反去飾丘呂反下同散送悉旦反注同始衰所追反不旄音毛蓋僭子念反後同朝玄直遙反深衣三袪起魚反本或無衣字要中一遙反下文注同縫音逢齊音咨本又作齎齋注同紩也直乙反徐治栗反衽當而審反又而鴆反屬衣音燭下同袂可面世反回肘竹丑反今褎音袖下文同袷

二音功曲鎖也 緣廣 徐公曠反後放此 裏布 音里 相稱 尺證反 不衣 於既

反注及下注同 織 音志注織染同 染繒 似綾反 去位 如字 間色 間廁之間 振

絺 依注爲袗之忍反禪也 禪也 音丹下文注同 當裼 思歷反 纊 音曠緜也

爲繭 古典反 縕 紆粉反又紆郡反 爲袍 步羔反 絮也 胥慮反 爲

絅 苦迥反徐又音迥 爲褶 音牒袂也 有黼 音甫 誓省 依注作獮息典反秋

獮名 君衣 於既反下文不衣同 復有 扶又反 服輿 音餘 辟君 音避 豹

包反 玄綃 音消綺屬 麛 音迷 青犴 音岸胡地野犬 絞衣 尺交反蒼

黃色 大蜡 仕嫁反 臘先祖 力合反 見美 賢遍反注及下文同 以球

音求美玉也 魚須文竹 崔云用文竹及魚班也隱義云以魚須飾文竹之邊須音班 無

說 本又作稅同他活反下及注同 事免 音問注同 爲必 于僞反 搢畫 乎麥

反 造受 皇七報反舊七刀反 去 起呂反下注去上則去去飾同 素帶 音戴 終

辟依注爲裨婢支反下同徐又音卑下緇辟絝辟皆放此　率音律注及下同　幷必政反　紐女久反　用組音祖　下天子戶嫁反　繂音律　繰頭七消反又七曹反　韠音必　圜音圓　後挫作卧反　其頸吉井反又吉成反　再繚音了　無箴音針　下士崔如字或戶嫁反　緼音溫赤黃閒色　韍音弗　幽讀爲黝幼糾反黑也下同　韎莫拜反又音妹　褘衣音翬許韋反注及下同　揄狄音搖羊消反翬揄皆雉名爾雅云伊洛而南素質五色皆備成章曰翬江淮而南青質五色皆備成章曰鷂鷂音遙謂刻畫此雉形以爲后夫人服也　翟雉直曆反　著於直略反又丁略反　紳長音申本亦作申下同　而重直龍反　屈狄音闕注同　再命褘衣依注音鞠居六反曲六反　襢衣張戰反　褖衣吐亂反注作稅音同　屨齊音咨本又作齎同　頤以支反　霤力救反　及袷居業反交領　聽鄉許亮反　磬折反又市列反篇末放此　裳緝七入反　使使上音史下色吏反　鎮圭珍刃反徐音珍

徵守手又反漢使色吏反事處昌慮反士辟音避下同辟辟先辟

德皆同祝嘏古雅反爲或子僞反下爲幼爲起事同右徵張里反注同所中

丁仲反下文同趨十須反本又作趣采齊依注作薺疾私反采薺詩篇名周還音旋本亦

作旋下同宜圜音圓折還之設反玉鏘七羊反見於賢遍反下同非

辟本又作僻匹亦反又婢亦反徐芳益反齊則側皆反注同綪側耕反結也屈也有衝

昌容反輿裁音災眚色耿反組綬音受而純讀爲緇側其反佩瑜

羊朱反而綦音其佩瓀而兖反徐又作碝同玟武巾反字又作砇同而緼音緼幷

必正反下紐女丑反未冠古亂反下並同之稱尺證反衣紒音計肆束

音肆以四反餘也屨絇其俱反見先生賢遍反幼少詩照反下少儀同猶

免音問先飯扶晚反客飧音孫注及下同于核行隔反所操

七刀反忖也本又作刌寸本反切也徐子本反後君子胡豆反先君子悉見反陳

火齊才細反 補脫音奪 重也直用反又直龍反 覆案芳服反 愼下

乎尊卑也愼一本作順 有葷許云反注君同 桃茢音列又音例 去

茢起呂反下同 皆造七報反注同 辟凶必亦反 邪也似嗟反 菼

吐敢反郭璞云烏蓲也取其苗爲帚 帚本或作箒之手反 爲君于僞反下注爲其同 復以扶又

反下不復同 辟也音避下辟尊者同 敵者本又作適音狄 不聽天丁反 唯而

干癸反徐以水反 親齊才細反病也 杯圈起權反注同 卮音支 匜以支反 介

拂音界下及注同 闑魚列反門橛也 中棖直衡反門楔也謂兩傍木 門楔徐古八反

皇先結反 鴈行戶剛反 相訟悅宣反 履閾音域又況域反 蹈半徒報反

毋移上音無下如字 疏數色角反下同 靡迆羊爾反 圈舉遠反又去阮反注

同 腞本又作豚同犬本反徐徒困反注同 齊如流音咨本又作齎同 曳踵章勇反 尊

虡尺慮反 弁行皮彥反急也 剡剡以漸反字林因冉反 頤霤上音夷下力救

反為霆音夷徐音追宿宿色六反本或作蹜同惕惕音傷又音陽直而疾也

齊齊才兮反恭愨皃賀在啓反濟濟徐子禮反有威儀也翔翔本又作洋音詳齊

遬音咨又側皆反下音速蹙蹙子六反不睇大計反噈於歌反欸

苦大反立容德如字得也徐音置如睹丁古反纍纍良追反羸力皮

反儽皮拜反顛顛字又作巔音田又丁年反憂思息嗣反視容本又

作目容瞿瞿紀具反又紀力反繭繭吉典反暨暨其記反詻詻

五格反視容如字徐市志反辨卑讀爲貶彼檢反字林貶音方犯反毋讇音諂舊又

音鹽注同有下戶嫁反顛實依注讀爲闐音田自別彼列反又如字分

陜失冉反守臣手又反之適丁歷反謂見賢遍反臣孽依注音栟

五葛反徐五列反傳陟戀反注同遽其庶反事使色吏反注同爲賔必刃

反介也注同

明堂位第十四 鄭云以其記諸侯朝周公於明堂所陳列之位

朝諸侯 直遥反注及下皆同 辟王 音避一本作辟正王 負斧 音甫 依 本又作扆同於豈反注同 南鄉 許亮反 偝也 本又作背音倍 屏風 並經反 户牖 音酉 九采 七在反 四塞 先代反注同又先則反 此周公明堂之位也 本或無周公之字 上近 附近之近 藩服 本又作蕃万元反下同 壹見 壹又作一下賢遍反下同 要服 一遥反 殷紂 直九反 相武 息亮反 頒 音班 疊量 徐音亮注同 豆區 烏侯反 筐 音匡 筥 紀吕反 千乘 繩證反注同 畢侯 必爾反本又作俾下同 緑縢 大登反 載 音戴 弧 音胡 韣 音獨衣也 旂 其衣反本又作旗音其 二旒 本又作斿万求反 季夏 户嫁反注及下季夏夏礿皆同 以禘 大計反 大廟 音泰後大廟皆同 犧象 素何反注上皆同 山罍 音雷 灌用 古亂反 玉瓚 才旦反圭瓚也 彫 本亦作雕 篹 息緩反又祖管反籩屬 玉戚

側眼反夏夏爵名用玉飾之辟散先旦反注同梡苦管反虞俎名嶡居衛反又作橛音夏

夏俎名禓而星曆反昧音妹任而林反或而鴆反以沙素何反黃彝

音夷其直如字柄也大盾字又作楯常準反又音允自卷本又作袞同音古本反下又同

不憯七尋反又則念反副禕音輝注同肉袒音誕步搖本又作繇同以昭反

六珈音加追師丁回反揄翟羊昭反夏礿音藥秋省讀爲獮仙

淺反大蜡仕嫁反巡守手又反祀祊音方本又作方索鬼所白反門

輿音餘有伉苦浪反將將七長反木鐸大各反警衆京領反

藻本又作繅音早梲專悅反復廟音福注同重直龍反注同檐以古反刮

楹古八反達鄉許亮反注同反坫丁念反康圭音抗苦浪反出注欂

音博又皮麥反一音旁各反徐又薄歷反字林平碧反盧如字本又作櫨音同侏儒音朱劘

莫何反爲好呼報反桴思音浮鉤車古侯反乘路徐食證反注同

爲纝力丸反 之綏依注爲緌耳佳反 謂注之樹反 旄牛音毛 於

杠音江 大麾毁皮反 左伏直亮反 黃鉞音越 駱音洛 黒鬣

力輙反 蕃鬛字又作番音煩郭璞云兩被髮 騂剛息營反又呼營反 順正

音征又如字 爲純于僞反 大音泰本又作泰 著直略反注同 以斝音嫁又古

雅反 其勺市灼反下同 夏禴音藥 祼用古亂反 蕢讀爲由苦對反 注同

桴音浮 葦于鬼反 籥音藥 蕢其位反又苦怪反 如笛本又作篴音狄 拊

芳甫反 搏音博 揩擊居八反注同 大琴徐本作瑟 以穅音康 挸昌六

反 敔魚呂反本又作圉 米廩力甚反 頖宮音判 之委于僞反又作積子賜

反 瞽矇音蒙 貫鼎古喚反 大璜音黃 封父音甫 分魯

扶問反 縣鼓音玄注及下注同 簨本又作筍恤尹反 虡音巨 植我市力反又

音置徐音徒吏反又徒力反 鼗鼓音桃 應應對之應 朄音胤 和鍾章凶反說

文作鍾以此鍾爲女媧徐古蛙反又古華反共工音恭窔音窈本又作㝔音伏

戲音羲無句其俱反字又作劬重直龍反辟婁所甲反又作萋植市力

力反徐徒羸力果反重乎直龍反以挂音卦縣紘音宏徐戴

以音載兩敦音對又都雷反四連本又作璉同力展反六瑚音胡八簋音軌

棋俱甫反斷木丁亂反又丁管反蹷俱衛反横古曠反又音光又華盲反言

枳吉氏反曲橈音撓下跗方于反楬徐苦瞎反注同又苦八反周獻素何

反禿土木反㪍音弗韎莫拜反綏耳佳反注並同綢練吐刀反注同徐

音籌從車才用反下同遣車弃戰反翣夾古洽反棜路其久

反熏字又作纁香云反縿所銜反傳之丈專反注同相裁本又作殺音試

注同有誄力軌反人鬘側瓜反於臺音胎駘太來反近誣

如字又附近之近

喪服小記第十五 鄭云以其記喪服之小義 卷之十

斬衰七雷反下並同 括髮古活反 爲母于僞反注及下注同 免音汶篇內同

齊衰音咨又作齋 惡笄古兮反 卷俱免反下皆同 子冠古亂反下同

髽側巴反 別男女彼列反下文有別注同 苴杖七余反 削杖

思略反 爲父母于僞反下爲夫注爲無後並同 長子丁丈反篇內並同 稽音啓 顙

素黨反 恩殺所戒反徐所例反後文注同 爲出母于僞反下注爲其族人爲其昆弟同

所傳文專反下傳重皆同 巳上音紀 王者如字又于況反下同 禘其大計反

兄埶知急反 繼禰乃禮反 適士丁歷反篇內同 不爲于僞反下注爲君母

自爲巳同 祭殤音傷 祔食音附徐音育 所食音嗣 共其音恭 爲墠

皇音善徐徒丹反 巳音以 則不爲于僞反注妻爲猶爲皆同 之期音基下文及注不及

期皆同 無施以豉反 其爲妻于僞反注爲妻猶爲皆同 伸音申 正見賢遍

反以上時掌反凡以上皆同養以尚反爲父母于僞反下文不爲注不相爲同應

歲應對之應益衰衰則並色追反下益衰同不禫大感反則必爲

于僞反注爲之下注父爲之下爲君皆同幼少詩照反說喪皇他活反徐他外反注及下同補脫

音奪朝覲直遥反闇寺音昏羣介音界不爲君母于僞反下

妻爲君注大夫爲庶子同去一起呂反下去扶并注同絰大結反如要一遥反下文要絰注上至

要皆同不辟婢亦反徐扶亦反如不知姓一本無知姓二字報葬依注音赴

芳付反下同喪偕音皆假令力呈反不厭一妾反徐於艷反下文注皆同爲

慈母于僞反下其妻爲爲母之爲妻禫爲庶母爲祖庶母皆同不貳降一本作隆見

同賢遍反亾則如字又音無昭穆常遥反後昭穆皆放此猶閒閒廁之閒

爲父母妻于僞反注目所爲下文則爲其母子爲妻下注恩爲已爲之變爲今死者皆同冠

而古亂反視濯大角反溉祭古代反縞麻古老反下適戶嫁

反下丁歷反 得伸音申 養羊尚反 惡其烏路反 適祖丁歷反 下

女戶嫁反 而省所領反下及注同 不爲衆子于僞反下注猶來爲爲下文爲出母爲

大杖同 繅麻本又作藻音早一本無麻字 不絕本或作不絕本非也 詘而丘勿反

繅率上音早下所律反又音律 而上時掌反 而糾居黝反徐居虯反 散帶

先但反下文注並同 廟從才用反 毋爲長子于僞反注毋爲子爲巳下文爲父母並同

報虞音赴下同 皆冠如字又古亂反下及注皆同 爲兄弟于僞反下注爲人君

爲母下文爲之小功皆同 比反必利反 緌垂古卯反 不縟音辱 不朝直遥

反下文同

大傳第十六 鄭云以其記祖宗人親之大義故以大傳爲篇

不王如字又于況反下同 不禘徒細反下同 大微音泰下文注大祖大王皆同 大熛怒

必遥反 含樞紐中昌朱反下女九反 招拒俱甫反 叶本又作汁汜配戶牒反

芳劍反 省於 舊仙善反善也案爾雅云省即訓善息靖反無煩改字 干祫 徐音洽 大

難 乃旦反 壇 大丹反 墠 音善 逡奔 息俊反疾也注同 追王 丁況反

亶 丁但反 父 音甫 著焉 知慮反 祖禰 本或作祢年禮反 昭繆 音木

別之 彼列反下至其庶姓別文注並同 繆讀 莫侯反又音謬 而聽 體寧反 與

焉 音預 不贍 本又作儋食艷反 紕 匹彌反徐孚夷反又方齊反錯也 繆 音謬本或

作謬 度量 音亮注同 正朔 音征 殊徽 諱韋反 器械 戶戒反 別

衣 彼列反 權稱 尺證反 作椲 詐韋反 長長 並丁丈反後除注遠者長

並同 有別 彼列反 際會 音祭 名著 知慮反 爲子 于僞反下相爲

同 屬乎 音燭 是嫂 本又作𡡉悉早反 名遠 于万反下同 復謂 扶又

反 則令 力呈反 人治之 直吏反注同 袒免 音問 殺同 色界反徐所例反

而戚 千歷反 單於 音丹 婚姻 如字 繫之 音計又戶計反 弗別 皇如

字舊彼列反注及下同 綴之丁衛反連合也 以食音嗣 定繫戶計反一音計 夫

爲妻于僞反下至其義然也注皆同 而上時掌反 別嫌彼列反 不得爲于僞

反下爲其士注死爲之爲其妻爲之大功不相爲皆同 辟宗音避 世適丁歷反下文及注皆同

唯己音紀 無移本或作施同以豉反移猶傍也 罰中丁仲反 無斁音亦 猒

於豔反 也下同

少儀第十七詩照反少猶小也鄭云以其記相見及薦羞之小威儀

始見賢遍反下文注除注二相見並同 聞名如字徐音問注皆同 嗛音謙本又作謙 遜

之于万反 重則直用反 傳辭丈專反下傳辭同 階上時掌反 罕見

賢遍反 亟見去冀反注及下同 數也色角反 皆爲于僞反下文爲吾喪注雖

爲並同 適它音他本亦作他 從者才用反 朝會直遙反 致襚音遂

賈人音嫁徐音估注同 以斂力豔反 文織音志鄭注周禮云畫繡之屬 納

甸大見反　賵馬芳仲反　膊馬音附　戶柩音舊　由便婢面反　有
跪其委反　長臨直良反　排薄皆反　闔初臘反又音合　說屨吐活反本
亦作脫下注同　尊長丁丈反下文注尊長皆同　某音母　三行下孟反　不度大洛
反計也注同　民械戶戒反　不訾子斯反　汜埽上芳劍反下悉報反　曰拚
弗運反又作攢　以鬣力輒反帚也　膺於陵反胷前也　擖以涉反舌也徐音葉　絜清
徐方往反又如字　將去起呂反下擢去同　自鄉許亮反　於著音戶　義與
音餘下同　大十音泰　恭孫音遜本亦作遜同　燕見賢遍反下請見同　卑褻
息列反　不特本文作植音特　不畫胡麥反　不翣本又作萎所甲反盧云扇也
端慤苦角反　侍射食夜反下注客射同　拾取其劫反　直歛音蘞　不
勝詩證反　觥古橫反　不擢直角反去也　乘車繩證反　轡冰媚反
拕徒可反引也又他佐反　諸辟徐音見　苓也力丁反　右腋音亦　以散

小四字悉但反　請見賢遍反　朝廷直遥反後朝廷皆同　近君附近之近　曰罷音皮

注同　師還音旋下文注皆同　欠起劒反　伸音申　運笏音忽　還屨音旋

蚤音早莫音暮　解倦古賣反　頻伸本又作嚬音頻　玩弄五亂反

易以以豉反　汗澤戶旦反一音烏　量音亮　乞假如字又音氣　爲人于僞反

遠罪于万反　不窺苦規反　伺人音司　曲處昌慮反　或爭爭鬬之爭

不偷他侯反　不長丁丈反絶句　無訕所諫反徐所姦反　疾惡烏路反　無

讇勑檢反　而相息亮反注同　怠惰徒臥反　而更音庚　毋拔蒲末反注

同急疾也王本作狡古孝反　毋報音赴　可卒寸忽反　謂數色角反　循枉上音

句下紆往反邪曲也　可復扶又反　意度如字本又作億音抑下大各反　於説如字注同又始

鋭反　鴻字又作洪　殺色界反　侈昌氏反　弇於檢反　毋訾子斯反　傳疑

丈尋反　之美音義出注下同　濟濟子禮反　齊齊皇皇齊如字皇音往出注

徐于況反匪匪讀爲騑芳非反牡音母長幼丁丈反下及注同樂人音岳典

如字又許證反道音導諷誦福鳳反大卷音權大濩户故反龜筴

音策近尊附近之近迫狹音洽介者音界下人户嫁反低頭丁兮

反爲夫于僞反柄尺兵命反母跣悉典反爲懽于僞反稅屨

本又作脫又作説吐活反還立音旋注同朝祀直遥反公喪息浪反傳乘上丈

專反又陟戀反下繩證反下文除乘車同費賈音稼便也婢面反下同糟也早勞反

巳解上如字又音異下庚買反埶緤息列反守犬守又反又如字注同埶紲

丈引反執靮丁歷反畜養許六反宋鵲七略反大也囚俘音孚

稅緌本又作脫又作繸説同吐活反袒音但櫜音羔甲衣也奉芳勇反胄

直又反鎧苦代反弢吐刀反兠丁侯反鍪亡侯反韣音獨弓衣也執

拊芳武反并於必政反啓櫝音獨劒函夫襓上音扶注同下如遥反劒衣也

鋡函音咸 龔郤去略反下文同 苞苴子余反 茵席音因 頻
京領反注同警扰也又坰迴反 編東必縣反 菅音姦 葦于鬼反 以裹音果 著
葶上音宁下音𢓎 授額役頂反 削授音笑 辟用音避 謂把音霸 刺
刄七智反又七亦反 則辟匹亦反注同 正鄉許亮反下鄉國同 卒尚子忽反注
同 行伍户剛反下音五 主詡況矩反 險阻側吕反 覆芳富反謂伏兵也徐
音赴 諼況煩反諼詐也或云諼譁 之處昌慮反 虞度大各反下同 先飯煩晚
反下小飯同 流歠昌悅反 而亟紀力反注同 噦噫上於月反下伊結反 數色角
反 嚾字又作嚼子笑反又在笑反 介爵音界注同 僎爵音遵 爲騶責留
反本又作馴音巡 著濡音儒 擗之補麥反下同 鯁肉格猛反 易離以豉
反下同 析也星曆反 右腴以朱反腹下也 右髻音祈脊也 脊子昔反 祭膴無舊火吳反
依注音嗕況甫反徐況紆反 大臠力轉反 謂剜口胡反又苦侯反 凡齊才細反注

及下以齊并注同 謂食音嗣 齊和户卧反下齊和同 由便婢面反 謂爲

于僞反下爲君同 軌媿美反 范音犯 兩軹音旨 轄頭音衛 軾前音式

國朘國與豢同音患 濊本又作𢧢紆廢反一音烏外反 必盥音管又古亂反 不提心

丁禮反注同絶句 挂苦圭反 犁之本又作離同力兮反又知力反 有湑起及反 爲君

于僞反注同 葱薤户戒反 萎乾上於危反又於僞反下音竿 進豫許𢧢反

出見賢遍反 樽者本又作尊注下皆同 鄉尊許亮反下鄉人同 禨者其記

反 醮者子笑反 折俎之設反下及注皆同 始冠古亂反 聶而之涉反注

及下皆同 爲膾古外反 言牒直輒反 復報扶又反 麋鹿音眉 爲

軒音獻注同 麕俱倫反 爲辟音璧又補麥反徐扶益反注同 兔爲他故反 宛

脾上於阮反下毗支反 切葱若薤實之絶句 皆菹莊居反 與君許云

反 淹之於廉反又於劫反 燔亦音煩 柄尺兵命反 齊之才細反 悅

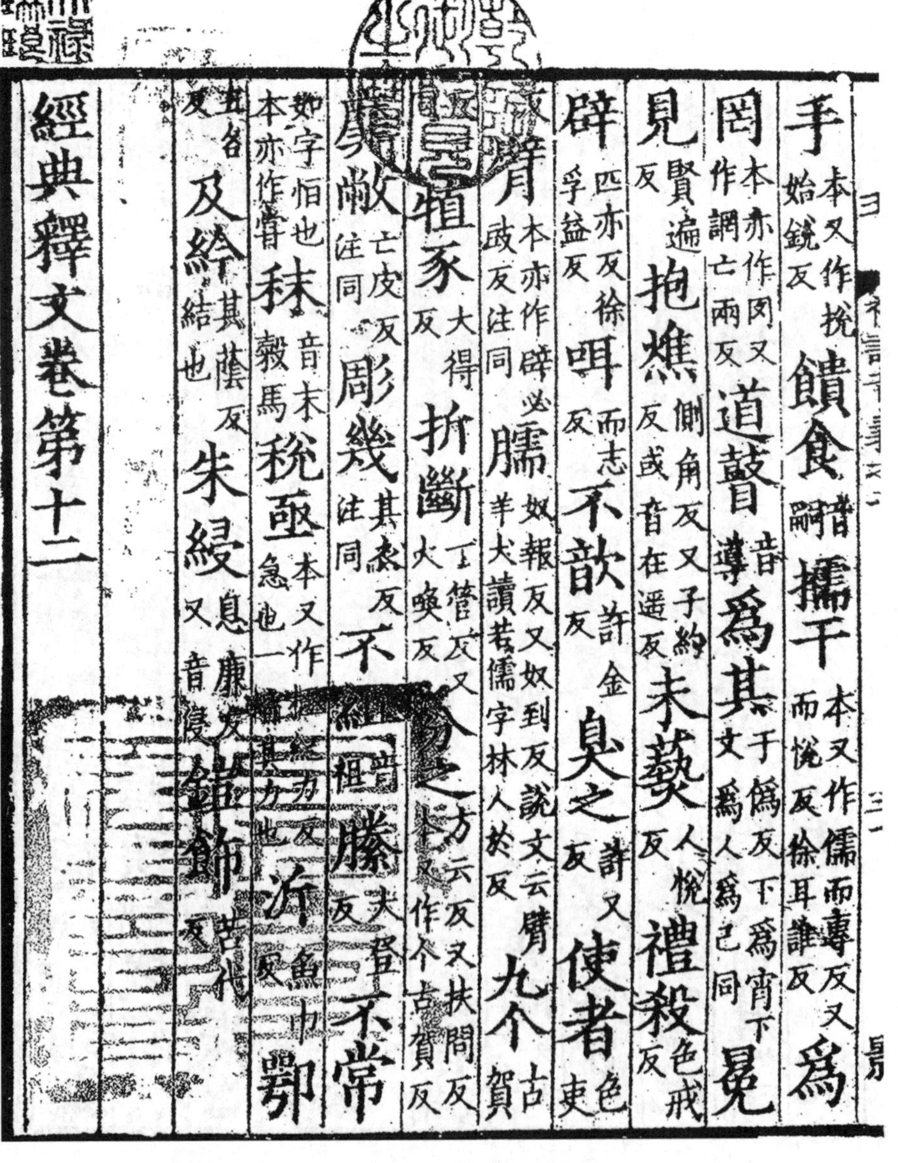

手（本又作挽始銳反）饋食（音嗣）擩于（本又作儒而專反又而悅反徐耳誰反）爲

罔（本亦作罔又作調亡兩反）道瞽（音導）爲其（于僞反下爲宵下文爲人爲己同）冕

見（賢遍反）抱燋（側角反又子約反或音在遥反）未蓺（人悅反）禮殺（色戒反）

辟（四亦反徐孚益反）咡（而志反）不歆（許金反）臭之（許又反）使者（色吏反）

臂（本亦作辟必政反注同）臑（奴報反又奴到反說文云臂羊犬讀若儒字林人於反）九个（古賀反）

擩植豕（大得反）折斷（丁管反又大喚反）分之（方云反又扶問反个又作个古賀反）

敝（亡皮反注同）彫幾（其衣反注同）不[illegible]（音祖）縢（大登反）不常

（如字恒也本亦作昝）秣（音末穀馬）稅亟（急也一本又作[illegible]其力也[illegible]力反）沂（魚斤反）鄂

（土名反）及綌（其蔭反結也）朱綅（息廉反又音侵）錯飾（七故反）

經典釋文卷第十二

五福五代堂古稀天子寶

八徵耄念之寶

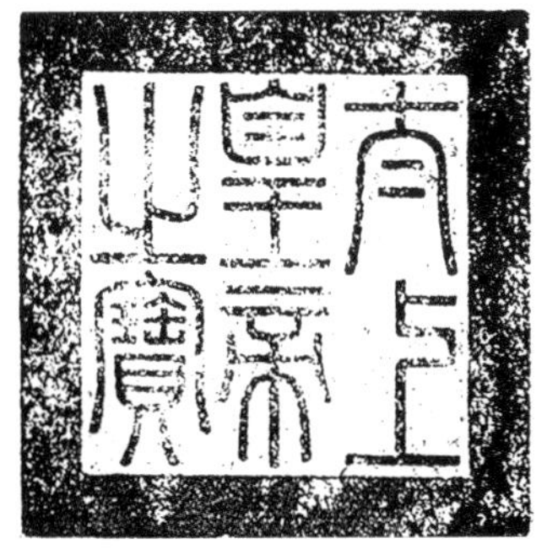
太上皇帝之寶

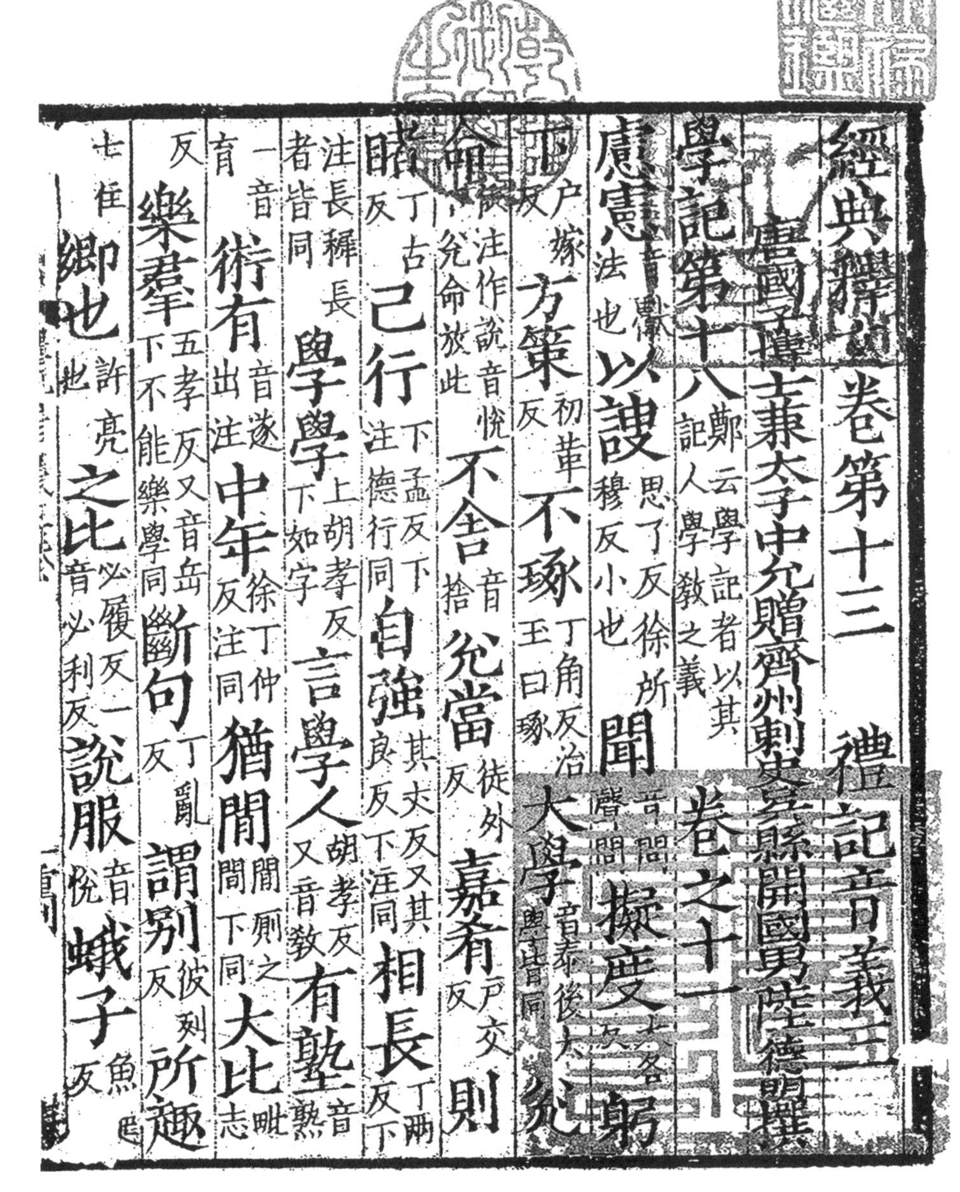
經典釋文卷第十三　禮記音義三

唐國子博士兼太子中允贈齊州刺史吳縣開國男陸德明撰

學記第十八 鄭云學記者以其記人學教之義　卷之十一

慮憲 音獻，法也 以謏 思了反，徐所穆反，小也 聞 音問，聲聞 擬度 大各反 躬正 戶嫁反 方策 初革反 不琢 丁角反，治玉曰琢 大學 音泰，後大學同 兌命 依注作說，音悅，兌命放此 不舍 音捨 兌當 徒外反 嘉肴 戶交反 則睹 丁古反 己行 下孟反，下注德行同 自強 其丈反，又其良反，下注同 相長 丁兩反，下注長稱長者皆同 學學 上胡孝反，下如字 言學人 胡孝反，又音敎 有塾 音熟，一音育 術有 音遂，出注 中年 徐丁仲反，注同 猶間 間廁之間，下同 大比 毗志反 樂羣 五孝反，又音岳，下不能樂學同 斷句 丁亂反 謂別 彼列反 所趣 七住反 鄉也 許亮反 之比 必履反，一音必利反 說服 音悅 蛾子 魚起反

下本或作蟻 蚍音毗 蜉音孚爾雅云蚍蜉大蟻 乃復扶又反 大垤大結反毛詩傳云蟻冢也 之朝朝服並直遥反 芹音勤 藻音早 宵雅音消小也

肆三本又作肄同以二反注同習也 宴樂音洛 相勞力告反又如字 爲始于僞反

鼓篋哲協反 孫其音遜注及下皆同 警衆京領反 夏楚古雅反注同 槄也吐刀反爾雅云槄山榎 扑普卜反尚書云扑作教刑 撻他達反 卜禘大計反 斿其音由本亦作游 斿

假戶嫁反舊古雅反 弗語魚據反 悱悱芳鬼反 憤憤扶粉反一本直作悱憤 學不躐等學胡孝反注同躐音里輒反 長稺直吏反 操七刀反注同 縵末旦反 雜弄徂合反 博

依於豈反注皆同 不興虛應反 歆也許金反 謂閒音閑 樂其音岳又音洛又五孝反

離力智反 呻其音申一音新吟也 佔敕沾反視也 其訊字又作誶音信問也 呻吟魚金反又作誶同 其難乃旦反 爲訾才斯反又音紫 于數色住反 其施始豉反下同 也

悖布內反 也佛本又作拂扶弗反 其去如字又起呂反 心解胡買反 則忘亡

反之易以豉反下文注皆同禁於居鴆反又音金下同情慾音欲一音喻下注同頓
者徒困反謂摩本又作靡莫波反徐亡髮反思專息吏反下思放同切磋
七多反扞胡半反注同格胡客反又户隔反扞格不入也注同不勝音升又升證反凍
洛胡客反下同此二字並從冫或作旁作非一音户各反時過姑卧反則壞音怪徐胡
拜反燕朋音鷰猶褻息列反下同燕辟音譬注及下罔辟同道而
音導注道及下同強而沈其良反徐其兩反下同爲發于僞反下爲學者同好問
呼報反下好思好述同長善丁丈反下文及注同善教如字一本作學胡孝反樂
放方往反傚也胡教反而藏子郎反而解胡買反下文注同美
惡烏路反又如字顓頊上音專下許玉反見與音餘則齊側皆反下
同牽書芳勇反折而之設反相說音悅如撞丈江反叩之
音口從容從依注讀爲舂式容反富父音甫重潼直用反而

復扶又反 雜難乃旦反 語之魚據反下同 雖舍音捨又如字注下同 言

冶音也 錮音固 穿字又作穿音川 鑿在洛反 爲箕音基注同 撓而小反下

同詘屈也一音乃孝反 角幹古旦反 相勝音升任也一本作稱尺證反 始駕者一本

作始駕焉諸 則貫古患反習也 無當丁浪反主也下及注皆同 不治直吏反 不

約徐於妙反沈於略反注同 不齊如字 或原本又作源 或委於偽反注同 一

勺時酌反

樂記第十九鄭云名樂記者以其記樂之義

角徵張理反後放此 雜比毗志反下文同 猶見賢遍反 相應應對之應

篇內同 彈其徒丹反 足樂音岳又音洛 羽旄音毛 干盾本又作楯述允反

又音允 翟羽音狄 執籥羊灼反 噍子遙反徐在堯反沈子堯反踧也謂急也 以殺色界反徐所例

反 其樂音洛 嘽以昌善反寬綏也 以散息旦反 粗以采都反又才古反 踧也子六

寬綽反處約反 以道音導 其行下孟反 出治直吏反下同 治世

之音絕句 安以樂音洛絕句雷讀上至安絕句樂音岳以樂二字爲句 其政和崔讀和上句

依雷下以樂其政和揔爲一句下亂世亡國各放此 以思息吏反又音笥 和否音不下 玉藻音早 御

聲音古 幾聲居希反又音祈 上下時掌反 怗徐昌廉反弊也 懘昌制反又昌紙反敗

也 敝敗音弊 則陂彼義反注同傾也 其財匱其媿反乏也 迭相田節反 猶

散蘇旦反 旌苦莫報荒反 比於毗志反注同又如字 猶同也 濮上音卜水名 誣上

音無下同 師涓古玄反 爲晉于僞反下爲分也同 作法度同 分也扶問反 克諧戶皆反 而

治民治行同直吏反下 則幾音譏一音巨依反注同 食饗音嗣下食饗同 疏越音疎下同

壹倡昌諒反注同 腥魚音星 不和胡卧反 瑟底都禮反 畫疏音獲

祫祭音洽 不臑音而 肉湆去及反 好惡上呼報反下烏路反又並如字後好惡二

字相連者皆放此 猶見賢遍反 知誘音酉 猶道音導 有悖布內反下同

淫佚音逸 強者其良反 脅弱許劫反 知者音智 苦怯起劫反
以道於葛反本亦作節 衰麻七雷反 安樂音洛 冠古亂反注同 笄音雞 以
別彼列反下文注皆同 樂勝始證反 析居思歷反 飭貌音勑本又作飾音式
斌斌彼貧反本又作彬 好惡著張慮反 不肖音笑 必易以豉反注同 不
爭爭鬭之爭 明長丁丈反 若敖五羔反 賢知音智 相沿悅專反因也述
也 功偕古諧反俱也 作大濩戶故反下同 屈伸音申 綴兆丁劣反徐
丁衛反下綴遠綴短皆同 簠簋上音甫下居洧反並祭器名 上下時掌反 周還
音旋 裼思歷反 襲音習 謂鄭作管反後同 無邪字又作耶同似嗟反 王者
如字徐于況反 治定直吏反注治定治主下治辯同 治辨本又作辯舊音遍案廣雅辨編也薄莧反
辨徧音遍 孰亨普衡反徐許兩反 獻爓在廉反 禮粗倉都反後皆同
則徧音篇下同 所好呼報反 淫侉苦瓜反 及夫音扶下皆放此 夏長

戶嫁反下丁丈反及下注長養皆同　仁近附近之近又其靳反下同　惇和音純本又作敦　地甲如字又音婢下同　上齊上時掌反齊依注讀爲躋又作隮子兮反升也　相摩本又作磨末河反迫也　相蕩本或作盪同大黨反動也　雷霆音廷又音挺　奮之甫問反奮迅也易作潤之　煖之徐許表反沈况遠反　猶迫音伯　奮訊本又作迅音信　而蟠步丹反委也或蒲河反注同　樂著直略反下注著之言同　大始音泰注同　言處昌呂反　夔求龜反舜臣　命女音汝　舞行戶剛反下同　知其行下孟反注同　大咸如字一本作大卷卷音權　韶上遥反注同　大濩音護　則饑居祈反　法治直吏反注同　夫豢音患養也　穀食音嗣　善酗許具反　綴知劣反　以樂之音洛下所樂哀樂康樂皆同　之分扶問反　著其知慮反　心知音智　應感於甑反篇内同　猶見賢遍反　噍子遥反　殺色界反又色例反　思憂息吏反又音斯　嘽昌善反　諧戶皆反　慢本又作慢莫課反　易以豉反注同　粗七奴反　廣賁依注讀爲憤扶粉反　勁

正吉政反 寬裕羊樹反 肉而救反肥也注同 好呼報反 流辟匹亦反

邪散似嗟反後皆同 狄成他歷反注同 滌大歷反注同 濫力暫反 子札側八反

賁讀音奔又補義反 挍憤本又作交占卯反又音郊 憯差子念反 之傲戶教反

稽之古奚反 道五音導 之行下孟反 不懾之涉反 四暢勑亮反

恐懼曲勇反 省西頂反 猶度大各反 興道上許寧反下音導

諷誦芳鳳反 大卷音權 之稱尺證反 比終毗志反 大蔟音泰下七豆反

長幼丁丈反下同 形見賢遍反 土敝音弊 禮慝他得反注及下同

慢易以豉反 流湎緜鮮反 狹則音洽注同 平和胡卧反 慝

穢字又作穢紆廢反徐烏會反 倡昌尚反又音唱下同 其分扶問反 其行下孟反

情從旬反 邪辟匹亦反 心知音智 以著張慮反 假祖古伯反 周

還音旋注同 迭相大浩反 中呂音仲 鄉方許亮反 詩言其

志一本無言字　歌咏音詠　以警音景　見方賢遍反下及注昔同　以著張慮反注同　往復音伏　以飭音勑注同　不拔步葛反又支八反　獨樂音洛　皇音庚

音岳　不厭於豔反　以好呼報反　以聽過本或作以聖過如字　鳴鐃女交反　施也始豉反　九流本又作旒音流　黑緣悅絹反　來朝直遥反　去僞起呂反

偩天音負猶依象也　精粗七奴反　理治直吏反　訢合依注音熹許其反　猶蒸也一讀依字音欣　煦許具反徐況甫反　嫗於具反徐於甫反下反注同　區依注音句古侯反徐丘于反一音烏侯反　萌莫耕反　翼奮方問反　角觡古伯反無䚡曰觡　蟄蟲音直

嫗伏扶又反　孕以證反　鬻音育生也徐又扶袁反　胎生他才反　不殰音獨鄭云內敗曰殰案謂懷任不成也字林云胎敗　卵生力管反　不殈呼闃反䓬音溢徐況逼反一音況狄反卵坼不成曰殈猶裂也　猶蒸之膺反　無䚡息才反　內敗乃對反或作骨肉之字者誤　鋪筵普胡反又音敷　去僞起呂反　而上如字或時掌反　行成下孟反注同

扌技其綺反爲治直吏反今夫音扶下同以廣如字舊古曠反弦匏三
白交反笙音生簧音黄拊鼓音撫注同復音伏以相息亮反注同即拊也以韋
爲之實之以糠王云鞞相也徐恩章反訊疾音信大師音泰播樂彼佐反輴
音儠以穮音康漆音七甬音勇有推直追反進俯本又作府以濫
力暫反溺乃狄反及優音憂侏音朱儒音儒獶雜乃刀反獼猴也依字
亦作猱獮音彌本亦作彌武移反猴音侯本亦作侯所好呼報反注同相近附近之近
徐如字鏗苦耕反鎗七羊反又士衡反時當丁浪反下及注同疾疢敕覲反莫
亡伯反其克長丁丈反注同王此于况反克俾依注音比必履反注同徐扶志反
帝祉敕紀反施于以豉反注施延同應和如字又胡卧反炤臨上音照本亦作
照下如字勤施始豉反徧服音遍玩習五換反又作翫音燕女於見反安也
趨音促數音速傲字又作敖同五報反辟匹亦反徐芳益反喬志徐音驕本或作驕

敗名必邁反孔易以豉反鞉鼓音桃椌苦江反柷也楬苦瞎反敔也壎
許袁反篪直支反柷昌六反圉本又作敔魚呂反簨恤尹反虡音巨竽瑟
音于以和如字徐胡卧反獻酬市由反酳音胤又仕覲反酢音昨長幼丁丈
反聲鏗苦耕反徐苦庚反立號胡到反立横古曠反充也下及注同石聲
磬依注音罄口挺反一音口定反聽磬口定反封疆居良反下是疆同聲濫
力敢反下及注皆同立會户外反又古外反下同畜聚敕六反擥力敢反鼓
鼙步西反聲讙呼端反又音喧思將子亮反下注大將下將帥同帥本又作率所類
反下帥同讙囂許驕反又五羔反鎗七羊反又叶衡反徐敕庚反牟賈亡侯反
侍坐才卧反又如字咏嘆上音詠下音歎淫液音亦不逮音代又大計反歌
遲直冀反蹈厲音悼已蚤音早憲左依注音軒其傳直專反下
文注同傳老耄莫報反下同萇弘其良反遲之遲並直詩反徐直
猶說也

尼反吾語魚據反女音汝下且女同大公音泰周召音邵注及下同之治直吏反下注及下同持盾述尹反又音允失行尸剛反下同且夫音扶復綴丁劣反又丁衛反注及下同孟津本亦作盟音孟夾振古洽反注及下同鐸大各反一刺本亦作壹刺七亦反分夾扶問反注同分部曲牧野音也徐又以汝反欲語魚據反反商依注音及封黃帝之後於薊音計今涿郡薊縣是也即燕國之都也孔安國司馬遷及鄭皆云燕國郡邵公與周同姓案皇帝姓姬君奭蓋其後也或黃帝之後封薊者滅絕而更封燕郡乎疑不能明也而皇甫謐以邵公爲文王之庶子記傳更無所出又左傳富辰之言亦無燕也於祝之六反於杞音起使之行下孟反注同視也商容如字孔安國云殷之賢人也鄭云商禮樂之官也而復音伏弛政始氏反注同廢也華山戶化反而弗復扶又反下同衅而字又作釁同許靳反倒載丁老反建依注讀爲鍵其展反徐其偃反櫜音羔注同殷虛音墟皆令力呈反去其起呂反苛政音何本又作荷役也甲

鎧苦代反又開亥反 為鑄止樹反 郊射食亦反左射下右射同沈皆食夜反 貍首
側由反 騶虞側由反 貫革古亂反後同 裨婢支反 搢音進 笏音忽 虎
賁音奔注同憤怒也孔安國云虎賁若虎賁獸言其猛也 說劍此活反 朝覲直遥反 射
穿食亦反 衣裨衣上於旣反下如字 而冠古亂反 猶揵本亦作插初合反徐
采協反 憤怒扶粉反 食三老音嗣 五更古衡反注同 大學音泰注大
學同 而饋其媿反 而酳音胤又仕覲反 弟也大計反 東膠音交 則夫音
扶 為壟于僞反 則易以豉反下反注皆同 子如字徐將吏反 諒音亮 油然音由
好貌 行成下孟反 與爭爭鬬之爭 德煇音煇 而錯本亦作措同七路反
其減胡斬反又古斬反注及下同 勉強其丈反又其兩反 則銷音消 有報
依注讀曰褒音保毛反下同 則樂樂上音洛下音岳 而耐古能字下及注同 三台
吐才反 以道音導 繁齊在亦反 廉肉如又反注同 邪氣似嗟反 曲

折之設反鴻本亦作洪殺色界反徐所例反闋作苦穴反族長丁丈反

閨門音圭比物毗志反注同雜也以飾音式又音勑詘伸丘勿反要其

一遥反注要猶會同行列戸剛反注同荷戈本又作何胡可反一音何與綴詩作殺同都外

反鈇方夫反又音甫鉞音越其儕仕皆反輩也猶輩布内反子贛音貢

請誦七領反徐音情能斷丁亂反下及注同好禮呼報反文換戸亂反下

行戸剛反字處昌慮反而屢力住反數也色角反下同上如時掌

反抗苦浪反如隊直媿反如折之設反槀苦老反倨音据中矩

丁仲反句卭紀具反鉤古侯反纍纍力追反本又作累說之音悅和

續胡卧反

雜記第二十鄭云雜記者以其雜記諸侯及士之喪事　卷之十二

乘車繩證反下及注同左轂工木反其綏依注作緌耳佳反下及注同復

音伏下同 于使羊汝反 裒衣本又作褎保毛反後皆同 去其起呂反下去輤同 其輤千見反注與蒨同 有談昌占反 緇裳帷本或作緇布裳帷 將殯必刃反本或作賓音同 取名於櫬初靳反又楚陣反 與蒨絕句一本作輤讀以與字絕句與則音餘 蒨旆上千見反下步具反 邊緣悅絹反 為說吐奪反本亦作脫下并注皆同 亦俠音夷隱義云俠之言移也偯依韻集大兮反息也 遠之于万反 輲車依注作輇又摶同市專反又布轉反注及下同 所別彼列反 蜃車慎忍反 相近附近之近 以楯敕倫反下同一本作輴同 葦席于鬼反 凡訃音赴注及下同 長子丁丈反後長子皆同 大子音泰後大子同 適子丁歷反下文注適子其適宗適適妻並同 適者依注音敵大歷反下適者同 使其賓依注音至下同 朝廷直遙反下注同 大夫為其于偽反下士為其同注除為士卿為為正皆放此 齊晏於諫反 晏嬰一盈反 麤衰七雷反 苴七餘反 絰大結反 杖菅古顏反 屨九具反 食粥之六反

倚廬於綺反 寢苫始占反 枕草之鴆反下同 其縷力柱反 齊
斬音咨下齊衰皆同 不緝七入反 以上時掌反卷內以上皆放此 高行下孟反
賢著知慮反 則爲其于僞反下則爲之注爲之造作同 而著丁略反 朝
服直遙反注反下文皆同 之紕音𠌫又之潤反 薦音薦本又本亦作薦 讀賵芳鳳
反 宗人相息亮反注同 以鞠九六反又曲六反注同 以禮張戰反 復音伏 狄
稅他喚反下文放此 爛力旦反 脫音奪下同 叔隗五罪反 趙衰初危反
下之戶嫁反 作展張戰反下同 有褘音輝 自揄音遙下文并注
同 紗縠戶木反 皆袍步羔反 不襌音丹 令袿音圭 襈仕眷反
重直龍反 繒矣茨陵反 陽長丁丈反 褕絞戶交反注同 屬於
音燭注及下條屬并注同 翟也音狄 去振起呂反下同 大夫附依注𠂊祔音同下並同 昭
穆常遙反卷內皆同 別於彼列反 并祭必政反 敢援音袁 要經一遙反 麻重直龍反 功

衰七雷反冠而古亂反下而冠同之稱尺證反惻怛且末反散帶悉但
反後散帶皆同妾爲于僞反下不爲妻注爲舊君同以殺色界反徐所例反與殯音賓錫音
衰思曆反辟尊音避稽音啓顙桑黨反以別徐彼列反注同右縫
音逢注同又扶月反大古音泰下大古同異材才再反又如字右辟必亦反下同繆纓
依注爲繰音早當所銜反又音早而紋古卯反朝服直遥反後朝服放此注同去其起呂反注同
相襚音遂遺車弃戰反注同下遺車遺奠皆放此者與音餘九个古賀反
同有章本或作鄣音同注亦同隱翳於計反載粻陟良反米糧也脯
醢音海義稱昌升反又尺證反衣衰上於既反下七雷反下同玄縞古老反又古報
反注同冠卷苦圓反而迎魚敬反注同韔勑亮反本亦作暢臼其究反以椈
弓六反柶木也杵昌呂反以梧音吾桐木也以擣本亦作擣丁老反枇音匕本亦作朼音同
注同長三尺直亮反下同刊苦干反削也其柄兵命反率帶上音律下音帶本亦

作帶 繂也音律 加箴之金反 甕於貢反盛醯醢之器 甒音武瓦器 筲所交反竹器

衡依注作桁戶剛反徐戶庚反庋也 實見音間廁之間棺衣也注同 間如字注同徐古莧反一解云鄭

合見間二字共爲覸字音古辯反 折入之設反注同承席也形如牀無足也 以庪九委反又九僞反徐居綺反字

亦作庋同 重直龍反 埋之亡皆反 所倚於綺反 處昌慮反 皆辯音遍

不惟位悲反下同 殯肂以二反埋棺之坎 其居字林戶臘反閉也說文云古闔字玉篇苦

攄公荅二反云閉也 遂去起呂反 繭古典反 與稅他喚反注同 纁許云反 神

字又作紬而占反棠下祲也王肅云婦人蔽膝也 大襡音燭 絖字又作纊音曠 縕于粉反 爲

袍薄勞反 一稱尺證反下放此 之緣悅絹反 爲君于僞反又如字 使色吏反 復

音伏 官館本亦作觀音同 必拾其劫反下同 卷衣音衮古本反 申重直龍反又直用

反下同 佩韍音弗 稱尺證反下同 與音餘 一股音古 纆經直連反 鋪席

普胡反又音敷徐芳烏反後放此 絞戶交反下文同 紟其鴆反 爲之于僞反 廣尺古曠

反長直亮反終幅方服反其介音界後皆同相者息亮反下皆同知適丁歷反含者本又作唅說文作琀同胡闇反下同襚音遂執要一遥反內霤力救反賈人音嫁介䀎芳鳳反孤須矣從此盡篇末皆無某字有者非陳乘繩證反注同北輈竹由反車轅也鄉許亮反注同不見賢遍反上客臨如字視也徐力鴆反注及下同一介音界舊古賀反相息亮反執綍音弗實爲于僞反寡君命絕句下放此毋敢音無下同使臣色吏反注同爲恭如字舊于僞反下同與客拾其劫反辟其音避下辟之同士盥音管干斂力劍反下同馮之皮冰反本或作憑下同脫字音奪重著直用反夜燎力召反又力弔反乘繩證反注同執引以刃反一音餘刃反

雜記下第二十一

猶爲于僞反下乃爲同期大功音基殤長丁丈反下長子同旣顈口迥反徐

孔頴反沈苦頂反草也注同　又喪如字又息浪反下又喪同　去麻起呂反　附於義作祔出
注　未袷音袷　將與音預下同　視濯大角反　其它音他　同處昌慮
反下之處同　使者色吏反　差緩初賣反又初佳反　適子丁歷反　爲新
于僞反下爲人說同　之酢音作　嚌之才細反　皆啐七內反徐倉快反入口也　脊爲
徐在益反　搢其尺證反下同　少連詩召反　不解佳賣反注同　期悲哀
音基　怠惰徒臥反　解倦其眷反　堊室烏各反字亦作惡同　時見賢遍
反注同　長中丁丈反　已殺已或作以下巴界反徐所例反　醲美女龍反　目瞿
九遇反下同　朝服直遙反注及下武叔朝皆同　釋禫大感反　縿冠息廉反黑經白緯曰
綅　當袒音但　犆牲音特　同與音餘　祝之六反徐之又反注同　稱昌升反徐
尺證反注祝冊同　相爲于僞反下爲飯爲其同　闕轂工木反　輠胡罪反又胡瓦反又胡管
反回也　州仇音求　鑿巾在各反　以飯扶晚反注同　冒者莫報反下及注

掩形於險反將惡烏路反旣遣棄戰反注同而裏音果餘與音餘注何異與同不見如字夫大音扶卷三紀轉反又厥挽反歸于如字徐音匱同非爲于僞反注及下注爲母爲姑姊妹皆同問與賜與並音餘注皆同滅脫音奪下同問遺于季反下文皆同必三如字又息暫反施惠始豉反縣子音玄期之音基下同如剡徐以漸反惻怛旦末反執綍音弗功衰弔本又作大功衰弔庾云有大字非不與音預下文注不與同旣封彼驗反又如字執贄音至盈坎口敢反下同長少丁丈反下詩詔反爲壙苦晃反又音曠視不如字徐市音反皆爲于僞反注爲食父爲三父母所爲亦爲不爲並同人食之音嗣注見食同鹽酪音洛食食上如字下音嗣酢七故反截才代反有殤音羊有創初良反無免音問注同於垧古鄧反道路也不辟音避注同期之音基給繇音遥本又作殹鷖於奚反彌徐五兮反一音迷啼徒奚反本又作諦同號胡刀反徐本作唬不

偯於豈反下文同說文作悠　重則直龍反　喪冠古亂反下及注皆同　三者息暫反
取婦七住反又如字　侈昌氏反　袂彌世反　不與音預注同　聲聞音問又如字
辟琴音避一音婢亦反　不紳音申　要絰一遥反下絰六結反　衣采者於既反又如字
玄纁許云反　不屝本又作扉扶味反　世柳良九反　相者息亮反下及注皆同
飯九扶晚反注同　飯含本又作唅胡闇反下文同　賵臨如字徐力鴆反　無筭悉亂反
比葬必利反下同　爲士于僞反　銜枚音梅　執鐸大洛反　羽葆音保
執引以愼反注同　以茅亡交反　朝干直遥反　道正音導　縷音陋
簋音軌　朱紘音宏　反坫丁念反　藻音早　梲章悅反　有筭音鷄
上屬音燭　薄音博又皮麥反又步博反徐又薄歷反　櫨音盧　侏儒音朱　不弇於檢反本亦作揜
言併步頂反　偪下音逼本又作揊　越疆紀良反　自闈音韋宮中之門劉昌宗音暉
鬡麻側瓜反　嫂不悉早反　遠別彼列反　無

其行下孟反 鶩馬音如 自貶必檢反 易共上以鼓反下音恭 六種章勇反 禱悲而樹反本亦作孺 乃復扶又反 於蜡仕嫁反 樂乎音洛

下及注同 索也色百反下同 屬民音燭 先嗇音色 飲烝之承反 勞農力報反 非女音汝 不弛尸是反下及注同 弓弩乃古反 大廟音泰

外宗爲于僞反注同下爲火爲之服下注爲其亦同 殿梵九又反 上以時掌反 辟也匹亦反 不與焉音預注同 弗辟音避注同 同僚本又作寮力彫反

内難乃旦反下同 厚半戶豆反 剡上以冉反 畫之胡卦反徐胡麥反 冊行戶剛反 窾當如字注同舊下浪反 則釁許靳反 純衣側其反 拭羊音式

干碑彼皮反 拭靚本亦作靜同才性反 刲羊苦圭反 夾室古洽反 其衈如志反 刉古代反又古對反一音其既反 珥如至反 皆鄉許亮反下同 朝服直遥反注同 以豭音如 尊彝以之反 比至必利反 使者色吏反下使臣使者同 儐

者必刃反本又作擯　傳焉丈專反　器皿武景反字林又音猛　所齊子兮反下同
畀所必利反與也又婢支反償也　而共音恭　粢盛上音咨下音成　不肖音笑　不敢
辟音避　少施失召反下及注同　食我音嗣　而爲于僞反下來爲亦爲同　倨音據　慢
武諫反本亦作慢　施父音甫　吾飱音孫　十个古賀反　其卷音眷徐紀勉反
下云與音餘同　婦見賢遍反下注同　供亦音恭用反　養羊尚反　不復扶又反　則
鬈音權又居阮反　去之起居反　髺丁果反　紒音計字又作紒　韠音必　長三
直諒反　下廣古曠反下同　會古外反注同　紕以婢支反又方移反注同　純以之閏反又
方移反　紃以音巡徐辭均反　領縫扶用反下同　之絛本又作絛同吐刀反

喪大記第二十二　鄭云以其記人君以下始死小斂大斂殯葬之大事故以大記爲名　卷之十三

皆埽悉報反　爲賓于僞反下爲其爲賓爲王人皆同　徹縣音玄注同　士去
起呂反注及下注同　東首手又反下注南首同　北牖依注音酉舊音容下注牖下放此　爲墉

音容廢牀仕良反本或作床字褻衣息列反新朝直遥反後朝服皆同屬音燭纊音曠新緜也一音古曠反易動以豉反適寢丁歷反注同正處昌慮反下同林麓音鹿階梯他兮反簨恤尹反虡音巨以卷本又作衮同古本反注同屆狄音闕注同玄赬敕貞反襢衣知彥反稅衣他亂反東榮如字屋翼也劉昌宗音營三號戶高反注同捲衣俱勉反徐紀阮反褘衣音輝以鷩必列反揄狄音遥以毳昌銳反東霤力又反以篋苦牒反乘車繩證反左轂工木反之惡烏路反衣尸於既反注衣尸同以斂力驗反後不出者皆同而去起呂反以褘而廉反婦人嫁時上服人諦大兮反本又作帝扳本又作攀普班反一音班援音袁徐于願反爲寄于僞反下皆同下注爲母爲其罷倦皆同徒跣悉典反扱初洽反衽而審反又而鴆反裳際也拊心音撫使者色吏反鄉其許諒反馮之皮氷反本或作憑後皆同人袒天旱反說髦本作

十三

稅同他活反徐他外反注同髦音毛人髮側瓜反奉尸芳勇反注同夷于堂
如字夷尸也陳也本或作侇同音移一本作奉尸于堂從而才用反又如字汜拜芳劒反而免
音問後放此拾踊其劫反裼襲思歷反之卷起權反出壼音胡縣
之音玄及下注同代更古行反下同罷音皮倦其卷反爲漏音陋給
爨七亂反又七官反下爨鼎同爲斞音庾水斗也隱義云容四升也挈壼苦結反又音結
下君戶嫁反下成君不相下下大夫同照饌仕眷反滅燎力石反又力弔反南
鄉許諒反事處昌慮反以衰七雷反人爲于僞反下人爲注爲下注爲君皆同
竟内音境下同輯之側立反下同斂也則去起呂反後去杖皆同以見賢遍
反斂也力檢反下同以柱知主反近尸附近之近爲夫人于僞反下及注妾爲
君爲人得並同棄杖本亦作弃古弃字斷而丁管反下注斷足瓜同大盤步干反本又作槃
造泳七報反下及注皆同造猶内也士併步頂反注同禮之善反單也注同第側里反簀也

含一胡暗反濡奴亂反下文同濯直孝反下文同于坎口感反札側八反爛
力旦反祖簣音責盛水音成廣八古曠反長丈直亮反深三
尸鴆反憮用好胡反去死起呂反注同楔齒桑結反角柶音四綴
足丁劣反又丁衛反下注同適室下歷反管人如字掌管籥之人又古亂反掌館舍之人也下同
汲音急不說吐活反繘均必反汲水綆也抗衾苦浪反舉也用盆蒲奔反沃
水烏谷反用料音主又音斗絺巾敕其反一本作綌去逆反挋音震拭也如它
音他下同挋拭音式差七何反淅也注差淅同沐音木甸人田遍反爲垼音役
鄭注儀禮云塊竈也陶人音桃出重直龍反鬲音歷煑諸許反西北
厞扶味反隱也舊作扉音非門扉也爨之七逭反差淅先歷反其潘芳袁反
米汁也差初佳反率音律又音類而上時掌反食粥之育反又音育下同一
溢音逸劉昌宗又音實下同莫一音暮疏食音嗣下及下注疏食皆同不盥古緩反於

篹本又作匴又作算悉緩反又蘇管反竹筥也以醯呼雞反杯杅音于竹筥居呂
反歠呂悅反手飯扶晚反作簨息尹反徐音撰期之音基下同爲母
爲妻並千偶反下注爲其同不與音預下同比葬必利反君食之音嗣下父
之友食之皆同不辟音避粱肉音良粱米也以簞徒默反以葦于鬼反有
莞音官又音完布絞戶交反後同縮者所六反縞衾古老反九稱
尺證反杜預云衣單複具曰稱後放此絞紟其鴆反後皆同縮從足容反連數色主反
見之賢遍反絞一幅本又作畐方服反爲三句絕不辟絕句補麥反又音璧
徐扶移反無紞丁覽反廣終古曠反析其思歷反下同之強其丈反被
識式志反又音志又音式下同去之起呂反下注同不倒丁老反注及下同散衣悉但反
無檖音遂複衣音福褶音牒袷也古洽反袍必步毛反不
襌音單繭古典反與稅吐亂反衻而廉反纁許云反袗絺之忍

反亦爲于僞反下文則爲之同之篋苦協反不詘丘勿反紒紵直呂反便

也婢面反大胥依注作祝之六反下同胥樂官思餘反不紐女九反舊而慎反

鄉左許亮反士與音預注同爲傲音執本亦作執錦冒莫報反下及注同

黼音甫殺色戒反徐所例反下及注同之裁才再反注同韜尸本又作弢吐刀反下同

鋪席普吳反又音敷下皆同亟止本或作亟止門外門外衍字耳主辟必亦反凶邪似嗟反

姪大結反娣大計反長子丁丈反下同服膺於陵反奉之芳勇反

拘之音俱一音古侯反同處昌慮反居倚於綺反苫始占反

枕之鴆反凷苦内反襢章善反注同露也障之音章下同柱張主反楣音眉

見面賢遍反適子丁歷反屬目音燭無辟音避下注猶辟同

黝於糾反堊烏路反又烏各反注同禫大感反而作道音導不復扶又反

期居音基下同爲母爲妻並于僞反下爲之賜注爲之則爲並同以上時掌反

直君如字又音值當也先後君悉見反下胡豆反一音並如字夾階古洽反祝

相息亮反下相止並同下正君戶嫁反屬六音燭後皆同捭步歷反四

重直龍反下同水兒詞履反被之皮義反下同其厚戶豆反扡棺

以支反是差初佳反徐初宜反時偕子念反金鍇子南反釘也椽陟用反本

又作瑑著直略反小要一遥反下同鬊爪音舜亂髮下側功反實于綠

音角出注小囊乃剛反徐音託盛之音成爲簍魯口反用輴勑倫反櫝

才完反下同以幬音道注同覆也不暨其器反注同見衽賢遍反注同猶蔽

才工反本亦作叢記參初金反差初宜反題音啼湊七豆反四注徐之樹反下同

差寬初賣反又初佳反掘地其越反又其勿反作錞徒對反又徒卧反又徒猥反

作埻依字支允反又支閏反徐都卧反沈都雷反熬五羔反四種章勇反下及注同八

筐音匡魚腊音昔蚍七呲蜉音浮黻音弗三錦褚張呂反下同加

僞依注讀爲惟位悲反　齊五如字徐才細反　黼萋所甲反　皆戴丁代反下

及注同　纁披彼義反徐甫髮反下同　戴綏依注爲緌音蕤耳佳反下同　紐女九反

檢絞音遥注同　緇側其反　及壙苦晃反　惡其烏路反　以衣於既反下

衣以皆同　以上時掌反下魚上同　車苓音零　縣池音玄下皆同　動揺音遥一音

以照反　則去起呂反　齊象車蓋蕤絕句一讀以蕤向下　瓜古華反　分

扶問反又皮莧反又夫云反　廣三古曠反　高二古報反又如字　柄長直諒反又如字後放此

而從才用反　用輴依注音輇市專反下同王勑倫反　四綍音弗　二碑彼皮反

御棺一本作御柩　羽葆音保　用國依注亦作輇市專反王如字云一國所用　比出

必利反注同　作團徒丸反　曰引音胤　爲率音律　凡封依注作窆彼驗反下及注

機封同　以咸依注讀爲緘古緘反　毋音無下同　譁音華　説載吐活反　輓棺

音晩　繞而沼反　要一遥反　舒縱子用反下同　縱舍音捨　有隧音遂延道

也為械古咸反一本作緘而上時掌反抗木苦浪反徐戶剛反五重直龍反下

同容祝昌六反容甒音武

祭法第二十三鄭云以其記有虞氏至周天子以下所祭祀羣神之數也　卷之十四

禘黃帝大計反嚳口毒反顓音專頊許玉反鯀本又作鮌古本反篇

末同冥莫經反祖契息列反下同圜丘音圓大昊音泰下大廟大祖大

昊同昊亦作皞胡老反下放此句古侯反芒音亡夏曰戶嫁反後夏日皆同少昊

詩召反下放此蓐收音辱本[illegible]音辱以上時掌反下上去以上同之殺色界反徐所例

反燔柴音煩爾雅云祭天曰燔柴泰壇大丹反下同瘞於滯反埋武皆反爾雅云

祭地曰瘞埋泰折之設反注同舊音逝又音制用騂私營反字林云火營反祭處昌慮

反言坦吐但反炤本又作昭同章遙反又之召反晢之設反一音制用黝於糾反相

近依注讀為攘如羊反下音巨依反王肅作祖迎也於坎苦感反幽宗雩宗宗依注並

注並讀爲禜禜敬反注如字　見怪賢遍反注同　亡其如字無也一音無　吁嗟許于反

癘疫音役　大凡如字徐音泰　腐爲音輔　更立古衡反　通數

色主反下同　設廟本亦作廟古字　墠音善　有禱丁老反一音丁報反　適士丁歷反

反篇內同　顯考無廟顯音皇出注　大夫采七代反　昭穆上遙反　不

典他典反　腆　祫乃音洽　魯煬餘讓反徐音傷　王爲于僞反下皆同注爲社事亦同　靁

力又反　作謯棄戰反　此與音餘　脾婢支反　肺芳廢反　肝音干　腎

上忍反　使者色吏反　惡言烏路反　繆乎音謬　祭殤音傷　之輿

烏報反　陰厭於豔反下同　能禦魚呂反　菑音哉下同下文或作災注作栽並同　能

扞胡旦反　厲山力世反左傳作列山　共工音恭下及注同　鄭鴻音章　而殛紀力

反注同尚書云殛鯀於羽山又云鯀則殛死　顓頊能脩之本或作顓頊脩黄帝之功　以文

治直吏反　去民起呂反　及夫音扶　丠陵此古丘字　而王于況反　蓄

梧音吾

祭義第二十四鄭云名祭義者以其記齊戒薦羞之義

欲數色角反下同則怠大改反曰祠嗣思反悽音妻愴初亮反既

濡本亦作濡音儒怵勑律反惕他曆反皆為于僞反下文見所爲并注同放其

方往反致齊側皆反後不出者同散齊悉但反注同所樂音岳又五孝反所

耆市志反注及下並同屈到居勿反屈到楚莫敖耆芰其寄反楚人謂菱爲芰僾然

音愛微見兒周還音旋本亦作旋注同愾然開代反闔戸戸臘反致慤

苦角反敬養羊尚反鄉也許諒反下文鄉也鄉之注鄉之同言夫音扶曰本或

作言夫曰為相息亮反下文同不怍才各反奠盎烏浪反齊齊乎

如字舊子禮反愉愉乎羊朱反盎齊才細反繹曰音亦儐尸音賓之

忠如字謂盡中心文王與音餘樂與音洛下同尸侑音又仲尼嘗

絶句皆秋祭奉薦而進句絶其親也慤句絶趨音促注及下注皆同以
數色角反速也徐音速注同子贛音貢濟濟子禮反下同漆漆依注音切下同
濟濟者容也口白反賔客也下客以遠同漆漆者容也羊凶反儀
容也下若容以自反同樂成音岳又五教反慌況往反注及下同一音荒惚音忽注及下同本又
作忽所當丁浪反一槩古代反比時必利反徐甫至反注同先時悉薦
反又如字洞洞音動下同屬屬音燭下同如弗本亦作不何休云弗者不之深
也勝音升也與音餘黝於糾反堊烏路反視視上之六反下之又反又並
之六反仿孚往反佛孚味反以詘求勿反注一八下并篇末同徐丘勿反敬齊如字
注及下同王徐側皆反婉順憂阮反熬也五報反如奉芳勇反儼魚檢反
恪苦各反旣冠古亂反孺子而樹反敬長丁丈反下及下注皆同爲
其于僞反下爲其同近於附近之近乎王于況反至弟音悌下同五更

古衡反下更相同　措諸七路反　序從才用反注同　于碑彼皮反　袒而徒旦反

鸞刀力端反　以封洗圭反　膟音律　膋力彫反　爓祭音尋　泄息列反

[月習]直輒反　神見賢遍反一本作神可見則如字　曰暘音陽　以別彼列反下同　相

巡依注音沿悅專反　汜說芳劒反　不悖布内反　以去起呂反　爭爭鬭之爭

有奇紀宜反　邪似嗟反　不治直吏反　魄也普白反　噓音虛　吸

許及反　斃于本亦作獘婢世反　陰爲依注音蔭於鴆反　土壤如丈反　焄

許云反香臭之氣耳　蒿許羔反氣烝出皃　烝出之膺反　爲藨表驕反又皮表反

以爲黔首則其廉反徐又其嚴反黑也黑首謂民也秦謂民爲黔首則法也　爲民于僞反

反　復加扶又反　遠邇音爾　燔音煩　燎力召反又力弔反　羶依注音馨許經反後

羶薌同　薌音香　見以依注見作覸音間廁之間徐古辯反　見間依注合爲覸字音間廁之間

以俠古洽反　甒音武　爲藉在亦反藉田說文作耤　朱紘音宏　秉耒

力內反 醴酪音洛 齊音咨本又作齊 朝之直遥反注躬朝同 犧牷音全 近

川附近之近 仞有音刃七尺曰仞 大昕許斤反日欲出 使蠶才南反 奉芳勇

反下及注同 種章勇反 風戾力計反燥也 以食音嗣 蚤音早本亦作早 胞七歲

反 氣燥悉早反 惡濕烏路反 既單音丹 奉繭古典反 服

與音餘注同 副褘音暉 其率音類又音律又所律反 夫人繅悉刀反下

同說文作繅云抽繭出絲也以此爲旒繅字音所咸反 三盆蒲奔反掩也 三淹本亦作淹徐於

驗反又於斂反 則易以豉反下同 子如字徐將吏反下及注同 諒音亮下同 油然音由 則

樂樂則安■音洛下不樂同 與爭爭之爭■ 德煇音煇 言行下孟

反下理行而行皆同 而措本亦作錯七故反 其減胡斬反又古斬反下同倦也 則銷音消 有

報依注音褒保毛反下音同 能養羊尚反後皆同 言與音餘 先意悉薦反 參

直徐所林反 莅官音利又音類本又作涖 戰陳直覲反 裁及音災 於親

本亦作裁及於身　亨執普彭反　而薦將見反　不遺如字又于季反　樂白

音岳皇五孝反　溥之本亦作敷同芳于反　而放甫往反下同至也　而準諸尹反平也

無輟張劣反　斷一丁管反　不匱其媿反下同　慱施始豉反　惡

之烏路反　數月色主反下同　瘳矣丑留反差也　頃步讀爲跬缺婢反又丘弭反

一舉足爲跬再舉足爲步　不徑古定反邪也　邪似嗟反　趨七俱反　於朝直遥反後皆同　而

弟音悌下及下注同　爲之于僞反　不併步頂反徐扶頂反　車徒辟音避

注同　鴈行戶剛反下同　所擔都甘反　少者詩照反下同　不遺如字棄忘也一

本作匱其媿反　而長下丈反下文皆同　爲甸田見反　頒禽音班　於廋本又作搜

音蒐所求反　狩音獸　士卒子忽反下同　放乎方往反　食三音嗣下同　五更

古衡反下同　大學音泰下大學注大卜皆同　而酳音胤又仕覲反　巡守手又反本或作狩　于

竟居領反　不復扶又反下丈注將復入同　舉觶之豉反　見爵賢遍反　之

施（始豉反）卷冕（古本反）明知（音智）斷其（丁亂反）必恐（曲勇反）所以語（魚預反）陶陶（音遥）遂遂（本又作燧音遂）思慮（息嗣反）而術（義作述出注）

祭統第二十五（鄭云統猶本也以其記祭祀之本故名祭統）

五經（吉凶軍賓嘉之五）神祇（祈之反）心怵（勑律反）祐助（音又）君長（丁丈反下所長同）道之（音導）其爲（于僞反注爲謂同一音如字）追養（羊尚反下同）者畜（許六反下同）盡此（徐子忍反下同）之行（下孟反）取夫人（七住反）所共（音恭下文以共皆同）芹（其斤反）茆（音卯）蚳（丈之反）蝝（悦專反）蜩（音條）蔆（本亦作菱音陵）芡（音儉）榛（側巾反）齊盛（本亦作齍與粢同音咨下及注同）純服（側其反注及下純冕同）以見（賢遍反）少陽（詩召反）乃齊（側皆反本又作齋下不出者同）言齊也齊不齊（並如字下以齊之同）耆欲（市志反）其邪（似嗟反）

反　訖其居乞反止也　先期悉薦反又如字　大廟音泰後大廟皆同　副禕

音輝　圭瓚才但反　裸尸古亂反　執紖直忍反注同徐以忍反　大夫

從才用反下皆同　執芻初俱反　宗婦執盎烏浪反注同　從夫人

絕句一讀以從字絕句　薦涚水舒銳反徐音歲　着齊本亦作齊才細反注同　爲

柄兵命反　作縿直忍反　槀也苦老反下同　共其音恭　盎齊

才細反下盎齊同　以樂音洛下同　竟內音境篇內皆同　近主附近之近　獻

之屬莫重於裸一本無之屬二字　道之以禮音導　有

餕音俊　施惠始豉反下文注並同　能知音智　尸謖所六反起也　百官

進依注作餕　自畀如字隱義音必利反　以別彼列反下同　見其賢遍反下同　脩

於廟中也一本脩作徧　徧及音遍下同　積重直龍反下同　凍餕

乃罪反　夫人音扶　見之如字舊賢遍反　畜積勑六反　本與音餘下是與同

君長丁丈反下長幼皆同　所惡烏路反　見事賢遍反下皆同　之殺色界反徐所例
反下同　鋪普胡反又芳夫反　逄羊然反　爲依于僞反下注爲其皆同　于祊伯更反
言詷徒貢反　索祭所伯反　則伸音申　子行戶剛反注同徐胡孟反
之適丁歷反　以瑤音遥　以散悉但反　之差本又作之等　謂醑音胤
又仕覲反　有昭上遥反後放此　南鄉許亮反　而舍依注音釋　卷冕古本反
執校戶教反又戶交反又下卯反下同柄也　執鐙音登又丁鄧反亘跗也　襲處
昌慮反　下跗芳符反　貴髀必氏反又必履反　不重直龍反　臂臑
乃報反眩骨也　有畀必利反下及注同與也　煇依注作韗同況万反又音運下同申吏也　胞步交反下同肉
吏也　翟音狄樂吏也　闈音昏守門者也　以見賢遍反注皆同　見此畀如字舊必利反
下同　韗礫知宅反　曰礿羊灼反字又作禴　夏祭戶嫁反下注夏者孟夏同　草
艾音刈　可芟所銜反　給爨七亂反　亨普彭反徐普孟反　自名如字徐武政反

下及注自名同 論譔音撰 身比毗志反謂次比也下及注皆同 斟酌之林反 傅音附徐音

賦一音直專反謂傳述 著直略反徐張慮反 之行下孟反 以見賢遍反注同 知

足音智注同 孔悝口回反 公假加百反至也注同 蒯苦怪反 聵五怪反 褒

之保毛反 左音佐 右音又下啓右并注同一讀此左右並如字 難乃旦反 奔走本亦作犇 無

射音亦注同 爲筴初革反 猶女音汝後皆同 從馬才用反 坐殺才卧反

寘之之豉反 厭也於豔反下同 鎬京胡老反 纂乃子管反 侯衎

苦旦反 烝之承反下文注同 鉏仕居反 者欲市志反 不解古賣反 休哉

許虯反 予圉魚呂反 予女羊許反注同 以辟必亦反又婢尺反注同明也 施

如字于著也 彝鼎以支反 猶著張慮反又直略反下同 約如字徐於妙反 劑

子隨反 是誣音無 不傳直專反不本亦作弗 八佾音逸 赤盾食準反又音允

羽籥羊灼反

經解第二十六鄭云經解者以其記六藝政教得失解音佳買反徐胡賣反一音蟹　卷之十五

易良以豉反下易良同　屬辭音燭注及下同　比事毗志反下同　朝聘直遥反篇內同　近愚附近之近下除遠近一字並同　愛惡烏路反　戰爭爭鬬之爭下文同　淑人常六反　不忒吐得反　玉鏘七羊反本又作鏘　皆鈴音零　在軾音式　和應應對之應　民說音悅　除去羌呂反下而去之同　霸王于況反　所操七刀反　方圜音圓　誠縣音玄注同　衡稱尺證反　謂錘直僞反　彈徒丹反　畫胡麥反　朝覲其靳反　長幼丁丈反下皆同　昏姻音因　之別彼列反　猶坊音房本又作防下同　而壞音怪　春見賢遍反　嫁取七住反本亦作娶　搖辟匹亦反　而倍音佩下同　之行下孟反　止邪似嗟反　遠罪于万反　差若初佳反徐初宜反　豪戶刀反依字作毫　氂李其反徐音來本又作犛　繆音謬　以

哀公問第二十七魯哀公也鄭云善其問禮著謚以顯之

長幼丁丈反 以別彼列反 疏數色角反 雕本亦作彫 鏤力豆反 黼音甫

黻音弗 喪筭悉亂反 備其鼎俎本亦無此句 豕腊音昔 畢

其如字又音婢 雕幾音祈注同幾附纏之也 語以魚據反 好賓呼報反

無厭於豔反 敖慢五報反 午其五故反一音如字注同王肅作迕迕違也 當

欲丁浪反注同 猶稱尺證反 侍坐才卧反 愀然七小反舊慈糾反又在由

反又音秋又千了反下同 夫婦別彼列反 不肖音笑 親迎逆敬反下及注同

舍敬音捨 不親不正一本不皆作弗 本與音餘下本與敬與並同 已猶大音泰

之好呼報反 焉得於虔反 爲言于僞反 之分扶問反 外治直吏

反下同 之行下孟反下君之行同 妃以芳非反 則愾許乞反又許氣反至也 大至

音泰注同 居幽彼貧反 樂天音洛下及注同 怨天於元反又於願反 朝會

直遥反　炤察音照本亦作照　惷愚始容反徐音容反又湯邦反一音丁絳反字林丑凶反又丑絳反愚也　冥煩莫亭反徐亡定反　子志依注音識徐音試　使易以豉反　蹴然子六反又在育反踧皃　辟音避

仲尼燕居第二十八鄭云善其不倦燕居猶使三子侍言及於禮著其字言可法也退朝而處曰燕居

燕居於見反　汎說芳劒反　女三人音汝後同本亦作汝　吾語魚據反下及注語女音同　不徧音遍　不中丁仲反下同　之給音急徐渠急反又其劫反下同　足恭將住反又如字　鮮仁仙淺反　近於附近之近　能食音嗣　敏頓徒遜反　乘車繩證反又如字　者與音餘下無相與同　昭穆上遥反穆亦作繆音同　食饗音嗣注同　句龍古侯反　長幼丁丈反後皆同　朝廷直遥反下及注皆同　量鼎音諒注及下同　而錯七故反本又作措後同　易知以豉反　別也彼列反下其別同　豆區烏侯反　之治直吏反下其治治國並同　瞽之音古　無相息亮反　倀倀勑良反無見皃　其

策初革反　爲衆于僞反又如字　倡始尺亮反　眹畝又古犬反　而縣音玄

注同　樂闋苦穴反　夏籥音藥　行中丁仲反下同　還中音旋　采齊

本又作薺在細在私二反注同　序更音庚下同　振鷺音路　禮繆音謬注同　禮

行下孟反又如字　冬夏戶嫁反　大子音泰下大子下文大平同　適子丁歷反　俊選

宣面反　皆造手早反徐七到反　蔓求龜反　窮與音餘　傳於丈專反注同

子曰師乎絕句　復問扶又反　必鋪普胡反徐音孚　行而樂之

音洛又音岳　所治直吏反注同　奧字又作噢烏報反　阼才故反　符長丁丈反隱義云

符謂甘露醴泉之屬　瑞應應對之應徐於甑反　之處昌慮反　昭然

長謂麟鳳五靈之屬

章遥反徐之紹反明也　發矇音蒙　矣本亦無矣字

孔子閒居第二十九閒音閑鄭云名孔子閒居者善其倦而不褻猶使一子侍爲之說詩著其氏言可法也退燕避人曰閒居

閒居音閑　凱本又作愷又作豈丘在反注同　弟本又作悌徒禮反注同　樂音洛　易以豉反

禍烖音災哀樂相生音洛舊音岳塡耳音傾好惡並好字一音上呼報反下烏路反近之附近之近長人丁丈反其命依注音基宥密音又逮大計反注同安和皃選宣面反匍音扶音蒲匐音服又蒲北反儆之胡孝反賙[illegible]音周裒七雷反絰大結反施及以豉反下同畜許六反曰聞音問下令聞并注同施易也並以豉反以勞力報反注及下同勞來力代反私炤音照本亦作照湯齊依注音躋亦作隮子兮反詩如字曰人實反躋側皆反注齊莊同詩作躋子兮反昭假音格至也注同遲遲直私反是祗諸夷反敬也使王于況反下王天下王功皆同神氣風霆音廷絕句風霆流形絕句耆欲市志反注同嵩高息忠反惟嶽音岳峻極私俊反之翰胡旦反徐音寒于蕃方袁反爲之于僞反下川爲嶽爲皆同賢知音智弛其徐式氏反一音式支反注同皇作施大王音泰注同弛施也如字皇本作施布也蹶然居衛反徐音厥隊直媿反

辟後音避

坊記第三十坊音防徐扶訪反經文皆同鄭云名坊記者以其記六藝之義所以坊人之失也

辟則匹亦反注同舊芳益反徐又音辟　坊與音餘　邪似嗟反　侈昌氏反又尺氏反　斯

驕音驕本亦作驕下同　不慊口簟反恨不滿之皃　之級音給　而好呼報反下同　樂

音洛又音岳　猶惡　其幾豈反又音譏　荼毒音徒　之行下孟反　惡之烏路反下

皆同　千乘繩證反下注同　高古報反　長三直亮反下同　別微彼列反下

同　朝廷直遥反下皆同　僭號子念反下同　辟其音避下同　皆爲于僞反

相彼息亮反　盍旦音渴徐苦蓋反注同　以殺音試本又作弑　子云此以下本或作子

曰　則近附近之近　觴酒音傷　衽席而審反又而鴆反　以上時掌反　好

得呼報反　不借音佩下及注同　不愉音偷本亦作偷　以畜許六反注同毛詩作勖

定姜之詩此是魯詩毛詩爲莊姜　子衎苦旦反　而號戶羔反注同　稱

究於表反尚技其綺反注同不吝力刃反又力鎮反往行下孟反以畜
勑六反上施始豉反下同以莅音利又音類其難乃旦反詢于音荀芻
初俱反蕘如遥反不爭爭鬬之爭履無如字毛詩作體爾女音汝下及下文皆同
反饗卜許亮反本亦作鄉度是徒洛反注同毛詩作宅鎬京胡老反於乎
音烏下火吳反注同大誓音泰本亦作泰注同弛其式氏反注同弃也駮親邦角反
乃讙音歡火官反喜樂音洛鄂鄂五各反本又作諤說則音悅復
諫扶又反不匱其媿反綽綽昌灼反有裕羊樹反爲瘉羊主
反病也猶更古衡反以衰於旣反差遠初賣反能養羊尚反
爲其于僞反下事爲同相褻息列反厥辟不辟並必亦反君也注同孺
子而注反長民丁丈反注及下事長同簋音軌鉶音刑饗食音嗣下文食禮同
盤步干反盂音于以菲芳鬼反薄也去禮起呂反親饋其位反禴

祭音藥寢受時力反易作賓豕與音餘酒肴戶交反三日齊側皆反注同散齊悉但反醍酒音體羣昭常遥反卒度如字法度也徐徒洛反中霤力救反飯於扶晚反牖下音酉於壙苦晃反不爭爭鬬之爭下民爭同殺其音試注及下同于音如字君卓敕角反注同弟以音悌鄭段徒亂反本亦云鄭叔段也遲直志反而爲于僞反貳圉魚呂反晉惠公太子懷公名饋獻本又作嬔音同之贄音至以覺賢遍反脩好呼報反饋違于季反下遺民同不內音納如字耕穫戶郭反不菑側其反田一歲也畬音餘田二歲也賤行下孟反注同斂穧子賜反又才計反捃君運反拾音十采葑芳容反采菲芳尾反蔓音万徐音蠻菁音精又子丁反葍音富又音福則反并必政反又如宮下同不離力智反與女音汝無媒音梅注同伐柯古何反斧柄取妻七樹反後皆同横從子容反注同横行治其田也本亦作遊

行治其田易治以豉反不敢同姓如字又七樹反猶去起吕反注同大伯音泰

猶殺音試注同一音如字繆侯音穆來朝直遥切有見賢遍反注及下

同以辟音避遠于万反下遠色同好德呼報反下及注同猶捕蒲布反

中網丁仲反以罷音匪淫泆音逸本又作佚同妃匹音配一音如字親

迎魚敬反行父音甫

經典釋文卷第十三

經典釋文卷第十四

禮記音義之四 起第十六盡第三十

唐國子博士兼太子中允贈齊州刺史吳縣開國男陸德明撰

中庸第三十一 鄭云以其記中和之爲用也庸用也孔子之孫子思作之以昭明聖祖之德也

卷之十六

率性 所律反循也 則知 音智下知者大知皆同 人放 方往反 傚之 胡教反 離也 力智反下及注同 惡乎 音烏 不睹 丁古反 恐懼 丘勇反 閒居 音閑下同注同 莫見 賢遍反注顯見同一音如字 有佔 敕廉反 哀樂 音洛注同 中節 丁仲反下注爲之中同 長也 丁丈反 小人之中庸也 王肅本作小人之反中庸也 忌憚 徒旦反忌畏也憚難也 畏難 乃旦反 常行 下孟反 中庸其至矣乎 一本作中庸之爲德其至矣乎 民

鮮 羊善淺反下及魚注同 罕也 呼坦反希也少也 知者 音智下文大知也子知注有知皆同

不肖 音笑下同 矣夫 音扶 也與 音餘下皆同 舜好 呼報反下同 易

以 以豉反 罟 音古罔之揔名 樓 胡化反尚書傳云捕獸機檻 陷 陷沒之陷 阱

才性反本或作穽同阱穿地陷獸也說文云穽或爲阱字也 知辟 音避注知辟辟害皆同 期月

音基 拳拳 音權又起阮反徐羌權反奉特之皃 服膺 徐音應又於陵反 奉持 芳勇

反 可蹈 音悼又徒報反 問強 其良反下同 所好 呼報反 言女 音汝下倣

女同 不校 交孝反報也 衽金 而審反又而鴆反 不厭 於豔反 哉矯 居表

反下同 不倚 依彼反徐其蟻反 所傃 音素 猶鄉 本又作嚮許亮反下皆同 行

佹 又委反下同 譎 音決 汲汲 音急 隱行 下孟反 遯世 本又作遁同徒頓反

費而 本又作拂同扶弗反猶佹也徐音弗注同 以與 音預注皆與之與以其與同 舜好

呼報反 故與 音餘 所憾 本又作感胡暗反恨也注同 鳶飛 悅專反字又作鳶

矣力計呂結二反　魚躍華角反　猶著張慮反下同　道造在老反　伐

柯古何反　睍而徐音詣睥睍也　言顧行行顧言皆下孟反注聖人之

行同或一讀皆如字　慥慥七到反守實皃　言行下孟反　相應於陵反舊音應對之

應　患難乃旦反下同　不援音園注同攀持也　已音紀　無怨於願反又

於元反下反注並同　居易以豉反注同平安也　徼幸古堯反　正音征注同　鵠古毒

反注同正鵠皆鳥名也一曰正正也鵠直也大射則張皮侯而棲鵠賓射張布侯而設正也　棲皮細兮反　辟

如音譬下同　自邇音爾近也　自卑音婢又如字注同　好合呼報反　既

翕許急反合也　和樂音洛下及注同　且耽丁南反　妻帑音奴子孫也本

又作孥同尚書傳毛詩箋並云子也杜預注左傳云妻子也　相應應對之應　和胡卧反　齊

明側皆反本亦作齋　洋洋音羊　其傍皇蒲剛反謂左右也徐方岡反　僾徐於

愷反又音愛　之格古百反來也　不可度待洛反注同　思矧詩忍反況也注同

可射音亦厭也 於豔反字又作猒下同 盡敬子忍反 不可揜
音掩於檢反 此夫音扶 而著張慮反 也與音餘 令聞音問下令聞同
故栽依注音災將才反注同植也 培之蒲回反益也 覆芳伏反 初載之載
並音災本或作哉同 嘉樂戶嫁反詩本作假音同假嘉也皇音加善也 憲憲音顯注同
興戲皃一音如字 保佑音佑助也下注同 纘徐音纂哉管反繼也 大王音泰下及
注大王皆同 壹戎衣依注衣作殷於巾反戎兵也謂一用兵伐殷也尚書依字讀謂一著戎衣而天下大
定 冑與直救反下音餘 武王末亡遏反老也 追王于況反注追王同 期之
音基注同 組紺音古闇反組紺大王之父也組紺亦曰諸盩盩音置留反 以上時掌反 不爲
服于僞反 埽悉報反 糞弗運反本亦作𡊅亦作拚同 昭穆常遥反穆又作繆音
同 以還本又作逮同音代 燕毛於見反注並同 別所彼列反 共雞音恭
饋食其位反 舉觶音至 於其長丁丈反下謂長同 省文色領反

色領反　示諸依注音寘之豉反置也　易爲以豉反　知力音智本亦無力字　治之

要也治音直吏反一本作治國之要治則如字　方筴初革反方策也筴簡也　方版音板

本亦作板　蒲盧並如字爾雅云蜾蠃蒲盧即今之細腰蜂也一名蠮螉　蜾音果　蠃力果

反本亦作蠃音同　土蜂芳封反字亦作螽同　螟莫瓶反　蛉音零螟蛉桑蟲也　爲已

音紀　之殺色界反徐所例反　而治直吏反一音如字　脫誤音奪　重在直用反

知仁音智下近乎知注言有知皆同　長丁丈反　已臨之音紀　勉強其兩反注同

好學呼報反　近乎附近之近下同　力行皇如字徐下孟反　子庶民如字

徐將吏反愛也下句放此　蕃國方元反　不眩玄遍反　齊明側皆反　去

讒起呂反　遠色于方反　好惡呼報反下烏路反又並如字注同　薄斂力驗

反　既依注音餼許氣反　稟彼錦反又力錦反一本又作既稟既稟謂餉食也　稱事尺證反

朝聘直遙反　槀人苦報反一音古老反　以下上時掌反　不踦其劫反皇

音給躓也　行前下孟反　不疚音救病也　躓也徐音致　而中丁仲反又如字下中

道同　從容上七容反　弗措七路反下及注皆同置也　必強其良反　大平音泰　禎

祥音貞　妖於驕反左傳云地反物為妖說文作祅云衣服歌謡草木之怪謂之祅　孽魚列反說文作

蠥云禽獸蟲蝗之怪謂之蠥　見乎賢遍反下不見注著見同一本乎作於　蓍龜音尸注同

皆為于偽反　自道音導注自道同　知也音智注同　無疆居良反　不

貳本亦作貮音二　令夫音扶下同　昭昭章遥反注同本亦作炤同猶耿耿小明也　一

撮七活反　華嶽戶化戶瓜二反本亦作山嶽　不泄息列反　一卷李音權又

羌權反羌羌阮反猶區也注同　寶藏才浪反　一勺徐市若反　黿音元　鼉徒河

反一音直丹反　鮫龍音交本又作蛟　鱉必列反　耿耿公迴反又公頂反舊音孔頂反

猶區羌俱反　於穆上音烏下於乎亦同　於乎好奴反　愼德如字一本又作

順　是與音餘　洋洋音羊　峻極思閏反高大也　優優於求反倡優也　不

凝本又作疑魚澄反成也　如㛖音壽　不驕本亦作喬音嬌　不倍音佩　其黙亡北反　且哲陟列反徐本作知音智　謂與音餘　而好呼報反下同　裁及音災

行同倫下孟反　杞不音起　王天下于況反又如字　不繆音謬　不悖布內反後同　遠之如字又于万反　近之如字又附近之近　不厭於豔反後皆同

無射音亦注同　而蚤音早　行在下孟反　而斷丁亂反　曷爲于僞反又如字　撥亂半末反　莫近附近之近又如字　道與音餘　編年必緜反又甫運反

辟如音譬下同　覆幬徒報反　之錯七各反　當焉丁浪反又丁郎反　浸潤子鴆反　作燾徒報反　明叡音銳　知音智

下聖知同　齋莊側皆反　有別彼列反　溥博音普　普徧音遍　思

慮息嗣反又如字　見而賢遍反　不說音悅　施及以豉反　蠻貊本又作貊武伯反說文云北方人也　所隊直類反　能經論本又作綸同音倫　夫

焉於虔反　所倚依綺於寄二反注同　肫肫依注音之淳反懇誠皃　浩浩胡老反　被德皮義反　偏頗破河反　懇誠苦很反　純純音淳又之淳反　尚絅本又作顈詩作褧同口迥反徐口定反一音口穎反　惡其烏路反　之著張慮反　闇然於感反又如字　而日而一反下同　的然丁曆反　易知以豉反下易同　禪爲音丹　爲其于僞反　露見賢遍反　淡而徒暫反又大敢反下注同　不厭於豔反　其睹音覩　探端音貪　之昭本又作炤同之召反又章遙反　不疚九又反　隱遯大困反本又作遁字亦同　無惡起虔反　相在息亮反注同　不愧本又作媿同九位反　視女音汝　奏如字詩作鬷子公反　假古雅反大也　有爭爭鬬之爭注同　大平音泰　鈇方于反又音斧　鉞音越　百辟音辟君也注同　末也亡曷反　德輶音酉一音由注同　易之以豉反　載依注讀曰栽音炎生也詩音再　猶比必履反下同或音毗志反又必利反皆非也　有

重 直勇反又直容反

表記第三十二 鄭云以其記君子之德見於儀表者也 卷之十七

不矜 居陵反自尊大也 應聘 應對之應 用已 音紀 心厭 於豔反 足憚 大旦反 裼襲 思曆反下音習 毋相 音無下同 瀆也 大木反 以樂 音洛注同又音岳 朝極 直遥反下注朝聘同 以倦 本又作勌其眷反 分別 彼列反 已至 音以 以辟 音避 以遠 于万反 不揜 於檢反 遠恥 于万反 日強 上人實反下同下其良反 安肆 音四 日偷 他侯反注同苟且也 放恣 咨嗣反 儳焉 徐在鑑反又仕鑒反輕賤皃 齊戒 側皆反 以見 賢遍反注同 邑竟 音境 狎 下甲反習也 侮 亡甫反 怢於 時世反又時設反 褻 息列反 謂摯 音至本亦作贄 初筮 市制反 再三 息暫反又如字 所懲 直陵反 創 初亮反又初良反 乂 本又作艾魚廢一反皇魚蓋反 不讎 音酬 大甲 音泰注同 無能

胥以寧 尚書作罔兒胥匡以生 以辟 音璧君也 之仁 音民出注 刑戮 音六本或作僇音同 而好 呼報反 而惡 烏路反 強仁 其兩反下文同 知者 音智

所辟 音避 謂斷 丁亂反 道有至義 依註讀爲道有至有義 以

王 于況反 字脫 音奪 有數 所住反 憯 七感反 怛 丹葛反 豐

水 勞弓反 有芑 音起 詒厥 以之反遺也 烝哉 之承反君也 數世

色主反 拘 本亦作苟 纖 音計 遺 于季反下同 我今 毛詩作我躬 不閱 音悅

容也 能勝 音升 取數 色住反 度人 待洛反注同 儗度 魚起反 難

中 丁仲反 德輶 音酉一音由輕也 民鮮 息淺反注及下並同 仰止 本或作仰

之 景行 下孟反注明行同 行止 詩作行之 好仁 呼報反下同 鄉道 許亮

反 年數 色住反 強焉 其兩反一本作俛音勉本或作僶非也 孳孳 音茲 斃

而 音弊仆也本又作弊 后巳 音以 罷 音皮 頓 如字又徒困反 能復 扶又反 仆

小也蒲北反又音赴易辭以豉反下同猶解古買反徐又音蟹恭近附近之近下同罪咎其九反制行下孟反以巳音紀以移昌氏反注汜移之移移猶大也同徐又怡者反一音以赤反汜移芳劒反𢝫怖普故反其行下孟反注無其行同衰七雷反絰田節反甲冑直又反色稱尺證反下文并注同惟鵜音啼徒兮反鵜鶘汚澤之鳥一名淘河不濡而朱反彼記本又作巳音同徐紀吏反汚澤音烏本又作洿一音火故反濡汚汚辱之汚粢盛音咨杜預云黍稷曰粢在器曰盛秬音巨黑黍鬯敕亮反香酒也庇民必利反徐方至反又音祕覆也易道音亦徼禄古堯反葛藟音誄力水反施于以豉反條枚亡回反毛詩傳云枝曰條幹曰枚凱本亦作愷又作豈同開待反樂也後放此弟如字本又作悌音同易也注及下皆同樂也音洛下同易也以豉反下同回邪似嗟反曲也之行下孟反下至下文行之浮於名也文注皆同以要一遙反延蔓音万之謂

與音余聿懷尹必反述也謂王于況反謚以音亦下賢戶嫁反
不復扶又反欲行下孟反便人婢面反又婢緜反注同謂便習也辟仁
音譬以强其良反徐其兩反以說音悅毋荒音無憐之力田反而
遠于万反注及下同近人附近之近注及下同朝廷直遥反下同惷而傷容反徐
昌容反范湯江反又丁絳反字林音丑降反又丑凶反喬而音驕朴而普角反詐讓
況求反詐也忘也以贊音至相施始豉反下文同勝而始證反以本怏
音於亮反與上同令其力呈反滛巧苦教反又如字而蔽畢世反又音弊本
數色角反未厭於豔反强民其兩反注同責稅申銳反不
勝其敝音升任也注同敝音弊猶任如金反難復音伏易之音亦
不勝世謚反又音升憯七感反怛旦達反恥費芳貴反注同不傳
文專反辯別彼列反下不別同刑曰音越惟威如字威畏也讀者亦依尚書音

畏也不誣音無爲君于僞反大畜勑六反下同彖吐亂反靖

共音恭本亦作恭同以女音汝注同則謟本亦作諂勑檢反藏之如字鄭解詩作

藏云善也易退以豉反下及下注易絕同以遠于萬反爲主人于僞反下同出

竟音境不要於遥反注同言爲于僞反其強其良反舊其兩反不

辟音避難乃旦反朝廷直遥反則愼本亦作古昚字不復扶又反

唯天子唯音雖出注不易以豉反鶅之字林作鶅說文作雝音士咨反姜

姜居良反鶉之士倫反賁賁音奔注同餘行下孟反下文幷注同能

賻音附所費芳貴反饋焉其位反皆辟音避如醴徐音

禮淡以大敢反又大暫反徐徒闞反注同酸悉官反酢七故反餤音談

徐本作鹽以占反口譽音餘注同繩也市升反左傳以繩爲譽則衣於既反

則食音嗣皆爲于僞反歸說音悅又始悅反注同怨菑音災

所惡烏路反 有已音以 晏晏於諫反 信誓本亦作矢誓 旦旦如字字林作悬 亦已音以 和說音悅 反覆反覆並芳服反 穿音川 窬范羊朱反徐音豆 也與音餘 順而說音悅 夏至戶嫁反 別乎彼列反 牲牷音全純色也本亦作全注同 齊盛音咨本亦作齎 易富以豉反注同 傳世丈專反下同 共儉音恭 以迄許訖反至也 祭處昌慮反下建國之處同 巡守手又反 大廟音泰 朝聘直遥反 君長丁丈反 下應應對之應 慢也字又作僈武諫反

緇衣第三十三鄭云善其好賢者之厚故述其所稱之詩以為其名也緇衣鄭詩美武公也劉瓛云公孫尼子所作也

子言之曰此篇二十四章唯此一子言之後皆作子曰 上易以豉反下同 不苛音何 以錯七故反本亦作措同 好賢呼報反注同 如緇側其反 惡惡上烏

路反下如字注同巷伯戶降反巷伯小雅篇名作愿音願還予音旋粲兮七旦反衣緇衣上於既反下如字取彼譖人本又作譖人依詩投畀必利反下同豺虎仕皆反有昊胡老反本或作皓同有格古伯反來也有遯徒遜反亦作遁逃也不倍音佩下注同涖之音利又音類孫恩音遜注同豈尺之尤反倍畔本或作叛俗字非也不任而鴆反所行下孟反注同又如字不拘音俱上好呼報反下皆同好惡烏路反如景如字一音英領反儆禹胡孝反赫赫許百反成王如字徐于况反故長丁丈反以說音悅有梏音角詩作覺大也直也德行下又下孟反如綸音倫又古頑反綬也如紼音弗大索嗇夫音色檣索悉洛反不倡昌尚反危行而行皆下孟反注及下皆同相應應對之應不諐起虔反過也慎女音汝道人音導必稽古兮反出話胡快反善言也於音烏注同緝七入反熙許其反毛詩傳巳

大三八十五　禮記音義之四

云緝熙光明也　長民丁丈反下君長同　不貳本或作貸同音二下同　從容七凶反

黃黃徐本作橫音黃　大蜡仕嫁反　而說占悅　尹吉依注爲告音誥羔報反

不忒他得反本或作貳音二　章義如字尚書作善皇云義善也　癉惡丁但反病

也　靖共音恭本亦作恭　好是呼報反　章好如字八呼報反注同　慎惡

如字又烏路反注同　貪後昌氏反又式氏反　臣儀音義出注　行如字　不援音袁

注同　知慮音智　版版布綰反注同　卒癉丁但反病也本亦作癉　辟也匹亦反

反字亦作辟同　止共音恭皇本作躬云躬恭也　之邛其恭反勞也　以褻息列反

播刑徐補餓反　不迪音狄道也　折字延善反　不治音值　臣比毗志

反注同親也　見遠賢遍反下同　若毋音無下同　柄權音秉兵永反　交爭

爭鬬之爭　不蔽必世反　葉公舒涉反注同葉公楚大夫沈諸梁也字子高爲葉縣尹僭稱公

也　敗大補邁反　以變必惠反徐甫詣反又補弔反字林方蔑反賤而得幸曰嬖云便辟愛妾

莊后側良反齊莊也下及注同　適夫人丁歷反　齊莊側皆反下同

仇仇音求爾雅云敖也　君陳本亦作古陳字　若已弗克見音紀尚書

字無已　小人溺乃歷反　謂覆芳服反　水近附近之近注近人同　德

易以豉反下同　狎徐戶甲反　絜清如字又才性反　洪波本又作鴻　泳之

音詠潛行爲泳　游之音由　則侮亡甫反　捍胡旦反　格戶白反　口費芳貴

反注同　煩數色角反　所覆芳服反又芳又反　爲哮　或爲悖並布

內反　可慢本又作優音武諫反　難卒寸忽反　大甲音泰　自覆芳服反注

同　省括古活反　于厥度如字又大各反注同尚書無厥字　覺其紀反又一

音厥　女之音汝　擬魚起反本亦作擬　射食亦反下同　兌命依注作說本亦作說

起兵尚書作戎　在笥司吏反　爲說音悅　傅說音悅　朝祭直遙

反　天作孽可違也魚列反下同尚書作天作孽猶可違也　不可以逭本又

作宜平亂反逃也尚書作弗可宜無以字猶辟音避尹言音諂出注報反天見

大依注音先西甲反相亦息亮反在毫步各反好之呼報反下同莊齊

側皆反詩云昔吾有先正從此至庶民以生摠五句今詩皆無此語餘在小雅節南

山篇或皆逸詩也且清舊才性反一云此詩協韻宜如字上先正當音征誰能秉國成

毛詩無能字卒勞力報反注勞來同詩依字讀君長丁丈反勞來力冊反

者與音餘君雅音牙注同尚書作牙夏曰戶嫁反注同尚書無曰字資冬資依

注音至尚書作咨違上句云怨咨祁寒巨伊反徐巨尸反是也字林上尸反行無下孟反下行有

格同比式如字此方法式是故一本作是以精知如字一音智注同氾愛音泛

虞度待洛反下同能好呼報反下皆同其正音匹下同出注有鄉許亮反又

音香下同輩類布內反徼利古堯反下同惡惡上烏路反下如字不

著張慮反此近附近之近問遺于季反邪似嗟反徐以車反辟

亦匹反周行戶剛反又如字其軾音式其敝鄭婢世反敗也庚必世反隱蔽也

人苟或言之一本無人字不見如字又賢遍反葛蕈徒南反

毋射音亦注同射厭於豔反後皆同令君子力呈反行從而下孟

反下則行下注以行同寡言寡音顧出注之玷丁簟反又丁念反缺也下及注同

可摩莫何反君奭音釋周田觀文依注讀為割申勸寧召公

尚照反本亦作邵近之附近之近使王于況反言與音餘兌命音悅

毋予音無放方往反傚戶教反德偵音貞問也周易作貞幹事

古半反

奔喪第三十四鄭云奔喪者居於他邦聞喪奔歸之禮實曲禮之正篇也卷

之十八

奔喪此正字也說文云從哭亡亡亦聲也以哭空木反荅使色吏反注同

鷩怛都達反猶辟音避之分扶問反又方云反別於彼列反

冒昬亡北反又亡報反唯著張慮反有爲于僞反一音如字至竟音境下同哭辟音避市朝直遥反爲鷩于僞反斬衰七雷反後皆同括髮古活反袒徒旱反去飾羌呂反西鄉許亮反下西鄉同絞帶古卯反下同徐戶交反成踊音勇不散悉但反闔門戶臘反相者息亮反下相者皆同次倚於綺反不以數也色主反本亦作不以爲數數色具反爲之于僞反注變於爲父下注爲毋皆同自齊音咨下同免麻音問下及注皆同而免本或作而不免者非東髽側瓜反拾踊其劫反更也注同闈門音違舊音暉去起呂反纚色買所綺二反大紒音計

更也音庚下同相者息亮反下同爲父于僞反遂冠音官袒音但殺之色界反下衰殺同不復扶又反既期音基下同爲毋

于僞反注及下爲父同 有鄰 子短反 之處 昌慮反一之處同 不離 力智反 明
日之朝 朝且也下同 而數 色主反 亦爲 于僞反 待齎 子西反資糧也
一音咨 之差 初佳反又初宜反下同 辟爲 音避 使於 色吏反 皆爲 于僞
反下注各爲同 拾踴 其劫反 便也 婢面反 袝則 音附 長者 丁丈反
如昆弟之喪 如若也 不稅 吐外反 唯嫂 悉早反 凡爲 于僞
反下注同

問喪第三十五 鄭云問喪者善其問以知居喪之禮所由也

雞斯 依注爲笄纚 笄音古兮反纚音色買反徐所綺反 徒跣 悉典反 扱 初洽反
上衽 而鴆反又而甚反注同 惻怛 都達反 傷腎 市軫反 乾肝 音干
焦肺 方廢反 水漿 子羊反本亦作漿 之糜 武皮反本亦作糜同 粥
之六反字林與六反云淖糜也 以飲 音蔭 食之 音嗣 去冠 起呂反 耶中 以嗟

反亦作邪栢頭亡糟反本或作貊五藏才浪反心脾婢支反夫悲音扶

相應應對之應而斂力豔反下同曰極其又反志懣亡本反又音滿范音悶下同殷殷並音隱如壞音怪字林作數音同辟踊婢尺反徐扶亦反注及下皆同拊心

芳甫反汲汲音急上堂時掌反不可復扶又反及下復生皆同心悵

勑亮反愴焉初亮反惚焉音忽愾焉徐音慨苦代反徼幸古堯反

成壙古晃反倚廬於綺反寢苫始占反枕塊之鴆反苦對

反又苦怪反土也匍音蒲又音扶匐蒲北反又音服益衰色追反爲之于偽反下

注相爲爲䙕同斷決丁段反下古穴反猶顛丁年反蹷求月反又九月反冠

者音官之免音問注及下皆同爲䙕息列反則著張慮反又張略反

而廣古曠反禿者吐祿反無髮也傴者於縷反一音於矩反背曲也跛者

補禍反又彼我反足廢也有錮音故稽顙音啓下桑朗反注同何爲于偽反盡

篇末文注皆同不緦音思謂緦服也冠之古亂反苴杖七餘反削杖悉若

也体羸力垂反劣也疲也辟尊音避之處昌慮反下同不遷

其慮反

服問第三十六鄭云服問者善其問以知有服而遺喪所變易之節也傳曰此引

大傳文也有從如字范才用反爲其于僞反注及下皆同齊衰上音咨下七雷反後放此

不厭於涉反下同服差初佳反又初宜反下同有期音基下及注皆同累

重劣彼反又劣僞反以上時掌反澡麻音早斷本丁管反下文同於

免音問下及注不免者皆同去絰起呂反下同爲稅一如字下吐外反注及下皆同此

要一遙反殤長丁文反月筭徐音蒜悉亂反重麻直勇反徐治龍

反注爲其于僞反注除爲殤在緦皆同不縟音辱繁縟飾也君爲于僞反後

同文皆同注諸侯爲天子下注亦爲此三人士爲國君同遠嫌于万反纖外音祈大

子音泰下及注同適婦丁歷反下同見大賢遍反驂七南反乘
音剩所不爲于僞反下爲其母同伸君音申錫衰思歷反無免
絰音勉去也下無免絰弁絰皆同徐並音問恐非雖朝直遥反有稅吐活
反注同說或吐活反又始銳反罪多本或作辠案辠正字也秦始皇以其似皇字改
爲罪也上附時掌反列也徐音例注同本亦作例等比必利反
閒傳第三十七鄭云名閒傳者以其記喪服之閒輕重所宜也
服苴士余反而見賢遍反齊衰音咨下同若枲思里反
喜樂音洛而偯於起反聲餘從容也說文作悠云痛聲三折之設反從
容七容反唯而于癸反徐以水反士與音預斂焉力驗反食粥
之六反一溢音逸劉音實二十兩也莫一音暮疏食音嗣下疏食同醢
醬本亦作醯呼兮反下同醴酒音禮期而音基下及注皆同中月如字

徐丁仲反而禫大感反居倚於綺反寢本亦作寑七審反苫始占反枕

之鴆反塊苦對反又苦怪反不稅吐活反芐戶嫁反蒲苹也翦子踐反牀

可徐仕良反杖知矩反一音張炷反楣音眉居復音伏去其起呂反下去麻同

其縷力主反之差初佳反後放此爲母于僞反下注爲後同三重直龍

反注三重同一縓七戀反緣徐音掾悅絹反要絰一遥反素縞古老反又古報

反注同而纖息廉反注同黑經白緯曰纖去一起呂反下同四糾居黝反下同

一股音古辟男音避朝服直遥反素紕婢支反又音綼皁緯

音謂紛芳云反帨始銳反綅徐息廉反又音侵麻葛重直龍反注及下一言

重言重者同著張慮反主爲于僞反長中丁丈反

三年問第三十八鄭云名三年問者善其以知喪服年月所由也

稱情赤證反注及下皆同別親彼列反無易音亦注同創音瘡初良

反鉅音巨大也其愈徐音庚差也遲徐直移反倚廬於綺反枕

塊之鳩反惎慕如字一音息吏反是斷丁亂反復生音伏之

屬音燭失喪息浪反又如字反巡徐詞均反過其徐音戈一音古卧反

鳴號音豪戶羔反躑本又作蹢直亦反徐治革反躅直錄反徐治六反蹢躅不行也

踶徐音馳字或作踟躕音廚燕於見反雀本又作爵有啁張留反

噍子流反啁噍聲頃若穎反莫知音智由夫音扶下皆同邪淫

似空反人與音餘下君與同曾鳥則能反夫焉於虔反若

四音四馬馬也之過古卧反徐音戈隙本又作郤去逆反空隙之地也爲之于僞反下

注爲毋同立中如字又丁仲反注同去也起呂反至期音基注及下同期

斷丁亂反下注同加隆焉爾一本作加隆爲爾焉使徐如字一音於乾反

焉由然也一云發聲也注及下同倍之步罪反注同爲殺色界反徐所列反

深衣第三十九鄭云以其記深衣之制也名曰深衣者謂連衣裳而純之以采也有表則謂之中衣以素純則曰長衣也

以應於證反鉅母音無下同見膚賢遍反被土彼義反爲于偽反汙汚辱之汚音烏故反一續衽而審反又而鴆反鉤邊古侯反屬也音燭下皆同烏喙許穢反裕以樹反要一遥反注同縫扶用反下注同袼之本亦作胳音各腋也運肘竹九反又張柳反當掖本又作腋音亦袂之彌世反袪末曰袂反詘丘勿反爲髐烏亂反母厭於甲反徐於涉反下同髀畢婢反徐云婢反一音步啓反厭脅許劫反當無丁浪反注同又丁郎反爲中丁仲反又如字以應應對之應下同之殺色界反徐所例反袪圜音圓胡下垂曰胡曲袷音劫交領也下注同及踝胡瓦反謂襞音督跟也音根下齊音咨本亦作齋下同緝也七入反行乃下孟反又如字若卬音仰本又作

作仰一音五郎反志者與音餘擯相息亮反完且音丸弗費芳貴反又孚沸反注同茵衣於既反而易以豉反鍛丁亂反濯音濁衣純之允反又之閏反後皆同朝祭直遥反以上時掌反大父母音泰大父母祖父母也以繢胡對反畫文也袂緣悅絹反注同廣各古曠反注同緆徐音以豉反皇音錫案鄭注既夕禮云飾衣領袂口曰純裳邊側曰綼下曰緆也

投壺第四十鄭云投壺者主人與客燕飲講論才藝之禮也別錄屬吉禮亦實曲禮之正篇也皇云與射為類宜屬嘉禮或云宜屬賓禮也　卷之十九

投壺壺器名以矢投其中射之類奉矢音捧芳勇反下及注皆同徐音如字下奉中同枉王矢紆往反哨壺七笑反徐又以救反枉哨不正見王肅云枉不直哨不正也樂賓音洛下同一讀下以樂音岳言投壺以樂嘉肴戶交反又重直用反下及注同稅屨本亦作脫上活反請投七井反下文同人般步干反下同還音旋下同曰辟

音避徐扶赤反注及下同南鄉許亮反度壺徒洛反注同以二矢半一本
無此四字旅注則有八筭悉亂反下皆同之處昌慮反去坐才臥反又如字下同邪
行似嗟反比投毗志反頻也徐扶貿反注同勝飲上尺證反下於鴆反注及下同請
爲于僞反勝者立馬俗本或此句下有一馬從二馬五字誤一不拾其劫反下
文及注皆同技藝其綺反任爲而林反將子匠反帥色類反爲
樂音洛貍首吏拵反閒若一閒廁之閒注同大師音泰拾更
古衡反下同請數色主反注同爲純音全下及注同鄭注儀禮如字云純全也爲
奇紀宜反下同遂以奇筭告一本此句上更有有勝音司射三字誤鈞
居旬反等也則縮色六反直也其它音他勝與音餘下勝與同尚技
其綺反行觴失羊反字或作觴同皆跪其委反奉觴芳勇反下注奉觴同
賜灌古亂反散養羊尚反注同猶飲於鴆反下歆不勝同各直

如字又持吏反請爲于僞反去其起吕反其坐如字又才卧反注同籌

室中直由反五扶方于反下及注同鋪四指普烏反又芳夫反禮

褻息列反常處昌慮反筭長直亮反注同壷頸吉井反又

九領反徐其聲反爲其于僞反躍而羊畧反圜音圓囷去倫反有

奇紀宜反其滑乎八反以柘止夜反木名毋音無下皆同去其起吕

反注同毋憮好吾反下同敖也毋敖五報反舊五羔反敖慢也偝立音佩徐扶代反

舊又蒲來反若是者浮縛謀反罰也年穉直吏反爲其于僞

反憮敖五報反又五羔反下同傲也五報反正鄉許亮反梁丘

據本又作處同音据作鞄薄交反○圜音圓鼙薄迷反鄭乎爲鼙也

其聲下其音榻榻然榻音吐臘反□方鼓鄭呼爲鼓也其聲高其音鏜鏜然鏜音吐郎反庭

長丁丈反注同及冠古亂反皆與音預

儒行第四十一 行音下孟反鄭云以其記有道德之所行儒之言優也和也言能安人能服人也此注云儒行之作蓋孔子自衛初反魯之時也

服與 音餘 少居 詩照反注同 衣 於既反注所衣也衣少所居同 逢掖 上如字下音亦逢掖大掖也 長居 丁丈反注同 冠章甫 古亂反注而冠焉冠長所居同章甫殷冠也 單衣 本又作禪音丹 袪尺 去居反 儒行 下孟反下力行同 遽 其據反卒也急也 數之 色主反下同 更僕 古衡反代也注同一音加孟反 猶卒 七忽反 大僕 音泰 燕朝 直遥反 擯 必慎反 相 息亮反 爲久 [illegible]僞反下爲孔子同 猶鋪 普吾反又普孚反下同 如慢 音慢 而易 以豉反下險易同 粥粥 徐本作鬻章六反卑謙皃一音羊六反 不愊 普力反一音逼謂愊怛也 怛 丹達反驚怛也本或作恨者非 處齊 側皆反注同齊莊也 難 乃旦反注同可畏難也 行必 皇如字舊下孟反 冬夏 戶嫁反 有爲 于僞反 選處 昌慮反 以遠 于万反

反　多積子賜反又如字　易祿以豉反又如字　難畜許六反　不見

賢遍反　近人附近之近下同近同　淹之於廉反　以樂五孝反又音岳　好呼報

反　劫之居業反　沮之在呂反注同　鷙蟲音至與摯同　攫俱縛反一

音九碧反　搏音博　不程音呈　不斷音短又丁亂反直卯反絕也注同　浸子鴆

反　漬才賜反　劫脅許劫反　恐曲勇反　怖普路反　省聲

所景反　猶量音亮又音良下同　不更居孟反　不辱音辱　面數

所具反　剛毅魚既反　傾邪似嗟反　甲冑直又反甲鎧冑兜鍪也

干櫓音魯干小楯櫓大楯也　戴仁音戴本亦作戴　鎧開代反　兜丁侯反

鍪莫侯反　小楯時準反又音允徐辭尹反　環堵音環方丈為堵面一堵牆也

篳門徐音畢鄭云篳門荊竹織門也杜預云柴門也　圭窬徐音豆鄭云門旁窬

也穿牆為之如圭矣說文云穿木戶也郭璞三倉解詁云門旁小窬也音臾左傳作竇杜預云圭竇小戶

也上銳下方狀如圭形也蓬戶步紅反蓬戶以蓬爲戶也甕烏貢反牖音酉以甕爲牖

并日必政反注同下而一反以諂本又作讇勑檢反穿牆音川習應

應對人應與稽古兮反注同合也爲楷苦駭反法式也弗援音袁引也

取也注下同弗推昌誰反進也舉也注同讒諂仕咸反有比毗志反徐扶至

反竟信依注爲信音申憂思息嗣反篤行下孟反上通時掌

反又如字注同寬裕羊樹反去己起吕反不遠于万反又如字不辟音避

下同怨於元反又於願反推賢而進達之舊至此絕句皇以達之連下爲句

患難乃旦反任舉如字徐音據有澡音早靜而如字徐本作諍

音爭麤本又作麤七奴反翹之祁饒反世治直吏反注同不沮徐在

自反注同獨行下孟反注及下注同又如字脫脫吐外反怪妬丁路反壞

己乎怪反又音怪近文附近之近砥音脂又音旨厲力世反分國如字錙

側其反八兩爲錙說文云六銖也銖音殊說文云權分十黍之重賢知音智並立

如字又步頂反本亦作竝則樂音洛又音岳相下戶嫁反不厭於豔反其

行下孟反皇音衡又本方絕句立義絕句志行丁丈反下注儒行同毀

謗補浪反孫音遜接似輒反又如字分散方云反徐扶問反之施

始豉反斥已音尺隕于敏反穫本又作穫同戶郭反注同隕穫困迫失志皃

充詘求勿反注同徐音丘勿反充詘喜失節之皃不慁胡困反注同辱也不累

力僞反注同係也一音力追反長上丁丈反不閔本亦作愍武謹反病也不爲

于僞反命儒命名也妄常鄭音亡亡無也王亡尚反虛妄也相詬徐音

遘恥也又呼候反靳故居覲反杜預云戲而相媿爲靳也行加王孟反注同

大學第四十二鄭云大學者以其記博學可以爲政也

大學舊音泰劉直帶反則近附近之近其知如字徐音智下致知同在

格古百反 所好呼報反 國治國治並直吏反下同 毋自音無 如惡惡上烏路反下如字 臭昌救反 好好上呼報反下如字 自謙依注讀為慊徐苦簟反厭也 閒居音閑 厭讀為黶黶烏斬反徐又烏簟反黶然閉藏皃也 揜其於撿反 而著張慮反後同 其肺芳廢反 肝然音干 言厭於琰反一音於涉反 體胖步丹反大也注及下同 顯見賢遍反 淇音其 澳本亦作奧於六反本又作隩一音烏報反 菉竹音綠 猗猗於宜反 有斐芳尾反一音匪文章皃 如瑳七何反 如琢丁角反 如摩本亦作磨末何反爾雅云骨曰切象曰磋玉曰琢石曰磨 僩兮下板反又胡板反 赫許白反 喧兮本亦作咺況晚反 可諠許袁反詩作諼或作喧音同忘也 恂依注音峻思俊反一音思旬反 慄利悉反 澳於六反 隈烏回反 嚴峻私俊反 於戲音烏下好胡反徐范音義 樂其樂並音岳又音洛注同 康誥古報反 大甲音泰 顧諟上音故本又作顧同念也下音

是正也　峻德徐音俊又私俊反　爲題徐徒兮反　盤步干反　銘徐音冥亡
丁反　邦畿音祈又作幾音同　緍蠻音緜一音亡巾反毛詩作緜蠻傳云緜蠻小鳥皃　岑
仕金反　蔚音鬱又音尉　安閒音閒　止處齒渚反　樂土音洛　焉
於虔反　得知音智　於緝七入反　熙許其反　吾聽訟似用反　猶
人也論語作聽訟吾猶人也　毋訟音無　虛誕音但　所忿弗粉反　懥
勑值反忿懥怒皃也范音稚徐丁四反又音勑　恐懼丘勇反　所好呼報反下故好而知同
樂徐五孝反音岳　作懫音致　作疐音致又得計反　而辟音譬下反注同
謂辟喻也　賊惡烏路反下惡而知同　所敖五報反　惰徒臥反　其惡惡
上如字下烏路反　鮮矣仙善反注同　故諺魚變反俗語也　心度徒洛反　美
與音余下薄與同　志行下孟反　弟者音悌　事長丁丈反下長幷注同
不中丁仲反注同　耆欲時也反　貪戾力計反　賁事徐音奮本又作

僨注同猶覆敗也　覆敗芳福反　于濟子禮反　爲犇音奔　所好
呼報反注同　君行下孟反或如字　夭夭於驕反　蓁蓁音臻　不忒他得反
興弟音悌　不倍音佩注同　有挈音結　矩之音矩本亦作矩　偝棄
音佩本亦作倍下同　挈也苦結反　爲巨音拒本亦作拒其呂反　所惡烏路反
反下皆同　母以音無下同　樂只音紙　所好好皆呼報反　節彼徐音截前
反一音如字　巖巖五銜反　辟則匹亦反注同　僇矣音六　其所行
下孟反又如字　邪辟似嗟反　末喪息浪反　峻命恤俊反大也　不
易以豉反注同　爭民爭鬭之爭　施奪如字　一言悖布內反下同　以
上時掌反　多藏才浪反　專佑音又　觀射父食亦反又食夜反父音甫
時辟音避　驪姬力宜反本又作麗亦作孋同　在翟音狄　子顯許遍反
爲之于僞反　若有一个古賀反一讀作介音界　臣此所引與尚書文小異

斷斷丁亂反 無它音他 技其綺反下及注同 休休許虯反尚書傳曰樂善也鄭注尚書云寬容皃同依注公羊去美大之皃 好之呼報反 不啻音試詩豉反 媢疾莫報反妬也尚書作冒音同謂覆蔽也 以惡烏路反下能惡人同 俾不本又作卑必爾反使也 所敗必邁反 於殽戶交反 皆樂音岳又音洛 妬也丁路反 佛戾上扶弗反下力計反 迸諸北孟反又逼諍反諍音爭闕之爭皇云迸猶屏也 放去丘呂反 命也依注音慢武諫反 能遠于万反 好人呼報反下皆同 之所惡烏路反下同 拂人拂弗反注同佹也 菑必音災下同 逮音代一音大計反 夫身音扶 猶俛九委反 不肖音笑 於施始豉反 予由汝反 畜許六反下同 馬乘繩證反下及注同 仲孫蔑莫結反 以上時掌反 采地七代反本亦作菜○ 爲之于僞反 長國丁丈反 患難乃旦反 猥至烏罪反 捄之音救本亦作救 已著張慮反

冠義第四十三冠音古亂反鄭公名冠義者以其記冠禮成人之義　卷之二十

和長丁丈反下同　三行下孟反　故冠古亂反除下文玄冠及注緇布冠玄冠以外並

衣紒音計　筮曰市至反蓍曰筮　重禮直用反後同　於阼才故反

以著張慮反　醮於子笑反　彌尊音弥　適子音嫡　不醴

音禮　見於賢遍反下皆同　奠摯本亦作贄同音至　鄉大夫鄉先

生並音香注同　於朝直遥反　爲人少詩照反　之行下孟反下同

重與音余　孝弟音悌　可以治直吏反　不敢擅市戰反

昏義第四十四鄭云昏義者以其記娶妻之義内教之所由成也

昏者一本作昬禮者婚禮昬故經典多止作昬字　將合如字徐音閤　之好

呼報反　納采七在反采擇也　請期徐音情又如字　筵几音延　使者

色吏反　所傳直專反　醮子子妙反　之迎魚敬反下以迎同　男先

悉薦反子承命本或作子承父命誤壻字又作聟悉計反女之夫也依字從士從

胥俗從知下作耳拜奠大見反授綏音雖合徐音閤又如字巹徐音

謹破瓢為杯也說文作𢍰云[illegible]也字林几敎反以比巹為誓身有所承說文云讀若赤舄几而酳徐音

胤又仕覲反酬酢音昨如冠古亂反下文始於冠同醮與音余先道

音導之別彼列反下同朝聘直遙反下匹政反沐音木浴音欲俟見

賢遍反下及注同執笲音煩一音皮彥反器名以葦若竹為之其形如筥衣之以青繒以盛

棗栗腶脩之屬棗栗音早爾雅云棘實謂之棗俗作棗誤腶脩丁亂反本又作腶或

作鍛同脩脯也加薑桂曰腶脩何休云婦執腶脩者取其斷斷自修飾也贊醴依注作禮脯

醢音海婦以特豚饋其位反一本無婦字供俱用反養羊尚反

適寢丁歷反以上時掌反當於夫丁浪反稱也一音丁郎反下注同下

注和當亦同委於偽反積子賜反蓋藏才浪反猶稱尺證反下同

行和下孟反 先嫁悉薦反 芼莫報反 以蘋音頻 藻音早毛詩傳云蘋大萍藻聚藻詩箋云蘋之言賓藻之言早 婉紆免反 娩音晚詩箋云婉娩貞順皃又音挽 齊盛音咨 爲壇徒丹反 九嬪毗人反 内治直吏反下及注除后治陰德皆同 相應如字音應對之應 適直革反注同責也 見賢遍反下及注同 曰爲于僞反下文皆同 蕩滌上徒浪反下直曆反又杜亦反 去起呂反 穢紆廢反 斬衰七雷反下同 貧衰依注作齊音咨注又作齌者同

鄉飲酒義第四十五 鄭云鄉飲酒義者以其記鄉大夫飲賓於庠序之禮尊賢養老之義也別錄屬吉禮

于庠音詳鄭云鄉學也州黨曰序學記云古之教者家有塾黨有庠術有序國有學 盥洗音管 揚觶之豉反說文云鄉飲酒角也字林音支 致絜音結下同一本作致絜敬也 不爭爭鬬之爭下同 則遠于万反 鬬辯如字徐甫免反

下同鄉人士君子鄭云鄉人鄉大夫士州長黨正也君子謂卿大夫士也周禮天子六鄉鄭司農云百里內爲六鄉外爲六遂司徒職云五家爲比五比爲閭四閭爲族五族爲黨五黨爲州五州爲鄉鄉大夫每鄉卿一人州長每州中大夫一人黨正每黨下大夫一人族師每族上士一人閭胥每閭中士一人比長五家下士一人諸侯則三鄉州長丁丈反篇內皆同謂卿下去京反注同飲國於鳩反羞出音修主人共之也音恭東榮如字屋翼也劉音營猶清如字皇才性反介音戒下放此輔賓者僎音遵輔主人者成䰟普百反說文作霸云月始生䰟然也之坐才卧反又如字嚴凝魚矜反成也祭薦本又作薦同嚌才細反肺芳廢反啐七內反專爲于僞反下及注專爲同孝悌音悌下同之行下孟反國索色百反禮屬音燭大守音泰下同相息亮反漢制郡有太守國有相手又反或息羊反則以連下句易易皆以豉反注及下易易同別矣彼列反注及下注同省矣所領反徐所幸反注同不酢音昨

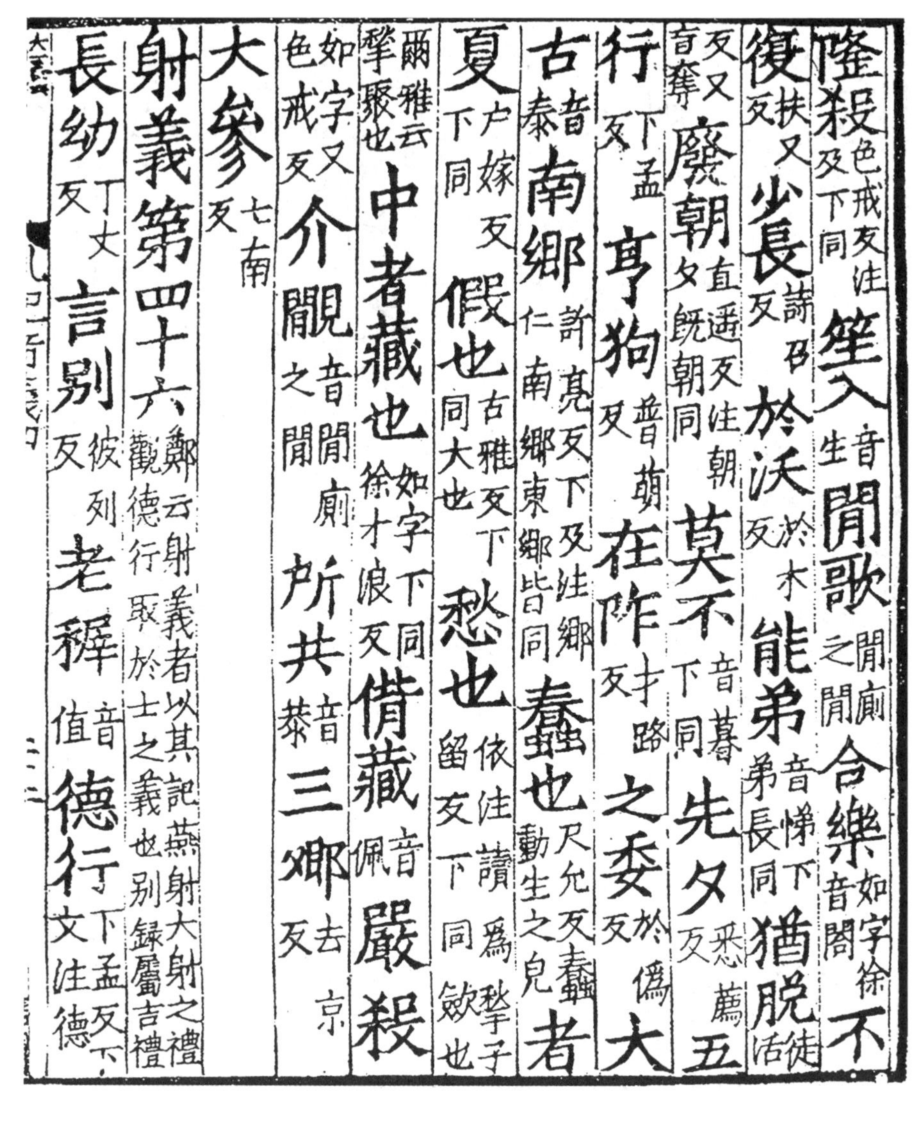

隆殺色戒反注及下同 笙入音生 閒歌閒廁之閒 合樂如字徐音閣 不

復扶又反 少長詩召反 於沃於木反 能弟音悌下弟長同 猶脫徒活

反又音奪 廢朝直遥反注朝夕既朝同 莫不音暮下同 先夕悉薦反 五

行下孟反 亨狗普萌反 在阼才路反 之委於僞反 大

古音泰 南鄉許亮反下及注鄉仁南鄉東鄉皆同 蠢也尺允反蠢動生之皃 者

夏戶嫁反下同 假也古雅反下同大也 愁也依注讀爲揫子留反下同歛也

爾雅云揫聚也 中者藏也如字下同徐才浪反 借藏音佩 嚴殺

色戒反又如字 介閒音閒廁之閒 所共音恭 三鄉去京反

大參七南反

射義第四十六鄭云射義者以其記燕射大射之禮觀德行取於士之義也別錄屬吉禮

長幼丁丈反 言別彼列反 老穉音值 德行下孟反下文注德

行皆同　必中丁仲反下同　正音正　鵠古毒反又如字　騶虞側尤反徐側侯反　貍首力之反貍之言不來也首先也此逸詩也鄭以下所引曾孫侯氏為貍首之詩也　采蘋音頻　采蘩音煩　樂循徐音辭均反　五豝百麻反獸一歲曰豝詩傳云豕牡曰豝　南澗音諫山夾水曰澗　之濱音賓涯也　被之皮義反徐扶義反　僮僮音童本亦作童毛詩傳云竦敬也　可數色角反下同　長學丁丈反　比於毗志反下同　親合也　而中丁仲反下同　得與音預下皆同　而削胥略反　許偕音皆俱也　共工音恭　矍俱縛反注同　相息亮反矍相地名　之圃音補徐音布樹菜蔬曰圃　蓋觀如字又古亂反　如堵丁古反　菜蔬一本作疏所魚反　賁軍依注讀為僨音奮覆敗也　之將子匠反　與為音預奇也注同　不入一本作不得入者非也　賁讀音奮　覆敗芳卜反　奇也

居宜反下同 後人者 如字又音候 公罔 人姓也又作罔 之裘 求裘名也之語助

序點 多簟反序姓點名也 揚觶 之豉反 孝弟 音悌 耆 音祁巨文

反六十曰耆 耋 大結反七十曰耋一云八十曰耋 好禮 呼報反下同 修身以俟

死 絕句 者不 此二字一句下及注皆同 旄 本又作耄莫報反八十九十曰耄 期 本又作旗

音其如字百年曰期頤頤養也 稱道 如字稱言也行也 不亂 絕句本或作而不亂 蓋

勸 音勸又音觀少也 期頤 以支反鄭注曲禮云期要也頤養也 言有此行

不 絕句行音下孟反 繹 音亦徐音釋 舍也 如字舊音捨 中矣 丁仲反下及注

皆同 父鵠 古毒反徐如字注同 各射 食亦反下射天地四方同 得與 音預下皆同

絀地 勑律反 朝者 直遥反 先令 力呈反 已乃 音以 課中 口卧

反 桑弧 音胡以桑木爲弓 蓬矢 步工反 飯 扶晚反 食 音嗣注同 人

爲 于僞反 所爭 爭鬬之爭下及注有爭皆同 揖讓而升下 絕句 而

飲一句者袒音但決遂古穴反說吐活反決拾音十郤之三手丘逆反又羌略反弛弓式氏反又始是反爭中丁仲反下文注同失正音征注同若夫音扶不肖音笑棲皮音西梏音角直也下同有的丁歷反辭養如字徐羊尚反之識音式一音志飲女音汝

燕義第四十七鄭云名燕義者以記君臣燕飲之禮上下相報之義也

之卒依注音倅七對反又蒼忽反副也教治直吏反注及下同別其彼列反大子音泰後大子大字同朝位直遥反合其如字徐音閤卒伍子忽反注同伍音五弗正音征游卒七內反注同南鄉許亮反莫敢適音敵大歷反本亦作敵爲其于僞反下文爲疑同蹴子六反本亦作蹵蹜子昔反又精亦反亢禮苦浪反使宰夫本亦作使膳夫上至時掌反復以扶又反大音泰舊絕佐反相近附近之近稽首徐本作道音啓以道民音導下同

什一 音十 不匱 求位反 等差 初佳反又初宜反 脯醢 音海

聘義第四十八 鄭云名聘義者以其記諸侯之國交相聘問重禮輕財之義

七介 音界下及注同 各下 戶嫁反 而傳 丈專反下同 陳擯 必刃反本又作擯下文及注皆同說文云擯或儐字 之使 所吏反 于竟 音境 郊勞 力報反 拜況 本亦作貺音同貺賜也 當楣 音眉 私覿 大歷反見也 雍 字又作饔 許既反 餼 許既反 還圭 音旋下及注同 璋 音章 賄贈 呼罪反字林音悔 享 許丙反本又作饗 食 音嗣下同 比年 必履反 使者 色吏反 以媿 本又作愧音同 皆爲 于僞反 辟琮 才工反 三積 子賜反 芻 薪 初俱反 倍禾 步罪反 乘禽 繩證反 一食 一又作壹食音嗣 幾中 徐音譏又音基 行成 下孟反 人渴 苦葛反 肉乾 音干 曰莫 音暮 齊莊 側皆反 敢解 佳賣反 惰 徒臥反 長幼

丁文反　有行有行 並下孟反下有行同　順治 直吏反　爲陳 直覲

反　賤碈 武巾反字亦作瑉以玉之石　爲玉 子爲反下同　多與 音余　作

玟 武巾反又音枚　爲濡 音儒　縝密 音軫一音真　知也 音智　致 直置

反本亦作緻　不劌 九衛反傷也字林云利傷也又音巳芮反　如隊 直位反又音遂　叩

之 音口　詘然 其勿反絕止皃　枯木 苦老反亦作槁　瑕 音遐玉病　揜 音掩

瑜 羊朱反玉中美　孚 依注音浮　尹 依注音筍又作筠于貧反　隱翳 於計反

作孚 音孚徐方附反　白虹 音紅天氣　見於 賢遍反　朝聘 直遥反

喪服四制第四十九 鄭云以其記喪服之制取其仁義禮智四者也別錄屬喪禮

訾之 徐青紫毀也一音子斯反　知也 音智下同　故爲 〻〻爲反下及注同　斬

衰 七回反注及下同　之治 直吏反下同　思揜 於檢反　義斷 丁亂反

猶操 七刀反皇云持也　期而 音基下同　苴衰 七余反　墳墓 扶云反

反不培步回反徐扶來反爲毋于僞反下注爲君同齊衰音咨見無

賢遍反食粥之六反擔主是豔反又食豔反又餘贍反不言而事

行者扶而起一本作扶而後起扶或作杖非面垢音苟秃者吐木反不

髽側瓜反傴者紆主反不袒徒旱反跛者彼我反男子

免音問下同不解佳買反期悲音基之殺色戒反不解衰

古買反不肖音笑諒闇依注諒讀爲梁闇讀爲鶴音烏南反下同徐又並如字案徐後

音是依杜預義鄭謂卒哭之後翦屏柱楣故曰諒闇闇即廬也孔安國讀爲諒陰諒信也陰默也楣謂

音眉如鶉音淳柱楣知主反殷衰色追反而復扶又反下同言

不文如字徐音問事辨本又作辯同皮莧反當共音恭唯而余癸反徐

以水反注同齊衰音咨本又作齋侑者音又爲之于僞反應耳

應對之應衰冠七雷反菅音姦屨徐紀具反食粥之六反

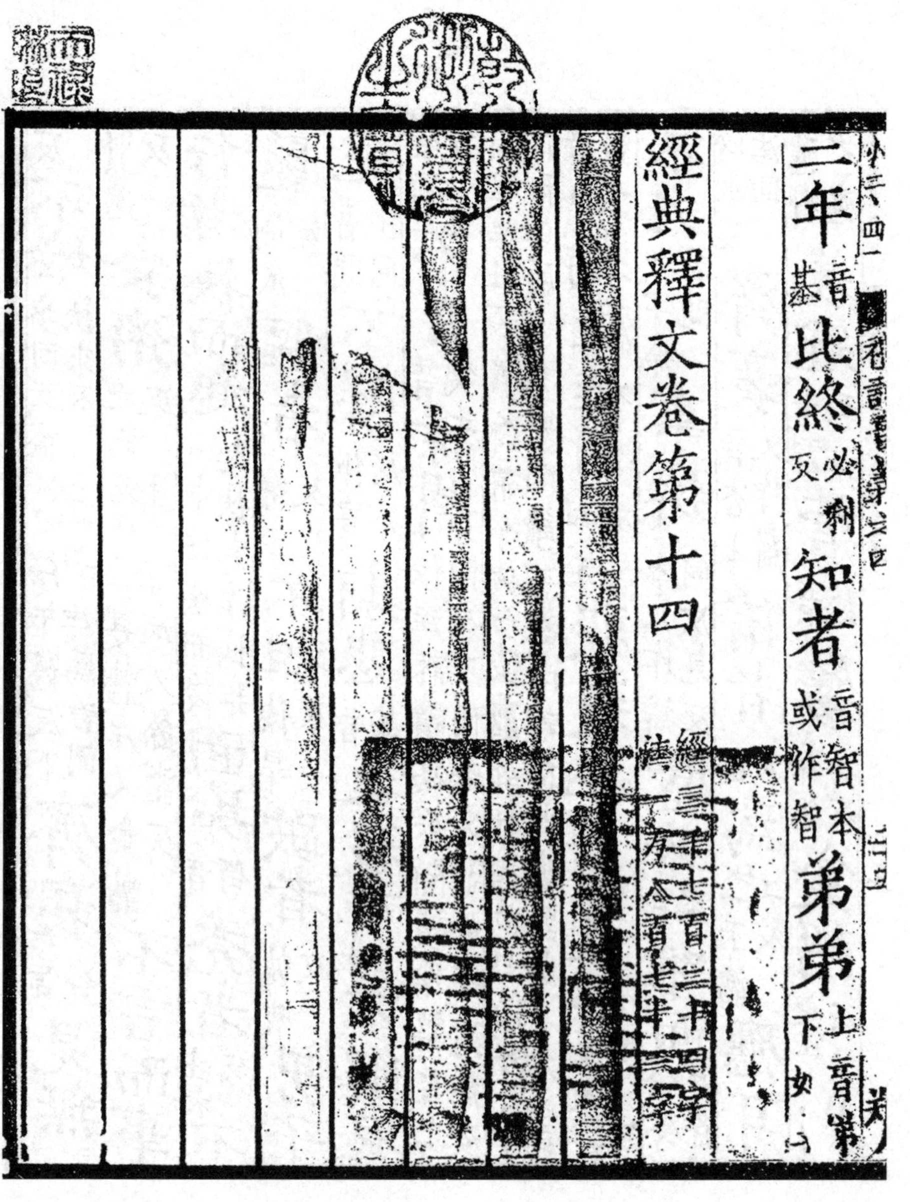

三年音基 比終必利反 知者音智本或作智 弟弟上音第下如字

經典釋文卷第十四

經三千七百[illegible]字 注一萬[illegible]字

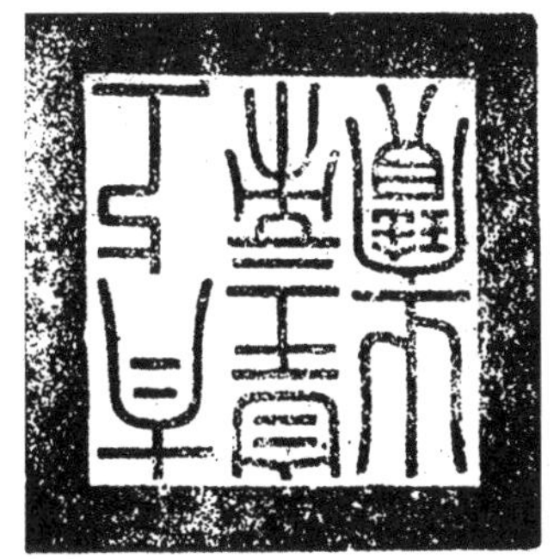

宋本經典釋文

第四册

唐 陸德明撰

宋刻宋元遞修本

山東人民出版社·濟南

五福五代堂古稀天子寶

八徵耄念之寶

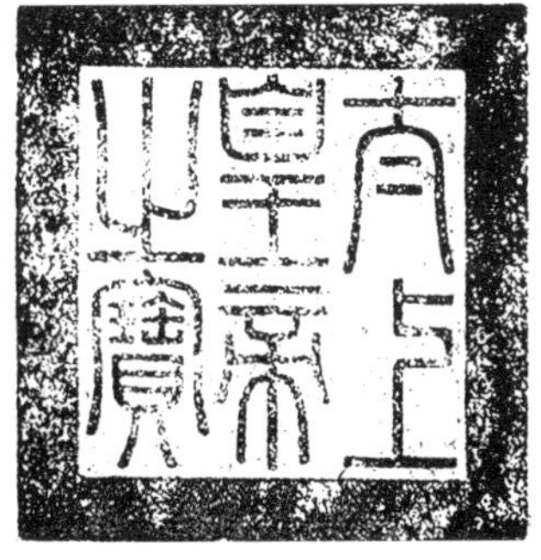
太上皇帝之寶

經典釋文卷第十五

春秋音義之一　起第一盡第五

唐國子博士兼太子中允贈齊州刺史吳縣開國男陸德明撰

春秋序 此元凱所作既以釋經故依例音之本或題爲春秋左傳序者沈文何以爲釋例序今不用

繫曰 工帝反 別同異 彼列反 錯舉 七各反下此同 於集

作冊 亦作策初革反 簡牘 徒木反 孟子 孟子書名姓孟名軻字子輿鄒邑人與齊宣王同時

又人此書 檮 徒刀反 杌 五忽反檮杌四凶之一杜云頑凶無儔匹之皃 之乘 繩證反車乘也一云

兵車 韓宣子適魯 宣子名起晉大夫適魯在昭二年 盡在 津忍反後放此 以

王 于況反又如字 赴告 古毒反一音古報反崩薨曰赴禍福曰告 記注 張住反字或作註

則刊 苦干反削也 先經 悉薦反 後經 戶豆反 所重 直用反又直龍反

將令 力呈反下令學者同 要終 於遙反 究其 久又反 饜 於豔反 飫

於預反 自趨七住反又七俱反 之淩子鵰反 膏澤古刀反 渙然呼亂反 怡然以之反 闡幽昌善反明也 襃保刀反 貶彼檢反字林方犯反 暢之勑亮反 歸趣七住反 爲例于僞反又如字 文見賢遍反下同 舍族音捨 參會七南反又音三 與謀音預 婉而於阮反 諱辟本亦作避音同後放此 辟假古雅反後不音者同 不汙於俱反曲也 丹楹音盈 刻音克 桷音角 獻捷在妾反 懲惡直升反 而長丁丈反 所傳直專反 數句色主反下同 錯綜宗宋反 爲斷丁亂反 膚引方于反 條貫古亂反 而去起呂反 子駿音俊子駿劉歆字 創通初亮反 字書作撤 亦復扶又反下同 以見賢遍反下同 比其毗志反 譜第本又作謚同布古反 歷數所具反後不音者皆同 素王于況反下王魯素王同 黜周勑律反 危行下孟反 言孫音遜本亦作遜 不出如字又尺遂反 矣夫

音扶下若夫同嘉瑞垂偽反其應應對之應之祚才路反亂也以刃

反中興丁仲反不隊直類反成王如字又于況反周正音政讀者多音征後

皆放此人包必交反之防扶放反又音房適論力頓反近誣如字舊音附近

之近誣音無小邾張俱反射音亦反袂縣世反拭面音式

春秋經傳集解隹買反舊夫子之經與丘明之傳各卷杜氏合而釋之故曰經傳集解隱

公名息姑惠公之子母聲子謚法不尸其位曰隱第一此不題左氏傳公羊穀梁二傳既顯姓別之此不言自見

杜氏　盡十一年

傳惠公名不皇謚法愛人好與曰惠其子隱公讓國之君元妃芳非反傳曰嘉耦曰妃始

適本又作嫡同丁歷反無謚實至反之姪直結反字林文一反兄女也娣也

大計反女弟也始娶七住反娣媵以證反又繩證反婦人謂嫁曰歸

本或無曰字此依公羊傳以楨音貞爲桓于偽反尚少詩照反大子音泰

舊大字皆作大後大子皆放此 爲經元年 于僞反後凡爲經爲傳張本起本之例皆放此更不音
經元年朝廟 直遥反下同 儀父 音甫儀父邾子之字凡人名字皆放此 干㝅
亡結反地名 繼好 呼報反 鄒縣 側留反 卞縣 皮彦反本或作井 克段
徒亂反鄭伯弟名 于鄢 於晚反又於建反又於然反 不弟 音悌又如字 雋儀 音儁
下音滎 滎陽 戶扃反本成作滎非 宛陵 於阮反又於元反 宰咺 吁阮反 之賵
芳鳳反 亦與 音預下同 雎陽 音雖 祭伯 側界反國名傳祭仲同 稱使 如字
又所吏反 小斂 力驗反 以見 賢遍反下同 傳元年以別 彼列
反 夏殷 戶雅反三代之號可以意求 見異 賢遍反 故不書爵 一本無故
字 以獎 將丈反 求好 呼報反 與盟 如字又音預 費伯 音祕 有
郁 於六反 皆放 甫往反後此例皆同 娶于 取住反 宛縣 於元反 共
叔 音恭共地名凡國名地名人名字氏放皆不重音疑者復出後放此 在鄂 五各反 寤生 五故

反惡之烏路反注同亟請欺冀反數也爲之于僞反嚴邑五銜
反本又作巖虢叔瓜百反國名復然扶又反大叔音泰注及下皆同過百
古卧反後不音者皆同曰堵丁古反長三直亮反又如字高古報反又如字徑三
古定反參國七南反又音三焉辟於虔反何厭於鹽反滋蔓音万
自斃婢世反本又作獘舊扶設反踣也斃踣蒲北反廩延力錦反不暱
女乙反親也完音桓繕甲市戰反具卒尊忽反步兵也注及下同乘繩證反注
反下同奔共音恭汲郡居及反不弟大計反又如字難之乃旦反注同
遂寘之豉反置也封疆居良反舍肉音捨以遺唯季反下同不
啜川悦反華元戶化反緊烏兮反又烏帝反語助公語魚據反闕地
其月反隧而音遂其樂音洛注及下同融融羊弓反和樂也洩洩羊世
反舒散也施及以豉反又式智反不匱其位反以別彼列反通稱尺證

已上時掌反　則衷七雷反　諒闇音亮又音良下如字　東莞音官
傳見賢遍反下三見同　有蜚扶味反負蠜也　負蠜音煩又音盤　敗宋
必邁反敗佗也後放此　子少詩照反　朝歌如字　孫滑于八反又平八反　爲
之于僞反　陜縣失冉反依字作陜　豫音預　衆父音終　不與音預　小
斂力驗反注同　經二年　氐羌都兮反下卻良反　別種章勇
反　駒支音拘　濟陽子禮反濟水名凡地名皆同　入向舒亮反國名　譙國
在遥反　龍亢音剛又苦浪反　蔣卑子匠反　無駭戶楷反　方輿上音房下
音預　紀裂繻音列　繻音須　卿爲于僞反下爲魯同　以別彼列反　子
帛音白　和解如字又戶買反　結好呼報反　傳二年之好
呼報反注及下同　氏還音旋後皆同　岑父音琴　復脩扶又反　卿
爲于僞反　經三年　已巳音紀下音祀後放此　食之如字本或

音同 大量音亮 盈縮所六反 即傳直專反 印段因忍反 求
賻音附 在殯必刃反 不共音恭本又作供音同 致令力呈反 不復
扶又反 別內彼列反 爲君于僞反 惡其烏路反 傳三年
不柎音附 爲公于僞反 隱見賢遍反 以別彼列反 王朝直遥
反 不復扶又反 專任而鴆反後不音者皆同 子狐音胡 交質音致下同
將畀必二反與也 祭足側界反 蓋葵所銜反 要之於遥反 間
之間廁之間 澗谿苦兮反爾雅云山夾水曰澗山瀆無所通曰谿 沼之紹反池也 畤音止
本又作沚亦音市小渚也 之毛毛草也 蘋音頻大蓱也 蘩音煩皤蒿也 蕰紆粉
反聚也 藻音早 大蓱蒲丁反 皤蒿蒲多反白蒿也 筐丘方反 筥九呂
反筐筥器也方曰筐圓曰筥 錡其綺反有足釜 潢音黄 汙音烏潢汙停水也 行潦
音老行潦流潦也 又焉於虔反 盟約如字又於妙反 行葦于鬼反 泂酌

音迴以共音恭之行下孟反而屬章欲反殤公舒羊反先

君舍音捨與夷如字一音餘以殺音殺奉馮皮冰反本亦作憑義夫

音符注同商頌似用反是何本又作荷河可反又音河注同任何也任何音壬忿而

芳粉反之稱尺證反必傳直專反僨于弗問反作也所爲于偽

反厲嬀九危反州吁況于反嬖人必計反親幸也賤而得幸曰嬖而好呼報反弗

禁一居鴆反一音金惡之烏路反石碏七略反於邪似嗟反下同淫泆

音逸夫寵音扶發句之端後放此不憾本又作感同胡暗反恨也五年同能眕之忍

反重也鮮矣息淺反少也妨貴芳少反音詩照陵長丁丈反閒親

閒厠之間下同之比必二反去順起呂反下同弑其音試先經悉薦反

經營伐杞音起取牟亡侯反言易以豉反雍丘於用反弑其

本又作殺同音試凡弑君之君完音丸翬許歸反強君

例皆放此可以意求不重音

其文反 去族 起呂反下同 輩溺 乃歷反 于濮 音卜 傳四

年諸篡 初患反 不復 扶又反下文復伐同 蔡從 才用反 賦調 徒弔反

反 而棼 扶云反亂也 棼縕 於云反 弗戢 莊立反 王覲 其靳反見也

朝陳 直遴反後不出者皆放此 褊小 必淺反一音必殄反 耄矣 至報反八十曰耄 請

泣 音利又音類臨也 獳羊 奴侯反 惡州吁 烏路反 與焉 音預 于

邢 音刑國名 經五年 入郕 音成國名 將卑 子而反 二嫡

都歷反 爲別 于偽反 螟 亡丁反蟲食苗心者 公子彄 苦侯反 傳五

年 觀魚者 本亦作漁者 以度 待洛反一音如字 亟行 欺冀反數也 春

蒐 所求反索也 秋獮 息淺反說文作𤢂殺也穀梁傳云春曰田秋曰蒐 冬狩 手又反圍

守也 蒐索 所百反 不孕 以證反 爲苗 于偽反 農隙 去逆反

振旅 之慎反整也旅衆也 猶復 扶又反下同 以數 所主反注同 器械 戶戒

反辨等如字又方免反別也行伍戶郎反順少詩照反注皆同長丁丈反下注同

鳥獸之肉一本作其肉於組莊呂反不射食亦反皁隸才早反

臣輿音餘雛猥烏罪反巡行下孟反捕魚音步一音傳不從

才用反他竟音境曲沃烏毒反傳見賢遍反一本作具衞牧州牧之牧

徐音目以燕於賢反國名洩駕息列反曼伯音万剛父音甫入

音金鐘石磬絲琴瑟竹簫管土塤木柷梧匏笙革鼓也八風八方之風謂東方谷風東南清明風南方

凱風西南涼風西方閶闔風西北不周風北方廣莫風東北融風匏白交反蹈之徒報反六佾

音逸而僭子念反爲道音導本亦作導其郛芳夫反郭也下同於使

色吏反下同之難乃旦反經六年渝平羊朱反變也于艾

五蓋反言易以豉反傳同傳六年狐壤如掌反使者所吏

反頃父音傾之長丁丈反下文及注同諸鄂五各反不復扶又反下同

結好呼報反 子佗徒何反人名皆同 實難乃旦反注同 不悛七全反止
也 之燎力召反又力弔反 鄉邇本又作嚮同許亮反 鄉近附近之近 可僕普
反 周任音王 去草起呂反 芟所銜反刈也說文作癹匹末反云以足蹋夷草 薀紆粉
反積也 信矣如字一音申 公爲于僞反 請糴直歷反 傳見賢遍
反 焉依如字或於虔反非 雍縣於用反 左右音佐下音祐又並如字 不
甈其器反至也 經七年 與嫡本又作適同丁歷反 沛國音貝
琅邪音郎 臨沂魚依反 共縣音恭 汎城音凡 之使所吏反下
同 見褒賢遍反 強虣蒲報反 戰陳直覲反 傳七年
繼好呼報反注同 爲宋于僞反注爲宋同 爲援于眷反 鄭復扶又
反 歃色洽反歃血也 如忘亡亮反服虔云如而也 洩伯息列反 政治直吏
反 請妻七計反 爲鄭于僞反 經八年 句陽古侯反

使宛於阮反　歸祊必彭反　費縣音祕　見在賢遍反　繼好呼報反
宿與盟音預下不與同　禱河丁老反或丁報反　有邳蒲悲反
邳來間如字　小斂力驗反　傳八年　泰山如字東岳　能
復扶又反　巡守手又反　所近附近之近下同又如字　欲爲于僞反下爲魯同
遂界必二反　鍼子其廉反　誣其亡符反　莊共音恭本亦作恭　不
與音預　而背音佩　紀好呼報反注同　嬀汭如銳反　胙之才故反報
也　舊邑之稱尺證反　經九年　震電徒練反
雨雪于付反傳同　挾卒音協　華縣戶化反　傳九年　雨
霖音林爾雅云久雨謂之淫淫雨謂之霖　不共音恭本亦作供　說宋音悅　宋使所吏反注同
故復扶又反　侵軼直結反又音逸突也　覆扶又反注及下同伏兵也
戎輕遣政反　以逞勑領反　解也音蟹或佳買反　祝聃乃甘反一音土甘反

衷戎丁仲反又音忠 盡殪於計反死也 三處昌慮反 後駐丁住反 將

令力呈反 要終於遥反 經十年去氏起吕反傳同 于

菅古顔反 未陳直覲反 取郜古報反又工空反字林 伐載音再字林

作戴云故國在陳留 易也以豉反傳同 傳十年以勞力報反注同

饔飱許氣反 通稱尺證反 經十一年薛侯

息列反 郲音來 釐城音來王元規力之反 輿謀音預 還使音環

傳十一年爭長丁丈反下注及丈同 夏所户雅反 周諺音彥俗言也

則度大洛反 諸任音壬注同 大宮音泰大宮鄭祖廟 公孫閼安葛反

挾輈音協 輈張留反車轅 大逵求龜反爾雅云九達謂之逵杜云道方九軌此依考功記 傳

中音附 蝥弧莫侯反 音胡 射之食亦反下及注同 隊而直類反 周

麾許危反又許偽反招也 而呼火故反 周徧音遍 遁逃徒頓反 不共

音恭本亦作供音同注及下同　與聞音預　共億於力反安也　餬其口音胡粥也

說文云𪏐食　鬻本又作粥之育反又𤊶六反　以壽如字又音授　復奉扶又反又音服

昬媾古豆反　重昬直龍反　覆亡芳服反　不暇行嫁反　禋祀

音因　絜齊側皆反本亦作齋　之爲于僞反　吾圉魚呂反　財賄呼罪

反字林音悔　譕寘之豉反置也　乃亟紀力反急也下注同　大岳音泰　旣厭於豔

反　度德待洛反　量力音良下同　相時息亮反　無累劣僞反注同

使卒尊忽反注同　出豭音加豬別名　行出戶剛反注同　以詛側慮反

故令力呈反　正邪似嗟反下及注同　鄔劉烏戶反　緱氏古侯反一音苦侯反

鄔聚才遇反　蔿尤委反　邘音于　忿生芳粉反　在沁七浸反字林先

柾反郭璞三蒼解詁音狗沁之沁沈文何䟽鴆反韋昭思金反水名　絺勑之反　樊扶袁反　隰

詳立反　郕尚征反　欑茅才官反　向舒亮反注同　軹縣音紙　盟音孟

陘音刑 隤徒回反 于竟音境 郥音息一本作息 不度待洛反 不踶韋鬼反是也著頭篇同 其喪息浪反 傳聞直專反 臧否音鄙又方九反注同 大宰音泰注同 爲其于僞反 少故詩照反 菟裘兎都反下音求 梁父音甫 復啓扶又反下同 反譖側鴆反 請殺音試下同一音如字 賂尹氏音略 而禱丁老反或多報反 鍾巫士夫反 齊于側皆反 社圃布古反 寪氏于委反

桓公名軌惠公之子隱公之弟母仲子史記亦名允謚法辟土服遠曰桓 第二

杜氏 盡十八年

經元年 篡立初患反 脩好呼報反傳同 近垂附近之近 祊田百庚反 令鄭力呈反 傳元年 請復扶又反 爲周公于僞反 獨見賢遍反 渝盟羊朱反變也 無享許丈反 遣使所吏反

宋華戶化反大夫氏也後皆同父督音篤而豔以贍反美色也

經二年閏門音圭取郜吉報反大廟音泰傳大廟放此召陵

上照反主帥所類反或作師傳二年爲賂于僞反注除爲會一字並同

惡其烏路反婉而於阮反大宰音泰數戰音朔子馮皮冰反

同遂相息亮反下注傳相同著餘張慮反後不音者同之稱尺證反越席

戶括反越蒲結草祀天車本或無天字者非粢音咨稷也爾雅云食音嗣飾也不

鑿子洛反精米也字林作毇子沃反云糲米一斛舂爲八斗袞冕古本反黻音弗下同珽

他頂反玉笏也韋鞸音必玉笏音忽持簿步古反徐廣云持簿手版也幅

舄音逼行縢也下音昔行縢徒登反複履音福紞多敢反字林丁坎反冠之垂者

紘獲耕反纓從下而上者綖音延字林弋善反冠上覆而上時掌反下上下同藻率音律

鞞補頂反鞛布孔反鞞鞛刀削之飾藉玉在夜反刀削音笑鞶步干

反紳帶也　游音留注同旌旗之游　馬膺於稜反　如索悉各反　蕭甫音相　戾

力計反　色比并是反　器械戶戒反　錫音揚鄭玄云馬面當盧　鈴音零　馬

額頮洛反　在鑣彼驕反　旂勤衣反　而寘之豉反　官邪似嗟反

雒邑音洛本亦作洛　受夏戶雅反　郟古洽反　鄏音辱　近楚附近之近

舊好呼報反注同　舍爵音赦置也舊音捨　自參七南反一音三　以上時掌

反　曰仇音求　君之名子如字或弥政反　嘉耦五口反　曰妃芳非反　其

替他計反發也　少子詩照反　以諷方鳳反　靖侯才井反　欒賓力官

反　適子丁歷反　爲小宗本或作爲大宗誤　有分扶問反又如字　親七刃反又如字

等衰初危反殺也注同　無復扶又反　分別彼列反　衰殺所界反　覬

音冀　覦羊朱反字林羊住反說文云欲也　侯甸徒練反　陘庭音刑

經三年正月從此盡十七年皆無王唯十年有二傳以爲義或有王字者非　于贏音盈　約言

如字又於妙反不歃所洽反長垣音袁干讙呼端反蛇丘以支反

傳三年汾隰扶云反汾水名下溼曰隰驂七南反絓止戶封反騑馬芳非

反共叔音恭注同各殉似後反媒介音界之好呼報反注同齊侯

送姜氏本或作送姜氏于讙公子則下卿送公子公女芮伯如銳反國

名惡芮伯烏路反馮翊音翼經四年公狩手又反冬

獵曰狩夏之戶雅反下同伯糾居黝反傳四年

經五年侯鮑步飽反從王如字又才用反大雩音于祭名龍見賢遍反

螽音終蚣相容反蝑相魚反定陶同勞反傳五年子佗

大何反子免音問五父音甫襲之音習將右軍子匠反下及注大將同左

拒俱甫反方陳直覲反下文陳也下同方陳之陳及注同王卒尊忽反下同萃於似類

反曼伯音万魚麗力知反注同彌縫扶容反五乘繩證反繻葛

音須檜古外反又古活反旝也說文作檜建大木置石其上發機以磓敵麾也許危反射王
食亦反中肩丁仲反猶殿多見反無隕于敏反勞王力報反注同名
仲字足一本作字仲足重言直用反啓蟄直立反夏正音征龍見
賢遍反注同龍宿音秀遠爲于僞反閉必計反又必結反字林方結反而烝之丞
反度其待洛反不復音服後不音者皆同危難乃旦反經六年
寔來時力反實也省文所景反大閱音悅簡車馬也是適丁歷反傳同
長子丁丈反傳六年遠章于委反於瑕下加反少
師詩照反注及下同後皆放此而被皮寄反下注被甲同難間間廁之間隨張音亮
反自後大也注同一音如字師侈昌氏反又式氏反羸師劣追反注及下同熊率
音律且比子餘反抗衡苦浪反民餒奴罪反餓也嬌舉居兆反性
牷音全肥腯徒忽反肥也其畜吁又反注及下皆同蕃滋音煩瘯七木反本

又作蓏同蠡力果反說文作瘰云瘰瘰皮肥也無疥音界癬息淺反說文云乾瘍譩

他得反遠聞音問又如字九族杜釋與孔鄭玄不同禋祀音因民饑

音飢又音機於難乃旦反下同二帥所類反少良詩照反饋之其媿反遺

也餼許既反牲腥曰餼妻鄭七計反下及注同接以如字鄭注禮記作捷讀此者亦或捷

音食之音嗣桑弧音胡蓬矢步工反射天地食亦反于阼

才故反中繻音須曰鯉音里周人以諱事神名絕句衆家多以名字

屬下不釋待洛反徇曰似俊反本又作狥同舍故音捨下同具敖五羔反

句經七年焚咸丘扶云反火田也綏來須唯反筑陽音逐

傳七年辟陋匹亦反本又作僻同盟音孟向傷亮反而背音佩于

郟古洽反經八年烝之承反此夏戶雅反爲下于僞

反復烝扶又反見瀆賢遍反雨雪于付反祭公側界反

傳八年有釁許覲反注同弋陽餘職反請下遐嫁反注同不

然將失楚師一本無師字天去起呂反注同弟縉亡巾反

經九年伸父母音申射姑音亦又音夜傳九年爲

書于偽反爲好呼報反鄾人音憂沔水面善反册甥乃甘

反衡如字横也一音横陳直覲反注同又如字而比如字一音佩嵇康音臂背背巴

音佩注同所夾古洽反又音古協反宵潰戶對反夏陽戶雅反適子丁歷

反享曹許兩反施父色豉反人名字下音甫經十年中

背如字一音丁仲反下音佩惡三國烏洛反又烏路反傳十年譖

其側鴆反詹父章廉反求旃之然反之也周諺音彥吾爲

於虔反以賈音古注同買也無厭於鹽反下同共池音洪一音恭以見賢遍反

交綏荀隹反經十一年聽迫吐定反于折之設反又市列

反夫鍾音扶于闕口暫反須昌宣瑜反傳十一年

屈瑕居勿反楚大夫氏貳軫音二下之忍反皆國名鄖人音云國名蒲騷

音蕭又音繰隨絞古卯反州蓼音了本或作鄝同隨絞州了四國名江夏戶雅反湞

城音云本亦作鄖棘陽紀力反湖陽音胡莫敖五刀反且日人逸反虞

度待洛反郊郢以井反又以政反恃近附近之近盍請戶臘反何不也濟

箋計億兆於力反將妻七計反下注同大援於眷反子亹亡匪反本

或作封疆居良反爲公于僞反鄧曼音万女於尼據反注曰女同雍

於恭姞其吉反又其秩反應命應對之應經十二年汶陽音問

反侯躍羊略反于虛去魚反武父音甫地名有父字者皆同甫音重書直用反下

同以見賢遍反皆陳直覲反傳十二年于句古侯

反瀆音豆婁盟力具反本又作屢音同用長丁丈反注同故數音朔下同而

憾戶暗反而輕遣政反鞶軒戶旦反衛也采樵在遙反薪也而覆

扶又反伏兵也注同諜之徒協反伺也數之色主反枝江貿而反諜伺也音笥

巡徧音遍經十三年傳十三年遂見賢遍

反心濟箋詣反難言乃旦反風諫方鳳反本亦作諷不解戶買反

狃於女九反狃忕時世反又時設反而好呼報反又如字假易以豉反注同

不借丁夜反貸他代反慢武諫反盡行津忍反此類可以意求使

徇似俊反宣令也及鄢於晚反又於万反亂次以濟本或作亂次以濟其水盧

戎如字本或作盧音同縊于一豉反自經死也荒谷如字本或作㐬音同治父音也

脩好呼報反經十四年之好呼報反曹輿音預

御廩力錦反倉也先其悉薦反又如字致齊側皆反

傳十四年大逵求龜反大宮音泰之椽直專反廉也圓曰椽方曰桷說

文云周謂之椽齊魯謂之桷

經十五年倚任於綺反守介音界小行下孟反史立音庚年人士侯反于櫟音歷陽翟徒歷反豪呂氏反

相縣息亮反傳十五年舍其音捨之汪烏黃反池也暴其步卜反檀伯徒干反經十六年城向失亮反定之丁佞反

傳十六年故復扶又反烝之承反急子如字詩作伋上淫時掌反一音如字屬諸音燭下同爲之于僞反右媵羊政反

朔構古豆反會古外反公使所吏反諸莘所巾反惡用音烏安也

注同飲以酒於鴆反一本以作之子洩息列反黔牟其廉反又音琴

經十七年于趡翠軌反皆陳直覲反傳十七年

疆事居良反注及下皆同疆埸音亦虞度待洛反下同齊背音佩下同以

底音旨下同惡之烏路反下及注所惡皆同子亹音尾復惡扶又反注同一音服則平

經十八年于濼盧篤反又力角反一音洛說文匹沃反淫意復重直用反下同言戕在良反傳十八年相瀆徒木反公謫直革反責也王又丁革反讁譴遣戰反為公于偽反薨公如字又繩證反注同上車時掌反拉公力荅反幹而古旦反舊好呼報反歸咎其九反彌相息亮反而轘音患車裂也轘裂音列以知音智又如字欲弒申志反屬諸音燭匹嫡丁歷反注同臣擅市戰反於難乃旦反

莊公名同桓公子母文姜謚法勝敵克亂曰莊　第三　杜氏　盡三十二年

經元年遜于本亦作孫音同注及傳同單伯音善采地七代反且別彼列反諒闇音梁又音庵親迎魚敬反之比必利反郱蒲丁反鄑子斯反郚音吾臨朐其俱反訾城子斯反

傳元年父殺音試一音如字而復扶又反去姜起呂反未闋苦穴反

經二年于禚諸若反　公馮皮冰反　傳二年好會呼報反
經三年溺乃狄反　故去起呂反　以酅户圭反本又作攜　于滑乎八
于八二反　傳三年重盟直用反　以難乃旦反　在櫟音歷或音
書灼反　經四年享食音嗣又如字本或作會　以見賢遍反　狩
于手又反　越竟音境本又作境　傳四年孑吉熱反方言云楚謂
戟爲孑　戟爲陳直覲反　將齊側皆反法同　辟陋匹亦反　僭
子念反　號　衛應應對之應　攜郎蕩反木名又莫昆反又武元反　屈重直用
反一音直容反　梁溠高貴鄉公音側嫁反水名字林壯加反　入貟音云或作鄖　漢
汭如鋭反内也漢水西也水曲曰汭　下齊遐嫁反　難也乃旦反
經五年郳五兮反國名後爲小邾　犂來力兮反　昌慮如字又力於反
傳五年數從音朔　經六年螟亡丁反　衛俘芳夫

傳六年甯乃定反跪其毀反宥之音又不度反四

也待洛反下同立衷丁仲反節適也注同王音忠弗強其丈反注同必披普靡反又

音知反蕃滋音煩說魯音悅祁侯巨支反字林上尸反雛甥音佳嗤

齊市制反下粗兮反齧齒也五結反焉取於虔反無復扶又反下文同

經七年不見賢遍反注及傳皆同夜中夜中夜半也丁仲反又如字星

隕于閔反落也不匿女力反漂殺匹妙反又匹遥反傳七年

數與音朔偕音皆俱也經八年郕降戶江反傳皆同諸

見如字一音五兮反傳八年夏書戶雅反後放此臯陶音遥連

稱尺證反又如字期戍音基本亦作朞如適丁歷反注同絀之勑律反從

姝辛用反下從者皆同間公如字注同或古莧反非曰捷在接反克也以女音汝姑棼

扶云反貝丘補蓋反而啼田兮反樂安音洛敢見賢遍反射

之食亦反 隊直類反 喪息浪反 屨九具反 徒人費音祕 奚

御魚呂反 袒而音但 之紛數文反 于牀士良反 鮑叔步卯反

召忽時照反 子糾居黝反 雍廩力錦反 經九年

于蔇其器反 繒縣才陵反 乾時音干 岐流其宜反又巨移反 竭

涸戶各反 惡齊烏路反 譎古穴反 浚蘇俊反深也 洙音殊水名 泗音四

傳九年 公喪息浪反 傳乘直專反又丁戀反下繩證反注同 傳乘 乘他車如字 辟于音避本亦作避一音婢亦反 管召時照反 饘也之市由反 射相公食亦反 生竇音豆 而稅本又作說同土活反一音失銳反

解𤏻蟹反 夷吾縛扶略反舊扶卧反 治於直吏反注同 高傒音兮

使相息亮反 經十年 長勺上酌反 未陳直覲反注同

十一年 經 宋強其丈反 背蔇音概 傳 乘丘繩證反 于葦所市

反將率子匠反率又作帥同所類反滅譚徒南反

傳十年曹劌古衛反請見賢遍反下同何間間廁之間注同與也

猶與音預未徧音遍注同犧牲許宜反之屬音蜀請從才用反

之乘繩證反三鼓息暫反又如字其轍直列反登軾音式有伏

如字舊扶又切旗音其靡音美怖普布反遽也其據反雩門音丁皁

比音毗注同過譚古禾反經十一年鄑子斯反

傳十一年爲宋于僞反未陳直覲反下及注皆同橈敗乃孝反二音乃

巧反沮岸在呂反壞也一音子餘反岸崩謂之沮喪其息浪反得儁音俊本或

作俊之比必利反退復扶又反狡壯交卯反下側亮反之難乃旦反京

師敗本或作京師敗績者非得校音教悖焉蒲忽反一作勃同盛皃桀紂

直久反言懼而名禮絕句或以名字絕句者非公子御魚呂反本或作禦說

音悅共姬音恭射南宮食亦反長萬丁丈反歂孫生市專反搏之音傅取也靳之居覲反戲而相媿曰靳服云恥而惡之曰靳

經十二年于鄫音攜不儆居領反

傳十二年批而普迷反又蒲穴反字林云擊也父迷父節二反大宰音泰奔亳步各反南宮萬奔陳本或作長萬長衍字也下亦然乘車繩證反注同弃好呼報反注同亦請南宮長萬於陳以賂絶句飲之於鴆反犀革音西裹之音果比及必利反皆見賢遍反醢之音海肉醬也

經十三年北杏戶猛反蛇丘音移于柯古河反

傳十三年通好呼報反背北杏音佩十四年經注同

經十四年于鄄音絹甄城音絹一音眞或音旃又舉然反或作鄄

傳十四年自櫟音歷苟舍音捨鄭子子儀内蛇市奢反申

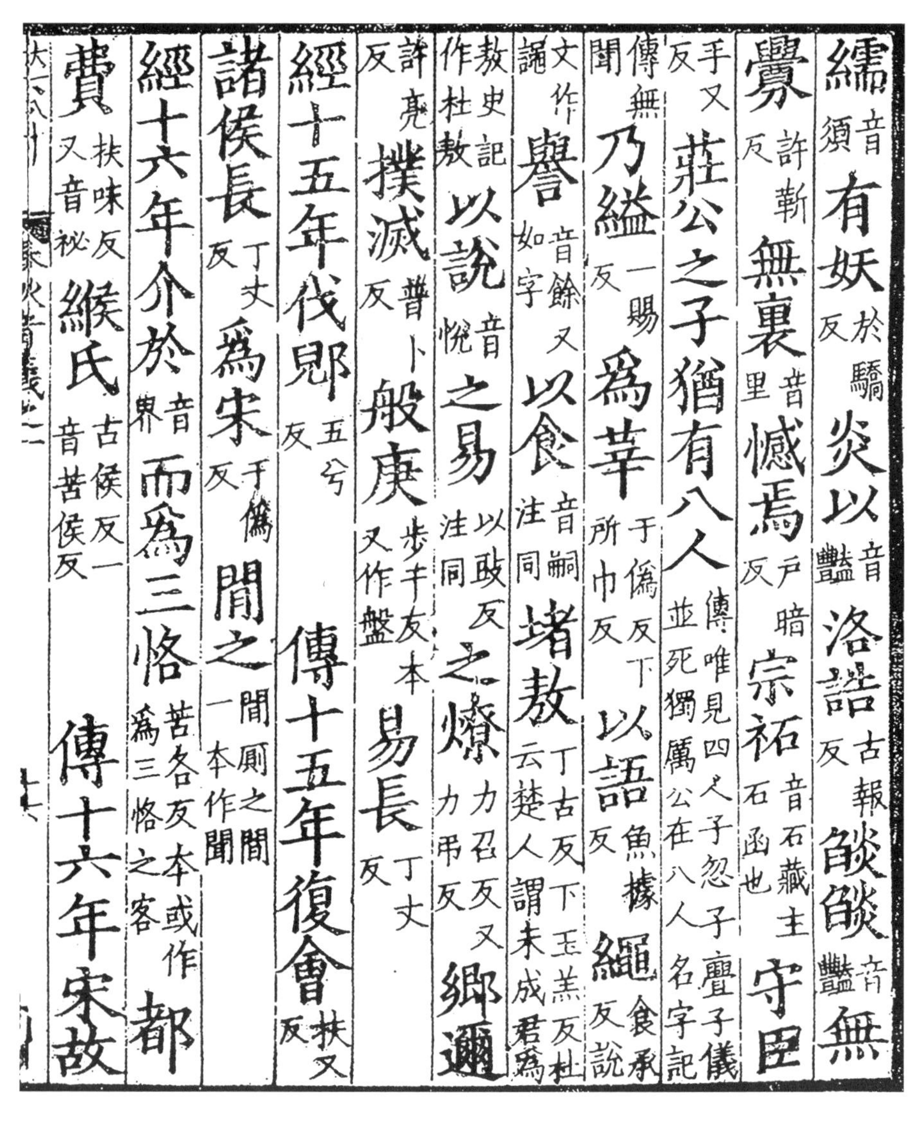

繻音須 有妖於驕反 炎以音豔 洛誥古報反 餤餤音豔 無
釁許靳反 無裏音里 憾焉戶暗反 宗祏音石藏主石函也 守臣
手又反 莊公之子猶有八人傳唯見四人子忽子亹子儀並死獨厲公在八人名字記
傳無聞 乃縊一賜反 爲苹于僞反下所巾反 以語魚據反 繩食承反說
文作譝 礜音餘又如字 以食音嗣注同 堵敖丁古反下五羔反杜云楚人謂未成君爲
敖史記作杜敖 以說音悅 之易以豉反注同 之燎力召反又力弔反 鄉邇
許亮反 撲滅普卜反 般庚步干反本又作盤 易長丁丈反
經十五年伐郳五兮反 傳十五年復會扶又反
諸侯長丁丈反 爲宋于僞反 閒之閒廁之閒一本作閒
經十六年介於音界 而爲三恪苦各反本或作爲三恪之客 都
費扶味反又音祕 緱氏古侯反一音苦侯反 傳十六年宋故

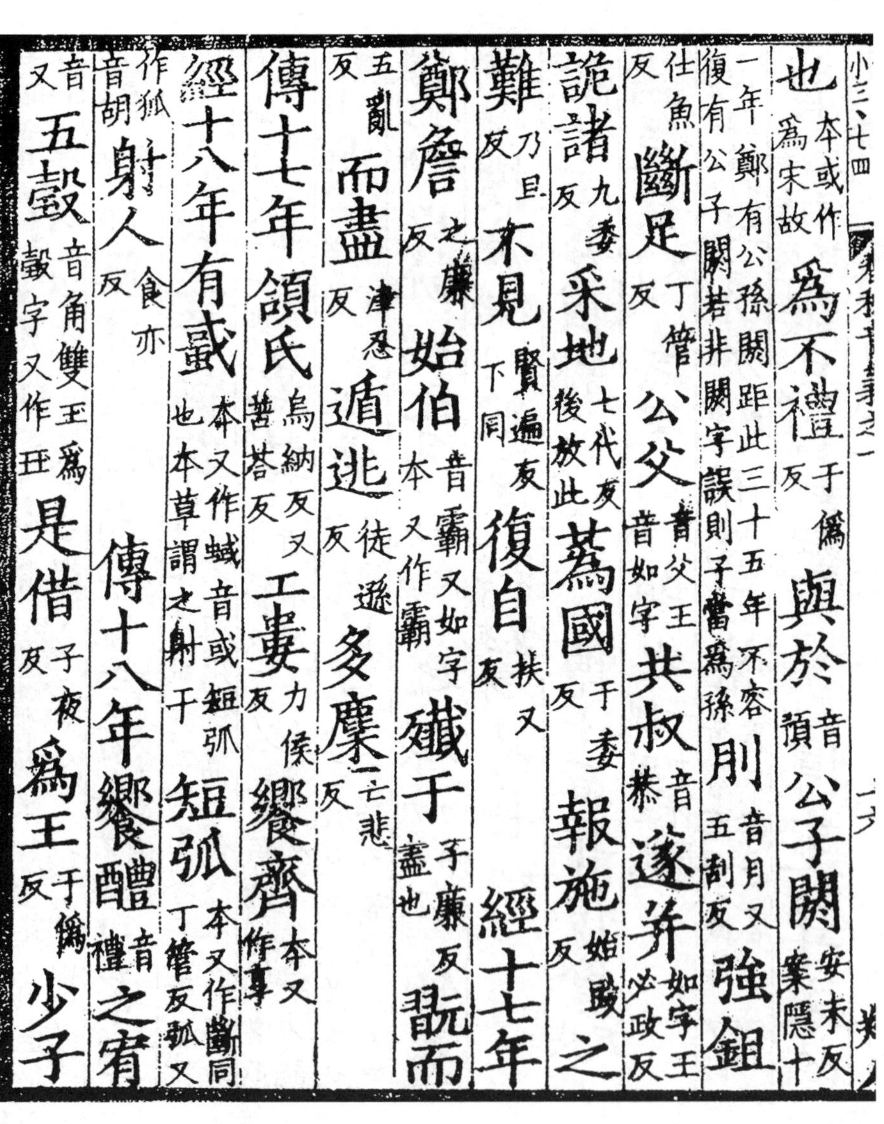

也本或作為宋故為不禮于偽反與於音預公子閼安末反案隱十一年鄭有公孫閼距此三十五年不容復有公子閼若非閼字誤則子當為孫刖音月又五刮反強鉏仕魚反斷足丁管反公父音父王音如字共叔音恭遂并如字王必政反詭諸九委反采地七代反後放此蔿國于委反報施始豉反之難乃旦反不見賢遍反下同復自扶又反經十七年鄭詹之廉反始伯音霸又如字本又作霸殲于子廉反盡也翫而五亂反而盡津忍反遁逃徒遜反多麋亡悲反傳十七年頒氏烏納反又菩荅反工婁力侯反饗齊本又作享經十八年有蜮本又作蜮音或短弧也本草謂之射干短弧本又作斷同丁管反弧又作狐音胡射人食亦反傳十八年饗醴音禮之宥音又五穀音角雙玉為穀字又作玨是借子夜反為王于偽反少子

詩照反右稱尺證反闕絹士巾反以畔絕句本或作扳俗字那處那又作明同乃多反下昌呂反又昌慮反編縣必緜又一音步典反游涌音勇水名

經十九年滕陳以證反又繩證反送也出竟音境之好呼報反

傳十九年鬻音育拳求圓反大闇音昏守門人也羸音盈姓也字從女踖陵在亦反一音七略反及湫子小反鄀縣音若夕室朝夕之夕經皇田結反經皇闕也強諫其文反太伯音泰校尉戶教反字從本王姚羊消反嬖于必計反子頹徒回反之圃必古反又音布園也爲圃音又徐于目反苑也苑也於阮反近於附近之近祝跪求委反而收式周反

經二十年

傳二十年爲伐于僞反下文同于鄔烏苦反徧舞音遍哀樂音洛殃咎於良反下其九反去盛是呂反饌仕眷反奸王音于盍納胡臘反何不也

經二十一年祔姑音附 傳二十一年于弭面爾反

闉門魚呂反 西辟蒲歷反 復與扶又反 效尤戶教反 徧舞音遍 號守音狩本或作狩後放此注同 于玤蒲項反 般鞶步干反又蒲官反紳帶也

鑑上暫反鏡也 始惡烏路反又如字 王使所吏反 經二十二年

大昔所景反 盪音蕩本又作蕩 滌徒歷反 御寇音禦本亦作禦 惡其烏路反 不見賢遍反又如字

傳二十二年 顓孫音專 弛於失氏反 負擔丁暫反 去離力智反 官謗布浪反 翹翹祁堯反遠皃 車乘繩證反 飲桓公於鴆反注同 酒樂音洛下注同

卜妻七計反 和鳴如字又戶卧反注同 將將七羊反本又作鏘鏘 竝于正

卿本或作並爲誤 陳佗大多反 其少詩照反 見陳侯如字又賢遍反 大史音泰 使筮上制反 著音戶 遇觀古亂反注皆同 之否備矣反注

同

爻辭戶交反　乾天其然反　陳摯音至本又作贄同　有觀古亂反　而著直略反　大獄音岳　泰下　楚復法又反　猶豫音預

本亦作頫　南蒯苦怪反　卜僭子念反　其應應對之應　縣音玄

經二十三年祭叔側界反　為祭公于偽反　丁穀音谷　宮楹音盈　射姑亦亦反又音亦　于扈音戶　卷縣音權字林丘權反說文韋昭丘云反丘粉反

傳二十三年長幼丁丈反　族偪彼力反　士蔿于委反　去富子起呂反下同　惡其烏路反　間之間廁之間　桷椽直專反

經二十四年刻音克鏤也　桷音角椽也字林云齊魯謂榱為桷　要公於遥反　孟任音壬後孟任皆同　覿徒歷反見也　以見賢遍反下同　奢夸苦瓜反

傳二十四年御孫魚呂反本亦作禦　侈昌紙反又尸氏反　男贄真二反　別貴賤彼列反　榛栗側巾反

褰脩脩脯也緅脯加薑桂曰脩　虔音乾　經二十五年女叔
音汝陳大夫氏　嘉好呼報反傳同　傳二十五年相魯息亮
反下同　正月音政正月建巳之月　慝未他得反陰氣　夏之戶雅反　之告
所景反災也　城聚才喻反　經二十六年　傳二十
六年簡牘徒木反　不究音救　不復扶又反　申解居蟹反
經二十七年于洮他刀反　具見賢遍反　自爲于僞反　所
黜勑律反　城濮音卜　傳二十七年越竟音竟　所
畜勑六反下及注皆同　哀樂音洛　力強其丈反　亟戰欺冀反　將
饑居疑反又音機　召伯音邵　廖力彫反　經二十八年郗
子瑣素果反　築郿亡悲反　告糴徒歷反
傳二十八年烝於之承反　重耳直龍反　驪戎力知反　女

以人昵據反注以日女同 卓子 勑角反 閨 音圭 闥 吐達反 闕塞 素代反 二屈

求勿反一音居勿反 之疆 居良反下同 疆場 音亦 故復 扶又反 說之 音悦

諸羣 責鴆反 二耜 音似 廣一 古曠反 共墾 苦很反 欲蠱 音古

感也 六百乘 繩證反 入桔 反結反 柣 待結反 鬬御 魚呂反本亦作禦下

注反禦同 彊 其良反又居良反 鬬梧 音吾 不比 井里反 爲旆 蒲見反 長壽

直亮反 曰旐 音兆 王孫喜殿 丁見反 純門 如字 及逵 求龜反

縣門 音玄注同 夜遁 徒困反 諜告 音條 楚幕 音莫 諜問

間廁 之間 經二十九年 延廄 居又反 有蜚 扶味反 備

難 乃旦反 皆重 直用 傳二十九年 鄉入 許亮反本或作

向同 經曰 遣政反 龍見 賢遍反注下皆同 角亢 苦浪反又音剛 而栽

字林才代反一音再 說文云築牆長版 定星 多佞反 經三十年將

甲子匠反將降戶江反下文注同鄣音章下同魯濟子禮反

傳三十年射師食亦反又食夜反而梏古毒反曰桎之實反楚

僭子念反鬬穀奴走反楚人謂乳曰穀漢書作穀音同於音烏菟音徒以紓

音舒一音直汝反緩也之難乃旦反下注同欲爲子僞反薊縣音計

經三十一年刺者七賜反戎捷在妾反相遺唯季反傳同俘

音孚傳三十一年以警音景戒懼也

經三十二年歃酖音鴆本亦作鴆不與音預斂力豔反子般音班書

殺音試一音如字下同傳三十二年爲管仲于僞反注及下同

先見賢遍反又如字千華所巾反內史過古禾反監其本又作鑑古暫

反先膟婢支反宗區丘于反史嚚五巾反大祝音泰下同漂

德音良薄也黨氏音掌閟音祕講肆音四又以二反圉人犖音洛又力

角反 反覆芳服反 鄉者許亮反 鍼巫其廉反 晝酒音獲 共

仲音恭 閔公云謹反

閔公名啓方，莊公之子，母叔姜。史記云名開。謚法：在國遭難曰閔。 第四

杜氏 盡二年

經元年 出疆居良反 省難乃旦反下及傳同 傳元年

豺仕皆反 狠音郎 可厭一鹽反 諸夏戶雅反注同 親暱女乙反近也

宴安於見反本又作晏音同。一音烏諫反 酖毒直蔭反 勞來力報反一力代反

仲孫湫子小反 不去起呂反下同 自斃婢世反 踣蒲北反 間攜

間廁之間注同 覆昏芳服反注同 霸王于況反注同 見莊賢遍反 公將

子匠反下及注同 趙衰初危反 魏犫尺由反 滅耿古幸反國名 還爲于僞

反 又焉於虔反 大伯音泰注同 適子丁曆反本又作嫡 且諺音彥 若

祚在路反 遇屯張倫反 之比毗志反注及下同 辛廖力彫反 蕃昌
音煩 兄長丁丈反 經二年 吉禘大計反 入桃他彫反 昭
穆上饒反 未闋苦穴反 大廟音泰 孫干音遜注同 美稱尺證
反 見惡烏路反 師潰戶內反 傳二年 渭汭如銳反 隈
烏回反 曲 舟之僑音喬 卜齮魚綺反 共仲音恭 武闈音韋一音暉
賁縣音祕又扶味反 乃縊一賜反 與知音預 故孫音遜 亳社
步各反 好鶴呼報反下戶各反 乘軒許言反大夫車也 余焉於虔反
古穴反 使守手又反下告守及注同 決斷丁亂反 禦難乃旦反 孔嬰
齊殿丁見反 熒澤戶扃反 無復扶又反下復逐同 爲之于僞反下文爲
衛同 不去起呂反藏也一云除也 華龍戶化反 大史音泰 故恐丘勇反
也少詩照反 烝於之承反 強之其丈反 共滕音恭 以廬力居反舍

也于曹詩作漕音同歸唁音彥無虧去危反三百乘繩證反下
及注同別見賢遍反五稱尺證反雞狗音苟歸遺于季反單
複音丹下方服反人惡烏路反注同好利呼報反能遠于万反爲之
于爲反皐落古刀反別種章勇反粢盛音咨下音成朝夕如字
又張遙反君膳市戰反則守手又反下同則從才用反下同監國古銜
反嗣適丁歷反本又作嫡下配適同將焉於虔反謂將子匠反下將上軍並同
不共音恭本又作供於難乃旦反下同公衣之偏於既反下衣身之偏衣之純衣之尨
服注衣之同叔向許丈反無慝他得反遠災于万反注及下同衷旗音忠
也音其閔其音祕尨服莫江反受脤市軫反祭社之肉盛以音成
阻之莊呂反疑也盡敵子忍反下盡敵同諗周音審吉也說文云深謀之繇
直救反而屬章欲反衞文公大布之衣本或作衣大布之衣誤厚

繒疾陵反　諒闇音良又音亮　三十乘繩證反下同　迸散檗諍反

僖公上名申莊公之子閔公之兄母成風謚法小心畏忌曰僖第五

杜氏　盡三十三年

經元年聶北女輒反　觀釁許覲反　于檉勑呈反　于酈力知反　莒挐女居反又女加反　傳元年復入扶又反下文同　常準之尹反　人潰戶內反　撰具仕眷反又仕轉反　分災甫問反又如字　州長丁丈反　于犖音洛又力角反　虛丘起居反　要而於遙反　爲魯于僞反　重來直用反　無厭於鹽反　汶陽音問　及費音祕　萊蕪音來

經二年大陽音泰一音如字　見經賢遍反　于貫古亂反　貰城市夜反又音世　傳二年屈產求勿反又居勿反注同　之乘繩證反注同　宮之奇其宜反　懦本又作㬋乃亂反又乃貨反弱也字林偄音乃亂反愞音讓夫反

弱也　強諫其良反又其丈反　且少詩照反　長於丁丈反　暱之女乙反　顛

軨音零　伐鄭亡丁反　坂音反　以說音悅　聚抄初教反又楚稍反強取物　賄

故呼罪反　惡貪烏路反　故爲于僞反下同　寺人如字又音侍寺人奄官名　貂

音彫　豎貂上主反　擅貴時戰反　漏洩息列反又以制反　必易以豉反

五稔入甚反熟也　冊伯乃甘反　侵掠音亮　經三年下邳

皮悲反　僮縣音童　廬江力居反　涖盟音利又音類臨也

傳三年夏六戶雅反　爲陽穀于僞反　鄭難乃旦反　于

囿音又苑也　經四年于陘音刑　召陵上照反傳皆同　陳袁

袁陳大夫氏也本多作轅　濤塗音桃　與謀音預下同

傳四年所近附近之近　大公音泰注同　公奭音釋　女賓音汝　夾

輔古洽反舊古協反　以夸苦瓜反　無棣大計反　齊竟音境下皆同

不共音恭本亦作供下及注同以縮所六反裹束也音果菁茅子丁
反苞匭音軌本或作軌苞或作包巡守手又反而溺乃歷反水濱音賓
故復扶又反完乘繩證反注同是爲于僞反注同之好呼報反下及注
同謙稱尺證反僥福古堯反要也漢以爲池本或作漢水以爲池水衍字
葉縣始涉反以當丁浪反之費芳味反鄭莒音談申侯
見賢遍反資糧音良扉屨符費反草屨也齊侯說音悅以衮
古本反衮冕上公服歛力驗反不如依字讀或一音如據反其繇直救反兆辭也渝
羊朱反變也攘公如羊反除也之羭羊朱反美也一薰許云反香草也一
蕕音由臭草也易消以豉反卓吐濁反歸胙才故反祭之酒肉也姬
寘之豉反地墳扶粉反犬斃婢世反原款苦管反必辯
兵免反不樂音洛注同被此皮寄反又皮綺反縊于一賜反遂譖

經五年惡用烏路反 杞伯姬來絶句來歸寧

朝其子猶言其子朝 越竟音境 自爲于僞反 復稱扶又反 軼

縣音大 言易以豉反 傳五年遂登觀古亂反注同 臺

以望絶句 而書本或作而書雲物非也 審别彼列反 重申直用反 爲二

公子丁僞反下乃爲之請同 賔薪之豉反 譴讓弃戰反 焉用愼將虔反

尨莫江反又音蒙 茸如容反又音戎尨茸亂皃 適從丁歷反 及難乃旦反 寺

人披普皮反 不校音教 乃徇似俊反 踰垣音袁 其袪起魚反袂也

奔翟音狄 袂面世反 取焉七喻反本又作娶 美城之絶句 樓櫓

音魯 秋諸侯盟本或此下更有于首止三字非 撫女音汝 以輕遣政反下同

所喪息浪反 侯㣫扶又反六年經注同 輔車尺奢反牙車也 大伯音泰下及注同

之昭上饒反注同後昭穆放此 唯偪彼力反 吾享興兩反 遠聞音問又如字

繄物烏兮反是也所馮皮冰反下注同晉使所吏反不臘力盍反童
謡音遥不見賢遍反均服如字同也字書作袀音同振振音真注同鶉
之述春反又常倫反賁賁音奔焞焞他門反傅説音悦近日附近
之近巳上時掌反童齔初問反又恥問反毀齒也嬉戲許宜反或中丁仲反
夏之戶雅反下同言易以豉反經六年傳六年
郤去逆反芮如鋭反近蔡附近之近以見賢遍反各罷扶罵反又扶買
反宛縣於元反縗絰七雷反下直結反注同輿櫬於覲反棺也為質
如字一音置本又作贄音至其縛如字舊扶卧反而祓芳弗反徐音廢説文云除惡之祭也
經七年不厭於鹽反傳同甯母如字又音無注同方輿音房下音預泥
母乃麗反又音甯王奴兮反傳七年何憚徒旦反難也難也乃旦
反此年及八年經傳並同請下戶嫁反朝不如字知女音汝下皆同疵瑕似斯反又

疾稜反罪釁許靳反下文同政狹音洽洩氏息列反去之起吕反不
奸音干共時音恭注同釁隙去逆反覆亡芳服反替矣他計反
雖復扶又反介於音界堵叔丁古反又音者可閒閒廁之閒惡大叔
烏路反大音泰叔又作㕛經八年于洮他刀反未與音預下同大
廟音泰與殺音試傳八年虢射食亦反期年
音基本或作朞注同不祔音附茲父音甫目夷長丁丈反
經九年御說魚吕反下音悅不復扶又反殤式羊反而笄古兮反
之冠古喚反相比毗志反敵重直用反不與音預佹諸九委反
殺其君之子上如字又音試傳同公羊音弒傳九年之稱尺證反
反一人剣古堯反又音昭脩好呼報反下于好并注同賜齊侯胙才素
反耋老田節反一音他結反加勞力報反一級音急等也咫尺之氏反八寸曰

恐顛隊直類反下同以遺于季反先諸侯悉薦反復西扶又

反下不復會同丕鄭普悲反藐諸妙小反又云角反縣藐音玄無猜

上才反疑也焉辟之於虔反下丈焉能克同之玷丁簟反又丁忝反缺也令不及

魯力政反本又作命令復扶又反重發直用反從吏吾才用反陽音晉

易出易入並以豉反不好呼報反長亦丁丈反不僭子念反下注同鮮

不息淺反無好呼報反又如字無惡烏路反宋治直吏反

經十年雨雪于付反傳十年不惎初患反共大

子音恭本亦作恭大音泰故復扶又反下文及注同畀秦必利反下注同不歆許金反饗音

也西偏匹緜反遂不見賢遍反又如字所馮皮冰反郤稱尺證反一

音如字泠至力丁反七乗繩證反左行戶郎反下同共華音恭騅音隹

歂音隹下市專反纍虎力追反山祁巨之反字林上尸反背大音佩焉

能於虔反　經十一年踰閾音域門限也一音況域反
傳十一年内史過古禾反受玉惰徒卧反長世直良反又丁丈反
揚拒俱宇反泉皐古刀反　經十二年陳侯杵臼
昌呂反下其九反　傳十二年之郛芳夫反狄難乃旦反下同
不共音恭焉能於虔反二守手又反注同始見賢遍反下同陪臣步回
反之使所吏反謂督音篤凱開在反本亦作愷悌音弟本亦作弟所勞
力報反注同凱樂音洛下同悌易以豉反下同勞力報反來力代反不
復扶又反　經十三年濮陽音卜　傳十三
年爲戎于僞反下注欲爲同難故乃旦反戎卒子忽反荐在薦反重
也饑音飢又音機乞糴直歷反重施式豉反下同自雍於用反秦國都
反絳古巷反晉國都汎舟芳劍反河汾扶云反

經十四年鄫子似綾反本或作繒侯肹許乙反

傳十四年澶淵市然反而還戶關反期年音基大咎其九反幾亡音祈又音機背音佩後皆同施式豉反注及下除施毛十五年皆同安傅音附

經十五年牡丘茂后反不復扶又反冬螽音終本亦作螽中絕丁仲反又如字愎諫皮逼反己卯晦音悔于婁力侯反下邳蒲悲反

傳十五年諸夏戶雅反下注同屬貫音燭君詛莊據反無烝於之承反解梁音蟹注及下注同詰之起吉反遇蠱音古千乘繩證反三去起居反又起據反及一音起呂反下同不孫音遜注同惡其烏路反小駟音四狡古卯反憤扶粉反張脉中亮反注同下音麥僨興方問反動也三施式氏反年末注同可狃女九反怢也時世反又時設反還濘乃定反泥也故隋大果反公號戶刀反又戶報反

輅秦五嫁反迎也拔舍蒲末反注皆同厭息於冉反一音於甲反又於輒反下同
子瑩於寅反屨薪如字徐本作屨九具反抗絕苦浪反荐之
在薦反上下時掌反絻服音問又作免音同衰絰七雷反下大結反
令行人力呈反下同曰上天降災此凡四十一字檢古本皆無尋杜注亦不得有有是
後人加也鄠縣音戶焉用於虔反以要於遥反重其直用反下皆同
難任音壬注及下同子縶張執反又丁立反聚慝他得反後同復相
息亮反質其音置下注質秦同祇以音支史佚音逸大史音泰無
怙音戶飴甥音怡爰田于元反孺子如喻反喪君息浪反後注
輯睦音集又七入反好我呼報反惡我烏路反衆說音悅州
長丁丈反下長男同之睽苦圭反又音圭其繇直又反士刲苦圭反刺割也
無盍音荒血也承筐曲方反無貺音況本亦作況無應應對之應下無

應同中女丁仲反鄭責側介反又如字可償市亮反又音常相息亮反注同助

也爲蠃音盈車說吐活反注同其輹音福又音服案車旁著輻音福老子所云

三十輻共一轂是也車旁著复音服是車下伏菟下縛如字又扶臥反寇難乃旦反之

警音景姪待結反字林丈一反其逋補吴反之虛去魚反王相

于況反下息亮反講本又作構虛各依字讀此夫音扶先君之敗德及

絕句可數乎一讀及可數乎數則音色主反雖復扶又反下同之孽魚列反

傳尊本反沓徒合反有邪似嗟反以風方鳳反知達音智不憚

徒旦反而舍如字又音捨言還音環饋其位反蛾魚綺反本或作蟻一音五

何反晳本或作析星歷反盍行戶臘反焉入於虔反又餼許氣反

經典釋文卷第十五　經四千一百六十七字　注八千五百一十六字

春秋左氏音義之二　起第六盡第七

唐國子博士兼太子中允贈齊州刺史吳縣開國男陸德明撰

僖中第六　杜氏　盡二十六年

經十六年隕石（于敏反）落也　數之（色主反）　而隊（直類反）　是月（本或作是日）　六鷁（五歷反本亦作鶂音同鷁水鳥六其數也）　過（古禾反）　重言（直用反傳注同）　公與（音預）　斂（力驗反本亦作公與小斂）　鄫季（似陵反）　邢侯（音刑）　于淮（音懷）

傳十六年迅風（音信又音峻疾也）　焉在（於虔反）　先見（賢遍反又如字）　錯逆（七各反）　餘殃（於良反）　取狐（音胡）　廚（直誅反）　受鐸（徒各反）　涉汾（扶云反水名）　大原（音泰）　戎難（乃旦反注同）　鄫爲（于僞反）　而呼（火故反）　而還（音旋）

經十七年英氏（於京反）　滅項（胡講反國名魯滅之）

也二傳以爲齊滅 千卞[皮彥反] 傳十七年爲徐[于爲反]子

圍[魚呂反] 爲質[音致下同] 而妻[七計反下同] 梁嬴[音盈下同] 孕[以證反懷

孕子曰] 過[古禾反] 卜招[之遥反] 大卜[音泰] 宦女[音患] 好內[呼報反] 內

嬖[必計反] 長衞[丁丈反下注同] 少衞[詩照反] 公子潘[判丹反] 華子

[戶化反] 屬孝公[音燭] 共姬[音恭本亦作恭] 寺人貂[音彫] 易牙[音亦]

爲長[丁丈反] 夜殯[必刃反] 經十八年于甗[魚免反又

魚偃反又音言又音彥] 傳十八年以說[音悅又如字] 鑄兵[之樹反]

不勝[音升又升證反] 圍菟[音徒] 圃[布古反又音布] 燬[呼委反衞侯之名] 訾婁[子

斯反下郎句反又郎鉤反] 經十九年嬰齊[於盈反] 雖與[音預

下亦與同] 致餼[許氣反] 畜產[許又反] 以惡[烏路反] 傳十九年

不復[扶又反] 次睢[音雖] 以屬[朱欲反] 東徑[音經] 譙[在消反] 沛

音貝入泗音四杜祠音辭或音祠六畜許又反注同爲用于僞反下爲人目又

如字注放此伯長丁丈反不降戶江反下同而復之扶又反注同一本作而復伐之伐衍

字也困壘力軌反軍壘以御如字治也詩音五嫁反迎也適妻丁歷反本或作嫡大

姒音泰下音似盍姑胡臘反脩好呼報反下同亟城欺冀反民罷

音皮瀞塹七豔反而潰戶內反經二十年郜子古報

反姬姓國字林工坐反入滑于八反傳二十年啓塞素則反洩

息列反堵寇丁古反王又音者爲邢于僞反衛難乃旦反鬬穀奴口

反於音烏菟音徒鮮矣息淺反下同召南上照反早莫音暮本亦

作暮汙辱汙穢之汙一音烏路反相時息亮反經二十一年爲

邢于僞反下爲部同于盂音于揔見賢遍反須句其俱反傳同獻

軒建反捷在接反于薄如字傳二十一年巫尫烏黃

反祈禱丁老反或丁報反瘠病在亦反上嚮許亮反本亦作向故

爲于僞反貶食彼撿反省用所景反以懲直升反戰泓烏宏

反任宿音壬注同顓臾音專羊朱反風姓也本或作皆風姓大皥音泰下胡

老反存濟子禮反注及下注同伏戲許宜反本或作犧又作羲封近附近之近諸夏

戶雅反注及下同爲之于僞反猾夏于八反亂也叔孫豹百教反案杜注所引是叔

孫豹語今傳本多作豹恐是傳寫誤也宜爲婼音勑略反紓禍音舒解也

經二十二年之比必二反升陘音刑郲人縣音玄公胄直救反

主帥所類反傳二十二年被髮皮寄反下注同陸渾戶門

反一音胡困反爲質音致所妻七計反巾櫛側乙反畀稱尺證反下之稱

同大叔音泰注同恊比毗志反焉能於虔反士說音悅仲孫湫

子小反而御魚呂反本亦作禦可易以豉反下同兢兢居陵反本或作矜逢蠭芳容

反本又作𧒂俗作蜂皆同蠆敕邁反一音敕戒反字林作蠆丑介反又他割反登陘本亦作升陘
縣諸音玄兜丁侯反鍪莫侯反既陳直覲反殲焉將廉反盡也
昔咎其九反不重直用反下同阻隘於賣反勍敵其京反彊也胡
耆音蓍為利于偽反鼓儳仕銜反又仕減反儳巖也整陳直覲反一音如
字芊彌爾反楚姓也勞楚子力報反柯澤音哥師縉音晉俘
芳扶反馘古獲反戰所獲踰閾音域一音況域反門限爾近如字又附近之近下同
因也為鄭于偽反叔詹章廉反不歿門忽反卒於子恤反無別
彼列反下同城濮音卜所殺音試經二十三年圍緡
亡巾反絀稱本又作黜敕律反傳二十三年不與音預復召
扶又反下不復成嫁同焦夷子消反薳呂臣為彼反不任音壬以靖
音靜其人能靖者與音餘絕句有幾居豈反重耳直龍反期

期上如字下音基下亦作朞下注未期亦音基從重耳才用反後皆同委質如字乃

辟婢亦反注同罪也屈膝辛七反不濫力暫反以呈勑景反本或作逞已

見賢遍反重發直用反下重詳同又爲于僞反又如字於難乃旦反而

校音教報也趙衰初危反顛頡戶結反魏犨尺由反臼季其久反

賈佗徒河反廧咎在良反古刀反叔隗五罪反伯儵直由反本又作

儵音同妻趙七計反下同生盾徒本反請待子絶句之塊苦對反又苦怪

反二十乘繩證反注及下皆同實敗必邁反醒星頂反曹共公音恭

聞其駢薄賢反脅絶句許業反駢脅合幹也說文云駢脅并也廣雅云脅幹謂之肋通俗云

腋下謂之脅欲觀如字絶句一讀至裸字絶句裸力果反又戶化反浴音欲薄而

如字迫也國語云薄簾也合幹古旦反負羈紀宜反相國息亮反下及注同子

盍戶臘反蚤自音早自別彼列反乃饋其貴反遺也盤飧

音孫說文云餔也字林云水澆飯也 寘辟之豉反 竟外音境 令人力呈反 不

蕃音煩注同息也 而從之如字一音才用反 同儕仕皆反等也 其過王古禾反

韇弭莫爾反弓末也爾雅云弓有緣者謂之弓無緣者謂之弭 右屬音燭注同 櫜古刀

反受箭器 鞬九言反弓衣 無緣悅絹反 懸之烏路反 大咎其九反 與

焉音預 奉芳勇反 匜以支反一音以紙反器名也說文云似羹魁柄中有道可注水 沃盥

古緩反 揮之許韋反 湔也音箋王音贊一音箭又音賤 去上服起呂反 首

拘音拘 如衰初危反下同 見意賢遍反 斷章丁緩反 一級音急

經二十四年 蔽於必世反 之難乃旦反 傳二十四年

驪絕宜反說文云馬絡頭也 絏息列反馬繮也說文云係也 從君才用反又如字 馬

繮居良反 曒日古了反 質信音致 令狐力丁反 曰衰初危反 解

縣戶買反 盧柳力居反下力九反 公子縶張立反 于郇音荀 畀偪

彼力反　爲文于僞反　而殺音試又如字　寺人披普皮反本又作侍人披　請見賢遍反　女即至音汝下皆同　田渭音謂水名　濱音賓　女爲于僞反　女中宿丁仲反下注中夠同一本作女中宿至　夫袪起魚反　衣袂減制反　及難乃旦反下及注同　置射食亦反注同　仲相息亮反　行者甚衆本甚作　未輯音集又七入反本亦作集　秦卒子忽反　共之音恭本亦作供　之豎其上注反左右小使也　守藏才浪反下同　里鳧須房孚反韓詩外傳云晉文公之過曹里鳧須從因盜重耳資而亡重耳無糧餒不能行介子推割服以食重耳然後能行　盡用津忍反　求見賢遍反下得見同　心覆芳服反下同　之守手又反又如字　懼者其衆矣本或作甚衆矣　公遽其據反　妻趙七計反　屛括步丁反下古活反　爲嫡本亦作適丁歷反注同　下之遐嫁反下同　從亡才用反　介音界　之推昌誰反　盍亦戶臘反　誰懟直類反怨也　欲令力呈反　焉用於虔反　與女音汝

俞彌　羊朱反下亡皮反　為滑　于偽反　不聽　吐定反　而執二子　本或作而

執其二子其衍字也　大上　音泰　以蕃　方元反　郕霍　音成　毛聃　乃甘反　郜

雍　於用反注同　酆　音風　郇　音荀　邘　音于　凡蔣　將丈反　邢茅　亡交反

胙　才故反下注祭胙同　祭　側界反　召穆　上照反注同　糾合　居黝反收也　常

棣　丈計反字林天內反　鄂　五各反　不　方九反　韡韡　韋鬼反　鬩于　呼歷反爭

訟皃毛詩傳云很也　外禦　魚呂反下同　其侮　亡甫反詩作務　訟爭　爭鬬之爭本又作諍

外扞　戶旦反　暱近　女乙反親也　即聾　鹿工反　從昧　音妹　用嚚　魚巾

反　堵叔　丁古反又音者　不別　彼列反　又渝　羊朱反變也　頹叔　徒回反

桃叔　如字本或作姚亦宜音桃　取櫟　力狄反　施者　如字注同　未厭　於豔反又於鹽

反　貪惏　力南反方言云殺人而取其財曰惏　近之　附近之近　遠之　于万反　王替

他計反　坎欿　苦感反下大感反　鞏縣　九勇反　于汜　音凡後皆同　好聚

呼報反　鷸冠尹橘反翠鳥也惡之烏路反注同不衷音忠適也一音丁仲反注

同彼已音記不稱尺證反注及下同刺小人七賜反子臧之及一本

作之反服也夫音扶自詒以支反遺也詒遺唯季反下同夏書戶雅反後夏書

皆放此其施始豉反膰焉符袁反祭肉也周禮又作鐇字音義皆同享宋公有

如字絕句禮也一本無也字讀則惣爲一句告難乃旦反下同守官手又反注及下同

左鄢父於晚反將鉏仕居反後聽吐定反經二十五

年侯燬況委反惡其烏路反自爲于僞反越竟音境于

洮吐刀反傳二十五年掖以音亦說文云以手持人臂曰掖惡其

烏路反文侯仇音求下畢遐嫁反隰城音習享醴音禮之宥

音又助也請隧音遂闕地通路曰隧今之延道闕地其月反皆縣音玄柩其又

反所惡烏路反欑茅才官反呼曰火故反其俘芳夫反伐鄀

音若國名字林云楚邑楮斫反禦寇魚呂反屯兵徒門反援于眷反秦人

過古卧反王音戈析星歷反俗作拼隈烏回反而係音計輿人音餘而傳

音附注同之處昌慮反欲令力呈反掘地其勿反又其月反本又作闕其月反乃降

注江反注降名後除昔同不復扶又反爲頓于偽反諜出音牒諜間間廁

之間所庇必利反又音秘伯貫古亂反狐溱側巾反之好呼報反注同

酈之力知反原守手又反勃鞮步忽反下丁兮反壺飧音孫從

才用反舊如字徑古定反行也一讀以壺飧從絕句讀徑爲經連下句乘於杜意餒而奴罪反餓也披

普皮反經二十六年于向舒亮反至巂戶圭反本又作酅注

同一音似轉反魯竟音境傳同滅夔求龜反秭歸音姊圍緡亡巾反

傳二十六茲丕普悲反犒師苦報反勞也勞齊力報反下文同玉

趾音止足也恐乎丘勇反下及注皆同縣罄音玄罄同磬亦作磬盡也大公音泰下及

注同夾輔古洽反舊古協反彌縫扶容反副使所吏反而道音導祝
融余忠反鬻熊音育熊摯音至自竄七亂反字林又千外反適
子丁歷反二十乘繩證反左右並如字寘桓之豉反魯援
于卷反

僖下第七　杜氏　盡三十三年

經二十七年有好呼報反與盟音預　傳二十七年

不共音恭本亦作恭下注同責禮也本或作責無禮者非於睽苦圭反又音圭終
朝如字注同不戮音六復治扶又反於蔿于委反貫三人音官
又古亂反飲之於鴆反伯嬴音盈幼少詩照反下同傳政直專反幾何
居豈反三百乘繩證反下同先軫之忍反報施式豉反注同蒐于
所求反被廬皮義反下力居反元帥所類反注同郤穀本又作穀同胡木反臣

歛欺箕反數也　說禮音悅　將中子匠反下將上將下皆同　郤溱側巾反　欒
枝魯官反　中行戶明反　少長丁丈反　執秩直乙反
經二十八年　刺之七賜反殺也　子叢似東反　不枉紆往反　畀
宋必利反與也注同　譎而古穴反　城濮音卜　小子慭魚覲反　不與音預
踐土似淺反上如字或一音杜　同歃所洽反本又作啑　元咺況晚反　雖爲于僞反下
爲共同　訟許本又作愬蘇路反　陳共音恭下共公同　狩于本又作守音同　比
再如字王俾利反　侯獳乃侯反　傳二十八年　汲郡音急
將中子匠反注同　胥臣思徐反　斂盂徐音廉又力檢反盂音于　以說于
晉音悅或如字　以說焉如字王音悅　磔張宅反　輿人音餘衆也　爲將
如字又于僞反　兇懼凶勇反　恐懼丘勇反　棺而古患反一音官　乘軒許言
反大夫車　報施始豉反注同　報飧音孫　顛頡戶結反　從亡才用反

爇如悅反燒也　見賢遍反　使者所吏反　距音巨　躍羊略反　三百上如字又息暫反百音陌勱也下放此　跳踊徒彫反　猶勱音邁　乃舍如字又音捨下同　以徇似俊反　門尹般音班　舍我音捨　藉之在亦反借也　使爲于僞反　公說音悅　以畀必利反　允當丁浪反　過分扶問反　伯棼扶云反王扶粉反　以間間廁之間注同　讒慝吐得反　乘入繩證反　西廣古曠反注同　六卒子忽反注同　宛春於元反又於阮反　出竟音景　三施始豉反　公說音悅　乃拘音俱　過楚古禾反　背惠音佩下及注同　以亢苦浪反當也　崔夭於表反　背酅戶圭反丘陵險阻名也　莓莓亡回反又梅對反　舍其音捨　子搏音博手搏也　而盬音古啑也　其腦乃老反　啑也子荅反又所荅反又子甲反　上嚮許亮反下同或作向　君馮皮冰反　軾音式　得臣與音預　寓目音遇寄也　爲大夫于僞反　令戒力呈反　車乘繩證反下注皆同　詰趣吉

反朝如字注同 將見如字又賢遍反 韅許見反王又去見反在背曰韅說文作𩍐䩞云著掖皮
靷以刃反在胷曰靷說文云軸也 鞅於杖反在腹曰鞅說文云頸皮也 靽音半在後曰靽一云繫也
在背如字 有莘所巾反 之虛丘魚反 少詩照反 長丁丈反注同
攻如字又音貢 陳于直覲反 六卒子忽反下同 將中軍子匠反下及注同
師潰戶內反 二旆薄貝反 儵遁徒困反 夾攻古洽反又音頰 衡
雍於用反 卷縣音權又丘權反 往勞力報反 故爲于僞反下丈同 鄉
役許亮反本又作鄉同屬也 猶屬音燭 四介音界 被甲皮義反 米
卒子忽反 傅相息亮反 大輅音路 彤弓徒冬反赤弓 玈弓音盧
黑弓也本或作旅字非也 矢千本或作玈弓十玈矢千後人專輒加也 秬音巨黑黍也 鬯勑亮
反香酒也 一卣音酉又音由器名爾雅云卣中尊也 虎賁音奔 糾逖勑歷反遠 王
慝他得反惡也 三辭息暫反又如字後例放此 丕顯普悲反大也 休命許糾

大之辛七

反注同美也　三見賢遍反　使攝君事並如字或讀連上奉字爲句使音所吏反非也

別於彼列反　皆辨將丈反助也　有渝羊朱反變也　殛之紀力反本又作

殛誅也下是糾是殛同　卑必爾反本亦作俾使也　隊其直類反隕也　祚國才故反　隊

隕于敏反　德攻如字一音公送反　瓊求營反說文云赤玉　玭皮彥反本又作弁　會

弁本又作璯古外反又戶外反　先戰如字又悉薦反　畀余必利反與也　賜女音汝

之麋亡皮反水草交曰麋　宋藪素口反　剛愎皮逼反　糞土弗問反　盡

心盡力津忍反　皆從如字又才用反　荅王使所吏反下前使同　欲令

力呈反　連穀胡木反　縊而一賜反一音於計反　縣絕音玄　屬文音燭　喜

反　見賢遍反　從公才用反又如字　入守手又反　故聽吐丁反　宛濮於阮

反　寗渝羊朱反　近濮附近之近　其衷音忠或丁仲反下同　誰扞戶旦反

牧圉音目養牛曰牧養馬曰圉　先期悉薦反　長牂子郎反　使也所吏反

歠犬市專反　華仲戶化反又如字　射而食亦反下法同　桅之支鴆反注同
左旃章然反通帛曰旃爾雅云因章曰旃　祁瞞莫干反　奸命音干　茅茷扶發
反　之僑其驕反　旅凱開在反　樂也音洛　授馘古獲反　授數
色主反　鍼莊其廉反　爲坐如字或一音才卧反　長吏丁丈反　吏卒子忽
反　刖鍼音月又五割反　寘諸之豉反　納橐音託衣橐也　饘之然反糜也
幽隘於賣反　衣囊乃郎反　糜也亡皮反　子適丁歷反　諸侯
見賢遍反　之殺音試　泄冶息列反下音也　危疑如字一本危作佹音九委反　爲
解戶賣反注同又古買反　振鐸待洛反　正邪似嗟反　舍此音捨　公説
音悦　三行戶郎反下反注同　將中行子匠反　屠音徒　擊古狄反又音計　先
蔑亡結反　令復扶又反　經二十九年　介音戒國名　黚巨廉
反又音琴　陬子侯反又側留反　翟泉直歷反　大倉音蒼　大雨于付反傳同　雹

傳二十九年昌衍以善反饋之其媿反芻

蒲學反米初俱反陳轅音袁濤塗音桃小子憖魚覲反向戌式亭反

輯睦音集又七入反以瀆徒木反上敵時掌反又如字公與音預重發

直用反復來扶又反燕好呼報反注同三犧許宜反

經三十年魯為于偽反函陵音咸氾南音凡傳同兼冢宰

傳三十年狄閒間廁之間醫衍以善反酖衛

侯如字又經念反音鴆公為于偽反注同十轂音角同好呼報反周歂市專反治音也

廑音覲又音謹人名也漢書音義云古勤字也鄭氏音勤子適丁歷反過鄭古禾反

佚之狐音逸夜縋丈偽反縣城音玄焉用於虔反下焉取之同陪鄰

蒲回反益也若舍音捨又如字共其音恭本亦作供使人所吏反朝濟上如字注

同設版音板言肯音佩何厭於鹽反封疆居長反伯說音悅

反爲于僞反 微夫人音扶注同 不知音智 無與音預 周公閱音悅

昌歜在感反昌蒲菹 菹莊居反 熬稻五刀反 經三十一年

分野扶問反 自爲于僞反 狄難乃旦反 顓頊音專許玉反 之虛

起魚反 傳三十一年竟界音境 重館直龍反注同 方

與音房下音預 自能吐乃反 東傳音附 盡曹津忍反 樂安音洛

三行戶郎反 軍帥所類反 卜曰三百年曰音越或人實反非也 相

奪息亮反注及下皆同 夏后戶雅反下同 不歆許金反 以閒閒廁之閒 惡

公子烏路反下同 經三十二年伯捷在接反 廬力於反 帳

張亮反 傳三十二年交使所吏反 窆棺彼驗反一本作塗

柩有其救反禮云在牀曰尸在棺曰柩 牛呴呼口反 過古禾反又古卧反 軼我

直結反又音逸 籥也餘若反 蹇叔紀輦反 悖心必內反 孟子本或作孟

中壽音授又如字 木拱九勇反合手曰拱 與師音預 於殽本又作崤戶交反劉昌宗音豪 澠池緜善反又緜忍反 夏后戶雅反注同 皐古刀反 所辟音避 南谷古木反又音欲 相歛許金反又音欽本或作嵚力含反 惡烏路反 其爲明于僞反 經三十三年 背喪音佩 掎居綺反 同陳直覲反 訾子斯反 隕霜于敏反 傳三十三年 免冑直救反 兜丁侯反 鍪亡侯反 大將子匠反 超乘繩證反下及注皆同 師輕遣政反下同 則脫他活反易也 脫易以豉反 先牛悉薦反注又以先之同 犒師苦報反 行賈音古 獻遺唯季反 步師步猶行也 從者才用反下同 不腆他典反厚也 爲從于僞反下之積子賜反注同 使遽其據反傳也 傳車張戀反 秣馬音末穀馬也說文作餘云食馬穀也 餼牽許氣反性腥曰餼性生曰牽 原圃布古反 其麋亡悲

反以間開廁之間令敝力呈反郊勞力報反注同贈賄呼罪反

審當丁浪反又如字天奉扶用反與也注及下同可縱子用反下同秦施

始豉反注及下同一曰縱子用反數世所主反背君音佩墨衰七雷

反經直結反萊駒音來文贏音盈三帥所類反注同所妻七司反

適毋丁歷反不厭於豔反又於鹽反就戮音六以逞勑領反而拘

音俱猶卒子忽反隳軍許規反毀也而長丁丈反而唾他卧反左

驂七南反以繫律延反繫也釁鼓許覲反鄉師許亮反不

替他計反一眚所景反過也掩大德於檢反復伐扶又反及箕

音基別種章勇反曰季其九反使所吏反過異古禾反又古卧反鈇

耨乃豆反鉏田也饁之于輒反字林于劫反野饋也鉏也本又作鋤仕居反野饋

其位反餉也冀芮如銳反欲殺音試或如字殛紀力反誅也鯀古本反禹父也

賓相息亮反　不共音恭　柔葑芳逢反　采菲芳匪反　先且居子余反
將中軍子匠反　復與扶又反重也又音服還也　軍行戶剛反　桔戶結反
柣大結反　覆于芳服反注同　之汪烏黃反他也　髡苦門反　屯徒門反
斂而力豔反　郇城古外反　夾古洽反一音古協反　泜音雉又直里反王又徒死反
東經音經　而陳直覲反注同　紓我音舒緩也一音直呂反　費財芳味反
遁矣徒困反　簡編必連反又布千反　倒錯丁老反　而祔音附　以
上時掌反　烝之承反　嘗禘天計反
文上文公名興僖公子母聲姜謚法慈惠愛民曰文忠信接禮曰文　第八　杜氏　盡十年
經元年求錫星歷反　其比必利反例也又如字　喪邑息浪反　君
頵憂倫反又丘倫反又　傳元年能相息亮反　見其賢遍反下
注孤見同　食子音嗣注同　難也乃多反又如字　供俱用反　養余亮反　期之日

居其反碁同　不愆起虔反　不悖必内反　毛伯衛來錫公命

一本作王使又一本作天王使　縣訾子斯反　新汲居及反　諒闇音良又音亮　且

居子余反　陳共音恭　更伐古孟反又音庚　大甚音泰又如字　彊戚居良

反注同　尚少詩照反下文同　蠭目本又作蜂芳逢反　豺聲仕皆反　江芊

亡氏反毛云江芊成王姊史記以爲成王妾　曰呼好賀反發聲注同　役夫如字役夫賤者稱　者

稱尺證反　殺女音汝　大事　謂弑君申志反一本無此注　宮卒子忽反

從子王如字又才用反　熊蹯音煩掌也　不瞑亡丁反又亡千反　末斂力驗反

大師音泰　而還如字又音患　舊好呼報反下及注同　要結於遥反　外援

于眷反　秦帥所類反　芮良夫如銳反　之詩大雅桑柔篇　有隧音遂

道也　敗類必邁反注同　蹊音兮　徑古定反　誦言似用反　惛亂音昏本亦

作昬　覆芳服反　畢必爾反本亦作滭注同　復使扶又反　經二年

彭衙音牙 不見賢遍反 郃陽戶納反 族去起呂反 常稱尺證反 厭不於涉反 士縠戶木反本又作穀同 垂隴力勇反 有收如字及手又反 大廟音泰注及傳大廟同 躋僖子兮反升也 廟坐才卧反又如字 玄纁許云反

傳二年 禦魚呂反 將中子匠反 趙衰初危反 郤溱側巾反 鞫居九六反 故蚩尺之反 囚呼火故反 狼瞫尺甚反字林式衽反 公乘繩證反 盍死戶臘反 死處昌慮反 與女音汝 爲難乃旦反 共用音恭注同 不得復扶又反 既陳直覲反 遄市專反疾也 沮在汝反止也 王赫火百反 重施式豉反 必辟音避 毋念音無注同 以厭於涉反注同損也 士蔿于委反 書士縠本或作書日晉士縠 爲衛于僞反 令居力呈反 閔上時掌反一本無上字 夏父戶雅反 昭穆上遥反後昭穆之例放此 又長丁丈反 年少詩照反 不先悉薦反下不先皆同 先鯀古本反禹父 先

契息列反殷始封之君 不窋知律反不窋后稷之子 不肖悉召反 匪解佳賣反 不忒他得反忒差二也 邶風音佩 不知音智下同 塞關悉再反 販 席甫万反 藻梲章悅反 祀爰居爰居海鳥也爾雅一名雜縣樊光云以鳳皇爰居事見國語莊子云魯侯御而觴之于廟 公子成音城本或作戍音恤 韡選息兗反 取汪烏黃反 爲穆公于僞反 好舅呼報反注同 娶七住反 元妃芳非反

粢盛音咨下音成 適夫人丁歷反 共祭音恭

經三年伐沈尸甚反 沈潰戶內反 平輿音餘一音預 爲赴于僞反又如字本或作來赴 雨于付反注及傳同 螽音終 而惰徒火反傳注同 天祐音又

傳三年 輕走如字又遣政反 進竄七亂反 爲衛于僞反 大陽音泰 不解佳賣反下同 采蘩音煩 于沼之紹反 于沚音止 以共音恭 詒厥以之反 詒遺唯季反下同 隊而直類反 之帥所類反 兵

解音蟹又佳買反菁菁子丁反者莪五多反樂且音洛下文何樂小國之樂
同還上時掌反又如字嘉樂戶嫁反下如字注同經四年甯
俞羊朱反祔姑音附傳四年而壞音怪圍邧顧晚
反一音元爲之于僞反下文注爲賊爲哥皆同去盛起吕反饌仕眷反不矜居陵
反爰究音救謀也爰度待洛反亦謀也注同湛露直減反彤弓徒冬
反肆業以二反習也注同依字作肄詳不音陽一音祥宴樂音洛下注宴樂
同不晞音希所愾苦愛反恨怒也旅弓音盧以覺音角舊好
呼報反辱貺音況取戾力計反罪也經五年歸含
本亦作唅戶暗反口實也珠玉曰唅說文作琀云送終口中玉且賵芳鳳反車馬曰賵召伯
上照反入鄀音若盧江力居反傳五年公子燮息協
反滅蓼音了字或作鄝音同皋陶音遥甯嬴音盈沈漸似廉

反注同 滯溺 一本作滯弱 元爽 苦浪反 其行 下孟反 其難 乃旦
反 軍帥 所類反下同 蒐于 所求反 經六年侯驩 喚官
反 郤共 音恭 狐射姑 音亦一音夜 不告月 月或作朔誤也 故闕不告
朔 本或作告月 傳六年舍二軍 音捨注同 軍帥 所類反下
同 將中 子匠反 趙盾 徒本反 過溫 古禾反 當也 丁浪反 辟
獄 婢亦反後同若更不音 逋逃 補吾反 舊洿 音烏本又作汙同 大傅 音泰
下同 賈佗 徒何反 從文公 才用反 求好 呼報反 且要 七任反 越
竟 音境 自爲 于僞反 任好 音壬 子車氏 音居 中行 音仲本亦
作仲下戶郎反 鍼虎 其廉反 爲殉 似俊反殺人從死曰殉字林弋絹反 爲之賦
于僞反下注爲立聲教爲作善言同 猶詒 以之反 殄瘁 似醉反病也 王者 如字
一音于況反 聖知 音智 分之 扶問反注同 話言 戶快反善也 度量 音亮

引道音導下同 以遺唯季反 不復扶又反注同 焉用於虔反 從者才用反 卒得子忽反 三思息暫反 公少詩照反注同 以難乃旦反注及下皆同 長君丁丈反下皆同 好善呼報反下皆同 且近附近之近 必杼直呂反又時呂反除也 公子樂音岳一音洛 發於必計反 辟也匹亦反又作僻下同 社祁巨之反 讓偪彼力反 姞其吉反又其乙反 季隗五罪也 故復扶又反下將復怨 亞卿於嫁反 諸鄅婢支反 軍帥所類反下帥同 使臾羊朱反 騈蒲賢反又蒲丁反 其帑音奴妻子也 欲盡津忍反 介人音戒因也 非知音智 帥扞戶旦反 諸竟音境 爲民如字治也或于僞反非也

經七年 須句其俱反 郰復扶又反 易也以豉反 城部音吾 郰難乃旦反 王臣如字往方反本或作王臣 令狐力呈反 殷適丁歷反本亦作嫡 諱背音佩 于扈音戶 卷縣音權又丘權反 分別彼列反 書將

子匠反 帥 所類反 涖盟 音利又音類

傳七年閒晉之閒或如字 難也 乃旦反注同 寘文 之豉反下同 大皡 音泰下戶老反 鱗矔

古亂反 華御事 魚呂反本又作御音同 將去 起呂反下及注同 庀 必利反又悲位反下同 瘖矣 本又作陰於鴆反 葛藟 本或作蘽力軌反 能蘽 類龜反 蔓音万

廕庥 許求反本又作庇 爲比 必爾反 舍司馬 音捨下同 子卬 五郎反

之難 乃旦反 穆嬴 音盈 舍嫡 丁歷反本亦作適同 將焉 於虔反下焉用同

而屬 音燭 畀偪 彼力反 乃背 音佩 箕鄭 音基 居守 手又反下注同

將中 子匠反下注同 趫招 上遙反 董陰 音謹一音靳 卒然 寸忽反 而復 扶又反 先人 悉薦反 有奪人之心 本或此下有後人待其反誤 訓卒 子忽反

秣馬 音末 蓐食 音辱 刳首 苦胡反 之使 所吏反 爲寮 本又作僚力彫反 爲賦 干僞反下爲同寮同 芻 初俱反 蕘 音饒 中行 戶郎反下同

注三八十五字 二 二五 子戕

惡有烏路反酆舒芳忠反狄相息亮反戴巳音紀其

娣大計反難也乃多反則爲于僞反下且爲自爲同鄢陵於晚反舍

之音捨注同復爲音服又扶又反用休許虯反注同不樂音洛盍使戶臘

反說之音悅經八年衡雍於用反會雒戎音洛本或作伊

雒之戎此後人妄取傳文加耳宜去起呂反不舍音捨傳八年解

揚音蠅中屬丁仲反令鄭力呈反皆見賢遍反且復扶又反

公壻音細俗作聟之音音境下注同能相息亮反適祖母丁歷反

效節戶教反致也士穀戶木反將中子匠反從亡子用反蒯得苦怪

反爲明于僞反經九年以共音恭本亦作供下同之襚音遂

衣服曰襚說文作祱云贈終者衣被曰祱以此襚爲衣死人衣僻陋匹亦反曹共音恭

傳九年君少詩照反下注同狼陂彼皮反公子厖莫江反以懲

宣升反 不恪苦各反 百爲于僞反 公子茷扶廢反 厥貉武百

反 執幣傲本又作傲五報反注下同 從子才用反 君敖五刀反 奉使

所吏反 諸夏户雅反 方獄音岳 樓好呼報反下文注同

經十年公與音預 斂力驗反 稱將子匠反 帥所類反 女棄音汝

一音如字 頃王音傾 傳十年少衆詩照反下注同 夏陽户雅反 北

徵如字三蒼云縣屬馮翊音徵一音張里反 喬似尹必反 彊死其丈反 城濮音卜

毋死音無 縊一豉反 而縣音玄 王使所吏反 沿漢悦專反順流曰沿 泝

江息路反逆流曰泝 入鄀以井反又以政反 渚宮章呂反水中可居者曰洲小洲曰渚 渊音州

令復扶又反 見賢遍反 麇子九倫反 勞且力報反 遂道音導 大

藪素口反 睢陽音綏 右盂音于 獵陳直覲反 弋陽以職反 兩

甄吉然反 命夙眉病反 載燧本又作襚音遂取火其 抶其耻乙反 以

徇似俊反 子舟音州 不茹如吕反 詭隨九委反

文下第九 杜氏 盡十八年

經十一年伐麇九倫反 叔彭生叔又作料本或作叔仲彭生仲衍字 郤缺丘悦反 子鹹音咸 傳十一年復伐扶又反 鍚穴音羊本或作鍚星歷反 來見賢遍反 鄋所求反說文作鄋云北方長狄國也在夏爲防風氏殷爲汪芒氏字林鄋一音先牢反 瞞莫干反鄋瞞狄國名 漆姓音七 叔夏戶雅反 駟乘四時證反注及下皆同 僑如本又作喬其驕反 蓋長如字又直亮反 椿舒容反衝也 其喉音侯 以戈古禾反 其處昌吕反 而名如字或亡政反 御之魚吕反本亦作禦 耏班音而征 稅舒銳反 減潞音路 且壽如字一音授 之種章勇反 郕音成 朱儒如朱反 大種音扶 弗徇似俊反順也 經十二年見公賢遍反 復稱扶又反一音服 舍夷音捨 皆陳直覲反 蒲坂音反 及郵

姑幕音莫 貞亭音云一音運本又作鄖音同

傳十三年郕邽音圭 不復扶又反 見其賢遍反 未笄古兮反 之好呼報反注及下皆同 重之直用反 珪璋音章 不腆他典反 僥福古堯反要也 儌要於堯反下同 瑞節垂僞反 以藉在夜反也注同 薦厚

賄呼罪反 秦爲于僞反 令狐力丁反 將中子匠反下皆同 臾駢步邊反 攣力宮反 盾徒本反 步招上遥反 深壘力軌反 曰穿音川

年少詩照反 且惡烏路反 輕者遣政反 肆焉音四 禱求丁考反一音丁報反 裹糧音果 軍帥所類反 散位悉但反 致爭爭鬬之爭 未憖魚覲反又魚轄反缺也方言云傷也字林云閒也牛吝反 使者所吏反 將遁徒困反 薄諸蒲莫反下同 必敗卑賣反 復侵扶又反 經十三年

蘧其居反 蒢文居反 大室音泰注及傳同 于沓徒荅反 于棐方居

反又非尾反 傳十三年詹嘉章廉反之塞悉代反令
帥力呈反華陰戶化反潼關音童難日乃旦反下人實反中行戶郎
反注同始將子匠反其知音智其帑音奴躡士女涉反輿夫音扶
若背音佩下同繞朝如字又張遙反以筴本又作策初革反馬檛也馬檛張瓜
反馬杖也王鄒華反字林作箠云箠也竹瓜反諜而素報反而還音旋劉累劣彼反
于繹音亦鄒縣側留反必與音預傳世直專反傾頹大回反以
見賢遍反鰥寡古頑反欲爲于僞反下皆同鄘風音容三捷息暫
反又如字下在接反 經十四年侯潘判干反星孛音佩徐扶憒反㪍康
音渤海字 彗也㪍似歲反一音雖遂反既見賢遍反捷菑側其反不度
特洛反之竟音境單伯音善爲魯于僞反王使所吏反
傳十四年頃王音傾公閔音愍懲不直升反妃齊音配本亦作配

驗任殺反施於式豉反數也音朔盡其津忍反貸於公音特又音忒

殺如字又音試多畜勑六反本亦作蓄憾本又作感戶暗反恨也將復扶又反

宋殺音試下同八百乘繩證反玃俱縛反徐居碧反且子餘反長丁丈反下

注同立適丁歷反眗啓乃甘反儀守手又反舒蓼音了而還音旋廬

力於反又音盧注同戢黎側立反子燮昔協反麇九倫反己氏音紀又音祀爲

請如字一音于僞反下以爲請同十五年亦放此使與音預盡室津忍反以復扶又反尚少

詩照反立難乃多反又如字汗君汗辱之汗告難乃旦反夫己氏音扶己音紀焉

用於虔反經十五年華孫戶化反奉使所吏反皆從才用反

其郛音孚郭也傳十五年爲單于僞反下爲孟反下注爲惠叔皆同皆從

才用反注旅從同又音如字贄幣音至率多所類反又音律使重所吏反亞

旅於嫁反長庶丁丈反寘諸之豉反竟上音境不殯必刃反

卞人皮彥反 期年居其反 爲孟于僞反 共仲音恭 聲己音紀 史佚音逸 毋絕音無 仲說音悅 聞於國音問或如字下同 孫蒐土結反 遠於于万反下同 于句古侯反 鼆本又作鼆莫幸反 戾丘力計反 去盛起呂反 饌仕眷反 等差初佳反又初宜反 爲魯于僞反下似爲同 拘執音俱 不與音預下同 怠解佳賣反 而還音旋 王使所吏反下王使同 且數音朔 齊難乃旦反下注同 惡其烏路反 爲公于僞反 己則音紀 王使所吏反 女何音汝 相畏息亮反又如字 以守手又反

經十六年 鄭丘音西又七西反 壞之音怪 巴人必麻反 杵臼昌呂反下強柳反

傳十六年 魯爲于僞反 君閒如字疾差也 瘳勑周反也 伯禽至僖公十七君史記魯世家魯公伯禽子考公酋弟煬公熙子幽公宰弟魏公費子厲公擢子獻公具子順公濞弟武公敖子懿公戲弟孝公稱子惠公弗皇子隱公息姑弟桓公允子莊公

同子閔公門兄僖公申十七也魏公世本作徼公順公一作慎公故壞音怪大饑音機音飢訾

枝子斯反麋九倫反百濮音卜於選息兗反又息戀反阪高音反一音扶板反

反蔿賈于委反無屯徒門反聚才住反又如字見難乃旦反一音如字自

廬力於反又音盧振廩力甚反倉也句古侯反澨市世反揚窗初江反

王卒子忽反濫尪烏皇反可克本或作可擊蚡扶粉反冒莫報反杜

云蚡冒楚武王父也史記楚世家云蚡冒卒弟熊達殺蚡冒子而代立是爲楚武王與杜異服脛音刑隰

音習皆北如字軍走曰北一音佩唯禆婢支反儵直留反乘騏人實反傳

車也傳車丁戀反二隊徒對反注同部也石溪苦兮反本又作谿子員

補盍反今俗本多作負音云自侚人愼反子鮑步卯反以上時掌反不饋

反其嫓詒也以支反又以志反遺也不數音朔注同而鹽移驗反鮑適丁歷

反之施式豉反鱄[illegible]矔古亂反公子朝如字所庇必利反又悲位反姑

紓音舒緩也盍適戶臘反之稱尺證反其難乃旦反帥甸
徒遍反故重直用反蕩虺況鬼反經十七年西鄙
西當作此出注見殺音試本或作弒下同傳十七年齊難乃旦
反下及注皆同黃父音甫黑壤如丈反遂復扶又反注同不與音預執
訊音信侯偕音皆言汲汲音急之適丁歷反以蒇敕展反敕也前
好呼報反一本作事比近毗志反一朝直遙反再見賢遍反餘幾居豈
反所棌虛求反蔭於鴆反鋌而他頂反疾走皃蔭芘必利反又悲位反本或作
棌於儵直留反之竟音境爲齊于僞反鞏朔九勇反爲質
音致下同甘歜昌欲反郊垂音審語偷他侯反苟且也
經十八年伯縈於耕反爲介音界諱殺申志反本或作弒之稱
尺證反傳十八年欲令力呈反先師悉薦反下同見於賢遍

反邴音丙又彼病反歠昌欲反乃摇其卧反又其月反而刖音月又五刮反斷其

丁管反職驂七南反乘繩證反注同以扑音十反字宜從手作木邊非也抶職

勑乙反擊也扑華市榮反又之榮反感激古歷反女妻音汝舍爵

音赦置也惡懿烏路反敬嬴音盈嬖必計反宣公長丁丈反而

屬音燭仲見賢遍反何聽吐定反復發扶又反過市古未反又

古卧反殺適丁歷反季佗徒何反諸竟音境大史音泰失隊

直類反之養餘亮反鷹於陵反鸇之然反說文止仙反字林巳仙反度功

待洛反注及下同以食音嗣注同養壞法音怪慝也女力反還觀音旋

去之起呂反帝顓音專頊許玉反苗裔以制反隤徒回反敳

五才反一音五回反韋昭音見檮直由反韋昭音投戭以善反漢書作戭韋昭巳震反尨降

莫江反下下江反皐陶音遥八愷開在反和也帝嚳苦毒反伯奮

甫問反　仲熊音雄　季貍力之反　稷契息列反依字當作偰古文作禼　熊羆彼皮反　宣徧音遍　不隕于敏反隊也　隕隊直類反　以揆葵癸反　契作斯列反　諸夏戶雅反　好行呼報反　頑嚚魚巾反心不則德義之經爲頑口不道忠信之言爲嚚　比周毗志反比近也周密也　渾戶本反　敦徒本反渾敦不開通之皃　驩呼端反　兜都侯反　少皞詩照反注同下胡老反　蒐所留反隱也　慝他得反惡也　回邪似嗟反　窮奇其宜反其行窮其好奇　共工音恭　其行下孟反　其好呼報反　話言戶快反善也　舍之音赦　傲五報反　很戶墾反　檮徒刀反　杌五忽反檮杌頑凶無儔匹之皃　謂鮌古本反　能去起呂反注及下皆同　盈厭於豔反　窮匱其媿反　饕他刀反貪財曰饕　餮他結反貪食曰餮　闢四婢亦反　四窻七工反本亦作聰　以禦魚呂反　螭勑知反山神獸形　魅亡備反說文作彪云老精物也彪或從未　戴舜多代反　十六相息亮反下注同　去四起呂反　數舜色主反

反慎徽許歸反美也激稱古歷反宋武氏之族本或作武穆之族者

後人取下文妄加也道昭音導向魚舒亮反

宣上宣公名倭一名接又作委文公子母敬嬴謚法善問周達曰宣第十杜氏盡十八年

經元年喪取七喻反本亦作娶卿爲于僞反宥之音又牟縣

亡侯反趙盾徒本反棐林芳尾反非好呼報反侵崇音崇本亦

作崇傳元年尊稱尺證反舍族音捨篡立初患反得

復扶又反爲立于僞反下同陳共音恭解揚音蟹秦急崇絕句

必救之本或作崇急秦必救之是後人改耳侯後昌氏尸氏二反驟諫仕救反

經二年鄭爲于僞反下同夷皐古刀反傳二年命

於楚本或作受命于楚非也元帥所類反見贖食欲反十乘繩證

反下皆同俘二芳夫反馘百古獲反本或作馘百人者人衍字狂狡古卯反輅

鄭五嫁反迎也注同倒戟丁老反宜其禽也一本作宜其爲禽果毅魚既

反著於心直略反食士音嗣羊斟之金反不與音預私感

戶暗反本又作憾注同敗國必邁反又如字殄民大典反以逞勑領反叔牂子郎

反爲植直吏反注同將主也將古子匠反謳曰烏侯反睅戶板反出目也說文

字林云大目也蘇林云寢視不安皃孟康云獪分然也皤步何反大腹也于思于思如字又西才反

多鬚皃賈逵云白頭皃棄甲復扶又反來力知反又如字以協上韻多鬚字又

作鬚脩于反驂乘七南反犀音西兕徐里反則那乃多反丹漆

音七不吝力刃反其咎其九反陸渾戶昬反而惡烏路反其難

乃旦反將斃婢世反國以殺申志反厚斂力驗反彫牆本亦作彫

下在良反彈人徒丹反胹音而煑也熊蹯扶元反寘諸之豉反畚音本

草器也草索素各反之筥九呂反見其手一本作首及溜力救反屋

䆀也　鮮克息淺反，少也，下同。　衮職古本反。　鉏仕俱反。　麑音迷，一音五兮反。　闘矣婢亦反。　盛服音成，本或作成。　而睡垂僞反。　觸槐音懷，又音回。　飲趙於鴆反。　祇本又作提，上支反。　彌明面支反。　遂扶以下舊本皆作扶，房孚反，服虔注作跣，先典反，云徒跣也，今杜注本往往有跣者。　公嗾素口反，說文云使犬也，服本作㰸。　明　夫音扶。　獒五羔反，杜云猛犬也，尚書傳云大犬也，爾雅云狗四尺爲獒，說文云犬知人心可使者。　榑音傅。　翳桑於計反。　多蔭音陰，又於鴆反。　食之音嗣，下同。　舍其音捨。　以遺唯季反，下注同。　簞食音丹，笥也。　笥也思嗣反。　諸橐他洛反。　既而與音預。　公介音界。　以御魚呂反。　趙穿攻如字，本或作弒。　竟之音境，下文注同。　闘公弒申志反。　大史音泰。　爲法于僞反，注同。　黑臀徒門反。　無較音角。　麗姬力知反。　詛無側慮反。　之適丁歷反，本又作嫡，下注同。　爲置于僞反。　公行戶郎反，注及下同。　以括古活反。　中子

如字又丁仲反 屏季 步丁反 見僖 賢遍反 旄車 音毛一本作軞 爲襄
初危反 經三年 傳三年 復發 扶又反 及
郔 音延 周疆 居良反 勞楚 力報反 昔夏 戶雅反 鑄鼎 之樹
反 著之 張慮反直略反 舊螭 勑知反山神也 魅 亡備反本又作鬽怪物也 罔 亡丈反
兩 本又作蜽音同罔兩水神也說文云山川之精物也 天休 許虯反下同 天祐 音又 載祀
杜云皆年也爾雅云商曰祀唐虞曰載周曰年夏曰歲 商紂 直九反 天祚 才故反 所底
音言數也 郟 古洽反 鄏 音辱 燕姞 其乙反又其吉反 伯儵 直留反 爲女
音汝 人服媚 亡冀反 欲令 力呈反 陳嬀 九危反 子臧 作郎反 酖
之 直蔭反 及葉 式涉反 子俞 音揄 惡瑕 烏路反下同 從晉 如字
又才用反 石癸 居揆反 必蕃 音煩下同 亢龍 苦浪反 將鉏 仕俱反 大
宮 音泰注同 刈蘭 魚廢反 經四年 及郯 音談 取向

舒亮反　承縣韋昭之甑反音承又音拯　稻卒徒老反

傳四年不治直吏反　獻黿音元　將見賢遍反　將解如字又音蟹

及食音嗣　淶掐如琰反　先公悉薦反　爲難乃旦反　畜老許又反注

同王許六反　猶僤徒旦反難也　御亂魚呂反　去疾起呂反下皆同　豎長

丁丈反　而舍音赦下同　於難乃旦反　餒而奴罪反餓也　鬬般音班　蔿

賈于委反　賈爲于僞反　椒處昌慮反　又惡烏路反注同　圄魚呂反囚

也　伯嬴音盈　轑陽音遼　烝野之承反　爲質音致　漳澨音章

市制反　皐滸呼五反　伯棼扶云反　射王食亦反下同　汏他末反過也

輈陟留反車轅也　鼓跗芳扶反　著於直略反　鉦音征　以貫古亂反

笠音立　轂古木反　於鄖本又作鄖音云國名　畜于許六反養也　夢中

音蒙又亡貢反　乳之如主反　乳穀奴口反　於音烏　菟音徒　妻伯比

七計反　箴尹之金反　使於所吏反　自拘音俱　經五年不
與音預　小斂力驗反　傳五年強成其丈反　猒尊
於涉反　累其劣僞反　自爲于僞反　以別彼列反　廟見賢遍反下
同　遣使所吏反　經六年　傳六年數戰所角
反　其貫古患反習也注同　可殪於計反　爲于僞反下注同　召桓上照反
曼滿音万　伯廖力彫反　蔀步口反又普口反　闚其苦規反　闚其
苦鷄反　不覿徒歷反　閒一閒廁之閒　經七年伐萊音來
不與音預　黒壤如丈反　傳七年脩好呼報反　不與音預
下及注與謀同年末不與放此　應命應對之應　例別彼列反下注同　向陰舒亮反　故
枏息亮反　同歃所洽反又所甲反　以監古銜反
經八年大廟音泰傳同　爲繹于僞反　省文所景反　魯竟音竟

猶繹去起呂反注及傳同籥羊略反管也音管惡其烏路反聲

聞音問又如字傳八年泰誅徒協反間也今謂之細作絳市

古巷反楚爲于僞反疆之居良反汲滑于八反納如銳反一音如悅反會

稽古外反下古兮反楚疆其良反蠱疾音古喪志息浪反葛茀

方勿反引揁索也引極其又反經九年竟外音境繏息列反冶

音也傳九年加諷方鳳反厚賄呼罪反字林音悔言易以豉

反無將子匠反帥所類反夏姬戸雅反皆衷音忠王丁仲反懷也其

衵女乙反一音汝栗反說文云日日所衣裳也字林同又云婦人近身內衣也仁一反御叔如字一音魚呂反

近身附近之近無傚戸敎反具聞如字一音問弗禁居鴆反又音金夕

辟本又作僻匹亦反注同邪也立辟婢亦反法也注同辟邪似嗟反下同危行

下孟反言孫音遜爲厲于僞反事見賢遍反栁棼力手反下扶云反

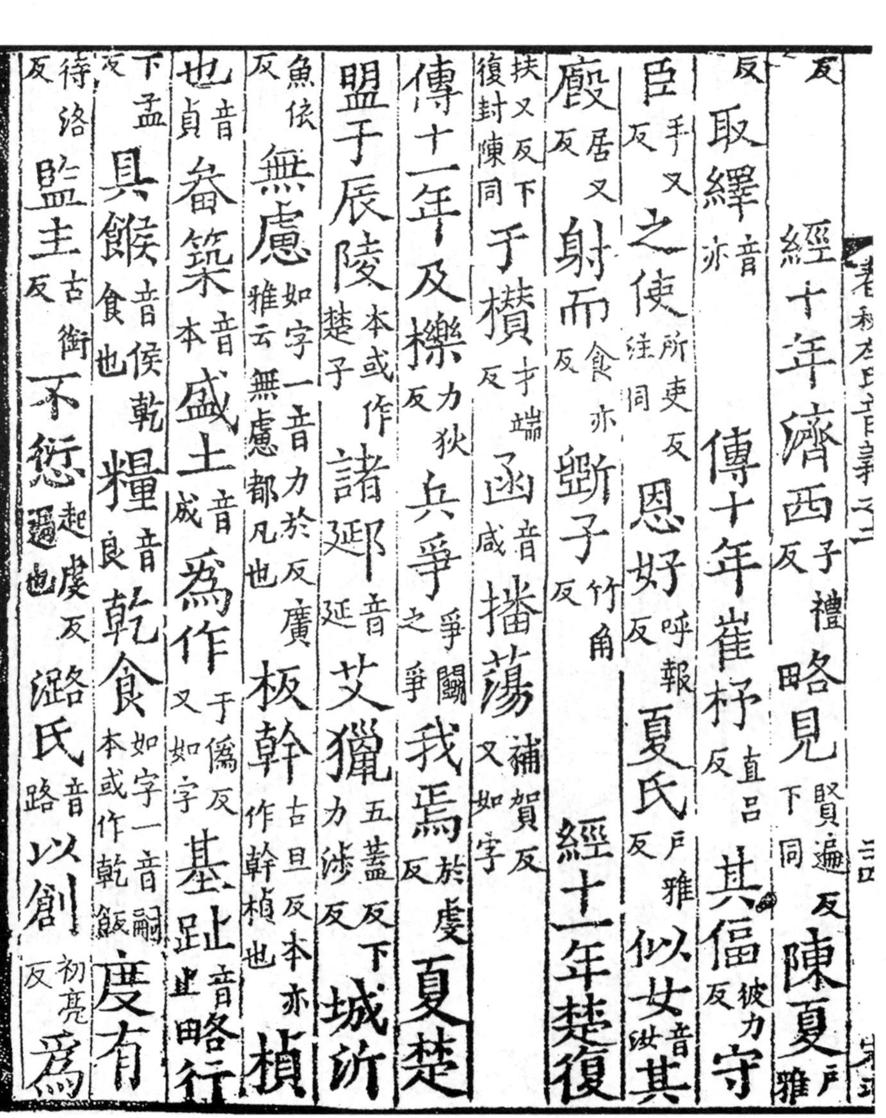
反　經十年濟西子禮反　略見賢遍反下同　陳夏戶雅
反　取繹音亦　傳十年崔杼直呂反　其偪彼力反　守
臣手又反　之使所吏反注同　恩好呼報反　夏氏戶雅反　似女音汝　其
廄居又反　射而食亦反　斲子竹角反　經十一年楚復
扶又反下復封陳同　于櫕才端反　函音咸　播蕩補賀反又如字
傳十一年及櫟力狄反　兵爭爭鬬之爭　我焉於虔反　夏楚
盟于辰陵本或作楚子　諸鄖音延　艾獵五蓋反下力涉反　城沂
魚依反　無慮如字一音力於反廣雅云無慮都凡也　板幹古旦反本亦作幹楨也　楨
也音貞　畚音本　築　盛土音成　爲作于僞反又如字　基趾音止　略行
下孟反　具餱音侯乾食也　糧音良　乾食如字一音嗣本或作乾飯　度有
待洛反　監主古銜反　不愆起虔反過也　潞氏音路　以創初亮反　爲

陳于僞反少西詩照反轘諸音患車裂也使於所吏反皆儕

子念反女獨音徂以蹊音兮徑也徑也古定反吾儕仕皆反輩也

乃復扶又反夏州戶雅反又儌古堯反

經典釋文卷第十六　經四千四百九十六字注九千四百八十三字

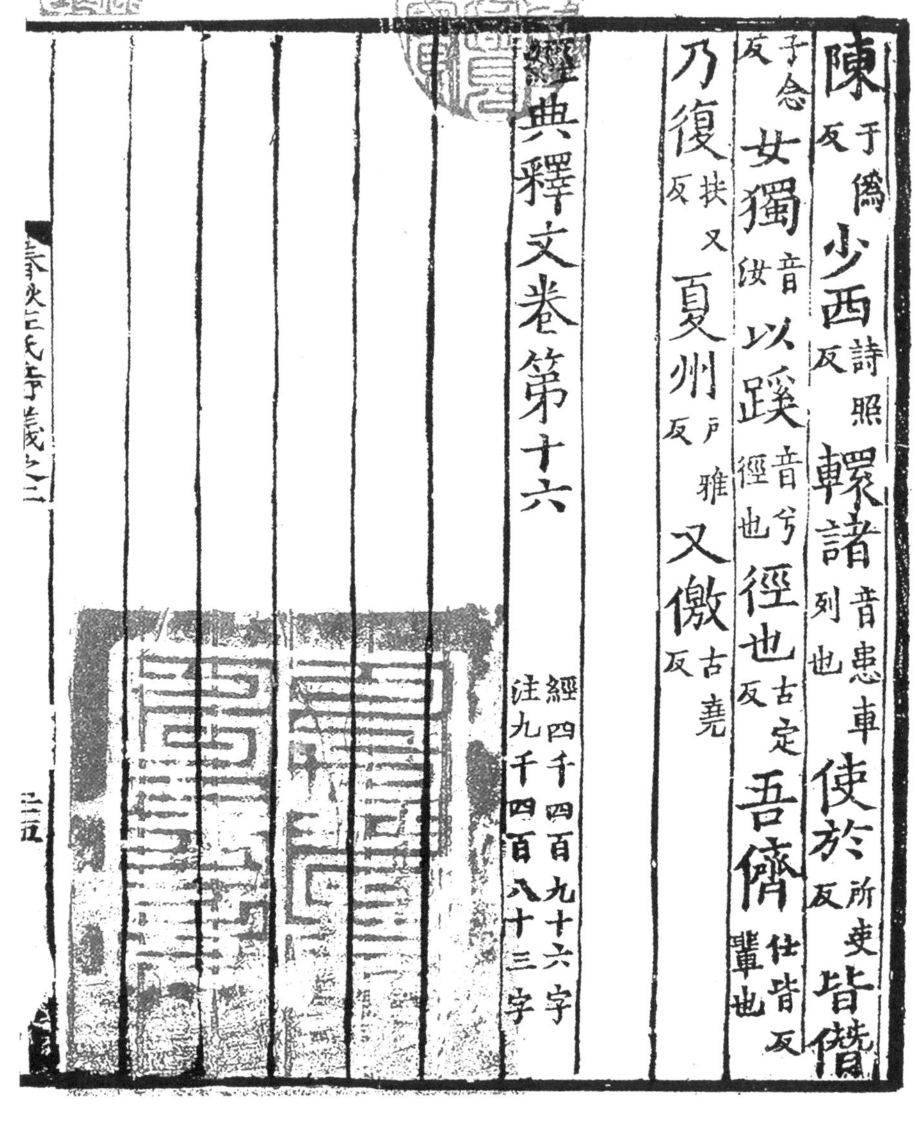

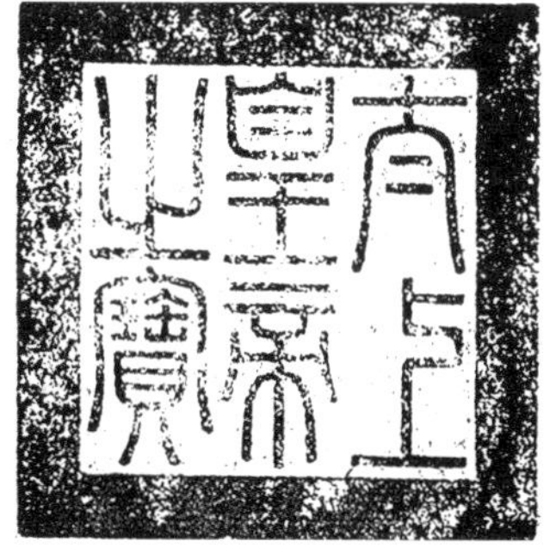

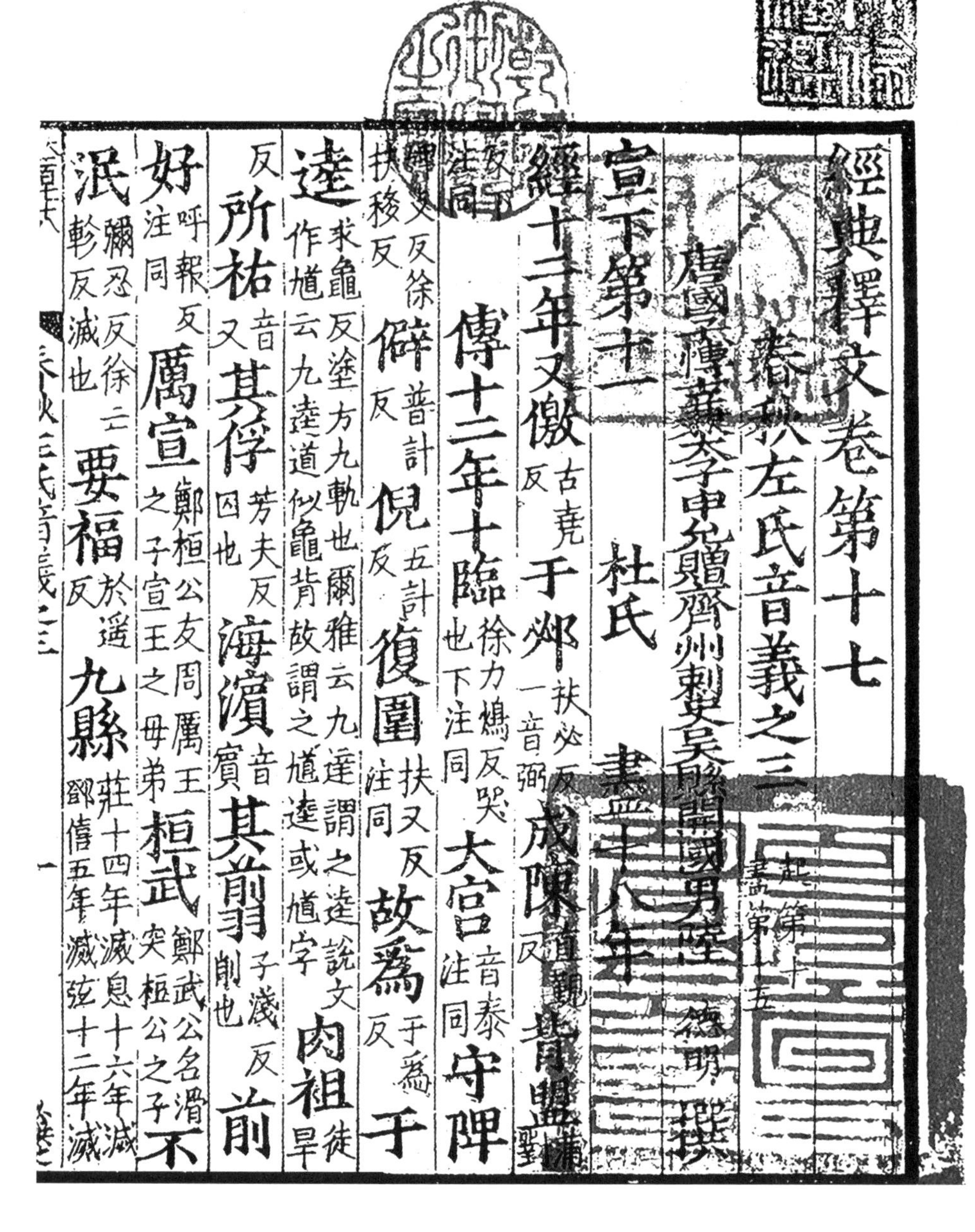
經典釋文卷第十七

春秋左氏音義之三 起第十 盡第十五

唐國子博士兼太子中允贈齊州刺史吳縣開國男陸德明撰

宣下第十一 杜氏 盡十八年

經十二年又儆古堯反 于郯扶必反一音弼 成陳直覲反 背盟蒲對反下注同

傳十二年十臨徐力鴆反哭也下注同 大宮音泰注同 守陴婢支反徐扶移反 僻普計反 倪五計反 復圍扶又反注同 故爲于爲反 于逵求龜反塗方九軌也爾雅云九達謂之逵說文作馗云九逵道似龜背故謂之馗逵或馗字 肉祖徒旱反 所祐音又 其俘芳夫反囚也 海濱音賓 其翦子淺反削也 前好呼報反注同 厲宣鄭桓公友周厲王之子宣王之母弟 桓武鄭武公名滑突桓公之子 不泯彌忍反徐亡彰反滅也 要福於遙反 九縣莊十四年滅息十六年滅鄧僖五年滅弦十二年滅

黄二十六年滅蔓文四年滅江五年滅六滅蓼十六年滅庸傳稱楚武王克權使鬬緡尹之又稱文王縣申息凡十一國不知

句以言九 能下遐嫁反 可幾音冀 潘尫烏黄反 出質音致 將中子匠反下反注並同下沈尹將將左將右皆放此 先縠戶木反本又作穀音同 彘季直例反

臾羊朱反 駢蒲邊反 輦朔九勇反 而勦初交反勞也又徐又于小反 焉用於虔反 覲釁許靳反罪也服云閒也 不爲于僞反注同 不罷音皮

怨讟徒木反謗也 此陳直覲反下同 工賈音古 而卒子忽反注同

乘繩證反注皆同 輯睦音集又七入反 不奸音干犯也 蔿敖于委反 追蓐音辱 挾輈胡牒反又古洽反一音古協反 蹋伏徒臘反 爲幡芳元反

見騎其寄反 旌識申志反一音志 後勁吉政反 殿丁練反別也

彼列反 等差初佳反又初宜反 攻昧音妹 仲虺許鬼反 侮亡亡呂反

左相息亮反 汋曰章略反 於音烏 鑠舒若反美也 耆昧也音旨致也

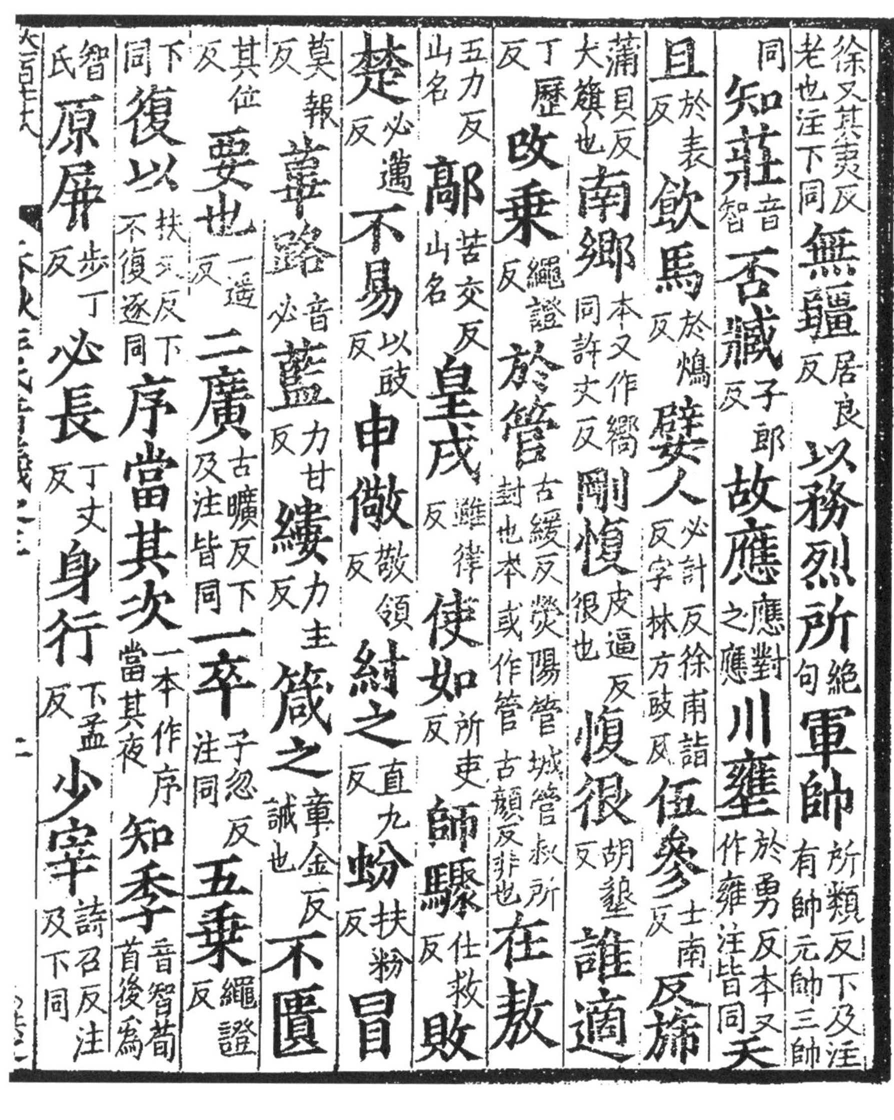

徐又其羙反老也注下同無疆居良反以務烈所絕句軍帥所類反下及注有帥元帥三帥

同知莊音智否臧子郎反故應應對之應川壅於勇反本又作雍注皆同夭

且於表反飲馬於鴆反嬖人必計反徐甫詣反字林方豉反伍參士南反反旆

蒲貝反大旆也南鄉本又作嚮同許丈反剛愎皮逼反很也愎很胡墾反誰適

丁歷反改乘繩證反於管古緩反熒陽管城管叔所封也本或作菅古顏反非也在敖

五力反山名鄗苦交反山名皇戌雖律反使如所吏反師驟仕救反敗

楚必邁反不易以豉反申儆敬領反紂之直九反蚡扶粉反冒

莫報反蓽路音必藍力甘反縷力主反箴之章金反誡也不匱

其位反要也一遙反二廣古曠反下及注皆同一卒子忽反注同五乘繩證反

下同復以扶又反下不復逐同序當其次一本作序當其夜知季音智荀首後爲

智氏原屏步丁反必長丁丈反身行下孟反少宰詩召反注及下同

夾輔古洽反舊古協反 毋廢音無 候人戶豆反 謂伺音司一音息嗣反 爲

諂勑檢反 單車音丹 挑戰徒了反下文同 羣帥所類反 摩未多反近

也 壘力軌反 摩近附近之近 左射食亦反下三字同 以蕺側留反矢之善者

兩馬徐云或作㮣皆力掌反或音亮飾也 掉徒弔反徐乃較反正也 鞅於丈反 示閒音閑

折之設反注同 馘古獲反 斷耳音短 麋興亡悲反 麗著直略反 從

者才用反下從者同 魏錡魚綺反 魏犫尺周反 欲敗必邁反又如字 請

使所吏反 及熒戶扃反 射一食亦反 於鮮音仙注同 二憾胡暗反

能好呼報反下同 喪師息浪反 徹警音景 徹去起呂反 七覆

扶又反注同 帥將如字又子匠反 七處昌慮反 爲乘繩證反下三十乘元戎十乘升注皆

同 而說舒鋭反注及不同 屈蕩居勿反 楚王更音庚 迭直結反 韓

之音愽 使輓徒温反 使騁勑景反 出陳直覲反下注皆 先人悉薦

反注及下同卒奔子忽反下及丁注同可掬九六反兩手曰掬右拒音短本亦作短下同

唐狡古卯反四十乘繩證反下從之乘并注易乘同君萃似醉反集也殿其

多練反注同廣隊直類反甚之其器反教也脫扃古熒反徐公寘反車上兵闌也

服云扃横木校輪間一曰車前横木也西京賦云旗不脫扃薛綜云扃所以上旗也不帆凡劒反本又作䈸普霸反差

輕初賣反之數所角反二子乘繩證反趙傁素口反老稱老稱

尺證反尸女音汝皆重直龍反知罃於耕反還戰音環廚武

直誅反毋射食夜反又食亦反抽擢直角反可勝音外泄陂彼宜反

射連尹食亦反下同將不子匠反楚重直勇反又直用反注上重字同輜

側其反重也直用反衡雍於用反君盍戶臘反京觀古亂反注

及下京觀同載戢側立反藏也載櫜古刀反韜也韜也他刀反時夏

戶雅反注同耆定音旨注同致也鋪時普吳反徐音敷布也繹思音亦陳也屢

豐力注反數也注同 屢數所角反下數致同 暴骨蒲卜反本或作曝 焉得

於虔反 而強其文反 鯨其京反大魚名 鯢五兮反大魚也 以懲直升反 淫慝

他得反 史佚音逸 毋怙音無下音戶 以要一遙反 瘼矣音莫病也 者也

夫音扶 渥濁於角反 城濮音卜 未歃許謁反盡也 國相息亮反下能相同

喜見賢遍反 不競其敬反 以重直用反 宜僚了彫反 蕭潰戶內反

拊而芳甫反撫慰之也 如挾戶牒反 纊音曠緜也 言說音悅 遂傅音附

還無社音旋 司馬卯馬鮑反 號申叔徐戶到反一音戶刀反呼也 麥麴去六反

山鞠起弓反 以禦魚呂反下同 不解音蟹下同 眢井烏九反眢井廢井也字林云井無水

也一皮反 而承拯救之拯注同 茅絰直結反 則已音紀舊音以 乃應應對之應 號而

戶刀反哭也注同 無守手又反 宋為于偽反 有約於妙反又如字 陳共音恭舊

好呼報反 欲背音佩十四年經注同 經十三年 傳十三年

累及劣僞反 使人所吏反 我說如字又音悅 以說音悅又如字 而亢苦浪反禦也 誰任音壬 經十四年 傳十四年 縊而一賜反 復室扶又反 以妻七計反 爲郯于僞反 蒐焉所留反 簡閱音悅 中行戶郎反 質於音致 子馮皮冰反 惡宋烏路反又烏洛反 挾宋勑乙反 宋聾力工反暗也 晉使所吏反下殺其使同 殺女音汝 見犀賢遍反 遏我古卧反音古禾反 殺袂面世反袖也 袖也徐又反 屨及九具反 窒皇直結反室皇門闕也 魯樂音洛 薦賄呼罪反 公說音悅 經十五年 潞氏音路 別種章勇反 王札子側八反又側乙反 召伯上照反 倒札丁老反 螽音終 稅畝始銳反 復十扶又反 蝝生悅全反字林尹絹反螽子也劉歆云蚍蜉子也董仲舒云蝗子 傳十五年 度時待洛反 納汙音烏注同 山藪素口反 瑾其靳反 瑜羊朱反 匿瑕女力反藏也 含垢古口反本或作詬徐云亦音垢 爲說于僞反

三十六

解揚音蠏 無降戶江反 望樓音魯 女則音汝下注而女也同 無貫于敏

反廢隊也 廢隊直類反 其守手又反 將子匠反 利道音導 析思歷反

骰戶皆反本又作骨公羊傳作骰何休注云骰骨也 以爨七亂反炊也 國斃婢世反 爲

質音致 酆舒芳忠反 潞相息亮反 三儁音俊 耆酒市志反 黎

民禮兮反國名 復立扶又反 及雒音洛 魏顆苦果反 有嬖必計反

必以殉似俊反本或作必以爲殉 其治直吏反下治命同 以亢苦浪反禦也 躓而

陟吏反徐丁四反 以瓜古華反 衍以善反 吾喪息浪反 說是音悅 叔向

香丈反 也夫音扶 能施式豉反 獻狄俘芳夫反 于周 不敬一本不敬

作而敎 之隗普白反 經十六年 留吁况于反 別種章勇反

又幷必政反一音如字 宣謝本又作榭音同 郯伯音談 傳十六年

鐸辰待洛反 以黻音弗 將中子匠反 大傅音泰注同 人遠于万反 也

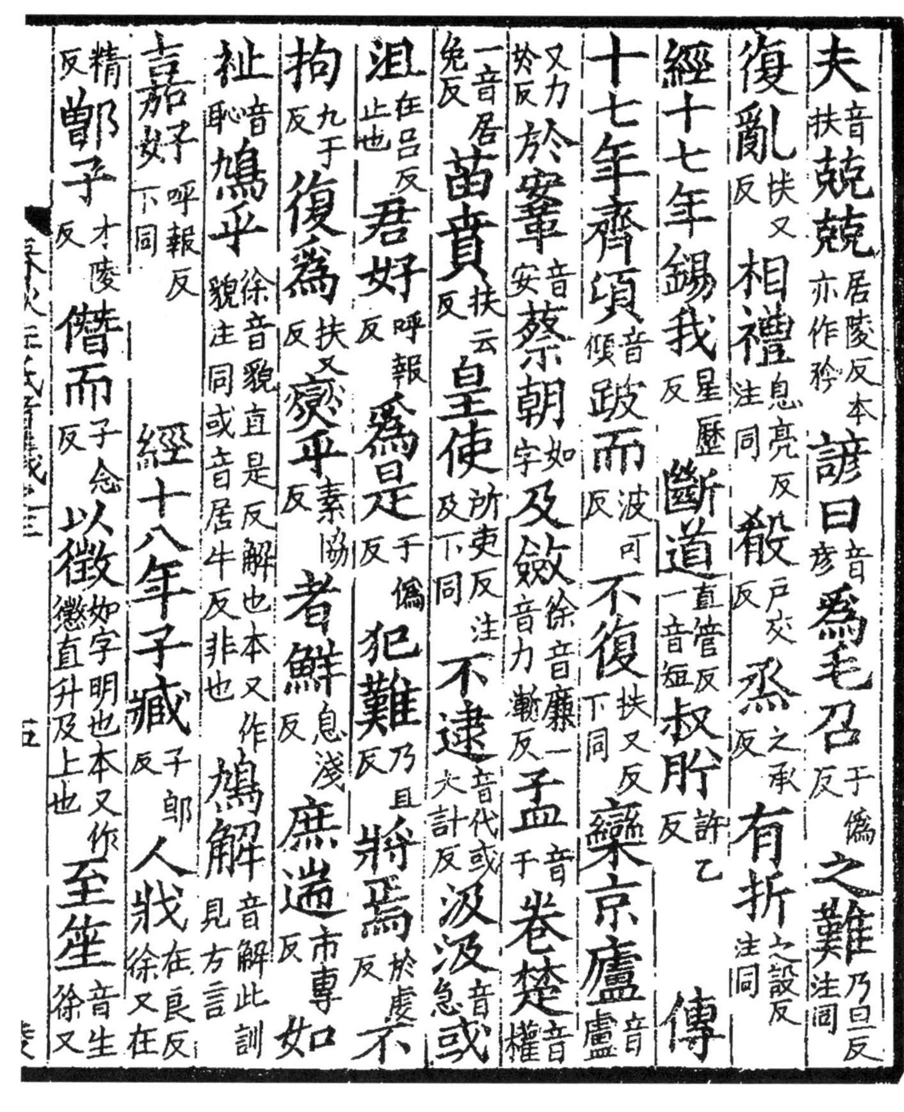

夫音扶兢兢居陵反本亦作矜諺曰音彥爲毛召于僞反之難乃旦反注同

復亂扶又反相禮息亮反注同殽戶交反烝之承反有折之設反注同傳

經十七年錫我星歷反斷道直管反一音短叔肸許乙反

十七年齊頃音傾跛而波可反不復扶又反下同欒京廬音盧

又力於反於鞌音安蔡朝如字及斂徐音廉一音力斂反盂音于卷楚音權

一音居免反苗賁扶云反皇使所吏反注及下同不逮音代或大計反汲汲音急或

沮在呂反止也君好呼報反爲是于僞反犯難乃旦反將焉於虔反不

拘九于反復爲扶又反燮乎素協反者鮮息淺反庶遄市專反如

祉音恥鳩乎徐音豸直是反解也本又作豸注同或音居牛反非也鳩解音解此訓見方言

嘉好呼報反下同經十八年子臧子郎反人戕在良反徐又在

精反鄫子才陵反僭而子念反以徵如字明也本又作懲直升反上也至坐音生徐又

勑貞反云本作摼亦作朾案徐後音是依二傳文魯竟也音境傳十八年盟于繒才陵反爲質音致解緩佳賣反曰弒音試注同弒字從式殺字從殳他皆放此以別彼列反一朝如字卒暴寸忽反欲去起呂反下注將去並同以張如字一音陟亮反殺適丁歷反注同太援于眷反仲也夫音扶請爲于僞反壇帷音善除地爲墠而張帷也於介音界袒音但括髮古活反

成上成公名黑肱宣公子謚法安民立政曰成第十二　杜氏　盡十年

經元年爲甸徒練反一音繩證反一乘繩證反卒七尊忽反重斂力驗反茅戎亡交反史記及二傳皆作貿戎別種章勇反傳元年鄭垂音審詹嘉之廉反單襄音善爲平于僞反下文同徼戎古堯反要也欲要一遙反背盟音佩下同齊難乃旦反下同繕完市戰反下和端反具守手又反結好呼報反逞解音蟹

經二年新築音竹皆陳直覲反僑如其驕反注同郤克去逆反

于窒音安以與音預匹敵如字本或作適亦音敵公鮑步卯反汶陽

音問以好呼報反靈盟其位反傳二年頃公音傾嬖人

必計反就魁苦回反封竟音境而膊普各反磔也陟百反甯相

息亮反向禽舒亮反石稷七略反甯俞羊朱反復欲扶又反

子喪息浪反隕子于敏反止御魚呂反鞫居居六反曲縣

音玄繁纓步干反注同不衍起虔反百乘繩證反下同城濮音卜

將中子匠反且道音導以徇似俊反于莘所巾反靡笄如字

又音摩笄音雞不腆他典反詰起吉反朝如字注及下朝夕朝食同請見賢遍反

釋感胡遥反本又作撼無令力呈反輿師如字下無令輿師同一音所類反不復

扶又反擔也丁甘反齊壘力軌反賈余音古買也注同欲賈摩懈反

師陳直覲反 邴音丙又彼命反 夏戶雅反 解張音蟹下如字一音直亮反 軍將
子匠反下將在左同 貫余古亂反下注同 及肘竹九反 余折之設反 朱殺於開
反徐於辰反注同 近烟附近之近 汙車汙穢之汙字林一故反 推車昌誰反又他回反注
及下推車同 一殿多練反注同 若之何其以病絕句 擐甲音患 左并
必政反徐方勝反 右援音袁 枹音浮鼓槌也字林云擊鼓柄也 三周華如字又戶化反 不
注之住反 元帥所類反 射其食亦反下并注皆同 越隊直類反 綦毋
音其下音無 喪車息浪反 寓乘繩證反寓寄也 其處昌慮反 俛定
音勉俯也 什車音赴又蒲北反 華泉戶化反 絓於戶卦反一音卦 驂馬七南反
轏中仕產反又仕板反士車也字林仕諫反云臥車也 以肱古弘反 而匿女力反注同
執縶張立反馬結也 絆也音半 奉觴式羊反 爲魯于僞反注同 無令
力呈反 屬當音燭注同適也 戎行下部反 犇辟音避注同徐扶臂反服氏扶亦

反　從君才用反又如字　宛紆元反　茷扶廢反　呼曰火故反　任患音壬　不
難乃旦反　狄卒子忽反注及下同　輕出遣政反　迸入補諍反　戈楯食準
反又音允　冒之亡報反　守者手又反　辟女子音避注皆同一音扶赤反　單還音丹
銳司徒悅歲反　可復扶又反　辟司徒音壁必覓反注同徐甫亦反　石窌
力救反一音力到反　馬陘音刑　賓媚美冀反　賂以音路　紀甗魚輦反徐音彥又音
言字林牛徒反王甗也　玉甑子孕反又慈陵反　爲質音致下同　難斥乃旦反
盡東津忍反　使龍力勇反　東西行戶郎反又如字　疆理居良反注下皆
同　易也以豉反　四王夏禹殷湯周文王武王也　之王于況反　五伯夏伯昆吾商伯
大彭豕韋周日齊桓晉文也或曰齊桓晉文宋襄秦穆楚莊　疆竟如字又音境　是遒在由反徐子由
反　聚　命使所吏反　以犒苦報反　從者才用反　橈敗乃教反曲也　不
也　泯彌忍反　舊好呼報反　收合如字一音閤　餘燼似刃反　背城音佩

復借扶又反　親暱女乙反　而紓音舒緩也　於難乃旦反注同　以

爲于僞反　以藉在夜反注同薦也　上鄍覓經反　三帥所類反注及下同　用

蠡市忍反蛤也　炭吐旦反燒蠡蛤爲炭也　用殉似俊反殺人從葬　燒蛤古荅反

以瘞於例反　壙苦晃反一音曠　重器備直恭反多也注同　椁有音郭

有翰戶旦反一音韓　檜古外反徐音會　去惑起呂反下去之同　而爭爭鬭之爭　其

侈昌氏反又式氏反　過衛古禾反又古卧反　夏氏戶雅反下同　殺死申志反下文殺

靈侯同　殺御叔魚據反　喪陳息浪反下注而喪同　死易以豉反　黑要

一遥反　烝焉之承反　使道音導注同　吾聘女匹政反下音汝　屈巫居勿反

知罃音智下於耕反　共王音恭　申叔跪其委反一音居委反　從其父才用反

適郢以井反又以政反　使介音界　邢大夫音刑　錮之音固　勿令力呈

反　自爲于僞反如字　爲吾于僞反　必屬章欲反後同　代帥所類反下

注稱帥軍帥將帥同 吾知免矣一本無知字 郤伯見賢遍反下同 世夫音扶

勞之力報反 庚將子匠反下同 求好呼報反下同 行使所吏反 濟

濟子礼反 吾儕仕皆反等也 閱民音悅 棄𥠖補吳反 逮鰥古頑反

施及始豉反 王卒子忽反注同 令二君力呈反 皆強其丈反 冠

之古亂反 執斲竹角反 執鍼之林反 織紝女金反徐而鴆反 爲質

音致 大夫說音悅 去疾起呂反 不見賢遍反 之別彼列反 不解

佳賣反 攸塈許器反息也 數年所主反 宴樂音洛 誰居音基

語辭也 有任音壬當也 是夫音扶 齊捷在妾反 淫緬面善反 而

勞力報反 侵敗必邁反 親暱女乙反 淫慝他得反 謂㬥本又作[illegible]

薄郭反 掠音亮 又奸音干 大師音泰 淫從子用反本亦作縱 三吏三吏三公

也三公者天子之吏也 使相息亮反注同 經三年 所馮皮冰反 蛇丘

以支反音如字廧在良反咎如古刀反別種章勇反書將子匠反帥
所類反傳三年覆諸扶又反伏兵也注同鄤亡表反又莫干反徐武且
反一臣万不勝音升下注同俘芳夫反馘古獲反以釁許覲反求紓
音舒緩也各懲直升反相宥音又纍力誰反繫也其好呼報反下同
不與音預不爲于僞反臣不任音壬下亦不任同封疆居良反楚
將子亮反帥所類反如潰戶內反僭王子念反荀騅音佳君爲
于僞反下爲兩君同敢任音壬注同賈人音古下同寘諸之豉反褚中
中呂反經四年城鄆音運傳四年宋共音恭
不易以豉反大史音泰疆許居良反展陂彼皮反取鉏仕居
反任音壬泠敦力丁反將中子匠反取汜音凡注同或云祀祭側界反
許遬音素經五年傳五年原屛步丁反

能令力呈反 舍我音捨又音赦 弗聽吐丁反 福女音汝 從人才用反

鄆諸音運 野饋其媿反 以傳中戀反驛也注及下同 驛也音亦 辟

重匹亦反徐甫亦反本又作僻 日辟音避 捷之在妾反 邪出似嗟反 絳人

古巷反 朽壤如丈反 君爲于僞反 去盛起呂反 饌也仕戀反 乘

縵武旦反又莫半反 請見賢遍反注皆同 爲質音致下注同 鼓譟素報反

復入扶又反下同 向爲人舒亮反 辭以子靈之難乃旦反又一本

無之難二字 以新誅子靈爲辭一本無爲辭二字 月倒丁老反

經六年取鄟徐音專又市緣反 伯費音秘 傳六年子

游相息亮反下寧相同 端諦音帝 魯倚於綺反 其難乃旦反注同

言易以豉反 夏陽戶雅反 說音悅下文注同 陸渾戶門反 別種

章勇反 于鋮其廉反一音針 登陴婢支反 復命扶又反 郇瑕音荀

解縣音蟹而近附近之近下及注近寶皆同鹽音古鹽也猗氏於宜反君樂

音洛下謂樂同將新子匠反下注軍將同大僕音泰惡易以豉反下注同觀古亂反成也

疾疢勑覲反本或作疹同墊丁念反隘於賣反羸困劣僞反沈溺

乃歷反沈溺濕疾也重腿治僞反一音直媿反重腿足腫足腫章勇反一音常勇反有汾扶云

反水名也澮古外反水名垢穢古口反驕佚音逸公說音悅公子成音城欒

諸魚呂反桑隧音遂軍帥所類反下注同子盍戶臘反何不也經七

年飂鼠音芌伐郯音談傳七年者也夫音扶昊

天戶老反號天戶刀反相成息亮反如晉見賢遍反于汜音凡

共仲音恭郳公本亦作貟音云邑名軍藏才浪反此申呂所邑

也一本作所以邑也以御魚呂反共王音恭子閻音鹽黑要一遥反子

罷音皮下同遺二子唯季反讒慝他得反貪惏力含反請

使所吏反壽夢莫公反說之音悅季札側八反一卒子忽反注同舍
偏音赦舊音捨九乘繩證反下注同令吴力呈反戰陳直覲反寘其
之豉反諸夏戶雅反惡孫烏路反戚七狄反經八年來
語魚據反通稱尺證反來媵以證反又繩證反適夫人丁歷反姪
大結反字林大一反娣大計反傳八年餞之餞淺反送行飲酒也說文云送
去食也字林子扇反毛詩箋云祖而舍軷飲酒於其側曰餞不復扶又反其行下孟反注同過
差初賣反又初佳反猶喪息浪反妃耦普配反下五口反長有諸侯如字一音丁丈
反申驪力馳反沈子揖徐音集又於立反平輿音餘一音預愷開在反樂也
悌徒禮反易也也夫音扶過許古禾反自爲于僞反下文爲趙嬰同共
姬音恭祁奚巨之反字林上尸反趙衰初危反趙盾徒本反皆數
所主反無僻匹亦反注及下同前詰陟列反有邪似嗟反敢侮亡甫反

繹寡古頑反　蘧里其居反　城已惡如字已猶太也本或作城已惡矣　虞度待洛反　狡焉交卯反　狡猾于八反　封疆居良反注同　唯然音維本或作睢後人放也　暴掠音亮　勇夫重直龍反又直勇反　閉補計反又補結反一音戶且反

不復扶又反　君後諸侯如字徐胡豆反　經九年之好呼報反

頭公音傾　傳九年魯復扶又反下同　強請其丈反　爲祀于僞反下注爲魯下文爲歸汶陽同　逆叔姬絕句　我也本或作爲我也爲衍字　以御魚呂反　以要一遥反　蹶父九衞反　爲女于僞反　相所息亮反　韓樂音洛下同　施及以豉反　重勤直勇反又直用反　緑衣如字本又作禄吐亂反注同　鄆

風音佩又作鄁　銅鞮丁兮反　伯蠲古玄反又音圭　使在所吏反　而縶中立反　拘執九于反　使稅吐活反解也徐始銳反注同　泠人力丁反樂官也依字作伶　操南音七刃反下同　公語魚據反　不背音佩下同　舍其音捨　少小詩照反

君盍戶臘反 湫辰子偽反徐又音子荅 也夫音扶 管古顏反 蒯苦怪反

蕉在遥反 萃在醉反 代匱其位反 爲將並如字或于僞反非也本或作僞將

也 而紓音舒 晉使所吏反注及下同 勿亟紀力反急也或欺冀反數也 脩好

呼報反 經十年見生代賢遍反 孺卒乃侯反

傳十年 羅徐徒弔反一音杜敎反又士弔反 茷徐扶廢反一音蒲發反又蒲艾反 大宰

音泰 之使所吏反下及注使在同 公子繻音須 立髡苦門反 頑如字徐州五班反

蒲本或作蒲州滿 爲質音致 卷縣音權字林丘權反如淳漢書音同 被髮皮寄反

反 搏膺音溥 而踊音勇 壞大門音怪下同 及寢門一本無及字 公

覺古孝反 求醫於其反 懼傷我絕句 焉徐於虔反一讀如字屬上句 逃

之絕句 居肓徐音荒鬲也說文云心下鬲上也 膏鬲音革 攻之音工 達

之不及達鍼也 鍼也音針 甸人徒練反 饋人其媿反 爲之如字 張

（中亮反䐜滿也注同）

成下第十三　杜氏　盡十八年

經十一年郤犨（又由反）僑如（其驕反）　傳十一年且莅（音利又音類）不娉（本亦作聘匹政反）叔肸（許乙反）無媒（亡回反）爲姒（音似）失儷（力計反耦也）淹其（徐直蔭反注同一音如字）已不能（音以又音紀）庇其（必利反又音秘）伉（苦浪反敵也）不復（扶又反下文注復出皆同）惡惠（烏路反）伯與（音餘本亦作與）于鄄（音絹）前好（呼報反注同）郇田（音侯字林音候）候人（如字本又作音人音候）單襄（音善）與檀（徒丹反）勞文（力報反）狐溱（側巾反）華元（戶化反）令狐（力丁反）史顆（苦果反）而背（音佩卷內皆同）　經十二年瑮澤（素果反依字宜作瑣）　傳十二年之難（乃旦反）公子罷（音皮）好惡（並如字又上呼報反下烏路反）菑危（音災）交贄（本又作摯之二反）

縶甕於勇反 有渝羊朱反 殛本亦作極紀力反誅也注同 畀必爾反使也本亦作
俾 隊其類反失也注同 胙國才故反 成好呼報反盡年皆加 閒宋閒廁之閒
子反 相息亮反 而縣音玄注同 云莫音暮本亦作暮 施及以豉反 重
之直用反 加遺唯季反 焉用於虔反 之治直吏反下注治世同 閒於
音閑注同 享宴許丈反舊又許亮反本亦作饗宴音於見反徐於顯反 不倚於綺反 則
折之設反 朝而直遥反朝日朝徐音朝旦之朝 以扞戶旦反蔽也 赳赳居黝反一音居
醜反 扞難乃旦反 貪冒莫報反又亡北反 爲搏音博 噬之市制反 以
駁邦角反 能爲于僞反又如字 干城戶旦反本亦作扞又如字 以語魚據反 矣
夫音扶本亦無此字 必復扶又反 鄢陵謁晚反漢書音義一建反 經十
三年 郤錡魚綺反 道過古禾反或古卧反 伯廬力吴反本亦作盧
傳十三年 而惰徒卧反 先使所吏反 子從才用反 爲介

音界輔相息亮反下同受脤市軫反宜社之肉也盛以音成盡力津忍反下

同執膰音煩祭肉也呂相息亮反注同逮我音代一音大計反相好

呼報反下同勠力相承音六戮力幽反呂靜字韻與勠同字林音遼辟麗上音避下力知反

畢我必爾反本亦作俾下及注同躬擐音患甲冑直又反跋履蒲末反草行也

之疆居良反場音亦不詢思巡反謀也擅及市戰反恐懼丘勇反

蔑死我君本或以我字在死上非迭我直結反徐音逸殽地戶交反奸

絕音費符味反滑于八反緱氏古侯反撓亂乃卯反徐許高反傾

覆芳服反下同之隕于敏反下同事見賢遍反逞志勑景反使也欲

闕其月反徐如字蝥賊莫侯反爾雅蟲食苗爲蝥食節爲賊不悛七全反改也涑川

徐息錄反又音速字林同浮我芳夫反不復扶又反惠稱尺證反注同狄難

乃旦反箕音基一音其郜古報反芟所銜反痍音夷本又作夷傷也之聚才喻

才偷反衆也注同 傲福古堯反 與女音汝下文皆同 同好呼報反一音如字 復
脩音服又扶又反 我寡君讀者亦作寡人 季隗五罪反 廧在良反 咎
如音羔 狄應應對之應注同 惡君烏路反下同 昊天戶老反 康共音恭
以懲直升反 暱就女乙反親也 要也一遥反 欲道音導 將中軍
子匠反凡將其軍者放此以意求之 趙旃之然反 欒鍼其廉反 晉帥所類反注
同 乘和繩證反注同 麻隧音遂 成差初佳反徐初宜反 不更音庚 女
父音傚 復不扶又反 侯麗力馳反 徑扶風音經 迓本又作訝五稼反迎
也 子般音班林作班 自訾子斯反 大宮音泰下同 子印一刃反 子
駹武邦反 負芻初俱反 守子又反 欣時如字徐云或作款亦音欣案公羊傳
作喜時宜音忻 經十四年 傳十四年 侯彊其丈反注
同 見賢遍反注強見下而見之同 又以爲如字或于僞反 雖惡烏路反 而宥

音又子相息亮反注同叔傲五報反本又作敖音同下同享食音嗣兕徐辭姊反觥

古横反其觩徐音虯又巨彪反一音巨秋反好禮呼報反所敗必邁反下同復伐

扶又反彊許居良反下同舍族音捨注同之稱尺證反而晦呼內反婉

而怨晚反不汙憂于反曲也注同懲惡直升反子衎徐苦旦反不內如字

徐音納酌飲市略反又章略反國也夫音扶鱄也徐市戀反一音專不聳

息勇反舍其音赦或音捨畫賓之豉反經十五年世

子成音城共公音恭欲挾音協士燮息協反無咎其九反子

鰌音秋同好呼報反于蘖舒涉反傳十五年將

見賢遍反應天應對之應不拘九于反子囊乃郎反以庇必利反又

音祕暴隧音遂數戰所角反少司寇詩召反下同鱗矔古亂反

向帶音帶本又作帶大宰音泰戌在音恤故去起呂反於睢

音雖徐許惟反又音綏得復扶又反登丘而望之則馳絶句騁而勑景反睢澨市制反木涯也水涯本又作崖魚佳反一音宜決壞音怪登陴毗支反欒裔以制反州犂力兮反而驟仕救反民惡烏路反子好呼報反於難乃旦反傳見賢遍反經十六年雨木冰如字公羊傳云雨而木外也舊子付反著樹直略反欒黶於斬反徐於玷反鄢陵謁晚反又於建反茗丘音條非使所吏反剌公子七賜反爾雅云殺也依字作刺傳十六年近鄭附近之近將鉏仕魚反徐在魚反諸汋七藥反徐音酌一音市藥反陂彼庇反夫渠音扶不儆京領反覆之徐敷目反一音扶又反又芳又反汋陵音勺又七藥反一音常藥反爲晉于僞反居守手又反句耳古侯反與往音預注同非使所吏反過申古禾反正邪似嗟反注皆同下應應對之應烝民之承反注同敦厖莫邦反敦厚也厖大

也 其好呼報反 瀆齊徒木反 話言戶快反 奸時音干本或作干 而
罷音皮本亦作疲下注同 所底徐音旨一音之履反 吾不復見子矣扶又
反一本無復字 喪列息浪反下同 以紓音舒緩也 以遺唯季反下注問遺也同 集
睦集又作輯音同亦七入反 復從徐子容反音或如字 之亟去吏反數也 亟數所角
反 驕亢苦浪反 盍釋戶臘反 晨壓於甲反徐於輒反 而陳直覲反下
及注皆同 笮其側直反 笵匋本又作皿古害反 行首戶郎反一音如字注同 營
壘力軌反 輕窕敕彫反又敕弔反 相惡如字又烏路反 王卒子忽反下皆同 而
蹻許驕反徐讀曰嗷五高反注及後同 諠況元反本又作喧 譁音華本人作嘩 巢車說文
作轈云兵車高如巢以望敵也字林同 爲櫓音魯 大宰音泰官名大者多同以意求之 張幕
音莫 塵上時掌反 爲行戶郎反下夾公行同 皆乘繩證反下同 左將子匠反下
去將同 帥所類反下元帥同 戰禱丁老反或丁報反 賁皇扶云反 故憚徒旦

反萃於似醉反國蹴子六反射其食亦反注及下射之同中厥丁仲反注同

陽長丁丈反激南古狄反有淖乃孝反徐徒徐反泥也共王音恭夾公

古洽反焉得於虔反冒也莫報反徐莫北反離局力智反注同遠其

于萬反掀公徐許言反云捧轂舉之則公軒起也一曰掀引也胡根反一音虛斤反字林云舉出也火氣也又丘近反潘

尪烏黃反之黨一本作潘尪之子黨案注云黨潘尪之子也則傳文不得有子字古本此及襄二十三年申鮮

虞之傳摯皆無子字蹲甲在尊反徐又在損反聚也一音才官反七札側八反徐又側乙反夸王

苦瓜反尚知音智詰朝如字注同言女音汝夢射食亦反下至使射呂錡皆同

中之丁仲反下及注皆同中項戶講反伏弢他刀反弓衣也韎韋莫拜反又音妹

徐莫蓋反之蹠方于反注之樹反若袴苦比反而屬章玉反猶近

如字一本作與音預介者音界為事于偽反使者所吏反注及下同今壹

伊志反揖也字林云舉首下手也杜溷戶昏反又戶本反茀府勿反翰胡徐音韓

諜音牒 輅之五嫁反 乘繩證反 輕兵遣政反又如字 不去起呂反
於熒戶扃反 內旌音精 叔山冉如琰反 爲國故于僞反 乃
射食亦反 再發如字徐音廢 盡殪於計反 搏人音博 中車丁仲反
折之設反又市列反 軾音式 子茷扶廢反 謂夫音扶 之麾許危反
曰臣人實反 之使所吏反下使者同 好以呼報反下及注皆同 閒暇音閑 不
使所吏反又如字 往歆於鴆反 執榼苦臘反 造于七報反 得犒
苦報反 從者才用反 而復扶又反注及下同 卒乘繩證反下同 展陳
如字 徇曰似俊反 蒐乘所留反 秣馬音末 脩陳直覲反又如字 蓐
食音嗣 申重直用反 逸縱子用反 能見賢遍反 天敗楚也
夫音扶 三日穀本或作三日館穀誤也 君幼本或作君幼弱 之覆芳服反 臣
之卒從此巳前皆子忽反 初隕于敏反 盍圖戶臘反 壞隤戶怪反徐音懷

下徙曰反欲去起呂反晉難乃旦反子鉏仕居反女不可音汝儆

𤀹京領反設守手又反未弭亡氏反有篡初患反殺音試不

復扶又反下及下文復請同以伯如字又音霸申守手又反下注同敢過古卧反又古禾反又

食使者音嗣使音所吏反注同之介音界下文敢介大國同而後食一李

作聲伯而後食不與音預將主子匠反我斃婢世反廩丘力甚反苟

去起呂反下同淫慝吐得反下文同則夫音扶若朝如字吾爲于僞

反相二息亮反不衣於旣反不食舊如字對上句應作嗣音偃與音預

其難乃旦反始見賢遍反亦間徐音閒廁之間讀者或如字語諸音魚據

反不見賢遍反又如字注同經十七年北宮括古活反柯

陵古河反貍力之反脤市軫反玃俱縛反徐居碧反且子餘反傳十

七年虛滑起居反髡頑苦門反侯獳乃侯反爲質音致

戲童許宜反　曲洧于軌反　洽曲直吏反　驕侈尺氏反又尸氏反　難

將乃旦反下同　祝我之又反　與婦人如字徐行預反　于閡音宏巷門也　相

冒亡報反　讁我直革反責也　譴責遣戰反　相靈息亮反下相施氏同

處守手又反　而索所白反注同　填公音傾　刖鮑音月又五刮反　臣句

須其俱反　之知音智　嚮日許亮反本亦作向　危行下孟反　涉洹

音桓一音恒今土俗音袁　林慮力於反　長樂音洛下樂平縣同　瓊求營反玉也　瑰

古回反珠也　含象戶暗反本亦作啗　言之之莫音暮　戒數所角反　崔

杼直呂反　以難乃旦反下及注同　盧降下江反　反自鄄一本又作自鄄陵

盡去起呂反下文同　而嬖必計反　魚矯居表反　而梏古毒反械也

戶戒反　軍帥所類反　居守手又反　敵使所吏反　君盍戶臘反　嘗

使所吏反又如字　覘之勑廉反　伺也音同又絲嗣反　射而食亦反　不偪

彼力反下同易有以豉反信知音智下同清沸甫味反魋徒回反結社

西甚反徐而鴆反坐處昌慮反一朝如字爲軌本又作宄音同御姦魚呂反下

同不施如字或式豉反違去起呂反下同厭少詩照反焉用於虔反道

吳音導下及注同伐駕如字一音加鳌力之反虺許鬼反槖師

他洛反經十八年復入扶又反鹿囿音又遣輕遣政反

士魴音房于虛起居反朾他丁反傳十八年一乘

繩證反注同其少詩照反菽麥音叔易別以豉反下彼列反癡者

勑疑反齊爲于僞反之難乃旦反王湫子小反徐子鳥反弃萊

音來殺絕音試施舍如字一音始豉反止逋布吳反逮鰥古頑反淫

慝他得反賦斂力驗反宥音又罪戾力制反節省所景反下同

不從子用反本亦作縱魏相息亮反魏頡戶結反魏顆苦果反孝弟音悌本或作悌

渥濁於角反　右行戶郎反　士蔿下委反　辛將子匠反下軍將同

弁皮彥反本又作卞下同　紖居黙反　校正戶孝反注同　共時音恭本亦作供下文同

省卿所景反　令軍力呈反　鐸待洛反　遏於葛反徐音謁　訓卒子忽反

乘繩證反下及注皆同　六騶側留反　之長丁丈反　軍帥所類反下之帥爲帥皆同

以復扶又反下及注復入皆同　以上時掌反　取朝如字　郟古洽反　城郜古報反

三百乘繩證反　惡其烏路反　曰復歸扶又反音服一音　以惡

曰復入本或作以惡入曰復入　西鉏仕居反徐在居反　吾音魚西鉏吾人名也　無

猒於鹽反　猶憾戶暗反　以閒如字又閒廁之閒　吾釁許靳反　而披

普彼反注同分也　崇長丁丈反　患難乃旦反　勞公力報反　語之

魚據反注同　來見賢遍反　台谷勑才反一音臺　蝨季直例反　世適

丁歷反　襄元襄公名午成公子母定姒謚法因事有功曰襄辟土有德曰襄　第十四　杜氏盡九年

經元年魯與音預于鄫才陵反 公孫剽匹妙反字林匹召反

傳元年爲宋于僞反 彭城降戶江反注同 歸寘之豉反 瓠丘徐侯吴反音戶故反 東垣音袁 爲質音致 其郛芳夫反 元帥所類反 於洧于軌反 焦夷如字徐在堯反 不與音預 鄭縣才河反又子旦反 迂迴音于 繼好呼報反

經二年伯䡅古因反徐又胡忖反 甯殖市力反 齊姜如字謚法執心克莊曰齊或音側皆反非

傳二年伐萊音來 正輿子音餘本亦作與 以索所白反 謚應應對之應年末同 其行下孟反 美檟古雅反木名 爲櫬初覲反棺也 養姑徐余亮反 話言戶快反善也 哲知音致下同 爲不哲矣一本作不爲哲矣 不姒必履反 公適丁歷反本亦作嫡 烝之承反 畀必利反與也注同 以洽戶夾反 孔偕音皆 偕徧音遍 越疆居良反 齊竟音境 負擔都暫反 射楚食亦

反非異人任音壬注同絶句一讀至人字絶句不爲于僞反若背音佩棄
力暱本作棄功誰暱本又作肵女乙反徐乃吉反復夏扶又反下文復夏會同
經三年長樗勑居反單子音善表僑其驕反傳三
年鄧廖力彫反組甲音祖下皆同被練皮義反徐扶僞反注及下同要而
於遙反咎子其九反憂恚一僞反子相息亮反皆同介在音界晉
爭爭鬪之爭爲鄭于僞反吳好呼報反不易以豉反注同多難
乃旦反年內同虞度待洛反于耏音而解狐音蟹爲諂他檢反爲
比毗志反能舉善也夫音扶絶句一讀曰夫爲下句首頃公音傾亂行
戶郎反注同行陳直覲反用鉞音越公跣先典反無重直用反注同禮
食音嗣注同又如字特爲于僞反經四年傳四年
爲陳于僞反鮦陽孟康音紂直九反一音童或音直九反非有咎其九反下同肆

夏戶雅反注及下同 奏九夏一曰王夏二曰肆夏三曰韶夏四曰納夏五曰章夏六曰齊夏七曰族夏八曰陔夏九曰驁夏 肆夏一名樊國語云金奏肆夏樊遏渠杜逐分爲三夏之別名呂叔玉云肆夏時邁也樊遏執競也渠思文也 韶夏上招反 名遏於葛反 夏納本或爲納夏誤 名渠其居反 子貟音云徐于貧反 通使所吏反下注及文皆同 藉之在夜反薦也 舍其音捨 而重直用反下皆同 敢與音預下及與同 牧伯徐音目 相樂音洛 以勞力報反注以此勞同 騑騑芳非反 咨諏子須反 咨度待洛反下文注同 咨詢音荀 咨難乃旦反 不過古禾反 君長丁丈反注同 爲已于僞反下注爲定如爲言下爲執事同 蒲圃布古反 場直良反 不御魚呂反止也注同 須句其俱反 顓臾音專羊朱反 之比必二反 蓋相息亮反 朝夕如字 褊小必淺反 不共音恭 頹借子亦反注同 間陳間廁之間 伺音司 閒音閑又間廁之間又如字 其使所吏反 夏訓戶雅反下注皆同 启羿音詣

自鉏仕居反 大康音泰 中康音仲下同 子相息亮反下及注同 熊虒
苦門反 尨莫邦反 圉魚呂反 寒浞仕角反徐在角反 樂之音洛下樂安同 詐
慝他得反後同 不悛七全反改也 而亨普彭反煑也 以食音嗣注同 有鬲
音革 生澆五弔反 及豷許器反 斟之林反 灌古亂反 于過古禾反注
同及下 干戈古禾反 掖縣音亦漢書作夜孟康音掖 之燼才刃反遺民也 少康詩照
反注及下同 后杼直呂反 官箴之林反 芒芒莫郎反遠皃 畫爲平麥
反分也 攸家如字本或作攸㲀 不擾如小反亂也 冒于莫報反貪也又云北反 其
麀音憂 鹿 牡茂后反 可重直用反下文同 猶數所角反 不恢
苦回反大也 以好呼報反下文同 不懲直升反 荐居在薦反又才遜反聚也或云草也
易土以豉反輕也徐神豉反注同 可賈音古 不聳息勇反懼也 公說音悅
臧紇恨發反 狐駘徒來反徐勑才反 番縣本又作蕃應劭音皮一音方袁反白

襄魯國記六陳子游爲魯相 鄫子也國人爲諱改曰皮 目台 吐才反 皆髽 側瓜反 合

髻 音計本又作結 又作紒音同 朱儒 本或作侏 亦音朱 經五年子

巫 亡扶反 鄫見 賢遍反 不復 扶又反 下同 傳五年愬

戎 悉路反 淩虣 白報反 奉使 所吏反 覿鄫 直歷反 見也 見也

賢遍反 之好 呼報反 將爲 于僞反 共王 音恭 嚴斷 丁亂反 挺

挺 他頂反 正直也 扃扃 工迥反 徐孔穎反 明察也 背盟 音佩 鄫近 附近之近 下文陳近

同 魯賁 音墳 致譴 棄戰反 故復 扶又反 所以見 賢遍反 子

囊 乃郎反 我喪 息浪反 改行 如字 徐下孟反 民朝 如字 城棣 直計反 一

音徒姝反 入斂 力豔反 西鄉 許亮反 宰庀 匹婢反 具也 無衣 於既反

無食 如字 又音嗣 無重 如字 又直龍反 相三 息亮反 私積 子賜反

經六年 傳六年少相 詩照反 狎 戶甲反 習也 長相

丁丈反調戲徒弔反梏華古毒反以貫古亂反其懦乃亂反又乃卧
反射子罕食亦反注同幾日居豈反射女音汝不勝音升見
且賢遍反注同復託扶又反堙之音因土山環城戶關反又音患傳於
音堞音牒女墻也一名俾亦附謂之俾倪徐養涉反王湫子小反徐子鳥反共公音恭遷于
郳五兮反本或作遷萊于郳萊衍字其疆居良反經七年郯子
音談城費音祕事難乃旦反于鄬于軌反字林几吹反于鄵七報反又采南反字
林千消反所殺音試下同爲書于僞反上其名時掌反傳七
年啓蟄直立反夏正戶雅反隧正音遂多難乃旦反長
子丁丈反下師長同好仁呼報反注及下同請共音恭下注同介爾音界下及注同
參和七南反或音三臣後胡豆反下文不後寡君同子相息亮反下子駟相同未嘗
後如字徐胡豆反無悛七全反委蛇於危反下以支反下同召南上照反爲

執于偽反 背君音佩 經八年公子燮悉協反 邢丘
徐音刑 悼難乃旦反 傳八年復脩扶又反 伯業音霸
又如字本亦作霸 先之悉薦反又如字 辟殺婢亦反罪也注同 子駟許其反徐音怡 以
彊居良反注同 子蟜居表反 人讎音授或如字注同 幾何居豈反 之難
乃旦反 以紓音舒 敬共音恭 二竟音境注同 而庇必利反又音祕下同 不罷
音皮 背之音佩至卷末皆同 杖莫直亮反下同 完守手又反或如字下手官弁注同
其咎其九反下同 無適丁歷反下同 騑也芳非反 伯駢扶賢反又扶經反
儆而居領反 悉索悉各反盡也注同一音所百反 女何音汝 馮陵皮冰反注同
啓蹝其委反 傾覆芳服反 所控苦貢反引也 夫人音扶 一个
古賀反注同 獨使所吏反 以見賢遍反或如字 摽有徐扶妙反又扶表反落也 以
興許應反 令辟音辟本多即作辟字後放此 彤弓徒冬反 復受扶又反

城濮音卜衡雍於用反孫臧如字徐才浪反　經九年于

戲許宜反　傳九年畚音本草器也揭九録反土轝也具綆

古杏反及水索缶方九反汲水瓦器蕢其位反蘢力東反轝音預汲音急索悉各反盆

鑒戶暫反所任音壬畜敕六反本又作蓄水潦音老繕守手又反注守備同

巡行下孟反下同丈度待洛反下同之處昌慮反摽表必遥反隧

正音遂華閱音悅官庀芳婢反見也下同樂遄市專反皇鄖音云

本亦作貞音同校正戶教反注同出馬如字徐失遂反下同武守手又反下同西鉏

吾音魚儆宮音景四庸本又作墉音同城也般庚步干反字亦作盤以

襛如呈反喔濁於角反於咮竹又反徐丁遘反以出如字徐尺遂反內

如字徐音納鶉火音純得見如字又賢遍反閼伯於葛反相土息亮反注同

契孫息列反之釁許靳反猶數所主反下同所更音庚遇艮

古恨反　日云如字猶無也讀者或音無　元亨許庚反下同　論彖吐亂反　以折

之設反　之長丁丈反下同　嘉德易作嘉會　而與音預　而姣戶交反注同徐

又如字服氏同嵇叔夜音效　士雅苦田反　失選息戀反注同　少於詩照反下同　中

行戶郎反　欒黶於斬反　新軍將子匠反　晉饑音飢又音機　鄗

門音專本亦作專　行栗如字行道也栗表道樹　于汎音凡　盛音成　糇糧音侯

乾食也　肆眚生領反徐所幸反　人恐丘勇反　鄭復扶又反　敝罷

音皮　暴骨蒲卜反注同徐扶沃反　以爭爭鬭之爭注同又如字　未艾魚廢反息

也一音五蓋反注同　公孫蠆勑邁反　皆從才用反　適子丁歷反　使

介音界注同　介猶閒也音閒廁之閒又如字　以要之一遙反注強要下要人要盟皆同

強要其丈反　歆其許今反　墊丁念反　隘於懈反　所底音旨至也

以庇必利反　能休許虯反　復伐扶又反下注同　閏月依注讀爲門五日

陰阪音反又扶板反三番芳元反更攻音庚洧津于軌反冠而古亂反注下皆同盇爲戶臘反以裸古亂反謂灌古亂反鬯酒敕亮反之祧他彫反罷戎音皮徐音彼中分並如字徐音丁仲反輸積子賜反下同聚才住反以貸他代反崇省所景反期年音基本亦作朞于向舒亮反

襄二第十五　杜氏　盡十五年

經十年于相莊加反偪陽徐甫目反又彼力反本或作逼妘姓音云不復扶又反

傳十年壽夢莫公反相大子息亮反注同賢行下孟反秦堇徐音謹步挽音晚縣門音玄注及下同郰人側留反紇恨發反抉之烏穴反徐又古穴反以出如字一音尺遂反狄虎音斯彌徐音弥一音武脾反爲櫓音魯大楯也大楯常尹反又音尹一隊徒對

反徐徙偎反郰風音佩及堞音牒徐養涉反隊則直類反而復扶又反注

同上時掌反者三息暫反又如字其斷徒亂反以徇似俊反水

僚音老知伯音智以几本又作机同女成音汝下及注皆同余言䑥劣危

反可重直用反任乎音壬注同帥卒子忽反何貺音況賜也有

禘大計反題以大兮反識也旌夏戶雅反注同師帥所類反題

識申志反又如字下同其行戶郎反卒見寸忽反去旌起呂反及著

徐都慮反一音除慮反雍於用反桑林見賢遍反注同祟見息遂反請

禱丁老反痎差初賣反夷俘芳夫反令居力呈反下令在勸令同秦

丕茲一本作泰不茲于呰子斯反下音紙師數所角反疲病音皮

問繇直救反兆卦之辭而喪息浪反下同禦寇魚呂反孫蒯苦怪反

爭競爭鬪之爭下文有之爭同幼少詩照反任其音壬閒諸侯閒則之閒

故長丁丈反田洫況域反堵氏音者或丁古反皆喪息浪反下同封疆居良反子嬰許其反本亦作熙又音怡知難乃旦反其處昌慮反不儆音景公孫夏戶雅反尨羣匹姆反閑藏才浪反又如字完守手又反七乘繩證反尉翩音篇政辟婢亦反得與音預下魯不與同請爲于僞反至治直吏反城梧音吾鄭復扶又反以見賢遍反下同還鄭本又作環戶關反徐音患注同繞也夾頴音穎能御魚呂反能庇必利反難要一遥反伯與本又作輿音同王右音又注同助也史狡古卯反以說音悅注同又如字篳門音必篳門柴門也閨音圭本亦作圭竇音豆從王才用反注同又如字騂息營反字林許營反旄音毛王爲于僞反共祭音恭東氐音低之相息亮反下同以賄呼罪反不勝音升之長丁丈反則何謂正矣何或作可誤也所右音又下同亦並如字

所左音佐下同亦並如字其契苦計反注同經十一年復在
扶又反于亳蒲洛反徐扶各反鄭與音預良霄徐音消傳十
一年更帥音庚賦音式稅舒銳反將復扶又反僖閎音宏詛諸
側慮反五父音甫之衢其俱反相要一遥反其乘繩證反注及下並同壞
其音怪足成將住反亦如字不舍音捨國幾音機近也注同徐音畿說之
音捝使疆居良反注同埸之音亦注同之難乃旦反其莫音暮于
向舒亮反于瑣素果反宛陵於阮反又於元反濟隧子禮反下音遂數
伐所角反罷於音皮毋音無下皆同蕰年紆粉反毋壅於勇反
留慝他得反下同速去起呂反同好惡並如字或讀上呼報反下烏路反
將王將丈反助也閒閒廁之閒茲命本或作茲盟誤大祖音泰凡大祖大廟大
宫皆放此之比必利反巳姓音紀或音祀任姓音壬殛之紀力反注同誅也俾

失本又作卑必爾反 隊命直類反 踣其蒲北反徐又敷豆反 斃婢世反 大夫詹之廉反 不與音預 以復扶又反 石臭勑略反 以攝如字又之涉反 言使所吏反注同 爲介音界 納斥徐音尺一音昌夜反 侵掠音亮 叔肸許乙反 叔向許丈反 以藉在夜反注同 鮮不息淺反 赦宥音又 師悝苦回反 師觿古玄反又音圭 廣車古曠反注同 軘車徒溫反 淳十述倫反耦也徐又之倫反 五乘繩證反下及注同 二肆音四 縣鍾音玄 其鎛音博 九合諸侯謂五年會戚又會城棣救陳七年會鄬八年會邢丘九年盟于戲十年會柤又伐鄭戍虎牢十一年同盟亳城北又會蕭魚 與子樂之音洛一音岳注同 殿天都遍反注及下同 便蕃音煩注同 數也所角反 庶長丁丈反下及注同 鮑步卯反 御之魚呂反後放此 于櫟力的反徐夫灼反 易秦以敢反

經十二年 圍台勑才反又音臺一音翼之反 入鄆音運

不與音預 傳十二年 臨於力蔭反下同 嚮其許亮反或作向

於禰乃禮反 魯爲于僞反下皆同 爲邢音刑 凡蔣將丈反案富辰所稱邢在

蔣下今傳在凡上未知何者爲是 茅 胙才故反 祭側戒反徐又如字 庶長丁丈

反下同 敢譽音餘又如字 非適丁歷反 先守手又反 劉夏戶雅反 秦

嬴音盈 經十三年 取邿音詩 任城音壬 亢父苦浪反又

音剛下音甫 言易以豉反傳同 傳十三年 舍爵音捨如字又

停蒧古獲反 爲將于僞反 軍帥所類反下文無帥同 伯游 長丁丈反

事見賢遍反 將佐子匠反 難其乃旦反或如字 什吏音十 卒乘

子忽反下繩證反 爲伏音泰 數世所主反 也夫音扶 休和許虯反 有

好呼報反 之治直吏反 讒慝他得反 黜遠于万反又如字 不爭爭鬬之爭

其技其綺反 以馮皮冰反注同 少主詩召反 而喪息浪反 于鄢音偃

以殁音没窀張倫反厚也一音徒門反穸音夕夜也以共音恭下同諸夏戶雅反
必易以豉反徐神豉反三覆扶又反注同伏兵也庸浦判五反昊天胡考反
事閒音閑先征息薦反巡守手又反下同本又作狩不習則增絶句一本
無增字則連下揔爲句焉用之於虔反本或作將焉用之其使所吏反注同
經十四年其使所吏反雖介音界惰慢徒卧反傳十四
年爲吳于僞反注爲吳卒不爲同務婁徐莫侯反下力侯反務又音如字婁或音力俱反楚
使所吏反迫逐音百瓜州古華反令敷徒門反煌音皇被普皮反
苫式占反蓋戶臘反爾雅曰白蓋謂之苫蒙冒莫報反不腆他典反與
女音汝下同剖分普口反中分也中分丁仲反又如字漏洩息列反徐以世反詰
朝起吉反下如字注同無與音預注及下同使復扶又反裔以制反冑直又反
毋是音無狐狸力之反又作貍同豺狼仕皆反所嗥戶羔反有殽戶交反

戎亢苦浪反當也捕鹿音步徐又音賦掎之居綺反踣蒲北反又敷豆反僵也

僵也居良反離遏他歷反贅幣音至不與於會音預無瞢

莫贈反徐又武登反悶也一音武忠反青蠅以仍反凱悌開在反下徒禮反下文及注同子介

音界其使所吏反注同之長丁丈反季札側八反少弟詩召反適

子丁歷反奸君音干相傳直專反于竟音境朝那如字下乃多反

如淳朝音株鞄有白交反則揭起例反子說音悅棫林位逼反徐于日反一

音於鞠反饜惡烏路反從帥所類反下及注皆同多遺唯季反汰侈

昌氏反本或作㑥又尺氏反而女音汝召公上照反注同公甀詩亦反所施如字又始豉反

爲之于僞反日旰古旦反晏也而射食亦反於圉音又入使所吏反又如字

公飲於鴆反之麋亡悲反本或作湄無拳音權有孌心計反不解

音蟹欲先悉薦反并必政反帑音奴子也蘧伯玉其居反傾覆

小四・四五 芳服反 蘧瑗 于眷反 知愈 羊主反差也 當差 初賣反 懼難 乃旦反

出竟 音境下文皆同 子蟜 居表反 近戚 附近之近 如鄄 音絹 故爲

于僞反下爲孫氏同 公佗 徒何反 公差 初佳反徐初宜反 射爲 食亦反下及注徐禮射一字皆同或

一讀射而禮 背師 音佩 求中 丁仲反 兩軥 其俱反徐又古豆反說文同云軛下曲者

服云車軛兩邊又馬頸者 車軛 於革反 卷者 音權又起權反 子爲 于僞反 貫臂

古亂反一音官注同 子鮮 音仙 適母 丁歷反 舍大臣 音捨 之比 必二反 中

櫛 側乙反 厚成叔 本或作郈音同 弔于衛 本或作弔于衛侯侯衍字也 使瘠

在亦反 發洩 息列反 大叔 音泰 之好 呼報反 又重 直用反注及下同 語

臧 魚據反 以守 手又反 弟鱄 徐市臠反又音專 以郲 音來 從而 才用

反又如字注同 不說 音悅注及下同 羔袖 本又作褎在又反 公孫剽 匹妙反一音甫遥反

字林父召反 相之 息亮反 唁衛侯 魚變反徐作殖音唁弔失國曰唁 冀土

方問反彧輓音晚彧推如字又他回反舍新軍音捨下及注同知朝音智之

長丁丈反毳裘直例反無帥所類反注同未任音壬出其君

如字徐出音黜卬之音仰本亦作仰雷霆徒丁反又音挺本亦作霆匱神其位反之

祀本或作之祀誤也弗去起呂反親暱女乙反其難乃旦反瞽爲

詩音古盲者莫庚反以風方鳳反箴諫之林反士傳直專反注同

不與音預非謗如字本或作誹音非亦同又甫味反其技其綺反道人在由反徐又在

幽反又子由反木鐸待洛反徇於似俊反鈴也力丁反以從子用反本或作

縱爲庸于僞反囊殿多練反不儆音景之隘於懈反要而

一遇反險阸於賣反右我音又世胙才故反不壞如字服本作懷翳烏兮

反命女音汝環戶關反史佚音逸仲虺許鬼反侮之云甫反左

相息亮反析羽星歷反見意賢遍反行歸下孟反注同經十五年

傳十五年令聞音問 重勞直用反 敢間間廁之間 過魯古禾反 公監古銜反 罷戎音皮又皮買反 蔿于委反 子馮皮冰反 從子才用反 橐師音託 公子成音城 屈到居勿反 箴尹之林反 宮廏徐音救 無覦羊朱反又徐音喩 無覬音冀 寘彼之豉反下同 周行戶郎反注及下同 周徧音遍下同 各任音壬 曰圻音祈 四十乘繩證反下乘同 師茷扶廢反徐音伐 爲質音致 子晳星歷反 女父音汝 諸卞皮彥反 其相息亮反注及下皆同 易淫樂以豉反 之矇音蒙 不爲于僞反下文爲之攻之同 溴古歷反 郹共音恭 皆喪息浪反 堵茍音者茍本或作狗 娶於七住反

經典釋文卷第十七　經四千九百二字 注一万一千八十六字

經典釋文卷第十八

春秋左氏音義之四

唐國子博士兼太子中允贈齊州刺史……明撰

襄三第十六　杜氏

經十六年溴梁古闃反徐公壁反　軹……

反數侵所角反　圍郕音成　傳十六年彪也彼蚪反

羊舌肸許乙反　叔向許丈反　就間音閑　乘馬繩證反　烝于之承反冬祭也　警居領反　守手又反　莒犂徐力私反音力兮反　比公音毗注同

將爲于僞反下文爲夷同　之使所吏反　向戌舒亮反下音恤　公孫蠆勑邁反　子蟜居表反　遂相息亮反　從公才用反文如字注同　棫林爲逼反徐于目反　鄅氏音成　欒黶於斬反　子格古百反　湛市林反徐文林反一音直斬反

阪音反徐又扶板反　復伐扶又反　孟孺本又作孺如住反　子速本亦作遬音同

徼之古堯反要也　要也一遥反　好勇呼報反　海陘音刑徐古定反　魯

隘於懈反　禘祀大計反　朝夕如字下同　釋感胡暗反本亦作憾　比及必利反

之閒音閑　中行戶郎反　圻父其依反下音甫注同　嗸嗸五刀反　劬勞

求于反　句在占害反　無鳩居牛反集也　經十七年　子輕

苦耕反徐戶耕反　桃虛起居反　華臣戶化反　傳十七年　莊

朝如字凡人名字皆放此　司徒卬五郎反注同　孫蒯苦怪反　曹隧音遂　越

竟音境　遂飲於鴆反　重丘直龍反　其瓶步經反　而詬呼豆反罵

也　罵也馬嫁反　䜋于悉路反　臧紇恨發反　近防附近之近下居近澤門同

鄹叔側留反　復還守扶又反又音服　唁之音彥　以杙羊職反　抉

烏穴反徐又古穴反　其傷如字一本作傷音羊　爲齊于僞反　皐比音毗　侵昜

以皷反　以鈹普皮反　畀余必利反與也注同　必聘勑領反　惡之烏路反年末注同

瘈狗徐居世反一音制字林作狾九世反云狂犬也　大宰音泰後放此　爲平公于僞反

妨於音芳　農收如字又手又反　謳曰烏侯反　澤門如字本或作皐門者誤　之

皙星歷反徐思益反白也　之黔徐音琴一音其廉反黑也　執扑普卜反杖也　以行下孟反

而抶恥乙反　吾儕仕皆反　有闔戶臘反　盧力居反　區區丘于反小兒

有詛莊慮反　有祝之又反　分謗補浪反　麁本又作麤　褒七雷反本又作縗同注同

不緝七入反　苴七余反麻有二者也　絰帶直結反以苴麻爲絰及帶

杖竹杖也禮記云苴杖竹也　菅古顏反草也　屨九具反以草爲屨　食鬻之六反音羊天反謂朝一溢米暮一溢米

倚廬於綺反廬倚東牆而爲之故曰倚廬　寢苫傷廉反編草也

枕草之鴆反注同王儉云夏枕古冬枕草　枕凷苦對反一音苦怪反　不解音蟹

經十八年之使所吏反　入竟音境　齊數所角反　負芻初俱反

傳十八年長子丁丈反或如字純留徒溫反或如字地理志作屯為曹于僞反所殺申志反首隊直位反跪而其委反奉之芳勇反梗陽古杏反巫皐古刀反二穀古學反而檮丁老反一音丁報反怙恃音戶棄好呼報反背盟音佩謂數所角反實先悉薦反後之戶豆反守宮手又反又如字敢復扶又反下注復次同沈玉音鴆或如字魯濟子禮反禦諸魚呂反塹防士豔反廣里古曠反注同析文星歷反敢匿女力反千乘繩證反子盍戶臘反公恐曲勇反斤山澤音尺一音昌夜反必旆步蓋反踈陳直覲反注同乃脫勑活反注同一音他外反旗識申志反一音赤志反夜遁徒困反聲樂音洛注同班別彼列反連大並如字塞隧音遂道也而殿丁練反下及注同郭最徐子會反於隘於懈反射殖食亦反下注同中肩丁仲反矢夾古洽反或古協反

脰音豆頸也 其衷音忠 殺女音汝 乃弛式氏反本又作施音同 亦舍音捨 皆

袊其鴆反 城守手又反 克郜音詩 雍門於用反 之萩音秋本又作秋

示閈音閑 其楢勑倫反又相倫反木名 劉難乃多反或如字 左驂七南反 迫

音百 還于音旋一音患 以枚每回反馬檛也 數所主反注同 闔戶臘反門板 馬檛

陟瓜反 不恐曲勇反 郰棠音尤 扣馬音口 略行下孟反 以輕遣政

反下同 斷鞅音短 及維本又作濰音同水名 及沂魚依反 東莞音官 蓋

縣古害反 下邳蒲悲反 入泗音四 欲去起吕反下同 揚豚徒門反 見

使所吏反 難易以豉反 於汾扶云反 子西守手又反下完守同 犨

縣尺由反 㴸然章延反 入汴皮彥反 薳于委反本又作蔿 子馮皮冰

反 侵費扶味反 滑干八反 雍梁於用反 右回如字徐胡猥反 蟲

牢力刀反 純門如字一音市荀反 潍水音維 多凍丁弄反 幾盡

音析吾驟仕救反經十九年祝柯古多反漷水好貌反徐
音郭又虎伯反字林口郭口獲二反西郛芳夫反傳十九年督揚
丁毒反毋侵音無疆我居良反蒲圃布古反過魯古禾反如
寋音賄荀呼罪反乘馬繩證反又四馬為乘同先吳悉薦反又如字壽
夢莫公反元帥所類反癉丁但反徐音旦疽七徐反生瘍音羊惡
創初良反及著張慮反又直慮反雍於用反請見賢遍反而視如字徐市
至反下同不可含戶暗反本亦作唅下同口噤其蔭反盥而音管其爲于僞
反下注爲懷子同乃復扶又反乃瞑亡丁反一音亡平反桓譚以爲荀偃病而目出初死其目未合尸冷乃合
非其舒所知也傳困其異而記之耳兵并必政反將中軍子匠反後放此召伯上照反下
同勞力報反來力代反之長丁丈反之仰如字徐五亮反下同膏雨古報反如字徐古
報反常膏古報反又如字輯睦音集本又作集鑄鍾之樹反聲應應對

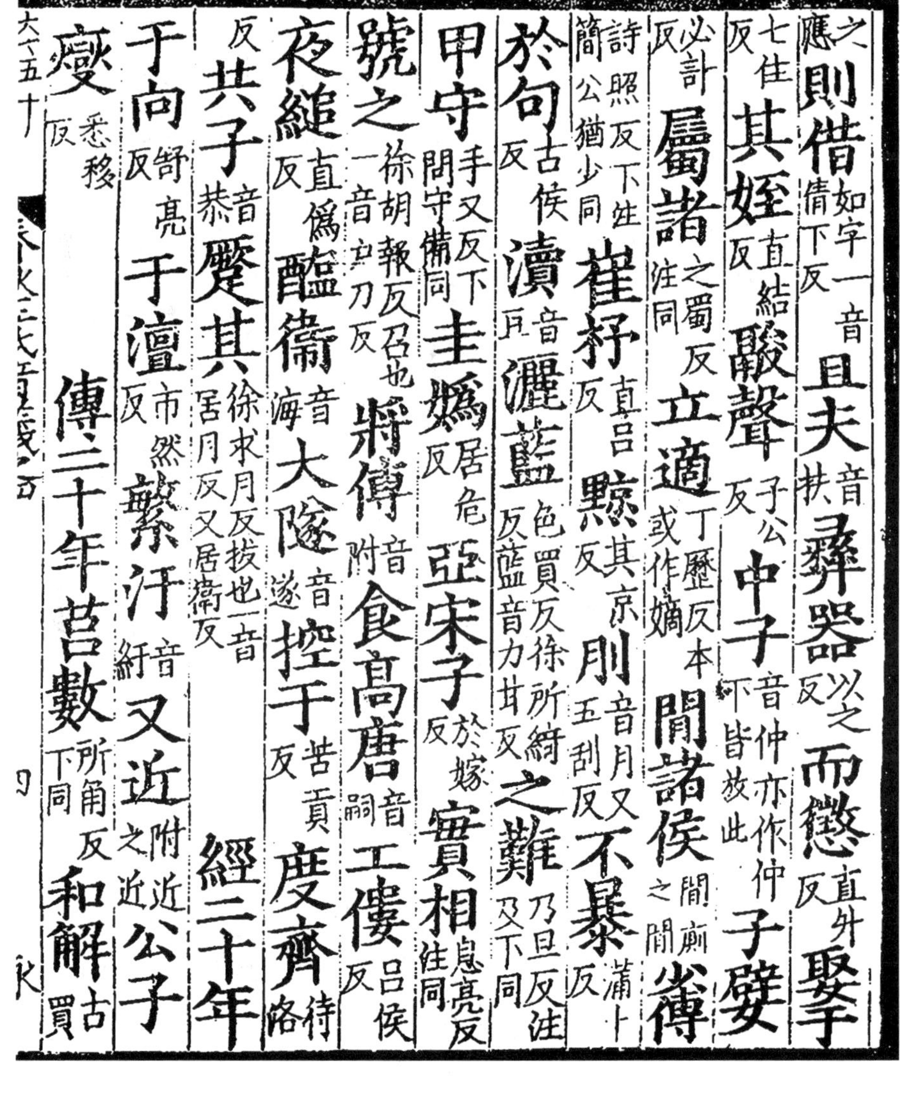

之應則借如字一音倩下反且夫音扶彝器以之反而懲直升反擧

七住反其姪直結反鬷聲子公反中子音仲亦作仲下皆放此子變

必計反屬諸之蜀反注同立適丁歷反本或作嫡閒諸侯閒廁之閒衛傳

詩照反下注簡公猶少同雈杼直呂反黥其京反刖音月又五刮反不暴蒲卜反

於句古侯反瀆音豆灑藍色買反徐所綺反藍音力甘反之難乃旦反注及下同

甲守手又反下閒守備同圭嬀居危反亞宋子於嫁反實相息亮反注同

號之徐胡報反召也一音戶刀反將傳音附食高唐音嗣工僂呂侯反

夜縋直僞反醢衛音海大隧音遂控于苦貢反度齊待洛反

反共子音恭蹷其徐求月反拔也一音居月反又居衛反　經二十年

于向舒亮反于亶市然反繁汙音紆又近附近之近公子

廝悉移反　傳二十年莒數所角反下同和解古買反

反又戶買反自復扶又反下始復同其好呼報反下皆同背楚音佩之偪彼力反與於音預呼於大故反而去起呂反褚師張呂反段徐徒亂反

共公子音恭常棣大計反樂爾音洛妻帑音奴魚麗力馳反樂只之氏反本亦作旨奉使所吏反之策初革反出其君如字徐音黜有餕奴罪反餧也

經二十一年以漆本或作涤徐音七閭丘力於反商任音壬

傳二十年公姑姊

杜以公之姑及姊是二人也或曰列女傳稱梁有節姑妹謂父之妹也此云姑姊是父之姊也一人耳以杜氏爲誤案成二年楚侵及陽橋孟孫往賂以公衡爲質杜云衡成公子也楚師及宋公衡逃歸臧宣叔云衡父不忍數年之不安以棄魯國則公衡之年下計猶十七八成公是其父固當三十有餘從成二年至此三十八歲姑又成公之姊則年近七十矣假令公衡非成公之子猶是成公之弟成九年伯姬歸于宋伯者長稱九年始嫁則爲成公之妹成公不得有姊矣若成公則有庶長之姊以成公公衡之年推之亦不復堪嫁故知二人也唯公羊以成公即位年幼據左氏成四年傳云公如晉晉侯見公不敬公歸欲求成于楚得季文子諫而止此非年

幼也反覆推之杜氏不誤妻之七計反下同其從才用反下同子盍胡臘反下盍反同詰

盜起吉反治也務去起呂反下皆同皁牧在早反凡八等之人謂皁輿隸僚僕

臺閭牧也洒西禮反濯直角反軌度待洛反不懲直升反當令力呈

反復討扶又反公子鉏仕居反叔孫還音旋殺之申志反又如字鬬

地求月反繭古典反緜衣也禮記云纊爲繭衣裘於既反鮮食息淺反少也下鮮過

并注同瘠則在亦反瘦也所又反彊逐其丈反不相能如字徐乃代反

幾亡其依反不爲于僞反下文吾爲同作難乃旦反懷子好呼報反

施式豉反城著直據反又張慮反易逐以豉反郰豫音丙叔罷彼皮

反不知音智下及注同詩小雅案今小雅無此全語唯采叔詩云優哉游哉亦是戾矣王

鮒音附弗應應對之應下注同一本作不應皆咎其九反德行下孟反注同

較然音角乘馹人實反傳也無疆居良反下注同有營莫胡反勳

如字書作訓 宥之音又 鯀古本反 殛紀力反 大甲音泰 而相息亮反 右

王音又 宣子說音悅 之乘繩證反 入見公賢遍反下文始見并注同 言

爲國于僞反下不爲巳亦爲子皆同 姤叔丁故反 裼女音汝下同 人閒閒廁之閒 於

難乃旦反 掠之音亮 守臣手又反注同 罪重直用反注同 郊甸徒練反

伏竄七亂反 輔相息亮反 保任音壬 儌之户教反或作效 環轅音表

錮欒音固 齊殺申志反下同 剽匹妙反 知起音智 中行户郎反 喜

邢蒯否怪反 先二子悉薦反 欲與音預下同 其枚本亦作板 子

爲于僞反 背射食亦反 經二十二年 寵近附近之近

傳二十二年 之守手又反 爲公于僞反 兩過古禾反 御叔魚呂反又魚據反 焉用於虔反 多知音智又如字 而傲五報反 使人祈吏反注同

不任音壬 之蠹丁故反 少正詩照反注下少牢同 孫僑其驕反 有戲

許宜反 不共音恭下共祀同 觀釁許靳反 差初宜反又初佳反一音七何反注同 沚徐本
作沚直知反一音徒何反注同 重之直用反 石盂音于 石㚖勑略反 公孫夏
戶雅反下同 見於賢遍反又如字 背酎直又反 與執音預 燔焉本又作膰音煩祭肉
也 間二年間廁之間又如字 先澶悉薦反 罷病音皮 荐至在薦反仍
也 不惕他歷反懼也 朝夕如字 堪任音壬 黑肱古弘反 盡歸津忍
反凡此例可求故時音之 復錮扶又反注同下復使下復生不復行皆同 馬數所主反 十乘
繩證反 令富力呈反 君焉於虔反下焉入同 泄命息列反漏也又以制反 轘
觀起音患車裂也 四竟音境下同 取殯必刃反 吾與音預 殺吾如字
一音試 遂縊一賜反 公子齮五綺反 屈建君勿反 弗應應對之應
不敢不見賢遍反 游販普板反 大叔音泰 請舍音捨
襄四第十七 杜氏 盡二十五年

經二十三年伯匄古害反畀我必利反復入扶又反注同還輿

戶關反君爭爭鬭之爭雍榆於用反朝歌如字爲之于僞反廢

長丁丈反少詩召反輕行遣政反傳二十三年喪

之如字徐息浪反徹去起呂反禮爲于僞反下注爲召下而爲並同絶期居其反

懟二悉路反使慶樂往絶句從陳侯才用反又如字板隊直類

反注同其長丁丈反析歸父星歷反滕之以證反又繩證反以藩方元

反注同有郭之亮反又音章知不音智又如字無咎其九反所祐音又而

觴式羊反午匿女力反而飮於鴆反偏拜音遍原屏薄經反

之難乃旦反知悼音智子少詩照反注同嬖於必計反七輿音餘

王鮒音附侍坐如字一音才卧反以走如字一音奏民柄彼命反可強

其丈反下注強取同無解徒賣反墨縗七雷反本又作衰音同冒莫報反經

直結反冒目結以經冒其首也一云纏冒經三者皆墨之內應應對之應臺觀官喚反備

守手又反既乘繩證反下騎乘趣乘并注同備隋待果反隊也直類反

跳徒彫反上獻子時掌反左援音袁斐豹音非一音芳匪反督戎

丁毒反閉著陟略反帥卒子忽反訟女音汝注同射之食亦反不中

丁仲反又注之住反注同屬矢之玉反拋本音懷而覆芳服反注同轢

拋音歷斷音短肘張九反王孫揮許韋反召揚上照反申鮮虞

音仙之傅摯音至本或作申鮮虞之子傅摯晏父戎音甫貳廣古曠反注同

邢公音刑牢成魯刀反一本作罕成襄罷師音皮徐音彼一音皮買反狼音郎蘧

踦其居反胠起居反徐又音脅或起業反侯朝如字一音直遙反桓跳徒彫反大殿

都練反注同夏之戶雅反御寇魚呂反駟乘繩證反閒大國閒廁之閒

又如字其咎其九反其難乃旦反欲殺申志反下同以說音悅又如字於

背音佩二隊徒對反徐徒猥反登大音泰行徐戸郎反一音如字隘道於懈反

熒戸扃反廷音庭本亦作庭築壘力軌反辟也音辟郫婢支反少水

詩照反少水地名下注孟氏之少立少同京觀官喚反趙勝音升一音申證反晏氂力之

反徐音來無適丁歷反公彌長丁丈反下皆同公鉏仕居反紇也根發反貝

敝車婢世反徐扶滅反飲我於鴆反下皆同吾爲于僞反下注爲定爲公鉏同重

席直恭反新樽音尊本亦作尊復絜扶又反下非復下文復戰同澡之音早

慍而紆運反怨也怒也位處昌慮反朝夕如字恪居苦各反舍旃

音捨惡臧烏路反下之惡子之惡我亦君所惡同騶側留反豐點都簟反徐之廉反

好所報反羯居竭反弗應應對之應焉在於虔反疢疢恥刃

反之療力召反將辟婢亦反徐甫亦反注同藉除徐音借又如字藉亦借也穿

藏才浪反隧正音遂下文且于之隧同申從才用反上同一音如字娶于七住反

鑄之樹反 蛇丘音移 所治直吏反 其姪大結反又丈一反 大蔡龜名也一

云龜出蔡地因以為名 宗祧他彫反 請為先人于偽反下為已請自為請為其先人下文遂自為

也同 知不足音智 要君一遥反下同 毋或音無下同 不聽吐定反

殺適丁歷反 蕩覆芳服反 盍以戶臘反 誰居音基注同 猶與

音餘 且干子餘反 杷殖市力反 華還胡化反下音旋 狹路戶夾反 近莒

附近之近 敝盧力居反 得與音預 臧孫聞之見賢遍反 齊侯

絕句一讀以見字絕句齊侯向下讀 知之音智下同 經二十四年陳鍼其廉

反 宜咎其九反 惡之烏路反 大饑居疑反又音機 傳二十四年

以上時掌反注同 所治直吏反 事見賢遍反 隰叔徐入反 復為

扶又反下同 主夏戶雅反注同 既沒其立言今俗本皆作其言立於世檢元熙以前本則無

於世二字 大上音泰 史佚音逸 周任音壬 宗祊布彭反注同 寓書音遇

大一九四

寄也 長國丁丈反 之難如字又乃旦反 之賄呼罪反 沒沒如字一音妹沈溺也 將
焉於虔反 遠聞音問又如字 則樂樂則並音路 也夫音扶下也夫同 臨
女音汝 毋寧音無 浚我思俊反取也 以焚扶云反斃也服云焚讀曰僨僨僵也 焚
斃婢世反 子說音悅 爲重幣于僞反下注曾爲同 子西相息亮反 介
恃音戒因也注及下同 是以請請罪焉請並七井反徐上請字音情 遂啓
彊其良反又居良反 蒐軍所求反 因閱音悅 數所主反 不戢側立反藏也
黚其廉反又其今反如淳音耿弇反 陬縣側留反又子侯反韋昭音諏 詌其音基又如字漢
書作斤如淳斤音基 張骼庚百反一音古洛反 輔躒力狄反徐音洛 宛於元反 射犬食亦
反徐神后反 子大叔音泰 單下遐嫁反 常分扶問反 部蒲口反徐扶苟反
婁本或作塿路口反徐力侯反部婁小阜也 小阜扶有反 在幄於角反帳也 而後食
音嗣 御廣古曠反注同 已皆乘乘車下乘字繩證反注及下皆同 皆踞

□慮轉張戀反注及下同衣裝也一音張巒反衣裝側良反一本作囊取胄直救反

於橐古毛反入壘力軌反搏人音博徐扶各反挾囚音協復踣扶又反下復討同

畏襄者奴黨反怯也去業反之亟居力反急也注同爲

楚于僞反下注同荒浦判五反師祁犂力兮反又利之反城郲古洽反

公孫揮許韋反降下戶嫁反又如字以語魚據反騣蔑子公反下

人戶嫁反言易以豉反且夫音扶知人音智亡釁許覲反

經二十五年雖背音佩重立直龍反衞衎苦旦反吳子

遏於葛反徐音謁傳二十五年爲晉于僞反下爲己娶同孟

公綽昌若反徐本作卓音綽使偃取之如字又七住反注同音七住反注本或作娶字辯

別彼列反坎下苦敢反兌上徒外反巽下音遜中男丁仲反風隕

于敏反不可取七住反注同其繇直又反蒺音疾藜力私反無應

應對之應則 喪息浪反 嫠也本又作釐力之反寡婦也 驟如愁又反徐在遘反 間

代間廁之間注間晉之難同 之難乃旦反 欲殺申志反 以說音悅又如字 又近

附近之近下近於公宮并注同 乃爲于僞反下皆爲下注爲崔子同 且于子餘反 公拊芳甫反拍

也 楹音盈 衆從才用反 重言直用反 別下彼列反 陪臣干徐云

讀曰扞胡旦反注同服音如字 掫側柳反徐又子俱反一音作侯反說文云掫夜戒有所擊也從手取聲字林同音子侯反服本

作諏子須反云謀也今傳本或作諏猶依掫音 行夜也下孟反下同 又射食亦反 之中丁仲反

股音古 反隊直類反 封具求付反 鐸父徒洛反 僂力侯反 堙音因

祝佗徒何反 不說他活反 弁皮彦反 申蒯苦怪反 監取古銜反 以

帑音奴 鬷蔑子公反 死難乃旦反下皆同 豈爲于僞反注皆爲及下文同 私

暱女乙反 敢任音壬當也 而殺申志反 吾焉於虔反下同 枕尸之[illegible]反

同 三踊羊寵反 叔孫還音旋 而相息亮反下同 大宮音泰注同 曰

所不與崔慶者本或此下有有如此盟四字者後人妄加乃歃所洽反又所甲反推而

故復扶又反以帷位悲反縛其直轉反虞乘繩證反

如字又他回反知匿女力反藏也其暱女乙反親也及弇於檢反又於廉反狹道

音洽枕轡之鴆反食馬音嗣瘞於滯反埋之無皆反四翣所甲反

不蹕音必行也七乘繩證反注及下七百乘同自泮普半反以莊公說

如字又音悅任同隰鉏仕居反獨使所吏反三十帥所類反注及下注將帥同正

長丁丈反注同處守手又反注處守同守國者如字或手又反宛沒於元反

陳隧音遂徑也徐又徒猥反下同井堙音因塞也木刊苦干反除也隧徑古定反

無別彼列反下文同親御魚呂反侵掠音亮陳侯免音問注同徐又音万

喪冠也擁社於勇反抱也社社主也而纍類悲反一音呂軌反執縶陟立反而

見賢遍反注同數俘所主反注但數同下芳夫反祝祓芳弗反徐音廢少弭亡氏反

道之音導 邲之役扶必反 左廣古曠反 遽以其據反 子捷

在接反 子駢蒲賢反又蒲丁反 子盂音于 墊丁念反方言云下也 隘於懈反

私卒子忽反下同 陳以直覲反注同 後駐張住反 復逐附又反下復伐陳同

傅諸音附 舒鳩潰戶內反 虞閼於葛反 大姬音泰 妃胡公

音配本亦作配 之長丁丈反 三恪苦洛反 五父佗徒何反 夏氏戶雅反

播蕩補賀反 介恃音戒 以馮皮冰反 可億於力反 逞勑景反 億

度待洛反 其衷音忠 開道音導 其辟婢亦反注同誅也 一圻音祈 以

衰初危反注同差降也 數圻色主反下數甲兵數疆潦各并注同 城濮音卜 能詰起吉

反 相鄭息亮反 以足舊將住反又如字下反注同 使庀匹婢反治也 度山待洛

反注及下注同 以共音恭 藪澤素口反 焚燎力召反 之處昌慮反 辨

別彼列反下同 表淳音純 鹵音魯淳鹵埆薄之地也說文云鹵西方鹹也 埆薄音學

彊居良反注同賈其兩反 潦音老 規偃於建反一音如字 豬陟魚反尚書傳云停水曰豬

町徒頂反 原防 隄丁兮反 小頃苦穎反 牧隰州牧之牧 衍沃以善反賈云下平曰衍有流曰沃 量入音良又音亮注同 步卒子忽反 甲楯食準反又音尹

器杖直亮反 而慳遺哎反 獲射食亦反下同 必殪於計反死也 彊其居良反 鷹於陵反 鸇之然反徐又居延反 以語魚據反 朝夕如字 不說音悅注同討作闓容也 匪解佳賣反 弈音亦圍棋也 棋音其

襄五第十八 杜氏 盡二十八年

傳此傳本爲後年脩成當續前卷二十五年之傳後崩編爛脫後人傳寫因以在此耳 城郟古洽反 別二十彼列反 涖盟音利又音類 伯車音居 鐵也其廉反 傳爲于鄬反 特跳直彫反 傳寫直專反一本作轉

經二十六年君剽四妙反 背國音佩 于澶市延反 以駮邦角反 世子痤才禾反

惡其烏路反　傳二十六年子貟音云不應應對之應
暴骨蒲卜反徐扶沃反道二國音導能御魚呂反拂衣芳弗反騫
裳起虔反本或作褰音騫同非也說文云褰袴也於治直吏反而力爭爭鬬之爭已
後昌氏反又尸氏反子鮮音仙為復于僞反注同敬姒音似強命其丈反
蘧伯玉其居反瑗于眷反徐于万反今殺申志反誰畜許六反注同容也一
音勑六反請使所吏反可還音環遂見賢遍反一音如字淹恤於廉反徐於嚴反以
也猶夫人也夫音扶孫襄居守手又反復攻扶又反下復愬同於
竟音境頷之本又作頷五感反搖頭也易生以豉反大叔音泰朝夕如字負
羈居宜反紲息列反扞戶幹反牧圉魚呂反下同復愬悉路反先
輅音路本亦作路先八邑徐悉薦反下同或如字降殺所界反見經賢遍反
人為于僞反及雩音于徐況于反如淳同韋昭音虛或一呼反婁如字徐力俱反如淳音樓

城麇九倫反 皇頡戶結反 穿封戌音恤 易以豉反 別識彼列反

上其手時掌反下注同 介弟音界 道因音導 抽戈敕留反 印一刃反

堇父音謹 以爲請于僞反又如字 更遣使所吏反 疆戚居良反注同

不得與音預 女齊音汝 爲衛侯故于僞反下爲臣注爲林父爲臣同 嘉

樂戶嫁反注同 相齊息亮反下同 蓼蕭音六 大平音泰 緇衣側其

反 粲兮七旦反 違遠于万反 宗祧他彫反 見周書賢遍反 將

仲子兮將音七羊反注同本亦無兮字此依詩序 鄭七穆謂子展公孫舍之罕氏也子西公孫

夏駟氏也子產公孫僑國氏也伯有良霄良氏也子大叔游吉游氏也子石公孫段豐氏也伯石印段印氏也 穆公

一子謂子良公子去疾也子罕公子喜也子駟公子騑也國公子發也子孔公子嘉也子游公子偃也子豐也子印也子

羽也子然也士子孔也子然二子孔巳亡子羽不爲卿故止七也 宋芮如銳反 諸隄徐丁兮反沈直兮反

共姬音恭 長而丁丈反 而婉紆阮反 而很胡墾反 而惡烏路反下皆同

惠廧音牆或作牆伊戾力計反復發扶又反夫不音扶注同惡女

音汝敢遠于万反好之呼報反敢近附近之近有共音恭本又作供下同

飲用口感反盟處昌慮反而騁勑景反聒而古活反下同讙也讙

也呼端反乃縊一賜反乃亨普彭反使饋其位反先之悉薦反又如字

左師令力呈反使者所吏反下文通使同左師諫羊朱反使夏戶雅反

先下遐嫁反子朝如字娶於七住反子牟亡侯反爲申公如字

舊于僞反爲國于僞反杞梓徐上音起下音子皆本名也不僭子念反下皆同不

濫力暫反殄徒典反盡也瘁在醉反病也怠解佳賣反爲之于僞反下

爲之不舉同則飫於據反饜也饜也本亦作厭於豔反下同饌仕眷反朝夕如字

救療力召反治也析公星歷反人寘之豉反之殿多練反注同將遁

徒困反輕窕徐勑堯反又通弔反易震以豉反鈞聲音均除居旬反宵

潰戶內反　桑隧音遂　申麗力馳反　復侵扶又反　華夏戶雅反

之鄐許六反徐又起六反　蒐所留反　乘繩證反　闕也音悅　秣馬音末　蓐

食音辱　師陳直覲反　降彭城戶江反　而雍害於勇反注同　之

邢音刑　譙國在遙反　鄭縣才多反又子旦反或作贊　楚罷音皮　事見

賢遍反　伯賁扶云反下同　鄢陵音偃　晨壓本又作壓於甲反徐於輒反　而

陳直覲反下成陳并注同　精卒子忽反　欒范易以豉反注及下易成同賈音亦　行戶郎

反注及下同賈音衡　欲令力呈反下同　不復扶又反下復注同　郤錡魚綺反　四萃在醉

反　師熸子潛反火滅為熸　娶於本又作取七住反　女實音波　許恚一睡

反　為許于僞反下為國同　昧於音妹　貪冒亡報反又亡北反　釁於許覲

反　以足子住反又如字　子展說音悅下注同　不禦魚呂反　墮其許規

反　縣門音玄　子氾音凡徐扶嚴反　廩丘力甚反　所治直吏反　其竇

音豆介于音戒於比必利反　經二十七年孔奐呼亂
反不與音預下同楚先悉薦反又如字晉歃所洽反又所甲反弟鱄市轉
反又音專復患扶又反倚順於綺反　傳二十七年諸
喪息浪反注同不稱尺證反爲賦于僞反注同相鼠息亮反注同鄘音容
風祇成音支適也注同勿與音預復攻扶又反衣其於既反枕之鴆
之反欲斂力驗反內我音納本又作納以沮在呂反止使者所吏
反不鄉許亮反本亦作嚮誰愬悉路反公喪息郎反又息浪反稅服徐云
讀曰繐音歲注同謂繐縗也服音吐外反繐衰七雷反本亦作縗一乘繩證反通稱尺證
反少師詩照反欲弭徐武婢反之蠹丁故反本又作蠹大菑音災
難之乃旦反下同我焉於虔反下將焉用之焉用有信焉能害我同爲介音戒
後注同折之設反注同徐又音制俎莊呂反使舉是禮也沈云舉謂記錄之也

黑肱古弘反更相音庚朝見賢遍反使馹人實反傳也陟戀反

子晳星歷反得復扶又反以藩方元反楚氛芳云反徐扶云反哀

甲音忠丁徐仲反單音丹盡也注同斃婢世反踣也踣也蒲北反以僭子念反不信也

則夫如字或音扶不與音預先晉悉薦反或如字狎主戶甲反更也狎更

音庚德只之氏反辨貝皮莧反一坐才卧反飲大夫於鴆反而重

直用反下二字同閭於音閻又如字妻治直吏反無媿九位反以語魚據反下

同能歆許金反之好呼報反垂隴力勇反二子石從才用反

草蟲直忠反召南上照反下同忡忡勑忠反旣遘古豆反則

降戶江反又如字下注同鶉之順倫反賁賁音奔牀第側里反簀也踰

閾音域徐況逼反門限也非使所吏反注同簀也音責盡心津忍反其

樂音洛下注及文至樂以安民並同蔓音万邂戶賣反逅戶豆反印段一刃反

蟋蟀所律反 大康音泰 其居音據 好樂呼報反下同 瞿瞿俱付
反 受天之祜音戶 匪教五報反 焉往於虔反下政其焉往同 倡賦昌亮
反 巳侈昌氏反又尸氏反字林充豉反 五稔而甚反熟也穀一熟故爲一年 皆數所主反 能
去起呂反下皆同 蔽諸侯必世反徐甫世反服虔王肅董遇並作獘婢世反云踣也 無厭於鹽反徐
於廉反 彼已音記 偏喪息浪反 要束七住反 无咎音無本亦作無下其九反
相崔息亮反 朝陽直遥反 如字一音 盧蒲嫳普結反徐敷結反 復告
扶又反 難乃旦反 吾助女音汝 圉人魚呂反 請爲于僞反下注爲爲齊莊同 嬖
喋其音牒徐養涉反 辟諸婢亦反徐甫亦反 蘧罷音皮 僕賃女鴆反
以喪如字又息浪反 經二十八年 以應應對之應 惡之烏路
反 孫羯居謁反 耆酒市志反 爲宋于僞反 傳二十
八年 梓慎音子 玄枵許驕反 時菑音災注同 發泄息列反下同

之宿音秀下同角亢音剛又苦浪反秏名呼報反時復扶又反北燕

烏賢反劓縣音計不與音預下同後賄呼罪反重丘直龍反從

子才用反圃布古反石碏七略反日其人實反過此古木反又古卧反

迋于況反往也後同勞于力報反而傲五報反下同而惰徒卧反君小

國事大國古本無小字將為于僞反還之音環使駟人實反之

休許虯反注同乘皮繩證反不易以豉反之難乃旦反日女音汝何

與音預跋涉白末反草行為跋水行為涉敢憚徒旦反之頤以之反無應

應對之應不幾居依反又音祈近也不能復扶又反下復顧同禆竈避支反

鳥帑音奴惡之如字一音烏路反禍衝尺容反之分扶問反相鄭

息亮反下同為壇徒丹反郊勞力報反焉用於虔反下焉用作壇焉避之焉

用盟同宥其音又其菑音災怠解佳賣反共其音恭好田

呼報反耆酒市志反數日所主反見於賢遍反之難乃旦反妻
之七計反注及下注同辯別彼列反下同可相取七住反本亦作娶斷章音短惡
識宗音烏安也注同皆嬖必計反下同欲爲于僞反而先悉薦反
後之戶豆反親近附近之近兵杖直亮反公膳市戰反公膳謂公家供卿大夫
之常膳以鶩徐音木鴨也則去起呂反藏也其洎其器反肉汁也說文云洎灌釜
也字林巳莅反饋其位反知無音智于萊音來旡宇從才用反奉龜
芳勇反慶嗣繼嗣之嗣本或作慶翩誤無悛七全反改寤五故反而戕
在羊反殘也救難乃旦反下外難同夫子愎皮逼反大公音泰慶舍
戶結反環公宮如字徐音患爲優於求反俳優也優俳皮皆反絆之
音半介慶音界抽桷音角擊扉音非門扇也椽也直專反門
闔戶臘反自後刺七亦反猶援音袁於甍亡耕反屋棟也字林亡成反

爲君于僞反下爲之誦同說服吐活反一音如字反陳直覲反于嶽五角反以

鑑古暫反必瘁在醉反本或作萃同食慶封音嗣汜祭芳劒反弗

說音悅茅亡交反鴟尺之反刺不敬七賜反吳句餘古侯反下句讀同

而殲子潛反盡也喪羣息浪反故鉏仕居反公子鉏也本或作故公鉏者非句

瀆音豆邶蒲對反殿多薦反又如字注及下同非惡烏路反且夫音扶有

愊音福無黜勑律反放也嫚徐音慢北竟音境亂治也直吏反

能令力呈反拱辟居勇反徐音恭其柩其救反著崔杼丁略反

爲宋于僞反過鄭古禾反廷勞力報反黃崖本又作涯魚佳反

濟澤子禮反行潦音老之蘋音頻藻音早寘諸之豉反之

爲于僞反下除而爲之備一字並同駕音加鵞五何反喪之如字又息浪反之隙

去逆反本或作郤廢好呼報反徼過張陵反審也本或作懲誤

襄六第十九　杜氏　盡三十一年

經二十九年倁衎皆旦反閽音昏守門人殺吳子中志反餘祭側戒反仲孫羯居謁反杞復扶又反使札側八反北燕音烟

傳二十九年親襚音遂說文云衣死人衣遣使所吏反下同賵襚芳鳳反本作贈之比必利反祓殯音拂徐音廢凶邪似嗟反桃茢音列徐音例黍穰如羊反鄭注周禮云茢苕帚郟敖古洽反熊麇九倫反取弁本又往卞皮彥反魯色公冶音也璽書音徙印也廣雅云印謂之璽說文作壐從土云王者印也籀文從王印也一刃反致使所吏反注并下注而賞其使同祇見音支本又作多音同服云祇適也彊之其丈反邶風音佩寄寓音遇服斂力驗反年少詩照反靡盬音古不堅固也啓跣其委反以藩方元反明近附近之近餼國許氣反以貸他代反下同施而治豉反下文同叔向許丈反知悼子音智子大叔音泰下同而夏戶雅反注下皆放此肄

三反餘也詩傳云斬而復生曰肄方言云枿餘也秦晉之間曰肄 協比毗志反 女齊音汝 相禮

息亮反注同 司徒侈昌氏反又尸氏反 力嫳婢世反 專則人實嫳

之絕句 將及矣本或作侈將及矣者非 爲杞于僞反下文爲之歌皆同 三耦五口反

邵伯上照反 鄅鼓父于陵反 黨叔音掌 慍曰紆運反怒也怨也

虞虢瓜百反 焦子消反 滑乎八反 玩好呼報反下好善同 瘠魯在亦反

母寧音無 而焉於虔切 說之音悅 壽終音授 召南上照反本亦作邵

未盡津忍反 安樂音洛下和樂聲下文樂而不荒同 邶鄘音容 盡被皮義反

以思息嗣反下憂思同 以爲別彼列反 隕滅于敏反 有治直吏反

泱泱於良反又於郎反弘大也韋昭於康反 大公音泰 將復扶又反下不復識同 歌

豳彼貧反 樂而不淫音岳又音洛注同下而又何樂而可以樂放此 爲成王于僞

反 王業如字又于況反 刪定所姦反 汧隴苦賢反 去戎起呂反又如字 渢

渢扶弓反徐敷劒反中大而婉紆阮反險而依注音儉易

行以豉反注同思深息嗣反注同自鄶古外反至矣哉一本無矣字不

倨音據徐音居倨傲五報反屈橈乃孝反不偪彼力反不厭於豔

反徐於瞻反不匱其位反施而始豉反不費芳味反不底丁禮反

角徵張里反象箾徐音朔南籥羊略反有感戶暗反本亦作憾恨也

大平音泰舞韶上昭反本或作招音同頀音護徐又音戶郭反溝洫況域反

韶箾音簫不幬徒報反覆也說晏音悅下皆同於難乃旦反下皆同未

歆許謁反縞帶古老反徐古到反繒也紵衣直呂反蘧其居反瑗于眷反

史朝如字下文公子朝同史鰌音秋猶爭爭鬭之爭于慕音莫其

萃在醉反集也厚施式豉反公孫蠆敕邁反宥之音又好以

呼報反爲高氏于僞反下注爲子產同高豎上主反曾孫鄬於詭反

高傒音兮城緜音綿而寘之豉反旃之然反子皙星歷反言

女音汝將強其丈反裨婢支反諶市林反本亦作諶其與如字或音預幾

何居豈反屨盟力住反用長丁丈反下同能紓直呂反徐音舒解也紓

解音蟹將焉於虔反下同喪其息浪反驅除音並如字一讀上丘具反

下直據反　經三十年蘧罷音皮世子般音班傷夫

乃定反以惡王烏路反下惡宋同一音如字共姬音恭注皆同傳亦放此耆酒

市志反言復扶又反于澶市然反字林丈仙反云水在宋

傳三十年問王子圍之為政一本無圍字服虔王肅本同吾儕

仕皆反焉與於虔反下音預下將與與於食同慝其女力反相鄭息亮反方

爭爭鬭之爭下注駟良爭同而愎皮力反很也很也胡懇反好在呼報反相

下戶嫁反食音嗣輿人之音餘衆也年長丁丈反夏正戶雅反使

走如字，速疾之意也。一曰走使之人也。服虔、王肅本作吏，云吏不知歷者 于鹹音咸 僑如其驕反 及殛 虛鬼反 二畫音獲，下同 併三步頂反 復陶徐音服，一音福 魯使所吏反 以語魚據反 可偷他侯反，薄也 咨度待洛反 鄭難乃旦反 詛盟側慮反 爲大子于偽反 娶於七住反 儋季丁甘反 子括古活反 將見賢遍反，注同 單公音善 愆期起虔反，下同 諸廷音庭，注王廷同 鳴呼本又作烏，平音同 此夫音扶 視躁早報反 圍蔿于委反 平時音止，又音市，本或作崻 甘過音戈 鞏成九勇反 瑕廖力彫反，音勑留反 戓叶徐古叫弔反 千宋 大廟音泰，一本無大字 叫呼火故反 譆譆許其反，熱 出出如字，鄭注周禮引此作詘詘，劉昌宗亦音出 亳社步各反，殷社也 待姆徐音茂，字林亡又反，一音母，女師也 結好呼報反 繕城上戰反 弱植徐直吏反，一音時力反 大夫敖五報反，本亦作慠，服本作放，云滶放也 以介音界 卿共音恭 耆酒市志

甫志反窟室口忽反地室也公焉於虔反壑谷呼洛反而罷皮買反注
扶彼反雍梁於用反。醒而星頂反左相息亮反俯之云甫反汏
偯音泰禍難乃旦反下及注同弭難彌氏反方爭之爭鬭爭附著
直略反斂伯有力豔反下同不與音預下文不與同之瀆徐音豆師
頡戶結反介于音界下同襚之音襚枕之之鴆反股音古闉難乃旦
反與子上用兩珪質于河質音如字一音致一本作與子上盟絕句用兩珪質于河
別爲向沈珪音鴆又如字公孫肸許乙反非復扶又反子蟜居表反
公孫揮許韋反生莠羊九反草也降婁戶江反下及注同奎婁
苦圭反娵子須反呰言子斯反東辟音辟玄枵許驕反爲任音壬
之比毗志反公孫鉏仕居反芋尹于付反相楚息亮反下善相之同
去身起呂反艾王魚廢反爲宋于僞反北宮佗徒何反不

信也夫音扶一讀以夫爲下句首　而偪彼力反　偪近附近之近　在治直吏反

而要一遥反下注同　焉往於虔反　必大焉先並如字　復命扶又反　如是三息暫反又如字　受筴初革反　惡其烏路反注同　分部扶運反　封洫況域反溝也　封疆居良反　大人之忠儉者本或作大夫者非　踣之蒲北反　豐卷眷勉反徐居阮反　芻初俱反　豢音患牛羊曰芻犬豕曰豢　而褚張呂反　褚⿰衤畜勑六反又許六反本又作畜同　並畔薄杏反又薄頂反　殖之時力反徐是吏反此協下韻　殺者申志反

經三十一年

所樂音洛一音岳又一音五教反

傳三十一年

語之魚據反下吾語諸同　語偷他侯反　諄諄徐之閏反或一音之純反　盍與戶臘反　懦弱乃亂反　無厭於鹽反　民生幾何居豈反本或作民生無幾何　朝不如字注同　讒慝他得反　以說如字　工僂力侯反　灑所蟹反所綺反　舊

濇竈生領反徐本作省所幸反一音息井反一音銷孔虺許鬼反之難乃旦反

好其呼報反大誓音泰本亦作泰君欲楚也夫音扶若不

復扶又反拱辟九勇反大辟也毀齊在亦反之娣大計反齊歸

如字注同公子裯直由反立長丁丈反非適丁歷反鮮不息淺反

比及葬必利反一本無及字三易如字又息暫反𧞤本又作縗亦作衰同七雷反下同

衰衽而甚反徐而鴆反裳下也嬉戲許其反惰而徒卧反多涕他禮

反相鄭息亮反使盡子忍反壞音怪下皆同其館古亂反字從食

字林云客舍也旁或作舍非之垣音袁牆也斥見賢遍反是以令力呈反下注同

完客音丸其閈戶旦反說文云閭也汝南平輿縣里門曰閈此云閈也閎獲耕反杜云門

也爾雅云衖門謂之閎是也爾雅又云所以止扉謂之閎然爾雅本止扉之名或作閣字讀者因改左傳皆作各音案下

文云門不容車此云高其閈閎俱謂門耳於義自通無爲穿鑿客使所吏反注同雖從才用反下

賔從同　葺牆侵入反徐音集一音子入反覆也謂以草覆牆也　共命音恭　寡君使

丐本又作匄古害反士文伯名也今傳本皆作此字或作正字釋例亦然解者云士文伯是范氏之族不應與范宣子同名作正是也案士文伯字伯瑕又春秋時人名字皆相配楚令尹陽丐字子瑕即與文伯名字正同又鄭有駟乞字子瑕匄與乞義同則作匄者是又案魯有仲嬰齊是莊公之孫又有公孫嬰齊是文公之孫仲嬰齊於公孫嬰齊爲從祖同時同名鄭有公孫段字子石又云伯石印段字伯石傳又謂之二子石然印段即公孫段從父兄弟之子尚同名字伯瑕與宜子何廢同乎

褊小必淺反　介於音界注同　悉索所白反一音悉各反　不閒音閑

未得見賢遍反下及注同　敢暴步卜反下同　爍濕素早反　朽蠹丁故反蠹敗也

以重直用反下重罪同　僑聞其驕反　重耳直龍反　卑庳庳音婢亦音卑

無觀古亂反　臺榭音謝本亦作謝土高曰臺有木曰榭　庫廄九又反

平易以豉反注同治也　污人本又作圬同音烏汙人塗者　塓館莫歷反塗也

匐設徒遍反　庭燎力妙反徐力遙反一音力弔反庭燎大燭　行夜下孟反下巡行同

巾車如字巾車掌車官也劉昌宗周禮音居覲反　脂轄戶瞎反　各瞻之廉反覘也

憂樂音洛　菑患音災　當復扶又反　銅鞮丁兮反　數里所主反

迫迮側百反　水潦音老　實見賢遍反　嬴諸侯音盈受也

宴好呼報反　如是夫音扶讀者亦以夫為下句首　之輯音集又七入反　之

繹本亦作懌音亦　說繹音悅　呰犂徐力私反或音力兮反　比公音毗　去疾

起呂反　展輿音餘本又作與音同　殺之乃立殺音試本或作乃自立者誤　貿

朱鉏仕居反　故復扶又反　重明直用反　屈狐庸君勿反狐音胡

巢隕于敏反　闔音闇　戕在良反　餘祭側界反　傳國直專反

相衛息亮反　過鄭古禾反　廷于況反　勞于力報反下及注同　棐林芳尾反本

又作斐　數世所主反　以濯直角反　以上時掌反　能斷丁亂反下同　裨

婢支反　諶市林反　乘以繩證反　鮮有息淺反　鄉校戶孝反下同學也鄭

東

國謂學爲校謗議布浪反夫人音扶下并注同朝夕直遥反舊如字所惡烏路反又如字不遽其據反使道音導注同長而丁丈反曰少詩照反注同曰愿音願謹善也知治直吏反下注之治同能操七刀反其傷多一本作其傷實多棟也丁弄反橈崩所追反橈也將厭本又作壓於甲反徐於輒反下同學製音制所庇必利反又音秘貫則古患反習也注同厭覆芳服反慢易以豉反鮮克息淺反令聞音問本亦作問衛詩此邶風刺衛頃公故曰衛詩棣棣本又作逮直計反可選息兗反注同選數所主反下文同斟酌之林反而降戶江反注同而復扶又反之行下孟反下可樂音洛又音岳

昭元昭公名稠襄公子母齊歸在位二十五年遜于齊在外八年凡三十二年薨于乾侯謚法威儀恭明曰昭第二十

杜氏　盡三年

經元年公二招常遙反于號瓜百反當先悉薦反取鄆

音運不稱將子匠反帥所類反言易以豉反弟鍼其廉反大

鹵大如字徐音泰下音魯穀梁傳云中國曰大原夷狄曰大鹵莒去疾起呂反莒

展出奔吳一本作甚展輿疆鄆居良反注同子麇九倫反以瘧

音虐書弒申志反或作殺音同　傳元年旦娶七住反爲

介音界注同人惡烏路反褊小必淺反下同從者才用反請墠音善

除地也辱貺音況布几本亦作机筵音延莊共音恭草莽莫蕩

反而懲直升反不憾戶暗反所雍於勇反本又作壅注及下注同之祧他彫

反遠祖廟也垂橐古刀反弓衣也先歃所洽反復得扶又反下雖復同而

駕如字又音加注及下同衷甲音忠楚重直用反子相息亮反東

夏戶雅反淳于音純不罷音皮謗讟音獨誹也方畏反行諸

子念反下同是穮彼驕反耘也是蓑古本反耘也音云除草也饑饉
其靳反耝鉏仕居反之收手又反又如字鮮不息淺反是難乃旦反下
注並同特緝七人反欲背音佩注同誕也音但便篡初患反二子
灓音洛注及下灓憂而樂同小國共音恭注及下同樂王鮒音附小旻亡巾反
馮河皮冰反絞古卯反切也而婉紆阮反注同臧否悲矣反舊方九反持
之如字本或作持誤當身丁浪反濆齊徒本反其使所吏反下注其使出
使下召使者同相趙息亮反注同而爲于僞反下注爲諸侯同罙其陘戶定反
以藩方元反之隙去逆反之咎其九反注同也賄呼罪反思難
乃旦反下同辟汚音烏注及下同疆居良反注及下至莒之疆事同場音亦注同表旗
首虔其饕吐刀反餮吐結反夏有戶雅反觀音館舊音官扈音戶
鄠縣音戶姺西典反又西禮反邳皮悲反嬴姓音盈狎主戶甲

故更音庚又焉於虔反注同吴濮音卜有釁許靳反過也勿

與音預無亢苦浪反徐又音剛禦也禦也魚呂反去煩起呂反宥善

音又小宛紆阮反可復扶又反褻姒音似滅之如字詩作威音呼悅反少

懦乃亂反弱也過鄭古禾反瓠葉戶故反猶與賓客享

之許丈反又昔夷反夫人音扶注同於幕武博反折俎之設反釆

蘩音煩省穡所景反徐所幸反注同死麕九倫反脫脫吐外反我

悅始銳反使尨武江反也吠扶廢反常棣直計反兄弟比

毗志反下注得比同兕爵徐履反於戾力計反下同飲酒樂音洛注同不

復此扶又反注及下不復年弁注同勞趙孟力報反下以勞之同於潁營井反水名

於雒汭如銳反劉夏戶雅反弁端委本亦作弁是端委子盍

戶臘反何不也亦遠績功本或作亦遠績禹功大庇必利反又音祕焉能於虔

反下焉用焉能同吾儕仕皆反朝不如字下同以語魚據反將知音智

而耄莫報反亂也不歆許金反曾天於兆反幾被音析[illegible]

扶九反數月所主反注同賈而音古注同欲贏音盈注同利也而惡

烏路反注反下同嚻乎許驕反徐五高反注同惡讙呼端反或作諠指攍音盈

枉也可去起呂反使強其丈反贄幣音至超乘繩證反橐

甲古刀反本或作櫜丁鎣反及衝尺容反交道也我好如字一音呼報反直鈞音均

絕句女皆音汝下皆同奸之音干犯也其長丁丈反下同養其親

如字下同女嬖必計反弗下戶嫁反兵其從兄如字又才用反無重

直用反又直勇反能亢苦浪反私難乃旦反而蔡蔡叔上蔡字音素葛

反放也說文作⿱殺米音同字從殺下米云⿱殺米散之也會杜義下蔡叔如字夫豈音扶懼選息轉

反徐素短反注及下同數也選數所主反注及下文數世同千乘繩證反下及注同爲

一一二三

晉侯于偽反 造舟七報反注同造舟為梁也李巡注爾雅云比其船而度也郭云併舟為橋

自雍於用反 自齎子兮反本又作賫同 而還音環 不徑古定反 得

見賢遍反 已坐才卧反 女叔齊音汝 未艾魚廢反注同 其

幾何居豈反下同 鮮不息淺反注同 五稔而甚反 不啻始豉反

視蔭於金反本亦作陰 朝夕如字注同 日景如字又於領反 翫歲五喚

反說文云習猒也又作忨云貪也 而愒苦蓋反貪也 其與如字又音預 鄭為

于偽反 闉門音圭 實薰許云反 隧音遂 數子晳色主反又色具反

反 強與其丈反下音預 大原音泰 崇卒子忽反下及注皆同 又阨本又作隘

於懈反 不便婢面反 以什音十 共車音恭 今去起呂反下皆同 為行

戶郎反 步陳直覲反下丈陳反 五乘繩證反注五乘同 以徇辭俊反 前

拒九甫反 彊鄆居良反注同 務婁並如字務又音謀一音無 瞀胡徐音

茂一音謀大厖武江反也夫音扶臺駘他才反爲祟息遂反閼伯於葛反帝嚳苦毒反相能如字又奴我反相土息亮反大夏戶雅反注及下同王參所林反注及下同方震本又作娠之慎反又音申懷任也大叔音泰注及下同懷胎他來反屬諸之玉反而蕃音煩叔虞封唐是爲晉侯案史記叔虞封唐侯叔虞之子燮父改爲晉侯有裔以制反遠也曰昧音妹爲玄冥師師長也爲官之長少皞詩照反下戶老反之長丁丈反下殖長同纂昧子管反宣汾扶云反洮他刀反障大澤之尚反又音章注同陂障彼皮反顓頊音專下許玉反沈音審姒音似癘音例疫音役禜之音詠徐又音營營攢子管反哀樂音洛朝以如字所壅於勇反湫子小反集也徐音秋又在酒反服云箸也底丁禮反滯也服云止也露羸劣危反下同嬪御婢人反以惡如字又烏路反取同七住反辨別

彼列反有省所景反徐所幸反注同去同起呂反其與如字又音預幾

何居豈反而好呼報反怙富音戶近女附近之近下同如蠱音古以

喪息浪反不祐音又以降音絳下及注同罷退也或音戶江反容彈徒丹反又

徒旦反慆吐刀反下同堙音因乃舍音捨注同發見賢遍反赤聲

徵張里反爲菑音災下同喘渴昌兗反洩注息列反下如字思慮

息利反主相息亮反敗行下孟反其咎其九反能御魚呂反本亦作

禦淫溺乃狄反耆欲時志反蠱命景反說文讀若猛字林音猛巽下

音遜艮上古恨反長女丁長反下同少男詩照反下同而說音悅城壁

尺州反櫟音歷徐失灼反郟古洽反爲介音界出竟音境縊而一豉

反絞也殺之申志反絞也古卯反幕音莫平夏戶雅反宮廄

居久反共王音恭爲長丁丈反從車才用反五乘繩證反下同之

餼許氣反　一卒子忽反　底祿音旨　且夫音扶　不侮亡甫反　鰥古頑反　寡　史佚音逸　自別彼列反　遂罷音皮　遂啓疆居良反又居長反　汏後音泰　自說徐音悅一音始悅反　不數所主反　既烝之承反　冬祭名　趙衰初危反　及雍於用反

經二年惡之烏路反

少姜詩照反傳放此　致襚音遂

傳二年來見賢遍反　脩好呼報反　所以王于況反周弘正依字讀　而說音悅　四臣大顛閎夭散宜生南宮适　四輔謂先後奔走疏附禦侮　彌縫扶恭反　補合如字音閤　賦式節才結反徐又如字　式訛五禾反　譽之音餘注同　殖長丁丈反　邵南上照反下同　爲平公于僞反下文爲之請同　使見賢遍反下見疆同　亢也苦浪反　淇音其　澳於六反　爲好呼報反後文注皆同　少齊詩照反　以適丁歷反　介休音界下許料反　郊勞力報反注料同　女無音汝下及注皆同　郊使

所史反下同 以近 附近之近下同 欲去 起呂反 擊創 初良反 乘遽 其據

反爾雅云馹遽傳也孫炎注云傳車驛馬 傳 中戀反 驛 音亦 務共 音恭下文注皆同

無厭 於鹽反 女矯 居表反 朝夕 如字下同 以印 一刃反 褚師 張呂

反注同 之衢 其于反 非伉 苦浪反 儷 力計反 其使 所吏反 已

頗 普多反 經三年 重丘 直恭反 卿共 音恭傳放此

大雨 于付反 雹 蒲學反 傳三年 張趯 他歷反

爲此來 于僞反 閒朝 閒廁之閒 而數於 所具反徐所王反 守

適 丁歷反注同本或作嫡下同 而令 力呈反 復薦 扶又反下不出者皆同 有知

音智 朝夕 如字 奉質 徐之二反又音如字 多難 乃旦反 不腆 他典反

焜 胡本反又音昆服云明也 燿 羊照反服云照也 殞命 于敏反 之好 呼報

徼福 古堯反 大公 音泰 要也 一遙反 敢譽 音餘 董振 之刃

反一音眞注同嬪嬙本又作嬙在良反獨任音壬在衰七回反本亦作纕經

直結反其睍音況吾弗知絶句四量音亮下及注同豆區烏侯反注

及下皆同以五升爲豆四豆爲區四區爲釜舊本如此直加

豆爲五升而區釜自大故杜云區二斗釜八斗是也本或作五豆爲區五區爲釜者謂加舊豆區爲五亦與杜注相會非

於五升之豆又五五而加也量貸他代反蜃食軫反蛤古荅反賈如音嫁

民參七南反又音三賦斂力驗反公聚徐在喻反一音在主反朽蠹丁故

反三老杜云八十以上上中下壽也服云工老商老農老也凍丁貢反餒奴罪反上壽

音授下同以上時掌反屨賤九具反踊貴音勇刖足者之屨也刖者

音月又五刮反而或燠於喻反徐音憂又於到反一音於六反休之虛喻反徐許留反燠

休痛念之聲也賈云燠厚也休美也將焉於虔反伯戲許宜反其相息亮

反服如字大姬音泰軍行戶郎反公乘繩證反卒列子忽反注同無

長丁丈反注同 罷敝音皮 滋後尺氏反又昌氏反 道殣音覲餓死爲殣說文云道中死者人所覆也毛詩作墐傳云墐路冢也 欒郤去逆反 阜才早反 隸力計反

不悛七全反改也 以樂音洛又音岳 慆憂吐刀反藏也 讒鼎士咸反鼎名也服云疾讒之鼎也 昧旦音妹 丕顯普悲反 怠解佳賣反 況

日人實反 此難乃旦反 肸聞許乙反 近市附近之近下同 湫子小反徐音秋又在酒反下同 隘於賣反小也 顋塵許驕反一音五高反顋聲也塵土也 爽塏苦待反爽明也塏燥也 燥素早反 朝夕如字下雖朝夕同 有鬻羊六反賣也 令

不與力呈反 爲是于僞反 省於所景反下同 如祉音恥 遄已市專反 本壞音怪 故復音服下卒復爲其復欲復之同 還其音環 譖

曰音彥 叚相息亮反 筴初革反 賜女音汝 以胙才路反 之汏音泰驕也 猶荷戶可反任也又音可 自郤稱尺證反 以别絕句 三傳

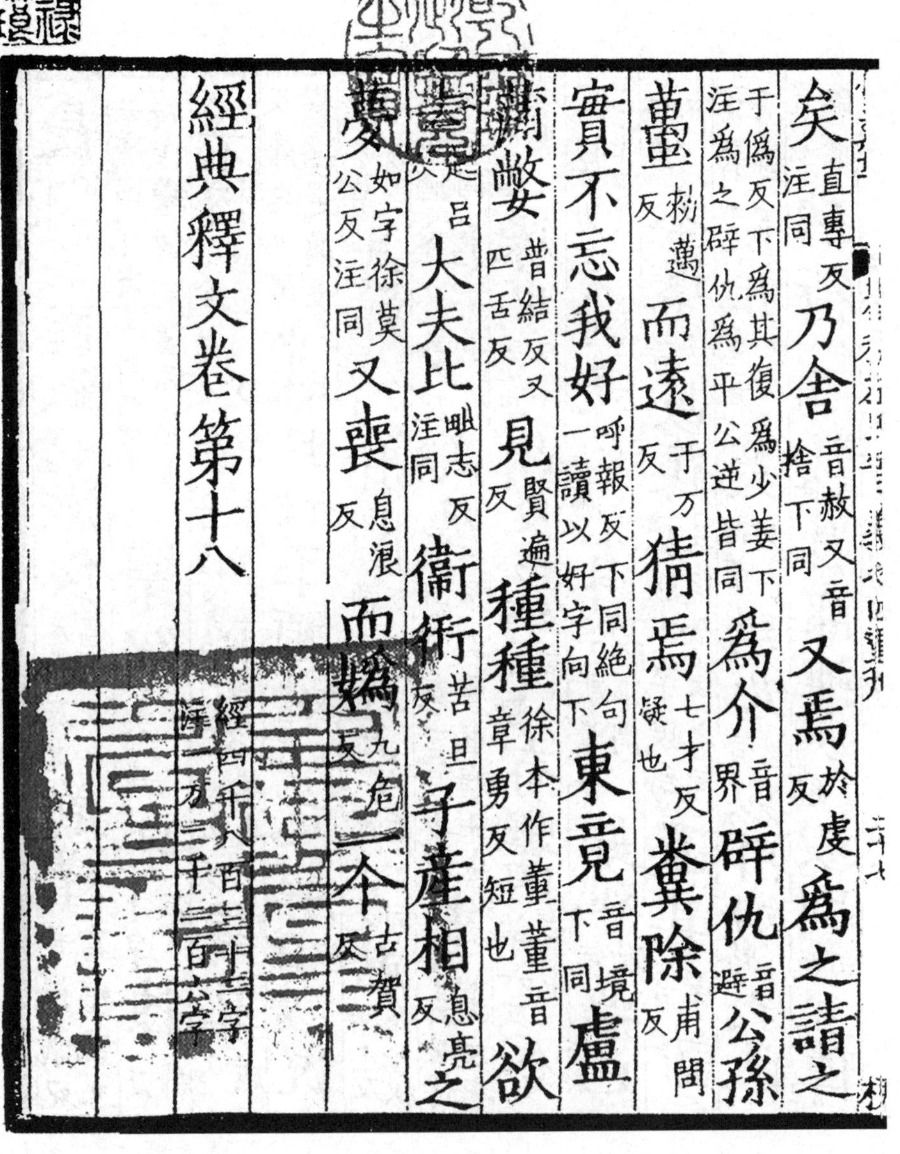

矣直專反注同乃舍音赦又音捨下同又焉於虔反爲之請之

于僞反下爲其復爲少姜下注爲之辟仇爲平公逆皆同爲介音界辟仇音避公孫

蠆勑邁反而遠于万反猜焉七才反疑也糞除甫問反

實不忘我好呼報反下同絶句一讀以好字向下東竟音境下同盧

[illegible]嫳普結反又匹舌反見賢遍反種種章勇反徐本作董董音短也欲

[illegible]反大夫比毗志反注同衛衍苦旦反子産相息亮反之

薨如字徐莫公反注同又喪息浪反而嬀九危反一个古賀反

經典釋文卷第十八

經四千八百[illegible]十三字 注[illegible]萬[illegible]千[illegible]百[illegible]字

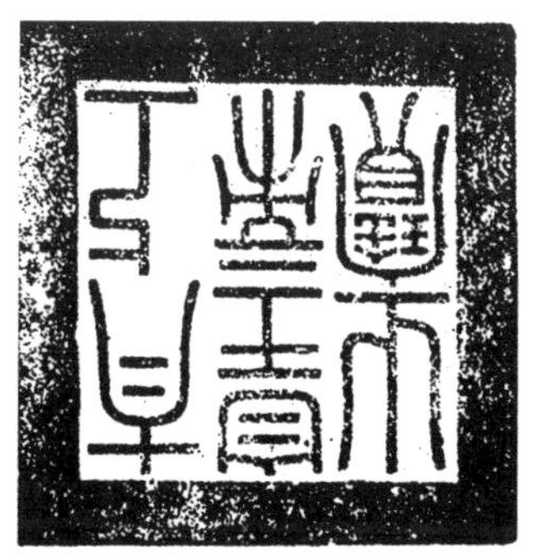

五福五代堂古稀天子寶

八徵耄念之寶

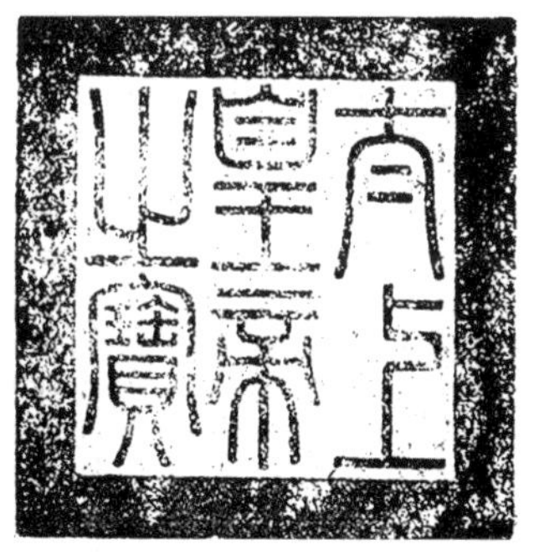
太上皇帝之寶

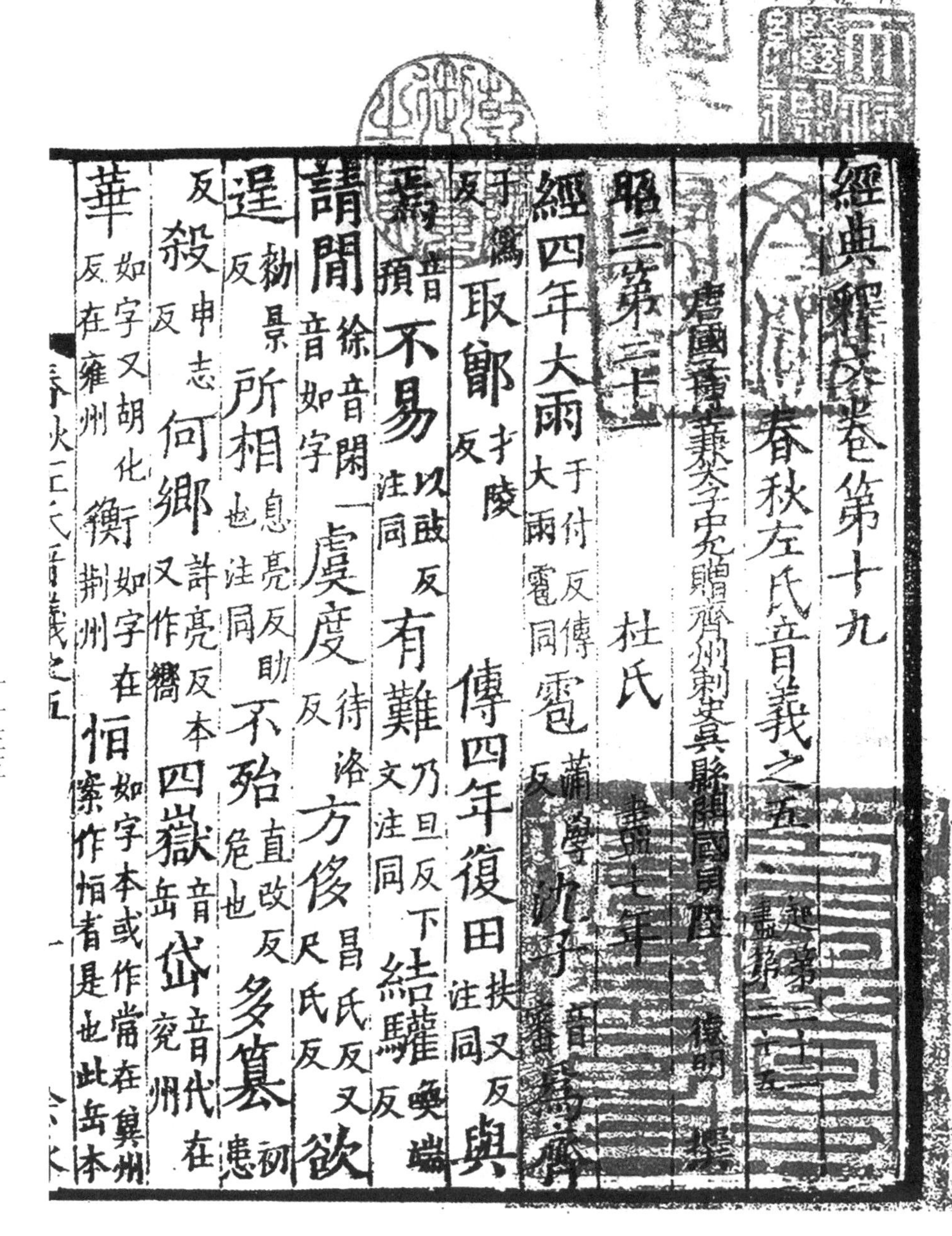
經典釋文卷第十九

春秋左氏音義之五 起第二十一盡第二十五

唐國子博士兼太子中允贈齊州刺史吳縣開國男陸德明撰

昭二第二十一 杜氏 盡七年

經四年大雨于付反傳同雹蒲學反沈子音審爲于僞反取鄫才陵反

傳四年復田扶又反注同與音預不易以豉反注同有難乃旦反下文注同結驩喚端反請閒徐音閑一音如字虞度待洛反方侈昌氏反又尺氏反欲逞勑景反所相息亮反助也注同不殆直改反危也多篡初患反殺申志反何鄉許亮反本又作嚮四嶽音岳岱音代在兖州華如字又胡化反在雍州衡如字在荊州恒如字本或作常在冀州案作恒者是也此岳本

春秋左氏音義之五 一

名恒山漢爲文帝諱改作常耳 三塗 山名服云大行轘轅崤黽也 陸渾 戶昏反又戶困反
大室 音泰下文大室同大室即中岳嵩高山也在豫州 㳅鄉 漢書音義音市又音尒
穉或一音隷則當水旁作尒恐非本或作漯字誤也 燕代 烏賢反 以亨 許庚反注同通
也 其疆 居良反 以喪 息浪反下同 里丕 普悲反 衛邢 音刑 紂
作 直九反 以隕 于敏反 許楚使 所吏反 叔向 許丈反 時見 賢遍
反下注朝見昏見同 少安 如字 將焉 於虔反 偪 彼力反 可禦 魚呂反止
也下誰能禦之同 謂夏 戶雅反 西陸朝 如字注同 覿 徒歷反 在昴
音卯 蟄蟲 直立反下除中反 奎星 苦圭反 沍寒 戶故反閉也 以道 音導
獨共 音恭 黑牡 茂后反黑牡黑牲也 秬黍 音巨黑黍 玄冥 亡丁反 桃弧
音胡以排爲弓 以禳 如羊反 凶邪 似嗟反 皆與 音預 喪浴 音欲 祭寒
而藏之 本或作祭司寒者非 祭韭 音九 傳之 直專反 輿人 音餘 風壯

側反亮也徧音遍無愆起虔反過也淒風七西反寒也霖雨音林
震霆音亭又音挺又音亭徒反無菑音災下同癘疾音例天札側八
反一音截天死曰札字林作壯列反云天死也而殺如字又色界反徐色例反豳風彼貧
鑿在洛反沖沖直忠反凌陰陵證反一音陵其蚤音早以難乃旦
反夏啓戶雅反注放此啓夏禹子鈞臺音均臺陂彼宜反景亳
步各反鞏縣九勇反盟津音孟岐陽其宜反之蒐所求反酆
宮芳弓反召陵上照反向戌舒亮反下音恤公孫僑其驕反共
職音恭薦守手又反善相息亮反屬有章玉反適也宗祧
他彫反言爲于僞反將墮許規反布也服云輸也後見賢遍反如字一音
爲仍而承反有緡亡巾反爲黎力兮反汏也音泰而復
皮逼反很也胡墾反時見賢遍反又如字費遂扶味反大夫從才用

反注同屈申居勿反播於波佐反又波可反揚也焉用之

於虔反斧鉞音越以徇似俊反崔杼直吕反楚共音恭麇九倫

反士祖音但興櫬初覲反棺也造於七報反所將子匠反下將帥同

釋其縛如字舊扶臥反於鄢於晚反又於建反爲許于僞反城竟音

音境注同與爭爭鬬之爭言易以豉反著立公直居反徐直據反去

疾起呂反潰散戶對反將帥所類反重發直用反蠆尾

勑邁反渾侯溫反罕徐許但反於涼音良薄也徐音亮棘櫟力狄反徐

又失灼反鄭縣才河反沈尹射食夜反又食亦反一音夜於夏戶雅反汭

如銳反葴尹之林反宜咎其九反薳于委反啓彊其良反又居良反

罷皮買反徐甫綺反賴之難乃旦反娶於七住反天壓於甲反又於輒

反弗勝音升下同上僂力主反肩傴紆甫反而猳音加豬也啄

許穢反口也 號之徐胡到反一音戶刀反下同，從者才用反 志識申志反一音式 饋之求位反餉也 召女音汝下同 始見賢遍反下捿見同 問其姓女生曰姓姓謂子也 子長丁丈反下同 能奉芳勇反 曰唯維癸反徐以水反唯應辭猶咊也 爲豎上注反小臣也 取之七住反又如字 丘猶音由 強與其丈反下同 爲孟鍾于僞反又如字 釁鍾許覲反 使拘音俱 萊書音來萊書人姓名 觀於公古亂反注同又如字 見仲賢遍反下及注并杜泄見同 杜泄息列反 不食音嗣 何去起呂反注及下同 使寘之豉反置也本或作置 寘于个古賀反謂廂屋 廂也息羊反本又作箱 令空力呈反 而相息亮反 叔孫婼敕略反 牛賂音路 使惡烏路反 葬焉於虔反下將焉用同 介卿音界次也 左乎如字注同不便也舊音佐 不便婢面反 舍路式夜反置也注同或音捨 而復賜扶又反 以媢眉報反

經五年

舍中軍音捨傳同年夷亡侯反姑幕亡博反蚡泉扶粉反

傳五年臧氏子郎反復以扶又反取二分扶運反或如字於殯

必刃反之柩其又反僖閎音宏詛諸側慮反之衢其俱反擲

地直亦反葬鮮音仙徐息淺反不以壽終爲鮮注同不以壽音授勿與音預

之虛起居反射之食亦反中目丁仲反使亂大從如字社云使從

於亂也服云使亂大和順之道也殺適丁歷反本又作嫡又披普彼反析也星歷反

其見賢遍反塞關悉代反死語魚據反周任音壬德行

下孟反注同艮下古恨反坤上苦門反以餒奴罪反餓也爲阜才早

反爲輿音餘爲僚力彫反餔時布吳反日昳田結反禺中

遇俱反有應應對之應謙下遐嫁反避難乃旦反敗言必邁反又

如字注同有攸音由牝牛頻忍反舊扶死反過鄭古禾反勞子蕩

力報反後皆同于汜徐扶嚴反菟氏大胡反子産相息亮反其使

所吏反往見賢遍反贈賄呼罪反女叔齊音汝焉知於虔反

子家羈居宜反奸大國音干取鄭音運之難乃旦反下及注並同

思莫徐息吏反謂羣臣慮也一音如字無爲于僞反屑屑先結反以

亟紀力反急也以此諷方鳳反本亦作風音同爲介音界子大叔

音泰索氏悉落反焉能於虔反道之音導其好呼報反度

之待洛反注同吾仇音求爲闇普昏刖足音月又五刮反羊舌肸

許乙反享覜見他弔反徐又他彫反有璋音章享饗並許丈反鄭服皆以

享爲獻耳覜見賢遍反下同臣爲于僞反君使所吏反述職

述其所治國之功職也巡功巡所守之功績巡守手又反設机音几不倚

於綺反有好呼報反注及下同飧有音孫熟食陪鼎薄迴反徐扶坯反加

也城濮音卜於郯皮必反於鄢謁晚反重之以睦直用反姻
親音因而麇丘隕反又其反羣也注同鄭中行吳戶郎反范鞅於丈反
反知盈音智之將子匠反張趯他歷反張骼古百反或音各輔
櫟力狄反又力各反本又作轢同苗賁皇扶云反之選息戀反而使所吏
反注及下注同任出音壬韓賦七邑韓襄起之兄子箕襄邢帶二人韓氏族韓須叔禽叔
椒子羽四人皆韓起子凡七人人一邑百乘繩證反下皆同羊舌四族見注不錄銅
鞮丁兮反若喪息浪反楊肸叔向本羊舌氏食采於楊故又号楊肸也食
我音嗣長轂古木反往遺唯季反王欲敖五報反叔向以
其所不知絶句多知如字一音智不敢見賢遍反娶七住反於
自爲于僞反驟見仕救反愬于悉路反誘也音酉惰徒卧反
閒而音閑注同又如字未陳直覲反故重直用反遂射食夜反又

音食亦反常壽過古禾反於瑣素果反遽不其據反鵠岸
五旦反以馹人實反傳也中戀反蹶由居衛反犒師苦報反以
釁許覲反女卜音汝以守手又反下同余亟紀力反好逆呼報反
使臣所吏反下並同休解佳賣反馮怒皮冰反盛也徐扶冰反注同雖羸
力危反脩完音丸難易以豉反豈爲于僞反以禦魚呂反一否
悲矣反舊方有反萊山音來觀兵舊音官注云示也讀爾雅者皆官奐反注同岻
箕直夷反雩音于徐況于反如淳同韋昭音虛婁力侯反徐力俱反如淳音慺五
稔而甚反經六年華戶化反合比如字又毗志反遂
羆音皮傳六年鑄刑之樹反使詒以之反遺也
遺唯季反虞度待洛反下同刑辟婢亦反下皆同有爭爭鬭之爭注及
下皆同禁禦魚呂反嚴斷丁亂反下及注同聳之息勇反以

行下孟反 說以音悅 莅之音利又音類 之長丁丈反 而傲本又作敖

古堯反 其巧苦孝反 如字又 夏有戶雅反注同 相鄭息亮反 封洫

況域反 立謗布浪反 參辟七南反一音三 日靖音靜 錐刀音隹 盡

爭如字 此一字 數攺所角反 見鍼之林反 火見賢遍反注同 求貺

音況 爲驩音歡 好貨呼報反注同 寺人本又作侍 柳良久反柳寺人名 惡

之烏路反 盟處昌慮反下同 乃與寺人柳比毗志反 見於

賢遍反又如字 女夫音汝下并注同夫音方于反注同 女喪息浪反 毋俾必尔反

反 過鄭古卧反又古禾反 從鄭伯才用反或如字 以勞力報反注又下同

諸柤側加反 不敢見賢遍反下見如見王注見鄭伯如見楚王私見鄭伯同 乘

馬繩證反 降殺所界反 芻初俱反 采樵似遙反下同 不抽勑留

反 不強其丈反又其良反 匄本或作丐音蓋乞也說文作匃云乞也逯安說云人爲匃 廢

黜敕律反　不慁戶困反患也　晉竟音境下注同　楚僻匹亦反注及下同邪也　侯說

我衷音忠　僻邪似嗟反　效僻戶孝反下同　焉用於虔反　侯說

音悅　薳洫息列反　乾谿苦兮反　城父音甫　宮廄九又反　士匄

古害反本或作丐　相息亮反為介也注同　士鞅於丈反今傳本皆作士匄相士鞅古本士匄或

作王正薳遷王肅本同學者皆以士匄是范宣子即士鞅之父不應取其父同姓名人以為介今傳本誤

也依王正薳爲是王元規云古人質口不言之耳何妨爲介也案士文伯是士鞅之族亦名匄無妨今相范

鞅即文伯也然士文伯名古本或有作匄者解見前卷襄三十一年　爲介音界　左右諂敕檢反　諛

羊朱反　經七年　暨齊其器反與也傳同　不重直用反　叔

孫諾敕略反徐又音釋　舊好呼報反　傳七年于虢瓜百

反　燕竟音境　瑤音遙　甕烏送反徐於容反　王櫝徒木反　公孫皙

星歷反徐思益反　俟釁許覲反　濡上徐音須說文女于反一音而又而于二反

鄭縣音莫本又作莫斝耳古雅反一音嫁王爵也禮記夏曰醆殷曰斝周曰爵說文斝從
斗匱也其位反王旌音精析羽星歷反游至音留於軫
之刃反芋尹于付反斷之音短封疆居良反下同定分扶問反溥
天音普毛傳云大也今左氏傳本或作普之濵音賓濵涯五佳反所以共
音恭有圍魚呂反養馬者也女胡音汝將焉於虔反荒閱音悅
閱蒐所求反僕區烏侯反徐又如字僕區刑書名也服云僕隱也區匿也爲隱匿亡人之法
也數紂色具反或色主反逋逃布吳反萃在醉反藪素口反故
夫音扶又方于反之好呼報反以輯音集又七入反失隕于敏反宗祧
他彫反共王音恭傳序直專反郟敖古洽反復有扶又反質子
音致又如字使臣所吏反質幣音至徐之二反又如字而見賢遍反以
道之音導下同勞于力報反下同爲介音界相儀息亮反仲孫

攫俱縛反又俱碧反惡之如字或烏路反非也降婁戶江反下同大咎其九

反取譴直革反譴也遣戰反故復扶又反下復伐同爲孟于僞

反注及下爲把取成同孫守手又反下守臼同挈苦結反鉼蒲丁反之知

音智注小知同汲者音急以借子夜反喪邑息浪反有猜七才反

閒晉如字注同桃虛起居反一音萊來柞子洛反又音昨長鬣力輒

反者相息亮反鬚須光夸苦華反好以呼報反注同大屈

君勿反大屈弓名服同又云大曲也賈云寶金可以爲劒出大屈地見公賢遍反公語魚據反

無適丁歷反而傳直專反祈禱丁老反一音丁報反一無瘳勑留反一

黃能如字一音奴來反亦作熊音雄獸名能三足鼈也解者云獸非入水之物故是鼈也一曰既爲

神何妨是獸案說文及字林皆云能熊屬足似鹿然則能既熊屬又爲鼈類今本作能者勝也東海人祭禹廟

不用熊白及鼈爲膳斯豈鯀化爲二物乎堯殛紀力反誅也本又作極音義同鯀古本反禹父也

夏郊戶雅反注及下同差也初賣反爲豐于僞反下爲初言同以夫音扶能任音壬下同析薪星歷反負荷本亦作何同可反又音河擔也丁甘反若屬音燭有疆居良反埸音亦介而音界公孫泄息列反復立扶又反說也如字下及注同徐始銳反治政直吏反說而反後信音悅曰隗普白反強死其丈反注及下同馮依皮冰反之胄直又反從政三世矣子良公子去疾生子耳公孫輒輒生伯有良霄三世爲鄭卿無腆他典反蕞爾在最反小皃政柄彼命反公孫鉏仕居反下二馬師頡戶結反罕魋徒回反爲賓之政反爲子產于僞反注同從嬖必計反庇其必利反又音秘鴞本又作即精亦反鴒本又作令力丁反急難如字又乃旦反注同行則搖音遙又以照反宣子說音悅還衛音環陟恪苦各反高圉魚呂反孟僖子病不能禮本或作爲

不能相禮相音息亮反 相儀息亮反 郊勞力報反 適嗣丁歷反 而

僂力主反 而區紆甫反 敢侮亡甫反 饘之然反爾雅餬饘也 鬻

之六反孫炎云淖糜也 以餬音胡 必屬音燭 單獻音善 襄頃音傾

或憔在遙反詩作盡 悴在醉反 多語魚據反 嫺音周又直周反徐又

勑周反 姶烏荅反 孟縶張立反 烝鉏之承反 使覊居宜反

相之息亮反下同 史朝如字 跛也波我反 遇屯張倫反 之比

毗志反注同 元亨許庚反注元亨皆同 非長丁丈反注同 康叔名之

如字徐武政反 其繇直又反 嗣吉何建本或作可建 又焉於虔反

昭三第二十二 杜氏 盡十二年

經八年 招常遙反 侯溺乃歷反 干徵師古丹反 蒐所求

反 于紅戶東反 千乘繩證反 沛國音貝 公子過古禾反 不

稱將子匠反帥所類反復稱扶又反孔奐呼亂反嬖人必計反傳八年魏榆地名服云魏邑也榆州里名或馮焉皮冰反注同聽濫力暫反失也怨讟徒木反崇侈昌氏反又尸氏反虒音斯本又作傂同祁巨之反一音目之反臨汾扶云反怨遠于万反注同怨咎其九反下文同僭而子念反注同不信也是出如字又尺遂反是瘁在醉反哿矣古可反嘉也毛詩傳云可也畀躬必爾反本又作俾虒休許虯反美也適夫人丁歷反本又作嫡公子勝升證反又音升屬諸音燭癈疾甫肺反哀公縊一豉反憂恚一睡反疑爲于僞反下爲子〻立宰爲之立宰同故重直用反相鄭息亮反下而相吾室同若何弔也本或作若可弔也千乘繩證反注同數軍色主反西音音境且見賢遍反頃公音傾下文並同鑄也之樹反捷也在接反孺子而樹反本亦作孺

長矣丁丈反則數人色主反下同去戎起呂反著常張略反

子盍胡臘反下同請從才用反稽顙音啓下素黨反請寘之豉反

於幄於角反加經直結反使穿音川封戍音恤城麇九倫反

不諂勑檢反皇頡戶結反女知音汝下同顓頊音專許玉反

鶉火市春反析木星歷反將復扶又反一音服自幕音莫瞽音古

瞍素口反舜重直用反曰嬀九危反已見賢遍反

經九年仲孫貜俱縛反徐又居碧反郎囿音又菀也於郎地築菀也舊于目反

傳九年趙厭於減反濮西音卜於葉始涉反其處昌慮反

閻嘉以廉反張趯他歷反詹桓之廉反自夏戶雅反注同

駘他來反依字應作邰芮如銳反岐其宜反山之長丁丈反下師長同所治直吏反

漦城他來反又音來一音力之反本或作釐蒲姑如字又音薄

商奄於檢反樂安音洛巴必加反燕於賢反亳步各反以
畨方元反屛周必井反廢隊直類反注同是爲于僞反注同
如卞本又作弁皮彥反髦音毛始冠古亂反檮徒刀反杌五忽反
四裔以制反以禦魚呂反螭勑知反魅本又作鬽武冀反之姦古顏
反瓜州古華反敦徒門反煌音皇使偪彼力反郊甸徒遍反
戎焉於虔反又如字之咎其九反封殖時力反封疆居良反以
畜許又反一音許六反牧音目又音茂文之伯如字又音霸子說音悅與
襚音遂贈死衣服顚俘芳夫反賔滑乎八反又于八反以說如字又音
悅將復扶又反下注復封皆同水妃也芳非反一音配注同所相息亮反注同治
也妃以五成妃音配注並同自爲于僞反戲陽許宜反飲酒
樂音洛屠音徒禮記作杜蒯苦怪反請佐公使尊使音字亦[illegible]

吏反以飲於鴆反下又飲同女爲音汝下皆同甲子喪息浪反人舍

音捨爲疾于僞反下爲是同公說音悅知氏音智下同悛七全反荀躒

本又作櫟力狄反徐音洛舊好呼報反勿亟紀力反勸樂如字又五教反一音洛

焉用於虔反以勦初交反又子小反勞也　經十年耆酒

市志反傳同好內呼報反侯彪彼虯反宋公成音城何休音恤

傳十年發女武付反非孛蒲對反裨竈婢支反之虛

起魚反注同玄枵許驕反任氏音壬注同大公音泰之妣必履反二

十八宿音秀說婦人音悅而惡烏路反注同而騁勑領反傳

言者直專反先伐諸一本無伐字焉往於虔反下焉歸同不差初賣

反靈姑鉟扶眉反又音丕率吉所律反徐所類反請斷丁管反注同

于稷杜云祀后稷之處也一云稷地名六國時齊有稷下館之處昌慮反有爭爭鬭

之爭可強其丈反注同薀利紆粉反生蘖魚列反薀畜勑六反
滋長丁丈反具幄於角反慕音莫從者才用反衣屨九具反
載周如字詩作哉毛云哉載也鄭云始也能施始豉反下注同周徧音遍爲
之于僞反取鄭古杏反獻俘芳夫反亳社步洛反視民如字
詩作示字不佻他彫反偷也畜牲許又反見新賢遍反下不得之見下文因見同
贄音至甍焉於虔反百乘繩證反自賁芳味反下同幾千
人居豈反不可數所角反在褎七雷反本又作縗經直結反嘉
服見如字又賢遍反下同是重直用反以見賢遍反下同欲敗必邁反下
同自勝音升語諸魚據反親推如字又他回反注同能任音壬下同
喪夫人息浪反夫音扶注同惡寺人烏路反寺柳又作侍柳熾尺志
反炭吐旦反則去起呂反其處昌慮反比葬必利反元公

好呼報反惡烏路反　經十一年子虔其連反侯
般音班雖殺申志反傳放此比蒲音毗徐扶夷反祲祥子鴆反徐又七
林反北宮他徒河反厥慭魚覲反徐五巾反一音牛轄反齊歸如字
傳十一年萇弘直良反歲復在扶又反下歲復在同然壅於勇
反注及後同蔡近附近之近下同於感戶暗反以斃婢世反有繒武巾
反以喪息浪反下且喪君同而隕于敏反而亟欺冀反數也無咎其九
反下同非胙本又作祚在路反無拯拯濟之拯救也注同沒振之慎反弃捐
以專反捄助音救本亦作救不可復振扶又反本亦無此字脩好呼報反蔓
以以帷位悲反一本作夢以其帷幕孟音莫其僚力彫反遠氏為彼反本
又作蘤之簉本又作造初又反副倅也說文簉從艸副倅七對反令副力呈反
雙生如字或一音所敬反鄉四月本又作嚮亦作向同許亮反將焉於虔反

鮮矣息淺反　復在扶又反本或作於　狐父音胡　有著張慮反徐治居
反注及下同　常䱷昌慮反　有禬古外反領會也說文云帶所結也　所以道
音導下同　以語魚據反　歸祐音又　岡山音剛　侯盧力吳反　相
爲下僞反或如字　不羹舊音郎漢書地理志作更字　城櫟力狄反　而賓
之豉反下同　檀伯徒丹反　之長丁丈反　不勝音升　曼伯音万　實
出如字徐音黜　不掉徒弔反　經十二年　高傒音奚
成熊音雄　公子慭魚覲反一讀爲整正領反　不書將子匠反　帥
所類反　傳十二年　將爲于僞反　過女音汝　迂
直音于音於　一則朝如字　而堋此鄧反徐甫贈反下棺也禮家作窆彼驗反義同
豈憚待旦反　爲賦于僞反　蓼蕭音六　壽樂音洛　相鄭
伯息亮反下同　有酒如淮舊如字四瀆水也學者皆以淮坻之韻不切云淮當爲濰

嶭齊地水名下㶏溷亦是齊國水也案溷是齊水齊侯犡之苗吳既非齊人不應遠舉濰水古韻緩作淮
足得無勞敗也如坻直疑反徐直夷反杜云山名也詩云宛在水中曰坻坻水中高地也中此
丁仲反下及注同如溷音緬入時水如字本或作溷音同代更音庚齊
君弱吾君輕吾君以為弱也軍帥所類反強禦魚呂反卒
子忽反秉繩證反公孫傁素口反徐又所流反日旰古旦反别種
章勇反沾縣張廉反韋昭音坫字林他兼反緜皐古刀反肥累劣彼
反又力輒反伯絞古卯反跪尋求委反又音詭弟過古禾反下庚皮之子過同
將去起呂反孫鰌音秋南蒯苦怪反費邑音祕子叓音庚
注同蒯語魚據反注同殺適丁歷反無頗普河反偏也逃介音界
注同副使所吏反湫乎子小反徐又在酒反一音秋攸乎如字徐以帚反愁
隘於賣反懸危音玄本又作縣深思息嗣反注同枚筮武回反沉

卜芳劒反遇坤困門反之比毗志反注同之長丁丈反外内

倡昌亮反和戶卧反供養九用反下餘亮反弗當如字注同或丁浪反

且夫音扶注同欲令力呈反參成七南反又音三飲鄉人於鴆反

有圃布古反園也之杞音起枸杞音苟本又作狗通稱尺證反倍

其音佩爲季于僞反下同守于手又反注同本亦作狩同潘子普干反

司馬袲音篤本亦作督鄅尹午五刀反徐許驕反之援于眷反兩

雩于付反王皮冠一本作楚子皮冠秦復陶復音服陶音徒刀反一音

反復陶兩衣也所遺唯季反翠被皮義反注及下同豹舄音昔執鞭音

必縣反或華傍作更者五孟反非也析父星歷反從才用反莫見音暮下賢遍反

去冠起呂反舍鞭作捨熊繹音亦呂級音急本又作伋夔父

素協反下音甫下同有分扶問反下及注皆同辟在匹亦反沶鄉音市又音示

篳路音必 藍縷力甘反下力主反 草莽武黨反 跋涉蒲末反 以共音恭 禦魚呂反 長曰丁丈反 少曰詩照反 曾居才能反一本作嘗 遠我于万反 不羹音郎 千乘繩證反 子與音預 剝圭邦角反 鏚音戚斧也 柲音秘柄也 如響許丈反本又作嚮音同 嚮應應對之應 以斷音短 淫慝他得反 出復扶又反 左史倚於綺反徐其綺反 相息亮反 三墳扶云反 八索所白反本或作素 周行如字又下孟反 車轍直列反 祭公側界反 祈招常遙反又音昭 祈父音甫 獲歿音沒 祗宮音之又音祁 篡初患反 殺申志反 其焉能於虔反 愔愔一心反徐於林反安和皃 金冶音也 去其起呂反 饋不食其位反 數日色主反 於難乃旦反 克勝升證反又音升

昭四第二十三 杜氏 盡十七年

經十三年圍費音秘乾谿苦兮反長垣音袁不與音預
注同讒慝他得反侯盧音盧又力居反
傳十三年囚俘芳夫反治區夫上音也區音烏侯反一音丘于反
衣之於既反食之音嗣而共音恭若憚待旦反爲之聚
也于僞反將焉於虔反其效戶孝反薳于委反掩於檢反
而質音致蔡洧于軌反使與音預於守手又反中犫
尺洲反郟賁音墳蔓成然音万羣喪息浪反常壽過
古禾反其子從如字朝吳如字子晳星歷反強與其丈反
已徇音紀下似浚反能爲于僞反黑肱古弘反不羹音郎許
葉始涉反築壘力軌反辟音辟本亦作辟請藩方元反注同離也
離也依字應作籬今作離假借也力知反須務牟亡侯反史猈皮佳反徐

扶盤反又扶移反又或扶瞻反本或作箄音同 罷敝 音皮徐甫綺反一音蒲買反 魚陂 彼宜反 後者劓 魚器反截鼻之刑 訾梁 子斯反注同 而潰 戶內反 知擠 子細反隊也說文云排也一音子禮反 溝壑 許各反 隊也 直類反 祗取 音支 王沿 以全反順流也 夏 戶非反漢水也 入鄢 徐於建反二音於晚反入本或作芋尹 于付反徐又音羽 冉奸 音干 謂斷 丁管反 棘闈 音韋棘里名闈門也孔晁云棘楚邑闈巷門 王縊 一豉反 殉而 似俊反 觀從 謂子干 本或作謂子干曰 夜駭 戶楷反 相恐 丘勇反下同 而呼 好故反下同 周徧 音遍 不書殺 申志反 熊居 音雄 衣之 於既反 子旗 音其 五帥 所類反謂蕩侯潘子司馬督囂尹午陵尹喜五人 見舟 賢遍反 淮汭 如銳反 羣賂 音路 宥罪 音又 為君 于偽反 犨櫟 力狄反 自說 音悅 不復 扶又反下將復使同 毋勤 音無 王樞 其又反 詬天 本又作詢呼豆反徐許后反 而呼 火故反 余畀 必利反徐甫至

反與也無厭於監反共王音恭冢適丁歷反下無適音同乃偏音遍見於賢遍反下注微見同巴姬必加反密埋亡皆反大室音泰五人齊側皆反本又作齋而長丁丈反下同跨之苦化反肘加中九反皆遠于万反皆厭於甲反徐又於■反紐女九反辟紐也審識申志反又如字屬成然音燭市賈音古好惡並如字又上呼報反下烏路反下皆放此爲應應對之應無釁許靳反苛音何本或作荷音同下同慝他得反芊姓彌爾反以去起呂反數其所主反又遠于万反其貴亡矣亡音無又音如字下善遐嫁反齊肅側皆反注同嚴也藏賄呼罪反不從子用反不厭於豔反好學呼報反趙衰初危反顛頡户結反從出才用反賈佗徒河反齊妻七計反欒魯官反郤去逆反穀戶本反方相息亮反下同共有音恭輿主

烏報反　無施式豉反　虎祁音斯　爲取于僞反　郠故工杏反　下

邳皮悲反　四千乘繩證反下及注皆同　羊舌鮒音附　幄幕於角

反下音莫四合象宮室曰幄在上曰幕軍旅之帳也　淫芻初俱反說文云刈草也　蕘如遙反餇

性曰芻草薪曰蕘　屠伯音徒　饋叔其位反　一篋苦協反　瀆貨徒木

反　無厭於鹽反　數也音朔　爲此役也如字或于僞反　以底音旨

傾覆芳服反　間朝間廁之間　長幼丁丈反　巡守手又反　方

嶽音岳　於好呼報反下注同好同　不治直吏反舊如字　齊犧許宜反　不

旆步貝反　復旆之扶又反　以恐丘勇反下同　遡于音素　朝夕

如字注同　幾亡音祈　不共音恭注反下注同　雖瘖在亦反　僨於方問

反仆也　仆也音付一音蒲北反　杞鄫才陵反　近魯附近之近　數以

音朔　敢與音預下文不與同　造于七報反　爲墠音善本或作壇　會

處昌慮反先盟悉薦反好以呼報反使人所吏反咎之其九

反瀆易以豉反競爭爭鬭之爭下爭簾同蒙裹音果司鐸射

徒洛反下食亦反又食夜反奉壺芳勇反以蒱本又作匍同步都反又音扶本亦作扶

伏本又作匐同蒲北反又音服守者手又反又如字御之魚呂反往飲於鴆

反筩音童又音勇子服湫子小反徐音椒又子鳥反案子服湫又作子服椒止

一人耳從才用反注同爲治直吏反不警音景舊好呼報反守

備手又反若爲于僞反下爲夷將爲同何瘳勑留反差也初賣反

諺曰音彥將焉於虔反鄉稱尺證反坐叔才卧反使近附近

之近經十四年去疾起呂反意恢苦回反惡之

烏路反傳十四年以舍音捨司徒老祁巨夷反字

林上反閒差初賣反遂劫居業反畏子以及今絕句能復

扶又反 子韓晳 星歷反 假好 呼報反 分貧 如字徐甫問反 長孤
幼 丁又反 收介特 音界又古賀反注同 單身 音丹 宥孤 音又 賦
稅 始銳反 罪戾 力計反 詰姦 起吉反責問也 慝 他得反 屈罷 音皮
召陵 上照反 好於 呼報反注同 邊疆 居良反 著丘 直居反徐直慮反
反 庚輿 音餘本亦作輿 共公 音恭 惡公子 烏路反下同 公子鐸
待洛反 氏比 毗志反 無厭 於鹽反本又作饜下注同 居鄖 音云 公子
鉏 仕居反 鄗 許六反又超六反 命斷 丁亂反注同 蔽罪 必世反斷也注同徐
甫世反王補弟反 鬻獄 羊六反賣也 掠美 音亮取也 敗官 必邁反又如字 之
稱 人證反 皋陶 音遙 乃施 如字服云施罪於邢侯也孔晁注國語云廢也口氏反
荅當 丁浪反 三數 色主反又色具反下同 不爲 于僞反 末減 武葛
反末薄也 義也夫 舊音扶一讀方于反下同 爲頗 普河反 故重
減輕也

直用反　經十五年籥入羊略反去樂起呂反為叔弓于僞反復立扶又反不遠于万反傳十五年將禘大計反齊戒側皆反有咎其九反之祲子鴆反祆氣也喪氛芳云反徐扶云反惡氣也蓋見賢遍反莅事音利故為于僞反去樂起呂反注及下同費無極扶味反亦長丁丈反必及於難乃旦反故寘之豉反女何音汝而背音佩鼓聚才喻反好惡呼報反下烏路反或並依字讀下并注皆同不愆起虔反過也復加扶又反以庇必利反又音祕所喪息浪反而繕市戰反守備平叉反請降戶江反民見賢遍反將焉於虔反以貫音古下同載本又作鳶悅全反鞮丁兮反不與音預荀櫟力狄反本又作躒為介音界樽以本或作尊又作罇並同分器扶問反年內同彝器以之反常也而遠

丁方反又如字故數音朔大蒐所求反姞姓其吉反又其乙反闕鞏

九勇反出鎧開代反虘參所金反注同鍼戚音戚鉞音越秬音巨鬯

音暢彤弓徒冬反虎賁音奔東夏戶雅反福祚之不登

叔父絕句焉在於虔反下焉用之同孫伯黶於斬反女司

典音波數典色主反所樂音洛下文注皆同絕期居其反下同靜

默亡北反本或作嘿同經十六年誘音酉雩音于

傳十六年無質之實反信也或音致既而復扶又反蒲隧音遂

下邳被悲反取慮上音秋下力居反如淳取音陬訾之陬慮音郲婁之婁如

陂彼皮反鄭人音談甲父音甫之亢苦浪反也夫音扶我

肄以制反勞也徐又以自反注同恭恪苦各反禦之魚呂反止也注及下同適

縣音玄注同幾爲居豈反數也服音機近也言數音朔陵侮亡甫反

夫猶音扶不衷丁仲反又音忠衷當丁浪反或如字刑之頗普河反
類如字事類也一音力對反徐注同又力猥反放紛芳云反放從子用反
罷民音皮承命以使所吏反下奉命以使同百乘繩證反受
脤市軫反數世色主反焉得於虔反下焉用之同僻匹亦反邪似嗟反
共朴普角反之守手又反無幾居豈反可偷他侯反
若屬音燭盍求戶臘反之難乃旦反下同又如字一共音恭下而共無藝同
何厭於鹽反不復扶又反下弗敢復并注同賈罪音古下我無強賈同
銳乎悅歲反細小也成賈音嫁本或作價請夫音扶重求直用反
比耦毗志反更相音庚以艾魚廢反蓬蒲東反蒿呼高反藜力兮反
藋徒弔反我無強其丈反下強奪同又其良反注放此毋或音無下同
匃奪古害反舊又姑末反乞也寶賄呼罪反或作貨勿與音預以好呼報

反下及注並同背盟音佩以徼古堯反餞宣子賤淺反字林子扇反子
齹齒才何反字林才可士知二反說文作齹云齒差跌也在河千多二反蔓草音万邂
戶賣反逅戶豆反孺子如住反別於彼列反彼己音記舍命
音赦又音捨不渝羊朱反褰裳起虔反涉溱側巾反不復
扶又反令子力呈反下同愛樂音洛又五孝反蘀兮他洛反印段
一刃反其唱昌亮反本或作倡同和女戶卧反下同女音汝貺起音況皆
吒女乙反親也數世色主反私覿其靳反命起舍音捨夫
玉音扶藉手在夜反注同語季魚據反奢傲五報反惡識
烏路反尚少詩照反胥擊音徒豎柎音附又方于反埶山
音藝令繁力呈反經十七年陸渾戶門反孛
音佩一音勃長岸五旦反傳十七年菁菁子丁反

者莪五河反 樂且音洛 饌仕眷反 禦之魚呂反注同 正月音政 慝未他得反 於夏戶雅反下文當夏四月注當夏家同 是宿音秀 瞽奏音古 嗇夫音色 少皞詩照反下胡老反 已姓音紀又音祀 師長丁丈反 縉雲音進 共工音恭 大皞音泰下同 少皞 摯音至 燕也於見反 鶬音倉 鴳於諫反本亦作鷃 鷩雉必滅反 爲蜃市軫反 鵻鳩音隹本又作隹本或作鷂子遥反或子堯反一 鴡鳩本又作雎七徐反 鷙而音至本亦作摯下同 有別彼列反 鴶本亦作秸鸖八反又音吉 鵴本亦作鞠居六反 爽鳩所丈反 鶻鵰陟交反又陟留反又音彫 五種章勇反下同 曰鷷音存又音遵本或作鷷 鶅雉側其反 曰翟音狄又音濁 曰希如字一音丁里反本又作鵗 曰翬許韋反 度量音亮 九扈音戶 鳻扶云反又如字 鶞勑倫反 唶唶側百反又子夜反又助額反 嘖

嘖音責又音嘖　顓頊音專下許王反　膐蒯苦怪反　於雒音洛　乃

警音景　獻俘芳扶反　以應應對之應　夏之戶雅反下文同　星見賢遍

反　彗所以似銳息遂二反　嚮伏許亮反又作向　火出而見賢遍反下

及注皆同　其與如字又音預　之虛起居反下同　之分扶問反　濮陽音卜上

之牡茂后反　相搏音博一作溥音同　當復扶又反　裨竈婢支反

瓘古亂反　斝古雅反　玉瓚才旦反　勺也上若反　以禳本亦作攘

如羊反下同　陽匄古害反　易用以豉反　魴也音房　乘舟如字又繩

證反下同　環而如字又音患　塹之七豔反　其隧音遂　山炭吐旦反　闔

廬戶臘反下力居反　喪先王息浪反　長鬛力輒反　髭子斯反

鬚音須　戎呼呼路反又如字下同　皆迭待結反又音第更也　迭更音庚

昭五第二十四　杜氏　盡二十二年

經十八年入鄅音禹許慎郭璞皆音矩國名琅邪音郎本或作郎自葉始涉反傳十八年毛伯過古禾反萇弘直良反稔之而審反孰也侈故昌氏反又尺氏反夏伯戶雅反昬見賢遍反壬午大甚本或作火甚其處昌慮反下祭處同故登以望氣本或作以望氛氣數日所主反禳火如羊反今復扶又反下同國幾音祈又音機下同竈黽焉於虔反有中丁仲反里析星歷反將有大祥本或作大祥非也身泯面忍反將先悉薦反以知音智使與音餘其柩巨又反爲其于僞反欲令力呈反巡行下孟反下文行火下注及下行同主祏音石石函音咸易救以豉反各儆音景寘諸之豉反所爑許靳反炙也玄冥亡丁反四鄘音容城也賦稅始銳反妘姓音云盡俘芳夫反從帑音奴不說學音悅歸以語

魚據反上替他計反殖也時力反生長丁丈反為火故于僞反下將為蒐同祓禳芳弗反徐音廢蒐場直良反覻小昌慮反過女音汝注同而鄉許亮反本亦作向注同及衝昌容反使從才用反登陴婢支反忘守手又反音如字一撊然遐板反勁忿皃勁忿吉政反恐懼丘勇反讒慝他得反之間間厠之間荐為在遍反重也荐重直用反下文同他竟音境注同楚喪息浪反君盍戶臘反許先悉薦反而復扶又反蔽障章亮反不可易以豉反注同輕也子說音悅於析星歷反

經十九年為鄅于僞反加殺音試不舍音捨

傳十九年城郟古洽反其僅音覲以持如字本或作恃怙之字非也郥陽古闃反五員音云少師詩照反王為之于僞反注同與逆音預嬴氏音盈向戍傷亮

反，下音恤 圍蟲直忠反 悼公瘧魚略反，瘧病也 舍藥音捨，注及下注舍子
同 郳人五兮反 伐濮音卜 之伯音霸，又如字 諸夏戶雅反 僻
陋匹亦反 城父音甫 而寘之豉反 王說音悅 紀鄣音章 贛
揄古弄反，如淳音耿弇反，下音俞 嫠婦力之反，寡婦也，依字作嫠 紡焉方往反
以度待洛反，注同 而去之起呂反，藏也。裴松之注魏志云：古人謂藏爲去，案今關中猶有此音
紡纑力吳反，麻縷也 夜縋直僞反 鼓譟素報反 上之人亦譟
一本作城上之人亦譟 共公音恭 幼少詩照反 馬四 氏聳息勇反，懼也 札
側八反，一音截。大死也，字林作殀，壯列反，云夭死也 瘥于何反，小疫也，字林作瘥 夭於表反，短折也
昬如字，未名而死曰昬 小疫音役 又喪息浪反 懼隊直類反 立
長丁丈反，注同 寶剝邦角反 諺曰音彥 無過古禾反，下同，又一音
古卧反 猶憚待旦反 其使所吏反，注同 沈尹戌音恤 葉公始涉反

子旗音其以挑徒了反民樂音洛勞罷音皮本或作疲洧

淵于軌反爲禜爲命反我覿大歷反見也賢遍反之

知音智蹶由九衞反舍前音捨又音赦經二十

年自鄭莫公反一音亡增反字林亡忠反之使所吏反兄蟄

張立反華亥戶化反君爭爭鬬之爭惡之烏路反侯盧

力烏反本又作盧力於反傳二十年望氛芳云反氣也幾

亡音祁又音機後弭彌耳反汏侈音泰奮揚方問反大子

冤於元反遣令力呈反使而所吏反又如字冉奸音干使還

音環下還豹同盡以戶臘反棠君尚君或作尹弟員音云之長

丁丈反五吾知音智注及下知也同一音如字不逮音代一音大計反度功待洛

反擇任音壬注同愈差初賣反其肝古旦反僚也力彫反

姑為于偽反乃見賢遍反鱄設諸音專吳殺申志反
而惡烏路反御戎魚呂反又如字公孫援于眷反拘向勝于九
反其廩力甚反大子欒力官反為質音致下同辰及地
皆元公弟案公子辰是景公之母弟地是辰兄皆當為元公之子今注皆作元公弟誤耳
無戚千歷反狎齊豹戶甲反輕也與鄄音絹惡北烏路反
褚師中呂反圃布五反欲去起呂反公子朝如字適母丁歷
反本亦作嫡見宗魯賢遍反為驂七南反乘焉繩證反注及下
驂乘與乘一乘駟乘就公乘皆同勿與音預又如字吾遠于万反借我
子夜反親近附近之近聞難乃旦反是僭子念反不信也祝鼃
烏媧反寘戈之豉反要其一遙反從公孟如字又才用反華齊
戶化反下同及閎音宏斷肱丁管反下古弘反以中丁仲反下中南楚同

乘驅如字又繩證反閼門音烏慶比如字又毗志反鴻騮音留雕

徒回反復就扶又反之衢其俱反遂從才用反注及下注同肉袒

徒旱反氏爭爭鬭之爭之處昌慮反射公食亦反欲令力呈反

反從公才用反又如字下從公同析朱星歷反鉏仕居反竇出音豆

頃公音傾在亭音亭草莽莫蕩反之好呼報反宗祧

他彫反以其良馬見賢遍反下注客禮見同爲未于僞反致使

所吏反注同乘馬繩證反又如字將掫側九反又祖侯反行夜也行夜下孟反

從者才用反牧圉魚呂反扞外戶旦反執鐸待洛反終夕

與音預下不與聞謀與於青之賞同燎力召反又力弔反一本作燎多與於燎徧賜音遍

苑何忌於元反名牢力刀反女何音汝不爲于僞反疚於

居又反病也回邪似嗟反下同知難乃旦反下同郹甲五兮反鬼閭似廉

反又以冉反必盥古緩反而食音嗣下食公子同所質音致下同費遂
扶味反求去起呂反滋長丁丈反注及下同其詢許候反本或作詬同恥也少
司詩照反下注少皞同寇𥡴苦耕反三公子爲質也注同如字信公
遽其據反而女音汝齊侯疥舊音戒梁元帝音該依字則當作痎說文云兩
日一發之瘧也痎又音皆後學之徒僉以疥字爲誤案
傳例因事曰遂若痎已是瘧疾何爲復言遂痁乎
遂痁失廉反瘧疾也期而音基不瘳勑留反裔款以制反齊嬖
必計反君盡戶臘反史嚚魚巾反公說音悅屈建居勿反事
治直吏反不媿九位反本又作愧無猜七才反建以語魚據反與
焉音預注同下祝史與焉亦同以蕃音煩祉音恥爲信于僞反又如字下爲
暴君使同外內頗普何反邪似嗟反辟違匹亦反從欲子用反下注從[illegible]
同或如字音厭私於豔反注同撞鐘直江反斬艾魚廢反本又作刈論

掠音亮其聚才住反又如字謗讟徒木反無悛七全反數美所主反矯誣居表反求媚眉記反其言僭子念反下僭令同嫚

武諫反萑蒲音丸舟鮫音交藪之素口反薪蒸之丞反麤曰薪細曰蒸鹽蜃市軫反入從其政如字一音征偪介彼力反下音界迫

近附近之近強易其丈反其賄呼罪反則應應對之應注同養

長丁丈反皆詛莊慮反祝有益之又反下善視同億兆於力反

公說音悅去禁起呂反下以去其否同薄斂力驗反已責本或作債

音同除逋布胡反于沛音貝旃以之然反韙之于鬼反是也至

自佃音田本亦作田遄臺市專反而造七報反和夫音扶焉

得於虔反如羹音庚舊音衡醯呼兮反醢音海以亨普庚反煑也燀之章善反然也炊也昌垂反齊之才細反又如字以泄息列反減

也無爭爭鬬之爭和齊並如字一讀上戶臥反下才細反鬷子工反總也
嘏古雅反大也總也音揔一氣杜解以爲人氣也服云歌氣也五聲宮爲
君商爲臣角爲民徵爲事羽爲物角徵張里反大蔟音泰下七豆反甤
賓人誰反無射音亦七音宮商角徵羽變宮變徵也八風易緯通卦
驗云東北曰條風東方曰明庶風東南曰清明風南方
曰景風西南曰京風西方曰閶闔風西北曰不周風北
方曰廣莫風條風又名融風景風一名凱風六府水火金木土穀三事正德利用厚生哀
樂音洛下同注皆同周流傳本皆作流然此五句皆相對不應獨作周流古本有作䟽者案注
訓周爲密則與䟽相對宜爲䟽耳豳風彼貧反專壹如字董遇本作摶音同
季萴仕側反虞夏戶雅反大公音泰爽鳩氏樂之一本
作之鮮死息淺反水懦乃亂反又乃臥反一音儒民狎戶甲反而翫
五亂反以治直吏反數月所主反萑音丸苻音蒲又如字盡

之本或作盡殺之殺衍字 糾之居黝反 仡可許乙反其也 苛政音何
無本又作毋 從子用反注同 詭隨九委反 式遏於葛反 慘不
七感反曾也 不絿音求急也 是遒在由反又子由反聚也
經二十一年頃公音傾 披其普彼反
傳二十一年將鑄之樹反 無射音亦注同 律中丁仲反 泠
州鳩力丁反字或作伶樂官也或作泠字非也 不窕他彫反 不槬戶化反 心
億於力反安也 則樂音洛 不咸如字本或作感戶暗反 適子丁歷反
以長丁丈反 不解佳賣反 攸塈許器反息也 欲惡烏路反
歸費音秘注同 故爲于僞反 人恐丘勇反下注同 華貙勑俱反
少司詩照反 相惡如字又烏路反 亟言欺冀反 飲之於鴆反下同
及從才用反 張匄古害反本亦作丐 而訊音信問也 又重直用反

將見賢遍反不勝音升曰任音壬鄭翩音篇豐愆起虔
反本或作衍睢陽音雖舊鄘音容本或作墉廚人直誅反濮音卜反
先人悉薦反後人戶豆反盍及戶臘反二帥色類反注同苦
雒古含反偃州員音云又音圓死難乃旦反而不能送
亡君絶句待復扶又反下文復卽之同乃徇似俊反揚徽許歸反說
文作徽徽識本又作幟申志反又昌志反一音式去備起呂反裹首
音果而荷何可反又音何翟僂新力主反說甲他活反下注同華
妵他口反下注同不訾本又作呰才斯反又音紫曹翰胡音寒又戶旦反中行
戶郎反豬丘音者丘又作业爲鸛古奐反爲鵞五多反皆陳直覲
反莊堇音謹本或作莊堇父干犫尺由反將注之樹反則關烏環
反本又作彎同下同傳天音附相余息亮反豹射食亦反又音食夜反下及注皆

同狎更音庚殪一計反死也抽殳音殊長丈直亮反又如字折股

之設反下及注同扶伏並如字上又音蒲下又蒲北反本或作匍匐同言女音汝伍乘

繩證反注及下同君焉於虔反搏膺音博而呼好故反我迋求枉

反恐也迋恐丘勇反雎上音雖乃復扶又反蘧越于委反朱

愬音素懼泄息列反又以制反

經二十二年別從彼列反大蒐所求反旨閭如字叔鞅

於丈反單子音善鞏縣九勇反子朝難乃旦反郟古洽反

鄏音辱

傳二十二年菀羊於元反牧之州牧之牧

齊師所類反下之遐嫁反大惡烏路反無過古禾反無亢

苦浪反不衷音忠能復扶又反下復欲同省臧悉井反又所景反下子郎反

邊卬五郎反祁犂力私反又力兮反仲幾音機欒皩音晩後

弭彌氏反　王子朝如字凡人名字皆張遙反或云朝錯是王子朝之後此音潮案錯姓亦有兩音　之長丁丈反　說之如字又音悅　王語魚據反　伯蚠扶粉反一音扶云反　劉摯音至下同　惡賓烏路反下注同　願去起呂反　有欲

位之言一本位作立　自斷丁管反　自憚徒旦反　其犧也　許宜反　遽歸其據反　實難乃旦反　弗應應對之應注同　皆從

才用反　比芒音亡　滎錡魚綺反　錡澗古晏反　見王賢遍反注同　略行下孟反　僞糴音狄　鳶悅全反　鞮丁兮反　涉佗徒多反

守之手又反又如字　之喪息浪反下注羣喪同　郊要一遙反　餞賤淺反　召莊上照反　伯奐音喚　單旗音其　不捷才接反　背盟音佩

注同　樊頃子音傾本或作須字　令單力呈反　以說如字或音悅　奔　平時音止又音市一本作千平時下同本或作平壽誤　鬷子工反　稠直留反

輦簡[九勇反] 圃車[音補] 鄟[音尋] 肸[許乙反] 東圉[魚呂反]

苟躒[力狄反] 于社[市者反本或作杜下皆同] 王子匄[古害反] 司馬

督[音篤] 于汜[音凡] 于解[音蟹] 任人[音壬] 右行詭[戶郎反下九委反]

昭六第二十五　杜氏　盡二十六年

經二十三年　叔孫婼[勑略反] 執使[所吏反] 庚輿[音餘]

雞父[音甫] 胡子髡[苦門反] 沈子逞[勑井反] 夏齧[戶雅反下五結反] 大倉[音泰]

傳二十三年　郊鄩[音尋] 潰[戶內反] 告閒[音閑] 道徑[音經] 公孫鉏[仕居反下同] 將禦[魚呂反]

欲過[古禾反下遂過同] 茅地[亡交反] 斷其[丁管反] 弗殊[如字說文云死也一曰斷也] 而蹷[其月反又音蹶又居衛反] 人愬[息路反] 言使

所吏反　重發直用反下重發同　命介音界注同　去衆起呂反　士彌亡支反　牟亡侯反　將焉於虔反下同　分別彼列反　從者才用反下同　以芻初俱反　蕘而昭反　期焉本又作朞同居其反從且至旦為朞　模法莫胡反字從木　不解音蟹　為叔孫于偽反　告女音汝　吠狗扶廢反　必葺七入反補治也　毀壞音怪　取訾子斯反　尹圉魚呂反　劉佗徒河反　阪道音反又扶板反　近東附近之近　西闈音韋一音暉　攻蒯苦怪反　而好呼報反　苟鑄之樹反　埶殳音殊　著丘公直除反又直慮反　師熸子潛反字林子兼反　無復扶又反下注往復敗復增脩同　而狂求匡反　帥賤所類反注及下帥賤同　去備起呂反　敦陳直覲反下末陳并注同　師譟素報反　所厭於甲反本又作壓同　在鄖于閔反　吳子諸樊案吳子遏號諸樊王僚是遏之弟子先又以為遏弟何容僚子乃取遏號為

傳寫誤耳未詳以傲古堯反要其一遥反乃縊一賜反遂溢[illegible]

反公爲于僞反注及下注國爲之寸相爲同鄰囊瓦乃郎反城郢以井

反又餘政反守在手又反下文除守其交禮並同四竟音境下及注同四援于眷

反民狎戶甲反國焉於虔反其疆居良反埸音亦之壘

力軌反辟也音避不僭子念反不懦乃亂反又乃卧反弱也不耆巨之

反一音巨支反強也蚡扶粉反冒莫報反一坼音祈土數所主反

力之反又音來

經二十四年仲孫貜俱縛反徐俱碧反郁於六反釐本又作釐

傳二十四年南宮嚚魚巾反見王

賢遍反度義待洛反注同紂有直九反億兆於力反有治直吏

反于鄖烏戶反繯氏古侯反又苦侯反鄖聚才住反梁其踁戶定

反而欬苦代反不腆他典反從者才用反莅問音利

乾祭音干下側界反　介衆音界注同大也　其使所吏反　猥出烏罪反

陽不克莫絶句　攻瑕戶加反　及杏戶孟反　皆潰戶內反

大叔相息亮反　釐不本又作犛力之反　其緯有貴反　之贖丁敵反

蠢蠢昌允反動皃　動擾而小反本又作動擾　五儕仕皆反

瓶之本又作絣步丁反　惟罍音靁器也　黃父音甫　用成周之寶珪于河本或作沈于河沈音直蔭反又如字　拘得音俱　王定而獻之本或作王定之

東訾子斯反　吳疆居良反　略行下孟反下同　吳踵章勇反　躡楚女輒反　疆場音亦　胥犴五旦反　勞王力報反

之汭如銳反　歸王如字又其媿反遺也　乘舟繩證反又如字　歸遺唯季反

壽夢莫公反　圉陽魚呂反　之帥所類反注同　幾如是居豈反又音機　爲梗更猛反病也

經二十五年叔詣五計反鸜其俱反嵇康音權本又作鴝音劬公羊傳作鸛音權郭璞注山海經云鸜鴝鴝鵒也鵒音欲重上事直龍反又公孫音避本亦作避注及傳同魯竟音境下同唁公音彥弔失國曰唁不與音預小斂力驗反取鄆音運傳二十五年車轄本又作舝胡瞎反將爲壬僞反酒樂音洛下哀樂同相近附近之近禮坐如字又才卧反樂哀音洛注及下同皆喪息浪反下同以妻七計反強橫華孟反公若從才用反又如字注同焉得於虔反逞其志勑景反之行下孟反注同發見賢遍反下解見同角徵張里反六畜許又反又褚六反麇亡悲反麕九倫反本亦作麇黼黻上音甫下音弗畫繢戶對反昏媾古豆反妻父曰昏重昏曰媾姻音因壻父曰姻亞於嫁反本亦作婭同兩壻相謂曰亞重昏直龍反治功直吏反以效戶孝反長

育丁丈反　民有好呼報反注及下於好皆同　惡烏路反下注及下於惡同　哀樂音洛下及注皆同　以赴禮者赴或作從　之難乃旦反　子焉於虔反　宋背音佩下同　以使所吏反　師己音紀一音祀　童謠音遥　往饋求位反　遺也唯季反　跦跦張于反又張留反跳行皃　跳行直彫反　徵褰起虔反袴也字林己偃反又音愆　與襦本或作襦而朱反袴也　袴也苦故反說文作絝　裯父直留反下音甫下同　喪勞息浪反注同　娶妻七住反　申夜姑本或作射音夜又音亦　相其息亮反注同　季姒音似　人檀直丹反人名也或市戰反　挟己勑乙反　秦遄市專反　又䫉音素又作訴　展與夜姑並如字公思展及申夜姑也與及也讀或作餘音者非也　將要一遥反下同　將爲于僞反　季郈音后字林下遘反　相近附近之近　介其又作芥音界　不下遐嫁反　從弟才用反後從者皆同　將褅大計反　謀

起呂反 公賁 音奔又扶云反又彼義反 侍人 本亦作寺人 僚柤 側[illegible]
反 數月 所主反下數世同 不見 賢遍反 臧孫以難 如字注同 郈
孫以可 絕句 勸 勸公逐季氏也 傲幸 古堯反 舍民 音捨 臣
與 音預 若泄 息列反又以制反注同漏泄也 如闞 口暫反 於沂 魚依反
五乘 繩證反 慝作 他得反姦惡也 曰冥 亡定反 可畜 勑六反本
亦作蓄下皆同 將薀 本亦作蘊紆粉反 鬷戾 子公反下力計反 陷西 陷沒
之陷 北隅 本或作堣音同 而踞 音據 櫝丸 音獨下胡官反 箭筩 音童
又音動一音勇 爲近 于僞反 自咎 其九反下同 令曾 力呈反 下之 遐嫁
反 莒疆 居良反 若胙 才路反 勠力 音六又力彫反 繾綣 音遣
起阮反繾綣不離散也 好亡 呼報反 而惡 烏路反 焉可 於虔反 於難
乃旦反 不與 音預 稽 音啓 顙 息黨反 幄肉 於角反 自鑄 之樹反

反復納扶又反齊於側皆反本又作齋乘馬如字騎馬也俱輕遣政反將爲于偽反而相息亮反以殺音殺編蒲田反樹步口反又音附以籍在夜反苓林力丁反骸骨戶皆反昵宴女乙反失隊直類反祇辱音支僂力主反又力具反句居具反與僭子念反注同魴假音房賈正音嫁注同計簿步戶反弋楯食準反又音允州屈居勿反一音其勿反茹人音加熊相息亮反禖音梅郭卷音權一武卷勉一反爲巢于偽反

經二十六年帥賤所類反郭陵音專又市轉反一音徒丸反召伯依注當音召氏

傳二十六年鱄音專女賈音汝縳直轉反卷也如瑱他殿反易懷以豉反高齮魚綺反五千庾羊主反十六斗曰庾能爲于偽反下當爲下文爲魯君同其[illegible]

如字又始銳反公子鉏仕居反公孫朝如字納質音致信女音汝
欲降戶江反下同之飲於鴆反於淄側其反以厭於舟反又於葉
反注同入汶音問不勝音升注同又始證反炊鼻昌垂反泄聲息列
反射之食亦反下及注皆同中丁仲反下中手同楯瓦常允反又音允瓦楯脊也
脊也子亦反繇音由過也朐其俱反本又作軥同車軛汰他達反矢激也輈
陟留反車轅也匕入必履反矢鏃也車軛於革反矢激古狄反矢鏃子木
反或七木反斬鞅於丈反殪於計反死也吪之昌貴反將亢苦浪
反下同復吪扶又反下復吪同而駡馬嫁反白晳星曆反鬒
之忍反黑也須眉本又作鬚脩手反苑何於阮反刜芳弗反說文云
擊也又父勿反又忿勿反斷其丁管反鑋遣政反又音罄又苦頂反一足行也字林
丘貞反呼曰火故反林雍乘繩證反褚氏張呂反一音豬呂反雚

谷音丸又古亂反　知躒音智下音歷　女寬音汝本亦作汝　闕塞素代
反　之長丁丈反下文同　非適丁歷反　而好呼報反　則治直吏
反下同　瀆嫚武諫反　賂吾音路　千滑于八反　重見直用反下
賢遍反　爲後還于僞反下且爲同　圉澤魚呂反　隄上音低
或音啼　成公般音班　以藩方元反亦作蕃　傾覆芳服反　而溺乃歷
反　于難乃旦反　王惄起虐反惡疾也　于彘直例反　以閒閒厠之閒
注同猶與也一音如字　與也音預下同　敎官戶敎反　尚少詩照反下文同
而長丁丈反下文同　攜王戶圭反　奸命音干下同　替之他計反　郟
古洽反　鄏音辱　與鄫才陵反　于戲許宜反　生穨徒回反　施
于以豉反　避難乃旦反　虒汜音凡　黜去起呂反下同　爲王于僞
反　降妖本又作訞於驕反說文云衣服謌謠草木之怪謂之妖　頡王子斯反　共職

音恭 有閒 閒厠之閒注及下以閒先王并注同 剝亂 布角反 羣不弔

如字舊丁歷反至也注同 無猒 本又作厭於鹽反 貫瀆 古患反習也 瀆易

以豉反 倍奸 音佩 傲 五報反 佷 戶懇反 矯誣 居音反 震盪 本又

作蕩徒黨反 竄在 七亂反字林七外反 攸底 音旨 掰順 將文反 猾滑

古八反滑又作滑于八反 毋速 音無 其難 乃旦反 無適 丁歷反 遠晉

于万反 彗星 似歲反又息遂反 分野 扶問反 使禳 如羊反 祇取

音支 不諂 本又作慆他刀反疑也 聿懷 戶乖反 夏后 戶雅反注同 公說

音悅下注書說同 有施 式豉反下不出者皆同 豆區 烏侯反 公量 音亮下同

其施之 如字又始豉反 厚斂 力驗反 與女 音汝 少惰 徒卧反本亦作惰同

工賈 音古本亦作商賈 不滔 吐刀反慢也 慢也 武諫反本又作慢武半反 巨共

音恭下同 而箴 之林反 而婉 於阮反

經典釋文卷第十九

經六千五百五字
注一万一千六百五十五字

宋本經典釋文

第五册

唐 陸德明撰

宋刻宋元遞修本

山東人民出版社·濟南

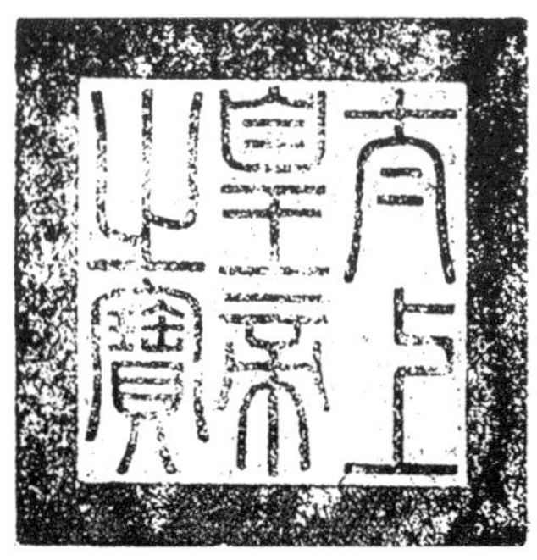

經典釋文卷第二十

春秋左氏音義之六

唐國子博士兼太子中允贈齊州刺史吳縣開國男陸德明撰

昭七第二十六　杜氏　盡二十二年

經二十七年居于鄆音運　吳弑申志反注同　君僚力彫反又歟冀反　罷音皮　殺始察反　郤去逆反　宛於阮反又於元反　信近附近近　祁黎力兮反又力之反　扈音戶　曹伯午音五　郲快苦夬反

傳二十七年掩餘於撿反　後復扶又反　蒍尹由九反　工尹麇九倫反　沈尹戌音恤　有復音福　校人胡孝反　沙汭如銳反　以殺申志反下文同　鱄設諸音專　上國有言賈云上國中國服云上古國也　不索所白反　堀室本又作窟同苦忽反　掘其勿反又其月反　夾之古洽反又

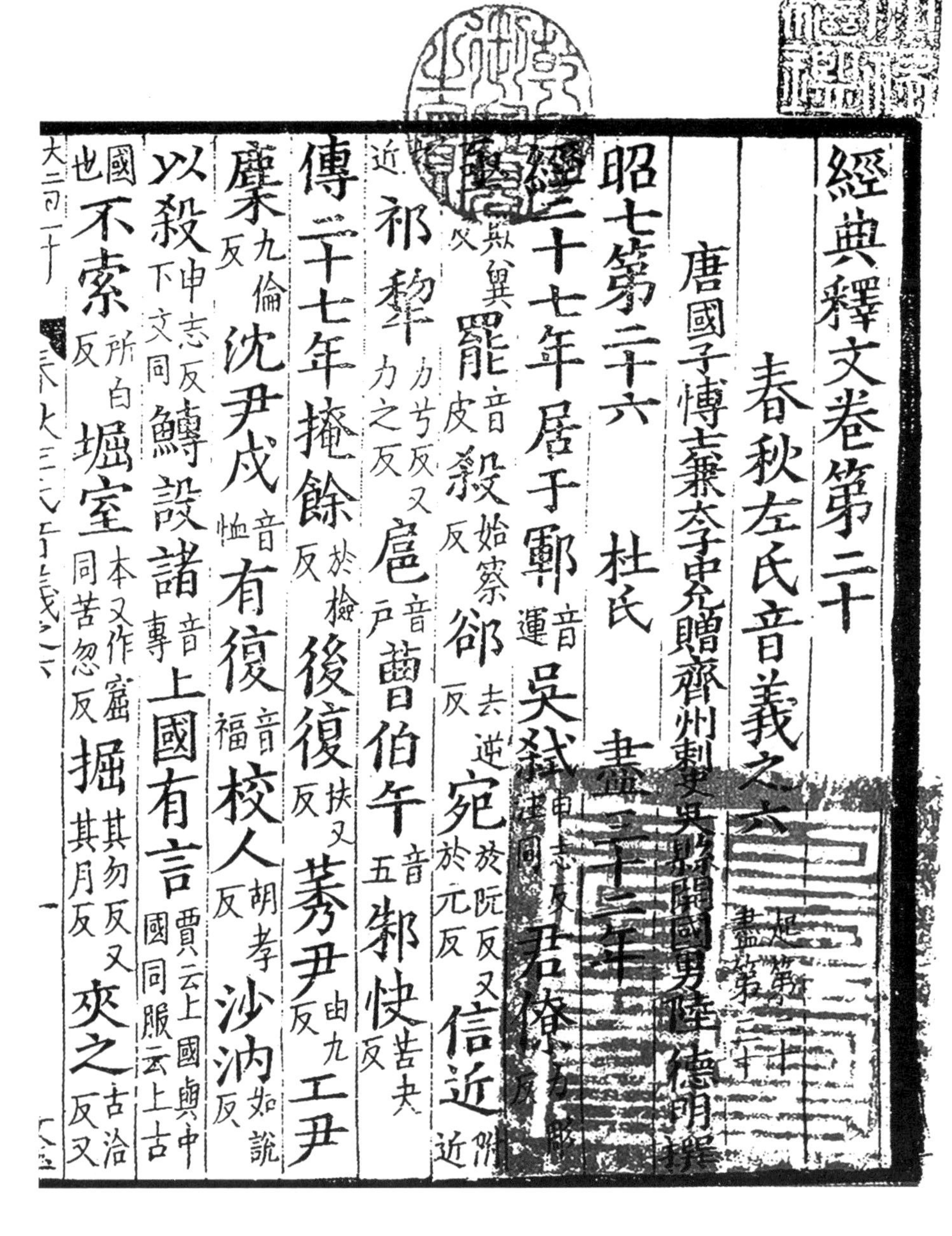

古恊反下同以鈹普皮反說文云鈹也恐難乃旦反寘劒之豉反炙音夜

反紬劒勑留反剌王七亦反闔盧戶臘反相傳直專反立

適丁歷反使命所吏反說之音悅鄢將師於晚反又音烏戶反費

無極扶味反比毗志反而惡烏路反注同賄而呼罪反譖郤側鴆反

飲子於鴆反好甲呼報反吾幾音祁羣帥所類反爇如悅

反燒也一編必然反又必于反菅古顔反秉秆古但反說文云禾莖也或古旦反

苫也式占反李巡云編菅茅以覆屋曰苫把必馬反槀古老反炮之步交反又彭交

反燔也燔音煩及佗徒河反匄古害反呼于火故反而說他活反堅

守手又反不慆他刀反疑也也夫音扶且知子餘反近郥附近之近之

難乃旦反年末同進胙才故反詛也側慮反中廄九又反謗讟音獨

去朝起呂反朝如字下朝夕同喪大子息浪反邇近附近之近幾及音祁

又音譏 將焉於虔反 矯子居表反 不愆起虔反 疆埸居良反下音亦

知者音智 在坐才卧反 曰重直勇反又直恭反 重見賢遍切注同 子

慭魚覲反 媟息列反

經二十八年 斥丘音尺一音昌夜反 竟音境傳同

傳二十八年 其造七報反 一个古賀反注同 單使所吏反 逆著

中略反一音直略反 祁勝巨之反字林云大原縣上尸反 鄔臧舊烏戶反又音偃案地名在周者烏戶反隱十一年王取鄔劉是也在鄭者音偃成十六年戰于鄢陵是也在楚者音於建反又音偃昭十三年王沿夏將入鄢是也在晉者音於庶反字林乙祛反郭璞三倉解詁音瘀於庶反聞馹音厭飫之飫重言之大原有鄔縣唯周地者從烏餘皆從焉字林亦作隖音同傳云分祁氏之田以為七縣司馬彌牟為鄔大夫即大原縣也鄔臧宜以邑為氏音於庶反舊音誤 惡直如字又烏路反 實蕃音煩 多僻本又作辟匹亦反 立辟婢亦反 無與音預 爲之于僞反 慭使魚覲反發語音也 楊食我

音嗣叔向許丈反欲娶七住反夏姬戶雅反下皆同庶鮮息淺反少也注同

吾懲直升反妾媵蠅證反又時證反少妃詩照反子貉亡白反黰

黑之忍反美髮也說文作㐱今又作鬒云稠髮也以鑑古暫反鏡也后夔求龜反取

之七住反又如字君長丁丈反貪惏力耽反方言云楚人謂貪爲惏無饜本亦作厭於鹽反

忿纇本又作類力對反戾也服作類后羿音詣篡夏初患反其子

音恭本亦作恭末喜本或作嬉音同國語云桀伐有施有施氏以末喜女焉韋昭注漢書云嬉姓也妲

己丁達反下音几國語云有蘇氏之女也韋昭云己姓也褒姒音似龍漦所生褒人所養者也毛詩

云姒姓也鄭箋云姒字也孋姬本又作麗同力知反獻公伐驪戎所得而以爲夫人穀梁傳云滅虢所得莊

子云支封人之子女何音吹不敢取七住反又如字強使其丈反叔向嫂

素早反兄妻也依字宜如此長叔丁丈反是豺本又作犲同仕皆反莫喪息浪反

梗陽古杏反盂音于丁文同銅鞮丁兮反魏戊音茂知徐音智

揄次資利反又如字　樂霄音消　趙朝如字　僚安力彫反　見於賢遍反注及下見魏子同　成鱄音鄟又市轉反又音附　不偪彼力反　淫行下孟反　唯

此文正詩作准此正季　帝度待洛反下及注同　莫其詩音亡白反又如字爾雅云貌莫安定也　下及注同　克長丁丈反下及注同　王此于況反注能王同　帝祉音恥　施于以豉反注同

應和應對之應下如字又胡卧反　勤施式豉反注及下注同　徧服音遍注同　悔吝力刃反　近文附近之近　緵葼子工反　以上時掌反下并注同　娶妻七住反　為

妻于僞反　射雉食亦反　女遂音汝下同　夫音扶　不颺餘常反　吾幾音祁　母墮音無下許規反損也　不能斷丁亂反　闇沒以占反　聞於如字

又音問　饋入求位反　比置必利反　令坐力呈反　自咎其九反　食之音嗣

軍帥所類反本又作率同　屬之玉反注同　厭於監反又於豔反注同

經二十九年　來唁音彥　復不扶又反　鄆潰戶對反

傳二十九年君祇音支故復扶又反召伯上照反不說音悅數日所主反于鄭音列勉買馬音古買反也注同具從才用反下同衣屨九具反乘馬如字又繩證反塹而七豔反隋塹徒火反將爲于僞反如字一音之櫝徒木反棺也爲作于僞反下同以食音嗣帷裹古火反龍見賢遍反下見龍朝夕見同莫知音智下謂之知實知注無知同豢音患養也飂力謬反古國名有裔以制反甚好呼報反耆時志反以飲於鴆反下同食之音嗣下不能食能飲食之食夏后同乃擾而小反順也鬷川子工反有夏戶雅反下皆同少康詩照反下少皞同乘龍繩證反河漢各二杜云合為四也服云河漢各二乘所治直吏反以更音庚注同代也復承扶又反潛醢音海不知音智朝夕如字下朝夕見同若泯彌忍反滅也乃坻音旨又丁禮反此也鬱堙音因塞也君長丁丈反下皆同句芒古侯反注及下皆同祀重直龍反下皆同祀犂力兮

反蓐收音辱本又作蓐摧徂回反玄冥亡丁反中霤力救反在

乾其連反本亦作乾之姤古豆反巽下音遜爻辭户交反其夬古快反

兌上徒外反亢龍苦浪反其巛本又作坤空門反之剝邦角反艮上

古恨反少皞户老反曰重直龍反曰該古哀反顓音專頊許玉反

共工音恭大皞音泰烈山如字禮記作厲山以上時掌反汝濱音賓

中行户郎反以鑄之樹反計令力呈反被廬皮義反下力居反文

公搜本又作蒐所求反中軍帥所類反擅作市戰反令復扶又反

其咎其九反與焉音預朝歌如字經三十年去疾

起呂反頃公音傾傳三十年且徵直升反明也本或作懲誤非

復扶又反詰之起吉反子蟜居表反共使所吏反在共音恭注及下同

備禦魚呂反注同及辨皮莧反嘉好呼報反之閒音閑下同執

紼音弗索也輓索本又作挽音晚下悉各反明㡳音旨印段一刃反少
卿詩照反注同女盍音汝下胡臘反下同有省所景反下同監馬古銜反
於竟音境蔿尹音誘吾好呼報反一本作若好吾邊彊居良反以
重直用反之胄直又反大王音泰翦喪息浪反以祚才故反
姑億於力反安也將焉於虔反播揚彼我反又波賀反注同防壅於勇
反以灌古亂反斷其丁緩反注同伍員音云又惡烏路反莫
適丁歷反任患音壬以肆本又作肆以制反下同勞也罷敝音皮下文同
亟肆欺冀反注同數也所角反　經三十一年苟躒
力狄反　適歷丁歷反童丘直龍反以濫力甘反或力暫反昌慮音閭
又如字　傳三十一年無咎其九反下注放此爲子于僞反出
君如字又勑律反跳行素典反于費音祕探言他南反知伯音智之

好呼報反　施及以豉反　宗祧他彫反　夫人音扶下及注同　敢與音預　之

難乃旦反　敢復扶又反　一乘繩證反　衆從才用反　馬稽首啟又古

兮反　不為利回于偽反下不為同　義疢丈又反病也　懲不義直升反下

同　而去起呂反下同　攻難乃但反　以徼古堯反　貪冒亡北反又亡報反　將

寘之豉反　數惡所主反注同　之稱尺證反　娩而於阮反　言別彼列

反　贏而本又作嬴力果反　入鄄以井反又[illegible]政反　之應應對之應　有讁直革

反

經三十二年取闞口暫反　國參七南反

傳三十二年疆事居良反　小爭爭鬭之爭　之分扶問反　其殃

於良反　狹小音洽　俾我本又作卑同必爾反注同　親昵女乙反　讎周式氏反注

同　重耳直龍反　徼文古堯反下同　蟊賊亡侯反　無徵怨張升反召

世　縈施式豉反　勿與音預　以紓音舒　又焉於虔反　襄序初危

反注同 衛彪彼蚪反 僂音今 大咎其九反 之渝羊朱反 讙怒

弃戰反 揣高卑丁果反揣又初委反 度高待洛反下文及注同 仞溝

本又作刃而慎反 洫況域反 相也息亮反下同 幾時居豈反下皆同 知貴考貴反

書 糇音侯本又作餱 糧音良 屬役之欲反 授帥所類反注同 而效

户孝反致也 偏賜音遍 從公才用反下同 雙琥音虎 陪貳蒲回反 有

妃音配 世從子用反本亦作縱 始震如字一音身 嘉閒音問 遂以名

之如字又武政反 受費音祕 殺適丁歷反

定公上定公名宋襄公之子昭公之弟謚法安民大慮曰定 第二十七

杜氏 盡七年

經元年 仲幾音機 大雩音于 煬宫羊讓反 禱之丁老反

隕霜于敏反 殺菽本或作叔音同 傳元年 涖政音利反音

類奸義音干大卻其父反屬役之欲反原壽過古禾反蒍

蕪音無近吳附近之近去其起呂反注同柏椁音郭庚寅栽才代

反又音再注同薛郳五兮反小邾國爲夏戶雅反注同于邳皮悲反仲虺

許鬼反左相息亮反薛焉於虔反納侮亡甫反過分扶問反故

復扶又反萇弘直良反既厭於豔反其祚才故反亟言起冀反

不中丁仲反故朝夕如字羈末居宜反子家子得見賢遍反下同而

從君才用反注義從同又如字下從君從公放此守寵手又反壞隤徐音懷又戶怪反下

徒回反如闞口暫反惡昭烏路反又如字駕鵝音加下五何反自旌音精

惡之如字又烏路反將焉於虔反鞏簡九勇反而好呼報反

經二年兩觀古亂反注及下同囊瓦乃郎反傳二年爲

我于僞反注及下同見舟賢遍反夷射姑音亦下音夜閽音昏守門人也以

敲苦孝反又苦學反說文作毃云擊頭也字林同又一日
毃擊聲也口交反又口单反訓此毃云橫擿也又或作茅
或作㨖口交反 經三年子穿音川 子拔皮八反 傳三
年臨廷音庭下同 鉼水步丁反本又作𨥫 鑪力吳反 炭他旦反 隋世徒火
反 先葬悉薦反又如字 五乘繩證反 殉五人辭俊反 藏中才浪反
卞急皮彥反 而好呼報反下及注同 躁疾早報反 于鄭音談 肅
爽上如字又所六反下音霜肅爽駿馬名 駿馬音俊 先從才用反下同 飲先於鴆
反 自拘九于反 弄馬魯貢反 請相息亮反注同 夫人音扶注同 以
償市亮反 不共音恭注同 而沈音鴆 若復扶又反 為質音致
經四年國夏戶雅反 召陵上照反 楚竟音境 公孫生本又
作姓音生 皐鼬由又反 復稱扶又反 異處昌慮反 伯成音城 劉
卷音權一音眷勉反 劉蚠扶粉反 為告于偽反下吳為蔡同 孔圉魚呂反

皆陳直覲反 死難乃旦反 并數所反 惡之烏路反
傳四年水潦音老 疾瘧魚略反 祗取音支 羽旄音毛 析羽星歷反下放此 或旆步貝反 旐音兆 令賊力呈反下次令蔡同 嘖有仕責反至也一音責 忿爭爭鬬之爭 柷佗徒河反 從才用反下師從旅從同 大柷音泰下大柷大上大史大原同 共二音恭注同 儌大古堯反 且夫柷音扶 出竟音境下同 祓杜音弗徐音廢 釁鼓許靳反 鼓鞞步西反本又作鼙 以從如字又才用反 嘉好呼報反 將長丁丈反 欲令力呈反 先衛悉薦反下文先衛同 歃也所洽反又所甲反 以蕃方元反 相王悉亮反 分魯公扶問反下並同 大輅音路本亦作路大輅金路也下皆同 大旂其依反交龍爲旂諸侯所建 錫星歷反錫同姓也 夏后戶雅反下皆同 之璜音黃美玉名 封父音甫下武父同封父國名 繁弱扶元反繁弱弓名 索素洛反下同 長勺市灼反下同 輯其音集又七入反 共

魯音恭下文以共王職同倍敦本亦作陪同步回反典筴本又作冊亦作策或作筴皆初
革反彝器羊之反迸散彼諍反皆令徐力呈反少皞許照反注及下
同下胡老反之虛起居反注及下皆同綪七見反茷步貝反又音吠旃旌章然反陶
氏徒刀反繁氏步河反錡氏魚綺反封畛之忍反田一音真甫田布五反本
亦作圃同塗所徑音徒下音經鄭藪素口反蓋近附近之近下近戎同
相土息亮反東蒐所求反巡守手又反聃季乃甘反疆以君良
反注及下同闞鞏九勇反甲名沽洗鐘名上音孤下音息典反之長丁丈反王文乃長衞同
惎音忌毒也閒王閒廁之間道紂音導蔡蔡叔上素達反放也注同下蔡
叔如字七乘繩證反改行下孟反見諸賢遍反之昭上饒反說文作紹伯
甸徒練反晉重直龍反鄭捷在接反齊潘普安反宋王臣
如字本或作壬如林反茲丕普悲反可覆芳服反弘說音悅爲之于僞

反下楚爲沈同　臨力鴆反　黃父音甫　語我魚據反　無怙音戶　無敖五報反　無復怒扶又反注同　伍員音云　州犂力兮反　嚭普鄙反　子乾其連反　爲質音致　舍舟音赦置也又音捨舟也注同　淮汭人銳反　夾漢古洽反　沿漢悅全反　上下時掌反注同　遮使正奢反　大隧音遂　宜云丁反本或作寘之豉反　阨於懈反本或作隘音同　惡子烏路反　而好呼報反　而陳直覲反下文及注同　江夏戶雅反　難而斯旦反　其卒子忽反下同　其乘繩證反　廣古曠反　雍澨市制反　季芊面爾反楚姓　畀我必利反世族譜季芊畀我皆平王女也服云畀我季芊之字　涉睢七餘反下同　鍼尹之林反　燧象音遂火燧以繫象尾　被創初良反　吳句古侯反　剄而古項反　褁之音果　雲夢音蒙如字又　中肩下仲反　奔鄖音云　以從才用反下同一音如字　將殺如字又申志反下我殺同　蔓成音万

不茹音汝矜寡古頑反菲知音智殺女音汝其衷音忠又
竄七亂反竄匿女力反施及以豉反之辟匹亦反若難乃旦反
楚竟音境鐻金音遽氏也金名本又作鐻使見賢遍反下注皆見同
以約如字又於妙反申包必交反以胥在薦反若數也所角反
草茅舊作茅曰交反今本名作莽莫蕩反下同無厭於鹽反疆居良反場音亦
逮吳音代取分扶問反勺飲市灼反又音酌爲之于僞反同仇
音求

經五年

傳五年周亟紀力反注同行東野下孟反下注同桓子行同璵本又作與
音餘璠音煩又方煩反斂力驗反當去起呂反不狃女九反彼爲于僞
反注同子洩息列反使偕子念反逆勞力報反下同時從才用
反下從父昆弟皆從王並同百乘繩證反注同于沂魚依反遂射食亦反又

亦反又食夜反 散卒子忽反 堂谿芳兮反下同 居麇九倫反下同 㬎

骨步卜反 以歆許金反 闉音因 輿音餘本又作與與羊汝反 輿罷

音皮 復失扶又反 葉公舒涉反 從其母如字又才用反 公父音甫

音甫 公何藐亡角反一音彌小反 大詛莊慮反 父歜音欲反 秦遄

市專反 焉能於虔反 成曰具九反 聊屈其勿反又君勿反 藍尹

力甘反 亹亡匪反 其帑音奴 舍音捨又音赦 謀殺式志反 大難

乃旦反 爲君于僞反下爲身同 無厭於鹽反 遠丈于万反 以妻

七細反 脾洩婢支反下息列反脾洩地名 袒而音但 經六

年 祁犂力兮反又力之反 公爲于僞反 圍鄖音運

經六年 爲晉于僞反注同 儋翩丁甘反下音篇 豚澤杜孫反

嬖大夫必計反 之難乃旦反 盤鑑盤又作鞶步丹反又蒲官反下古暫反

反爲質音致注同大姒音泰下音似鄭偁芳夫反強使其丈反注

同下放此不復扶又反其釁許靳反爲之于爲反欲令力呈反終

纍力追反又力執反夫差音扶下初佳反小惟子位悲反本又作惟亦如字之帥

所類反大惕他歷反於鄀音若此見賢遍反下文見圈非注同爲戍子僞

反下同令使所吏反其憾戶暗反說子音悅有難乃旦反下文同見

圉侯溫反又侯困反飮之於鴆反楊楯食允反又音允賈禍音古爲國

于僞反下同越疆居良反而使所吏反下同比趙毗志反亳社步各反

詛于側慮反五父音甫之衢其俱反姑蕕音由又作猶一音由舊反單

劉音善　經七年于鹹音咸非使所吏反于沙如字又星和反

傳七年甲貳[illegible]丁仲復黨扶又反瑣素果反涉佗徒何反

捘子對反公斂力檢反又音廉或音慮點反墮伏許規反而女音汝下又同苫

蒐始占反 於難乃旦反 黨氏音掌

定下第二十八 杜氏 盡十五年

經八年臯鼬由又反 國夏戶雅反年末注同 于瓦顏寡反 燕

縣音煙 侯柳力九反本或作抑 曲濮音卜 不見賢遍反 之壙音黃 封

父音甫 傳八年六鈞音均三十斤為鈞 古稱尺證反 異強

其丈反 而傳直專反 子鉏仕居反 與一人俱斃婢世反仆也顏高與一人俱為

子鉏所繫而仆 仆也音赴又蒲北反孫炎云前覆曰仆 偃且如字 射食亦反下同 子鉏

中丁仲反下同 頰古協反 殪於計反死也言顏高雖為子鉏所繫偃仆且射子鉏中頰而死言其善射

也一讀且音子餘反云偃且人姓名 乃呼大故反注同 也 殿丁電

也撿世族譜無此人一讀者非也

反注同 單子音善 儋翩丁甘反下音篇 伐盂音于 好逆呼報反 其

使所吏反 使溷侯溫反又侯困反 大行音太下戶郎反一音衡 廩丘力甚反 之

一二一九

郛芳夫反 焚衝昌容反戰車也說文作幢云陷陣車也 或濡人于反 馬褐戶葛反褐馬衣也 必復扶又反 盡客苦百反 苦越式占反 僑如其驕反 入竟音境 中行戶郎反 鄟澤音專又市轉反本亦作鄟音同 涉佗徒河反 焉得於虔反 將歃所洽反 捘衛子計反擠也 及捥烏喚反 捘擠子計反一音子禮反說文云排也 晉詬呼豆反恥也 語之魚據反 爲質音致注及下同 羈絏息列反 以從才用反下注從弟下從者同 有難乃旦反 以激古狄反 丨監帥古銜反 爲周報子偽反下同 季寤五故反 不狃女九反 欲去起呂反 更季氏音庚代也舊古孟反下皆同 禘于本計反 丨蒲圃布五反 先癸巳悉薦反 以鈹普皮反 盾食允反又音允 夾之五洽反 陽越殿丁見反 咋爲仕詐反齧也 於難乃旦反 圉人魚呂反 以爲于偽反 而騁勑領反 射之食亦反下同 不中丁仲反 闔門戶臘反 劫公

居業反　州仇音求　說甲本又作稅同他活反　得脫徒活反或他活反　曰嘻
許其反懼聲　辨舍上音遍注偏同下如字　于讙音歡　駟歂市專反　鄧
析星歷反　經九年　伯蠆勑邁反　分器扶問反
傳九年　向巢仕亮反　衰經七雷反下田結反下同　舍鐘音捨　其
邪似嗟反注同　彤管徒冬反　邶風音佩　雖說音悅　竿旄音干
下音毛　鄘風音容　蔽芾芳味反蔽芾小皃　召伯音邵注同　所茇畔末
反草舍也　而祇音支　若麟本又作麐吕辛反　俘爲芳夫反　萊門音來
天菑音災　師罷音皮　焉於虔反　墳覆音傾本又作傾下芳服反　鍥
苦結反刻也　其軸音逐　葱靈初江反或音忽　輜車側其反說文云衣車也　爲
偉[illegible]偽反下同　必娶七注反　鄉相息亮反　於霤力又反　所樂如字
又五孝反　犂彌力兮反　又譎古穴反　曩者乃黨反鄉也　之難乃旦反

如驂七南反騑馬也之靳居覲反車中馬也本或作如驂之有靳非也與書爭爭鬭之爭又如字
千乘繩證反不復扶又反褚師中呂反其帥所類反注同
事見賢遍反致禭諸忠反媢武報反杏戶猛反晳星歷反
幘音策又音責齒上下相值也說文作齰音義同而衣於既反貍力之反製音制裘也
吾貺音況賜也今常力呈反不共音恭三禭音遂比殯必刃反故
挽音晚親推如字又他回反經十年夾谷古洽反又古協反二傳作頰谷音古木反
鄆音運讙火官反汶陽音問孔子相息亮反圍郈音后字林下遘反
弄馬魯貢反暨其器反與也仲佗徒河反石彄苦侯反
向魋大回反靜難乃旦反傳十年丘相息亮反注同
兵劫居業反合好呼報反下同裔以制反遠也之俘芳夫反謀
夏戶雅反不偪彼力反爲愆去連反遽其據反辟之婢亦反又音避

注同 去萊起呂反 出竟音境 三百乘繩證反 盟詛側據反 兹

無還音旋 以共音恭注同 要盟一遥反 犧象許宜反又息河反注同犧

象皆尊名 秕音鄙穀不成者也字林音匕或作秕又必履反 稗皮賣反草似穀者 子盍戶臘反下

同 齊爲衛于僞反 邯音寒 鄲午音丹 城其西北而守

之一本或作城其西北隅 宵熸子潜反 涉佗徒河反 如植市力反立也一音值 不

遄市專反 若藐音貌又亡小反 射之食亦反下并注同 劒鋒芳逢反 向

巳許亮反亦作嚮 逆呵呼多反 刺之七亦反 復圍扶又反 在楊水

卒章本或作惕之水卒章 齊使所吏反注同 爲之于僞反下注爲齊同 衆

兇音凶一音凶勇反 得紓音舒 偪魯彼力反 必倍步罪反 走呼火故

反 介侯犯音界 犯殿丁見反 物識申志反又如字 與之數色主

反注同 名簿步古反 襞必計反 遽其居反 富獵力輒反 尾鬣

力輈反爾雅舍人注云馬髮也髮音子工反　扶魋勑乙反　盡瘇章勇反　有頹

普多反　出竟音境　辰爲于僞反注猶爲同　迋吾求往反又古況反欺也　褚

師張呂反　屬與音燭　封疆居良反　所惡烏路反十一年傳注同一音如字

經十一年叔還音旋　叔詣曾孫也案世族譜叔還是叔弓曾孫此云叔詣誤也

傳十一年

經十二年墮郈許規反毀也注及下傳同　毀壞音怪又戸怪反　公孟彄苦侯反

孟縶陟立反　隋費音祕　大雩音于

傳十二年滑于八反　羅殿丁見反下同　曹竟音境下同　在行戸郎反

申句須　樂頎音祈　保障之尚反又音章　子爲不知竝如字一本爲作僞

陽不知也陽本亦作佯音同　經十三年

垂葭音加　圉音又　大蒐所求反　比蒲音毗　士吉射食亦反又

食夜反 朝歌如字 ○傳十三年 鄍氏古閴反 郱 意玆彼命反又音丙

傳必張戀反又直專反注同 數日所主反 言當丁浪反 衛侯乘繩證反下同

乘廣古曠反 比君必利反 乃介音界 侯輕遣政反 著丁略反

是以爲于僞反注同一音如字 而賞之皷 好不呼報反 其從才用反

說劒他活反注同 不與音預反如字 中行戶郎反 知文子音智 相

惡如字入烏路反下同 曼多音万 洮之音叨如字又 荀躒力狄反 三如字又息暫反

折之設反 肱古弘反 欲令力呈反 史鰌音秋 於難乃旦反下注同 者鮮息淺反

必與音預注同 始惡烏路反 將去起呂反 宋朝如字 朔音素

經十四年 趙黶於咸反 佗人吐何反又徒何反 子牂子郎反 皆惡烏路反

檇李音醉依說文從木 亂陳直覲反下同 黎陽力兮反 于洮吐刀反

歸脤市軫反 盛以音成 蒯苦怪反 聵五怪反 比蒲音毗 莒父音甫

○傳十四年惡董烏路反 知文音智 盍以胡臘反 發難乃旦反
與謀音預 將焉於虔反 莫矣音暮 乃縊一四反 肯楚音佩 陳
好呼報反 句踐古侯反 陳于直覲反 三行戶郎反下同 屬劒之欲
反下同又之沽反 自剄古頂反本又作刎 闔廬戶臘反 將指子匠反 一屨九具反
於陘音刑 夫差音扶 於廷音庭本又作庭 曰唯唯癸反舊以水反 于脾
婢支反 析星歷反 成鮒音附 桃甲如字本又作姚 爲夫人于僞反 獻盂
音于 婁豬力侯反字林作豭云求子豕也下張魚反 [illegible]力付反 盍歸戶臘反 艾五蓋反老也字
林作豭音 艾三毛聚居者[illegible]音加豭豕也 戲陽速許宜反 少君詩照反本亦作小君 將狀
在良反殘殺也 以紓音舒 諺曰音彥 於潞音路 籍父
經十五年鼷鼠音兮 食處昌慮反 渠蒢直居反 下具音側 城漆
音七 ○傳十五年之贄音至 替也他計反 近亂附近之近下皆同 取賁芳味反

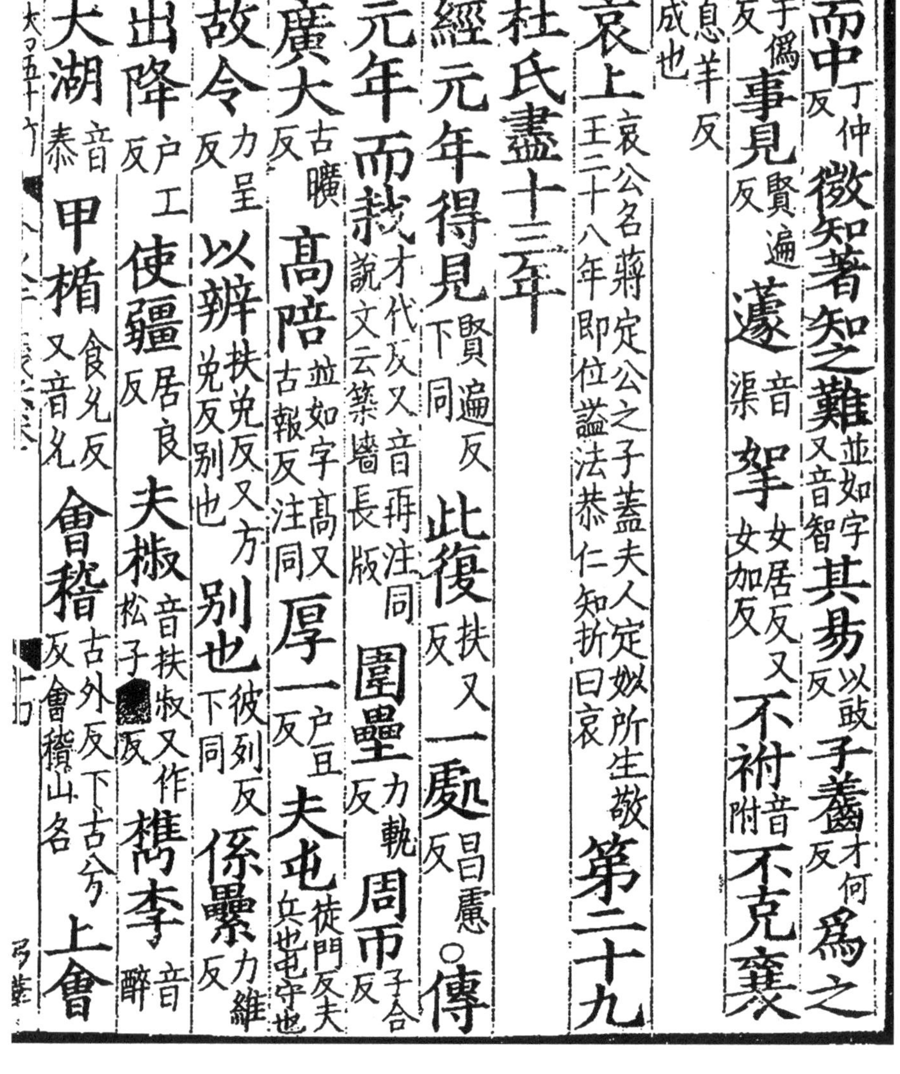
而中丁仲反 徵知著知之難並如字又音智 其易以豉反 子齹才何反 爲之于僞反 事見賢遍反 蘧音渠 挐女居反又女加反 不祔音附 不克襄息羊反成也

哀上哀公名蔣定公之子蓋夫人定姒所生敬王二十八年即位謚法恭仁短折曰哀 第二十九

杜氏盡十三年

經元年得見賢遍反下同 此復扶又反 一處昌慮反 ○傳元年而裁才代反又音再注同說文云築牆長版 圍壘力軌反 周帀子合反 廣大古曠反 高陪並如字高又古報反注同 厚一戶豆反 夫屯徒門反夫兵也屯守也 故令力呈反 以辨扶免反又方免反別也 別也彼列反下同 係纍力維反 出降戶工反 使疆居良反 夫椒音扶椒又作[illegible]松子反 檇李音醉 大湖音泰 甲楯食允反又音允 會稽古外反下古兮反會稽山名 上會

稽時掌反　大夫種章勇反　大宰音泰　嚭普鄙反　伍員音雲
去疾起呂反本又作去惡　有過古禾反國名注及下同　澆五叫反一音五報反下同
殺斟之林反　灌古亂反　斟鄩音尋　寒浞仕捉反　夏同
姓戶雅反下注皆同　夏后相息亮反注及下注同　復爲扶又反
后緡亡巾反　昏忘亡亮反　方娠音震又音身懷妊也　自竇
音豆　少康詩召反　之長丁丈反　惎澆音忌毒也　庖正
步交反　妻之七計反注同　二姚羊昭反虞姓也　諸綸音倫
有鬲音革　之燼徐刃反又秦刃反　女艾上如字又音汝下五蓋反
諜澆音牒　季杼直呂反　誘豷許器反　過戈並古禾反
之績一本作迹　吳難乃旦反　務施始豉反　而長丁丈反下同

可誒本又作俟音仕待也介在音界求伯如字又音霸生聚才喻反又如字爲沼之兆反池也汙池音烏故復扶又反邯鄲音寒下音丹逢滑于八反土芥古邁反草也不艾魚廢反暴骨步卜反如莽亡黨反孔圉魚呂反烝鉏之承反下仕居反不重直龍反崇壇徒丹反不形徒冬反丹漆也鏤魯豆反刻也不觀古亂反注同臺榭音謝取費芳味反天有菑音災癘本或作天無菑癘非疾疫音役而共音恭孰食者分如字一讀以分字遶下句猶徧音遍卒子忽反乘繩證反與焉音預不罷音皮陂池彼宜反妃嬙本又作廧或作嬙在羊反嬪御毗人反玩好呼報反夫先自敗也已夫音扶本或作夫差先自敗者非

經二年取漷火虢反又音郭及沂魚依反易也以䜴反句繹古侯反下音亦以要

一遥反 于鐵天結反 皆陳直覲反 傳二年伐絞

古卯反 郢也以井反 立女音汝 三揖一入反三揖卿大夫士也 祇辱音支

立適丁歷反下適孫同 大子絻音問喪冠也 衰絰七雷反下田結反

子般音班 先陳直覲反下注同 爰契苦計反又苦結反 謀協以故

兆絶句 詢可也思遵反 斬艾魚廢反 欲擅市戰反 而滅

其君殘或作戕音殘 除詬呼豆反又音苟 作雒音洛 千里百縣

縣方百里 郡方五十里 斯役如字又作廝音同何休注公羊云艾草

為防者曰廝汲水漿者曰役蘇林注漢書云廝取薪者韋昭云析薪曰廝 志父音甫杜云志父趙簡子之

一名也服云趙鞅入晉陽以畔後得歸故改名志父春秋仍舊猶書趙鞅 絞縊一賜反 以戮音六

桐棺三寸 禮記云夫子制於中都四寸之棺五寸之椁以斯知不欲速朽也鄭康成注云此庶人之

制也案禮上大夫棺八寸屬六寸下大夫棺六寸屬四寸無

三寸棺制也棺用難朽之木桐木易壞不堪為棺故以為罰

墨子尚儉有桐棺三寸不設屬音燭注同次大棺也辟步歷反注同親身棺也禮大夫無辟
之重直龍反下同王棺四重禮記云水兕革棺被之其厚三寸杝棺一梓棺二杝棺辟也梓
棺二屬與大棺也被水牛及兕之革爲一重辟爲二重屬爲三重大棺爲四重君再重君謂侯作子男
侯伯已下無革棺屬與辟爲一重大棺爲再重上公則唯無水革耳兕革與辟爲一重屬爲再重大棺爲三重
大夫一重大夫唯屬與大棺爲一重今云不設辟者時僭耳非正禮也樸馬普角反載
柩其又反爲衆于僞反郵無恤音尤其怯去業反百乘繩證
反牖下羊九反麇之丘隕反麇束也注同吏詰起吉反痁作
詩占反瘧疾也瘧疾魚略反禱曰丁老反一音丁報反在難乃旦反下注爲難同自
佚音逸持矛亡侯反絕筋居銀反中肩丁仲反斃于婢世
反本亦作獘踣蒲北反逢旗芳恭反旗名復伐扶又反傳傁素口
反又作叟有知音智未艾魚廢反又五蓋反公孫尨武江反稅焉始銳

反爲范于僞反下文爲其主同幕下音莫姚般子般子緞林殿丁見反
而射食亦反伏弢𠮟刀反弓衣也嘔血本又作㱑烏口反吐也吐也他㥶反
兩㓷以刃反洩庸息列反一音作息引反未詳中悔丁仲反經三
年曼姑音万爲子于僞反樂髡苦孫反
傳三年司鐸行洛反南宮閱音悦曰庀匹婢反具也女
音汝命不共音恭校人戸教反注及下同乘馬繩證反注及下同音同脂轄
戸瞎反本又作鎋同爲駕于僞反之易以豉反變難乃旦反濟濡
子細反又子禮反注同帷幕位悲反下音莫欝攸音史欝㪍木氣也蒙葺七入反一音
丁入反以悛七全反次也縣教音玄富父音甫槐音懷官辦辦具之辦
猶拾音十瀋也尺審反汁也比土呼汁爲瀋去表起吕反注同之槀
古老反注同所鄉許亮反稾積子賜反道還本又作環戸關反又音患

惠同 勑令力呈反 南孺子如住反 共劉音恭 其郛芳夫反 惡

范氏烏路反注同 經四年盜殺申志反 蔡侯申今本

皆如此案宣十七年蔡侯申卒是文侯也今昭侯是其玄孫不容與高祖同名未詳何者誤也 公孫姓音生本又

作生或一音性 恥爲于僞反 亳社步各反 塡公音傾 傳四年

也 承音懲直升反 公孫翩音篇 而射食亦反下同 文之錯音措又音昔又

容駭反 併行步頂反 中肘丁仲反下竹九反 公孫肝侃干反 服普皈反字林匹

姦反 葉公始涉反 負函音咸 繒關才陵反 泝江音素 入郢以井反又

以政反 單浮餘音善 氏潰戶內反 陸渾戶門反 豐析星歷反注

同 莬和音徒 監尹古銜反 少習詩照反又如字少習即武關也 之難乃旦反

將爲于僞反下注同 以畀必利反與也 楚復扶又反 甯跪其委反

邯鄲 降戶江反 遂墮許規反 取邢音刑 任音壬 欒力官反

郈呼洛反郭璞三蒼解詁音臛字林火沃反韋昭呼告反闞駰云讀嘵确同逆時音止孟音于
經五年城毗頻夷田反許曰昌呂反下求又反傳五年惡
張烏路反下同柳朔良文反夫非音扶好不呼報反不去起呂反
以僭子念反後同爲吉射于僞反燕姬於賢反未冠古奐反
鬻姒音育下音似子荼音舒又音徒又丈加反嬖必計反齒長丁丈
反閒於音閑又音閒之閒又如字廁疾疢勑覲反本或作疹乃結反謀樂音洛
寘羣之豉反羣或作諸於萊音來公子黔巨廉反又音琴公子鉏
仕居反不與音預下同埋云皆反而後昌氏反又尸氏反惡而烏路反不
解佳賣反攸𪏭許器反息也鮮矣息淺反不濫力暫反濫盜
音遂經六年郲瑕音遐任城音壬亢父苦浪反又音剛下音
甫廢長丁丈反立少詩照反于相莊加反楚子軫之忍反史記作

珍

殺荼音試下皆同 傳六年復脩扶又反 城父音甫

驂乘繩證反 偃蹇約免反下紀晚反 驕敖五報反 必偪音逼 盍

户臘反下同 去諸起呂反下同 需音須疑也一音濡弱持疑也 多難乃旦反 飽

牧州牧之牧 乘如繩證反 晏圉魚呂反 五辭本又作辭說文云辭不受

也受辛宜辭也辞籒文 大冥亡丁反 舍其音捨 夾日古洽反 大史音泰

下同 若禜音詠 禳祭如羊反 而寘之豉反 其夭於表反 又焉

於虔反 為祟音遂反 竟內音境 睢七餘反 漳音章 楚昭

王 知大道矣本或作天道非 夏書户雅反下注同此語在尚書五子之歌書無帥

彼五常一句下亦微異 其行如字又下孟反尚書作厥道 乃滅而亡尚書作乃厎滅亡 且

于子餘反 上乘繩證反 闕止若轄反 壬也而林反 洩言息列反又

以制反 欲令力呈反下同 與饋其位反 差車所宜反 鮑點之廉反又

丁念反

如字女忘音汝而折之舌反又市列反注同而背音佩下皆同故要一遙反

去鬻起呂反拘音俱江說音悅句竇音鉤下音豆不匱其位反

反多難乃旦反少君詩照反長君丁丈反夫鵶子音扶鵶或作鸍

同於駘他才反又徒來反野幕音莫殳音列冒亡報反淳于音純駐

於中任反經七年皇瑗于眷反于繒才陵反一本作鄫

傳七年百牢力刀反吳過宋古禾反以後戶豆反上物如字又

如字一音時掌反注同道長丁丈反注及下注同既共音恭大伯音泰注同斷髮

丁管反贏以本又作倮力果反故效戶孝反將焉於虔反惡賢

音烏安也注同無數所主反不樂音岳一音各不禦魚呂反擊柝

音託以兩木相擊以行夜也字又作欜同聞於音問又如字晝掠中救反下音亮于

繹音亦鄒縣則留反乘韋繩證反下及注同馮恃皮冰反注同辟

匹亦反注同 振鐸 待洛反注同 公孫彊 其良反 好田 呼報反下同 弋
以職反繳射也 田弋之說 如字 說之 音悅下大說同 彊言霸說 如字 經
一音始銳反 而奸 音干 揖丘 音集一音於入反 鍾邘 音于
八年 褚師 中呂反 之詬 呼豆反 取讙 音歡 及闡 尺善反
伯過 古禾反 盲使 所吏反 傳八年 肥殺 丁練反下注同 詬
之 本又作詢呼豆反詈辱也 詈辱 力智反 吳爲 于僞反下注則爲之隱惡同 不
狃 女九反 死其難 乃旦反 曾所 在增反 且夫 音扶 之行 下孟反又
如字 所惡 烏路反又如字注反 之好 呼報反下文好焉同 欲覆 芳服反 子泄
息列反又作洩 與蠡 禮卅反 子洩率 絶句 故道險 絶句 吳竟
音境 僑田 其驕反 拘鄶 音俱下同 之漚 烏豆反 菅 古顔反 水兹
音玄本亦作滋子絲反濁也字林云黑也 道之 音導 澹臺 待甘反 內應 應對

之應析朱鉏星歷反注及下同泗上音四私屬音燭於幕庭亡傳

反設格更百反令士力呈反試躍羊灼反與焉音預注同任行

音壬三遷息暫反析骸户皆反本又作骨而爨七亂反及虧去危

反吳輕遣政反負載如字謂載書或音戴造於七報反萊門音來

爲質音致下同復求扶又反妻之七計反魴侯音房前爲

下僞反荐之在薦反本又作栫荐雍也於勇反使女音汝千乘

繩證反注及下同故諷方鳳反愬之音素於潞音路麇之丘隕反束縛也

經九年雍丘於勇反　傳九年公孟綽昌灼反本又作

卓同武子賸以證反作壘力軌反塹成七豔反郟張古洽反又

音甲城邦音寒射陽食亦反又音亦可游音由可馮皮冰反之需

音須以祉音恥儆音景　經十年不與音預書殺申志反

孟弨苦侯反傳十年剡子音談于鄎音息兵
并必政反人殺申志反龔重直龍反又直用反取犂力兮反又力之反及
轃音秦一音干春反名隰音習本或作濕音同來復扶又反壽夢音蒙少
子詩照反經十一年轃頯破可反又普多反艾陵五蓋反
公與伐音預下同傳十一年齊爲于僞反無丕音悲
反一子守手又反從公如字又才用反御諸魚呂反本又作禦竟音境注同自
度待洛反又封疆居良反注同二子之不欲戰也宜絕句黨
氏音掌強問其丈反而共音恭不成丈夫也本或作大夫非蒐
乘所留反下繩證反閔音悅孟孺子而住反彘直利反邴洩音丙
又彼命反管周父音甫年少詩照反徒卒子忽反注同雩門音于
繇役本或作傜同音遥陳瓘古喚反涉泗音四爲殿丁練反抽

矢翀留反筴其初革反本或作筴誰不如如字一音而庶反注同惡賢音烏
注同宵諜音牒齊人遒徒困反諜間間廁之間語人魚據反能
默本亦作嘿亡比反其嬖必計反童本亦作僮音同注烏黃反錡魚綺反
乘繩證反無殤音商八歲至十九為殤用矛亡侯反皆陳直覲反轃
晅況阮反稻醴音禮以稻米為醴酒粱糗起九反糗乾飯也以粱米為之一音昌紹
反腶脯丁亂反字亦作鍛加薑桂曰脯也為郊子僑反于贏音盈公
孫夏戶雅反虞殯必刃反陳子行如字又戶郎反具含玉戶暗
反本又作唅八公孫揮許韋反問遺惟季反王卒子忽反八百
乘繩證反兵從才用反又如字勞公力報反甲釼鈹普悲反寘
之之豉反新篋苦協反尉衣以音尉藨也一本作褽之以玄纁玄纁許云
反本亦作勳加組音祖不衷音忠善也饋賂其位反或作餽下音路是豢

音患養也也夫音扶爲沼之兆反其泯亡軫反盤庚步干反之
語古報反不共音恭注同則劓魚器反殄大典反無俾必爾反易
種章勇反注同從横子容反育長丁丈反使於所吏反屬其
音獨注反下同屬鏤力俱反又力侯反屬鏤劒名墓檟古雅反木名脩守手又
反子朝如字妻之七計反於犂力兮反孔姞其乙反又其吉反
向魋徒回反於郎音云少禘詩照反下大計反子慭魚覲反一作整
征領反而飲於鴆反遂聘匹政反夏戊戶雅反下同戈音茂胡簋
音軌遽止其據反度其待洛反下同之難乃旦反別其田如字
一音彼列反施取尸豉反斂從力豔反貪冒亡北反一音莫報反無厭
於鹽反經十二年諱取七喻反又如字本或作娶橐皐章夜
反或一音託逡音峻又七倫反遒音因又音巡繇音遥螽音終

傳十二年取于（七喻反本亦作娶）與弔（音預注同）不繞（音問）放
經（大結反）故去（起呂反）奉贄（音至）以要（一遥反注同）尋重（直龍反）
寘歇（許謁反）且姚（子餘反）之斃（婢世反）不摽（敷蕭反又普交反擊
也）國狗（音苟）之瘈（吉世反狂也）噬也（市制反）齧（五結反本或作嚙）藩
衛（方元反注及下同）籬也（力知反）歸餼（許氣反）以難（乃旦反注同）子
盍（戶臘反）不爲（于僞反）是墮（許規反注下皆同）嚭說（音悅下同）乃
舍（音捨釋也又音赦）效夷（戶教反）埶者（直立反）隙地（去逆反）間
田（音閑一本作間地一音如字）彌作（亡支反又亡爾反）頃丘（苦潁反又音傾）玉暢（勑亮反一本作壬暢）
嵒（五咸反）戈（古禾反）鍚（音羊一音星歷反）爲之（于僞反）令
倒（丁老反）爲別（如字又彼列反）經十三年男成（音城本或作成）
近濟（附近之近）自去（起呂反）其僭（子念反）星孛（步內反）乃見

反賢遍陳夏戶雅反區夫烏侯反故復扶又反

傳十三年使徇似俊反成讙火官反郜延古報反或古毒反

爲虛竝如字或音墟非單平公音善不與音預二隧音遂注同道也

謳陽烏侯反自泓烏宏反姑蔑亡結反之旗音其大末

音泰孟康云大音闥屬徒音燭注同地守手又反下注同復戰扶又反王

惡烏路反注同自剄古頂反爭歃所洽反又所甲反爲長丁丈反注下同

大伯音泰日旰古旦反輕德遣政反見晉侯如字又賢遍反對

使所吏反以見賢遍反於吳有豐芳中反八百乘繩證反

反下及注同六人從才用反戶牖音酉坐爲才卧反恐之丘勇反不

共音恭而祇音支慼兮而捶反又而水反一盛音成又市政反注同與褐

戶葛反之父如字又音甫睨之五計反視也麤則本又作麄七奴反以呼

火故反 殺其丈夫 直兩反本或作大夫誤 悖惑 補內反

哀下第三十

經十四年西狩 手又反冬獵也 獲麟 呂辛反又力珍反瑞獸也解見詩音 嘉瑞 常恚反 無應 應對之應 中興 丁仲反 小邾射 音亦 句繹 古侯反下音亦

貝手 之鼓反 宗豎 上主反 宋向 舒亮反 魋 徒回反 子狂 其廷反 趙鞅 於丈反 復入 扶又反 星孛 步內反

傳十四年鉏商 仕居反 要我 於遥反注同 于乘 繩證反 闞止 苦暫反 憚之 大旦反 騶顧 仕救反數也 數顧 所角反 而遺 惟季反 之潘 芳袁反注皆同米汁也 沐 音木 米汁 之十反 介達 音界媒介也亦因也 長而 丁丈反 如字又 上僂 力主反 與之言政說 音悅 立女 音汝 我遠 于万反 如字又 數人 所主反 虛丘 力甚反 子芒盈 音亡 在幄 於角反帳也 之處 昌慮

處反御之魚呂反本亦作禦檀臺大丹反大史音泰將為于偽反下文逆爲舍

請下注為公同需音須疑也屬徒之欲反攻闈音韋弇中於檢反又音淹

狹路音洽及彫音而橋命本又作撟居表反出雍於用反務施

式䜴反數請所角反以安鞏音安余長丁丈反注同少長詩照反所

惡烏路反迹人子亦反有介音界大也麇九倫反獐也本又作麇亡悲反難以

及旦反下文及注同子頎音祈騁而敕領反祗取音支欲質音致注及下同

乃舍音赦又音捨注同夏后尸雅反之璜音黃惡之烏路反阮氏

苦庚反或音剛丘輿音餘三日齊側皆反本又作齋伐齊三如字又息暫反

子洩息列反將圍魚呂反為成于偽反從者不得入

才用反有司使所吏反注同恨恚一瑞反弗內如字又音納袒音但免

音問于衢其俱反聽共音恭注同經十五年高無丕

普悲反 大雩音于 公孟彄苦侯反 傳十五年桐汭
如銳反 既斂力驗反反同 造于七報反下文同 介將命音界下文注皆放此 嚭
勞力報反 水潦音老 廩然力甚反顛動貌 隕大夫于敏反下同 以重
直用反不注同 寡君敢辭上介絕句 芊尹于付反 存伐在徧反
備使所吏反盡芋尹蓋辭同 共音恭注同 績子賜反又如字注同 且殯必刃反 纘
聚才喻反又如字 草莽士黨反 內之如字又音納 陳瓘古奐反 過
衞古禾反 既斲陟角反 喪公室息浪反下并注皆同 故爲于僞反下文齊
爲衞故爲請於伯姬并注同 有背音佩 將焉於虔反 同好呼報反 冠氏
如字又古奐反 自濟子禮反 禚媢詩若反 于贏音盈 孔圉魚呂反
蒯苦怪反 聵魚怪反 生悝苦回反 渾良夫戶門反 長而美
舊丁丈反人如字 使之所吏反又如字 無與音預 外圃布五反 而乘繩證

反下圍及注同 欒寧力丸反 姻妾音因 杖戈直亮反又音丈 輿豭音加

被甲皮寄反 迫孔悝本又作叔悝 於蒯初吏反 強盟其丈反

故劫居業反 欲令力呈反 炙未章夜反下同 召獲上照反注同 其

難乃旦反注及下皆同 復入扶又反 有使所吏反 焉用於虔反 若燔音煩

必舍音捨又如字 盂黶音于下於減反 斷纓丁管反 去之起呂反 瞞

成莫干反 褚師中呂反 經十六年子還成音旋 夏

四月己丑孔丘卒孔子作春秋終於獲麟之一句公羊穀梁經是也弟子欲記聖師之卒故採魯史記以續夫子之經而終於此丘明因隨而作傳終於哀公從此已下無復經矣 魯襄二十二

年生至今七十三也本或作魯襄二十三年生至今七十二則與史記孔子世家異此本非也

傳十六年鄭武子於虓反 肸也許乙反 逋布吳反 竄七亂反

寘諸之豉反 其衷音忠 單平公音善 余嘉乃成世絕句

之休許虯反注公誄力軌反說文云謚也旻天亡巾反不弔如字又音的至也不憖魚覲反下同美也且也俾屏必爾反下必領反煢煢求營反在疚久又反病也尼父音甫言喪息浪反則愆起虔反飲孔悝於鴆反令人力呈反反祏音石藏主石函西圃布五反石函音咸許公爲如字人姓名返祏音石本亦作反人爭爭鬬之爭先射食亦反下同三發如字一音廢皆遠于萬反之殪於計反車從才用反又如字注同於橐音託城又音甫華氏戶化反使諜徒協反葉公始涉反邊竟音境下同衛藩方元反注同好復言呼報反告女音汝如卵來管反而長丁丈反楚國第大細反次第也乃不復扶又反不悛七全反有熊音雄宜僚者本或作熊相宜僚相音息亮反與之言訑音悅其侯音侯不爲利于僞反下同諂勑檢反威惕他歷反

反　不泄息列反又以制反　鎧苦代反　杖直亮反　而劫居業反　以袂彌世

反　扶豫章烏亢反　無聚才住反注同　徼幸古堯反　無厭食

於豔反　後庇必利反又音祕　圉公陽魚呂反　不胃直又反　以幾音冀

本或作冀　得艾魚廢反一音五蓋反注同　夫有方于反或音扶　奮心方問反　將旌

音精　以徇以俊反　蔵尹之林反　使興國人如字興請興發也一本作與羊汝反　而

縊一賜反　徵之如字匿也爾雅云匿微也　微匿女力反　生拘音俱　而長丁文

反注同　將烹普庚反　王孫燕烏賢反又烏練反　頹黃求龜反舊求悲反

於葉始涉反　嬖人必計反　大叔音泰　人比毗志反　弗去起呂反　輿

猳音加　而強其丈反　傳十七年　虎幄於角反　幄幕

武反　傳　成絕句　求令名者絕句　應爲應對之應　乘衷甸時證

反說文作佃云中也春秋乘中佃一轅車也　兩牡茂后反　袒裘音但　御之魚呂反下

笠澤音立　夾水居洽反　而陳直覲反　左右句古侯反注同

卒子忽反注及下注同　相著直略反　鼓譟素報反　并力必政反又如字　以

難乃旦反　使椒中角反訴也　其處昌慮反　國觀工喚反　陳讙

工喚反　齊柄彼命反　其聚才住反注及下注邑聚同　積聚子賜反　問帥所類反

皆相息亮反注及下而相國并經同　今復扶又反　率賤所類反本又作帥下同　鄰俘

音若下芳夫反　州蓼本又作鄝音了　封畛之忍反一音眞　不謟本又作滔佗刀反疑也　有

憾本又作感戶暗反　君盍戶臘反　舍焉音捨又音赦注同　公孫朝如字

鶉火音純　枚卜亡極反　之觀工喚反注同　之虛去魚反下文同　濮陽

音卜　被髮皮義反　之瓜古華反　并數必政反下所主反　懼難乃旦

反下文而難作同　其繇直又反　窺尾勑呈反赤也　衡流華耆反又如字　方

羊蒲郎反注同　裔焉以制反　闔門戶臘反　塞竇音豆　復伐

扶又反 叔向 許丈反 怙亂 音戶 般師 音班下同 自郠 音緝 從子

才用反 而隊 直類反 折 之設反 股 音古 己氏 音紀又音祀 髡之 苦存

呂姜髢 太計反又庭計反髲也 髲也 皮義反 與女 音汝下同 其焉

於虔反 諸潞 音路 平公敬 如字一本作驁五報反又五刀反 東莞 音官 武

伯相 息亮反 鄖衍 以善反 石魋 徒回反 鄖也 音云 曼姑 音万

彘也 直例反 皇瑗 于眷反 子麇 九倫反 鄭般 仕咸反 慍而

紆問反怒也 不與 音預 杞姒 音似 適子 丁歷反 召令 力呈反

傳十八年 皇緩 戶管反 從子 才用反 圍鄾 音憂 將上帥

所類反 燧象 音遂 皆爲 于僞反 薳固 于委反 於析 星歷反

能蔽志 必世反注同斷也尚書能作克克亦能也 昆命于龜 本或依尚書作昆命

于元龜 蔽斷 丁亂反下同 傳十九年至冥 亡丁反 于

敖五刀反 三種章勇反 敬王崩故也案傳敬王崩在此年世本亦介世族譜云敬王四十二年崩敬王子元王十年春秋之傳終矣據此則敬王崩當在哀公十七年史記周本紀及十二諸侯年表敬王四十二年崩子元王仁立則敬王是魯哀十八年崩也六國年表起自元王及本紀皆云元王八年崩子定王介立定王元年是魯哀之二十七年則與杜預世族譜爲異又世本云魯哀公二十年是定王介崩子元王赤立則定王之崩年是魯哀二十七年也衆說不同未詳其正也

傳二十年 廩丘刀甚反 爲鄭于僞反下爲降同 于艾五蓋反 以說如字又音悅 親昵女乙反 有質如字信也 先造七報反 犯間間廁之間 諸夏戶雅反 不共音恭 在難乃旦反 簞音丹笥也 笥絲嗣反 問遺唯季反 句踐古侯反 溺人乃歷反 史黯於減反 謗言博浪反

傳二十一年 遺使所吏反 爲公于僞反年末文注同 之皐古刀反緩也 數年所主反注同 不覺音角又古孝反 高蹈徒報反 令齊力呈

反先期悉薦反將傳中戀反遽其據反比其必利反

傳二十二年甬東音勇會稽古外反下古兮反句章九具反如淳音拘韋昭亦音拘洲也音州水中可居曰洲焉能於虔反乃縊一賜反

傳二十三年輿有音預執紼音弗輿人音餘衆也不腆他典反旌繁步干反注同知伯音智御之魚呂反及壘力軌反以守手又反宇桃他彫反犂丘力兮反濕也音習本又作隰涿聚丁角反始使所吏反

傳二十四年汶陽音問欲徼古堯反令繕市戰反萊章音來天奉扶用反又焉於虔反躛言戶快反過也謂過謬之言服云僞不信言也字林作衞云夢言意不慧也丁例反鍼臧許器反大史音泰注同毋嬖必計反釁夏許覲反下戶雅反女爲音汝娶於七住反下同孝惠娶

於商商宋也定公名宋是哀公之父故舋夏為諱而稱商也孝公稱尺證反次如字

始惡烏路反注同適郢以井反適郢越王句踐之太子名親說音悅將

妻七計反大宰嚭普美反納賂音路

傳二十五年籍圃布五反褚師張呂反韈亡伐反足衣也

見君賢遍反有創初羊反詬之許角反又許各反嘔吐也嘔吐

於口反下他故反抵從音紙屈肘片九反必斷丁管反亥乘時證反

公文要一遥反夏丁戶雅反其帑音奴飲公於鴆反大

叔音泰從孫甥如字又才用反注同少畜許照反優狡音憂下古卯反

拳彌音權俳優皮皆反甚近附近之近下注皆同喪邑息浪

反課以息報反郢子士音絹禦之魚呂反後放此彌援音袁

欲令力呈反而易以豉反閒也閒廁之閒下注內閒為君閒皆同適泠

力丁反 城鉏仕居反 以鉤古侯反本或作拘同注同 之卒子忽反 陳

名直覲反 揮音暉 彼好呼報反 先道音導注同 共評音平

又音病 難面乃旦反 弗內如字又音納 五梧音吾 郭重直龍反又

直用反 爲祝之六反又之又反注同 上壽時掌反下音授又音受 惡郭烏路

反 訾毀音紫 請飲於鴆反注同 獲從才用反又如字 劬勞其居

反 以激古歷反 之數所角反 不樂音洛 公孫音遜本又作遜

傳二十六年 樂茷扶廢反 君愎皮逼反 很也胡懇反

掘褚其勿反又其月反本或作搰胡忽反 國幾音析又音機 守陴毗支反

甲重直龍反下同 設守手又反 恐公丘勇反 公子黚其廉

反 相之息亮反 令苟力呈反注同 爲悼于僞反 遂復

扶又反 從昆才用反 樂圂戶門反又戶困反 朱鉏仕居反 樂輓

音晚惡之烏路反下注惡其同欲去起呂反連中如字一音董興空

澤如字興發也或作輿非沃宮烏毒反六子畫音獲劫之居業反

少寢詩照反下注同大宮音泰或蠱音古又匿女力反所弒

申志反比首手又反注同咮加張又反鳥口復盟扶又反唐盂

音于子路音路使徇似俊反無別彼列反注同於使所吏反孫

於陳音遂本亦作遂下及注除孫莊子皆同甯武乃定反宛濮於阮反下音卜

傳二十七年駘上他來反又音臺封竟音境三子皆從如字

注同或才用反非也此夫音扶臨難乃旦反多忘亡亮反本又作妄下文放此騶

歜市專反屬孤子音燭注同乘卓繩證反注及下皆同涿聚中角

中角反隰之役音習多難乃旦反未女音汝下同毋廢音無傍

何蒲浪反俓音經濟陰子禮反下同國參七南反成子衣

於虔反 製音制衣也 杖戈直亮反又音丈 於阪音反一音扶版反 褰焉于虔反下

音忠善也 中行戶郎反 輕車遣政反 以厭於甲反又於輒反 有爲于偽反下

爲鄭同 三思息暫反又如字 之侈昌氏反又尺氏反 去之起呂反下而去同 之衢其俱反 有

陘音刑 因孫音遜下同 而好呼報反 卑下之戶嫁反一本卑作早 桔戶結反 柣大結反

俘芳夫反 鄬戶圭反 魁苦回反 壘力軌反 適子丁歷反 不悛七全反 甚

知伯其巢反毒也 遂喪息浪反下同 後序

申杼時汝反又直呂反 汲郡音急 簡編必仙反又布千反下同 科斗

苦禾反科斗蟲名形似科斗 彖象吐亂反 繫辭戶計反 殤叔音傷

大歲音泰 周赧女版反王 齊潛王亡謹反一音亡巾反 足見賢遍反

反 儀父音甫 守于手又反本亦作狩 數條所主反 洞澤大弄反一

音童 爲洞古熒反又音瑩又音迥 熒澤音瑩 之甗魚輦反又音言一音彥

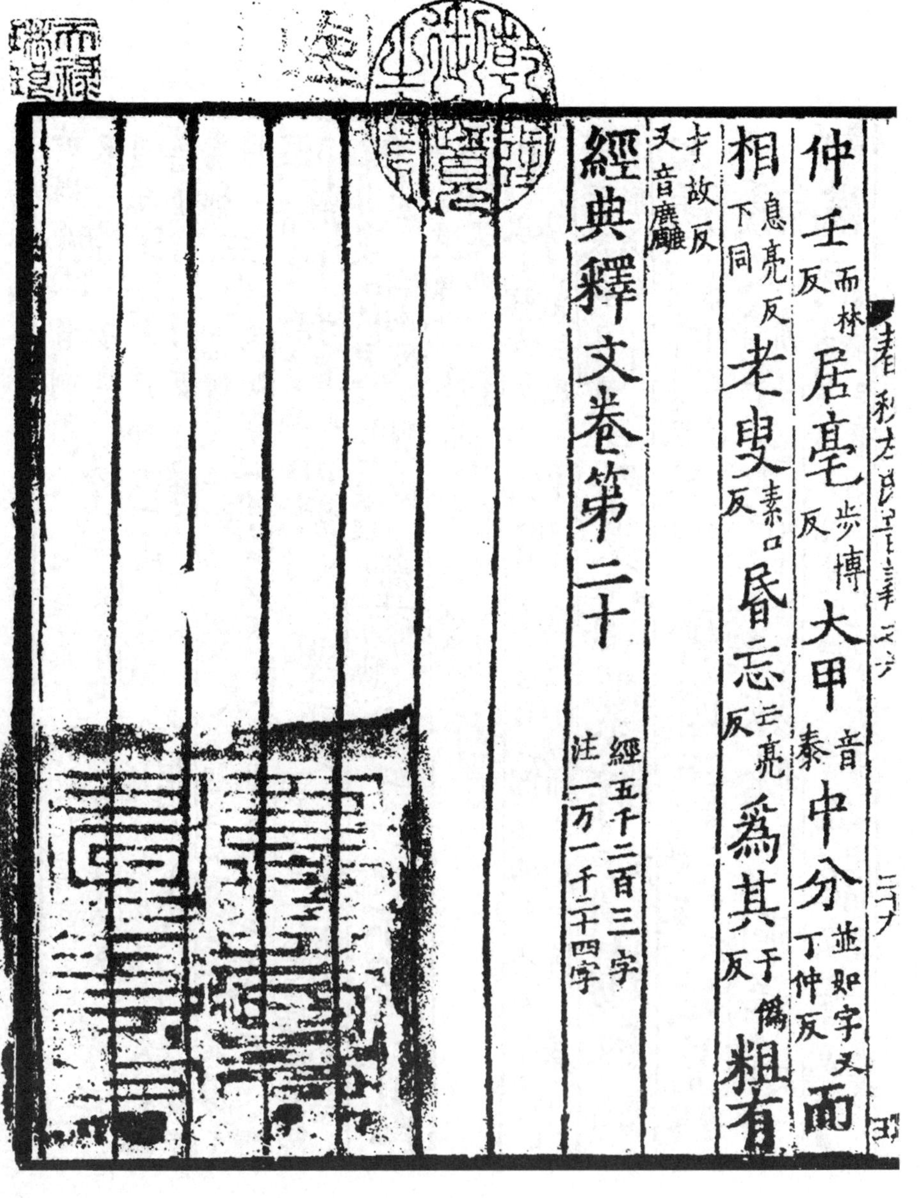

仲壬而林反居亳步博反大甲音泰中分並如字又丁仲反而

相息亮反下同老叟素口反昏忘亡亮反爲其于僞反粗有

才故反又音麤

經典釋文卷第二十　經五千二百三字　注一万一千二十四字

五福五代堂古稀天子寶

八徵耄念之寶

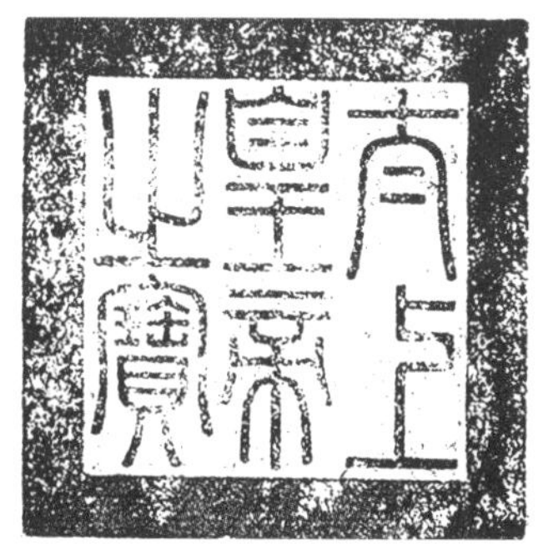
太上皇帝之寶

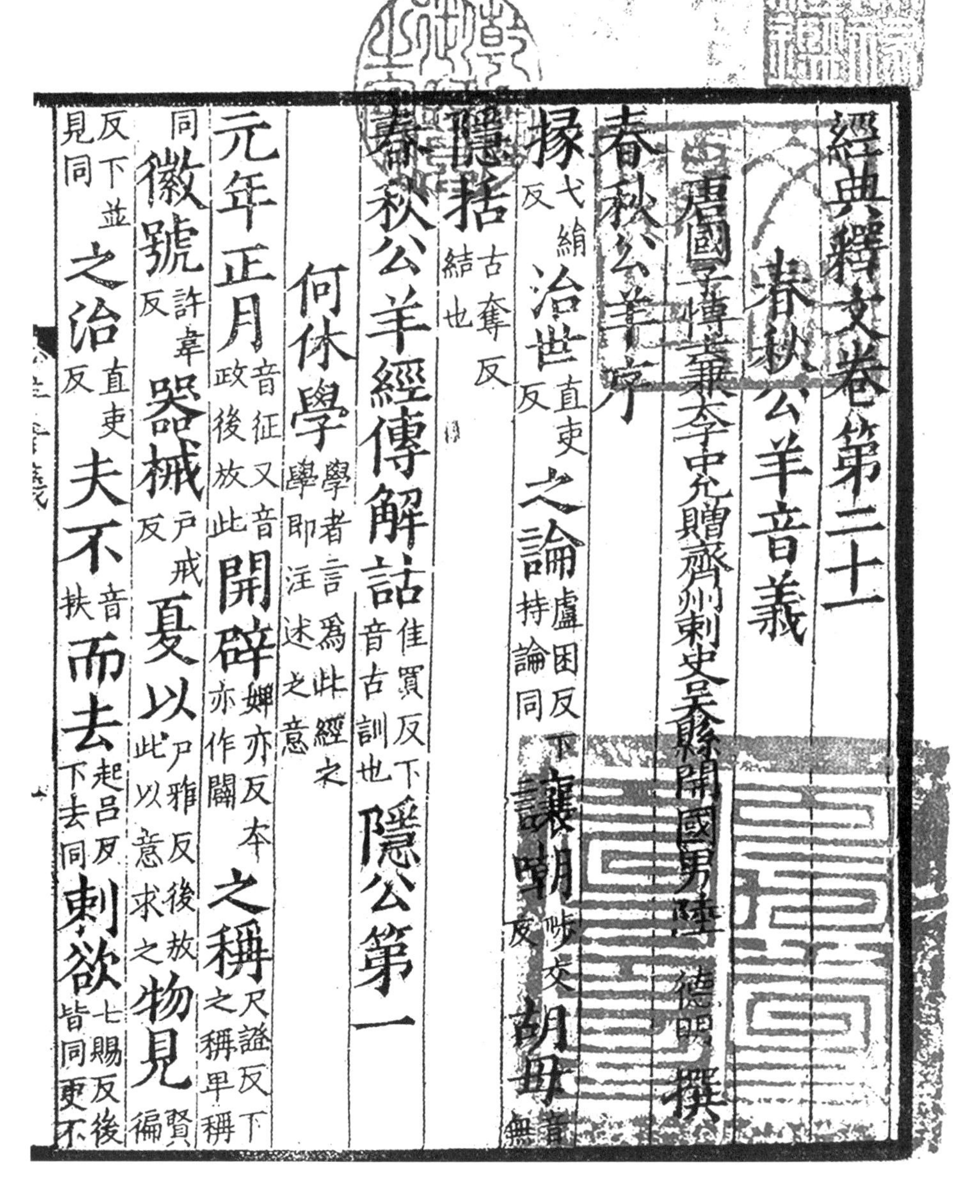

經典釋文卷第二十一

春秋公羊音義

唐國子博士兼太子中允贈齊州刺史吳縣開國男陸德明撰

春秋公羊序

掾弋絹反 治世直吏反 之論盧困反下持論同 讓朝陟交反 胡毋音無

隱括古奪反結也

春秋公羊經傳解詁佳買反下音古訓也 隱公第一

何休學學者言爲此經之學即注述之意

元年正月音征又音政後放此 開辟婢亦反本亦作闢 之稱尺證反下之稱早稱

徽號許韋反 器械戶戒反 夏以戶雅反後放此以意求之 物見賢遍

反下並見同 之治直吏反 夫不音扶 而去起呂反下去同 刺欲七賜反後皆同更不

音隱長 丁丈反注及下皆同 巳冠 工亂反下同 適子 丁歷反下同 醮於
子笑反 俱賸 以證反又繩證反 以上 時掌反他皆放此 扳隱 普顏反又必顏反引
也舊敷閒反 能相 息亮反 背正 步內反下同 爲柏 于僞反注同 繆公
音穆 貜且 俱縛反下子餘反 娙娣 大結反下大計反 愛爭 爭鬭之爭下同 郳
音誅 婁 力俱反郳人語聲後曰婁故曰郳婁禮記同左氏穀梁無婁字 儀父 音甫本亦作甫人名字放
此 于眛 士結反穀梁同左氏作蔑 及曁 其器反下皆同 曷爲 如字或于僞反後皆同此
褎之 保刀反 不見 賢徧反下皆同 爲其 于僞反注爲其獨爲皆同 歃血
所洽反又所甲反 詛命 莊慮反 約束 並如字一音上於妙反下音戍 故復 扶又反下
復爲同 王魯 于況反下而王同一音如字後王魯皆放此 倡始 尺亮反 造次 七報反
其處 昌慮反 惡之 烏路反下惡不惡其皆同 大甚 音泰或勑賀反 近正 附近
之近 柯之 音歌 克段 徒亂反 于鄢 音偃 郤缺 去逆反下起悅反 忍

戾力計反讞于魚列反宥之音又赦也內難乃旦反下此難同州吁于況

反宰咺況阮反一音況元反之賵芳仲反稱禰乃禮反稱姒必履反乘

馬繩證反注乘馬同玄纁許云反以共音恭曰賻音附曰禭音遂猶

遺唯季反隱爲于僞反下注爲并年末注同告于古毒反一音古報反歸唅

本又作含戶暗反下同一使所吏反別公彼列反上僭子念反而治直吏反下

皆同所傳直專反下文所傳并注同來被皮寄反于宿音夙國名者說

音悅而逮音代又大計反故省所景反後省文皆同祭伯側界反五年注放此選

舉息戀反不肖音笑采邑七代反不日人實反此傳皆以日月爲例後放此諸

見恩賢偏反下見治皆同少殺所介反麤觕才古反又七奴反說文太也

夏戶雅反凡諸夏皆放此攢函才官反下音咸大平音泰毋期音基齊

衰音咨本亦作齋下七雷反自盡津忍反

二年惡其烏路反外好呼報反非朝直遥反凡此字不音者皆同

踰竟音境今本多作境字更不音即所傳直專反年末相傳同莒人音舉入向舒亮反國名

更相音庚報償時亮反擅興市戰反無駭戶楷反

貶彼檢反損也昉於甫往反適也滅郜古報反復見扶又反下不復同見

音賢編反當爲于僞反下爲後背隱同背隱音佩履緰音須左氏作裂繻

遠別彼列反猶譴遣戰反親迎魚敬反注及下同先女悉薦反

妃匹音配又芳非反下治直吏反未離力智反下同腁取七住反紀

子伯左氏作子帛遠害于萬反腁燔扶元反胡毋音無姒氏

巳去音似起呂反畀下遐嫁反

三年殺其申志反下殺其君同子翬許韋反諂謀勅檢反懦

弱乃亂反又乃又反越紼音弗以別彼列反下同恩殺所界反爲

天于偽反下故為天王為傳所為同 尹氏左氏作君氏 子朝如字 劉卷音權 貶之

去起呂反 見譏賢編反下同 造次七報反 覆問芳服反 孫順

音遜 宋繆公音穆左氏作穆凡此後放此 北首手又反 解緩古邂反又古賣

反 當時丁浪反又如字下同 與夷如字又音餘凡人名字及地名之類皆放首音借假字則

時復重出 愛女音汝下及注同 盡終戶臏反四年傳同 公馮皮冰反 生毋

音無下同 傳與直專反下音與 馮弒音試注同 不爭爭鬬之爭

四年牟婁武侯反 見疾賢編反年末見衆同 差為初賣反 弒其

申志反弒字從式殺字從殳不同也君父言弒積漸之名也

目子云殺卑賤之意也字多亂故時復音之可知則不重出

也 君完音九 要之一遙反注同 慢易以豉反 與弒音預下及注同 說

子音悅 將辟音避今本多即作辟字後不更音 可復扶又反 本為于偽反下自為

傳吾為皆同 作難乃旦反注同 禱解丁老反或丁報反下古賣反又古買反 曰覡

一二六七

戶狄反 于濮音卜一音剝 一石碏七略反一音七洛反 篡初患反

五年 觀魚左氏作矢魚 浚思俊反 洙常朱反 登來依注登音得

郚音吾 鄣谷之尚反又音章 未解戶買反或佳買反 故復扶又反下不得

復同 濟上子禮反注同濟水之上 入盛音成左氏作郕 將尊子匠反注及下皆同

咎如音羔 分別彼列反 元率所類反本又作帥 隱爲于僞反下注同 下

儆戶教反 八佾音逸列也 之相息亮反注及下同 自陝失冉反何云弘農陝縣也

一云當作郟古治反王城郟鄏 邵公上照反又作召音同 絀陟勑律反 夫樂

音扶發句之端放此 朝廷徒佞反 好義呼報反下同 聞徵張里反 好施

式豉反 不敢爭爭鬭之爭 離也力智反下同 蒍邪似嗟反 未

曾在能反下同 淫辟匹亦反 繹縣音玄 治定直吏反 簫韶

常昭反 夏日戶雅反下同 大護戶故反 伐紂直久反 螟亡丁反蟲食苗

心設苛音河彄卒苦侯反始見賢編反彊渠羌反下同惡

其烏路反

六年輸平式朱反左氏作渝平猶墮許規反狐壤如丈反見

隱賢編反獨惡烏路反死難乃旦反于艾五蓋反編年

必連反字林聲類皆布于反一音甫連反昊天戶老反更年音庚暴師步卜反

七年從適下歷反本亦作嫡下同賢行下孟反下異行同以鄭戶圭反

號稱尺證反美惡烏路反又如字注同所傳直專反見其賢編

反故復扶又反至令力呈反崩弛尸爾反又式氏反分別彼列反

大廟音泰下同其難乃旦反惡凡烏路反

八年要宋一遥反爲事于僞反下國爲桓并年末注皆同欲爲魯爲小使

宛於阮反人名也一音烏卯反又烏勉反歸邴彼命反又音丙鄭邑左氏作祊皆從才用

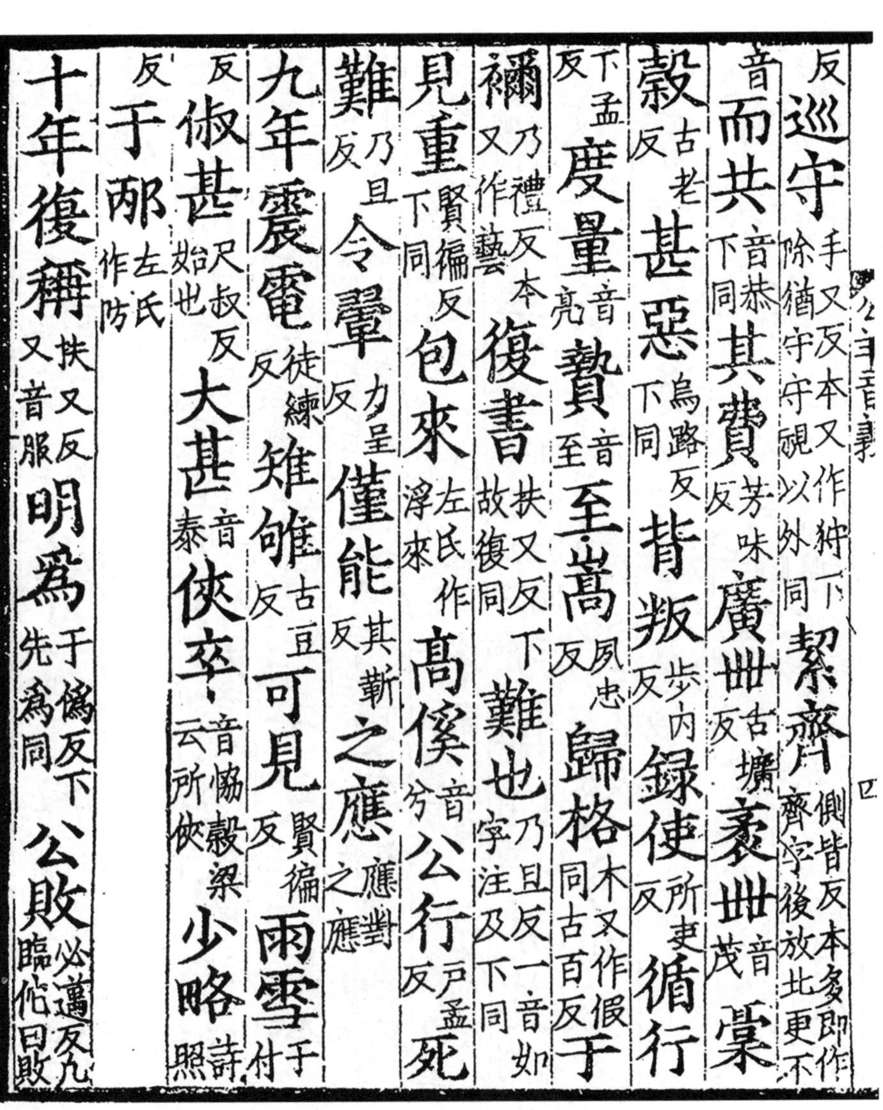

反巡守手又反本又作狩下除循守守視以外同絜齊側皆反本多即作齊字後放此更不音而共音恭下同其費芳味反廣曲古壙反衮冊音茂槀轂古老反甚惡烏路反下同背叛步內反録使所吏反循行下孟反度量音亮贄音至至嵩夙忠反歸格木又作假同古百反于禰乃禮反本又作藝復書扶又反下故復同難也乃旦反一音如字注及下同見重賢徧反下同包來左氏作浮來高傒音兮公行戶孟反死難乃旦反令翬力呈反僅能其靳反之應應對之應九年震電徒練反雉雊古豆反可見賢徧反雨雪于付反俶甚尺叔反始也大甚音泰俠卒音協穀梁云所俠少略詩照反于邴左氏作防十年復稱扶又反又音服明爲于偽反下先爲同公敗必邁反凡臨佗曰敗

日敗皆同此音 于菅古顏反 取郜古報反 取闞苦暫反 取漷火虢反

音郭 及沂魚依反 數動所角反 因見賢徧反下同 易也以豉反下及注

同 屬爲音燭適也 入盛左氏作郕後皆放此

十一年別外彼列反 見法賢徧反年末注同 復出扶又反下文不復注

故復同 祁黎祁音巨之反又上之反黎音力兮反又力私反左氏作畤來 爲弟于僞反年

末注同 數行所角反 之釁許靳反 弑也申志反注及下並同 冠氏

古亂反下同 僵尸居良反 之處昌慮反 去正起呂反

桓公第二 何休學

元年繼弑申志反注同二年放此 爲下于僞反下爲告同 去王起呂反

以見賢徧反 故復扶又反下同 恭孫音遜 朝朝上如字下直遙反 莫

夕音暮 別治直吏反 背叛音佩凡背叛之類皆放此 近許附近之近 分別

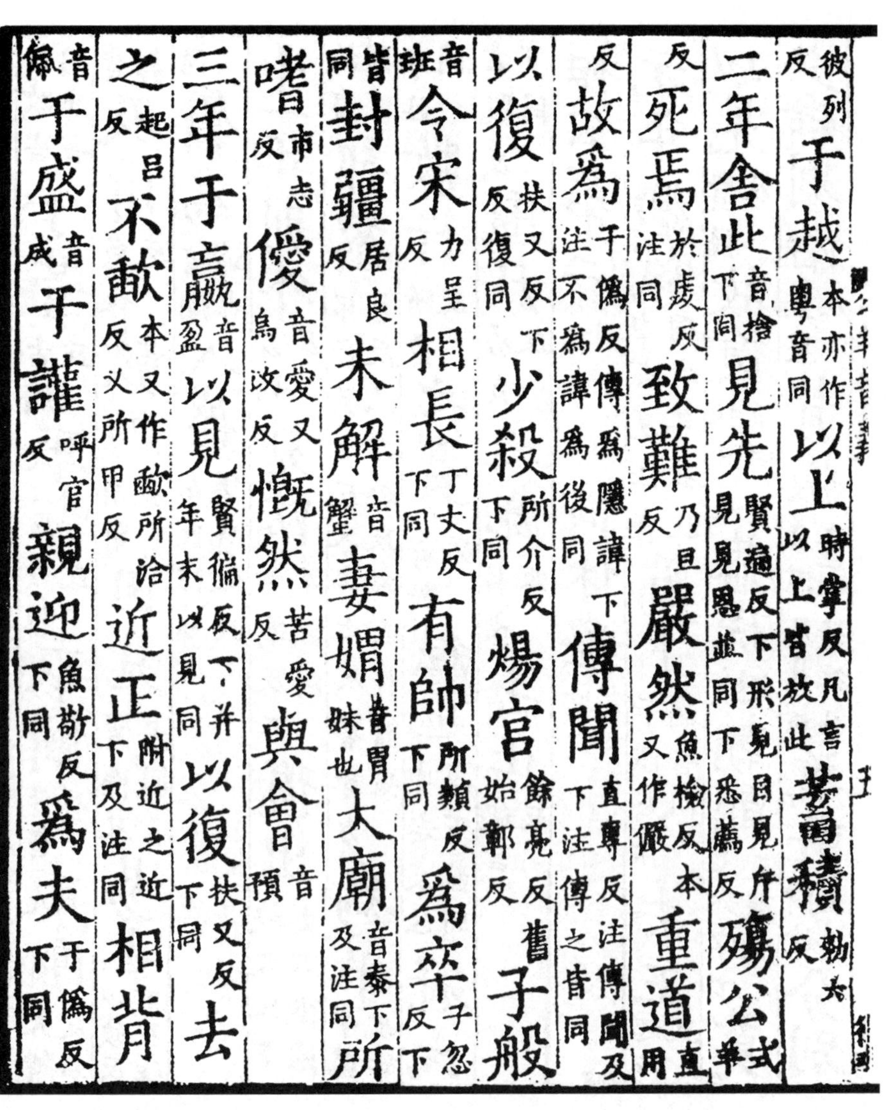

彼列反 于越本亦作粵音同 以上時掌反凡言以上皆放此 蓄積勑六反

二年 舍此音捨下同 見先賢遍反下形見因見所見見恩並同下恐薦反 殤公式羊

反 死焉於虔反注同 致難乃旦反 嚴然魚檢反本又作儼 重道直用

反 故爲于僞反傳爲隱諱下注不爲諱爲後同 傳聞直專反注傳聞及下注傳之皆同

以復扶又反下復同 少殺所介反下同 煬官餘亮反舊始鄭反 子般

音班 令宋力呈反 相長丁丈反下同 有帥所類反下同 爲卒子忽反下

皆同 封疆居良反 末解音蟹 妻壻音胃妹也 大廟音泰下及注同 所

嗜市志反 僾音愛又烏汝反 愾然苦愛反 與會音預

三年 于羸音盈 以見賢徧反下并年末以見同 以復扶又反下同 去

之起呂反 不歃本又作歃所洽反又所甲反 近正附近之近下及注同 相背

音偏 于盛音成 干讙呼官反 親迎魚敬反下同 爲夫于僞反下同

分別彼列反 僅有其靳反劣也 之行下孟反 秏減呼報反下佳斬反下

國喪息浪反 四年公狩手又反冬獵也 曰廋本又作㥻

齎作蒐所求反簡擇也 長大丁丈反年末同 未離力智反 苑囿音又 左

膘眦小反又扶了反三蒼云小腹兩邊肉說文云脅後髀前肉 射之食亦反下同 右髃

本又作髃魚俱反又五苟反說文云肩前也字林云肩前兩乳骨也五口反 中心丁仲反下同 如鐙

都鄧反又音登 遠心于万反 之庖步苞反 左脾方爾反又步啓反股外也本又作髀

右䯚羊紹反字林子小反一本作肱音賢 污泡普交反又百交反又 因以捕音步

本又作搏音博又音付 共承音恭 爲田于僞反下皆同 伯糾居黝反 氏采

七代反後放此 蓋弟大計反 五更音庚 食音嗣 於辟必亦反 親祖

音但 而饋其愧反 而酳以刃反又士刃反 其近附近之近下同 王札側八

反 叔肸許乙反 下去起呂反 見其賢徧反

五年㤜呼述反狂也齊人語不與音預著治直吏反見意賢徧反下文注並同以別彼列反縣車音玄從王如字又才用反下及注同撮要七活反不爲于僞反下所爲與爲六年同一與音餘下同苞苴子餘反應變應對之應下同蟓音終本亦作螽說文螽或蝩字過我古禾反又古卧反

六年寔來市力反慢易以豉反見其賢徧反下見無正同大閱音悅任用音壬陳佗大阿反侯般音班据戕在良反鄫子才陵反惡乎音烏烏乎猶於何也注同而去起呂反嚴公音莊本亦作莊案後漢諱莊改爲嚴桓與音餘正稱尺證反疾惡烏路反射天食亦反徧告音遍

七年樵之似遥反薪也火攻音貢又如字下同可復扶又反郱步丁反鄑子斯反一音晉郚音吾其難乃旦反不愉他侯反本又作偷下去起呂反見不賢徧反

八年烝之承反冬祭也 曰祠■嗣繇 韭卯力管反 猶食音嗣下同 以

別彼列反 曰杓予羊反本又作礿同 於祊必庚反 少牢詩照反 索牛

所百反 譏亟去冀反注及下同 數也所角反 屬十音燭下同 今復扶又

反下同 則黷徒木反 渫黷息列反 敬養餘亮反 散齊素旦反下

側皆反 相君息亮反下同 洞洞大董反 弗勝音升 濟濟子禮反又似兮

反 愉愉羊朱反 勿勿如字 䟽音疎下注同 怠解古賣反 折中

之設反下丁仲反 御寒魚呂反又如字 不與音預 雨雪于付反 沍血古流字

祭公側介反後祭仲祭叔放此 下應應對之應 成使所吏反注及下成使同 爲

媒亡盃反 請期七井反音情又 親迎魚敬反 妃匹音配絕句

九年 治自直吏反 射姑音亦 齊與音餘絕句下同 重惡如字

戌爲路反 十年 見要一遙反注同 惡乎音烏 明近附近

之近幾與音祈不復扶又反下同戮力音六又力彫反字亦作勠

十一年公行下孟反屬上音燭令復扶又反下故復同故爲于僞

反寤生吾故反鄭相息亮反欲見賢徧反下同防難乃旦反下同

稱也尺證反以別彼列反鄶公古外反爲我于僞反下注爲奕非能爲

奕爲賂爲奕歸爲承同令自力呈反下同乘便婢面反大甲音泰反覆

芳服反出使所吏反挈乎苦結反提挈也質省所景反于折之設

反又時設反一介作析思歷反夫童音扶下音鍾又如字左氏作夫鍾于闞口暫反

十二年毆蛇丘于反又音曲侯反蛇音移又音池左氏作曲池燕人音烟躍卒

予若反佗子大何反故復扶又反下同去躍起呂反于郯音談二傳作虛

武父音甫惡乎音烏十三年傳同

十三年鞏音安以勝詩證反不蔽必婢反于菅古顏反其

虘昌慮反 行伍戶郎反 背殯音佩後背殯皆放此 爲龍于僞反

十四年 淫泆音逸 陽行下孟反 莅盟音利又音類下同 御稟

力甚反 粢盛音咨下音成 委之于鬼反注同 積也子賜反 以共音恭

天應應對之應 難曰乃旦反 背恩音佩 分別彼列反 見輕賢徧

反 十五年 共費音恭下芳味反 桓行下孟反下行懸同 今復

扶又反下注故復復及傳文復入井注下不復皆同 別之彼列反 于鄗戶老反又火各反左氏作

艾穀梁作蒿 于櫟力狄反一音匹沃反 易得以豉反 于後昌示反二傳作裏 爲

桓于僞反下同 十六年 復加扶又反 城向式亮反 屬

負茲音燭注同屬託也諸侯有疾稱負茲言朝託有疾

十七年 于雄羊癸反 去夏起呂反下同 國幾音祁 井於

必政反又如字 桓行下孟反 深爲于僞反

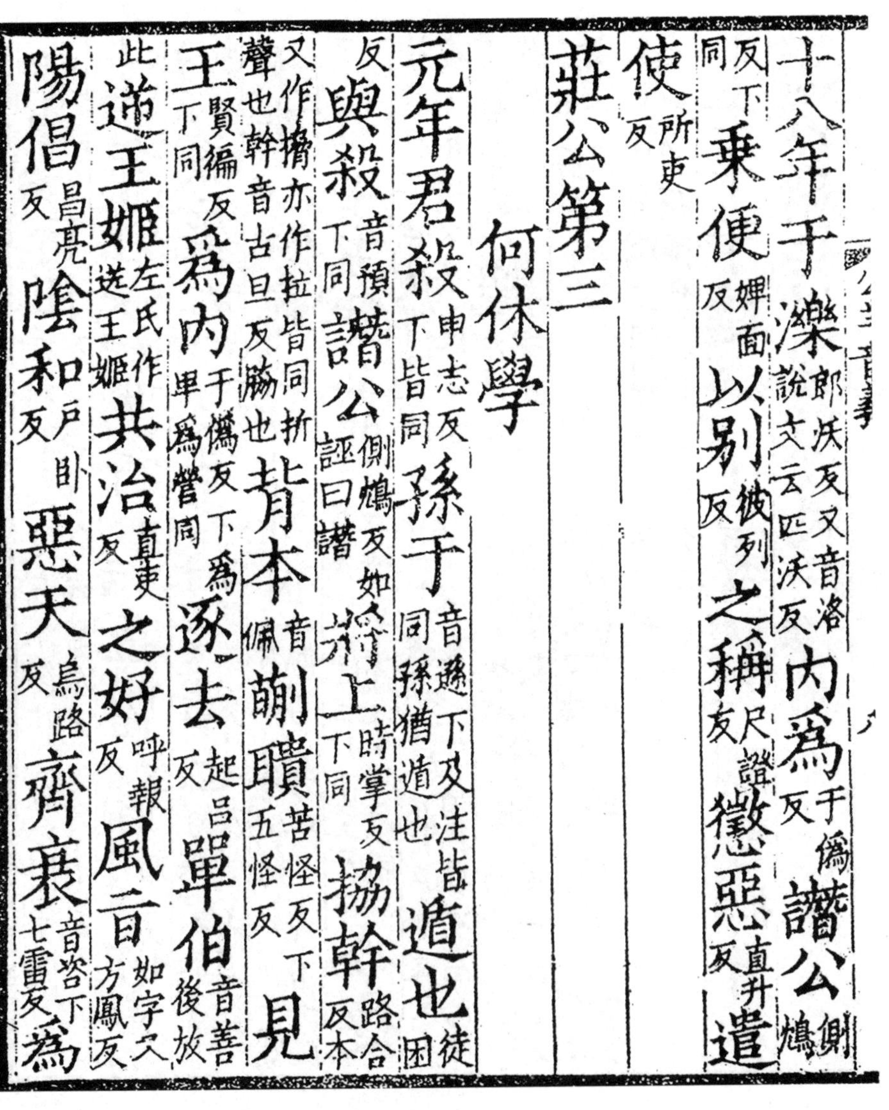

十八年于濼郎沃反又音洛說文云匹沃反內爲于僞反譖公側鴆反下同乘便婢面反以別彼列反之稱尺證反懲惡直升反遣使所吏反

莊公第三

何休學

元年君殺申志反下皆同孫于音遜下及注皆同孫猶遁也遁也徒困反與殺音預下同譖公側鴆反如字誣曰譖將上時掌反下同搚幹路合反本又作搚亦作拉皆同折聲也幹音古旦反脇也背本音佩蒯聵苦怪反下五怪反見王賢徧反下同爲內于僞反下爲卑爲營同逐去起呂反單伯音善後放此遂王姬左氏作送王姬共治直吏反之好呼報反風言如字又方鳳反陽倡昌亮反陰和戶卧反惡天烏路反齊衰音咨下七雷反爲

解古賣反必爲于僞反下必爲爲襄公非注同遠別彼列反大甲音泰一音他賀反來錫星歷反令有力呈反虎賁音奔鈇鉞音甫又方于反下音越秬音巨黑黍也鬯勑亮反香酒善行下孟反下同復加扶又反尤悖補內反邾步丁反鄄子斯反又音晉郚音吾

二年幼少詩照反于部古報反二傳作䄛四年亦爾則近附近之近亦如字

三年溺乃歷反不見賢徧反下皆同以鄸戶圭反共祭音恭難辭乃旦反下皆同惡公烏路反

四年曰犒苦報反勞也絕期音基絕緦音絲爲襄于僞反下爲賢注爲諱及下注爲諱爲襄同亭平普庚反注同[illegible]縠也祖禰乃禮反師喪息浪反注同著曰音尸筮市制反幾世居豈反崧高息忠反本亦作嵩怒與音餘無說音悅注同說懌音亦將去起呂反下及注同若

行下孟反注同 於治直吏反 閒其苦莧反 犬斂力驗反 夾之古洽

反 以見賢遍反下同 以共音恭 可勝音升 不復扶又反

五年 倪五兮反二傳皆作郳 黎來力兮反 小邾婁力居反二傳亦無婁

字 得見賢遍反 爲僖于僞反下文注同

六年 之稱尺證反 一使所吏反 令文力呈反 爲王于僞反下因爲不爲

危錄皆同 不復扶又反下皆同 殺而申志反下皆同 屬託音燭 螟亡丁反 衞

寶左氏經作衞俘 極惡烏路反

七年 辛卯夜一本無夜字穀梁作昔 不見賢遍反注及傳皆同 雨星

于付反一音如字下注雨星同 常宿音秀下同 參伐所林反下同 狼注張又反與味同

一朱鳥口星也音之住反 斬艾魚廢反 未墜直類反 齊分扶問反 螟

蝝音終 數出所角反 淫泆音逸

八年屈完 居勿反 本爲 于僞反傳及注爲乂皆同 屬與 音燭 祠兵 音辭祭也左氏作治兵下文注同 士卒 子忽反 振訊 音信又音峻本亦作迅 相見 賢徧反下同 難在 乃旦反 長幼 丁丈反 圍成 如字二傳作郕 降于 戶江反傳及下注皆同 慰勞 力報反下同 其罷 音皮下同 諸兒 如字一音五兮反 從弟 才用反

九年于暨 其器反左氏作蔇 爲其 于僞反注爲是及下注實爲魯爲同 歃血 所治反又所甲反 之難 乃旦反 納糾 左氏經亦作納子糾 去國 起呂反下放去同 別嫌 彼列反 見臣 賢徧反 自誇 苦瓜反本又作夸下同 夏徵 戶雅反 邵忽 本又作召上照反 惶恐 丘勇反 當坐 才卧反後當坐之類皆放此 浚 思俊反深也 洙 音殊水名

十年長勺 時灼反 觕者 七奴反又才古反 有數 所主反 屬北

音燭反　不復扶又反　乗丘繩證反　齊與音預下及注同　折衝之設反下昌容反

于莘所巾反　梁雍於用反　以見賢徧反　孫順音遜　惡

惡上烏路反並如字一讀　其傳直專反　而近附近之近　卒暴七忽反

滅譚人南反　別於彼列反　惡不烏路反

十一年　于鄗子斯反　漷移火虢反又音郭　不見賢徧反下同　不省

所景反　報應應對之應　過我古和反

十二年　君接左氏作捷　仇牧音求下音牧　舍此音捨下舍孔父同　復

扶又反年末同　反覆芳服反　驕樂音洛下宴樂同　彊禦魚呂反　數月

所主反　公博如字戲名也字書作薄　慢易以豉反　故許九列反九謁反一音九刈

反又其例去列二反一本作揭　姤其丁故反　爾女音汝下同　稱譽音餘又音預

惡乎音烏注同　搏閔音博　其脰音豆頸也　而叱昌實反　萬臂

必賜反本又作辟婢亦反撥素葛反又素結反側手擊也齒著直略反門闔戶臘

反門扇也乳犬如住反攫虎俱縛反又九碧反一本作搏又音付伏雞扶又反

搏貍力之反復見賢徧反

十三年信鄉許亮反年末同卑下遐稼反于柯音歌易也

以豉反注又下同猶佼古卯反能復扶又反下同外壇大丹反以長

丁丈反上壇時掌反造栢七報反下同公卒七忽反愕西各反能

應對之應爲此言于僞反下爲殺同壓境於甲反又於輒反齊數所角

反圖與音餘摽劒普交反辟也辟劒置地劉兆云辟捐也辟也婢亦反下同去

離力智反要盟一遥反注同強見其丈反

十四年分別彼列反于鄄本亦作甄規面反

十五年伐兒音郳

十六年滑于八反 爲慕于僞反 如瑣息果反

十七年鄭瞻二傳作詹 爲甚于僞反 惡之烏路反下惡之皆同 遠佞于万反下同 瀸于子廉反二傳作瀸 積也本又作漬 齊強其丈反 將帥子匠反下所類反 重言直用反 明行下孟反 多麋亡悲反

十八年濟西子禮反 爲中于僞反注及下皆同 有蜮音或短狐也或謂之射工音食

十九年媵陳以證反又繩證反 媵從才用反下注同 嫉妬音疾又音自 爲其于僞反注及下注同 專矯居表反 之難乃旦反 後背音佩

二十年大瘠在亦反病也本或作瘠才細反一本作漬才賜反鄭注曲禮引此同 瘌力世反 疾疫也 疾疫音役 邪亂似嗟反

二十一年鄭伯突徒沒反厲公也

二十二年肆音四本或作佚 大眚所景反除自省皆同二傳作眚 跌也大結反過

反過度也此行丁孟反之思息嗣反猶爲于僞反無適丁歷反下同

高傒音兮玄纁許云反儷皮力計反本又作麗惡公烏路反下同宮

二十三年陳佗大何反祭叔側介反

楹音盈柱也下傳及注同爲將于僞反斲而丁角反下同礱之力工反

射姑音亦不復扶又反于亳音戶有汙汙辱之汙一音烏卧反後放此

之行下孟反

二十四年宮桷音角椽也親迎魚命

反見宗賢徧反下傳文見也見用幣及注同難也乃旦反下及注同不僂力主反疾

也注同約遠于万反要公一遥反縱筓所買反又所綺反惻隱初力

反覿用大歷反見也爲贄音至斷脩一亂反注同本又作腶音同鍛脯加薑桂

曰脩耿介古幸反下音界行列戶郎反不號戶刀反必跪其委反

而醇音純粹雖遂反爲調于僞反下仕爲同令力呈反昭穆上遥

反凡昭穆之例皆同復水扶又反曹羈居宜反下同則守手又反又如字下同

成䰡普白反素餐七干反諷諫方鳳反自隳許規反爭

諫爭鬭之爭贛諫陟降反又呼弄反又丑用反赤歸于曹郭公

此連爲句郭音虢亦如字連讀郭公爲一句二十五年女叔音汝故

去起吕反年未同禜社一傾反入如字本亦作禜同爲闇于僞反注爲闇爲日光同

大廟音泰應變應對之應不復扶又反

二十六年子髡苦門反爲曹于僞反下同避難乃旦反爲

去于僞反下起吕反二十七年于洮他刀反惡公

烏路反下惡并同不別彼列反告糴音狄下同使乎所吏反內難乃旦

反注及下比日同之治直吏反下之治同得與音預眥更音庚不背音佩

喪婦息浪反長女丁丈反悖德補內反夏後戶雅反城

濮音卜　二十八年伐者爲客何云讀伐長言之伐人者也

伐者爲主何云讀伐短言之見伐者也　蓋爲于僞反　見直賢徧反

瑣卒素果反　築微左氏作麋　之委於鬼反　之儲直魚反　之畜

勑六反　不匱其位反　二十九年延廄九又反　功

費芳味反　羞輕初賣反　有蜚扶味反臭蟲也　之行下孟反　別君

彼列反　三十年降鄣戶江反下注同鄣音章　爲桓于僞反注

同　而復扶又反　惡其烏路反下同　比殺申志反　魯濟子禮反　以

操七刀反迫也注同　已蹙子六反　故去起呂反　貶見賢徧反

三十一年漱素口反　浣戶管反　無垢古口反　去垢起呂反　爲

瀆于僞反下爲感同　桓殺申志反　之觀工喚反　恐怖丘勇反下普故反

軍幟音志又申志反又尺志反本又作織同　忌難乃旦反　因見賢徧反　不

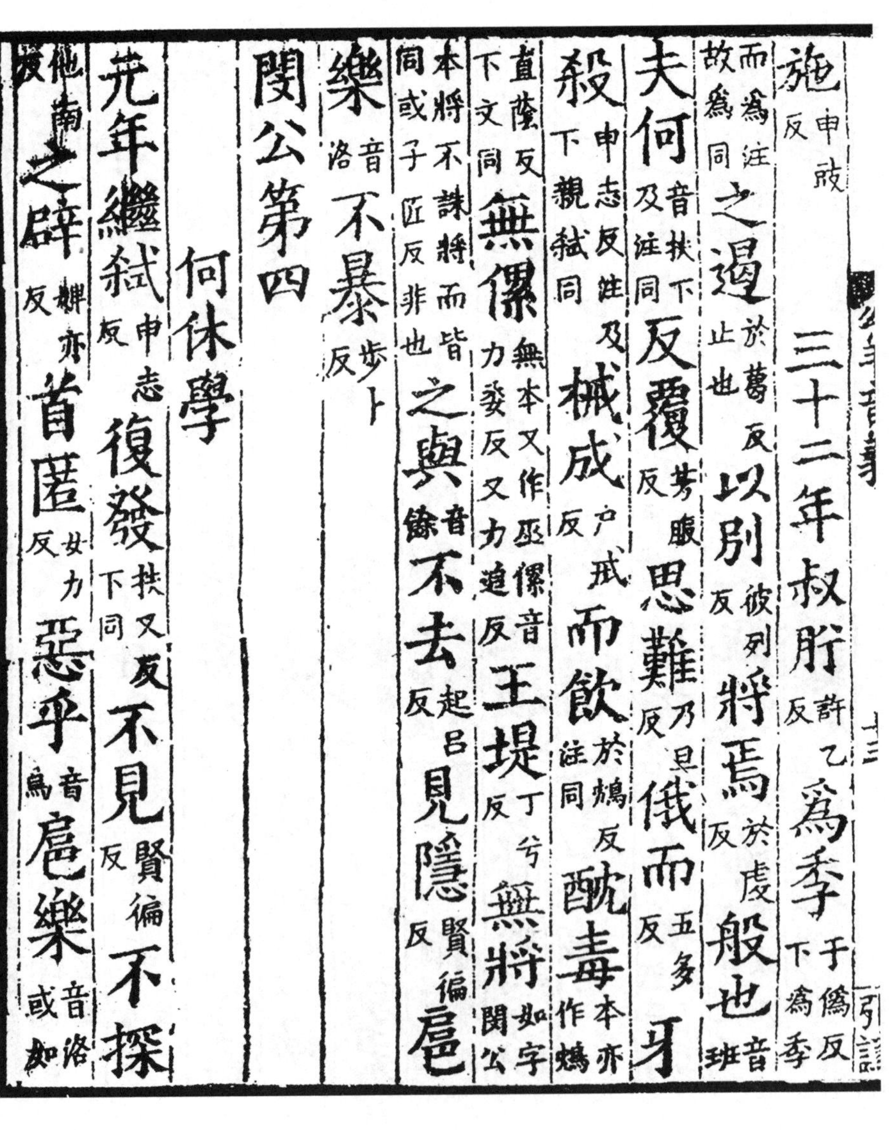

施（申豉反）

三十二年叔肸（許乙反）爲季（于僞反下爲季）而爲（注故爲同）之遏（於葛反止也）以別（彼列反）將焉（於虔反）般也（音班）夫何（音扶下及注同）反覆（芳服反）思難（乃旦反）俄而（五多反）牙殺（申志反注及下親弒同）械成（户戒反）而飲（於鴆反注同）酖毒（本亦作鴆直蔭反下文同）無傫（無本又作巫傫音力委反又力追反）王堤（丁兮反）無將（如字閔公本將不誅將而皆同或子匠反非也）之與（音餘）不去（起呂反）見隱（賢徧反）㔾樂（音洛）不暴（步卜反）

閔公第四

何休學

元年繼弒（申志反）復發（扶又反下同）不見（賢徧反）不探（他南反）之辟（婢亦反）首匿（女力反）惡乎（音烏）㔾樂（音洛或如

字 曾淫（丰能反） 盍殺（戶臘反） 故令（力呈反） 主爲（于僞反下文注皆同）
子女乎（音汝） 仲孫與（音餘） 二年不爲（于僞反下爲淫同）
吉禘（大計反） 大廟（音泰下同） 君數（所主反下同） 則祫（音洽） 取期
（音基下同） 而禫（大感反） 弑（音試下及注同） 當復（扶又反下同） 見（賢徧反下文復見同）
別尊（彼列反） 故絕云（起呂反下欲去同） 甲華（更百反） 皆鎧（苦愛反）
胄（直又反） 鹿門（魯南城東門也） 其使（所吏反） 惡其（烏路反下及注同） 將
也（子匠反下同） 趙盾（徒本反）

僖公第五

何休學

元年繼弑（申志反） 斬衰（七雷反） 聶北（女涉反） 爲桓（于僞反下爲桓
爲爲并下注爲諱爲桓爲內爲僖皆同） 夏陽（戶雅反） 大平（音泰） 陳儀（左氏作夷儀）

復言扶又反下同　鄫子似陵反　而縊一賜反一本作搤於革反　因見賢徧反

淫泆音逸　于杅勑貞反又他丁反左氏作梃　惡之烏路反下同　于纓左氏作僂

于犂力知反又力兮反左氏作酈　莒挐女居反一音女加反一本作茹音同　內難乃旦反下

同　南涘音俟　曰嘻許其反　扼輈竹由反車轅也　外購古豆反　去氏

起吕反　與殺音預又如字下申志反　差輕初賣反又初佳反　別逆彼列反

二年爲栢于僞反下爲栢季長爲注深爲同　見栢賢徧反下傳見并注同　苟復發

扶又反　倉卒寸忽反　夏陽左氏作下陽　安與音餘下者與見與同　不應

應對之應　虞郭音虢又如字注及下同　屈産具物反　之乘繩證反注及下同　垂

棘一本作棘音同　內藏才浪反注同　內廄九又反　何喪息浪反　知則音智

下及注同　而好呼報反　牽馬本又作掔音同　巳長丁丈反注同　又惡烏路反

戲諕許略反　之別彼列反　貫澤古亂反二傳無澤字　徧至音遍下同

三年大平音泰 飭過音勑下同 理冤於元反 澍雨之樹反 其應
應對之應後災祥之應皆放此 易也以豉反注同 不爲于僞反 無障之亮反一音章注同
障斷丁管反 曰溪口兮反 無貯中呂反 菈盟音利又音類注同 以
見賢徧反下同 遣使所吏反
四年蔡潰戶內反下及注同 重出直用反 惡蔡烏路反下惡其專并六年注同
于陘音刑 召陵上照反下文同 屈完居勿反 卒暴寸忽反 爲下于僞
反下爲桓公同 去月起呂反 方見賢徧反 袁僑其驕反一本作驕音同 之重
直用反又直容反 之復扶又反年末復同又音福 而亟去冀反 數侵音朔 若綫
恩賤反 而攘如羊反却也 卒怗他協反一本作貼服也劉兆同廣雅云靜也玉篇又丁篳反一
本作拈戠音章豉反 濤塗徒刀反 辟軍匹亦反又音避下同 濱海音賓 涯也
五佳反 近海附近之近 所便婢面反 沛澤音貝又普貝反草棘曰沛沮洳曰澤 衞

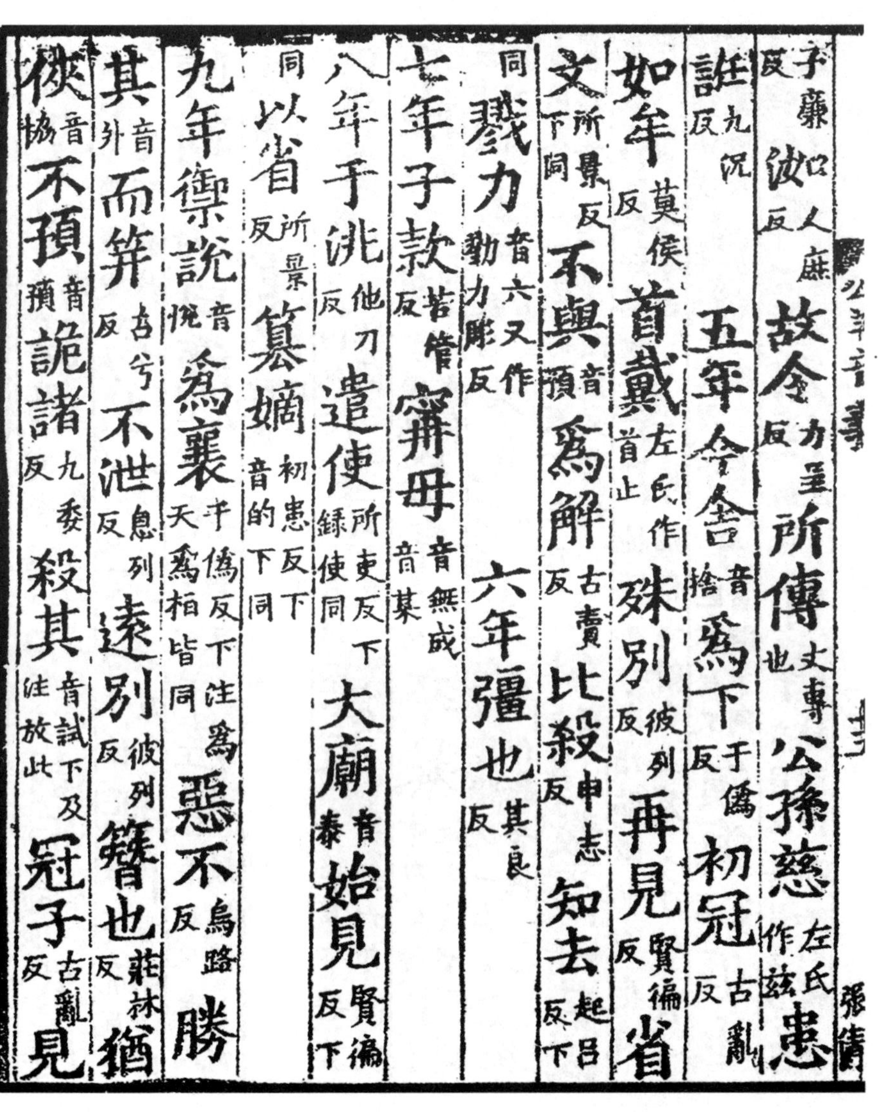
子鄦口人麻反 波彼反 故令力呈反 所傳丈專反也 公孫慈左氏作茲 患
詿九況反 五年令舍音捨 爲下于僞反 初冠古亂反
如年莫侯反 首戴左氏作首止 殊別彼列反 再見賢徧反 省
文所景反下同 不與音預 爲解古賣反 比殺申志反 知去起呂反下
同 戮力音六又作勠力彫反 六年彊也其良反
七年子款苦管反 霈毋音無成音某
八年手洮他刀反 遣使所吏反下錄使同 大廟音泰 始見賢徧反下
同 以省所景反 篡嫡初患反下音的下同
九年衞說音悅 爲襄于僞反下注爲天爲柏皆同 惡不烏路反 勝
其音外 而弁古兮反 不泄息列反 遠別彼列反 簪也莊林反 猶
俠音協 不預音預 詭諸九委反 殺其音試下及注放此 冠子古亂反 見

矣賢徧反 十年君卓子勑角反又丁角反左氏經無子字 舍此音捨

下同 驪姬力知反 少傅詩照反 大傅音泰 之選息戀反 欲爲于僞

反下文爲文公不爲故爲皆同 廢長丁丈反注同 嘗訊音信上問下曰訊 不背音佩

鄉生許亮反 所復扶又反下同 欲難乃旦反 殺夫音扶 二孺如住

反 踊爲音勇豫也 言運戶昆反又戶本反下同 美見賢徧反下同 較然

音角下同 大雨于付反 雹步角反 十一年丕鄭父普悲反

十二年陳侯處臼左氏作杵臼

十三年于鹹音咸 不復扶又反下同

十四年見恐丘勇反 曷火葛反 爲栢于僞反下爲栢爲天下并注臣爲同 使

要一遥反 遮諸奢反 淫泆音逸 甚惡烏路反 侯肸許乙反注同 其

背音佩 十五年別尊彼列反 伐厲如字舊音賴 激揚

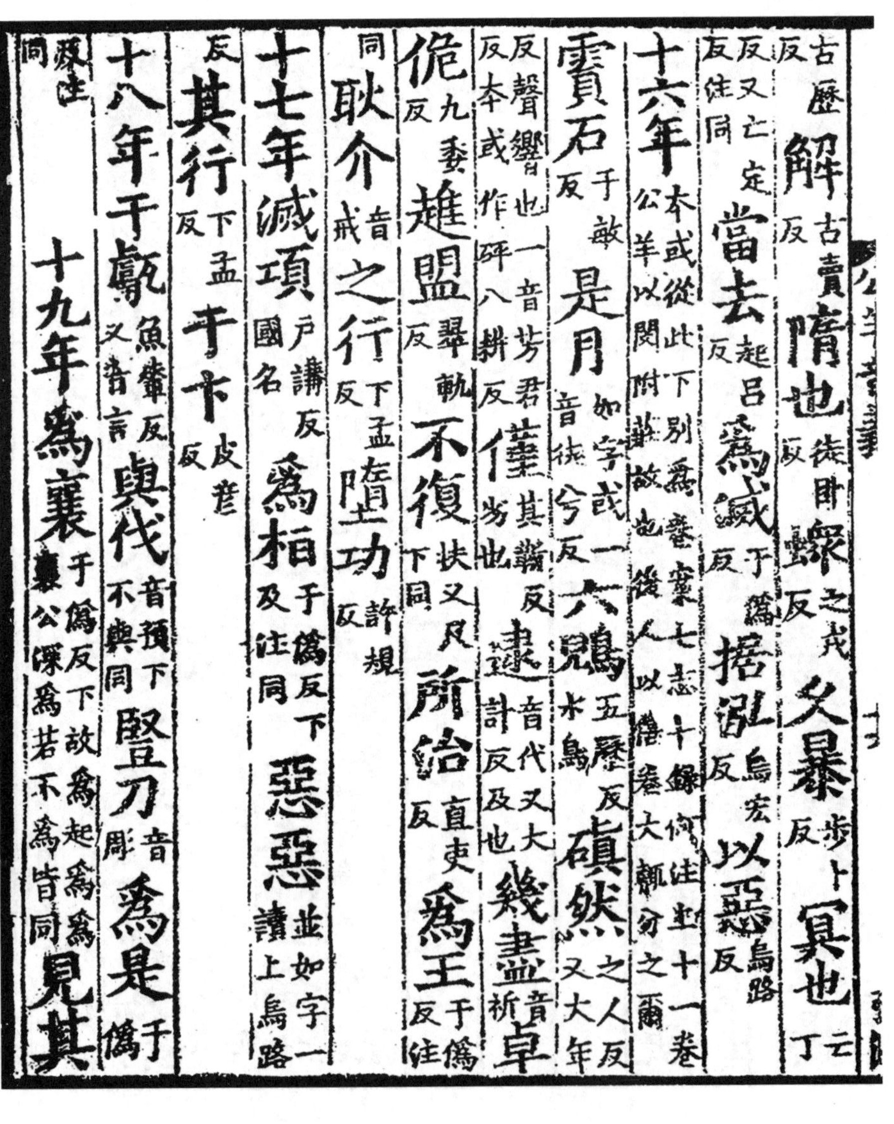

古歷反 解古賣反 隋也徒果反 蜾之戎反 夂暴步卜反 冥也亡丁反

反又亡定反注同 當去起呂反 爲誠于僞反 搖泓烏宏反 以惡烏路反

十六年本或從此下別爲卷案七志十錄但注止十一卷公羊以閔附莊故也後人以經卷大輒分之爾

霣石于敏反 是月如字或音徒兮反 六鷁五歷反水鳥 磌然之人反又大年反

反聲響也一音芳君反本或作砰八耕反 僅其靳反劣也 逮音代又大計反及也 幾盡音祈 卓

佹九委反 趡盟翠軌反 不復扶又反下同 所紿直吏反 爲王于僞反注

同 耿介音戒 之行下孟反 隋功許規反

十七年滅項戶講反國名 爲桓于僞反下及注同 惡惡並如字一讀上烏路

反 其行下孟反 干卞皮彥反

十八年于甗魚輦反又音言 與伐音預下不與同 豎刀音彫 爲是于僞

疏注同 十九年爲襄于僞反下故爲起爲爲襄公褒爲若不爲皆同 見其

賢徧反 惡乎音烏 惡無烏路反 用處昌慮反

二十年惡奢烏路反 郜子古報反媢妬之國下同 爲適丁歷反又作嫡

二十一年爲犯中于僞反下不爲襄下文爲執皆同 會于霍左氏作孟 溴

梁古闌反 復出扶又反下同 獻捷在接反 乘車繩證反下同 隋之

許規反 誰謾誰本亦作詐謾音許元反詐也又音援 守械手又反又如字 應之對

之應 國爲于僞反下爲襄爲公子注爲役故爲皆同 惡乎音烏 幾亡音祈 遭難

乃旦反 二十二年須朐其俱反左氏作句 升陘音刑 不殺所戒

反注同 殺省所景反 喪國息浪反注同 幾爲音祈 畢陳直近反下

同反注 王德于況反又如字下王佐同 醇粹音純下雖遂反

二十三年圍緡亡巾反 重故直用反又且龍反注同 故創初良反下同

屬爲音燭 雜然七合反又如字 以惡烏路反 慈父左氏作茲父 故復

扶又反　不去起呂反　始見賢徧反

二十四年　謂與音餘　不復扶又反　供養九用反，餘亮反

二十五年　侯燬況委反　爲魯于僞反，下同　見姑賢徧反　絶去起呂反

惡國烏路反　不別彼列反

二十六年　甯遫音速　于向舒亮反　至巂戶圭反，又似兗反　侈也昌爾反，又昌者反，大也　士卒子忽反　自爲于僞反，下深爲同　當復扶又反，下同　別

外彼列反，下同　滅隗五罪反，二傳作夔　惡不烏路反，下同　所傳直專反　見

治賢徧反，下直吏反　二十七年　屬脩音燭　爲執于僞反　有

難乃旦反　令復扶又反　以見賢徧反　得與音預

二十八年　衞雍於勇反，下同，又作壅同　遏於葛反　起爲于僞反，下爲下、卒爲、晉深爲、不爲同　畀宋必二反，與也，下同　師斷丁亂反，下當斷同　數侵所角反，下數道

同城濮音卜據邲皮必反數道音導譎也古穴反卒致七忽反下

倉卒同以見賢遍反下不見當見見其同當復扶又反令殺力呈反下令自同元

咺況阮反所惡烏路反下惡衛同此難乃旦反下方難同分別彼列反爲叔

武于僞反下爲賢爲叔武及注而爲故爲深爲皆同爲去起呂反篡我初患反大深

音泰下同放乎甫往反屬巳音燭爭也爭鬭之爭下注同悖君必內反

能降戶江反　二十九年介葛音戒國名故復扶又反年末同

惡霸烏路反大雨于付反雹步角反不中丁仲反

三十年不復扶又反別尊彼列反以見賢遍反下同爲殺于僞反

惡天烏路反撟君居表反本又作矯

三十一年惡乎音烏惡差初賣反下同布徧音遍下文同哥者

居宜反幼少詩照反大平音泰王功于況反惡之烏路反下皆同槖

席古老反 陶匏白交反 不瑑大傳反 不和戶卧反 為天于僞反丁則爲本爲主爲皆同 復爲扶又反下同 見免賢徧反下以見同 大山音泰本亦作泰下同 爾

栗古典反 天燎力召反 地瘞於例反 山縣音玄 風磔陟百反 膚寸方于反側手爲膚按指爲寸 崇朝如字注同 雨乎于付反又如字 崇重直龍反下同

三十二年 鄭伯捷二傳作捷 別有彼列反下同 可去起呂反 復出扶又反 重耳直龍反

三十三年 干殽本又作肴戶爻反或戶高反

輕行遣政反 蹇叔居輦反 拱矣九勇反以手對抱 嶔苦銜反鄒誕生褚詮之音上林賦並同徐音欽韋昭漢書音義去瞻反又本或作廞同 巖五銜反韋音嚴 其處昌慮反 阻隘於賣反 可要一遥反傳要之同 介胄直又反 爲其于爲反 如蹲音存

賈人音古 嬌以居表反 而犒苦報反勞也 勞也力報反下同 虜掠音亮 隻輪如字一本又作易輪董仲舒云車皆不還故不得易輪轍 隻蹄也居宜反一本作

易踊 惡不 烏路反下同 詐卒 士忽反 取蔇 才工反工傳作取訾樓 賈霜

于敏反 復縈 扶又反 列索 息各反

文公第六

何休學

元年歸含 本又作唅戶暗反五年經同 且賵 芳鳳反 不爲 于僞反下不爲同

長幼 丁丈反 稱也 尺證反 來錫 思歷反 復發 扶又反 惡天 烏路

反 無恙 餘亮反 干戚 千寂反 君髡 苦門反左氏作頵

二年彭衙 音牙本或作牙 惡 烏路反 其將 子匠反 今復 扶又反下不復

皆同 重師 直用反 爲僖公廟 于僞反下蓋爲以爲下欲爲同 下壙 苦晃反客

音曠 麃麤 狥 才古反又七奴反 期年 音基三年同 人正 音征下同 别昭 彼列

反下同 去氏 起吕反 士穀 戶木反 垂斂 左氏作垂隴 大廟 音太下大祖皆

反躋僖子兮反升也本又作躋同大祫音洽大祭禘數大帝反下所主反室
笮側白反炊沐昌垂反下音木東鄉許亮反下同猶諦音帝不杓
芊略反先禰乃禮反喪取七生反本亦作娶同之好呼報反傳之直專反
勤杜貢反三年伐沈音審國名沈潰戶內反新使所吏反
雨螽于付反下及注同一音如字螽音終而隊直類反注同隋地大果反地上時掌反
醇音純爲王于偽反賁近附近之近重出直用反爲諼許元反
四年不爲于偽反錄使所吏反見與賢遍反甯俞乃定反下音餘
五年加飯扶晚反宰咺況阮反去天起呂反下同任宿音壬顓
臾音專下音愉入鄀音弱
六年侯讙好官反數如所角反射姑音亦又音夜穀梁作夜君漏
如豆反言泄息列反又以制反姑將子匠反下同不說音悅下同刺陽七亦反又此也

一音七賜反大祖音泰比時必利反朝朝上如字下直遥反敢渫息列反

七年須朐其俱反并爲于僞反年末注同城郜音吾令狐力丁反

先眛音蔑左氏作蔑其咎其九反眣晉音舜本又作眣丑乙反又大結反以目通指曰眣本又作

眣音同字書云眣䀢也以忽反故復扶又反

八年衡雍於用反雒戎音洛于暴步報反本又作曝一音甫沃反再見

賢徧反壅塞於勇反復還扶又反螽音終

九年信恩音申涼音亮又音良闇如字又音陰者與音餘惡文烏路

反陽行下孟反星孛音佩使椒子遥反一本作菽子小反見弁賢徧反

卒備七忽反襚音遂贈喪之衣服一使所吏反以別彼列反下同欲上

時掌反又如字少繫詩召反共公音恭

十年女栗音汝本亦作汝屈貉居勿反又音厥下音麥又户各反二傳作厥貉

十年伐圈求阮反一音卷說又作圈字林丘万反二傳作檿于鹹音咸復扶又
反于犂力知反又力兮反狄行下孟反
十二年而笄古兮反遠別彼列反使遂二傳作術賢繆音穆諓
諓徐在淺反又子淺反又音殘尚書作戔戔淺薄貌也賈逵注外傳云巧言也善竫在井反撰也本或作諞皮
他反又必淺反本作譔七全反又仕勉反俾君必爾反注同使也易怠以豉反注同輕惰
大卧反一介古拜反一介猶一槩也尚書音古賀反斷斷丁亂反專一也注同佗技其綺反
一槩古愛反奇巧其宜反本又作琦同休休許虬反美大貌曲折之設反數
興所角反不別彼列反下同及運二傳作鄆後皆爾
十三年盈為于偽反下文盈為為周公皆同故復扶又反籧篨其居反下直居
反世室屋壞二傳作太室大廟音泰下同以養餘亮反注皆同供養
九用反下同死以為如字注死以為周公王同千乘繩證反有王于況反趣鄉

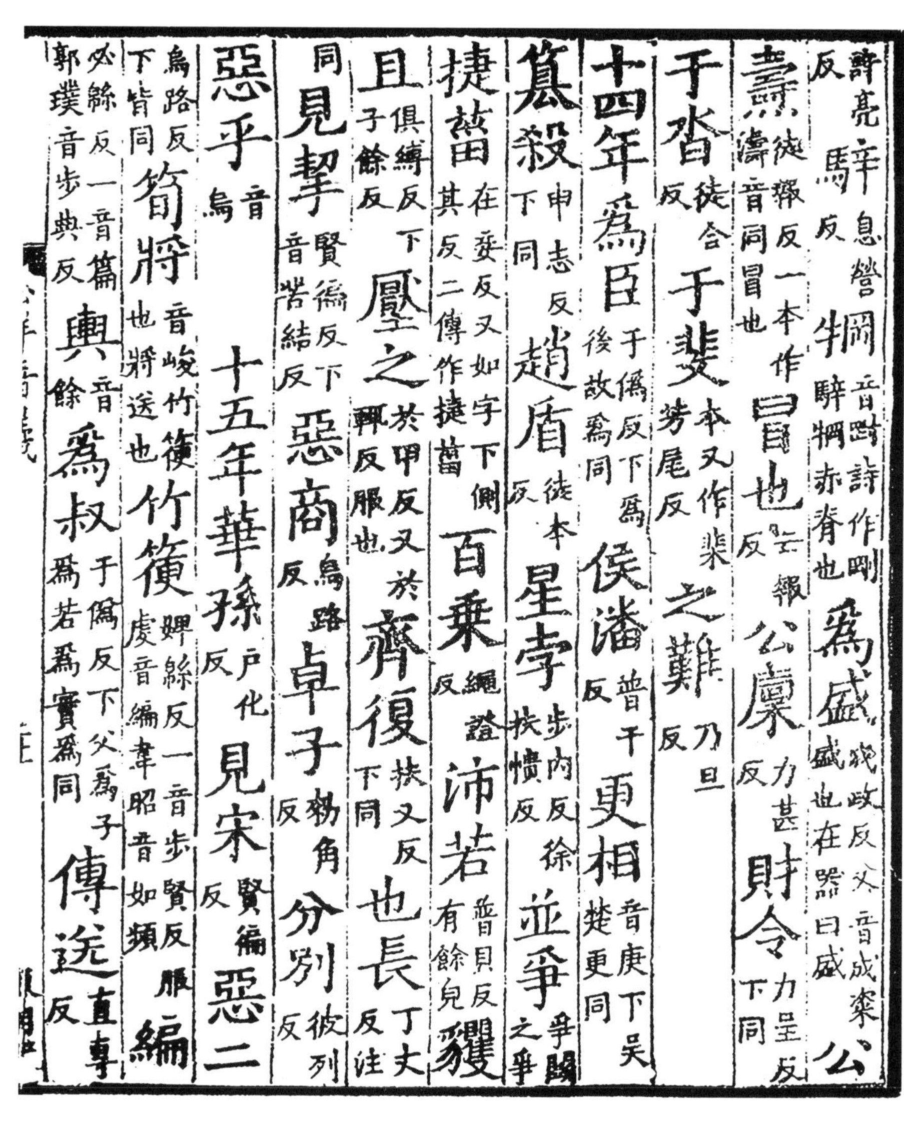

許亮反　騂息營反　犅音剛詩作剛騂犅赤脊也　爲盛戚政反又音成粢盛也在器曰盛　公

燾徒報反一本作　冒也亡報反　公麇力甚反　財令力呈反下同

于沓徒合反　于斐本又作棐芳尾反　之難乃旦反

十四年　爲臣于僞反下爲後故爲同　侯潘普干反　更相音庚下吳楚更同

簋殺申志反下同　趙盾徒本反　星孛步內反徐扶憒反　並爭爭鬭之爭

捷菑在妛反又如字下側其反二傳作捷菑　百乘繩證反　沛若普貝反有餘皃　玃

且子餘反　俱縛反下　壓之於甲反又於輒反服也　齊復扶又反下同　也長丁丈反注

同　見挈賢徧反下音苦結反　惡商烏路反　卓子敕角反　分別彼列反

惡乎音烏　十五年　華孫戶化反　見宋賢徧反　惡二

烏路反下皆同　筍將音峻竹篌也將送也　竹篌婢緜反一音步賢反虔音編韋昭音如頻　服　編

必緜反一音篇郭璞音步典反　輿音餘　爲叔于僞反下父爲子爲若爲實爲同　傳遂直專反

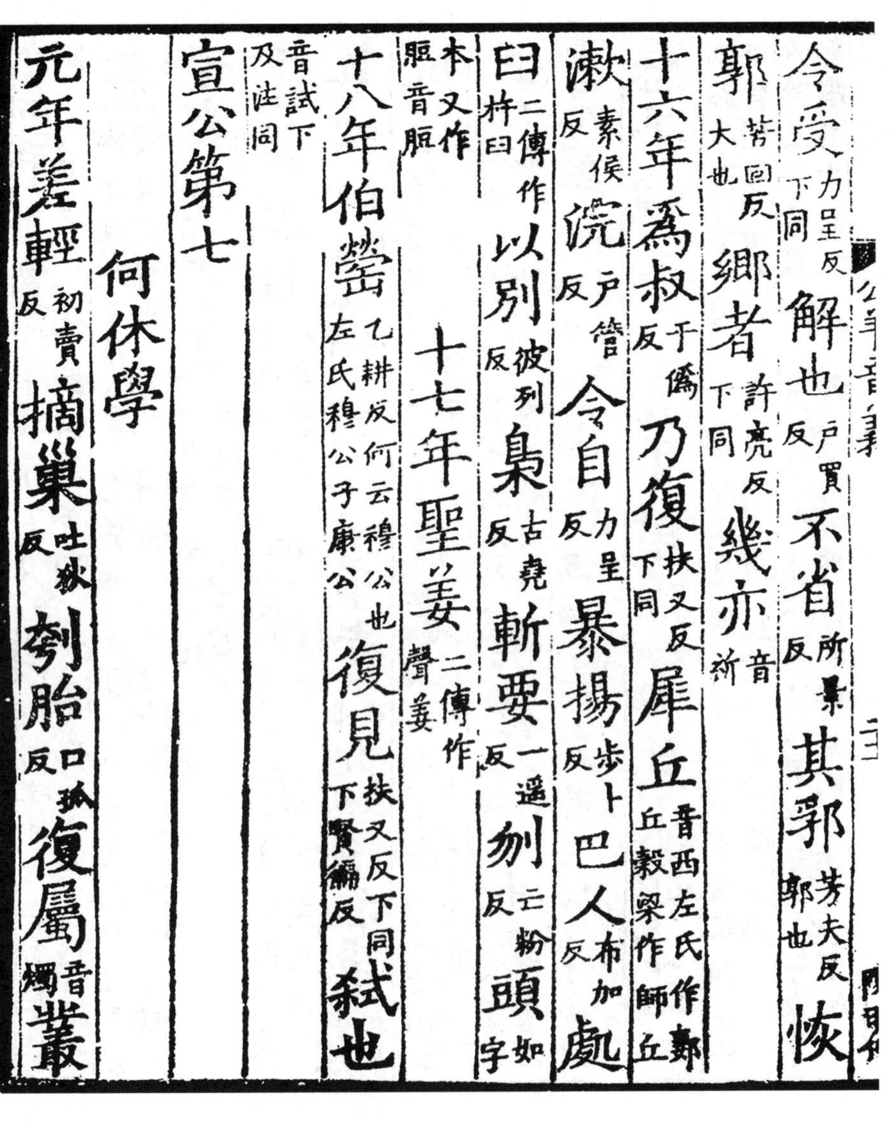

令受力呈反下同　解也戶買反　不省所景反　其郛芳夫反郛也　恢

郭苦回反大也　鄉者許亮反下同　幾亦音祈

十六年爲叔于僞反　乃復扶又反下同　犀丘音西左氏作郪丘穀梁作師丘

漱素侯反　浣戶管反　令自力呈反　暴揚步卜反　巴人布加反　虎

曰二傳作枅曰　以別彼列反　梟古堯反　斬要一遥反　刎云粉反　頭如字

十七年聖姜二傳作聲姜

本又作胝音胝

十八年伯嵤乙耕反何云穆公也左氏穆公子康公　復見扶又反下同下賢徧反　弒也

音試下及注同

宣公第七

何休學

元年差輕初賣反　摘巢吐狄反　刳胎口孤反　復屬音燭　叢

棘才工反反尋況甫反要經一遥反又孫音遜濟子禮反遺齊唯季反

兼將子匠反斐林芳尾反閒音閑貿音茂

二年華元戶化反夷獋戶刀反又古刀反二傳作夷皐

三年則扳普顏反又甫姦反于滁大歷反又養牲宮名迭生大結反更王

青庚下于況反貫渾舊音六或音奔下戶門反二傳作陸渾鄭繆音穆

四年公爲于僞反　五年爲重直用反下同

六年見何賢徧反升餕音俊已趨音紀是欒音落有人何

本又作荷胡可反又音何畚音本爲解佳賣反又如字摮五羔反又囂交反猶擊也擊

口弔反愬所革反又許路反心作在洛反魚飱音孫祁彌工支反頸

居郢反擊也自斷音短重門直容反擊柝他洛反而食音嗣下同仡

然魚乙反躇丑略反與踱同一本作辵音同劇不其據反本亦作遽比周毗志反之

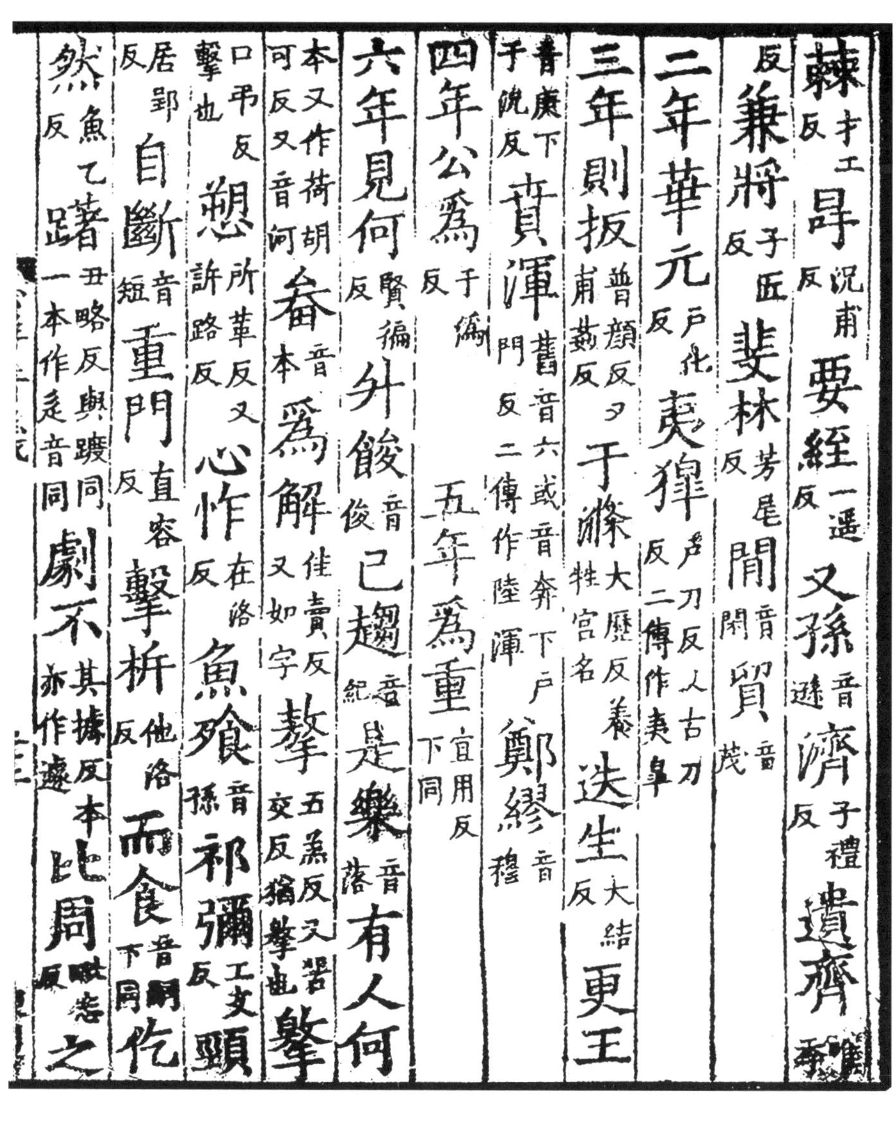

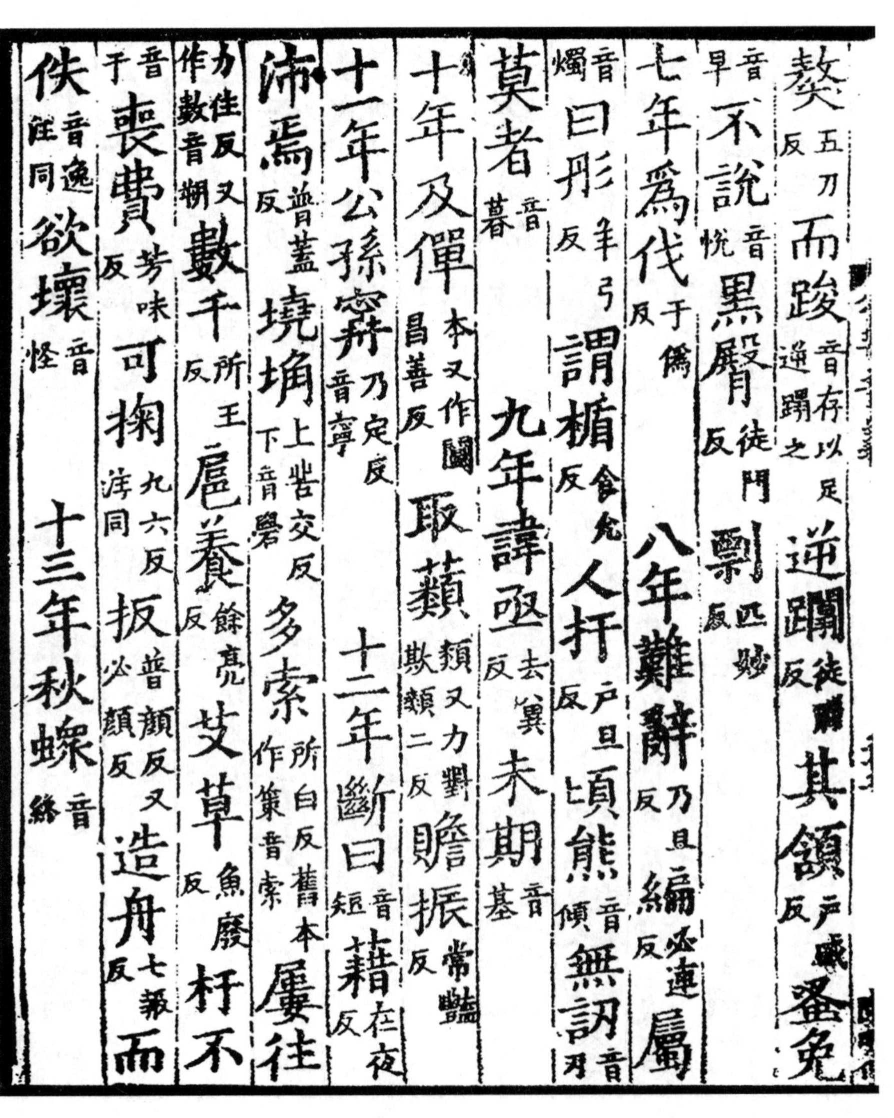

獒五刀反而踆音存以足逆蹋之逆躝徒□反其頷戶感反蚤兎音早

不說音悅黑臀徒門反剽匹妙反

七年爲伐于僞反八年難辭乃旦反編必連反屬音燭

曰形羊引反謂楯食允反人扞戶旦反頃熊音傾無訒音刃

莫者音暮九年肆亟去冀反未期音基

十年及僤本又作闡昌善反取蘈類又力對欺頪二反贍振常豔反

十一年公孫寗乃定反音寧十二年斷曰音短藉在夜反

沛焉普蓋反墝埆上苦交反下音确多索所白反舊本作策音索屨往力住反又作數音朔

數千所王反扈養餘亮反艾草魚廢反杅不音于

喪費芳味反可掬九六反浡同扳普顏反又必顏反造舟七報反而

佚音逸注同欲壞音怪十三年秋蟓音緣

一三〇六

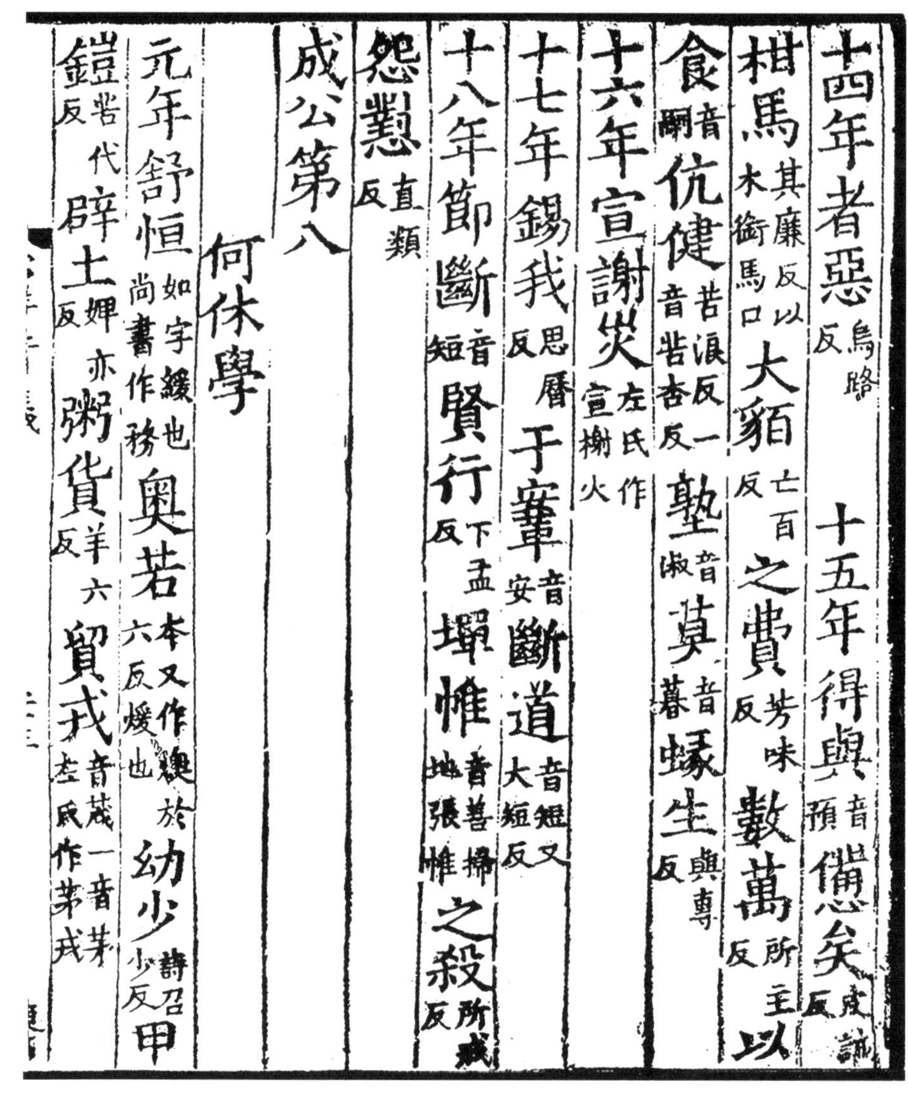
十四年者惡烏路反　十五年得與音預　憊矣皮誡反

柑馬其廉反以木銜馬口　大貊亡百反　之費芳味反　數萬所主反　以

食音嗣　伉健苦浪反一音苦杏反　塾音淑　莫音暮　蝝生與專反

十六年宣謝災左氏作宣榭火

十七年錫我思曆反　于鄆音安　斷道音短又大短反

十八年節斷音短　賢行下孟反　墠帷音善掃地張帷　之殺所戒反

怨懟直類反

成公第八

何休學

元年舒恒如字緩也尚書作務　奧若本又作燠於六反煖也　幼少詩召反　甲

鎧苦代反　辟土婢亦反　粥貨羊六反　貿戎音茂一音茅左氏作茅戎

二年新築音竹公子手一本作午左氏作首寗音安以見賢徧反年末注同惡内烏路反不使所吏反下及注使手大夫同佚獲音逸下同一本作失不去起呂反師還音環注同逡巡七巡反頃公音傾驂乘繩證反道尚時亮反公操七刀反持也法斮莊略反又仕略反斬也死難乃旦反姪子大結反又丈乙反踊于音勇上也棓普口反又步侯反高下有絕加躡板曰棓而闚去規反本又作窺上也時掌反加躡女輒反或跛布可反或眇亡小反迓跛本又作訝五嫁反迎也致飧音孫腍而審反踦閭居倚反踦足也又音於倚反又初義反何云開一扇闔一扇一人在外一人在内曰踦閭芻初俱反蕘如遥反之甗音言又魚輦反又音彦邑也爲質音致下注及下同眹胥音舜又丑乙反又達結反之使所吏反爲之于僞反注皆同公鮑白卯反侯漱音速汶陽音問一處昌慮反數道所角反下音導三年衛繆音穆素縞古老反幼少

許召反下同大重音泰一音他賀反去疾起呂反爲内于僞反將咎如

咎音古刀反左氏作廧咎如尋繹音亦惡之烏路反下同屢盟力住反用

長丁丈反反復扶又反數侵所角反下同比周毗志反

四年伯歐苦刃反本或作堅五年荀秀左氏作荀首壅河

於勇反不沭音流爲天于僞反通道音導淏古闇反偏刺音遍

又重直用反蟲牢直弓反下力刀反六年得復扶又反而

好呼報反取鄟市轉反又音專諱亟去冀反注同魯背音佩屬相音燭

伯費音祕爲中于僞反故去起呂反

七年鼷鼠音兮重有直用反下同伐郯音談見者賢徧反下同

八年曰嘻許其反所喪息浪反語之魚據反屨緉音須趙

括古活反以見賢徧反瑞應應對之應爵稱尺證反爲王于僞反下

爲魯爲一同幼少詩召反勞來力報反下力代反來滕以證反又繩證反

九年悖義布內反廟見賢徧反下同操禮七刀反以別彼列反且

爲于僞反復發扶又反莒潰戶內反

十年重難乃旦反數卜所角反怨懟直類反侈也昌氏反大

也妬丁故反取十七住反本或作娶侯獳乃侯反去冬起呂反惡成

烏路反今復扶又反十一年郤州本亦作犨尺由反

十二年沙澤素禾反又如字二傳作瑣澤定七年同

十三年郤錡魚綺反鑿行在洛反造意也復出扶又反伯廬力吳

反本亦作盧十四年凡取本又作娶

十五年未見賢徧反下同年末及注竝同復氏扶又反年內同使于所吏反及

不使乎同有長丁丈反相之息亮反下同殺子音試皆雜七合反又如字

世子戌音恤本或作戍爲篡于偽反宋共音恭士燮息協反無

咎其九反子鰌音秋所傳直專反之行下孟反差醇初賣反下音純

葉公舒涉反下文同者說音悅十六年少陽詩召反復食

扶又反欒力官反黶於斬反冥也亡定反又亡丁反其佁直吏反鄢

陵於晚反又於建反于泓烏宏反王痍音夷傷也所中丁仲反爲重

于偽反下爲代公同恚一睡反易也以豉反注及下同復舉扶又反下而復同喜時

左傳作欣時令專力呈反舍是音捨注同下傳舍呂放此無難乃旦反注同招

丘章遥反又上饒反二傳作苕丘悕矣音希悲也別嬰彼列反出使所吏反

十七年柯陵古河反因見賢徧反下同惡如字又火吳反池如字又大何反

蜚林芳尾反又音配泮宮音判本又作郊告牷音全苟籥乙耕反貍

力之反軫之忍反左氏作脈穀梁作蜃以爲于偽反下文爲公同以徼古狄反貜

同士匄古害反鹿囿音又士彭二傳作七魴襄十二年同崔杼直呂反

虛打起魚反下勑丁反

襄公第九

何休學

元年甯殖市力反爲宋于僞反下爲宋楚爲弁注同于合二傳作鄅

鄭背音佩孫剽匹妙反二年伯睔古困反繆姜音穆

人與音餘下同爲中于僞反下及注弁下文鄭爲皆同

三年長樗勑居反不別彼列反袁僑其驕反爲其于僞

反注同不復扶又反下同不重直用反

四年弋氏以職反莒女也左氏作姒氏定弋左氏作定姒

五年子巫亡扶反 爲叔于僞反 疑讞魚竭反 善稻左氏作善道
通好呼報反 數用所角反 賦斂力驗反 惡鄭烏路反 不見
賢徧反 雜然七合反又如字十年注同 乃解古賣反
六年曷爲于僞反 爲重直用反
七年鄭子音談 城費音秘 螓音終一音鐘 于鄬于委反字林凡吹反 髡
原苦門反左氏作髡頑 于操七報反一音七南反左氏作鄵 殺也音試下及注皆同 爲
中于僞反下及注皆同 楚屬音燭 㔷由音禍 舍止處昌慮反 見辜
賢徧反 當背音佩 八年以殺音試 爲中于僞反 當
去起呂反 子夔素協反 易不以豉反 樂難乃旦反 候伺音司
又息嗣反 邢丘音刑 九年宋火二傳作災 離本力智反 見
火賢徧反 爲王于僞反 浸䟽子鴆反 于戲許宜反 惡公烏路反

十年干柤莊加反偪陽音福又彼力反惡諸烏路反開道音導
違蔓音万公與音預下同子斐芳尾反左氏作䨽爲蕃方元反諸
侯莫之主有絶句見其賢徧反下同
十一年爲軍于偽反下年末同故復扶又反事省所景反想上息亮
反下同爲治直吏反不共音恭怨懟直類反京城北左氏作亳城北
常難乃旦反鄭與音預艮霄音消
十二年圍台他來反又音臺所背音佩亟作去冀反最難乃旦反
務長丁丈反迭爲大結反十三年取詩二傳作邿諱亟
去冀反注同諱背音佩十四年公孫蠆勑邁反二傳作蠆于
向舒亮反綴流知銳反又丁悅反一本作贅旒復納扶又反華閱音悅
十五年向戌音恤劉夏戶雅反采邑七代反下謂采同租稅子奴

反下錡銳反 見義賢徧反下同 大夫稱尺證反 䝿去起呂反 過我古禾

反 共音恭 至攜戶圭反又因宛反 爲不于僞反 成郛芳夫反 侯周

一本作嚩 十六年 昊梁本又作溴古闃反 偏刺音遍下及下注同

若贅章銳反本又作綴丁衛反又丁劣反繫屬也 旒然音留本又作流旌旗之旒 繫屬

音燭 見惡賢徧反 最難乃旦反 肯復扶又反 不重直用反 甚

惡烏路反 十七年 郲婁 子瞯音閑或下姧反左氏作㹣 圍洮

他刀反左氏作挑 十八年 言朝直遥反下同

十九年 祝阿二傳作祝柯 爲其于僞反下同 亟伐去冀反注同 憍

蹇紀橋反本又作騫下紀輦反 弁數必政反下所主反下數年同 漷水火虢反徐音郭 取

濟子禮反下同 侯瑒于眷反一音環二傳作環 有難乃旦反 故見賢徧反 公

子喜二傳作嘉 于柯古河反

一三一五

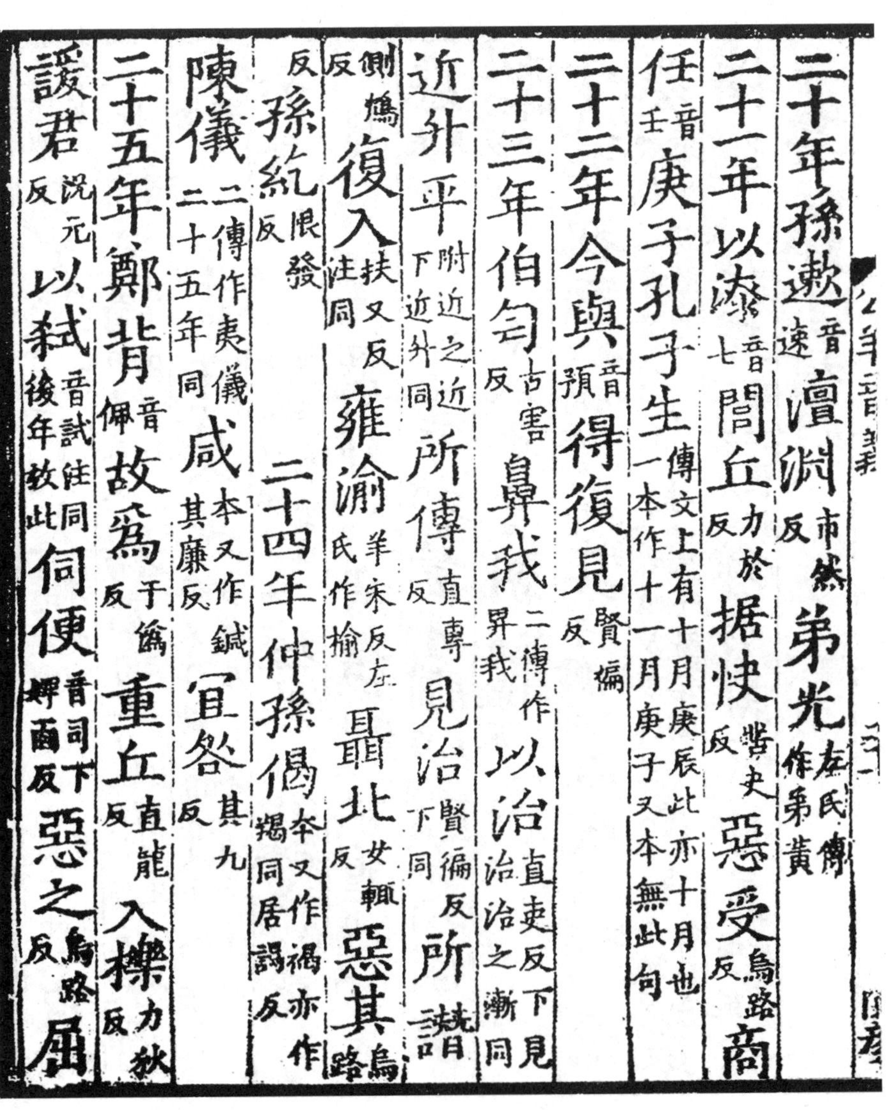

二十年孫遬音速反 澶淵市然反 弟先左氏傳作弟黃

二十一年以漆音七 閭丘力於反 据快呰史反 惡受烏路反 商

任音壬 庚子孔子生傳文上有十月庚辰此亦十月也一本作十一月庚子又本無此句

二十二年今與音預 得復見賢徧反

二十三年伯勻古害反 鼻我二傳作畀我 以治直吏反下見治治之漸同

近升平附近之近下近升同 所傳直專反 見治賢徧反下同 所譏

側嫣反 復入扶又反注同 雍渝羊朱反左氏作榆 聶北女輒反 惡其烏路

反 孫紇恨發反 二十四年仲孫偈本又作碣亦作揭同居謁反

陳儀二傳作夷儀二十五年同 咸本又作鍼其廉反 宜咎其九反

二十五年鄭背音佩 故爲于僞反 重丘直龍反 入櫟力狄反

諼君況元反 以弒音試注同後年放此 伺便音司下婢面反 惡之烏路反 屈

建居勿反 子謁左氏作過 卒暴七忽反 而射食亦反 復見扶又反

二十六年 君剽匹妙反 喜爲于僞反下文爲惡爲同 惡剽烏路反注及下惡剽以惡并上注故惡反惡惡輕以惡皆同 有説音悦注同 以見賢徧反下出見同 復納扶又反 子痤在禾反 男甯乃定反

二十七年 孔瑗二傳作孔奂 弟鱄市轉反又音專一音直轉反 射姑音亦又音夜 爲殺于僞反下爲殺爲我爲衛注深爲皆同 黜公勑律反下文注同 女能音耐 羈紮本又作馽下陟立反馬絆也 馬絆半音 鈇音甫又方于反 鑕之實反 從君才用反又如字注同 庶孽魚列反又五割反注及下同 敢與音預 令必力呈反 肯約音佩下同 挈其苦結反 慙恚一睡反 昧雉舊音剡云粉反一音末又音蔑割也 見獻賢徧反下見此同 雖復扶又反 小介音界 闇弑音昏下音試 二十九年同 餘祭側界反

二十八年閏數所主反下同期月居其反又作朞

二十九年而復扶又反下皆同惡襄烏路反下惡以同爲臣于僞反下皆放此

爲季子傳凡爲同墨劓魚器反臏毗忍反大辟婢亦反畫象音獲

應世應對之應黠巧閑八反不近附近之近下同士鞅於丈反使札

側八反迮而子各反起也倉卒七忽反迭爲大結反更也音庚

必祝之又反又之六反注同疏食音嗣季子使所吏反下同僚者力彫反

長庶丁丈反下注同闔戶臘反廬力居反命與音餘下命與同僚爲於虔

反本又作惡音烏刺僚七賜反又七亦反注同僚者市志反爾殺吾君申志

反注殺僚同篡也初患反則遠于万反以見賢徧反北燕音烟

三十年薳于委反頗音皮又音彼一音普何反一本作跛者音同二傳作薳罷公數所角

反子般音班深爲于僞反下爲伯不爲爲中國同極思息吏反年夫音扶又如

字二傳作俟夫 惡失烏路反下皆同 不去起呂反 子行下孟反下子行其行同 重失

直用反又直勇反 共姬音恭 傅母如字又武侯反又作姆同 加殺音試下同 凡爲

于僞反下及注所爲同 更宋音庚又古孟反 復也償也 所喪息浪反下注同 解浣戶管反

復生扶又反 共償常亮反

三十一年 好其呼報反 見者賢徧反下同

昭公第十

何休學

元年 國酌二傳作國弱 子招上遥反 軒虎軒依字許言反舊音罕二傳作

罕虎 于鄭音郭又音號左氏作號穀梁作郭 爲殺于僞反下注爲內爲仕皆同 難八

乃旦反二年注同 故令力呈反 見者賢徧反下同 復貶扶又反 弟鍼其廉反

千乘繩證反注同 大原音泰下同 大鹵力古反 曰隰音習 分別彼列反

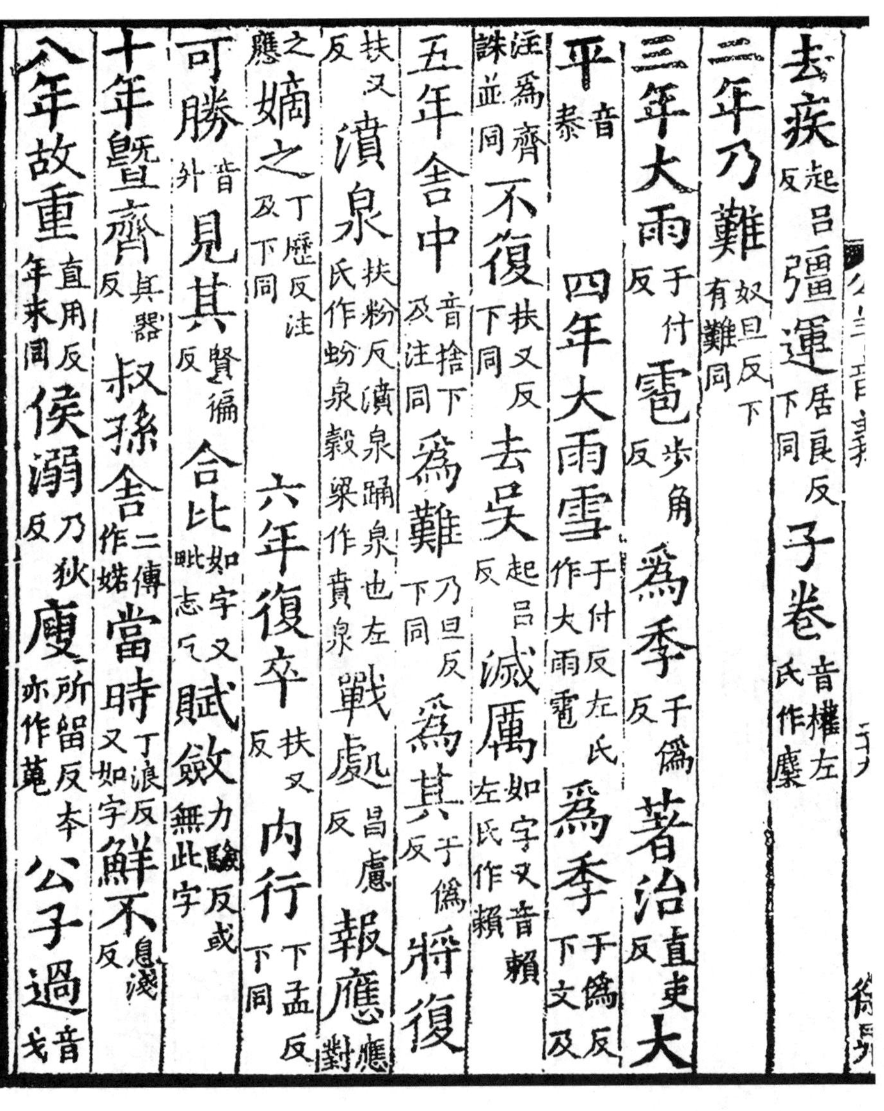

去疾起呂反 彊運居良反下同 子卷音權左氏作麇

二年乃難奴旦反下有難同

三年大雨于付反 雹步角反 爲季于偽反 著治直吏反 大

平音泰 四年大雨雪于付反左氏作大雨雹 爲季于偽反下文及

注爲齊誅並同 不復扶又反下同 去吳起呂反 滅厲如字又音賴左氏作賴

五年舍中音捨下及注同 爲難乃旦反下同 爲其于偽反 將復

扶又反 濆泉扶粉反濆泉踊泉也左氏作蚡泉穀梁作賁泉 戰處昌慮反 報應應對

之應 嫡之丁歷反注及下同 六年復卒扶又反 內行下孟反下同

可勝音升 見其賢遍反 合比如字又毗志反 賦斂力驗反或無此字

十年曁齊其器反 叔孫舍二傳作婼 當時丁浪反又如字 鮮不息淺反

八年故重直用反年末同 侯溺乃狄反 廋所留反本亦作蒐 公子過音戈

費多芳味反　詐諼況元反　復書扶又反下同　列見賢遍反　辟門

九年復見扶又反下同下賢遍反　陳火左氏作災　悕矣音希悲也

婢亦反開也　本爲于僞反　孫玃俱縛反又居碧反　郎圍音又

十年晉欒施左氏作齊欒施　季孫隱如左氏作意如　侯虒彼虵反

宋戍讀左傳者音成何云向戌與君同名則宜音恤　去冬起呂反

十一年戎曼音蠻　爲其于僞反　文譎古穴反　以好呼報反　比

蒲音毗　侵羊二傳作祲祥　宮佗大河反　屈銀並如字二傳作歐憖　嫡夫丁歷

反　惡乎音烏　惡不烏路反

十二年斷三丁管反又丁亂反　生刊苦干反　奈女音汝　可強其丈反

欲令力呈反下令楚同　棄億於力反　錯也七故反或七各反字或作措　惡納烏路反

成然左氏作成熊　公子整之領反或作慭魚覲反

十三年圍費音祕乾谿苦兮反衆罷音皮惡靈烏路反子朝如字不與音預注二不肯與及下文不與焉注公不與不宜與皆同不復扶又反爲公于僞反侯廬力吳反　十四年去疾起呂反意恢苦回反

十五年夷昧音末本亦作末籥入羊略反去樂起呂反注去籥及下文去樂同爲卒于僞反昭吳左氏作朝吳

十六年戎曼音蠻又音万二傳作戎蠻哀四年同見王賢徧反數如音朔

十七年貫渾音六下戶門反星孛音佩彗星息遂反又囚歲反參伐所林反以別彼列反邪亂似嗟反檇李音醉本或作醉

十八年爲天于僞反不忒他得反天應應對之應入鄅音禹又音矩

十九年于殺音試下于殺加殺皆同復加扶又反下同一飯扶晚反下同

二十年自鄸音蒙又亡忠反又亡貢反一音亡增反者此舊於此下有比者非復

出扶又反 爲公子于僞反下爲賢爲會爲之諱同 從與才用反下音餘下從與同 絮從女居反說文云絮緼也一曰敝絮也 逡巡七旬反 惡惡並如字一讀上烏路反下同 通濫力甘反又力暫反 兄輒左氏作縶 立嫡丁歷反 以長丁長反 瘖於今反 聾路工反 癘力世反又力大反 禿吐木反 跛布可反 傴於矩反 惡衞烏路反

至令力呈反 向甯二傳作向寧

二十一年 重皋直用反 叔痤在禾反左氏作叔輒 惡背烏路反下音佩

二十二年 復錄扶又反 別從彼列反下同 大廋所求反本亦作蒐 昌姦二傳作昌閒 邪庶似嗟反 見當賢徧反下同

二十三年 閒田音閑 惡背烏路反下同背音佩 不共音恭 皋錯七故反 雞父音甫 子髡苦門反 子楹音盈左氏作逞穀梁作盈 夏齧戶雅反下五結反 艾陵五蓋反 別客彼列反下及傳同 之行下孟反下同 于華

所巾反　庶孽魚列反　其難乃旦反　子朝如字　更起音庚　數年音

所主反　地爲于僞反　二十四年　民被皮寄反　欒黶音來

又力之反本亦作黶二傳作郁黶　二十五年　叔倪音詣又五兮反左氏作詣　樂

世心世如字又以制反左氏作大心　黃父音甫　鸛音權左氏作鸛音劬　鵒音欲　下孫

音遜下文同　去辰起呂反　爲下于僞反下而爲同　楊州左氏作陽州　唁公音彥

將殺音試下及注同　兩觀工亂反注同　干楯食尹反又音尹　玉戚千寂反以玉飾

斧　大夏戶雅反注同　株離音誅　曰禁音金又居鴆反　八佾音逸　且夫

音扶下有夫弁注同　維婁力主反　委已于僞反注同已音紀　委食音嗣下同　執紼

音弗　曰絻音問　喪息浪反下同亡也　嗛自音謙本亦作謙　再拜顙息黨反拜而稽

顙也　大難乃旦反下同　鈇音甫又方于反　鑕之實反　要斬一遥反　執箪

音丹箪器　食音嗣注同　葦器于鬼反　曰笥思嗣反　𡡾也丘九反又昌紹反

四脡他頂反又大頂反　曰朐其俱反　餕音俊　于從才用反注及下皆同　糒音備　以衽而甚反又而鴆反擔裳際也　求索所白反　大𣍘音泰下大學同　不腆他典反厚也　所著丁略反　裨冕婢支反　獻衣音弗　欲令力呈反　故稱尺證反　嗷然古弔反一音古狄反　爲菑側其反又側吏反　埒垣力悅反下音袁　分別彼列反　辟雍音壁　以鼝亡歷反車覆笭也一音呼閒反　覆笭力丁反　以鞌音安

爲公于僞反注同

二十六年不復扶又反下同　惡公烏路反　鄟陵音專本亦作專　爲天于僞反　渠率所類反或作帥

二十七年爲季于僞反下同　方見賢徧反　郤宛去逆反下紆阮反　祁犂力兮反又力私反　郪婁快本又作噲苦夬反

二十八年爲下于僞反　伯甯乃定反下同左氏年下滕子名並作寧

二十九年

三十年去疾起呂反　頃公音傾　見義賢遍反

三十一年荀櫟本又作欒又作樂亦滴櫟也皆同力狄反一音與灼反　適歷丁歷反一音狄

負箠章蘂反本又作捶　創惡烏略反　亟取去冀反　盈孫音遜　黑

弓黑肱二傳作　以濫力甘反又力暫反　武公與音餘下及注皆同　湊公七豆反

周懇音素本亦作訴　爲之于僞反下爲爲我爲之則爲並同　嫗盈紆具反一音紆羽反

爲行下孟反下殺顏者之行同　盱許于反又許孤反本或作盱一音夸　夏父戶雅反盱及夏父邾

顏公之二子　而食音嗣　長必丁丈反　先見賢遍反下欲見見王者同　曰嘻許其反

扶又反　也夫音扶　父兄之行戶郎反　惡有音烏注同　有數所主反　傳復

三十二年取闞口暫反　諱亟去冀反注同　權量音亮

定公第十一何以定公爲昭公子與左氏異

何休學

元年喪失國息浪反 仲幾本或作機 不襄素戈反一或作蓑一或音初危反

草衣于既反 爲天于僞反下善爲同 見伯賢徧反 復發扶又反下皆同 此

難乃旦反 未解音蟹 復別彼列反 小斂力驗反下皆同 北墉音容本又作牖

中霤力又反 飯扶晚反 含於戶暗反 阼階才故反 立煬餘亮反

霣霜于敏反 二年雨觀工喚反下及注皆同 不復扶又反下同 先

去起呂反下同 以見賢徧反 三年于枝二傳作枝 易辭以豉反

四年國夏戶雅反 邵陵上照反本或作召音同 數年所主反下數年皆同 雜

然七合反又如字 惡蔡烏路反年末同 吝一力刃反 公孫歸姓二傳無歸字姓

音生又音性 爲不于僞反下爲季爲下爲浴爲蔡同 浩油戶老反又古老反下音由一音羊又反二傳作

皐鼬 數如所主反 楚復扶又反下復復討同 而翕然許及反 伯戊音茂

又音恤二傳作或 劉卷音權 孔圄魚呂反左氏作圉 鮮虞本或作吳音虞 舉

釆七代反下釆地同伯莒左氏作伯舉挾弓音協又子協反雕弓丁遼反

彤弓大冬反嬰弓於耕反見司馬法盧弓力吳反禮見賢編反下

不見將爲于僞反下不爲也不爲匹爲是注爲于胥同囊瓦乃郎反南郢

以井反又以政反瓦將子匠反激發古狄反非當丁浪反墮平許規

反除去起呂反便辟婢亦反辯佞如字本又作便佞相迿音峻又音

巡又玄徧反先也擊刺七亦反進行下孟反

五年時爲于僞反以見賢徧反士卒子忽反罷弊音皮弊亦

作敝音同起弑音試六年爲其于僞反令難乃旦反而

易以豉反以長丁丈反大平音泰欲見賢徧反治定直吏反所

復扶又反七年于鹹音咸費重芳味反下同重之直用反

八年不別彼列反曹竫才井反本亦作靖曲濮音卜惡乎音烏

迭而大結反注同食之音嗣下注伙食同睋而五多反下同鋟其本又作鑯七廉反又且審反以爪刻鐨鍬板也本或作鋟誤蒲圃本又作甫同布古反又音布其乘繩證反下皆同有女音汝從弟才用反下同數十所主反而隊直類反馬捶章蘂反駷馬本又作撤字書無此字相承用之素動反而射食亦反矢著直略反注同莊門本或作嚴亦音莊言幾音祈中季丁仲反殺不音試下同郤反去略反本又作却說然本又作䏭始銳反又他會反注同說解舍也然猶如也稱尺證反也切遽其慮反趣駕七欲反一音七住反僅然其靳反璋判音章琮在宗反璜音黃峨峨五多反本又作娥髦士音毛質樹芳甫反又方于反青純之閏反緣也注同純緣悅絹反下同甲䪼而占反疊疊亡匪反乎著音尸喪其息浪反九年伯囏紛邁反左氏作蠆喪之息浪反郤難起略反下乃旦反本亦作却

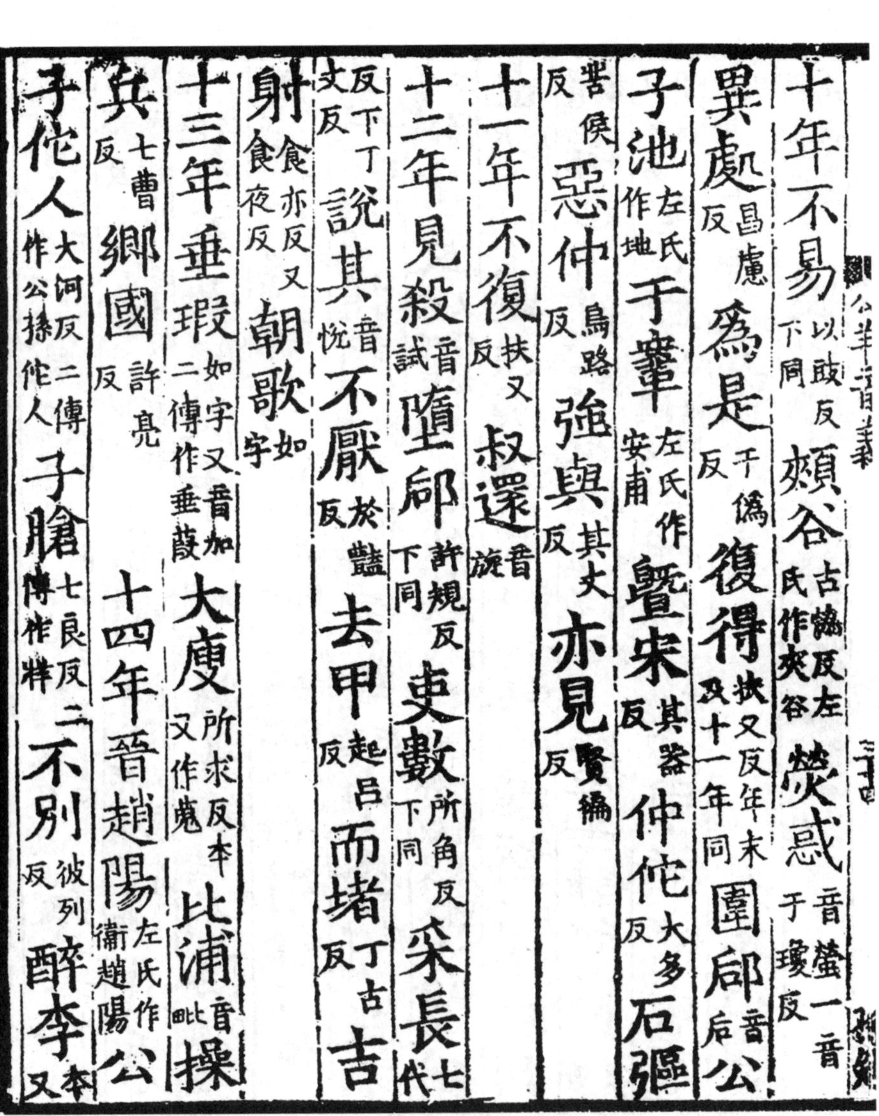

十年不易以豉反下同頰谷古協反左氏作夾谷熒惑音螢一音于瓊反

異處昌慮反爲是于僞反復得扶又反年末及十一年同圍郈音后公

子池左氏作地于肇左氏作安甫暨宋其器反仲佗大多反石彄

苦侯反惡仲烏路反強與其丈反亦見賢徧反

十一年不復扶又反叔還音旋

十二年見殺音試墮郈許規反下同吏數所角反下同采長七代

反下丁丈反說其音悅不厭於豔反去甲起呂反而堵丁古反吉

射食亦反又食夜反朝歌如字

十三年垂瑕如字又音加二傳作垂葭大庾所求反本又作鬼比蒲音毗操

兵七曹反鄉國許亮反十四年晉趙陽左氏作衛趙陽公

子佗人大河反二傳作公孫佗人子䐜七良反二傳作牂不別彼列反醉李本又

作[illegible]音同 爲下于僞反 于堅如字本又作掔音牽左氏作牽 于洮他刀反 歸脤

市軫反 曰燔本亦作膰又作繙音煩 蒯聵苦怪反下五怪反 譏亟去冀反 閒

隙音閑下去逆反 莒父音甫 去冬起呂反 攝相息亮反 粥羔羊六反

以間間厠之間 近害附近之近 十五年 鼷鼠音兮 漫也

亡半反猶徧也 徧食音遍 復舉扶又反下同 軒達左氏作罕達 籧篨其居

反下直居反 歸含戶暗反 且瞯芳鳳反 不爲于僞反 厭死於甲反

下臭音側 晡時布吳反 城漆音七

哀公第十二

何氏學

元年 復見扶又反下賢徧反 恩殺所戒反

二年 漷東火號反徐音郭 及沂魚依反 句繹古侯反下音亦 不與音預

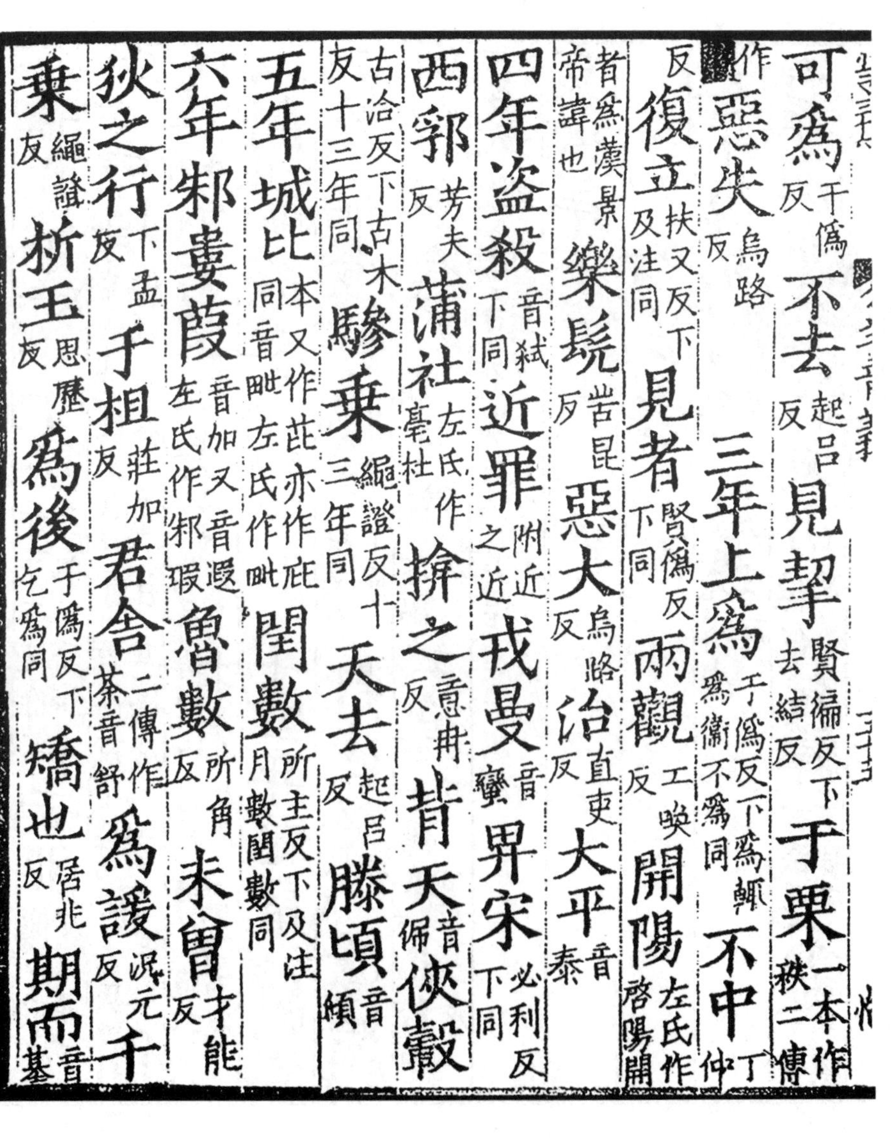

可爲于僞反 不去起呂反 見挈賢編反下去結反 于栗一本作秩二傳作

作惡失烏路反 三年上爲于僞反下爲鄆爲衛不爲同 不中丁仲

反 復立扶又反下及注同 見者賢僞反下同 兩觀工喚反 開陽左氏作啓陽開

者爲漢景帝諱也 樂髡苦昆反 惡大烏路反 治直吏反 大平音泰

四年盜殺音弑下同 近罪附近之近 戎曼音蠻 畀宋必利反下同

西郛芳夫反 蒲社左氏作亳社 拚之意冉反 背天音佩 俠轂

古洽反下古木反十三年同 驂乘繩證反十三年同 天去起呂反 滕頃音傾

五年城比本又作芘亦作庇同音毗左氏作毗 閏數所主反下及注月數閏數同

六年邾婁葭音加又音遐左氏作郲瑕 魯數所角反 未曾才能反

狄之行下孟反 于相莊加反 君舍二傳作荼音舒 爲諼況元反 千

乘繩證反 析玉思歷反 爲後于僞反下乞爲同 矯也居兆反 期而音基

下同難言乃旦反鎧苦代反巨囊乃郎反又音託中霤力又反色然

如字本又作垝居委反驚駭皃本或作危闖然丑鴆反又丑甚反一音丑今反見皃字林云馬出門皃丑衽反逡

巡七旬反七年皇瑗于眷反于鄫似陵反隗子五罪反

惡魯烏路反復入扶又反八年侯㬎況委反及僤昌善反一

音昌然反字林作僤左氏作闡爲以于僞反故復扶又反伯過古禾反所喪

息浪反九年雍丘於用反易也以豉反下同陷阱才性反

爲征于僞反十年薛伯寅二傳作伯夷同音以尼反

十一年袁頗破多反艾陵五蓋反與伐音預下不與伐同

十二年爲河于僞反下爲同宗同爲率音律又音類一乘繩證反故

復扶又反槖皋章夜反一音託于運左氏作鄖螺音終本亦作螽注同當

見賢徧反十三年于嵒五咸反一音魚及反易也以豉反下同

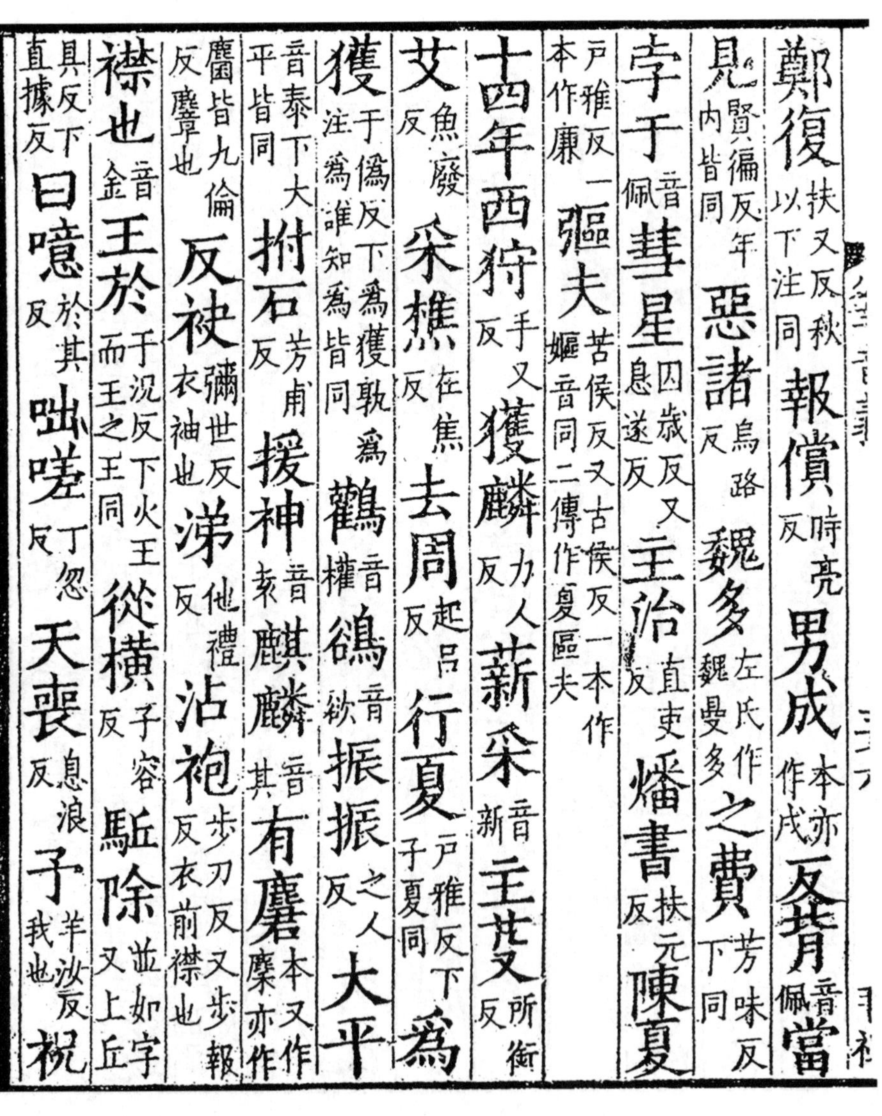

鄭復扶又反，以下注同報償時亮反男成本亦作戍文胥音佩當

見賢偏反，年內皆同惡諸烏路反魏多左氏作魏曼多之費芳味反，下同

孛于音佩彗星因歲反，又息遂反主治直吏反燔書扶元反陳夏

戶雅反，一本作廉彄夫苦侯反，又古侯反，一本作嫗，音同，二傳作夏區夫

十四年西狩手又反獲麟力人反薪采音新主芟所銜反

艾魚廢反采樵在焦反去周起呂反行夏戶雅反，下子夏同爲

獲于僞反，下爲獲孰爲，注爲誰知爲皆同鸛音權鵒音欲振振之人反大平

音泰，下大平皆同拊石芳甫反援神音袁麒麟音其有麏本又作麇，亦作

麕，皆九倫反，麏，麞也反袂彌世反，衣袖也涕他禮反沾袍步刀反，又步報反，衣前襟也

襟也音金王於于況反，下火王而王之王同從橫子容反駈除並如字，又上丘

具反，下直據反曰噫於其反咄嗟丁忽反天喪息浪反子羊汝反，我也祝

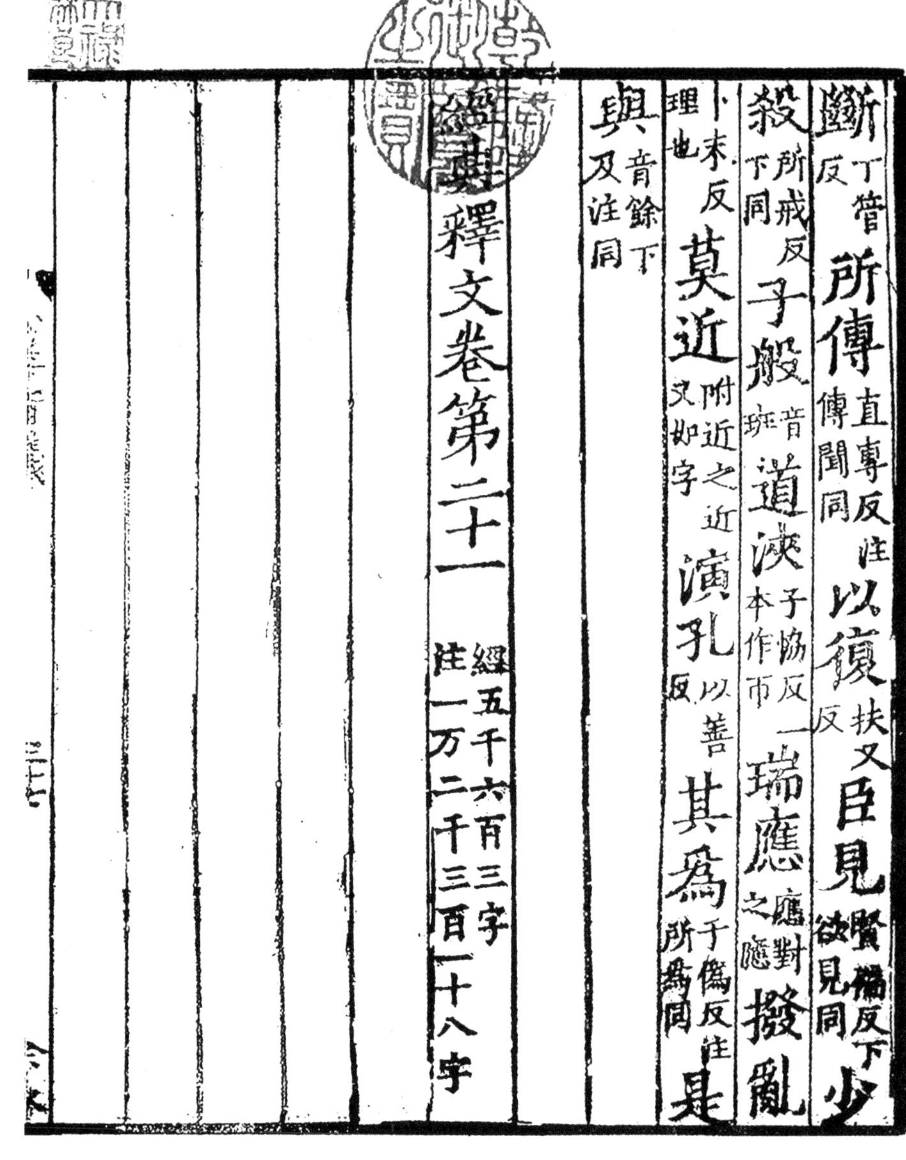

斷丁管反 所傳直專反注傳聞同 以復扶又反 臣見賢徧反下欲見同 少

殺所戒反下同 子般音班 道浹子協反一本作帀 瑞應應對之應 撥亂卜末反理也 莫近附近之近又如字 演孔以善反 其爲于僞反注所爲同 是

與音餘下及注同

經典釋文卷第二十一 經五千六百三字 注一万二千三百一十八字

五福五代堂古稀天子寶

八徵耄念之寶

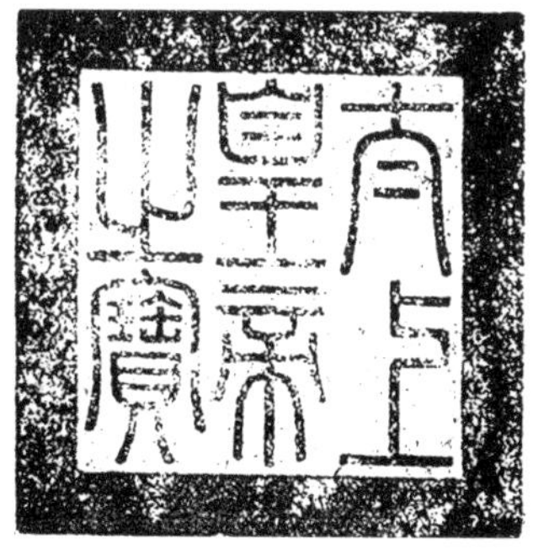
太上皇帝之寶

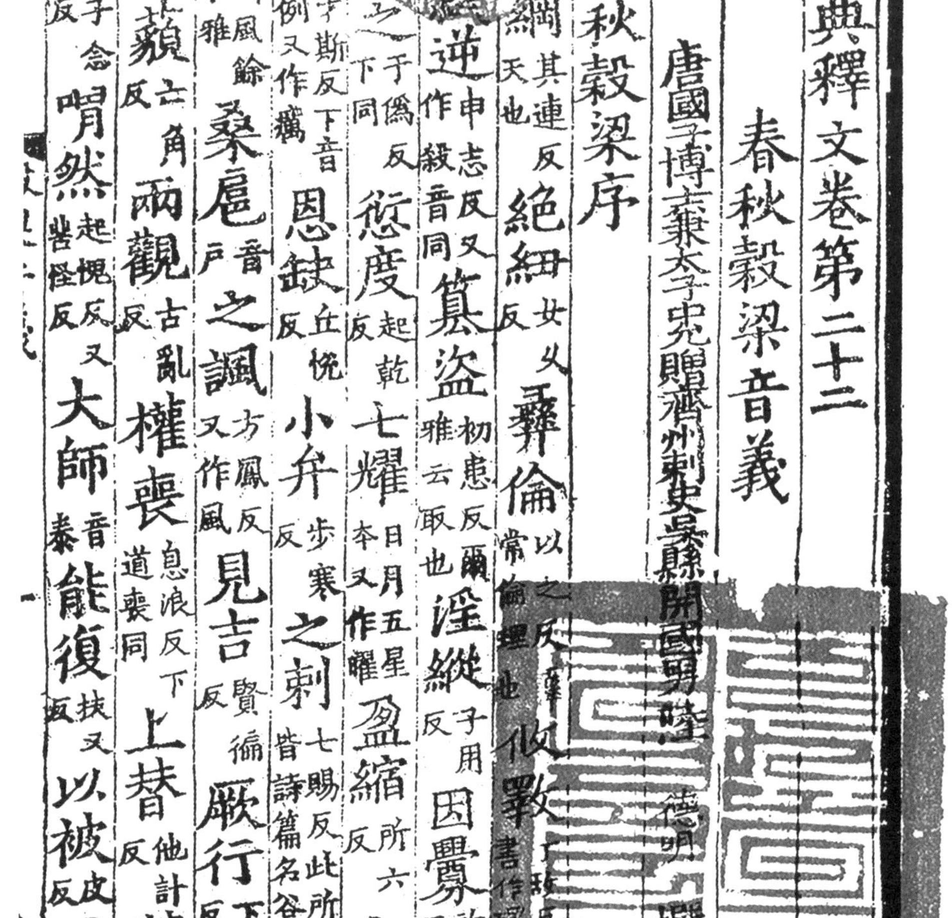

經典釋文卷第二十二

春秋穀梁音義

唐國子博士兼太子中允贈齊州刺史吳縣開國男陸德明撰

春秋穀梁序

乾綱其連反天也 絶紐女久反 彝倫以之反彝常倫理也 攸斁丁故反字書作殬敗

弑逆申志反又作殺音同 篡盜初患反爾雅云取也 淫縱子用反 因釁許靳反

爲之于僞反下同 愆度起乾反 七耀日月五星本又作曜 盈縮所六反 疵

厲才斯反下音例又作癘 恩缺丘悅反 小弁步寒反 之刺七賜反此所引皆詩篇名谷風

在邶風餘在小雅 桑扈音戶 之諷方鳳反又作風 見吉賢徧反 蹶行下孟反

藐藐亡角反 兩觀古亂反 權喪息浪反下道喪同 上替他計反 僭

逼子念反 喟然起愧反又苦怪反 大師音泰 能復扶又反 以被皮義反

拯拯救之拯積徒回反本又作穨同華袞古本反袞冕上公之服之貶彼撿反市

朝直遙反之撻吐達反匿非女力反麟感本又作麐吕辛反瑞獸也來應

應對之應之邪似嗟反臧子郎反否音鄙又方九反臧否猶善惡也鬻音育拳音權

子糾居黝反祭仲側界反而闚去規反本又作窺是嫡丁歷反本又作適同

強通其丈反必當丁浪反下同夫至音符並舍音捨據理音据本亦作㨿

之難乃旦反壞古回反紛錯七洛反準裁在代反又音才下同父子異

同謂劉向好穀梁之論力困反石渠其居反閣名漢宣帝時使諸儒講論同異於石渠閣也劉歆善左氏

分爭爭鬬之爭好惡呼報反下烏路反辯訥字書云訥或作吶乃骨反

字詁云訥遲於言也包咸論語注云遲鈍也鹽而移驗反也亞音無而婉於阮反北

蕃方元反又作藩子姪徒節反字林丈一反杜預注左氏傳云兄子曰姪雖近附近之近昊

天胡老反詩云欲報之德昊天罔極本又作旻亡巾反匍音蒲又音扶匐蒲北反又音服逾邁

音踰跂及丘弭反又丘豉反夏隊直類反從弟才用反泯沒亡忍反又作泯

喪予息浪反

春秋穀梁傳隱公隱公名息姑惠公之子周文王八世孫平王四十九年即位第一

范甯集解

元年正月音征又如字後皆放此焉成之於虔反隱長丁丈反又作丈音同

之惡烏各反下注之惡同惡桓烏路反下其惡桓同弒之申志反又作殺如字下同信道

音申下同信邪似嗟反下及注皆同已探吐南反千乘繩證反公侯之國賦千乘蹈道

上徒報反履行之名也下如字邾音誅國名儀父凡人名字皆音甫後放此更不重音于眛音

蔑地名左氏作蔑注下皆同美稱尺證反以上時掌反不日人實反不日謂不書日也穀梁

皆以日月爲例他皆放此渝也羊朱反變也于鄢音偃地名見段賢徧反大辟

婢亦反積思息吏反宰咺況阮反注同仲子惠公之母也與左氏不同之賵芳鳳

反注及下同乘馬繩證反四馬曰乘曰襚音遂曰含戶暗反口實也又作唅曰賵

音附祭伯側界反來朝直遥反寰內音縣古縣字一音環又音患寰內圻內也畿

內本或作圻音祈鍭矢音候又音候出竟音境本或作境下同埸音亦聘遺唯季反

之好呼報反當稾彼錦反日卒人實反下不日卒同股肱古弘反

二年以見賢徧反下同下屬章玉反不黷徒木反皆放甫往反後此例

不音皆氏丁兮反本又作厎別種章勇反知者音智能斷丁亂反

者守如字注同莒人音舉入向舒亮反時惡烏各反下次惡同無侅

音該又戶楷反左氏作駭履緰音須左氏作裂繻下注同爲其于僞反注來爲同有當

丁浪反故去起呂反下同以別彼列反美惡烏路反又如字舍族音捨或

厭於葉反繼弒音試長子丁丈反下注伯長同親迎魚敬反不復扶又反

子伯如字長也左氏作子帛夫稱尺證反常處昌慮反隱殺音試壞

宮 音怪又户怪反

三年日有食之 本亦作蝕音同後皆放此 大量 音亮下 賢 遐嫁反 爲

消 于僞反 外壤 而丈反 所吞 勑恩反又音天 咽者 於見反 不見 如字

又賢編反 之饉 渠吝反 見於 賢編反又如字 不可知知也 上知如字下知音智 太

上 並如字 夫名 音符發句之端皆同 相別 彼列反 尹氏 如字周大夫也左氏作君氏

詔相 息亮反 穪謚 市至反[illegible]丁綏後皆同奚反 折 時設反下同 有壽 市又

反又如字 宋繆公 音穆本亦作穆 之使 所吏反下同 史策 本又作筴初革反 殺

君 音弑下同 足算 素緩反數也 宋共 音恭本亦作恭下同 惡去 起呂反

四年伐杞 音起 牟婁 亡侯反 易辭 以豉反 所見 賢編反 蓋

爲 于僞反 所惡 烏路反又如字 於傳者 直專反 祝吁 香于反左氏公羊及

詩作州吁 弑其 音試釋舊作殺注下同 君完 本又作皃音丸 今復 扶又反 鞏

音譯下同皆去起呂反與于音預于濮音卜之挈本又作挈苦結反注同

致令力呈反下同惡也烏各反注同嫡長丁歷反下丁丈反下同建儲直魚反

名分扶問反無嬖必計反

五年觀魚如字左氏作矢魚獻人音魚之難乃旦反入郕音成

將卑子匠反注同爲其母于僞反長子丁丈反舞夏戶雅反注及下同

八佾音逸列也降殺色界反始僭子念反僭侈昌是反又尺氏反

螟亡丁反公子彄苦侯反乃暴步卜反本或作曝暴露也僅而渠吝反

之行下孟反不塡音田不復扶又反下同塡厭於甲反毆丘于反注同

壞宮音怪一音戶怪反

六年輸平失朱反左氏作渝平墮也許規反壞毀之也壞前音怪又戶怪反

子艾五蓋反

七年之娣徒細反女弟曰娣媵之

以證反又繩證反從也才用反下同一音如字以上時掌反共事音恭本亦作供愆

期起虔反取妻七喻反必少詩照反下文及注同滕侯徒登反長曰

丁丈反注同狄道也戎狄之道長嫡本又作適丁歷反爲保于僞反下爲其同

刺公七賜反之稱尺證反遠別彼列反下同之使所吏反注同猶愈

羊主反過諸侯古卧反又古禾反在彊本又作壃亦作強音薑場音亦致餼

許氣反牲腥曰餼伐鮮音仙

八年使宛於阮反歸祊彼病反一音丙左氏作枋惡與烏路反注及下同去

其起吕反擅易市戰反不別彼列反無復扶又反廢朝直遥反下

同覲巨靳反諸侯春見天子曰朝秋見曰覲若令力呈反之參七南反交喪

息浪反盟詛莊慮反下文同誥古報反誓市制反五帝孔安國云少昊顓頊

高辛唐虞鄭玄有黃帝無少昊餘同范依鄭顓頊音專下音許玉反帝嚳苦篤反高辛帝

名 三王夏商周也 夏殷戶雅反下同 鈞臺音均 景亳步各反 盟

津音孟本亦作孟 交質音置注同 二伯如字又音霸齊桓晉文 召陵上照反

包來音苞一音浮左氏作浮來 螟亡丁反 貶去起呂反 若俠音協九年經同

九年以別彼列反 祭伯側界反下同凡國名邑名及人名氏皆於始音後不復出若假借之字時

復重音後放此 之好呼報反 殷規他弔反 之慝他得反惡也 閒問閒廁之閒

歸脤市軫反祭肉也 致禭戶外反或古外反 震電徒練反 霆也徒丁反又徒頂反

雨雪于付反 疏數色角反 劉向舒亮反 以見賢遍反下同 當復

扶又反

十年以見賢遍反 簒殺音試 數會色角反 公敗必邁反又皮邁反注

同 于菅古顏反 取郜古報反字林工毒反 取訾子斯反 不重直用反

逐比如字又音俾本又作逐奔 復取扶又反 伐載如字本或作戴 其易以豉

反下文同 其惡 烏各反 惡入 烏路反

十一年薛侯 息列反 巡守 音狩本亦作狩 犆言 音特獨也本或作特 累

數 所主反注同 之比 必利反 君弒 音試

桓公 名允桓王九年即位 第二 范甯集解

元年弟殺 申志反本又作弒下及下注同 能去 起吕反 與聞 音豫下文及注與弒皆同 爲易 于僞反 借人 子夜反 魯朝 直遥反下皆同 邴者 彼病反又音丙

大山 音泰本亦作泰 用見 賢徧反 鄭竟 音境 從天王 在用反 巡守 音狩 擅相 市戰反 換易 一本亦作追胡喚反 編年 必連反字林聲類韻集皆布千反史記音義甫連反

二年宋督 丁毒反本又作嚳 弒其 音試下及注同 與夷 如字下音餘 別内 彼列反 先殺 如字下先殺同 謂扞 下旦反 死難 乃旦反 蓋爲 于僞反下注雖爲同 及鄰 音談 大廟 音泰下文及注同 二日見 賢徧

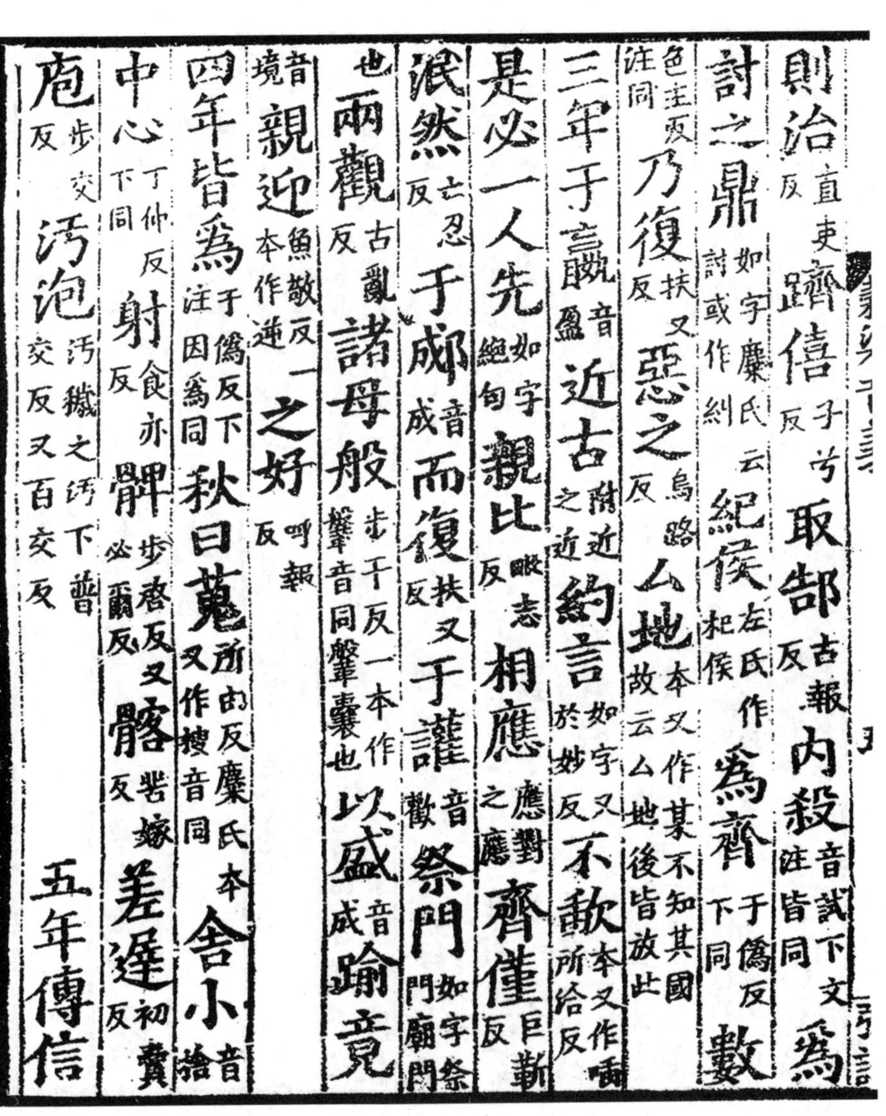

則治直吏反 躋信子兮反 取郜古報反 內殺音試下文注皆同 爲
討之鼎如字麋氏云討或作糾 紀侯左氏作杞侯 爲齊于僞反下同 數
色主反注同 乃復扶又反 惡之烏路反 厶地本又作某不知其國故云厶地後皆放此
三年于讖音盈 近古附近之近 約言如字又於妙反 不歃本又作唼所洽反
是必一人先如字絕句 親比毗志反 相應應對之應 齊僅巨靳反
泯然亡忍反 于郕音成 而復扶又反 于讙音歡 祭門如字祭門廟門
也 兩觀古亂反 諸母般步干反一本作鞶音同鞶囊也 以盛音成 踰竟
音境 親迎魚敬反 一之好呼報反
四年皆爲于僞反下注因爲同 秋曰蒐所由反麋氏本又作搜音同 舍小音捨
中心丁仲反下同 射食亦反 髀步啓反又必爾反 髂苦嫁反 差遲初賣反
庖步交反 汚泡汚穢之汚下普交反又百交反 五年傳信

直專反下同　必辟音避本又作避　過我古禾反下文及注同　任叔音壬左氏作仍叔　從王
子用反又如字下同　爲天王于僞反　冀州案鄭本京兆鄭縣是雍州之域後從河南新鄭
爲豫州之境冀在兩河之間非鄭都也冀州言去京師近也糜氏云韓侯滅鄭韓本都冀州故以目鄭　爲天
子如字　則近附近之近　大雩音于祭名　螽音終　蜙相容反　蝑音胥　螽
蝗華孟反　六年　寔常式反　來朝直遙反下七年同　畫我
音獲注同　以過古禾反注同　會紀侯左氏作杞侯　大閱音悅　以觀古亂反視也
陳佗徒河反　匹夫行下孟反下同　侯憙虛記反　嫡子丁歷反又作適　人
斂七廉反　七年　其惡烏各反
八年　烝之承反冬祭名　曰禴餘若反又作礿　黍肫本又作豚徒門反　大廟
音泰下同　瀆祀徒木反　雨雪于付反　祭公側界反　寰內音縣又音環
親迎魚敬反下皆同　大姒音似大姒文王妃也　在郃音洽本又作洽　之涘音仕

愀然在九反又親小反 之好呼報反 不復扶又反
九年之中丁仲反又如字注同 關與音豫 射姑音亦麇氏本即作亦 來朝
直遥反下同 伉諸苦浪反本又作亢 有爭諫爭之爭 之愆去虔反
十年見殺申志反下同本又作弒 故復扶富反 列陳直覲反 先巳
蘇薦反 爲内于僞反 十一年寤生吾故反 不弟下並
音悌又如字 祭仲側界反 爲下于僞反 惡其烏路反 廢嫡丁歷
反 易辭以豉反下文及注同 綦兄初患反 君難乃旦反 惡祭烏路
反 謂去起呂反 于折之設反又時設反 夫鐘音扶注同麇氏本鍾作童音鍾 于
闞口暫反 十二年燕人音煙國名 躍卒餘若反 于虛
如字又去魚反 武父音甫注同 前見賢編反 十三年禮樞
其叔反 自見賢編反 十四年政治直吏反 不哲陟列反一本作

觜之列反　常㶼於六反煖也下文同　夏五本或有月者非　弟御魚呂反本亦作禦左氏作語　傳疑直專反　御廩力甚反倉也　盡其津忍反　以共音恭一本作供下同　粢盛音咨黍稷曰粢在器曰盛　三推昌誰反一音他回反　齊戒側皆反本亦作齋

三繅先刀反　黼音甫亦作黼　黻音弗俗作黻　祖禰乃禮反　用見賢徧反　兼旬反　曰旬徒薦反　三宫如字范云三宫三夫人也麋氏宫作官　親舂傷容反　兼旬如字十日爲旬一本作甸徒亦然　刺四七賜反

十五年于蒿左氏作鄗公羊作鄗　行惡下孟反又如字　于櫟力狄反　袲昌氏反

十六年城向舒亮反

十七年于趡翠軌反　戰于郎左氏作奚　爲内于僞反

十八年于濼力沃反又音洛舊音匹沃反　之伉苦浪反一本作亢　稱數色戶反注同　故舍音捨　别内外彼列反　君弒音試又作殺　行之下孟反下同　定

稱尺證反 知者音智 者守如字又音狩

莊公名同莊王四年即位 第三

元年繼弒申志反 孫于音遜本亦作遜 去姜起呂反下去姜氏同 孫遁徒困反 不與祭音豫 單伯音善單姓伯字左氏以爲王卿士 逆王姬左氏作送王姬 君弒申志反又作殺如字注同 爲尊于僞反下爲之築同 朝之直遥反下於朝同 俟迎魚敬反下同 褒麻七回反 弁冕皮彦反 來錫星歷反 虎賁音奔 鈇方胡反 鉞音越 秬音巨黑黍 鬯勑亮反香酒也 殺逆申志反 悖亂補對反 歸含胡暗反 且賵芳鳳反 剌比七賜反 一使所吏反 任叔音王 則泥乃計反一本作滯 於朝直遥反 則儐必刃反 郱步丁反 鄑子移反 郚音吾郱鄑郚三字爲國名 不復扶又反 見矣賢遍反下同

二年爲之大功于僞反 于檪章略反 踰竟音境後踰竟之例皆同 公

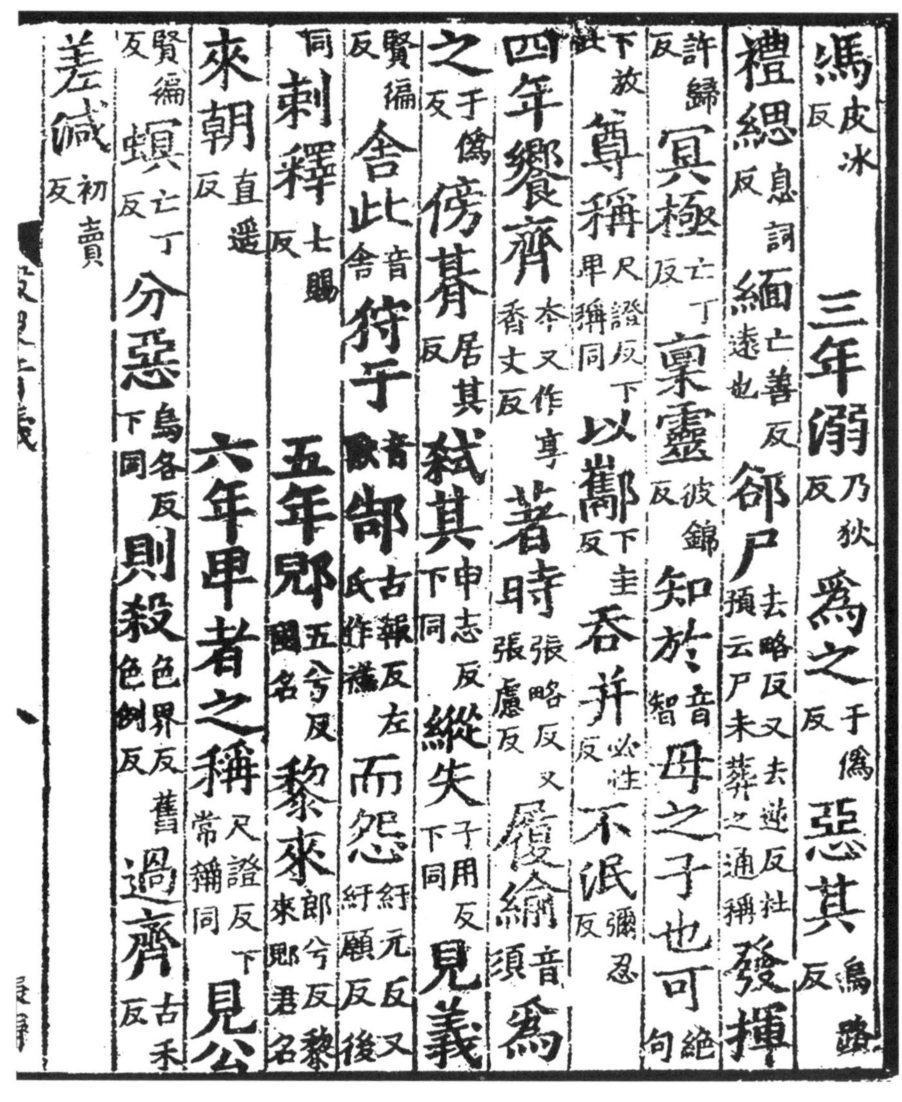
馮皮冰反 三年溺乃狄反 爲之于僞反 惡其烏路反
禮緦息詞反 緬亡善反緬遠也 郤尸去略反又去逆反杜預云尸未葬之通稱 發揮
許歸反 冥極亡丁反 稟靈彼錦反 知於音智 毋之子也可絶句
下放 尊稱尺證反下卑稱同 以酅下圭反 吞并必姓反 不泯彌忍反
四年饗齊本又作享香丈反 著時張略反又張慮反 屨繻音須 爲
之于僞反 傍朞居其反 弑其申志反下同 縱失子用反下同 見義
賢遍反 舍此音舍 狩于音獸 郜古報反左氏作禚 而怨紆元反又紆願反後
同 刺釋七賜反 五年郳五兮反國名 黎來郎兮反黎來郳君名
來朝直遙反 六年卑者之稱尺證反下常稱同 見公
賢遍反 螟亡丁反 分惡烏各反下同 則殺色界反舊色例反 過齊古禾反
差減初賣反

七年辛卯昔 如字昔夜也日入至於星出謂之昔本或作㫺同 不見 賢遍反下不音者同

列宿 夙又反下同 星隕 云敏反 而復 扶又反 是夜中與 音餘 晦

暝 亡定反 傳著 直專反 億度 徒各反 我見其隕 見音如字注同

是雨 于付反注同 見于下 如字或賢遍反 不見者 賢遍反 隕隊 直類反

八年善陳 直覲反下文皆同 道之 徒報反下同 至陳 直覲反下同 民盡

津忍反 奔背 音佩 郕降 戶江反下文及注同 師還 音旋 遯也 徒困反

弑其 音試下同 諸兒 如字一音五兮反

九年之挈 苦結反 于暨 其器反左氏作蔇 渝也 羊朱反 故惡 烏路

反下及注惡內皆同 伐齊納糾 居黝反左氏作子糾 非適 丁歷反 重耳 直龍反

敗惡 烏路反注同 不復 扶又反 不迂 音于一音紆又於武反 親迎 魚敬反

弑襄 音試 惡之也 烏路反 易辭 以豉反 逃難 乃旦反下注同 千

乘繩證反　浚音峻深也　洙音殊杜預云水名

十年敗齊必邁反又皮邁反下同　長勺時勺反　惡之烏路反　無復扶富反下文及注同　見也賢徧反　于葉舒涉反　乘丘繩證反　于莘所巾反　獻武本亦依左氏作舞　于郳皮必反又扶必反一音彌　敗績如字　爲中于僞反

十一年敗必邁反下及注同　于鄑子移反　列陳直覲反　過我古禾反

十二年所見賢徧反　豺狼仕皆反　德行下孟反　弑其申志反下注先弑同　仇牧音目　扞衛曷旦反　致令力呈反

十三年于柯古河反　曹劌居衛反　要盟於遥反　内與音預注同

十四年單伯音善　言介音界　手鄄音絹　復同扶又反注同

十五年復同扶又反注同　爲欲于僞反

十六年滑伯于八反　寮一力彫反同官爲寮

十七年鄭詹者廉反　令得力呈反

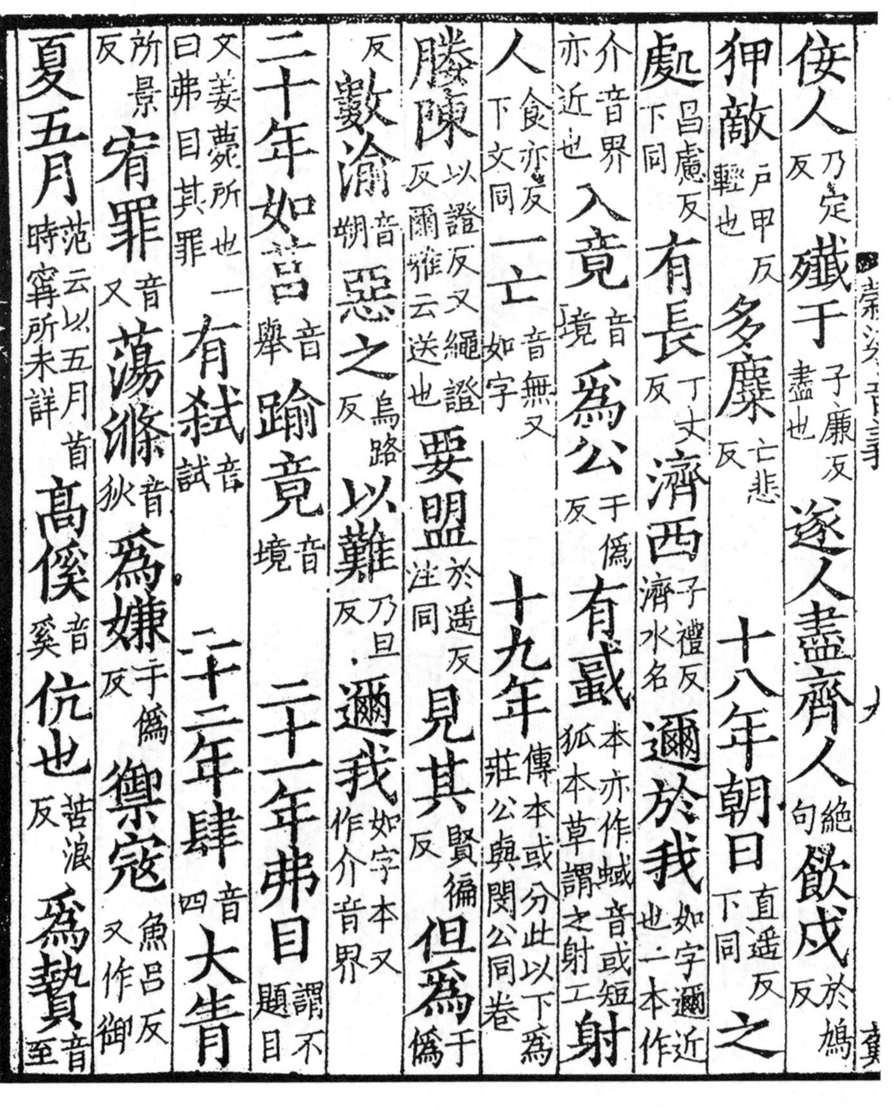

佞人乃定反 殲于子廉反盡也 遂人盡齊人絶句 歆戌於鳩反

狎敵戶甲反輕也 多麋亡悲反 十八年朝日直遥反下同 之

處昌慮反下同 有長丁丈反 濟西子禮反濟水名 邇於我如字邇近也一本作

介音界亦近也 入竟音境 爲公于僞反 有蜮本亦作蜮音或短狐本草謂之射工 射

人食亦反下文同 一亡音無又如字 十九年傳本或分此以下爲莊公與閔公同卷

滕陳以證反又繩證反爾雅云送也 要盟於遥反注同 見其賢徧反 但爲于僞

反 數渝音朔 惡之烏路反 以難乃旦反 邇我如字本又作介音界

二十年如莒音舉 踰竟音境 二十一年弗目謂不題目

文姜薨所也一曰弗目其罪 有弑音試 二十二年肆音四 大眚

所景反 宥罪音又 蕩滌音狄 爲嫌于僞反 禦寇魚呂反又作御

夏五月范云以五月首時甯所未詳 高傒音奚 伉也苦浪反 爲贄音至

告迎魚敬反 惡見賢編反 二十三年祭叔側界反 襄內音縣又音環 故去起呂反 見之賢編反 無朝直遥反下同 主爲于僞反 黝於糾反又於柳反注同 堊烏路反又烏谷反范云黝堊黒色案黝黒也堊白 士黈他苟反黄色也糜氏云張斗反 射姑音亦本或作亦 于扈音户

二十四年刻桓音克 宫桷音角榱也方曰桷圓曰椽 斲之丁角反 礱之力公反礪也 親迎魚敬反下皆同 以惡烏路反注同 乘車繩證反 惡入烏路反一音如字 覿徒歷反見也 列數色王反 雉腒其居反腊也乾雉也士夏執之備腐臭也說文云北方謂鳥腊曰腒傳曰堯腊舜腒 別有彼列反 爲其于僞反 腐臭符甫反 鍛脩丁亂反脯也鍛而加薑桂曰脩 自脩飭本或作勑同恥力反一本作飾申職反或作整音征領反 股肱音古下古弘反 惡之烏路反 曹羈居宜反 郭公左氏如字公羊音號 舍而音捨 懲之直升反 復云扶又反 著上張慮反又張略反

反以見賢偏反 二十五年女叔音涉五麾毁爲反旌旛
芳元反矛戟亡侯反鉞音越楯時準反又音允擊柝吐洛反以壓於甲
涉反又於反 二十六年爲曹于僞反莒挐女居反又女加反郲快
苦史反諸夏戶雅反下同屈完君勿反情好呼報反
二十七年洮他刀反本或作桃衣裳之會十有一范云十三年會北杏
十四年會鄄十五年又會鄄十六年會幽二十七年又會幽僖元年會檉二年會貫三年會陽穀五年會首戴七年
會甯母九年會葵丘有歃所洽反于打他貞反又於丁反本亦作挃甯母如字又音
甯下音母又茂后反兵車之會四范云僖八年會於洮十三年會鹹十五年會牡丘十六年會幽
會鹹音咸牡丘茂后反内難乃旦反繆公音穆縣子音玄下同
出竟音境下同焉得於虔反之餽巨愧反越疆居良反本或作竟之
稱尺證反注同來朝直遥反所絀本又作黜勑律反城濮音卜

二十八年何虘[昌慮反]戰衞[絶句]師敗[必邁反]瑣卒[素果反]

築微[左氏作麋]藪澤[素后反]告糴[音狄]之畜[勑六反下同]爲

內[于僞反下文爲內同]古者[音稅始銳反]什一[十而一稅]不艾[魚廢反]

二十九年延廄[九又反]六種[之勇反下皆同]功築罕[呼旦反]殺

禮[所界反]有蜚[扶味反]淫佚[音逸]之行[下孟反]一亡[如字又音無]

三十年救鄣[音章]降鄣[戶江反下同]猶下[遐嫁反又如字]魯濟

[子禮反]無從[才用反]內閒[間厠之間]燕[音烟注及後同]之分[扶問反又如字本或

作介音界注同]大保[音泰]召康[上照反]爲之[如字]

三十一年戎捷[在接反戎菽也捷獲也]外攘[如羊反]親倚[於綺反下

文及注同]罷民[音皮下同]則懟[直類反怨也]爲燕[于僞反]辟地[婢亦

反注同]惡內[烏路反]行異[下孟反]

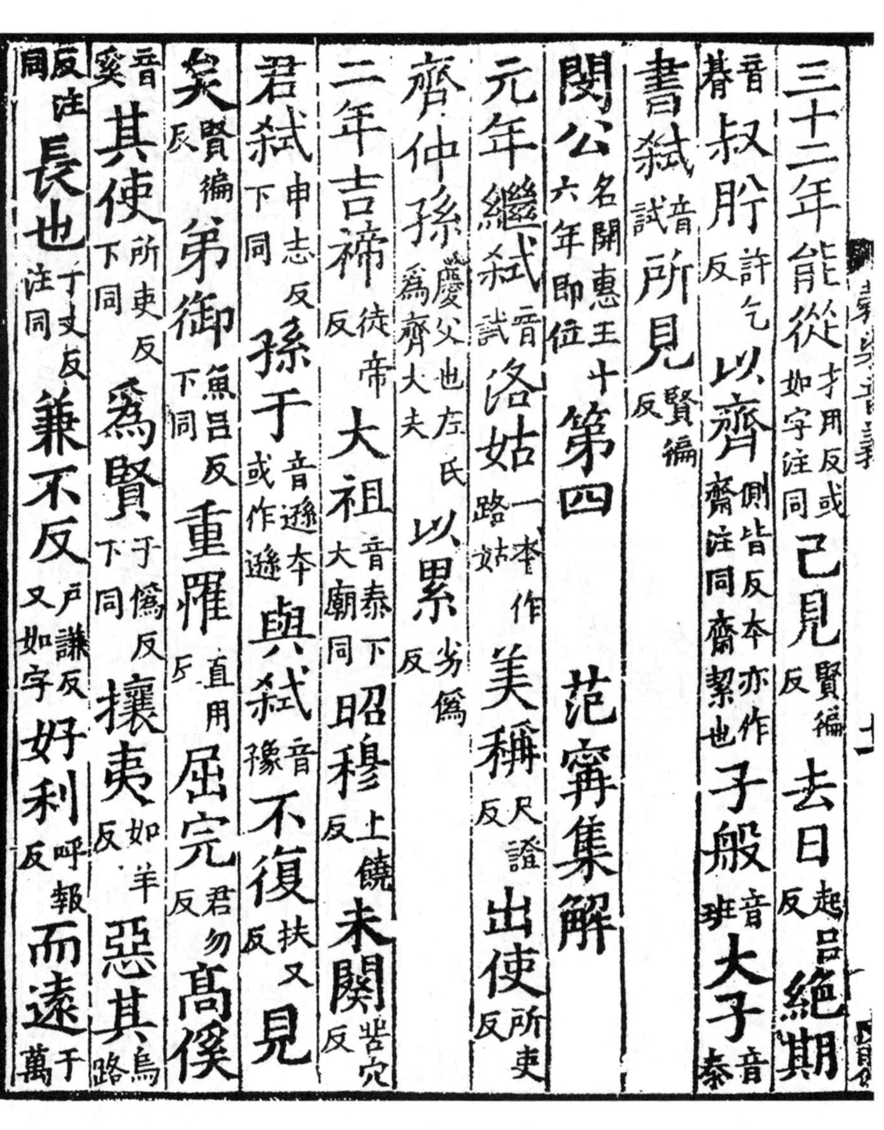

三十二年能從（才用反或如字注同）己見（賢徧反）去日（起呂反）絕期（音朞）叔肸（許乞反）以齊（側皆反本亦作齋注同齋絜也）子般（音班）大子（音泰）書弒（音試）所見（賢徧反）

閔公（名開惠王十六年即位）第四　范甯集解

元年繼弒（音試）洛姑（一本作路姑）美稱（尺證反）出使（所吏反）齊仲孫（慶父也左氏以爲齊大夫）以累（劣僞反）

二年吉禘（徒帝反）大祖（音泰下大廟同）昭穆（上饒反）未関（苦穴反）君弒（申志反下同）孫于（音遜本或作遜）與弒（音試）不復（扶又反）見（賢徧反）弟御（魚呂反下同）重罷（直用反）屈完（君勿反）高傒（音奚）其使（所吏反下同）爲賢（于僞反下同）攘夷（如羊反）惡其（烏路反注同）長也（丁丈反注同）兼不反（戶謙反又如字）好利（呼報反）而遠（于萬

反克將子匠反下同于竟音境翱翔五羔反

僖公名申惠王十八年即位第五　范甯集解

元年繼弑音試于聶女輒反齊侯與音餘見其賢徧

反下復見及注同君將子匠反下同以其不足乎揚絕句揚稱也狄

難乃旦反邢復扶又反注下注並同是鄉許亮反本又作向注同言見賢徧

反于檉勑貞反一本作朾音同公敗必邁反下皆同于偃于晚反一本作匽音同于

麗力池反莒拏女居反又女加反惡公子烏路反之紿徒乃反欺詐也

相說音悅士卒子忽反相搏音博手搏也孟勞如字孟勞寶刀名王

赫呼白反當舍音捨俳身他堯反又徒堯反爲齊桓于僞反

二年通令力呈反夏陽戶雅反左氏作下陽先晉蘇薦反下文及注同之

塞蘇代反注同屈產其勿反又君勿反地名也之乘繩證反駿馬音俊不

借（子夜反及下不借而借皆同）中廄（音救）之奇（其宜反）而懦（乃亂反又乃卧反）
又少（詩召反下同）長於（丁丈反）言提（徒兮反本又作題音同）能彊（其良反又其丈
反）玩好（呼報反）中知（音智下同）以上（時掌反）臣料（力彫反又力弔反）之
使（所吏反）不便（婢面反）謂與（音餘）諺（音彥）言挈（去結反）其操
辥（七刀反）加長（丁長反）于貫（古亂反）勤雨（如字糜氏音觀後年同）
三年搢（音進又音箭）笏（音忽）而朝（直遥反）插（楚洽反）也莅（音利）盟
（又音類）四年蔡潰（戶內反）蓋爲（于僞反下爲退同）于陘（音刑）
惡之（烏路反下同）黒臋（徒門反）召陵（上照反）欲令（力呈反下同）得與
（音預又如字）爲僅（其靳反）菁茅（子丁反下亡交反菁茅香草也尚書傳云菁以爲菹茅以縮酒）
縮（所六反）袁濤（徒刀反）侈然（昌者反又昌氏反）鄭詹（之廉反）惡之
（烏路反下同）五年惡晉（烏路反）朝其子（直遥反下皆同）爲志

于僞反下同參譏七南反又音三首戴左氏作首止敢令力呈反而復扶又反下同塊然苦對反又苦怪反控大苦貢反背衆音佩之稱尺證反下齊稱同舍其音捨舛而昌兗反緼於紆粉反包裹上音苞下音果其處昌慮反相爲于僞反又如字六年著鄭張慮反注同辟義音避七年來朝直遙反寧毋上音如字又音寗下音無又茂后反左氏作寗伯班必顏反八年之先悉薦反下同朝服直遙反弁冕皮彥反以鄉香亮反本又作向注同得與音豫下請與并下注而與同本或作綠使者所吏反汋之由若反一音酌大廟音泰始見賢徧反下文而見同夫人成風也左氏以爲哀姜正適丁歷反本亦作嫡之稱尺證反無別彼列反爲其于僞反毋緦音思去夫人起呂反檖音遂

九年禦說魚呂反本亦作御說音悅采地音菜禮柩其救反禮記云在牀曰尸

在棺曰柩 今背 音佩 菆木 才官反本又作攢同 笄而 古兮反 爲殤 式羊反 著之 丁略反 爲見 于僞反下賢遍反 不復 扶又反 無歆 本又作唏所洽反又所甲反 用豭 音加 雍泉 於勇反塞也 以郭 音章又之亮反 訖糴 音狄 訖止也 謂貯 張呂反 適子 丁歷反 與國 音豫 詭諸 九委反左氏作侂諸 枉殺 紆往反

十年 弒其君 申志反下弒君所爲弒並同 卓 勑角反 所爲 于僞反下文皆同 重耳 直龍反 殺奚齊 申志反又如字 麗姬 力池反伐虢所得左氏伐麗戎所得 長曰 丁丈反 稚曰 直吏反 吾苦 如字又枯路反下同 女其 音汝下及注同 使祠 自絲反 以酖 直蔭反以鴆鳥毛畫酒 跪曰 求委反 覆酒 芳服反 地賁 扶粉反注同沸起也 吭曰 火故反 喟 去愧反又去怪反 過差 初賣反又如字 刎 亡粉反 脰 音豆頸也 雨雪 于付反

十一年 丕鄭 浦悲反 大雩 音于 龍見 賢遍反下同 應變

應對之應索也所白反以別彼列反下同雩禱丁老反又音丁報反

十二年貫之古亂反遠齊于萬反而近附近之近楚爲于僞

反杵臼昌呂反十三年千鹹音咸

十四年以難乃旦反及繒在陵反來朝直遙反下及注同此近

如字又附近之近林屬之玉反背叛音佩侯肸許乞反惡之烏路反

十五年不復扶又反見于外賢徧反禍釁許靳反興衰

本或作衰息浪反皆治直吏反螽音終晦冥也亡定反以見賢徧

二桃他堯反若契息列反敗徐必邁反下相敗同

十六年隕石云敏反陽行下孟反下陰行同隊落直類反四竟音境

耳治直吏反下目治同磌之人反又大年反聲響也六鶂五歷反不亢苦浪反

于淮音懷十七年英氏於京反滅項戶講反國名也齊滅之左

氏以爲魯臧　爲賢于僞反下爲之諱同易可以豉反惡惡上如字又烏路反

其行下孟反于卞皮彦反前見賢徧反下同

十八年于巘魚韋反又音言惡宋烏路反注同以别彼列反下同故

去起呂反于郯蒲必反一音彌亟戰欺冀反𩀌刀音彫近衞如字

又附近之近遠齊如字又于萬反爲其于僞反省文所景反

十九年求與音豫注及下文同惡之烏路反下惡其長同叩其音口以衈

音二疊也涵於面善反正長丁丈反下及注同之治直吏反背叛音佩

二十年而治直吏反郜子古報反則近附近之近禰宮乃禮反父

廟　二十一年獻捷在接反爲執于僞反不復扶又反

二十二年須句其俱反𨙨陘音邢爲内于僞反于泓烏宏反其

知音智又如字又復扶又反被甲皮既反嬰冑直救反司馬子

反左傳作子魚 要而於遥反 非僥古堯反 倖也音幸 不推如字又他

回反 陳亂直觀反 則攻如字又音貢 則守如字又手又反 之狷音絹 介音界

焉識於虔反 二十三年 圍閔左氏作繙二十五年楚圍亦同 而惡

烏路反下而惡同 惡乎音烏 造次七報反 顛沛音貝 爲襄于僞反 背

殯音儐 權譎音決 折足之設反 詩刺七賜反

二十四年 巡守手又反下同 之行如字或下孟反下同 復雅扶又反 惡之

烏路反 篡文初患反 二十五年 侯爕況委反 自爲其

于僞反下爲祖同 復以扶又反下是復同 匄師扶徧反 累於劣僞反 隱去

起呂反下同 以見賢徧反 爲繼于僞反又如字 弒音試 與會如字一音豫

二十六年 于向舒亮反 至巂音攜又似兖反 施而舒豉反 滅

蘡求龜反 爲魯于僞反 中道如字又丁仲反 以共音恭本又作供 假

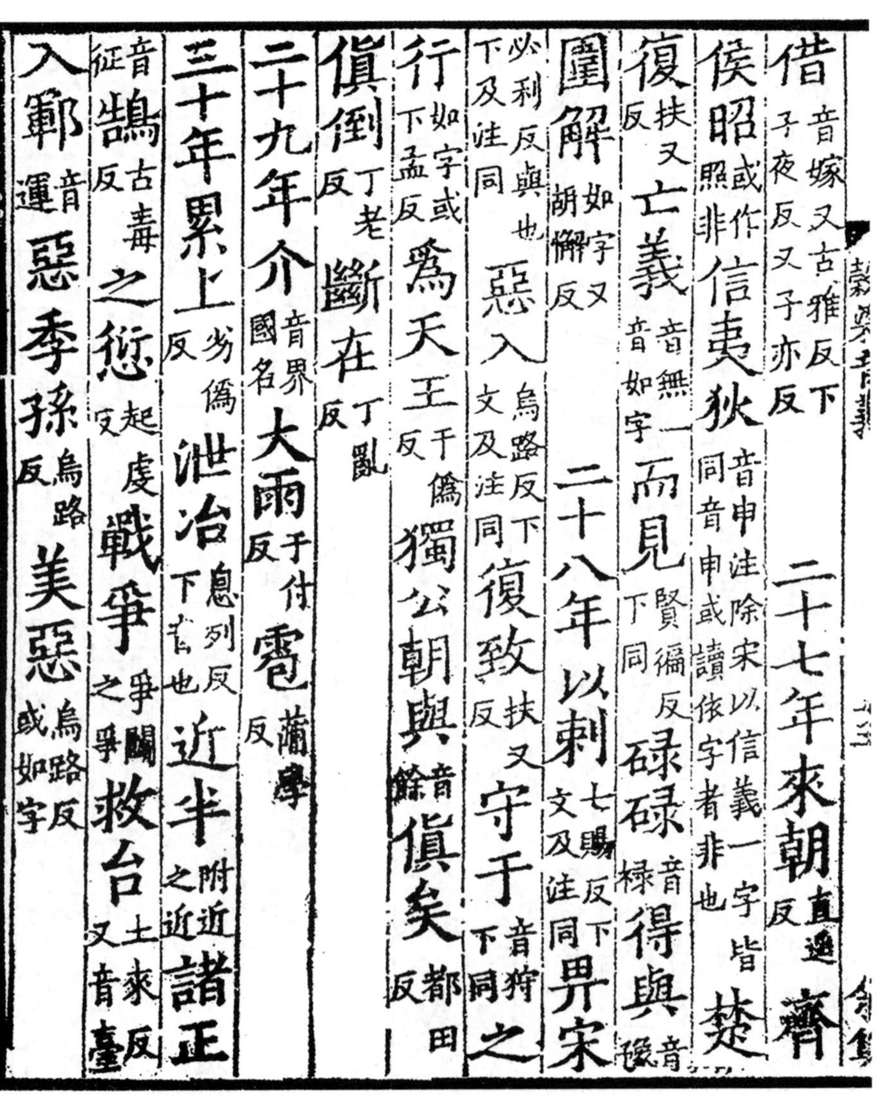
借音嫁又古雅反下子夜反又子亦反　二十七年來朝直遥反　齊
侯　昭或作照非　信夷狄音申注除宋以信義一字皆同音申或讀依字者非也　楚
復扶又反　亡義音無　一而見賢遍反下同　琭琭音祿　得與音預
圍　解如字又胡懈反　二十八年　以刺七賜反下文及注同　畀宋
必利反與也下及注同　惡入烏路反下文及注同　復致扶又反　守于音狩下同　之
行如字或下孟反　爲天王于僞反　獨公朝與音餘　傎矣都田反
傎倒丁老反　斷在丁亂反
二十九年　介音界國名　大雨于付反　雹蒲學反
三十年　累上劣僞反　泄冶息列反下音也　近半附近之近　諸正
音征　鴆古毒反　之愆起虔反　戰爭爭鬭之爭　救台土來反又音臺
入鄆音運　惡季孫烏路反　美惡烏路反或如字

三十一年幼少詩照反 大平音泰 岱音代 疆界居良反 緇衣側其反 熏裳許云反 閒其苦鵙反 不共音恭本亦作恭

三十二年伯捷在接反 重耳直龍反 之弒申志反 子亹亡匪反 朝聘直遥反 交好呼報反 否隔備矣反 記注張住反 不復扶又反

三十三年敗秦必邁反下同 于殽戶交反 男女之別彼列反 百里子如字或作伯誤也 蹇叔子紀輦反 巳拱九勇反合手曰拱 女死音汝下及注同 崟本作崟音吟一音欽 其處昌慮反 險隘於懈反 要百於遥反丁文要而擊之同 倚輪居宜反一隻輪也或於綺反 訾樓子斯反 敗狄必邁反 隕霜云敏反

文公襄王二十六年即位名興 第六 范甯集解

元年隱去起呂反 以見賢徧反 繼弒申志反 貴稱尺證反

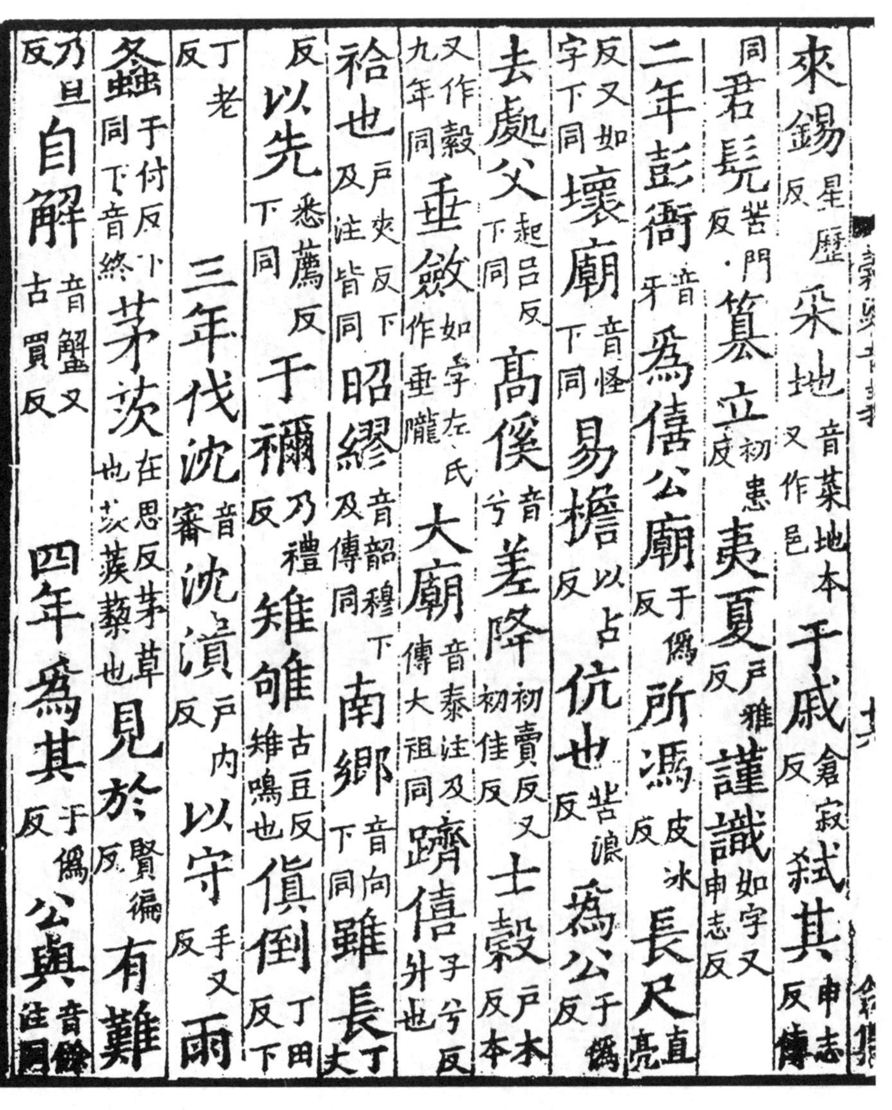
來錫星歷反 采地音菜地本又作邑 于戚倉寂反 弒其申志反傳
同 君髡苦門反 簒立初患反 夷夏戶雅反 謹識如字又申志反
二年 彭衙音牙 爲僖公廟于僞反 所馮皮冰反 長尺直亮
反又如字下同 壞廟音怪下同 易檐以占反 伉也苦浪反 爲公于僞反
去處父起呂反下同 高傒音兮 差降初賣反又初佳反 士穀戶木反本
又作穀九年同 垂斂如字左氏作垂隴 大廟音泰注及傳大祖同 躋僖子兮反升也
祫也戶夾反下及注皆同 昭繆音韶穆下及傳同 南鄉音向下同 雖長丁丈
反 以先悉薦反下同 于禰乃禮反 雉雊古豆反雉鳴也 僨倒丁田反下
丁老反 三年 伐沈音審 沈潰戶內反 以守手又反 雨
螽于付反下同下音終 茅茨在思反茅草也茨蒺藜也 見於賢遍反 有難
乃旦反 自解音蟹又古買反 四年 爲其于僞反 公與音餘注同

反覆芳服反夫人與音豫注同有貶彼檢反甯俞羊朱反

五年歸含戶暗反釋舊作唅且賵芳鳳反飯用扶晚反賵襚

音遂于穀戶交反乘馬繩證反下同皆令力呈反相者息亮反

稽顙音啓下息黨反葦席于鬼反從竟音境主爲于僞反入

鄀音若六年侯驩好官反累上劣僞反下同或如字漏言[illegible]臣

反上泄息列反又以制反上聾魯公反否塞備鄙反夜姑左氏作射

姑趙盾徒本反攻伐音貢如字又惻隱初力反佐女音汝以語

之魯慮反竟上音竟士造七報反辟而言必亦反君也注同詭

辭九委反猶朝直遙反注及下同朝朝上如字下直遙反莫夕音慕敢

泄息列反不數所古反或所具反叢徂供反

七年須句其俱反城郚音吾壬臣本或作王臣令狐力丁反輟

戰丁劣反 爲將子匠反 于扈音戶 喪取七住反本亦作娶

八年衡雍於用反 雒戎音洛本或作伊雒之戎誤 以見賢徧反

九年無復扶又反 剌公七賜反 箕鄭居其反 使萩子由反又

子小反或作萩左氏作椒 而見賢徧反 共公音恭

十年之曽直又反 國近附近之近 女栗音汝 厥貉亡白反

十一年伐麇九倫反 郤缺苦悅反 來朝直遥反 敗狄必邁反

于鹹音咸 于麗力知反 莒挐女居反 佚害大結反更也害本又作宕

猶更音庚 堅強其丈反 打擿直隻反 射其食亦反下注同 廣一

古曠反 長百直亮反 斷其丁管反 眉見賢徧反 於軾音式 不

重直用反注同 創初羊反 爲內于僞反注同 造次七報反 顛沛音貝

十二年郕伯音成 來朝直遥反 而冠古喚反下及注同 而娶

七住反譙周（祥遵反）而笄（古兮反）先是（蘇徧反）後是（戶豆反）服

苟比（毗志反或如字）得復（扶又反）曰鰥（古頑反）禮爲（于僞反）

長（丁丈反）使術（音述）已亟（去冀反數也注同）有難（乃旦反）

十三年籧（其居反）篨（直居反）大室（音泰傳皆同）不復（扶又反）

于沓（徒答反）于棐（芳匪反）十四年侯潘（浦干反）星

孛（步內反）猶茀（李軌扶憒反徐邈扶勿反一音步勿反又音弗）魁中（苦回反）邪

亂（似嗟反）並殺（音試）捷菑（在接反下側其反）長轂（古木反）五百

乘（繩證反下及注同）步卒（子忽反）夐入（況盛反遠也）貜且（俱縛反下子餘反）

反方悟（五故反）正適（丁歷反）爲受（于僞反）貍蜃（力之反下市軫反）

踰竟（音境下同）殺其（音試本又作弒傳及注同）單伯（音善）

十五年華孫（戶化反）奉使（所吏反）爲好（呼報反）以見

賢徧反官稱尺證反年末注同來朝直遥反以難乃旦反介我音界
注同其郛芳浮反十六年欲去起呂反爲厭於豔反
師丘左氏作鄭丘公羊作犀丘復行扶又反又音服注復使及下注而復皆同弒其申志反
杵臼昌呂反下其九反十七年諸侯會于扈范云言諸侯者
義與上十三年周亦諸侯皆會公獨不與恥而略之
十八年伯螢乙耕反弒其申志反後悉同使舉所吏反注同不
稱介音界下同副使也而數所主反之稱尺證反惡宣烏路反注惡不
奉同敬嬴音盈依左傳應作頃熊娙娣大結反下音弟共養並如字一讀上九用
反下餘亮反

宣公名倭子赤庶兄匡王五年即位第七　范甯集解

元年與聞音預下注同自見賢徧反之摯苦結反宣弒音試

來朝直遥反 趙盾徒本反 棐林芳尾反又音匪 列數所[illegible]反

攘夷而羊反 趙穿音川

二年華元戶化反 言盡子忍反 真將子匠反下注將師同 將師

所類反 當復扶又反 賢行下孟反 弑其音試年内皆同 朝諸直遥反

而暴暴戲反 暴也 彈徒丹反又徒旦反 辟丸音避 於竟音境 之玦

古穴反杜元凱云如環而不連 後斷丁亂反 徽許歸反 纆亡北反徽纆皆繩也三股曰徽兩股曰纆

孰爲盾絕句孰誰也 志同則書重絕句 惡甚如字又烏路反

見忠賢偏反或如字下同

三年復死扶又反 陸渾戶門反又戶困反

四年及郯音談國名 取向書亮反莒邑 而爲如字又于僞反 弑其音試

五年待迎魚敬反 之稱尺證反 受使所吏反

六年冬螽 音終 七年伐萊 音來國名 黑壤 人丈反

八年大廟 音泰注同 共殺 音試 見其 賢遍反注同 故去 起呂反下文及注同 子翬 許韋反 猶繹 音亦爾雅云又祭也 之享 許丈反 去籥 餘若反管也 爲之 于僞反注爲卿變同 惡其 烏路反 熊氏 宣公妾母左氏作嬴氏

舒蓼 音了本又作蓼國名 頃熊 音傾左氏作敬嬴 不爲 于僞反 潦車 音老 載蓑 素禾反 笠 音立 張設 如字又陟亮反 遷柩 其又反尸在棺曰柩 昧爽 音妹 而引 以刃反又如字 遣奠 弃戰反

九年行朝 直遥反 黑臀 徒門反 踰竟 音境 以別 彼列反 于操 七報反 郤缺 去逆反下傾雪反 泄冶 息列反丁音也 夏徵 户雅反 衣其衣 上於既反下如字 其濡 而朱反 在裏 音里本又作衷 於朝 直遥反

十年公娶 七住反 不復 扶又反下注復以同 不冠 工亂反 猶朝 直遥

反見變賢徧反崔杼直呂反惡其烏路反弒其音試蓋
爲于僞反貴稱尺證反取繹音亦饑本或作飢居疑反
十一年夷陵左氏作辰陵攢函音咸諸夏戶雅反弒君音試
之悖補對反惡入烏路反傎倒丁田反本又作顛邪正似嗟反輔
相息亮反下輔相同而楚強其丈反一音其良反
十二年君弒音試夏姬戶雅反于邲皮必反
十三年先穀戶木反一本作穀
十五年潞氏音路嬰兒一盈反札子側八反召伯上照反
矯王居表反無婁力侯反初稅始銳反賦也什一音十十一稅一也佃
田佃音田又徒徧反以共音恭爲廬力魚反田畯音俊田大夫也之去
起呂反如字又葱韭音九楸桑音秋蝝生以全反劉歆云蚍蜉子董仲舒云蝗子字林

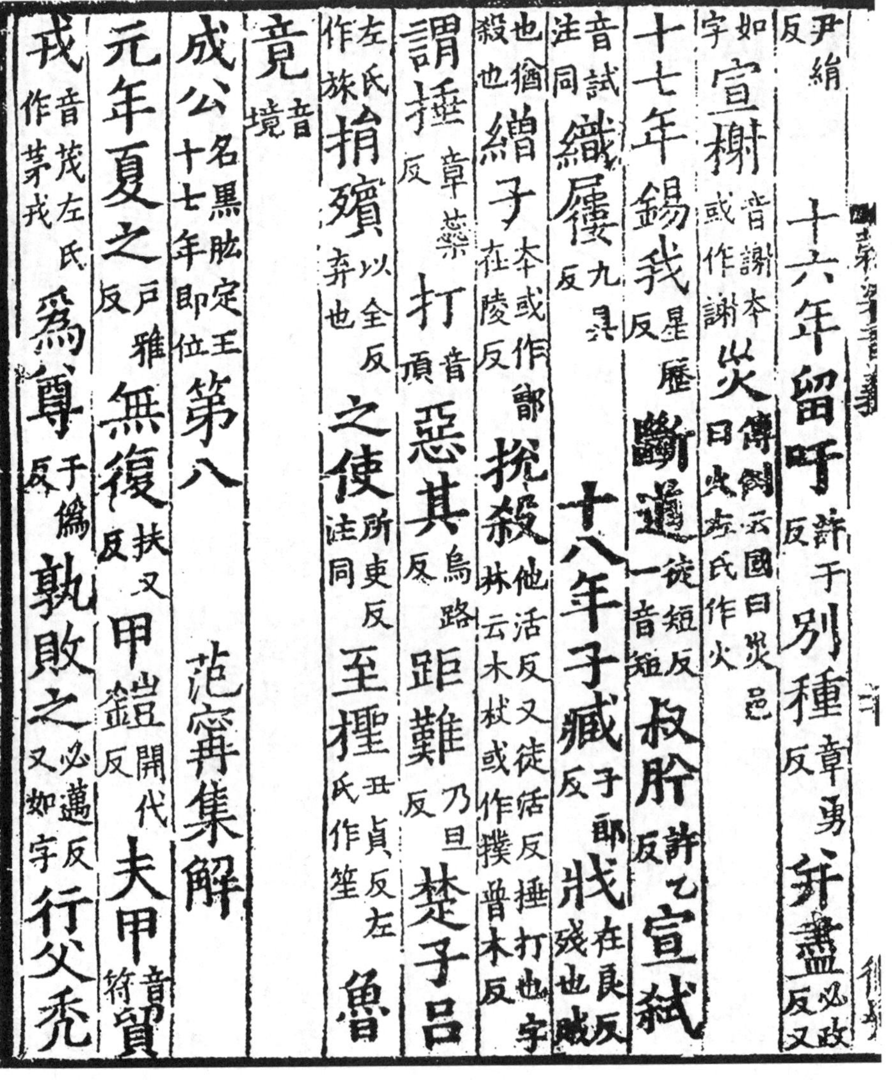

尹絹反 十六年留吁許于反 別種章勇反 并盡必政反又

如字 宣榭音謝本或作謝 災傳例云國曰災邑曰火左氏作火

十七年錫我星歷反 斷道徒短反一音短 叔肸許乙反 宣弑

音試注同 織屨九具反 十八年子臧子郎反 戕在良反殘也賊

也猶殺也 繒子本或作鄫在陵反 捝殺他活反又徒活反捶打也字林云木杖或作撲普木反

謂捶章蘂反 打音頂 惡其烏路反 距難乃旦反 楚子呂

左氏作旅 捐殯以全反弃也 之使所吏反注同 至檉丑貞反左氏作笙 魯

竟音境

成公名黑肱定王十七年即位第八　范甯集解

元年夏之戶雅反 無復扶又反 甲鎧開代反 夫甲音符賀

戎音茂左氏作茅戎 爲尊于僞反 孰敗之必邁反又如字 行父禿

□木反郤克眇亡小反良夫跛波可反公子手僂於矩反一音力

主反御禿音通迎也下皆同姪子大節反又丈乙反頃公音傾不說音悅

胥閭思徐反下力居反不解古買反又音蟹而橫華孟反又如字脫此徒

反又他活反　二年新築音竹僑如其驕反本又作喬公子

手左氏作首于寗音安欲令力呈反雍門於用反齊城門之茨

在私反門蓋　夫甚音符敗衞必邁反敖郤五報反謂笑其蹤

跛布可反案杜預注左傳云郤克跛此傳言郤克眇范注當依傳而作跛恐非之甗魚韋反又

音言彥王甗也爲質音致下同侵易以豉反下伐易同取汶音問鄉之

本又作鄉亦作向同許亮反下文同會與盟同月句絕不同月句絕則地

會地盟句絕　三年禰宮乃禮反父廟也所馮皮冰反去

疾起呂反咎如音羔不復扶又反　四年來朝直遙反城

鄆音運 五年壅過於勇反下於萬反 伯尊左氏作伯宗 不

辟音避 將在子匠反 君爲此于僞反 素縞古老反 無績

本或作續 攘善如羊反盜竊也 蠱牢直忠反下力刀反

六年取鄆音尋又市轉反國名 來朝直遥反 伯費音秘

七年麗鼠音勞 郟吉否方九反 斛角其樛反一音求角皃本或作觩

非 禦患魚呂反 球然音求 所能如字亦作耐 復食扶又反下同

緇衣側其反 纏裳許云反 蓋爲于僞反 伐郯音談 來朝

直遥反 八年韓穿音川 爲之于僞反 召伯上照反 目見

賢遍反注更見同 一稱尺證反 以上時掌反 七變素協反 來媵以證反又

繩證反 娶嫡丁歷反 姪娣大結反下音弟 共公音恭下同

九年刺巴七賜反 內稱尺證反又如字注同 爲尊于僞反下此傳注同 又

滅項平講反頃音傾莒潰戶內反之行下孟反惡之烏路反

十年強也其丈反偄儒乃侯反十一年郤犫尺由反公羊作郤州十二年常處昌慮反一見賢徧反注同今

復扶又反瑣澤素果反敗狄必邁反下同

十三年郤錡魚綺反過京師音戈下同出竟音境朝

聘直遥反下皆同伯廬力吳反又力魚反

十四年時迎魚敬反傳同本或作逆剌不七賜反之挈苦結反

偃臧子郎反十五年有弑音試惡晉烏路反斷

在丁亂反宋共音恭注及下文同爲賢于僞反無咎其九反子

鰌音秋于葉始涉反許復扶又反見也賢徧反

十六年雨木如字成子付反非也木介音界甲胄直又反雨著

直略反　欒黶於斬反　鄢陵音偃又於連反　苕丘音條　叔孫婼

玉略反　復不扶又反下同　無以見賢遍反下所以見公同　孫紇恨發反　刺

公子七賜反傳同爾雅云殺也　戎衛式喻反

十七年　單子音善　干柯音歌　謀復扶又反　而強其丈反

荀罃烏耕反　貍蜃上力之反下時軫反　踰竟音境　貜俱縛反　且

子餘反　見殺音試又如字　十八年　弒其君音試下以弒同　復

入扶又反注同　士匄本又作丐音蓋　來朝直遥反下同　鹿囿音又苑也　藪

澤素口反　以齊如字又側皆反　士魴音房　崔杼直呂反　虚朾

丘魚反下丑丁反

襄公名午簡王十四年即位　第九　范甯集解

元年復入扶又反　于鄫似陵反　壬夫而林反　來朝直遥反下

注同孫剽匹妙反 二年伯睔古困反 而稱尺證反注同 之

將子亮反 齊姜如字齊謚也一音側皆反後齊歸同 故爲于僞反

三年長樗丑居反 受使所吏反 而復扶又反

四年杞音起

五年子巫亡符反 爲我于僞反 善稻吳謂之伊緩左氏作善道 曾

夷扌登反又如字 不復扶又反 其數音朔

六年來朝直遙反 莒人滅繒似陵反立其甥爲後異姓故言滅也 別

之彼列反下同 以莅直利反又音類

七年郯子音談 來朝直遙反下同 城費音秘 于鄅本又作鄅

于詭反 髠苦門反本又作郡或作頵頵音於倫反左氏作髠頑 于操七報反 見以賢偏

反 弒而音試下反注同 故去起呂反 踰竟音境 背華音佩

八年公子濕本又作隰同音濕又音變二十年同左氏作變　邢丘音刑　見魯賢遍反　九年于戲許宜反

十年于祖莊如反　復夷扶又反下不復皆同　傳陽左氏作偪陽　蓋爲于僞反　一眚所景反　則弁必姓反又如字　汲鄭音急引也　所殺音試下同　爲楚于僞反　驕蹇紀輦反　公子斐芳尾反左氏作騑　惡上烏路反注同　數反所角反　覆芳服反

十一年將皆子匠反　舍中音捨　京城北左氏作亳京　復伐扶又反注同　鄭與音豫　挈國苦結反　是傳直專反

十二年圍部本又作台他來反又音臺　攻守手又反又如字　蓋爲于僞反　入鄆音運　惡季烏路反

十三年取邿音詩　共王音恭

十四年孫蔓丑邁反　于向舒亮反　君弑音試　與知音豫　華

闞（音悅） 十五年向戌（舒亮反下音恤） 劉夏（戶雅反注同） 過
我（音戈） 成郛（音孚郭也） 十六年溴梁（古闃反溴梁地名）
十七年邾子䁪（音閑左氏作牼）
十八年言朝（直遥反下同） 其使（所吏反下同） 同與（音餘注同） 負芻
（初俱反） 十九年祝柯（古何反） 復伐（扶又反下及注皆同） 伐齊
與（音餘） 漷水（火虢反又音郭水名） 軋（於八反委曲也） 惡盟（烏路反） 宜墠
（音善除地也） 乎介（音界副使也）
（市然反） 陳侯之弟光（左氏作黃） 惡也（烏路反注同） 二十年于向（舒亮反） 澶淵
二十一年以漆（音七） 閭丘（力居反） 來朝（直遥反） 商任（音壬）
二十三年伯𠹍（古害反） 畀我（必二反） 復入（扶又反） 雍渝（於用
反又如字下陽朱反左氏偷作揄） 惡其（烏路反下傳惡之同） 聶北（女輒反） 中道

丁仲反又如字蘧伯其居反輕行遺政反又如字

二十四年孫竭居謁反陳鍼其廉反宜咎其九反之嗛

去簟反不足皃之饉音近臺榭音謝堊飾烏路反又烏洛反弛侯式氏

反弛廢也侯射侯也廷道徒佞反朝廷之道也一音庭

二十五年弒其音試注同爲此于僞反下爲其同重丘直龍反蛋

建居勿反公孫夏戶雅反吳子謁左氏作遏見以人賢編反下同脩

守手又反或如字門人射食亦反矢創初良反

二十六年弒其音試下文及注皆同君剽匹妙反其日人實反侯

衎苦旦反本作衎見知賢編反實與音豫下同弒其如字世子

座在禾反踰竟音境二十七年孔奐呼亂反喜

弒音試下弒君皆同而復扶又反惡獻烏路反弟專左氏作鱄巳

雖音紀 見獻賢偏反 纖絇其俱反 邯鄲上寒下丹 與約如字

又於妙反下同 爲約于僞反本或作盟約 背之音佩

二十八年來朝直遥反

二十九年閽弒音昏守門人也下音試下同 餘祭側界反 寺人本又作侍人 不近附近之近下同 臧否音鄙又方九反 不狎户甲反 邇怨於願反又於元反注同 仇之音求 杞復扶又反 使札側八反 之尊稱尺證反 北燕音烟國名 姞姓其乙反又其吉反

三十年薳罷于委反下音皮 弒其音試下盡傳及注皆同 蔡般 與夷如字又音餘夷宋殤公名 子般音班本或作班 髡之苦門反 以別彼列反 見賢偏反下同 少辟音避下同 逯逮音代又大計反 爲行下孟反 長丁丈反 共姬音恭注同 惡烏路反 所爲于僞反 以見賢偏反

更宋音庚償也所喪息浪反注同償其時亮反
三十一年大子音泰弒其音試
昭公名稠景王四年即位第十　范甯集解
元年子招上昭反于鄆左氏作虢取鄆音運弟鍼其廉反
惡也烏路反敗狄必邁反大原音泰下及注同大鹵力古反去
疾起呂反疆鄆居良反疆境界也猶竟音境子卷音權左氏作麇
二年刺公七賜反見義賢編反惡季烏路反
三年來朝直遥反大雨于付反雹皮學反
四年大雨雪于付反左氏作雨雹沈子音審爲齊于僞反弒其
申志反注及于弒君皆同粲然七旦反盛笑皃不爲于僞反不肖音笑謂與
音餘五年舍中音捨屈申居勿反敗莒必邁反賁

泉扶粉反左氏作盼泉失台湯來反

六年合比必里反又毗志反七年暨齊其器反孫婼

丑略反盍盟音科又音類嚮香亮反本亦作鄉八年同

八年以惡烏路反下及注同侯溺乃歷反秋蒐所求反于紅

戶公反以見賢編反蒐狩手又反艾蘭魚廢反置旃之然反通

帛爲旃卬車五郎反一音仰本又作昂爲槷魚列反門橜也椹也張林反

中臬魚列反橛也爲褐戶葛反毛布也流旁握握四寸也御輦

古帝反桂也劉兆云絓也本或作擊雨轊音衛一音徐歲反車軸頭也挂也戶卦反又音卦

礙也侯蹄徒兮反馬足也相應應對之應揜禽於檢反本亦作掩能中

丁仲反下皆同誅降戶江反惡虐烏路反年末傳及注同幼少詩召反以

共音恭之庖步交反不爭爭鬬之爭公子過音戈

九年許復（扶又反）見也（賢遍反）陳火（左氏作突）孫貜（俱縛反）

郎囿（音又，舊于目反，苑也）　十年侯彪（彼虬反）爲下（于僞反）

公成（音城）　十一年子痤（在戈反）不弟（大帝反，又如字，下不弟同）子

虔（其然反，或作乾）侯般（音班）弒父（音試，下伐弒同）得惡（烏路反，下以惡之豈直惡）

陳夏（同，戶雅反）醜行（丁孟反）罰當（丁浪反，又如字）趙盾（徒本反）有

累（力僞反）比蒲（音毗）器械（戶戒反）梫祥（子鳩反）北宮佗

厥慭（大河反，魚靳反，又五轄反）叩其（音口）以衈（音二）惡之（烏路反，下文及

注同）注乎（張具反，又之住反）封疆（居良反）

十二年挈燕（苦結反）以去（起呂反）子慭（魚靳反）見因（賢遍

反）諸夏（戶雅反）舍而（音捨）

十三年圍費（音祕）弒其（凡弒字從式，殺字從殳。君父曰弒，取積漸之名。自外則皆

曰殺此可以意求也傳本多作殺字故時復音之後放此 乾谿苦兮反 君髡苦門反 祝

吁香于反 于濮音卜 之稱尺證反 不與音豫又如字下注同 有難乃旦

反 不令力呈反 十四年見若賢偏反 去疾起呂反 意

恢苦回反 振鐸之愼反下大各反 在甸徒偏反 巳姓音紀又音祀

十五年夷末亡葛反 籥入由若反 去樂起呂反 可復扶又反

十七年來朝直遥反 星孛蒲内反 茀于音佛本亦作孛 曰

敗必邁反下文及注同 成陳直刃反 檇李音醉

十八年子惡烏路反 入鄅音禹又音矩

十九年弑其音試下文及注皆同 與夫音豫又如字下音扶 弟虺許鬼反

歠昌悦反下常悦反 飦之然反又居言反粥也 粥之六反 嗌音益咽喉也 容

粒音立 羈貫古亂反交午翦髮爲飾曰羈貫羈又作羈 以上時掌反 累及

劣僞反下同　二十年自夢無工反又亡忠反又亡弄反本或作葼左氏作鄸致
令力呈反　兄輒如字或云音近縶輒者兩足不能相過也左氏作縶　惡其烏路反
適兄丁歷反　齊謂之綦音其又其異反劉兆云綦連併也　楚謂
之踂女輒反劉兆云聚合不解也　衞謂之輒本亦作縶劉兆云如見縶絆也　處
甚昌慮反　以見賢徧反
二十一年蔡侯東左氏公羊作蔡侯朱　惡之烏路反
二十二年昌間如字一音簡　亦爲于僞反　單子音善
二十三年雞甫左氏作雞　子䰇苦門反　子盈本亦作逞　夏
齧戶雅反下五結反　之稱尺證反注之稱同　碎于朝音遝　惡烏路反下同
別嫌彼列反　二十四年則挈苦結反　郁釐於六反下力之反
二十五年鸜其俱反本又作鸛音權左氏作鸜公羊作鸛　鵒音欲　濟子禮反　公

孫音遜本亦作遜下同 齊竟音境下同 唁音彥弔失國曰唁 邡公音方又音訪依注讀爲訪訪謀也 易辭以豉反下同 其爲于僞反

二十六年鄟陵音專又市轉反 召伯上照反 篡君初患反

二十七年君僚力彫反 郤宛於阮反又於元反 祁犁力兮反又力私反 干扈音戶 郱快苦夬反 畀必二反本或作鼻 逋逃布吳反

二十八年鄭伯寧下滕子寧皆如字

二十九年叔倪五計反又五兮反左氏作詣 鄆潰戶內反 則惡烏路反或如字 脩行下孟反 復使扶又反

三十年去疾起呂反 頃公音傾 爲下于僞反 惡也烏路反

三十一年荀櫟音歷舊作躒 適歷丁狄反 既爲于僞反 黑肱古弘反 以濫力甘反又力暫反 別乎彼列反又如字注同

三十二年取闞（口暫反）大叔（音泰）不享（音許文反）覲見（其靳反下賢編反下同）不復（扶又反）無朝（直遥反）

定公（名宋昭公庶弟敬王十一年即位）第十　范甯集解

元年見無（賢遍反下注所見同）聽治（直吏反）之處（昌慮反）敢背（者佩）耕芸（本又作耘音云）不艾（魚廢反）爲旱（于僞反）去讓（羌呂反）是舍（音捨）焉請（於虔反）應上（時掌反）道之（音導下同）詒詑（以之反）煬宮（餘亮反煬公之廟也煬公伯禽子）

二年兩觀（工喚反注及下文同闕也）欲令（力呈反）差可（初賣反）

三年子穿（音川）于拔（皮八反地名）

四年國夏（戶雅反）召陵（時照反）公孫姓（音生又如字）皐鼬（叟又反）故復（扶又反）劉卷（音權）采地（七代反）寰內（音縣又音環）

吴信音申又如字而攘如羊反却也挾弓戶牒反又子協反闔廬戶臘

反下力居反見不賢徧反爲是于僞反下不爲匹夫爲是皆同朝於直遥反注

同囊瓦乃郎反南郢以井反又以正反數年所主反易無以豉反

壞宗音怪注同撻平七達反樂縣音玄下同能亢苦浪反御

之魚呂反不肖音笑而奮方問反三敗必邁反復立扶又反注同楚

國復立也五年見其賢徧反惡也烏路反子輩許韋反

六年三家張也如字一音丁亮反注同

七年于鹹音咸

八年惡之烏路反侯柳良久反曲濮音卜

九年伯蠆丑邁反分器扶問反惡得音烏注同惡猶於何堤

下丁兮反又音蹄十年頰谷古協反左傳作夾谷爲危于僞反相

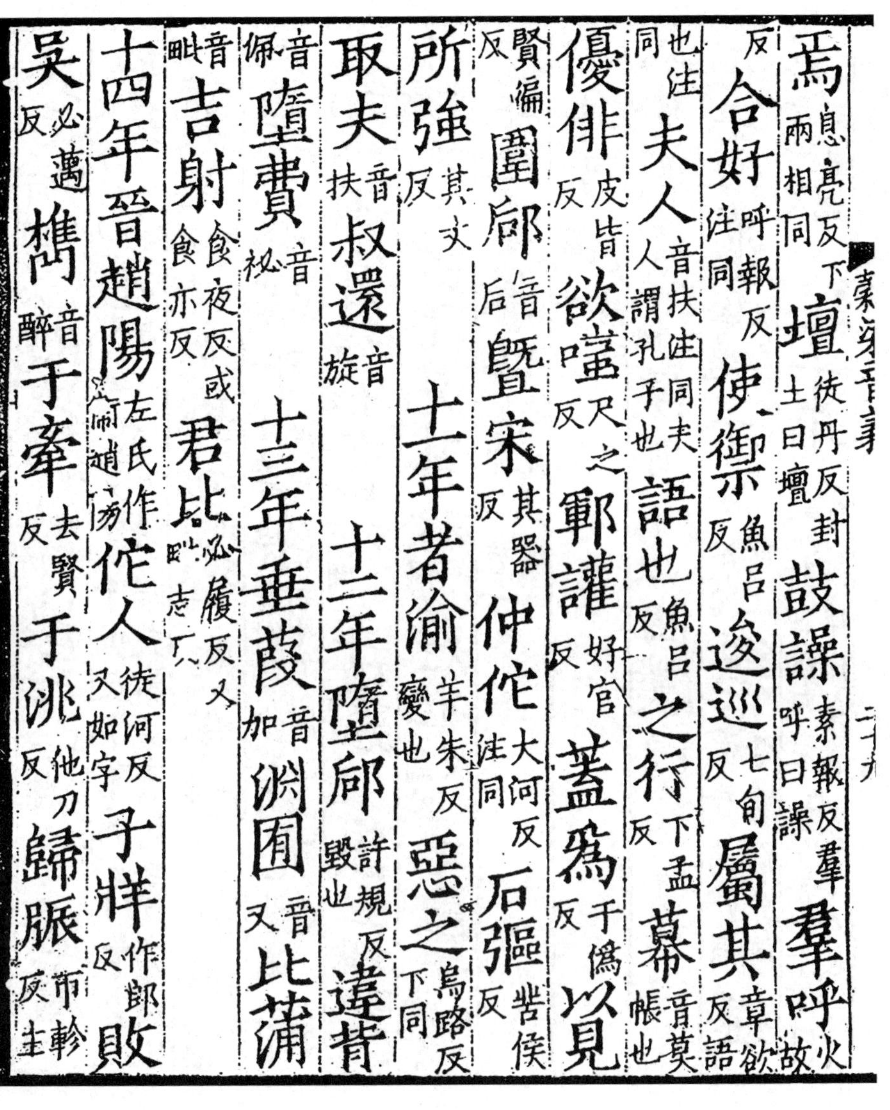

焉息亮反下兩相同　壇徒丹反封土曰壇　鼓譟素報反羣呼曰譟　羣呼火故反　合好呼報反注同　使御魚呂反　逡巡七旬反　屬其章欲反語也注同　夫人音扶注同夫人謂孔子也　語也魚呂反　之行下孟反　幕音莫帳也　優俳皮皆反　欲嗤尺之反　鄆讙好官反　蓋爲于僞反　以見賢徧反　闔郈音后　曁宋其器反　仲佗大河反注同　石彄苦侯反　所強其丈反

十年　者諭羊朱反變也　惡之烏路反下同　取夫音扶　叔還音旋

十二年　墮郈許規反毀也　違背音佩　墮費音祕

十三年　垂葭音加　淵囿音又　比蒲音毗　吉射食夜反或食亦反　君比必履反又毗志反

十四年　晉趙陽左氏作趙陽　佗人徒河反又如字　子牂作郎反　敗吳必邁反　檇音醉　于牽去賢反　于洮他刀反　歸脤市軫反主

祭肉也 熟曰膰音煩本或作燔 蒯聵苦怪反下五怪反 之行下孟反

十五年 來朝直遥反 鬣晁音兮 一處昌慮反 渠蒢直居反

弋氏羊職反哀公之母左氏作姒氏 於長丁丈反 帥之所類反 不爲于僞反

下稷如字昃也左氏作昃 晡時布吴反 定弋定姒左氏作

哀公名蔣敬王二十六年即位 第十二 范甯集解

元年 不見賢徧反下復見同 今復扶又反 觓角音糾又音求 有

差初賣反 則否方九反 不復扶又反下同 滌宮徒歷反 敢擅市戰反

施式氏反又如字 始庀匹爾反具也下同 管鍵其展反又其偃反 監古銜反

享道許丈反注同 二年 漷東火虢反又音郭 沂西魚依反

句繹古侯反下音亦 不與音豫 來朝直遥反 欲弑本又作殺同音試

信父音申 書篡初患反 得復扶又反 曩曰乃黨反

鉾本有作矛云侯反楯常允反又音允則拒音巨邪也似嗟反于鐵他結反三年曼姑音萬者辟音避有難乃旦反樂髡苦門反四年盜弒音試下文注皆同微殺如字注同陳夏戶雅反區夫烏侯反辟中音避即殺如字殺弒賊同弒君音試頃公音傾五年杵臼昌呂反不數所主反六年于祖莊加反子軫之忍反君荼音舒又音徒一音丈加反當去起呂反見當賢徧反子糾居黝反後殺如字惡之烏路反七年瑗于眷反曼多音萬于繒在陵反而擅市戰反表惡烏路反傳及注同八年及闡尺善反惡內烏路反伯過音戈九年雍丘於用反易辭以豉反下及注同將劣子匠反十年以見賢徧反孟彄苦侯反

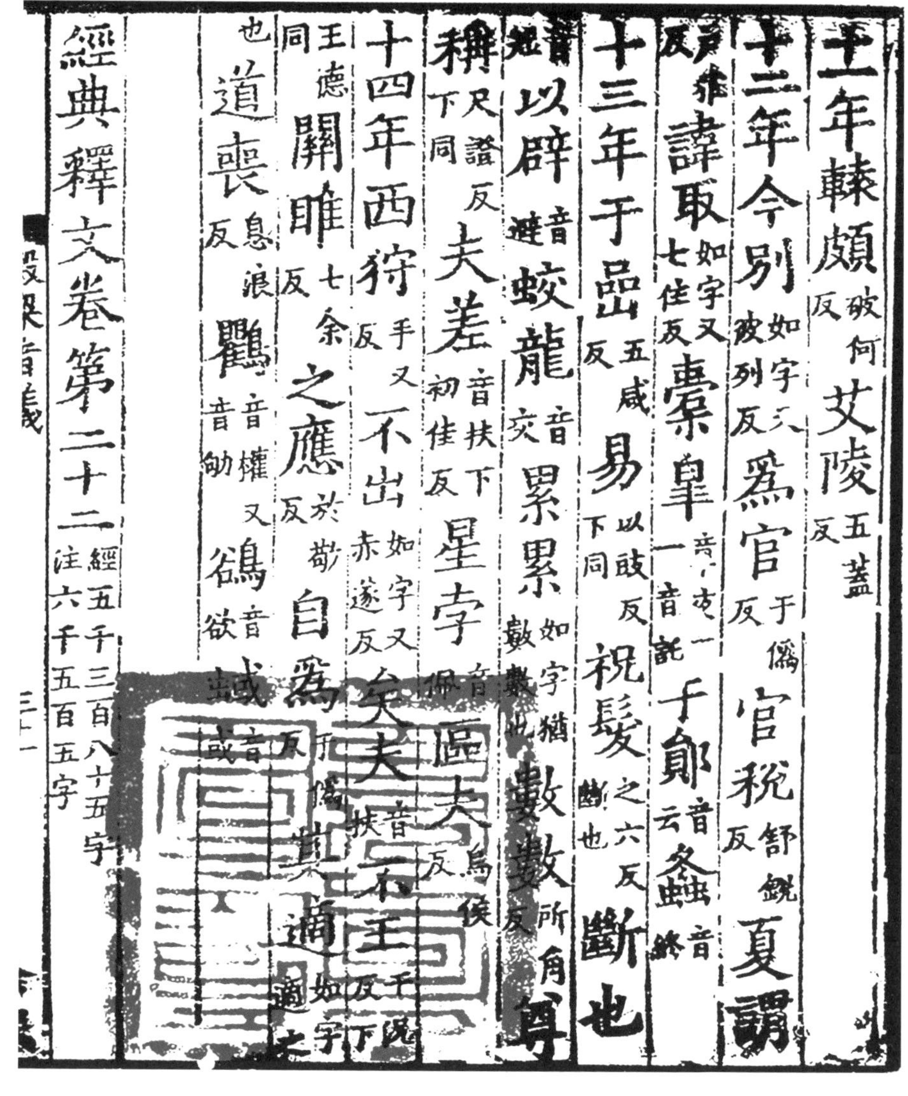

十一年輮頗破何反艾陵五蓋反

十二年令別如字又彼列反爲官于僞反官稅舒鋭反夏謂戸乖反諱取如字又七佳反橐皐音[illegible]一一音託千鄖音云螽音終

十三年于嵒五咸反易以豉反下同祝髮之六反斷也音短以辟音避蛟龍音交累累如字猶數數也數數所角反尊稱尺證反下同夫差音扶下初佳反星孛音佩嘔夫烏侯反

十四年西狩手又反不出如字又赤遂反矣夫音扶不王于況反下王德同關雎七余反之應於歒反自爲于僞反莫適如字適之也道喪息浪反鸜音權又音劬鵒音欲蜮音或

經典釋文卷第二十二經五千三百八十五字注六千五百五十字

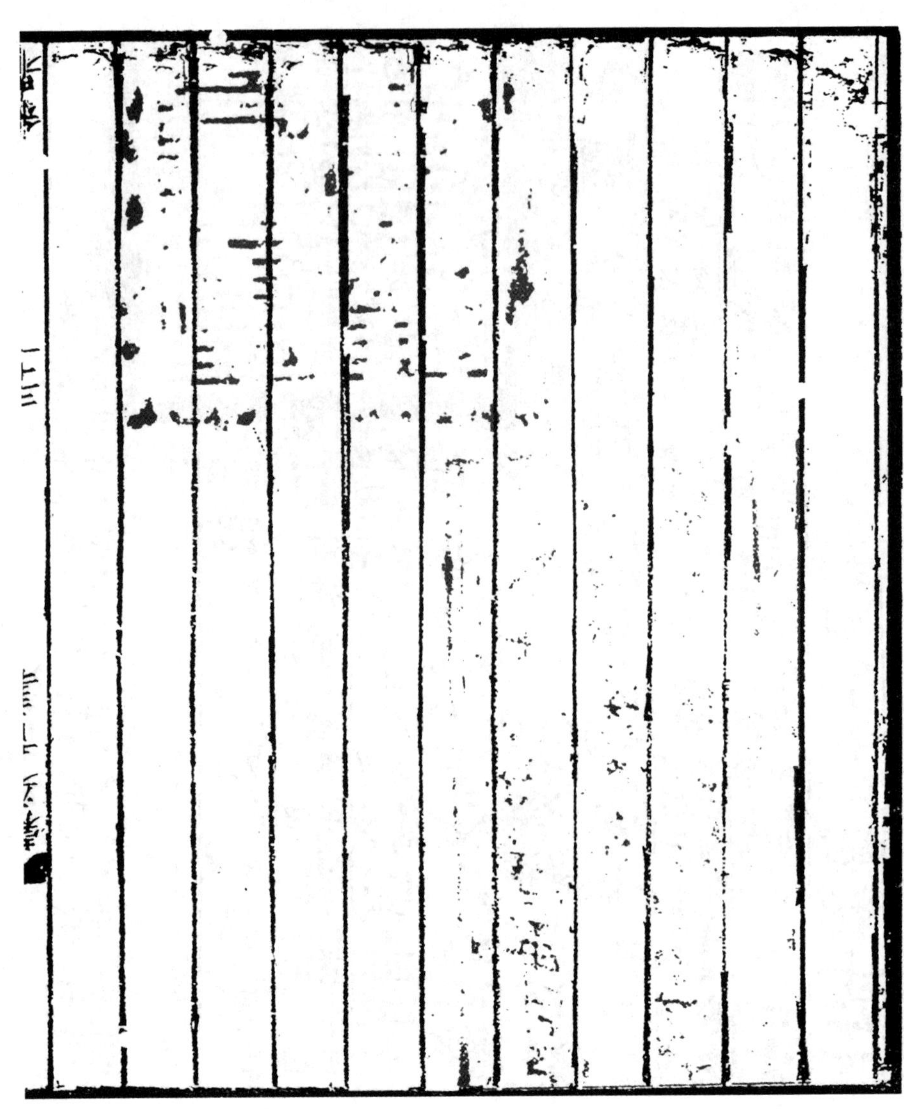

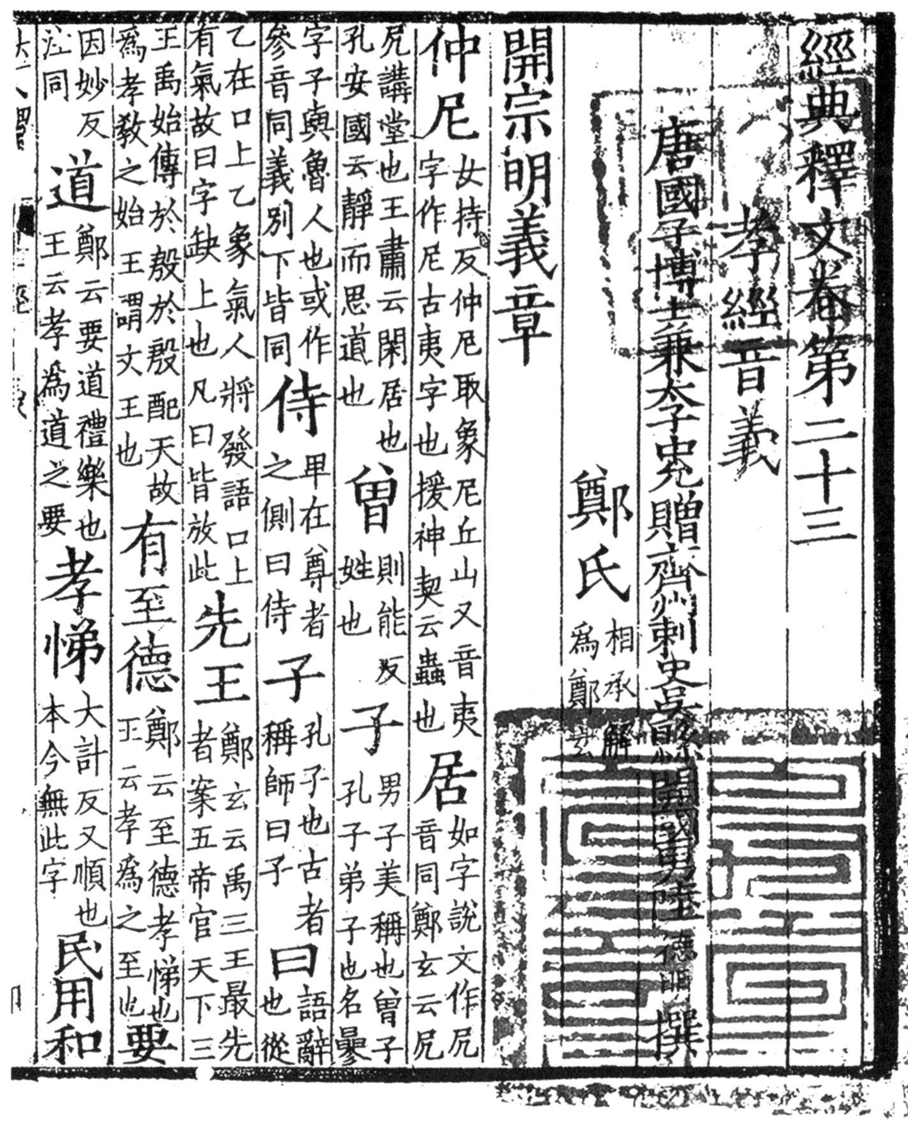

經典釋文卷第二十三

孝經音義

唐國子博士兼太子中允贈齊州刺史吳縣開國男陸德明撰

鄭氏 相承解為鄭玄

開宗明義章

仲尼 女持反仲尼取象尼丘山又音夷字作尼古夷字也援神契云蟲也 居 如字說文作凥音同鄭玄云凥凥講堂也王肅云閑居也孔安國云靜而思道也 曾 則能反姓也 子 男子美稱也曾子孔子弟子也名參字子輿魯人也或作參音同義別下皆同 侍 卑在尊者之側曰侍 子 孔子也古者稱師曰子 曰 語辭也從乙在口上乙象氣人將發語口上有氣故曰字缺上也凡曰皆放此 先王 鄭玄云禹三王最先者案五帝官天下三王禹始傳於殷於殷配天故為孝教之始王謂文王也 有至德 鄭云至德孝悌也王云孝為之至也 要 因妙反注同 道 鄭云要道禮樂也王云孝為道之要 孝悌 大計反又順也本今無此字 民用和

睦音目字林云忘六反上下無怨紆萬反女音汝本或作汝凡本女字皆放此汝水名晋同義別

知之乎曾子辟音避注同本或作避參所林反不敏密隕反遠也夫音符注及下同人之行下孟反復音服注同坐在臥反注同女音汝本今作汝身

體髮膚方于反不敢毀如字蒼頡篇云毀破也廣雅云虧也傷父母

得其顯譽音預也者世強其良反而仕行步不逮音代亦及也又音大計反縣音玄車音居致仕自父母至仕字本今無大雅云此文王之詩六章文毋音無本亦作無念鄭玄云無念無忘也爾雅云勿念也爾祖聿尹吉反爾雅循也述也本今作爾

天子章

子曰此一子曰通天子諸侯卿大夫士庶人五章也不敢惡烏路反注同舊如字於人不

敢慢云諫反俗作慢於人愛敬盡津忍反於事親形于

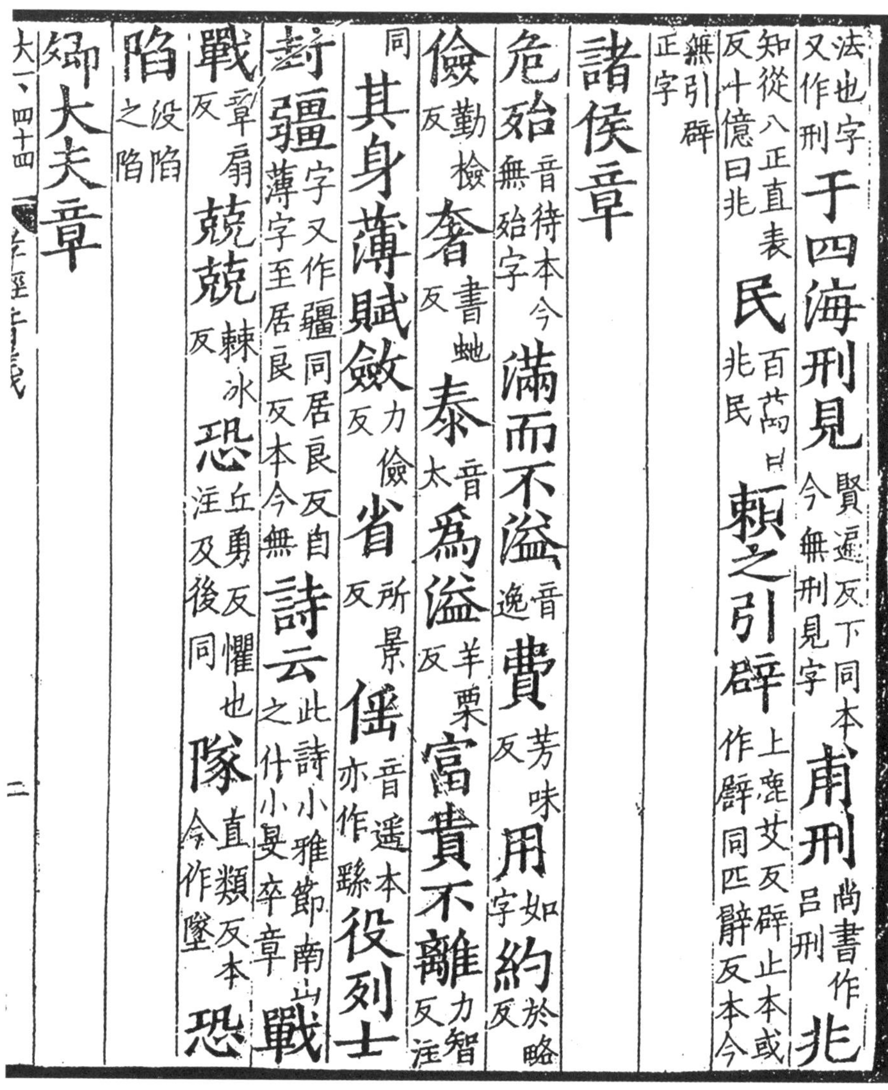
法也字又作刑于四海刑見賢遍反下同本今無刑見字甫刑尚書作呂刑兆

知從八正直表反十億曰兆民百萬曰兆民賴之引辟上毗支反辟止本或作辟同匹辟反本今

無引辟正字

諸侯章

危殆音待本今無殆字滿而不溢音逸費芳味反用如字約於略反

儉勤檢反奢書蛇反泰音太爲溢羊栗反富貴不離力智反注

同其身薄賦斂力儉反省所景反傜音遙本亦作繇役列士

封疆字又作疆同居良反自薄字至居良反本今無詩云此詩小雅節南山之什小旻卒章戰

戰章扇反兢兢棘冰反恐丘勇反懼也注及後同隊直類反本今作墜恐

陷沒陷之陷

卿大夫章

服山龍華胡花反 蟲直忠反 服藻音早 火服粉方謹反

米字或作綵音同 皆謂文繡修又反 也田本又作佃音同 獵力輒反 卜筮

市制反 冠古亂反又如字 素積兹亦反自山龍至兹亦反本今無 非先王之德行

下孟反注德行下擇行行滿皆同 禮以檢奢紀儉反本今無 無口過古臥反注同 無

怨惡烏路反舊如字注同 宗廟本或作廟 為作于僞反 宮室自為作至室字本今

無 詩云此大雅蕩之什烝民篇語 夙夜匪懈佳賣反注及下字或作解同 夜莫

如字又音暮下並同 也解自夜莫至也字本今無 惰古臥反注同

士章

資者人之行下孟反 也本今無此句 兼古恬反并也 之者父也

以敬事長丁丈反注皆同 則順飠邑稟必錦反公羊傳云稟賜穀祿也 為

為曰祭一本作始曰為祭曰音越又人實反 別彼列反 是非自飠邑字至非字今本

無詩云此詩小雅節南山之什小宛篇語夙興夜寐面利反無忝

反爾所生本今作爾所生謂父母

庶人章

春生夏長丁丈反秋收如字又手又反本作斂力儉反冬藏才郎反分方云

反注同地之利分別彼列反五土周禮五土一曰山林二曰川澤三曰丘陵四曰墳衍五曰原隰

丘陵阪險阪音反險音許檢反又蒲坂反宜棗棘本作宜種棗棘自丘陵至棘本今無

以養羊尚反父母行下孟反音如字不爲非度待洛反財爲費

芳味反什一音十而出十而出一無所復扶又反謙自行字至故謙本今無故

自天子古文分此以下旻爲一章故患難奴旦反不及其身也善

一本作難自故患至善字本今無未之有也

三才章

曾子曰甚哉曾從八正甚從甘四正皆放此語魚據反喟丘媿反又丘怪反大計

然自語孝至然本今無夫音符孝民之行下孟反注同也孝弟自孝弟至之字本今無其政不

反本亦作悖嚴而治直吏反注同政不煩苛音何自政至苛本今無民之易以豉

反本今作人之易也而民興行下孟反上好呼報反下好禮同義自上字至

義本今無而民不爭爭鬬之爭從爪爭正皆放此若文王敬讓於

朝直遥反虞芮推畔於田則下效戶敎反之自若字至之本今

今無導音道本或作道之以禮樂示神至反之以好如字又呼報反

惡如字注同又烏路反而民知禁金鴆反注同詩云此詩小雅節南山之詩赫

本又作赤火白反師尹若冢張勇反宰之屬也女音汝下同當

視民常旨反皆放此自若字正放此本今無

孝治章

昔正皆放此本今作昔 聘匹正反 問天子無忘亡尚反 五年一朝直遥反下注同 郊迎魚敬反又魚荆反 芻初俱反 百車以客苦百反本或作以客禮待之 夜設庭燎力召反本亦作燎同一音力弔反徐力燒反鄭云在地曰燎執之曰燭又云樹之門外曰大燭於內曰庭燎皆是照衆爲明 當爲于僞反下皆同 王者侯者候戶豆反 伺音司又相吏反 伯者長丁丈反下同 男者任而鴆反 也德不倍步罪反 别彼列反 優自聘字至優本今無 故得萬國之歡字亦作權 五年一巡音旬 守手又反本又作狩 勞來上力報反下力代反自五年字至力代反本今無 不敢侮亡甫反 於鰥古頑反 寡無妻曰鰥無夫曰寡 男子賤 稱尺證反下同 小大盡津忍反 節自男子至節字本今無 養羊尚反 夫然音符 則致張利反從反音陟里反他告放此俗作支非 其樂音洛自則致至洛字本今無

祭則鬼享許丈反災本或作灾則才反詩云此大雅蕩之什抑篇語有

覺音角大也德行下孟反注同

聖治章

聖從王正從王非之行下孟反則周公周公名旦文王之子武王之弟祀音似后

稷上音後稷官名后社名弃周公之始祖也故異其處昌慮反辟后稷也音避

本亦作避同於朝直遥反越嘗遠國也重直龍反譯本亦作驛同音亦

故異字至音亦本今無夫音符膝辛七反從木入水桼音七正以養羊尚反父母

日嚴人實反注同日者實也日日行考故無闕也象日致其樂音洛下樂同親

近附近之近於母自致其樂至於母本今無其敬不嚴而治直吏反不令

力正反而行自不令至而行本今無父子之道古文從此已下別爲一章續音俗相續

也焉本今作莫大焉復扶又反何加焉自復字至焉本今無故不愛

其親古文從此已下別爲一章 謂之悖補對反注下同 德若桀其烈反 紂丈久反 是也言中詩書丁仲反下同自若字至下同本今無 行思可樂如字音洛注同 難進而盡津忍反 中易以豉反 退而補過古臥反 傚戶教反 漸也不令力政反下文并注並同 而伐謂之暴蒲報反自難進至報反本今無 詩云此詩曹風鳲鳩之篇語 淑人常六反 其儀字從人 不忒他得反差也

紀孝行下孟反章

也盡津忍反 禮也一本作盡其敬也又一本作盡其敬禮也今本作居則致其敬 養羊尚反 則致其樂音洛 病則致其憂疾甚曰病 擗婢亦反 踊羊冢反 泣器立反 齋側皆反本又作齋 必變食已敬忌 踧子六反自必變至丁六反本今無 在醜昌九反 不爭爭鬭之爭注及下同 不忿芳粉反下同

爭也好呼報反自不忿至呼報反本今無亂則刑罰音伐及其身

也自罰字至身也本今無雖日用三牲之養羊尚反後九字本今無不

敢惡烏路反於人親

五刑章

五刑之屬三千墨劓剕宮大辟呂刑云墨罰之屬千劓罰之屬千剕罰之屬五百宮罰之屬三百大辟之罰其屬二百五刑之屬都有三千科苦和反本今無條三千謂劓魚器反截鼻之刑墨刻其額而涅之以墨宮割男子割勢女子宮閉之呂刑及周禮並直作宮字或作瘖字本今無

割字大辟婢亦反下同穿音川窬音俞又音豆盜徒到反盜從次似延反口液也他字放此俗作者全非竊者劓與周禮注不同反劫居業反賊傷人者墨

與周禮下同男女不與禮交本或無交字者非者宮割周禮無割

垣音表牆本或作廧同疾良反開人關闟音藥字或作鑰通用

與周禮並同微異手殺人者大辟亦與周禮注不同死刑自穿字至此今無要一傜反君者無上非侮亡甫反本今無侮字聖人者已字今人行者一本作非孝行行音下孟反

廣要道章

莫善於弟本亦作悌同大計反人行之下孟反次也樂感人情者也惡烏路反鄭聲之亂樂也上好呼報反禮則民易以豉反使也則子說音悅注及下皆同盡津忍反禮以事自人行至事此本今無此之謂要因妙反下同道也

廣至德章

而日人實反語之魚據反但音誕皆放此讀為擅非天子事三老三老三人致仕天子兄事五更音庚三老五更謂老人知三德五事者自天子至事者本今無

詩云此大雅生民之什泂酌之篇語愷本又作豈同苦在反樂也悌本又作弟同徒禮反下音待亦反君子

廣揚名章

兄弟大計反本作悌下注皆同故順可移於長丁丈反注皆同居家理故治直吏反注同讀居家理故治絕句是以行成於內下孟反

諫諍章

若夫音符慈愛恭敬敢問子從父之令力政反下及注皆同是何言歟音餘下同本今作與孔子欲見賢遍反諫諍諍闕也此字從凡音飢逆反兩凡相對門也象門之形而非門若從門者非他皆放此二士對戟曰鬬之端自孔子至此字本今無不失天下本或作不失其天下其行字亍左輔右弼皮密反本又作拂音同前疑後丞本亦作承使不危殆大改反下同自左輔字至此本今無則身離

力智反[illegible]於令名陷陷沒也陷從爪下非不同於不義又焉於虔反注同得

爲孝乎

感應章本今作應感章

盡津忍反下同孝於父視其常盲反分符問反理也此已上字本全

無長丁丈反注同幼順故上下治直吏反注同神明章如字本又作彰

矣事生者易以豉反故重直用反又直龍反其文也自事生字至此

本合無孝悌大計反之至則重直龍反譯音亦來貢公弄

反自則字至此本今無詩云此大雅文王之什文王有声之文莫不被皮寄反一本作章務

反本今作莫不服

事君章

上陳諫諍爭鬬之爭之義畢欲見賢遍反已上字本今無進

思盡津忍反 忠死君之難乃旦反自死字至此本今無 退思補過古禍反 詩云此小雅魚藻之什隰篇語 中本亦作忠 心藏之

喪親章

孝子之喪如字又息浪反 親也死事未見賢遍反 哭苦谷反 不偯於豈反俗作哀非說文作悠云痛聲也音同 言不文文飾也本或作聞非 不爲 趨七須反字從芻楚俱反吏步也 翔行而張拱曰翔室中不翔行而張足曰趨堂上不趨 唯維癸反又以水反 而不對也去羌呂反 文繡衣於既反 衰七雷反字或作縗同並義俗作衰色追反非也 般也自趨字至此本今無 聞樂如字 不樂音洛 故不樂音洛 也 不嘗如字 鹹音咸 酸素丸反禮三年之喪六食無鹽酸 而食粥之六反又音 謂朝一溢米暮一溢米自不嘗至此本今無 此哀慼七歷反 之情 毀瘠情 羸力爲反 瘦色救反一本作病又或作憊皮拜反自瘠字至此本今無 喪不蘇郎反又

過三年示神志反民不肖者企丘豉反而及之賢者俯音甫而就之再期本又作朞音同自而就之至此本今無爲之棺音官槨音郭衣衾其蔭反注同舊如字而舉之衾謂單音丹一本作殮力瞻反可以亢苦浪反舉也尸而起也自謂單字至此本今無陳其簠音甫簋音軌簠簋俱祭器名擗婢亦反字亦作躃踊音勇哭泣起及反啼號戶高反竭情也自啼字至此本今無卜其宅兆兆卦也字書皆作垗廣韻云垗葬地而安厝之七故反字亦作措爲之宗廟字亦作庿以鬼享之許丈反又作饗之無遺纖息廉反正皆放此也尋繹音亦天經地義究音救竟人情也行下孟反畢孝成自無遺字至此本今無

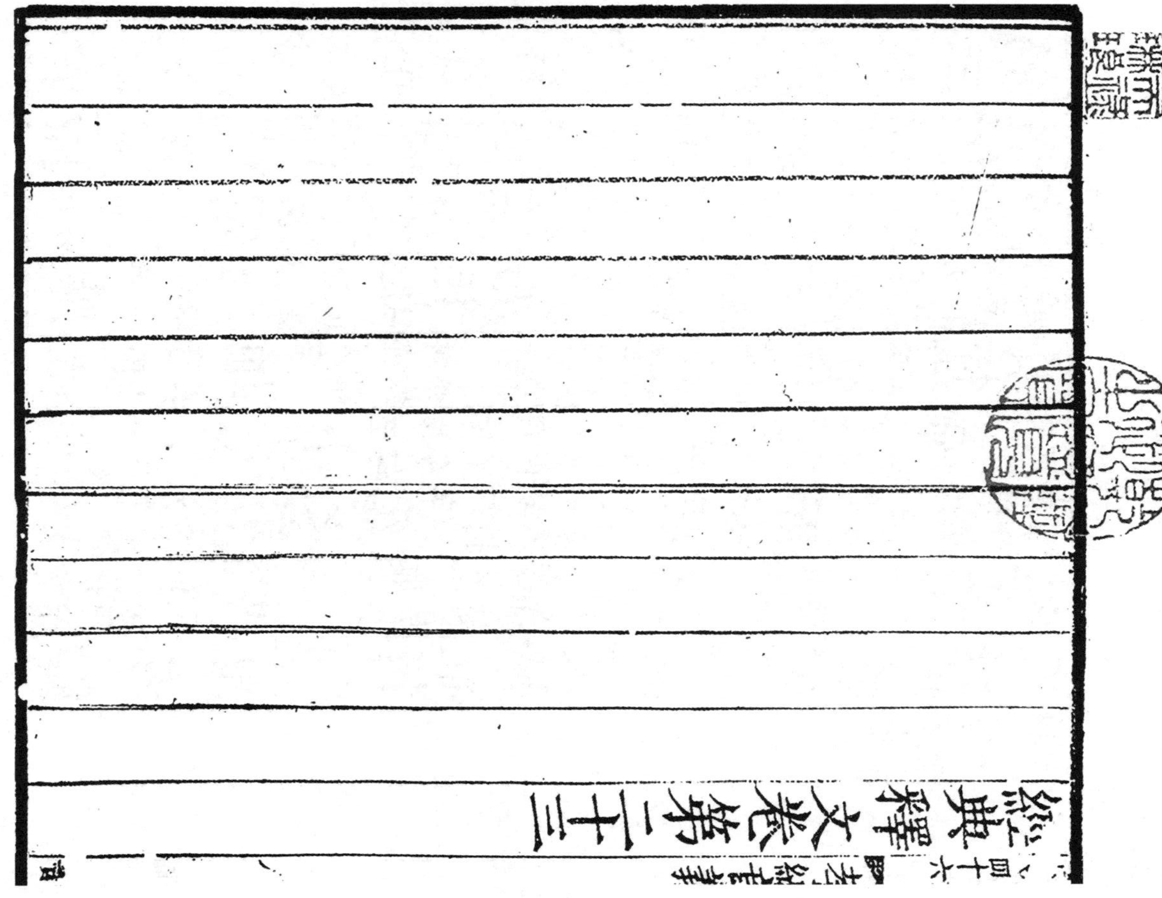

經典釋文卷第二十三

四十六

孝經音義

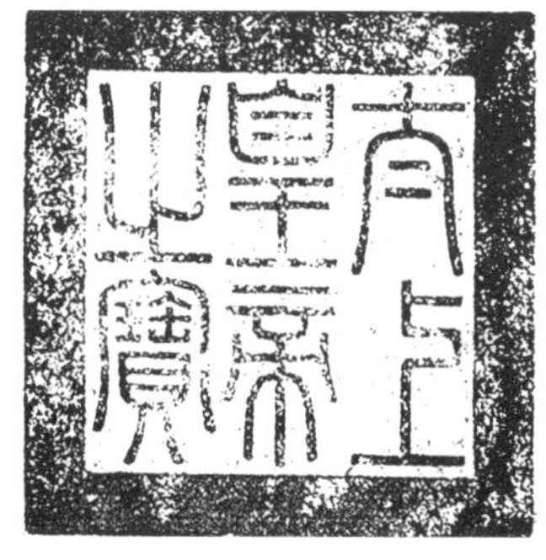

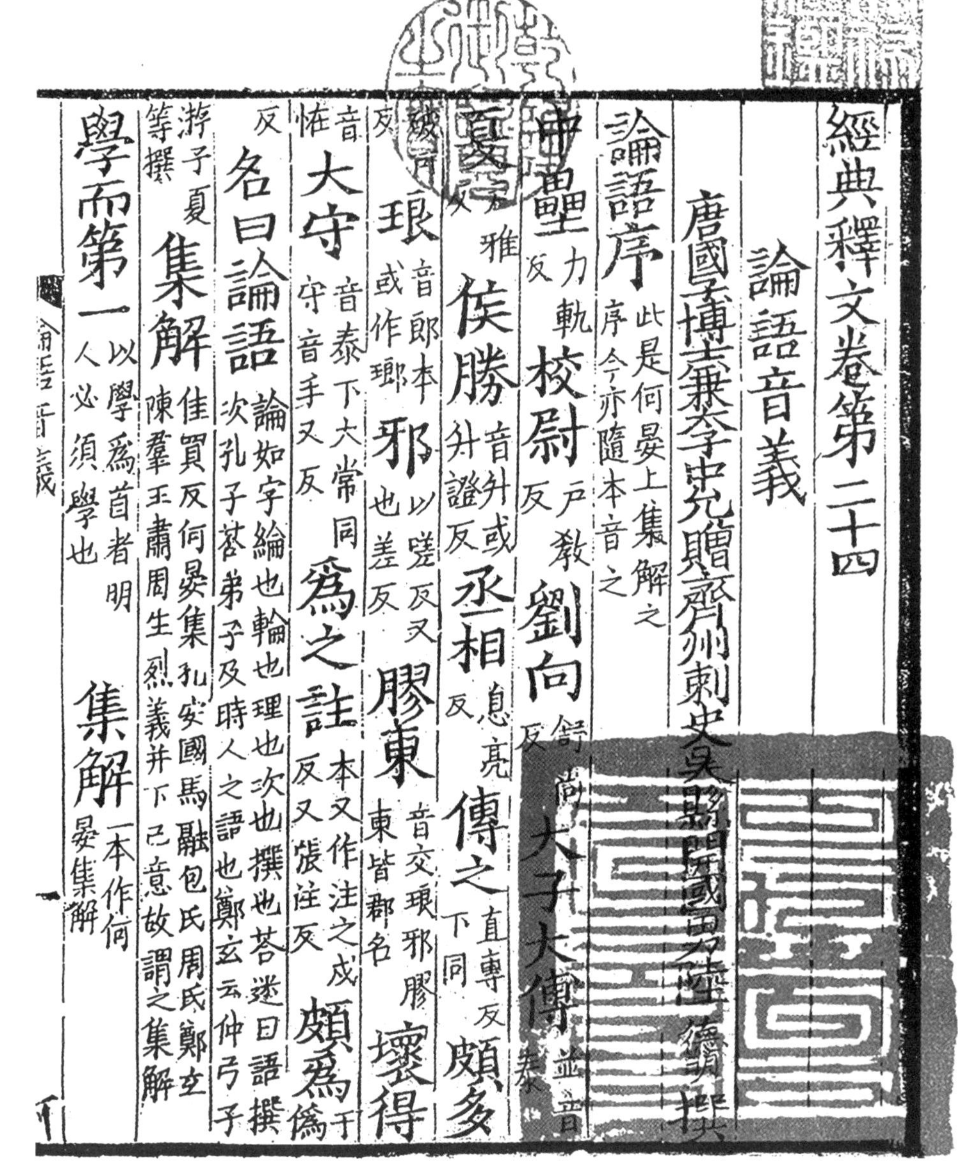

經典釋文卷第二十四

論語音義

唐國子博士兼太子中允贈齊州刺史吳縣開國男陸德明撰

論語序此是何晏上集解之序今亦隨本音之

曲壘力軌反 校尉戶教反 劉向舒尚反 大子大傅並音泰 夏戶雅反 侯勝音升或升證反 丞相息亮反 傳之直專反下同 頗多破何反 琅音郎本或作瑯 邪以嗟反又也差反 膠東音交瑯邪膠東皆郡名 壞得音怪 大守音泰下大常同守音手又反 爲之註本又作注之戍反又張注反 頹爲于僞反 名曰論語論如字綸也輪也理也次也撰也荅述曰語撰次孔子荅弟子及時人之語也鄭玄云仲弓子游子夏等撰 集解佳買反何晏集孔安國馬融包氏周氏鄭玄陳羣王肅周生烈義并下己意故謂之集解

學而第一以學爲首者明人必須學也 集解一本作何晏集解

凡十六章

亦說音悅注同通稱尺證反說懌音亦有朋蒲弘反有或作友非亦樂音洛譙周云悅深而樂淺一云自內曰悅自外曰樂不愠紆問反怒也鄭云怨也孝弟大計反本或作悌下同而好呼報反下注同鮮仙善反少也鄭云寡也下同本與音餘欲令力呈反人說音悅曾參所金反又七南反三息暫反又如字省悉井反視也鄭云思察己之所行也爲人于僞反又如字傳不直專反注同鄭注云魯讀傳爲專今從古案鄭校周之本以齊古讀正凡五十事鄭本或無此注者然皇覽引魯讀六事則無者非也後皆放此道音導本或作導包云治也注及下同千乘繩證反注同千乘大國之賦也司馬法齊景公時有司馬田穰苴善用兵周禮司馬掌征伐六國時齊威王使大夫追論古者兵法附穰苴於其中凡一百五十篇号曰司馬法有畸居宜反田之殘也之對甫用反又如字雖大賦絶句一本或云雖大國之賦包依王制孟子王制及孟子皆以百里爲大國奢侈尺紙反又尺氏反則弟音悌本亦

作悌 汎愛 孚劍反 行有 下孟反下云其行并注同 觀 學文 馬曰古文之遺文也鄭云文道藝也 子夏 戶雅反 好色 呼報反下至好學同 盡 津忍反下同注 毋友 音無本亦作無下同 憚 徒旦反 難 乃旦反 子貢 本亦作贛音同 之與 音餘下之與同 抑與 上於力反 陳亢 音剛又苦浪反 必與 音預 爲治 直吏反 信近 附近之近下及注同又如字 覆 芳服反下同 遠恥 于萬反 無諂 勑檢反 而樂 音洛注同 好 呼報反下注同 如切 治骨曰切 磋 七多反象曰磋 琢 治玉曰琢 摩 一本作磨末多反治石曰磨 謂與 音餘 患不知也 本或作患己不知人也俗本妄加字今本患不知人也

爲政第二 先學而後從政故爲政次學而也

凡二十四章

衆星共求用反鄭作拱俱勇反拱手也猶北辰之不移本或作譬猶北
辰之不移蔽必世反包云當也鄭云塞也猶當丁浪反又如字無邪似嗟
反道之音導下同以德包云道德也鄭云六德謂智仁聖義中和格加百反正
也鄭云來也孫彘直例反不妄亡尚反能養羊尚反下及注養人
同以別彼列反注同食音嗣先生饌上眷反馬云飲食也鄭作餕音俊食
餘曰餕曾音增馬云則也皇侃云嘗也女音汝人焉於虔反下同廋所留反匿
也匿也女力反溫故烏門反尋也繹音亦不比毗志反下同
則罔本又作冈則殆音待依義當作怠誨女音汝後同以意求之知
也如字又音智姓顓音專寡尤下求反行下孟反下注同錯七路
反注同置也鄭本作措投也枉紆枉反邪枉似嗟反孝于如字一本作孝乎
奚其爲爲政也一本無一爲字車無輗五兮反轅端橫

木以縛輗字林五支反無軏五忽反又音月轅端上曲句衡枙音厄反作軛十
世可知也一本作可知乎鄭本作可知於夏戶雅反餘以意求之三
綱謂父子夫婦君臣是也五常謂仁義禮智信三統謂天地人三正諂
也勑檢反

八佾第三

凡二十六章

佾音逸列也僭子念反下同雍於容反撤直列反本或作徹
相維息亮反助也辟公必亦反君也注同其易以豉反包云和易注同鄭
云簡寧戚千歷反旅音呂馬云祭名接祭山曰旅救與音餘嗚呼
本或作烏乎音同曾謂則登反則也不享許文反爭責衡反爭鬬之
爭絕句注同必也射乎鄭讀以必也絕句揖讓而升下

絶句鄭注詩賓之初筵引此則云下而飲 而飲王於鴆反注同又如字 多筭悉亂反籌也本今作筭 倩兮七練反 盼兮普莧反動目貌字林云美目也又匹簡反又匹莧反 絢兮呼縣反馬云文貌鄭云文成章曰絢 繪事胡對反本又作繢同畫文也 喩美女 如字又夷佳反 解音蟹 褅大計反又祭也

旣灌古亂反 袷戶夾反 爲序于僞反注同 昭穆常遥反說文作佋下同 大祖音泰下同 鬱鬯勑亮反本今作鬯 躋僖子兮反 易了以豉反 吾不與音預 媚美記反 於奧烏報反孔云內也鄭云西南隅 求昵女乙反亦作暱 所禱丁老反一音都報反 監古暫反觀也視也

郁郁於六反 大音泰注及下同 郰人側留反邑名 梁紇恨没反又恨發反 復扶又反 能中丁仲反下及注同 同科苦和反 欲去起吕反注同 告朔古篤反 之餼許氣反牲生曰餼 朝享直遥反又張遥反 盡禮

津忍反爲諂敕檢反關雎七餘反哀而如字毛詩箋改哀爲衷問社如字鄭本作主云主田主謂社可復扶又反下同不咎其久反器量音亮大儉音泰一音他賀反焉得於虔反取三如字又七喻反本今作娶謂嫁爲歸一本無爲字本今作曰歸爲兩于僞反又如字之好呼報反注同反坫丁念反君別彼列反獻酢才洛反一本作酬更酌音庚子語魚據反大師音泰注同翕如許及反何晏云盛也鄭云變動貌從之何讀爲縱子用反放縱也鄭云八音皆作皦如古了反其音節奏分明也鄭云清別之貌繹音亦鄭云志意條達之貌請見賢遍反從者才用反於喪息浪反注同語諸魚據反木鐸直洛反木鐸金鈴木舌施政教之所振也韶常遥反舜樂名盡津忍反注同

里仁第四

里猶鄰也言君子擇鄰而居居於仁者之里

凡二十六章

不處 昌呂反後不處者及注同 焉得 於虔反 知 音智注及下同 處樂 音洛 驕 音驕

佚 音逸 能好 呼報反注同 能惡 烏路反又下同 無惡 如字注同又烏路反 否

泰 備鄙反 惡乎 音烏注同 造次 七報反馬云急遽也鄭云蒼卒也 顛沛 音貝

僵仆也 僵 居良反本今作偃 仆 音赴又蒲逼反 好仁 呼報反注及下同 惡不仁

仁 烏路反下及注同 難復 扶又反 之行 下孟反 各當 丁浪反 適 丁歷反鄭

本作敵 莫 武博反范甯云適莫猶厚薄也鄭音慕無所貪慕也 與比 毗志反 放於利

方往反依也下同 參乎 所金反 貫之 古亂反 曰唯 維癸反注同 忠恕

音庶 子曰三年無改於父之道可謂孝矣 此章與學而篇

同當是重出學而是孔注今此是鄭注本或二處皆有集解或有無者 父母之年不可不

知也 此章注或云孔注或云包氏又作鄭玄語辭未知孰是 逮 音代又大計反 爲身 于僞反

鮮矣 仙善反少也 得中 丁仲反 欲訥 奴忽反包云遲鈍也鄭言欲難 行 下孟

反下同遲鈍徒頓反君數何云色角反下同謂速數也鄭世主反謂數已之功勞也梁武帝音色具反注同

公冶長第五

凡二十九章

公冶音也長如字姓公冶名長家語字子張范甯云名芝字子長史記亦字子長可妻七細反下同

縲力追反孔云黑索紲息列反孔云攣也本今作縲攣力專反以拘音俱刑

戮音六宮韜本又作縚同吐刀反南宮閱一名縚孟僖子之子斯焉於虔反此

行下孟反瑚音胡璉力展反簠音甫簋音軌焉用於虔反下同

禦人魚呂反屢數色角反下同漆音七彫丁條反本或作凋同子說音悅

桴芳符反由與音餘編必緜反又蒲典反竹栰音伐好勇呼報反

過我反下同絕句一讀過字絕句材才哉二音不解音蟹不復扶又反下同

千乘繩證反下注同賦孔云兵賦也鄭云軍賦梁武云魯論作傳於朝直遥反閒
一如字本或作問字非吾與爾爾本或作女音汝宰予羊汝反或音餘晝竹救
反寢七荏反朽香久反彫丁條反腐房甫反琢陟角反畫
平卦反糞弗問反本或作糞同圬音烏本或作杇鏝也槾或作鏝末旦反又末丹反塗工之器
於予予宰我之名與音餘語辭也下同其行下孟反申棖直庚
反包云魯人也鄭云蓋孔子弟子申續史記云申棠字周家語云申續字周也慾音欲或羊住反焉於虔
反著知慮反見賢遍反循音巡元亨許庚反天道何云
元亨日新之道鄭云七政變通之占孔圉魚呂反而好呼報反僑其驕反臧
子郎反之守手又反僭子念反藻音早水草有文者也棁本又作棳章悦反梁上短
柱也栭音而楹音盈侈昌氏反又式氏反其知音知下同名穀奴斗反本又作穀
於菟音烏音塗慍紆問反未知如字鄭音智注及下同焉於虔反下同崔

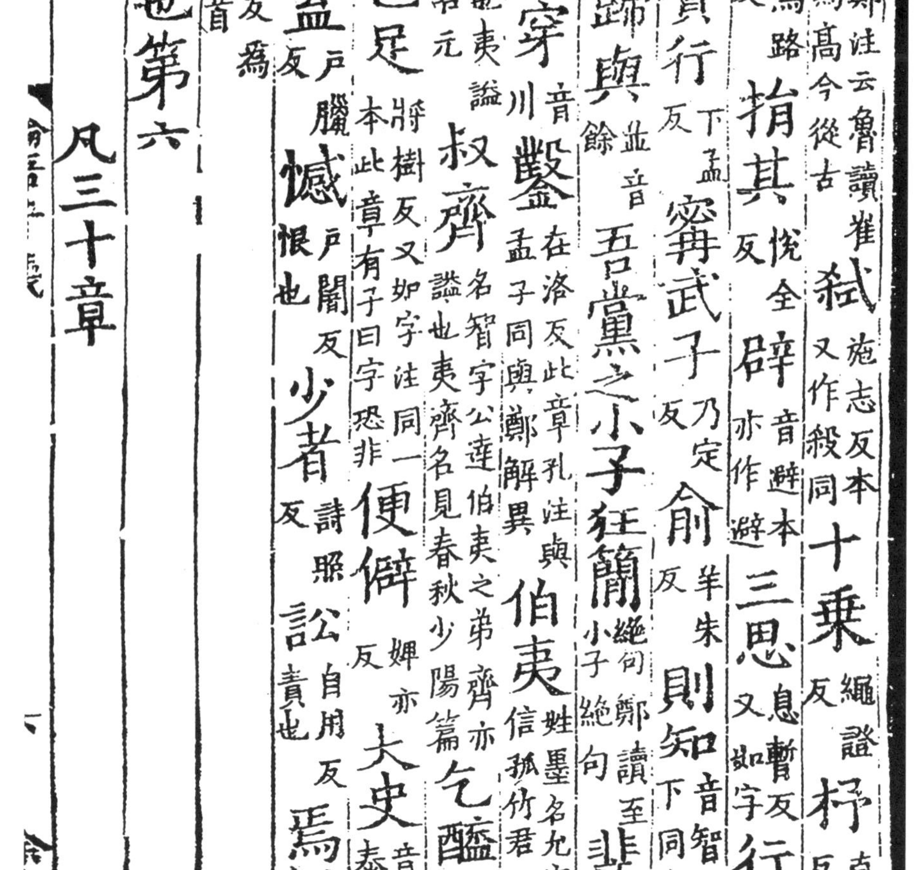

子 鄭注云魯讀弑爲高今從古 弑 施志反本又作殺同 十乘 繩證反 杼 直呂反
惡 烏路反 揖其 悦全反 辟 音避本亦作避 三思 息暫反 行父 又如字
音甫 賢行 下孟反 甯武子 乃定反 愈 羊朱反 則知 音智下同 歸
與歸與 竝音餘 吾黨之小子狂簡 絕句鄭讀至小子絕句 斐然
芳匪反 穿 音川 鑿 在洛反此章孔注與孟子同與鄭解異 伯夷 姓墨名允字公信孤竹君之子
伯長也夷謚一本名元 叔齊 名智字公達伯夷之弟齊亦謚也夷齊名見春秋少陽篇 乞醯 呼西反亦
作醯 色足 將樹反又如字注同一本此章有子曰字恐非 便僻 婢亦反 大史 音泰 匿
女力反 盍 戶臘反 憾 戶闇反恨也 少者 詩照反 訟 自用反責也 焉 如字衍字
於虔反爲下句首

雍也第六

凡三十章

言任 音壬又而鴆反 諸侯治 直吏反一本無治字一本作言任諸侯治國也 一桑 子郎反鄭云秦大夫 無見 賢遍反 而行 下孟反又如字下同 大簡 音泰下同 好學 呼報反

令也則云 本或無云字即連下句讀 過分 符問反 怒當 丁浪反 嘗復 扶又反 使於 所吏反 爲其 于僞反 釜 音父六斗四升也 庾 俞甫反十六斗 秉 音丙十六斛也 衣輕 於既反 大多 上音泰或吐賀反 曰毋 音無 犂牛 利之反雜文曰犂又力之反色如狸也又力兮反耕犂之牛 騂 息營反 其舍 音捨注同棄也一音赦置也 中 丁仲反 犧 許宜反 也與 音餘下同 決斷 丁亂反 騫 起虔反

費 音秘邑名 善爲 于僞反注同 語 魚據反 使者 所吏反 令不 力呈反 復召 扶又反 重來 直用反 則吾必在 一本無吾字鄭本無則吾二字 汶上 音問水名 自牖 由久反 喪 息浪反又如字下同 矣夫 音符 一簞 音丹 食 音嗣下同 一瓢 婢遙反瓠也 笥 息嗣反 陋巷 戶降反注同 其樂 音洛注同 不說

音悅 中道 如字一音丁仲反 今女 音汝 畫 音獲止也 女得 音汝 澹臺 徒甘

反 由徑 古定反 而殿 都練反注同 祝鮀 徒多反 宋朝 張遥反 及如

一本及字作反義亦通 文質彬彬 彼貧反文質相半也說文作份文質備 好之 呼報反下

注同 樂之 音洛 以上 時掌反注可上同 語上 魚據反下同 上知 音智 問知

音智下章及注同 化道 音導 而遠 于萬反 瀆 徒木反本今作黷 樂 音岳

又五孝反注及下同 知者樂 五孝反下同 有大公周公 音泰下同 觚不

觚 音孤酒爵也容二升 於患難 乃旦反 隋 待果反 令自 力呈反 君

子博學於文 一本無君子字兩得 矣夫 音符 不說 音悅注同 矢之

孔鄭繆播皆云矢誓也蔡謨云矢陳也 所否 鄭繆方有反不也王弼李充備鄙反 天厭 於琰

反塞也又於豔反 等以爲男子者 集解本皆爾或不違其義妄去等字非也今注云舊

以南子者 以說 始銳反 治道 直吏反 故孔子 一本作夫子 之祝 州又反本

呪今作民鮮仙善反注同博施始豉反夫仁音符更爲于僞反之

行下孟反

述而第七

舊三十九章　今三十八章

而好呼報反注同老彭包云殷賢大夫也案大戴禮云商老彭是也鄭云老老聃彭彭祖默

而俗作嘿云北反不厭於豔反不倦其卷反是行下孟反能從

思爾反燕居於見反鄭本作宴夭夭於驕反和舒貌不復扶又反下同本或無復字

非據杖直亮反依倚於綺反以上時掌反注同無誨魯讀爲悔字今

從古不憤房粉反不悱芳匪反爲說于僞反以語魚據反復

重直用反無惻初力反子於是日哭則不歌舊以爲別章今宜合

前章舍之音赦止也一音捨放也與爾與及也或云與謀也是夫音符誰與

如字皇音餘軍將子匠反馮河字亦作憑皮冰反徒搏音博好謀

呼報反執鞭必綿反或作硬音吾孟反非也吾亦爲之一本作吾爲之矣所好

呼報反注同齊側皆反本或作齋同戰疾之彥反聞韶士昭反注同爲樂

並如字王云爲作也本或作嬀音居危反非爲衛于僞反注及下同大音泰蒯苦怪反聵

五怪反鞅於丈反于戚千歷反曼姑音萬吾將問之一本無將

字惡行下孟反曰飯符晚反疏本或作蔬所居反食如字謂菜食也一音

嗣飯也曲肱國弘反臂也而枕之鴆反樂亦音洛注同數色主反學

易如字魯讀易爲亦今從古盡性津忍反葉公舒涉反注同葉地名楚縣尹僭稱公

憤符粉反樂以音洛好呼報反奡五報反盪舟吐浪反弒音試

下同我三人行一本無我字必得我師焉本或作必有桓魋徒雷反

知音智廣隱匿女力反後章注同文行下孟反忠李云臣事君也信李云

與朋友交 亡而爲有 亡如字一音無此舊爲別章今宜與前章合 子釣 音吊 不綱
音剛鄭本同 弋 羊職反 不射 食亦反 宿 息六反謂宿鳥也 一竿 音干 繳
章略反下同一本作綸 羅屬 音燭 著 直略反 互鄉 戶故反鄉名 難與言
絕句 童子見 賢遍反注同 惡惡 上烏路反下如字 之行 下孟反 陳司
敗 如字孔云司敗官名陳大夫也鄭以司敗爲人名齊大夫 揖 伊入反說文云攘也一云手著胷曰揖 巫
馬 音無 君娶 七住反本今作取 爲同 于僞反 後和 戶卧反注同 重歌
直用反 抑爲 於力反 不厭 於豔反 正唯 魯讀正爲誠今從古 子疾 一本
云子疾病皇本同鄭本無病字案集解於子空篇始釋病則此有病字非 有之誄曰 力軌反說文作
讄或云作讄禱累功德以求福也以誄爲謚也 神祇 祈之反 素行 下孟反 不孫 音遜
則僭 子念反 坦 吐但反 蕩蕩 徒黨反魯讀坦蕩爲坦湯今從古 戚戚
子歷反 子溫而厲 一本作子曰厲作例皇本作君子案此章說孔子德行依此文爲是也

一四三八

泰伯第八

凡二十一章

民無得本亦作德 大王音泰下同 少弟詩照反 則葸絲里反何云畏懼貌鄭云愨質貌 則絞古卯反馬云刺也七肆反鄭云急也 不偷他侯反 行之下孟反注下同 開

衾苦今反 兢兢居陵反 免夫音符 患難乃旦反 孫捷在接反[illegible]

又作蹺同 斯遠于萬反注同 斯近附近之近 鄙倍蒲悔反 濟濟子禮反

蹌蹌七良反本或作鏘同 惡戾力計反 幼少詩照反 人與音餘 君子也一本作君子人也 弘毅魚氣反 能斷丁亂反 好勇呼報反注同 大甚音太下大師大公並同 驕且吝力訒反又力慎反本亦作悋 於穀公豆反孔云善也鄭及孫綽祿也

不易孫音亦鄭音以豉反 則見賢遍反又音現 行當下孟反 惪植鱗反古臣字本今作臣 弑音試下同 師摯音至 關雎七餘反 洋洋音羊 狂而

求匡反 侗而音通又勑動反玉篇音同 不愿音願孔云謹也鄭云善也 悾悾音空愨

善角反 巍巍魚威反 不與音預注同 之稱尺證反下注同 煥乎音喚明也

天下治直吏反 契息列反 皐陶音遙 予有亂十人本或作亂

臣十人非 召七照反 奭音釋 閎音宏 夭於表反又於遥反 散息但反 宮适

古活反 參分七南反又一音三本今作三 殷紂直久反 無閒閒廁之閒注同 能

復扶又反 菲飲音匪薄也 黻冕上音弗下音免 而盡津忍反 溝

洫呼域反 廣光曠反下同 深尸鴆反下同

子罕第九

凡三十一章　皇三十章

子罕呼旱反希也 行之下孟反 也純順倫反絲也鄭作䊷側基反黑繒也 易以豉

反 毋意上音無下同音如字或於力反非 羣萃在醉反聚也 肯暴如字本或作曾

才能反 顏刻諸書或作顏亥 爲夫子于僞反又如字 見在賢遍反 將

喪息浪反下及注同 得與音預 當傳直專反 大宰上音太鄭云是吴太宰嚭

者與音餘 天縱子用反 吾少詩照反下同 牢力刀反鄭云弟子子牢也家語有琴牢字子

子開一字子張史記無文 多伎其綺反 空空如字鄭或作悾悾同音空 我叩音口發動

也 兩端如字孔云終始也鄭云末也 以語魚據反 不爲于僞反 不出

如字舊尺遂反注同 矣夫音符 此瑞時恚反 齊音咨 衰七雷反 冕音免

鄭本作弁云魯讀弁爲絻今從古鄉黨篇亦然 瞽音古盲也 喟然上苦位反又苦恠反 鑽之

子官反 惚怳况往反本今作恍惚 循音巡 欲罷皮買反又皮巴反又音皮 卓爾

陟角反鄭云絶望之辭 病間如字 少差初賣反 行詐側嫁反 韞紆粉

反馬云藏也鄭云裹也 匵本又作櫝徒木反馬云匵也鄭同 善賈音嫁一音古 而沽

音姑賣也 匱求位反 沽之音姑 不衒古縣字一音玄遍反 九夷馬云東方之夷有九

種九種章勇反不爲酒困馬云困亂也斯夫音符下章有矣夫並同
不舍音捨好德呼報反下同一簣求位反土籠也土籠魯東反而
中丁仲反又如字雖覆芳服反注同語之魚據反不惰徒臥反也與
音餘注同顏淵解音蟹下同焉知於虔反少年詩照反本今作年少法語
之魚據反巽音遜無說音悅注及下同繹之音亦馬云尋繹也鄭云陳也毋
友音無勿憚徒旦反奪帥色類反其將子匠反衣弊於既反下
同本今作敝縕紆粉反鄭云枲也袍蒲刀反狐貉戶洛反依字當作貈也與音餘枲
絲里反著竹呂反不忮之豉反馬云害也書云很也韋昭漢書音義音洎不臧作郎反尚
復扶又反後彫丁條反依字當作凋後別彼列反處治直吏反知
者音智唐棣大計反字林大內反偏音篇末之音味或作末者非夫音符
注同一讀以夫字屬上句

鄉黨第十

凡一章

恂恂 音荀又音旬溫恭之貌 朝 直遥反篇內不出者同 廷 徒寧反又徒佞反 便便 婢綿反辯也 侃侃 苦旦反 和樂 音洛 誾誾 魚巾反 踧踖 上子六反下子亦反踧踖恭和貌 與與 音餘 中 丁仲反 使擯 必刃反本又作儐亦作賓皆同 勃如 步忽反 躩如 驅碧反盤辟貌 盤 步干反字又作槃 辟 婢亦反 襜 赤占反 一俛 音免 鞠躬 九六反 閾 于逼反一音況逼反門限也 攝齊 音咨裳下也篇末皆同 摳衣 苦侯反 逞顏色 勑井反 怡怡 以之反 沒階趨 一本作沒階趨進誤也 不勝 音升 爲君 于僞反 使 所吏反 上 時掌反又如字注同 下 如魯讀下爲趨今從古 蹜蹜 色六反 授玉 一本作受玉 戰 踵 章勇反 享 許丈反注同 私覿 直歷反見也注同 愉

愉羊朱反　見也賢遍反下同　紺古暗反　緅莊由反考工記云五入曰緅字林云帛青色子勾反　領褎詳又反字亦作袖　緣也悅絹反　齊服上側皆反下同本又作齋　似衣於既反下不衣同　褻服息列反　袗之忍反本又作袗單也　絺勑之反細葛　綌去逆反麤葛　緇衣側基反　麑米兮反鹿子也　袂面世反　相

稱尺證反　便作婢面反　長一直亮反　狐貉戶各反　去喪起呂反注同　不佩字或從玉旁非　非帷位悲反　必殺色界反注同　齊必側皆反本或作齋同注同　遷坐如字范寧才臥反　常處昌慮反　食不音嗣

厭精於豔反注及下同　膾古外反又作鱠　饐於冀反字林云飯傷熱溼也央莅央冀二反　而餲烏邁反又一音遏字林乙例反　魚餒奴罪反說文云魚敗曰餒本又作鯘字書同

失飪而甚反　朝夕如字　食氣如字說文作既云小食也　無量音亮　沽酒音姑買也　撤去起呂反下同　君葷香云反本或作葷同本今作薰　疏食音嗣又

如字　瓜祭古華反魯讀瓜爲必今從古　人儺乃多反魯讀爲獻今從古　於阼才故反本或作於阼階　逐疫音役　送使所吏反　饋藥其愧反　拜而受

之一本或無而之二字　遺孔唯季反本今無此字　廄久又反夫子家廄也王弼云公廄也　焚扶云反　曰傷人乎絶句一讀至不字絶句　賊畜許又反　賜腥音星說文字林並作胜云不孰也　賜生魯讀生爲牲今從古　先飯扶晚反注同　若爲嘗食

然一本作若爲君嘗食然爲于僞反　東首手又反注同　拕本或作拖徒我反又勑佐反　紳音申　南牖由久反　不衣於既反　大廟音太　我殯必刃反　昵女力反

居不容苦百反本或作容羊凶反　爲室于僞反　齊衰士雷反　雖狎戶申反　見冕鄭本作弁　謂數色角反　迅雷音信又音峻　車中不

內顧音故魯讀車中內顧今從古也　輿中音餘一本作車中　枙於革反本今作軛　輢於倚反又居綺反　轂古木反　山梁音良鄭云孔子山行見雉食梁粟也　時哉一本作時

哉時哉共之本又作供九用反又音恭注同三息暫反又如字嗅許又反注同

先進第十一

凡二十三章

先進包云謂仕也鄭云謂學也輩也必内反之中丁仲反猶近附近之近從我才用反注同德行下孟反鄭云以合前章皇別爲一章不說音悅即解音蟹人不間於其父母昆弟之言間廁之間注同三復息暫反又如字之玷丁簟反又丁念反可磨音摩妻之七細反康子問弟子孰爲好學呼報反一本作季康子鄭本同顔路回父也名由字季路之車音居無椁古郭反曰噫於其反痛傷之聲天喪如字亡也舊息浪反下及注同慟徒送反馬云哀過鄭云變動容貌從者才用反夫人音符下章夫人同之爲于僞反焉能於虔反語之魚據反誾誾魚巾反行行胡浪反剛貌或户郎

郎反侃侃苦旦反子樂音洛注同以壽音授仍舊魯讀仍爲仁今從古

貫古亂反事也藏才浪反藏名有中丁仲反注同不解音蟹故復

扶又反得中丁仲反師愈以主反與音餘爲之于僞反又如字注同賦稅

如銳反柴仕佳諧二反子羔音高左傳作子羔家語作子高禮記作子皐三字不同鈍也徒遜

反也辟匹亦反在邪似嗟反也喭五旦反之行下孟反叛普半

反本合作畔子曰回也其庶乎或分爲別章今所不用屢空力從反殖

市力反億則於力反度也屢中丁仲反雖數音朔空匱

其位反而樂音洛億度待洛反又徒洛反數子色主反下同踐迹本亦

作跡子亦反是與音餘鄙行下孟反遠于萬反悪古文臣字本今作臣

與音餘下同弑父音試費宰悲位反夫人音符惡夫上烏路反下音

符給應應對之應曾晳星歷反史記云曾蒧字晳侍坐才臥反又如字長乎

丁丈反　毋音無　吾以鄭本作已　難對乃旦反　治直吏反　先三人

悉薦反　千乘繩證反　饑音機鄭本作飢同　饉其靳反　比及必利反下同

知方何云方義方也鄭云方禮法也　哂詩忍反　非曰音越　小相息亮反注及下同

時見賢遍反　殷覜吐弔反本或作見　衣玄於既反　冠章古亂

反　視朝直遥反　鏗爾苦耕反投琴聲本今作瑟聲　舍瑟音捨　之撰

士免反具也鄭作僎讀曰詮詮之言善也　亦各言其志一本作亦各言其志也　莫春

音暮本亦作暮　冠者古亂反注同　浴乎音欲　沂水魚依反水名也　舞雩

音于　而歸如字鄭本作饋饋酒食也魯讀饋爲歸今從古　衣單於既反下音丹　袷古洽反

喟起愧反又苦怪反　夫三音符　也與音餘　焉於虔反本今無此字　宗廟會

本或作宗廟之事如會同非　非諸侯而何一本作非諸侯如之何

顏淵第十二

凡二十四章

也訒 音刃孔云難也鄭云不忍言也字或作仞 馬犂 力兮反史記作犁並云字牛 桓魋 徒回反 不疚 久又反 夫何 音符 浸潤 子鴆反 之譖 側鴆反 膚受 方于反 之愬 蘇路反 而去 起呂反下同 於斯三者 一讀而去於斯為絕句 棘子 紀力反 四馬 音四 鞟 苦郭反孔云皮去毛曰鞟鄭云革也 去 起呂反 別者 彼列反 饑 居其反鄭本作飢 盍 胡臘反 徹乎 直列反 而稅 舒銳反 辨惑 本亦作或 辨別 彼列反 惡 烏路反注同 亦祇 音支 此行 下孟反 吾焉得而食諸 本亦作焉得而食諸焉於虔反本今作吾得而食諸 片言 如字鄭云半也 以折 之舌反魯讀折為制今從古 也與 音餘 子路無宿諾 或分此為別章 無倦 其卷反亦作卷 懈倦 古賣反 博學於文 一本作君子博學於文 矣夫 音符 之帥 所類反又所律反字從巾同訓並與率同 情慾 音欲又羊住反

本今作欲 所好呼報反 焉用於虔反 仆也蒲北反 草尚尚加也本或作

上 夫達音符下同 而好呼報反 以下遐嫁反注同 而行下孟反 從

遊才用反 壇徒丹反 墠音善 脩慝吐得反 德輿音餘 問知

音智下同 錯諸或作措同七故反下同 枉紆往反 邪似嗟反 鄉也許亮反又

作歸同 吾見賢遍反 選於息戀反又息轉反下同 皐陶音遙 遠

矣如字又于萬反下同 忠告古毒反 善道導也 毋自音無 有相

切磋七何反本今作友 之道如字

子路第十三

凡三十章

勞之孔如字鄭力報反 先道道導也本今作導 說以音悅 曰毋倦上音

無下其卷反 焉知於虔反 其舍如字置也 之迂音于包云遠也鄭本

于也于在不中丁仲反下同濫罰力暫反所錯七故反本又作措學

稼音嫁爲圃布古反，又音布上好呼報反下同賓應應對之應夫如

是音符繦居文反又作襁同博物志云織縷爲之廣八寸長丈二以約小兒於背使於所吏反

蘧其居反瑗于眷反史鰌音秋苟完音桓期月音基注同勝

殘音外注同王者于況反又如字注同退朝直遥反周生烈云君之朝鄭云季氏朝何

晏於諫反其與音預不易以豉反而喪息浪反無樂音洛注同

葉公舒涉反注同本今作葉者說音悅莒居呂反父音甫注同毋欲音無

本今作無公語魚據反直躬孔云躬身也鄭本作弓云直人名弓攘羊如羊反有

因而盜曰攘父爲于僞反注同使於所吏反稱弟大計反亦作悌同行

必下孟反注同硜硜苦耕反噫於其反斗筲所交反竹器容斗二升

算悉亂反本或作筭數色主反狷音絹醫於其反善夫音符所

嗜常志反好呼報反惡烏路反注及下同易事以豉反下同難說音悅下同度才徒洛反剛毅魚旣反木訥奴忽反質樸普剝反遲鈍徒頓反偲偲音絲本又作愢怡怡以之反

憲問第十四

凡四十四章

在朝直遙反本今作在其朝好勝呼報反行之下孟反如字危行下孟反注及下同言孫音遜以遠于萬反宮适古活反本又作括羿音詣奡五報反盪上五報反下土浪反篡初患反后相息亮反寒浞仕捉反少康詩照反盡力律忍反溝洫況域反世皆王于況反矣夫音符勿勞力報反注同來之力代反裨諶上婢之反下時針反草創初向反制也依說文此是創痍字創制之字當作刅乘以繩證反本今作乘車以復治

扶又反掌使所吏反孫揮許歸反更此古衡反故鮮仙善反

騈邑蒲田反又薄亭反地名飯扶晚反蔬所居反本今作踈食如字又音颺注疏食同

當理丁浪反怨難乃旦反驕易以豉反公綽昌略反本又作繛滕

薛上徒登反下息列反之知音智孫紇恨發反下莊子皮彥反鄭云秦大夫

少時詩照反公孫拔皮八反不厭於豔反下同樂然音洛以防

音房不要一遥反所譖莊鴆反知不音智不辟音避譎而古穴

反詐也朝之直遥反狩本亦作守手又反公子糾居黝反注皆同召音邵民

慢武諫反從弟才用反殺襄申志反本今作弑九合諸侯不

以兵車史記云兵車之會三乘車之會六穀梁傳云衣裳之會十一范甯注云十三年會北杏又會柯

十四年會鄄十五年又會鄄十六年會幽二十七年又會幽僖元年會檉二年會貫三年會陽穀五年會首戴七年會甯

毋凡十一會鄭不取北杏及陽穀爲九也者與音餘又相息亮反下同被髮皮寄反

反下同 左衽 而審反一音而鴆反下同 大夫僎 本又作撰同士免反 公朝 直遙反

行如 下孟反 子曰衞靈公之無道 一本作子言鄭本同 夫如是

音符下同 不喪 息浪反下同又如字 仲叔圉 魚呂反 祝鮀 徒何反 各

當 丁浪反 其言之不怍 才洛反慙也 弒簡 本亦作殺同音試下同 而

朝 直遙反 先齊 側皆反亦作齋字 必沐浴 告夫 音符下同 故

復 扶又反下同 之三子告 本或作二三子吉非也 語之 魚據反 諫爭

下作去聲 爲己 于僞反注同 蘧伯玉 其居反 使者 所吏反下及注同 其

行 下孟反或如字 知者 音智 不惑 音或 方人 如字孔云比方人也鄭本作謗謂言人之過惡

夫我 音符 暇 行訝反 不億 於力反 怨 紆萬反又於袁反本或作寃 丘何

或作丘何鄭作丘何是本今作丘何爲是 驥 音冀古之善馬也 夫 音符 不怨 於袁反又於願反注同

不尤 鄭云尤非也 伯寮 力彫反 愬 悉路反 譖也 側鴆反 恚子

一睡反 市朝直遥反 也與音餘 辟世音避下同 適治直吏反 長沮七餘反 荷蕢上胡我反本又作何音同下其位反蕢草器也下皆同 楚狂接輿音餘 闇人音昏本或作昏同 者與音餘 契契苦計反一音苦結反 硜硜苦耕反 莫己音紀下斯已同 則揭起例反 揭揭上起例反下起列反又皆起例反 末之難如字或乃旦反 不解音蟹本今作不能解 諒音亮信也 陰如字然也 鄭讀禮爲梁鷃杜預解古傳爲諒闇貌也 中興丁仲反 治也直吏反本今作治者 上好呼報反 易使以豉反 病猶難乃旦反 原壤而丈反 夷踞音據 不孫帝孫 弟大計反 長無丁丈反 叩其音口又音扣 脛戶定反 傳賓直專反 者與音餘 不差初佳反一音初賣反

衛靈公第十五

凡四十九章

問陳直刀反注同　行列戶剛反　俎豆側呂反　絕糧音粮鄭本作粻音張下糧也　從者才用反　之難乃旦反　慍紆問反下同　見賢遍反下同

斯濫力暫反何云溢也鄭云竊也　者與音餘下非與也與同　以貫古亂反　鮮仙善反　而治直吏反　夫何音符　行篤下孟反下行不篤敬亦同　蠻貊亡白反說文作貌云北方人也　參於所金反注同　在輿音餘　倚於綺反注同　夫然音扶

梔音厄本今作軶　紳音申　大帶如字　史鰌音秋　行直下孟反　卷而卷免反注同　不與音預　不忤五故反　知者音智　易知以豉反　之輅音路本亦作路　越席戶括反　黈吐口反　纊音曠　盡善津忍反下同

遠佞上于萬反下乃定反　好德如好色並呼報反下章好行音同　者與音餘　遠怨于萬反注同　怨咎其九反　禍難乃旦反　行小慧音惠小才知魯讀慧為惠今從古　才知音智　為質本作君子義以為質鄭本略同　孫以音遜

不爭爭訟之爭與比毗志反誰譽音餘下及注同借人子夜反注同今亡矣夫音符衆惡之烏路反注同衆好之呼報反比周毗志反餒在奴罪反餓也知及音智注及下同涖之音利又音類子曰父在觀其志父沒觀其行集解無此章鄭本有云古皆無此章吾見蹈徒報反不復扶又反有種章勇反爲謀于僞反文艷以驗反晃見賢遍反在處昌慮反道與音餘相師息亮反注同馬云相導也鄭云相扶也

季氏第十六

凡十四章

顓音專臾音瑜顓臾附庸國也見於賢遍反宓音密又音伏本亦作伏羲許宜反過與音餘下同相其息亮反爲之上音下僞反夫顓臾音符下今夫疾夫云如是並同邦域邦或作封周任音壬注同度巳待洛反焉用

於虔反　相矣息亮反注同下相夫子同　虎兕徐履反　於匣戶甲反本今作柙

於櫝音獨下同　檻戶覽反　匱也其位反　於費悲位反注同　必爲

子孫憂本或作後世必爲子孫憂　疾夫音符　舍曰音捨注同　政治直吏

反本今作理　離析星歷反　邦內鄭本作封內　盾食允反又作楯並　不

在顓臾或作不在於顓臾　乾侯音干　陪臣蒲回反　陪重直龍反

政逮音代一音第　故夫音符　便辟上婢綿反下婢亦反注及下皆同　便佞

乃定反　三樂五教反下不出者同　禮樂音岳　驕樂音洛下宴樂同　佚遊本亦

作逸音同　三愆起虔反　躁早報反魯讀躁爲傲今從古　隱匿女力反　之瞽

音古　趣鄉許亮反本又作向　少之詩照反　在鬭丁豆反　在得或作德非

易知以豉反　恢䟽苦回反　狎大戶甲反　侮聖亡甫反　忿芳吻反

思難乃旦反　如探吐南反　蒲坂音反　華山如字又戶化反　謂與音餘

陳亢音剛又苦浪反鯉音里伯魚名也之遠于萬反之稱尺證反下同嫡

妾丁歷反本又作適同

陽貨第十七

凡二十四章

歸孔子如字鄭本作饋魯讀爲歸今從古豚徒門反故遺唯季反塗字當作途音徒不治直吏反好從呼報反注同而亟去冀反謂知音智注同數色角反強賢其丈反莧爾華版反本今作莞焉用於虔反易使以豉反注同從行才用反弗擾而小反以費悲位反不說音悅夫召音符佛音弼肸許密反磨而末多反不磷力刃反薄也涅而乃結反說文云謂黑土在水中者也不緇側其反皁才早反能汚汚辱之汚一音烏又烏故反匏瓜上薄交反下古花反焉能於虔反瓠戶故反一

處昌慮反下同六蔽必世反知音智吾語魚據反好仁呼報反下同夫詩
所適丁歷反相爲于僞反也絞交卯反妄抵丁禮反夫詩
音符以興許應反注同以觀如字注同切磋七何反怨刺七賜反邇之
音爾召南上實照反下及注同也與音餘淑女受六反下如字如鄉許亮反又
作向同內荏而審反柔也穿窬音踰本又作窬音同說文作穿窬木戶郭璞云門邊小竇
音史一音豆與音餘鄉原如字又許亮反是敗亂敗或作賊字趣鄉
許亮反本今作向則傳直專反說之音悅與哉音餘本或作無哉邪
媚上似嗟反下武冀反廉魯讀廉爲貶今從古忿戾力計反惡紫烏路反下同閒
色閒廁之閒其邪似嗟反覆芳服反注同能說音悅本今作悅天何言
哉魯讀天爲夫今從古孺悲而樹反字亦作孺爲其于僞反令將力呈反期
已久矣音基下同一本作其鑽子官反燧音遂期可居宜反更火古衡反一

音古孟反柘章夜反柞檜上子各反下羊从反又音由槐音懷食夫上音嗣下

音符下同衣於既反不樂音洛昊天胡老反博弈音亦爲其

于僞反據樂五教反又音樂淫慾音欲又羊住反本今作欲有惡烏路反除稱人

之惡注爲惡三字餘同音好稱呼報反而訕所諫反而窒珍栗反魯讀窒爲室今從古

徼以古堯反鄭本作絞古卯反爲知音智抄也初交反不孫音遜下同許

以居謂友攻人陰私說文云面相斥字林紀列反近附近之近遠之于萬反見惡烏故反注

同善行下孟反

微子第十八　凡十四章

紂之直又反行異下孟反三息暫反又如字黜勑律反焉往於虔反

當復扶又反枉道紆往反齊人歸如字鄭作饋其貴反女樂並如字注

同不朝直遥反注同接輿音餘下同乃見賢遍反可復扶又反下同

辟亂音避下同殆而魯讀期斯已矣今之從正者殆今從古孔子下包云下車也鄭云下堂出門也長沮七餘反桀溺乃歷反耦而吾口反廣古曠反夫執音符丘與音餘言數所角反處也昌慮反下同孔子之徒與音餘一本作子是本今作孔丘之徒與滔滔吐刀反鄭本作悠悠治亂直吏反空舍音捨辟人音避耰音憂不輟張劣反覆種章勇反下字同憮音呼又音武徒與誰與並如字又並音餘子路從才用反荷何可反又音何蓧徒弔反本又作條又作莜不分包云如字鄭扶問反云猶理而索所白反植其音值又市力反而芸音云多作耘字芸香草也倚也其綺反拱居勇反而食音嗣見其賢遍反以語魚據反長幼丁丈反已知音紀一音以朱張並如字衆家亦爲人姓名王弼注朱張字子弓荀卿以比孔子鄭作侏張云音陟留反少連詩照反下同齊與音餘之朝直遥反言中丁仲反下同應倫應對之應下同思慮息嗣

反又如字 摯不復 扶又反 廢中 方肺反馬云棄也鄭作發動貌 大師 音太 亞 於嫁反

摯 音至 飯 扶晚反下同 繚 音了 缺 窺悅反 播 彼佐反搖也 鼗 徒刀反亦作鞉

少師 詩照反 不弛 舊音絁又詩紙反又詩豉反孔云以支反一音勑紙反落也並不及舊音本今作施

施易 音亦下同 周有八士 鄭云成王時劉向馬融皆以為宣王時 伯适 古活反 季

騧 古花反 四乳 如注反又如主反 生 所幸反又如字

子張第十九

凡二十五章

焉 於虔反注同 為亡 如字無也 而矜 居陵反 賢與 音餘下同 距 具呂反鷄爪也本今作拒下同 汎 芳劒反 恐泥 乃細反下同 泥難 乃旦反 謂好 呼報反

不解 音蟹 儼然 魚撿反本或作嚴音同 厲 如字下厲己同王云病也鄭讀為賴恃賴也己居止反下同 謗己 布浪反 洒掃 上色買反又所綺反正作灑下素報反本今作掃經典 應

對（抑證反）抑末（本末之末字或作未非也）曰噫（於其反）先傳（直專反注同）後倦（其眷反）必先厭（於豔反）區（羌于反）以別（彼列反注同）焉可（於虔反）誣（音無）有卒（子恤反）而優（音憂）行有（下孟反）陽膚（方于反）輕漂（匹照反）惡居（烏路反）以喪（息浪反）孫朝（直遥反）焉學（於虔反下不學同）未墜（直類反）語大夫（魚據反）於朝（直遥反）州仇（音求）闚（棄規反）之好（如字舊呼報反）數仞（色主反仞一作刃音同）不知量（音亮注同）爲知（音智下同）道之（音導）綏之（音雖）

堯曰第二十

凡三章

玄牡（茂后反）擅赦（市戰反）不蔽（必袂反）不與（音預）大賚（力代反賜也）權量（音亮注同）權秤（尺證反）則說（音悅注同）故傳（直專反）

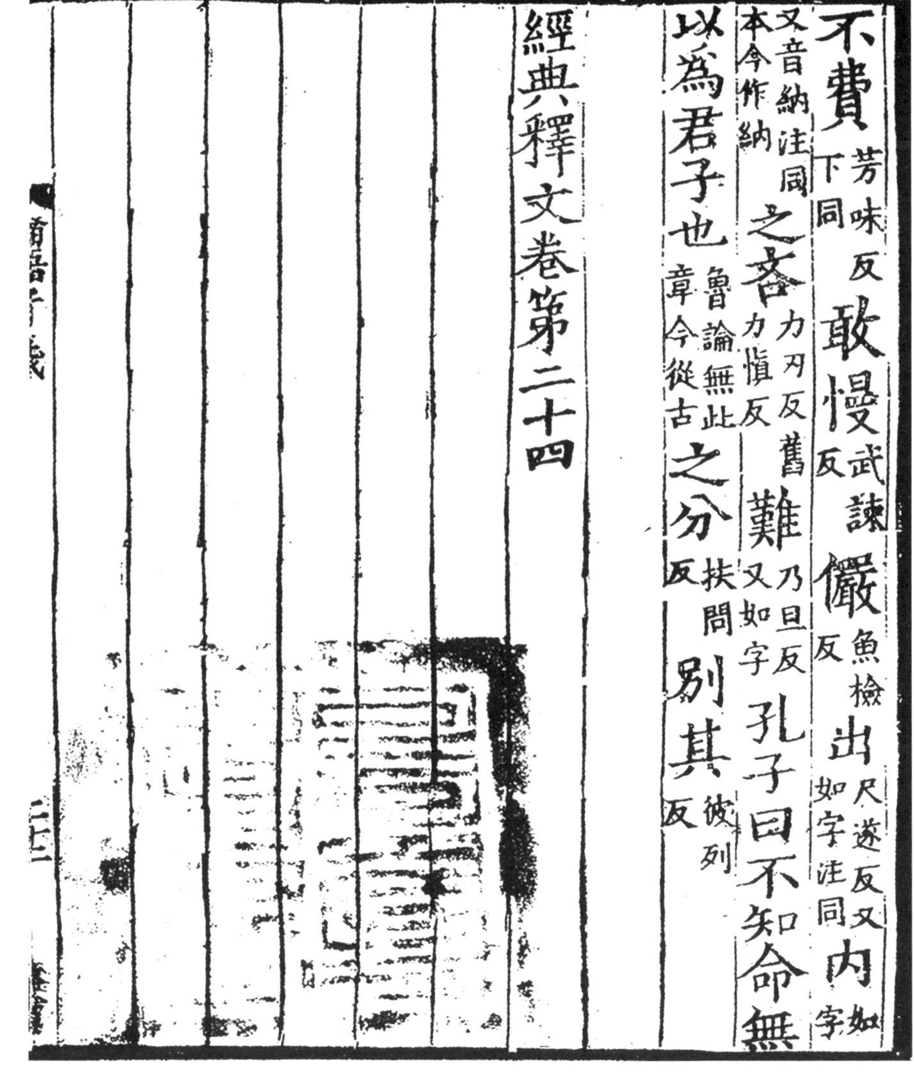

不費芳味反下同 敢慢武諫反 儼魚檢反 出尺遂反又如字注同 內如字又音納注同本今作納 之吝力刃反舊力愼反 難乃旦反又如字 孔子曰不知命無以爲君子也魯論無此章今從古 之分扶問反 別其彼列反

經典釋文卷第二十四

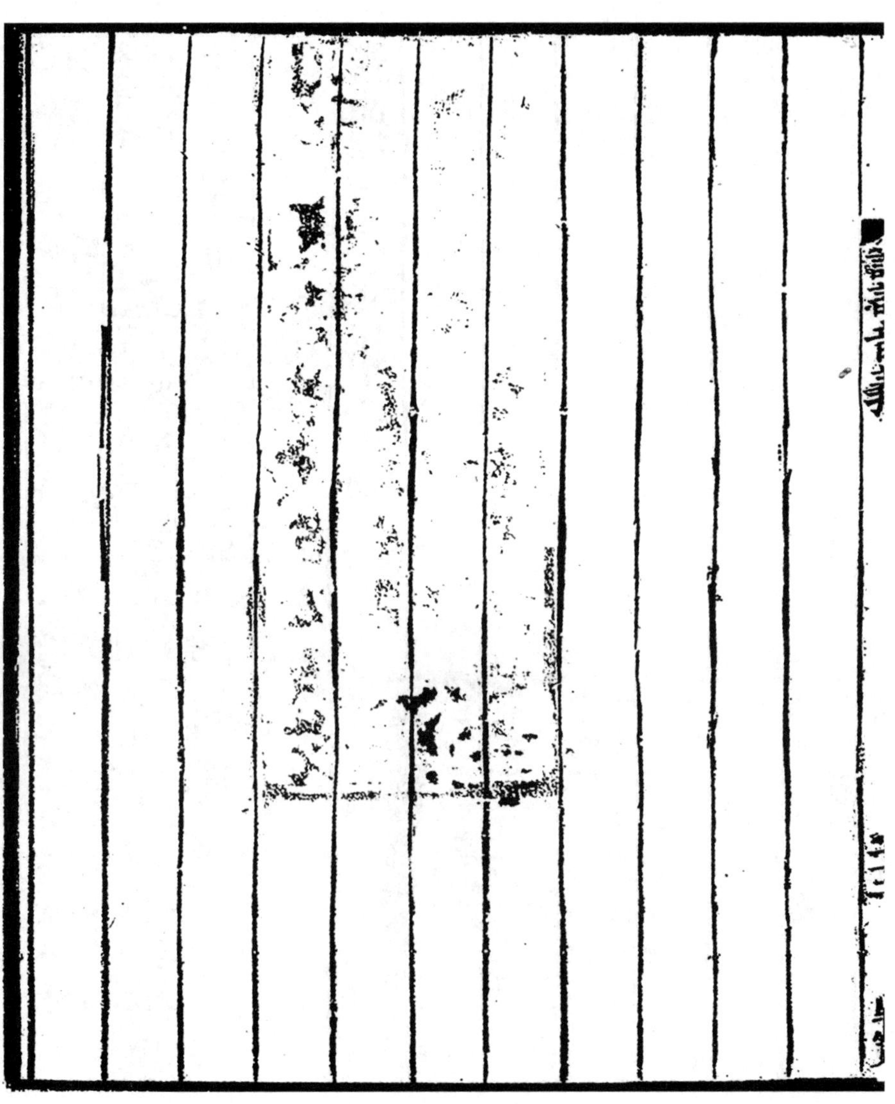

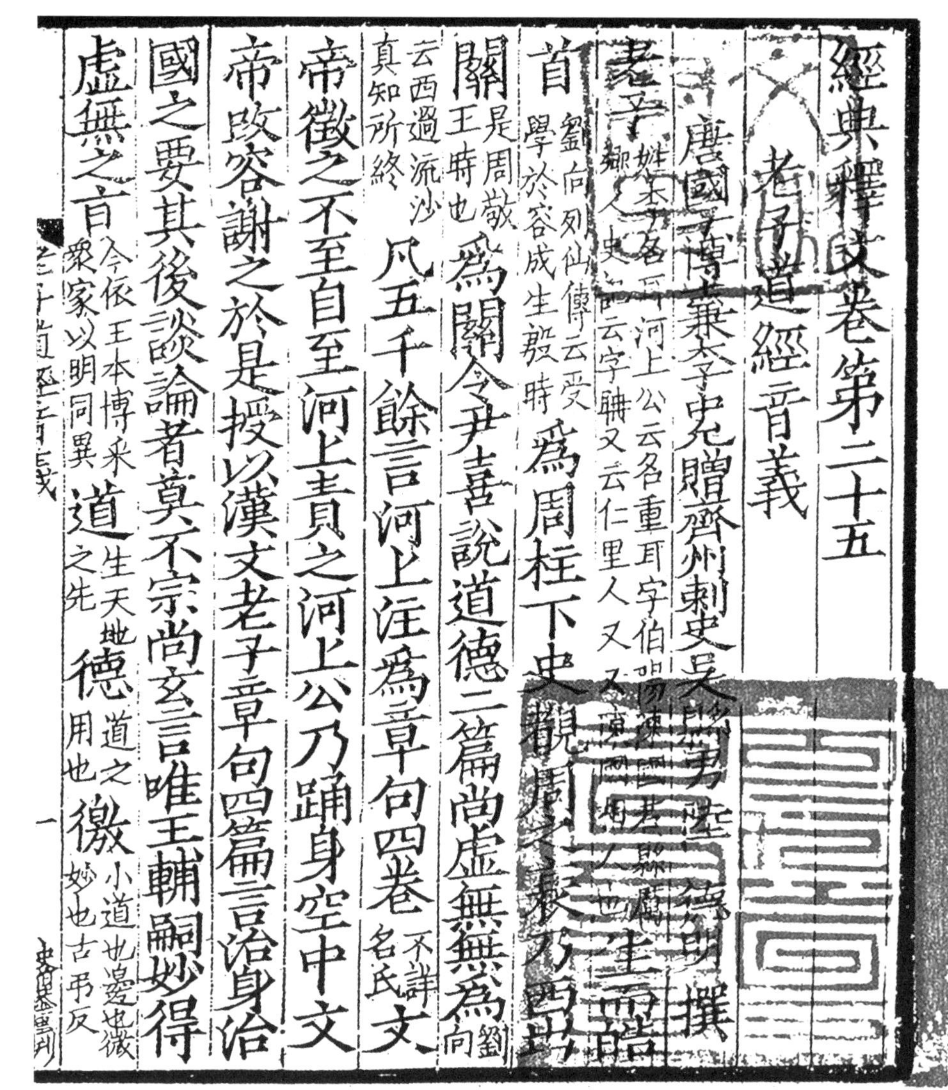

經典釋文卷第二十五

老子道經音義

唐國子博士兼太子中允贈齊州刺史吳縣開國男陸德明撰

老子 姓李名耳河上公云名重耳字伯陽陳國苦縣厲鄉人也史記云字聃又云仁里人又云陳國相人也 生而皓首 劉向列仙傳云受學於容成生殷時 爲周柱下史觀周之衰乃西出關 是周敬王時也 爲關令尹喜說道德二篇尚虛無無爲 劉向云西過流沙莫知所終 凡五千餘言河上注爲章句四卷 不詳名氏 文帝徵之不至自至河上責之河上公乃踊身空中文帝跪容謝之於是授以漢文老子章句四篇言治身治國之要其後談論者莫不宗尚玄言唯王輔嗣妙得虛無之旨 今依王本博采衆家以明同異

道 生天地之先 德 道之用也 徼 小道也邊也徼妙也古弔反

較音角又校量深淺也傾高下不正皃去營反弱其志心虛則志弱也本無爲字隆之

稱尺證反一本作號一本作名也曷河葛反何也爲而常校音教能相射

食亦穿音川竅音俞又音豆探吐南反聖人之治直吏反強其良

反又作彊使夫音符知者音智道沖直隆反不盈本亦作滿淵首

河上作平挫子臥反銳悅歲反解其紛拂云反河上云芬湛直減反夫扶又

執一家之量音亮贍音涉豔反滿以造實士報反又復扶又

反不盈或作滿不能累力僞反萬物舍音捨又作舍汙音烏

而不渝羊朱反以萬物爲芻楚俱反狗古口反治直吏反

爲于僞反下有爲不爲皆同其猶橐他各反籥音藥掘求物反又河

作屈屈竭也顧作掘云猶竭也動而愈出羊主反又羊朱反排扶拜反

囊乃□反空洞同貢反多言數窮王云理數也顧云勢□也

足以共音恭亦音拱 谷古木反中央無者也河上本作浴浴者養也 玄牝頻忍反舊云扶

比反簡文扶緊反 中央無一本作空 私邪河上直云以其無私 處本合作居 惡烏路

反注作同也 幾音機近也又一音祈 善治直吏反 揣初委反又丁果反志瑞反顧云治也簡文

章標 而梲音銳梲字音菟奪反又徒活反河上作銳 末令力征反 尖子廉

反 勢必摧粗雷反 衄女六反 滿堂本或作室 自遺唯季反以之反 咎求九

反 功遂本又作成 四時更音庚 能無離力智反 滌徒歷反 疵在斯

反 邪似嗟反 物介音界 民治河上本又作活 以求匿他得反 辟匹亦

反 開闔戶臘反 不昌尺亮反 而處昌慮反 以知乎音智河上本又

直作 恃河上本作侍 長丁丈反 三十輻音福車輻亦是 共一轂古木反車

轂 當丁浪反 無有車音居又去於反 埏始然反河上云和也宋衷注本云經同聲類云柔也

字林云長也君連反又一曰柔挻方言云取也如淳作繫 埴市力反河上曰上也司馬云埴土可以為器釋名云埴膩

杜弼云埴黏土也 鑿戶在各反 五色青赤白黑黃也 令力征反 盲陌庚反 五
音宮商角徵羽也 聾力東反 五味酸鹹甜辛苦也 口爽爽差也河上云亡也
騁敕領反 狂求匡反 令人行下孟反 妨芳音反 去羌吕反 寵辱簡文
云寵得也 若驚顧云若而也 貴重也河上公畏也 大患若身河上
云空辱失也 何謂寵辱若驚河上本無若驚二字 身為于僞反 易以豉
反 名武征反 曰夷顧云平也鍾會云滅也平也 曰希希疏也靜也 搏音博簡文
補各反 曰微細也 致詰起吉反 故混戶本反 不皦古曉反明式云胡老反
不昧梅對反 繩食陵反又民忍反梁帝云無涯際之皃顧云無窮不可序或云寬急河上本作繩
復音服 恍虛往反 治直吏反 強其丈反 豫如字本或作懊簡文與此同也 儼
魚檢反 樸普角反又作朴 混胡本反 蔽必世反王云覆蓋也鍾婢世反梁武同也 蔽覆
芳富反 生長丁丈反 卒千恤反又尊恤反 凡物夫本作 則物離力智

反其分扶問反虎兕徐子反無所容鋒刃芳逢反大上
音太王云太上謂大人也顧云太古上德之人也行施始致反次侮云甫反疵字斯反
釁許靳反悠孫登張憑杜弼俱作由一本猶用也有應應對之應知慧音智趣
七喻反或音促覿形見賢遍反大惡烏路反治直吏反則濡而朱反又
而注反百倍蒲罪反令力征反所屬之欲反注同見賢遍反抱樸
普角反之善一本作傑行下孟反唯遺癸反舊云維水反相去欺慮反幾
居豈反燕於見反雀將略反鳩九求反鴿古合反有仇音求氈之然
反本作旃裘音求續鳧音符截昨結反鵠戶各反衆人熙熙許其
反若亨普庚反殺煑也簡文許庚反河上公作嚮嚮用也牢力刀反廓苦郭反河上本
作怕普白反咳胡來反說文字本或作孩儽儽兮力追反一本日攍益也敗也欺也說文音雷古
本河上作乘乘兮所別彼列反析星歷反所好呼報反沌本又作忳徒損反又

徒門反簡文音頓 俗人昭昭[章遙反本作照] 一悶悶[加字] 澹兮其若
海[徒紺反古本河上作忽兮若海嚴遵作忽兮若晦] 飂[力幽反梁作飄簡文云數遙反河上飄兮] 繫
縶[張立反一作執] 母[如字] 德之容[鍾云法也簡云狀也] 怳[況往反又呼廣反] 窈[烏了反]
冥[莫經反] 誂[一云怳] 狀哉[河上一本直云吾何狀也] 見[賢遍反] 枉[音往] 窪[烏瓜反]
反簡文烏麻反顧云洿 蔽[必世反] 轉遠[于萬反] 自見[賢遍反] 彰[音章] 淡
徒暫反一作澹 故飄[毗遙反扶遙反] 驟[狀救反] 道者於道[河上於道者絕句] 企
者[苦賜反河上作跂] 跨[苦化反] 餘食贅[專稅反疣贅也簡文云之瞀反河上云贅]
貪也 行[下孟反注同] 郤至之行[去逆反郤至晉大夫自伐事見左傳成公十六年] 更
爲肬[音尤] 惡[烏路反] 混成[胡本反] 先天[悉薦反] 宋[本亦作寂] 寞
音莫河上云寥空無形也鍾會作飂云空跡無質也 而不殆[田賴反危也] 稱[尺證反] 強[其丈
反] 亦復[扶又反] 重爲輕[起政反] 躁[早報反] 離[音利] 輜[側其反]

重直用反榮觀古亂反宴處於見反簡文云謂靜思之所宴居也[illegible]萬

乘之主繩證反謂天子也輕則失本河上作臣躁則失君失謂

君位喪息浪反善行下孟反無徹[illegible]梁云應車邊今作邊者古字少也跡河上

作迹無瑕下家反疵過也謫直革反譴責也不別彼列反善數色主反簡文色

具反河上作許籌直由反策初厄反楗其偃反距門也所好呼報反裕羊注

反長丁丈反谿苦奚反或作溪不離力智反摸莫胡反不忒吐得反顧

云差也爽也樸普角反官長丁丈反百行下孟反故為于僞反無

割乾遏反物或歔音虛河上本作吹許具反羸力為反或挫作卧反搦也簡

文在則反汗上作載隳許規反毀也去羌呂反其事好呼報反還音旋治

直吏反凶年天應惡氣災害五穀盡傷人也難乃旦反當復扶又反佳格牙

反善也河上飾也惡烏路反恬拺嫌反本或作栝梁武音膽澹徒暫反本亦作惔音同又音談

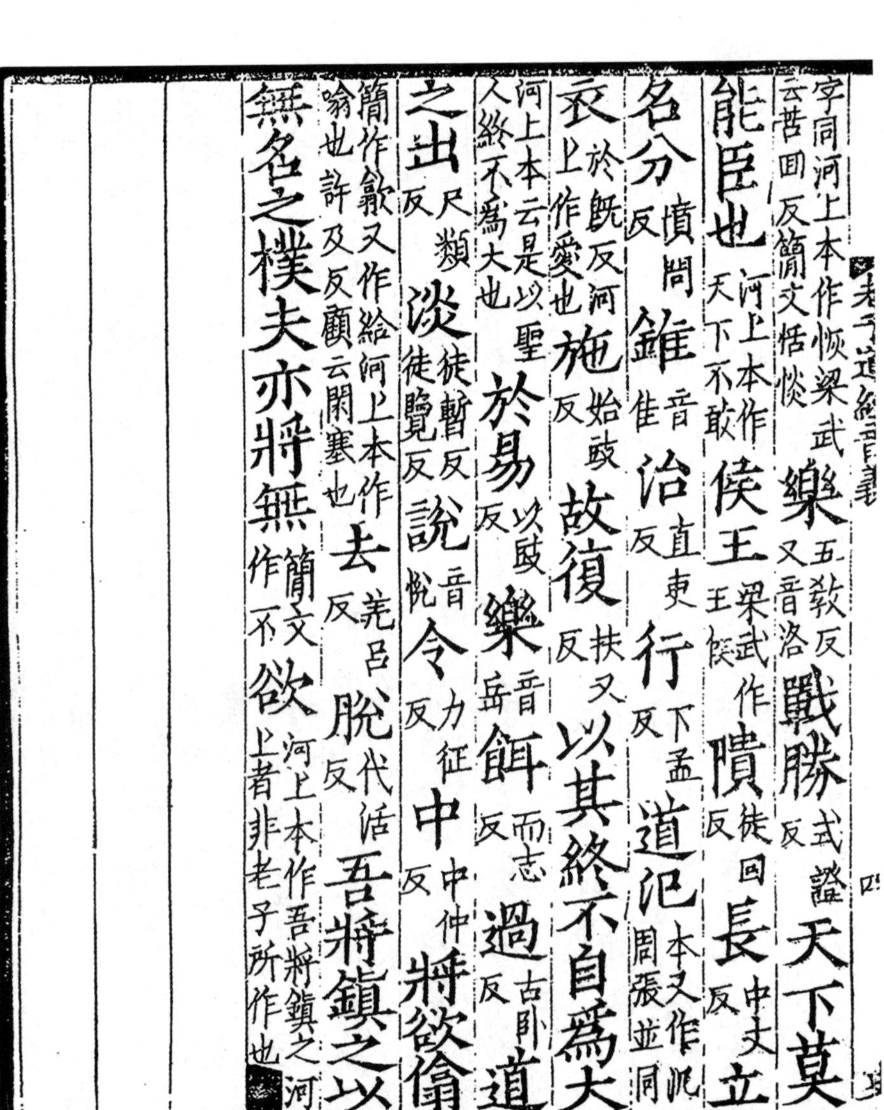
字同河上本作恢梁武云苦回反簡文恬惔 樂 五教反又音洛 戰勝 式證反 天下莫
能臣也 河上本作天下不敢 侯王 梁武作王侯 隤 徒回反 長 中丈反 立
名分 憤問反 錐 音隹 治 直吏反 行 下孟反 道氾 本又作汎周張並同
衣 於既反河上作愛也 施 始豉反 故復 扶又反 以其終不自爲大
河上本云是以聖人終不爲大也 於易 以豉反 樂 音岳 餌 而志反 過 古卧反 道
之出 尺類反 淡 徒暫反徒覽反 說 音悅 令 力征反 中 中仲反 將欲翕
簡作歙又作給河上本作喻也許及反顧云閉塞也 去 羌呂反 脫 代活反 吾將鎮之以
無名之樸夫亦將無 簡文作不 欲 河上本作吾將鎮之河上者非老子所作也

老子德經音義

德者得也道生萬物有得獲有故名德經四十四章一本四十三

應對如字 則攘 若羊反 臂 必寐反 而扔 人證反又音仍引也因也字林云就也數也原

故去 羌呂反 無喪 息浪反 必見 賢遍反 肌 巳其反又音既 無所偏

音遍 之量 音亮 毋 莫后反 舍本 音捨 博施 始豉反 偏 音篇 抑 於

反 亢 苦浪反 忿枉 紆放反 尚好 呼報反 敬校 音教 爲贍 市艷反 治

直吏反 穢 於廢反 耽 都南反 行 下孟反 遠 于万反一本作弃 裂 力竭反 恐

歇 許謁反 將恐蹶 蹇月反其月反又[illegible]衛反 數 色主反 譽 遥注反毀譽也 琭

音祿 珞 音洛又音歷 昧 梅對反 夷道若纇 雷對反簡文云之也河上作類一本作纇

內 如鋭反又若對反 不見 賢遍反 全別 彼列反 有分 符問反 炎 于沾反

貸 吐代反 恭 一作供 裁 音才又才代反 所惡 烏路反 稱 尺證反 可舍

音捨 愈遠 于萬反 非強 其丈反 騁 敕領反 折 章舌反又常列反 名好

呼報反 無厭 於鹽反又於艷反 費 芳貴反 藏 才良反 鈌 窺悅反 獘 婢曲
反 不爲 于僞反 屈 丘物反僞也 訥 奴忽反 躁 早報反 罷 音皮除却也
糞 弗問反 禍莫大於不知足 河上本有此句上有罪莫大於可欲一句 咎
其九反 不窺 起規反 美牖 二同由九反 摶 波洛反 歙歙 許及反一本作惵惵
河上本作惵顧云許葉反危懼皃簡文云河上公作怵 渾 胡本反 注 之樹反 咳 胡來反本或作
孩 晃 音勉 旒 音留說文作瑬 充 如字 黈 吐口反 纊 若放反 戚 七歷反 於
慢 武晏反 其徑 經定反 喪 息浪反 所適 丁歷反 舍 音捨 兕
徐履反 被 皮彼反 投 音頭 錯 七路反 而令 力征反 鋒 芳逢反 累
劣僞反 黿蚖 二並音元 蟺 徒多反又音蟺又本作蟮 襲 音習 鷹 憶矜反 鸇
之然反 埤 音婢 矰 作能反 繳 諸若反 網 亡兩反 罟 音古 卒 子戌反 餌
離 音利 稱 尺證反 長 張丈反。 亭之 如字剔也 毒之 徒篤反今作

孰 庇必寐反又音秘亦作芘 麀於鳩反 復扶又反又音服 其兑徒外反簡云言銳河上本作銳銳自言也 見賢遍反 小 曰音越 遺唯季反 介音界 好呼報反

徑經定反邪徑 復扶又反 朝直遙反 絜好如字 蕪音無 厭於艷反

夸口花反 盜夸非道也哉河上本同 不拔皮八反顧云私 齊才細反

不輟張劣反 孫 傳直專反 比必履反 蜂芳逢反 蠆勅賣反

虺虛鬼反 蛇食奢反 螫失亦反又呼各反河上云毒蟲不螫 攫俱縛反 不

搏音博 筋柔居勤反筋者俗 而握於學反 知牝頻忍反 牡牟后反

之合而全作全如字河上作峻子和反本一作朘說文子和反又子壘反云赤子陰也子垂反

終日號戶毛反 不嗄一邁反氣逆也又於介反而聲不嗄當作噫 則夭於驕反又於表反

強其良反 壯側諒反 挫子卧反 銳悅歲反 令力正反 去羌呂反

大曰五十五

不劌居衞反河上作害傷也 污音烏 僻匹亦反 激經覓反又古堯反 拂芳佛

反不燿以照反匿女力反莫如嗇生力反河上云貪也去羌呂反早

復音服謂之重直容反柢丁計反亦作蔕亨普庚反不當加火小鮮

音仙以道莅力至反字說文作𨽻■無此治直吏反牝頻忍反靜復扶又

反以下遐嫁反則取七喻反又七俞反畢下遐嫁反過古禾反又古卧反

奧於六反暖也河上烏報反曖音愛暗也說文作僾庇必寐反本祕蔭於鴆反尊

行下孟反有拱居勇反璧并歷反以先悉薦反所以爲

于僞反不曰于月反淡徒暫反於其易以豉反必多難乃旦

反其脆七歲反河上本作膬昌蚩反易泮普半反於累劣被反老

敗必賣反施始志反辟匹亦反好呼報反令力征反復以扶又反

稽式古兮反嚴河上作楷式善下言下遐嫁反厭於艷反夫音扶

大絕句以陳直忍反費芳味反匱其貴反器長張反

舍音捨而不辟音避於難乃旦反卒尊忽反帥所類反爲于僞
反無行戶剛反攘若羊反扔音仍幾音祈音機易以豉反被音備
裼戶葛反無狎戶甲反無厭於艷反離力智反物擾而小反辟
匹亦反不能復扶又反潰戶對反見賢遍反故去羌呂反之所
惡烏路反猶難乃旦反繟音闡坦吐但反梁王尚鍾會孫登張嗣本有此坦平大皃河
上作墠墠寬也旦尺善反又上單反也而見賢遍反凶先悉薦反恢苦回反是
大匠斲陟角反治直吏反僻匹亦反強其兩反舊其良反柔脆七歲
反枯槁苦老反與音餘抑於力反之量音亮身去羌呂反天下
莫柔弱於水河上本作天下柔弱莫過於水垢古口反和大怨紆万反契
苦計反不令力征反伯絕句河上本不令貨音賄賂音路輿音餘河上曰車
使人復音服又扶又反樂音洛人已音基倚愈音與而不爭

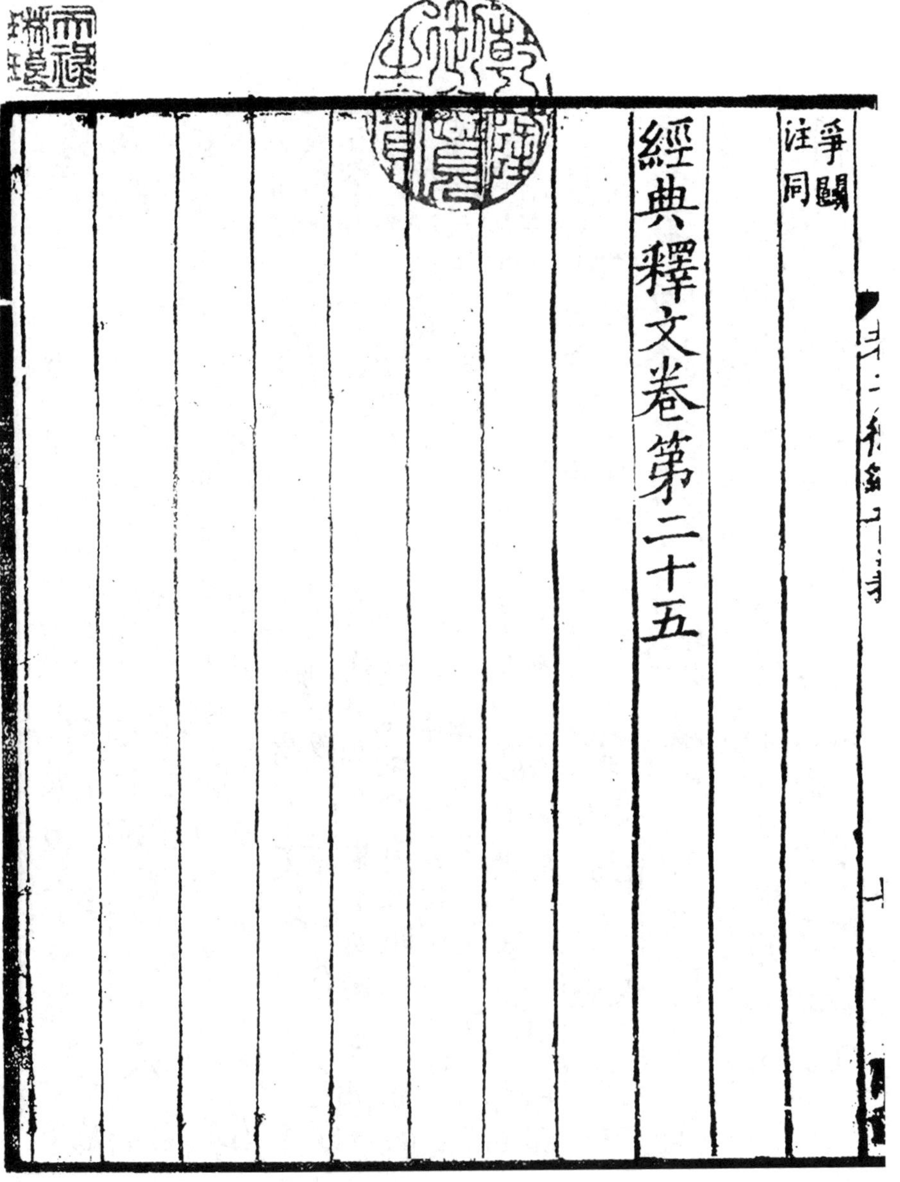

爭鬭注同

經典釋文卷第二十五

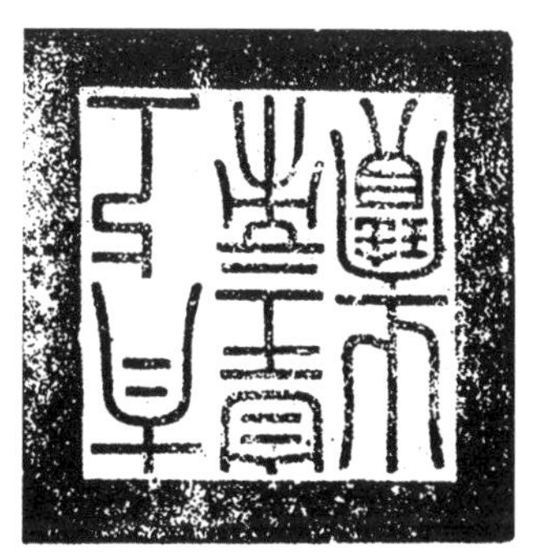

宋本經典釋文

第六册

唐 陸德明撰

宋刻宋元遞修本

山東人民出版社·濟南

五福五代堂古稀天子寶

八徵耄念之寶

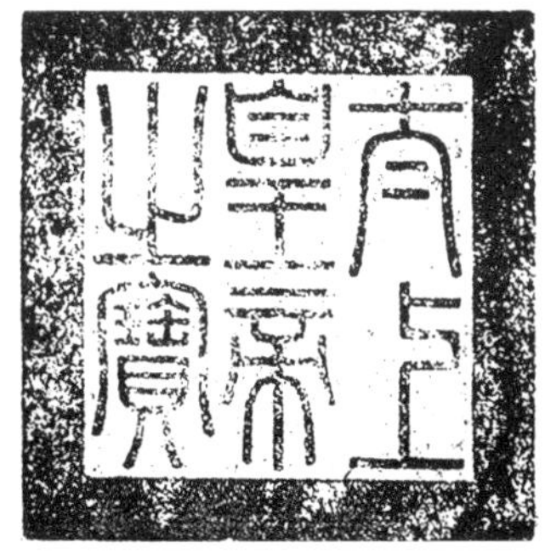
太上皇帝之寶

經典釋文卷第二十六

莊子音義上 内篇七

唐國子博士兼太子中允贈齊州刺史吳縣開國男陸德明撰

内篇 内者對外立名說文云篇書也字從竹從艸者草名耳非也 逍 音銷亦作消 遥 如字亦作搖 遊 如字亦作游逍遥遊者篇名義取閒放不拘怡適自得 第一 郭象

注

夫小大 音符 之場 直良反 事稱 尺證反 各當 丁浪反 其分 符問反 北冥 本亦作溟覓經反北海也嵇康云取其溟漠無涯也梁簡文帝云窅冥無極故謂之冥東方朔十洲記云水黑色謂之冥海無風洪波百丈 鯤 徐音昆李侯温反大魚名也崔譔云鯤當爲鯨簡文同 其幾 居豈反下同 鵬 步登反徐音朋郭甫登反崔音鳳云鵬即古鳳字非來儀之鳳也說文云朋及鵬皆古文鳳字也朋鳥象形鳳飛羣鳥從以萬數故以鵬爲朋黨字字林云鵬朋黨也古以爲鳳字 夫莊 音符發句之端皆同 性分 符問反下皆同 達觀 古亂反 宜

要一遥反垂天之雲司馬彪云若雲垂天旁崔云垂猶邊也其大如天一面雲也海

運司馬云運轉也向秀云非海不行故曰海運簡文云運徙也豈好呼報反下皆同大處

昌慮反下同何㬂七故反本又作措齊諧戶皆反司馬及崔並云人姓名簡文云書志

怪志記也怪異也水擊崔云將飛舉翼擊水踉蹌也踉音亮蹌音七亮反摶徒端反司馬云

摶飛而上也一音博崔云拊翼徘徊而上也扶搖徐音遥風名也司馬云上行風謂之扶搖爾雅云扶搖謂之飇

郭璞云暴風從上下也而上時掌反注同自勝音升下同決然喜缺及下同

數仞色主反下同非樂音嶽又五孝反搶七羊反枋音方野馬司馬

云春月澤中遊氣也崔云天地間氣如野馬馳也塵埃音哀崔云天地間氣蓊鬱似塵埃揚也

相吹如字崔本作炊所馮皮冰反本亦作憑色邪也差反助句不定之辭後放此

且夫音符覆芳服反杯崔本作盃坳堂於交反又烏了反李又伊力反崔云

堂道謂之坳司馬云塗地令平支遁云謂有坳垤形也芥吉邁反徐古邁反一音古黠反李云小草也

則膠徐李古孝反一音如字崔云膠著地也李云黏也稱事尺證反後同其濟子細反本又作齊如字之生本亦作主字至當丁浪反後皆同而後乃今培音裴重也徐扶杯反又父宰反三音扶北反本或作陪風絶句背負青天一讀以背字屬上句天於表反司馬云折也閼徐於葛反一音謁司馬云止也李云塞也蜩音條司馬云蟬學鳩如字一音於角反本又作鷽音同本或作鸒音預崔云學讀爲滑滑鳩一名滑雕司馬云學鳩小鳩也李云鶻鵰也毛詩草木疏云鶻鳩班鳩也簡文云月令云鳴鳩拂其羽是也我決向徐喜缺反李呼穴反李頤云疾貌搶七良反司馬李云猶集也崔云著也支遁云搶突也榆徐音踰木名也枋徐音方李云檀木也崔云本也或曰木名控苦貢反司馬云投也又云引也崔云叩也莽莫浪反或莫郎反蒼七蕩反或如字司馬云莽蒼近郊之色也李云近野也支道云家間也崔云草野之色三飡七丹反果然徐如字又苦火反衆家皆云飽貌舂東容反糧音良小知音智本亦作智下大知并注同下年知放此跂尚丘豉反後同累物劣僞反下皆同朝菌徐其隕反司馬云大芝也天陰生糞上見日則

死一名日及故不知月之終始也崔云糞上芝朝生暮死晦者不及朔朔者不及晦支遁云一名舜英朝生暮落潘尼云木槿

也簡文云欻生之芝也欻音況物反**晦朔**朔旦也晦冥也**惠**本亦作蟪同**古**音姑司馬云蟪蛄寒蟬也

一名蝭蟧春生夏死夏生秋死崔云蛁蟧也或曰山蟬秋鳴者不及春春鳴者不及秋廣雅云蟪蛄蛁蟧也案即楚詞所

云寒螿者也蝭音提蟧音勞又音遼蛁音彫螿音將**冥**本或作榠同**靈**李頤云冥靈木名也江南生以

葉生爲春葉落爲秋此木以二千歲爲一年**大椿**丑倫反司馬云木一名櫄櫄木槿也崔音櫄華同李云生江南

一云生北戶南此木三萬二千歲爲一年**彭祖**李云名鏗堯臣封於彭城歷虞夏至商年七百歲故以久壽見聞世

本云姓籛名鏗在商爲守藏史在周爲柱下史年八百歲籛音翦一云即老子也崔云堯臣仕殷世其人甫壽七百年王

逸注楚辭天問云彭鏗即彭祖事帝堯彭祖至七百歲猶曰悔不壽恨枝晚而唾遠云帝嚳之玄孫**特聞**如字

崔本作待聞**之縣**音玄**豪分**符問反又方云反**棘**李云湯時賢人又云是棘子崔云齊

諧之徒識冥靈大椿者名也簡文云一曰湯廣大也棘狹小也**窮髮**李云髮猶毛也司馬云北極之下無

毛之地也崔云北方無毛地也案毛草也地理書云山以草木爲髮**其廣**古曠反**數千**色主反下同

角司馬云風曲上行若羊角而上時掌反下同且適如字舊子餘反下同斥如字司馬云小澤也本亦作尺崔本同簡文云作尺非鴳於諫反字亦作鷃司馬云鴳鴳雀也騰躍曲若反翺翔五刀反蓬蒿好刀反知效音智下同行下孟反比毗至反徐扶至反李云合也而徵如字司馬云信也崔支云成也宋榮子司馬李云宋國人也崔云賢者也猶然笑之崔李云猶笑貌案謂猶以爲笑譽之音餘加沮慈呂反敗也之竟居領反能復扶又反數數音朔下同徐所祿反一音桑縷反司馬云猶汲汲也崔云迫促意也簡文所喻反謂計數故閒音閑本亦作閑未樹司馬云樹立也未立至德也列子李云鄭人名御寇得風仙乘風而行與鄭穆公同時泠音零六氣司馬云陰陽風雨晦明也李云平旦爲朝霞日中爲正陽日入爲飛泉夜半爲沆瀣天玄地黃爲六王逸注楚辭云陵陽子明經言春食朝霞朝霞者日欲出時黃氣也秋食淪陰淪陰者日沒已後赤黃氣也冬食沆瀣沆瀣者北方夜半氣也夏食正陽正陽者南方日中氣也并天玄地黃之氣是爲六氣沆音戶黨反瀣音下界反支云天地四時之氣之辯如字變也

崔本作和　惡乎音烏　无已音紀注同　而王于況反本亦作至　於針之林反或之鳩反　堯唐帝也　許由隱人也隱於箕山司馬云潁川陽城人簡文云陽城槐里人李云字仲武　爝本亦作燋音爵郭祖繳反司馬云然也向云人所然火也一云爝火謂小火也字林云爝炬火也子召反燋所以然持火者子約反　浸子鴆反　灌古亂反　天下治直吏反下已治注天下治而治者也既治而治實而治者得以治音同　能令力呈反下同　稷契息列反皆唐虞臣也稷周之始祖名棄契殷之始祖名　能離力智反　玄應應對之應　汎乎芳劍反　非夫音扶下明夫同　鷦子遙反　鷯音遼李云鷦鷯小鳥也郭璞云鷦鷯桃雀　偃鼠如字李云鼷鼠也說文鼢鼠一曰偃鼠鼢扶問反　歸休乎君絶句一讀至乎字絶句君別讀　懷豁呼活反　樂推音洛　不厭於艷反　庖人鮑交反徐扶交反掌廚人也周禮有庖人職　尸祝之六反傳鬼神辭曰祝　樽子存反本亦作尊　俎徐側吕反　肩吾李云賢人也司馬云神名　連叔李云懷道人也　接輿本又作與同音餘接輿楚人也姓陸名通皇甫謐云接輿躬耕楚王遣使以黃

黃百鎰車二駟聘之不應無當丁浪反司馬云言語宏大無隱當也驚怖普布反廣雅云懼也

大有音泰徐勑佐反逕徐古定反司馬本作莖庭勑定反李云逕庭謂激過也不近

附近之近藐音邈又妙紹反簡文云遠也姑射徐音夜又食亦反李實夜反山名在北海中

肌居其反淖郭昌略反又徒學反字林丈卓反蘇林漢書音火也約如字李云淖約柔弱貌司

馬云好貌處子在室女也黃屋車蓋以黃為裏一云冕裏黃也玉璽音徒纓

字或作嬰紱方物反字或作紼憔悴在遥反下在醉反至至者本亦作至足者

王德于況反本亦作至絕垠音銀又五根反本又作限吸許及反神凝魚升

反疵在斯反病也司馬云毀也一音子爾反癘音厲李音賴惡病也本或作厲狂求匡

反李云癡也李又力況反閒音閑澹然徒暫反恬靜也皆齊才細反又如字而

斷丁亂反瞽音古盲者無目如鼓皮也與乎徐音豫下同之觀古亂

反聾鹿工反不聞也者无以與乎鍾鼓之聲崔尚司馬本此

下更有眇者無以與乎眉目之好夫刖者不自爲假丈屨夫知音智注知之同時女司馬云猶處女也向云時女虛靜柔順和而不喧未嘗求人而爲人所求也旁薄剛反李鋪剛反字又作磅同礴蒲愽反李普各反司馬云旁礴猶混同也世蘄徐音祈李云求也弊弊李扶世反徐扶計反簡文云弊弊經營貌司馬本作蔽蔽不應應對之應苦思息嗣反大浸子鴆反稽天音雞徐李音啓司馬云至也不溺奴歷反或奴學反禍難乃旦反非辟音避塵垢古口反塵垢猶滓汚粃本又作秕徐甫姊反又悲矣反穅字亦作康音康粃穅猶煩碎陶徒刀反李移昭反本亦作鋾音同鑄之樹反宋人宋今梁國睢陽縣殷後微子所封資章甫李云資貨也章甫殷冠也以冠爲貨越今會稽山陰縣斷丁管反李徒短反司馬本作敦云敦斷也四子司馬李云王倪齧缺被衣許由汾水徐扶云反郭方聞反案汾水出太原今莊生寓言也司馬崔本作盆水窅然徐烏了反郭武駢反李云窅然猶悵然喪其息浪反注同絕冥亡丁反之竟音魔本亦作境惠子司馬云姓

惠名施為梁相魏王司馬云梁惠王也案魏自河東遷大梁故謂之魏或謂之梁也貽徐音怡郭與志反遺也大瓠徐音護之種章勇反而實五石司馬云實中容五石以盛音成剖之普口反為瓢毗遥反徐扶堯反則瓠戶郭反司馬音護下同落簡文云瓠落猶廓落也司馬云瓠布護也落零落也言其形平而淺受水則零落而容也呺然本亦作号徐許嬌反李云号然虛大貌崔作謌簡文仝吾為于僞反掊之徐方垢反司馬云擊破也龜手愧悲反徐舉倫反李居危反向云拘坼也司馬云文坼如龜文也又云如龜攣縮也洴徐扶經反澼普歷反徐敷歷反郭李恪歷反辟聲絖音曠小爾雅云絮細者謂之絖李云洴澼絖者漂絮於水上絖絮也能令力呈反不拘紀于反依字宜作跔紀于求于二反周書云天寒足跔是也拚勑白反漂匹妙反韋昭云以水擊絮為漂說文作潎豐市反又匹例反絮慮反百金李云金方寸重一斤為一金百金百斤也數金色主反鬻音育司馬云賣也坺本或作伎堨彼反以說始銳反又如字有難乃旦反之將子匠反大敗

必邁反 不慮以爲大樽 本亦作尊司馬云樽如酒器縛之於身浮於江湖可以自渡慮猶結綴也案所謂署冊 蓬之心 郭云蓬生非宜達者向云蓬者短不暢曲士之謂 樗 勑魚反木名 擁腫 章勇反李云擁腫猶盤瘿 不中 丁仲反下同 卷曲 本又作拳同音權徐紀阮反李丘圓反 同去 如字李羌呂反 狸 力之反 狌 徐音姓郭音生又音星司馬云狆也狆音由救反 敖者 徐李五到反支云伺彼息幾謂承夫間殆也本又作慠同司馬音遨謂伺遨翔之物而食之雞鼠之屬也 跳 音條 不辟 音避今本多作避下放此 機辟 毗赤反司馬云罔也 罟 徐音古 斄牛 郭呂之反徐李音來又音離司馬云旄中 无何有之鄉廣莫之野 謂寂絕無爲之地也簡文云莫大也 彷 薄剛反又音房 徨 音皇彷徨猶翱翔也徨本作方羊簡文同廣雅云彷徉徙倚也

齊物論 力頓反李如字 第二

而惡 烏路反 南郭子綦 音其司馬云居南郭因爲號 隱 於靳反馮也 机 音紀李本作凡 而噓 音虛比氣爲噓向云息也 荅焉 本又作嗒同吐荅反又都納反注同解體貌

似喪息浪反下同其耦本又作偶五口反匹也對也司馬云耦身也身與神爲耦顏成
子游李云子綦弟子也姓顏名偃謚成字子游何居如字又音姬司馬云猶故也槁木
枯老反注同家音寂本亦作寂莫本亦作漠女聞音汝下皆同人籟力帶
反簫也籟夫音扶參初林反差初宜反所錯七故反見矣賢遍反大塊
苦怪反李苦對反說文同云俗由字也徐口回反徐李又胡罪反郭又苦猥反司馬云大朴之貌衆家或作大槐班固同淮南
子作大昧解者或以爲無或以爲元氣或以爲混成或以爲天謬也噫乙戒反注同一音蔭萬竅苦弔
反怒呺胡刀反徐又許口反又胡到反翏翏良救反又六收反長風聲也李本作飂音同又力竹
反畏於鬼反郭烏罪反崔本作嵔佳醉癸反徐子唯反郭祖罪反李諸鬼反李頤云畏佳山阜貌
之竅崔本作竅似鼻似口司馬云言風吹竅穴動作或似人鼻或似人口似枅音雞
又音肩字林云柱上方木也簡文云欂櫨也似圈起權反郭音權杯圈也徐其阮反言如羊豕之闌圈也
似臼其九反似洼者烏攜反李於花反又烏乖反郭烏蛙反司馬云若洼曲汚者

音烏司馬云若汚下 激者 經歷反如水激也李古弔反司馬云聲若激喚也李又驅弔反 譹者 音孝

李虛交反簡文云若箭去之聲司馬云若讙譹聲 叱者 昌實反徐音七司馬云若叱咄聲 吸者

許及反司馬云若噓吸聲也 叫者 古弔反郭古幼反李居曜反司馬云若叫呼聲也 譹者 音豪郭又

户報反司馬云若譹哭聲 宎者 徐於堯反一音杳又於弔反司馬云深者也若深宎宎然 咬者 於交

反或音茭司馬云聲哀切交咬然又許拜反 唱于 如字 唱喁 五恭反徐又音愚又五斗反李云于喁聲

之相和也 泠風 音零李云泠泠小風也 小和 胡卧反下及注皆同 飄風 鼻遥及又符遥

反李敷遥反司馬云疾風也爾雅云回風爲飄 不稱 尺證反 其分 符問反下不出者同 厲風

司馬云大風向郭云烈風 濟 子細反向云止也 調調 音條 刁刁 徐都堯反向云調調刁刁皆動

猶貌 動搖 如字又羊照反 比竹 毗志反又必履反李扶必反注同 豈復 扶又反 莫

適 丁歷反 此重 直用反 大知 音智下及注同 閑閑 李云無所容貌簡文云廣博之

貌 閒閒 古閑反有所閒別也 炎炎 于廉于凡二反又音談李作淡徒濫反李頤云同是非也簡文

云美盛貌詹詹音占李頤云小辯之貌崔本作閹魂交司馬云精神交錯也其覺古孝
反形開司馬云目開意悟也與接爲構司馬云人道交接構結驩愛也縵者末旦
反簡文云寬心也窖者古孝反司馬云深也李云穴也案穴地藏穀曰窖簡文云深心也小恐曲勇
反下及注同惴惴之瑞反李云小心貌爾雅云懼也縵縵李云齊死生貌悸其季反機
栝古活反機弩牙栝箭括詛側據反盟音明徐武耕反郭武病反其殺色界反徐色例
反注同其溺奴狄反郭奴徼反其厭於葉反徐於冉反又於感反如緘徐古咸反
老洫本亦作溢同音逸郭許鵙反又已質反近死附近之近復陽陽謂生也哀
樂音洛慹之涉反司馬云不動貌姚郭音遙徐李勑吊反佚音逸態勑代反李
又奴戴反蒸之膺反成菌其隕反向云結也以上時掌反萌武耕反旦
暮本又作莫音同相爲于僞反下未爲同而特崔云特辭也其眹李除忍反兆也
趣舍七喻反字或作取下音捨或音赦下皆放此起索所百反情當丁浪反下皆同

別見賢遍反 百骸戶皆反 六藏才浪反案心肺肝脾腎謂之五藏大小腸旁胱
三焦謂之六府身別有九藏氣天地人天以候頭角之氣人候耳目之氣地候口齒之氣三部各有天地人三三而
九神藏五形藏四故九今此云六氣未見所出 賅徐古來反司馬云備也小爾雅同簡文云兼也 皆說音悅
注同今本多即作悅字後皆放此 而更音庚 其遞音弟徐又音第 不應應對之應 无
錯七素反下同 雖復扶又反下同 毀譽音餘 物喪息浪反 者鮮
息淺反 苶然乃結反徐李乃協反崔音捻云忘貌簡文云疲病困之狀 所好呼報反下同 芒
乎莫剛反又音云芒芒昧也簡文云芒同也 與有音豫 而舍音捨字亦作捨下同 昔至
崔云昔夕也向云音者昨日之謂也 不強其丈反 吹也如字又叱瑞反崔云吹猶籟也 鷇苦豆
反李音㲉司馬云鳥子欲出者也 惡乎音烏下皆同 眞僞一本作眞詭崔本作眞然 道
焉於虔反 寶當丁浪反後可以意求不復重出 見於賢遍反 更相音庚
反覆芳服反下同 彼復扶又反下同 道樞尺朱反樞要也 以應應對之應

前注同後可以意求不復重音天地一指也萬物一馬也崔云指百體之一體馬萬物之一物浩然戶老反无物不然无物不可崔本比下更有可於可而不可於不可不可於不可而可於可故爲于僞反下爲是皆同莛徐音庭李音挺司馬云屋梁也

楹音盈司馬云屋柱也厲如字惡也李音賴司馬云病癩西施司馬云夏姬也案句踐所獻吳王美女也恢徐苦回反大也郭苦虺反簡文本作弔恑九委反徐九彼反李云戾也憰怪音決李云憰乖也怪異也

楹縱本亦作從同將容反其分如字復通扶又反幾矣音機盡也下同徐具衣反謂之道向郭絕句崔讀謂之道勞云因自然是道之功也狙公七徐反又緇慮反司馬云狙公典狙官也崔云養猨狙者也李云老狙也廣雅云狙獼猴賦芧音序徐食汝反李音予司馬云橡子也朝三莫四司馬云朝三升莫四升也所好呼報反下文皆同

天鈞本又作均崔云鈞陶鈞也可勝音升操弦七刀反執籥羊灼反

昭文司馬云古善琴者枝策司馬云枝柱也策枝也崔云舉杖以擊節據梧音吾司馬

云梧琴也崔云琴瑟也之知智而瞑亡千反故載之末年崔云書之於今也

堅白司馬云謂堅石白馬之辯也又云公孫龍有淬劒之法謂之堅白崔同又云或曰設矛伐之說爲堅辯白馬之名爲白鼓簧音黃之綸音倫崔云琴瑟弦也滑疑古沒反司馬云亂也啚奇求物反好惡並如字未離力智反俄而徐音峩確斯苦角反斯又作澌音賜李思利反即復扶又反纖介古邁反又音界秋豪如字依字應作毫司馬云兔毫在秋而成王逸注楚辭云銳毛也案毛至秋而耎細故以喻小也大山音泰殤子短命者也或云年十九以下爲殤殊稱尺證反善數色主反夫道未始有封崔云齊物七章此連上章而班固說在外篇爲是于僞反有畛徐之忍反郭李音田畛謂封域畛陌也有左有右崔本作在宥也異便婢面反有倫有義崔本作有論有議有分如字注同類別彼列反下皆同有爭爭鬭之爭注同故分如字下及注同不稱尺證反注同不嗛郭欺簟反徐音謙不忮徐之豉反又音跂李之移反害

也李云健也道昭音照囩崔音刓徐五丸反司馬云圓也郭音團而幾徐其衣反向

方本亦作嚮音同下皆放此近彼附近之近遠賓于萬反注焉徐之踰反葆

光音保崔云若有若无謂之葆光宗膾徐古外反胥息徐反華胥國敖徐五高反司馬云宗膾胥

敖三國名也崔云宗一也膾二也胥敖三也聽朝直遥反妙處昌慮反重明直龍反

光被皮寄反神解音蟹齧五結反缺丘悅反王倪徐五嵇反李音

詣高士傳云王倪堯時賢人也天地篇云齧缺之師惡乎音烏下皆同庸詎徐本作巨其庶

反郭音鉅李云庸用也詎何也猶言何用也服虔云詎猶未也復爲扶又反蛣丘一反蜣丘長反爾

雅云蛣蜣蜣蜋也乎女音汝注及下同已不知音紀偏死司馬云偏枯死也鰌

徐音秋司馬云魚名惴之瑞反慄音栗恂郭音荀徐音峻恐貌崔云戰也班固作眴也猨

音猿猴音侯異便婢面反芻初俱反小爾雅云秆謂之芻秆音古但反豢徐音患又

胡滿反司馬云牛羊曰芻犬豕曰豢以所食得名也麋音眉薦牋練反司馬云美草也崔云甘草也郭璞

云三蒼云六畜所食曰薦 蝍音即 且字或作蛆子徐反李云蝍且蟲名也廣雅云蜈公也爾雅云蒺藜蝍蛆郭

璞注云似蝗大腹長角能食蛇腦蒺音疾藜音梨 帶如字崔云蛇也司馬云小蛇也蝍蛆好食其眼 鴟尺夷

反 鴉本亦作鵶於加反崔云烏也 耆市志反字或作嗜崔本作甘 美惡烏路反 猵篇面

反徐敷面反又敷畏反郭李音偏 狙七餘反司馬云狙一名獦牂似猨而狗頭憙與雌猨交也崔云猵狙一名獦牂其雄

憙與猨雌爲牝牡向云猵狙以猨爲雌也獦音葛 爲雌音妻一音如字 毛嬙徐在良反司馬云毛嬙古

美人一云越王美姬也 麗姬力知反下同麗姬晉獻公之嬖以爲夫人崔本作西施 決喜缺反李云疾貌崔

云疾走不顧爲決徐古惠反郭音古穴反 驟士救反又在遘反 所好呼報反 樊然音煩 殽亂徐户

交反郭作散悉旦反 之竟音境今本多作境下放此 未解音蟹 沍户故反徐又户

各反李户格反向云凍也崔云沍猶涸也 蠆敕邁反又音豸 介古邁反又音界 瞿鵲其俱反

長梧子李云居長梧下因以爲名崔云名丘簡文云長梧封人也 夫子向云瞿鵲之師 稱

謂尺證反下放此 而遊崔本作而施 孟如字徐武黨反或武葬反 浪如字徐力蕩反向云

孟浪（音漫瀾無所趣舍之謂李云猶較略也崔云不精要之貌）**之行**（如字又下孟反）**皇帝**（本又作黃帝）**聽**（敕定反）**熒**（音瑩磨之瑩本亦作瑩於迥反向司馬云聽熒疑惑也李云不光明貌崔云小明不大了也向崔本作葓熒）**且女**（音汝下同）**亦大**（音泰徐李敕佐反注同）**時夜**（崔云時夜司夜謂雞也）**見彈**（徒旦反）**鴞**（于驕反司馬云小鳩可炙毛詩草木疏云大如班鳩綠色其肉甚美）**雞復**（扶又反下皆同下章注亦準此）**旹爲**（于僞反）**旁日月**（薄葬反徐扶葬反司馬云依也崔本作謗）**挾**（戶牒反崔本作扶）**宇宙**（治救反尸子云天地四方曰宇往古來今曰宙說文云舟輿所極覆曰宙）**脗**（本或作脂郭音泯徐武軫反李武粉反无波際之貌司馬云合也向音脣云若兩脣之相合也）**滑**（徐古沒反亂也向本作汩音同崔戶八反云括口木也）**涽**（徐音昏向云汩昏未定之謂崔本作緍武巾反云緬也）**芚**（徐徒奔反郭治本反司馬云渾沌不分察也崔云厚貌也或云束也李丑倫反）**怵心**（勑律反）**參糅**（如救反）**相蘊**（本亦作組徐於憤反郭於本反李於問反積也）**予惡**（音烏下惡乎皆同）**說**（音悅注同）**相背**（音佩）**惡死**（烏路反注同）**弱**

喪息浪反注同 少而詩照反 焉知於虔反下同 至於王所崔云六國時諸侯僭稱王因此謂獻公爲王也 筐本亦作匡徐起狂反 牀徐音床司馬云筐牀安牀也崔云筐方也一云正牀也 蘄音祈求也 樂生音洛下同 覺而音教下及注皆同 竊竊司馬云猶察察也 牧乎崔本作跂乎云踶跂強羊貌 所好呼報反注同 所惡烏路反 神解音蟹下同 弔如字音的至也 詭九委反異也 其解音蟹徐戶解反 蜕然音悅又始銳反 黮闇貪闇反李云黮闇不明貌 惡能音烏下皆同 和之如字崔胡卧反 天倪李音崔徐音詣郭音五底反李云分也崔云或作霓音同際也班固曰天研 曼衍徐音萬郭武半反 衍徐以戰反司馬云曼衍無極也 振如字崔云止也又之忍反 无竟如字極也崔作境 罔兩郭云景外之微陰也向云景之景也崔本作罔浪云有無之狀 景映丙反又如字本或作影俗也 曩乃蕩反李云曏者 无特本或作持崔云特辭也向云無特者行止無常也 操與音餘 蛇蚹音附徐又音敷司馬云謂蛇腹下齟齬可以行者也 齟音士女反 齬音魚比反 蜩徐音條 喪息浪反 胡

蝶 徐徒協反司馬崔云蛺蝶也 栩栩 徐況羽反喜貌崔本作翩 自喻 李云喻快也 志
與 音餘丁同崔云與哉 然覺 古孝反 蘧蘧 徐音渠又其虡反李云有形貌崔作據據引大
宗師云據然覺 可樂 音洛

養生主第三 養生以此爲主也

有涯 本又作崖魚佳反 而知 音智注下同 好勝 呼報反下升證反 雖復 扶又
反下皆同 絕脊 音旅 以慊 苦簟反足也 殆已 向云疲困之謂 无近 附近之近
下同 悶然 云本反又音門 遠已 于萬反 緣督以爲經 李云緣順也督中也
經常也郭崔同 以養 羊尚反注同 庖丁 崔本作胞同白交反庖人丁其名也管子有屠牛坦一朝
解九牛刀可剃毛 爲 于僞反 文惠君 崔司馬云梁惠王也 所倚 徐於綺反向偃
彼反徐又於倚反李音妖 所踦 徐居彼反向魚彼反李云刺也 砉然 向呼鵙反徐許鵙反崔音畫又
古鵙反李又呼歷反司馬云皮骨相離聲 嚮然 許丈反郭許亮反本或無然字 奏 如字崔砉云聞也馬

呼獲反徐許㦸反向他亦反又音麥崔云音近獲聲大於砉也 中音 丁仲反下皆同 桑林 司馬云湯

樂名崔云宋舞樂名棨即左傳舞師題以旌夏是也 經首 向司馬云咸池樂章也崔云樂章名也或云奏

樂名 因便 婢面反 閑解 音蟹 譆 徐音熙李云歎聲也 技 具綺反下同 所

好 呼報反注同 神遇 向云暗與理會謂之神遇 官知止 如字崔云官知謂有所掌

在也尚音智專所同察而後動謂之官 而神欲行 如字向云從手放意無心而得謂之神欲 批

備結反一音鏰迷反字林云擊也父迷父節二反 大郤 徐去逆反郭音却崔李云閒也 之處

昌慮反 令離 力呈反下同下力智反 道 音導注同 大窾 徐苦管反又苦禾反

崔郭司馬云空也向音空 節解 戶賣反 技經 本或作徛其綺反徐音技 肯 徐告

等反說文作肎字林同口乃反云著骨肉也一曰骨無肉也崔云許叔重曰骨閒肉肯肯著也 綮 苦挺反崔向徐

並音啓李烏係反又一音罄司馬云猶結處也 經槩 古代反 微礙 五代反 大軱 音孤

向郭云軱戾大骨也崔云槃結骨 衂刀 女六反 良庖 司馬云良善也 割也 司馬云曰刀割

肉故歲歲更作崔云歲一易刀猶堪割也族庖司馬云族雜也崔云族衆也硎音刑磨石也崔

本作形云新所受形也砥石音脂又之履反尚書傳云砥細於礪皆磨石也爲戒于僞反下

皆同屬目章欲反謋然化百反徐又許百反已解音蟹下皆同提刀

徐徒嵇反躊直留反躇直於反善刀善猶拭也拭音式弢之他刀

反公文軒司馬云姓公文氏名軒宋人也右師司馬云宋人也簡文云官名惡乎

音烏介音戒一音兀司馬云刖也向郭云偏刖也崔本作兀又作跀云斷足也偏刖音月又五

刮反天與其人與並音餘又皆如字司馬云爲天命爲人事也使獨司馬云一足曰

琱之知音智下之知同一啄陟角反不蘄音祈求也樊中音煩

李云藩也所以籠雉也向郭同崔以爲園中也妙處昌慮反雖王于況反注同長王丁亮

原史直良反老聃吐藍反司馬云老子也秦失本又作佚各依字讀亦皆音逸三號

戸羔反注同倚户於綺反少者詩照反先物悉薦反又如字理上往

一本往作往遯天又徒遜反作遁倍情音裴加也又布對反本又作背大深音泰憂

樂音洛下文注同所錯七路反縣音玄解音蟹注同崔云以生爲縣以死爲解指

窮於爲薪如字絕句爲猶前也火傳直專反注同也傳者相傳繼續也崔云薪火爝火也

傳延也之中丁仲反

人閒世第四此人閒見事世所常行者也

離人力智反不苛胡我反又音河其累力僞反顏回孔子弟子姓顏名回

字子淵魯人也衛君司馬云衛莊公蒯聵也案左傳衛莊公以魯哀十五年冬始入國時顏回已死不得

爲莊公蓋是出公輒也其行下孟反獨崔云自專也向云與人異也郭云不與人同欲國

量音亮李力章反若蕉似遥反徐在堯反向云草芥也崔云芟刈也其澤如見芟夷言野無青草

稱數所主反治國直吏反醫門於其反思其則絕句崔李云則

法也有瘳丑由反李云愈也譆音熙又於其反役思息嗣反遠身千萬反而

知音智下反注同所爲于僞反爭善此及下爭名二字依字讀雖復扶又反下皆同桀跖之石反桀夏王也跖盗跖也相札徐於八反又側列反李云折也崔云夭也亦作廌崔又云或作禮相賓禮也信矼徐苦江反崔音控簡文云慤實貌而強其兩反注同人惡有烏路反下惡不肖及注同崔本有作育云賣也鮮不息淺反涉治直吏反迕音誤菑音災下皆同菑夫音扶不肖音笑徐蘇叫反似也惡用音烏若唯郭如字一音唯癸反无詔絶句詔告也言也崔本作諮音額云逆擊曰諮王公必將乘人絶句而鬭其捷在接反崔讀若唯無諮王公絶句必將乘人而鬭絶句捷作接其接引續也熒之戶扃反向崔本作誉音熒眼眩玄遍反容將形之謂擊距也關龍逢夏桀之賢臣王子比干殷紂之叔父以下遐嫁反傴紆甫反拊徐向音撫李云傴拊謂憐愛之也崔云猶傴呴謂養也拂其符弗反崔云違也又芳弗反以擠徐子計反又子禮反司馬云毒也一云陷也方言云滅也簡文云排也是好呼報也欲

令力呈反 叢文才公反 有扈音戶司馬云國名在始平郡案即今京兆鄠縣
也 虛厲如字又音墟李云居宅無人曰虛死而無後爲厲 語我魚豫反下同 惡
惡皆音烏下同 挫之子卧反 從容七容反 不訾音紫向徐崔云毀也
而上時掌反下同 蘄乎音祈 擎徐其驚反 跽徐其里反說文云長跪也 曲
拳音權 无疵才斯反 讁之直革反 諷責非鳳反 大多音泰
徐敕佐反崔本作太 不諜徐徒協反向吐頰反李云安也崔云閒諜也 挾三戶牒反 曰
齊本亦作齋同側皆反下同 其易以豉反後皆同 皥天徐胡老反向崔云輕易也
向云皥天自然也 不茹徐音汝食也 葷徐許云反 數月色主反 去異
起呂反下同 未始得使絕句崔讀至實字絕句 不強其丈反 无毒
如字治也崔本作毒云貪也 而寓崔本作如愚 絕迹易无絕句向崔皆以无字屬下
句 者粗音麤 有知知者上音智下如字下句同 闋者徐苦穴反司馬云空也

虛室生白 崔云白者日光所照也司馬云室比喻心心能空虛則純白獨生也 夫徇 辭俊
反徐辭倫反 心知 音智 所紐 徐女酒反崔云系而行之曰紐簡文云紐本也 伏
李云使也 戲 本又作羲亦作犧同許宜反即太皞三皇之始也 几蘧 其居反向云古之帝王也李云上古帝王
散焉 悉旦反李云放也崔云德不及聖王為散 之聰 一本作聽 竭喪 息浪反 葉
公 音攝 子高 楚大夫為葉縣尹僭稱公姓沈名諸梁字子高 將使 所吏反注及下待使
同 慄之 音栗李云懼也 常語 魚據反下同 藏矣 才浪反 執 衆家
本並然簡文作熱 粗 音麤又才古反 而不臧 作郎反善也絕句一本作藏音才郎反向至爨字 爨
七亂反 无欲清 七性反字宜從冫從冫者假借也清涼也 之人 言爨火為食而不思清涼
明火微而食宜儉薄 所饌 士戀反 內熱與 音餘下懽與同向云美食者必內熱 則
恐懼 丘勇反 以任 而林反一音而鴆反 哀樂 音洛注下同 施乎 以豉反崔如字
云移也 而惡 烏路反下皆同 復以 扶又反下注同 傳意 丈專反下注同 兩

怒如字注同本又作怒下同　夫易以豉反下文注皆同　而要一遙反　則近附近之近
共好呼報反　大至音泰本亦作泰徐敕佐反下同　奇巧如字又苦孝反　平治直吏反
有別彼列反　湛直林反又苦南反　湎面善反　淫泆以隻反　實
喪息浪反注下同　偏辭音篇崔本作諞音辯　氣息並如字向本作諰器云諰馬氏音息
器氣也崔本作諰鯌云惴息鯌不調也又作算字　茀然徐符弗反郭敷未反李音怫崔音勃　心
厲如字李音賴　蹴之子六反　瘨疑賣反又音詣本又作疪音尤　疵士賣反又
齊計反上若作疪此則才知反　剋核幸格反　所齊如字又才計反　所惡烏路
反　勸強其丈反下欲強同　為為上如字下于僞反　顏闔胡臘反向崔本作廬
晉之賢人隱者　衛靈公左傳云名元　大子音泰司馬云蒯聵也　蘧其居反
伯王名瑗衛大夫　天殺如字謂如天殺物也徐所列反　无方道也李六方　其
[illegible]音智　正女音汝下同　反覆芳服反　為蹶徐其月反郭音厥李舉衛反

樸格莫胡反　孽彥列反　將惡烏路反　悶然音門　安
喻無意也崔云喻驕遊也　无町徒頂反　畦戶圭反李云町畦田畔埒也無威儀也崔云喻守節無
无崔司馬云不顧法也　无疵似移反病也　不勝音升　爲其于僞反下同
分之如字　盛矣音成下及注同矣或作居同　以蜄徐市軫反蛤類　溺奴弔反　蚉
音文或本作蚉同　蚉孟庚反　僕緣普木反徐敷木反向云僕僕然蚉蚉緣馬稠㥮之貌崔音
如字云僕御　君著直略反　而拊李音撫又音付一音附崔本作府（附）　率然
踈律反本或作卒七忽反　曲輮音柔司馬云曲輮曲道也崔云道名　櫟力狄反李云木名一云采
也　蔽牛必世反李云牛住其旁而不見　絜向徐戶結反約束也徐又　百圍
李云徑尺爲圍蓋十丈也　十仞小爾雅云四尺曰仞案七尺曰仞崔本作千仞或云八尺曰仞　旁十
數所具反崔云旁旁拔也　觀者古奐反又音官　匠伯伯匠石字也崔本亦作石　不
輟丁劣反　厭於豔反又於贍反　散木悉但反徐悉旦反下同　則速如字

向崔本作數向所祿反下同腐扶甫反液音亦樠亡言反向李莫于反郭武半反司馬云液津液也樠謂脂出樠樠然也崔云黑液出也蠹丁故反見夢胡薦反女將音汝惡乎音烏下同柤側加反橘均必反柚由救反徐以救反果蓏徐力果反泄徐思列反崔云泄洩同苦其如字崔本作枯掊普口反徐方垢反幾死音祈又音機下同數有音朔睥普係反睨五係反而幾死之絕句向同一讀連下散人為句崔同覺古孝反而診徐直信反司馬向云診占夢也詬李云呼豆反徐音垢厲如字司馬云詬厲辱也厲病也且幾音機或音祈翦乎子淺反崔本作前于不近附近之近下同義譽音餘注同長物丁兩反泊然步各反不與音豫南伯李云即南郭也伯長也商之丘司馬云今梁國睢陽縣是也千乘繩證反隱崔云傷於熱也將芘本亦作庇徐甫至反又悲位反崔本作比云芘也所藾音賴崔本作蘱向云蔭也可以隱芘千乘也李同所

陰 於鴆反 異材夫 音符 仰而 向崔本作從而 則拳 本亦作卷音權

軸 直竹反 解 李云如衣軸之直解也 咶 食紙反 嗅 許救反崔云齅 狂酲 音呈

李云狂如酲也病酒曰酲 爲之 于僞反下爲之皆同 荊氏 司馬云地名也一曰里名 宜楸

栢桑 崔云荊氏之地宜此三木李云三木丈木也 拱 恭勇反 把 百雅反徐甫雅反司馬云兩手

曰拱一手曰把 而上 時掌反 狙 七餘反 猴 音侯 之杙 以職反又羊植反郭且羊反司馬作

杙音八李云欲以繫狙猴也崔本作杙音跋云枷也 三圍 崔云圍環八尺爲一圍 之麗 如字又音

禮司馬云小船也又屋㯝也 求禪 本亦作擅音膳 傍 薄剛反崔云禪傍棺之全一邊者

謂之禪傍 故解 徐古賣反又佳買反注同向古邂反 顙 息黨反司馬云額也 亢鼻

徐苦葬反司馬云高也頞折故鼻高崔云仰也 痔 徐直里反司馬隱創也 適河 司馬云謂沈人

於河祭也 騂具 恤營反 支離疏 司馬云形體支離不全貌疏其名也 頤 以

之反 於頂 如字本作項亦如字司馬云言脊曲頭縮也淮南曰脊管高於頂也 會 古外反徐古活

反向音活撮子外反向徐子活反崔云會撮項椎也指天司馬云會撮髻也古者髻在項中脊曲頭低故髻指天也向云兩肩竦而上會撮然也管崔本作筦在上李云管腧也五藏之腧皆在上也兩髀本又作脾同音陛徐又甫婢反崔云僂人腹在髀裏也為脅許劫反司馬云脊曲髀竪故與脅並也挫徐子卧反郭租禾反崔云案也鍼執金反司馬云挫鍼縫衣也治繲佳賣反司馬云浣衣也向同崔作𦆀音綫餬口徐音胡李云食也崔云字或作互或作餂鼓筴初革反徐又音頰司馬云鼓擻也小箕曰筴崔云鼓筴揲蓍鑽龜也播精如字一音所字則當作數精司馬云簡米曰精崔云播精卜卦占兆也鼓筴播精言賣卜以食音嗣攘如羊反臂於其閒如字司馬云閒裏也崔本作攘臂於其閒云閒門中也窴匿女力反三鍾司馬云六斛斛四斗曰鍾不與音豫豈為于僞反治亂直吏反下同僅音覲至易以豉反下同知以音智欲惡烏路反知避舊本作寘云置也不勝音升畫地音獲迷陽司馬云迷陽伏陽也言詐狂郤曲去逆反字書作卻

雅云迟曲也 山木自寇也膏火自煎子然反也司馬云木生斧柄還自伐膏起火還自消崔云山有木故火焚也 悗然亡本反

德充符第五崔云此遺形棄知以德實之驗也

兀者五忽反又音界李云刖足曰兀案篆書兀介字相似 王駘音臺徐又音殆人姓名也 從之如字李才用反下同 相若若如也弟子如夫子多少也 常季或云孔子弟子 立不教坐不議司馬云立不教授坐不議論 五藏才浪反後同 丘也直後而未往耳李云自在衆人後未得往師之耳 能遠于万反 而王于況反李云勝也崔云君長也 其與庸亦遠矣與凡庸異也崔云庸常人也 雖天地覆芳服反 墜本又作隊直類反李云天地猶不能變己況生死也 怪迕五故反本亦作遻下同 不離力智反 肝膽丁覽反 美惡烏路反下皆同 情背音佩 中知音智 不慴之涉反 所喪息浪反下及注同 一說然始銳反又音悅 脫

屨九具反本亦作屣所買反斷足丁管反爲己于僞反最之徂會反徐采會反下注同司馬云聚也鑑古暫反流水崔本作沫水云沫或作流保始之徵李云徵成也終始可保成也九軍崔李云天子六軍諸侯三軍通爲九軍也簡文云兵書以攻九天收九地故謂之九軍自要一遥反六骸崔云手足首身也彼且如字徐子余反下同假人古雅反借也徐音遐讀連上句人字向下申徒嘉李云申徒氏嘉名无人雜篇作暜人刖者音月又五刮反之處昌慮反而說音悅注同爭善如字知不可如字又音智羿音詣徐胡係反善射人唐夏有之一云有窮之君篡夏者也彀音遘張弓也中央如字於良反舊於倉反郭云弓矢所及爲彀中中地丁中反下不中注中地中與不中同單豹音善佛然扶弗反知吾介本又作兀兩通子索色百反注同蹵子六反乃稱如字舉也又尺證反叔山无趾音止李云叔山字無足趾踵朱勇反向郭云頻也崔云無趾故踵行見賢遍反子

不謹前 絶句一讀以謹字絶句 去其 羌呂反 不爲 于僞反下不爲而爲皆同 前行 下孟反 謷 魚據反 賔賔 司馬云恭貌張云猶賢賢也崔云有所親踈也簡文云好名貌 且蘄 音祈 諔 尺叔反 詭 九委反李云諔詭奇異也 幻 滑辯反亦作幻 桎 之實反郭員一反木在足也 梏 古毒反木在手也 爲已 于僞反下者爲人同 舍已 音捨 一貫 古亂反 嚮隨 許丈反本又作向下同 惡人 惡貌醜也 哀駘 音臺徐又音殆 它 徒何反李云哀駘醜貌它其名 常和 戶卧反下同 惡駭 胡楷反崔本作駴 役思 息嗣反 雌雄合乎前 李云禽獸屬也 亂行 戶剛反 期年 音基 傳國 大專反 悶然 音門李云不覺貌崔云有頃之間也 後應 應對之應 氾 孚劍反不係也 醜乎 李云醜慚也崔云愧也 无幾 居豈反 與樂 音洛 嘗使於楚矣 使音所吏反本又直云嘗於楚矣 㹠子 本又作豚徒門反 食於 音飲邑錦反注同舊如字簡文同 眴若 本亦作瞬音舜司馬云驚貌崔云目動也謂死母目

動　翣資所甲反扇也武王所造宋均云武飾也李資送也崔本作翣衩音坎坎謂先人齎墓也

爲足于僞反　不得復使扶又反章末注同崔本作不得復使入云不復入直也

形好呼報反　毀譽音餘　不舍音捨　以滑音骨　淡然徒覽反

於兊徒外反李云悅也　閒豫音閑　无郤去逆反李云閒也　是接

而生時乎心者也司馬云接至道而和氣在心也李云接萬物而施生順四時而俱作

情爲于僞反　能離力智反　閔子孔子弟子閔子騫也　闉音因郭烏

年反　跂音企郭其逆反　支離无脤徐市軫反又音脣司馬云闉曲跂企也闉跂支

離言脚常曲行體不正卷縮也无脤名也崔云闉跂偃者也支離傴者也脤脣同簡文云跂行也脤臀也

說衞始銳反又如字下說齊栢同　說之音悅下悅之同　脰音豆頸也　肩肩胡咽

反又胡恩反李云羸小貌崔云猶玄玄也簡文云直貌　甕烏送反郭於寵反　盎烏葬反郭

於兩反李云甕盎大癭貌後同　大癭一領反說文云瘤也　而知音智下同　爲孽

魚列反司馬云智慧生妖孽　約爲膠 司馬云約束而後有如膠漆崔云約誓所以爲膠固　德爲接 司馬云散德以接物也　工爲商 司馬云工巧而商賈起　惡用 音烏下同　不斲 陟角反　无喪 息浪反　天鬻 音育養也　天食 音嗣亦如字　受食 如字又音嗣　沈思 息嗣反亦如字　免難 乃旦反　搖若 其勿反　槁木 苦老反　羣分 如字　眇 亡小反簡文云陋也　謷乎 五羔反徐五報反簡文云放也今取遨遊義也　獨成其天 如字崔本天字作大云類同於人所以爲小情合於天所以爲大　惡得 音烏下惡得同　吙 扶廢反　一分 如字　足操 七刀反　未解 音蟹　无以好惡 呼報反下烏路反注同　祇足 音支　倚樹 於綺反　據槁 苦老反　梧 音吾　而瞑 音眠崔云據琴而睡也　而睡 ■反　辟　天選 宣轉反舊思緩反

大宗師第六 崔云遺形忘生當大宗此法也

天而生 向崔本作失爲生 知稱 尺證反 不喪 息浪反下皆同 或

好 呼報反下同 不強 其兩反 庸詎 徐其庶反 則治 [illegible]吏反 不

謩 沒乎反 不慄 音栗 不濡 而朱反 登假 更百反至也 遠火

于萬反 有槩 古愛反 其覺 古孝反 深深 李云內息之貌 以踵

章勇反王穆夜云起息於踵遍體而深 以喉 向云喘悸之息以喉爲節言情欲奔競所致 其

嗌 音益郭音厄咽喉也 若哇 獲媧反徐胡卦反又音絓崔一音於佳反結也言咽喉之氣結

礙不通也簡文云哇嘔也 其耆 市志反 謑生 音悕 惡列 烏路反 不

訢 音欣又音祈 不距 本又作拒音巨李云欣出則營生距入則惡死 翛然 音蕭本又作儵

徐音叔郭與久反李音悠向云翛然自然無心而自爾之謂郭崔云往來不難之貌司馬云儵疾貌李同 猶

復 扶又反下非復同也 捐 徐以全反郭作揖一入反崔云或作楫所以行舟也 則背 音佩

容家 本亦作寂崔本作宗 其顙 息黨反崔云[illegible]也 頯 徐去軌反郭苦對反李音

沈一音遠權也王云質朴無飾也向本作題云題然大朴貌廣雅云題大也五罪反　淒然七西反　煖下然音暄徐況晚反　亡國而不失人心崔云亡敵國而得其人心　行名下孟反　福應應對之對　狐不偕司馬云古賢人也　務光皇甫謐云黃帝時人耳長七寸　伯夷叔齊孤竹君之二子　箕子胥餘司馬云胥餘箕子名也見尸子崔同又云尸子曰箕子胥餘漆身爲厲被髮佯狂或云尸子曰比干也胥餘其名　紀他徒何反　申徒狄殷時人負石自沈於河崔本作司徒狄　皆舍音捨下同　不承如字李云迎也又音拯　不上特掌反　與乎如字又音豫同云疑貌　其觚音孤王云觚特立不羣也崔云觚稜也　邴邴徐音丙郭甫杏反向云喜貌簡文云明貌　崔乎千罪反徐息罪反郭且雷反向云動貌簡文云速貌　滀乎本又作傗勑六反司馬云色憤起貌王云富有德文也簡文云聚也　厲乎如字崔本作廣云苞羅者廣也　謷乎五羔反徐五到反司馬云志遠貌王云高邁於俗也　連乎如字李云連綿長貌崔云蹇連也音輦　似好呼報反下皆同　悗乎

云本反字或作免李云無匹貌王云廢忘也崔云婉順也 紿之直吏反 爲循本亦作滑兩得 綽
乎昌略反崔本作淖 常閒音閑 夜旦如字崔本作鞄音怛 其卓中學
反 敢惡烏路反 之竟音境 泉涸戶各反郭戶格反爾雅云竭也 相
呴況于反況付二反 相濡本又作濡音儒或一音如戍反 以沫音末 相忘
音云下同 譽堯音餘注同 大塊苦怪反又苦對反徐胡罪反 佚我音逸
於壑火各反 乃揭其列反其謁二反 索所所百反 无樂音洛
下及注同 可勝音升 善妖崔本作狡同古卯反本又作夭於表反簡文於驕反云異也 善
少詩照反 否老音鄙本亦作鄙 平粹雖遂反 可傳直專反
在大極音泰 之先一本作之先未崔本同 先天悉薦反 長於丁丈反
稱也尺證反 豨韋氏許豈反郭褚伊反李音豕司馬云上古帝王名 以挈徐苦結反
郭苦後又司馬云要也得天地要也崔云成也 伏戲音羲崔本作伏戲氏 以襲氣母司馬云襲入也氣母元氣

之母也崔云取元氣之本**維斗**李云北斗所以爲天下綱維**終古**崔云終古久也鄭玄注周礼云終古猶言常也**不忒**它得反差也崔本作代**堪坏**徐扶眉反郭孚坏反崔作邳司馬云堪坏神名人面獸形淮南作欽負**崐崘**崐或作岷同音昆下力門反崐崘山名**馮夷**司馬云清泠傳曰馮夷華陰潼鄉隄首人也服八石得水是爲河伯一云以八月庚子浴於河而溺死一云渡河溺死**大川**河也崔本作泰川**肩吾**司馬云山神不死至孔子時**大山**音泰又如字**黄帝**崔云得道而上天也**顓頊**音專下許王反**玄宮**李云顓頊帝高陽氏玄宮北方宮也月令曰其帝顓頊其神玄冥**禺強**音虞郭語龍反司馬云山海經曰北海之渚有神人面鳥身珥兩青蛇踐兩赤蛇名禺強崔云大荒經曰北海之神名曰禺強靈龜爲之使歸藏曰昔穆王子筮封於禺強案海外經云北方禺強黑身手足乘兩龍郭璞以爲水神人面鳥身簡文云北海神也一名禺京是黃帝之孫也**西王母**山海經云狀如人狗尾蓬頭戴勝善嘯居海水之涯漢武內傳云西王母與上元夫人降帝美容貌神仙人也**少廣**司馬云穴名崔云山名或云西方空界之名**彭**

祖 解見逍遥篇崔云壽七百年或以爲仙不死 五伯 如字又音霸崔李云夏伯昆吾殷大彭豕韋周齊桓晉文 傅說 音悅 得之以相 息亮反 武丁奄有天下乘東維騎箕尾而比於列星 司馬云傅說殷相也武丁殷王高宗也東維箕斗之間天漢津之東維也星經曰傅說一星在尾上言其乘東維騎箕尾之間也崔云傅說死其精神乘東維託龍尾乃列宿今尾上有傅說星崔本此下更有其生無父母死登假三年而形遯此言神之无能名者也凡二十二字 掘然 其勿反 南伯子葵 李云葵當爲綦聲之誤也 女偊 音禹李音矩一云是婦人也 年長 張丈反 孺子 本亦作孺如喻反李云弱子也 惡惡 並音烏下惡平同 可 十 梁倚 魚綺反又其綺反李云卜梁姓倚名 亦易 以豉反 參日 音三 能朝 如字李除遥反下同 徹 如字郭司馬云朝旦也徹達妙之道李云夫能洞照不崇朝而遠徹 不惡 烏路反下同 豁然 喚活反 殺生者不死 李云殺猶亡也亡生者不死也崔云除其營生爲殺生 生生者不生 李云矜生者不生也

崔云常營其生爲生生攖郭音縈徐於營反李於盈反崔云有所繫著也副墨李云可以
副貳玄墨也崔云此巳下皆古人姓名或寓之耳無其人洛誦李云誦通也苞洛無所不通也瞻
明音占李云神明洞徹也聶許徐乃攝反李云許與也攝而保之無所施與也需
役徐音須李音儒云儒弱爲役也王云需待也役亭毒也於音烏又如字謳徐烏
侯反李香于反云謳歌也欲化之貌王云謳謌謡也玄冥李云強名曰玄視之冥然向郭云所以名無而
非無也參七南反寥徐九彫反李云參高也高邈寥曠不可名也疑始李云又疑
無是始則始非無名也研粗七胡反七重直龍反下同子祀崔云淮南作子永行
年五十四而病傴僂子輿本又作輿音餘子犁禮兮反爲尻苦羔反偉
哉韋鬼反向云美也崔云自此至鑑于井皆子祀自說病狀也拘拘郭音駒司馬云體拘攣也王云不中
也曲僂徐力主反於頂本亦作項崔本作釘音項句俱樹反徐古侯反贅徐之稅反
指天李云句贅項椎也其形似贅言其上向也有沴音麗徐又徒顯反郭奴結反云陵亂也李

同崔本作灑云滿也其心閒音閑崔以其心屬上句跰𨇤步田反下悉田反崔本作邊鮮
司馬云病不能行故跰𨇤也而鑑古暫反曰嗟乎崔云此子輿辭女惡音汝下同
下烏路反曰亡如字絕句予何惡烏路反下及注同一音如字讀則連亡字爲句浸子鴆
反向云漸也予因以求時夜一本無求字爲彈徒旦反鴞戶驕反
炙章夜反哀樂音洛縣音玄解音蟹下及注同向云縣解無所係也喘
喘川轉反又尺軟反崔本作惴惴環而如字徐音患李云繞也叱避昌失反无
怛丁達反崔本作䎶音怛驚也鄭衆注周禮考工記不能驚怛是也倚其於綺反
鼠肝向云委棄土壤而已王云取微蔑至賤蟲臂臂亦作膞崔本同不翅
徐詩知反彼近如字則悍本亦作捍胡旦反又音旱說文云捍抵也我且如字徐子
徐反漠音莫鋣以嗟反鏌鋣劍名大鑪力奴反惡乎音烏可解
如字下同成然如字崔同李去成然縣解之貌本或作戌音恤簡文云當作滅木又作䁥呼括反視

高貌本亦作俄然 蘧然 李音渠崔本作據又其據反蘧然有形之貌 覺 古孝反向崔本此下更有發然汗出一句云無係則津液通也崔云榮衞和通不以化爲懼也 相與 如字崔云猶親也或一音豫 相爲 如字或一音于僞反 愛爲 于僞反 撓 徐而小反郭許堯反 挑 徐徒了反郭李徒堯反又作兆李云撓挑猶宛轉也宛轉玄曠之中簡文云循環之名 莫然 如字崔云定也 有間 如字崔李云頃也本亦作爲間 編曲 必連反字林布千反郭父殄反史記甫連反李云曲蠶薄 相和 胡卧反 我猶 崔本作獨 人猗 於宜反崔云辭也 哀樂 音洛 惡知 音烏下皆同 稱情 尺證反 无以命之 崔李云命名也 而淡 徒暫反 而離 力知反下同 而應 應對之應下同 數子 所主反 垣然 吐但反 使女 音汝下同 縣 音玄注同 疣 音尤 決 徐古穴反 𤴯 胡亂反 潰 胡對反 端倪 本或作淣同音崖徐音詣 反覆 芳服反 芒然 莫剛反李云無係之貌 彷 薄剛反 徨 音皇 塵垢 如字崔本作塜坸云塜音逢坸垢同齊人以風

塵爲塳堁憒憒工內反說文蒼頡篇並云亂也以觀古亂反示也注同相造七報反詣也下同穿池本亦作地崔同相忘音亡下同暗人居宜反司馬云不耦也不耦於人謂闕於禮教也李其宜反云奇異也而侔音謀司馬云等也亦從也孟孫才李云三栢後才其名也崔云才或作牛應內應對之應惡知音烏下同焉知於虔反下皆同覺者古孝反注下皆同駭形如字崔作咳云有嬰兒之形旦宅並如字王云旦暮改易宅是神居也李本作怛恎上丹末反下陟嫁反云驚惋之貌崔本作靼宅靼怛也所以乃崔本乃作惡庸詎其庶反下章同造適七報反注同獻笑崔云獻善也王云章也意有適章於笑故曰獻笑及排皮皆反必樂音洛下同寥本亦作廖力彫反李良救反天一崔本作造敵不及笑獻芥不及整安排而造化不及眇眇不及雄漂淰雄漂淰不及薹筮薹筮乃入於漻天一以上時掌反意而子李云賢士也資女資給也爲軹之是反郭之忍反崔云軹辭也李云是也黥其京反劓魚器反李

云毁道德以爲仁義不似黥乎破玄同以爲是非不似劓乎 遥蕩 王云縱散也 恣 七咨反又如字 睢 郭李云許維反徐許鼻反李王皆云恣睢自得貌 復遊 扶又反下同 其藩 甫煩反李音煩司馬向皆云崖也崔云域也 盲者 本又作眇崔本作目云目或作刑刑黥劓也 以與 音豫下同 之好 如字又呼報反 黼黻 上音甫下音弗 之觀 古亂反 无莊據梁 司馬云皆人名李云无莊无莊飾也據梁強梁也 鑪 音盧 捶 本又作錘徐之睡反又之蕊反一音時蕊反李云錘鍛頭頗口句鐵以吹火也崔云鑪謂之瓮捶當作甀甀盧甀之間言小處也 甀 音丈僞反 鍛 丁亂反 曰噫 徐音醫李云歎聲也崔云辭也本亦作意音同又如字謂呼意而名也 我爲 于僞反注同 整 子兮反司馬云碎也 長於 丁丈反 功 見 賢遍反下文同 它日 崔本作異日下亦然 復見 扶又反下同 樂生 音洛又音嶽 蹵然 子六反崔云變色貌 墮 許規反徐又待果反 去 起呂反 知 音智 坐忘 崔云端坐而忘 无好 呼報反注同 何惡 烏路反 霖雨 本又作淋音林

左傳云雨三日以往爲霖裹音果食音嗣注同有不任音壬其聲而

趨七住反舉其詩焉崔云不任其聲憊也趨舉其詩無音曲也應應對之應下同

帝王第七崔云行不言之教使天下自以爲牛馬應爲帝主者也

齧缺五結反下丘悅反王倪五兮反四問而四不知何云事在齊物論中

蒲衣子尸子云蒲衣八歲舜讓以天下崔云即被衣王倪之師也淮南子曰齧缺問道於被衣

泰氏司馬云上古帝王也崔云帝王也李云大庭氏又云無名之君也藏仁才剛反崔云懷仁心以結人也本亦作臧作剛反善也簡文同以要一遥反注同所好呼報反

所惡烏路反之竟音境徐徐如字崔本作祛祛其覺古孝反于于如字司馬云徐徐安隱貌于于無所知貌簡文云徐徐于于寐之狀也曰人實反

中音仲亦如字始李云日中始人姓名賢者也崔本無日字云中始賢人也以語魚據反

女音汝後皆同出經絶句司馬云出行也經常也崔云出典法也式義度人

人絕句式法也崔云式用也用仁義以法度人也欺德簡文云欺妄也涉海鑿徐洛反下同郭粗鶴反河李云涉海必陷波鑿河無成也蚉音文本亦作蟁同不勝音升確

乎苦學反李云堅貌崔本作豪音託矰則能反李云罔也之害崔本作菑鼷音兮

熏香云反天根崔云云人姓名也遊於殷陽李云殷山名陽山之陽崔

云殷陽地名司馬云殷衆也言向南遊也或作殷湯蓼水音了李云水名也不豫司馬云豫

不澈豫太倉卒也簡文云豫悅也大初音泰乘夫音符莽莫蕩反崔本作猛

眇妙小反莽眇輕虛之狀也崔云猛眇之鳥首也取其行而無迹壙徐苦廣反埌徐力黨反李音

浪壙埌无滯爲名也崔云猶曠蕩也无狹戶夾反帠徐音藝又魚例反司馬云法也一本作寱

牛世反崔本作爲而自治直吏反下文同又復扶又反於淡徒暫反徐大敢

反於漠音莫陽子居李云居名也子男子通稱嚮許亮反李許兩反疾

強梁崔云所在疾強梁之人也李云敏疾如嚮也簡文云如嚮應聲之疾故是強梁之貌物徹

疏明司馬云物事也徹通也事能通而開明也崔云無物不達無物不明不勸其眷反

胥如字司馬云疏也簡文云相也易音亦崔以豉反云相輕易也簡文同技徐其綺反簡文云藝也

係如字崔本作繫或云作繫簡文云音繫怵心勑律反來田李云虎豹以皮有文章見

獵也田獵也猨音袁狙七餘反之便眦肩反扶面反舊斄音來李音貍崔云犛

牛也來藉司馬云藉繩也由捷見結縛也崔云藉繫也蹵然子六反改容之貌之

治直吏反下同貸吐代反神巫曰季咸李云女曰巫男曰覡季咸名不

憙許忌反心醉向云迷惑於其道也壺子司馬云名林鄭人列子師既其

文李云既盡也得道與音餘衆雌而无雄而又奚卵

焉司馬云言汝受訓未熟故未成若衆雌無雄則無卵也廿亢苦浪反必信崔云綖向

相女息亮反注下同示之本亦作視崔云視示之也嘻徐音熙郭許意也訇數

所主反鄉吾許亮反本作嚮亦作向同崔本作康云向也地文與土司也崔云文猶理也

不震不正並如字崔本作不誫不止云如動不動也誠應應對之應後同杜

德機崔云塞吾德之機有瘳丑留反功見賢遍反不齊側皆反本

又作齋下同且復扶又反泊心白博反又音魄得厝七故反字又作措同管

闚去規反鯢五兮反桓司馬云鯢桓二魚名也簡文云鯢鯨魚也桓盤桓也崔本作鯢拒云魚所

處之方穴也又之審郭如字簡文云處也司馬云審當爲蟠蟠聚也崔本作潘云回流所

鍾之域也淵有九名淮南子云有九旋之淵許慎注云至深也治亂直吏反失

而走如字徐音逸已滅崔云滅不見也委於危反蛇以支反委蛇至順之貌

爲弟徐音頹丈回反靡弟靡不窮之貌崔云猶遜伏也波流如字崔本作波隨云

常隨從之爲其于僞反妻㸑七判反食豕音嗣下同彫琢竹角

反法華羌吕反塊然徐苦怪反又苦對反紛而芳云反崔云亂貌封

哉崔本作戎云封戎散亂也知主音智注同无朕直忍反崔云兆也應而

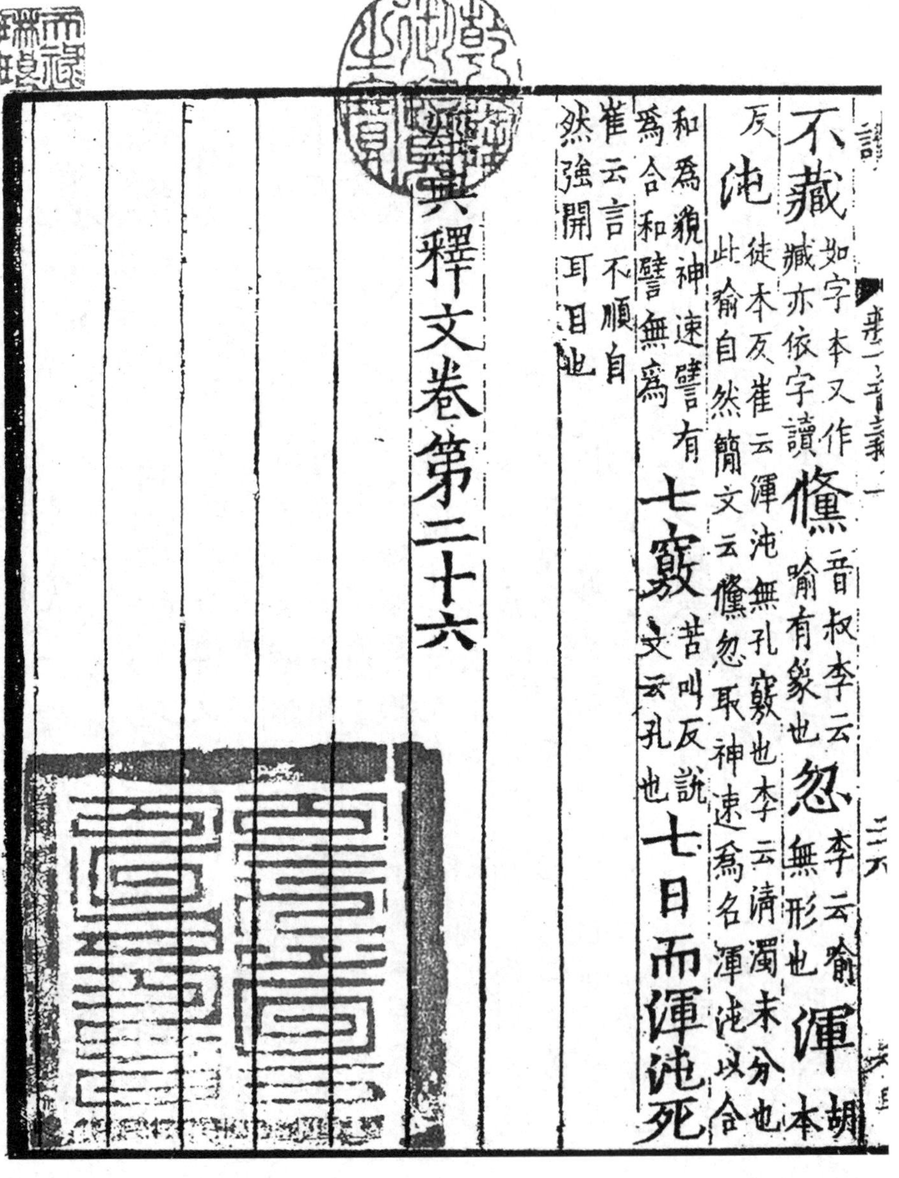

不藏　如字本又作臧亦依字讀　儵　音叔李云喻有象也　忽　李云無形也　渾　胡本反　沌　徒本反崔云渾沌無孔竅也李云清濁未分也此喻自然簡文云儵忽取神速爲名渾沌以合和爲貌神速譬有爲合和譬無爲　七竅　苦叫反說文云孔也　七日而渾沌死　崔云言不順自然強開耳目也

典釋文卷第二十六

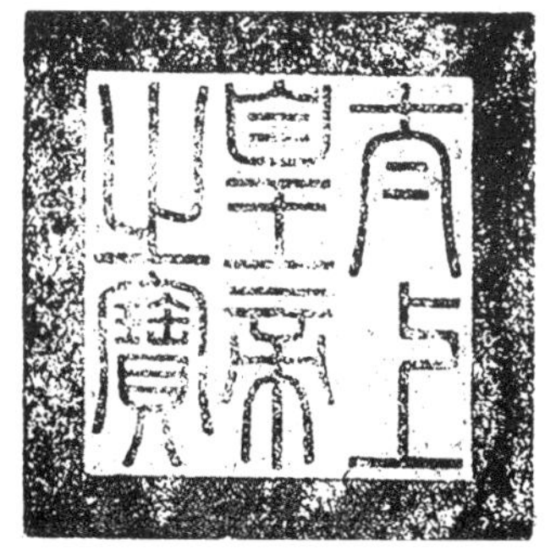

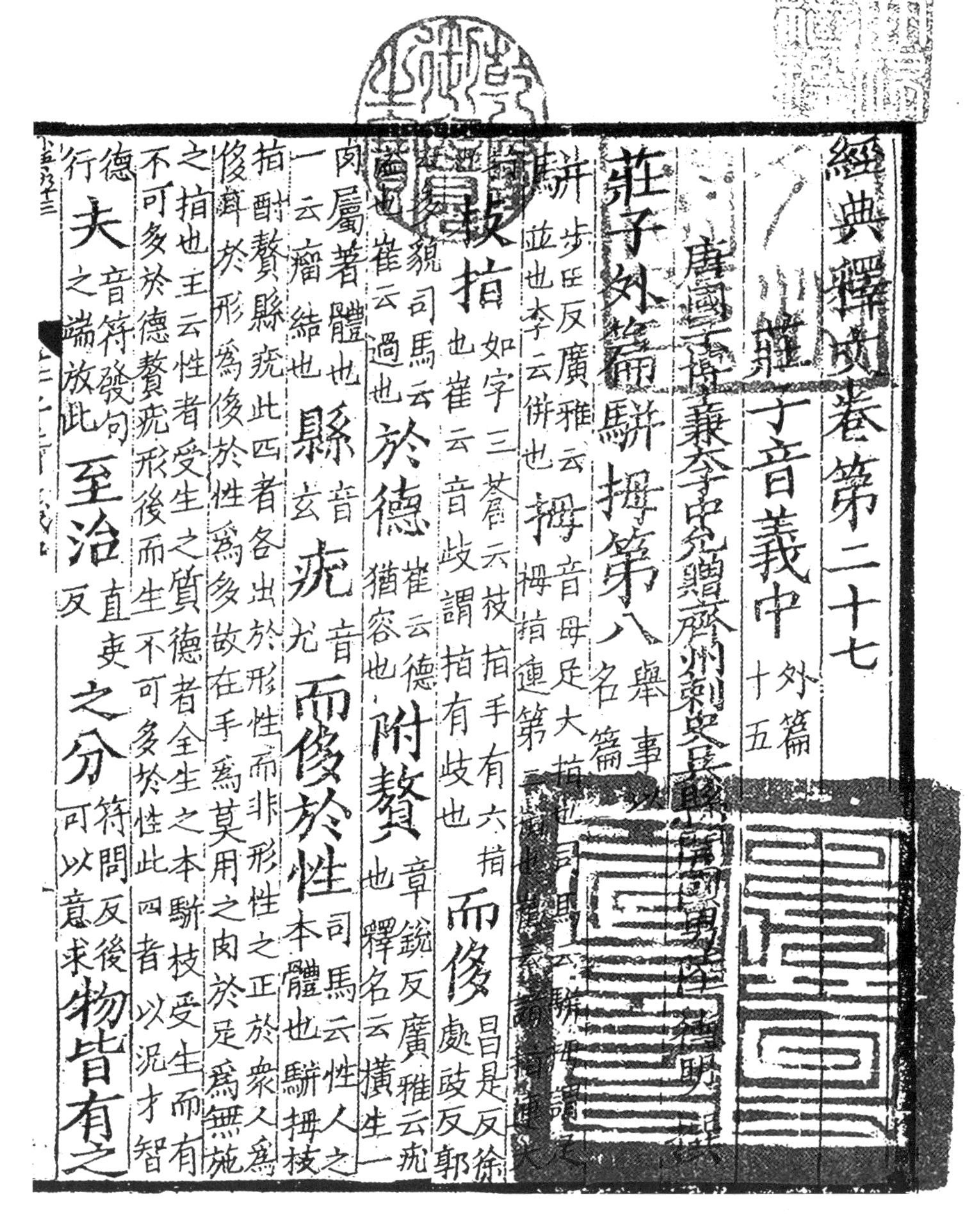

經典釋文卷第二十七

莊子音義中 外篇十五

唐國子博士兼太子中允贈齊州刺史吳縣開國男陸德明撰

莊子外篇駢拇第八 舉事以名篇

駢 步田反廣雅云並也李云併也 拇 音母足大指也司馬云駢拇謂足拇指連第二指也崔云諸指連大 枝指 如字三蒼云枝指手有六指也崔云音歧謂指有歧也 而侈 昌是反徐處豉反郭[illegible]貌司馬云[illegible]也崔云過也 於德 崔云德猶容也 附贅 章銳反廣雅云疣也釋名云橫生一肉屬著體也一云瘤結也 縣 音玄 疣 音尤 而侈於性 司馬云性人之本體也駢拇枝指附贅縣疣此四者各出於形性而非形性之正於眾人爲侈於形爲侈於性爲多故在手爲莫用之肉於足爲無施之指也王云性者受生之質德者全生之本駢枝受生而有不可多於德贅疣形後而生不可多於性此四者以況才智德行 夫 音符發句之端放此 至治 直吏反 之分 符問反後可以意求 物皆有之

之或作定五藏才浪反後皆同黃帝素問云肝心脾肺賢爲五藏淫僻本又作辟匹亦反徐敷赤

反注及篇末同於仁義之行下孟反崔云駢枝贅疣雖非性之正亦出於形不可去也五藏之情雖非道德之正亦列於性不可治也今設仁義之教以治五藏之情猶削駢枝贅疣也既傷自然之理更益其

疾也撗復扶又反徐篇末注皆同至當丁浪反後皆放此黼黻音甫下音弗周

禮云白與黑謂之黼黑與青謂之黻煌煌音皇廣雅云光光也向崔本作韹向云馬氏音煌毛詩傳云皇皇猶

煌煌也煌又音晃非乎向云非乎言是也離朱司馬云黃帝時人百步見秋豪之末一云見千里針

鋒孟子作離婁是已向云猶是也五聲本亦作五音師曠司馬云晉賢大

夫也善音律能致鬼神史記云冀州南和人生而無目擢德音濯司馬云拔也簧鼓

音黃謂笙簧也鼓動也曾史曾參史鰌也曾參行仁史鰌行義跖之石反纍劣彼

反瓦危委反向同崔如字一云瓦當作丸結繩李云言小辯危辭若結繩之纍瓦也崔云聚無

用之語如瓦之纍繩之結也竄七亂反爾雅云微也一云藏也句紀具反司馬云竄句謂邪說微隱穿

鑿文句也一音鉤　敝本亦作蹩徐音婢郭父結李步計反司馬云罷也　跬徐丘婢反郭音屑向崔本
作桂向丘氏反云近也司馬同李郤垂反一云敝跬分外用力之貌　譽音餘　揚墨崔李云楊朱墨翟也
容思息嗣反　檮杌上徒刀反下音兀　此數色主反下文此數音同　不爲
跂其知反崔本作技音同或渠支反　鳧音符　脛形定反釋名云莖也直而長如物莖也本又作
脛　鶴戶各反　斷之丁管反下及注同　去憂起呂反注去憂去甚同　意
如字下同亦作醫　齕李音紇恨發反齕齕也徐胡勿反郭又胡突反　啼音提崔本作謕　蒿
目好羔反司馬云亂也李云蒿目快性之貌　蒿令力呈反下同　於難乃旦反　後
拯拯救之拯　饕吐刀反杜預注左傳云貪財曰饕　囂囂許橋反又五羔反字林云聲也
崔云憂世之貌　屈崔本作詘　折之熱反謂屈折支體爲禮樂也　呴況于反李況付反本又作
傴於禹反　俞音臾李音喻本又作喻音諭謂呴喻顏色爲仁義之貌　纆音墨廣雅云索也
索悉各反下同　連連司馬云謂連續仁義遊道德間也　祇足音支　使喪

息浪反下巳喪同以撓而小反郭呼堯反又許羔反廣雅云亂也又奴爪反功見賢遍反

性與音餘此可以意消息後皆放此三代夏殷周也以上時掌反槃夷

並如字謂創傷也從字應作瘢痍殉辭俊反徐辭倫反司馬云營也崔云殺身從之曰殉鶉音純

又音穀鷇口豆反秃吐木反揮斥上音耀下音赤臧作郎反崔云好書曰臧方

言云齊之北鄙燕之北郊凡民男而壻婢謂之臧女而婦奴謂之獲張揖云壻婢之子謂之臧婦奴之子謂之獲

與穀如字爾雅云善也崔本作穀云孺子曰穀牧羊牧養之牧挾音協筴字又

作策初革反李云竹簡也古以寫書長二尺四寸博塞悉代反塞博之類也漢書云吾丘壽王以

善格五待詔謂薄塞也首陽山名在河東蒲坂縣死謂餓而死東陵李云謂泰山也

一云陵名今名東平陵屬濟南郡又惡音烏取君子小人於其間

哉崔本無小人於三字屬其郭時欲反謂係屬也徐音燭謂屬著也下皆同雖通

如楊墨此句一本無俞兒音榆李式榆反司馬云古之善識味人也崔云尸子

曰膳俞兒和之以薑桂爲人主上食淮南云俞兒狄牙嘗淄澠之水而别之一云俞兒黄帝時人狄牙則易牙齊桓公時識味人也一云俞兒亦齊人淮南子一本作申兒疑申當爲臾 **不累** 劣僞反後皆放此 **含**

已 音捨 **愧乎** 崔本作聭云聭愧同 **之行** 下孟反注同 **冥復** 音服 **從**

容 七容反 **吹** 如字又昌僞反字亦作炊

馬蹄第九 舉事以名篇

馬 釋名云武也王弼注易云在下而行者也 **蹄** 音提司馬云馬足甲也 **禦** 魚呂反廣雅云敵也崔本作辟 **齕** 恨發反又胡切反 **翹** 祁饒反 **足** 崔本作尾 **而陸** 司馬云陸跳也字書作䮹䮹馬健也 **駑** 音奴惡馬也 **驥** 音冀千里善馬也 **義** 許宜反又如字徐音儀崔本同一本作羲 **臺** 崔云羲臺猶靈臺也 **路寢** 路正也大也崔云路寢正室

而惡 烏路反 **伯樂** 音洛下同伯樂姓孫名陽善馭馬石氏星經云伯樂天星名主典天馬孫陽善馭故以爲名 **剔之** 敕歷反字林云剔也徐詩赤反向崔本作鬄向音郝 **雒之** 音洛

司馬云燒謂燒鐵以爍之剔謂翦其毛刻謂削其甲雒謂羈雒其頭也**羈**居宜反廣雅云勒也**馽**丁邑反徐丁立反絆也李音述本或作馵非也馵之樹反司馬向崔本並作縶向云馬氏音誺崔云絆前兩足也**編之**必然反**皁**才老反櫪也一云槽也崔云馬閑也**棧**士板反徐在簡反又士諫反編木作靈似牀曰棧以禦濕也崔云木棚也**不治**直吏反**驟**士救反**橛**向徐其月反司馬云銜也崔云鑣也**飾**徐音式司馬云排銜也謂加飾於馬鑣也**鞭**必然反**筴**初革反杜注左傳云馬棰也棰音竹瓜反**陶**道刀反謂窯也窯音弋消反**埴**徐時力反崔云士也司馬云埴土可以爲陶器尚書傳云土黏曰埴釋名云埴膱也膱音之食反**中規**丁仲反下皆同**應繩**應對之應後不音者放此**揉曲**汝久反**撟**居兆反**拂**房弗反**去者**羌呂反**天放**如字崔云作牧天養也**填填**徐音田又徒偃反質重貌崔云重遲也一云詳徐貌淮南作莫莫**顛顛**丁田反崔云專一也淮南作瞋瞋**蹊**徐音兮李云徑也**隧**徐音遂崔云道也**連屬**

其鄉王云既無國異家殊故其鄉連屬**混**胡本反**芒**莫剛反**淡**徒暫反**漠**

音莫 遂長 丁丈反又直良反 无吞 敦恩反又音天 攀 本又作扳普班反 援 音袁廣雅云牽也引也 闚 去規反 物馴 似遵反或音純 惡乎 音烏 不離 力智反注同 素樸 普剝反 蹩 步結反向崔本作弊音同 躠 本又作薛悉結反向崔本作殺音同一音素葛反 踶 直氏反向崔同崔音緹 跂 丘氏反一音吕氏反崔音枝本云蹩躠踶跂皆用心爲仁義之貌 澶 本又作儃徒旦反又吐且反向崔本作但音憚 漫 武半反向崔本作曼音同李云澶漫猶縱逸也崔云但曼淫衍也一云澶漫牽引也 摘 勑歷反又陟革反 辟 匹辟反向音璧徐敷歷反李父歷反本或作僻音同李云糾擿邪辟而爲禮也一音婦赤反法也崔云擿辟多節 始分 如字下分皆同 犧尊 音羲尊或作樽司馬云畫犧牛象以飾樽也王肅云刻爲牛頭鄭玄云畫鳳皇羽飾尊婆娑然也音先河反 珪璋 音章李云皆器名也銳上方下曰珪半珪曰章 情性不離 如字列離也 交頸 頸領也居郢反又祁盈反 相靡 如字李云摩也一云愛也 相踶 大計反又徒兮反又徒祁反李云踶蹋也廣雅字韻聲類並同通俗文云小蹋謂之踶 馬知 李音智下同

衡扼 於革反衡轅前橫木縛軛者也扼又馬頸鬐也 月題 徒兮反司馬崔云馬額上當顱如月形者也 介 徐古八反 倪 徐五佳反郭五第反李云介倪猶睥睨也崔云介出俾倪也
闉 音因 鷙 徐敕二反郭音蹛 曼 武半反郭武諫反李云闉曲也鷙抵也曼突也崔云闉扼鷙曼距拒頓遲也司馬云言曲頸於扼以抵突也一云鷙曼旁出也 詭 九彼反 銜 口中勒也或云詭銜吐出銜也 竊轡 齧轡也崔云詭銜竊轡戾銜撅盜齧轡也 態 作 吐代反 赫 本或作菻呼白反 胥氏 司馬云赫胥氏上古帝王也一云有赫然之德使民胥附故曰赫胥蓋炎帝也
含哺 音步 縣企 音玄 踶 直氏反 跂 丘氏反 好知 呼報反下音智

胠篋第十 舉事以名篇

胠 李起居反史記作㩻徐起法反一音虛乏反司馬云從旁開爲胠一云發也 篋 苦協反 探 吐南反 囊 乃剛反 匱 其位反櫃也 攝 如字李云結也崔云收也 緘 古咸反 縢 向崔本作縢同徒登反崔云約也案廣雅云緘縢皆繩也 扃 古熒反崔李云關也 鐍 古穴反李

云紐也崔云環舌也 知也 如字又音智下同 揭 徐其謁反又音桀三蒼云擧也擔也負也 擔

丁甘反 而趨 七須反李云走也 唯恐 丘用反 鄉之 本又作向亦作嚮同許亮

反 爲大盜 于僞反下及下注而爲同 積者 如字李子賜反 罔罟 音古罔之

通名 耒 力對反徐力猥反郭呂靈反李云犂也一云鋤柄也 耨 乃豆反李云鋤也或云以木爲

鋤柄 所刺 徐七智反 闔 戶臘反 四竟 音境下之竟同 治邑 直吏反 屋

周禮夫三爲屋 州 五黨爲州二千五百家也 閭 五比爲閭二十五家也 鄉 五州爲鄉萬二千五

百家也 田成子 齊大夫陳恒也 一旦 宋元嘉中本作一日 殺 音試 齊君

簡公也春秋哀公十四年陳恒殺之于舒州 而盜其國 司馬云謂割安邑以東至琅邪自爲封邑

也 聖知 音智下同 十二世有齊國 自敬仲至莊子九世知齊政自太公和至

威王三世爲齊侯故云十二世也 以守 如字舊音狩 比干剖 普口反謂割心也崔

本作節云支解也 萇 直良反 弘胣 本又作肔徐勑紙反郭詩氏反崔云讀若拕或作施

宇胣裂也淮南子曰萇弘鈹裂而死司馬云胣剔也萇弘周靈王賢臣也案左傳是周景王敬王之大夫魯哀公三年六月周人殺萇弘一云刳腸曰胣子胥靡密池反司馬如字云糜也崔云爛之於池中也案子胥伍員也諫夫差夫差不從賜之屬鏤以死投之江也馬得於虔反故跖之石反之藏才浪反又如字知可如字本或作知可否分均符問反又如字无

治直吏反下文始治同魯酒薄而邯音寒鄲音丹邯鄲趙國都也圍楚宣王朝諸侯魯恭公後至而酒薄宣王怒欲辱之恭公不受命乃曰我周公之胤長於諸侯行天子禮樂勳在周室我送酒已失禮方責其薄無乃大甚遂不辭而還宣王怒乃發兵與齊攻魯梁惠王常欲擊趙而畏楚救楚以魯爲事故梁得圍邯鄲言事相由也亦是感應宣王名熊良夫悼王之子恭公名奮穆公之子許慎注淮南云楚會諸侯魯趙俱獻酒於楚王魯酒薄而趙酒厚楚之主酒吏求酒於趙趙不與吏怒乃以趙厚酒易魯薄酒奏之楚王以趙酒薄故圍邯鄲也掊普口反擊徐古歷反縱舍音捨注同閑邪似嗟反

去華起呂反下注去欲去其皆同聖人已死則大盜不起向云

事業日新新者爲生故者爲死故曰聖人已死也乘天地之正御日新之變得實而損其名歸眞而忘其塗則大盜息矣

爭尚 爭鬭之爭後皆同 聖人不死大盜不止 向云聖人不死言守故而不日新牽名而不造實也大盜不止不亦宜乎 爲之斗斛以量之 向云自此以下皆所以明苟非其人雖法無益 權衡 李云權稱錘衡稱衡也錘音直僞反 符璽 音徙 矯之 居表反

竊鉤 鉤謂帶也 揭 其謁其列二反 斧鉞 音越 能禁 音今又居鴆反下不禁同 擿玉 持赤反義與擲字同崔云猶投棄之也郭都革反李云刻也 殫 音丹

鑠絕 郭李詩灼反向徐音藥崔云燒斷之也 竽 音于徐 瑟 本亦作笙 塞 瞽曠 崔本塞作杜云塞也 膠 音交徐古孝反 喪矣 息浪反 攦 郭呂係反又力結反徐所綺反李云折也崔云撕之也

工倕 音垂堯時功巧者也一名睡 蜘 音知 蛛 音誅 蛣 起一反 蟯 音羌 之行 下孟反 鉗 李巨炎反又其嚴反 攘 如羊反 之帥 本又作率同所類反 不鑠 失灼反崔云不消壞也向音燿 不僻 匹亦反 爚 徐音藥三

蒼云火光銷也司馬崔云散也此數所主反容成氏司馬云此十二氏皆古帝王驪

徐力池反李音梨畜徐敕六反伏戲音羲慊口簟反樂其音洛而不

相往來一本作不相與往來檢元嘉中郭注本及崔向永和中本並無與字至治直吏反注

同頸如字李巨盈反嬴音盈崔云裹也廣雅云負也糧音良而趣七于反徐

七喻反上好呼報反注下皆同弩音怒畢弋機變李云兔網曰畢繳射

曰弋弩手曰機之知音智下及注并下知詐皆同鉤餌如志反罔罟罾音曾

笱鉤釣鉤也餌魚餌也廣雅云罟謂之罔罾魚網也爾雅云嫠婦之笱謂之罶削七妙反格古百

反李云削格所以施羅網也羅落罝子斜反罘本又作罦音浮爾雅云鳥罟謂之羅兔罟謂之

罝罬謂之罦罦覆車也郭璞云今飜車也漸毒李云漸漬之毒不覺深也崔云漸毒猶深害

頡戶結反滑于八反頡滑謂難料理也崔云纏屈也李音骨滑稽也一云頡滑不正之語也解

若懈反垢苦豆反司馬崔云解垢隔角也或云言曲之辭每每李云猶昏昏也舍已

音捨下文同**上悖**李郭云必內反又音佩司馬云薄食也**下爍**失約反崔云消也司馬云崩竭也崔向本作爍同徐音藥**中墮**許規反毀也**之施**始豉反**惴**本亦作惴又作喘川兗反向音揣**耎**耳轉反崔云蠉蝡動蟲也一云惴耎謂無足蟲**肖翹**音消下音祁饒反崔云肖翹植物也李云翾飛之屬也**種種**向章勇反李云謹愨貌一云淳厚也**而說**音悅下同**役役**李云鬼黠貌一云有為人也**恬**徒謙反**惔**徒暫反徐大敢反**啍啍**李之閏反又之純反郭音惇以已悔人之貌下同司馬云少智貌徐許彭反又許剛反向本作啍音亨崔本上句作啍啍少知而芒也一云啍啍壯健之貌

在宥第十一 以義名篇

聞在宥音又寬也**則治**直吏反下治亂同**欲惡**烏路反**好欲**好報反**有治天下者哉**崔本作有治天下者材失云強治之是材之失也**人樂**音洛**恬**徒謙反**瘁瘁**在季反病也廣雅云憂也崔本作醉**愉**音瑜徐音喻**故**

譽音餘 毗於如字司馬云助也一云并也 思慮息嗣反 大過音泰 喬向欽消反或去夭反郭音橋李音驕 詰李去吉反徐起列反崔云喬詰意不平也 卓勑角反郭丁角反向音卓 鷙勑二反李豬栗反向豬立反又勑栗反崔云卓鷙行不平也 之行下孟反 能

勝音升 匈匈音凶 而且如字徐子餘反 說明音悅下同 是悖必內反徐蒲沒反 是相息亮反助也下及注皆同 於技其綺反李音歧崔同云不端也 說知音智 於疵疾斯反 臠力轉反崔本作臠 卷卷勉反徐居阮反司馬云臠卷不申舒之肰也崔同一云相牽引也 傖音倉崔本作戕 囊如字崔云戕囊囊猶搶攘 乃復扶又反 而

去起慮反 之邪崔本唯此一字作邪餘皆作耶 齊戒本又作齋同側皆反 跪其詭反郭音危 蒞音利又音類 无解如字一音蟹散也 龍見賢遍反向崔本作覞向音見崔音覞 從容七容反 炊昌睡反又昌規反本或作吹同 累劣僞反司馬云炊累猶動升也向郭云如埃塵之自動也 崔瞿向崔本作臞向求朱反瞿瞿人姓名也 老聃吐藍反 女

愼音汝攖於營反又於盈反司馬云引也崔云羈落也排皮皆反崔本作俳進上時掌反注及下同其易以豉反因殺如字徐所例反言囚殺萬物也淖昌畧反又直角反廉劌居衞反司馬云傷也廣雅云利也琢丁角反縣而天音玄向本無而字云希高慕遠故曰縣天僨向粉問反廣雅云僵也郭音奔驕如字又居表反郭云憤驕者不可禁之勢自見賢遍反下同股音古脛本曰股胈畔末反向父末反李扶蓋反云白肉也或云字當作紱紱蔽膝也崔云胈𦙶也脛刑定反讙音歡兜丁侯反崇山南裔也堯六十年放讙兜于崇山投三苗崔本投作殺尚書作竄三苗者縉雲氏之子即饕餮也三峗音危本亦作危三峗西裔之山也今屬天水堯六十六年竄三苗于三危共工音恭共工官名即窮奇也幽都李云即幽州也尚書作幽州北裔也堯六十四年流共工于幽州施及以智反崔云延也大駭駭驚也愈粗音麤下同愚知音智下及注同好知呼報反注同釿音斤本亦作斤鋸音據制焉釿鋸制謂加肉刑也纆墨殺焉並如字崔

云謂彈正殺之椎直追反鑿在洛反決焉古穴反又苦穴反崔云肉刑故用椎鑿

脊脊音藉在亦反相踐藉也本亦作脊脊廣雅云脊脊亂也大山音泰亦如字嵁苦巖

反一音苦咸反又苦巖反巖音巖語銜反一音齒語咸反以眩玄遍反惡直烏路反

蕃徒音煩殊死如字廣雅云殊斷也司馬云決也一云誅也字林云死也說文同又云漢令曰蠻夷

長有罪當殊之崔本作殀死相枕之鴆反桁戶剛反司馬云脚長械也楊向音陽崔云械夾頸

及脛者皆曰桁楊離力氏反又力智反跂丘氏反又丘豉反攘如羊反桎之實反

梏古毒反意如字又音醫无愧崔本作媿腐音輔方復扶又反接

李如字向徐音燮郭慈接反槢郭李音習向徐徒燮反司馬云楔槢械楔音息節反崔本作熠云讀為牒或作

謂字楔槢桎梏梁也淮南曰大者為柱梁小者為楔槢也鑿在洛反又在報反枘人銳反向本作內音同三蒼云

柱頭枘也鑿頭廁木如柱頭枘遠於于萬反下同而禦魚呂反本又作御音同焉知於

反嚆矢許交反又亦作嚆向云嚆矢矢之鳴者郭云矢矢猛者字林云嚆大呼也崔本作蒿云蕭蒿可以為

箭或作矯矯梟也崔本此下更有有無之相生也則甚大
曺史與桀跖生有無也又惡得無相軟也凡二十四字
治直吏反去其起呂反廣成子或云即老子也空同司馬云當北斗
下山也爾雅云北戴斗極爲空一日在梁國虞城東三十里貸也廣雅云貸正也雲氣
不待族而雨司馬云族聚也未聚而雨言澤少草木不待黃而
落司馬云言殺氣多也爾雅云落死也益以崔本作益以佞人如字郭音寧翦
翦如字郭司馬云善辯也一曰佞貌李云淺短貌或云狹小之貌揖悦全反閒居音閑
下注同復往扶又反邀之古堯反要也南首音狩蹷其月反又音厥
驚而起也天下治直吏反吾語魚據反下同女音汝後放此窈窈
鳥了反不邪似嗟反我爲于僞反下同物將自壯側亮反謂不治
天下則衆物皆自任自任而壯也之稱尺證反百昌司馬云猶百物也當我
如字緡乎武巾反郭音泯泯合也遠我于萬反昏乎如字暗也司馬云緡

一五五七

昏並無心之謂也 雲將 子近反下同李云雲主帥也 扶搖 扶亦作夫音符李云扶搖神木也主東海一云風也 鴻蒙 如字司馬云自然元氣也一云海上氣也 拊 孚甫反一音甫 髀 本又作髀音陛徐甫婢反又甫姊反 雀 本又作爵同將略反 躍 司馬云雀躍若雀浴也一云如雀之跳躍 倘 尺掌反一音吐郎反李吐黨反司馬云欲止貌李云自失貌也 贄 之二反又猪立反又魚列反李云不動貌 叟 本又作傻素口反郭蹺■反司馬云長者稱 不輟 丁劣反李云止也 白

吁 況于反亦作呼 鬱結 如字崔本作繪音結 掉 徒弔反 有宋 如字國名也本作宗者非 鞅掌 於丈反毛詩傳云鞅掌失容也今此言自得而正也 之放 方往反效也注同 止 蟲 如字本亦作昆蟲崔本作正蟲 皆坐 才臥反 意 音醫本又作噫下皆同 僊僊 音仙 墮 許規反 涬 戶頂反又音幸 溟 亡頂反司馬云涬溟自然氣也 渾渾 戶本反 沌沌 徒本反 不離 力智反下及注皆同 而惡 烏路反 因衆以寧 所聞 因衆人之所聞見委而任之則自寧安 不如衆技 其綺反 衆矣

若役我之知達衆人衆人之技多於我矣安得而不自困哉此攬音覽本亦作覽僥古堯反徐古了

反字或作儌倖音幸一云僥倖求利不止之貌幾何居豈反郭巨機反不喪息浪

反下及注同萬分如字又扶問反饕吐刀反冒亡北反又亡報反於嚮許大

反本又作響注及下同挈苦結反廣雅云持也撓撓而小反惡音烏足復

扶又反則治直吏反匿而女力反中而不可不高者德

也中者順也順其性而高也不易以豉反下注同應動億升反物者莫

足爲也分外反而不可不爲分內也不與音預

天地第十二以事名篇

天地釋名云天顯也高顯在上也又坦也坦然高遠也地底也其體底下載萬物也禮統云天地者元氣之所生萬物之祖也易說云元氣初分清輕上爲天濁重下爲地其治直吏反注同下官治并注亦同人

卒尊忽反君原原本也非邪也似嗟反本又作爲技也其綺反注

下同　記曰書名也云老子所作　夫子司馬云莊子也一云老子也此兩夫子曰元嘉本皆爲别章崔本亦

爾　覆載芳富反　洋洋音羊又音詳　不㓷口旲反又口侯反崔本作軒云

寛悦之貌　而去起呂反　循音旬或作脩　挫作卧反　韜吐刀反廣雅云藏也　沛普貝反字林云流也　物

逝崔本逝作誓云開也　滂沛普旁反　不近附近之近　不樂音洛　縣解上音玄下音蟹　不

以王于況反下王德並同　蜕然始銳反又音悦　漻李良由反徐力蕭反廣雅下巧反云清貌　非

好呼報反　而知音智注同　而供音恭本亦作恭　確苦學反　斯音賜又如字

赤水李云水出崐崘山下　還歸音旋　玄珠司馬云道眞也　使知音智注及下音

同　索之所白反下同　喫口懈反　詬口豆反司馬云喫詬多力也　王倪徐五兮反

被衣音披　要之一遥反注同　圾本又作岌五急反又五合反郭李云危也　給數音朔

在去起呂反　於強其丈反　方且如字凡言方且者言方將有所爲也　物絯徐户

隔反廣雅公才反云東也爲郭義同今用廣雅音　令應力呈反　治亂直吏反注同　之

率色類反注同又色律反 殺君音試本又作弒音同 華胡化反又胡花反司馬云地名

也 封人司馬云守封疆人也 曰嘻音熙 請祝之又反又州太反 女獨音女

後 鶉居音淳 鶉居謂無常處也又云如鶉之居猶言野處 鷇口豆反 食爾雅云生

哺鷇鷇食者言仰物而足也 就閒音閑注同 上僊音仙 伯成子高通變

經云老子從此天地開闢以來吾身一千二百變後世得道伯成子高是也 闔本亦作盍胡臘反 无落落猶

廢也 俋俋徐於執又徐直立反李云耕貌一云耕人行貌又音秩又於十反字林云勇壯貌 治成

直吏反 能閒閒廁之閒 不與音預 侗音洞又音同 泰初易說云氣之始

也 有分符問反 无閒如字 留動留或作流 喙丁豆反又充芮喜穢二反 縉

縉武巾反 夫子仲尼也 相方如字又甫往反本亦作放甫往反注同 強以其兩

反 縣音玄 寓音宇司馬云辨明白若縣室在人前也 易見以豉反 技係其綺

反 執留如字本又作貓音同一本作狸亦如字司馬云貓竹鼠也一云執留之狗謂有能故被留係成愁思

也獿音袁狙七徐反之便婢面反徐扶面反司馬云言便捷見捕復何扶又反
將一本作蔣閭力於反菟字亦作莬音免又音晚郭音問將閭菟人姓名也一云姓將閭名菟
或云姓蔣名閭菟也季徹人姓名也蓋季氏之族魯君或云定公知中丁仲反不
輯音集爾雅云和也又側立反郭思魚反局局其玉反一云大笑之貌螳蜋音堂郎
車軼音轍不勝音升注同自爲遽其據反本又作處觀臺古亂
反注同覤覤許逆反又生責反或云驚懼之貌汒若本或作芒武剛反郭武蕩反舉
滅皆也悶然音門豈兄元嘉本作豈足溟亡頂反涬戶頂反圃
布戶反又音布圃也李云菜蔬曰圃畦戶圭反李云埒中曰畦說文云五十畝曰畦隧音遂李云道也
甕烏送反字亦作瓮搰搰苦骨反徐李苦滑反郭忽滑反用力貌一音胡沒反有械
戶戒反字亦作械李云器械也浸子鴆反司馬云灌也卬而音仰本又作仰挈水口節反
若抽敕留反李云引也司馬崔本作流數如所角反徐所錄反泆湯音逸本或

作溢李云疾速如湯沸溢也司馬本作佚蕩云言其往來數疾如佚蕩佚蕩唐佚也 槹 本又作橋或作皋同音羔
徐居橋反司馬李云桔槹也 吾師 謂老子也 瞞 武版反又亡安反字林云目背平貌李天典反慙貌
一音門又亡千反司馬本作憮音武崔本作撫 於于 並如字本或作吰吁音問司馬云夸誕貌一云行仁
恩之貌 以蓋衆 司馬本蓋作善 隳 許規反 无乏 乏也 廢 卑陬
走侯反徐側留反李云卑陬愧懼貌一云顏色不自得也 頊頊 本又作旭旭許玉反李云自失貌 向
之 許亮反本又作鄉音同後倣此 復 扶又反 有 夫人 音符下夫人同 汒乎
莫剛反 之心 心或作道 譽之 音餘下同 謷然 五羔反司馬本作警 儻然 本亦
作黨司馬本作儻同 渾 胡本反 沌 徒本反 背 音佩 之易 以豉
反 諄 郭之倫反又述倫反 芒 本或作汒武剛反李云望之諄諄察之芒芒故曰諄芒一云姓名也或云霧氣
也 大壑 火各反李云大壑東海也 苑風 本亦作宛徐於阮反李云小貌謂遊世俗也一云苑風人
姓名一云扶搖大風也 之濱 音賓 酌焉 一本作取焉 橫目之民 李云倮蟲之屬

欲令其治之也　頤閭本或依司馬本作閭下同　聖治直吏反下皆同　官施始文反又始智反司馬云施攻布教各得其宜　手撓而小反又而了反司馬云動也一云謂指麾四方也　顧指如字向云顧指者言指麾顧盼而治也或音頤本亦作頤以之反謂舉頤指麾也　美惡烏路反　恑乎音超字林云帳也徐尺遥反郭音條　儻乎敕黨反司馬本作傥　德人之容羊凶反或云依注當作客　天地樂音洛注同　銷亡徐音消　混冥胡本反　門无鬼司馬本作无畏云門姓无畏字也　赤張滿本或作蒲　稽古兮反李云門赤張氏也无鬼滿稽名也　均治直吏反下及注均治並同　之與音餘本又作邪　復何扶又反下章注同　瘍音羊李云頭創也言創以喻亂求虞氏藥治之司馬云疕瘍也　患創初良反　禿吐木反　髢大細反司馬云髮也又吐帝反郭音毛李云髦髮也　操藥七刀反　燋然將遥反又音燋　如標方小反徐方遥反又方妙反言樹杪之枝無心在上也　校胡孝反李音較一本作枝　蠢郭處允反動也　无傳丈專反　不諛羊朱反郭貽附反　不諂敕檢反　不肖音笑

之道音導下同　豈有背音佩　則勃步忽反　謂己謏人本多作謏
人下同司馬云衆人凡人也　則佛符弗反郭敷謂反　相坐才卧反注同　與夫
音符　不解音蟹又作買反　不靈本又作無靈司馬云靈曉也　祈嚮許亮反司
馬云祈求也　大聲司馬云謂咸池六英之樂也　折楊之列反　皇荂况于
反又撫于反本又作華音花同馬本作里華　嗑然許甲反李云折楊皇華皆古歌曲也嗑笑聲也本又
作嗑烏邈反司馬本作榼　嘖曲仕責反本又作嗑　以二缶鍾缶應作垂鍾應作䤵言垂
腳空中必不得有之適也司馬本作二垂鍾云鍾注意也　所適司馬云至也　而強其丈反下注同
比憂眡志反司馬本作鼻云始也　趣令力呈反下同　令解音蟹　厲音賴又如
字　遽巨據反本或作蘧音同　汲汲音急　苛役音河　犧音羲又素河反　其
斷徒亂反下同本或作故　困如字本或作悃音同　惾子公反郭音俊又素奉反李云困惾猶刻
賊不通也　中丁仲反　顙桑蕩反　濁口本又作蠲音同　滑心李音骨本亦作蠲

離 力智反 跂 丘豉反 鷸 尹必反，徐音述，本又作鷸，音同，鳥名也，一名翠，似燕，紺色，出鬱林，取其月毛以飾冠 笏 音忽 紳 音申，帶也 柴柵 楚格反，郭音策 外重 直龍反

纆 音墨 繳 音灼，郭古弔反 睆睆 環版反，又户鰥反，李云窮視貌，一云眠目貌 交

辟歷指 司馬云交辟反縛也，歷指猶歷樓貌 檻 户覽反

天道第十三 以義名篇

无所積 積謂滯積不通 六通 謂六氣陰陽風雨晦明 四辟 毗赤反，謂四方開也

脉 音妹 鐃心 乃孝反，又女交反，一音而小反 中準 丁仲反 大匠 或云天子

也 淡 徒暫反 巍巍 魚歸反 不與 音預 俞俞 羊朱反，廣雅云喜也

又音喻 從容 七容反 南鄉 許亮反，本亦作嚮 素王 往況反，注同 而閒

音閑 人樂 音洛，下同 鼇 子兮反 爲戾 力計反，暴也 長於 丁丈反，章末同

天樂 音洛，章內同 而王 往況反，注及下王天同 祟 雖遂反，徐息類反，李云禍也

畜天許六反注同知雖音智下愚知同自說音悅咎音羔繇音遥明

斷丁亂反本在於上末在於下李云本天道末人道也之辟

毗赤反比詳毗志反下同一音如字云比校詳審治之直吏反下治之至注至治之道同衰

音崔經田結反隆殺所界反長先而少詩照反萠區曲俱反

朝廷直遥反原省所景反原除省廢也必分方云反知謀音智大

音泰迕道音悟司馬云橫也而說徐音挩又如字不敖五報反雨

施始豉反膠膠交卯反司馬云和也擾擾而小反司馬云柔也案如注意膠膠擾擾

動亂之貌之王往況反藏書司馬云藏其所著書也徵藏才浪反司馬云

徵藏藏名也一云徵典也史藏府之史老聃吐甘反或云老聃是孔子時老子號也免而

歸言老子見周之末不復可匡所以辭去也繙敷袁反徐又音盤又音煩司馬煩寃也十二經

說者云詩書禮樂易春秋六經又加六緯合爲十二經也一說云易上下經并十翼爲十二又一云春秋十二公經也

以說如字又始銳反絕句老聃中丁仲反其說如字絕句曰大音泰徐敕
佐反謾末旦反郭武諫反中心物本亦作勿愷開待反司馬云樂也曰意於其
反司馬云不平聲也下同幾乎音機司馬本作須云須長也復言長也迂乎音子敎
乎司馬云牧養也放德方往反偈偈居謁反又巨謁反或云用力之貌揭仁
其謁反又音桀士成綺如字又魚紙反士成綺人姓名也願見賢遍反下同百
舍司馬云百日止宿也重直龍反趼古顯反司馬云胝也胝音陟其反許慎云足指約中斷傷爲趼
餘蔬所居反又音所司馬云蔬讀曰糈糈粒也鼠壤內有遺餘之粒穢惡過甚也一云如鼠之推壤餘益
蹠外也棄妹一本作妹之者不仁釋名云妹末也謂末學之徒須慈誘之乃見棄薄不仁之
甚也生熟司馬云生膾也一云生熟謂好惡也而積子亦反李子賜反斂力檢反李狸豔反
復見扶又反有刺千賜反正郤去逆反或云息也夫巧苦教反又
如字知音智爲脫徒活反注同毀譽音餘反同容行如字顙額

上息黨反下去軌反本又作顋如字司馬本作題 闞郭許覽反又火斬反又火暫反 虓火交反

豁火括反 踶直氏反 跂去氏反 邊竟音境 有人焉其名

爲竊邊垂之人不聞知禮樂之正縱有言語偶會墳典皆是竊盜所得其道何足語哉司馬云言遠方嘗

有是人 奮揀音柄司馬云威權也李丑倫反一本作揀 言傳大專反後同 爲其

于僞反 知者如字下同或並音智 去尚起呂反 桓公李云齊桓公也名小白 輪

扁音篇又符殄反司馬云斲輪人也名扁 斲陟角反 推直追反 而上時掌

反 糟音遭李云酒滓也 魄普各反司馬云爛食曰魄一云糟爛爲魄本又作粕音同許慎云粕也

涯䴴糟也或普白反謂魂魄也 已夫音符絕白或如字 甘如字又音酣司馬云甘者緩也苦者急也

有數李去色注反數時也 人與如字又一音餘 可傳直專反注同

天運司馬作天員 第十四以義名篇

其運爾雅云運徙也廣雅云轉也 推而如字一音吐回反司馬本作誰 緘古咸反徐古陷

反司馬本作咸云引也爲雨于僞反下及注同隆施音弛式氏反淫樂音治又音
獄而勸司馬本勸作倦云讀曰送言誰無所作在送天往來運轉無巳也有上時掌反
彷薄皇反徨音皇司馬本作旁皇云旁皇飂風也嘘音虛吸許急反披芳皮
反拂芳弗反郭扶弗反披拂風貌司馬本作髮巫咸袑赤遥反郭音條又音紹李云巫咸殺
相也袑寄名也吾語魚據反女音汝後皆同六極司馬云四方上下也商大音秦
下文大息同宰蕩司馬云商宋也大宰官也蕩字也府藏才浪反蕩聞之
一本蕩作盈崔本同或云盈太宰字郢以井反又以政反楚都也在江陵北冥山司馬云北海山名
愈遠于萬反孝易以豉反下皆同濡沫音末孝悌音弟并焉
必領反棄除也注同去華起呂反北門成人姓名也洞庭徒送反之懼
如字或音句下同一本作戄音況縛反案說文戄是正字矍古文復聞扶又反下注同徵之
如字古本多作徵大清音泰迭起大節反一本作遞大計反循生似倫反蟄

蟄沈執反郭音執爾雅云靜也 霆音廷又音挺徒佞反電也 一僨方問反司馬云作也
在阬苦庚反爾雅云虛也 塗郤去逆反與隙義同 其兌徒外反 爲壘
音亮 不離力智反 儻敕黨反一音敞 倚於於綺反 槁枯老反 目知
音智 齊限才細反 委於危反徐如字 蛇以支反又作施徐音絁 叢生才公反
林樂音洛亦如字 布揮音輝廣雅云振也 於窈烏了反 稽於古兮
反 心說音悅注同 焱氏必遙反本亦作炎 苞裹音包本或作包 祟雖遂
反 師金李云師魯天師也金其名也 之行下孟反 芻狗李云結芻爲狗巫祝
用之 盛音成下同 篋苦牒反本或作筐 衍延善反郭恰面反李云笥也盛狗之物也司馬云合也
齊戒側皆反本亦作齋 蘇者李云蘇草也取草者得以炊也案方言云江淮南楚之間謂之
蘇史記云樵蘇後爨注云蘇取草也 爨之七丸反 將復扶又反 必且如字徐子餘反
數音朔 眯李音米又音美字林云物入眼爲病也司馬云厭也音一琰反 推之郭吐回反又如

子下同　陸輿音餘下同　今蘄音祈求也　无方之傳直專反下注同司馬云方常也　桔音結　槔音羔　於治直吏反注同　相側加反　柚由救反　猨狙上音袁下七餘反　而衣於既反　齕音紇　挽音晚　盡去起呂反　慊苦牒反李云足也本亦作嗛音同　而矉徐扶真反又符人反通俗文云蹙頞曰矉　其里絕句　捧心敷勇反郭音奉　挈苦結反　之沛音貝司馬云老子陳國相人相今屬苦縣與沛相近　惡乎音烏下同　名公器也釋名云名鳴也公平也器用也尹文子云名有三科一曰命物之名方圓是也二曰毀譽之名善惡是也三曰況謂之名愛憎是也今此是毀譽之名也　蘧音渠司馬郭云蘧廬猶傳舍也　覯古豆反見也遇也　之虛音墟本亦作墟　苟簡王云苟且也簡略也司馬本簡作閒云分別也　不貸敕代反司馬云施與也　之圃音補　易養以豉反注同　以爲于僞反　物　操之七刀反　舍之音捨注同　要息浪反　湮者音因李云塞也亦滯也郭音煙又烏節反司馬本作㱂疑也簡文作壅云隔閡也　天門一云謂心也一云大道也　播

甫佐反又彼我反　穅音康字亦作康　蚊音文字亦作蟁　虻音盲字亦作蝱　噆子盍反郭子合反司馬云齧也　通昔昔夜也　憯然七感反　乃憤扶粉反本又作憒古內反

亦放方往反　風而動司馬云放依也依無爲之風而動也　易持易行並以豉反

傑然郭居竭反又居謁反巨竭反　夫揭其列其謁二反　鵠本又作鶴同胡洛反

日黔巨淹反徐其金反司馬云黑也　之觀古亂反司馬本作讙　泉涸胡洛反　相

呴況付反又況于反　相濡如主反又如瑜反　以沫音末　相忘並如字　不談

本亦作不言　嗋許劫反合也　龍見賢遍反　賜亦本又作賜也　倨堂

居慮反跛也　夫三王本或作三皇依注作三是也餘皆作三皇　余語魚據反下同

則強其丈反　爲其于僞反　殺其殺並所戒反降也注同　孕以證反　孩

亥才反說文云笑也　別人彼列反下同　爲種章勇反注同　大駭胡楷反　復

言扶又反　之知音智下同　上悖補對反　下睽苦圭反又音圭乖也　中墮

許規反之施式豉反憯於七感反蠆敕邁反又音例本亦作厲郭音賴又敕界反蠆許謁反或敕邁反或云依字上當作蠆下當作蠍通俗文云長尾爲蠆短尾爲蠍鮮規之獸李云鮮規明貌一云小蟲也一云小獸也蹵蹵子六反奸音干三蒼云犯也鉤用鉤取也甚矣夫音符篇末同難說始銳反治世直吏反白鶂五歷反三蒼云鷁鶂也司馬云鳥子也之相視眸茂侯反子不運而風化司馬云相待風氣而化生也又云相視而成陰陽蟲雄鳴於上風雌應於下風而化一本作而風化司馬云雄者蘢類雌者蠪類類自爲雌雄故風化或說云方之物類猶如草土異種而同類也山海經云亶爰之山有獸焉其狀如狸而有髮其名曰師類帶山有鳥其狀如烏五采文其名曰奇類皆自牝牡也可勝音升可壅於勇反復見扶又反下賢遍反又如字烏鵲孺如諭反李云乳而生也魚傳音附又音付本亦作傅直專反沫音末司馬云傅沫者以沫相育也一云傅口中沫相與而生子也細要一遥反者化

蜂之屬也司馬云取桑蟲祝使似己也案即詩所謂螟蛉有子果蠃負之是 舍 音捨 長 張丈反 二

刻意第十五 以義名篇

刻意 司馬云刻削也峻其意也案謂削意令峻也廣雅云意志也 尚行 下孟反 離世 力智反 高論 力困反 怨誹 非謂反徐音非李云非世無道怨己不遇也 為亢 苦浪反李云窮高曰亢 枯槁 苦老反 赴淵 司馬云枯槁若鮑焦介推赴淵若申徒狄 所好 呼報反下及注皆同 為治 直吏反下同 此朝 直遙反 藪 素口反 處閒 音閑下同 魡魚 本亦作釣同彫叫反 吹呴 況于反字亦作煦 呼吸 許及反 吐故納新 李云吐故氣納新氣也 熊經 如字李古定反司馬云若熊之攀樹而引氣也 鳥申 如字郭音信司馬云若鳥之嚬呻也 道引 音導下同李云導氣令和引體令柔 此數 所主反 僅 其靳反 焉能 於虔反 澹 大暫反徐音談 然 一本作澹而 百行 下孟反下及篇末百行同 恬惔 大暫反徐音談下皆同 質也 質正也 而

喪息浪反下同人休虛求反息也下及注同平易以豉反下及注皆同元難乃旦反下同邪氣似嗟反下同蛻然音悅又始銳反去知起呂反其覺古孝反粹雖遂反不罷音皮悲樂音洛下同好惡烏路反於忤五故反確苦角反纖介音界干越之劍司馬云干吳也吳越出善劍也李云干谿越山出名劍案吳有谿名干谿越有山名若耶並出善鐵鑄爲名劍也柙而戶甲反下蟠音盤郭音煩倩乎七練反之觀古喚反䡾苦郭反

繕性第十六以義名篇

繕善戰反崔云治也或云善也性性本也滑音骨亂也崔云治也思以息吏反李注思同役方復扶又反下無復雖復同必離力智反下文同去欲起呂反治道如字又直吏反養知音智下以意求之以樂也音洛注同信行下孟反注同下以行小行注行背行並皆放此偏音遍不冒莫報反崔云覆也在混胡本反

芒莫剛反崔云混混芒芒未分時也 澹徒暫反 不攝而小反 燧人音遂 興

治直吏反 澆古堯反本亦作澆 醇本亦作淳音純 之稱尺證反 心與心

識如字衆本悉同向本作職云彼我之心競爲先識矣郭注既與向同則亦當作職也 博溺乃歷反

反郭奴學反 世喪息浪反下及注皆同 弗見賢遍反 祇所音支 淡

大暫反 泊音薄 危然如字郭云獨正貌司馬本作㠣云獨立貌崔本作垝音如累垝之垝垝然自持

貌 安固 於坦反 敕但 塊然苦對反 樂全音洛注下皆同 儻來吐黨

反崔本作黨云衆也 可圉魚呂反本又作禦 不爲于僞反下同 倒置之民

崔云逆其性命而不順也向云以外易内可謂倒置

秋水第十七借物名篇

秋水李云水生於春壯於秋白虎通云水準也 灌河古亂反 涇流音經司馬云涇

通也崔本作徑云直度曰徑又云字或作逕 雨涘音俟涯也 渚司馬云水中可居曰渚釋名云

渚遮也體高能遮水使從旁回也 **崖** 字又作涯亦作厓並同 **不辯牛馬** 辯別也言

廣大故望不分別也 **河伯** 姓馮名夷一名冰夷一名巳見大宗馮遲師篇一云姓呂名公子馮夷是公子

之妻 **爲盡** 津忍反 **北海** 李云東海之北是也 **面目** 莫剛反又音旁又音望本

亦作望 **洋** 音羊司馬崔云盳洋猶望羊仰視貌 **向若** 向徐音嚮許亮反司馬云若海神 **聞**

道百 李云萬分之一也 **今我睹** 舊音覩案説文睹今字覩古字睹見也崔本作今睹我云

睹示也 **大方之家** 司馬云大道也 **理分** 扶問反後同 **以語** 如字下同 **於**

虛 音墟本亦作墟風俗通云墟虛也崔云拘於井中之空也 **夏蟲** 戶嫁反 **曲士** 司馬云鄉

曲之士也 **尾閭** 崔云海東川名司馬云泄海水出外者也 **泄之** 息列反又與世反 **量數**

音亮注及下同 **而縣** 音玄下同 **快然** 於亮反又於良反 **之竟** 音境 **礨** 力罪

反向同崔音壘李力對反 **空** 音孔礨孔小穴也李云小封也一云蟻冢也 **稊米** 徒兮反司馬云

稊米小米也李云稊草也案郭注爾雅稊似稗稗音蒲賣反 **大倉** 音泰 **人卒** 尊忽反司馬云

衆也崔子恤反云盡也五常之所連司馬云謂連續仁義也崔云連續也本亦作五帝
所爭側耕反任士之所勞李云任能也勞服也證曏許亮反崔云往
也向郭云明也又虛丈反掇專劣反郭云短也而不跂如字一本作企下注亦然坦吐但
反不說音悅不愕五各反舍故音捨之倪五佳反徐音詣郭五米反下同
垺李普回反徐音乎謂盛也郭芳尤反崔音裒之殷殷衆也異便婢面反徐扶面
反注皆同精粗七胡反下同能分如字不能論本或作諭爲利于僞
反故措七故反行殊下孟反下堯桀之行同辟異匹亦反无已音紀
惡至音烏下同其稱尺證反可勝音外自爲于僞反注內自爲相爲皆
同餘如字之噲音快又古邁反又古會反之者燕相子之也噲燕王名也司馬云燕王噲拙於謀用蘇代
之說斆堯舜讓位與子之三年而國亂而王往況反白公名勝楚平王之孫白縣尹僭稱公作
亂而死事見左傳哀公十六年梁麗司馬李音禮一音如字司馬云梁麗小船也崔云屋棟也窒

珍悉反爾雅云塞也崔李同說文都節反騏音其驥音冀驊戶花反騮音留李云騏驥

驊騮皆駿馬也捕音步本又作搏徐音付狸力之反狌音姓向同又音生崔本作貍由又反殊

技其綺反鴟尺夷反崔云鵂鶹與委梟同夜撮七括反崔本作最音同蚤音早

說文跳蟲齧人者也淮南子鴟夜聚蚤察分豪末許慎云鴟夜聚食蚤蝨不失也司馬本作蚤音文云鴟鵂鶹夜取

蚤食今郭本亦有作蚤者崔本作瓜云鵂鶹夜聚人瓜於巢中也瞋尺夷反向處辰反司馬云張也崔音

眭又師慎反本或作瞋師是或云師順也師治直吏反注皆同不舍音捨下同

篡夫初患反取也下如字女惡音汝後放此下音烏反衍如字又以戰反崔云無所貴賤

乃反爲美也本亦作畔衍李云猶漫衍合爲一家反覆芳服反與道大蹇向紀輦反徐紀

偃反本或作與天道蹇崔本蹇作浣云猶洽也謝施如字司馬云謝代也施用也崔云不代其德是謂謝施

參初林反差初宜反嚴乎魚檢反又如字繇繇音由泛泛孚劍

反字又作汎畛之忍反域于逼反舊于目反令去力呈反五藏才浪反

其薄如字崔云謂以體著之之行如字蹢丈益反又持革反躅丈緑反又音濁屈伸音申反要於妙反夔求龜反一足獸也李云黃帝在位諸侯於東海流山得奇獸其狀如牛蒼色無角一足能走出入水即風雨目光如日月其音如雷名曰夔黃帝殺之取皮以冒鼓聲聞五百里憐音蓮蚿音賢又音玄司馬云馬蚿蟲也廣雅云蛆渠馬蚿蚿憐蛇蛇憐風風憐目目憐心司馬云夔一足蚿多足蛇無足風無形目形綴於此明流於彼心則質幽爲神遊外趻勑甚反郭菀減反一音初稟反卓本亦作踔同勑角反李云趻卓行貌唾吐臥反噴普悶反又芳奔反又孚問反如霧音務郭武貢反可勝音升悗然亡本反蓬蓬步東反徐扶公反李云風貌鰌音秋李云藉也藉則削也本又作蹭子六反又七六反迫也折大之舌反蜚大音飛又扶貴反孔子遊於匡宋人圍之數色主反匝子合反司馬云宋當作衛匡衛邑也衛人誤圍孔子以爲陽虎虎嘗暴於匡人又孔子弟子顏剋時與虎俱後剋爲孔子御至匡匡人共識剋又孔子容貌與虎相似故匡人共圍之不惙本又作輟同丁劣反入見賢遍反吾

語魚據反 蛟音交 漁父音甫 兒徐履反 大難乃旦反 閒堂
音閒 无幾居豈反 將甲如字本亦作持甲 公孫龍問於魏牟
司馬云龍趙人牟魏之公子 少學詩照反 長而張丈反 之行下孟反 之
知音智 汒焉莫剛反郭音莽 論之力困反 及與音余下助句放此 所開
如字本亦作闢兩通本或作閿 吾喙許穢反又昌銳反 隱机於靳反 大息音泰
埳井音坎郭音陷 之鼃本亦作蛙戶媧反司馬云埳井壞井也鼃水蟲形似蝦蟇 之鼈
必滅反字亦作鱉 吾樂音洛下之樂大樂同 跳音條 井幹古旦反司馬云井欄也諸
詮之音西京賦作韓音 甃側救反李云如闌以塼爲之著井底闌也字林壯謬反云井甓也 赴水
如字司馬本作踣云赴也 蹶其月反又音厥 泥則沒足滅跗方于反郭音附司馬
云滅沒也跗足跗也李云言踊躍於塗中 還音旋司馬云顧視也 虷音寒井中赤蟲也一名蜎爾雅云蜎
蠉郭注云井中小蛣蟨赤蟲也蜎音求兖反蠉音況兖反蛣蟨音吉厥 蟹戶買反 科斗苦禾

反科斗蝦蟇子也 夫擅 市戰反專也 一壑 火各反 已縶 豬立反司馬云拘也 三蒼云絆也 非樂 音岳又五教反 逡 七旬反 九潦 音老 弗爲 于僞反下同 頊久 司馬云猶早晚也 適適 始赤反又丈革反郭菟狄反 規規 如字又虛役反 李徐紀睢皆適適規規皆驚視自失貌 之竟 音境後同 蚉 音文 商蚷 音渠郭音巨司馬云商蚷蟲名北燕謂之馬蚿一本作蝂徐市軫反 不勝 音升 可強 其丈反 方跐 音此郭時紫反又側買反廣雅云蹋也蹈也履也司馬云測也 大皇 音泰 奭然 音釋 四解 戶買反 索之 所白反 壽陵餘子 司馬云壽陵邑名未應丁夫爲餘子 邯 音寒 鄲 音丹邯鄲趙國都也 匍 音蒲又音符 匐 蒲北反又音服 口呿 起據反司馬云開也李音祛又巨劫反 濮水 音卜陳地水也 楚王 司馬云滅王也 先焉 先謂宣其言也 巾笥 息嗣反或音司 而藏之 李云藏之以笥覆之以巾 惠子相 息亮反下同 梁 相梁惠王 子恐 丘勇反 搜 字又作搜或作廋所求反李悉溝反云索

也說文去求也鵷於袁反鶵仕俱反李云鵷鶵鸞鳳之屬也醴泉音禮李云泉甘如體

嚇本亦作呼同許嫁反又許伯反司馬云嚇怒其聲恐其奪已也詩箋云以口拒人曰嚇嗜時志反

好呼報反豪梁本亦作濠音同司馬云濠水名也石絕水曰梁鯈魚徐音條說文直

留反李音由曰魚也爾雅云鮂黑鰦郭注即白鯈也一音篠謂白鯈魚也從容七容反魚樂音洛

注下皆同以難乃旦反方復扶又反其處昌慮反

至樂音洛第十八以義名篇

至樂音洛篇內不出者皆同至極也樂歡也奚惡烏路反惽惽音昏又音門

蹲七旬反郭音存又趣允反循音旬又音脣勿爭爭鬬之爭下同誙誙戶耕反徐

苦耕反又胡挺反李云趣死貌崔云以是為非以非為是為誙誙本又作脛脛鏗苦耕反鎗七羊反近

乎附近之近芒乎李音荒又呼晃反下同芴乎音忽下同萬物職職

司馬云職職猶祝祝也李云繁殖貌案爾雅職主也謂各有主而區別箕踞音據盆謂瓦缶也

也長子丁丈反无槩古代反司馬云感也又音骨哀亂貌巨室巨大也司馬云以天地爲室也嗷嗷古弔反又古堯反將令力呈反支離叔與滑音骨崔本作滴介音界叔李云支離忘形滑介忘智言二子乃識化也冥伯之丘李云丘名喻杳冥也崐崘力門反之虛音墟所休休息也左肘竹九反司馬本作肘音趺云胕足上也蹷蹷紀衛反動也惡之烏路反後皆同垢也音苟之境音境髑音獨髏音樓髐苦堯反徐又許堯反李呼交反司馬李云白骨貌有枯形也撽苦弔反又古的反說文作擊云旁擊也馬捶拙蘂反又之睡反馬杖也愧遺唯季反凍丁貢反餒奴罪反援音袁枕而針鴆反見夢賢遍反從然士容反從容也李徐子用反縱逸也復生音服又扶又反深矉音頻蹙本又作顣又作蹴同子六反頞於葛反李云矉頞者愁貌而復扶又反褚小褚許反綆格猛反汲索也汲居及反所適適或作通皇帝謂三皇五帝也司馬本作黃帝而

重直用反 舍音捨 且女音汝後同 海鳥司馬云國語曰爰居也止魯東門之外三日臧文仲使國人祭之不云魯侯也爰居一名雜縣舉頭高八尺樊光注爾雅云似鳳皇 御而音訝 觴音傷 于廟司馬云飲之於廟中也 九韶常遥反舜樂名 眩玄遍反司馬本作玄音眩 視如字徐市至反 臠里轉反 壇大丹反司馬本作澶音伍云水沙澶也 食之音嗣 鯈音條又音條李徒由反一音由 隨行户剛反 委於危反 蛇以支反又如字 譊譊乃交反 咸池堯樂名 之樂如字 人卒寸忽反司馬音子忽反云衆也 還而音患又旋面反 其好呼報反 道從如字司馬云從道旁也本或作徒 攓居輦反徐紀偃反又起虔反司馬云拔也或音厥 蓬步東反徐扶公反 若果一本作汝果元嘉本作汝過云 養司馬本作養云死也 予果元嘉本作子過 歡乎司馬本作嚾云呼聲謂生也 種章勇反注同 有幾居豈反 可勝音升 得水則爲鼈此古絶字徐音絶今讀音繼司馬本作繼云萬物雜有兆朕得水土氣乃相繼而生

也本或作斷又作續斷得水土之際則爲鼃戶媧反蠙步田反徐扶賢反郭父因反又音賓李婢軫反之衣司馬云言物根在水土際布在水中就水上視不見抄之可得如張緜在水中楚人請之鼃蠙之衣生於陵屯司馬音徒門反云阜也郭音純則爲陵舄音昔司馬云言物因水成而陸產生於陵屯化作車前改名陵舄也一名澤舄隨燥溼變也然不知其祖言物化無常形也人之死也亦或化爲草木草木之精或化爲人也陵舄得鬱棲則爲烏足司馬云鬱棲蟲名烏足草名生水邊也言鬱棲在陵舄之中則化爲烏足也李云鬱棲糞壤也言陵舄在糞化爲烏足也烏足之根爲蠐音齊螬音曹司馬本作蠐螬云蝎也其葉爲胡蝶音牒司馬云胡蝶蛺蝶也草化爲蟲蟲化爲草未始有極胡蝶胥也一名胥也化而爲蟲生於竈下司馬云得熱氣而生也其狀若脫它栝反司馬音悅云新出皮悅好也其名爲鴝其俱反掇丁活反鴝掇千日爲鳥其名爲乾餘骨乾音干乾餘骨

之沫音末李云口中汁也爲斯彌李云蟲也斯彌爲食如字司馬本作蝕醯許兮反李音海司馬云蝕醯若酒上蠛蠓也蠛音眠結反蠓音無孔反頤以之反輅

生乎食醯輅音路一音洛黃軦音況徐李休往反司馬云頤輅黃軦皆蟲名生

乎九猷音由李云九宜爲久久老也猷蟲名也瞀莫豆反又莫住反又亡角反芮如銳

反徐如悅反生乎腐音輔蠸音權郭音歡司馬云亦蟲名也爾雅云一名守瓜一云蚣

鼠也羊奚比毗志反乎不箰息尹反司馬云羊奚草名根似蕪菁與久竹比

合而爲物皆生於非類也久竹生青寧司馬云蟲名青寧生程李云

末聞程生馬馬生人俗本多誤故具錄之

達生第十九以義名篇

達生達暢也通也廣雅云生出也物稱尺證反无離力智反下同大

甚音泰幾足徐其依反常處昌慮反相天息亮反關尹

[illegible]書也 不窒珍悉反 蹈火徒報反 非知音智 之刿音列本或

作所 予語魚據反 女音汝後同 相遠于萬反 焉得於虔反 尤

郤去逆反 之隧字或作隊同直類反後皆同 乘 亦音繩又繩證反 遻音悟

郭音愕爾雅云遻忤也郭注云謂干觸 不慴之涉反懼也李郭音習 鏌音莫本亦作莫

干李云鏌耶干將皆古之利劒名吴越春秋云吴王闔閭使干將造劒劒有二狀一曰干將二曰鏌耶鏌耶

干將妻名也 忮心之豉反郭李音支害也字書云很也 飄瓦匹遥反郭李云落也 雖

復扶又反下章同 中人丁仲反 不厭李於豔反徐於贍反 幾乎音機或音

祈 痀郭於禹反李徐居具反又其禹反 僂郭音縷李徐良付反 承一本作美 蜩

音條蟬也 猶掇丁活反拾也 五六月司馬云黏蟬時也 累丸劣彼反下

同司馬云謂累之於竿頭也 者 錙側其反 銖音殊 若厥本或作橛同其月反

株音誅 拘其俱反郭音俱李云厥豎也豎若株拘也 若槁苦老反 不分如字 操

舟七曹反下章同數能音朔注下同鶩音木鴨也之覆芳服反注下同猶
其車却也元嘉本無車字惡往音烏閒暇音閑瓦注之樹反李
云擊也憚徒丹反又音丹又丈旦反忌惡也一曰難也泯武典反又音昏又音門本亦作殙說文云
殙矜也元嘉本作昏所要一遥反田開之李云開之其名也周威公崔本作周
威公竈祝腎上之六反下市軫反字又作緊音同本或作賢學生司馬云學養生之道
也務中丁仲反下章注而中適同吾子與祝賢遊司馬本以吾子屬上
句更云子與祝賢遊操七曹反拔蒲末反徐甫末反李云把也篲似歲反徐以醉反郭予銳
反李尋恚反信醉反或蘇忽反帚也亦何聞於夫子絕句而鞭如字崔本作趣
云匿也視其羸瘦在後者匿著牢中養之也單豹音善李云單豹隱人姓名也而水飲
元嘉本作飲水縣音玄薄司馬云簾也无不走也司馬云走至也言無不至門奉
貴富也李云走往也去其起呂反畏塗司馬云阻險道可畏懼者也卒徒子忽

反亦知音智衽而甚反徐而鴆反李云臥衣也鄭注禮記云臥席也動皆之死

地一本無地字不冒音墨牢筴初革反李云牢豕室也筴才欄也說

如字又始銳反彘直例反本亦作豕奚惡烏路反豢音患司馬云養也本亦作犧

曰齊側皆反後章同藉在夜反又在亦反尻苦羔反彫俎莊呂反畫飾之

俎也爲彘于僞反下自爲爲彘同食以音嗣糠音康糟音遭錯之

七故反置也又如字本又作措豚音直轉反又敕轉反楯食準反徐敕荀反李鼓準反司馬云豚楯篆也

楯猶案也聚僂力主反司馬云聚僂器名也今冢擴中注爲之一云聚僂棺槨也一云聚當作菆才

官反僂當作蔞力久反謂殯於菆塗蔞翣之中去反一本作公反誒於代反郭音熙說文云可惡之

辭也李呼該反一音哀詒吐代反郭音怡李音臺司馬云懈倦貌李云誒詒失魂魄也數曰所主

反司馬本作數月皇子告敖如字司馬云皇姓告敖字齊之賢士也鬼惡音烏忿

拂粉反李房粉反滀敕六反之氣散而不反則爲不足李云忿滿

也滀結聚也精神有逆則陰陽內結於內魂魄散於外故曰不足上時掌反下同而不下則使人善怒下而不上則使人善忘忘尚反李云陽散陰凝故怒陰發陽伏故忘也不上不下中丁仲反身當心則爲病李云上下不和則陰陽爭而攻心心精神主故病也沈有履司馬本作沈有漏云沈水汙泥也漏神名竈有髻音結徐胡節反郭音詰李音吉司馬云髻竈神著赤衣狀如美女霆音庭又音挺又徒佞反倍音裴徐扶來反阿鮭本亦作蛙戶蝸反徐胡佳反蠪音龍又音聾躍之司馬云倍阿神名也鮭蠪狀如小兒長一尺四寸黑衣赤幘大冠帶劍持戟泆陽音逸司馬云泆陽豹頭馬尾一作狗頭一云神名也罔象如字司馬本作無傷云狀如小兒赤黑色赤爪大耳長臂一云水神名莘本又作莘所巾反又音臻司馬云狀如狗有角文身五采夔求龜反司馬云狀如鼓而一足方音傍本亦作彷同皇本亦作徨同司馬云方皇狀如蛇兩頭五采文委於危反蛇如字朱冠司馬本作俞冠云俞國之冠也其制似螺惡聞雷烏路反

捧芳勇反其首司馬本同一本作手䩵敕引反徐敕一反又敕私反司馬云笑貌李云犬笑皃紀渻所景反徐所幸反人姓名也一本作消爲于僞反王司馬云齊王也虛憍居喬反又巨消反李云高也司馬云高仰頭也猶應應對之應下同嚮許丈反本亦作響景於領反又如字李云應響鳴顧景行呂梁司馬云河水有石絕處也今西河離石西有此縣絕世謂之黃梁淮南子曰古者龍門未鑿河出孟門之上也縣水音玄三十仞音刃七尺曰仞流沫音末黿音元鼉徒多反或音檀鼈字又作鱉必滅反有苦如字司馬云病也拯之拯救之拯數百所主反被髮皮寄反行歌司馬本作行道云常行之道也長乎丁丈反下同與齊司馬云齊回水如磨齊也郭云磨翁而旋入者齊也與汩胡忽反司馬云涌波也郭云回伏而涌出者汩也梓慶音子李云魯大匠也梓官名慶其名也鐻音據司馬云樂器也似夾鍾耗呼報反司馬云損也氣李云氣耗則心動心動則神不專也非譽音餘輒然丁協反輒然不動貌无公朝

直遥反注同 胥消如字本亦作滑消 成見賢遍反 材中丁仲反 是
與音餘 東野稷李云東野姓稷名也司馬云孫卿作東野畢 以御見賢遍
反下同 莊公李云魯莊公也或云內篇曰顏闔將傅衛靈公太子問於蘧伯玉則不與魯莊同時當是
衛莊 中繩丁仲反下同 文弗過也司馬云謂過織組之文也 使之鉤
百而反司馬云稷自矜其能圓而騶之如鉤復迹百反而不知止 顏闔戶臘反元嘉本作盧
崔同 工倕音垂又音睡 旋而蓋矩指與物化而不以心
稽音雞司馬本矩作瞿云工倕堯工巧人也旋圓也瞿句也倕工巧任規以見為圓覆蓋其句指不以施度
也是與化之物不以心稽留也 不桎之實反司馬云閡也 之易以豉反 足屨九任
反 要帶一遥反 踵門章勇反司馬云至也 而詫敕駕反又呼駕反郭都駕反司
馬云告也李本作託云屬也 子扁慶子音篇又符殄反李云扁姓慶子字也 臨難
乃旦反 賓於必刃反 惡遇音烏下同 芒然武剛反 彷徨元嘉

本作房皇音同 長而 丁丈反注同 飾知 音智 明汗 音烏 若揭 其列反又
其謁反 九竅 苦弔反 跛 彼我反 蹇 紀輦反又紀偃反徐其偃反 而比
如字又毗志反 說之 音悅 爲具 于僞反 奏九韶 元嘉本作奏韶武 以
樂 音洛下同 食之 音嗣 委 於危反 蛇 如字李云大鳥吞蛇司馬云委蛇泥鰌 款
啓 李云款空也啓開也如空之開所見小也 鷖 音兮 鷃 字又作鴳音晏

山木第二十 舉事以名篇

山中 釋名云山產也產生物也說文云山宣也謂能宣散氣生萬物也 大木 釋名云木冒也
冒地而生也字林云木衆樹之揔名白虎通云木蹦也 夫出 如字夫者夫子謂莊子也本或卽作夫子
豎 市主反 烹之 普彭反煑也 无譽 音餘 无訾 音紫毀也徐音疵 一
上 如字又時掌反 爲量 音亮 人倫之傳 直專反司馬云事類可傳行也 則劉
子卧反本亦作挫同 之鄉 如字一音許亮反 市南宜僚 了蕭反徐力遥反司馬云熊宜

僚也居市南因爲號也李云姓熊名宜僚案左傳云市南有熊宜僚楚人也无須臾離力智反絕句崔本無離字居然崔讀以居字連上句尚行下孟反豐狐司馬云豐大也胥䟽如字司馬云胥須也疏菜也李云胥相也謂相望疏草也機辟婢亦反刳形音枯廣雅云屠也去皮起呂反下去欲去君同洒心先典反本亦作洗音同去欲如字徐音慾欲令力呈反章末同可樂音洛无形倨音據司馬云無倨傲其形躓之實反又知吏反礙五代反无留居司馬云無留安其居我无食一本我作餓不與音預大莫莫無也方舟司馬云方並也惼心必善反爾雅云急也則呼火故反下同張歙許及反徐許輒反郭踈獵反張開也歙斂也北宮奢李云衛大夫居北宮因以爲號奢其名也爲衛于僞反賦斂力豔反爲壇但丹反李云祭也鑄之故爲壇也上下之縣音玄司馬云八音備爲縣而聲高下王子慶忌李云王族也慶忌周大夫也怪其簡速故問之怕然步各反侗乎吐功

敕動二反無知貌字林云大貌一音慟 儻 刺蕩反 萃乎 在醉反 芒乎 莫郎反

欣說 音悅 強梁 多力也 曲傅 音附司馬云謂曲附己者隨之也本或作傅張戀反

不挫 子臥反 大公 音泰 任 如字李云入公大大稱任其名 子幾 音祈又音機

子惡 烏路反注及下同 於好 呼報反章內同 翂翂 音紛字或作[氵翂] 翐翐 音秩徐音[illegible]字或作[氵翂]司馬云翂翂翐翐舒遲貌一云飛不高貌李云羽翼聲 迫脅而棲 李云不敢獨棲迫脅在衆息中纔免容身而宿辟害之至也

從容 七容反 其緒 緒次緒也 行列 戶剛反下亂行同 不斥 音尺 卒不 子恤反終也又七忽反 飾知 音智 明汙 音烏 揭 其列其謁二反 爲迕 五故反 者墮 許規反 去功 起呂反

居得行 如字又下孟反注同 泊 步洛反 衣裘 於既反 褐 戶割反 杼 食汝反又音序 子桑雽 音戶本又作雩音于李云桑姓雽其名隱人也或云姓桑雽名隱 伐樹於衛 一本作伐樹於宋削迹於衛 此數 所主反 何與 音餘下放此 假 古雅

度李云國名　林回司馬云殷之逃民之姓名　爲其如字下同又皆于僞反　布與布謂
貨財也　淡如字又徒暫反　无挹音揖李云無所執持也　去飾起呂反　眞
司馬本作直　泠音零　禹司馬云泠曉也謂以眞道曉語禹也泠或爲命又作令令命猶敎之　莊子
衣於旣反　大布司馬云麤布也　正緳賢節反又苦結反司馬云帶也　係履
李云履穿故係　而過古禾反　魏王司馬云惠王也　憊皮拜反又蒲計反司馬本作病
螣音騰本亦作騰　柟音南木名　攬舊歷敢反　蔓音萬郭武半反　而王
往況反司馬本作往　長丁亮反本又作張音同司馬直良反云兩枝相去長遠也　羿音詣或戶
係反　蓬蒙符恭反徐扶公反司馬云羿古之善射者蓬蒙羿之弟子　眄莫練反舊莫顯反本
或作脾普計反　睨音詣郭五米反李云邪視也　長技其綺反　柘棘章夜反　枳
吉氏反又音紙　枸音矩　悼如字又直弔反　不便婢面反注同　亂相息亮反　見
心賢遍反　強爲其丈反　槁木苦老反下同　猋氏必遥反古之無爲帝王也

犁然力兮反又力牛反司馬云犁然猶栗然 有當丁浪反 還目音旋 而
窺徐起規反 造大司馬云造適也 損易以豉反注下同 窮桎之實反 運
物司馬云運動也 之出息列反向司馬云發也徐以出反 言與之言我也 莫知音智
鷾音意 鴯音而或云鷾鴯燕也 目之所不宜處昌呂反言不可止處目已羅絡
知之故 棄之 其禪市戰反司馬云授予也 焉知於虔反下同 雕徐音彫本亦作彫
陵之樊音煩司馬云雕陵陵名樊藩也謂園藩籬之内也樊或作埜埜古野字 栗 翼
廣光浪反 運寸司馬云可回一寸也 感周之顙息蕩反李云感觸也 翼
殷不逝目大不覩司馬云殷大也曲折曰逝李云翼大逝難目大視希故不見人 蹇
起虔反 躩李驅碧反徐九縛反司馬云疾行也案郎諭語云足躩如也 執彈徒旦反 留
之力救反宿留伺其便也司馬云 螳音堂 蜋音郎 執翳於計反司馬云執草以自翳也
搏之郭音博徐音付 之見乎賢遍反 其眞司馬云眞身也 怵然

敕律反誶之本又作訊音信鬬也司馬云以周爲盜粟也三月不庭一本作三日司
馬云不出坐庭中三月藺力信反一李作蔺且子餘反司馬云藺且莊子弟子夷易以豉
反不度直洛反自見賢遍反上捂普口反陽子司馬云陽
末也而去起呂反之行下孟反

田子方第二十一以人名篇

田子方李云魏文侯師也名無擇數稱雙角反又所主反下同谿音溪又音兮司
馬本作雞工李云谿工賢人也葆眞音保本亦作保大絜音泰物邪
似嗟反儻然敕蕩反司馬云失志貌而語魚據反聖知音智之行
下孟反形解戶買反口鉗其炎反徐其嚴反直如字本亦作眞下句同元
嘉本此作眞下句作直土梗更猛反司馬云土梗土人也遭雨則壞溫伯雪子
李云南國賢人也蘄音祈從容七容反槃辟婢亦反遺如字

本又作逶於危反蛇以支反其道音導夫人音符目擊而
道存矣司馬云見其目動而神實已著也擊動也郭云目裁往意已達奔逸司馬本又
作徹瞠敕庚反又尹郎反字林云直視貌一音杜哽反又敕孟反不比而周毗志反滔乎
前吐刀反謂無人君之器滔聚其前也又杜髙反惡可音烏察與音餘下哀與同自
喪息浪反下章同薰然許云反日徂如字司馬本作殂云病也能令力呈
反下章注同女音汝始著乎吾所以著也郭著音張慮反注同又一
音張略反司馬云吾所以著者外化也汝殆庶於此耳吾一不化者則非汝所及也是求馬於唐
肆也郭云唐肆非停馬處也李同又云唐亭也司馬本作廣肆云廣庭也求馬於市肆廣庭非其所也
馬處昌慮反可復扶又反不舍音捨離俗力智反下章文同被
髮皮寄反而干本或作乾慹乃牒反又丁立反司馬云不動貌說文云怖也泊步各
反便而待待或作侍見曰賢遍反眩玄遍反與音餘下同揺若

徐音元槁木苦老反而欻訓弗反口辟必亦反司馬云辟卷不開也又婢亦反徐
敷亦反嘗爲于僞反且孰如字舊子餘反至樂音洛下及注同行小
下孟反又如字胥次李云胥中也能滑古没反所介音界解乎戶買
反注同汋音灼又上若反李以略反李云取也醯雞許西反郭云醯雞甕中之蠛蠓也司馬云
若酒上蠛蠓也甕中烏弄反蠛亡結反蠓無孔反莊子見賢遍反亦
如字魯哀公司馬云莊子與魏惠王齊威王同時在哀公後百二十年冠古亂反圜冠
音圓履句音矩徐其俱反李云方也屨徐居具反緩戶管反司馬本作緌佩玦
古穴反而斷丁亂反號於國號號令也故飯煩晚反忘其
賤與之政也謂忘其飯牛之賤也受揖而立司馬云受命揖而立也舐
本或作䑛食紙反儃儃吐祖反徐音但字又李云舒閒之貌般字又作般礴傍各反徐敷各反司
馬云般礴謂箕坐也臝本又作臝同力果反司馬云將畫故解衣見形神閒音閑文王觀

於臧李云臧地名也司馬本作文王微服而觀於臧　丈夫本或作丈人　旦而屬音燭

之夫夫皆方于反司馬云夫夫大夫也一云夫夫古讀爲大夫　䫇而古反郭李而兼反又而銜反

駁馬邦角反　偏朱蹄李云一蹄偏赤也　瘳乎敕留反　蹵然子六

反本或作愀在久七小二反　先君王也司馬云言先君王靈神之所致　之令本或作命　王

其无它司馬云無違令　列士壞音怪下同　植音值　散羣司馬云植行列也散

羣言不養徒衆也一云植者彊界頭造屋以待諫者也　長丁丈反下同　官者不成德司馬

云不利功名也　斔斛音庾李云六斛四斗曰斔司馬本作斔斞六斔讀曰鍾斞讀曰臾　四竟音境

下同　太師音泰　昧然音妹　泛然徐敷劒反　夜遁徐困反　刺焉七賜

反　爲伯昏于僞反　盈貫古亂反司馬云鏑也　鏑丁歷反　措七故反

其肘竹九反　如拒音矩本亦作矩字　適矢丁歷反　復沓扶又反注

及注同　歃色洽反又初洽反　逡巡七旬反　汗流戶旦反　揮斥音輝

音尺李音記郭云揮斥猶放縱怵然敕律反有恂李又作眴音荀爾雅云恂慄也目

之志恂謂眩也欲以眩悅人之目故怵也於中丁仲反又如字中精神也所喪息浪反後

章同栩栩況甫反躊直留反躇直於反得封居棠反元嘉本作却伏

戲音羲大山音泰无介音界不憊皮拜反以爲于僞反下同凡

君如字司馬云凡國名在汲郡共縣案左傳凡周公之後也隱七年天王使凡伯來聘俗本此後有孔子窮於陳

蔡及孔子謂顏回二章與讓王篇同衆家並於讓王篇音之撿此二章無郭注似如重出古本皆無謂無者是也

知北遊第二十二以義名篇

知北遊音智又如字於玄水之上李云玄水名司馬崔本上作丠隱

弅符云反又音紛又符紛反李云隱出弅起丘貌白水水名狐闋苦穴反司馬李云狐闋丘

名而睹丁古反狂屈求勿反徐又其述反司馬向崔本作詘李云狂屈佯張似人而非也

以之言司馬云之是也唉哀在反徐烏來反李音熈云應聲語若魚據反不近

近之下同 其易以豉反注同 更相音庚 所惡烏路反注同 復化扶又反下同 之標必遙反 大美謂覆載之美也 扁音篇又音幡 未離力智反 其內謂不能出自化也 惛然音昏又音泯 油然音由謂無所給惜也 物畜本亦作滀同敕六反注同 被衣音披本亦作披 瞳敕紅反郭菟絳反李云未有知貌 齧缺 睡寐體向所說畏其視聽以寐耳受道遠故被衣喜也 大說音悅 若槁苦老反 媒媒音妹又武朋反 晦晦音誨李云媒媒晦晦貌 丞如字李云舜師也一云古有四輔前疑後丞蓋官名 有夫音符 塊然苦對反 委形司馬云委積也 委蛻吐卧反又音悅又敕外反又始銳反又始劣反 天地之強陽氣也郭云強陽猶運動耳蹇言天地尚運動況氣聚之生何可得執而留也 晏於諫反徐於顯反又於見反 閒音閑 齊戒側皆反 瀹音藥或云漬也 掊普口反徐方垢反 而知音智 窅然烏了反 將爲于僞反 无形謂太初也 形本生於精謂常道也 九竅苦弔

莊子音義下 三十三

反　卵生力管反　易種章勇反　邀於古堯反　思慮息嗣反
恂達音荀　天不得不高謂不得一道不能爲高也　道與音餘下皆
同　博之不必知觀異書爲博　以斷端管反注同　魏魏魚威反
則復扶又反　運量音亮　萬物而不匱求位反謂任物自動運物
物各足量也　之贍涉豔反下同　直且子餘反　如字舊音　暗音蔭郭音闇李音欽
一音於感反　醷於界反郭於感反李音意一音他感反李郭皆云暗醷聚氣貌　幾何居豈
反　果蓏徐力果反　白駒或云日也　過郤去逆反本亦作隙隙孔也　勃然
步忽反　油然音由　漻然音流李音櫟　天弢敕刀反字林云弓衣也　墮
其許規反　天袠陳筆反　宛乎於阮反　絪音因本亦作烟音因　縕於云
反本亦作煴音同　則敗補邁反　俛然亡本反　東郭子李云居東郭也
惡乎音烏　欲令力呈反　螻力侯反　蟻魚綺反　在稊大西反本

又作㯿 薜 步計反本又作稗蒲賣反李云苐薜二草名 瓦甓 本又作礔步歷反

屎 尸旨反舊詩旨反本或作矢 溺 乃弔反 正獲之問於監 古銜

反 市履狶 虛豈反 每下愈況 李云正亭卒也獲其名也監市市魁也狶

大豕也履踐也夫市魁履豕履其股腳狶難肥處故知豕肥耳問道亦況下賤則知道也 瘦 色救反

之處 昌慮反 周徧 音遍 澹而 徒暫反 而閒 音閑 寥已 音遼

鶩 如字本亦作鶩音務 彷 音旁本亦作傍 徨 音皇 馮 皮冰反又普耕反又步耕反

閎 音宏李云馮宏皆大也郭云虛廓之謂也 衰殺 色界反徐所例反下同 婀 於河反 荷

甘 音河本或作苛 老龍吉 李云懷道人也 隱机 於靳反下同 闔戶 戶臘

反 晝瞑 音眠 奓 郭處野反又音奢徐都嫁反又處夜反司馬云開也 嚗然 音剝又孚

邈反又孚貌反李云放杖聲也 投杖 本亦作放杖 僻陋 匹亦反 慢 武半反徐無見反郭

如字 訑 徒旦反徐徒見反郭音但 已矣夫 音符 弇 音奄 堈 音剛 弔 李云弇堈

體道人邪其名繫焉謂爲物所歸投也猶復扶又反與无爲之

知並如字中而歎崔本中作印去敎起呂反大初音太婪

落力含反窅然烏了反搏之音博大馬之捶鉤者年

八十矣而不失豪芒捶郭音丁果反徐之累反李之睡反大馬司馬也司馬郭玷

云捶者玷捶鉤之輕重而不失豪芒也或說云江東三魏之間人皆謂鍛爲捶音字亦同郭失之今不從此說也

捶丁果反巧與音餘下同而好呼報反以長丁丈反明

復扶又反見賢遍反又爲于僞反未有子孫而有

孫子言其要有由不得无故而有傳世故有子孫不得無子而有孫也如人天地不得先無而今有也有

先悉薦反下及生同之圉音又之圃布五反又音布相整子兮反和也義冠古亂反

反山林與音餘下同而樂音洛注下皆同能禦魚呂反強其丈反齊知之才細反又如字

經典釋文卷第二十七

五福五代堂古稀天子寶

八徵耄念之寶

太上皇帝之寶

經典釋文卷第二十八

莊子音義下 雜篇十一

唐國子博士兼太子中允贈齊州刺史吳縣開國男陸德明撰

莊子雜篇庚桑第二十三 以人名篇本或作庚桑子 庚桑楚 司馬云楚名庚桑姓也太史公書作亢桑 老聃之役 司馬云役學徒弟子也廣雅云役使也 偏得 向音篇 畏 本或作㟪又作猥同烏罪反向於鬼反 壘 崔本作纍同力軌反向良裴反李云畏壘山名也或云在魯又云在梁州 畫然 音獲 知者 音智注同 挈然 本又作契同苦計反向云知也又苦結反廣雅云提也 遠之 于萬反司馬云言人以仁智爲臣妾庚桑悉棄仁智也 擁 於勇反 腫 章勇反本亦作踵 鞅掌 於丈反郭云擁腫朴也鞅掌自得也崔云擁腫無知貌鞅掌不仁意向云二句朴纍之謂司馬云皆醜貌也 大壤 而掌反本亦作穰崔本同又如羊反廣雅云豐也 洒然 素殄反又悉禮反崔李云驚貌向蘇很反 日計之而不足 向云

無且夕小利也 歲計之而有餘 向云順時而大穰也 正得秋而萬寶成 天地以萬物爲寶至秋而成也元嘉本作萬寶 大道已行矣 本或作天道 環 字如廣雅云圓也 堵 丁魯反司馬云一丈曰堵環堵者面各一丈言小也 俎豆 側呂反崔云俎豆食我於衆人閒 杓 郭音的又匹幺反又音弔廣雅云樹末也郭云爲物之標杓也王云斯由己爲人準的也向云馬氏作杓音的 標 必遥反一音必小反 尋常之溝 八尺曰尋倍尋曰常尋常之溝則周禮洫澮之廣深也洫廣深八尺澮廣二尋深二仞也 所還 音旋回也崔本作遠 鯢 五兮反 鰌 音秋 爲之制 廣雅云制折也謂小魚得曲折也王云制謂擅之也鯢鰌專制於小溝也 步仞之丘陵 六尺爲步七尺曰仞廣一步高一仞也孔安國云八尺曰仞小爾雅云四尺曰仞 孼 魚竭反 狐爲之祥 崔云祥怪也狐狸憙爲妖孼言各有宜宜不失則大人有豐祿也王云野狐依之作妖祥也崔云蠱狐以小丘爲善也祥善也 函 音含 車之獸 李云獸大如車也一云大容車 介而 音戒廣雅云介獨也又古黠反一本作分謂分張也元嘉本同 離山 力智反下注同 吞舟 敕恩反又音天 碭而失水 徒浪反謂碭溢

而失水也崔本作去水陸居也 則蟻魚綺反 苦之如字向云馬氏作最又作窮 深眇彌小
反 則粗七奴反後皆同 二子者向崔郭皆云堯舜也 蓬蒲空反 將令力呈
反 而揻莊筆反又作擳亦作揤皆同郭音節徐側冀反 數米色主反 而炊昌垂反向
云理於小利也 竊竊如字司馬云細語也一云計校之貌崔本作察察 軋烏黠反向音乙 戾拂符弗
反 任知音智注同 有殺音試本又作弒下同 穴阫普回反向音裴云阫牆也言無所畏忌
吾語魚據反 女音汝後皆放此 南榮趎昌于反向音疇一音紹俱反徐直俱反又敕俱反又
處由反李云庚桑弟子也漢書古今人表作南榮疇或作幬又作壽淮南作南榮幬云敕蹻趹步百舍不休亦作疇 蹵
然子六反 巳長丁丈反 將惡音烏 其分扶問反後以意求之 思慮息吏
反下同 可強其丈反下章可強同 亦辟婢亦反開也崔云相著也音必亦反 或閒閒厠
之閒注同 勉聞道崔向云勉強也本或作勔 達耳矣崔向云僅達於耳未徹入於心也
奔蜂孚恭反司馬云奔蜂小蜂也一云土蜂 藿蠋音蜀司馬云豆藿中大青蟲也 越

雞司馬向云小雞也或云荊雞也 能伏扶又反 鵠本亦作鶴同戶各反一音戶沃反 卵
力管反 魯雞向云大雞也今蜀雞也 贏糧音盈案方言贏儋也齊楚陳宋之閒謂之贏
音果 曰唯唯癸反 挾三音協 懼然向紀具反本又作矍音同又況縛反 因失
吾問元嘉本問作聞 向吾本又作嚮同 眉睫音接釋名云目毛也 規規
李云失神貌一云細小貌 若喪息浪反注同 揭其列其謁二反 竿音干 而求諸
海也向云言以短小之物欲測深大之域也 女亡人哉崔云喪亡性情之人也 所好
呼報反 去其起呂反 所惡烏路反注同 復見扶又反 洒濯大角
反 鬱鬱崔云埶洒貌 津津如字崔本作律律云惡貌 猶有惡也李云
惡計末盡也 外韄向音霍崔云恢廓也又如字本亦作韄音獲又乙虢反又烏遯反又音羈李云纏也三蒼
云佩刀靶韋也 而捉徐側角反崔作促云迫促也 內揵郭其輦反徐其偃反關也向云閉也反音
反下同 繆莫侯反又音稠結也崔向云綢繆也 放道如字向方往反云依也 加病如字

元嘉本作知病崔本作篤云加也衛生李云防衛其生令合道也當則丁浪反後放此能

舍音捨下同翛音蕭徐始六反又音育崔本作隨云順也侗本又作侗大董反又音慟向敕動反

云直而無累之謂三蒼云殼直貌崔同字林云大也礙也五代反嗥戶羔反本又作號聲同而

嗌音益崔云喉也司馬云咽也李音厄謂噎也一本作而不嗌案如李音有不字不嗄於邁反本又作

嗄徐音憂司馬云楚人謂啼極無聲爲嗄崔本作喝云啞也終日握李云捲手曰握不掜

五懈反向音藝崔云齊也廣雅云捉也共其如字崔云壹也不瞚字又作瞬同音舜動也本或作

瞚莫經反偏不徐音篇委於危反蛇以支反冰解音蟹交食

崔云交俱也李云共也交樂音洛相攖於營反徐又音嬰廣雅云亂也崔云猶貫也若

槁苦老反惡有音烏愛惡烏路反下同宇泰定王云宇器宇也謂器宇同

泰則靜定也學者學其所不能學也言人皆欲學其所不能知凡所能者

故是能於所能夫能於所能者則雖習非習也敗之補邁反或作則元嘉本作則備物以

將形備具也將順也億度待洛反以滑音骨靈臺郭云心也案謂心有靈智能任持也許慎云人心以上氣所往來也不見其誠已而發謂不自照其內而外馳也每發而不當丁浪反爾雅云每雖也謂雖有發動不中當幽閒音閑券內字又作卷徐音勸卷分符問反下同崔云券分明也則宜方云反期費芳貴反下同廣雅云期卒也費耗也言若存分外而不止者卒有所費耗也以為于偽反賈人音古人見其跂猶之魁苦回反安也一云主也然謂衆人已見其跂求分外而猶自安可羞愧之甚也物且且始也焉於虔反注同莫憯七坎反廣雅云痛也元嘉本作憯鏌音莫鋣也嗟反鏌鋣良劍名五藏才浪反後皆放此其分符問反注及下皆同一音方云反所惡烏路反下及注皆同故出而不反謂情識外馳而不反觀於內也見其鬼王云水滴危殆資死之術已行及之故曰見鬼也出而得是謂得死若情識外馳以為得者是曰得死耳非理也滅而有實鬼之一也廣雅云滅殄也盡也實塞

也旣殄塞純朴之道而外馳澆薄之境雖復行尸於世與鬼何別故云鬼一也出无本入无竅苦弔反出生也入死也本始也竅孔也所以知有形累於無形者以其出入無本竅故也欻然訓勿反乎

處昌據反下注同有長丁丈反增也又如字下注同本剽本亦作摽同甫小反崔云末也

李怖遥反徐又敷遥反下同有所出夫生必有所出也而无此明所出是無也旣是無矣何

能有所出耶竅者有實旣言有竅竅必有實求實不得驗亟無也有實而无

乎處者宇也三蒼云四方上下爲宇宇雖有實而無定處可求也有長而无本剽

者宙也三蒼云往古來今曰宙說文曰舟輿所極覆爲宙長猶增也本始也宙雖有增長亦不知其始末所至者也

惡乎音烏爲喪息浪反注同融液音以亦以分方云反注同爲兄苦羔

反昭景也著丁略反又張慮反戴本亦作載也甲氏也著張慮反又丁略

反封也非一也一說云昭景甲三者皆楚同宗也著戴者謂著冠世世處楚朝爲衆人所戴仰也著封者謂世世處

封邑而光著父也昭景甲三姓雖異論本則同也崔云昭景二姓楚之所顯戴皆甲姓顯封雖非一姓同出公族喻死生同也此兩說與注不

同腳出之耳已復扶又反有生黬徐於減反司馬云烏簟反云黶黑有疵也有疵者欲披除之李烏感反字林云釜底黑也披普皮反然曰移是或云黬然聚而生披然散而死也臘力闔反者之有膍音毗司馬云件百葉也本或作昆音昆獐也胲古來反足大指也崔云備也案臘者大祭備物而肴有膍胲此雖從散禮應具不可散棄也其偃於晚反司馬郭皆云屏厠也又於建反屏厠步定反又必領反下同爲是于僞反溲所留反因以死償節常亮反廣雅云償報也復也案謂殺身以成名節成而身死故曰以死償節也爲知音智蜩音條學鳩本或作鷽音同踶女展反司馬李云蹈也廣雅云履也驁五報反廣雅云妄也嫗於禹反煦同詡之況甫反未曾才能反辟必領反除也金又婢亦反之勃本又作悖同必妹反之謬如字一本作繆云侯反亦音謬去德起呂反惡欲烏路反哀樂音洛累德劣僞反後注同知能音智不盪本亦作蕩徒黨反郭云動也又徒浪反又吐浪反德之光一本光字作先睨也魚計反又五禮反視也謂治直吏反羿五計反徐又戶計反中

微丁仲反注同已譽章餘後章同而俍音良崔云良工也又音浪唯蟲本一

唯作雖下句亦爾言蟲自能爲蟲者天也惡天烏路反下同威也崔本作或也之籠

力東反所好呼報反下及注文同惕以胞本又作庖白交反人籠伊尹

伊尹好廚故惕用爲庖人也秦穆公以五羊之皮籠百里奚

百里奚好秦而拘於宛故秦穆公以五羊皮贖之於楚也或云百里好五色皮裘故因其所好也介音界郭云

刖也又古黠反廣雅云獨也崔本作兀掇畫敕紙反又音他又直紙反本亦作移司馬云畫飾容之具

無足故不復愛之一云移離也崔云移畫不拘法度也不復扶又反胥靡司馬云刑徒人也一

云瘙人也崔云腐刑也夫復音服徐扶又反謵音習不餽其愧反廣雅云遺也一音愧元

嘉本作愧而忘人復者温復之謂也謂翫也夫人翫習者雖復小事皆所至惜今温復人之所習既得之矣而不

還歸以饋遺之此至愚不獲人之所惜者也無復相爲之情故曰忘人侮之亡甫反

徐无鬼第二十四以人名篇

徐无鬼緡山人魏之隱士也司馬本作緡山人徐无鬼女商人名也李云无鬼女商並魏幸臣魏武侯名擊文侯之子治安邑武侯勞之力報反唯山林之勞一字如字餘并下章並力報反盈耆時志反下注同長丁丈反好呼報反下注下章同惡烏路反下注下章同黜敕律反退也本又作出音同司馬本作咄掔苦田反又口閑反爾雅云固也崔云引去也司馬云牽也超然司馬云猶悵然也不説音悅下文大説同語君魚據反吾相息亮反下皆同下之質一本無質字執飽而止司馬以執字絕句云放下之能執禽也是狸德也謂貪如狐狸也示日音示司馬本作視云視日瞻遠也若亡其一一身也謂精神不動若無其身也直者中繩丁仲反下皆同司馬云直謂馬齒曲謂背上方謂頭圓謂目成材字亦作才言自然已足不須教習也若卹音恤若失音逸司馬本作佚李云卹失皆驚悚若飛也若喪息浪反下章注同其一言喪其耦也超軼李音逸徐徒列反崔云徹也廣雅云過也以説如字又始銳反下之説皆同司馬作悅從説子容反金版本又作板薄六

弢吐刀反司馬崔云金版六弢皆周書篇名或曰祕讖也本又作六韜謂太公六韜文武虎豹龍犬也樂音洛章末同鴳一諫反吾君說音悅越之流人越遠也司馬云流人有罪見流徙者也數日所主反及期音基夫逃司馬本作巡也虛空者司馬云故壞冢處爲空虛也藜力西反藋徒弔反本或作藋同柱誅矩反司馬云塞也乎鼪音生又音姓鼬由救反之逕本亦作徑司馬云徑道也本又作跡元嘉本作迭徐音逸崔云迭跡良位其空司馬云良良人謂巡虛者也位其空謂處虛空之間也良或作踉音同跫然郭巨恭反李曲恭反又曲勇反悚也徐苦江反又祛局反司馬云喜貌崔云行人之聲而喜矣李云踰武侯之無人君之德而處在防衛之間雖臨朝猶厲愈非其意及得其所思猶逃竄之間人音安能不跫然改貌釋然而喜也謦苦頂反又音罄欬苦愛反一音器李云謦欬謂言笑也但呼聞所好猶大悅況骨肉之情歡之至也久矣夫音扶後放此食芧音序又食汝反本亦作芧栗韭音久或艸下作者非也以賓必刃反本或作擯司馬云擯棄也又必人反李云賓客也欲干李云

于求也社稷之福邪李云謂善言嘉謀可以利社稷也萬乘繩證反不自許司馬云許與也夫姦病王云姦者以正從邪也謂病也所病之何也李云服而無對也或云養達天地之平獨恣其欲自許不損於神而以姦爲病故不知所以以此爲病何爲乎偃兵偃息也成固有伐變固外戰王云成功在已亦衆所不與欲無有伐其可得乎夫僞生形造又伐焉非本所圖勢之變也既有僞伐得無戰乎鶴列李云謂兵如鶴之列行司馬云鶴列鍾鼓也麗如字又力智反力支反譙本亦作嶕在逍反司馬郭李皆云麗譙樓觀名也案謂華麗而嶕嶢无徒司馬云徒步也錙壇徐側其反錙壇壇名无藏一本作藏司馬本同逆於得司馬本作德李云凡非理而貪貪得而居之此藏逆於德內者也孰有貪得而可以德不失哉國宜無藏而捨之又云謂有貪則逆道也惡乎音烏下同勿攖一營反又一盈反已脫音奪大隗五罪反司馬崔本作桼隗或云大隗神名也一云大道也具茨一本作次同祀咨反又音資司馬本作疾山名也司馬云在熒陽密縣東今名泰隗山昌寓音禹驂乘繩證反驂乘卑

右也謂音習元嘉本作謂崔同㞒舒氏反崔本作㞒本亦作朋蒲登反徐扶恒反前馬司馬云二人先馬導也昆閽音昏滑音骨稽音雞後車司馬云二人後車後襄城之野李云地名七聖黃帝一方明二昌寓三張若四謵朋五昆閽六滑稽七也予少詩召反瞀莫豆反郭音務李云風眩貌司馬云瞀讀曰瞀謂眩瞀也長者丁丈反乘日之車司馬云以日爲車也元嘉本車作居少痊七全反李云除也且復扶又反去其起吕反下注同知士音智不樂音洛下不樂及注同察士李云察識也淩李云謂相淩轢誶音信廣雅云問也又音祟又音峻一本作訙皆囿音又非強其丈反興朝直遥反中民李云善治民也矜難乃旦反枯槁苦老反後章同宿名宿積久也王云枯槁一生以爲賢其所寢宿唯名而已廣治直吏反貴際謂盟會事不比毗志反下同商賈音古則壯李云壯猶疾也則惰徒卧反所耆時志反而樂音洛以要一遥反匍音扶又音蒲匐音服

又蕭比反 而中 丁仲反注同 復相 扶又反 曾遽 音渠又其據反李云魯遽人姓
名也一云罰初時人 釁 七亂反又七端反 爲之 于僞反 廢一 廢置也 攺調 徒弔
反注同瞀 无當 丁浪反合也 相拂 扶弗反 蹢 呈亦反投也司馬云齊人憎其子蹢之於
宋使門者守之令形不全自以爲是 鈃鍾 音刑徐戶挺反又字林云鈃似小鍾而長頸又云似壺而大 以
束縛 郭云恐其破傷也案此言賤子貴鈃自以爲是也 唐子 謂失亡子也 遺類 遺亡
也亡其種類故也惠施肸道而好辯猶齊人遠子而愛鍾也 遠索 所百反 而與舟人
闔 司馬云夜上人船人必擠已於水也擠排也 未始離 力智反注同 於岑 士金反徐
在林反又語審反謂崖岸也 獨上 時掌反 從者 才用反 郢人 以井反楚都也
漢書音義作㥘人服虔云㥘㥘人古之善塗墍者施廣領大袖以仰塗而領袖不汙有小飛泥誤著其鼻因令匠
石揮斤而斲之㥘音溫韋昭乃回反 堊 烏洛反 慢 本亦作漫郭莫干反徐莫但反李云猶塗也
爲寡人 于僞反 大病 謂死也 惡乎 音烏 屬國 音燭 [illegible]

如字又音餘且鉤鉤反也亦作拘音同又音俱上忘而下畔言在上不自高於下無背

者也下人遐嫁反所措七故反故僅其靳反狙七徐反恂然

音彝徐音胥又思俊反司馬云邊也深蓁徐仕巾反一音側巾反委於危反蛇餘支反

攫俱縛反徐居碧反三蒼云搏也郭又七段反司馬本作攫搔本又作搔素報反徐本作搔七活反司馬

本作條見賢遍反巧如字或苦孝反崔本作攻王射食亦反下同搏音博相

者息亮反司馬云佐王備者也趨射音促急也執死司馬云見執而死也之狙

也之猶是也本或作是其便婢面反以敖司馬本作悖云很也董梧有道者也

師其德以鋤色以助士居反本亦作鋤去樂起呂反隱於靳反噓音虛入

見賢遍反夫物之尤也音符一本作夫子則如字山穴之中司馬本同李云齊南

山穴也一本作之口田禾齊君也尊德故國人慶之鬻之羊六反彼惡音烏下同自

喪息浪反而泊步各反觴之音商李云酒器之總名也孫叔敖執

爵案左傳孫叔敖是楚莊王相孔子未生哀公十六年仲尼卒後白公爲亂宜僚未嘗仕楚又宣十二年傳楚有熊相宜僚則與叔敖同時去孔子甚遠蓋寄言也　兩家之難乃旦反注同　解音蟹注同　司馬云宜僚楚之勇士也善弄丸楚白公勝將作亂殺令尹子西子期石乞曰市南有熊宜僚者若得之可以當五百人乃往告之不許也承之以劒不動弄丸如故曰吾亦不泄子白公遂殺子西子期歎息兩家而已宜僚不預其患　甘寢秉羽如字又音翮司馬本作翿云讀曰翮或作翅雩舞者之所執崔本作㪍　郢人投兵司馬云言叔敖願安寢恬卧以養德於廟堂之上折衝於千里之外敵國不敢犯郢人投兵無所攻伐也郢楚都也　喙許穢反又丁豆反或昌銳反　三尺三尺言長也司馬云喙息也宜僚弄丸而两難叔敖除備以折衝丘亦願有歎息其三尺三尺七首劒也　彼之謂此之謂郭云彼謂二子此謂仲尼也司馬云彼謂甘寢此謂弄丸　總音揔　不能同一本作相同　善吠伐發反司馬云不別客主而吠不止　善言司馬云失本逐末而言不止也　不舍音捨　循古而不摩一本作磨郭云摩拭也王云摩消滅也雖常通物而不失及已雖理於今常循於古之道焉自古及今

名求摩滅也　摩拭音式　九方歅音因李烏雞反又音煙善相馬人淮南子作九方皐

爲我于僞反　相吾子息亮反　梱音困又口本反子綦子名　瞿然紀具反司

馬云喜貌本亦作矍吁縛反字林云大視貌李云驚視貌　索然悉各反又色白反司馬云溯下貌　禦

福魚呂反距也逆也　未嘗如字本或作曾才能反　而牂子郎反爾雅云牝羊也　於

奧烏報反西南隅未地也一曰豕牢也　好田呼報反　於宎字又作窔烏弔反徐烏了反司馬云

東北隅也一云東南隅鶉火地生鶉也一云窋也郭徒忽反字則穴下犬　遊於天地司馬本地作汨云亂

也崔本同　邀古堯反遇也　樂音洛　之償時亮反又音賞　怪衎下孟反注同　无

幾居豈反　於燕音煙　全而鸞之音育絕句一本作鸞之難　刖音月又五刮反

易以豉反注同　售也受又反　渠公或云渠公齊之富室爲衘正買梱自代終身食肉至死一

云渠公署者與梱君臣同食肉也　之衘音佳一本作衘　然身食肉終本或作身肉食

者誤　畜畜許六反郭他六反李云行仁貌王云卹愛勤勞之貌　其人與如字　人相食

與〔音餘言將馳走於仁義不復營農飢則相食〕譽之〔音餘〕所惡〔烏路反〕之行〔下孟反〕且假夫禽貪者器〔司馬云禽之貪者殺害無極仁義貪者傷害無窮〕覕〔郭薄結反云割也向芳舌反司馬云暫見貌又甫莅反又普結反又初栗反〕劑〔子隨反〕暖〔吁爰反又吁晚反柔貌〕姝〔昌朱反妖貌〕濡〔音儒又音如安也〕需〔音須濡需謂偷安須臾之頃〕卷〔音權〕婁〔音縷卷婁猶拘攣也〕自說〔音悅〕之竟〔音境〕蝨〔音瑟〕奎〔苦圭反本亦作本〕曲隈〔烏回反向云股間也〕暖室〔奴緩反又虛袁反一本作安室〕操〔七曹反〕羊肉不慕蟻〔魚綺反李云年長心勞無愛樂之志是猶羊肉不慕蟻也〕羶也〔設然反〕羶行〔下孟反〕至鄧〔向云邑名〕之虛〔音墟本又作墟〕童土〔如字又音杜向云童土地無草木也〕齒長〔丁丈反注同〕若少〔詩召反〕惡衆〔烏路反〕非好〔呼報反〕不比〔毗志反下注同〕煬〔郭音羊徐餘亮反〕和〔李云煬炙也爲和氣所炙〕於蟻棄知〔音智〕於魚得計於羊棄意〔司馬云蟻得水則死魚得水則生羊得水則病一說云魚

人無羶故不致蟻是蟻棄智也共處相忘之大道無沾濡之德是魚得計也羊無羶行而不致蟻是羊棄意也**能去**起呂反**或復**扶又反**堇**音謹郭音覲徐音勤司馬云烏頭也治風冷痹**桔**音結本亦作結**梗**古猛反司馬云桔梗治心腹血瘀瘕痹**雞廱**徐於容反本或作雍音同司馬云即雞頭也一名芡與藕子合爲散服之延年**豕零**司馬本作豕囊云一名豬苓根似豬卵可以治渴橐四者皆藥草名**是時爲帝者也**司馬云藥草有特迭相爲帝謂其王相休癈各得所用也**勝言**音升**句踐**音鉤**甲楯**純尹反徐音尹**棲於**音西李云登山曰棲**會**古外反**稽**音雞**種**章勇反越大夫名也吳越春秋云姓文字少禽**所以存**本又作可以存言知越雖云可以存也**鴟**尺夷反**脛**刑定反**解之**佳買反司馬云去也一音懈**有損**有形自然相累世能累物物能累人故大夫種所以不免也**不磷**鄰刃反**恃**本亦作特**源而往者也**水由源往雖遇風日不能損也道成其性雖在於世不能移也**之長**丁丈反注同**茲莘**所巾反郭云聚也李云多也本又作萃**恃其所不蹍**女展反李云一足常不往故能行廣遠也

一六三二

解之音蟹下同又佳買反令各力呈反下同不撓乃孝反樞尺朱反頡徐下結反滑乎八反向云頡滑謂錯亂也揚搉音角又苦學反三蒼云搉敵也許愼云揚搉粗略法度王云搉略而揚顯之或解佳買反注同復於音服又扶又反

則陽第二十五以人名篇

則陽司馬云名則陽字彭陽也一云姓彭名則陽周初人也夷節楚臣王果司馬云楚賢人譚音談本亦作談李云說也郭徒甚反徐徒暗反公閱休隱士也閱音悅擉初角反又敕角反司馬云刺也郭音觸徐丁録反一音捉樊音煩李云傍也司馬云陰也廣雅云邊也予宅司馬云以隱居山陰自顯也有知音智注同顛冥音眠司馬云顛冥猶迷惑也言其交結人主情馳富貴暍音謁字林云傷暑也之施始豉反下同能撓乃孝反又呼毛反王云惟正德以至道服之佞人以才辯奪之故能泥撓之也淡然徒暫反而化卑居高而以卑爲本也本或作而化卑於人也不喪息浪反而飲於鴆反一間音閑綢直周反

繆亡侯反綢繆猶纏緜也又云深奥也周盡一體所鑒綢繆精麤淘盡故言周盡一體一體天也復命搖作搖動也萬物動作生長各有天然則是復其命也命之也命名也

憂乎知音智而所行恒无幾居豈反時其有止也若之何王云憂乎智謂有爲者以形智不至爲憂也不知用智必喪喪而更以不知爲憂及其智之所行有弊無濟故其憂患相接無須臾停息故曰恒無幾時其有止也不能遺智去憂非可憂如何則不知其美於人生便有見物之美而爲無心人與作名言鏡耳故人美之若不相告即莫知其美於人好之呼報反注同暢然喜悦貌之緍民忍反徐音昏郭云今也司馬云盛也十九謂見十識九也見見聞聞見所見聞所聞臺縣音玄衆閒音閑注同元嘉本作閞冉相息亮反注同郭云冉相氏古聖王胥舍音捨注同皆殉辭俊反所行之備而不洫音溢郭許的反李虚域反濫也三云壞敗也無心偕行何往而不至故曰皆殉也所行行備而物我無傷故無壞敗也門尹登恒向云門尹官名登恒人名爲之于僞反下同

傳之音付下同不與音預之名嬴音盈法得其兩覓賢遍反注同得其隨成之道以司其名名實法立故得兩見猶人鑑之相得也寄治直吏反容成老子師也魏瑩郭本作瑩音瑩磨之瑩今本多作瑩乙耕反司馬云魏惠王也與田侯一本作田侯牟司馬云田侯齊威王也名牟桓公子案史記威王名因不名牟約徐於妙反又如字司馬云約誓在惠王云十六年背之音佩刺之七賜反犀首魏官名也司馬云若今虎牙將軍公孫衍爲此官元嘉木作齒首萬乘繩證反爲君于僞反下請爲君同忌也出走忌畏而走或言圍之也元嘉本忌作云扶敕一反二蒼云擊也郭云扶又豬栗反折其之舌反季子魏臣又壞音怪華子亦魏臣也惠子惠施也覓賢遍反下同戴晉人梁國賢人惠施薦之於魏王蝸音瓜郭音戈李云蝸蟲有兩角俗謂之牛三蒼云小牛螺也一云俗名黃犢數萬色主反逐北如字又音佩軍走曰北曰噫於其反言與音餘雖復扶又反惝音敞字林云惝也又吐蕩反莞

管亦作管 嗃許交反管聲也王篇呼洛反又呼教反廣雅云嗚也 劒首司馬云謂劒環頭小孔也

吷音血又呼悅反司馬云吷然如風過 所譽音餘 蟻丘魚綺反李云蟻丘山名 之

漿李云賣漿家司馬云謂逆旅舍以菰蔣草覆之也 登極司馬云極屋棟升之以觀也一云

極平頭屋也 稯稯音揔字亦作揔李云聚貌本又作稯一本作稷初力反 聖人僕

謂懷聖德而隱僕隸也司馬本僕作撲謂聖人坏撲也 藏於畔王云修田農之業是隱藏於壠畔

銷音消司馬云小也 捐其本亦作損 不屑屑絜也不絜世也本或作肯 陸沈

司馬云當顯而反隱如無水而沈也 長梧封人長梧地名封人守封疆之人 子牢司馬云即

琴牢孔子弟子 鹵音魯 莽莫古反又如字 滅裂猶短草也李云謂不熟也郭云鹵莽滅裂輕脫

末略不盡其分也司馬云鹵莽猶麤粗也謂淺耕稀種也滅裂斷其草也 芸音云除草也 變齊才細

反司馬如字云變更也謂更變所法也齊同也 耰音憂司馬云鉏也廣雅云雅也字林云摩田器也 猒

飧音孫本又作飱 離其力智反下同 以衆爲如字王云凡事所可爲者也豚離滅

亡皆猶衆爲衆爲所謂鹵莽也司馬本作爲僞 **欲惡** 烏路反注並同 **之孽** 魚列反 **萑** 音丸

葦類 **葦** 千鬼反蘆也 **蒹** 古恬反薕也 **葭** 音加亦蘆也 **並潰** 回內反 **漏**

發 李云謂精氣散泄上潰下漏不擇所出也 **漂** 本亦作瘭徐敷妙反又匹招反一音必招反 **疽**

七餘反瘭疽謂病瘡膿出也 **疥** 音界 **溲** 本或作廋所求反 **膏** 司馬云謂虛勞人尿

上生肥白沐也皆爲利欲感動失其正氣不如深耕熟耰之有實 **不齊** 才細反又如字 **栢矩**

有道之人 **辜** 辜罪也李云謂應死人也元嘉本作幸人 **強之** 其良反字亦作彊 **朝服**

直遥反 **幕** 音莫司馬云覆也 **號天** 戶刀反 **大菑** 音哉 **離之** 離著

也 **所好** 呼報反 **匿** 女力反 **爲物而愚** 一本作遇 **不識** 反物性而

強令識之 **大爲難而罪不敢** 王云凡所施爲者皆用物之所能則莫不易而敢矣而故

大爲艱難令出不能物有不敢者則因罪之 **所易** 以豉反 **不勝** 音升注同 **民知**

音智下同 **蘧** 其居反 **詘** 起勿反廣雅云曲也郭音黜 **然與** 音餘又如字 **卒**

言未然 大史音太 大弢吐刀反人名 伯常騫起虔反人名 狶本亦作豨同虚豈反又音希郭音鄰李音熙 韋李云狶韋者太史官名 湛丁南反樂之久也李常淹反 樂音洛 不應應對之應 諸侯之際司馬云盟會之事 同濫徐胡暫反或力暫反浴器也 史鰌音秋司馬云史魚也 所搏音博 幣郭作弊帛也徐扶世反司馬音蔽云引衣裳自蔽 而扶翼司馬云扶翼自隱也此殊郭義 故墓一本作大墓 沙丘地名 掘之其月反又其勿反 數仞所主反 洗而西禮反 不馮音憑 其子靈公郭讀絕句司馬以其子字絕句云言子孫不足可憑故使公得此處爲冢也 奪而里而汝也里居處也一本作奪而埋之 蒯起怪反 聵五怪反蒯聵衛莊公名 女處音汝下昌慮反 之見賢遍反 大公音太下同 丘里之言李云四井爲邑四邑爲丘五家爲鄰五鄰爲里古者鄰里井邑士風不同猶今鄉曲各自有方俗而物不齊同 十姓百名一姓爲十人十姓爲百名有異有同故合散以定之 則積卑

如字又音婢合水一本作合流合并而爲公合羣小之稱以爲至公之一也天不賜賜與也國治直吏反淳淳如字王云流動流貌反覆芳服反所拂扶弗反戾也又音弗又音弼自殉殊面廣雅云面向也謂心各不同而自殉焉殊向自殉是非天隔故有所正者亦有斯差離也力智反比干大澤本亦作宅百材皆度度居也雖別區異所大澤爲居雖本石萬端同以大山爲壇此可以當丘里之言也而讀李云讀猶語也強字巨丈反惡起音烏欲惡烏路反橋起居表反下同又音羔王云高勁言所起之勁疾也片合音判反如字隨序謂變化相隨有次序也或作原一本作享橋運之相使橋運謂相橋代頓至次序以相通理橋運以相制使也所復扶又反季眞接子李云二賢人孰徧音遍徐音篇吠符廢反大知音智不可徂一本作阻

外物第二十六以義名篇

外物王云夫忘懷於我者固無對於天下然後外物無所用心焉若乃有所執爲者諒亦無時而妙矣

而化爲碧呂氏春秋藏其血三年化爲碧玉　孝已李云殷高宗之太子　曾參李云曾參至孝爲父所憎嘗見絕糧而後甦　大絯音駭又音該又胡待反　水中有火

乃焚大槐司馬云水中有火謂雷也焚謂霹靂時燒大樹也　兩陷司馬云兩謂心與膽也陷破也畏雷霆甚憂心膽破陷也　憂樂音洛　螴郭音陳又楮允反徐敕盡反　蜳郭音惇又柱允反徐敕轉反李餘准反司馬云螴蜳讀曰忡融言怖畏之氣忡融兩溢不安定也　若縣音玄

慰暋武巾反李音昏又音泯慰鬱也暋悶也　沈屯張倫反司馬云沈深也屯難也　僓音頹又呼懷反郭云順也　貸粟音特或一音他得反　監河侯古銜反說苑作魏文侯

將貸他代反　而呼火故反　鮒音附廣雅云鰿也鰿音迹　波臣司馬云謂波蕩之臣　激西古狄反　早索所白反　枯魚李云猶乾魚也　任公子如字下同李云任國名　大鈎本亦作釣　巨緇司馬云大黑綸也　犗郭古邁反云犍牛也徐音

界說文云騬也司馬云犧牛也騬音繩揵紀言反 爲餌音二 蹲音存 會古外反

稽古兮反會稽山名今爲郡也 期年本亦作朞同音基言必久其事後乃能感也 錎沒

音陷字林猶陷字也 鶩揚徐音務一本作鶩 鬐徐求夷反李音須 憚丹末反

赫火百反 千里言千里皆懼 若魚司馬云大魚名若海神也或云若魚猶言此魚 而

腊音昔 制河諸設反依字應作淛漢書音義音逝河亦江也北人名水皆曰河淛江今在餘

杭郡後漢以爲吳會分界司馬云淛江今在會稽錢唐 輇七全反又視專反又音權李云輇量人也本或

作軨軨小也本又或作輕 諷說方鳳反 揭其列其謁二反 竿累劣彼反謂次足不得

並足也本亦作纍司馬云力追反云綸也 趣本又作趨同七須反 灌瀆司馬云溉灌之瀆 守

鯢五兮反 鮒音附又音蒲本亦作蒲李云鯢鮒皆小魚也 臚力於反一音盧蘇林注漢書云

上傳語告下曰臚臚猶行也 傳治戀反又丈專反向云從上語下曰臚傳一音張戀反遽也 東方

作矣司馬云謂日出也 襦而朱反 青青之麥司馬云此逸詩刺死人也 陵

陂彼宜反布施始豉反壓本亦作擪同乃協反郭於琰反又敕頰反字林云擪一指案也其

顪本亦作噦許穢反司馬云頤下毛也金椎直追反控苦江反徐別彼列反

老萊子楚人也出薪出採薪也趨下音促李云下短也末僂

李云未上謂頭前也又謂背膂也後耳司馬云耳却後却近附近之近視若

營四海夫勞形役智以應世務失其自然者也故堯有几龍之喻舜有卷僂之談周公類之走狼

仲尼比之逸狗豈不或信哉佪律非反舊魚鬼反又魚威也去起呂反注同而本又作女躬

矜躬矜為身矜修善行容知音智容智謂飾智為容好蹙然子六反業可

得進乎問可行仁義於行乎令老力成反而驁本亦作敖同五報反下同下或作驁

寠其矩反之行下孟反其易以豉反相結以隱郭云隱括

也李云隱病患也雖相引以名聲是相給以病患譽堯音餘而閉一本文注並作門反

无非傷也反逆於理動无非邪也以嗟反動矜於是也聖人

躊音疇躇直居反以興事以毋成功毋者毋有成功也躊躇者從容也從容興事雖有成功聖人不存猶致弊迹流毒百世況乎矜善行而載之不已哉不遠于萬反宋元君李云元公也案元公名佐平公之子阿門司馬云阿屋曲簷也宰路李云淵名故所居予爲如字又于僞反使河所吏反漁者音魚余音預且子餘反姓余名且也覺古孝反令力成反會朝直遙反下同刳口孤反鑽左端反又左亂反遺筴初革反見夢賢遍反知能音智下及注同知有所困一本作知有所不周至知音智下注皆同鵜徒兮反鶘鵜鶘水鳥也一名陶河去小起呂反下注同不矯居表反石師石者匠名也謂無人爲師匠教之者也一本作所師又作碩師斲足音側又音測墊丁念反司馬崔云下也本又作塹七念反掘也致黃泉致至也本亦作至得強其丈反之行下孟反注同任與音餘覆墜直類反所好呼報反狶虛豈反

不波波高下貌不僻四亦反顫舒延反哽庚猛反塞也跈女展反郭云踐也廣雅云履也止也本成作蹍同不朌如字一音於斬反其竇音豆胞普交反腹中胎有重直龍反閬音浪郭云空曠也勃谿音奚勃爭也谿空也司馬云勃谿反戾也無虛空以容其私則反戾共鬭爭也六鑿在報反相攘如羊反郭云逆也司馬云謂六情攘奪謚音賢郭音玄急也向本作弦云堅正也柴柴積也郭云塞也銚七遥反削也能有所穿削也又勑堯反鎒乃豆反似鋤田具也到植時力反又音值立也本亦作置司馬云鋤拔反之更生者曰到植眥于斯反徐子智反本亦作揃子淺反三蒼云揃猶翦也玉篇云滅也城本亦作㳙音滅又武齊反字林云批也批音千米反非佚音逸以駴戶楷反王云謂歐百姓之視聽也徐音戒謂上不問下也演門以善反宋城門名紀他徒何反而踆音存字林云古蹲字徐七旬反又音尊窾水音款又音科司馬云收名弔之司馬云恐其自沈故弔之踣徐芳附反普豆反字林云僵也李云頓也郭蒲杯反荃七全反崔音孫香草也可

以餌魚或云積柴水中使魚依而食焉一云魚笱也**蹄**大兮反兔罥也又云兔弦也係其脚故曰蹄也罥音古縣反弦音巨亮反**得夫**音符

寓言第二十七 以義名篇

寓言十九寓寄也以人不言己故託之他人十言而九見言也**重言**謂爲人所重者之言也**巵言**字又作卮音支字略云巵圓酒器也李起宜反王云夫巵器滿即傾空則仰隨物而變非執一守故者也施之於言而隨人從變己無常主者也司馬云謂支離無首尾言也**天倪**音崖徐音詣詣**藉**郭云藉借也李云因也**譽之**音餘注同**耆艾**五蓋反**曼衍**以戰反**復**扶又反下同**惡乎**音烏下同**皆種**章勇反**才知**音智**而好**呼報反注同**惡**烏路反注同**蘁**音悟又丑各反逆也**三釜**小爾雅云六斗四升曰釜**心樂**音洛下注同**不洎**其器**參**所金反**无所縣**音玄下同**其罪乎**縣係也心再化於祿所存者親也雖係祿而無係於罪也**以爲**于僞反**以養**羊尚反下同**如鸛**本亦作觀同古亂反

蚊音亡孟庚反司馬云䳓雀飛疾與蚊相過忽然不覺文虻也王云鷦蚊取大小相縣以喻三釜三千鍾之
多少元嘉本作如鷦蚊無虻字子綦音其所復扶又反天籟力帶反則
喪息浪反惡乎音烏下同天有歷一本作天有歷數景音影又如
字本或作影也括古活反司馬云謂括髮也被髮皮寄反搜搜本又作叟同素
口反又素刀反又音蕭向云動貌蜩甲音條司馬云蜩甲蟬蛻皮也蛇蛻音悅又吐臥反又始
銳反吾屯徒門反聚也陽子居姓陽名戎字子居之沛音貝邀古堯
反要也遇也王篇云求也抄也遮也盥音管小爾雅云澡也洒也漱所又反巾櫛莊乙反
不聞音閑下同一音如字睢睢郭呼維反徐許圭反盱盱香于反又許吳反又音虛
廣雅云睢睢盱盱元氣也而汝也言汝與元氣合德去其矜驕誰復能同歧心解異郭義跋步末反畏難
乃旦反疏遠于萬反蹵子六反家公李云主人公也一讀舍者迎將其家爲向
煬羊尚反又音羊向反炊也去其起呂反

讓王第二十八 以事名篇

子州支父 音甫李云支父字也即支伯也 幽憂之病 王云謂其病深固也 善卷 眷勉反居阮反又音眷李云姓善名卷 衣皮 於旣反下同 其處 昌慮反 石戶 本亦作后 之農 李云石戶地名農農人也 捲捲 音權郭音眷用力貌 葆力 音保字亦作保 以入於海 司馬云凡言入者皆居其洲島之上與其曲隈中也 大王 音太下同 亶父 丁但反 音甫下同 邠 筆貧反徐甫巾反 不以所用養害所養 地所以養人也今爭以殺人是以地害人也人爲地養故不以地故害人也 因杖 直亮反 筴 初革反 相連 力展反司馬云連讀曰輦 岐山 其宜反或祁支反 不以養傷身不以利累形 王云富貴有養而不以昧養傷身貧賤無利而不以求利累形也 弒其 音試 王子搜 素羔反又悉遘反又邀遘反李云王子名淮南子作翳 丹穴 爾雅云南戴日爲丹穴 以艾 五蓋反 王輿 一本作玉輿 援 音爰 而呼 火故

反心本或作歎　以舍音捨　非惡烏路反下及下章眞惡同　子華子司馬云魏人也

昭僖侯司馬云韓侯　攫俱碧反俱縛二反又史虢反李云取也　廢李云棄也司馬云病也一云攫者援書銘廢者斬右手　其輕於韓又遠絶句　魯君一本作魯侯李云哀公也

苴音麤徐七餘反李云有子麻也本或作麤非也　飯牛符晚反　之使所吏反下及下章同　家與音餘　而遺唯季反下皆同　復來音服或音扶又反下章皆同　緒

餘並如字徐上音奢下以嗟反司馬李云緒者殘也謂殘餘也　土敕雅反又片賈行賈二反又音如字

苴側雅反又知猶反司馬云土苴如糞草也李云土苴糟魄也皆不眞物也一云土苴無心之貌　必察其

所以之王云聖人眞以持身餘以爲國故其動作必察之焉所以之者謂德所加之方也所爲者謂所以待物也動作於比不必察也　所要一遙反　子陽鄭相　不好呼報反　即

令力呈反　拊心徐音撫　得佚音逸　樂音洛　君過古卧反太亦作遇

作難乃旦反下章同　殺子陽子陽嚴酷罪者無赦舍人折弓畏子陽怒責因國人逐猘狗而

殺子陽　楚昭王名軫平王子　屠羊說音悅或如字　從者才用反　強之其丈反　見之賢遍反下同　之知音智　入郢以井反　毀

約如字徐於妙反　而見如字亦賢遍反　爲我于僞反　三旌三公位也司馬本作

三珪云謂諸侯之三卿皆執珪也　安施如字又始豉反　茨徐疾私反李云蓋屋也　蓬

戶織蓬爲戶　桑以爲樞尺朱反司馬云屈桑條爲戶樞也　甕牖音酉司馬

云破甕爲牖　二室司馬云夫妻各一室　褐下葛反郭音葛字或作褐　爲塞悉代反司

馬云以褐衣塞牖也　匡坐而弦司馬云匡正也案弦謂弦歌　中紺古暗反李云紺爲中衣加

素爲表　華冠胡化反以華木皮爲冠　縱屨所倚反或所買反本或作縱并下曳縱同

三蒼解詁作躧云躧也聲類或作屣韋昭蘇寄反通俗文云履不著跟曰屣司馬本作跂李云縱屣謂屣履無跟

也王云體之能攝舉而曳之也履或作屨　杖藜以藜爲杖也司馬本作扶杖也　應門自對門也

嘻許其反　逡巡七旬反　希世而行司馬云希望也所行常顧世譽而動故曰希世

而行 比周毗志反 爲人于僞反下爲己同 教以爲己學當爲己教當爲人今反

也不然 仁義之慝吐得反惡也司馬云謂依託仁義爲姦惡 縕袍紆粉反司馬云謂麻

縕爲絮論語云衣[illegible]縕袍是也 種章勇反本亦作腫 噲古外反徐古活反司馬云種噲剥錯也王云盈

虚不常之貌 胼薄田反 胝竹尸反 肘竹久反 見賢遍反 飦之然反字或作

饘廣雅云糜也一云紀言反 粥之六反家語云厚粥一音干謂干餅又音育 自樂音洛 愀七小

反徐在九反又七了反二了反又資酉反李音秋又遥反一本作欣 行脩下孟反 不怍在洛反爾雅云

慙也又音昨 公子牟司馬云魏之公子封中山名牟 瞻子賢人也淮南作詹 魏闕

淮南作巍司馬本同云魏讀曰巍象魏觀闕人君門也言心存榮貴許慎云天子兩觀也 重生李云重存

生之道者則名利輕輕則易絕矣此人身居江海心貪榮利故以此戒之 自勝音升下同 不能自

勝則從絕句一讀至 无惡如字又烏路反 乎絕句一讀連下不能自勝爲句

重傷直用反下同 萬乘繩證反 不火食元嘉本無火字 不糝

素感反甚憊皮拜反伐樹於宋孔子之宋與弟子習禮大樹下宋司馬桓魋欲
殺孔子伐其樹孔子遂行藉藉毀也又云陵藉也一云鑿也或云係也喟去愧反又苦怪反又口語
之魚據反臨難乃旦反之隘音厄又於懈反削然如字李云琴聲亦作俏
音消扢許訖反又巨乙反魚乙反李云奮舞貌司馬云喜貌執干干楯也亦樂
音洛虞於潁陽廣雅云虞安也安於潁陽一本作娛娛樂也共伯音恭下同
得乎共首司馬云共伯名和脩其行好賢人諸侯皆以為賢周厲王之難天子曠絕諸侯皆請
以為天子共伯不聽即干王位十四年大旱屋焚卜于太陽兆曰厲王為祟召公乃立宣王共伯復歸于宗逍遙得意共
山之首共丘山今在河內共縣西魯連子云共伯後歸于國得意共山之首紀年云共伯和即干王位孟康注漢書古今人表以為
入為三公本或作丘首畎古犬反畝司馬云壟上曰畎畝壟中曰畎辱行下孟反下章同漫
我武諫反徐武畔反下章同清泠之淵音零山海經云在江南一云在南陽郡西崿山下
瞀光音務又莫豆反本或作務強力李云阻兵須力忍垢司馬云垢辱也李云弒君須忍

垢也 數聞音朔 椆水直留反本又作桐水徐音同又徒董反又音封本又作稠司馬本作侗云洞水在潁川一云在范陽郡界 知者音智 其難乃旦反 盧水音閭司馬本作盧水在遼東西界一云在北平郡界 踆然徒暫反 无槩古代反 孤竹司馬云孤竹國在遼西令支縣界伯夷叔齊其君之二子也令音郎定反支音巨移反 血牲一本作殺牲司馬本作血之以牲 嘻許其反一音 祈喜如字徐許記反 盡治直吏反 揚行下孟反下吾以於其反 說音悅 以要一遥反 故被皮義反 貪冒亡北反或亡報反下同 稷契息列反 之噲音快 篡初患反唐云或曰讓王之篇其章多重生而務光二三子自投于水何也答曰莊書之興存乎反本反本之由先于去榮是以明讓王之一高標傲世之逸志旨在不降以厲俗無厚身以全生所以時有重生之辭者亦歸棄榮之意耳深於塵務之爲弊也其次者雖復被褐啜粥保身而已其全道尚高而超俗自逸寧投身於清冷終不屈於世累也此舊集音有聊復録之於義無當也

盜跖第二十九 以人名篇

孔子與柳下季爲友 柳下惠姓展名獲字季禽一云字子禽居柳下而施德惠一云惠謚也一云柳下邑名案左傳云展禽是魯僖公時人至孔子生八十餘年若至子路之死百五六十歲不得爲友是寄言也 盜跖 之石反李奇注漢書云跖秦之大盜也 從 才用反 卒 尊忽反下同 樞戶 尺朱反徐苦溝反司馬云破人戶樞而取物也 入保 鄭注禮記曰小城曰保 能 如字 詔 教也 竊爲 于僞反下請爲爲我竊爲使爲皆同 說之 始銳反 飄風 婢遥反徐扶遥反 易辱 以豉反 大山 音太 膾 古外反 餔 布吳反徐甫吳反字林云日申時食也 髮上 時掌反 此夫 音符又如字 冠 古亂反 枝木之冠 如字司馬云冠多華飾如木之枝繁 帶死牛之脅 許劫反司馬云取牛皮爲大革帶 繆說 音謬 孝弟 音悌本亦作悌 而儌 古堯反 復通 扶又反下同 願望履幕下 司馬本幕作綦云言視不敢望跖面望履結而還也 反走 小卻行也 瞋 赤眞反徐赤夷反廣雅云張也 如乳 如樹反 少長 詩召反下丁丈反 皆說 音悅下同

知維音智 勇悍戶旦反 激丹古歷反司馬云明也 齊貝一本作含貝 音中丁仲反 南使所吏反下三字同 數百所主反下同 罷兵如字徐扶彼反 共祭音恭 之行下孟反下同 恒民一本作順民後亦爾 吾譽音餘下同 好面呼報反下同 背音佩下同 橡音象 煬羊晃反 蚩尤神農時諸侯始造兵者也神農之後第八帝曰榆罔世蚩尤氏強與榆罔爭王逐榆罔榆罔與黃帝合謀擊殺蚩尤漢書音義云蚩古之天子一曰庶人貪者 涿鹿音卓本又作濁司馬云涿鹿地名故城今在上谷郡西南八十里 武王殺音試下同 撻衣本又作縫扶恭反徐扶公反又音馮 淺帶縫帶使淺狹 矯言紀表反 說子路始銳反又如字 去其起呂反 危冠李云危高也子路好勇冠似雄雞形背負豭斗用表已勇也 其卒子恤反 身菹莊居反 以爲于僞反下同 堯不慈不授子也 文王拘羑里紂之二十年囚文王 而強其丈反 可羞如字本又作惡烏路反 負石自投於河

申徒狄將投於河崔嘉止之曰吾聞聖人仁七民父母若濡足故不救溺人可乎申徒狄曰不然昔桀殺龍逢紂殺比干而亡天下吳殺子胥陳殺泄治而滅其國非聖人不仁不用故也遂沈河而死以食音嗣燔死音煩燒也尾生一本作微生戰國策作尾生高高誘以爲魯人磔竹客反廣雅云張也操七曹反瓢婢遙反而乞者李云言上四人不得其死猶豬狗乞兒流轉溝中者也乞或作走離名力智反念本本或作卒剖心普口反以說如字又始銳反上壽音受又如字下同瘦色又反能說音悅亟去紀力反急也本或作極无復扶又反狂狂如字又九況反汲汲本亦作伋音急又音及詐巧苦孝反又如字上車時掌反三失息暫反又如字芒然莫剛反有行如字首灸久又反疾走料音聊扁頭音鞭又蒲顯反徐扶顯反本或作編音同須一本作料頭編虎須幾不音祈可去起呂反滿苟得人姓反盍胡臘反爲行下孟反下注同盍何不也勸何不爲德行藏聚司馬云謂藏獲盜濫竊聚之人有

怍音昨宰相息亮反下相而同入嫂先早反司馬云以嫂爲室家爲臣臣或作相殺君申志反論則力頓反悖戰布內反亦拂扶弗反長幼丁丈反五紀司馬云歲日月星辰歷數六位君臣父子夫婦爲別彼列反下同堯殺長子崔云堯殺長子考監明舜流母弟弟謂象也流放也孟子云舜封象於有庳不得有爲於其國天子之吏治其國而封納貢稅焉故謂之放也爲適丁歷反且子正爲名假設之辭也爲音于僞反下爲利同不監本亦作鑑同吾日人實反无約如字徐於妙反抉眼烏穴反鮑子立乾司馬云鮑子名焦周末人汙時君不仕採蔬而食子貢見之謂曰何爲不仕食祿荅曰無可仕者子貢曰汙時君不食其祿惡其政不踐其土今子惡其君處其土食其蔬何志行之相違乎鮑焦遂棄其蔬而餓死韓詩外傳同又云槁洛水之上也勝子自理一本理作俚本又作申子自埋或云謂申徒狄抱甕之河也一本作申子不自理謂申生也孔子不見母李云未聞匡子不見父司馬云匡子名章齊也

人諫其父爲父所逐終身所傳丈專反无足一本作無知則不見父寀此事見孟子下遐嫁反下同樂意音洛下同知不音智下知謀同故推正不忘邪忘或作妄言君臣但推尋正道不忘故不用富貴邪爲智力不足故不用耶過世之士焉言人心易動但人與賢人俱生便自謂過於世人況親自爲富貴者乎慘七感反怛丹曷反之恐丘勇反窮美窮猶盡也究埶音勢本亦作勢一音藝究竟也俠人音協欲惡烏路反要名一遥反長阨音厄又烏賣反莞音管本亦作管籥音藥一本莞籥作壎篪口嗛苦簟反醪力刀反侅溺徐音礙五代反又戶該反飲食至咽爲侅一云徧也於馮氣馮音憤憤滿也下同言憤畜不通之氣也而上時掌反取慰慰亦作畏不舍音捨下同戚醮在遥反李云顦顇也又音子妙反疑刲許業反又曲業反内周樓跡李云重樓内匝跡軒外遍謂設備守具財單音丹本或作斵音斫繚音了又魚弔反理也

說劒第三十以事名篇

趙文王司馬云惠文王也名何武靈王子後莊子三百五十年洞紀云周赧王十七年趙惠文王之元年一云案長歷推惠文王與莊子相值恐彪之言誤 喜劒許記反下同 夾門郭李音協又古洽反

好之呼報反下同 无厭於鹽反又於豔反 悝苦回反太子名 募音慕又音務 說王如字解也又音悅 與使所吏反 以幣從才用反一本作以幣從軍 上說如字又始銳反

蓬步公反本或作鑵同 頭蓬頭謂著兜鉾也有毛故如蓬 突鬢必刃反司馬本作賓云賓讀爲鬢 垂冠將欲闘故冠低傾也 曼胡莫干反司馬云曼胡之纓謂麤纓無文理也

短後之衣爲便於事也 瞋目赤夷赤眞二反 語難如字鄭難也勇士憤氣積於心胷言不流利也又乃旦反既怒而語爲人所畏難司馬云說相擊也 乃說音悅下大說同

與見賢遍反下劒見同又如字 王脫一本作說同土活反 千里不留行司馬云十步與一人相擊輒殺之故千里不留於行也 乃校司馬云考校取其勝者也校本或作效 士

敦如字司馬云敦斷也試使用劍相擊斷截也一音丁回反 御杖直亮反 所奉司馬本作所奉 燕音煙 谿燕谿地名在燕國 石城在塞反 鍔五各反司馬云劍刃也

云劍稜也 鐔音淫三蒼云徒感反劍口也徐徒南反又徒各反謂劍鐶也司馬云劍珥也 爲夾古協反司馬云把也一本作鋏同一云鐔從稜向背鋏從稜向刃也 裹以音果 行以秋冬隨天道以行止也 芒然莫剛反 肝肺芳廢反 竊爲于僞反 而上時掌反下同 三環如字又音患繞也聞義而愧繞餅三周不能坐食 服斃婢世反司馬云忿不見禮皆自殺也

漁父第三十一以人名篇

緇帷司馬云黑林名也本或作惟 杏壇司馬云澤中高處也李云壇名 有漁父者音甫取魚父也一云是范蠡元嘉本作有漁音父則加字 須眉本亦作鬚眉 交白如字李云俱也一本作皎 揄音遥又音偷又褚由反謂垂手衣內而行也李音投投揮也又士由反 袂面世

反李音苟 以上 時掌反 距陸 李云距至也 飾禮 如字本又作飭音敕 下以

化齊民 李云齊等也許愼云齊等之民也如淳云齊民猶平民元嘉本作化於齊民後句如無於字

君與 音餘下同 以危 危或作僞 其分 如字本又作介音界司馬云離也 杖

直亮反 挐 女居反司馬云撓也音鐃 鄉而 香亮反或作嚮同 緒言 猶先言也

竊待 待或作侍 咳 苦代反 唾 吐卧反 相丘 息亮反 曰嘻 香其

反 之好 呼報反下同 丘少 詩召反下同 而經子之所以 經經營也

司馬云經理也 正治 直吏反下官事不治同 不屬 音燭 長少 丁丈反後遇長同

不勝 音升 行不 下孟反 工技 其綺反 貢職 職或作賦 春秋

後倫 朝覲不及等比也 不飭 音敕 不泰 本又作大音同徐敕佐反後同 八

疵 祀知反 之揔 李云謂監也 道言 音導 稱譽 音餘 以敗 補邁

反 惡人 烏路反下同 之慝 他得反 善否 悲美反惡也又方九反 兩

容頰適 善惡皆容顔貌調適也頰或作頰 以挂 音卦別也又音圭 之叨 吐刀反 很 胡墾反 能去 起呂反 愀然 在九反又七少反 難語 魚據反下同本或作悟 愈數 音朔 不離 力智反 故強 其丈反下同 歡樂 音洛下同 祿祿 如字人音録謂形見爲禮也司馬云録録領録也 蚤 音早字亦作早 湛 丁南反下同 丘得過也 謂得過失也過或作過 而比 如字謂親見比數也 又眦志反 乃刺 七亦反 波定 李云謂戰如波也案謂船行故水波去遠則波定 旁車 步浪反 萬乘 繩證反下同 倨 音據 敖 五報反 曲要 一遙反 磬折 之設反 湛於 湛或作其 下人 遐嫁反下又注同 而閒 音閑 蝡 如兖反

列禦寇第三十二 以人名篇或無列字

瞀人 音茂又音務 奚方 李云方道也 吾驚焉 李云見人惑已即遠

驚也　惡乎音烏　十餐子祥反本亦作漿司馬云餐讀曰漿十家並賣漿也　五餐
先饋饋遺也謂十家中五家先見遺王云皆先饋進於己　不解音蟹司馬音懈　形
諜徒協反郭云便辟也說文云閒也　成光司馬云形諜於衷成光華也　便辟婢亦
反　貴老謂重禦寇過於老人　而韲子兮反亂也　為食音嗣　贏音盈
萬乘繩證反　而效如字本又作校古孝反　保女司馬云保附也　无幾
居豈反　敦杖音頓司馬云豎也　蹙之子六反　賓者本亦作儐同必刃反謂通
客之人　跣而先典反　豎乎其器反　發藥如字司馬本作廢云置也　而焉
於虔反　搖而本才一本才作性　又无謂也動搖本才以致求者又非道德
之謂也　小言言不入道故曰小言　人毒以其多患故曰人毒　莫覺莫悟
何相孰也彼不敢告汝汝又不自覺何期相孰哉王云小言為毒曾无告語也孰誰也謂誰相
親愛者既无告語此不相親愛之至也　而知音智　食而一本作飽食而　敖遊本又

作㪣五刀反下同 汎若芳劒反 緩也司馬云緩名也 呻音申謂吟詠學問之聲也

崔云呻誦也本或作呻吟 裘氏地名崔云裘儒服也 之地崔本作之地蛇云地蛇者山田荼種

也 祇音支郭李云適也言適三年而成也司馬云巨移反謂神祇祐之也 河潤九里河從

乾位來乾陽數九也 使其弟墨謂使緩弟翟成墨也 闔胡嘗視其良

闔語助也胡何也良者良人㝽緩也言何不試視緩墓上已化爲秋栢之實良或作埌音浪冢也 而見賢遍

反 令墨力呈反 相捽才骨反言穿井之人爲已有造泉之功而捽飲者不知泉之天

然也喻緩不知翟天然之墨而忿之捽一音子晦反 不知音智注同 學父本或作父 仍

自而證反本又作認同 道易以豉反 知難音智 應其如字當也 朱

泙李音平郭敷音反徐敷耕反 漫末旦反又未干反司馬云朱泙漫支離益皆人姓名 屠

單音丹音徒盡也 千金之家如字本亦作賈又作價皆音嫁 三絶句崔云用千金者

三也一本作三年則匕句至家絶 技成其綺反 愼於兵愼或作順 恬徒謙反

惔徒暫反本亦作淡 之知音智注反下爲知同 不離力智反 苞苴子餘反司馬云苞苴有苞裹也 竿音干 牘音獨司馬云謂竹簡爲書以相問遺脩意氣也 以遺唯季反下同 敝精神郭婢世反一音必世反 道物音導注同 甘冥如字本亦作瞑又音眠 發泄息列反徐以世反 怕然步各反 悲哉乎一本作悲哉悲哉 爲于僞反 宋王司馬云偃王也 使秦所吏反 數所主反 乘繩證反下同 王說音悅 阨於懈反 窘其隕反又巨韻反 槁苦老反又祛矯反本亦作槁居表反 項李云槁項羸瘦貌司馬云項槁立也 黃馘古獲反徐況璧反爾雅云獲也司馬云謂面黃熟也 秦王司馬云惠王也 痤徂禾反 舐字又作䑛食紙反 痔治紀反 愈下本亦作俞同 瘳敕由反 圾魚及反又五臘反危也 令飾九呈反下同 以視音示下同 能復扶又反 女與音餘又如字下頭與同 覓賢遍反 離實力智反 施於始豉反下注同 而識如字又申志反 商

賈音古鋊音據戉音越捶之蘂反桎之實反梏古毒反宵人王云非明正之徒謂之宵夜之人也訙之本又作訊音信問也愿音願廣雅云謹慤也有長丁丈反若不肖外如長者內不似也有順王作慎懁音環又許緣反徐音絹三蒼云急腹也王云研辨也外慎研辨常務貧訥縵武半反又武諫反李云內實堅外如縵也釬胡旦反又音干急也一云清貌相反卒然寸忽反其知音智其側不正也一云謂辟者喜傾側冠也王云側謂凡爲不正也側或作則易觀以豉反搜之所求反正考父音甫宋湣公之玄孫弗父何之曾孫而傴紆矩反而僂力矩反三命公士一命大夫再命卿三命而夫郭云凡夫也呂鉅矯貌孰協唐許協同也唐唐堯許許由皆崇讓者也言考父與而夫誰同於唐許也睫音接揲射食亦反自好呼報反注同呲四爾反又芳爾反邪云呰也呰也子爾反皆思奉之矣本或作皆畢事也美髯人鹽反未曾才能反偃伏於丈反本亦作

央同偃佒守分歸一也　杖物直亮反　知慧音智　乃厚其身耳

元嘉本後作厚一本作乃後恒無怨也　傀郭徐呼懷反字林公回反云偉也　恬解音蟹　於

知音智　者肖音消郭云釋散也　十乘繩證反下同　驕稚直吏反又池夷反李

云自驕而稚莊子也　緯蕭知字緯織也蕭萩蒿也織蕭以爲畚而賣之本或作葦音同　鍛

之丁亂反謂椎破之　九重直龍反　驪龍力馳反驪龍黑龍也　頷下戶感

反　韲子兮反　粉夫音符　若挾戶牒反　僉曰七潛反　其

使所吏反　衣以於既反　食以音嗣　芻叔初俱反芻草也叔大豆也

大廟音太　髑音獨　髏音樓　矉毗人反　𥈠子六反　珠璣音祈

又音機一音其既反　齎音資本或作濟子詣反　鳶以全反　螻音樓　蟻魚綺反

天下第三十三以義名篇

惡乎音烏　不離力智反下注不離離性下章離於同　兆於本或作逃　爲行

下孟反章内同 薰然許云反溫和貌崔云以慈仁爲馨聞也 之粗七奴反卷内皆同 以參本又作操同七曹反宜也 以稽音雞考也 蕃息音煩 畜敕六反又許六反 藏如字又才浪反 醇順倫反 四辟婢亦反本又作闢 鄒莊由反孔子父所封邑 道志音導下以道皆同 名分扶問反 尚復扶又反下章不復同 夫易以豉反 得一偏得一術 自好呼報反注及下同 好惡烏路反 淡本又作澹徒暫反 漠音莫 衆技其綺反 不偏音遍 稱神尺證反下章同 哀矣如字本或作喪息浪反 不侈尺紙反又尺氏反 不暉如字崔本作渾 則瘁在醉反 自矯居表反 墨翟宋大夫尚儉素 禽滑音骨又户八反 釐力之反又音熙禽滑釐墨翟弟子也 不順五帝三王之樂嫌其奢 而説音悦下注同後聞風而説皆同 大過音太舊敖佐反後大過大多大少放此 大順順或作循 度衆徒各反 非樂節用墨子二篇名 汜芳劒反 愛兼利化同巳儉爲汜愛兼利

令百力呈反下同有夏戶雅反有濩音護有辟音辟作武武樂名七重直龍反下同未敗敗或作毀墨子是一家之正故不可以爲敗也崔云未褱其道非歌生應歌而墨以歌爲非也樂而音洛下及注同觳郭苦角反徐戶角反郭李皆云無潤也其行下孟反下注以成其行同能任音壬湮洪水音因又音烟塞也沒也揺地而注之海使水由地下也引禹之儉同巳之道支川本或作支流自操七曹反槖舊古考反崔郭音託字則應作槖崔云囊也司馬云盛土器也耜音似釋名耜似也似齒斷物二蒼云耒頭鐵也崔云梩也司馬云盛水器也而九音鳩本亦作鳩聚也雜本或作𣬉音同崔云所治非一故曰雜也腓音肥又符畏反无胈步葛反又甫葛反又符蓋反脛刑定反甚雨如字崔本甚作湛音淫櫛側筆反裘褐戶葛反跂其逆反蹻紀略反李云麻曰屩木曰屐屐與跂同屩與蹻同一云鞋類也一音居玉反以藉鞋下也相息亮反里勤司馬云墨師也姓相里名勤苦獲已齒李云二人姓字也而倍

郭音鼠又斐罪反　譎古穴反崔云決也　相訾音紫　以觭紀宜反又苛奇反　不

仵音誤徐音五仵同也　巨子向崔本作鉅向云墨家號其道理成者爲鉅子若儒家之碩儒

治之直吏反　之好呼報反注同　爲其于僞反　枯槁苦老反　不

舍也音捨下章同　忮之豉反逆也司馬崔云害也字書云很也又音支韋昭音洎　白心崔云

明白其心也白或作任　宋鈃音形徐胡冷反郭音堅　尹文崔云齊宣王時人著書一篇　華

山之冠華山上下均平作冠象之表己心均平也　以別彼列反　宥音又如字　爲始始首

也崔云以別善惡宥不及也　聏崔本作聏音而郭音餌司馬云色厚貌崔郭王云和也聏和萬物物合則[illegible]

一云調也　合驩以道化物和而調之合意則歡　強以其丈反下皆同　令合力呈反下同

上說音悅又如字　下教上謂國主也悅上之教下也一云說猶教也上教教下也　聒古活反謂強聒

其耳而語之也　見厭於豔反徐於瞻反　爲人于僞反下自爲同　圖傲五報反　苛

察音河一本作苛　其行下孟反又如字　不當丁浪反崔本作黨云至公無黨也

易而以豉反於知音智下棄知同田駢薄田反齊人也遊稷下著書十五篇慎子云名
廣不徧音遍不至一本作不王无遺如字本又作貴去己起呂反章內注
同泠音零汰音泰徐徒蓋反郭云泠汰猶聽放也一云泠汰猶沙汰也謂沙汰使之泠然也皆泠汰之歸於
一以此爲道理也或音齊又音替謑胡啓反又音奚又苦迷反說文云恥也五米反髁戶寡反郭勘禍
反謑髁訛倪不正貌王云謂謹刻也无任無所施任也王云雖謹刻於法而猶能不自任以事事不與衆
共之則無爲尚賢所以笑也橫復扶又反无行下孟反下火之行同椎直追反
拍普百反輐五管反又胡亂反又五亂反徐胡管反圜也斷丁管反又丁亂反方也王云椎拍輐
斷皆刑截者所用不師知音智魏然魚威反李五回反若飄婢遙反一音必
遙反爾雅云回風爲飄之還音旋一音環若磨末佐反又如字石之隧音遂回也
徐絕句一讀至全字絕句全而无非磨石所剴麤細全在人言德全無見非責時言其無心也不
離力智反夫塊苦對反或苦猥反欲令力呈反窢其亦作罭又作閾況

逼反又火麥反向郭云逆風聲　惡可音烏　不見觀一本作不聚觀　於航五管反又五亂反　斷丁管反郭云航斷無圭角也一本無斷字　韙于鬼反是也　槩乎古愛反　澹然徒暫反　關尹關令尹喜也或云尹喜字公度　老聃他甘反即老子也爲喜著書十九篇　以濡如兗反一音儒　謙下遐嫁反　若響許丈反　芴音忽　谿苦兮反　之垢音茍　沖泊步各反　蘬去軌反又去類反本或作巍　不費芳味反　蜘音知　蛛音誅　工倕音垂　大初音泰　去甚起呂反　迕逆五故反　无軟如兗反本或作濡音同　挫作卧反　芴元嘉本作寂　漠音莫　死　與音餘下同　芒乎莫剛反下同　謬悠謂若忘於情實者也　荒唐謂廣大無域畔者也　而儻丁蕩反徐敕蕩反　觭音羈徐起宜反　莊語並如字郭云莊莊周也一云莊端正也一本作壯側亮反大也　以卮音支　不敖五報反　倪音詣　不譴遣戰反　瓌古回反　瑋瓌瑋奇特也　連犿本亦作抃同芳表反又音獾又敷晚反李云皆宛轉

貌一云相從之貌謂與物相從不違故無傷也　參初林反注同　差初宜反注　詖尺叔反　而辟婢亦反　深閎音宏　稠適稠音調本亦作調　不蛻音悅徐始銳反又敕外反　汪烏黃反　惠施施惠子名　五車尺蛇反又音居　舛川兗反徐尺允反　駁邦角反　不中丁仲反　厤古歷字本亦作歷　物之意分別歷說之　至大无外謂之大一至小无内謂之小一司馬云無外不可一無內不可分故謂之一也天下所謂大小皆非形所謂一二非至名也至形無形至名無名　无厚不可積也其大千里司馬云物言形爲有形之外爲無無形與有相爲表裏故形物之厚盡於無厚無厚與有同一體也其有厚大者其無厚亦大高因廣立有因無積則其可積因不可積者苟其可積何但千里乎　天與地卑如字又音婢　山與澤平李云以地比天則地卑於天若宇宙之高則天地皆卑天地皆卑則山與澤平矣　日方中方睨音詣　物方生方死李云睨側視也謂日方中而景已復昃謂景方昃而光已復沒謂光方沒而明已復升凡中側之與升沒

若轉樞循環自相與爲前後始終無別則存云死生與之何殊也大同而與小同異此之謂小同異萬物畢同畢異此之謂大同異同體異分故曰小同異死生禍福寒暑晝夜動靜變化衆辨莫同異之至也衆異同於一物同之至也則萬物之同異一矣若堅白無不合無不離也若火含陰水含陽火中之陰異於水水中之陽異於火然則水異於水火異於火至異異所同至同同所異故曰大同異南方无窮而有窮司馬云四方無窮也李云四方無窮故無四方上下皆不能處其窮會有窮耳一云知四方之無窮是以無無窮無窮也形不盡形色不盡色形與色相盡也知不窮知物不窮物知與物相盡也獨言南方舉一隅也今日適越而昔來智之適物物之適智形有所止智有所行智有所守形有所從故形智往來相爲逆旅也鑒以鑒影而鑒亦有影兩鑒相鑒則重影無窮萬物入於一智而智無間萬物入於一物而物無朕天在心中則身在天外心在天內則天在心外也遠而思親者往也病而思親者來也智在物爲物物在智爲智司馬云彼曰猶此見此猶見彼也彼猶此見則吴與越人交相見矣連環可解也司馬云夫物盡於形形盡之外則非物也

連環所貫貫於無環非貫於環也若兩環不相貫則雖連環故可解也**我知天之中央燕之北越之南是也**司馬云燕之去越有數而南北之遠無窮由無窮觀有數則燕越之閒未始有分也天下無方故所在爲中循環無端故所行爲始也**氾**芳劍反**愛萬物天地一體也**李云日月可觀而目不可見愛出於身而所愛在物天地爲首足萬物爲五藏故肝膽之別合於一人一人之別合於一體也**爲大觀**古亂反**於天下**所謂自以爲最也**曉辯**字林云辯慧也**樂之**音洛**卵有毛**司馬云胎卵之生必有毛羽雞伏鵠卵卵不爲雞則生類於鵠也氣成毛羽氣成羽雖胎卵未生而毛羽之性已著矣故感鳥肩毳目寄感之分也龍顏虎喙威靈之氣也神以引明氣以成質質之所剋如戶牖明暗之懸以晝夜性相近習相遠則性之明遠有習於生**雞三足**司馬云雞兩足所以行而非動也故行由足發動由神御今雞雖兩足須神而行故曰三足也**郢有天下**郢楚都也在江陵北七十里李云九州之內於宇宙之中未萬中之一分也故舉天下者以喻盡而名大夫非大若各指其所有而言其未足雖郢方千里亦可有天下也**犬可以爲羊**司馬云名以名物而非物也犬羊之名非犬羊也非

羊可以名爲羊則犬可以名羊鄭人謂玉未理者曰璞周人謂鼠腊者亦曰璞故形在於物名在於人馬有卵李云形之所託名之所寄皆假耳非眞也故犬羊無定名胎卵無定形故鳥可以有胎馬可以有卵也一云小異者大同犬羊之與胎卵無分於鳥馬也丁子有尾李云夫萬物無定形形無定稱在上爲首在下爲尾世人謂右行曲波爲尾今丁子二字雖左行曲波亦是尾也火不熱司馬云木生於水火生於木木以水潤火以木光金寒於水而熱於火而寒熱相兼無窮水火之性有盡謂火熱水寒是偏舉也偏舉則水熱火寒可也一云猶金木加於人有楚痛楚痛發於人而金木非楚痛也如處水之鳥火生之蟲則火不熱也山出口司馬云形聲氣色合而成物律呂以聲兼形玄黃以色兼質呼於一山一山皆應一山之聲入於耳形與聲並行是山猶耳口也輪不蹍本又作跈女展反地司馬云地平輪圓則輪之所行者跡也目不見司馬云水中視魚必先見水光中視物必先見光魚之濡鱗非曝鱗異於曝鱗則視濡也光之曜形異於不曜則視見於曜形非見形也目不夜見非暗晝見非明有假也所以見者明也目不假光而後明無以見光故目之於物未嘗有見也指不至至不絕司馬云夫指之取物不能自至要假物故至也然假物由指不絕也一云指之取火以鉗

刺鼠以鏵故假於物指是不至也**龜長於蛇**司馬云蛇形雖長而命不久龜形雖短而命甚長**矩不方規不可以爲圓**司馬云矩雖爲方而非方規雖爲圓而非圓譬繩爲直而非直也**鑿**曹報反**不圍枘**如鋭反司馬云鑿枘異質合爲一形鑿積於枘則鑿枘異圍鑿枘異圍是不相圍也**飛鳥之景**音影**未嘗動也**司馬云鳥之蔽光猶魚之蔽水魚動蔽水而水不動鳥動影生影生光亡亡非往生非來墨子曰影不徙也**鏃**子木反郭音族徐朱角反三蒼云矢鏑也**矢之疾而有不行不止之時**司馬云形分止勢分行形分明者行遲勢分明者行疾目明無形分無所止則其疾無閒矢疾而有閒者中有止也質薄而可離中有無及者也**狗非犬**司馬云狗犬同實異名名實合則彼所謂狗此所謂犬也名實離則彼所謂狗異於犬也**黄馬驪**力知反又音梨**牛三**司馬云牛馬以二爲三曰牛曰馬曰牛馬形之三也白黄曰驪曰黄驪色之三也曰黄馬曰驪牛曰黄馬驪牛形與色爲三也故曰一與言爲二二與一爲三也**白狗黑**司馬云狗之目眇謂之眇狗狗之目大不曰大狗此乃一是一非然則白狗黑目亦可爲黑狗**孤駒未嘗**

有毋李云駒生有母言孤則無母孤稱立則母名去也毋嘗爲駒之母故孤駒未嘗有母也本亦無此句一尺一本無一字之捶章蘂反日取其半萬世不竭司馬云捶杖也若其可折則常有兩若其不可折其一常存故曰萬世不竭桓團李云人姓名徐徒丸反之囿音又其柢丁計反天地其壯乎司馬云惠施唯以天地爲壯於已世施存雄而无術司馬云意在勝人而無道理之術倚人本或作畸同紀宜反李云異也黃繚音了李而小反云賢人也不墜直類反雷霆音廷又音挺徧爲音遍下于僞反隩烏報反李云深也謂其道深一蚉音文一虻孟庚反愈貴羊主反李云自謂所慕愈貴近於道也駘李音殆蕩駘者放也放蕩不得也悲夫音符論者力困反較音角評音病不中丁仲反或倦本亦作勌同其思息嗣反不邪似嗟反好事呼報反子玄之注論其大體眞可謂得莊生之旨矣郭生前數膏粱之塗說余亦晚覩貴遊之妄談斯所謂異代同風何可復

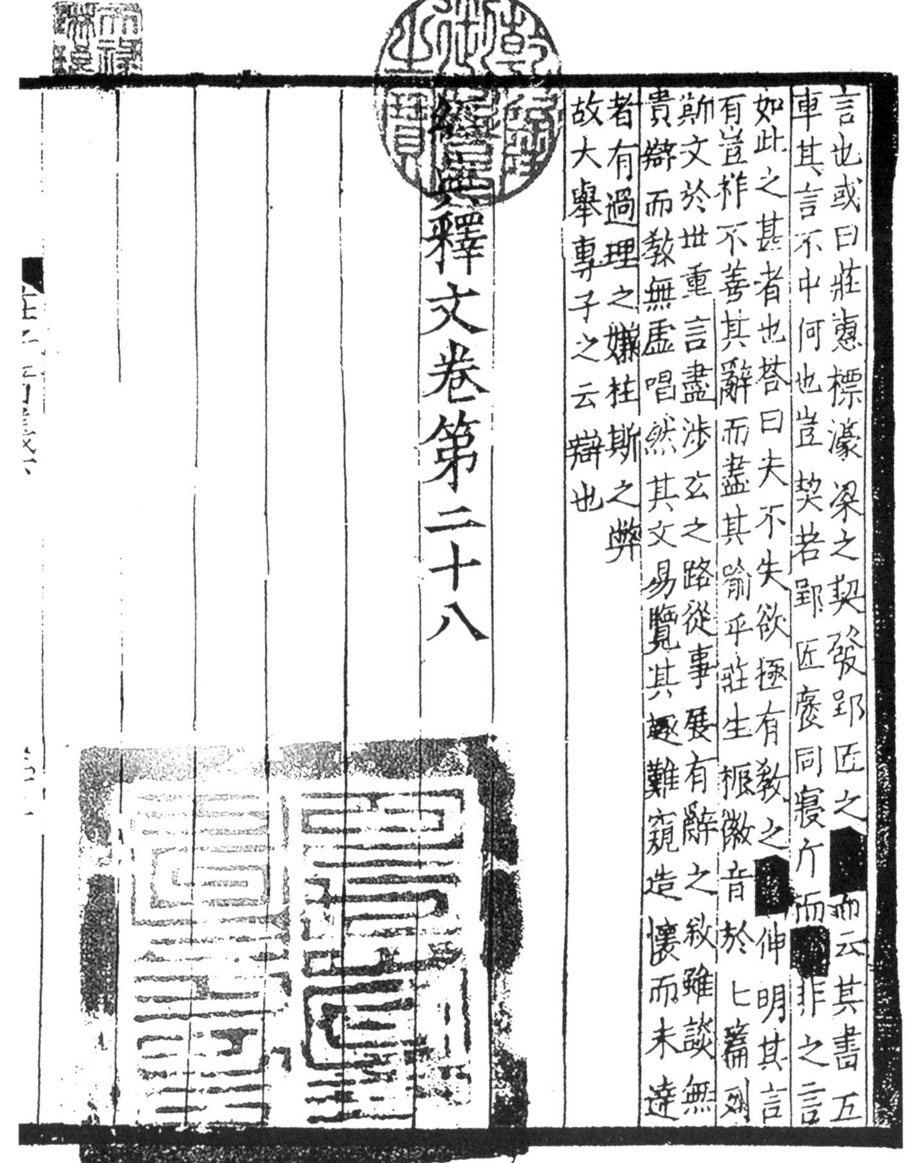

言也或曰莊惠標濠梁之契發郢匠之■而云其書五
車其言不中何也豈契若郢匠廢同寢亣而■非之言
如此之甚者也答曰夫不失欲極有教之■伸明其言
有豈非不善其辭而盡其喻乎莊生振微音於七篇列
斯文於世重言盡涉玄之路從事展有辭之紋雖談無
貴辯而教無虛唱然其文易覽其趣難窺造懷而未達
者有過理之嫌柱斯之弊
故大舉專子之云辯也

經典釋文卷第二十八

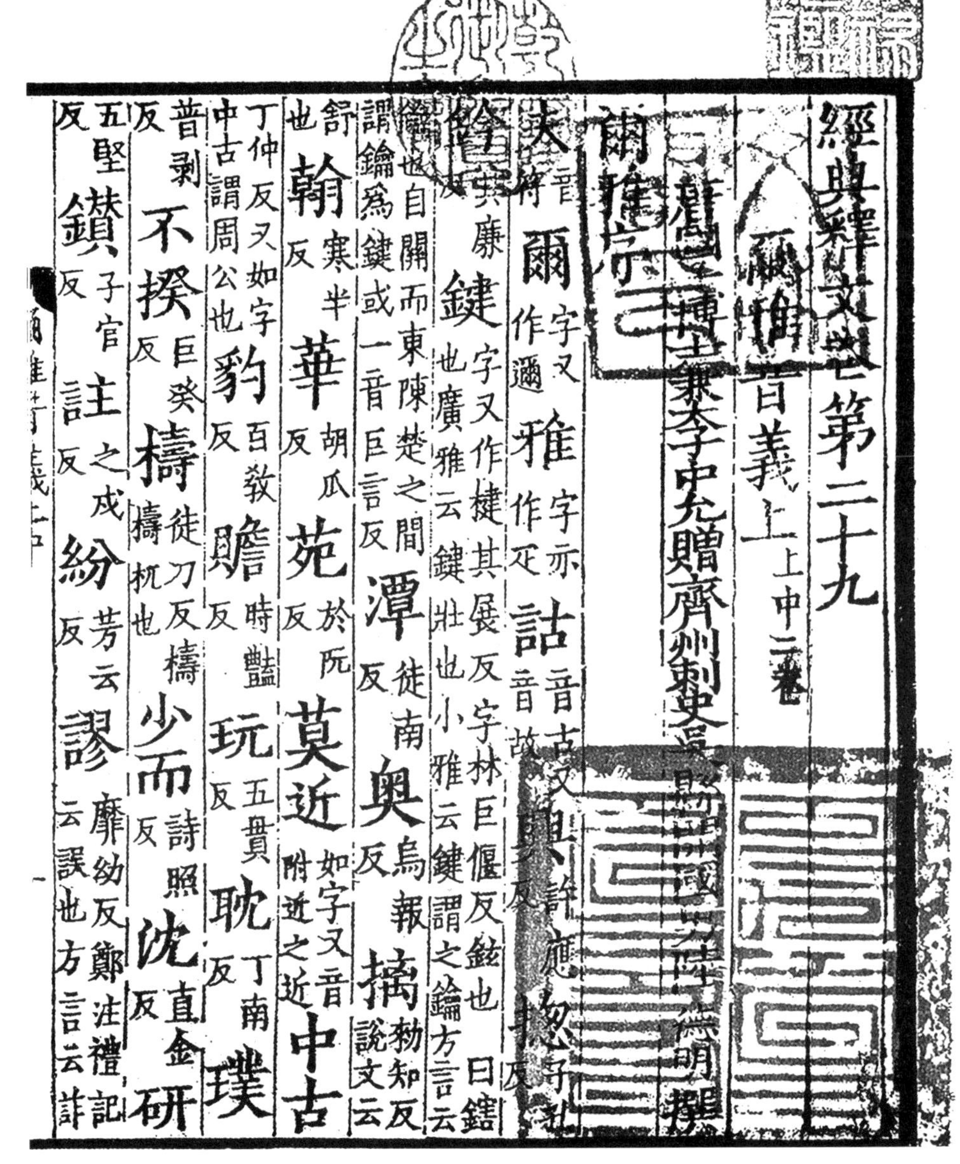

經典釋文卷第二十九

爾雅音義上 上中二卷

國子博士兼太子中允贈齊州刺史吳縣開國男陸德明撰

爾雅序

夫音扶 爾字又作邇 雅字亦作疋 詁音古又音故 與許慮反 揔子孔反 鈐其廉反 鍵字又作楗其展反字林巨偃反鉉也曰鍣也廣雅云鍵壯也小雅云鍵謂之鑰方言云鑰也自關而東陳楚之間謂鑰為鍵或一音巨言反 潭徒南反 奥烏報反 摛勑知反說文云舒也 翰寒半反 華胡瓜反 苑於阮反 莫近如字又音附近之近 中古丁仲反又如字中古謂周公也 豹百教反 贍時豔反 玩五貫反 耽丁南反 璞普剝反 不揆巨癸反 檮徒刀反檮杌也 少而詩照反 沈直金反 研五堅反 鑽子官反 註之戍反 紛芳云反 謬靡幼反鄭注禮記云誤也方言云詐

也本或作繆音同以復扶又反綴丁衞反又丁劣反會古外反周禮注云計也本又作襘音同廣雅云襘收也稡子外反又子骨反聚也謠音遥錯綜子宋反剟丁恱反說文云利也廣雅云削也又都活反瑕戶加反玉翳也礫力的反說文云小礓石搴字又作攓居展反又去虔反拔也蕭先遼反稂音郎稂童粱穢禾草也詩云不稂不莠隱於謹反滯直例反援音袁引也所易以豉反了本亦作憭音同照察也袪去魚反寤五故反篲字又作彗似說反又因醉反一音息遂反說文云掃竹也企丘豉反躅本又作蠋直錄反漢書音義躅迹也韋昭音擢云三輔謂牛蹄迹爲蠋鄭氏音拘欙按字林欙音竹足反

釋詁第一音古又音故樊光李巡本作故說文云詁故言也字林同張揖雜字云詁者古今之異語也

哉子來反亦作栽肇音趙胎天才反孫炎大才反本或作台俶字又作俶尺叔反權巨負反輿音余令力政反胚字又作衃同普才反又匹尤反淮南子及文子並云婦孕三月而胚說文

云肧婦孕一月也肧凝血　烝本又作蒸同之仍反　辟必亦反　壬而心反　遍見賢遍反下

迄卷終仕悉放此　宏戶萌反　溥音普　介音界　夏戶雅反　憮火吳反下同

庬云江反又云項反方言云庬深之大也　墳符云反　蝦古雅反　丕字又作丕同普悲反

奕以昔反　誕音但　駿子俊反又荀閏反　假古雅反　濯直角反　訏本又作盱

同香于反　穹起弓反　壯側狀反　菿郭陟孝反顧野王都角反說文云草大也孫都耗反　昄

皖旋蒲板反此依詩讀也孫郭方滿反字林方但方旦二反旋乾蒲滿反顧音板又普姦普練二反　晊舊音之日

反木又作至又作脛顧音充尸反　蓆音席　謨亡乎反　迄許訖反　蓁側巾反　弔

如字又音的　艐郭音屆孫云古屆字顧子公反　格更伯反字或作格　戾力帝反　摧昨雷

反又祖雷反　詹音占　屆音界　適傷亦反　賚力代反又力臺反　貢字或作贛同

畀必寐反下及注同　予羊汝反下同　貺許誑反本或作況　埱市六反　鮮息淺

反又音仙本或作尠沈云古斯字郭音義云本或作尠非古斯字按字書尠先奚反亦訓善　省先郢反

臧子郎反令力政反綝勑金反郭勑淫反縠古豆反一音古侯反徽音暉藩音方元反大姒音泰怡以之反懌音亦衎苦旦反愉羊朱反愷若在反妣丁含反般蒲安反樂也音洛協胡頰反適孫云古述字讀者亦尹反率所律反循音旬循行下孟反靖音靜謨孫音莫舍人云心之謨也度徒洛反注同諏子須反猷音猶肇音趙究九又反謨云胡反基本或作謀音同謀莫浮反虓古伯反閎天音宏下原音元彝以而反範音犯字或作范同戛居黠反郭苦八反職之力反秩長栗反柯古河反辟婢亦反下同踰以朱反矩俱字反辜古胡反辠古罪字秦始皇以其字似皇字改從四非兒本今皆作■五兮反一音如字鮐天才反一音夷背博內反耇音苟⿱耂壽音壽本反作壽更古孟反隋徒火反又作墮同細先計反耆巨伊反通稱尺證反允音尹孚音敷亶丁但反諶甚針反准納仁銳反岱音徒

謔許虐反 笑蘇誚反 敖五報反 戲虛寄反 調徒弔反 粵音越 爰
音袁 稼古乍反 穡音色 征之成反 那乃河反 繇除又反注同孫音由又音遙 於
音烏也注同 皋陶音遙 斂古荅反 郃音合 盍音合又胡臘反 翕許急
反 仇音求 偶五口反 妃音非配又芳非反下同 讎市周反 欒子音洛 馮身
皮冰反 媲普計反又郭音譬字林匹地反 紹市小反 胥羊忍反又以刃反 纂子管反
諉汝睡反 續子狄反 係戶帝反 繼音計 忥本或作氣同許氣反 謚時至
反 溢以日反 蟄直立反 貉莫白反又武博反 謐彌畢反 顗魚豈反又五愷反
顩魚毀反沈王罪反孫郭五果反 隕于閔反 磒于敏反石落也 湮郭音因又音烟又音
翳 降古巷反 墜本又作隊同直類反 摽婢眇反又普交符麥二反 藎力丁反字或作
琴說文云神曰琴木曰落 沈直今反 令力政反說文云發號也 禧許其反 畛之忍反
誶沈音粹郭音碎告也本作訊音信 誥古報反又古酷反 告古篤反 悠音由

迥戶頂反逷說文云古逖字他歷反郭湯革反闊苦活反虧字又作虧袪危反郭又許

宜反壞音怪說文云敗也籒文作敷字林云壞自敗也下怪反敷毀也公壞反圮孫房美反岸毀也

垝古委反垣音袁戾本作矢同失耳反繹音亦旅音呂尸寀李孫郭並七代

反下句及注同樊七在反寮字又作僚同力彫反采業七在反服本或作艆同符福反又作

艆字貫古玩反羕羊讓反字從永說文云水長也引以忍反駿本或作俊又作峻同

子閏反長直良反喬郭音橋或音驕嵩宿忠反倮音果本今作果捷才接

反肩音堅堪字又作戡同苦含反勝尸證反注及下同夸口花反或作誇非毳

郎兮反國名本作黎殺所黠反舊所例反說文云戮也獮息淺反說文或作玁剌七賜反說文云

君殺大夫曰刺刺直傷也周禮司刺掌三剌之法以聽獄訟或七亦反應殺應對之應疊疊

字或作疊同亡匪反蠠彌畢反又亡忍反本或作𧖴蠠說文曰𧖴古蜜字敦丁門反本今作敦勗

許玉反釗古堯反又之遥反茂字又作楙亦作懋同亡候反劭上照反或上遥反勔

僶作僶又作黽泯又彌兗反 僶字又作黽亡忍反又亡衍反 茂哉或作茂才 鶩音務

睯音閔或作旻 強也其丈反注同 卬五剛反 台孫羊而反下同 予余並羊

知反 姎烏郎烏黨烏浪三反說文云女人稱我曰姎 任而鴆反 眕之忍反 某音母 躬音弓

畀必二反 陽音賜又如字本或作賜 予羊汝反 巴伯家反 濮音卜 誘余九反

餤沈大甘反徐仙民詩音閻餘占反郭持鹽反 晉本又作晉 藎本又作燼同徐刃反 餞徂淺

反 迪大的反 烝之仍反 左右音佐佑下同 相息亮反下文同 道徒報反本或作

導注及下同 勵力庶反 介音界 反覆芳服反 緝七入反 熈許其反

晧胡老反 頻古迴反 劼苦黠反郭苦八反或作硈字古黠反 鞏九勇反 篤丁毒

反 掔音牽又苦閑反郭音義本與慳悋物同 虔音乾 膠音交 疇音直留反本又作𠷎 祉

音恥 唯于況反又于柄反 藐亡角反 韡於宜反 懿音意 鑠舒灼反 巳上

時掌反 美盛或作晠同 諧下階反 輯音集又七入反 噰噰於恭反 緦

本又作恊同戶牒反燮蘇頰反弼白筆反重也直龍反注同疊音牒觳胡角

反又胡谷反卒子恤反字或作碎泯亡忍反罄苦定反繫苦計反說文口地反云器中盡

也本或作懸字音同廣雅云懸劇也殲子廉反拔步八反殄大典反厭一豔反苞

百交反蕪音無或云甫反蕃滋生長也古本作隸豐敷馮反揫孫子由反郭音遒案遒音子由祖秋

二反斂力儉反屈丘勿反戢側立反蒐所求反裒古字作褒蒲侯反下同字本或作抔

鳩居牛反說文作勼音九尤反摟力侯反從手本或作摟非隰音習抅古侯反遄市專

反亟欺冀反又居力反屢力具反數色角反迅信峻二音徂才孤反寁本或

作疌同子感反肅亟字又作苟同居力反經典亦作棘同壑本或作壡同許各反郭胡郭反阬阬

苦衡反滕徒登反隍音皇城池也漮字又作歑同苦郎反說文云水之空也方言作𢈔亦空也

郭云本或作荒荒亦丘墟之空無虛也許居反谿音溪瀸七豔反墟去魚反烝

之仍反洋音羊洋溢多貌讀羊者或為詳非也觀顧謝音官施古喚反注同郍奴多反本或作

絣 差楚佳反 朿音簡 慄六日反 㦟女版反 竦息勇反 恐丘勇反 慴之涉反 痡音胡芳虜二反詩作鋪 瘏音徒詩作屠 虺虎回反又呼壞反 頹徒回反 劬土于反句 咎音臼 顇字或作悴在醉反 瘽音勤字亦作懃 瘉羊朱反又羊主反 鰥古頑反注康同 瘝傷汝反舍人云瘝癵瘇痒皆心憂憊之病也孫炎云瘝者畏之病也字林音怨詩作鼠 癵郭作攣同力專反 瘇音里 痒音羊 疧祈支反或丁禮反本作疧字書云疧病也聲類猶以為疷字又音支孫炎云滯之病也 疵音慈 疚音救 痗音昧一音晦 瘥徂河反又子衰反 痱符非反又符沸反說文蒲愷反風病也 癉丁但反又徒丹反孫炎云疫病 瘵側界反字林側例反 瘼音莫 癠徂細反或徂稡反 瘣呼回反字林云病也今經注無此字 恙羊讓反 寫悉冶反 悝音里 盱本或作忬同香于反 繇音遙 慘七感反 罹力知反 勩字或作勚與世反郭音謚字亦作肄 邛巨凶反 敕本又作飭並恥力反案說文字林來旁作力是勞來之字東旁作攵是始音丑力反 愉羊主反又羊朱反 癉丁賀反本或作憚音同 窳

羊主反字林云汙也音烏説文云汙窬也按汙窬偷汙耶也　勞力報反任同　來本又作勑力代反本或作

賚　強其丈反注同　翦子淺反　篲本又作彗同息遂反又祖歲反　迨其音待　悠

傷字書作傷尸羊反　憂思司嗣反注同　惄乃歷反　如調竹留反毛詩傳云朝也

祉音恥　戩音翦又章善反孫音箭　祓音廢又音拂又方妹反　禧許其反　禠

音斯郭常支巨移二反　祜音戶　俾必爾反　禋音因注同　祀音似　祠音詞周春祭名　蒸

之升反冬祭名　嘗字又作常秋祭名　禴字又作礿同餘若反夏祭名　儼魚儉反　恪口各反

祇旨夷反　諲音因又音真　熯而善反郭音罕説文著顄篇皆同　晙子峻反又音峻　頲

音須　竢音仕字又作俟亦作祀音同　替他計反　戾音麗　底之視反字宜從一或作厎底非也

底音丁禮反　徯胡禮反　噧郭音聿施音述　幾音祈又音機　蟣音祈又音沂郭音剴案剴

音公哀反説文云摩也　汽古愛反施音既樊孫虛乞反　摩莫河反　近附近之近　治如字施宜

吏反　肆音四　惇字又作惇丁門反　亶多但反　祜音戶　掔却賢反又苦閒苦忍二反

仍本或作扔同汝烝反 朓音眺本或作脾同 婢婢支反又音婢 竺字又作篤同丁毒反 腹分伏
反 皆 重直龍反 謨亡胡反郭音慕 許側駕反 謀亡侯反 話胡快反 猷
音由字亦從犭 載 行下庚反郭下孟反注同 訛字又作吪亦作譌同五戌反 盟音明 詛
側慮反 袄於喬反本又作沃同 遘古豆反 遻也字又作迕同五故反 轉 復扶又反
剑工莞反又章莞反 覿見也賢遍反注同 監音鑒又工杉反字又作瞷 涖音利又音類
覞他弔反 相施息亮反又息良反 訩音凶 閒古閑反隙也舊音閑 隙去戟反 痤
猗倚綺反郭音翳 匿女力反 蔽必曳反 竄麤亂反 妥孫他果反郭他回反又他罪反劉昌宗音
儀禮同字林亦同 按一旦反 底丁禮反 厎之視反 尼施女乙反謝羊而反 曷何末反
遏烏割反 抑於力反 射羊石反字又作斁同 厭於豔反 梏古沃反郭音角 梗古杏
反 較古學反 頲他鼎反 密亡筆反 易也以豉反注同 弛也尸紙反 弛
易施李音尸紙反下音亦頤謝本弛作施并易皆以豉反注同 鮮息淺反下同 罕火旱反

酢才各反 侑本或作宥同于救反 毗如字樊光本作庇云蔭也 暴本又作爆同邦角反 樂

也本又作爍郭音洛又力角反 蔭於禁反又作蔭同 覞郭亡革反又莫經反 髳音蒙

茀音弗 叢才工反 茸如容反或如融反 薈烏會反 蠱音古 謟郭音縚他

刀反字或作慆沈勑檢反 楨音貞 榦本又作幹胡旦反又作翰 棐音匪 比毗志反注同 俌音輔

郭方輔反字林音甫 諶市林反本今作沈 壃字又作畺音姜經典作彊假借字 圉魚呂反 埸

羊石反廣雅云界也 旁步郎反 聊音遼 敵音狄 彊巨良反下注同 應本或作膺同於

矜反 者 好呼報反 浡步忽反 蠢尺允反 俶昌育反 呰子爾反或子移反郭

音些案廣雅呰辭也息計反又息賀反謂語餘聲也 已 比音以 髊本或作骴字林云皆古髊字

罝音嗟 狎乎甲反 串郭音五患反沈謝古患反 慣本又作貫又作遦同古患反 厭

於豔反 伏音逝又時設反張揖雜字音曳云伏過度 曩奴黨反 逮音代一音大計反 暨

其器反 隲之實反又音陟 假音遐 躋子兮反 陞音升 揮許韋反 盝音鹿

歇虛謁反 涸戶各反 渴音竭本或作竭 毋音無本今作無 漉音鹿 去水起呂反

挋音震 拭音式 刷字又作㕞所劣反說文云刮也廣雅云刷也 清也如字劉音儀禮慈性反

抆亡粉反 埽素老反 閒古莧反注同謝古閑反郭古鴈反施胡瞎反 鹽于輒反字林于怯反

鑲式亮反 饋也本或作餽同巨愧反 遷七延反注同 徙斯介反 拱九勇反

廞郭音歆又音欽字林火欽反 興也如字又許應反 蹶居衛反下同 假戶嫁反

廢字亦作癈同甫穢反 税始銳反 舍音捨注同 棲音西 遲直釐反 憩起例反本或作愒同

𢇛苦怪反又墟季反字林以爲喟丘愧反孫本作快郭音苦槩反又作嘳墟愧苦怪二反 齂郭施謝海拜反孫虛貴反顧乎被反

呬郭許四反孫許器反施火季反 供如字又居用反 峙直紀反 共音恭

㥜亡矩反又音無 憐力田反 娠指慎反又音身 蠢尺允反 戁奴板反 妯顧依詩勑留反郭盧篤反又徒歷反

騷蘇刀反 訛五禾反 帨始銳反毛詩傳云佩巾也 覆芳福反後注同

副音赴 校音教 長丁丈反下文并注同 諦音帝 契郭苦計反字又作挈顧苦結反

注同左傳云盡借邑人之車契其軸是也殄大典反刻音克斷大管反迪音狄繇音由道

也如字或徒報反非僉七廉反胥息廬反耆巨之反禮記云六十曰耆艾五蓋反下同禮

記曰五十曰艾㪅音庚秭音姊算字又作筭素緩反郭息轉反數也色具反注

同謝色主反傅也符付反注同覛字又作脈亡華反相息羊反讀者或息亮反今不用

乂字又作嬖亦作女同魚廢反淈郭古沒反又胡忽反治直吏反謝如字作汩古沒反頤

以之反汱姑犬反施胡犬反顧徒蓋反字宜作汱渾胡本反隕于敏反墜也直類反翜

所甲反捷才接反毖音祕溢音逸陶徒刀反繇音由一音遥馘古獲反本又作

聝音同穧本或作齊同才細反依注字宜從禾穫禾一本作獲禾戶郭反難奴旦反注同一音如

字剡羊冉反絜力約反詩本作略耜音似允任而鴆反又而滛反注同壬而今反

注同俾必介反拼北萌反以利使人曰拼從手抨普耕反案字書拼抨並音普耕補耕二反訓義

亦同今既二字相隨故多互其讀也亦從手彈也字又作伻音同使人也使令力呈反儴樊孫如羊反引

論語其父攘羊釋之作攘注云因來而盜曰攘施息羊反督多毒反享虛丈反下注同縱子用反

縮所六反掣昌世反探吐南反篡初患反俘音孚摸亡各亡胡二反爲

治直吏反曩乃朗反爲鄉許亮反本今作嚮省息井反璿音旋又作琁枿

五割反本或作㭊又作木注作蘖並同說文作欁以㮆木爲古文蘖爲或體云伐木之餘訏五嶲反本又作迂

跛布我反軫之忍反薦遭練反摯之二反臻則巾反賡古孟反沈

孫音庚說文以爲古文續續似欲反祔音附郭音付祪俱毀反尼本亦作昵同女

乙反謝羊而反顚奴啓反下同幾音機又音祈暱女乙反妥郭他回反沈他果反傳命

直孽反貉亡白及下同施胡各反綸音倫繩音乘嘆音莫本亦作莫卒子恤

反又作枠下同猷音由假古雅反輟丁劣反巳音以球巨牛反又作求酉在由

反又子由反郭音適就如字或作噈子六子合二反又作㰨同冬音終本又作終薨火弘反殂

音徂本又作徂𣧂音落本又作落殪於計反同稱尺證反

釋言第二魚韃反詩傳云直言曰言書傳云言辭章也東方朔云誦詩九萬言謂一字爲一言也說文從口從辛聲左傳云介之推曰言身之文也仲尼曰言以足志文以足言廣雅云言從也此釋言篇者釋古今之訓義

中如字又音仲又知衆反距又作岠同音巨斯私貲所宜二反該尺氏反謖所六反還音旋復音服返音反說文同云春秋傳作彼從彳徇本又作侚樊本作彴竝辭峻反郭音巡張揖字詁云徇今巡施音詢進本又爲均序徧古遍字馹而實反郭音義云本或作遷聲類云亦馹字同遽其據反

傳也張戀反注同車音居蒙莫公反小爾雅云覆也覆音副告古毒反

噰於容反徠音來本今作来昒之忍反厎之視反悠音是怙音户恃音市適古述字一音餘橘反俞羊朱反畣古荅字一本作荅男唯維癸反者

應音譍臚呂居反幾音機觀施音館謝音官注同肯口等反敖五刀反

憮郭火孤反沇亡甫反儌也五報反稺也直利反又作穉譽去虔反戾力細

反壯阻亮反慽本或作極又作亟同紀力反一音戚褊必淺反說文云小衣也廣雅云褊狹陋也

狹戶甲反貿音茂字又作貿同賈音古屝符沸反又作悱同側音仄遨

眥例反逮音代一音徒帝反圯皮美反覆芳服反注同荐但薦反又但遜反郭但很反

敷是反原舍人本作蠠音同再子代反重直用反又直龍反憮亡甫反敉亡婢反郭敷靡反孫

反臞字又作癯同求俱反脙音求瘠秦昔反洸孫作光古黃反頻古迥反婁

本又作𡝩女乙反暱同力佳反亟墟記反亦數色角反忒他得反或作慽佴

而志反劑即隨反翦子淺反饋方云反字又作餴同說文作饙云脩飯也饋餴並或餴也字書

云一蒸米餾力又反稔字又作飪同而審反餈音脩又西九反又所九反一音孫廣雅饋謂之餈也蒼頡

篇云餈饋也飪字又作餅俗作飯同符萬反字林云飯食也扶晚反飤也媵以證反又繩證反方言云

媵寄也記也送也造七早反餥音非餱音侯呼或作評同鞠居六反字又作鞫同

究音救滷音魯鹵音今鹷音矜本又作矜鹹音咸粦力田反本今作憐同覃徒南反本又作

彉字叔然云古罥字同　蔓音萬　莛以戰反相連不斷又音延本今作延　佻他堯反郭唐了反

偷他侯反　潛捷鹽反　深如字又尸鴆反　測初力反　鞠居六反　啜常悅反郭

音銳顧豬芮反施丑衛尺銳二反說文云啜嘗也廣雅云食也　茹也音汝食也　茹藘如庶反注

同　度也徒各反注及下同　強巨丈反注同本或作彊字又其良反　禦圉本或作御

同俱魚呂反　窒豬乙反又丁栗反　薶亡皆反　黼字或作黼同音甫白與黑曰黼為斧形　黻

字或作韍同音弗青與黑曰黻黻戾也　已音紀　膺於矜反　愷苦亥反　悌徒禮反

髦音毛毛中之長豪曰髦士之俊傑者借譬為名　令居力呈反　畯子峻反主田大夫嗇夫也

嗇音色　蓋古害反舍人本作害　裂音列　邕字又作擁　諈謝之睡反郭置睡反　諉

郭女睡反顧汝恚反謝音餧孫云楚人曰諈秦人曰諉　累也本又作纍劣偽反字又作絫同注同　屬

之欲反　漠音莫樊光云漠漠然清貌　庇必寐反又音祕　庥字又作休虛求反郭許糾反　廕

字亦作蔭於鴆反　度大各反　憯七感反　窶貧也求矩反毛詩傳云窶者無禮

薆僾皆音愛烏槩反 邑烏合也 祺音其下同 先見賢遍反 兆廣雅云葬地也本又作兆音同 塋音營 挾戶牒反 浹子協反郭音接 徹直列反 霑竹簾反

琛勑金反郭舒金反 探吐南反 刺七赤反 選也宣戀反 俾必爾反沈方寐反 紕婢寐反謝房彌反郭音方寐反 飾申職反 緣悅面反 淩力升反案郭注意當作倰埤蒼云倰慄也樊注作夌冰凓也力膺反 慄音栗 懅音遽 舊其據反亦謂戰慄 慼字又作慼七歷反 蜀古玄反 蠲又音圭 稱赤證反 好呼報反又如字注同 坎字又作欿苦感反 銓七全反 銓即稱 舫方訪反又音方 併步頂反字又作並 詠音詠 底丁禮反

迨音待 冥覓經反字林云經二定二反 降下古巷反下音如字一讀降音戶江反下音戶嫁反 傭勑恭反 均音鈞 暴字又作虣同蒲報反 宨吐彫反 好放呼報反 俅音求 弁卞音 瘞於例反又於計反或作瘗同 蘊莫皆反 氂力知反又力才反李本作毦呂銳反 罽居例反 烘沈顧火公反郭巨凶反孫音恭字林巨凶甘凶二反 燎力皎反又力召力弔二反 煁

市鈇反 烓 郭音惹字林口穎反說文云行竈也顧口井烏攜二反 隅 音虞 竈 則到反 陪

蒲回反 朝也 直遥反注同 苛 音何 樊 音煩 藩 方元反 籬 力支反 量

音良音亮 一 以 評 音病 粻 音張字林又文庚反 糧 音良 侈也 昌氏反又尸氏反

幾 音機 僥 古堯反 倖 胡耿反與幸通用 筑 音竹 掇 丁活反說文云拾取 奘

徂朗反秦晉謂大爲奘 駔 在魯反又子朗反沈集注本作斖音同孫 馬 樊二本並作將且而無奘駔沈集衆本合

爲一字 評 火乎反或作呼同 舫 謝音方詩亦作方施甫訪反樊本作方符方反又音方 附也

郭音孚字或作䒀同樊本作坿沈音附 箄 皮佳反本又作簰同 筏 音伐方言云泭謂之簰簰謂之筏秦

晉通語 洵 郭音巡注同謝音荀下句放此 龕 苦南反字或作含本今作龕 逮 音代一音大計

反下同 還 孫郭徒荅反 沓 與上同亦徒荅反 畫 胡卦反 賑 之忍反又之人反之刃二反字林

云富也刃引反 局 彊六反 分也 符問反注同 懠 才計反 僁 音屑動草聲也郭音與櫻

郭同施私秩反字又作僁 葵 求維反 揆 其水反 度也 徒各反注同 惄 本又作愵同奴歷反

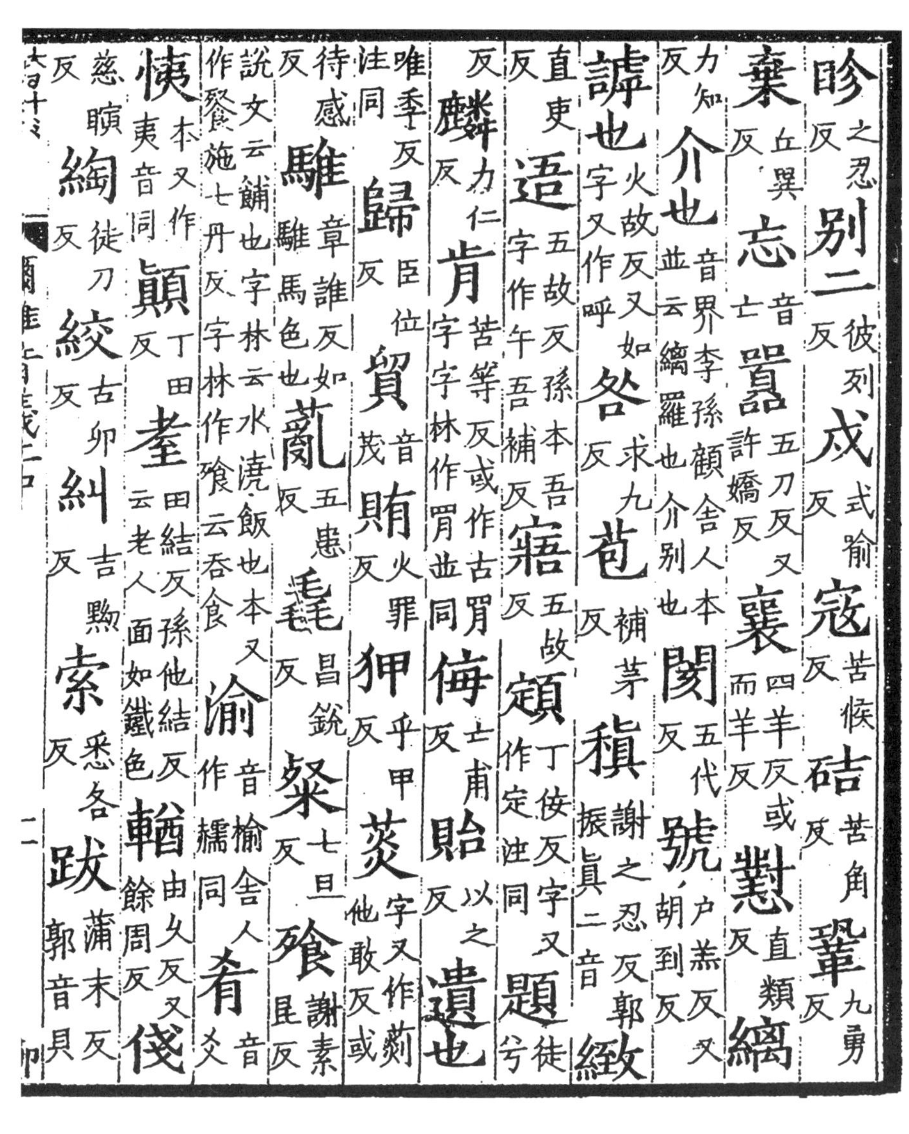

眕之忍反　別二彼列反　戎式俞反　寇苦候反　硈苦角反　鞏九勇反

棄丘異反　忘音亡　嚻五刀反又許嬌反　襄四羊反或而羊反　懟直類反　縭力知反

介也音界李孫顧舍人本並云縭羅也介別也　閡五代反　號户羔反又胡到反　諱也火故反又如字又作呼

咎求九反　苞補茅反　稹之忍反郭振眞二音　緻直吏反　逜五故反孫本吾字作午吾補反

寤五故反　顁丁佞反字又作定注同　題徒兮反　麟力仁反　肯苦等反或作古字字林作肎並同

侮亡甫反　貽以之反　遺也唯季反注同　歸臣位反　貿音茂　賄火罪反　狎乎甲反

菼字又作[艹剡]他敢反或　待感反　騅章誰反如字騅馬色也　亂五患反　毳昌鋭反　粲七旦反

飧謝素昆反說文云餔也字林云水澆飯也本又作餐施七丹反字林作飧云吞食　渝音揄舍人作孺同　肴音交

恞本又作夷音同　顛丁田反　耋田結反孫他結反云老人面如鐵色　輶由久反又餘周反　伐慈瞋反

綯徒刀反　絞古卯反　糾吉黝反　索悉各反　跋蒲末反郭音貝

又補葛反 躐 力輒反 狼 音郎 疐 竹利反又得異反又竹季反說文云礙足不行與躓同 跲

其業反又居業反郭又音甲廣雅云跲我也 烝 之仍反 埃 音哀 戎 如字本或作搣頷如勇反

沈如升反 相也 如字又息亮反 飫 於庶反 擩 如戍反本今作儒 屬 雞欲反 幕 音莫

熻 音翕反 熾 昌至反 晠 市正反本作盛同 柢 謝音帝 窕 郭徒了反舍人本作跳云跳者

躍之閒 閒也 音閑或如字 窈 音香 隙 去逆反 羅 力知反 憂思 息吏反 慘

七感反 檢 李居儉反 模 郭士胡反 郵 音尤 過 古卧反 遯 字又作遁又作遂同徒頓反

獘 字亦作弊又作斃婢世反又婢設反郭步計反 踣 蒲北反又音赴或孚豆蒲侯二反 前覆 芳服反

僨 甫問反 僵 居良反 畛 之引反又之人反 殄 大典反 盍也 戶臘反 虹 音工洪

頷作訌音同李本作降下江反 潰 乎內反 隌 字林或作晻同烏感反 闇 音暗 冥 莫定反

䵒 字又作黏同女乙反郭音昵 膠 音交 黏 女廉反字林云相著也字書云糊也 戞 居八反 闇

丁胡反 拘 音俱 休 慶 虛蚓反下注同 叫 古弔反 呼 火故反 濬 音峻 整 之領

反之令力呈反愧慙九位反本亦作媿小爾雅云不直失節謂之慙慙愧也面慙曰赧心慙曰恧體慙曰逡方言云悔慚赧慙也晉曰悔或曰慚秦晉之間凡愧而見上謂之赧梁宋曰慚又云㥦恧慙也荆揚青徐之間曰㥦若梁益秦晉之間言心内慙矣山之東西自愧曰恧趙魏之間謂之䏘慚音匿㥦音腆恧女六反䏘音密亦音秘

緜古本反乃瘳勅留反詾譊音凶許容反說文作詾同譊即讙字冥也亡定反殛紀力反

逡七旬反外傳直戀反下左傳皆同已復韋昭云已畢也復芳福反疐都麗反一音致

什也音赴頓躓音致諗音審相思念也說文式荏反屆音戒弇於簡反音揜

謂覆敷救反恫音通握李本作幄云居位處之具也郭云謂備具訏也音信閲

呼歷反恨也孫炎作很云相很戾也很音戶墾反燬音毀李尋云燬一音火孫炎云方言有輕重故謂火為燬郭云燬齊人語

曩本亦作曩乃黨反鄉也許亮反音向偟音皇不遑音皇

呼王反或作偟通作皇宵音消舍人云陽氣消也懊悕烏報反下五館反愒苦蓋反杜預注

左傳云忨愒皆貪也搘音枝說文作榰拄也音注說文作拄皆從木旁併必頂反卒子忽反

慒音囚字書作悰 薾致恥反 紩也音扶郭云今人呼紩衣爲薾 縫奉容反 遞音悌他計反一音待結反 迭也待結反音經 更迭音庚 矧詩忍反 辟況本亦作譬同

廩力錦反 廯也息淺反廣雅云廯倉也孫炎云廯藏穀鮮絜也舍人云廩少鮮也郭云或說云即倉廩所未詳 逭音換 間音諫 俔也胡典反 之諜徒協反杜預注左傳云諜伺也說文云軍中反間也

沄音云 沆也胡黨反說文云沄轉流也一曰沆 漭沆莫廣反一音莫郎反大水貌 扞戶旦反 趾音止 ⿰足非本亦作剕同扶味反又枝遂反刖足曰剕 刖也音月鄭注周禮云斷足也 忝他簟反

燠於六反 塊本作凷說文云塊俗凷字也凷一名塩 塩也孚逼反 齊也才細反郭云謂分齊王肅云分齊其肉所當用也分如字 餬戶吳反說文云寄食也 饘之然反 糜也靡爲反粥之稠者曰糜

跪求委反 小跽渠几反說文云長跪也莊子云擎跽曲拳臣之禮也 矏武延反郭云謂緻密 謂緻之侍反一音智又音至 闢本亦作僻婢亦反又甫亦反 袍包毛反 襺古典反本亦作繭緜衣也禮玉藻云纊爲襺緼爲袍鄭注云衣有著之別名也 重襺直龍反 衣裘於既反 障知亮反說文云隔也又界也蔽也亦作鄣 畛之忍反田間道 謂

壅於勇反　靦他典反舍人云檀也一曰面貌也謂自專擅之貌　姡戶刮反又戶栝反孫李云靦人面姡然也方言云楚鄭或謂狡獪爲姡姡猶獪也凡小兒多詐謂之姡郭注言黠也獪音古外反又音史　鬻之六反字林亦作粥云淖糜也又與六反　淖奴孝反又文卓反字林云濡甚也　翢徒刀反又徒報反　纛字又作翿徒報反鄭衆云羽葆幢也蔡伯喈云以旄牛尾爲之大如斗在左騑馬頭上所謂黃屋左纛　葆音保　幢丈江反　臺火各反　芼莫報反　搴也九輦反取也與擇同郭又音騫音義云本又作毛搴　拔步八反　苛胡柯反　妎胡計反又胡界反又音害說文云妎妬也　芾芳味反又方蓋反　狃女九反　復也扶又反注同孫郭云狃忕復爲也李音服云狃能屈申曰復　忕石世反　逼彼力反本又作偪　迫音百　般郭音班左傳云役將般矣是也一音蒲安反周易云般桓是也說文云般辟也　還音旋或音環　濟子細反下同　益於亦反　縉云巾反　綸音倫　繩音乘　辟婢亦反一音辟　漦仕其反又呂其反郭音牛谿又音丑之反李云吐沫漦也　盝音鹿　漉音鹿　涎四延反字當作次又作涎字林云口液　沫音末　綽昌斫反　裕音喻　袞古本反說文云從衣從台也台

羊耎反或云從公衣黻音弗華胡瓜反皇胡光反彌亡移反

釋訓第三休運反張揖雜字云訓者謂字有意義也案釋詁已下三篇皆釋古今之語方俗之言意義不同故立號亦異至於訓釋墳典其實一焉

斤斤欒居覲反舍人云明明甚明也斤斤物精詳之察孫云斤斤重慎之察也聰七公反條條舍人本作攸攸沈亦音條秩秩直栗反智思息嗣反下文并注同便便婢緜反廱廱於容反優優音憂和樂音洛兢兢音矜繩繩本或作憴同食蒸反戒戒音界蹌蹌七羊反皆恐丘勇反趨趨七俞反業業魚法反郭五荅反翹翹巨遙反皆縣音玄惴惴之端反憢憢許堯反本又作曉音同字林云懼也案詩云予維音曉曉是也番番布何反詩云申伯番番蹻蹻居兆反舍人云蹻蹻得勝之勇也詩云蹻蹻虎臣洸洸古皇反舍人本作僙音同赳赳居黝反說文云輕勁有才也詩云赳赳武天倮倮音果本亦作倮同藹藹烏害反濟濟咨禮反悠悠音由

洋洋音羊　蹶蹶居衛反　踖踖音夕又音籍　皆便婢面反　捷才接反

薨薨虎弘反顧舍人本作雄雄　衆諸仲反　夥戶果反漢書云楚人謂多爲夥　蒸蒸諸仍反本今作烝烝　作也子洛反　委委於危反詩云委委佗佗如山如河是也諸儒本並作禕於宜反舍人云禕禕者心之美引詩云亦作禕　佗佗本或作它字面徒河反顧舍人引詩釋云禕禕它它如山如河謝羊兄反　怟怟郭徒啓反與愷悌音同顧舍人渠支反李余之反怟怟和適之愛也　惕惕佗狄反　偁偁尺仍反本亦作稱同　蓁蓁郭側巾反又子入反　孽孽魚謁反又五葛反　懕懕於占反說文云安靜也　媞媞徒低反　祁祁巨移反　丕丕本或作丕同普悲反　萌萌郭武耕反施云朋反字或作萌　懋懋古茂字　慔慔音暮亦作慕　強強其丈反　庸庸音容　慅慅郭騷草蕭三音　赫赫郭釋舍人本作奭失石反說文云奭盛也謝許格反　躍躍余斫反樊本作濯引詩釋云濯濯厥靈　重語直用反又直龍反　坎坎苦感反　壿壿七旬反舍人云舞貌毛傳同郭云謂

鼓舞讙喜也說文云壿士舞也宜從士尊也本或作蹲同 瞿瞿 居具反 休休 虛求反又虛虯反 旭旭 謝許玉反郭呼老反 蹻蹻 郭居天反案詩小雅小子蹻蹻音巨虐反今依詩讀

憍 九苗反 夢夢 亡亡亡棟二反沈施亡增反 訰訰 之閏之純二反或作諄音同顧舍人云夢夢訰訰煩懣亂也 紃 因春昌沿二反本無此字 㦩㦩 本又作𣊡蒲卓反又布卓反說文云大呼也自冤也

邈邈 亡角反 僂僂 字或作慺孫云崩亡冰二反 洄洄 洈音回郭音韋音義云本或作憪憪音韋案字林憪重衣貌于屋反 惛惛 音昏 版版 詩作板並如字李云版版者失道之僻也 蕩

蕩 本或作盪徒朗反李去蕩蕩者弗思之僻也 僻也 匹亦反 皆袤 本人作邪似嗟反

爞爞 郭徒冬反又直忠反 炎炎 于廉反 熏 本亦作燻或作熏許云反 炙 之石反

究究 九又反 仇仇 音求 敖敖 本又作謷又作[illegible]同五高反 傲 本或作傲同五報反舍人本傲作毀釋云仇仇無倫理之[illegible]謷謷衆口毀人之貌李同 佌佌 顧音此郭音徒謝音紫舍人云形容小貌

瑣瑣 星果反亦作璅 悄悄 七小反 慘慘 七感反 慍也 於問反 痻

瘖郭古卯反又古巟反 庚庚羊主反又羊朱反本今作庚庚 愍愍於斤反又於謹反
本今作郥郥 惸惸本或作煢巨營反 忉忉都勞反 慱慱徒端反施逋莫
反郭徂兖徂訟二反 忡忡敕忠反 惙惙丁劣反 怲怲彼病反 奕奕
音亦 畇畇本或作眴郭音巡沈居賓反謝蘇旬反字林云均田也又羊倫反 墾苦很反蒼頡篇
云耕也廣雅云治也 辟婢亦反開也 畟畟楚力反字或作稷 耜音似 郝郝音釋又呼
各反 土 解音蟹 繹繹音亦 種之用反 穟穟郭音遂說文云禾垂之貌 緜
緜彌延反 麃字書作穮同方遥反耘也字林云耕禾間也左傳云譬如農夫是穮是蓘是也說文云穮耨鉏
田也 耘云字亦作芸同音云 挃挃郭丁秩反小雅云截穎謂之挃 穫戶郭反也 刈魚廢反 衆
諸仲反 緻直吏反 溞溞郭蘇刀反詩云淅之溞溞謝所留反 淅蘇歷反 洮徒刀反洮
猶淅也 烰烰郭並音浮又符彪反詩作浮 烝之升反本今作烝 俅俅音求本亦
作絿同 載丁代反本今作戴 弁音卞 璋音章 韹韹音皇詩作喤喤華盲反字書云鍠樂

之聲也又作鍠一音胡光反 樂 如字 穰穰 而羊反本今作穰 引 余忍余慎二反引長多也

顒顒 魚恭反 卬卬 五剛反郭魚殃反 丁丁 豬耕反 嚶嚶 烏耕反

斫 音灼 切磋 七何反 藹藹 於蓋反 萋萋 七西反 盡力 咨忍反

噰噰 本或作雍又作廱同於恭反 喈喈 古諧反 應德 音膺 佻佻 徒彫反詩

云佻佻獨行歎息也 契契 苦声反詩云契契字又作苦許反 愈 本或作俞同瑜庾二音 竭 本又

作謁巨列反 燕燕 字又作宴烏殿烏顯二反 粲粲 七旦反 尼 女乙反謝羊而反又奴啓反

飾 音式 覷 音拃 閒 音閑本今作閑 悽悽 郭本或作萋同古旁反 苦 如字又立故反

思 息嗣反郭意如字 儵儵 郭徒的反顧舒育反樊本作攸引詩云攸攸我里 嘒嘒 虎惠

反 罹 力支反 悼 音盜 巳 音紀 旦旦 本或作悬同都歎反 忒 佐得反 臯臯

古豪反樊本作浩古老反 琄琄 胡犬古犬二反 鞙 音與琄同 [illegible] 胡犬反本今無鞙[illegible]二字 刺

字又作誎同七賜反 讙讙 本或作懽同古玩反 愮愮 音遥本又作愮樊本作遥又作佻佻與愮同訓也書云愮愮

憂無告也廣雅云搖亂也　告如字又古毒反　訴音素　泄泄余誓反或作呭同　謔謔虛虐

反　謞謞郭虛各反或火角反　憲謝切得反諸儒並女陟反言隱匿其情以飾非　熇許各火沃

二反本今無此字　樂如字又音洛　譖側禁反　訿訿子爾反字林云不思稱乎上之意　供

音恭　熾尺志反　背公音佩　蹙蹙子六反　惟逑巨鳩反郭云迫也字林云斂聚

也本亦作求　鞫居六反　迫音伯　抑抑音億　諦音帝　泠郎丁反　秩直乙反

甹普經反　夆孚逢反　掣本或作摩同充世反說文云引而縱之　曳餘世反　抴本或

作拕同泰何達可一反廣雅云引也說文云曳也　朔所角反　不俟事巳反待也宜從來本今作俟字

不來本或作倈逨同力胎反　不復如字　不遹古述字一音聿　不蹟子亦反韓云念彼不

蹟傳云不循道也　循音巡　徹直列反　忘音亡下同　萲施音表謝許表反鄭云義見伯兮詩

云焉得諼草毛傳云萲草令人善忘則謝讀為是　諼許爰反　考槃步干反本又作盤　饎

尺志反字林云熟食也又充之反舍人本作喜釋云古曰饎　饌仕戀反　號戶高反孫炎云號之祭有舞有號

雩音于祭名 吁許于反 暨其器反 巳音以 蠢昌允反 磋七何反 琢丁角反治玉也本或作琢非也 僩本或作撊同下板反郭音簡 恂音荀郭音峻鄭玄注禮記同云謂嚴慄也謝私尹反 慄音栗 竦思勇反 赫火格反 烜吁遠反烜者光明宣著今並作喧字音同 斐孚尾反 既 微如字字書作癥三蒼云足創 尰本或作尰同並籀文瘇字也蜀勇時踵二反 骭下諫反郭作骭音古案反謂脚脛也 瘍音羊 尰之勇反 脛戶定反 創初良反 是乂音刈本亦作刈 鑊戶郭反又作濩同 煑之與反 絺丑尸反 綌去逆反 敏如字舍人本作畝釋云古者姜嫄履天帝之迹於畎畝之中而生后稷 拇音畝足大指 處昌慮反 宿先六反 重言直用反 嫒音眷反 好呼報反 援音媛本今作媛 喭音彥本今作彥 猗嗟於宜反 眼五限反目或作目 斥音尺 挽本亦作輓同云遠反聲類云引也 車音居 襢本或作袒同徒坦徒丹一反下同 裼蘇歷反 脫他活反 見賢遍石 暴步報反 搏連莫反郭音付 馮河字又作憑皮冰反依字當作淜說文云無船渡河 檝本或作檝又作楫同子葉子入二反方言云檝橈也說文云檝舟楫也釋名曰在旁撥水曰櫂又謂之檝檝捷也 籧本或作[illegible]同巨魚反 篨

直閭反舍人云籧篨巧言也李云籧篨乃言辭以饒人謂之口柔孫郭並云籧篨之疾不能俯口柔之人視人顔色常亦不伏因以名云

戚施 七歷反下式支反舍人曰令色誘人李曰和顔悦色以誘人是謂面柔也賈逵注國語曰僂也孫郭並云戚施之疾不能仰面柔之人常俯似之因以名云字書作規頓同 **夸毗** 苦瓜反下鼻尸反舍人曰卑身屈已也樊引詩云無爲夸毗李孫郭云屈巳卑身以柔順人也字書作舿䠥 **己** 音紀 **娑** 素河反 **辟** 婢亦反字宜作擗詩云寤擗有摽 **拊心** 本亦作撫同芳武反 **椎** 本或作槌同直追反字林云擊也 **胷** 音凶 **矜** 几陵反 **憐** 力堅反 **拍** 普伯反

緎 許域反又音域 **縫** 扶用反 **殿屎** 丁練反下虛伊反或作敜吹又作㕧脲說文作唸吚郭上音香惟反又音丁念反下許利反 **呻也** 音申 **幬** 本或作㡘同直留反 **帳** 陟亮反 **侜** 本或作倜同張留反 **誑** 俱放反 **幻** 胡辦反 **罶** 本或作罶同力九反 **薄** 蒲博反本今作簿 **筍** 音荀

釋親第四

說文云親至也著頡篇云親愛也近也禮記云親親以三爲五以五爲九尚書云以親九族親者通謂五服九族之親也

妣 必里反 **嬪** 毗眞反 **厥長** 丁丈反下皆同 **彝** 音夷 **喪** 息浪反又如字 **頡** 戶結反 **異稱** 尺證反 **晜** 音昆本亦作昆下同 **媦** 于貴反廣雅云媦妹也說文云楚人謂女弟爲媦篡文云河南人云妹媦也 **重也** 直龍反下皆同

而別字下皆同彼列反又如 適者本或作嫡同丁歷反 徠音來本亦作來 汲居及反 冢竹奉反

窋丁律反又丁滑反不窋后稷之子 從舅才用反下注涕從同下音曰 甥音生 呼壻音細 帝

館古半反 更相音庚 譚大南反 姪大結反字林云兄女又丈乙反 姒音似 娣大計反 娶

七具反 媵以證反 嫂素早反今作嫂 釋直吏反又作稚 先蘇練反 後胡遘反廣雅云先後

妯娌韋昭云先謂姒後謂娣 妯娌音逐下音里廣雅云先後也郭注方言云今關西兄弟婦相呼爲妯娌 稱如字 少姑

證照反 兄妐音鍾本今作公 之轉丁戀反又如字 姻音因 亞一駕反又作婭 瑣桑果

反 僚力彫反

釋宮第五

世本云禹作宮室呂氏春秋云高元作宮室尚書云王祖桐宮左傳云虢公爲王宮于玤又云作王宮于踐土又云季平子立煬宮詩云作于楚宮又云作于楚室傳曰室猶宮也禮云由命士以上父子皆異宮又云杜氏葬入季武子宮不敢哭此文云宮謂之室室謂之宮郭云皆所以通古今之語明同實而兩名案古者貴賤同稱宮秦漢已來唯王者所居稱宮焉

牖羊九反 扆於豈反郭音依又意尾反 窻楚江反 別彼列反 奧本或作隩同於耗反尚書幷說文皆云奧室也孔注論語云內也鄭注禮記云

奧也廣雅云藏也　媿居位反　宧音怡李云東北者陽氣始起育養萬物故曰宧宧養也說文訓
同與周易頤卦養義同　見禮賢遍反他皆放此　窔烏叫反字林同郭又音杳說文云深
貌本或作窅又作宎同　埽素老反　扶郭千結反顧丈乙反呂伯雍大一反廣雅云砌也　閾
域血二音　棖直庚反　楔古黠反李謂閫上兩旁木　旁步郎反　楣亡悲反或作楣亡報
反埤蒼云梁也呂伯雍云門樞之橫梁說文云秦名屋櫋聯也齊謂之檐楚謂之梠　樞昌朱反　棖
烏回反郭又吾回反呂沆一罪反　達大末反　檼於靳反字林云棼也廣雅云棟也下同　扂
本或作戺同音俟廣雅云兩砌也本或作扈同音戶　垝居毀反本又作度同　坫丁念反說文云屏牆
墆達結達計二反高貌也或作端丁果反本或作端　墉音容本或作墉同　垣音袁　鏝本或作墁又作槾同亡旦
反說文云鐵杇也　杇音烏又音胡李云泥鏝一名杇塗工之作具說文云所以塗也秦謂之杇
闗東謂之槾　椹本或作砧同張林反　榩音虔本亦作虔詩云方斲是虔　斫音灼　櫍音質
黝於糾反郭於柳反　飾音式　堊於故反又於各反　樴音特又之力反　杙羊式

許二反下句於弋音同 橜其厥反後注同 楎許韋反 縣於音玄 葹

䉛支反字林云竿也本或作 音同字林云榻前机也 臬魚列反 栱九勇反郭又音卬

閣音各 闍音都徐告遮反 榭音謝 栖音西下同又作棲 㮚巨列反字林云

弋也 鑿在各反 塒音時 穿音川 植音殖 傳音椽下同 突本又作揬徒忽

反 鏁本又作瑣桑果反 埤課移反 朿音士 廇力又反 棳之劣反本或作

梲同 侏音朱 儒日朱反 閞皮彥反本亦作弁同 㮘音奏 欂皮麥反字

林云櫨也又平各反 枅音雞字林音肩云柱上方木也 楷達合反 栭音而 楶作截

反又音節本或作楶同字林云欂櫨也舊本及論語禮記皆作節 櫨力奴反即欂也字林云柱上柎

也 棟多洞反 桴郭音浮又音孚字林云極也棟也 檼於靳反 桷音角 榱

槌追反說文云秦名屋椽也周謂之榱齊魯謂 椽直 之桷字林云周人名椽曰榱齊魯名榱曰桷

反 閱音 擔餘占反下同 檐丁狄反字從木旁作啇郭又也赤反字合手旁作適 𢶡

音呂牀助良反屏步形反簃文知反廚本或作㕑文誅反箷音曜又羊

昭反迮阻格反本或作笮鄉本又作嚮許亮反注同屛卑井反朝直遙反

宁音佇閍補耕反說文作鬃云門内祭先祖所彷徨也祊音同觀古玩

反闈音韋劉昌宗儀禮音揮衖戶絳反廣雅云道也聲類猶以爲巷字謂之

閎獲耕反左傳云高其閈閎僖許其反塾音熟劉儀禮又音育夾古合反橛

其月反闑魚列反閫說文作梱同苦本反鄭注禮記云閫門限也闔胡臘反扉

音非著乎直略反所以止扉謂之閎音宏本亦作閣音各郭注本無此字

辟匹亦反閈戶旦反說文云閭也汝南平與里門曰閈瓴力丁反詩傳作令音名甋丁歷反詩

傳作適音同甓蒲覓反瓥力解反甎章沿反字林作塼同壼本或作壼苦本反郭

呂並五屯反或作韋隚音唐本今作唐陘古定反旅音呂場直良反字從易易音陽歧旁

郭如字樊本作技音支劇巨戟反冠軍古亂反樂音岳又音各數

道色主反 康苦郎反 莊側良反 車昌蛇反 驂七南反 復有扶又反下同 逵求追反本或作馗字林云隱也與逵同 趨七朱反 走祖口反 隄都奚徒雞二反 橋音喬 杠音江 倚郭居義反顧丘奇反說文云舉腳有度也廣雅云步橋也案今關西呼倚與郭同 彴音斫廣雅云步橋也案今江東呼彴音約沈徒的反 廂音相 寢七甚反 堭音皇 陜戶夾反說文云隘也從𨸏夾聲俗作狹或作狎字下甲反今人以陝弘農縣字書陝之字音失冉反狹代陝行之久矣

釋器第六袪記反說文云器皿也飲食之器從犬從㗊聲也㗊莊立反衆口也

豆如字本又作梪 籩音邊 瓦五寡反 登本又作鐙 膏音高 盎烏浪反 缶方九反 甌烏侯反 瓿步口步侯二反 瓵弋之反 甈路口反方言云罃也 甖乙耕反字亦作罃 康孫郭如字字書埤蒼作𤮊音同李本作光字林作𤭛口光反 瓠音護 甈丘例反 壺音胡 劬郭巨俱反謝古侯嫣于二反本或作拘非 斸

本或作欘同丁録反說文云齊謂之兹箕一曰斤柄自曲李云斫斸斵也**定**多佞反或作錠郭云鋤屬李云鋤別名**鉏**士魚反**斸**音蜀**斫**音灼**鐯**字又作櫡直略反字林竹略反郭云钁也**钁**九縛反字林云大鉏也**斛**郭云古鍬字並七遥反**疀**本或作鍤郭云古鍤字並楚洽反

緵子弄子公二反緵罟也**罟**音古**罭**音域**囊**乃當反**罍**力回反**嫠**字亦作釐力其反杜注左傳云寡婦爲嫠**笱**音狗**罶**力九反字書作罶**薄**步各反

罺側交反**汕**所諫反**橑**郭力堯反取也又力弔反沈力到反**篧**郭士角反又捉廓二音**罩**陟孝陟角二反字林云竹卓反宫又作箌**捕魚**音步**槮**沈桑感反謝胥寑反郭霜甚疏廕二反爾雅舊文并詩傳並朱旁作小爾雅木旁作其文云魚之所息謂之橬橬槮也積柴水中而魚舍焉郭因改米從木字林作罧山沁反其義同**涔**郭岑潛二音詩作潛字小爾雅作橬字亦音潛又時占反猶取積柴之義**絡**音洛**兔**又作菟同士故反**罝**子邪反說文子余反**遮**之蛇反**麋**亡悲反**罞**本或作茅同亡包反又音蒙**冒**莫報反**彘**

直例反　羉力端反又莫潘反本或作羉　罠士巾反字林云罠釣也　幕音莫　罛工胡反　䍥郭甲覓反孫芳麥反或彼麥反　罿昌凶反字林上凶反　罬謝丁劣反郭姜悅反或九劣反　罦孚浮二音　覆音副又孚福反　車也尺蛇反　翻孚袁反　罥古縣反又古大反廣雅云罥也　解古買反　絢謝其俱反孫九遇反施苦侯反　版布綰反　樸音業本或作業　繩音乘　縮所六反　卣由酉二音下同　罍音雷　盛音成　尊本又作罇酒器也又作樽同案曹獻文字指歸檢字無此從缶從木者說文云字從酋寸酒官法度也今之尊卑從此得名故尊亦爲君父之稱　揔尊董反　坎口感反　斛平卜反　旒力求反本又作流　覒五兮反又五啓反又五結反俱謂旒也　縷又作褸洛侯反　攣力專反　袿音圭重繒爲飾　飾音式　黼音甫　衿本又作領音　襮音捕又方沃反　剌七亦反　裎音偃又作偃衣領也　緣悅絹反注同　純之閏反又章允反　衱胡決反又一音衛　褮胡扃反又於營反　衸才細反又子移反　𧙓居怯反　裾郭居渠二音　衿謂又作紟郭同今鉗二音顧渠鳩渠金二反　袺郭[illegible]見反

孫音荐謝徂悶反 援 子眷反埤蒼云佩紱也 上屬 音燭後注同上持掌反

執 至入反 衽 而甚反杜預云裳際 袺 音結郭居黠反 扱 楚洽反 襭 胡結反廣

雅云懷也 蔽 必袂反 襜 本或作襜方言作袡郭同昌占反 膝 音悉 幃 本或作褘

又作徽同暉韋二音 縭 本或作褵同力知反 緌 汝誰反 邪 字亦作衺似嗟反 削 息略

反 幅 甫服反 襆 音卜 殺 所例反又色戒反 輿 音余 華 姑麥反 韗

胡根反 靶 音霸字林云轡革也本或作䩗亡安反次句同 車 音居 軾 音式 第 音弗

禦 魚呂反 簞 衣 於既反下皆同 捐 呂沇因絹反顧辭玄反郭與專反 著

車 直略反 鑣 表驕反 钀 郭魚謁反沈魚桀反 旁 鐵 他結反 轡 音祕

轙 郭音儀施音蟻 軛 於革反 首 本或作䭫古䭫字 餀 呼蓋苦蓋二反字林火刈反郭

呼帶反 餯 許穢反李云餀餯皆穢臭也 臭 昌又反 饐 於器反葛洪音懿釋云饐餲臭

也饖色留反字林云飯傷熱濕也央例央巽二反 餲 於介反字林乙例反一音於葛反食敗也 飯

扶萬反 餲於吠反說文云飯傷熱也字林乙大反蒼頡篇云食臭敗也 摶徒端反 欗郭音韡謝力丹反沈力旦反字林力但反李云欗飯淖麋相著也 著直略反 糪郭普厄反施孚八反李云米飯半腥半熟名糪 腥音星 餒奴罪反說文云魚敗曰餒字書作鮾同 脫吐奪反 麋音眉 斮莊略狀略二反字林云斬也 鰭巨夷反子虛賦云捷鰭掉尾是也或作鰭 冰彼陵反說文云水堅也孫本作凝牛烝反膏凝曰脂 羹又作臛同古衡下庚二反 臛火各火沃二反字林云肉羹也 湆丘及反汁也 鮨巨伊反字林止尸反 鮓側下反 公食音酮又作飲音同 醢虎改反 臡本又作臡同奴黎反字林作腝音人兮反謂有骨醢也 康說文作穅或省禾口郎反 蠱音古 澱徒薦反 垽魚靳反 滓側里反 鼐沈奴戴反郭音乃 圜音員 弇古奄字於檢反 鼒音咨施音災郭音才字林音載 釴音弋 款本或作窾款苦管反闊也 鬲力的反 腳居略反 䰝本或作甑卽夌反又子孕反 鬵徐林反又嗣金反郭財金反 康 溉古代反 釜音父 鉹昌[illegible]反

璲音遂 鞙鞙胡犬反又作琄同 區羌于反又烏侯反 彀本或作玨固學反說文云二玉相合爲玨 翮戶華反羽本 箴章諶反案周禮羽人職云十羽爲審百羽爲摶十摶爲縳鄭注云審摶縳羽數束名也爾雅曰一羽謂之箴十羽謂之縳百羽謂之緷其名音相近也一羽則有名蓋失之矣孫同鄭意云蓋誤郭云凡物數無不從一爲始以爾雅不失周官未爲得也 縳音篆又竹眷反 緷古本反又戶本苦本二反埤蒼云大束也 別羽彼列反 虡音巨 縣鍾音玄 植直吏反 旄音毛 蘢方皮方賜二反 蔌速藪二音詩云其蔌維何維筍及蒲 茹如庶反 蓋音盍 苫失占反 盪徒黨反說文云金與玉同色也 鏐力幽其幽力幼三反 鐐力彫反說文云白金也字林力召反云美金也 磨莫佐反 鉼必領反 鈑音版本亦作版 釗余繁弋刃常刃三反 鑞力盍反周禮職方氏揚州之利金錫鄭注云錫鑞也字或作鑞 鵠胡酷古毒二反白也本亦作酷同廣雅作鵠一 嚳五角反沈音學 犀蘇齎反 揤本或作唶同七各反 劇徒各反 雕丁要周反 璞

字又作樸丕角反鏤字又作鏞音漏切本或作𨥙同千結反磋七何反琢丁角反

璆音虯本或作球字渠周反畢如字禮記云呻其佔畢謂呻吟佔視簡畢之文也李本作篳同

不律說文云吳謂筆爲不律點丁簟丁念二反李本作沾孫本作玷銑蘇典反決

作玦反鏃作木反鍭侯候二音錍匹迷反方言云箭廣長而薄鐮者謂之錍骲

火交反埤蒼云骨鏃也沋五瓜反顝蒲交反有緣悅絹反下同繳章弱反字林云生絲

縷也纏直連反宛於阮反弭亡婢反鞭卑綿反銑蘇典反蜃市忍

反珧余招反蜯屬也本又作蜯案以蜯飾弓弭蚌蒲項反玠音介琡昌育常育二反

宣如字本或作瑄音同肉倍如字又如授反辟邊也注及下同好如字又音耗辟孔也注及

下同璲爲眷反蒼頡篇云玉珮名繸音遂綬音受組音祖染如琰反下同縓

七絹反說文云帛黃赤色赬敕貞反纁許云反說文云淺絳也字林同葱七公反黝

於糾反邸丁以反柢丁計反葶音亭茲子斯反屬之欲反筆

乾斡二音 箷李本作箷同羊支反字林上支反 架音駕 簀音責 第側士反

辨郭普遍反下同孫蒲莧反釋云辨半分也 斷都管反 拳音眷又九萬反 復扶又反

分鏤音漏 鋑字又作鋑同蘇婁反又色留反字書云鋑鏉也鏉音速 ◎ 卣酉由二音

釋樂第七五角反說文云揔五聲八音之名像鼓鞞之形木其虡也周禮有大司樂職掌六代之樂尚書云帝曰夔命汝典樂是也

宮謂之重直冢反劉歆云宮中也居中央暢四方唱始施生爲四聲綱也孫云宮音濁而遲故曰重也 商謂之敵亡謹反疾也成也審也達也劉歆云商章也物成孰可章度也白虎通云商彊也案商爲臣而佐君成政故曰敵敵成也 角謂之經經常也劉歆云角觸也物觸地而出戴芒角也 徵知里反謂之迭大結反劉歆云徵祉也物盛大而繁祉也白虎通云徵止也 羽謂之柳劉歆云羽宇也物聚藏宇覆之也白虎通云羽舒也鄭注禮云柳聚

也　大瑟　字林云宓羲作瑟　灑　所蟹所綺二反又所買反孫云音多變布出如灑也　長八尺　直亮反又如字下放此　廣一尺　古曠反　琴　字林云神農作琴　鼖　扶云反

應　音應注同李云小者音聲相承故曰應應承也孫云和應大鼓也　朄　本亦作棟余刃反詩云應朄縣鼓是也案朄引也謂擊小鼓引樂聲　縣　音玄　磬　口定反　囂　虛嬌反又音喬孫云囂喬也喬高也謂其聲高也李云大磬聲清燥也故曰囂囂燥也　犂　郭奚反　錧　古緩反沈古亂反字林云田器也江南人呼犂刃爲錧本亦作貫同　笙　世本云隨作笙　巢　孫顏並仕交莊交二反孫又徂交反巢高也言其聲高　瓠　胡故反　簧　音黃　和　胡戈反下同李云小者聲少音相和也郭引儀禮云一笙一和而成聲鄭注云三人吹笙一人吹和又胡臥反孫云應和於笙　篪　字又作鷈同直知反管有七孔世本云蘇辛公所作長一尺二寸　沂　郭魚斤反又魚靳反李孫云篪聲悲沂悲也或作齗又作䜣音宜肌反　翹　巨遙反　塤　本或作壎字同許袁反說文云壎樂器名從土熏聲釋名云塤喧也聲濁喧喧然案世本云暴辛公所作也圍五寸半長三寸半六孔也　嘂　本或作叫字同

居弔反李云大壎也鷲如字鋭余祭反似稱尺證反錘直危直僞二反廣雅

云錘謂之權鍾章容反說文作鍾云樂器也字林同世本云垂所作以此鍾爲酒器今經典通

爲樂器鏞音容以閒閒廁之閒鑮音博字林云匹各反又音薄字書云大鐘也

剽郭音飄孫匹妙反釋云剽者聲輕疾李云其中微小故曰剽剽小也棧郭側簡反李云淺也

東晉興元年會稽剡縣人家井中得一鐘長三寸口徑四寸上有銘古文云棧鐘之小者既長三寸自然

淺也或助板反言如字本或作管音同編畀緜反又方千反。或音步典反筊本或作筊字戶

交反籟音賴簥九遥反併步頂反又并之去聲漆音七篞乃結反篎

郭音妙又亡小反籥羊灼反管三孔也本或作龠簅音産字又作産笛徒歷反字

或作篴仲或作筗同箹烏角反又音約徒吹本或作歈字同昌睡反咢五各

反字林或作咢又本作鄂修如字本作脩字謇李云置擊衆聲蹇連也本或作謇字同紀

展反或作蹇字非郭云未見義所出未知李何所據上重敵經迭翔郭云皆五音別名其義未詳

家或有音訓亦可爲義上下皆類此柷昌熟反桶音動又音甬甬即斛也深尸鴆反或如字椎直追反下同柄兵命反底丁禮反挏大孔反令左力呈反敔魚呂反鄭衆云木虎籈郭之仁反又音戰謝居延反郭云以木長尺櫟之名籈字林云以竹長尺也鉏事呂反又作鋤鋙魚呂反櫟力的反廣雅云櫟擊也漢書音義云櫟揩也鼗徒刀反本或作鞀同說文云鞀遼也或作鞉又作鼗籒文作磬同麻如字料力彫反穊居器反

釋天第八

土堅反釋名云天豫司兗以舌腹言之天顯也在上高顯也青徐以舌頭言之天坦也坦然高遠也說文云天巔也至高無上從一大禮統云天之爲言鎮也神也陳也珍也施生爲本運轉精神功效列陳其道可珍重也春秋說題辭云天之言鎮也居高理下爲人經緯故其字一大以鎮之也

穹起宫反蒼且剛反蒼天也郭以穹及蒼蒼俱爲天稱毛詩傳則以蒼天釋穹蒼

隆呂穹反　夏胡駕反下同　昊胡杲反　晧胡老反本亦作昊光明也日出也
旰古案反日光出也　旻亡巾反　愍亡忍反　彤都聊反　上時羕反　藏
徂倉反　英於京反　玉燭李云人君德美如玉而明若燭　長謝丁兩反李云萬物
各發生長也施直良反　嬴本或作嬴以征反　大平音泰或作太　醴本或作澧
字音禮　饑居疑反本或作飢又作舌餒字說文字林告云饑穀不熟飢餓也　蔬音疏　饉
巨靳反　荐李本作薦字音同在見反　太歲音泰下放此李今作太　閼烏割反又於歇
反又於虔反　逢符隆反　旃之然反　蒙莫東反　強本或作彊字音同渠良反　圉
魚呂反　戊音茂　著施直魚反孫直略反又陟慮遲慮二反本或作祝字宜章六反　廱字又
作雍同於恭反本或作黎字宜力低反　已音紀　重光直龍反　默余職反　提
徒兮反　卯亡巧反　單音丹李云盡也又音蟬或音善　閼於葛反李云土也又似虔
反　執徐此二字依文讀李云執蟄也徐舒也言蟄物皆敷舒而出故曰執徐也　在巳音紀

敦如字韋昭音頓牂子郎反協音叶洽戶夾反涒湯昆反灘本或
作灘鄭勑丹勑旦二反字林大安他安二反噩本或作咢字同五各反漢書作諤韋昭音折捋桒聲類替
音五格反戍先律反閹於撿反漢書作掩同困敦都鈍反奮方問反夏
曰胡雅反歲滑征云冉歲孟春祀太甲云惟元祀年見春秋尚書載堯典
云朕在位七十載橘均筆反修本亦作脩圉音語已音紀窒知乙反塞
先比反正音征陬側留子侯二反隅也又子瑜反寎本或作寎字同鄭孚柄反又況病反又匡
詠反李陂病反余餘舒二音孫作舒李云余舒也萬物生枝葉故曰舒也皋或作高同且
子余反相息亮反壯側亮反陽本或作霷字同詩云日月陽止是也辜音姑涂
音徒颽口故反又作凱涼本或作古䬍字同力張反隧音遂棼符云反本或作焚穨
本或作穨隤同徒回反扶如字字林作颫同搖音遙字林作颻同猋必遙反字林作
飆同音下上時掌反庉徒袞徒昆二反本或作炖字同熾尺志反飄音瓢暴

謗報反 雨土 音茅丁雨霓涯雨雪同 霾 亡皆反字林云亡戒反本今作霾 曀 於計

反 不應 於證反下同 雺 或作霧字同亡公亡侯二反 霧 亡弄反又亡付反字林亡

霿音同本亦作霿 晦 音誨 冥 亡定反 螮 丁計反本或作蝃蝀同 蝀 丁孔反 詩

作東音同又德紅反 雩 案字林越俱反今借為芋音于付反 虹 工胡公反字林云工弄反陳國武古巷

反郭音講俗亦乎為青絳也 霓 五兮反如淳五結反郭五擊反音義云雄曰虹雌曰霓說文曰屈虹

青赤也一曰白色陰氣也故孟子云若大旱之望雲霓也本或作蜺漢書同 挈 本或作契字同苦結反

貳 而至反 弇 音掩 暈 音運 霆 徒丁反字林同又徒佞徒頂二反說文云雷餘聲鈴

鈴所以挻萬物也 激 古歷反 霹 普覓反 靂 力狄反楊雄羽獵賦云霹靂列缺吐

火施鞭史記云霹靂者陽氣動也 霓 本或作霓霹同悉歷反 霄 音消本亦作消說文

日雨霓為霄齊語也 凍 都貢反郭音東 令飄 力呈反 先驅 如字下豈俱羌句二

反 灑 所買所綺二反 霢 亡華反字林作霢音同又亡攴反 霂 亡祿反 以上

畤掌反　濟祖細反　霽字林子系反，去雨止也，郭祖禮反，一音祖細反　亢音剛，又口浪反

或户剛反　數色住反　列宿夙又反，下同　之長丁丈反　氐都黎反，郭音觝

丁禮反，注云若木之有根，尋義應作丁計反　析木星歷反　楞許嬌反，左傳云楞耗名也

耗呼報反　顓音專　頊許玉反，顓頊帝高陽氏　之虛此一字音墟，下如字　顁

本或作定，同多佞反　娵子瑜反　觜咨移反，又子髓反　辟本又作壁，布覓反，今案此星有人居

之角，象宜為辟　降胡江反，又江巷反，注同　婁郎侯反　奎口圭反　昴音卯，本或

作昴，同　旄音毛　兔他故反　咮猪究反，本或作喙，許穢反，說文云喙口也，昌銳反

柳力九反　鶉音純　何郭胡可反，又胡多反，注同，小爾雅云任也，說文云儋也，注作荷字，音

屑　檐丁甘反，字林負也　启口禮反　晨見賢遍反，下同　彗恤遂反，又似醉

似銳二反，本今作彗　欃初銜仕衫二反　槍初庚七羊二反　孛蒲忽反，或音佩　埽素報反

彗似銳反，又音遂　彴蒲博步角反，又皮約二反　約如字，又於詔反，又音握　祠如字，或音祀

食音嗣 礿本或作禴字同餘弱反 汋余弱反燀藥也 蒸之升反 燔音煩[illegible]樊
也 柴仕皆反說文作祡云燒柴燎祭天也 瘞於例於計二反 薶音埋 庪本或作庋
又作庋同居委居僞二反 縣音玄注同 沈直今反 祭星曰布 李曰祭星者以
祭布露地故曰布孫曰既祭布散於地似星布列也郭云布散祭於地也指謂敷列羅布也 磔張格
反 狗音苟 䫿音類經典作類 禡云駕反 禱丁老反說文亦作禂同 禘
大計反 繹以石反五經及爾雅皆作此字本或作襗字書爲釋繹二字同下同 復祭扶又
反下注不復同 肜余終反 夏曰尸雅反 復音服 胙手各反本又作祚亦作胙同才
故反祚福也胙祭肉也於義並同 獵力涉反 蒐色留反 搜上音同 索色白反
任而鴆反 爲于僞反 獮息淺反說文從爾或作禰從示 狩手又反 宵
音消夜也字從宀若雲霄之字即從雨 獠郭音遼夜獵也又力召力弔一反或作燎宵田也 罩
音罩李又作罩 戴 鑪力吳反字或作爐 冢竹勇反 攸音由 大社音泰下大

常同闐闐徒天反整之領反治音持綢他刀反杠音江廣雅云天
子之杠高九仞諸侯七仞卿大夫五仞士三仞韜他刀反纁許云反縿本或作襳又作襂識
衫字同所銜反下同旒力周反經典亦作流廣雅云天子十二旒至地諸侯九旒至軫卿大夫七旒至轂士二旒
至肩所著直略反陞音升今上力呈反綦音其本亦作纂祖管反飾
音式緇側基反廣古曠反充方言云幅廣曰充幅音福長尋直亮反注
同旐持小反旆蒲蓋反注之樹反旄毛云䕷反旌音精本又作旍幢
直江反竿音干鈴郎丁反旂音祈縣音玄錯七各反又七故反旟
羊諸反剝北角反鳶以專反鴟也旃之然反世本云黃帝作旃旌旂本又
作旗凡旌旗之字皆從㫃㫃音偃說文云旌旗得風靡也或示旁乎旁者非也

釋地第九

徒利反一音徒細反釋名云地底也其體在底下載萬物也張顯古今訓云土乙力
曰地許慎注淮南子云地麗也物理論云地底也著也陰體下著禮統云地施也諦也應變施化審諦不誤

兩河閒曰冀州 郭云自東河至西河周禮云河內曰冀州韋昭注漢書云東西爲北皆有河故曰河內馬融曰在東河之西西河之東南河之北李巡云兩河閒其氣清厥性相近故曰冀冀近也

河南曰豫州 郭云自南河至漢也周禮亦云河南曰豫州尚書云荊河惟豫州孔傳曰西南至荊山北距河水李巡云河南其氣著密厥性安舒故曰豫豫舒也春秋元命包云豫之言序也言陽氣分布各得其處故其氣平靜多序也

河西曰雝州 於用反郭云自西河至黑水尚書云黑水西河惟雍州孔傳云西距黑水東據河周禮云正西曰雍州雍者擁也東崤西漢南商於北居庸四山之內擁翳也李巡云河西其氣蔽壅厥性急凶故曰雍雍壅也太康地記云雍州兼得梁州之地西北之位陽所不及陰氣壅閼故取名焉案周禮及爾雅皆無梁州則雍州兼有梁州之地也禹貢云華陽黑水惟梁州孔傳云東據華山之南西距黑水韋昭云今益州也太康地記云梁州者言西方金剛之氣彊梁故因以爲名漢時改雍州爲梁州改梁州爲益州也

漢南曰荊州 郭云自漢南至衡山之陽尚書云荊及衡陽惟荊州孔傳云北據荊山南及衡山之陽周禮云正南曰荊州釋

名云荆州者取荆山之名荆警也南蠻數爲寇逆常警備故也**江南曰揚州**郭云自江南至海尚書云淮海惟揚州孔傳云北據淮南距海周禮云東南曰揚州李巡云江南其氣燥勁厥性輕揚太康地記云以揚州漸太陽位天氣奮揚履正含文明故取名焉**濟**本又作泲子禮反下同**河閒曰兗州**悦轉反郭云自河東至濟尚書云濟河惟兗州孔傳云東南據濟西北距河周禮云河東曰兗州李巡云濟河閒其氣專質厥性信謹故曰兗兗信也釋名以爲取兗水之義**濟東曰徐州**郭云自濟東至海尚書云海岱及淮惟徐州孔傳云東至海北至岱南及淮釋名云徐舒也土氣舒緩太康地記以爲取徐丘爲名云周合其地於青州案周禮無營州而有青州**燕**烏賢反**曰幽州**郭云自易州至北狄周禮云東北曰幽州李巡云燕其氣深要厥性剽疾故曰幽幽要也太康地記以爲因於幽都爲名或云北方太陰故以幽冥爲號二者相依也周禮云正北曰并州春秋元命包云并之言併也陽合交并其氣勇壯抱誠信也太康地記云并州不以衛水爲號又不以恒山爲稱而言并者蓋以其在兩谷之閒也**齊曰營州**郭云自岱東至海尚書云海岱惟青州孔傳云東北

據海西南距岱則爾雅營州爲禹貢之青州矣營者蓋取營丘以爲號周禮云正東曰青州博物志云營與青同海東有青丘齊有營丘豈是名乎太康地記云東方少陽其色青其氣清歲之首事之始故以青爲名焉**九州**案禹平水土畫爲九州禹貢所言是也其後舜分置十二州鄭玄云舜以青州越海而分齊爲營州冀州南北太遠分衛爲并州燕以北爲幽州新置三州并舊爲十二州也夏家依禹貢九州爾雅所言李郭以爲殷制周禮職方氏之敘列是周制也禹貢無幽并營爾雅有徐幽營而無青梁并職方有青幽并而無徐梁營三代不同之故也**鉅**音巨**陓**孫於于反郭烏侯反本或作紆字非也**汧**苦堅反字林水出隴右扶風也**諸**如字左傳同尚書作豬丁魚反**濉**蘇維反水名也本今作雎**夢**本或作蒙亡貢亡工二反**大湖**音泰本今作太**隅**本或作嵎同仰于反**厈**音赤**余**羊如反**祁**巨伊反又止尸反孫本作底音之視反**鄔**於虗反字林云太原縣也又乙祛反**圃**本或作圃字同布古反又音布**熒**乎銘反**穫**胡故反又作護同**瓠**胡故反**十藪**素口反說文云大澤也風俗通云藪厚也有草木魚鼈所以厚養人也**阠**音信郭尸慎反字林所人反又所慎反**滕**徒登反又作滕同**隃**戍輸反又二音**溴**古辟反**隄**丁兮反**墳**扶云反**防**音房**八陵**

大阜曰陵醫於其反李本作毉音同珣胥均反又音峻說文云周書所謂夷玉讀若宣玗音于琪巨疑反會古外反稽古兮反箭子賤反篠悉了反犀音西華乎花反又戶化反礝本或作碝同如兖反應劭注子虛賦云礝石出鴈門白者若冰半有赤色霍呼郭反崐音昆崘路昆反虛羌魚反璆其樛反又音求琳音林琅音郎又作琅同玕音干筋音斤本或作筋字非厈山昌赤反又昌夜反縟音辱鐃而遥反九府府猶庫藏也鰈本或作鰨同音牒又勑臘他盍二反牛脾婢支反翼本或作翼又作翼又作戧字同羊式反鶼鶼古恬反梟音扶肩音堅邛邛本或作蛩蛩巨凶反駏音巨本或作岠又作狚音同驉虛本或作虛又作猵同許伯反爲于僞反齧五結反或作噬謝音逝難奴旦反蟨郭音厥孫居衞反李云邛邛岠虛能走蟨知美草即若驚難者邛邛岠虛便負蟨而走故曰比肩獸孫云邛邛岠虛狀如馬前足鹿後足兔前高不得食而善走蟨前足鼠後足兔善求食走則倒故齧甘草則仰食邛邛岠虛邛邛岠虛負以走郭云今鴈門夏屋山中有獸形如兔而大相負共行土俗名之爲蟨

鼠穆天子傳云邛邛岠虚走百里之類也同馬 趨七俞反又
相如子虚賦云蹷邛邛轔岠虚又爲二獸也 作趍非

食之音嗣 夏屋戶雅反 迭食徒結反 更望音庚 枳本或作積顧音
居是諸是二反郭巨宜反孫音支云蛇有枝首者名曰率然施音指案枳首謂蛇有兩頭 首舒酉反 牧云卜反養
也此謂牧養之地說文從牛或作目李本牧作円字釋云田敕也謂敕列種穀之處敕音陳 野本或作埜古字
羊者反 坰古熒反 假令力呈反 涇俗作濕申入反 隰本或作隰音習 種之用反
陂者彼宜反字林或彼義反又作坡郭皆普何反 阪甫晚反字林父板反 陀大何反 菑
本或作甾同側基反孫音災 畬本或作畭同羊如反字林弋恕反 泰音太 邠本或作豳字同
彼貧反說文作汾字音同 濮音卜 鈆悅全反 祝章六反又昌六反 觚姜胡反本又作孤同
西王母是西方昏荒國名又曰西王母神名狀如人虎齒豹尾蓬頭戴勝善嘯穴宿周穆王巡狩至崐崘山
見之西王母亦來賓昭宮見出竹書及穆天子傳 岠音巨 大平音泰下同 濛音蒙本今作蒙
汜音祀一音似或云祀似同音後放此

釋丘第十 丘去牛反本又作𠀉古字非人所爲曰丘廣雅云小陵曰丘

敦丘郭云音頓或丁回反謝如字讀注且如後二音 重也直龍反下同 壔大千反 堆丁回反 陶徒刀反孫云形如累兩盂 濟子禮反 鋭唯歲反 鐵子廉反 如乘本又作椉繩證反注車乘同李郭皆云形如車乘又市陵反或云如稻田塍埒下文並放此 塍市陵反許叔重云稻田畦隄埒畔 埒音劣 渚章汝反下同 潦力道反 泥乃兮反依字作尼又作坭

汚音烏又烏花反本或作洿 所作子各反 所還戶關反又音患下同施音旋 繞音遶 涂字又作途音圖 梧五故反又音吾 畫郭音獲謝胡卦反 渻本或作渻字所景反

沮孫郭同辭與慈呂二反謝子預反施子余反 淄仄其反 過古卧反 覆孚服反 敦者丁回反下及注同 邐呂紙反說文云邐迆行也 迆字或作迤余紙余支二反說文云迆邪行也 旄謝音毛字林作堥又作堥俱亡付反 偏音篇 宛施於阮反孫云謂中央汙也郭於粉反謂蘊聚隆高也下同

隆力躬反 解古買反 背如字 定丁佞反 畝本或作畞 龍界力勇反[illegible]

又作璗 不了 燎或作 故重 直用反 潛 昨鹽反 黎 力兮反 敦 丁回反 碌 音祿 更 古孟反 魁 口回反 梧 五故五胡二反 傑 渠列反本今作桀 望厓 字又作涯魚佳反 洒 蘇典反又西禮反下同 涓 音胥 坦 土但反 隩 字林烏到反郭於六反注及下同本或作隩 隈 本或作渨同烏回反字林一由反 漁 音魚 鸐 如字字林作垗云隈厓外也九六反 别 彼列反 裏 音里 畢 本又作嶧畢吉反 重厓 直龍反 滸 呼五反 墳 符紛反 防 音房 隄 丁兮反 涘 音仕 瀆 音獨 汜 音似 濈 本又作湄亡悲反又音微

釋山第十一

山 所閑反或所旃反廣雅云土高有石曰山山產也能產萬物也說文云山宣也宣氣散生萬物也凡天下名山五千二百七十出銅之山四百六十七出鐵之山三千六百有九 華 戶花戶化二反字林作崋同 吳嶽 音吾周禮職方氏正西曰雍州其山鎮曰嶽後鄭云嶽吳嶽也與郭同 襲 音習 亦重 直龍反下皆同 坯 或作伾備悲反又備美反沈五窾反韋昭音韍

說文作𡺪崧思忠反又作嵩崧即嵩高也俱是高大之貌 岑吉金反字林才心反 崟魚金反字

又作崯嶠渠驕反郭又音驕字林作嶠云山銳而長也巨照反 巉子廉反 卑如字又音婢

巋音戶或作屺 巋丘軌反巋然高峻貌字林丘追反小山而衆也 叢才公反 岌魚及反[illegible]

高也 峘胡官反一音袁埤蒼云峘大山又音恒 過古臥反 屬章玉反謂相連屬 嶧時欲二

羊石反說文葛嶧山在東海下邳尚書云嶧陽孤桐 駱音洛 驛音亦 宛於粉反 脊音積

岡又作罡皆古郎反 翠七遂反 微亡非反 近上附近之近 陂普何反又

彼義反 崒子恤才戍二反字林才没子出二反 厜姊規反郭才規反字林同顧視規反本或作厜

又作嵳皆才何反 㕒郭語規反字林音危顧魚奇反本或作㕒又作峩皆五何反 巉士衫反又士咸

反 嵒五咸反本又作巖字林云巉巖山貌也 密又作[illegible] 美 樅七容反木名 盛時征

反又市政反謂山形如黍稷之在器 巒力官反埤蒼云山小而銳 隋湯果反狹而長也字林云山之[illegible]

者大果反 狹乎夾反 喬巨苗反 重直龍反 甗魚蹇反郭音言又音彥字林牛建[illegible]

隒本或作嬚字同郭魚檢反字林云山形似重甑居儉反顩力儉力儼二反甗子孕反㕢口閤
反霍許郭反别大彼列反下注同鮮息淺反李云大山少故曰鮮或作𡽹字又音仙陘
郭胡經古定二反磝字或作磽同字林口交反郭五交五角二反礓居羊反字林云礫也礫力的
反說文云小石也礐字或作确又作墽又作埆郭苦角反又戶角反磐步丸反今作盤同岵音戶
峐三蒼字林聲類並云猶屺字音起阢孝緒字略音古開反埒音劣字或作浖渟音亭亦作
傳同澩字林火篤反郭同又徂學反潦音老⿰谷賣說文云古文隫字徒木反谿苦奚反
戴土本或作載字同丁代反下同崔徂回反嵬五回反砠說文亦作岨七余反夾
古洽反澞魚俱反本又作虞岫徐究反郭音胄又音由字林弋又反泰山一名岱宗在兗
州界漢在泰山博縣又[illegible]在奉高縣華山在豫州界漢在弘農華陰縣霍山一名衡山在荊
州界漢在長沙湘南縣又云在廬江灊縣恒山在并州界漢在常山上曲陽縣以犯漢文帝諱改爲常山
嵩高在豫州界漢在河南馮翊音翼夏陽戶雅反臨河河或

作魚依反

釋水第十二尸癸反尚書洪範五行一曰水水曰潤下說文云水北方之行象衆泉並流著微陽之氣也白虎通云水準也言水之平均而可準法也

一見賢遍反　一否方有甲美二反廣雅云否不也　瀸息廉反又子廉反　纔音才

瀱居例反又許廢反　汋仕捉反又上若反　濫胡覽反　涌音勇　沃烏鹿反　縣音玄

霤本又作溜力又反　氿音軌詩云有冽氿泉　仄涖棘反本亦作側以同　湀郭巨癸反孫苦穴反字林音圭

闢婢亦反一音匹亦反　過本或作濄同古禾反　辨普見反　回又作洄戶恢反

灉於用反又於恭反　復還扶又反下及注並同　沱徒河反或作汜音似　潬徒坦反　堆字或作雁又作塠字同都回反

汧口千口見二反　瀵敷問反義或方問反水本同而出異　尾字或作浘屘同云鬼反

汾又云反　車昌蛇反　濆扶粉反　翊音弋　郤戶苔反　數里色主反

夾古洽反　壅於勇反　陂彼爲反　出尻昌慮反下同　魁口回反

醮子召反盡也字或作潐同㵳字又作湫音軌爲灉於用反或於凶反字又作灘注及下同

沮七余反濟本又作子禮反𣸣澨初呂反汶音問灛字或作闡同昌善反李云溢也

沱徒河反下文及注潛並同字亦作淹滸字五反岷亡巾反道江徒報反本或作導

過又作濄謝古禾反又烏禾反本或作過洵私旬反潁餘頃反水名在汝南呂伯雍云水出陽成乾山

濆符云反下同字林作湆工玄反衆爾雅本亦作湆汧苦見苦堅二反汜音似瀾郭力旦反

又力安反下及注同李依詩作漣昔連漪於宜反本又作猗渙呼貫反淪音輪蘊紆云

紆粉二反徑古定反字或作逕注同侹字又作挺他定反又徒頂反侹侹直也所作子各反

重直用反見賢遍反厓五街反湄本或作瀦瀡四字同亡悲反濟子細

反則厲如字本或作濿說文云濿或作砅履石渡水也俱力曳反則揭起例反揭褰衣渡

水也下揭者爲揭同揭衣起例反或丘竭反說文云高舉也褰去焉反褌音昆縣

古由字膝字又作郭辛七反以上時掌反下同泳于柄反底丁禮反

汎汎孚劍反 紼本或作綍又作紱同甫勿反 縭力知反下同 綷本或作綷字同

音律 索悉各反 緌如誰反 造草報反廣雅作艁音同又造舟為浮梁謂比舟船造作橋

梁或音阜案說文船古文造也郭圖云天子並七船諸侯四大夫二士一 方音舫或作舫又音方 併

步丁反 特大得反本或作犆同 泭音桴併水以渡 水注之樹反下同 谿苦兮反

澮古外反 灌古亂反 處昌預反 泝蘇故反詩作遡 洄胡悔反 游

音由 江出蜀郡岷山 河出崐崘山或云出積石 淮出南陽平氏縣胎山亦云出桐柏山 簪

濟子禮反出河東垣縣王屋山或云出河內溫西北平地 四瀆徒木反廣雅云江貢也河何也淮均

也濟濟也 洲音州 小洲曰陼字又作渚章汝反本或直云小洲白沚 沚音止本或作洔

音同又音市 坻本或作墀同直基反本又作泜音同 潏郭述決二音呂伯雍音同案郭圖水中自然可

居者為洲人亦於水中作洲而小不可止住者名潏水中地也 河出崐古門崐反 崘力門山反 虛

去魚反本亦作墟 色白李云河水始出其色白也孫云崐崘山名也墟者山下之地白者西方之色也郭云山海

經曰河出崐崘西北隅墟者山下基也發源處高激峻湊故
水色白也郭音義云禹本紀及山海經皆云河出崐崘山漢
書曰張騫使西域窮河源其山多玉石而不見崐崘也世人皆
以此疑河不出崐崘案山海經曰東望泑澤河水之所潛也其
源渾渾泡泡又云敦薨之水注于泑澤出乎崐崘之西北隅實
惟河源也西域傳又云河有兩源一出葱嶺山一出于闐于闐
在南山下其河北流與葱嶺之河合東注鹽澤鹽澤一名蒲
昌海去玉門陽關三百餘里輪廣三四百里其水停冬夏不
增減皆以爲潛行地下而南出於積石山而爲中國河云然
則河出崐崘便潛行地下至葱嶺及于闐復分流歧出也張
騫所見蓋謂此矣其去崐崘里數遠近所未得而詳也泑澤
即鹽澤也泑音於糾反闐徒徧反圖讚云崐崘三層號曰天
柱實惟河源水**隅**又作㣚堣同**所渠幷千七百一川**
之靈府是也音魚吁反
色黃李云水流而分交錯相穿故曰川也孫云所受渠多
轉流涸濁故色黃郭云潛流地中汩漱沙壤所受渠
多衆水溷淆**汩**于筆反流水也方言云遙**漱**色救**溷**
宜其濁黃疾行也字林云水聲急也反
戶本反又戶困反謂**淆**戶交反本**百里一小曲千里**
雜亂字或作渾同亦作濁
一曲一直李云水勢小曲乃大直也故曰小曲水陰節每一
曲一直通無極也故曰千里一曲一直郭云公羊

傳云河曲流河千里一曲一直也 **徒駭** 李云禹疏九河以徒衆起故曰徒駭孫云禹疏九河此河功難衆懼不成故曰徒駭 **大** 謝音泰孫如字本今作太 **史** 李孫云禹大使徒衆於此通水故曰大史或云大史者史官記事之處 **馬頰** 李孫郭並云河勢上廣下狹狀如馬頰也 **狹** 胡夾反 **覆** 孚腹反 **鬴** 郭云古釜字李孫郭並云水中多渚往往而有可居之處狀如覆釜之形 **胡蘇** 李云其水下流故曰胡蘇胡下流也孫云水散胡蘇然也 **簡** 古限反李孫並云河水深而簡大也郭云水道簡易 **易** 以豉反 **絜** 戸結反孫郭並云水多約絜又苦八反李云河水多山石之苦故曰絜絜苦也或[illegible]節反又音結 **鉤** [illegible]

[illegible]反 **般** 步干反本又作盤李本作股云水曲鉤屈折如人股故曰鉤股孫郭同云水曲如鉤流盤桓不直前也 **鬲** 音革施力的反與今注不同 **津** 李云河水狹小可隔以爲津故曰鬲津孫郭同云水多阨狹可隔以爲津而橫渡 **阸** 於懈反 **隔** 音革 **九河** 案禹貢在兖州界郭云徒駭今在成平縣胡蘇在東莞縣鬲津今皆爲縣屬平原郡周時齊桓公塞九河并爲一自鬲津以北至徒駭二百餘里渤海東莞成平平原河間弓高以東往往有其處焉

經典釋文卷第二十九

五福五代堂古稀天子寶

八徵耄念之寶

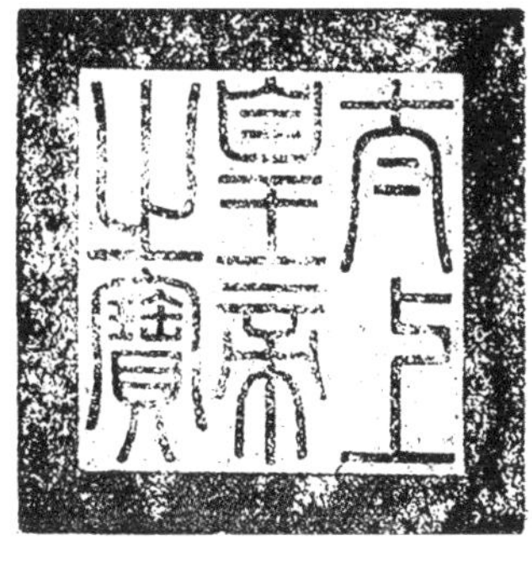
太上皇帝之寶

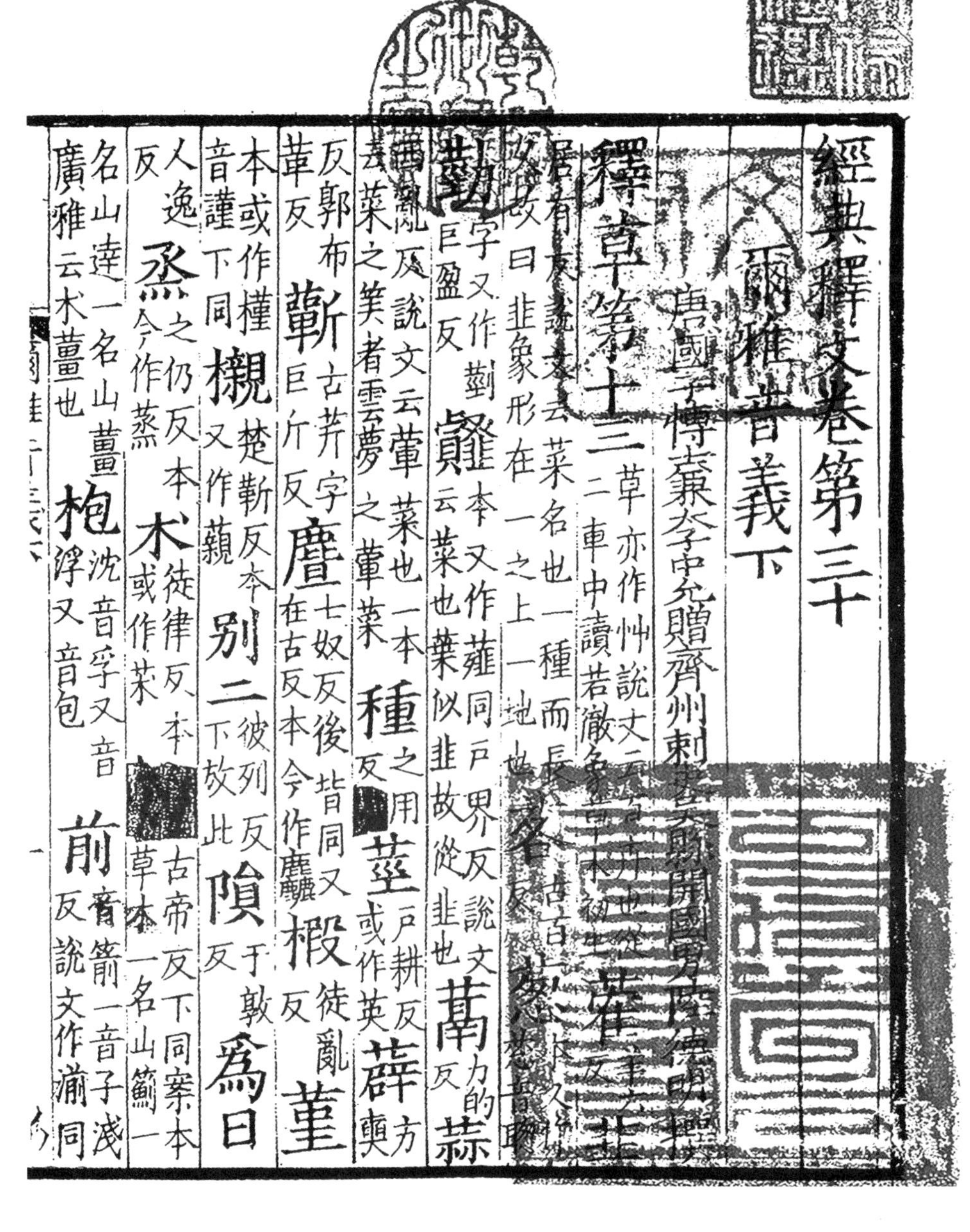

經典釋文卷第三十

爾雅音義下

唐國子博士兼太子中允贈齊州刺史吳縣開國男陸德明撰

釋草第十三 草亦作艸說文云百卉也从二屮屮中讀若徹象草木初生 藿 呼郭反 韭 居有反說文云菜名也一種而長久故曰韭象形在一之上一地也 茖 古百反 葱 音聰

勤 字又作𧁟巨盈反 䕲 本又作薤同戶界反說文云菜也葉似韭故從韭也 莴 力的反 蒜 西亂反說文云葷菜也一本云菜之美者雲夢之葷菜 種 之用反 莖 戶耕反或作英 薜 方反郭布革反 蘄 古芹字巨斤反 靡 七奴反後皆同又在古反本今作𪋻 椴 徒亂反 堇 本或作槿音謹下同 櫬 楚靳反本又作藽 別 二彼列反下放此 隕 于敏反 爲 曰

人逸反 烝 之仍反本今作蒸 术 徒律反本或作茮 [illegible] 古帝反下同案本草本一名山薊一名山薑 沈音孚又音 廣雅云术薑也 枹 浮又音包 前 音箭一音子淺反說文作𦳝同

彗息遂因銳二反埽素報反下同帚之有反汞力辱反芻楚俱反本

又作蒭蓐音辱鴟尺之反莎素和反蔏音商藋徒弔反說文廣雅皆

云堇也蘩音煩皤白波反白也蒿好高反本亦作堇去刃反讀者或作苦

見反豸之亦反啗本典作啖又作噉皆覽反說文云噍也廣雅云也蔚於貴反下

同牡亡后反齧魚結反彫一遼反蓬步公反薦作見反孫李本作薦沈平

兆反黍音著種之勇反蕇方寐反方弭反莞謝音官施音九葝巨盈

反阜音造菥思歷反蓂亡歷反薺齊禮反菾大奴反細

剌七賜反下同狼音郎茅亡交反覆音副瓠戶故反舍人本又作瓠釋云瓠也

棲詩作犀音西瓣蒲莧蒲閑二反謝力見反郭云瓠中瓣也字林云瓜中實也父莧反茹音如

字亦作蘩蘮力居反蒬色留反蒨本或作茜七見反蓏力果反栝

本或作苦蔞本或作蔞力侯反本草栝樓一名地樓一名

古活反樓一名天瓜一名澤姑一口果蓏實一名

黄瓜陶弘景注云出近道藤生狀似土瓜而葉有又黄如人今以雜作手膏用也根入土六七尺大二三圍者服食亦用之

荼音徒說文同案詩云誰謂荼苦大雅云堇荼如飴本草云苦菜一名荼草一名選生益州川谷名醫別錄云一名游冬生山陵道旁冬不死月令孟夏之月苦菜秀易通卦驗玄圖云苦菜生於寒秋經冬歷春得夏乃成今苦菜正如此處處皆有葉似苦苣亦甚食但苦耳今在釋草篇本草爲菜上品陶弘景乃疑是茗失之矣釋木篇有檟苦荼乃是茗耳

萑音隹**蓷**他回反或音推郭云茺蔚也本草茺蔚子一名益母一名大札一名益明一名貞蔚陶弘景云處處生葉如荏方莖子細長三楞白華華生節閒

茺音充**蔚**音尉**萑**而甚反**[艹益]**音益本今作益**鷊**又作鷊五歷反郭音五革反**綬**音受

粢音咨左傳云粢食不穀杜注云黍稷曰粢郭云今江東人呼粟爲粢陶注本草云白糧粟或呼爲粢音緇字林云黏稷也今苗及穀似粟

稷本草云稷米味甘無毒益氣補不足陶注云不識書多云稷恐與黍相似詩黍稷稻粱禾麻菽麥此八穀世人莫能證辨如此穀稼米不能明而況芝英者乎氾勝之種殖書無稷禮記云子卯稷食菜羹又云君沐粱大夫沐稷士沐粱相承云稷粟也

又郭注衆秫云黏粟而說文字秫皆云黏稷今秫黏及穀全似粟唯色及黏爲異又衆家釋粢皆爲粟知稷即粟也然本草稷米在下品別有粟米在中品又似二物衆音終秫音述郭云黏粟也說文云稷之黏者字林亦云黏稷本草云秫米味甘微寒主止寒熱利大腸治漆創案江東人皆呼稻米爲秫米爵稻米以治漆創亦驗然比間自有秫穀全與粟相似米黏比人用之釀酒其莖稈似禾而麄大也黏女廉反字林云相著朩舒育反本亦作菽荏而甚反卉虛謂反揔子孔反茪悅轉反又古本反蘥子若反夌云華反燕烏見反蘾戶怪反蕵西吞反萰音練菟音兔荄古來反一音皆蘩音煩蒵音兮黃羊善反又弋仁反茢音列薽音真豕傷氏反彘音滯蟾音占豨虛豈反煼字或作䊑焆炒䰷鬻聚七字並音初卯反三蒼云熬也說文云火乾物也蠶雜南反蛹音勇荓音瓶帚之酉反蓍音尸說文云蒿屬也生千歲三百莖埽蘇早反藱胡罪反茭郭胡卯反又交或尸交反音蘄音芹葖孫郭並他忽反施徒忽反蘆郭音力柯反

力吳反 葩 郭音蘼蒲北反 蕪 音無本或作蔓音萬 菁 音精又子丁反 雹 步角反

湆 恥力反聲類云湆灌茵芝也 茵 沈顧音祥由反謝音由 芝 音之瑞草也 筍 息尹反竹

初生也 萌 亡耕反 簜 徒郎反說文云大竹也尚書云篠簜旣敷是也本或作篡音同案說文篡

大竹筩也字林他莽反 莪 五河反 蘿 力何反 藁 良甚反廣雅云莪蒿藁蒿也

苨 奴禮反 菧 丁禮反 絰 待節反 莕 音杏本亦作荇詩云參差荇菜說文作莕 接

如字說文作萎音同 余 羊如反本或作荼非 菅 古顏反 薜 方麥反 蘄 巨斤反 菲

芳尾反 芴 音物 葍 方服反說文云亦名舜楚謂之葍秦謂之藑蔓地生而連花 蔨 音富 䕯

戶垌反 荽 謝於蘧反孫於爲反郭安委反本今作委 萎 謝於危反孫人垂反郭音痿癖同案痿音

人垂反字林云痺也韓信云痿人不忘起是也讀史漢者或於危反 箭 笋 音幹又音干或古但反

蒟 求于反 芊 天顛反又天丁反 熒 音迥又音螢 竹 本又作筑張六反 萹 匹善

反顚 補殄反 蓄 敕六反陶弘景云萹蓄亦呼爲萹竹 好生 呼報反 蝭 直中

延 蠡 二反

葴之金反 蘵何干反本今作寒 薢郭音皆古買反 茩古口反秦人名蔆曰薢茩
廣雅云蔆芰薢茩 芵古穴反本亦作決 光本或作茪古黃反 茦常朱反 萸
羊朱反 蔆字又作菱音陵 葢亡符反讀者或常制反又戶耕反 萸羊而反 蘱
所黠反 蘠在羊反 蕢巨貴反 瓞大結反詩云緜緜瓜瓞 瓝步角反字林作
瓝云小瓜也 紹市沼反 蔓音萬 著丁略反 芍戶了反 莌音扶 茈
本又作蔵沈顧祖斯反謝徂咨反 藬力愧反又力對反 鼒音鼎 董本或作董丁動
反施音童 稊大兮反本又作稊莊子云道在稊稗是也 茣大結反 稗蒲賣反字林云禾別
名也 鉤古侯反 芺於表反又於老反 拇音母 薊音計 鼃胡乖反 萺烏外
反 蔷師力反說文作蔷云虞蓼也音色 蓼音了 蓧他彫反 蓨他的反
虋詩作穈字林亡昆反郭亡津反本亦作虋 粱音良 芑羌紀反 秬音巨黑黍
也或云今蜀黍也米白穀 秠孚鄙反又孚丕反字林
黑說文作䵼或作秠字 秠匹几匹九夫九三反

稃音敷本作殍䅿並同任城音壬稌稻待古反又他古反詩云豐年多黍多稌爲酒爲醴禮

記云牛宜稌羊宜黍本草云秔米主益氣止煩泄稻米

主溫中令人多熱陶注云道家方藥有俱用稻米粳米

此則是兩物云稻米糠白如霜今江東無通呼粳米爲

稻米耳不知其色類復云何案說文云沛國謂稻爲糯

秔稻屬也字林云糯黏稻也秔稻不黏者李登聲類亦

以秔爲不黏稻但江東人呼爲稉字林曰稉乃亂反字

亦作糯北人呼爲糯稉與粳皆俗秔字也音庚今

粳糯甚相類但黏與不黏耳依說文糯即稻也沛音貝

國名葍音福藑巨營反又詳兖反一種章勇反苕音條臺字又作薹同夫

音扶蕦音須本今作須箋即田反蘌音語笠音立藆居輦反本亦作搴字藅

音伐本又作罰莔亡庚反詩作蝱同本草云貝母一名空草

一名藥實一名苦華一名苦菜一名商草

一名勤母荍祁堯反或巨遶反蚍婢夷反郭音疕衃本或作芣又作虾房尤反郭芳九反艾

五蓋反冰彼升反蕇音典葶字或作葶同歷字或作藶廣雅云狗薺大室亭

歷也本草云一名大室一名大適丁歷反

一名丁歷一名蕇今江東人呼爲公薺芥音界狗音苟

瑲音當　薛布麥反　庚字或作蕍謝羊主反孫音臾　薂五高反本今作藪
蔞字或作蔞謝先老反沈施所留反本草呼爲蘩蔞　蘩音煩　蘡字亦作䕻力主反今
蘩蔞草　蘺力知反本今作離　活胡闊反　茿字或作蔬徒活反　蘘瓜女良反三
蒼云爪中子也　且人一祖日反　蘢郭音聾施音龍　蘥餘若反　蕦音須本今作[illegible]
葑方孔反　蓯音揔　蒡郭音彭又音旁　蒠音怱注同　菹莊居反　蘥
餘若反字林云蒉也本亦作汋音同後放此　莤郭音由又音酉　蔓或作曼通音萬　蔄
音魯　藘施謝才古反郭才河苦二反字林千古反　苴將呂反一云將慮反字苑云麤苴履
氐　柱張縷反本或作拄同　夫音扶或如字　搖車尺蛇反又音居　隧音遂　蘧
郭音氍巨俱反謝音渠　蔬郭音毹山俱反謝音踈　菌巨隕反　菰音孤廣雅云蔣
也　啖大敢反　甜徒謙反　滑乎八反　氊之延反本亦作旃同　氍音衢又音渠字
又作毹所俱反又所魚窶反本今作毹　蘄巨斤反　茝昌改昌敗二反本草云白芷一名[illegible]

莀藨云悲反本今作藨　蕪云符反本草蘪蕪一名微蕪一名江離芎藭苗也陶注云葉似

蛇牀而香如萎於危反字林於僞反　臭昌又反　茨徂咨反或作薋同　蒺音疾

藜音梨案本草蒺藜一名旁通一名屈人一名止行一名豺羽一名升推一名即梨一名茨多生道上

布地子及葉並有刺狀如雞菱　刺人七亦反　見詩賢遍反後放此　薊居例反郭巨例反

蒘女居反　竊音切　芹音勤　著人直略反　髦音毛　顛都年反

蘇古力反　藋郭音藋謝音官沈施音丸　芄音桓　蘭力丹反　斷之

丁管反　汁之什反　蕁孫云古蕁字徒南反說文云或作薚字　莐字或作茺音直

林反　藩甫煩反又音煩郭云一名提母本草謂之知母一名蚳母一名連母一名野蓼一名地參

一名水參一名貨母一名蝭母一名女雷一名女理

一名兒草一名鹿列一名非逢一名兒踵一名東根

一名水須一名莐藩一名蕁陶注云形似菖蒲而柔潤葉至難死掘出隨生須枯燥乃止堪治熱病亦生

瘧疾　蕍羊朱反　蕮本又作舄私夕反下同郭云今澤舄案本草云一名水舄一名及寫

一名芸芋陶注云葉狹而長叢生淺水中仙經服食用之令人身輕能步行水上薗謝其反郭巨

阮反施其免反沇巨轉反麃力觟反本今作鹿蘿火郭反說文云之少也字又作藿菇

毋久其久二反蔓音萬莚以戰反又音延本又作延蒿胡老反莎先禾反媞

尼兮反夏音下小正之盈反蓨弋垂徂規二反廣雅云蓆也又云地毛莎蓨也本或

作蓨他狄反莞本或作藐謝音官郭音桓字林音緩俗音關苻蘺力知反本或作

離蒚郭音翮又音歷荷音河芙音苻本或作扶渠本又作蕖音同蓉

音容本亦作容莖户耕反茄古牙反其葉蕸字或作葭音遐又音加衆家並

無此句唯郭有然就郭本中或復脱此一句亦並闕讀蔤亡筆反蒻音若菡户感

反萏字又作萏徒感反說文云菡萏華未發也已發名芙蓉張揖同亦曰芙渠本今作萏蓮

力田反藕字亦作蕅同五口反案本草云一名水芝丹的丁歷反又户了反或作葯同薏

於力蘢力恭反又力公反蘬謝丘軌反郭匡龜反爲龍如字本今作龍蘢

子河反又子耶反 蕢本或作蕢同扶云反或扶沸反 枲息似反 苴七徐反下同 別
彼列反 薞音孫 蕵七故反 菲芳匪反又音妃 葸音息本又作息 蕢字亦
作蕢巨媿反又苦怪反 莧閑辦反 蘠音牆 蘼亡彼反又作靡同 虋音門
本皆作門郭云門俗字亦作虋字 冬冬山海經云條谷山其草多芍藥虋冬郭云本草一名滿冬案本草天
門冬一名顛勒麥門冬秦名羊韭齊名愛韭楚名馬韭越名羊蓍一名禹葭一名禹餘糧葉如韭冬夏生無名
滿冬者 薃四縣反 濼郭舒若反孫餘若反 貫古亂反 衆音終本草云貫衆一名貫
節一名貫渠一名百頭一名虎卷一名扁苻一名伯藥一名藥藻
此謂草鴟頭也案爾雅薃苻止郭云未詳本草乃是貫
衆 莙其隕反孫居筠反 薻音早反 蓫他六反 蕩呂郭他羊反謝他唐反廣雅云
馬尾蔏陸也郭云江東呼為當陸一
名蓫根一名夜呼如人形者有神 蔏音商本亦作商 華音平
苹本或作萍蓱音瓶 薸郭音飄婢遙反廣雅云薸蓱也 蘋毗人反說文作蘋 莃虛祈
反 蒐湯故反 葵夬唯反 汋以灼反 蕢本又作蕢同吐回反 蘋大回反

穟音遂說文作采云禾成秀人所收也穟俗字廣雅云采褏采也縹匹眇反又匹妙反字林云青白色

淋音林字林云以水沃也藚音續[艹脣]音脣本今作脣蕮音昔苹皮英反

藾力大反翹字亦作翹祁饒反本草連翹一名異翹一名軹一名蘭華一名折根一名三廉

苕音條蕵蘇存反傳音付橫目如字胡彭反或音黃結音姑本今作結

蔞本亦作蔞力主反箏側耕反釐力基反蒙亡公反蔆字又作菱力矜

反本今作蔆蕨居月反攈亡悲反孫居郡反又居羣反芰巨義反字林云楚人名蔆曰芰

菊居六反蘧音渠或音劬字或作蘧音同麥字亦作麦郭云蘧麥一名麥句薑即瞿麥

廣雅云茈葳麥句薑蘧麥本草瞿麥一名巨句麥一名大菊一名大蘭陶注云一莖生細葉華紅紫赤可

愛瞿求于反薜彼麥反牡亡后反贊子旦反前子賤反苺音每

又音梅後注同藨皮苗反又皮表反齧五結反苦堇音謹汋以灼反藫

徒南反落徒來反郭云一名石髮說文云水青衣也或丈之反本今作菭底丁禮反蘮字

作蘜居六反說文云蘜治牆也又作鞠云月精也 蓎音唐本今作唐 蘿音羅 別彼列
反 苖郭他六反又徒的反說文云從由聲 蓨郭湯彫他周二反顧他迪反 堇苦圭反
菝去悅反 葐步昆反下同 覆芳服反 茇居及反又起及反 堇草
音謹下注同郭音靳居覲反云即烏頭也案本草蒴藋一名堇草一名芨非烏頭也 蘵息廉子廉二反
萺古曰反 茙音戎本今作戎 蘻郭音古系反又苦系反 狗音苟 蕧音郭
脈疏孚服反郭云旋蕧也本草云一名金沸草一名盛椹一名戴甚陶注云花似菊花而大 庚
本又作蘘同古衡反 莩孫音嗣李又作字說文作莩云即枲也 苴七餘反 盛音成 朐
步角反舍人云朐九葉九枚共一莖樊本朐字作駮釋云駮也一名九葉 藐亡角反又亡校反 茈子爾
反 菮力計反 倚謝於綺反或其綺反舍人本作犄音同 蔏音商本今作商 活如
孫音括 脫徒活反字又作莌 蘵字又作職諸弋反 蒢直居反 菹側居反 藒
去竭反謝起例反郭去謁反 車音居本多無此字 芞謝去訖反說文又虛訖反 輿字或

作蒖音餘唯郭謝及舍人本同衆家並作蒢權其圓反牛芸音云蔜音敖本亦
作目蓿音肅葞彌爾反終本亦作蔡同蘩音煩菋音味又亡戒反
荎直其反藸音除荼字亦作蒤音徒委於詭反或於危反字或作萎同蒣奄或
作藤火羔反又作𣑭同說文蒣或作蕂字音了反鉤古侯反藈本或作睽顧謝同音圭孫苦圭反
菇音姑本今作姑𤬪音鈎又五侯反𤬸力侯反字林云𤬪𤬸王瓜也椉本又作乘施音繩謝
市證反居本亦作莒音同爲索悉各反下同衱居業反桻施音絳孫蒲空反本
今作桻欔沈居縛反把白麻反字從木下同相著直略反皁音造杜郭云杜衡
也似葵而香案本草云杜衡味辛香人衣體陶注云
根葉都似細辛唯氣小異耳本草經又有杜若一名
杜衡陶注云葉似薑根亦似高良薑而細氣味辛香
又絕似旋葍根殆欲相亂如陶之言二種並不似葵
或恐郭誤耳土他覩反蓾本又作鹵音魯衡字或作蘅音行盱香于反又音于虺
虛鬼反牀郭云蛇牀也廣雅云一名馬麻本草云蛇牀子一名蛇粟一名蛇米一名虺牀一名思益一名繩毒

毒一名束棘一名牆蘼陶注云華葉正似蘼蕪 蕀音米 蔽樊本作蕀蔽麥音王乃反 抱音包

浮又音 蔨音計 顆苦果反或音款 凍謝音東施都弄反讀者亦音冬郭云款凍也生水中

案本草云款冬一名橐吾一名顆東一名虎鬚一名菟奚一名氏冬陶注云其冬月在冰下生則應是冬恐承

音作字異耳 中馗求龜反郭音仇字則當作頄舍人本作中鳩云菟奚名顆東顆東名中鳩 蒮郭巨

隕反孫去貧反本今作菌 蕈亂荏反案今人呼菌為蕈葛洪字苑同云丗作椹蕈二字非也字林式甚反或

云桑菌也沈徒感反菌人兖反 莪猪葉反又阻留反字又作蒻 茗徒彫反下同 蕘以遥反

芟郭音沛補蓋反又音撥說文云草之葉為芟音布末反 蘪亡悲反生江水中 蘪草 薇

音微又音眉 顮云水旁生故曰垂水 薜卑麦反 莽莫朗反 數節色角反數猶促

也 促七玉反 蔾字又作薤客又音鱗 音 藺字或作悠反又亡忍反 粲郭音

徒又音攄施音儲 芄本又作芃戶剛反 篙音待說文云竹生也字林大才反 蒴萌 箭音箭

本本作箭 萌亡耕反 筍思尹反 莛側於反 藍音海 篠思了反字林作筱云

小竹也別碑列反枹音包藿戶各反素蘇故反又作索鬷子工反郭音揔茳
鄭他古反案今南人以此草作席呼為芏音杜夫謝方于反孫音苻莞古九反字又作萑誤藺
力刃反字林云莞屬也綦郭音其字亦作蘻蔡紫蘻蔡菜也說文王蘻蔡士夫也或作萁非也案說文云萁
豆莖施謝竝音萁蕨音厥葴之林反又音咸藍力甘反姚莖謝戶耕反施郭於耕
反蒤音徒本今作涂芐音戶本草地黃一名地髓一名芐一名芑髓素累反怙音戶
蓎音唐本今作唐拔步八反蘢力恭反蔌本又作藗音速牡木后反茅亡交
反菤謝作卷九轉反耳詩卷耳是也本草作枲耳云一名胡枲一名地葵一名葹一名常思陶注云一名羊負來
音中國無此物言從外國逐羊毛中來也廣雅云苓耳蒼耳葹常枲胡枲之類耳苓音零枲音死虌
卑滅反字亦作鱉案此即今蕨菜也葉初出鱉蔽因以名云廣雅云紫蘻非也蕎居喬反又音喬邛
巨恭反鉅音巨案本草云大戟一名邛鉅今近道處處有戟九逆反蘩音煩字今作繁莣
音亡字亦作芒杜徒士反舍又作牡屩九略反稂音郎說文云禾粟之莠生而不成者莠羊久

反詩云不稂不莠　藨謝蒲苗反或力驕反孫蒲矯反字林工兆反顔平表白交普苗三反　麃謝蒲表反

郭又苻囂反　覆芳伏反　酢七故反　甜大廉反　菂丁歷反本今作的　敷字又

作敷戶歷反　購古豆反又古侯反　蔏音商　蔞力朱反郭孫力侯反注同　茢勃茢

施謝二茢皆音列沈上音例下音列　勃蒲沒反　葽烏了反　棘居力反字或作蒺同　蒬

於袁反又於阮反廣雅云棘蒬遠志也其上謂之小草案本草遠志一名棘菀一名葽繞一名細草　遠志

字又作遠葸非　茦初革反方言云凡草木而刺人者北燕朝鮮之間謂之茦　刺字又作莿七

賜反注同方言云關西呼茦壯爲莿　朝鮮直遥反下音仙　萩音秋　蕁徒南反　薻

子老反本亦作藻本草一名落首一名薚郭云一名海蘿　萇丑良反本今作長　銚羊招反或羊召

反字或作蘇　芅音翼字亦作弋　小麥士革反　蘦詩作苓力丁反　蔓音萬

莚餘見反本今作延　芣音浮　苢字亦作苡音以見詩說文云芣苢馬舄也其實如李令人

宜子周書所說　蕮四夕反本今作舄　車昌遮反　穗音遂　好生呼報反　蝦

一七七一

音遐蟆字又作蟇云巴反本草云車前一名當道一名苵莒一名蝦蟆衣一名牛遺一名勝舄又服令
人身輕不老綸古頑反下同組作古反下同秩直乙反嗇音色芛戶剮反本
亦作芫蠡音禮緜武延反繅先刀反字林云繹繭也本亦作繰又作縿非也繰冝音干
小反縿音所銜反繭古典反張揖云繭纊新綿葀古活反麋俱綸反本或作麇音眉搴
施居展反謝去虔反柜音巨朐巨俱反種名章勇反芺沈顧烏老反謝烏兆反說
文云味苦江東食以下氣薊音計蒘香于芳于二反下同注音仔同蓊烏孔反蔈
芳要反又必招反荼郭音徒又音蛇猋必遙反又方飄反又方幺反字從三犬俗作三火非也猋
字林弋劒反云火花也藨郭方驕反謝苻苗反一音皮兆反芀徒彫反字或作苕下同
葦于鬼反謝于歸反葭音加蒹古謙反薕力占反藡徒的反本今作
萑音桓字林作雚數尺所主反菼他敢反說文作薊云菼或薊字薍五患反蓲
郭音丘說文云烏蓲草也張揖云未秀曰烏蓲權郭音卷丘阮反本或作彏非彏音攫說文云弓曲也

繾弃善反或去忝反　蕍羊朱反　蒡郭音猶羊捶反顧羊述反謝私尹反樊本作[illegible]　堇音皇本亦作皇　卷施並如字施或作葹同　芴于閔反　芺字又作芙胡巧反又胡交反廣雅云根也　藕五口反　啖大敢反　荄顧謝音該郭音皆說文云草根也　列彼列反　韭音久　欔俱縛反　橐音託　華　荂香于芳于二反下同說文云草木華也　不榮而實者謂之秀　衆家並無不字郭雖不注而音義引不榮之物證之則郭本有不字

釋木第十四　之卜反說文云木冒也冒地而生也從中下象其根白虎通云木之言踊也陽氣踊躍

稻地刀反郭又他皓反　榎古雅反舍人本又作檟　楸音秋　栲音考郭姑老反南方志云櫄樗栲漆相似如一　櫄丑於反　桼字又作漆音七　柏音百　椈弓六反　[illegible]勁亮反下其九反　髡苦門反　梱五門反　椵徒亂反字林云木似白楊一名施　㮇弋支反　梅莫迴反　柟而占反又音南　杏戶猛反　酢七故反　柀音彼又匹彼反　煔字或

作杉所咸反郭音芟又音纖 棺音官 腐音父 櫠音廢 椵古雅反 柚羊又反

盂音于 皮厚户豆反又如字 枳諸氏反 杻女九反呂郭並汝九反 檍於力反字

又作億說文云檍梓屬也 棣大細反 飤因志反字林云糧也一曰餘也經典並止作食字借作飼音本

又作飯扶晚反本今作飼 車昌蛇反 輞音罔下同字林云轆也轆音渠 橿居良反 楙音茂

椋音良 棶力臺反埤蒼字林並作林云椋也本今作來 栵字林音例詩音同又音列 檽

字又作䄕音而毛詩草木疏云葉如榆木理堅韌而赤今人謂之芝檽也 槲胡木反本今作槲 樕

桑木反詩云林有樸樕毛傳云小木也或作棟同 庳音婢 樓戶郭反詩云無浸樓薪 梧必回

反本今作杯 柚羊又反字又或作櫾 條作樤 橙直耕反上林賦云黄甘橙榛是也榛音直奏反呂忱

云櫈橘屬 椄孫音袁又于眷反 柜謝音巨郭音舉 柳郭音邛又作柳良久反 栩香羽反郭

又音羽字林丑與反 杼謝嘗汝反施音佇孫昌汝反施或音序 柞子各反 菋音味又亡戒反

本今作咏 莖直之反舍人本作柢丁計反 著音儲舍人本作郁樊本作屠 誤 重直用

反又龍反 ■ 櫙烏侯反詩云山有櫙是也本或作藲同 莖謝大結反郭直基反 㯳孫子郎反

椲舍人本作韋樊本作榕同音羔 綦音其 朹音求 繫工系反本亦作繫樊本作檽工厄反

枓郭音糾又居幽反又音皎 聊音寮 檕苦計反又音奚 榼許合反本亦作醘 檀

大丹反 上山時掌反 斫章略反 殫音丹字林云極盡也又云斃也 梫字林音寢郭音

浸或初林反一音侵 枇房私反又音毗 杷步巴反 不著丁略反又直略反 棆音倫又致的反

[疒此]本又作[木疵]醉貲反字書云無[木疵]棆也 楩鼻縣反又婢衍反上林賦云楩枏豫章是也字指云楩木似豫

章 章本或作樟 椐音袪字林已庶反又音舉 樻起愧反又去軌反字林巨位反樊孫並云据樻

腫節可作杖毛詩草木疏云節中腫似扶老即今靈壽是也今人以爲馬鞭及杖弘農共北山皆有之 腫

之勇反 檉勑貞反 旄音毛 權音拳 諸慮如字施力積反字又作櫖力余反

櫐字或作藟音誄力永反下同 藤徒登反 麆七胡反本今作麤 欇郭音涉本

又作聶又作[耳栗]並同 虎呼戶反 莢古協反下同字林云草實也廣雅云豆角謂之莢周禮云墳衍

之地其植物宜莢物刺七賜反攡力輒反又餘涉反杞去已反枸音苟檵音繼杬

音元又作芫卵力管反檓況彼反椒字又作茮子消反楰郭音庾又音瑜梓

音子楓甫隆反說文云本厚葉弱枝善搖字林音方廉反欇欇之涉反攱音祁脂

音之寓木魚具反宛於阮反蔦音鳥或音弔說文或作樢字林云寄生也夷舍人

本作梀同櫟力的反梂字林音求舍人云櫟實名梂也孫云櫟實橡也有梂彙自裹郭同彙

音謂自裹音果檖音遂楔古黠反施音結櫻乞耕反廣雅云櫻桃含桃也禮記月

令云羞以含桃鄭注云今之櫻桃旄音毛字林作楙亡到反榹郭音斯又音雌解古買反

核胡華反下同休虛求反又作林痤祖禾反慮李如字施音驢駁字亦作駮

邦角反棗音早壺字或作樝孫云棗形上小下大似瓠故曰壺音胡瓠平故反要一遙

反注同字或作櫻櫅子兮反樲而至反徹本或作樧直列反皙思歷反下同

嗜時至反洗屑典反猗乙奇反又於寄反填音田本或作顛同蹶本亦作蹷

居衛反 泄 息引反 不著 丁略反下同 還 音旋郭云還味短咮字林作櫄一縣反 棯 音而審反又作荵同 櫬 初靳反下同 梧 音吳 樸 音卜字又作僕 枹 逋茅反注同 屬 音欲反 棫 于逼反 櫟 音歷 謂 舍人本作彙同 櫬采 七在反下並同 薪采薪即 薪 舍人引上句櫬梧來合在此句以謂字作彙釋云櫬梧者樸抱者櫬者其理也樸者相迫附也彙者莖也如竹箭一讀曰抱也櫬名采薪又名即薪樊引詩云薪是穫薪荆州曰柞木采木詩人不曉薪意言薪謂身即薪伐之也李云采薪一名彙櫬言即薪謂二薪也孫引詩云薪是穫薪薪一名彙櫬郭云指解今樵薪令依郭氏說 樵 字又作蕉祖蕉反字林云薪也案左傳云不蕉樹史記云樵蘇後爨師不宿飽注云樵取薪蘇取草 棪 餘[illegible]反山海經堂庭之山多棪木注云子似柰而赤可食 樕 音速 杙 音弋 阯 音止本今作趾 櫰 郭古回反字林下罪反又音懷 槐 音懷或音回 聶 之涉反合也 炕 郭呼郎反又口浪反顧云張也樊本作抗 槐小葉 郭讀槐為楸音秋或如字 榎 古雅反下同 皵 孫七各七各二反字或作皵下同樊云大者老也皵措皮也謂麤皵而老者為楸也孫郭云老乃皮麁皵者為楸本今作皵 楸 音秋 椅 於奇反郭云即楸也案椅與楸

唯子爲異耳梓字林音子桋音夷棣又作樣同山尼反郭霜狄反下同而岐巨伊反下同

好呼報反輞音罔本或作軔音刃又音如戰反本今作輞攢古亂反字又作灌音同叢木才公反本或作最

瘣郭胡罪反說文云病也一曰腫旁出也又音回苻婁謝力俟反施力俱反樊引詩云辟彼瘣木疾用無枝苻婁者尫傴內病磈磊無投也李云苻婁一名瘣木無枝木也尫烏皇反字書云傴也

傴紆禹反廣雅云曲也癭於井反字林云頸瘤也腫章勇反本或作瘇常勇反蕡扶云反孫苻粉反

藹烏害反菴於檢反枹音包遒又作遒子由反又徂由反說文云遒迫也謂叢攢迫而生

魁字亦作䰎謝苦罪反施苦回反瘣郭盧罪反施胡罪反磈本或作傀苦罪反磊本或作儡力罪反

棫音域字林于臭反桵本或作桵字林人佳反刺七智反梨字亦作梨

樆音離本又作離非辨音遍反又皮莧反葚音甚說文云桑實也本或作椹非字林竹心反

梔章移反下注同舍人云桑艸一半有甚半無甚名梔也樊本同桋大兮反或音夷楰以朱反枌苻云反

卻去略反著丁略反莢古叶反字林云草實也棣大計反下同字林大內反栘以支反字林上

泥反 夫核音荇 櫝古雅反與櫝同 荼音徒下同埤蒼作𣘻案今蜀人以作飲音直加反茗之類 茗

亡頂反 荈尺兖反荈𣘻茗其實一也張揖雜字云茗之別名也 樕音速 樸音卜本今作㯷 槲音斛

棧仕板反 干木古丹反樊本作杆同 殭居良反字書云死而不朽說文云僵僨也又作殭本或作 觡加客

反 檿烏簟反 車昌蛇反 輮音柔 獘婢世反字又作斃 神音申 踣蒲北反或作仆 甾

字林作椔同側吏反一音側其反 蔽必世反注同 翳音殪注同 蔭於禁反 樾魚逝反郭士逝魚例

二反 措七各反 散謝音鳥郭音夕 梢朔 擢直角反方言云拔也云抽也廣雅云出也小爾雅

云拔根曰擢 殺色界反又色例反 樅七容反 松字林象容反 大廟音泰 檜古活反又古外反

楫本又作檝子葉反又一音集 句居具反下同 喬阮孝緒音橋郭音驕下皆同 曲卷巨員反 朻

居虯反本又作樛同字林九糾反 曰苞如字本或作枹 篠先了反 娑素河反 柷章六反本今作祝

髦音毛 棘居力反 阿烏河反又於可反 那奴何反又奴可反 茱音焦本今作椒 樧所黠反字

林云似茱萸出淮南本草云茱萸一名樧案今樧極似茱萸唯子赤細 菉音求說文云樧椒實裏如裘也一音巨六反

一七七九

蒦所留反又所于反 茱音殊 萸以朱反 核何革反 華胡化反鄭注禮記云謂中裂不四析也

膽丁敢反 甊亦作甗同丁計反 樝側加反字亦作查 鑽子官反鄭上字祖端反 澀又作澁所立反

繚音了 檄形的反 擢直角反字從手 直上反時掌反 槓古牢反或作灌

釋蟲第十五本亦作虫案此篇是釋蟲依字虫音許鬼反類也並兩虫爲蚰音古門反蟲之摠名也三虫爲蟲直忠反有足者也今人以虫爲蟲相承假借用耳說文云虫一名蝮彖其形物之微細或行或飛或毛或蠃或介或鱗以虫爲彖案此文云有足謂之蟲無足謂之豸月令鱗毛羽介皆謂之蟲白虎通以聖人爲倮蟲之長自上墨下達燋蟔遞有異稱耳

螜胡木反 螻力侯反 蛄古乎反 夏胡雅反 小 正音征 蜚扶味反 蠦力胡反 蟨反孫甫反 盤字又作蟠蒲安反廣雅云負盤蟠也 蟅音章夜反 臭昌又反 蟥以忍反 衘以善反今又作尾反

蚰音由 蜒音延方言云宋魏之間蚰蜒謂之入耳字林云衍蚰 蚰由 蜒燕人謂蚰蜒爲蛆蚭上音女六反下音女其反

蜩直彫反下同 蜋音郎又 螗音唐 蟬示延反字林云蟪蛄也 蜋音良 螗唐 蟧郭音勞 蛈低反 蠽

蜻郭音情 蜻又音精 縣音玄 蠽子列反又祖節反本今作蠽 茅亦或作茅 蛗音

字林云去千反蜺五兮反呂郭牛結反蝑子羊反蜓謝徒頂反沈音殄施音亭蚞音木本或作沐非螇

音奚蚸昔歷蝭音提又音帝蟧力刀反字林同又力公反蟪音惠蛄音姑蛣起吉反蜣音羌

蜋音良蠍大敢反糞方問反蝎户葛反蝠起勿反蠹丁故反字林云木中蟲也

蠰郭音餉又音霜孫音傷齧五結反喜虛記反下同諸慮本或作蠦施音蠦一音力據反

奚相施音蒩謝息亮反舍人本作桑蜉音孚又音浮蝣郭音由本又作蝣謝音流渠略如字略或

作蟼音同陜乎夾反本今作狹豬好呼報反下同蛂謝音弗沈苻結反字林大替反蟥音黃郭音王本

或作黃蛢郭音瓶蠸音權輿音余父音甫下同字或作釜蝚如由反蛖武江反又亡工反或作駹

非螻來侯反蛇字又作施式移反又式豉反字林弋豉反強巨良反蛘郭音芈六婢反本或作芈說文作羊字林

作蛘弋丈反云搔蛘也不過本或作蝸字林古禾反謝古臥反蟷丁郎反蠰息詳反字林乃郎反螳音塘本今

作螗蜋音郎蜱音裨又婢貽反蛸音蕭蜅音博又補莫反蟭音焦字林子彫反蒺音疾字亦作

同藜音梨字亦作蟍蝍施音即移子逸反蛆子余反蝗華孟反下同字林音皇說文榮庚反范宣禮記音音橫聲

類韻集並以蝗㑊庚韻 腹音福 腦奴老反 蝝以全反字林尹絹反說文云劉歆說蚍蜉子也董仲舒說蝗子也何

休注公羊云即蝝也始生曰蝝長大曰蝝杜預亦云蝝子郭依董說 蝮孚福反郭蒲篤反 蜪郭音陶字林他牢反

翅式智反 [illegible]音捨 蚳直其反 蟋音悉說文作悉本或作蟋音瑟 蟀所律反詩同本或作蟀說文同

蛩九勇反 促字亦作趗七玉反 蜻子盈反本今作青 蛚音列廣雅云蜻蛚促織也字林云蟋蟀也本今

作劉 蟼郭驚景二音孫音京 蟆武巴反 蛙戶蝸反史游急就云蛙蝦蟇 蛝音閑 䗃郭仕板反字林仕免

反或仕簡反施仕嬾反 蠲古玄反說文云明堂月令腐草為蠲 蚐音均 馬 [illegible]文六反字林云[illegible]馬 蛗音阜螽

本或作螽音終下同 蠜音煩下同本或作蟠 趯他歷反 蝜音負字或作負 喓於遥反 蜤

本又作蟴詩作斯同音私支反 蜙字亦作蚣字林先凶反郭先工反說文思弓反 蝑相魚反郭才與反字林先呂反說文云蜙

蝑以股鳴 蚣本亦作蜙同烏公反字林云蟲在牛皮中說文蚣蜙為或[illegible]字息忠反 [illegible]寸東反字林云蝑[illegible]似蟒 舂黍

傭容反本或作蟜蟓 蟿音棄字林云口地反 螇音奚 蚸或作蚸郭音歷孫音昔 蠰音壤孫音囊字又作

蠰誤又思諒反或式尚反 谿苦兮反孫音奚 [illegible]字又作蚝竹宅反諸幼云蚝蚝蜢也善跳蜢音猛 螼羌引反 蚓

音引郭餘忍反說文以為螾字同 蜸苦顯反 蚕他典反 蜿於阮反 蟺音善廣雅云蜸蟺蚯蚓也

螼音蹇字又作寒 蚓郭許謹反殷仲堪許偃反 莫本或作蟇同武博反 貈本又作貉孫戶各反下同 螳

蜋說文云名所父 蛘郭音年字林云螳蜋也又亡牢反 斧音甫 虰音丁 蛵虛形反 蟧力刀

反本今作蟧 青本今作蜻 蛉力丁反字林云蜻蛉一名桑根 狐音乎 蜭戶感反 蛓七志反說文云毛蠹也讀

若笥案今俗呼為毛蛓有毒螫人楚辭云蛓緣兮我裳 蟔字又作螺亡北反 蛅字或作蚺而占反 蟴音斯

螫式亦反螫猶蠚也蠚火各反字林云蠚行毒也 蟠音煩字或作䗺 鼠負本亦作蝜一作婦亦作蝜音同

本草鼠負一名負蟠一名伊威一名委黍陶注云多在鼠坎中鼠背負之今作婦字如似乖理一名鼠姑 瓮烏弄反 底

丁禮反 蟫郭音淫又徒南反 蛃音丙 蛾本又作蛾說文同我河反 蠶徂南反下同 螒胡旦反字林作螒同

莎蘇禾反 樗耻豬反廣雅云樗鳩樗雞也 傅音付 負版甫簡反字亦作蝂 強其良反說文云籀文

作彊 蚚字林巨希反又下枚反郭胡輩反 捋力活反 蛶本或作捋郭音劣又力活反 螪音商失羊反字林之亦反 何

本或作蚵音河 螝郭音龜字林音潰施音愧 蛹音勇 蜆下顯反字林下研反孫音俱案俱字下顯苦見二反

益一賜反一幺絲音翳羽是反 意許記反本今作喜 經古刑反 蚍音毗 蜉音浮 螘魚綺反本亦作蟻俗

作蟻字音同案說文蟻羅也蟻或作蛾蠽俗飛蛾也並非蟻字 蛘以丈反郭云齊人呼蟻蛘也字林云北燕人謂蚍

蜉曰蟻蛘 蠪謝音聾郭音龍 朾本又作虰郭唐耕反孫丈耕反字林音丁 駮布角反 螱

於貴反說文字林從蚰 翄矢豉反又吉豉又 蚳直其反 蜃市軫反 醬子亮反 畫

本或作蝵郭音秋 鼅音知說文作鼅云或作蜘 鼄音誅說文云或作蛛 蝥音謀又音無說文作

蟊音茅云蠿蟊作網蛛蟊也以此亦爲蟊字 蝃或作蚰字章悅反 掇章悅反本或作掇拾字非 蠭本又

作蠭匹凶反字又作蜂說文云古蠭字字林云飛蟲螫人者 蟺音蟬又示■反蓋方言也郭音憚徒旦反 蟦扶味反又扶云反

蠐本又作齊祖西反 螬音曹 蝤祖秋反 蝎音曷 蛜音伊本今作尹 威委今爾雅本

旁或並加虫並如字 蟰音蕭詩作蕭同悉婦彫反或音肅 蛸所交反說文云蠨蛸長股者 踦郭云音崎

蝹之崎柣宜反字林巨綺反或居綺反廣雅云踦脛也字從足虫旁作者非 蛭郭豬秩反施徒結反 蝚

如由反 國貉戶各反 蠁許兩反說文云知聲蟲也司馬相如作蚴字 蛹音勇

蠖杜略反字林一郭反 蚇音尺易云尺蠖之屈以求伸也亦作尺 即子逸反虫又音即 蠀子六反字

求云蝍蠀蚇蠖 果本又作蜾又作蝸同工大反 蠃魯果反 細要一遥反本今作要胥 蠮

於結反又於計反 螉烏紅反廣雅云蠮螉土蜂也案今俗呼細膂小蜂爲蠮螉在物中作房用土爲隔非上蜂也

螟亡丁反 蛉力丁反 蝘音萬 蝎音曷 蛣去一反 蝠立勿反 螢戶扃反本今作

熒 熠音服 肌居疑反 蠿字又作蠽音計 蚅烏革反 螐音烏又作烏 蠋音蜀說文

云奏中蟲也郭云大蟲如指似蠶也 蠓莫孔反下同 蠛亡結反 蜹人鋭反字林人劣反又作蚋字

同秦人謂蚊爲蜹 蛈大結反字林抶音秩 蝪字林音湯或音蕩又音唐 蛭丁結反 蟷丁郎反

蟓音象 蠒古典反 雔市由反本今作雔 樗恥余反 棘居力反 欒力丸反

蚢戶剛反 蕭先條反 翥于據反 罅呼暇反本今作罅 剖普口反 奮

甫問反 迅音信又音峻 強其良反 捋力活反李孫云以口捋其翅郭云以腳自摩捋 蠭

醜李孫郭並屬讀而謝乎逢反施作螽音終案上有螽醜奮依謝爲得 螸亦作蝓羊朱反說文云

垂陵 朕羊朱反 蠅餘仍反 扇如字說文作蝙云搖翼也音同 螟亡丁反蟲食苗心者說文
云蟲食穀葉者吏冥冥犯法即生螟 蟘字又作蟘又作貣同徒得反蟲食葉者說文云蟲食草葉者吏
乞貸即生貣 蠈音賊本今作賊 蟊亡侯反本亦作蛑說文作蟊蛑古蟊字云吏抵冒取民則生蟊
也字林蟊音亡件反 豸文爾反無足者說文云獸長脊行豸豸欲有所伺殺也

釋魚第十六

字又作魚說文云魚水蟲也

鱣張連反郎黃魚也 鱏音尋又音淫字林云長鼻魚也重千斤 頷戶感反 行戶郎
反 鰋音偃白魚 額魚格反本今作額 鮎郭奴謙反舍人本無此字 鯷音提字林云青
州人呼鮎鯷 鮧大兮反說文云大鮎也陶弘景云今人並呼慈 鱧音禮字或作鱺又作蠡同廣雅云鱺
鰑鮦也本草作蠡云一名鮦魚陶注云今皆作鱧字舊言是公蠣蛇所變今亦有相生者 鮦大勇反 鯇
華板反郭胡本反字林下短反 鯶胡本反又下短反一本作鯇本反 鱒才損反 鯊本又作魦
音沙詩云魚麗于罶鱨鯊 鮀徒何反 鮂祖秋反 鰦音兹 鰷音條本亦作鮋音由又直留反

音習鰼音秋郭云泥鰌也字林云似鱣短小也泥乃兮反鰹音堅鮦音童又逐拱反鯇

大活反小鱧音禮又力知反魾蒲悲反或音丕鱯下化反一音獲字林下號反鮡音兆

又音姚鰝郭音鄗戶老反鰕戶加反數尺所主反酆芳弓反鯤音昆鱀

其冀反字林作鱀音既云胎生魚是本或作鯷非鱁音逐本亦作逐鰿七各七略二反本今作䱜

鱏尋淫二音鮪居六巨六二反字林云魚有兩乳出樂浪一曰出江說文同喙香穢反膏

音高鮐他來反啗大敢反鱦郭音繩顧音孕本或作鮣同鮥郭音洛字林作鮥巨

救反叔字林作鮛同書育反鮪于軌反字林于九反或曰即鱏魚也似鱣而長鼻體無鱗甲鱣知連反

以上時掌反鮥具救反又徐秋反似鯿而長三尺字林作鮥音格云當魱也顧作鮥同魱郭音胡一音互

鯿字又作鯾方仙反字林云魚也案魚似魴而大腴細而長鯁工杏反說文云魚骨也字林工孟反鮤

音列顧閭結反鱴亡節反刀字亦作魛字林云刀魚飲而不食鮆徂禮反又徐爾反字林云刀魚

也才豉反字或作鱭鱊郭古滑反字林于一反沈音述又音聿鮬郭音步字林丘于反施蒲悲反鱖

音廞本亦作廞字林凡綴巨月二反鯞音酉反本或作帚鮒苻付反廣雅云鰿也音積字林子狄反
鱵字或作鱵許韋反魵苻云反又苻粉反顧孚粉反郭云小鰕別名鰕下家反字或作蝦
邪羊嗟反鮅音必字林云魴也鱒才損反說文云赤目魚一音仕轉反或直轉反鯶呼本反魴
字林音房云赤尾魚魾音丕又音毗鯿必連反鯬力兮反又音黎廣雅云魾鯬鯠郭音來埤蒼云
鯬鯠魾也字林作鯠音七蜎郭狂兖反字林一全反又一兖反蟲貌也一曰蟲也蠉郭香兖反呂火全反
蛣古節反又音吉或五結反蟩居月反孑紀列反字林云無右臂古熱反孓九月反字林云
無左臂也廣雅云孑孓蜎也蛭沈呂豬秩反謝豬悌反一音之逸反本草謂之水蛭一名蚑一名至掌案說文
今俗呼為馬蜞亦名馬耆即楚王食寒殖所得而吞之能去結積也蚑蜞同音其然釋蟲已有蛭蝚至掌郭云未詳
依本草即是水蛭也蟣郭音祈字林云齊人名蛭也本草又作蚑科苦禾反字或作蝌斗樊孫
云科斗蟾諸子也郭云蝦蟇子活東如字謝施音括舍人本作顆東蝦音遐蟇字又作蟆音麻
魁苦回反郭云狀如海蛤案本草海蛤一名魁蛤又有魁蛤一名魁陸一名活東並生東海說文云蛤有三皆生

於海蛤厲千歲雀所化秦人謂之牡厲海蛤者百歲燕所化也魁蛤一名復累老服翼所化從子容反本今作

縱蚶火甘反字書云蚶也出會稽可食蜪徒刀反蚅於革反鼁起據反鼀音秋

蟾音占蠩音諸本今作諸蚥音甫又音扶甫反黽莫幸反耿耕幸反蛙戶媧反

鴨於甲反蜌步禮反又扶氏反字林小蛤也螷謝步佳反郭毗支反字林作蠯沈父幸反施蒲鯁反

本今作螷蚌步項反本或作蜯下注同陜平夾反本今作狹蜃字又作蜄市忍反字林雉入海所化

也鼈字又作鱉畀滅反能如字又奴來反龜字林古追反字又作龜賁謝音奔又音墳

顱彼義反羨似面反蚹音附一音扶卜反蠃力禾反下同注作螺字亦同螔余支反又音斯

蝓羊朱反蝸牛工花反或工禾反蜬本又作函顧古含反又呼含反下同謝音含螺力禾

反䝧音張又音帳杯布迴反螖音滑字林音骨蠌音澤字林大各反蟧力刀反

埤避移反蟚音彭本今作彭珧餘招反山海經云激女之水多蜃圻郭注云蚌屬也字書云玉珧肉

不可食唯杜可食耳衆家本皆作濯低丁兮反謝如字衆家本作射弇古奄字又作揜於檢

反果衆家作裹唯郭作此字獵力輒反左倪五計反亦有本作睨下同不類

力愧反又力魏反俾普計反下同本个作庳贆字亦作猋方遥反魧謝戶郎反郭胡黨反字林

作蚢云大貝也又口莽反車輞音罔鰿郭音蹟字又作鯖字林音績貽顩餘之反本又作䞇他來

反字林作蛤云黑貝也大才反蚳直其反字或作貾同泉如字本或作蟓蚆普巴反郭音巴字林同云

贏屬而頯也博布莫反頯郭臣軌反顧又巨追反蜬郭求隕反又丘筠反汙音烏蟦

施音蹟郭音責沈音積本或作鰿又作責又作鰿音皆同樍他果反狹而長也陜平夾反蠑

音榮本或作榮螈音原字林作蚖五九反云蠑蚖蛇醫也說文同蜥先歷反蜴音亦說文字林作易

云在辟曰蝘蜓在草曰蜥蜴案東方朔云非守宮即蜥蜴是二物也方言云秦晉西夏謂之守宮澤中日蜥蜴南楚

謂之蛇醫或謂之蠑螈蝘烏典反蜓徒典反字或作蚙蛈大結反說文云蛇毒長也蝁烏洛

[illegible]反蝮芳福反螣直錦反字又作朕螣字又作䲢又作螣並同徒登反字林云神蛇也慎子云螣

蛇遊蟒音莽字林云大蛇也蝮字亦作蝮芳服反又亡六反此蛇色如綬鼻上有針大者百餘斤又一名

反鼻孔 鼻 虫 即虺字也虚鬼反說文云上一名蝮博三寸首大如擘字林同舍人亦云蝮一名虺案蝮大虵非虺之類故郭云別自一種蛇名蝮虺本今作虺 博三寸 博廣也謂身廣三寸 首大如擘 甫革反劉昌宗音薄歷反孫云頭如拇指郭注三蒼云擘大指也案手足大指俱名擘也 一種 章勇反

鯢 五兮反 鰕 音遐 鮎 乃兼反 猴 音侯 狗 音苟 枕 之甚反 篆 丈轉反

印 一刃反 腸 音長 去 羌呂反 盡 子忍反 涪 音浮 緣 悦絹反 璹 音疇

蝳 字又作蝳音代或作徒妹反 瑁 字又作帽音妹 蛸 字又作蟰子移反或子隨反 蠵 以規反或下圭反字林云大龜似猬也 攝 謝之涉反郭祛淡反施之協反 折 之舌反 解 音蟹 好 呼報反 食 嗜 遺 唯季反 我 籧 舌制反 蓍 音尸 叢 才空反說文云草聚生也 見 音現 筴 初革反本今作策 傳 直戀反 之 覤 昌慮反

釋鳥第十七 說文云短尾羽衆禽揔名也案此文云二足而羽謂之禽禽即鳥也

隹 如字旁或加鳥非也 鳺 本亦作夫字林甫于反 鴀 本亦作不同方浮反方九一反夫不楚鳩也

鴀音浮又音乎 鶌居勿反 鳩九牛九反 鶻音骨 鵃竹交反或竹牛反字林云鶻鵃小種

鳩也毛詩草木跡云斑鵻也桂陽人謂之斑隹 鳲音尸字又作鳸 鴶郭古八反字林音吉 鵴居六反一

䨥戶郭反 鶪吕郭巨立反施音□下同 鵧謝符悲反郭力買反符尸反字林父佳反 曰郊字

本或作鳴 鴡本又作睢七徐反 鵰音彫 鶚五各反 好在呼報反下皆同 鷙本又作摯音至

有別彼列反 鵅古客反注同 鵋巨記反本亦作忌 鶀去其反本亦作欺下

欺老同本今作鵂 鵂音休 鶹音留 鉤古侯反本今作鴝 鸜側其則事二反 鵵他故

反本亦作兔同 鵌音立 鷚字又作鷚郭音繆亡侯反說文力幼反孫音流又丘蚪反 鷸予若反說

文作蘥 鴳音晏又一練反 鶉音淳綢音禱 鵱音六 鷜郭力于反謝施力侯反 鵝

字亦作鵞五河反 鶬音倉字林丁羊反 麋音眉字林作鶥音同 鴰古活反說文音刮 鵒

音浴 鸔郭音駮字林方沃反孫音暴 鶂五歷反又五結反水鳥也春秋云六鶂退飛過宋都是也 頸

吉郢反 駮布角反 鴚郭音加說文音柯廣雅云鴚鵝鶃也 鳧音扶 鶩音木 鵯

鳧字又作鴨一甲反 鳽郭五革反字林音肩 鵁音交本亦作交 鶄音精本又作精 以厭

冉反 鸒音餘樊孫本作鷽 鵛古形反本亦作徑 鵜音徒 鶘大兮反 鴮毛詩

傳作洿同音烏郭火布反 鸅音澤毛詩傳作澤 鶘音胡 淘大刀反 鶾本又作翰胡旦反樊

云一名山雞 鷽郭音握又音學又才五反字林乙笠反 鵲本亦作鵲七約反 柴子隨反字或作

觜廣雅云口也 鷏音經 負字或作鴭同房九反 鷂以照反字林云鷙鳥下同 鶨呂郭丑絹反孫

敕亂反 鳹巨炎反字林云句喙鳥 鳸說文作雇籀文也左傳詩並作扈同音戶 鴳音晏 竊

音切 脂音之 鳭丁堯反 鷯力小反 剖普口反 鷦子遙反 雌字或作鵙同七

移反 鵹本又作鵹謝五蓋反呂郭音乂 䳱亡小亡消二反字林云澤雀 鶠音偃 鳳郭云瑞應鳥也

雞頭蛇頸燕頷龜背魚尾五彩色高六尺許說文云神鳥也天老曰鳳象麟前鹿後蛇頸魚尾龍文龜背燕頷雞喙五色

備舉出於東方君子之國翱翔四海之外過崑崙飲砥柱濯羽弱水暮宿風穴見則天下大安寧毛詩草木疏云雄

曰鳳雌曰皇一名鶠其雛名鸑鷟或曰鳳一名鸑鷟鳥其形鴻前鹿後蛇頸魚尾龍文龜身燕頷雞喙首戴德頸揭義

背角仁翼挾信心抱忠足履正尾繫武非梧桐不棲非竹實不食朝鳴曰發明晝鳴曰上翔夕鳴曰滿昌昏鳴曰固常夜鳴曰保長得其鳳象之一則過之二則翔之三則集之四則春秋居之五則爲身居之 皇 本亦作凰 瑞

鷹 音膺 頸 吉井反 頷 乎感反 鶺 詩作脊同精益反本今作鶺 鴒 詩作令同力丁反 雝 於恭反 渠 字或作鶏 鸒 弋庶反毛詩傳云鸒鵯鶋雅烏也小雅云小而腹下白不反哺者謂之雅烏說文字林皆云楚烏也一名鸒一名鵯鶋秦云雅烏 斯 本多無此字案斯是詩人協句之言後人因將添此字也而俗本遂斯旁作鳥謬甚 鵯 音匹 鶋 音居本或作居 燕 於見反象形字或加鳥者非 匃 脰

音豆 鴽 音如 鴾 字或作牟音謀 母 如字李音無舍人本作蕪 鵪 烏南反 鷂 音密本今作密 肌 音飢 繫 音計 鷖 音英本今作英 誤 重 直用反 巂 户圭反說文云周也蜀王望帝淫其相妻慙亡去爲子巂鳥故蜀人聞子巂鳴皆起曰是望帝也 鳦 音乙本或作乙或音軋 鳦 尺之反或作鴟 鴞 于驕反 鸋 音寧又音甯 鴂 音決鸋鴂今之巧婦鳥 狂 如字本或作鵟 茅 本或作薅 鳻 字又作䲡云項反又云江反字林云䲡也亡董反廣雅云茅鴟鳩也 鷹 於陵反 怪

古拜反 梟 古堯反 鶛 音皆又音界 劉 字或作留音留 哺 蒲路反說文云尸中哺食也

鷇 謝苦候反字林工豆反郭音同又古互反鳥子須哺而
食者燕雀之屬也史記云趙武靈王探雀鷇而食之是

也 毋食 本或作飤同音飼 噣 竹角反義當作啄 雛 字林云雛子也匠于反又仕俱反鳥子生

而能自啄者禮記云雛尾不盈握不食是也字或作
鶵同或云仕俱反者是鳥子也匠于反者為鳳類也 爰 亦本

作鶢 居 本或作鶋同李云爰居昔袁海鳥也樊云似鳳皇 雜 字亦作雜 琅 音郎 邪 以差反

駒 音俱 鳸 音戶 鴞 本亦作分同扶云反或芳云反 鶞 勑倫反本亦作鵻 藍 力甘反

行 如字 唶唶 說文亦借字也一云大聲也莊百反子夜反又子亦反廣雅云唶唶鳴也 嘖嘖

莊革反廣雅云鳴 鴔 彼及反郭房汲反字林方立反 鵖 皮及反郭北及反字林房立反
也說文云嘖呼也

又音 鵀 本亦作紝女金反施汝沁反方言云戴鵀一名戴南一名戴勝 勝 尸證反 鶝 皮逼反
伏

鶝 音逼又音福 鶔 本或作鶔說文作鶝子因反 澤虞 字林作鸅鸅音同 婟

戶故反下同說文云嫪也廣雅云婟也聲類云婟
嫪戀惜也字書作嫪一本作婟皆同嫪力報反 鶿 音慈字林

云似鵖而黑 鷧郭懿翳二音字林英莅反 觜子髓反 鷯字林力彫反 鶉順春反

鶛音皆 牝毗忍反舊扶死反 庳婢支反施音婢郭音卑 鵪烏含反 鸍郭音

施尸支反字林云支反 沈直今反 鴢謝烏卯反郭音杳字林音幼 頭字或作投 鵁本或

作鵁郭音髐虛交反又音交 箭子賤反 脚 近附近之近 鵽貞刮直活二反 寇

苦候反 鴿古合反 歧音祁 憨呼濫反字書云愚也 漠音莫 萑音桓 鶟本又

作莵音兔 鵵徒忽反本亦作突 胡字或作鶘 鵟音狂本今作狂 鸏亡貢反 摶

徒端反 黍音暑 鷸聿述二音左傳云鄭子臧好聚鷸冠即翠鳥毛也 紺古闇反 鸀

濁蜀二音 穴 乳如注反下同 蝙音邊 蝠音福 蟙章弋反 䘃亡北反 晨

如字本或作鷐 鸇之然反說文止仙反字林巳仙反 鷂羊召反 鴪戶橘反字林云鴥飛貌

鸉音楊 鷢巨月反說文云白鷢王雎也字林同 鷹於陵反 鴩音逸 鷏田眞

二音 蟁本或作鴖郭云皆古蚊字音文案說文蟁正字蚊俗字或作蟁字林亡巾反 鸔布角

鷉他兮反字或作鷈　鸁力戈反　鷿蒲歷反今作鸊　鎣鳥瞑反本今作鎣瑩磨瑩

也　鼯音吾或作鼯　由字或作鼬　狐音平　頊平講反　脅許業反　喙許穢

反　人呼火故反　上高時丈反　倉庚商庚本或旁皆加鳥　鵹音離

鴩大結反說文音吐節反奎今作鴩　餔音步字或作鵏　敊如字本今作敊　來鳩來字或作

鶆郭讀作爽所丈反眾家並依字樊云來鳩鶆鳩也字林作鶆音來云鶆鳩鷹鷹也　爽鳩本或作鷞

鶼鶼古恬反眾家作兼兼李云鳥有一目一翅相得乃飛故曰兼兼也　鵹詩傳作離謝

同力知反施音黎說文作鵹云其色黎黑而黃也文釋云離黃倉庚也鳴則蠶生字林作鵹力兮反毛詩草木疏云

黃鸝留也或謂之黃栗留也幽州人謂之黃鸎鷪一名倉庚一名商庚一名鵹黃一名楚雀齊人謂之摶黍關西謂之

黃鳥方言云自關而東謂之倉庚關西謂之黃鸝留也　鴷音列　斲陟角反　鵻章誰反

寸所主反　鷇郭古狄反字林工子反　鶶音唐　鷵音徒　鸕謝力吳反施力魚反

鷺音路毛詩傳云白鳥也字林音盧　舂舒容反　鋤字又作鉏仕居反　翰音汗　睫

一七九七

小大自異字

字又作䏚音接說文云目旁毛也三蒼云皆毛也𪆫力知反縷西雷反又西禾反鷂雉音郭

遥下同鷮音驕鳪音卜郭方木反又方角反鷩謝必滅反郭方世反呂秩秩

本又作失失謝持乙反施音逸鸐音秋本又作翟又音濯雗戶旦反字又作翰鵫呂郭音罩陟孝

反又音卓鵫音白本今作白鬭丁豆反又丁候反翬音暉𠷎本或作鶹直留反郭徒留

反字秋安知反鶅側其反鵗音希鷷郭音遵謝祖尊反鵌音途鼵突徒忽反

鵽丁刮反牝毗忍反牡音母鸛音歡鷒音徒端反鶝音福字亦作福鶔

而由反本亦作鶔柔或作蹂音同鵲七藥反射之食亦反注同墮字又作隋徒課反字書云

古以為懈惰字羿五計反古之善射者言此鳥捷勁雖羿之善射亦懈惰不敢射也故以名云鶪古闃

反字林𤕟子工反字林作工役反羽𤕟音子弄反竦思勇反上下時掌反鳶悅專反字

亦作鳶鷹字或作應隼西尹反本或作鶽案隹即鳥也無勞更加蹼本又作蹼音補木反有

幕亡博反蹼屬章欲反相著直略反踵章勇反聲類云足跟也

企去豉反字或作跂　跟音根釋名云足後曰跟　縮所六反　亢胡郎反郭云咽也倉人云鳥高飛也　嚨力東反樊云亢星鳥也嚨嚨亢鳥之頸也郭云嚨謂喉嚨舍人云嚨嚨財可見也　喉音侯蒼頡篇云咽也　咽於見反說文云嗌也又於賢反　粻音張　嗉音素　之處昌慮反　鶉音純　鳩音文　鴽音如　鸋音寧　鵪烏含反　雛仕俱反　鷚力救反又力求反說文作雡云鳥大雛也一曰雉苗暮子也字林力幼反　少雞詩照反下文同　別者彼列反　長醜丁丈反　鶹音留　鷅音栗本亦作栗　留離詩字如此或作鶹離後人改耳　鵅音鍩　鸔工鍩反又午鍩反字林云鶬鶻似伯勞而小　鵹力号反又力知反

釋獸第十八

叔又反說文云獸守備也一曰兩足曰禽四足曰獸案此文云四足而毛曰獸

麋亡悲反字林云鹿屬也以冬至日解角　牡音母　麔其九反　牝毗忍反　麎郭音辰又昔腎字林上尸反　麌於悲反又於老反麋子也一曰少長曰麌　長丁丈反　麛音迷本或作麑音同　跡子益反字或作迹又作蹟音訓並同　蹥郭直連反又持展反方言云蹥䟲也歷也

行也 麚 音加 麀 於牛反 ⿸鹿速 素卜反本又作速字林云鹿迹一曰速鹿子 麉 郭音堅又音牽又音磬

麕 九倫反本又作麇亦作麏說文麕籀文麇字林云麇麞也又九文反 麌 作麌魚矩反字林音吳 重言 直用反 麜 音栗 麆 音助本亦作⿸鹿助同 解 音蟹施佳買反

豣 郭音與上麉字同顛五見反又古典反 狼 音郎字林云獸似犬 貜 字林子九反

獥 胡狄古狄工弔三反 迅 音信又音峻 兔 字又作菟湯故反 嬎 匹萬反又匹附反本或作嬎數萬反

䨲 字林云兔子也乃俱乃侯二反 迒 音剛又戶郎反諸詮之云兔道也阮孝緒云獸迹也 欣 如字本或作忻

豬 張魚反說文云豕而三毛叢居者 彘 直例反字林云豕後蹄發謂之彘小爾雅云彘豬也方言云關東西謂之彘或謂之豕

豨 虛豈反字書云東方名豕也一曰豕足也 ⿰豕青 羊箠反本今作⿰豕青 豶 苻云反謂犍猪犍音九言反 幺 烏堯反字林云小丸施於選反 幼 伊秀反 豚 大昆反

奏 七豆反本或作湊下同 豱 音溫 腠 七豆反碑蒼云腠膚理也 蹙 子六反 豵 子公反小爾雅云豕小者曰豵字林云豕生六月也一曰一歲曰豵 橧 辭陵反舊本多作繒帛字非方言作

木旁蓐音辱蹢丁歷反蹢也本今作豴豥工開反字林下才反或户楷反蹄音一啼刻

音克豟於革反豝百麻反牝豕也字林同又一曰二歲豕虦字又作戲謝士版反或士簡反施士

嫺反沈才班反郭昨閑反字林士山反貓云朝反貘云白反字林云似熊而白黄出蜀郡一曰白豹豹

必孝反字林云似虎貝文熊音雄庳音婢駮布角反鉇音舐本今作舐鐵佗結反

髓素累反辟濕必亦反甝字林下甘反又亡狄反虪式六反本今作虪秭

音姊鼸户覽反下同貀本又作豽女滑反字林云獸無前足似虎而黑召市照反種章勇

反鼳本多作昊經文既云鼠身宜從鼠音古闃反驢力居反子狗古口反本或作豿沈施火

候反注同鼸本或作㺂同五咸反捕音步購古豆反贖也貍力之反字林云伏獸似貙貗

以世反施餘棄反衆家作肆又作肆沈音四舍人本作隸豾字或作狉房悲反一音丕字林云貍也貈

乎各反字林云似狐善睡本作貉云白反字林云北方人也非獸也貆音桓又音懽獿字又作[illegible]同乃

老反字林云雌貈貁烏郎反貄山吏反字林云貅謂之貄廣雅云貄貅也貅音餘救反貒他官反說

文字林云獸似豕而肥　貗郭其禹反字林力丁反　豚音屯本又作肫　貛音懽　貔音毗字林云豹

屬出貉國一曰白狐毛詩草本疏云似虎或曰似熊一名執夷一名白狐其子爲豰遼東人謂之白熊　狐如字說文云祆

獸也鬼所乘有三德其色中和小前大後死則首丘　豰本又作𣫭火卜反又虎枓反　麝食亦反字林音射云

如小鹿有香李本作澤云澤父獸名　父音甫下同　麇九倫反本或作麏　豺仕皆反字林云狼屬狗足

貙丑于反字林云似貍而大　獌本亦作貓音萬又亡姦反或云半反字林音慢云狼屬一曰貙也　豻郭音

岸字林下旦反云胡地野狗本又作犴說文或豻字陳國武音子虛賦苦姦反解云胡地野犬似狐黑喙　羆音碑　憨

呼濫反　貑音加　麢力丁反陶弘景注本草云今出建平宜都諸蠻中及西域多兩角者角者爲勝角甚多節蹙蹙

負繞別有山羊角極長唯一邊有節節亦蹙大而不入用羌夷云只此名麢羊甚能㘸峻短角者乃山羊亦未詳其正　麠

音京本或作麖同　麃步交反郭云即麞也張揖同字林云麞屬　郊　雍於用反　麞音章　麐

字又作麎音几　旄亡報反　貜乃牢反或乃容反字林云多毛犬也　䰩徒回反字林云獸如熊黃而小　[illegible]

七奴反　猰字亦作猰或作𤞞諸詮之烏八反韋昭烏繼反服虔音鹥晉灼音內言鰌案字書鰌音噎　貐字或

作䆿諸拭弋父反韋昭餘彼反詮之以主反字 狻先官反 麑字又作猊牛奚反 犎音封 曰

走而一反 鷮本又作鷸同户圭反 騏音其 茸而容反 獂魚袁反又五丸反字林云 猶羊周羊救

野羊大角 犄字或作𤛗他果反下同 麐字林力人反本又作麟牝麒也一音力珍反

二反字林弋又反說文云玃屬也一曰隴西人謂犬子也尸子云五尺大犬也舍人本作鬻郭音育 麃音几 上

尌時掌反 貄本又作肆亦作肆音四 脩音羞 毫户高反廣雅云乾謂之毫本或作豪

音同借用也 兕本又作兕徐履反 犀音西俗作犀非 庳音婢 彙本或作猬又作蝟亦

作彙同音謂 毛刺七賜反 狒狒字又作𥴘或作𡟵同說文云周成王時州靡國獻𥴘𥴘人身

反踵自笑笑則上脣弇其目食人北方謂之土螻讀若

費費一名梟陽今依許扶味反沈音沸郭𤎬昧反又音

𤟥郭云俗呼曰山都案相傳云此獸人面長脣身有毛好

食人得人則笑而脣覆其面人亦因水獲之故左思吳都

賦云𤟥𤟥笑而被格是也 被髮皮義反 梟力堯反 脣音純 蹯音煩說文作番古文作𨆌音

煩案蹯掌也左傳云宰夫胹熊蹯不熟殺之是也 狃女九人九二反說文云獸足蹂地也古文爲蹂字林或作

狃䖕呂慮反蒙莫東反猱奴刀反本或作獶郭女救反蜼餘水反畜許六反捕音步
勝尸證反貓音苗獮音獮猴音侯貜音求本今作蠼善援音袁引也猶
玃字亦作玃俱縛反說文云大母猴也父音甫豭本或作貑音古牙反眄亡見反脊音積泥
奴細反麔音咎麚音加脰音豆䝏胡犬反獷虢猛反豦音據騇而占反
鬣力輒反擿人字又作擲直戟反蜼音誄字林余繡反或餘季餘水二反卬五剛反又
魚兩反數所主反尺獺敕鎋反又勑末反歧音祁自縣音玄捷才接反
乘本或作乗事陵反峰芳逢反本今作峯猩音生郭云人面豕身能言語又云狀如貛豘聲
似小兒啼案禮記云猩猩能言不離禽獸是也而好如字又呼報反唬杜奚反作嗁同磎音溪
本今作谿阯音止豚徒門反字亦作豘字林云小豕也說文作豚云篆文也闕其越反又如字泄息列反多
狃女九反寓屬魚具反舍人本作麌孫五胡魚句二反下如字鼢字亦作蚡扶粉扶云二反說文云地中行鼠伯
勞所作也一曰偃廣雅云鼹鼠鼸下簟反孫云鼸者頰裏也郭云以頰
也字或作䶇同方言謂之犁鼠䶌內藏食也字林云即鼢鼠也

頰古協反 鼷戶雞反字林云小鼠也郭云有螫毒者博物志云鼠之最小者或謂之甘鼠案春秋食郊牛角者是也 螫音釋 鼶私移反又徒奚反 鼬餘又反字林云如鼠赤黃而文 鼦字書云古貂字也音彫 啖大敢反 鼪音性莊子云騏驥驊騮捕鼠不如貍鼪郭音生 鼩音劬 鼱音精字林云鼱鼩鼩李云一名鼷鼠 鼨將容反 鼭音時 鼣字或作鼣苻廢反舍人云其鳴如犬也 鼫音石孫云五技鼠也字林同案蔡伯喈勸學篇云五技者能飛不能上屋能緣不能窮木能泅不能渡瀆能走不能絕人能藏不能覆身是也許氏說文亦云然或云即螻蛄也郭云大如鼠頭似兔尾有毛青黃色好在田中食粟豆關西呼為鼩鼠見廣雅 鼩郭音雀將略反字林音灼云鼩鼠出胡地鼠即雀鼠也郭注本雀字或誤為瞿字沈旋因云郭以為鼩鼠音求于反非也 瞿音劬 鼤音閱又音文 鼨音終又徒冬反說文字林皆云豹文鼠也 鼮徒形反又大侯反郭云文彩如豹也 終軍漢書云終軍字子雲濟南人初入關棄繻而去至長安上書拜為謁者給事中使南越為呂嘉所殺死時年二十餘故世號之終童 鼳古闃反郭音覡戶狄反 覡何狄反 齝謝初其反郭音笞 嚼字若反廣雅云茹也字書云咀也說文以為噍字 齛郭音泄息列反一音曳埤蒼云

羊糗也張揖音世解云羊食已吐而更嚼之齝丑之初其二反字齝或作笞書以爲古齝字齸於亦反埤蒼云鹿糗又音翳咽於見反又於賢反齣客加反又齣反素音素又私路反裹音果處昌盧反下同嗛下簟反貯丁呂反字林云積也釁許靳反撟几小反又巨小反說文云舉也伸音申夭於表反鰓西才反狊古闃反翄申豉反本或作翅又作翨音同或吉豉反案周禮有翨氏是也

釋畜第十九許又反本又作嘼音同字林云嘼產也說文云嘼牲也經典止作畜字禮記左傳皆云名子者不以畜牲左氏又云古者六畜不相爲用是也案釋獸釋畜二篇俱釋獸而異其名者畜是畜養之名獸是毛蟲摠號故釋畜唯論馬牛羊雞犬釋獸通說百獸之名

騊大刀反駼大胡反山海經云有獸狀如馬名騊駼青色字林云北狄良馬也一曰野馬也瑞應圖云幽隱之獸也有明王在位即至出塞悉代反駮力角反山海經云可以禦兵倨本亦作居同紀慮反牙五加反騉古門反本亦作昆蹄徒兮反字或作蹏研五見反又五堅反本或作豣善

陞音升今亦作升甗郭音言又魚輦反字林牛建反云甗也舍人云跟蹄者涸蹄也研平也謂蹄平正善
陞甗者能登山㠑也一云甗者陂也言騉善登高歷險上下於陂李云騉者其蹄正堅而平似研也顧云山嶺曰甗孫同
郭云甗山形似甑也上大下小騉蹄蹄如研而健上山甑子孕反健上時掌反苑於遠反騉
駼枝蹄趼善陞甗舍人云騉駼者外國之名枝蹄者枝足也李云騉駼其跡枝平似趼
亦能登高歷危險也孫云騉駼之馬枝蹄如牛而下平郭云騉駼亦似馬而牛蹄也驪力知反字林力兮反說文云深黑色
馬綠耳力玉反本或作騄駬同駥而充反本或亦作戎膝音悉字又作厀馵字林之樹反
式喻反下同骹苦交反字書作跤同云脛也郭云膝下驓辭陵反或辭登辭亘二反蹢丁歷反毛
詩傳云蹢蹄也踏徒臘反騱音奚郭又音雞舍人本作雞翑郭音劬又音矩舍人本作狗踦
郭去宜反顧居綺反驤息羊反駵音留字或作騮說文字林云赤馬黑毛尾也毛詩傳云赤身黑鬣曰駵
騵音原跨口化反或口故反蒼頡篇云兩股間驈字或作䮠字林于必反顧餘橘反郭音術阮于蜜反髀
甫爾反又步啓反下同說文云股外也驠於見反竅苦弔反騴一諫反袾音誅駺

本多作狠同音郎　的字林作馰丁歷反云馬白顙也一曰駁　顙息黨反又桑反　縣音玄　壼

戶耕反　漫莫干反　顱字書作顱力胡反謂額顱也　徹直列反　駹武江反　宜

蘖字又作乘施市升反謝市證反　樂音洛　相息亮反　肘竹九反　減陽古湛反本

或作戰　幹古旦反　茀音弗　闋苦穴古穴二反　廣音光本或作驥同　別彼列反

駹郭寃允二音字林云馬逆毛也　騋力才反周禮云馬七尺也　牝頻忍反下同　驪牡孫注

改上騋牝為上　上時丈反　玄駒字林作駭音同　褭奴了反又而紹反字林云騕褭馬

驂七南反　騕烏了反郭注上林賦云騕褭神馬日行萬里　騭之逸反　父符甫反本或作駁俗

字　騇音舍　草馬本亦作騲魏志云牧民畜牸牛騲馬是也　駁字林云馬色不純也方卓反　騜

音皇字林于亡反　脊　騝音建郭音虔本或作騫去虔反　騽音習說文作驔音簟字林云又音譚

今爾雅本亦有作驔者　駽詩音及呂忱顏延之荀楷並呼縣反郭火玄反謝孫犬縣反顧胡眄反　鐵他結

反　驄七工反說文云青黑雜毛馬　粼本或作驎郭良忍反注同字林良忍反郭云斑剝隱鄰也或音鄰孫云

魚鱗也 驒 徒河反說文云馬文如鼉魚韓詩字林皆云白馬黑髦 鬣 力涉反髦也 騥 而周反本又作

柔 兩被 普義反又皮義反 鴇 音保說文云黑馬驪白雜毛 駓 備悲反字林音丕 桃

華 音花本亦作花同 駰 字林乙巾反郭央珍反今人多作因音 泥 奴兮反 騅 音佳 彤

徒冬反赤也 騢 乎加反說文云馬赤白雜色文似鰕魚也 赭白 音者 白馬黑鬣 舍人

同衆家並作髭 駱 音洛說文云白色馬黑毛尾也廣雅云白馬朱鬣曰駱 夏 音下 駩 音詮又音全孫

本作犉云與牛同稱汝均反本或作驎音吝 喙 許穢反又昌銳反口也 騧 古花反毛詩傳說文字林皆云黃馬

黑喙曰騧郭云今以淺黃色爲騧馬 瞯 音閑本又作瞷蒼頡篇云目病也吴江湖之閒曰瞯說文云戴目也字林

作瞯音同 魚 本又作䁆疑居反字林作驗音同 驔 徒南大點二反 差 楚佳反 毫 音豪

靡 亡巴反 犦 步角反張揖亡角反字林方沃反案郎今之腫領牛出合浦郡 犎 甫逢反 犩

音與上犦字同本亦作犦鄭注考工記云犦謂墳起 胅 大結反 橐 音託字又作駝音同又音洛 駝

大河反字林云駝駝似鹿而大肉鞌出繞山 日 而一反 浦 音普 犤 音碑又音皮 庳 音碑

猣子息反本或作䝋　高涼音良　𪎆郭魚威反張揖同字林生畏反云黑色而大重三千斤　犪巨龜反字林云牛柔謹也顱如小如照二反　數千所主反　岷山亡巾反　犣力涉反字林云牛名也郭云旄牛也本或作鬣字此牛多毛鬣　髦本又作旄同音毛或音亡交反　犤必爾反又步啓反　犝音童字林云牛名　⿰牛韋古闃反　俯音甫　觭郭去宜反字林丘戲江宜二反云一角低一角仰樊云傾角曰觭　低卬五剛反又魚丈反　踊音勇　⿱挈牛字或作挈郭常世反字林之世反　犩閏旬反字亦作犉音同　背才細反說文云目匡也字林云目匡也　牰音袖字林音就本或作褏音同　犚音尉　犈音權又音眷　犢徒木反　⿰牛句火口反字林云牛鳴也　犻傅蓋反

⿰牛叚古牙反　羒又作粉同符云反字林云牂羊　羝丁兮反字林云牂羊也廣雅云二歲曰羝　牂子郎反字林云三歲曰牂　墳扶云反　夏羊戶雅反黑羖羊也　羖音古字林云夏羊牝　攊音歷　羭郭羊朱反字林羊句反　壺音乎　觤九委反　觠呂郭音權謝居轉反　羷謝許簡反字林力冉反一音力驗反　逎子合反　羳音煩　羜直呂反又之呂反字林云五月生羔　犬說文云狗

縣蹄者象形孔子曰視犬之字如畫狗也 猣子工反 玂音祁 毫戶刀反字又作豪 狗古口反字林云

家獸也說文云孔子曰狗叩也叩氣吠以守也 翰下旦反又胡肝反謂長毛也 喙許穢反又昌銳反 獫

力驗反字林力劒反呂力冉反郭九占沈檢二反 猲許謁反字林作猲大遏反 獢虛驕反 桃呂郭同音

兆 尨云江反說文云犬之多毛字林同 也 吠扶廢反 維音餘字或作餘 雛仕俱反本今作

鶵 僆郭音練力見反又力健力展二反 少詩照反 者 奮 迅信峻二音 戎本亦

[illegible]而 以上時掌反 犉閏句反 羬本亦作麙五咸反 彘直例反 豟

[illegible]反大豕也小爾雅云豕之大者謂之豜豟 獒五刀反尚書云西旅獻獒孔傳云犬高四尺人犬也說文云犬如人心可使者

字林同廣雅云殷虞晉獒楚獚韓獹宋浞皆良犬也浞音鵲 鶤音昆字或作鵾同或音運又音輝

古侯反

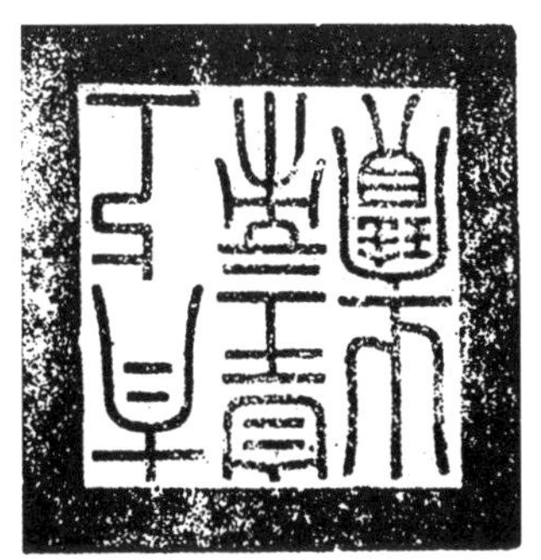